BIBLIA DE BOSQUEJOS Y SERMONES

TOMO 1
Mateo 1:1—16:12

BIBLIA DE BOSQUEJOS Y SERMONES

TOMO 1
Mateo 1:1—16:12

EDITORIAL PORTAVOZ

Título del original: *The Preacher's Outline and Sermon Bible®,* Vol. 1, Matthew, © 1991 por Alpha Omega Ministries, Inc. y publicado por Leadership Ministries Worldwide, P.O. Box 21310, Chattanooga, TN 37424. Todos los derechos reservados.

Edición en castellano: *Biblia de bosquejos y sermones,* tomo 1, Mateo 1:1—16:12, © 1997 por Alpha Omega Ministries, Inc. y publicado con permiso por Editorial Portavoz, filial de Kregel Publications, Grand Rapids, Michigan 49501. Todos los derechos reservados.

Excepto cuando se indica lo contrario, todas las citas bíblicas son tomadeas de la Versión Reina-Valera 1960.

Biblia de bosquejos y sermones fue escrita para que el pueblo de Dios lo use tanto en sus vidas personales como en la predicación y enseñanza.

Vísitenos en: www.portavoz.com

EDITORIAL PORTAVOZ
Kregel Publications
P. O. Box 2607
Grand Rapids, Michigan 49501 EE. UU.

ISBN 0-8254-1006-X

1 2 3 edición/año 03 02 01 00 99 98 97

Printed in the United States of America

CONTENIDO

Abreviaturas varias   6

INTRODUCCIÓN   7

BOSQUEJO DE MATEO 1:1—16:12   8

1. NACIMIENTO E INFANCIA DE JESÚS, EL MESÍAS, 1:1—2:23   11

2. PREPARATIVOS PARA LA VENIDA DEL MESÍAS, 3:1—4:11   26

3. COMIENZO DEL MINISTERIO DEL MESÍAS, 4:12-25   39

4. LAS ENSEÑANZAS DEL MESÍAS A SUS DISCÍPULOS: EL GRAN SERMÓN
    DEL MONTE, 5:1—7:29   49

5. LA GRAN AUTORIDAD Y PODER DEL MESÍAS REVELADOS EN DICHOS
    Y HECHOS, 8:1—9:34   148

6. LOS MENSAJEROS DEL MESÍAS Y SU MISIÓN, 9:35—10:42   190

7. EL MESÍAS VINDICA SU CARÁCTER MESIÁNICO, 11:1-30   214

8. LA DEFENSA DEL MESÍAS PRESENTADA A SUS OPOSITORES, 12:1-50   228

9. LAS PARÁBOLAS DEL MESÍAS QUE DESCRIBEN EL REINO DE LOS
    CIELOS, 13:1-52   254

10. EL MINISTERIO DEL MESÍAS DURANTE SU EXILIO,
    LEJOS DE HERODES, 13:53—16:12   284

Bibliografía   319

Índice de temas y bosquejos   321

ABREVIATURAS VARIAS

a.C.	=	antes de Cristo	il.	=	ilustración
arg.	=	argumento	just.	=	justicia
Ant.	=	antecedentes	Nº	=	número
a tr.	=	a través	NT	=	Nuevo Testamento
AT	=	Antiguo Testamento	p.	=	página
caps.	=	capítulos	p.ej.	=	por ejemplo
cir.	=	circunstancias	pp.	=	páginas
concl.	=	conclusión	pq.	=	porque
cp.	=	compárese,	pr.	=	pregunta
ct.	=	contrástese	pt.	=	punto
d.C.	=	después de Cristo	req.	=	requisito
dif.	=	diferente	rp.	=	respuesta
EF	=	Estudio a fondo	ss.	=	siguientes
et.	=	eterno	v.	=	versículo
gob.	=	gobierno	vs.	=	versus
idt.	=	identificación o identidad	vv.	=	versículos

EL EVANGELIO SEGÚN
MATEO

INTRODUCCIÓN

AUTOR: Mateo. En ninguna parte de la Biblia dice que Mateo es el autor; sin embargo, la evidencia en favor de la autoría de Mateo es fuerte.

1. Escritores de la antigüedad siempre han asignado el evangelio a Mateo. William Barclay cita a uno de los primeros historiadores de la iglesia, un hombre llamado Papías (100 d.C.), diciendo: «Mateo coleccionó los dichos de Jesús en lengua hebrea» (*El Evangelio de Mateo*, tomo 1. «Biblia de Estudios Diarios,» Filadelfia, PA: The Westminster Press, 1956, p. xxi). Ireneo (alrededor de 175 d.C.) el piadoso obispo de Lyon, escribió: «Mateo también produjo un evangelio escrito entre los hebreos, en el propio dialecto de ellos, mientras Pedro y Pablo predicaban en Roma y ponían los fundamentos de la iglesia» (Ireneo, *Contra las herejías*, 3.1.1).

2. Mateo estaba capacitado para escribir el evangelio. Había sido cobrador de impuestos, lo que significa que había estado involucrado en grandes transacciones comerciales. Un estudio del evangelio muestra que el autor tenía interés en las cifras, en extensos números (Mt. 18:24; 28:12), y en estadísticas (Mt. 1:17). Los detallados mensajes de Jesús señalan a un hombre experimentado en tomar notas rápidas, práctica que aparentemente había usado en las transacciones comerciales. Las Escrituras nos dicen muy poco acerca de Mateo.

   a. Fue uno de los doce apóstoles (Mr. 2:14).
   b. Dejó todo por seguir a Cristo (Lc. 5:27-28).
   c. Utilizó una fiesta que celebró para honrar a Cristo para presentar los propios amigos al Señor (Lc. 5:29).

FECHA: Incierta. 50-70 d.C. Fue escrito algunos años después de la ascensión del Señor, pero antes de 70 d.C.

1. La caída de Jerusalén en 70 d.C. es profética (Mt. 24:1ss).

2. Dichos semejantes a «hasta el día de hoy» (Mt. 27:8; 28:15) sugieren una fecha un tanto posterior a la ascensión de Jesús, pero sin ir a un futuro muy distante.

3. El esparcimiento de la iglesia de Jerusalén, causado por la persecución (Hch. 8:4) sugiere una fecha algo posterior a la ascensión. Mientras la iglesia y los apóstoles estaban juntos no se habría necesitado un evangelio.

4. La cita de Ireneo coloca al escrito de Mateo en el reinado de Nerón, «mientras Pablo y Pedro estaban en Roma».

LOS DESTINATARIOS: Originalmente el evangelio fue dirigido a los judíos. Sin embargo, exhala un mensaje para todos, un mensaje que proclama la esperanza mesiánica del mundo aguardando al Gran Libertador.

PROPÓSITO: Mostrar que Jesús es el Mesías, el Salvador y Rey profetizado por los profetas hebreos. Mateo es un libro fuerte, un libro escrito para obtener fe en Jesús. Mateo comienza demostrando que todas la profecías del Antiguo Testamento son cumplidas en Jesús, el carpintero de Nazaret. Tiene un tema recurrente: «Todo esto ocurrió para que se cumpla lo dicho por los profetas ...» Esto se repite aproximadamente dieciséis veces, y hay noventa y tres citas del Antiguo Testamento.

ASPECTOS ESPECIALES:

1. Mateo es el *evangelio eclesiástico*. A lo largo de los siglos Mateo ha sido usado extensamente en la iglesia. Su material está ordenado, primordialmente, por temas, no por una estricta secuencia cronológica. Es algo así como un bosquejo temático del ministerio y de la enseñanza de Jesús. Como tal, ha sido extremadamente útil a la iglesia: como apología para defender la fe, como manual de instrucciones para nuevos creyentes, y como un libro de adoración para ser leído en los cultos de la iglesia.

2. Mateo es el *evangelio didáctico*. La mayor parte de las enseñanzas de Jesús están organizadas de tal manera que pueden ser enseñadas fácilmente y vividas fácilmente. Este material didáctico se aprecia fácilmente en cinco secciones.

   a. El sermón del monte (Mt. 5—7).
   b. Los mensajeros del Mesías y su misión (Mt. 9:1—10:42).
   c. Las parábolas del Mesías (Mt. 13).
   d. Los discípulos del Mesías y la conducta de ellos, de los unos con los otros (Mt. 18).
   e. La profecía del Mesías de su regreso y el fin del tiempo: El gran discurso del monte de los Olivos (Mt. 24—25).

3. Mateo es el *evangelio real* o el *evangelio del reino*. El corazón del evangelio de Mateo es que Jesús es Rey. Jesús es el Hijo de David, el mayor de los reyes de Israel. Jesús es el cumplimiento de las profecías mesiánicas que predijeron la venida de un Rey semejante a David.

   a. Su genealogía demuestra que por nacimiento es hijo de David (Mt. 1:1-17).
   b. Una y otra vez fue llamado Hijo de David (Mt. 2:2; 9:27;15:22; 20:30; 21:9,15; 22:42).
   c. Cuando pasaba por alto la ley «Mas yo les digo ... » afirmaba personalmente tener el poder de un rey (Mt. 5:21, 27, 34, 38, 43).
   e. Ante Pilato aceptó deliberadamente el título de Rey (Mt. 27:11).
   f. Su cruz llevaba el título «Rey de los judíos» (Mt. 27:11).
   g. Afirmó tener el poder supremo del Rey de Reyes,

«Toda potestad me es dada» (Mt. 28:18).

h. La palabra «reino» es usada cincuenta veces y «reino de los cielos» treinta y dos veces.

4. Mateo es el *evangelio apocalíptico*. Entre los evangelios, este tiene el relato más completo del retorno del Señor y del fin de los tiempos (Mt. 24—25).

5. Mateo es el *evangelio de la iglesia*. Es el único evangelio sinóptico que menciona a la iglesia (Mt. 16:13-23; 18:17; cp. Mr. 8:27-33; Lc. 9:18-22).

6. Mateo es el *evangelio de los judíos*. Mateo nunca deja de mostrar que Jesús cumple la profecía del AT Tiene más de cien alusiones o citas del AT. Está decidido a forzar al judío a creer que Jesús es el Mesías.

EXPLICACIÓN DEL BOSQUEJO

La Biblia de bosquejos y sermones es *única*. Difiere de todas las otras Biblias de estudio y de materiales para la preparción de sermones porque cada pasaje y tema es bosquejado inmediatamente junto a la Escritura. Cuando usted escoge cualquier *tema* de los que siguen y busca la referencia, no sólo encontrará el texto de la Escritura, sino que descubre las Escrituras y el tema *ya bosquejados para usted—versículo por versículo*.

A modo de rápido ejemplo, escoja uno de los temas que siguen y busque el texto de la Escritura, hallará entonces esta maravillosa ayuda para usarla de manera más rápida, fácil y correcta.

Además, cada punto de la Escritura y del respectivo tema está *plenamente desarrollado por un comentario con textos de apoyo* al pie de página. Nuevamente, este ordenamiento facilita y acelera la preparación de sermones.

Note algo más: Los temas del Evangelio de Mateo tienen títulos bíblicos, pero además se les ha dado *títulos prácticos o títulos de aplicación* que a veces apelan más a la gente. Este *beneficio* se ve claramente al usarlos en avisadores, boletines, periódicos de la iglesia, etc.

Una sugerencia: Para obtener la más rápida vista general de Mateo, lea primero *todos los títulos principales* (I, II, III, etc.), luego vuelva y lea los subtítulos.

BOSQUEJO DE MATEO 1:1—16:12

I. NACIMIENTO E INFANCIA DE JESÚS, EL MESÍAS 1:1—2:23

A. Genealogía de Jesús: raíces interesantes, 1:1-17 (Cp. Lc. 3:23-28)

B. Nacimiento divino de Jesús: eventos no usuales, 1:18-25 (Lc. 1:26-28; 2:1-7)

C. Reconocimiento de Jesús como Rey por parte de hombres sabios: una adoración Inesperada, 2:1-11

D. Infancia de Jesús: encarando peligro tras peligro, 2:12-23

II. PREPARATIVOS PARA LA VENIDA DEL MESÍAS, 3:1—4:11

A. El antecesor de Jesús, Juan el bautista: un mensaje para todos, 3:1-12 (Cp. Mr. 1:1-8; Lc. 3:1-20; Jn. 1:6-8, 15-37)

B. El bautismo de Jesús: qué es el bautismo, 3:13-17 (Mr. 1:9-11; Lc. 3:21-22; Jn. 1:28-34)

C. La tentación de Jesús: victorioso en todo, 4:1-11 (Mr. 1:12-13; Lc. 4:1-13)

III. COMIENZO DE LOS MINISTERIOS DEL MESÍAS, 4:12-25

A. El ministerio de Jesús: saliendo con propósito, 4:12-17

B. Los discípulos de Jesús: el tipo de personas llamadas, 4:18-22 (Mr. 1:16-20; cp. Lc. 5:1-11; Jn. 1:35-51)

C. La fama dramática de Jesús: un ministerio exitoso, 4:23-25

IV. LAS ENSEÑANZAS DEL MESÍAS A SUS DISCÍPULOS: EL GRAN SERMÓN DEL MONTE, 5:1—7:29 (Lc. 6:20-49)

A. El auténtico discípulo (Parte I): quién es y cuál es su recompensa (las bienaventuranzas), 5:1-12 (Lc. 6:20-23)

B. El auténtico discípulo (Parte II): la sal de la tierra—sirviendo a Dios, 5:13 (Mr. 9:50; cp. Lc. 14:34-35; Col. 4:6)

C. El auténtico discípulo (Parte III): la luz del mundo—alumbrando para Dios, 5:14-16 (Mr. 4:21-23; Lc. 8:16-18; 11:33)

D. La ley y Jesús: quebrantar la ley de Dios, 5:17-20

E. El verdadero significado de Matar, 5:21-26

F. El verdadero significado de adulterar, 5:27-30 (Cp. Mt. 19:3-11; Mr. 10:2-12; Lc. 16:18; 1 Co. 7:1-16)

G. El verdadero significado del divorcio, 5:31-32

H. El verdadero significado de jurar y blasfemar, 5:33-37

I. El verdadero significado de la ley referida al daño sufrido, 5:38-42 (Lc. 6:29-30)

J. El verdadero significado de las relaciones humanas, 5:43-48 (Lc. 6:27-36)

K.   El verdadero motivo para dar, 6:1-4

L.   El verdadero motivo para orar (Parte I), 6:5-6

M.   Las tres grandes reglas para orar (Parte II), 6:7-8

N.   La oración modelo (Parte III), 6:9-13 (Lc. 11:2-4)

O.   El principio básico para la oración (Parte IV): perdón, 6:14-15 (Mr. 11:25-26)

P.   El auténtico motivo para ayunar, 6:16-18

Q.   Advertencias en cuanto a riqueza y materialismo, 6:19-24

R.   El consejo referido a la preocupación y ansiedad, 6:25-34

S.   Advertencia en cuanto a juzgar y criticar a otros, 7:1-6 (Lc. 6:37-42)

T.   La clave de la oración: perseverar en oración, 7:7-11

U.   La suprema regla ética: la regla de oro y las elecciones en la vida, 7:12-14 (Lc. 6:31; 13:23-24)

V.   Advertencia ante falsos profetas, 7:15-20

W.   Advertencias ante falsas expectativas: quién entrará al reino de los cielos, 7:21-23 (Lc. 13:26-27)

X.   El constructor sabio y el necio, 7:24-27 (Lc. 6:47-49)

Y.   La enseñanza de Jesús y su impacto, 7:28-29

V.   LA GRAN AUTORIDAD Y PODER DEL MESÍAS REVELADOS EN DICHOS Y HECHOS, 8:1—9:34

A.   Jesús sana a un leproso: purificando al más impuro, 8:1-4 (Mr. 1:40-45; Lc. 5:12-16)

B.   Jesús sana al siervo de un centurión: recibiendo y rechazando a los hombres, 8:5-13 (Lc. 7:1-10)

C.   Jesús sana la suegra de Pedro: el poder de Jesús y su propósito, 8:14-17 (Mr. 1:29-34; Lc. 4:38-41)

D.   Jesús atrae a la gente: el precio delverdadero discipulado, 8:18-2 (Lc. 9:5762)

E.   Jesús calma una tormenta: conquistando el miedo y la naturaleza, 8:23-27 (Mr. 4:35-41; Lc. 8:22-25)

F.   Jesús echa fuera demonios: salvando a los hombres, 8:28-34 (Mr. 5:1-20; Lc. 8:26-40)

G.   Jesús sana a un paralítico: perdonando pecados, 9:1-8 (Mr. 2:1-12; Lc. 5:17-26)

H.   Jesús llama a Mateo: recibiendo a pecadores, 9:9-13 (Mr. 2:14-17; Lc. 5:27-32)

I.   Jesús responde sobre el ayuno: inaugurando una nueva era y un Nuevo Pacto, 9:14-17 (Mr. 2:18-22; Lc. 5:33-39)

J.   Jesús sana a muchas personas: supliendo las desesperantes y desesperadas necesidades del hombre, 9:18-34 (Mr. 5:21-43; Lc. 8:41-56; 11:14-15)

VI.   LOS MENSAJEROS DEL MESÍAS Y SU MISIÓN, 9:35—10:42 (Mr. 6:7-13; Lc. 9:1-6)

A.   La misión del Mesías, 9:35-38

B.   El llamado del Mesías a sus discípulos, 10:1-4 (Mr. 3:13-19; Lc. 6:13-19; He. 1:13)

C.   El mandato del Mesías a sus discípulos, 10:5-15

D.   La advertencia del Mesías referida a la persecución, 10:16-23

E.   El Mesías alienta a no temer la persecución, 10:24-33

F.   El precio de ser discípulo del Señor, 10:34-42

VII.   EL MESÍAS VINDICA SU CARÁCTER MESIÁNICO, 11:1-30

A.   La certeza: respuesta dada a un discípulo con dudas, Juan el bautista, 11:1-6 (Lc. 7:18-23)

B.   El recordatorio: dado a un pueblo olvida-

C.   El mensaje: dado a una generación infantil, 11:16-27 (Lc. 7:31-35; 10:12-15, 21-22)

D.   La gran invitación: dada a esta generación, 11:28-30

VIII.   LA DEFENSA DEL MESÍAS PRESENTADA A SUS OPOSITORES, 12:1-50

A.   Defensa 1: El Mesías es mayor que la religión, 12:1-8 (Mr. 2:23-28; Lc. 6:1-5)

B.   Defensa 2: el hombre es mayor que la religión, 12:9-13 (Mr. 3:1-6; Lc. 6:6-11)

C.   Defensa 3: el Mesías es el siervo escogido de Dios, 12:14-21 (Mr. 3:7-12)

D.   Defensa 4: el Mesías es del reino y de la casa de Dios, 12:22-30 (Mr. 3:22-30; Lc. 1:14-23)

E.   Defensa 5: la palabra del hombre determina su destino, 12:31-37 (Mr. 3:28-30; Lc. 11:14-16)

F.   Defensa 6: la respuesta del Mesías a una generación mala o apóstata, 12:38-45 (Lc. 11:29-32)

G.   Defensa 7: la respuesta del Mesías a parientes con dudas, 12:46-50 (Mr. 3:31-

IX. LAS PARÁBOLAS DEL MESÍAS QUE DESCRIBEN EL REINO DE LOS CIELOS, 13:1-52

A. La parábola del sembrador: cómo recibe una persona el evangelio, 13:1-9 (Cp. Mt. 13:18-23; Mr. 4:1-9; Lc. 8:4-15)

B. Los motivos del Mesías para hablar en parábolas: quien recibe y quien pierde, 13:10-17 (Mr. 4:10-12; Lc. 8:9-10; 10:23-24)

C. La parábola del sembrador explicada, 13:18-23 (Mr. 4:13-20)

D. La parábola del trigo y de la cizaña: el tema del mal—por qué existe, 13:24-30 (Cp. Mt. 13:36-43)

E. La parábola de la semilla de mostaza: el crecimiento y la grandeza del cristianismo, 13:31-32 (Mr. 4:30-32; Lc. 13:18-19)

F. La parábola de la levadura: el poder transformador del Evangelio, 13:33 (Lc. 13:20-21)

G. El propósito del Mesías al hablar en parábolas, 13:34-35 (Mr. 4:33-34)

H. La parábola del trigo y de la cizaña explicada, 13:36-43

I. La parábola del tesoro escondido: renunciando a todo por Cristo, 13:44

J. La parábola del mercader y la perla de gran precio: renunciando a todo por Cristo, 13:45-46

K. La parábola de la red: separando lo malo de lo bueno, 13:47-50

L. La parábola del mayordomo: tener devoción y estudiar y compartir, 13:51-52

X. EL MINISTERIO DEL MESÍAS DURANTE SU EXILIO, LEJOS DE HERODES, 13:53—16:12

A. El Mesías es rechazado en su propia ciudad: por qué es rechazado Jesús, 13:53-58 (Mr. 6:1-6; cp. Lc. 4:16-30)

B. El antecesor del Mesías es asesinado: un hombre piadoso vs. un hombre impío, 14:1-14 (Mr. 6:14-29; Lc. 9:7-9)

C. El poder del Mesías para alimentar a cinco mil: lo esencial del ministerio, 14:15-21 (Mr. 6:30-44; Lc. 9:10-17; Jn. 6:1-14)

D. El poder del Mesías para calmar una tormenta: el poder de su presencia, 14:22-23 (Mr. 6:45-52; Jn. 6:16-21)

E. El poder del Mesías, buscado y creído: los pasos para buscar y ser sanado, 14:34-36

F. El Mesías enseña lo que contamina al hombre, 15:1-20 (Mr. 7:21-23; cp. Lc. 11:37-41)

G. El Mesías enseña los requisitos para obtener cosas de Dios, 5:21-28 (Mr. 7:24-30)

H. La compasión del Mesías ante las necesidades físicas del hombre: cómo ministrar, 15:29-39 (Mr. 8:1-9)

I. El Mesías advierte contra la levadura de los religiosos: una advertencia contra la ceguera espiritual y falsa enseñanza, 16:1-12 (Mr. 8:10-21)

CAPÍTULO 1

I. NACIMIENTO E INFANCIA DE JESÚS, EL MESÍAS, 1:1—2:23

A. Genealogía[EF1] de Jesús: raíces interesantes, 1:1-17
(Cp. Lc. 3:23-28)

1 Demuestra que Jesús es el heredero legítimo
a. Al trono de David
b. A las bendiciones de Abraham
2 Alienta a los creyentes esparcidos
3 Simboliza la gloriosa misericordia de Dios[5]
a. En la mujer gentil, Tamar
b. En la mujer gentil, Rahab
c. En la mujer gentil, Rut
d. En la mujer pecadora Betseba
4 Demuestra que la gracia de Dios no se hereda; Dios la

Libro de la genealogía de Jesucristo, hijo de David, hijo de Abraham.

2 Abraham engendró a Isaac, Isaac a Jacob, y Jacob a Judá y a sus hermanos.

3 Judá engendró de Tamar a Fares y a Zara, Fares a Esrom, y Esrom a Aram.

4 Aram engendró a Aminadab, Aminadab a Naasón, y Naasón a Salmón.

5 Salmón engendró de Rahab a Booz, Booz engendró de Rut a Obed, y Obed a Isaí.

6 Isaí engendró al rey David, y el rey David engendró a Salomón de la que fue mujer de Urías.

7 Salomón engendró a Roboam, Roboam a Abdías, y Abdías a Asa.

8 Asa engendró a Josafat, Josafat a Joram, y Joram a Uzías.

9 Uzías engendró a Jotam, Jotam a Acaz, y Acaz a Ezequías.

10 Ezequías engendró a Manasés, Manasés a Amón, y Amón a Josías.

11 Josías engendró a Jeconías y a sus hermanos, en el tiempo de la deportación a Babilonia.

12 Después de la deportación a Babilonia, Jeconías engendró a Salatiel, y Salatiel a Zorobabel.

13 Zorobabel engendró a Abiud, Abiud a Eliaquim, y Eliaquim a Azor.

14 Azor engendró a Sadoc, Sadoc a Aquim, y Aquim a Eliud.

15 Eliud engendró a Eleazar, Eleazr a Matán, Matán a Jacob;

16 y Jacob engendró a José, marido de María, de la cual nació Jesús, llamado el Cristo.

17 De manera que todas las generaciones desde Abraham hasta David son catorce; desde David hasta la deportación a Babilonia, catorce; y desde la deportación Babilonia hasta Cristo, catorce.

da como quiere

5 Realza el poder de Dios para guardar sus promesas
a. Librando a su pueblo en tiempos terribles (el cautiverio de Babilonia)
b. Enviando al Cristo, el Mesías[EF2, 3]
6 Simboliza a generaciones de historia espiritual
a. Abraham-David: Nacimiento y crecimiento
b. David-cautiverio babilónico: retroceso y esclavitud
c. Babilonia–Cristo: liberación y triunfo

I. NACIMIENTO E INFANCIA DE JESÚS, EL MESÍAS, 1:1—2:23

A. Genealogía de Jesús: raíces interesantes, 1:1-17

(1:1-17) *Introducción—genealogía—Jesucristo, genealogía:* la genealogía de Jesucristo no es tierra árida para predicar y enseñar. Ofrece ricos frutos a la persona que quiere descubrir las raíces de Jesús (*véase* nota—Lc. 3:23).

1. Muestra que Jesús es el heredero legítimo (vv. 1-2).
2. Alienta a los creyentes esparcidos (v. 2).
3. Simboliza la gloriosa misericordia de Dios (vv. 3-6).
4. Demuestra que la gracia de Dios no se hereda; Dios la da como quiere (vv. 7-10).
5. Realza el poder de Dios para guardar sus promesas (vv. 11-16).
6. Simboliza a generaciones de historia espiritual (v. 17).

ESTUDIO A FONDO 1
(1:1-17) *Genealogía: véase* nota—Lc. 3:23.

1 (1:1) *Jesucristo, genealogía:* la genealogía de Jesucristo demuestra que Jesús es el heredero legítimo del trono de David. La genealogía no se da para satisfacer la curiosidad de los hombres acerca de las raíces de Jesús, ni para dar a sus seguidores un motivo para jactarse en Sus ancestros. Lejos de ello. Mateo traza las raíces de Jesucristo para probar que es el Mesías prometido.

El Mesías tenía que ser hijo de Abraham e hijo de David; es decir, tenía que ser descendiente de ambos.

1. Dios le dio a Abraham y a su simiente (el Mesías) *la promesa de bendiciones* para todo el mundo (Gn. 12:1-3; 22:18. Para la discusión *véanse* notas—Jn. 1:23; Estudio a fondo 1—4:22; 8:54-59).

2. Dios le dio a David y a su simiente (el Mesías) *la promesa del reinado eterno* (2 S. 7:12; Sal. 39:3ss. 132:11. Para más versículos y el cumplimiento *véanse* notas—Lc. 3:24-31; Jn. 1:23; Estudio a fondo 3—1:45; Estudio a fondo 4—1:49).

Los judíos creían estas promesas de Dios. Por eso, Mateo se dispone a probar que Jesús «llamado el Cristo» (Mt. 1:16) es el hijo prometido de Abraham y el hijo prometido de David (Mt. 1:1).

Note con cuanta frecuencia Jesús fue llamado el hijo de David.

(Cp. Mt. 12:23; 15:22; 20:30-31; 21:9, 15; Hch. 2:29-36; Ro. 1:3; 2 Ti. 2:8; Ap. 22:16.) Era el título común y el concepto popular del Mesías. Generación tras generación los judíos anhelaban y esperaban al prometido libertador de Israel. La gente esperaba que fuese un gran general que libraría y restauraría la grandeza de la nación; en efecto, esperaban que hiciera de la nación el centro del gobierno universal. Bajo Dios conquistaría al mundo centrando la gloria y majestad de Dios mismo en Jerusalén. Desde su trono, el trono de David, ejecutaría «el fuego mesiánico del juicio» sobre las naciones y los pueblos del mundo (véanse Estudio a fondo 2—Mt. 1:18; Estudio a fondo 1—3:11; notas—11:1-6; 11:2-3; Estudio a fondo 1—11:5; Estudio a fondo 2—11:6; notas—12:16; 22:42; Lc. 7:21-23. La consulta de estas notas mostrará cuál era el concepto que los judíos tenían del Mesías.) Si Mateo puede demostrar que las raíces de Jesús recorren todo el camino hasta David y Abraham, podrá demostrar con cuánta seriedad una persona debe considerar las afirmaciones de Jesús de ser el Mesías. (Véase nota—Mt. 1:18.)

Pensamiento 1. Los creyentes compartirán las bendiciones de Abraham y el reino eterno prometido a David (véase nota: Ro. 4:1-25).

«Y recibió la circuncisión como señal, como sello de la justicia de la fe que tuvo estando incircunciso; para que fuese *padre de todos los creyentes* no circuncidados a fin de que también a ellos la fe les sea contada por *justicia*» (Ro. 4:11).

«Por tanto, es por fe, para que sea por gracia, a fin de que la *promesa* sea firme para toda su descendencia [los creyentes]; no solamente para la que es de la ley, sino también para la que es de la fe de Abraham, el cual es *padre de todos nosotros*» (Ro. 4:16).

«Hice pacto con mi escogido; juré a David mi siervo, dciendo: para siempre confirmaré tu descendencia, y edificaré tu trono por todas las generaciones» (Sal. 89:3-4).

«Porque un niño nos es nacido, hijo nos es dado, y el principado sobre su hombro; y se llamará su nombre Admirable, Consejero, Dios Fuerte, Padre Eterno, Príncipe de Paz. Lo dilatado de su imperio y la paz no tendrán límite, sobre el trono de David y sobre su reino, disponiéndolo y confirmándolo en juicio y en justicia desde ahora y para siempre. El celo de Jehová de los ejércitos hará esto» (Is. 9:6-7).

«Acontecerá aquel tiempo que la raíz de Isaí, la cual estará puesta por pendón a los pueblos, será buscada por la gente; y su habitación será gloriosa» (Is. 11:10).

«Porque Cristo para esto murió y resucitó, y volvió a vivir, para ser Señor así de los muertos como de los que viven» (Ro. 14:9).

«Alumbrando los ojos de vuestro entendimiento, para que sepáis cuál es la esperanza a que él os ha llamado, y cuáles las riquezas de la gloria de su herencia en sus santos, y cuál la supereminente grandeza de su poder para con nosotros los que creemos, según la operación del poder de su fuerza, la cual operó en Cristo, resucitándole de los muertos y sentándoles a su diestra en los lugares celestiales, sobre todo principado y autoridad y poder y señorío, y sobre todo nombre que se nombra, no sólo en este siglo, sino también en el venidero; y sometió todas las cosas bajo sus pies, y lo dio por cabeza sobre todas las cosas a la iglesia» (Ef. 1:18-22).

Pensamiento 2. «Jesús, llamado el Cristo» (Mt. 1:16) *realmente vino* del linaje de Abraham y David. Toda persona tiene que considerar seriamente la afirmación. El mismo afirmó su naturaleza mesiánica y cuenta con generaciones de personas que dan testimonio de haber experimentado su presencia y su poder como Mesías. Mateo comenzó el testimonio, e innumerables miles han seguido. Si Cristo y sus seguidores dicen la verdad, el mundo comete un error fatal al rechazar a Cristo.

«**Jesús, pues, estaba en pie delante del gobernador; y éste le preguntó, diciendo: ¿Eres tú el Rey de los judíos? Y Jesús le dijo: Tú lo dices**» (Mt. 27:11).

«**Respondió Jesús: Mi reino no es de este mundo; si mi reino fuera de este mundo, mis servidores pelearían para que yo no fuese entregado a los judíos; pero mi reino no es de aquí. Le dijo entonces Pilato: ¿Luego, eres tú rey? Respondió Jesús: Tú dices que yo soy rey. Yo para esto he nacido, y para esto he venido al mundo, para dar testimonio a la verdad. Todo aquel que es de la verdad, oye mi voz**» (Jn. 18:36-37).

2 (1:2) *Jesucristo, genealogía:* la genealogía de Jesucristo aliento a los creyentes que están esparcidos. De entre los hijos de Jacob, solamente Judas fue ancestro de Cristo. Entonces, ¿por qué se registran sus once hermanos, todos hijos de Jacob, en la genealogía? Probablemente hay una razón principal. Todo judío sabía que era del linaje de Jacob; todo judío era un descendiente de uno de los hijos de Jacob. Cuando Mateo escribía, Roma dominaba al mundo. Roma, igual que los babilonios, había esparcido a los judíos por todo el mundo. Mateo quería alentar a todos los judíos; quería alentarlos asegurándoles que eran descendientes de los hijos de Jacob, y como tales tenían una parte en Cristo, el verdadero Mesías. Todos estaban autorizados a recibir las promesas hechas a Abraham y a su simiente, y a ser reunidos nuevamente bajo el gobierno de la simiente de David. (Véase nota—Mt. 1:1. Es una nota importante para comprender más claramente este punto).

Pensamiento 1. A veces los creyentes se sienten esparcidos, solitarios, abandonados, frustrados, deprimidos, sin propósito, sin sentido o significado en la vida. Se sienten como dando vueltas sin ir a ninguna parte. Sienten que Dios está muy lejos, inalcanzable. Se preguntan por qué Dios no contesta y suple sus necesidades. Mateo está diciéndoles: Todo creyente está autorizado a recibir la promesa de Dios hecha a Abraham y a David. (Véanse notas—Mt. 1:1, 3-6.) En Cristo Dios *suple* la necesidad del creyente y en él *cumplirá* su promesa.

«**Por medio de las cuales nos ha dado preciosas y grandísimas promesas, para que por ellas llegaseis a ser participantes de la naturaleza divina, habiendo huido de la corrupción que hay en el mundo a causa de la concupiscencia**» (2 P. 1:4).

«**Y esta es la promesa que él nos hizo, la vida eterna**» (1 Jn. 2:25).

«**Y el Espíritu mismo da testimonio a nuestro espíritu, de que somos hijos de Dios. Y si hijos, también *herederos;* herederos de Dios y coherederos con Cristo, si es que padecemos juntamente con él, para que juntamente con él seamos glorificados**» (Ro. 8:16-17).

«**Para que justificados por su gracia, viniésemos a ser *herederos* conforme a la esperanza de la vida eterna**» (Tit. 3:7).

3 (1:3-6) *Misericordia:* la genealogía de Jesús simboliza la gloriosa misericordia de Dios. No es común encontrar el nombre de mujeres en las genealogías. Pero están registrados en el linaje de Jesús como una señal de la misericordia de Dios.

1. Tamar fue una mujer seductora y adúltera a quien Dios alcanzó (Gn. 38:24ss).

2. Rahab era gentil, rechazada por los judíos. Una prostituta que fue salvada del juicio porque tuvo fe en Dios y en Israel como *pueblo de Dios* (Jos. 2:1ss).

3. Rut era ciudadana de una nación aborrecida por los judíos, pero escogió asociarse a Dios y a su pueblo (Rut 1ss.).

4. Betseba pecó deliberadamente con David, pero junto a él buscó el perdón de Dios (2 S. 11-12).

Pensamiento 1. La misericordia de Dios no tiene barreras. Tendrá misericordia de cualquier persona: no importa su sexo, nacionalidad, o pecado. Considera a las cuatro mujeres que aparecen entre los ancestros de Cristo. ¡Qué maravillosa la misericordia de Dios!

Pensamiento 2. Hay un hermoso cuadro presentado por las cuatro mujeres registradas en las raíces de Jesús, un hermoso cuadro del evangelio de Cristo: Sus pecados son perdonados y ellas han sido aceptadas por Dios como propias.

> **«Entre los cuales también todos nosotros vivimos en otro tiempo en los deseos de nuestra carne, haciendo la voluntad de la carne y de los pensamientos, y éramos por naturaleza hijos de ira, lo mismo que los demás. Pero Dios que es rico en misericordia, por su gran amor con que nos amó, aun estando nosotros muertos en pecados, nos dio vida juntamente con Cristo (por gracia sois salvos)» (Ef. 2:3-5).**

> **«En quien tenemos redención por su sangre, el perdón de pecados según las riquezas de su gracia» (Ef. 1:7).**

> **«Nos salvó, no por obras de justicia que nosotros hubiéramos hecho, sino por su misericordia, por el lavamiento de la redención y por la renovación en el Espíritu Santo» (Tit. 3:5).**

4 (1:7-10) *Jesucristo, genealogía:* la genealogía de Jesús demuestra que la gracia de Dios no se hereda; Dios la da como él quiere. Entre los ancestros de Cristo hay tanto reyes buenos como malos. El solo hecho de que un rey fuese bueno no significa que su bondad fuese heredada por el rey siguiente.

1. Los reyes buenos que figuran en los vv. 7-8 son:
   - Salomón (2 R. 1:1—11:43)
   - Asa (1 R. 15:9-24; 2 Cr. caps.14—16).
   - Josafat (o Jeosafat, 2 Cr. caps.17—20).
2. Los reyes malos son:
   - Roboam (o Rehoboam, 1 R. 11:43ss.).
   - Abías (o Abíam, 2 Cr. 12:16ss).
   - Joram (2 R. 8:21-24; 1 Cr. 3:11).

Pensamiento. La piedad y la justicia no se heredan. Ninguno de los reyes pudo trasmitir su naturaleza al rey siguiente. Todo ser humano aparece como un individuo delante de Dios y es responsable de su propia vida y de su conducta (Jn. 1:12-13). Una persona puede tener padres piadosos y una familia piadosa, pero la piedad no es trasmitida de una persona a otra. Toda persona tiene que enfrentarse por sí misma a Cristo.

> **«Hace, pues, frutos dignos de arrepentimiento, y no penséis decir dentro de vosotros mismos: A Abraham [un padre piadoso] tenemos por padre; porque yo os digo que Dios puede levantar hijos a Abraham aun de estas piedras» (Mt. 3:8-9).**

> **«Mas todos los que le recibieron, a los que creen en su nombre, les dio potestad de ser hechos hijos de Dios; los cuales no son engendrados de sangre, ni de voluntad de carne, ni de voluntad de varón, sino de Dios» (Jn. 1:12-13).**

5 (1:11-16) *Cautiverio babilónico:* la genealogía de Jesucristo subraya el poder de Dios para guardar sus promesas. El poder de Dios se ve en acontecimientos particulares.

1. El poder de Dios se ve al librar a su pueblo en tiempos terribles (p. ej., el cautiverio babilónico). ¿Por qué es tan prominente el cautiverio babilónico en la la genealogía de Cristo (vv. 11-12, 17)? Mateo quiere destacar un gran hecho. Solamente Dios pudo salvar a toda una nación de una prueba tan grande. Los babilonios llevaban a la gente de las naciones que conquistaban y las esparcían masivamente en todo el mundo. Con esos métodos destruían a las naciones conquistadas. Las siguientes generaciones olvidaban su identidad y lealtad hacia la antigua tierra y se unían al país en que vivían ahora. Pero no fue así con Israel; Mateo está diciendo que

Dios preservó a los judíos a través de situaciones imposibles: a través del intento de borrarlos como nación. Y Dios lo hizo para preservar el linaje del Mesías que había de venir (cp. Is. 45:8-9).

2. El poder de Dios se ve en el envío de Cristo, el Mesías (Para la discusión *véanse* notas—Mt. 1:16, 18).

Pensamiento 1. Es un hecho histórico que Dios preservó al pueblo judío a través de todo descabellado intento de aniquilarlos. Mediante ese poder Dios ha cumplido su promesa de enviar a su Hijo a través del linaje de Abraham y David. Toda persona debiera notar esto, tanto a modo de advertencia como de esperanza.

Pensamiento 2. Dios preservó a los judíos a través del cautiverio babilónico; cumplió su promesa de enviar al Mesías. El creyente puede descansar seguro en las promesas y el poder de Dios, porque Dios va a cumplir sus promesas. El mundo puede ser vencido; la desesperación, depresión, desaliento, vacío, soledad y falta de propósito pueden ser conquistados. En sus promesas hay victoria segura.

> **«No os ha sobrevenido ninguna tentación [prueba] que no sea humana; pero fiel es Dios, que no os dejará ser tentados más de lo que podéis resistir, sino que dará también juntamente con la tentación la salida, para que podáis soportar« (1 Co. 10:13).**

> **«Porque todas las promesas de Dios son en él Sí, y en él Amén, por medio de nosotros, para la gloria de Dios. Y el que nos confirma con vosotros en Cristo, y el que nos ungió, es Dios, el cual también nos ha sellado, y nos ha dado las arras del Espíritu en nuestros corazones» (2 Co. 1:20-22).**

> **«Porque esta leve tribulación momentánea produce en nosotros un cada vez más excelente y eterno peso de gloria» (2 Co. 4:17).**

> **«Porque todo lo que es nacido de Dios vence al mundo; y esta es la victoria que ha venido al mundo, nuestra fe. ¿Quién es el que vence al mundo, sino el que cree que Jesús es el Hijo de Dios?» (1 Jn. 5:4-5).**

Pensamiento 3. Pasaron siglos hasta que Dios cumplió su promesa de enviar un Salvador al mundo. Muchos habían desesperado; otros habían abandonado la fe. Algunos fueron al extremo de mofarse y perseguir a quienes aun creían. Pero «cuando vino el cumplimiento del tiempo, Dios envió a su Hijo ...» (Gá. 4:4). Aquí hay una aplicación referida a la segunda venida de Cristo: «En los postreros días vendrán burladores...diciendo ¿Dónde está la promesa de su advenimiento?» (Cp. 2 P. 3:3-18.)

ESTUDIO A FONDO 2

(1:16) *Cristo—Mesías: véase* Estudio a fondo 2—Mt. 1:18.

ESTUDIO A FONDO 3

(1:16) *Nacimiento de Jesús—Hijo de Dios:* note cómo cambia la expresión «el cual engendró». Jesús nació de María. [Pero no de José. José era esposo de María, pero Jesús no nació de José. Jesús nació del Espíritu Santo por medio de María.

Esto acentúa un hecho vital: Jesús no nació de un hombre, sino del Espíritu Santo (*véanse* notas—Mt. 1:18; 1:23). Jesús fue divino, y sin embargo, humano por ser concebido en María. Jesús fue Dios —Hombre, totalmente Dios— totalmente hombre. El significado real de esto es que como Dios, tuvo la *capacidad de no pecar.* Desde Adán niguna otra persona tuvo esta capacidad, porque todo otro hombre tuvo un padre y una madre humanos, un padre y una madre contaminados con una naturaleza pecaminosa. Por eso, el hijo de un hombre nace con la misma naturaleza, una naturaleza que *no puede sino pecar.* Sin embargo, Jesucristo, como único Hijo engendrado por Dios mediante el Espíritu Santo, tuvo la capacidad de vivir una vida perfecta y justa. Tuvo la capacidad de no pecar nunca.

Sin embargo, Jesucristo, como hombre, también tuvo la capacidad de pecar. Sufrió la fuerza, la tensión y el dolor de la tentación como todos los hombres. Pudo haber *querido* pecar. (Para una mayor discusión *véase* nota—Jn. 6:38).

Pero aquí está esta gloriosa diferencia. Utilizó esta capacidad para no pecar nunca. Aprendió la obediencia por medio de las cosas que sufrió (He. 5:8). Nunca cedió a la tentación; nunca pecó (2 Co. 5:21). De esa manera llegó a ser el Hombre Perfecto e Ideal en quien todos los hombres hallan su salvación (*véanse* Estudio a fondo 3—Mt. 8:20; Estudio a fondo 2—Jn. 8:23). *Véase* Estudio a fondo 8—Mt. 1:23.)

El Espíritu mismo da testimonio a nuestro espíritu, de que somos hijos de Dios. Y si hijos, también herederos; herederos de Dios y coherederos con Cristo, si es que padecemos juntamente con él, para que juntamente con él seamos glorificados. Pues tengo por cierto que las aflicciones del tiempo presente no son comparables con la gloria venidera que en nosotros ha de manifestarse» (Ro. 8:15-18).

6 (1:17) *Historia espiritual:* la genealogía de Jesucristo simboliza generaciones de historia espiritual.

- El primer período de la historia de Israel puede simbolizar el *nacimiento de Israel por medio de Abraham* dado por Dios y el *otorgamiento de dominio por medio de David.*
- el segundo período puede simbolizar a Israel *perdiendo su dominio* y cayendo en esclavitud como resultado del juicio de Dios sobre el pecado.
- El tercer período de la historia de Israel puede simbolizar el *triunfo final* de Israel por medio del Mesías y de su poder liberador.

Estos períodos históricos también pueden simbolizar la *peregrinación espiritual* de toda persona salvada.

1. El hombre nació con el propósito de gobernar como rey.

«Entonces dijo Dios: Hagamos al hombre a nuestra imagen, conforme a nuestra semejanza; y *señoree* en los peces del mar, en las aves de los cielos, en las bestias, en toda la tierra, y en todo animal que se arrastra sobre la tierra. Y Creó Dios al hombre a su imagen, a imagen de Dios lo creó; varón y hembra los creó» (Gn. 1:26-27).

«Le hiciste señorear sobre las obras de tus manos; todo lo pusiste debajo de sus pies» (Sal. 8:6).

2. Sin embargo, el hombre perdió su derecho de señorear, al caer esclavo del pecado y ser juzgado por Dios.

«A la mujer dijo: Multiplicaré en gran manera los dolores en tus preñeces; con dolor darás a luz los hijos; y tu deseo será para tu marido, y él se enseñoreará de ti. Y al hombre dijo: Por cuanto obedeciste a la voz de tu mujer, y comiste del árbol que te mandé diciendo: No comerás de él; maldita será la tierra por tu causa; con dolor comerás de ella todos los días de tu vida. Espinos y cardos te producirá, y comerás plantas del campo. Con el sudor de tu rostro comerás el pan hasta que vuelvas a la tierra, porque de ella fuiste tomado; pues polvo eres, y al polvo volverás» (Gn. 3:16-19).

«Por cuanto todos pecaron, y están destituidos de la gloria de Dios» (Ro. 3:23).

«Por tanto, como el pecado entró en el mundo por un hombre [Adán], y por el pecado la muerte, así la muerte pasó a todos los hombres, por cuanto todos pecaron» (Ro. 5:12).

3. Ahora el hombre puede ser liberado y restaurado para cumplir su propósito original por Jesucristo, el Mesías.

«Porque de tal manera amó Dios al mundo, que ha dado a su Hijo unigénito, para que todo aquel que en él cree, no se pierda, mas tenga vida eterna» (Jn. 3:16).

«Mas Dios muestra su amor para con nosotros, en que siendo aún pecadores, Cristo murió por nosotros. Pues mucho más, estando ya justificados en su sangre, por él seremos salvos de la ira. Porque si siendo enemigos, fuimos reconciliados con Dios por la muerte de su Hijo, mucho más, estando reconciliados, seremos salvos por su vida» (Ro. 5:8-10).

«Pues no habéis recibido el espíritu de esclavitud para estar otra vez en temor, sino que habéis recibido el espíritu de adopción, por el cual clamamos: ¡Abba, Padre!

	B. Nacimiento divino de Jesús: eventos no usuales,[EF1] 1:18-25 (Lc.1:26-28; 2:1-7)		
1 Su nacimiento fue del Espíritu[EF2]	18 El nacimiento de Jesucristo fue así: Estando desposada María su madre con José, antes que se juntasen, se halló que había concebido del Espíritu Santo.	porque lo que en ella es engendrado, del Espíritu Santo es.	b. Para guiar: para que reciba a María por esposa
2 Su nacimiento causó una crisis		21 Y dará a luz un hijo, y llamarás su nombre JESÚS, porque él salvará a su pueblo de sus pecados.	c. Para explicar: el niño proviene del Espíritu
a. La crisis de José: María estuvo encinta antes de casarse[EF3]			d. Para revelar el destino del niño
b. Carácter y solución de José	19 José su marido, como era justo, y no quería infamarla, quiso dejarla secretamente.	22 Todo esto aconteció para que se cumpliese lo dicho por el Señor por medio del profeta, cuando dijo:	1) Su nombre: Jesús[EF5] 2) Su misión: salvar ...[EF6]
1) Un hombre justo		23 He aquí, una virgen concebirá y dará a luz un hijo, y llamarás su nombre Emanuel, que traducido es: Dios con nosotros.	**4 Su nacimiento fue un cumplimiento profético**[EF7]
2) Solución: No difamar a María[EF4]			
3 Su nacim. requirió una revelación especial	20 Y pensando él en esto, he aquí un ángel del Señor le apareció en sueños y le dijo: José, hijo de David, no temas recibir a María tu mujer,	24 Y despertando José del sueño, hizo como el ángel del Señor le había mandado, y recibió a su mujer.	a. Prediciendo su nacimiento virginal[EF8] b. Prediciendo su nombre Emanuel[EF9]
a. Para dar seguridad 1) De ser escogido 2) De no temer		25 Pero no la conoció hasta que dio a luz a su hijo primogénito; y le puso por nombre JESÚS.	**5 Su nacimiento operó una gran obediencia**

B. Nacimiento divino de Jesús: eventos no usuales, 1:18-25

(1:18-25) *Introducción:* la venida del Hijo de Dios al mundo fue uno de los acontecimientos más fenomenales de toda la historia. Necesitó y causó algunos eventos muy inusuales.

1. Su nacimiento fue del Espíritu (v. 18).
2. Su nacimiento causó una crisis (vv. 18-19).
3. Su nacimiento requirió una revelación especial (vv. 20-21).
4. Su nacimiento fue un cumplimiento profético (vv. 22-23).
5. Su nacimiento operó una gran obediencia (vv. 24-25).

ESTUDIO A FONDO 1

(1:18-25 *Jesucristo, nacimiento:* el nacimiento de Jesús fue uno de los eventos más convulsivos y perturbantes de toda la historia (cp. Lc. 2:1-24).

1. El hecho de que María estuviese encinta; la idea de que fuese una madre soltera (Mt. 1:18; Lc. 1:26ss.). ¿Quién de aquellos tiempos creería su historia? Se requería la voluntad de estar a la disposición de Dios sin importar la vergüenza y la opinión de la familia, los amigos y los vecinos.

2. El hecho de que José descubriera el embarazo de María (Mt. 1:19). El impacto del compromiso quebrantado por María y la vergüenza personal, eran más de lo que José podía soportar (Mt. 1:20). Ello requería la disposición de olvidarse completamente de sí mismo.

3. El hecho del niño, el Hijo de Dios mismo, nacido en un oloriento pesebre (Mt. 1:25; Lc. 2:1ss.). Hizo falta una disposición a la humildad.

4. El hecho de que la familia tenía que ser desarraigada y mudarse a un país extranjero, Egipto (Mt. 2:13ss.). Hizo falta una disposición a obedecer a cualquier precio.

5. La matanza de todos los niños menores de dos años (Mt. 2:16ss). La pesada carga de sentirse de alguna forma responsable seguramente atacaría a José y María. Hizo falta de parte de ellos una disposición a soportar cualquier cosa.

6. La visita de los hombres sabios mostró que las relaciones con naciones foráneas eran afectadas (Mt. 2:1ss). Hizo falta una disposición a soportar la presión de la responsabilidad y de las demandas causadas por el centro de atención.

7. El hecho de la conmoción de la casa de Herodes afectando traumáticamente las vidas de José y María (Mt. 2:7-8, 15-16, 22). Hizo falta una disposición a mantenerse firme contra todos los obstáculos.

[1] (1:18) *Jesucristo, nacimiento:* el nacimiento de Jesús fue del Espíritu. Nunca antes un hombre había nacido «del Espíritu Santo», en cambio Jesús sí. Solo se puede aceptar o rechazar aquí la evidencia de la Escritura. La Escritura es clara en lo que dice: «*Antes que se juntasen,* se halló que [María] había concebido del Espíritu Santo». Es un asunto de fe y confianza en el *Dios de amor* que

- es revelado en las Escrituras como cuidando del hombre con amor eterno y perfecto.
- está determinado a salvar al hombre de sus pecados (v. 21)
- causó el mayor evento de la historia humana: *Dios haciéndose uno con el hombre «Dios con nosotros»* (v. 23).

(Para la discusión y los versículos *véanse* Estudios a fondo 8, 9— Mt. 1:23; cp. Mt. 1:16, 18.)

ESTUDIO A FONDO 2

(1:18) *Cristo—Mesías:* la palabra para «Cristo» y «Mesías» es la misma: *christos.* Mesías es la palabra hebrea y Cristo es la palabra griega. Ambas palabras refieren a la misma Persona y significan lo mismo: *el Ungido.* El Mesías es *el Ungido* de Dios. Mateo dice que Jesús «es llamado Cristo» (Mt. 1:16); Es decir, es reconocido como *el Ungido* de Dios, el Mesías mismo.

En el tiempo de Jesucristo la gente anhelaba fervientemente la venida del Mesías largamente prometido. La carga de la vida era pesada, dura, la gente estaba empobrecida. Bajo el gobierno romano la gente sentía que Dios ya no podía esperar mucho más para cumplir su promesa. Tales anhelos de liberación hacían que el pueblo fuese fácil de engañar. Muchos se levantaron diciendo ser el Mesías llevando a los crédulos seguidores a la rebelión contra el estado romano. El insurgente Barrabás, que quedó libre en lugar de Jesús cuando Jesús fue juzgado, es un ejemplo (Mr. 15:6ss). (*Véanse* notas—Mt. 1:1; Estudio a fondo 2—3:11; notas—11:1-6;11:2-3; Estudio a fondo 1—11:5; Estudio a fondo 2—11:6; Estudio a fondo 1—12:16; 22:42; Lc. 7:21-23.)

Se pensaban diversas cosas acerca del Mesías:

1. Nacionalidad: Debía ser el líder, del linaje de David, que libraría al estado judío para establecerlo como una nación independiente y hacer de él la nación más grande del mundo que se haya conocido.

2. Militarmente: Debía ser un gran líder militar para llevar victoriosamente a los ejércitos judíos a todas partes del mundo.

3. Religiosamente: Debía ser una figura sobrenatural, venida directamente de Dios para traer justicia a toda la tierra.

4. Personalmente: Debía ser el que traería paz a todo el mundo.

En tres ocasiones diferentes Jesucristo aceptó el título de Mesías (Mt. 16:17; Mr. 14:61; Jn. 4:26). El nombre *Jesús* lo muestra como hombre. El nombre *Cristo* lo muestra como el ungido de Dios, el propio hijo de Dios mismo. *Cristo* es el título oficial de Jesús que lo identifica como:

- Profeta (Dt. 18:15-19. Para versículos y cumplimiento *véase* nota—Lc. 3:38).
- Sacerdote (Sal. 110:4. Para versículos y cumplimiento *véase*—Estudio a fondo 1—Lc. 3:32-38).
- Rey (2 S. 7:12-13. Para versículos y cumplimiento *véase* nota—Lc. 3:24-31).

Estos oficiales siempre eran ungidos con aceite, un símbolo del Espíritu Santo que ungiría perfectamente al Cristo, el Mesías (Mt. 3:16; Mr. 1:10-11; Lc. 3:21-22; Jn. 1:32-33).

2 (1:18-19) *José:* el nacimiento de Jesús causó una crisis. José se enfrentó con la crisis de su vida. Las palabras «como era justo, y no quería infamarla» denotan un espíritu profundamente atribulado. José estaba literalmente entre la espada y la pared, entre obedecer la ley (llevando a María a las autoridades) y su amor por ella. Luchó porque estaba perplejo, atribulado y desalentado. Su imaginación estaba fuera de control. Se sentía engañado, experimentando celos e ira. María había incurrido en libertinaje hacia él. Sin embargo, José se preocupaba por ella y la amaba profundamente. No quería herir a María. Quería divorciarse de ella en silencio y secretamente. (*Véanse* Estudio a fondo 3, *Desposar*—Mt. 1:18; Estudio a fondo 4, *Adulterio*—Mt. 1:19.)

Pensamiento 1. El nacimiento de Jesús es una crisis para todos. Imagínese las emociones y el dolor que José sintió al descubrir que María, su prometida, estaba encinta. ¡Imagínese los pensamientos que deben haber llenado su mente! ¡Qué crisis le causó a José el nacimiento de Jesús! El nacimiento de Jesús implica una crisis para todos porque ahora toda persona está obligada a tomar una decisión en cuanto a Cristo y *sus afirmaciones*.

Pensamiento 2. No hay lugar para el chisme ni para la censura entre el pueblo de Dios. En la mente de José el pecado de María era grande. Ella había cometido libertinaje contra él. Sin embargo, él se preocupaba por ella y la amaba de verdad. Fue precisamente su amor por ella lo que le ayudó en su comportamiento hacia ella: «El amor *cubrirá* multitud de pecados» (1 P. 4:8). Una persona que ama de verdad no puede sustentar una actitud de crítica, juicio o censura. La persona que ama no hablará, no dirá chismes ni criticará. Se apartará a solas con Dios para orar sobre el problema: tal como lo hizo José.

«No juzguéis, para que no seáis juzgados.

Porque con el juicio con que juzgáis, seréis juzgados, y con la medida con que medís, os será medido. ¿Y por qué miras la paja que está en el ojo de tu hermano, y no echas de ver la viga que está en tu propio ojo? ¿O cómo dirás a tu hermano: Déjame sacar la paja de tu ojo, y he aquí la viga en el ojo tuyo?» (Mt. 7:1-4).

«Hermano, si alguno fuere sorprendido en alguna falta, vosotros que sois espirituales, restauradle con espíritu de mansedumbre, considerándote a ti mismo, no sea que tú también seas tentado» (Gá. 6:1).

«Antes sed benignos unos con otros, misericordiosos, perdonándoos unos a otros, como Dios también os perdonó a vosotros en Cristo» (Ef. 4:32).

«Vestíos, pues, como escogidos de Dios, santos y amados, de entrañable misericordia, de benignidad, de humildad, de mansedumbre, de paciencia» (Col. 3:12).

«Y ante todo, tened entre vosotros ferviente amor; porque el amor cubrirá multitud de pecados (1 P. 4:8).

ESTUDIO A FONDO 3

(1:18) *Desposado, prometido:* el matrimonio judío implicaba tres pasos. (1) El compromiso. Generalmente los padres determinaban con quien se casaría un niño: frecuentemente lo hacían a muy temprana edad. (2) El desposamiento. En un momento determinado la pareja aceptaba o no el compromiso. Si lo aceptaban el desposamiento era inmediatamente vinculante. Después de ello se requería un divorcio legal. El desposamiento duraba un año. Cuando José descubrió el embarazo de María, ya estaban mutuamente unidos por el desposamiento. (3) El matrimonio. En él se consumaba la unión de la pareja. Es de notar que en el caso de José esta consumación no ocurrió sino hasta después del nacimiento de Jesús.

Pensamiento 1. Los creyentes no deben ser unidos de forma desigual. José era un hombre justo; María era mujer virtuosa. Ambos eran piadosos. Los creyentes deben ser cuidadosos al seleccionar su cónyuge matrimonial:

«No os unáis en yugo desigual con los incrédulos» (2 Co. 6:14).

Pensamiento 2. Es realmente sabio tomarse tiempo para confirmar la decisión del matrimonio. Es mejor demorar y estar seguro, que apresurarse y después lamentarse.

Pensamiento 3. Es sabio someterse a un tiempo de espera antes del matrimonio. Le da tiempo a Dios de fundir y moldear a la pareja en un solo ser espiritual; le da mucho más tiempo que un rápido matrimonio. También le da más tiempo a una pareja de crecer juntos antes del matrimonio. El haber crecido juntos durante un tiempo previene una multitud de angustias y mucho dolor.

ESTUDIO A FONDO 4

(1:19) *Adulterio—ley:* la ley decía que una virgen que anda en libertinaje y comete adulterio debía ser apedreada hasta morir (Dt. 22:23-24).

3 (1:20-21) *José—Hijo de David:* el nacimiento de Jesús requirió de una revelación especial. Note las palabras «pensando él en esto». José hizo exactamente lo que tenía que haber hecho: Se fue para estar a solas con Dios y atravesar su crisis en meditación y oración. Por su piadosa dependencia y obediencia, Dios suplió su necesidad. Dios le dio a José una revelación especial. El propósito de Dios era cuadruple.

1. Asegurarle a José. Cuando el ángel llamó a José «hijo de David», José se sintió impactado. Despertó a un glorioso llamado.

Como hijo de David fue escogido por Dios para ser el padre terrenal del ¡«Hijo de David», el Mesías! Todos los judíos conocían las profecías que decían que el Mesías tenía que ser del linaje de David. José las conocía; pero sentirse llamado como «José, hijo de David», despertó su atención y estuvo alerta para recibir un mensaje de extrema importancia. En cierta medida indicaba un llamamiento divino. Recuerde: José era solamente un humilde carpintero.

2. Para guiar a José.
3. Para explicar la crisis.
4. Para revelar el destino del niño prometido (véanse Estudios a fondo 5, 6— Mt. 1:21).

Pensamiento 1. Hay una forma correcta de confrontar las experiencias traumáticas. José demostró esa forma correcta de hacerlo. Se fue para estar a solas y «pensó en estas cosas» (v. 20). Siendo un hombre justo y piadoso se fue a estar a solas con Dios; compartió sus pensamientos con Dios. Probablemente lloró como un niño vaciando su alma delante de Dios. Los creyentes frecuentemente lloran cuando encaran pruebas terribles.

> «Porque no tenemos un sumo sacerdote que no pueda compadecerse de nuestras debilidades, sino uno que fue tentado en todo según nuestra semejanza, pero sin pecado. Acerquémonos, pues, confiadamente al trono de la gracia, para alcanzar misericordia y hallar gracia para el oportuno socorro» (He. 4:15-16).

> «Si permanecéis en mí, y mis palabras permanecen en vosotros, pedid todo lo que queréis, y os será hecho» (Jn. 15:7).

> «¿Está alguno entre vosotros afligido? haga oración. ¿Está alguno alegre? Cante alabanza» (Stg. 5:13).

> «Me invocará, y yo le responderé; con él estaré yo en la angustia; lo libraré y le glorificaré» (Sal. 91:15).

> «Y antes que clamen, responderé yo; mientras aún hablan, yo habré oído» (Is. 65:24).

Pensamiento 2. Hay una forma de conquistar el criticismo, las murmuraciones y las censuras. Es hacer lo que hizo José: apartarse, guardar silencio, y discutir, a solas con Dios, el asunto.

Pensamiento 3. Dios salió al encuentro de José cuando éste se tomó tiempo para estar a solas y pensar. Es esencial un correcto cuadro mental para oír y recibir el mensaje de Dios.

Pensamiento 4. El creyente que se aparta para estar a solas con Dios para pensar en los problemas que le confrontan, se encontrará con Dios. Dios dará seguridad y guía al creyente (Mt. 6:33; Fil. 4:6-7; Jn. 16:13; Ro. 8:13; He. 13:5).

Pensamiento 5. Uno tiene que decir «sí» al llamado de Dios. José recibió el llamado de Dios y lo aceptó y fue obediente. La mayoría de las personas rechazan el llamado de Dios.

> «Muchos son llamados, mas pocos escogidos» (Mt. 20:16).

Pensamiento 6. La vasta mayoría de las personas llamadas por Dios provienen de situaciones humildes. José era de condición humilde, y Cristo también.

> «Pues mirad, hermanos, vuestra vocación, que no sois muchos sabios según la carne, ni muchos poderosos, ni muchos nobles ... » (1 Co. 1:26-27).

Pensamiento 7. Su nombre fue *Jesús*. Dios escogió el nombre y dio instrucciones para que fuese llamado así. Toda persona debería conocer e invocar el nombre de «Jesús.».

Pensamiento 8. La misión de Jesús fue salvar. Dios le dio su misión, su propósito en la vida. Dios da la misión, el propósito para la vida de cada persona que mira a Dios como lo hizo Jesús.

> «Como el Hijo del Hombre no vino para ser servido, sino para servir, y dar su vida en rescate por muchos» (Mt. 20:28).

> «Porque el Hijo del Hombre vino a buscar y a salvar lo que se había perdido» (Lc. 19:10).

> «Entonces Jesús les dijo otra vez: Paz a vosotros. Como me envió el Padre, así también yo os envío» (Jn. 20:21).

ESTUDIO A FONDO 5

(1:21) *Jesús (iesous):* Salvador; el salvará. La forma hebrea es *Josué* (yasha), que significa que Jehová es salvación; él es el Salvador. La idea es de liberación, de ser salvado de algún terrible desastre que conduce a la muerte (cp. Jn. 3:16; Ro. 8:3; Gá. 1:4; He. 2:14-18; 7:25).

ESTUDIO A FONDO 6

(1:21) *Salvación—Jesucristo—misión:* la afirmación: «El salvará a su pueblo de sus pecados» está llena de significación. (*Véanse* bosquejo y notas—Hechos 2:37-40. Para mayor discusión *véase* también Estudio a fondo 1, *Salvación*—Ro. 1:16).

1. La palabra *salvar* o *salvación* significa librar (*véase* Estudio a fondo 1—1 Co. 1:18). Es Jesucristo, el Mesías prometido quien salva.

2. Las palabras «su pueblo» son significativas. Implica que no todas las personas son «su pueblo».
«Pero vosotros no creéis, porque no sois de mis ovejas, como os he dicho. Mis ovejas oyen mi voz, y yo las conozco, y me siguen» (Jn. 10:26-27).

3. Las palabras «de sus pecados» significan que Cristo salva a su pueblo de:
    *   el poder del pecado.
    *   de la esclavitud del pecado.
    *   de la culpa del pecado.
    *   de las consecuencias del pecado. (*Véanse* notas—Gá. 1:4-5; 4:4-7; He. 2:14-18; 7:25; Tit. 2:14.)

Note Ap. 14:4 donde se dice que Cristo redime a los creyentes «de entre los hombres [hombres mundanos]». Note también He. 7:26 donde dice que Cristo está «apartado de los pecadores». El creyente es llamado para estar apartado; para vivir lejos de, encima y sobre el pecado; para conquistar el pecado; para vivir con victoria sobre el pecado (Cp. 2 Co. 6:17-18; Ro. 12:2; 1 Jn. 2:15-16.)

4 (1:22-23) *Jesucristo—nacimiento:* el nacimiento de Jesús fue un cumplimiento de la profecía (*véase* Estudio a fondo 7—Mt. 1:22); *Introducción, Propósito*). Mateo acentúa especialmente dos profecías:

1. La profecía del nacimiento virginal (*véase* Estudio a fondo 8—Mt. 1:23).
2. La profecía de su nombre: Emanuel (*véase* Estudio a Fondo 9—Mt. 1:23).

ESTUDIO A FONDO 7

(1:22) *Profecía:* estos son los elementos básicos de la profecía: (1) Profecía es «la Palabra del Señor». No es la palabra del hombre. El futuro es revelado por Dios, no por el hombre. (2) El profeta no es sino un mensajero; no el autor del discurso. (3) La profecía tiene que cumplirse. Siempre se cumple.

ESTUDIO A FONDO 8

(1:23) *Jesucristo, nacimiento—Hijo de Dios:* note cuatro

cosas convincentes acerca del nacimiento virginal de Cristo (*véase* Estudio a fondo 3—Mt. 1:16; cp. Is. 7:14).

1. Note el gran interés y el gran esfuerzo de Mateo para destacar el nacimiento sobrenatural de Jesús. Dijo en forma muy específica: «El nacimiento de *Jesucristo* [no simplemente de Jesús, sino de Jesucristo, el Mesías] fue así».

    a. «María ... se halló que había concebido *del Espíritu Santo*» (v. 18).
    b. «Lo que en ella es engendrado, del *Espíritu Santo* es» (v. 20).
    c. «Todo esto aconteció para que se cumpliese .... He aquí, *una virgen* ... dará a luz un hijo» (vv. 22-23).
    d. «Llamarás su nombre Emanuel ... *Dios con nosotros*» (v. 23).

Primero, que las profecías del Antiguo Testamento fueron cumplidas en Jesucristo.

Segundo, que los judíos tenían que saber que Jesucristo había nacido de una virgen, especialmente aquellos que interpretaban mal las profecías del Antiguo Testamento y que no esperaban un nacimiento virginal del Mesías. Una de las infamias que tuvieron que enfrentar los primeros creyentes es que Jesús había nacido como hijo natural.

«Por tanto el Señor mismo os dará señal: He aquí que la *virgen* concebirá, y dará a luz un hijo, y llamará su nombre Emanuel» (Is. 7:14).

«Porque un niño nos es nacido, hijo nos es dado, y el principado sobre su hombro; y se llamará su nombre Admirable, consejero, Dios fuerte, Padre eterno, Príncipe de paz» (Is. 9:6).

«Y ahora concebirás en tu vientre, y darás a luz un hijo, y llamarás su nombre JESÚS» (Lc. 1:31).

«Y dio a luz a su hijo primogénito, y lo envolvió en pañales, y lo acostó en un pesebre, porque no había lugar para ellos en el mesón» (Lc. 2:7).

«Y aquel Verbo fue hecho carne, y habitó entre nosotros (y vimos su gloria, gloria como del unigénito del Padre), lleno de gracia y de verdad» (Jn. 1:14).

«Porque lo que era imposible para la carne, por cuanto era débil por la carne, Dios, enviando a su Hijo en semejanza de carne de pecado y a causa del pecado, condenó al pecado en la carne» (Ro. 8:3).

«Pero cuando vino el cumplimiento del tiempo, Dios envió a su Hijo, nacido de mujer y nacido bajo la ley, para que redimiese a los que estaban bajo la ley, a fin de que recibiésemos la adopción de hijos» (Gá. 4:4-5).

«El cual siendo en forma de Dios, no estimó el ser igual a Dios como cosa a que aferrarse, sino que se despojó a sí mismo, tomando forma de siervo, hecho semejante a los hombres» (Fil. 2:6-7).

«En esto conoced el Espíritu de Dios: todo espíritu que confiesa que Jesucristo ha venido en carne, es de Dios» (1 Jn. 4:2).

2. Nota la simple exclamación de María, mostrando impacto y asombro: «¿Cómo será esto? pues no conozco varón» (Lc. 1:34).

3. Nota el misterio de la vida, del que el hombre sabe tan poco.

«Como tú no sabes cuál es el camino del viento, o cómo crecen los huesos en el vientre de la mujer encinta, así ignoras la obra de Dios, el cual hace todas las cosas» (Ec. 11:5).

«Porque tú formaste mis entrañas; tú me hiciste en el vientre de mi madre. Te alabaré; porque formidables, maravillosas son tus obras; estoy maravillado, y mi alma lo sabe muy bien. No fue encubierto de ti mi cuerpo, bien que en oculto fui formado ... » (Sal. 139:13-15).

4. Nota el misterio de la piedad.

«E indiscutiblemente, grande es el misterio de la piedad: Dios fue manifestado en carne ... » (1 Ti. 3:16; cp. Gá. 4:4; 1 Jn. 1:1-3; Jn. 1:14).

«Así que, por cuanto los hijos participaron de carne y sangre, él también participó de lo mismo ... Porque ciertamente no socorrió a los ángeles, sino que socorrió a la descendencia de Abraham. Por lo cual debía ser en todo semejante a sus hermanos ... » (He. 2:14-17).

« ... En Cristo Jesús, el cual, siendo en forma de Dios ... tomando forma de siervo, hecho semejante a los hombres» (Fil. 2:5-7).

«Dios estaba en Cristo ... » (2 Cr. 5:19).

«El que me ha visto a mí, ha visto al Padre; ¿cómo, pues, dices tú: Muéstranos al Padre?» (Jn. 14:9).

«Le respondieron los judíos diciendo: Por buena obra no te apedreamos, sino por la blasfemia; porque tú, siendo hombre, te haces Dios» (Jn. 10:33).

ESTUDIO A FONDO 9

(1:23) *Jesús—Emanuel—Hijo de Dios:* Dios con nosotros. El es Dios manifestado en carne humana. La palabra «Emanuel» no es un nombre o título; es un término descriptivo. Es un término que caracteriza a una persona. Jesús es Emanuel: Dios con nosotros, Dios revelado en carne humana (cp. Is. 1:26; 9:6; Jn. 1:1, 14; 2 Co. 5:19; 1 Jn. 1:2).

5 (1:24-25) *Jesucristo, nacimiento—misericordia:* el nacimiento de Jesús operó una gran obediencia. José sencillamente obedeció a Dios. A pesar de la crisis—a pesar de la apariencia de las cosas— José obedeció. Hizo exactamente lo que Dios le dijo. ¡Imagínese cuán difícil debe haber sido! María estaba encinta, pero no estaban casados. ¿Cuánto había allí para el chisme? ¿Qué pensaban los vecinos? ¿Qué les dijeron José y María? ¿Creería la gente la historia de los ángeles y de un nacimiento virginal cuando dicha historia venía de dos personas que ellos conocían muy bien? ¡Qué situación! Sin embargo, José hizo exactamente lo que Dios le dijo, a pesar de todo. ¡Qué lección sobre una gran obediencia para todos los creyentes!

«El que tiene mis mandamientos, y los guarda, ése es el que me ama; y el que me ama, será amado por mi Padre, y yo le amaré, y me manifestaré a él» (Jn. 14:21).

«Si guardáreis mis mandamientos, permaneceréis en mi amor; así como yo he guardado los mandamientos de mi Padre, y permanezco en su amor ... Vosotros sois mis amigos, si hacéis lo que yo os mando» (Jn. 15:10, 14).

«Y aunque era Hijo, por lo que padeció aprendió la obediencia» (He. 5:8).

Pensamiento 1. José actuó como Dios quisiera que actúen los hombres.

1) Fue misericordioso, bueno y tierno hacia quien le había herido tanto.
2) Perdonó como alguien que ha sido perdonado. Tuvo la actitud que se requiere de los creyentes cuando un ser amado u otro creyente es hallado en pecado.

«Hermanos, si alguno fuere sorprendido en alguna falta, vosotros que sois espirituales, restauradle con espíritu de mansedumbre, considerándote a ti mismo, no sea que tú también seas tentado» (Gá. 6:1).

«Con toda humildad y mansedumbre, soportándoos con paciencia los unos a los otros en amor» (Ef. 4:2).

«Antes sed benignos unos con otros, misericordiosos, perdonándoos unos a otros, como Dios también os perdonó en Cristo» (Ef. 4:32).

CAPÍTULO 2

C. Reconocimiento de Jesús como Rey por parte de hombres sabios: una adoración inesperada, 2:1-11

1 Jesús nació en Belén[EF1] a. En los días de Herodes b. Vinieron hombres sabios a verlo[EF2] **2 Su pregunta inesperada: ¿dónde está el Rey recién nacido?** a. El viaje inusual b. Su propósito: adorar **3 La inesperada perturbación que causaron** a. Perturbaron a todos los habitantes de Jerusalén b. Perturbaron a Herodes:[EF3] sospechó una amenaza c. Perturbaron a los religiosos 1) Herodes los interrogó 2) Habían ignorado las Escrituras (hasta ahora)	**C**uando Jesús nació en Belén de Judea en días del rey Herodes, vinieron del oriente a Jerusalén unos magos, 2 diciendo: ¿Dónde está el rey de los judíos, que ha nacido? Porque su estrella hemos visto en el oriente, y venimos a adorarle. 3 Oyendo esto, el rey Herodes se turbó, y toda Jerusalén con él. 4 Y convocados los principales sacerdotes, y los escribas del pueblo, les preguntó dónde había de nacer el Cristo. 5 Ellos le dijeron: En Belén de Judea; porque así está escrito por el profeta: 6 Y tú, Belén, de la tierra de Judá, no eres la más

pequeña entre los príncipes de Judá; porque de ti saldrá un guiador, que apacentará a mi pueblo Israel. 7 Entonces Herodes, llamando en secreto a los magos, indagó de ellos diligentemente el tiempo de la aparición de la estrella; 8 y enviándolos a Belén, dijo: Id allá y averiguad con diligencia acerca del niño; y cuando le halléis, hacédmelo saber, para que yo también vaya y le adore. 9 Ellos, habiendo oído al rey, se fueron; y he aquí la estrella que habían visto en el oriente iba delante de ellos, hasta que llegando, se detuvo sobre donde estaba el niño. 10 Y al ver la estrella, se regocijaron con muy grande gozo. 11 Y al entrar en la casa, vieron al niño con su madre María, y postrándose, lo adoraron; y abriendo sus tesoros, le ofrecieron presentes: oro, incienso y mirra.	**4 Su misión inesperada: buscar al rey recién nacido** a. Su testimonio: la estrella b. Su orden: ir-buscar-encontrar **5 Su señal inesperada: la estrella volvió a guiarlos** **6 Su Rey inesperado: un humilde niño** a. Lo encontraron en una casa b. Lo adoraron c. Le dieron regalos

C. Reconocimiento de Jesús como Rey por parte de hombres sabios: una adoración inesperada, 2:1-11

(2:1-11) Introducción: no hubo nada usual o común relacionado al nacimiento y a la primera infancia de Jesucristo. Prácticamente cada uno de los acontecimientos fue inusual o anormal, totalmente inesperado. El hecho de ser el Hijo de Dios mismo, el hecho del nacimiento virginal, el anuncio de los ángeles, el hecho de nacer en un pesebre, y así la lista podría seguir. Lo inesperado sigue y trasciende la experiencia de los hombres sabios. Los hombres sabios son un cuadro de aquellos que buscan a Jesús. Buscando ellos a Jesús se sucedieron una y otra vez acontecimientos totalmente inesperados. Esto ocurre normalmente con quienes buscan a Jesús. Pero Dios es fiel. Si una persona está buscando realmente a Jesús, Dios toma los acontecimientos inesperados y los hace obrar para bien (Ro. 8:28). Dios lleva la persona a Jesús, cualesquiera sean las circunstancias y eventos, esperados o inesperados.

1. Jesús nació en Belén (v. 1).
2. Su pregunta inesperada: ¿Dónde está el Rey recién nacido? (v. 2).
3. La inesperada perturbación que causaron (vv. 3-6).
4. Su misión inesperada: buscar al rey recién nacido (vv. 7-8).
5. Su señal inesperada: la estrella volvió a guiarlos (vv. 9-10).
6. Su Rey inesperado: un humilde niño en un humilde entorno (v. 11).

1 *(2:1) Jesucristo, nacimiento:* Jesús nació en Belén. Veamos rápidamente tres hecho, dignos de atención.

1. Nació en Belén (*véase* Estudio a fondo 1, *Belén*—Mt. 2:1).
2. Nació durante el reino de Herodes el Grande.
3. Fue buscado por hombres sabios del oriente (*véase* Estudio a fondo 2, *Hombres sabios*—Mt. 2:1).

ESTUDIO A FONDO 1

(2:1) Belén: la ciudad estaba a solamente seis millas de Jerusalén. Su fama se basaba en dos hechos: (1) Había sido hogar y ciudad de David (1 S. 16:1; 17:12; 20:6); y (2) se había profetizado que sería la ciudad del nacimiento del Mesías (Mi. 5:2). Todos los judíos sabían esto, y quienes realmente creían en la venida del Mesías esperaban que viniese del linaje de David y que establecería un gobierno eterno (*véanse* nota— Mt. 1:1; Estudio a fondo 2—1:18).

ESTUDIO A FONDO 2

(2:1) Hombres sabios (magi): eran hombres del oriente (probablemente de Persia), emisarios de una o más naciones extranjeras que buscaban la verdad. Eran hombres influyentes, de estudio y autoridad, eran los científicos de aquellos días; estaban adiestrados en filosofía, ciencia, medicina y astrología. Se cree que eran de la orden sacerdotal de Persia, los ministros y consejeros de los gobernantes persas.

2 *(2:2) Buscar, Jesús:* la pregunta inesperada de los sabios: ¿Dónde está el Rey recién nacido? ¿Cómo sabían los sabios que había nacido el Rey de los judíos? No tenemos respuesta, pero hay otros dos hechos significativos.

1.   Tuvieron un viaje por demás inusual. Fueron guiados por una estrella. ¿Qué quiere decirse con «su estrella»? Nuevamente, no tenemos respuesta. Sin embargo, el v. 9 pareciera indicar que se trataba de alguna luz astronómica. Esto es lo que se sabe: haya sido lo que fuere, fue un milagro. Al menos en este sentido fue un milagro: Apareció en el momento exacto del nacimiento de Jesús; le apareció a hombres sabios gentiles, en otra nación, muy lejos de allí; la estrella los guió hasta Jerusalén donde iban a adorar a Jesús; apareció en el momento mismo en que supieron del Rey recién nacido; y volvió a aparecer con el propósito específico de guiarlos.

2.   Tenían un propósito por demás significativo: adorar al Rey recién nacido. Habían venido a rendir homenaje a un niño entendiendo que sería el Rey de los judíos. Esperaban lo que cualquier extranjero habría esperado: que el niño fuese un hijo de algún rey en funciones en ese momento. Por supuesto, Jesús no lo era. Este hecho fue el que tanto perturbó a Herodes. Su conjetura fue la de cualquier otro monarca reinante: Existía un movimiento para derrocar al trono (véase nota—Mt. 2:3).

Pensamiento 1. ¿Dónde está Él? La misma pregunta tiene que ser formulada a toda persona, porque El ha venido y la mayoría no lo saben. ¿Por qué? Porque la mayoría está preocupada con su ego y con asuntos mundanales, con la ambición y las posesiones materiales, con lo físico y con la carne.

- «¿Dónde está Él?» Es totalmente inesperado que el mensaje viniera de los gentiles y paganos del mundo.
- «¿Dónde está Él?» Es totalmente inesperado que su propia gente no lo supiera.
- «¿Dónde está Él?» Es totalmente inesperado que los religiosos no lo supieran.

¡Qué lejos de Dios y cuánto se ha perdido el mundo, puesto que no sabe que Dios ha enviado a su verdadero Rey, su propio Hijo, al mundo!

«Porque de tal manera amó Dios al mundo, que ha dado a su Hijo unigénito, para que todo aquel que en él cree, no se pierda, mas tenga vida eterna» (Jn. 3:16).

«Respondió Natanael y le dijo: Rabí, tú eres el Hijo de Dios; tú eres el Rey de Israel» (Jn. 1:49).

«Le dijo entonces Pilato: ¿Luego, eres tú rey? Respondió Jesús: Tú dices que yo soy rey. Yo para esto he nacido, y para esto he venido al mundo, para dar testimonio a la verdad. Todo aquel que es de la verdad, oye mi voz» (Jn. 18:37).

«Por tanto, al Rey de los siglos, inmortal, invisible, al único y sabio Dios, sea honor y gloria por los siglos de los siglos. Amén» (1 Ti. 1:17).

«Lo dilatado de su imperio y la paz no tendrán límite, sobre el trono de David y sobre su reino, disponiéndolo y confirmándolo en juicio y en justicia desde ahora y para siempre. El celo de Jehová de los ejércitos hará esto» (Is. 9:7).

«Y le fue dado dominio, gloria y reino, para que todos los pueblos, naciones y lenguas le sirvieran; su dominio es dominio eterno, que nunca pasará, y su reino uno que no será destruido» (Dn. 7:14).

Pensamiento 2. «En el mundo estaba ... pero el mundo no lo conoció» (Jn. 1:10-11). ¿Cómo pudo Dios enviar a su Hijo al mundo y que el mundo no lo conozca? Con cuanta claridad ilustran los sabios la ceguera del mundo en cuanto a los asuntos eternos. Un hombre sabio es aquel que busca al Rey de los judíos.

3 (2:3-6) *Jesucristo, rechazado—religiosos:* la inesperada perturbación causada por los hombres sabios. Fueron los sabios quienes influyeron en los judíos, y no los judíos en los sabios. Peor aún, pocos judíos eran conscientes del nacimiento de su Rey. Imagínese la enorme anticipación de los hombres sabios a medida que en su viaje se acercaban a Jerusalén. Imagínese el impacto: nadie

sabía del Rey recién nacido—ni quien era, ni dónde estaba, no sabían nada de él.

Se mencionan a tres grupos en particular como perturbados. ¿Por qué estaban perturbados? Sencillamente no sabían nada de él; no sabían que su Rey ya había llegado.

1.   *Algunas personas* se perturbaron porque anticipaban su venida, pero esta no fue como ellos habían esperado. Esperaban un rey, no un humilde niño, no un Salvador que se entregaba a sí mismo (véase Estudio a fondo 2—Mt. 1:18). Otros sencillamente no creían; tenían menos motivos para preocuparse. Y otros no querían saber de un rey que podría perturbar sus vidas.

2.   *El gobierno* (representado por Herodes) estaba perturbado porque no quería un rey venido de Dios que podría amenazar la actual línea y forma de autoridad (véase Estudio a fondo 3—Mt. 2:3-4).

3.   *Algunos religiosos* estaban perturbados porque no querían que viniera un rey como había venido Jesús. Él y su forma de venir no se adaptaba a las creencias que ellos tenían. Otros no querían un rey diferente al que tenían. Se sentían cómodos en el mundo material y la religión humanista del mundo. Otros estaban tan absorbidos por sus asuntos religiosos y sus *negocios* que no tenían suficiente sensibilidad espiritual para ser conscientes de su venida. Aunque, después, algunos religiosos se volvieron a él (Hch. 6:7; 15:5; 18:8, 17).

Note que Mateo destaca la verdad que con demasiada frecuencia corresponde a nuestra generación: Los religiosos, precisamente la gente que debería saber acerca del Mesías recién nacido, ignoraban las Escrituras y sus profecías. El mundo (Herodes) tuvo que enviarlos apresuradamente a prestar atención a su mensaje.

«Porque el corazón de este pueblo se ha engrosado, y con los oídos oyen pesadamente, y han cerrado sus ojos; para que no vean con los ojos, y oigan con los oídos, y con el corazón entiendan, y se conviertan, y yo los sane» (Mt. 13:15).

«Ellos le dijeron: ¿Dónde está tu Padre? Respondió Jesús: Ni a mí me conocéis, ni a mi Padre; si a mí me conocieseis, también a mi Padre conoceríais» (Jn. 8:19).

«Porque los habitantes de Jerusalén y sus gobernantes, no conociendo a Jesús, ni las palabras de los profetas que se leen todos los días de reposo, las cumplieron al condenarle» (Hch. 13:27).

ESTUDIO A FONDO 3

(2:3-4) *Herodes el Grande:* un tirano sangriento. La historia secular registra que mató a muchos de sus propios familiares incluyendo a su esposa favorita (tuvo diez), al abuelo de ella, al hermano, y a alguno de sus propios hijos. En una ocasión dio muerte a todo el Sanhedrin, la junta gobernante del gobierno judío. En otra ocasión dio muerte a todos los notables de Jerusalén. Era una persona totalmente capaz del crimen que se menciona aquí. Cristo nació durante los años finales de su reinado que fue prolongado (37 a.C.–4 d.C). Este hecho muestra qué tirano sangriento realmente fue Herodes. ¡Imagínese solamente! No presenciaría cómo un rey infante heredaba el trono, incluso se sentía amenazado por los informes referidos al rey infante. Era un hombre poseído del mal. Sospechaba de todos, era salvaje, falso. Note que Herodes hizo matar a todos los niños, no solo de Belén, sino de «todos sus alrededores» (v. 16).

4 (2:7-8) *Hombres sabios:* la misión inesperada de los hombres sabios: tener que buscar al Rey recién nacido. Note el testimonio de los sabios respecto de la estrella. Los sabios habían testificado sin vergüenza alguna de lo sobrenatural, de la estrella que los había guiado a buscar al Rey recién nacido. Toda la ciudad había escuchado su testimonio, inclusive Herodes. Ahora se les encomendó ir y buscar y encontrar al niño. Ni el propio pueblo del *Rey recién nacido* era consciente de su venida. Los sabios nunca imaginaron que ellos tendrían que buscarlo.

Pensamiento 1. ¡Qué impacto! Algunas personas esperan «encontrar al rey recién nacido» *en las vidas* de quienes profesan ser pueblo de Dios, y no logran encontrarlo! Demasiadas veces son obligados a buscar en otra parte o a abandonar su búsqueda.

Pensamiento 2. Dios usó a un hombre malo, Herodes (sin que él lo supiera) para ayudar a los sabios en su búsqueda. Toda persona que busca al *Rey recién nacido* será guiada por Dios, y no importa a quien Dios usa para ayudar al que busca (*véase* bosquejo—Ro. 2:14-15).

5 (2:9-10) *Hombres sabios—buscar a Dios:* la señal inesperada de los sabios, la estrella, volvió a guiarlos. Aparentemente los sabios no esperaban que la señal sobrenatural aparezca de nuevo (v. 10). Habían buscado fielmente y habían hecho cuanto podían, y ahora proseguían. Dios honra tal esfuerzo. Dios suplió su necesidad (Is. 64:5). Pero note: Solamente los sabios salieron a buscar al Rey recién nacido. ¡Imagínese—Belén estaba a solamente seis millas al sur de Jerusalén!

> **Pensamiento.** Dios va a suplir la necesidad de toda persona que busca fielmente y hace cuanto puede, a la persona que prosigue y que se rehusa a abandonar. Pero cuán pocos le buscan hoy (2 Co. 6:2).
>
> > «Mas si desde allí buscares a Jehová tu Dios, lo hallarás, si lo buscares de todo tu corazón y de toda tu alma» (Dt. 4:29).
> >
> > «Buscad a Jehová mientras pueda ser hallado, llamadle en tanto que está cercano» (Is. 55:6).
> >
> > «Y me buscaréis y me hallaréis, porque me buscaréis de todo vuestro corazón» (Jer. 29:13).

6 (2:11) *Jesucristo, nacimiento—adoración:* el Rey inesperado de los sabios, un humilde niño en humildes condiciones. Encontraron al Rey infante en una casa. Sin duda los sabios *esperaban* que el niño fuese hijo de algún monarca en funciones, con todo el esplendor, riqueza y realeza del caso. Esperaban que fuese conocido de todos. ¡Qué distinto lo que encontraron: un niño de padres comunes en una casa humilde! Note: los sabios adoraron al Rey infante. Mateo registra que se inclinaron y adoraron al rey recién nacido. Nada dice de que hubiesen adorado a Herodes.

> > «Dad a Jehová la honra debida a su nombre; traed ofrenda, y venid delante de él; postraos delante de Jehová en la hermosura de su santidad» (1 Cr. 16:29).
> >
> > «Venid, adoremos y postrémonos; arrodillémonos delante de Jehová nuestro Hacedor» (Sal. 95:6).
> >
> > «Adorad a Jehová en la hermosura de la santidad; temed delante de él, toda la tierra» (Sal. 96:9).
> >
> > «Por lo cual Dios también le exaltó a los sumo, y le dio un nombre que es sobre todo nombre, para que en el nombre de Jesús se doble toda rodilla de los que están en los cielos, y en la tierra, y debajo de la tierra; y toda lengua confiese que Jesucristo es el Señor, para gloria de Dios Padre» (Fil. 2:9-11).

> **Pensamiento.** Dios no hace las cosas en la manera de los hombres (cp. 1 Cr. 1:26-31). El Rey nuevamente nacido no es es un salvador humanístico. Él es el *Salvador de Dios* que ha venido en la manera de Dios.
>
> > «Porque ya conocéis la gracia de nuestro Señor Jesucristo, que por amor a vosotros se hizo pobre, siendo rico, para que vosotros con su pobreza fueseis enriquecidos» (2 Co. 8:9).
> >
> > «Sino [Cristo] que se despojo a sí mismo, tomando forma de siervo, hecho semejante a los hombres; y estando en la condición de hombre, se humilló a sí mismo, haciéndose obediente hasta la muerte, y muerte de cruz» (Fil. 2:7-8).

1 Primer peligro: La conspiración de Herodes por encontrar a Jesús[EF1] (*Véase* Mt. 2:3-8,12)
a. Los sabios fueron milagrosamente advertidos
b. Los sabios obedecieron

2 Segundo peligro: el intento de Herodes por destruir a Jesús
a. José fue advertido milagrosamente a huir a Egipto

b. José obedeció

c. Las Escrituras se cumplieron.[EF2] La familia habitó en Egipto

d. Herodes masacró a los niños

D. Infancia de Jesús: encarando peligro tras peligro, 2:12-23

12 Pero siendo avisados por revelación en sueños que no volviesen a Herodes, regresaron a su tierra por otro camino.

13 Depués que partieron ellos, he aquí un ángel del Señor apareció en sueños a José y dijo: Levántate, y toma al niño y a su madre, y huye a Egipto, y permanece allá hasta que yo te diga; porque acontecerá que Herodes buscará al niño para matarlo.

14 Y él, despertando, tomó de noche al niño y a su madre, y se fue a Egipto, y estuvo allá hasta la muerte de Herodes;

15 para que se cumpliese lo que dijo el Señor por medio del profeta, cuando dijo: De Egipto llamé a mi Hijo.

16 Herodes entonces, cuando se vio burlado por los magos, se enojó mucho, y mandó matar a todos los niños menores de dos años que había en Belén y en todo sus alrededores, conforme al tiempo que había inquirido de los magos.

17 Entonces se cumplió lo que fue dicho por el profeta Jeremías, cuando dijo:

18 Voz fue oída en Ramá, grande lamentación, lloro y gemido; Raquel que llora a sus hijos, y no quiso ser consolada, porque perecieron.

19 Pero después de muerto Herodes, he aquí un ángel del Señor apareció en sueños a José

20 diciendo: Levántate, toma al niño ya su madre, y vete a tierra de Israel, porque han muerto los que procuraban la muerte del niño.

21 Entonces él se levantó, y tomó al niño y a su madre, y vino a tierra de Israel.

22 Pero oyendo que Arquelao reinaba en Judea en lugar de Herodes su padre, tuvo temor de ir allá; pero avisado por revelación en sueños, se fue a la región de Galilea,

23 y vino y habitó en la ciudad que se llama Nazaret, para que se cumpliese lo que fue dicho por los profetas, que habría de ser llamado nazareno.

e. La Escritura se cumplió: la predicción de la masacre de niños

3 Tercer peligro: Arquelao reinando en Judea
a. Milagrosamente José recibió instrucciones

b. Nuevamente José fue fue milagrosamente advertido: Arquelao, hijo de Herodes, era una amenza[EF3]

c. José obedeció
d. Las Escrituras se cumplieron: Jesús vivió en Nazaret[EF4]

D. Infancia de Jesús: encarando peligro tras peligro, 2:12-23

(2:12-23) *Introducción:* desde el principio, aún siendo un niño, Jesucristo encaró peligro tras peligro. Una y otra vez hubo intentos por apagar su vida, pero Dios lo libró y protegió milagrosamente a cada paso del camino. En la confrontación de estos peligros el creyentede aprender mucho de la protección y el cuidado de Dios. Dios cuida y protege a la persona que pone la vida bajo el cuidado suyo.

1. Primer peligro: la conspiración de Herodes por encontrar a Jesús (v. 12).
2. Segundo peligro: el intento de Herodes por destruir a Jesús (vv. 13-18).
3. Tercer peligro: Arquelao reinando en Judea (vv. 19-23).

ESTUDIO A FONDO 1

(2:12) *Herodes el Grande: véase* nota—Mt. 2:3-4.

[1] (2:12) *Protección—buscar a Dios:* el primer peligro fue la

conspiración de Herodes por encontrar a Jesús (cp. Mt. 2:3-8). Recuerde: Herodes se había perturbado sobremanera cuando oyó que el niño nacido estaba destinado a ser rey; por eso había enviado a los sabios a Belén para buscar al rey infante (cp. Mt. 2:3-3, 12). Es difícil imaginarse que alguien dañe a un niño, o que trate de matar a un niño, sin embargo, ello ocurre. (Note: este pasaje destaca que dos intentos de homicidio contra el niño Jesús fueron efectuados.)

1. Los sabios fueron milagrosamente advertidos por Dios. Pero note: Dios no les advirtió la conspiración de Herodes, sino hasta después de lograr su propósito: encontrar y adorar a Jesús.

Pensamiento. En algunas personas hay un enorme impulso por adorar a Dios. Los sabios tenían ese impulso. Tenían un impulso que los forzaba a adorar al rey recién nacido, y fueron totalmente fieles y diligentes en su búsqueda de él. Todo aquel que busca diligentemente al Hijo de Dios puede esperar un encuentro con Dios y la dirección de Dios. Dios salió al encuentro de los sabios y les advirtió el inminente peligro. Dios saldrá al encuentro de todo creyente que lo busca con diligencia, y dirigirá su camino.

«Para que busquen a Dios, si en alguna manera, palpando, puedan hallarle, aunque ciertamente no está lejos de cada uno de nosotros» (Hch. 17:27).

«Mas si de allí buscares a Jehová tu Dios, lo hallarás, si lo buscares de todo tu corazón y de toda tu alma» (Dt. 4:29).

«Yo amo a los que me aman, y me hallan los que temprano me buscan» (Pr. 8:17).

«Buscad a Jehová mientras puede ser hallado, llamadle en tanto que está cercano» (Is. 55:6).

«Y me buscaréis y me hallaréis, porque me buscaréis de todo vuestro corazón» (Jer. 29:13).

2. Los sabios obedecieron la advertencia de Dios. Prefirieron obedecer a Dios antes que a Herodes. Fueron por el camino indicado por Dios en vez de volver a Herodes. Por eso Dios los dirigió protegió.

Pensamiento. Dios dirige y protege las vidas de aquellos que lo ponen primero a él.

«Mas buscad primeramente el reino de Dios y su justicia, y todas estas cosas os serán añadidas» (Mt. 6:33).

«Y el Señor me librará de toda obra mala, y me preservará para su reino celestial. A él sea la gloria por los siglos de los siglos» (2 Ti. 4:18).

«Echando toda vuestra ansiedad sobre él, porque él tiene cuidado de vosotros» (1 P. 5:7).

«Porque los ojos de Jehová contemplan toda la tierra, para mostrar su poder a favor de los que tienen corazón perfecto para con él. Locamente has hecho en esto; porque de aquí en adelante habrá más guerra contra ti» (2 Cr. 16:9).

«El ángel de Jehová acampa alrededor de los que le temen, y los defiende» (Sal. 34:7).

«Con sus plumas te cubrirá, y debajo de sus alas estarás seguro; escudo y adarga es su verdad» (Sal. 91:4).

«No temas, porque yo estoy contigo; no desmayes, porque yo soy tu Dios que te esfuerzo; siempre te ayudaré, siempre te sustentaré con la diestra de mi justicia» (Is. 41:10).

2 (2:13-18) *Liberación—obediencia:* el segundo peligro fue el intento de Herodes de destruir a Jesús.

1. José fue advertido milagrosamente para huir a Egipto. Dios sabe todo y gobierna sobre todo. Dios conocía los pensamientos y el corazón de Herodes, pero aparentemente aparte de Dios nadie más lo conocía. La acción de Herodes sería tan terrible y malvada que no la compartió con nadie. Pero Dios la conocía, y actuó para proteger la vida de su Hijo.

No era inusual que los judíos huyeran a Egipto. Desde el comienzo de la historia judía muchas personas habían buscado refugio en Egipto tanto de la tiranía natural (hambruna) como de la del hombre (Gn. 12:10ss). Toda ciudad importante de Egipto tenía una numerosa población de refugiados judíos. Alejandría, la gran ciudad egipcia, tenía más de un millón de inmigrantes judíos.

Se puede ver la gracia de Dios en la traumática mudanza de José y María a Egipto. Dios los guía a huir a un país donde podrían radicarse con mayor facilidad y encontrar amigos. Se cree que Jesús estuvo entre seis a siete años en Egipto.

Pensamiento 1. El creyente puede descansar en la providencia y el conocimiento de Dios. Dios sabe todo; conoce cada peligro, amenaza, y prueba.

«Y no hay cosa creada que no sea manifiesta en su presencia; antes bien todas las cosas están desnudas y abiertas a los ojos de aquel a quien tenemos que dar cuenta» (He. 4:13).

«Dios ... sabe todas las cosas» (1 Jn. 3:20).

«¿No ve él mis caminos, y cuenta todos mis pasos?» (Job 31:4).

«Porque sus ojos están sobre los caminos del hombre, y ve todos sus pasos» (Job 34:21).

«Grande es el Señor nuestro, y de mucho poder;

y su entendimiento es infinito» (Sal. 147: 5).

Pensamiento 2. Hay creyentes *en Egipto* pero no son *de Egipto.* A lo largo de toda la Escritura Egipto es un tipo del mundo simbolizando esclavitud y prisión. Este símbolo de Egipto tiene muchas aplicaciones para el creyente.

1) Así como Jesucristo fue enviado a Egipto (el mundo) así los creyentes son enviados al mundo (Jn. 20: 21; 2 Co. 5:20).
2) Así como Jesucristo fue «llamado de Egipto» así los creyentes son llamados a salir del mundo.
   • Los creyentes son llamados a salir del mundo ahora.

   «Pero el que se une al Señor, un espíritu es con él. Huid de la fornicación. Cualquier otro pecado que el hombre cometa, está fuera del cuerpo; mas el que fornica, contra su propio cuerpo peca» (2 Co. 6:17-18).

   «No améis al mundo, ni las cosas que están en el mundo. Si alguno ama al mundo, el amor del Padre no está en él. Porque todo lo que hay en el mundo, los deseos de la carne, los deseos de los ojos, y la vanagloria de la vida, no proviene del Padre, sino del mundo» (1 Jn. 2:15-16).

   • Los creyentes son llamados a salir del mundo eternamente.

   «Porque yo ya estoy para ser sacrificado, y el tiempo de mi partida está cercano. He peleado la buena batalla, he acabado la carrera, he guardado la fe. Por lo demás, me está guardada la corona de justicia, la cual me dará el Señor, juez justo, en aquel día; y no sólo a mí, sino también a todos los que aman su venida» (2 Ti. 4:6-8).

   «Y de la manera que está establecido para los hombres que mueran una sola vez, y después de esto el juicio» (He. 9:27).

   «Estimada es a los ojos de Jehová la muerte de sus santos» (Sal. 116:15).

2. José obedeció. Note que José ignoraba totalmente el peligro, pero había sido obediente al llamado de Dios, un llamado por demás difícil de seguir, que le había causado una traumática crisis (Mt. 1:24-25). Por su obediencia dios lo libró del terrible peligro. Note que Dios tenía una doble expectativa.

a. Dios esperaba que José y María fuesen obedientes sin rezongar ni murmurar. José y María tenían dos buenos motivos para desalentarse y murmurar.
   • Este niño era de Dios, ¿entonces, por qué era preciso huir?
   • Habían sido escogidos para ser siervos muy especiales de Dios. ¿Porque los hacía atravesar Dios tanto dolor y trauma, siendo desarraigados, y teniendo que mudarse, y siendo perseguidos y amenazados de muerte? ¿Por qué no se hacía cargo Dios sencillamente de Herodes?

b. Dios esperaba que María y José creyesen sin preguntar y sin dudar. Y eso hicieron. José y María demostraron una gran fe, una gran confianza en Dios. Actuaron y obedecieron sin cuestionar nada.

   «Encomienda a Jehová tu camino, y confía en Él; y Él hará» (Sal. 37:5).

   «Los que teméis a Jehová, confiad en Jehová; él es vuestra ayuda y vuestro escudo» (Sal.115:11).

   «Fíate de Jehová de todo tu corazón, y no te apoyes en tu propia prudencia» (Pr. 3:5).

   «Confiad en Jehová perpetuamente, porque en Jehová el Señor está la fortaleza de los siglos» (Is. 26:4).

   «Respondiendo Jesús, les dijo: Tened fe en Dios» (Mr. 11:22).

Pensamiento. Dios libra a su siervo obediente.

«¿No se venden dos pajarillos por un cuarto? Con todo, ni uno de ellos cae a tierra sin vuestro Padre. Pues aun vuestros cabellos están todos contados. Así que, no temáis; más valéis vosotros que muchos pajarillos» (Mt. 10:29-31).

«Y el mundo pasa, y sus deseos; pero el que hace la voluntad de dios permanece para siempre» (1 Jn. 2:17).

«¡Quién diera que tuviesen tal corazón, que me temiesen y guardase todos los días todos mis mandamientos, para que a ellos y a sus hijos les fuere bien para siempre!» (Dt. 5:29).

«Amad a Jehová, todos vosotros sus santos; a los fieles guarda Jehová, y paga abundantemente al que procede con soberbia» (Sal. 31:23).

3.   La Escritura fue cumplida: la estadía de Jesús en Egipto. Su viaje y vida en Egipto fue paralela a la estadía de Israel (el pueblo de Dios) en Egipto. (*Véase* pt. 1 de la presente nota.)

4.   Herodes masacró a los niños. Hay algunas personas muy malas en el mundo, hombres malvados más allá de lo razonable, crueles, salvajes y sangrientos (Gá. 5:19-21; Ap. 21:8)); hombres que causan insoportable dolor (Mt. 2:18); hombres que son *totalmente* malvados, excesivamente malvados (Ec. 7:17).

El día de su justo juicio se acerca. Dios mostrará su ira contra todos los malos en aquel terrible día del juicio. Herodes será uno de aquellos que sufrirá el justo juicio de Dios.

«Y a vosotros que sois atribulados, daros reposo con nosotros, cuando se manifieste el Señor Jesús desde el cielo con los ángeles de su poder» (2 Ts. 1:7).

«Y de la manera que está establecido para los hombres que mueran una sola vez, y después de esto el juicio» (He. 9:27).

«De éstos también profetizó Enoc, séptimo desde Adán, diciendo: He aquí, vino el Señor con sus santas decenas de millares, para hacer juicio contra todos, y dejar convictos a todos los impíos de todas sus obras impías que han hecho impíamente, y de todas las cosas duras que los pecadores impíos han hablado contra él» (Jud. 14-15).

5.   La Escritura fue cumplida: la predicción de la masacre de los niños.

Pensamiento. Los creyentes deben esperar persecución. Jesús fue perseguido desde el comienzo mismo. Los intentos por hacer desaparecer a Jesús y a sus reclamos sobre la vida humana han continuado a lo largo de los siglos. Ahora los perseguidores se lanzan contra los seguidores de Jesús, contra los que viven y enseñan su Palabra.

«Porque a vosotros os es concedido a causa de Cristo, no sólo que creáis en él, sino también que padezcáis por él» (Fil. 1:29).

«Y también todos los que quieren vivir piadosamente en Cristo Jesús padecerán persecución» (2 Ti. 3:12).

«Amados, no os sorprendáis del fuego de prueba que os ha sobrevenido, como si alguna cosa extraña aconteciese, sino gozaos por cuanto sois participantes de los padecimientos de Cristo, para que también en la revelación de su gloria os gocéis con gran alegría» (1 P. 4:12-13).

ESTUDIO A FONDO 2

(2:15) *Jesús—profecía cumplida:* los acontecimientos de la niñez de Jesús son, declaradamente, un cumplimiento de la profecía.
1.   Su nacimiento en Belén (Mt. 2:5ss.; cp. Mi. 5).
2.   Su exilio en Egipto (Mt. 2:15ss.; cp. Os. 11:1).
3.   La matanza de los niños (Mt. 2:17-18ss.; cp. Jer. 31:15).
4.   Su residencia en Nazaret (Mt. 2:23ss.; cp. Is. 11:1).

3 (2:19-23) *Esperando en Dios—liberación:* el tercer peligro era

Arquelao reinando en Judea.

1.   José recibió milagrosamente instrucciones. La familia había estado alrededor de seis años en Egipto. Probablemente José y María habían preguntado a Dios si podían volver a casa (como lo hubiera hecho cualquier persona); sin embargo, nunca intentaron el retorno. Pacientemente esperaron las directivas de Dios; y por permanecer quietos en el lugar, obedeciendo a Dios, él obró y los dirigió en el momento correcto y milagrosamente.

Pensamiento 1. Los creyentes deberían esperar en Dios antes de actuar. Esperar en Dios es parte de la obediencia, y una y otra vez Dios dirige a la persona obediente (cp. Mt. 1:20-25; 2:13-14).

«Aguarda a Jehová; esfuérzate, y aliéntese tu corazón; sí, espera a Jehová» (Sal. 27:14).

«He aquí, como los ojos de los siervos miran a la mano de sus señores, y como los ojos de la sierva a la mano de su señora, así nuestros ojos miran a Jehová nuestro Dios» (Sal. 123:2).

«No digas: yo me vengaré; espera a Jehová y él te salvará» (Pr. 20:22).

«Pero los que esperan a Jehová tendrán nuevas fuerzas; levantarán alas como las águilas; correrán, y no se cansarán; caminarán, y no se fatigarán» (Is. 40:31).

«Tú, pues, vuélvete a tu Dios; guarda misericordia y juicio, y en tu Dios confía siempre» (Os. 12:6).

Pensamiento 2. Todos los hombres mueren. Herodes murió *a pesar* de su fama, riqueza y poder. Piense en la diferencia que establece la Escritura:

«Porque la paga del pecado es muerte, mas la dádiva de Dios es vida eterna en Cristo Jesús Señor nuestro» (Ro. 6:23; *véase* nota—He. 9:27).

2.   Nuevamente José fue advertido milagrosamente. Arquelao, hijo de Herodes, era una amenaza (*véase* Estudio a fondo 3—Mt. 2:22). Note que Dios guió a José paso a paso. Dios no le dijo desde el comienzo adónde ir; simplemente le dijo: «vete a la tierra de Israel» (v. 20). No fue sino hasta después de haber llegado a Israel que Dios le dijo ir a Nazaret (vv. 21-22).

Pensamiento 1. Los padres ejercen una enorme influencia sobre sus hijos. Note la influencia de Herodes sobre su hijo Arquelao (*véase* nota—Mt. 2:22).

«También él [Ocozías, de la casa de Acab] anduvo en los caminos de la casa de Acab, pues su madre le aconsejaba que actuase impíamente» (2 Cr. 22:3; cp. 1 R. 22:52).

«Antes se fueron tras la imaginación de su corazón, y en pos de los baales, según les enseñaron sus padres» (Jer. 9:14).

«Antes dije en el desierto a sus hijos: No andéis en los estatutos de vuestros padres, ni guardéis sus leyes, ni os contaminéis con sus ídolos. Yo soy Jehová vuestro Dios; andad en mis estatutos, y guardad mis preceptos, y ponedlos por obra» (Ez. 20:18-19).

«Así ha dicho Jehová: Por tres pecados de Judá, y por el cuarto, no revocaré su castigo; porque menospreciaron la ley de Jehová, y no guardaron sus ordenanzas, y les hicieron errar sus mentiras, en pos de las cuales anduvieron sus padres» (Am. 2:4).

«Ella [Herodías], instruida primero por su madre, dijo: Dame aquí en un plato la cabeza de Juan el Bautista» (Mt. 14:8).

Pensamiento 2. Dios guía al creyente paso por paso. Existen tres razones para ello.
1)   Mantiene al creyente cerca de Dios.
2)   Fortalece la fe del creyente.
3)   Evita que el creyente se desaliente viendo las pruebas que le esperan en el futuro.

«Porque este Dios es Dios nuestro eternamente y para siempre; él nos guiará aun más allá de la muerte» (Sal. 48:14).

«Me has guiado según tu consejo, y después me recibirás en gloria» (Sal. 73:24).

«Fíate de Jehová de todo tu corazón, y no te apoyes en tu propia prudencia. Reconócelo en todos tus caminos, y él enderezará tus veredas» (Pr. 3:5-6).

«Entonces tus oídos oirán a tus espaldas palabra que diga: Este es el camino, andad por él; y no echéis a la mano derecha, ni tampoco torzáis a la mano izquierda» (Is. 30:21).

«Ahora, así dice Jehová, Creador tuyo, oh Jacob, y Formador tuyo, oh Israel: No temas, porque yo te redimí; te puse nombre, mío eres tú. Cuando pases por las aguas, yo estaré contigo; y si por los ríos, no te anegarán. Cuando pases por el fuego, no te quemará, ni la llama arderá en ti» (Is. 43:1-2).

«Vosotros sois mis testigos, dice Jehová, y mi siervo que yo escogí, para que me conozcáis y creáis, y entendáis que yo mismo soy; antes de mí no fue formado Dios, ni lo será después de mí» (Is. 43:10).

3. Otra vez, José obedeció. Era un hombre que andaba en obediencia, una y otra vez (Mt. 1:24-25; 2:14, 21, 22).

4. Nuevamente fueron cumplidas las Escrituras. Jesús vivió en Nazaret (*véase* Estudio a fondo 4—Mt. 2:23). Las Escrituras del Antiguo Testamento fueron cumplidas en Cristo (*véase* Estudio a fondo 2—Mt. 2:15). Los judíos eran al mismo tiempo los receptores y los encargados de la Palabra de Dios (la revelación) a lo largo de la historia del Antiguo Testamento: «Porque nunca la profecía fue traída por voluntad humana, sino que los santos hombres de Dios hablaron siendo inspirados por el Espíritu Santo» (2 P. 1:21. *Véase* Estudio a fondo 1—Jn. 4:22). Estaban familiarizados con las profecías que anunciaban la venida del Mesías. De manera que Mateo destaca una y otra vez que «Jesús, llamado el Cristo» cumple las profecías del Antiguo Testamento.

Pensamiento 1. No es deshonra venir de un hogar humilde y de una ciudad pequeña. Todas las cosas relacionadas a la familia e infancia de Jesús eran de condición humilde: sus padres (*véase* nota—Lc. 2:24); su hogar (Mt. 2:11); su ciudad natal, Nazaret (Jn. 1:46).

Pensamiento 2. El creyente puede estar seguro de que Jesús es el auténtico Mesías.

«Este halló primero a su hermano Simón, y le dijo: Hemos hallado al Mesías (que traducido es, el Cristo)» (Jn. 1:41).

«Felipe halló a Natanael, y le dijo: Hemos hallado a aquel de quien escribió Moisés en la ley, así como los profetas: a Jesús, el hijo de José, de Nazaret» (Jn. 1:45).

«Respondió Natanael y le dijo: Rabí, tú eres el Hijo de Dios; tú eres el Rey de Israel» (Jn. 1:49).

«Le dijo la mujer: Sé que ha de venir el Mesías, llamado el Cristo; cuando él venga nos declarará todas las cosas. Jesús le dijo: Yo soy, el que habla contigo» (Jn. 4:25-26).

«Y nosotros hemos creído y conocemos que tú eres el Cristo, el Hijo del Dios viviente» (Jn. 6:69).

«Le dijo Jesús: Yo soy la resurrección y la vida; el que cree en mí aunque esté muerto, vivirá. Y todo aquel que vive y cree en mí, no morirá eternamente. ¿Crees esto? Le dijo: Sí, Señor; yo he creído que tú eres el Cristo, el hijo de Dios, que has venido al mundo» (Jn. 11:25-27).

«Y yendo por el camino, llegaron a cierta agua, y dijo el eunuco: Aquí hay agua; ¿qué impide que yo sea bautizado? Felipe dijo: Si crees de todo corazón, bien puedes. Y respondiendo, dijo: Creo que Jesucristo es el hijo de Dios» (Hch. 8:36-37).

ESTUDIO A FONDO 3

(2:22) *Arquelao:* fue el hijo de Herodes el Grande que llegó a ser rey sobre Judea después que murió Herodes. Siguió en los pasos de su padre: fue un tirano cruel, sanguinario. Enseguida después de subir al trono Arquelao hizo matar a más de tres mil de los judíos más influyentes.

ESTUDIO A FONDO 4

(2:23) *Nazaret:* la ciudad natal de los padres de Jesús, José y María, y de la infancia y juventud de Jesús. Hubo al menos dos ventajas para Jesús el hecho de crecer en Nazaret.

1. Era una ciudad tranquila, carente de fama, apropiada para una comunidad y vecindad estrecha, adecuada para la contemplación en quietud.

2. Era una ciudad que también estaba en contacto con la vida moderna y los acontecimientos mundiales de aquel entonces. Dos de las mayores rutas mundiales pasaban, al alcance de la vista, por las colinas que rodeaban la ciudad: la ruta que se extendía entre Roma y el norte de Africa (Norte y Sur), y la ruta que corría entre las grandes ciudades del este y oeste. Es posible imaginarse a Jesús parado en las colinas, observando (tal vez incluso encontrando) a algunos de los viajeros y caravanas que usaban las rutas principales al cruzar el mundo. Tuvo oportunidad de observar y estudiar la naturaleza y el trato de todo tipo de personas y toda clase de nacionalidades al hacer uso de las rutas principales. Cuántas veces debe haber sufrido su corazón ycuántas veces debe haber llorado como niño sobre un mundo perdido, un mundo que necesitaba ser hallado.

CAPÍTULO 3

II. PREPARATIVOS PARA LA VENIDA DEL MESÍAS, 3:1— 4:11

A. El antecesor de Jesús, Juan el Bautista: un mensaje para todos, 3:1-12
(cp. Mr. 1:1-8; Lc. 3:1-20; Jn. 1:6-8, 15-37)

1 Juan ministró en el desierto

2 Su mensaje al pueblo: arrepentíos, el reino de los cielos está cerca
  a. Su mensaje cumplía la profecía: un clamor, «Preparaos»

  b. Su mensaje fue el de un profeta: vestía y comía como profeta

  c. Su mensaje fue fructífero
    1) Reunió multitudes

    2) Las multitudes confesaron y fueron bautizadas

3 Su mensaje a los religiosos, a fariseos y saduceos[EF1]
  a. Punto 1: Huid de la ira venidera

  b. Punto 2: Arrepentíos

  c. Punto 3: La herencia carece de valor

  d. Punto 4: El juicio está cerca
    1) Inmediata: ahora
    2) Inevi: todo árbol sin fruto se echa al fuego
    3) Base: frutos

4 Su mensaje para todos: Cristo— predicación mesiánica
  a. Cristo es mayor ...
  b. Cristo bautizará ...[EF2]

  c. Cristo juzgará y purgará
    1) Algunos serán reunidos
    2) Algunos quemados

En aquellos días vino Juan el Bautista predicando en el desierto de Judea,

2 y diciendo: Arrepentíos, porque el reino de los cielos se ha acercado.

3 Pues éste es aquel de quien habló el profeta Isaías, cuando dijo: Voz del que clama en el desierto. Preparad el camino del Señor. Enderezad sus sendas.

4 Y Juan estaba vestido de pelo de camello, y tenía un cinto de cuero alrededor de sus lomos; y su comida era langostas y miel silvestre.

5 Y salía a él toda Jerusalén, y toda Judea, y toda la provincia de alrededor del Jordán,

6 y eran bautizados por él en el Jordán, confesando sus pecados.

7 Al ver él que muchos de los fariseos y de los saduceos venían a su bautismo, les decía: ¡Generación de víboras! ¿Quién os ha enseñado a huir de la ira venidera?

8 Haced, pues, frutos dignos de arrepentimiento,

9 y no penséis decir dentro de vosotros mismos: A Abraham tenemos por padre; porque yo os digo que Dios puede levantar hijos a Abraham aun de estas piedras.

10 Y ya también el hacha está puesta a la raíz de los árboles; por tanto, todo árbol que no da buen fruto es cortado y echado en el fuego.

11 Yo a la verdad os bautizo en agua para arrepentimiento; pero el que viene tras mí, cuyo calzado yo no soy digno de llevar, es más poderoso que yo; él os bautizará en Espíritu Santo y fuego.

12 Su aventador está en su mano, y limpiará su era; y recogerá su trigo en el granero, y quemará la paja en fuego que nunca se apagará.

II. PREPARATIVOS PARA LA VENIDA DEL MESÍAS, 3:1—4:11

A. El antecesor de Jesús, Juan el Bautista: un mensaje para todos, 3:1-12

(3:1-12) *Introducción:* Juan el Bautista fue un asombroso ejemplo para todo ministro y creyente del evangelio. Su mensaje es un mensaje para todos; habla tanto a la persona común como al religioso.

1. Trasfondo: Juan ministró en el desierto (v. 1).
2. Su mensaje al pueblo: arrepentíos, el reino de los cielos está cerca (vv. 2-6).
3. Su mensaje a los religiosos, a fariseos y saduceos (vv. 7-10).
4. Su mensaje para todos: Cristo—predicación mesiánica (vv. 11-12).

(3:1-12) *Juan el Bautista, mensaje:* el mensaje predicado por Juan el Bautista puso acento en trece puntos.

1. Arrepentimiento (v. 2).
2. El reino de los cielos (v. 2).
3. Preparación, porque el Señor está viniendo (v. 3).
4. Huir de la ira venidera (v. 7).
5. Llevar fruto (v. 8).
6. No dejarse engañar por los méritos de una herencia piadosa (v. 9).
7. Reconocer el poder de Dios (v. 10).
8. El juicio está cerca (v. 10).
9. Se demandan frutos: ahora (v. 10).
10. Todo aquel que lleva fruto malo es condenado (v. 10).
11. Arrepentimiento: bautismo con agua por el hombre (v. 11).
12. Arrepentimiento: bautismo con el Espíritu Santo y con fuego (v. 11).
13. El Mesías separará el trigo de la cizaña (v. 12).

1 (3:1) *Judea, desierto de:* Juan ministró en el desierto. No era una zona desolada, como otros desiertos. Era como una provincia con al menos seis ciudades esparcidas en ella, probablemente comunidades o villas pequeñas. Fue en esta zona del país, el desierto de Judea, donde apareció con su clamor destellante pidiendo arrepentimiento; el largamente esperado Mesías estaba cerca (*véase* Estudio a fondo 2—Mt. 1:18).

Pensamiento 1. Dios utiliza el desierto (lugares de quietud) para preparar y lanzar el ministerio de los hombres. La quietud es esencial: «Estad quietos y conoced que yo soy Dios» (Sal. 46:10). La meditación es esencial (Gn. 24:63; Jos. 1:8; Sal. 1:2; 63:6; 77:12; 119:15; 78; 119:23, 48, 148; 143:5; 1 Ti. 4:15).

Pensamiento 2. Los creyentes nunca están solos, no importa cuán escondidos se encuentren. Dios está allí. El se revelará y se manifestará a si mismo allí donde están los creyentes; utilizará al creyente del lugar como testigo de su nombre.

Pensamiento 3. El evangelio comenzó en un desierto, no en una sinagoga ni en un templo ni en una iglesia (cp. Is. 32:15; 35:1-2; 51:18-19).

Pensamiento 4. Dios tiene un lugar de servicio para cada creyente. El lugar de Juan era el desierto; el de Cristo en las ciudades y las sinagogas tanto como en los campos. Los creyentes deberían testificar y los profetas predicar donde quiera que estén, en el desierto o en la ciudad.

2 (3:22-6) *Predicar—evangelio—ministros:* el mensaje de Juan al pueblo: arrepentíos, el reino de los cielos está cerca.

1. El mensaje de Juan cumplía la profecía. Hacía cuatrocientos años que se había levantado un profeta en Israel. Malaquías fue el último. La aparición de Juan causó un estruendoso impacto. (Cp. Is. 40:3; 1 R. 18:21; 2 R. 1:8; Mal. 3:1; 4:5. *Véanse* notas—Jn. 1:19, 20-22.) Juan predicó el evangelio a todos; tanto al público en general como a los religiosos. Nadie quedó excluido del evangelio (vv. 2-6; 7-10; 11-12). Su mensaje incluyó tres puntos.

    a. Arrepentimiento (para la discusión *véase* nota, *Arrepentimiento*—Mt. 4:17).

        «Os digo: No; antes si no os arrepentís, todos pereceréis igualmente» (Lc. 13:3).

        «Pedro les dijo: Arrepentíos, y bautícese cada uno de vosotros en el nombre de Jesucristo para perdón de los pecados; y recibiréis el don del Espíritu Santo» (Hch. 2:38).

        «Así que, arrepentíos y convertíos, para que sean borrados vuestros pecados; para que vengan de la presencia del Señor tiempos de refrigerio» (Hch. 3:19).

        «Arrepiéntete, pues, de tu maldad, y ruega a Dios, si quizá te sea perdonado el pensamiento de tu corazón» (Hch. 8:22).

        «Si se humillare mi pueblo, sobre el cual mi nombre es invocado, y oraren, y buscaren mi rostro, y se convirtieren de sus malos caminos; entonces yo oiré desde los cielos, y perdonaré sus pecados, y sanaré su tierra» (2 Cr. 7:14).

        « ... vuélvase a Jehová, el cual tendrá de él misericordia, y al Dios nuestro, el cual será amplio en perdonar» (Is. 55:7).

        «Mas el impío, si se apartare de todos sus pecados que hizo, y guardare todos mis estatutos e hiciere según el derecho y la justicia, de cierto vivirá; no morirá» (Ez. 18:21).

        «Echad de vosotros todas vuestras transgresiones con que habéis pecado, y haceos un corazón nuevo y un espíritu nuevo. ¿Por qué moriréis, casa de Israel?» (Ez. 18:31).

    b. El reino de los cielos está cerca. Juan quiso decir dos cosas.

      1) El reino es *del Señor.* Él es el soberano Señor del reino de los cielos. Su venida es ahora; está inmediatamente con nosotros. Por eso, su reino o soberano gobierno es ahora. Arrepentíos y preparaos para su soberano gobierno.

      2) El reino es *del cielo.* Es de otro mundo, de otra dimensión del ser. No pertenece a esta tierra. Es espiritual: no es físico, no es algo que nosotros vemos, miramos y manejamos. El reino del Señor, que viene, es «el reino *de*

los cielos», no el reino de este mundo. Solamente el Señor puede traer el reino a esta tierra. El reino de Dios, no del hombre. (Para más discusión *véase* Estudio a fondo 3—Mt. 19:23-24.)

        «Bienaventurados los pobres en espíritu, porque de ellos es el reino de los cielos» (Mt. 5:3; cp. Mt. 25:34-35).

        «Después que Juan fue encarcelado, Jesús vino a Galilea predicando el evangelio del reino de Dios, diciendo: El tiempo se ha cumplido, y el reino de Dios se ha acercado; arrepentíos, y creed en el evangelio» (Mr. 1:14-15).

        «Así también vosotros, cuando veáis que suceden estas cosas, sabed que está cerca el reino de Dios» (Lc. 21:31).

        «Respondió Jesús y le dijo: De cierto, de cierto te digo, que el que no naciere de nuevo, no puede ver el reino de Dios» (Jn. 3:3).

        «Confirmando los ánimos de los discípulos, exhortándoles a que permaneciesen en la fe, y diciéndoles: Es necesario que a través de muchas tribulaciones entremos en el reino de Dios» (Hch. 14:22).

        «Porque el reino de Dios no es comida ni bebida, sino justicia, paz y gozo en el Espíritu Santo» (Ro. 14:17).

        «Porque el reino de Dios no consiste en palabras, sino en poder» (1 Co. 4:20).

    c. Toda persona está aludida por: «Preparad el camino del Señor» (v. 3).

        «Voz que clama en el desierto: Preparad camino a Jehová; enderezad calzada en la soledad a nuestro Dios» (Is. 40:3).

        «Prepárate para venir al encuentro de tu Dios, oh Israel» (Am. 4:12).

        «Sembrad para vosotros en justicia, segad para vosotros en misericordia; haced para vosotros barbecho; porque es el tiempo de buscar a Jehová, hasta que venga y os enseñe justicia» (Os. 10:12).

        «Por eso pues, ahora, dice Jehová, convertíos a mí con todo vuestro corazón, con ayuno y lloro y lamento. Rasgad vuestro corazón, y no vuestros vestidos, y convertíos a Jehová vuestro Dios; porque misericordioso es y clemente, tardo para la ira y grande en misericordia, y que se duele del castigo» (Jl. 2:12-13).

        «Pero en una casa grande, no solamente hay utensilios de oro y de plata, sino también de madera y de barro; y unos son para usos honrosos, y otros para usos viles. Así que, si alguno *se limpia* de estas cosas, será instrumento para honra, santificado, útil al Señor, y dispuesto para toda buena obra» (2 Ti. 2:20-21).

        «Por tanto, también vosotros estad preparados; porque el Hijo del Hombre vendrá a la hora que no pensáis» (Mt. 24:44).

        «Velad, pues, porque no sabéis cuándo vendrá el señor de la casa; si al anochecer, o a la medianoche, o al canto del gallo, o a la mañana» (Mr. 13:35).

Pensamiento 1. El clamor del profeta es:
1) La justicia del hombre es inadecuada; por eso se requiere arrepentimiento.
2) El mundo actual es un mundo inadecuado; por es necesario el reino de los cielos.
3) La vida que el hombre ha preparado para el Señor es inadecuada; por eso tiene que preparar el camino para el Señor.

Pensamiento 2. Dios levanta a su siervo, su testigo, su

profeta, y lo hace a su tiempo (v. 3). Cada creyente (testigo y profeta) es escogido por Dios. Dios escogió y ordenó al creyente desde antes de la fundación del mundo. Tal vez su nombre no haya sido predicho en las páginas y profecías de la Escritura, pero ha sido concebido (predestinado) en la mente y en el preconocimiento de Dios. Esta gloriosa verdad debería provocar confianza y un sentido de responsabilidad en el creyente (v. 3. *Véanse* bosquejo y notas—Ro. 8:28-30; Ef. 1:4; 1:5-6). Estas dos notas del pie de página tocan el corazón fuertemente con esta gloriosa verdad: «No me elegisteis vosotros a mí, sino que yo os elegí a vosotros, y os he puesto para que vayáis y llevéis fruto» Jn. 15:16).

Pensamiento 3. La predicación tiene que ser dirigida a la gente, no declamada ante ella. Tiene que ser afirmativa, autoritativa y positiva; no incierta ni negativa. El evangelio no está abierto a la discusión; no es simplemente una de muchas posibilidades; el evangelio es la verdad de Dios (vv. 2-3,6, 7-12).

> «Porque de tal manera amó Dios al mundo, que ha dado a su Hijo unigénito, para que todo aquel que en él cree, no se pierda, mas tenga vida eterna» (Jn. 3:16).
>
> «Por eso os dije que moriréis en vuestros pecados; porque si no creéis que yo soy, en vuestros pecados moriréis» (Jn. 8:24).
>
> «Y en ningún otro hay salvación; porque no hay otro nombre bajo el cielo dado a los hombres, en que podamos ser salvos» (Hch. 4:12).
>
> «Porque nadie puede poner otro fundamento que el que está puesto, el cual es Jesucristo» (1 Co. 3:11).

2. Su mensaje fue el de *un profeta*: vestía y comía como profeta (v. 4).

> «Y ellos le respondieron: Un varón que tenía vestido de pelo, y ceñía sus lomos con un cinturón de cuero. Entonces él dijo: Es Elías tisbita» (2 R. 1:8).
>
> «Sucederá que en aquel tiempo, que todos los profetas se avergonzarán de su visión cuando profetizaren; ni nunca más vestirán el manto velloso para mentir» (Zac. 13:4).
>
> «Esto comeréis de ellos: la langosta según su especie, el langostín según su especie, el argol según su especie, y el hagab según su especie» (Lv. 11:22).

Pensamiento 1. El creyente tiene que ser disciplinado y vivir moderadamente (v. 4. *Véase* nota—Lc. 9:23; cp. Ro. 12:1).

> «Y decía a todos: si alguno quiere venir en pos de mí, niéguese a sí mismo, tome su cruz cada día, y sígame» (Lc. 9:23).
>
> «Porque si vivís conforme a la carne, moriréis; mas si por el Espíritu hacéis morir las obras de la carne, viviréis» (Ro. 8:13).
>
> «Así que, hermanos, os ruego por las misericordias de Dios, que presentéis vuestros cuerpos en sacrificio vivo, santo, agradable a Dios, que es vuestro culto racional» (Ro. 12:1).
>
> «Pero los que son de Cristo han crucificado la carne con sus pasiones y deseos» (Gá. 5:24).

Pensamiento 2. La vestimenta y los hábitos del creyente deben estar adaptados a satisfacer las necesidades de su gente (v. 4).

> «Me he hecho a los judíos como judío, para ganar a los judíos; a los que están sujetos a la ley (aunque yo no esté sujeto a la ley) como sujeto a la ley, para ganar a los que están sujetos a la ley; a los que están sin ley, como si yo estuviera sin ley (no estando yo sin ley de Dios, sino bajo la ley de Cristo), para ganar a los que están sin ley. Me he hecho débil a los débiles, para ganar a los débiles; a todos me he hecho de todo, para que de todos modos salve a algunos» (1 Co. 9:20-22).

3. El mensaje de Juan fue fructífero. Las multitudes se juntaban para escuchar su predicación *y confesaban sus pecados y eran bautizados* (vv. 5-6).

Pensamiento 1. El mundo debe oír, respetar y responder al mensajero de Dios (vv. 5-6).

Pensamiento 2. Dios perdona el pecado cuando una persona confiesa y se arrepiente de él (v. 6).

> «A éste, Dios ha exaltado con su diestra por Príncipe y Salvador, para dar a Israel arrepentimiento y perdón de pecados» (Hch. 5:31).
>
> «Sabed, pues, esto, varones hermanos: que por medio de él se os anuncia perdón de pecados» (Hch. 13:38).
>
> «Perdonaste la iniquidad de tu pueblo; todos los pecados de ellos cubriste» (Sal. 85:2).
>
> «El es quien perdona todas tus iniquidades, el que sana todas tus dolencias» (Sal. 103:3).
>
> «Porque perdonaré la maldad de ellos, y no me acordaré más de su pecado» (Jer. 31:35).
>
> «¿Qué Dios como tú, que perdona la maldad, y olvida el pecado del remanente de su heredad? No retuvo para siempre su enojo, porque se deleita en misericordia. El volverá a tener misericordia de nosotros; sepultará nuestras iniquidades, y echará en lo profundo del mar todos nuestros pecados» (Mi. 7:18-19).

Pensamiento 3. La confesión es necesaria; ella es parte del arrepentimiento (v. 6).

> «Si confesamos nuestros pecados, él es fiel justo para perdonar nuestros pecados, y limpiarnos de toda maldad» (1 Jn. 1:9).
>
> «Ahora, pues, dad gloria a Jehová Dios de vuestros padres, y haced su voluntad, y apartaos de los pueblos de las tierras, y de las mujeres extranjeras» (Ez. 10:11).
>
> «Mi pecado te declaré, y no encubrí mi iniquidad. Dije: Confesaré mis transgresiones a Jehová; y tú perdonaste la maldad de mi pecado» (Sal. 32:5).
>
> «El que encubre sus pecados no prosperará; mas el que los confiesa y se aparta alcanzará misericordia» (Pr. 28:13).
>
> «Reconoce, pues, tu maldad, porque contra Jehová tu Dios has prevaricado, y fornicaste con los extraños debajo de todo árbol frondoso, y no oíste mi voz, dice Jehová» (Jer. 3:13).

Pensamiento 4. Una persona que dice ser inocente y se rehusa a creer y admitir su pecado ya está condenada (v. 6).

> «El que en él cree, no es condenado; pero el que no cree, ya ha sido condenado, porque no ha creído en el nombre del unigénito Hijo de Dios» (Jn. 3:18).
>
> «Si decimos que no tenemos pecado, nos engañamos a nosotros mismos, y la verdad no está en nosotros» (1 Jn. 1:8).
>
> «Soy inocente, [dijiste] de cierto su ira se apartó de mí. He aquí yo entraré en juicio contigo, dijiste: No he pecado» (Jer. 2:35).

3 (3:7-10) *Predicación—religiosos:* Juan tenía un mensaje para los religiosos, los fariseos y saduceos (para la discusión *véase* Estudio a fondo 2—Hch. 23:8). Los religiosos eran una comisión encargada de informar los hechos, enviada desde Jerusalén, para investigar los informes fenomenales sobre Juan y su ministerio. ¿Podía ser, honestamente, un profeta moderno enviado de Dios? Cuando Juan confrontó a los religiosos sabía de varios peligros que amenazaban con engañarlos. Si sucumbían engañados por cualquiera de esos peligros, estaban condenados. Por eso les hizo las siguientes advertencias.

- Les advirtió el peligro de ser simples espectadores; de venir a sus reuniones solamente para ver lo que pasaba.

- Les advirtió el peligro de pensar que el bautismo los protegía de la ira venidera.
- Les advirtió el peligro de pensar que el juicio de Dios era solamente para los paganos e impíos, no para ellos.
- Les advirtió el peligro ofrecer solamente un arrepentimiento verbal, pensando que su conducta carecía de importancia para ser aceptados o rechazados por Dios.
- Les advirtió el peligro de pensar que la justicia de sus antepasados y familiares los cubriría y bastaría ellos.

El mensaje de Juan fue cuádruple:

1. Huir de la ira venidera. La ira de Dios estaba viniendo sobre todos los que eran meros espectadores. El bautismo por sí solo no era suficiente, no importa cuántas veces una persona fuese bautizada.

> «El que cree en el Hijo tiene vida eterna; pero el que rehúsa creer en el Hijo no verá la vida, sino que la *ira* de Dios está sobre él» (Jn. 3:36).

> «Porque sabéis esto, que ningún fornicario, o inmundo, o avaro, que es idólatra, tiene herencia en el reino de Cristo y de Dios. Nadie os engañe con palabras vanas, porque por estas cosas viene la *ira* de Dios sobre los hijos de desobediencia» (Ef. 5:5-6).

> «Honrad al Hijo, para que no se enoje, y perezcáis en el camino; pues se inflama de pronto su *ira*» (Sal. 2:12).

2. Arrepentíos. El arrepentimiento verbal no es suficiente. La mera presencia en medio de aquellos que adoran a Dios no es suficiente. El arrepentimiento requiere un cambio de conducta. Los religiosos rechazaron el mensaje; no se arrepintieron. Jesús nos informó de su decisión. ¡Qué advertencia (vv. 7-10)!

> «Y todo el pueblo y los publicanos, cuando lo oyeron, justificaron a Dios, bautizándose con el bautismo de Juan. Mas los fariseos y los intérpretes de la ley desecharon los designios de Dios respecto de sí mismos, no siendo bautizados por Juan» (Lc. 7:29-30).

Pensamiento 1. Dos clases de personas con frecuencia se cierran para con Dios.
1) Personas en altas posiciones (los ricos y de alta posición social).
2) Personas religiosas (los que se justifican a sí mismos) (vv. 7-10).

> «Porque donde esté vuestro tesoro, allí estará también vuestro corazón» (Mt. 6:21).

> «Pero los afanes de este siglo, y el engaño de las riquezas, y las codicias de otras cosas, entran y ahogan la palabra, y se hace infructuosa» (Mr. 4:19).

> «Porque los que quieren enriquecerse caen en tentación y lazo, y en muchas codicias necias y dañosas, que hunden a los hombres en destrucción y perdición» (1 Ti. 6:9).

> «A los ricos de este siglo manda que no sean altivos, ni pongan la esperanza en las riquezas, las cuales son inciertas, sino en el Dios vivo, que nos da todas las cosas en abundancia para las disfrutemos» (1 Ti. 6:17).

> «He aquí el hombre que no puso a Dios por su fortaleza, sino que confió en la multitud de sus riquezas, y se mantuvo en su maldad» (Sal. 52:7).

> «El que confía en sus riquezas caerá; mas los justos reverdecerán como ramas» (Pr. 11:28).

> «Las riquezas del rico son su ciudad fortificada, y como un muro alto en su imaginación» (Pr. 18:11).

3. La herencia carece de valor. La justicia de otros no puede hacer a una persona aceptable delante de Dios. Cada persona tiene que presentarse individualmente ante Dios.

Pensamiento. Muchas personas se apoyan en dos engaños: (1) en la piedad de familiares y amigos, y (2) en la justicia de algún buen comportamiento. Siempre ha existido el pensamiento trágico de que una persona es aceptable para Dios porque ...

- ha hecho suficientes cosas buenas para que la acepte. Al fin de cuentas, o es tan mala para que Dios la rechace.
- sus familiares o amigos viven una vida piadosa.

Lo que hace falta es «Lava tu corazón de maldad, oh Jerusalén, para que seas salva» (Jer. 4:14). *Véanse* notas— Ro. 4:4-5; 4:11; Gá. 3:10-12. *Véanse* bosquejo y notas— Ef. 2:8-10.

> «Haced pues frutos dignos de arrepentimiento, y no comencéis a decir dentro de vosotros mismos: Tenemos a Abraham por padre; porque os digo que Dios puede levantar hijos a Abraham aun de estas piedras» (Lc. 3:8).

> «Yo hablo lo que he visto cerca del Padre; y vosotros hacéis lo que habéis oído de vuestro padre» (Jn. 8:38).

> «Respondieron y le dijeron: Nuestro padre es Abraham. Jesús les dijo: Si fueseis hijos de Abraham, los obras de Abraham haríais» (Jn. 8:39).

> «Y le injuriaron, y dijeron: Tú eres su discípulo; pero nosotros, discípulos de Moisés somos» (Jn. 9:28).

> «Porque todos los que dependen de las obras de la ley están bajo maldición, pues escrito está: Maldito todo aquel que no permaneciere en todas las cosas escritas en el libro de la ley, para hacerlas» (Gá. 3:10).

4. El juicio está cerca. Todo árbol que no lleva fruto será cortado y destruido. Nunca debemos olvidar que el juicio es inclusivo; incluye a todos. No importa cuan alto (posición) o cuan verde (apariencia) sea el árbol. Tiene que llevar fruto o de lo contrario ser cortado y destruido (v. 10. *Véanse* bosquejo y Estudio A Fondo 1— Jn. 15:1-8).

> «Porque el que se avergonzare de mí y de mis palabras en esta generación adúltera y pecadora, el Hijo del Hombre se avergonzará también de él, cuando venga en la gloria de su Padre con los santos ángeles» (Mr. 8:38).

> «Y esta es la condenación: que la luz vino al mundo, y los hombres amaron más las tinieblas que la luz, porque sus obras eran malas» (Jn. 3:19).

> «De manera que cada uno de nosotros dará a Dios cuenta de sí» (Ro. 14:12).

> «Y a vosotros que sois atribulados, daros reposo con nosotros, cuando se manifieste el Señor Jesús desde el cielo con los ángeles de su poder, en llama de fuego, para dar retribución a los que no conocieron a Dios, ni obedecen al evangelio de nuestro Señor Jesucristo» (2 Ts. 1:7-8).

> «A éstos les parece cosa extraña que vosotros no corráis con ellos en el mismo desenfreno de disolución, y os ultrajan; pero ellos darán cuenta al que está preparado para juzgar a los vivos y a los muertos» (1 P. 4:4-5).

> «El hombre que reprendido endurece la cerviz, de repente está quebrantado, y no habrá para él medicina» (Pr. 29:1).

> «Sino que cada cual morirá por su propia maldad; los dientes de todo hombre que comiere las uvas agrias, tendrán la dentera» (Jer. 31:30).

Pensamiento 1. El juicio comenzará con la casa de Dios, entre los religiosos (v. 10).

> «Si, pues, nos examinásemos a nosotros mismos, no seríamos juzgados» (1 Co. 11:31).

> «Porque es tiempo que el juicio comience por la casa de Dios; y si primero comienza por nosotros, ¿cuál será el fin de aquellos que no obedecen al evangelio de Dios?» (1 P. 4:17).

> «Pero la que produce espinos y abrojos es

reprobada, está próxima a ser maldecida, y su fin es el ser quemada» (He. 6:8).

«Pero los cobardes e incrédulos, los abominables y homicidas, los fornicarios y hechiceros, los idólatras y todos los mentirosos tendrán su parte en el lago que arde con fuego y azufre, que es la segunda muerte» (Ap. 21:8)

ESTUDIO A FONDO 1

(3:7) *Religiosos—víboras:* tanto Juan como Jesús tildaron de «víboras» a los fariseos y saduceos, queriendo decir que estaban llenos de veneno y ponzoña (falsa doctrina) y de malicia e enemistad (contrarios a la verdad). (Cp. Mt. 12:34; 23:33. Cp. Jn. 8:44.)

4 (3:11-12) *Mesías—naturaleza mesiánica:* el mensaje de Juan era para todos: Predicación cristo céntrica–mesiánica. El mensaje de Juan tenía un solo centro de atención y tema: El Mesías «viene» (v. 11); «éste es aquel» (v. 3); «Preparad el camino del Señor» (v. 3).

1. Cristo es mayor. Solamente Cristo debe ser exaltado. Juan exaltó a Cristo, no a sí mismo.

Pensamiento. La persona que Dios usa es aquella que exalta a Cristo (v. 11).

«Así que, cualquiera que se humille como este niño, ése es el mayor en el reino de los cielos» (Mt. 18:4).

«Mas no así vosotros, sino sea el mayor entre vosotros como el más joven, y el que dirige, como el que sirve» (Lc. 22:26).

«Digo, pues, por la gracia que me es dada, a cada cual que está entre vosotros, que no tenga más alto concepto de sí que el que debe tener, sino que piense de sí con cordura, conforme a la medida de fe que Dios repartió a cada uno» (Ro. 12:3).

«A fin de que nadie se jacte en su presencia» (1 Co. 1:29).

«Para que, como está escrito: El que se gloría, gloríese en el Señor» (1 Co. 1:31).

«Así que, ninguno se gloríe en los hombres» (1 Co. 3:21).

«Humillaos delante del Señor, y él os exaltará» (Stg. 4:11).

«Igualmente, jóvenes, estad sujetos a los ancianos; y todos, sumisos unos a otros, revestíos de humildad; porque: Dios resiste a los soberbios, y da gracia a los humildes» (1 P. 5:5).

2. Cristo bautizará (para la discusión *véase* Estudio a fondo 2—Mt. 3:11).
3. Cristo juzgará y purgará. Su ministerio fue de igual manera para juntar el trigo, que es un acto de amor, como de separar y apartar la paja, que es un acto de justicia.
   a. Ahora mismo existe una mezcla de trigo y paja; una mezcla de la verdadera profesión y de la profesión falsa; justicia auténtica y justicia falsa (v. 12. *Véanse* notas—Mt.13:1-52; 19:23-24 para la discusión).
   b. Tanto el trigo como la paja tienen un destino. El reino de los cielos es el destino del trigo. El fuego que no se apaga es el destino de la paja (v. 12).

ESTUDIO A FONDO 2

(3:11) *Bautismo—Jesús y Juan:* la palabra bautismo *(baptizein)* significa mojar, hundir, sumergir, colocar adentro. El bautismo de Juan fue con agua, pero el bautismo de Jesús «en Espíritu y fuego».

1. El bautismo de Juan fue tanto una preparación como un símbolo del bautismo espiritual que traería Jesús. El bautismo en agua de Juan significaba dos cosas:
   a. Simbolizaba la limpieza de todos los pecados. Una

persona era preparada para la purificación que proveería Cristo.
   b. Simbolizaba separación o dedicación. Una persona apartaba su vida para Dios con un renovado espíritu de dedicación. La persona se entregaba al Cristo que predicaba Juan.

Nota: El bautismo de Juan es llamado «el bautismo de arrepentimiento»; es decir, la persona arrepentida era bautizada. No había lugar a dudas; el mensaje era entendido: si una persona se arrepentía y realmente volvía al Señor, era bautizada.

2. El bautismo espiritual de Jesús era doble. (Se usa solamente una preposición en el griego para «Espíritu y fuego», la preposición «en».)
   a. Jesús bautiza a la persona *en el Espíritu.* Hunde, sumerje y coloca a la persona en el Espíritu. Si la persona tenía una mente carnal y materialista, ahora se transforma en persona de mentalidad espiritual (Ro. 8:5-7). Los judíos habían esperado y anhelado el día en que viniera el Espíritu. Los profetas lo habían anunciado una y otra vez. Por eso, la gente sabía perfectamente lo que Juan estaba anunciando. Se esperaba que el Espíritu despertaría y levantaría a la gente de tal manera que se mobilizarían para seguir al Mesías en la victoria sobre todos los opresores. El Espíritu debía librar a Israel y establecer a la nación como una de las más grandes de la tierra (cp. Ez.36:26-27; 37:14; 39:29; Is. 44:3; Jl. 2:28).
   b. Jesús bautiza a la persona *en fuego.* El fuego tiene diversas funciones que simbolizan gráficamente la obra de Cristo. El fuego ilumina, advierte, derrite, quema, y destruye totalmente. La diferencia entre el bautismo con agua y el bautismo con fuego es la diferencia entre una obra externa y una obra interior. El agua solamente limpia exteriormente; el fuego purifica por dentro, es decir, el corazón. Jesucristo separa a una persona de su vida anterior y la purifica interiormente con el fuego de su Espíritu. Nótese que en la mente de Juan el «bautismo de fuego» significaba que el Mesías destruiría a los enemigos de Israel. Era el «fuego mesiánico del juicio» que había de venir desde el trono de David (*véanse* Estudio a fondo 2—Mt. 1:18; notas—11:1-6, 2-3, Estudio a fondo 1—11:5, Estudio a fondo 2—11:6; Estudio a fondo 1—12:16; 22:42; nota—Lc. 7:21-23).

	B. El bautismo de Jesús: qué es el bautismo,[EF1] 3:13-17 (Mr. 1:9-11; Lc. 3:21-22; Jn. 1:28-34)	cumplamos toda justicia. Entonces le dejó. 16 Y Jesús, después que fue bautizado, subió luego del agua; y he aquí los cielos le fueron abiertos, y vio al Espíritu de Dios que descendía como paloma, y venía sobre él.	4 Las señales inusuales del bautismo de Jesús a. Los cielos fueron abiertos b. El Espíritu descendió[EF2]
1 El pedido asombroso de Jesús: ser bautizado 2 La humildad de la reacción de Juan: Humildad y necesidad 3 El propósito piadoso de Jesús: cumplir toda justicia	13 Entonces Jesús vino de Galilea a Juan al Jordán, para ser bautizado por él. 14 Mas Juan se le oponía diciendo: Yo necesito ser bautizado por ti, ¿y tú vienes a mí? 15 Pero Jesús le respondió: Deja ahora, porque así conviene que	17 Y hubo una voz de los cielos, que decía: Este es mi Hijo amado, en quien tengo complacencia.	c. Se oyó la voz de Dios

B. El bautismo de Jesús: qué es el bautismo, 3:13-17

(3:13-17) **Introducción:** ¿Qué es el bautismo? La respuesta se encuentra al estudiar el bautismo de Jesús y la reacción de Juan ante el bautismo de Jesús.

1. El pedido asombroso de Jesús: ser bautizado (v. 13).
2. La humildad de la reacción de Juan: humildad y necesidad (v. 14).
3. El propósito piadoso de Jesús: cumplir toda justicia (v. 15).
4. Las señales inusuales del bautismo de Jesús (vv. 16-17).

ESTUDIO A FONDO 1

(3:13-17) *De Galilea al Jordán:* Marcos dice que Jesús vino «de Nazaret de Galilea» (Mr. 1:9). Note varias cosas.

1. El último acontecimiento de la niñez de Jesús fue su regreso a Israel proveniente de Egipto. En ese momento era solo un «niño pequeño» (Mt. 3:19-21).
2. De la infancia y juventud de Jesús se registra un único acontecimiento más, que fue el de su conversación, a los doce años, con las autoridades religiosas del templo (Lc. 2:42ss).
3. La ciudad de Jesús era Nazaret. Aparentemente vivió allí desde su regreso de Egipto hasta el comienzo de su ministerio cuando tenía aproximadamente 30 años de edad.
4. La distancia de Galilea al río Jordán requería un largo viaje a pie.
5. Jesús escogió deliberadamente el Jordán como lugar para lanzar su ministerio. Fue en el Jordán donde su antecesor, Juan el Bautista, le había preparado el camino. Ahora muchos esperaban la «consolación de Israel», es decir la aparición del Mesías (*véase* Estudio a fondo 2—Mt. 1:18).

1 (3:13) *Jesucristo, bautismo:* el pedido asombroso de Jesús: ser bautizado.

1. Note las palabras «para ser bautizado por él [Juan]». Jesús vino específicamente a Juan para ser bautizado. Jesús se sentía compelido a ser bautizado, pero no *solo* para ser bautizado. Se sintió compelido a ser bautizado *por Juan*. Tenía que identificarse con el ministerio de Juan. Jesús era el Mesías, el Cordero de Dios, a quien Juan estaba proclamando.
2. Note por qué quería Jesús ser bautizado. El solo hecho de que el Hijo de Dios fuese bautizado es asombroso, siendo Él el autor y consumador de la fe, el fundador del movimiento cristiano. Era él quien hacía que el bautismo fuese *posible y eficaz* (operativo) para el hombre. El bautismo de Juan era un llamado a los hombres a tomar una decisión e identificarse con una vida de arrepentimiento y justicia. Jesús no necesitaba el arrepentimiento; ya era perfectamente justo. Él era el *Comprador* de la justicia, el Hombre Ideal (*véase* Estudio a fondo 3—Mt. 8:20). Su justicia era el modelo,

era la justicia que podía permanecer y cubrir a toda persona. ¿Por qué entonces, tenía que ser bautizado Jesús? Muy simple, en sus propias palabras: para «que cumplamos toda justicia» (*véase* nota, pt. 5—Mt. 3:15).

2 (3:14) *Humildad:* la humildad de la reacción de Juan: Humildad y necesidad. Juan objetó el hecho de Jesús viniendo a él para ser bautizado. ¿Por qué? Juan simplemente dijo: «Yo necesito ser bautizado por ti». Estaba diciendo al menos dos cosas.

1. No era digno de bautizar a Cristo. Era un honor demasiado grande que Cristo fuera a él. No merecía el privilegio de bautizar al Mesías, el Cordero de Dios (Jn. 1:29).

La humildad de Juan fue por demás inusual, puesto que Juan era *el grande* a los ojos de la gente de aquel tiempo. Multitudes de gente se reunían junto a él (Lc. 3:7); el público en general (Lc. 3:10), cobradores de impuestos (Lc. 3:12), soldados (Lc. 3:14), y religiosos (Mt. 3:7ss). Había alcanzado la cima en la opinión pública. Lo honraban, por sobre todas las cosas, vastos números de personas a pesar de la oposición por parte de los religiosos y tradicionalistas (Lc. 7:28). Sin embargo, cuando se acercó Cristo, se rebajó a sí mismo y reconoció que en comparación no era nada.

2. Personalmente necesitaba el bautismo de Cristo. Necesitaba lo que tenía Cristo. Cristo bautizaría con el Espíritu Santo y fuego, y Juan estaba confesando su necesidad de recibir el Espíritu Santo y fuego de Cristo (*véase* nota—Mt. 3:11).

Pensamiento 1. Nadie es digno del llamado de Dios; nadie es digno de ministrar a Cristo. Que Dios nos permita algún tipo de relación con él excede toda comprensión. Sin embargo, lo permite. Llama al hombre a estar con Él y a servirle. Este hecho es demasiado grande, no cabe en el corazón humano.

«Respondió el centurión y dijo: Señor, no soy digno de que entres bajo mi techo; solamente dí la palabra y mi criado sanará» (Mt. 8:8).

«Entonces los justos le reponderán diciendo: Señor, ¿cuándo te vimos hambriento, y te sustentamos, o sediento, y te dimos de beber?» (Mt. 25:37).

«Viendo esto Simón Pedro, cayó de rodillas ante Jesús, diciendo: Apártate de mí, Señor, porque soy hombre pecador» (Lc. 5:8).

«Porque nosotros somos colaboradores de Dios, y vosotros sois labranza de Dios, edificio de Dios» (1 Co. 3:9).

«Porque el amor de Dios nos constriñe, pensando esto: que si uno murió por todos, luego todos murieron» (2 Co. 5:14).

«A mí que soy menos que el más pequeño de todos los santos, me fue dada esta gracia de anunciar entre los gentiles el evangelio de las inescrutables riquezas de Cristo» (Ef. 3:8).

Pensamiento 2. Cada cual necesita lo que tenía Juan y lo que tenía Jesús (*véase* nota—Mt. 3:14).
1) Juan tenía humildad.
2) Jesús tenía el Espíritu Santo y fuego (*véase* Estudio a fondo 2—Mt. 3:11).

> «Así que, cualquiera que se humille como este niño, ése es el mayor en el reino de los cielos» (Mt. 18:4).

> «Digo, pues, por la gracia que me es dada, a cada cual que está entre vosotros, que no tenga más alto concepto de sí que el que debe tener, sino que piense de sí con cordura, conforme a la medida de fe que Dios repartió a cada uno» (Ro. 12:3).

> «Nada hagáis por contienda o por vanagloria; antes bien con humildad, estimando cada uno a los demás como superiores a él mismo; no mirando cada uno por lo suyo propio, sino cada cual también por lo de los otros» (Fil. 2:3-4).

> «Humillaos delante del Señor, y él os exaltará» (Stg. 4:10).

Pensamiento 3. No es desgracia confesar la necesidad que uno tiene de Cristo y de lo que Cristo ofrece. Juan lo confesó así. ¿Por qué se va a sentir desgraciada una persona por confesar algo que todos los demás ya saben?
1) El hombre está muriendo y necesita desesperadamente que Dios le de vida; vida eterna.
2) El hombre se comporta equivocadamente y necesita desesperadamente la plenitud del Espíritu Santo, es decir, amor, gozo, paz.... (Gá. 5:22-23).

Pensamiento 4. El grande (famoso, poderoso, rico) tanto como el humilde, necesitan lo que Cristo da: el Espíritu Santo y fuego.

Pensamiento 5. El creyente siempre necesita más y más la llenura del Espíritu Santo. Juan fue «lleno del Espíritu Santo, aun desde el vientre de su madre» (Lc. 1:15). Ahora estando con Cristo cara a cara, confiesa su necesidad de tener más del Espíritu de Dios y del fuego del Señor (*véase* nota—Mt. 3:11).

> «Sed llenos del Espíritu» (Ef. 5:18).

Pensamiento 6. Tanto más cerca a Jesús vive una persona cuanto mejor reconoce su necesidad de más humildad y el Espíritu de Dios. Juan ya estaba íntimo con Dios: de hecho—«hubo enviado de Dios» (Jn. 1:6). Pero él vio su necesidad y lo que tenía Cristo para dar. (*Véase* Estudio a fondo 2—Mt. 3:11.)

3 (3:15) *Bautismo:* el propósito piadoso de Jesús: Cumplir toda justicia. Jesús fue bautizado primordialmente para «cumplir toda justicia». Estaba prediciendo simbólicamente lo que iba a hacer por el hombre pecador.
1. Iba a cumplir cada ley de Dios en favor del hombre. El bautismo era una de esas leyes. Por eso tuvo que ser bautizado (cp. Éx. 29:4-7).
2. Iba a pagar por la culpa del hombre por haber quebrantado la ley; iba a pagar con la pena de muerte. Su inmersión fue un símbolo de su futura inmersión en la muerte.
3. Estaba demostrando de la manera más completa posible su humillación al hacerse hombre. Se vació a sí mismo «se despojó a sí mismo, tomando forma de siervo, hecho semejante a los hombres» (Fil. 2:6-7).
4. Se estaba identificando con aquellos a quienes vino a salvar, y estaba insistiendo en que todos los que le siguieran se identifiquen de esa manera.
5. Estaba cumpliendo el rol de pionero en el movimiento de arrepentimiento y justicia que Juan estaba proclamando. Al fundar el movimiento, es decir, la vida de justicia, Jesús tuvo que establecer el Ideal y el Padrón que toda persona debe seguir. Todo hombre

debía ser bautizado, de modo que el Hijo de Dios fue pionero de ello y estableció la ordenanza del bautismo.
6. Estaba iniciando su ministerio. Esto lo muestra Juan (Jn. 1:31-34). Siempre el Sumo Sacerdote iniciaba su ministerio con una ceremonia especial como esta (cp. Éx. 29:4-7).

Pensamiento 1. Hay varias lecciones que aprender de la demanda de Cristo de ser bautizado (*véase* nota—Mt. 3:13).
1) Justicia. Toda persona tiene que decidir «cumplir con toda justicia» tal como lo hizo Cristo. Cada mandamiento de Dios tiene que ser cumplido en la vida del creyente (para la discusión *véase* Estudio a fondo 5, *Justicia*— Mt. 5:6).

> «Y este es su mandamiento: Que creamos en el nombre de su Hijo Jesucristo, y nos amemos unos a otros como nos lo ha mandado» (1 Jn. 3:23).

2) Sacrificio. Toda persona debe estar *tan decidida* a entregarse a sí misma que estaría dispuesta a morir para vivir por Dios (*véase* nota—Lc. 9:23).

> «Y decía a todos: si alguno quiere venir en pos de mí niéguese a sí mismo, tome su cruz cada día, y sígame» (Lc. 9:23).

> «Así que, hermanos, os ruego por las misericordias de Dios que presentéis vuestros cuerpos en sacrificio vivo, santo, agradable a Dios, que es vuestro culto racional. No os conforméis a este siglo, sino transformaos por medio de la renovación de vuestro entendimiento, para que comprobéis cuál sea la buena voluntad de Dios, agradable y perfecta» (Ro. 12:1-2).

> «Y de hacer el bien y de la ayuda mutua no os olvidéis; porque de tales sacrificios se agrada Dios» (He. 13:16).

3) Humildad. Cada persona debe demostrar de la forma más completa posible su disposición de servir a otros. Debe identificarse con otros y dar ejemplo de ello ante todos.

> «Igualmente, jóvenes, estad sujetos a los ancianos; y todos, sumisos unos a otros, revestíos de humildad; porque Dios resiste a los soberbios, y da gracia a los humildes» (1 P. 5:5).

4) Identificación con otros. Toda persona debe identificarse con todos los demás, sin excluir a nadie de su vida o servicio.

> «Así que, los que somos fuertes debemos soportar las flaquezas de los débiles, y no agradarnos a nosotros mismos» (Ro. 15:1).

> «Sobrellevad los unos las cargas de los otros, y cumplid así la ley de Cristo» (Gá. 6:2).

> «Porque no tenemos un sumo sacerdote que no pueda compadecerse de nuestras debilidades, sino uno que fue tentado en todo según nuestra semejanza, pero sin pecado» (He. 4:15).

> «Acordaos de los presos, como si estuvierais presos juntamente con ellos; y de los maltratados, como que también estáis en el cuerpo» (He. 13:3).

5) Ser pionero en la vida de arrepentimiento y justicia. Toda persona debe arrepentirse y vivir la vida de justicia, y toda persona debe ser pionera y proclamar esa clase de vida a todos los hombres.

> «Arrepiéntete, pues, de esta tu maldad, y ruega a Dios, si quizá te sea perdonado el pensamiento de tu corazón» (Hch. 8:22).

> «Deje el impío su camino, y el hombre inicuo sus pensamientos, y vuélvase a Jehová, el cual tendrá de él, misericordia, y al Dios nuestro, el cual será amplio en perdonar» (Is. 55:7).

> «Velad debidamente, y no pequéis; porque algunos no conoce a Dios; para vergüenza vuestra lo digo» (1 Co. 15:34).

> «Llenos de frutos de justicia que son por

medio de Jesucristo, para gloria y alabanza de Dios» (Fil. 1:11).

«Lo que hemos visto y oído, eso os anunciamos, para que también vosotros tengáis comunión con nosotros; y nuestra comunión verdaderamente es con el Padre, y con su Hijo Jesucristo» (1 Jn. 1:3).

6) Ministerio. Cada hombre debe ministrar a otros; debe dar a conocer que él tiene el deseo de ministrar.

«¿Quién, pues, de estos tres te parece que fue el prójimo del que cayó en manos de los ladrones? El dijo: El que usó de misericordia con él. Entonces Jesús le dijo: Vé, y haz tú lo mismo» (Lc. 10:36-37).

«Pues si yo, el Señor y el Maestro, he lavado vuestros pies, vosotros también debéis lavaros los pies los unos a los otros» (Jn. 13:14).

«Así que, según tengamos oportunidad, hagamos bien a todos, y mayormente a los de la familia de la fe» (Gá. 6:10).

Pensamiento 2. Cristo llama e insiste en que una persona acepte su llamado, y en esto no cede. Note cuatro hechos.

1) Una persona puede sentirse indigna y carente de habilidad, pero Cristo tiene tanto el poder como los dones para capacitar a la persona a aceptar su llamado.
2) Dios comprende un sentido de indignidad y carencia de habilidad, pero la *negación no.*
3) Cristo acepta solo una respuesta a su llamado: «Sí, Señor, héme aquí» (1 S. 3:4-6, 8; Is. 6:8).
4) La humildad opera dos cosas contradictorias: confiesa la indignidad y carencia de habilidad, y sin embargo se rinde y acepta la tarea o el don.

4 (3:16-17) *Jesucristo, bautismo:* las señales inusuales del bautismo de Jesús. Mateo menciona tres señales en particular.

1. Los cielos fueron abiertos. Esta puede ser la escena de nubes que son corridas y la paloma que desciende de los cielos (nubes y cielo). O puede ser alguna visión especial, dada a Jesús y a Juan, revelando que Dios estaba abriendo el cielo para la completa aprobación y manifestación del poder de Dios sobre su Hijo (cp. Ef. 1:1; Hch. 7:56).

«Bendito sea el Dios y Padre de nuestro Señor Jesucristo, que nos bendijo con toda bendición espiritual en los lugares celestiales en Cristo» (Ef. 1:3).

«Pero Dios, que es rico en misericodia, por su gran amor con que nos amó, aun estando nosotros muertos en pecados, nos dio vida juntamente con Cristo (por gracia sois salvos), y juntamente con él nos resucitó, y asimismo nos hizo sentar en los lugares celestiales con Cristo Jesús» (Ef. 2:4-6).

2. El Espíritu descendió como una paloma. La paloma fue dada a Juan como una señal especial de que Jesús era el Hijo de Dios (Jn. 1:33-34. *Véase* nota—Jn. 1:32-33; Estudio a Fondo 2—Mt. 3:16.)

Pensamiento 1. En el ministerio de Jesús las señales fueron dadas para despertar la fe (Jn. 5:36; 10:38). La mayoría de los creyentes pueden nombrar señales muy especiales y circunstancias que fueron dadas por Dios para aumentar su fe y dar dirección a sus vidas. (*Véase* nota—Jn. 2:23.)

Pensamiento 2. Hay señales muy especiales para probar que una persona ha recibido el Espíritu Santo.

«Mas el fruto del Espíritu es amor, gozo, paz, paciencia, benignidad, bondad fe, mansedumbre, templanza; contra tales cosas no hay ley» (Gá. 5:22-23).

3. Se escuchó la voz de Dios. Aquí fueron dichas tres cosas significativas.

• *Mi Hijo*: esto señala la deidad de Cristo (Mt. 14:33; 27:43; 27:54; Mr. 1:1; Jn.1:34; 3:18; 10:36; 11:4; 20:31; Hch. 8:37; Ro. 1:4; He. 4:14; 1 Jn. 3:8; 4:15; 5:5; 10, 13, 20).

• *Hijo amado*: esto señala al amor de Dios (Trinidad) (Jn. 3:35; 10:17; Col. 1:13; cp. Is. 42:1).

• *Complacencia*: esto señala a la vida perfecta de Jesús. El fue «sin pecado» (He. 4:15; 7:26; cp. 2 Co. 5:21).

Pensamiento 1. Una cosa que el creyente tendría que querer oír es lo que oyó Jesús: «Este es mi Hijo amado, en quien tengo complacencia».

1) Los creyentes son adoptados como hijos de Dios (Ro. 8:15; Gá. 4:4-6).
2) Es posible que la vida y el servicio de los creyentes sea aprobado por Dios.

«Bien, buen siervo y fiel» (Mt. 25:21).

«Al que no conoció pecado, por nosotros lo hizo pecado, para que nosotros fuésemos hechos justicia de Dios en él» (2 Co. 5:21).

«Procura con diligencia presentarte ante Dios aprobado, como obrero que no tiene de qué avergonzarse, que usa bien la palabra de verdad» (2 Ti. 2:15).

Pensamiento 2. Dios vio la vida y el comportamiento de Cristo, y juzgó que Cristo era de su *complacencia.* Dios ve a todas la personas y juzgará la vida y las obras de cada una. Nada hay oculto ante sus ojos.

«Porque nada hay encubierto, que no haya de descubrirse; ni oculto, que no haya de saberse» (Lc. 12:2).

«Así que, no juzguéis nada antes de tiempo, hasta que venga el Señor, el cual aclarará también lo oculto de las tinieblas, y manifestará las intenciones de los corazones; y entonces cada uno recibirá su alabanza de Dios» (1 Co. 4:5).

«Aunque te laves con lejía, y amontones jabón sobre ti, la mancha de tu pecado permanecerá aún delante de mí, dijo Jehová el Señor» (Jer. 2:22).

«Porque mis ojos están sobre todos sus caminos, los cuales no se me ocultaron, ni su maldad se esconde de la presencia de mis ojos» (Jer. 16:17).

ESTUDIO A FONDO 2

(3:16) *Espíritu de Dios:* esta es la primera vez que se ve claramente en el Nuevo Testamento la Trinidad, las tres personas de la Deidad. El Hijo, Jesucristo, estaba siendo bautizado; el Espíritu Santo descendió sobre el Hijo; y Dios el padre proclamó su aprobación.

MATEO 4

C. La tentación de[EF 1, 2, 3] **Jesús: victorioso en todo, 4:1-11**
(Mr. 1:12-13; Lc. 4:1-13)

1 **La tentación de Jesús**
   a. Llevado por el Espíritu
   b. Tentado por el diablo
2 **Tentación 1: probar su deidad usando su poder**
   a. La tentación
      1) Asegurarse por su propio poder
      2) Confiar en sí mismo en vez de en Dios
   b. Respuesta de Jesús: de las Escrituras
      1) El hombre necesita más que pan
      2) El hombre necesita la vida espiritual—de Dios
3 **Tentación 2: probar su deidad mediante lo espectacular**

Entonces Jesús fue llevado por el Espíritu al desierto, para ser tentado, por el diablo.
2 Y después de haber ayunado cuarenta días y cuarenta noches, tuvo hambre.
3 Y vino a él el tentador, y le dijo: si eres Hijo de Dios, dí que estas piedras se conviertan en pan.
4 El respondió y dijo: Escrito está: No sólo de pan vivirá el hombres, sino de toda palabra que sale de la boca de Dios.
5 Entonces el diablo le llevó a la santa ciudad, y le puso sobre el pináculo del templo,
6 y le dijo: Si eres Hijo de Dios, échate abajo; porque escrito está: A sus ángeles mandará acerca de ti, y, En sus manos te sostendrán, para que no tropieces con tu pie en piedra.
7 Jesús le dijo: Escrito está también: No tentarás al Señor tu Dios.
8 Otra vez le llevó el diablo a un monte muy alto, y le mostró todos los reinos del mundo y la gloria de ellos,
9 y le dijo: todo esto te daré, si postrado me adorares.
10 Entonces Jesús le dijo: Vete Satanás, porque escrito está: Al Señor tu Dios adorarás, y a él solo servirás.
11 El diablo entonces le dejó; y he aquí vinieron ángeles y le servían.

   a. La tentación
      1) Probar a Dios
      2) Atraer la atención mediante algo espectacular
   b. Respuesta de Jesús: De las Escrituras
      1) No hay que probar a Dios
      2) Hay confiar en Dios, no en lo espectacular
4 **Tentación 3: probar su deidad mediante un compromiso**
   a. La tentación
      1) Lograr su propósito por otro camino
      2) Cambiar de lealtad o *acortar camino*
   b. Respuesta de Jesús: de las Escrituras
      1) Una elección decisiva
      2) Adoración a Dios solo
5 **Conclusión: la victoria triunfal**

C. La tentación de Jesús: victorioso en todo, 4:1-11

(4:1-11) *Jesucristo, tentación:* ¿Por qué fue tentado Jesús ahora, enseguida después de su bautismo (una experiencia decisiva) y justo antes de lanzar su ministerio? Había un motivo primordial.

Jesucristo estaba por lanzar su ministerio; un ministerio increíble que determinaría el destino eterno de cada persona que había vivido o que viviría. El peso de su importancia, la necesidad de la preparación personal, y la necesidad de tener el *plan correcto* lo presionaban. Jesucristo tenía que estar preparado: preparado mental, espiritual y físicamente. ¿Cómo podía prepararse a sí mismo? Había una sola forma: tenía que estar a solas con Dios y sujetarse a Él; tenía que lograr un control completo sobre su cuerpo y Espíritu. Tenía que apartarse totalmente del mundo.

Es esto lo que Jesús hizo. Fue «llevado por el Espíritu» a apartarse de toda comida y de toda otra cosa. Durante cuarenta días con sus noches estuvo a solas con Dios. Su actitud era totalmente honesta e intensa en cuanto al ministerio que estaba por comenzar. Oró; pensó; meditó en las Escrituras. Y planificó. Tenía una responsabilidad tan pesada, y toda la tensión y el peso y el trabajo de la misma presionaban intensamente sobre Él. Imagínese la tensión y el peso presionando contra su cuerpo. Oró; rogó; pidió; se quebrantó; lloró. Imploró fuerza y resistencia para soportar todos los ataques que sufriría en los próximos años. La preparación continuó durante cuarenta días y noches.

Una vez que Jesús hubo elaborado el plan necesario para lanzar su ministerio, y cuando hubo recibido la necesaria fuerza para proseguir, le faltaba solamente una cosa en su preparación personal: confrontar las tentaciones que lo atacarían durante los próximos años. El vencer las tentaciones que le esperaban completaría su preparación. De modo que «fue llevado por el Espíritu al desierto, para ser tentado ... Y después de haber ayunado cuarenta días y cuarenta

noches ... vino a él el tentador» (4:1-2).

> «Y aunque era Hijo, por lo que padeció aprendió la obediencia» (He. 5:8).

> «Pues en cuanto él mismo padeció siendo tentado, es poderoso para socorrer a los que son tentados» (He. 2:18; cp. 2:16-17).

> «Porque no tenemos un sumo sacerdotes que no pueda compadecerse de nuestras debilidades, sino uno que fue tentado en todo según nuestra semejanza, pero sin pecado. Acerquémonos, pues, confiadamente al trono de la gracia, para alcanzar misericordia y hallar gracia para el oportuno socorro» (He. 4:15-16).

1. La tentación de Jesús (v. 1).
2. Tentación 1: probar su deidad usando su poder para fines personales (vv. 2-4).
3. Tentación 2: probar su deidad mediante lo espectacular (vv. 5-7).
4. Tentación 3: probar su deidad mediante un compromiso (vv. 8-10).
5. Conclusión: la victoria triunfal (v. 11).

ESTUDIO A FONDO 1

(4:1-11) *Jesucristo, tentación:* esta no fue la única vez que Jesús fue tentado.

1. Satanás tentó a Jesús por medio de Pedro cuando éste quiso alejarlo de la cruz. Jesús reveló lo que había realmente detrás de la aparente preocupación de Pedro: «Apártate de mí, Satanás» (Mt. 16:23).

2. Jesús felicitó a sus discípulos diciendo: «Pero vosotros sois los que habéis *permanecido conmigo* en mis pruebas» (Lc. 22:28).

3. Jesús pasó por las tentaciones más severas de su vida

cuando estaba en el huerto de Getsemaní. Fue allí donde Satanás hizo un último gran esfuerzo por alejar a Cristo de la cruz.

Refiriéndose a la experiencia de Cristo en el Getsemaní, las Escrituras le dicen a todos los creyentes: «Porque aún no habéis resistido hasta la sangre, combatiendo contra el pecado» (He. 12:4; cp. Lc. 22:44).

Pensamiento. El diablo sabe exactamente dónde tentar a una persona.
1) *En el desierto*: Cuando una persona carece de pan, cuando está en verdadera necesidad. Esta es la tentación que apela a los deseos de la carne.
2) *Sobre el pináculo*: Cuando una persona se encuentra ante las multitudes. Es la tentación que apela al orgullo de la vida (fama).
3) *Sobre la alta montaña*: Cuando una persona ve lo que puede obtener, a veces en forma legítimamente, a veces, solo como un deseo. Es la tentación que apela a la avaricia de los ojos.

ESTUDIO A FONDO 2
(4:1-11) *Tentación*: *véase* Estudio a fondo 1—Lc. 4:1-2.

ESTUDIO A FONDO 3
(4:1-11) *Fe—prueba—evidencia—corrupción*: Jesucristo fue tentado tres veces por el diablo. Fue tentado a probar que era el Hijo de Dios. ¿Qué había de malo en probar su deidad?

El camino de Dios no son las pruebas; el camino de Dios es la fe. No son pruebas lo que Dios quiere; lo que Dios quiere *es* fe. Dios quiere que le confíen y amen. Quiere ser amado sinceramente, no por la fuerza, no porque alguien se sienta obligado por pruebas irrefutables. Hay hechos, pletóricos de pruebas de que él es el Hijo de Dios; pero al final de cuentas es preciso un paso de fe. Nadie ha visto a Dios. Dios no puede ser conocido por los sentidos físicos. Para conocer a Dios, es preciso dar un salto de fe, extenderse hacia Dios en un acto de credulidad, creyendo que Dios va a recompensar su fe.

«Pero sin fe es imposible agradar a Dios; porque es necesario que el que se acerca a Dios crea que le hay, y que es galardonador de los que le buscan» (He. 11:6).

Jesucristo ha venido para establecer y construir el camino de la fe. Por eso Jesucristo tuvo que rechazar todo aquello que apartaría a la gente de la vida de fe. Note que las tres tentaciones, en su totalidad tenían que ver con los sentidos del hombre y con el mundo físico. Si Cristo hubiera cedido, y asegurado la lealtad de los hombres dando pan a todo el mundo, o realizando un milagro espectacular, o tomando los reinos de este mundo, la vida habría terminado, y pronto. ¿Por qué? Porque todos mueren. Todo pasa. El mundo es físico y material, corruptible y moribundo, en deterioro y decadencia. No dura. Ese es exactamente el camino de mundo físico y de todo lo que hay en él. Esta es la precisa razón por la que Jesucristo vino: conquistar al mundo físico de decadencia y muerte, e inaugurar el mundo eterno del Espíritu por el camino de la fe.

Por eso Jesucristo tuvo que vivir la vida de fe él mismo. Tuvo que andar el camino de la fe, confiando y creyendo en Dios mismo. Tuvo que rechazar las *pruebas* del diablo y mostrar y guiar a la gente por fe.

1 (4:1) *Jesucristo, tentación*: la tentación de Jesús. Tres hechos tienen que destacarse en la tentación de Jesús.
1. Jesús fue tentado inmediatamente después de su bautismo. Esto lo muestra la palabra «entonces». Los tres evangelios destacan este hecho. Acababa de tener una experiencia decisiva, una experiencia muy especial con Dios. Luego, inmediatamente después, lo atacó el diablo.

2. Jesús fue la *única persona* que sabía de las tentaciones. Fue la única persona que estuvo allí. Lo que registraron los escritores del evangelio es lo que Él compartió con ellos.
3. Jesús fue llevado por el Espíritu para ser tentado por el diablo. Jesús fue tentado por tres motivos.
   a. Para aprender obediencia: el control de su cuerpo, mente y espíritu.
      «Y aunque era Hijo, por lo que padeció aprendió obediencia» (He. 5:8).
   b. Para asegurar justicia; la perfección y pureza ideal para el hombre (*véase* Estudio a fondo 2—Ro. 8:3).
      «Al que *no conoció pecado,* por nosotros lo hizo pecado, para que nosotros fuésemos hechos justicia de Dios en él» (2 Co. 5:21).
   c. Para experimentar todas las debilidades de la vida humana, de manera de poder socorrer el hombre.
      «Pues en cuanto él mismo padeció siendo tentado, es poderoso para socorrer a los que son tentados» (He. 2:18).
      «Porque no tenemos un sumo sacerdotes que no pueda compadecerse de nuestras debilidades, sino uno que fue tentado en todo según nuestra semejanza, pero *sin pecado*. Acerquémonos, pues, confiadamente al trono de la gracia, para alcanzar misericordia y hallar gracia para el oportuno socorro» (He. 4:15-16).

Al discutir la tentación es importante recordar que Dios no tienta a nadie (Stg. 1:13). Dios permite que el hombre sea tentado por el mismo motivo que permitió que Cristo fuera tentado. Dios permite que el hombre sea tentado:
1. Para probar y demostrar su fe.
2. Para fortalecerlo y prepararlo para responsabilidades mayores.
3. Para mostrar la misericordia, gracia y el poder de Dios en la vida humana.

Pensamiento 1. Hay tiempos especiales en que la comunión con Dios es absolutamente esencial: (1) Después de una experiencia decisiva (bautismo de Cristo); (2) antes de un tiempo de gran prueba y tentación. Note que Jesús pasó cuarenta días a solas con Dios *antes* que viniera el tentador; (3) períodos de gran servicio a Dios. Es un gran error aparecer en público, o volver después de haber estado con el público, sin pasar un tiempo prolongado a solas con Dios. La preparación es esencial.

Pensamiento 2. El diablo ataca en todas y en cualquier parte, en el desierto y en la ciudad cuando se está rodeado por otros. Pero en ciertos momentos la tentación es especialmente fuerte.
1) Enseguida después de una experiencia decisiva.
2) Inmediatamente antes de lanzar un nuevo trabajo.
3) En momento de severa debilidad: física y mental.

Pensamiento 3. Note tres hechos acerca de la persona que realmente conoce a Dios y está dispuesta a servirle.
1) Cuanto más una persona trata de servir a Dios, tanto más puede esperar ser tentada. Note cuán fuerte e intensa fue la tentación dirigida contra Cristo.
2) Cuanto más desea una persona servir a Dios, más necesita de la comunión con Dios. El tiempo a solas con Dios es esencial. Un tiempo de quietud en la Palabra de Dios —en meditación, comunión y adoración— es absolutamente esencial para el creyente.
3) La fuerza y madurez espiritual no exime a la persona de ser tentada. Cualquiera es tentado, incluso el propio Hijo de Dios. Nadie está exento (1 Co. 10:13).

Pensamiento 4. Cristo enfrentó la tentación haciendo tres cosas.
1) Pasó tiempo a solas con Dios.

2)   Se aseguró de tener la dirección del Espíritu.

3)   Se basó en las Escrituras.

Pensamiento 5. El diablo es el tentador. Él es quien tentó a Jesucristo. Él fue el poder espiritual que intentó destruir el propósito de Cristo (cp. He. 2:14-15). El creyente tiene que prepararse para el combate (*véanse* bosquejo y notas— Ef. 6:10-20. *Véase* Estudio a fondo 1—Ap. 12:9).

Pensamiento 6. ¿Qué debe aprender el creyente acerca del ayuno basado en la experiencia del Señor? Jesús ayunó cuarenta días. Estaba ante un momento importante y crítico de su vida; el peso le estaba presionando. Necesitaba preparación especial. Por eso se apartó del mundo; se fue para estar a solas con Dios. Su actitud era tan sincera e intensa que incluso se apartó de la comida.

¿Cuántas veces *erran el blanco* los creyentes porque no son suficientemente sinceros e intensos en su propósito de poner un tiempo con Dios por encima de todo lo demás, incluso de la comida? ¿Cuánto más se lograría si los creyentes buscaran a Dios con la misma intensidad? ¿Cuánto más crecimiento y ministerio se ganaría?

2 (4:2-4) *Jesucristo, tentación:* la primera tentación de Cristo fue probar su deidad usando su poder para propósitos personales. El diablo tentó a Cristo a probar que era el Hijo de Dios, es decir, de asegurarse la lealtad de los hombres mediante dos hechos.

1.   Cristo fue tentado a usar su propio poder para satisfacer una necesidad tanto personal como universal: el hambre. Tenía hambre, y su hambre era asunto crítico. No había comido en cuarenta días. El diablo lo tentó a crear pan y alimentarse a sí mismo, y en esta sugerencia estaba oculta la idea de poder alimentar al mundo y comprobar que era el Hijo de Dios. De esta manera podía asegurar lo que procuraba: la lealtad y adoración de los hombres. La gente correría para servir a cualquier Mesías que pudiera satisfacer sus necesidades físicas y materiales.

2.   Cristo fue tentado a confiar en sí mismo, no en Dios, y de escoger otro camino que el camino de Dios. El camino de Dios era la fe que incluía tiempo para sufrir —las pruebas de la vida— y después la cruz. El diablo estaba diciendo «confía en ti mismo, toma una ruta más corta. Aliméntate a ti mismo y al mundo. Tus necesidades pueden ser satisfechas, puedes tener, inmediatamente, la lealtad de la gente».

El razonamiento de esta tentación tiene dos errores.

1.   El hombre necesita más que pan. Necesita más que vida física y la satisfacción de necesidades físicas.

2.   El hombre necesita la vida de Dios. Necesita vida eterna y necesita satisfacer sus necesidades espirituales.

El pan es una necesidad de la vida. Jesús pudo haber probado que era el Hijo de Dios usando su poder sobrenatural para crear pan; pudo haber asegurado la lealtad de la gente alimentándola, es decir, supliendo sus necesidades físicas. Pero, en por lo menos dos puntos habría fracasado.

1.   Habría fracasado en suplir las necesidades espirituales del hombre.

2.   Habría fracasado por enseñar el error, el error de que lo físico es más importante que lo espiritual, y que recibir es más importante que dar.

Existe un hambre espiritual que sencillamente no se satisface con pan. La responsabilidad del hombre es igual a la de Cristo: confiar en Dios y buscar las cosas de Dios al transitar día por día por la vida.

> **«Mas buscad primeramente el reino de Dios y su justicia; y [entonces] todas las demás cosas os serán añadidas» (Mt. 6:33).**

> **«Jesús les dijo: Yo soy el pan de vida; el que a mí viene, nunca tendrá hambre; y el que en mí cree, no tendrá sed jamás» (Jn. 6:35).**

> **«Este es el pan que desciende del cielo, para que el**

que de él come, no muera. Yo soy el pan vivo que descendió del cielo; si alguno comiere de este pan, vivirá para siempre; y el pan que yo daré es mi carne, la cual yo daré por la vida del mundo» (Jn. 6:50-51).

«De cierto, de cierto os digo: El que oye mi palabra, y cree al que me envió, tiene vida eterna; y no vendrá a condenación, mas ha pasado de muerte a vida» (Jn. 5:25).

«A Jehová tu Dios temerás, y a él solo servirás, y por su nombre jurarás» (Dt. 6:13).

«Del mandamiento de sus sabios nunca me separé; guardé las palabras de su boca más que mi comida» (Job 23:12).

«¡Cuán dulces son a mi paladar tus palabras! Más que la miel a mi boca» (Sal. 119:103).

«A todos los sedientos: Venid a las aguas; y los que no tienen dinero, venid, comprad y comed. Venid, comprad sin dinero y sin precio, vino y leche. ¿Por qué gastáis el dinero en lo que no es pan, y vuestro trabajo en lo que no sacia? Oídme atentamente, y comed del bien, y se deleitará vuestra alma con grosura. Inclinad vuestro oído, y venid a mí; oíd, y vivirá vuestra alma; y haré con vosotros pacto eterno, las misericordias firmes de David» (Is. 55:1-3).

«Fueron halladas tus palabras, y yo las comí; y tu palabra me fue por gozo y alegría de mi corazón; porque tu nombre se invocó sobre mí, oh Jehová Dios de los ejércitos» (Jer. 15:16).

Pensamiento 1. Con frecuencia el creyente encara exactamente la misma tentación (cp. 1 Co. 10:13).

1)   De probar quién es y actuar en su propia fuerza y con su propia habilidad.

2)   A satisfacer una necesidad real (personal o comunitaria) de manera equivocada e ilegítima; haciendo mal uso de su posición y de sus habilidades.

3)   A dar más importancia a las necesidades físicas que a las necesidades espirituales de los hombres: a darles únicamente pan, y nunca traerlos a la cruz (*véase* nota—Lc. 9:23).

4)   A confiar en sí mismo, no en Dios; confiando en sus propias fuerzas y habilidades.

Pensamiento 2. En esta tentación se pueden ver claramente cuatro lecciones.

1)   Con frecuencia la tentación ataca un área de desesperante necesidad tal como el hambre. Hay una forma correcta y una incorrecta para suplir cualquier necesidad. Con frecuencia se cree que si una necesidad real puede ser satisfecha, queda excusada la forma de hacerlo. Es decir, el fin justifica los medios.

2)   El hombre tiene que aprender que no vive de pan solamente. Lo físico sólo no dará satisfacción. El hombre es espíritu; por eso necesita a Dios y depende de Dios. No puede vivir sin Dios. «Comerás y no te saciarás» (Mi. 6:14 cp. Hag. 1:6, 9; Mt. 6:24-34).

3)   La tentación debe ser resistida usando la Palabra de Dios. El creyente tiene que estudiar y aprender la Palabra de Dios a efectos de resistir la tentación (Sal. 119:9, 11; Col. 3:16; 2 Ti. 2:15; 3:16; 1 P. 2:2-3).

4)   Cuando *aparecen necesidades* una persona siempre tiene que fortalecerse a sí misma contra la tentación. Cuanto mayor la necesidad, tanto mayor la tentación que ataca.

3 (4:5-7) *Jesucristo, tentación:* la segunda tentación de Cristo fue para probar su deidad mediante lo espectacular. El diablo tentó a Cristo a probar que era el Hijo de Dios mediante otros dos actos.

1.   Cristo fue tentado a probar a Dios. Fue tentado a hacer algo espectacular. Debía saltar desde el pináculo del templo y dejar que Dios envíe sus ángeles para atajarlo en medio del aire y asentarlo suavemente en el suelo. Puesto que Él era el único Hijo de Dios, Dios ciertamente lo sostendría (así razonó el diablo).

2.   Cristo fue tentado a llamar la atención mediante lo

espectacular. Los adoradores en el templo al ver un acontecimiento tan espectacular, lo aceptarían y lo proclamarían Hijo de Dios.

Hay dos equivocaciones en el razonamiento detrás de esta tentación.

1. Dios no debe ser probado. No se debe conjeturar, o tomar ventaja o usar mal la voluntad, el poder, la protección de Dios. Dios no debe ser probado o examinado; Dios debe ser confiado. Su voluntad y su Palabra deben ser confiados y obedecidos así como están; todo será hecho tal como él dice.

2. Hay que confiar en Dios, no en lo espectacular. Dios quiere que la gente crea en él porque lo ama como su Padre, no por causa de eventos y acontecimientos, sean ellos espectaculares o comunes (Is. 43:10).

Cristo habría fracasado en al menos dos puntos si hubiera cedido a esta tentación.

1. Habría tentado a Dios al usar mal su poder. Cristo se habría colocado en una situación amenazante, habría arriesgado su vida, esperando que Dios lo salve. Esto habría sido un abuso de la voluntad de Dios y un mal uso de su promesa. Este hecho habría ignorado lo que Dios realmente quería y lo que realmente había dicho.

2. Habría centrado la atención de la gente en lo espectacular. La misión de Cristo era centrar la atención de la gente en la fe en Dios; particularmente en su desesperante necesidad de Dios y de su reino eterno (*véase* nota—Mt. 19:23-24).

«Respondiendo Jesús, les dijo: Tened fe en Dios» (Mr. 11:22).

«Entonces le dijeron: ¿Qué debemos hacer para poner en práctica las obras de Dios? Respondió Jesús y le dijo: Esta es la obra de Dios, que creáis en el que él ha enviado» (Jn. 6:28-29).

«Pelea la buena batalla de la fe, echa mano de la vida eterna, a la cual asimismo fuiste llamado, habiendo hecho la buen profesión delante de muchos testigos» (1 Ti. 6:12).

«Acerquémonos con corazón sincero, en plena certidumbre de fe, purificados los corazones de mala conciencia, y lavados los cuerpos con agua pura. Mantengamos firme, sin fluctuar, la profesión de nuestra esperanza (porque fiel es el que prometió)» (He. 10:22-23).

«Pero sin fe es imposible agradar a Dios; porque es necesario que el que se acerca a Dios crea que le hay, y que es galardonador de los que le buscan» (He. 11:6).

«Y este es su mandamiento: Que creamos en el nombre de su Hijo Jesucristo, y nos amemos unos a otros como nos lo ha mandado» (1 Jn. 3:23).

Pensamiento 1. Con frecuencia los creyentes son tentados igual que Cristo (cp. 1 Co. 10:13).

1) Son tentados a probar a Dios, a aferrarse a alguna promesa bíblica y sacarla de contexto, a usarla y aplicarla equivocadamente. A veces el motivo es bueno porque el creyente quiere hacer grandes cosas para Dios. Lo que ocurre es que toma alguna gran promesa de Dios y se lanza adelante, pero la promesa es usada y aplicada equivocadamente. Las *grandes cosas* no eran la voluntad de Dios para el creyente. Siempre debemos recordar que Dios nos da grandes promesas. Pero tenemos que permanecer cerca de Dios (en meditación y oración) y en su Palabra para entender correctamente sus promesas. Solamente esto nos guardará de usar y aplicar equivocadamente sus promesas.

2) Son tentados a centrar la atención de la gente en lo espectacular, no en Dios y en la fe en Dios. Es preciso confiar en Dios no en lo espectacular. Dios tiene que ser el foco y centro de *todo cuanto es dicho y hecho*, no lo espectacular.

Pensamiento 2. Para vencer esta tentación hay tres cosas absolutamente esenciales.

1) Vivir con Dios, momento a momento: vivir genuinamente en constante comunión con Él.

2) Vivir en la Palabra de Dios; conociendo realmente sus promesas a efectos de usarlas tal como deben ser usadas (cp. 2 Co. 2:12; 2 Ti. 2:15; 3:16; cp. Hch. 17:11; cp. Sal.1:2 ss).

3) El poder de Satanás es un poder limitado. Solamente puede tentar; no puede obligar a una persona a pecar. No pudo empujar a Cristo del pináculo. No puede empujar al hombre al pecado. El deseo o anhelo proviene del interior del hombre. La tentación de Satanás solo puede promover y despertar el deseo. Satanás no puede motivar el deseo. Por eso, si una persona vive en comunión con Dios, y vive en la Palabra de Dios, esa persona será impulsada más a obedecer a Dios que a ceder ante la tentación (*véanse* bosquejo y notas—Stg. 1:13-18. *Véase* nota—Stg. 4:1-6).

Pensamiento 3. El templo o casa de adoración es un lugar de especial interés para el diablo. Es el lugar donde se centra la adoración a Dios. Por eso, causar algunos desvíos, orgullo, enseñanzas falsas, cualquier cosa que aparte a la gente y la aleje de Dios, derrota los propósitos de Dios y *arruina las vidas de la gente*, a veces eternamente.

Pensamiento 4. Satanás conocía la Escritura, y la conocía bien. Es posible conocer la Escritura sin conocer a Dios. Incluso es posible conocer la Escritura y estar en contra de Dios, abusando y usando mal su Palabra.

4 (4:8-10) *Jesucristo, tentación:* la tercera tentación de Cristo era probar su deidad entrando en un acuerdo. El diablo tentó a Cristo a probar que era el hijo de Dios mediante un acuerdo.

1. Cristo fue tentado a comprometer su ministerio y su misión. Fue tentado a asegurarse el mundo sin la cruz, sin pagar el precio. Fue tentado a escoger otro camino en vez del camino de Dios: a lograr su propósito con otros medios. Fue atraído a usar los medios equivocados para alcanzar la soberanía universal. Si se inclinaba y adoraba al diablo los reinos del mundo y la lealtad de la gente serían de él.

2. Cristo fue tentado a comprometer su vida y su lealtad. Fue tentado a cambiar de lealtad. Se le ofreció el mundo y el liderazgo soberano del mundo si hacía una sola cosa: adorar al diablo. ¿Qué significa esto? Significa que Cristo fue tentado a permitir que el mundo (el hombre incluido) siga siendo corruptible y moribundo, sin esperanza de vida eterna con Dios. Fue una tentación de dejar que el mundo siga como está y a permitir que el diablo continúe su obra en el mundo a efectos de frustrar el plan eterno de Dios para él.

Hay dos equivocaciones en el razonamiento que está detrás de esta tentación.

1. El acuerdo con el diablo y el mundo no es el camino de Dios. El camino de Dios consiste en conquistar la corrupción y la muerte de este mundo.

2. Solo Dios debe ser adorado, no el diablo ni el mundo con su poder.

Si Cristo hubiera cedido a esta tentación, habría fracasado al menos en dos cosas.

1. Se habría asegurado los reinos de este mundo por medio de acuerdos, no por las manos de Dios. Dios le había prometido el mundo y la lealtad de sus ciudadanos, pero ello sería por el camino de la cruz. El camino de Dios era mucho mejor, puesto que los reinos prometido por Dios serían eternos (*véase* Estudio a fondo 3—Mt. 19:23-24).

2. Habría cambiado su lealtad a Dios por lealtad al diablo. Habría dejado a Dios en favor de este mundo y su príncipe, Satanás (Ef. 2:2; *véanse* Estudio a fondo 1—Ap.12:9).

«Porque ¿qué aprovechará al hombre, si ganare todo el mundo, y perdiere su alma? ¿O qué recompensa dará el hombre por su alma?» (Mt. 16:26).

«No os conforméis a este siglo, sino transformaos por medio de la renovación de vuestro entendimiento, para que comprobéis cuál sea la buena voluntad de Dios, agradable y perfecta» (Ro. 12:2).

«Tú, pues, sufre penalidades como buen soldado de Jesucristo. Ninguno que milita se enreda en los negocios de la vida, a fin de agradar a aquel que lo tomó por soldado» (2 Ti. 2:3-4).

«No améis al mundo, ni las cosas que están en el mundo. Si alguno ama al mundo, el amor del Padre no está en él. Porque todo lo que hay en el mundo, los deseos de la carne, los deseos de los ojos, y la vanagloria de la vida, no proviene del Padre, sino del mundo» (1 Jn. 2:15-16).

«Porque la gracia de Dios se ha manifestado para salvación a todos los hombres, enseñándonos que, renunciando a la impiedad y a los deseos mundanos, vivamos en este siglo sobria, justa y piadosamente» (Tit. 2:11-12).

Pensamiento 1. Note cuatro lecciones significativas en este punto.
1) Con frecuencia el creyente es tentado a comprometer tanto su vida como su trabajo o ministerio. El tentador, Satanás, quiere que la persona viva *únicamente* para el mundo, ignorando a su espíritu que está destinado a vivir eternamente. Quiere la atención, energía y esfuerzo de la persona. Quiere que la persona se pase *únicamente* a este mundo y a esta vida.
2) Satanás engaña y miente. Los reinos de este mundo solo son temporales; duran unos pocos años. La vida de una persona y la vida del mundo en sí es breve, tan breve. Todo termina.
3) Los creyentes no pueden recibir de Satanás lo que Dios prometió darles, es decir, vida eterna (*véase* nota—Ef. 1:3; cp. 2 P. 1:4; 3:8-15).
4) La tentación tiene que ser resistida inmediatamente. Jesús no vaciló un momento en resistir la tentación.

Pensamiento 2. Cuando un creyente es tentado una y otra vez, corre dos peligros.
1) El desaliento. La mera cantidad y fuerza de tentaciones extremas puede desalentar a una persona. Sucumbir a la tentación y pecar puede desalentar a una persona. En efecto, cuanto más grande sea la caída de una persona, más indigna se vuelve más se reprocha a sí misma. Auto compasión, culpa y fracaso siempre producen algún grado de desaliento (cp. 1 P. 4:12-13).
2) Excesiva confianza. Cuando un creyente vence la tentación, crece y se fortalece y madura y alcanza mayor confianza. Sin embargo, en esto hay un peligro. Puede comenzar a sentirse suficientemente fuerte y madura para conquistar la tentación. Puede sentirse *por encima de la tentación.* Tales sentimientos pueden conducir a graves errores.
   a) Puede conducir a un comportamiento o a creencias liberales y sueltas. No pasa mucho tiempo y la persona comienza a pensar que todo lo que hace está bien. Se siente tan madura y fuerte que cree poder vencer cualquier tentación. Siente que lo que cree y hace es correcto. Inclusive saca a las Escrituras de su contexto para justificar su conducta impía y liberal.
   b) Puede conducir a una conducta y creencias conservadoras y estrechas. No pasa mucho tiempo y la persona comienza a creer que es tan madura y fuerte que puede vencer las tentaciones por sí sola, que lo que cree y hace

obligatoriamente será correcto. Vive siguiendo reglas y regulaciones estrictas, juzgándose a sí misma y a todos los demás por las mismas reglas. También usa las Escrituras para justificar su intolerancia y su conducta basada en una mente estrecha.

5 (4:11) *Tentación, conquistada:* la victoria triunfal. Cristo resistió la tentación de la única manera posible: haciendo exactamente lo que la Palabra de Dios decía. Simplemente obedeció a Dios; por eso, nunca salió fuera de la voluntad de Dios. El diablo fue derrotado y la tentación y el pecado fueron conquistados. Note que el diablo dejó a Jesús solo por algún tiempo, después vinieron algunos ángeles para ministrarle.

Pensamiento 1. El diablo es un enemigo conquistado.
   «Y despojando a los principados y a las potestades, los exhibió públicamente, triunfando sobre ellos en la cruz» (Col. 2:15).
   «Así que, por cuanto los hijos participaron de carne y sangre, él también participó de lo mismo, para destruir por medio de la muerte al que tenía el imperio de la muerte, esto es, al diablo» (He. 2:14).

Pensamiento 2. Siempre hay una forma de escapar a la tentación. Dios sabe cómo librar a los piadosos de la tentación.
   «No os ha sobrevenido ninguna tentación que no sea humana; pero fiel es Dios, que no os dejará se tentados más de lo que podéis resistir, sino que dará también juntamente con la tentación la salida, para que podáis soportar» (1 Co. 10:13).
   «Sabe el Señor librar de tentación a los piadosos, y reservar a los injustos para ser castigados en el día del juicio» (2 P. 2:9).

Pensamiento 3. Cuando la tentación es resistida el diablo huye y el creyente es librado por algún tiempo.
   «Someteos, pues, a Dios; resistid al diablo, y huirá de vosotros» (Stg. 4:7; cp. v. 11).

	III. COMIENZO DEL MINISTERIO DEL MESÍAS, 4:12-25	14 para que se cumpliese lo dicho por el profeta Isaías, cuando dijo:	deliberada de cumplir las Escrituras
	A. El ministerio de Jesús: saliendo con propósito, 4:12-17	15 Tierra de Zabulón y tierra de Neftalí, camino del mar, al otro lado del Jordán, Galilea de los gentiles;	4 La misión a. Ir a países necesitados b. A la gente en tinieblas mostrarles gran luz c. A la gente muerta dar luz
1 Existía la señal para comenzar: el encarcelamiento de Juan 2 El cuartel general: Galilea a. Jesús salió de Nazaret b. El cuartel general de Jesús: Capernaum 3 La decisión	12 Cuando Jesús oyó que Juan estaba preso, volvió a Galilea; 13 y dejando a Nazaret, vino y habitó en Capernaum, ciudad marítima, en la región de Zabulón y de Neftalí,	16 El pueblo asentado en tinieblas vio gran luz; y a los asentados en región de sombra de muerte,Luz les resplandeció. 17 Desde entonces comenzó Jesús a predicar, y a decir: Arrepentíos, porque el reino de los cielos se ha acercado.	5 El mensaje a. Arrepentimiento b. La razón: el reino de los cielos está cerca

III. COMIENZO DEL MINISTERIO DEL MESÍAS, 4:12-25

A. El ministerio de Jesús: saliendo con propósito, 4:12-17

(4:12-17) *Introducción:* ahora había llegado el momento, el momento cuando Jesús saldría para su gran propósito. Este pasaje tiene un rico contenido para cada creyente, sea laico o ministro. Todo creyente es llamado por Dios, en efecto, enviado al mundo para un propósito específico. El hecho triste es que demasiados creyentes no son consciente de su propósito. No saben por qué los ha mandado Dios al mundo. No han buscado a Dios para descubrir el propósito de sus vidas. Por eso van por la vida haciendo las mismas cosas y actividades que hacían antes de ser salvados. Pero para el creyente que conoce el propósito de Dios para su vida, llega el momento de salir para cumplir ese propósito. Debe salir, como salió Cristo, para llevar a cabo la gran tarea que Dios le ha mandado hacer.

1. Existía la señal para comenzar: el encarcelamiento de Juan (v. 12).
2. El cuartel general: Galilea (vv. 12-13).
3. La decisión deliberada de cumplir las Escrituras (v. 14).
4. La misión (vv. 15-16).
5. El mensaje (v. 17).

1 (4:12) *Jesucristo, ministerio—guía:* existía la señal para comenzar—el encarcelamiento de Juan Dios le mostró a Cristo cuándo comenzar su ministerio. El encarcelamiento de Juan fue su señal para lanzarse con toda fuerza. Había estado ministrando en Judea (Jn. 4:1), pero no tan pública o extensamente como debía hacerlo ahora. Ahora podía salir y realizar su obra a pleno. ¿Por qué ahora? ¿Por qué no antes? Jesús no podía dar la apariencia de competir con Juan. Si hubiera comenzado su ministerio con toda la fuerza antes que el ministerio de Juan estuviera completo, se habría dividido la lealtad de la gente. Juan fue enviado para preparar el camino, y el camino no estuvo totalmente preparado hasta que Juan fue removido de la escena.

> **Pensamiento 1.** El creyente que vive y camina en Cristo sería *dirigido* por Dios.
> 1) Conocerá el propósito que Dios tiene para su vida (*véanse* todas las notas—Mt. 4:12-17).
> 2) Sabrá cuándo salir para cumplir su tarea, cuándo ejecutar el propósito de Dios para su vida, tal como Cristo lo supo. Dios guiará y dirigirá a su siervo.
>
> «Pero cuando venga el Espíritu de verdad, él os guiará a toda verdad; porque no hablará por su propia cuenta, sino que hablará todo lo que oyere, y os hará saber las cosas que habrán de venir» (Jn. 16:13).

«Encaminará a los humildes por el juicio, y enseñará a los mansos su carrera» (Sal. 25:9).

«Porque este Dios es Dios nuestro eternamente y para siempre; él nos guiará aun más allá de la muerte» (Sal. 48:14).

«Me has guiado según tu consejo, y despúes me recibirás en gloria» (Sal. 73:24).

«Entonces tus oídos oirán a tus espaldas palabra que diga: Este es el camino, andad por él; y no echéis a la mano derecha, ni tampoco torzáis a la mano izquierda» (Is. 30:21).

«Y guiará a los ciegos por camino que no sabían, les hará andar por sendas que no habían conocido; delante de ellos cambiaré las tinieblas en luz, y lo escabroso en llanura. Estas cosas les haré y no los desampararé» (Is. 42:16).

«Así ha dicho Jehová, Redentor tuyo, el Santo de Israel: Yo soy Jehová Dios tuyo, que te enseña provechosamente, que te encamina por el camino que debes seguir» (Is. 48:17).

Pensamiento 2. El eclipsamiento de Juan por parte de Jesús encierra una significativa lección para los creyentes de cada generación. El creyente debe estar sirviendo al Señor desde el primer día de su conversión, y cuando le llegue el momento de salir para ejecutar el propósito de Dios para su vida con toda fuerza, él debe salir. En toda generación Dios levanta testigos que sigan a otros testigos a efectos de cumplir la obra del ministerio (Ef. 4:11-12). Los creyentes no son rivales. Son colaboradores del Señor que trabajan juntos cada uno en su respectivo ministerio. No deben competir unos contra otros. Y cuando llega el momento, cuando el ministerio de un siervo ha sido completado, debe voluntariamente dar un paso al costado. En efecto, el creyente debe prepararse a que su ministerio sea eclipsado, a ponerse a un lado mientras Dios levanta a otros para proseguir cuando el anterior se haya ido. Dios no puede esperar hasta que una generación haya desaparecido para levantar a otros. El tiempo no alcanzaría para que la nueva generación se haga cargo y efectúe una transición suave. Dios tiene que levantar siervos nuevos y ponerlos en la línea de fuego, mientras que la generación más vieja va desapareciendo en la retaguardia. Esta clase de eclipsamiento debe ser aceptado de buena gana y con gracia.

«Digo, pues, por la gracia que me es dada, a cada cual que está entre vosotros, que no tenga más alto concepto de sí que el que debe tener, sino que piense de sí con cordura, conforme a la medida de fe que Dios repartió a cada uno. Porque de la manera que en un cuerpo tenemos muchos miembros, pero no todos los miembros tienen la misma función, así nosotros, siendo muchos, somos un cuerpo en Cristo, y todos miembros los unos de los otros. De manera que, teniendo diferentes dones, según la gracia que nos es dada» (Ro. 12:3-6).

«Ahora bien, hay diversidad de dones, pero el Espíritu es el mismo. Y hay diversidad de ministerios, pero el Señor es el mismo. Y hay diversidad de operaciones, pero Dios, que hace todas las cosas en todos es el mismo. Pero a cada uno le es dada la manifestación del Espíritu para provecho» (1 Co. 12:4-7).

«Y él mismo constituyó a unos, apóstoles; a otros, profetas; a otros evangelistas; a otros, pastores y maestros, a fin de perfeccionar a los santos para la obra del ministerio, para la edificación del cuerpo de Cristo» (Ef. 4:11-12).

«Nada hagáis por contienda o por vanagloria; antes bien con humildad, estimando cada uno a los demás como superiores a él mismo; no mirando cada uno por lo suyo propio, sino cada cual también por lo de los otros» (Fil. 2:3-4).

2 `(4:12-13) Capernaum—Galilea—Nazaret:` el cuartel general: Galilea. Cristo dejó a Nazaret. ¿Por qué? Nazaret era su ciudad. ¿Por qué no hizo de su ciudad su cuartel general? La razón es clara: la ciudad había rechazado a Cristo: «Nadie es *profeta* en su propia tierra» (Lc. 4:24). Lo habían expulsado y habían tratado de matarlo (Lc. 4:29). Por eso Cristo estableció su cuartel general en la ciudad de Capernaum. Capernaum estaba localizada en el extremo norte de Palestina. Fue escogida deliberadamente por Cristo como «su propia ciudad» (Mt. 9:1; Is. 9:1-7).

Dios había preparado a Galilea a lo largo de la historia para el ministerio de su Hijo. Esto lo muestran varios hechos (Gá. 4:4).

1. A lo largo de la historia Galilea había sido invadida y repoblada una y otra vez con gente diferente y diferentes culturas de todas partes del mundo. A lo largo de los años, semejante influencia de pueblos diferentes había creado una atmósfera suceptible a personalidades e ideas nuevas.

2. Galilea estaba estratégicamente ubicada. Las principales rutas del mundo pasaban por sus límites. Los mercaderes de todas partes del mundo pasaban y se hospedaban en sus ciudades.

3. Galilea estaba densamente poblada. También estaba rodeada por samaritanos, fenicios y sirios, lo que la convertía en una puerta abierta para la evangelización del mundo. Era una de las tierras más fértiles de aquella parte del mundo. Este hecho y el comercio itinerante, hizo que muchas personas se establecieran en sus límites. En el distrito había más de doscientas ciudades con una población quizá superior al millón y medio de habitantes (Josefo. Citado por William Barclay. *El Evangelio de Mateo*, Tomo 1, p. 66). Había multi-tudes para ser alcanzadas por Jesús.

4. Galilea estaba abierta a ideas nuevas y frescas. Su gente, al haber venido de todas partes del mundo, era de mentalidad liberal, que siempre buscaba ideas nuevas y frescas para estimular y desafiar su pensamiento. Fue por estas razones que Cristo escogió a Galilea para comenzar su ministerio. La región era una puerta abierta para esparcir las nuevas de que el Mesías había venido y que el reino de los cielos había comenzado.

Pensamiento 1. El lugar del ministerio de una persona debe ser elegido deliberadamente. Hay que considerar ubicaciones estratégicas para el ministerio (*véase* nota—Mt. 4:12).

«Por tanto, id y haced discípulos a todas las naciones, bautizándolos en el nombre del Padre, y del Hijo, y del Espíritu Santo; enseñándoles que guarden todas las cosas que os he mandado; y he aquí yo estoy con vosotros todos los días, hasta el fin del mundo. Amén» (Mt. 28:19-20).

«Y les dijo: Id por todo el mundo y predicad el evangelio a toda criatura» (Mr. 16:15).

«Pero recibiréis poder, cuando haya venido sobre vosotros el Espíritu Santo, y me seréis testigos en Jerusalén, en toda Judea, en Samaria, y hasta lo último de la tierra» (He. 1:8).

Pensamiento 2. La gente puede rechazar el evangelio y el Salvador. ¡Imagínese! La propia gente del Señor rechazándolo (*véase* nota—Mt. 9:1; Jn. 1:10-11).

3 (4:14) *Escrituras—Jesucristo, escrituras cumplidas:* la decisión deliberada de cumplir las Escrituras (Is. 9:1-2; 42:6-7). Esto acentúa la crucial importancia de las Escrituras. El creyente debe guardar las Escrituras, la totalidad de ella (*véanse* nota 4—2 Ti. 3:16; nota 3 y Estudios a fondo 1, 2—2 P. 1:19-21).

«Ya vosotros estáis limpios por la palabra que os he hablado» (Jn. 15:3).

«Santifícalos en tu verdad; tu palabra es verdad» (Jn. 17:17).

«Para santificarla, habiéndola purificado en el lavamiento del agua por la palabra» (Ef. 5:26).

«Toda la Escritura es inspirada por Dios, y útil para enseñar, para redargüir, para corregir, para instruir en justicia» (2 Ti. 3:16).

«Porque la palabra de Dios es viva y eficaz, y más cortante que toda espada de dos filos; y penetra hasta partir el alma y el espíritu, las coyunturas y los tuétanos, y discierne los pensamientos y las intenciones del corazón» (He. 4:12).

«Habiendo purificado vuestras almas por la obediencia a la verdad, mediante el Espíritu, para el amor fraternal no fingido, amaos unos a otros entrañablemente, de corazón puro» (1 P. 1:22).

«¿Con qué limpiará el joven su camino? Con guardar tu palabra» (Sal. 119:9).

4 (4:15-16) *Misión—propósito—vida:* la misión. La misión de Cristo era la gente. Su atención estaba centrada en la gente.

1. Note lo dicho acerca de la misión de Cristo.
   a. Cristo fue a la gente de países necesitados:

«Como el Hijo del Hombre no vino para ser servido, sino para servir, y para dar su vida en rescate por muchos» (Mt. 20:28).

«Respondiendo Jesús, les dijo: Los que están sanos no tienen necesidad de médico, sino los enfermos. No he venido a llamar a justos, sino a pecadores al arrepe-ntimiento» (Lc. 5:31-32).

«Porque el Hijo del Hombre vino a buscar y a salvar lo que se había perdido» (Lc. 19:10).

   b. Cristo fue a la gente en tinieblas a mostrarles gran luz (*véase* nota—Jn. 8:12; 12:35-36; Ro. 13:12).

«En él estaba la vida, y la vida era la luz de los hombres» (Jn. 1:4).

«La noche está avanzada y se acerca el día. Desechemos, pues, las obras de las tinieblas, y vistámonos las armas de la luz» (Ro. 13:12).

   c. Cristo fue a la gente muerta a darles luz.

«De cierto, de cierto os digo: el que oye mi palabra, y cree al que me envió, tiene vida eterna; y no vendrá a condenación, mas ha pasado de muerte a vida» (Jn. 5:24).

«Así que, por cuanto los hijos participaron de carne y sangre, él también participó de lo mismo, para destruir por medio de la muerte al que tenía el imperio de la muerte, esto es, al diablo, y librar a todos los que por el temor de la muerte estaban durante toda la vida sujetos a servidumbre» (He. 2:14-15).

Pensamiento 1. La misión de todo creyente es la gente: ir a la gente y hacer lo que hizo Cristo.

Pensamiento 2. Desde que vino Cristo contamos con la presencia de dos cosas maravillosas.
1) La presencia de la luz. El hombre ya no tiene que buscar la luz, porque Dios envió la luz al mundo.

2) La posibilidad de elegir. Ahora el hombre puede escoger la luz; no está obligado a permanecer en las tinieblas.

2. Note lo dicho acerca de la gente del mundo.
   a. La gente está en tinieblas (*véanse* Estudio a fondo 2—Jn. 8:12; cp. Lc. 22:53; Jn. 1:5; Ro. 13:11, 12).

      «Pero si tu ojo es maligno, todo tu cuerpo está en tinieblas. Así que, si la luz que en ti hay es tinieblas, ¿cuántas no serán las mismas tinieblas?» (Mt. 6:23).

      «La luz en las tinieblas resplandece, y las tinieblas no prevalecieron contra ella» (Jn. 1:5).

      «La noche está avanzada y se acerca el día. Desechemos, pues, las obras de las tinieblas, y vistámonos las armas de la luz» (Ro. 13:12).

      «Mas vosotros, hermanos, no estáis en tinieblas, para que aquel día os sorprenda como ladrón» (1 Ts. 5:4)
   b. La gente prefiere las tinieblas. La gente acepta y está cómoda con las tinieblas, complacida con sus vidas. Las Escrituras dicen que los hombres amaron más las tinieblas que la luz (Jn .3:19-21).

      «Y esta es la condenación: que la luz vino al mundo, y los hombres amaron más las tinieblas que la luz, porque sus obras eran malas. Porque todo aquel que hace lo malo, aborrece la luz y no viene a la luz, para que sus obras no sean reprendidas. Mas el que practica la verdad viene a la luz para que sea mani-fiesto que sus obras son hechas en Dios» (Jn. 3:19-21).

      «Por lo cual dice: Despiértate tú que duermes, y levántate de los muertos, y te alumbrará Cristo» (Ef. 5:14).
   c. La gente está asentada en *las regiones de sombra* de muerte. Note: están en la región (territorio, país, área) de la muerte; pero en la actualidad, mientras viven en la tierra, la muerte es solo una sombra. Hay esperanza para el hombre; el hombre tiene la oportunidad de ser salvado de la muerte, del juicio, de la condenación (*véase* Estudio a fondo 2—He. 9:27; He. 2:14-15).

      «Porque de tal manera amó Dios al mundo, que ha dado a su Hijo unigénito, para que todo aquel que en él cree, no se pierda, mas tenga vida eterna. Porque no envió Dios a su Hijo al mundo para condenar al mundo, sino para que el mundo sea salvo por él. El que en él cree, no es condenado; pero el que no cree, ya ha sido condenado, porque no ha creído en el nombre del unigénito Hijo de Dios» (Jn. 3:16-18).

      «Así que, por cuanto los hijos participaron de carne y sangre, él también participó de lo mismo, para destruir por medio de la muerte al que tenía el imperio de la muerte, esto es, al diablo, y librar a todos los que por el temor de la muerte estaban durante toda la vida sujetos a servidumbre» (He. 2:14-15).
   d. La gente ahora ve una *gran* luz, la más grande de las luces: Cristo mismo (*véase* Estudio a fondo 1—Jn. 8:12).

      «Otra vez Jesús les habló, diciendo: Yo soy la luz del mundo; el que me sigue, no andará en tinieblas, sino que tendrá la luz de la vida» (Jn. 8:12).

      «Entonces Jesús les dijo: Aún por un poco está la luz entre vosotros; andad entre tanto que tenéis luz, para que no os sorprendan las tinieblas; porque el que anda en tinieblas, no sabe a dónde va» (Jn. 12:35).

      «Yo, la luz, he venido al mundo, para que todo aquel que cree en mí no permanezca en tinieblas» (Jn. 12:46).

   e. La gente ahora tiene una luz que les «ha nacido». Tiene una luz que crece y continúa. Hay una oportunidad creciente de salir de las tinieblas y entrar a la luz y vivir por siempre, conquistando la muerte (cp. He. 2:14-15).

      «De cierto, de cierto os digo: el que oye mi palabra, y cree al que me envió, tiene vida eterna; y no vendrá a condenación, mas ha pasado de muerte a vida» (Jn. 5:24).

      «Le dijo Jesús: Yo soy la resurrección y la vida; el que cree en mí, aunque esté muerto, vivirá. Y todo aquel que vive y cree en mí, no morirá eternamente. ¿Crees esto?» (Jn. 11:25-26).

5 (4:17) *Arrepentimiento:* El mensaje. Las palabras «desde entonces» son extremadamente significativas. Indican *urgencia, persistencia, perseverancia:* tres palabras excelentes que describen la obsesión de Cristo por su misión y su mensaje. Este contiene dos puntos principales.

1. Cristo predicó el arrepentimiento. Arrepentirse significa cambiar; dar vuelta, cambiar de mente; cambiar la vida. Es un apartarse del pecado y volverse a Dios. Es un cambio en la mente, un renunciamiento al pecado. Es sacar el pecado de los pensamientos y de la conducta. Es la resolución de nunca volver a pensar o hacer determinada cosa (cp. Mt. 3:2; Lc. 13:2-3; Hch. 2:38; 3:19; 8:22; 26:20). El cambio implica dejar de mentir, robar, pasar chismes, dejar la inmoralidad, las blasfemias, ebriedad, y los otros así llamados grandes *pecados de la carne.* Pero el cambio también significa apartarse de los *pecados silenciosos del espíritu* tales como el egocentrismo, egoísmo, envidia, amargura, orgullo, codicia, enojo, malos pensamientos, desesperanza, pereza, celos, deseos.
   a. El arrepentimiento implica dos pasos. Un paso negativo para apartarse del pecado, y un paso positivo hacia Dios. Es un volverse a Dios tomando distancia del pecado, sea el pecado de pensamiento o acción. (*Véase* nota, *Arrepentimiento*—Lc. 3:3. Cp. 1 Ts. 1:9; Hch. 14:15.)
   b. El arrepentimiento es más que pena. La pena puede o no estar involucrada en el arrepentimiento. Una persona puede arrepentirse simplemente porque quiere y actúa para cambiar; o bien una persona puede arrepentirse porque siente una dolorosa pena interior. Pero el percibir o sentir pena no es arrepentimiento. Arrepentimiento es tanto el cambio de la mente como el apartarse en los hechos del pecado y acercarse a Dios (*véase* Estudio a fondo 1—2 Co. 7:10).

      «Os digo: No; antes si no os arrepentís, todos pereceréis igualmente» (Lc. 13:3).

      «Pedro les dijo: Arrepentíos, y bautícese cada uno de vosotros en el nombre de Jesucristo para perdón de los pecados; y recibiréis el don del Espíritu Santo» (Hch. 2:38).

      «Así que, arrepentíos y convertíos, para que sean borrados vuestros pecados; para que vengan de la presencia del Señor tiempos de refrigerio» (Hch. 3:19).

      «Arrepiéntete, pues, de esta tu maldad, y ruega que Dios, si quizá te sea perdonado el pensamiento de tu corazón» (Hch. 8:22).

2. Cristo predicó que el reino de los cielos está cerca (*véase* Estudio a fondo 3—Mt. 19:23-24).

      «Bienaventurados los pobres en espíritu, porque de ellos es el reino de los cielos» (Mt. 5:3).

      «Después que Juan fue encarcelado, Jesús vino a Galilea predicando el evangelio del reino de Dios, diciendo: el tiempo se ha cumplido, y el reino de Dios se ha acercado; arrepentíos, y creed en el evangelio» (Mr. 1:14-15).

      «Respondió Jesús y le dijo: De cierto, de cierto te digo, que el que no naciere de nuevo, no puede ver el reino de Dios» (Jn. 3:3).

«Confirmando los ánimos de los discípulos, exhortándoles a que permaneciesen en la fe, y diciéndoles: Es necesario que a través» de muchas tribulaciones entremos en el reino de Dios» (Hch. 14:22).

«Porque el reino de Dios no consiste en palabras, sino en poder» (1 Co. 4:20).

Pensamiento. En este punto se ven cuatro lecciones desafiantes.

1) ¡Los creyentes deben llegar a estar obsesionados con la misión del Señor! ¡Deben llegar a estar cauti-vados y esclavizados por la obsesión de Cristo! Este es el por qué. El hombre ya no tiene que buscar la luz. La luz del mundo ha venido, pero son tantos los que todavía están en tinieblas. No han escuchado. Los creyentes, en su letargo y falta de urgencia han ocultado el mensaje y fallado en ir como los mensajeros de luz enviados por Dios (2 Co. 5:19-20; cp. Jn. 20:21; Lc. 19:10).

2) El ministerio de los creyentes es el mismo que el de Cristo: *predicar*. Todos los demás trabajos y ministerios son importantes, pero el ministerio primordial de todos los creyentes es predicar, proclamar el evangelio a un mundo que clama por ayuda (*véase* nota—Hch. 8:1).

3) El mensaje de los creyentes es el mismo que el de Cristo: (1) Arrepentíos y (2) el reino de los cielos está cerca.

   Todos los demás temas son importantes, pero el mensaje primordial son estos dos puntos (*véanse* nota 7 y Estudio a fondo 1—Hch. 17:29-30; Estudio a fondo 3—Mt. 19:23-24).

4) Los creyentes han recibido el más alto honor del mundo: son enviados al mundo en la misma misión del propio Hijo de Dios. ¡Imagínese, tener el mismo mensaje que el propio Hijo de Dios!

1 Los primeros hombres llamados	B. Los discípulos de Jesús: el tipo de personas llamadas 4:18-22 (Mr. 1:16-20; cp. Lc.5:1-11; Jn. 1:35-51)	pos de mí y os haré pescadores de hombres.	d. Fueron llamados para otro trabajo
a. Eran hermanos que trabajaban juntos		20 Ellos entonces, dejando al instante las redes, le siguieron.	e. Respondieron positivamente
b. Eran trabajadores laboriosos	18 Andando Jesús junto al mar de Galilea, vio a dos hermanos, Simón, llamado Pedro, y Andrés su hermano, que echaban la red en el mar; porque eran pesadores.	21 Pasando de allí, vio a otros dos hermanos, Jacobo hijo de Zebedeo, y Juan su hermano, en la barca con Zebedeo su padre, que remendaban sus redes; y los llamó	2 Los siguientes hombres llamados a. Eran hijos obedientes b. Eran laboriosos; hacían economía c. Fueron llamados con sencillez d. Respondieron positivamente; dejaron su trabajo y su familia.
c. Llamados a seguir a Jesús[EF1]	19 Y les dijo: Venid en	22 Y ellos, dejando al instante la barca y a su padre, le siguieron.	

B. Los discípulos de Jesús: el tipo de personas llamadas 4:18-22 (Mr. 1:16-20)

(4:18-22) *Introducción:* ¿Qué tipo de personas llama Cristo? Este pasaje demuestra que Cristo llama a personas comunes que simplemente expresan estar disponibles para Él.

Note *dónde* llamó Jesús a sus primeros discípulos. No estaban en un centro religioso ni en un centro de aprendizaje. Ni investían una posición de autoridad o poder, tampoco poseían riquezas o seguridad financiera. Pertenecían al mundo del trabajo cotidiano. Esto no es para restar importancia a la religión o a la tarea de aprender, pero enseña al menos dos cosas.

Primero, posición y poder, riqueza y seguridad, religión y estudio pueden dañar a una persona y mantenerla alejada de Dios. Estas cosas pueden hacer que una persona esté tan confiada y segura en sí misma que se vuelve inútil para Dios. Dios no puede manifestar su poder por medio de ella. Las habilidades y energías propias del hombre bloquean los dones y el poder de Dios de manera que no pueden fluir a través de él.

Segundo, Dios puede llamar y usar a cualquier persona que esté realmente disponible, sea religiosa o no, con estudios o sin ellos, común o extraordinaria. El principal ingrediente es estar disponible, estar dispuesto a responder.

1. Los primeros hombres llamados (vv. 18-20).
   a. Eran hermanos que trabajaban juntos.
   b. Eran trabajadores laboriosos.
   c. Fueron llamados a seguir a Jesús—de inmediato.
   d. Fueron llamados para otro trabajo.
   e. Respondieron positivamente.
2. Los siguientes hombres llamados (vv. 21-22).
   a. Eran hijos obedientes que trabajan con su padre—unidos.
   b. Eran laboriosos; hacían economía.
   c. Fueron llamados con sencillez.
   d. Respondieron positivamente; dejaron su trabajo y su familia.

1 (4:18-20) *Llamado—ministros—discipulado:* los primeros hombres llamados. Hay cinco características en estos hombres, características que muestran el tipo de persona que Cristo llama.

1. Los hombres llamados por Cristo eran hermanos y trabajaban juntos. El hecho de trabajar juntos dice al menos tres cosas.
   a. Tenían buenos padres que les habían enseñado a amarse y a cuidarse mutuamente.
   b. Venían de una familia unida, de una familia que trabajaba unida.
   c. Seguían y obedecían las enseñanzas de sus padres manteniendo un espíritu de hermandad a lo largo de la vida.

Pensamiento 1. El espíritu cooperativo y de hermandad de los discípulos nos muestra tres cosas.

1) La necesidad de un espíritu de hermandad: es la clase de espíritu que Cristo anhela para sus seguidores. El tipo de reino que Cristo está constru-yendo es uno donde los seguidores tienen un espíritu de hermandad.

   «Amarás a tu prójimo como a ti mismo» (Mt. 22:39).

   «En esto conocerán todos que sois mis discípulos, si tuviereis amor los unos con los otros» (Jn. 13:35).

   «Este es mi mandamiento: Que os améis unos a otros, como yo os he amado» (Jn. 15:12).

   «Amaos los unos a los otros con amor fraternal; en cuanto a honra, prefiriéndoos los unos a los otros» (Ro. 12:10).

   «Habiendo purificado vuestras almas por la obediencia a la verdad, mediante el Espíritu, para el amor fraternal no fingido, amaos unos a otros entrañablemente, de corazón puro» (1 P. 1:22).

2) La necesidad de alcanzar a las familias para Cristo: hermanos y hermanas alcanzándose mutuamente.

   «Este halló primero a su hermano Simón, y le dijo: Hemos hallado al Mesías, que traducido es, el Cristo. Y le trajo a Jesús. Y mirándole Jesús, dijo: Tú eres Simón, hijo de Jonás; tú serás llamado Cefas, que quiere decir, Pedro» (Jn. 1:41-42).

   «El Padre entonces entendió que aquella era la hora en que Jesús le había dicho: Tu hijo vive; y creyó él con toda su casa» (Jn. 4:53).

   «Y cuando fue bautizada, y su familia, nos rogó diciendo: si habéis juzgado que yo sea fiel al Señor, entrad en mi casa, y posad. Y nos obligó a quedarnos» (Hch. 16:15).

   «Y sacándolos, les dijo: Señores, ¿qué debo hacer para ser salvo? Ellos dijeron: Cree en el Señor Jesucristo, y serás salvo, tú y tu casa» (Hch. 16:30-31).

3) La necesidad de que los padres enseñen a sus hijos el camino que deben ir (*véanse* bosquejo y notas—Ef. 6:1-4; Col. 3:20-21).

   «Y las [las palabras de Dios] repetirás a tus hijos, y hablarás de ellas estando en tu casa, y andando por el camino, y al acostarte, y cuando te levante» (Dt. 6:7).

   «Instruye al niño en su camino, y aun cuando fuere viejo no se apartará de él» (Pr. 22:6).

   «Y vosotros, padres, no provoquéis a ira a vuestros hijos, sino criadlos en disciplina y amonestación del Señor» (Ef. 6:4).

Pensamiento 2. Hay un requisito esencial para servir a

Cristo que debe ser enfatizado entre el pueblo de Dios: cooperación; una naturaleza y disposición a servir juntos (*véanse* bosquejo y notas—1 Co. 12:12-31).

«Después fue Bernabé a Tarso para buscar a Saulo; y hallándole, le trajo a Antioquía. Y se congregaron allí todo un año con la iglesia, y enseñaron a mucha gente; y a los discípulos se les llamó cristianos por primera vez en Antioquía» (Hch. 11:25-26).

«Así que ya no sois extranjeros ni advenedizos, sino conciudadanos de los santos, y miembros de la familia de Dios, edificados sobre el fundamento de los apóstoles y profetas, siendo la principal piedra del ángulo Jesucristo mismo» (Fil. 2:19-20).

2. Los hombres llamados por Cristo eran hombres trabajadores. Note que Pedro y Juan estaban ocupados en su trabajo cuando los llamó Cristo. Este es un segundo requisito esencial para servir a Cristo que debe ser enfatizado: energía, trabajo, una disposición a trabajar y a trabajar duro. Cuando Cristo llama a una persona, la persona está trabajando, no sentada ociosamente. Dios no escoge al perezoso e inactivo, sino al enérgico y trabajador. Demasiados creyentes son ociosos e inactivos. Por eso fallan en cuanto al llamamiento supremo de Dios.

«Entonces respondió Amós, y dijo a Amasías: No soy profeta, ni soy hijo de profeta, sino que yo *boyero*, y *recojo higos silvestres.* Y Jehová me tomó de detrás del ganado, y me dijo: Vé y profetiza a mi pueblo Israel» (Am. 7:14-15).

«Partiendo de allí, halló a Eliseo hijo de Safat, que *araba* con doce yuntas delante de sí, y él tenía la última. Y pasando Elías por delante de él, echó sobre él su manto» (1 R. 9:19).

«Así que, hermanos míos amados, estad firmes y constantes, creciendo en la obra del Señor siempre, sabiendo que vuestro trabajo en el Señor no es en vano» (1 Co. 15:58).

«Es como el hombre que yéndose lejos, dejó su casa, y dio autoridad a sus siervos, y a cada uno su obra, y al portero mandó que velase» (Mr. 13:34).

«Dijo, pues: Un hombre noble se fue a un país lejano, para recibir un reino y volver. Y llamando a diez siervos suyos, les dio diez minas, y les dijo: Negociad *entre tanto que vengo*» (Lc. 19:12-13).

3. Los hombres llamados por Cristo fueron llamados a seguirle y a seguirle *inmediatamente*. El punto es este: el discípulo es llamado a seguir personalmente a Cristo, a apegarse a Cristo antes de hacer cualquier otra cosa. Discipulado personal, es decir, apego personal, es esencial (*véase* nota—Mt. 28:19-20). Una persona primero tiene que aprender de Cristo antes que le pueda servir.

Pensamiento 1. El llamado del Señor es a una relación personal, a un apego a Él.

«Vosotros sois mis testigos, dice Jehová, y mi siervo que yo escogí, para que me conozcáis y creáis, y entendáis que yo mismo soy; antes de mí no fue formado Dios, ni lo será después de mí» (Is. 43:10).

«Y ciertamente, aun estimo todas las cosas como pérdida por la excelencia del conocimiento de Cristo Jesús, mi Señor, por amor del cual lo he perdido todo, y lo tengo por basura, para ganar a Cristo, y ser hallado en él, no teniendo mi propia justicia ... a fin de conocerle, y el poder de su resurrección, y la participación de sus padecimientos, llegando a ser semejante a él en su muerte, si en alguna manera llegase a la resurrección de entre los muertos» (Fil. 3:8-11).

Pensamiento 2. Los discípulos, aunque eran de poca escuela, recibieron durante tres años el mejor y más extenso entrenamiento del mundo. Fueron instruidos por Cristo mismo, el propio Hijo de Dios. Todo creyente necesita estar a solas con Cristo, frecuentemente, para estudiar y meditar en él y en su Palabra.

«Procura con diligencia presentarte a Dios aprobado, como obrero que no tiene de qué avergonzarse, que usa bien la palabra de verdad» (2 Ti. 2:15).

«Nunca se apartará de tu boca este libro de la ley, sino que de día y de noche meditarás en él, para que guardes y hagas conforme a todo lo que en él está escrito: porque entonces harás prosperar tu camino, y todo te saldrá bien» (Jos. 1:8).

4. Los hombres llamados por Cristo fueron llamados a un trabajo diferente. Era un llamado a un tipo diferente de empleo, a otro trabajo y otra profesión. Fue un cambio drástico, traumático. Note varios hechos.

a. El llamado a una relación personal ya se había efectuado. Juan lo dice (Jn. 1:35-42). Siempre hay que acentuar una relación personal antes del servicio.

b. Este llamado «a pescar hombres», era el llamado a servir. Era el llamado de preocuparse por los hombres, a ayudarles y a ministrarles. El hombre no puede recibir ningún llamado mayor porque el ayudar a otro ser humano es el acto más grande de toda la vida. Imagínese a una persona que se entregue a ministrar solamente y ayudar a la gente. ¿Qué otro llamado mayor puede haber? (cp. Mt. 20:26; Mr. 10:43; Lc. 9:48).

c. El llamado era a una *separación total e inmediata* de todo lo demás y a un *apego inmediato* a Jesús y su misión (*véase* Estudio a fondo 1—Mt. 4:19).

«Y les dijo: Venid en pos de mí, y os haré pescadores de hombres» (Mt. 4:19).

«A algunos que dudan, convencedlos. A otros salvad, arrebatándolos del fuego; y de otros tened misericordia con temor, aborreciendo aun la ropa contaminada por su carne» (Jud. 22-23).

«No me elegisteis vosotros a mí, sino que yo os elegí a vosotros, y os he puesto para que vayáis y llevéis fruto, y vuestro fruto permanezca; para que todo lo que pidiereis al Padre en mi nombre, él os lo dé» (Jn. 15:16).

«El Señor le dijo: Vé, porque instrumento escogido me es éste [Pablo], para llevar mi nombre en presencia de los gentiles, y de reyes, y de los hijos de Israel» (Hch. 9:15).

«Después oí la voz del *Señor*, que decía: ¿A quién enviaré, y quién irá por nosotros? Entonces respondí yo: Heme aquí, envíame a mí» (Is. 6:8).

Pensamiento 1. El llamado del Señor es doble.
1) A seguir al Mesías. Antes de hacer cualquier otra cosa, un discípulo primero tiene que aprender de Cristo.
2) A ser pescadores de hombres.

Pensamiento 2. Cristo adapta el llamado a una persona al conocimiento y la experiencia que esa persona tiene. Estos pescadores fueron llamados a «pescar hombres».
1) Este hecho promueve un poco de confianza y previene cierta reticencia y temor en cuanto a aceptar el llamado de Cristo. Significa que Cristo al llamar a una persona, siempre considera el conocimiento y la experiencia de la misma.
2) Este hecho también capacita a una persona a servirle con mayor eficiencia y eficacia: a lograr mucho más para el Señor.

5. Los hombres llamados por Cristo respondieron positivamente. Respondieron inmediatamente.

Pensamiento. El llamado de Dios es crucial y demanda una decisión.
1) ¡Es algo inmediato, ahora mismo! La persona tiene que levantarse ahora, no mañana (*véase* bosquejo—Lc. 9:57-62). Esta es una excelente ilustración de cómo alguno posponen el llamado).

2) Es inequívoco. Demanda una respuesta positiva, inmediata. Qué tragedia que muchos sean llamados, pero pocos escogidos.

> «Así los primeros serán postreros, y los postreros, primeros; porque muchos son llamados, mas pocos escogidos» (Mt. 20:16).

> «Y dijo a otro: Sígueme. El le dijo: Señor, déjame que primero vaya y entierre a mi padre. Jesús le dijo: Deja que los muertos entierren a sus muertos; y tú vé, y anuncia el reino de Dios. Entonces también dijo otro: Te seguiré, Señor; pero déjame que me despida primero de los que están en mi casa. Y Jesús le dijo: Ninguno que poniendo su mano en el arado mira hacia atrás, es apto para el reino de Dios» (Lc. 9:59-62).

ESTUDIO A FONDO 1

(4:19) *Discipulado—llamado:* esta era una llamada a servir. Pedro y Andrés ya habían sido llamados como discípulos (Jn. 1:35-42). La idea es una *separación inmediata y total* de todo. Mateo enfatiza la llamada a la *misión o trabajo oficial* del Señor. Marcos pone énfasis en la llamada a una vida cambiada. «Para ser pescadores de hombres» (Mr. 1:17). Lucas enfatiza la llamada a una profesión diferente (Lc. 5:10). Juan enfatiza la lamada a una relacióin personal (Jn. 1:40-42).

2 (4:19) *Llamado—ministros—discipulado:* los siguientes hombres llamados. En estos hombres se ven cuatro características que también muestran qué tipo de persona es llamada por Cristo.

1. Eran hijos obedientes que trabajaban con su padre. Eran de una familia unida, y esa unión fue una influencia importante en la vida de los hijos. El punto es que la obediencia es esencial, tanto para el niño como para el siervo (*véanse* bosquejo y notas—Ef. 6:1-3).

> «Hijos, obedeced en el Señor a vuestros padres, porque esto es justo. Honra a tu padre y a tu madre, que es el primer mandamiento con promesa» (Ef. 6:1-2).

> «Pero si alguna viuda tiene hijos, o nietos, aprendan éstos primero a ser piadosos para con su propia familia, y a recompensar a sus padres; porque esto es lo bueno y agradable delante de Dios» (1 Ti. 5:4).

> «Cada uno temerá a su madre y a su padre, y mis días de reposo guardaréis. Yo Jehová vuestro Dios» (Lv. 19:3).

> «Cualquiera, pues, que me oye estas palabra, y las hace, le compararé a un hombre prudente, que edificó su casa sobre la roca» (Mt. 7:24).

> «Porque todo aquel que hace la voluntad de mi Padre que está en los cielos, ése es mi hermano, y mi hermana, y madre» (Mt. 12:50).

> «Respondió Jesús y le dijo: el que me ama, mi palabra guardará; y mi Padre le amará, y vendremos a él, y haremos morada con él» (Jn. 14:23).

2. Eran trabajadores que no derrochaban nada. Note cómo remendaban sus redes, usando lo que tenían en vez de ir corriendo a conseguir redes nuevas. El punto es que Dios no se ocupa del derroche. La persona que Dios llama hace economía, usa sus cosas al máximo, no derrocha.

> «Y cuando se hubieron saciado, dijo a sus discípulos: Recoged los pedazos que sobraron, para que no se pierda nada» (Jn. 6:12).

> «El indolente ni aun asará lo que ha cazado; pero haber precioso del hombre es la diligencia» (Pr. 12:27).

> «Tesoro precioso y aceite hay en la casa del sabio; mas el hombre insensato todo lo disipa» (Pr. 21:20).

3. Fueron llamados con sencillez. No hubo nada dramático o espectacular en su llamamiento. No hizo falta una experiencia dramática para alcanzarlos.

Pensamiento. Algunos son llamados de manera muy sencilla, pero son tan llamados como aquellos que reciben llamamientos más dramáticos y espectaculares. El llamado de Dios se corresponde con la naturaleza y las necesidades de la persona. El llamado de Dios toma en consideración las necesidades emocionales, mentales físicas y espirituales. Algunos necesitan llamados más emocionales que otros. Otros necesitan un llamado más racional.

> «Venid luego, dice Jehová, y estemos a cuenta: si vuestros pecados fueren como la grana, como la nieve serán emblanquecidos; si fueren rojos como el carmesí, vendrán a ser como blanca lana» (Is. 1:18).

> «A todos los sedientos: Venid a las aguas; y los que no tienen dinero, venid, comprad y comed. Venid, comprad sin dinero y sin precio, vino y leche» (Is. 55:1).

> «Venid a mí todos los que estáis trabajados y cargados, y yo os haré descansar» (Mt. 11:28)

> «Y el Espíritu y la Esposa dicen ven. Y el que oye, diga: Ven. Y el que tiene sed venga: y el que quiera tome del agua de la vida gratuitamente» (Ap. 22:17).

4. Respondieron positivamente; dejaron su trabajo y su familia.

Pensamiento 1. Algunos son llamados a dejar más. Algunos no solamente dejan su negocio, sino también a padre y madre. En algunos casos esto involucra persecución y aun amenaza de muerte.

> «El hermano entregará a la muerte al hermano, y el padre al hijo; y los hijos se levantarán contra los padres, y los harán morir» (Mt. 10:21).

> «Si alguno viene a mí, y no aborrece a su padre, y madre, y mujer, e hijos, y hermanos, y hermanas, y aun también su propia vida, no puede ser mi discípulo. Y el que no lleva su cruz y viene en pos de mí, no puede ser mi discípulo» (Lc. 14:26-27).

Pensamiento 2. El llamado de Dios involucra un cambio drástico. Involucra un cambio de vida y un cambio en la principal profesión del llamado (*véanse* bosquejo—Lc. 9:57-62; nota—Ef. 4:20-24, 28. Cp. Col. 3:22ss).

> «Entonces Pedro comenzó a decirle: He aquí, nosotros lo hemos dejado todo, y te hemos seguido» (Mr. 10:28).

> «Después de estas cosas salió, y vio a un publicano llamado Leví, sentado al banco de los tributos públicos, y le dijo: Sígueme. Y dejándolo todo, se levantó y le siguió» (Lc. 5:27-28).

> «Así, pues, cualquiera de vosotros que no renuncia a todo lo que posee, no puede ser mi discípulo» (Lc. 14:33).

> «Y él les dijo: De cierto os digo, que no hay nadie que haya dejado casa o padres, o hermanos, o mujer, o hijos, por el reino de Dios, que no haya de recibir mucho más en este tiempo, y en el siglo venidero la vida eterna» (Lc. 18:29-30).

> «Y ciertamente, aun estimo todas las cosas como pérdida por la excelencia del conocimiento de Cristo Jesús, mi Señor, por amor del cual lo he perdido todo, y lo tengo por basura, para ganar a Cristo» (Fil. 3:8).

	C. La fama dramática de Jesús: un ministerio exitoso, 4:23-25	por toda Siria; y le trajeron todos los que tenían dolencias, los afligidos por diversas enfermedades y tormentos, los endemoniados, luná- ticos y paralíticos; y los sanó.	toda Siria[EF4]
1 Esf. de activdes. de Jesús a. En toda Galilea[EF1] b. En la sinagoga[EF2] **2 Activdes. diarias de Jesús** a. Enseñando b. Predicando el evan.[EF3] c. Sanando **3 La fama de Jesús en**	23 Y recorrió Jesús toda Galilea, enseñando en las sinagogas de ellos, y predicando el evangelio del reino, y sanado toda enfer- medad y toda dolencia en el pueblo. 24 Y se difundió su fama	25 Y le siguió mucha gente de Galilea, de Decápolis, de Jerusalén, de Judea y del otro lado del Jordán.	**4 El poder de Jesús** a. Sobre el reino espiritual b. Sobre la mente c. Sobre el reino físico **5 Los seguidores de Jesús** a. Le siguieron grandes multitudes b. De todas partes: tanto judíos como gentiles

C. La fama dramática de Jesús: un ministerio exitoso, 4:23-25

(4:23-25) *Ministerio:* un ministerio exitoso es aquel que sigue en las pisadas del Señor. Este pasaje nos muestra tanto lo que Jesús hizo como los resultados de lo que hizo. Sus actividades establecieron un padrón para cada creyente, tanto ministro como laico.

1. Esfera de actividades de Jesús (v. 23).
2. Actividades diarias de Jesús (v. 23).
3. La fama de Jesús en toda Siria (v. 24).
4. El poder de Jesús (v. 24).
5. Los seguidores de Jesús (v. 25).

1 (4:23) *Esfera de actividades de Jesús:* lugar donde ministró Jesús. Tres cosas se pueden decir acerca del lugar donde ministró Jesús.

1. Recorrió a *toda* Galilea. Recorrió *toda* la zona que se había dispuesto alcanzar, la zona (por así decir) que le había sido asignada. *Una vez asignada una zona* Jesús fue fiel y responsable a ella. (Qué lección para los creyentes sobre entrega, asignaciones y respon- sabilidades.)

2. Fue a lugares donde había una audiencia dispuesta. Fue a lugares donde la gente lo recibiría y lo escucharía, es decir, a la sinagoga (*véase* nota—Mt. 4:23).

3. Fue al lugar donde se esperaba la enseñanza y la predicación, a la sinagoga. (No enseñó exclusivamente en la sinagoga, pero ese fue uno de los lugares principales de su ministerio.)

Pensamiento 1. De todo creyente se debería decir lo que se dijo de Jesús: Fue exactamente adonde Dios le mandó ir.

«Como el Hijo del Hombre no vino para ser servido, sino para servir, y para dar su vida en rescate por muchos» (Mt. 20:28).

«Porque el Hijo del Hombre vino a buscar y a salvar lo que se había perdido» (Lc. 19:10).

«Entonces Jesús les dijo otra vez: Paz a vosotros. Como me envió el Padre, así también yo os envío» (Jn. 20:21).

Pensamiento 2. Note un punto significativo: Jesús respetó la forma de culto que estaba establecida. No trató de cambiar lo que estaba establecido organizativamente. Estaba cumpliendo su misión y necesitaba una audiencia receptiva (*véase* nota—Mt. 4:23). Se rehusó a ser apartado del camino por asuntos secundarios que pudieran producir cambios y perturbar a la gente. Los asuntos secundarios solo lo distraerían de su predicación y ministerio.

ESTUDIO A FONDO 1

(4:23) *Galilea: véase* nota—Mt. 4:12.

ESTUDIO A FONDO 2

(4:23) *Sinagoga:* la sinagoga era la institución más importante en la vida de un judío. Era el centro de adoración del judío, pero también era el centro de aprendizaje y educación. En la mayoría de las sinagogas se realizaban servicios y discusiones todos los días. Dondequiera que hubiese judíos esparcidos en el mundo, en cada colonia, sin importar cuán pequeña, había una sinagoga.

Algunas ciudades tenían muchas sinagogas. Jerusalén es un ejemplo. Se estima que había centenares de sinagogas en la ciudad. Se mencionan cinco en Hechos 6:9. Un servicio en la sinagoga incluía oraciones, lectura de las Escrituras, una alocución o discusión. Las personas distinguidas, locales o extranjeras, eran invitadas a tomar parte del servicio; por eso la puerta de la sinagoga estaba de par en par abierta para Cristo (cp. Lc. 4:16ss). Usar la sinagoga era parte de su estrategia (cp. Gá. 4:4. *Véase* Estudios a fondo 1, 2—Mr. 1:21). Esa también fue la estrategia de Pablo cuando las sinagogas estuvieron abiertas para él (cp. Hch. 9:20; 13:5, 14; 14:1; 17:1, 10; 18:4, 19; 19:8).

2 (4:23) *Actividades diarias de Jesús:* las tres actividades de Jesús eran enseñar, predicar, y sanar. Las tres actividades se nombran de manera sencilla, pero tienen un profundo significado.

Note, hay una concentración de actividad en este pasaje, un bombardeo de ministerio. Se ve a Jesús a las corridas, tan activo como le era posible, sirviendo y supliendo las necesidades de la gente con un espíritu de incansable entrega. Las necesidades de la gente eran suplidas con especial cuidado, eran suplidas rápidamente en un concentrado esfuerzo.

Las grandes necesidades de los hombres son triples: (1) escuchar el evangelio; (2) recibir la enseñanza del evangelio y (3) ser personalmente sanado. Jesucristo conocía el ser íntimo del hombre, las carencias y necesidades de su ser, lo que hacía andar al hombre. Por eso sus actividades apuntaban a lo más íntimo de su ser, a aquello que supliría su necesidad.

- Jesucristo proclamó el evangelio. Hay esperanza: esperanza de un reino eterno, un cielo eterno, toda una dimensión nueva del ser que es eterna.

- Jesucristo enseñó la gloriosas verdades del evangelio. El hombre puede poner su esperanza en el evangelio y ser sanado; es decir, puede ser librado de todas sus esclavitudes en esta vida (Ro. 8:1ss; He. 2:14-15).

Pensamiento 1. Los siervos de Dios deben estar ocupados en las mismas actividades diarias que el Señor, es decir, en predicar, enseñar y sanar. Ese es su llamado y misión. Hay muchos medios de comunicación: discursos, discusiones, devocionales, homilías, meditaciones vespertinas, lecciones, escritos. Pero, por buenos que sean y por necesarios que puedan ser, no constituyen el llamado principal del pueblo de Dios. El pueblo de Dios es llamado a predicar, enseñar y sanar.

«Y yendo, predicad, diciendo: El reino de los cielos se ha acercado» (Mt. 10:7-9).

«Y Jesús se acercó y les habló diciendo: Toda potestad me es dada en el cielo y en la tierra. Por tanto, id, y haced discípulos a todas las naciones, bautizándolos en el hombre del Padre, y del Hijo, y del Espíritu Santo» (Mt. 28:18-20).

«Y les dijo: Id por todo el mundo y predicad el evangelio a toda criatura» (Mr. 16:15).

Pensamiento 2. En este pasaje es derramada la misericordia de Dios, derramada sobre la gente por medio de la predicación, la enseñanza y la sanidad. Ahora los creyentes son instrumentos de misericordia de Dios. Deben derramar la misericordia de Dios sobre todos los hombres que la quieran recibir; deben derramarla por medio de la predicación, enseñanza y sanidad.

«Y Dios estaba en Cristo reconciliando consigo al mundo, no tomándoles en cuenta a los hombres sus pecados, y nos encargó a nosotros la palabra de la reconciliación. Así que, somos embajadores en nombre de Cristo, como si Dios rogase por medio de nosotros; os rogamos en nombre de Cristo: Reconciliaos con Dios» (2 Co. 5:19-20).

Pensamiento 3. Las credenciales de Cristo eran sus obras, eran la prueba de ser el Hijo de Dios. Las credenciales de los creyentes son sus obras. La mera profesión de fe, profesión de fe sin obras, es vacía. Un siervo tiene que servir.

«Mas yo tengo mayor testimonio que el de Juan; porque las obras que el Padre me dio para que cumpliese, las mismas obras que yo hago, dan testimonio de mí, que el Padre me ha enviado» (Jn. 5:36).

«Pero sed hacedores de la Palabra, y no tan solamente oidores, engañándoos a vosotros mismos» Stg. 1:22).

«Hermanos míos, ¿de qué aprovechará si alguno dice que tiene fe, y no tiene obras? ¿Podrá la fe salvarle? Y si un hermano o una hermana están desnudos, y tienen necesidad del mantenimiento de cada día, y alguno de vosotros le dice: Id en paz, calentaos y saciaos, pero no les dais las cosas que son necesarias para el cuerpo, ¿de qué aprovecha? Así también la fe, si no tiene obras, es muerta en sí misma» (Stg. 2: 14-17).

ESTUDIO A FONDO 3

(4:23) *Evangelio—Reino de los cielos:* el evangelio es el reino de los cielos, y las nuevas del reino es la mayor de las noticias que haya llegado a la tierra (*véanse* Estudio a fondo 1—1 Co. 15:1-11; nota—Ro. 1:4; nota 4 y Estudio a fondo—21:5). En dos sentidos el reino de los cielos es mayor que los reinos desde este mundo.

1. El reino de os cielos es eterno. No es físico y corruptible, que dura solamente una estación. Es un mundo en otra dimensión del ser, una dimensión totalmente distinta a la del mundo físico. Dura para siempre y siempre. Esto significa para el hombre que la vida es eterna. Es vida que continúa y continúa, pero en una dimensión permanente, incorruptible, eterna.

2. El reino de los cielos trae riqueza y seguridad al alma humana por siempre. El hombre puede ser bendecido por Dios mismo y vivir en esas bendiciones. (Para más discusión *véase* Estudio a fondo 3 —Mt. 19:23-24; Ef. 1:3.)

3 (4:24) *Jesucristo, ministerio:* la fama de Jesús se esparció por toda Siria (*véase* Estudio a fondo 4, *Siria*—Mt. 4:24). En todas partes la gente necesitaba a Cristo. *No había persona* que *no* lo necesitaba, de modo que Dios, en su providencia, hizo que las noticias de su Hijo se esparcieran por todas partes (*véase* Nota 9—Mt. 4:24).

«Por cuanto todos pecaron, y están destituidos de la gloria de Dios» (Ro. 3:23).

«Porque la paga del pecado es muerte, mas la dádiva de Dios es vida eterna en Cristo Jesús Señor nuestro» (Ro. 6:23).

«Que si confesares con tu boca que Jesucristo es el Señor, y creyeres en tu corazón que Dios le levantó de los muertos, serás salvo. Porque con el corazón se cree para justicia, pero con la boca se confiesa para salvación» (Ro. 10:9-10).

«Porque esto es bueno y agradable delante de Dios nuestro Salvador, el que quiere que todos los hombres sean salvos y vengan al conocimiento de la verdad. Porque hay un solo Dios, y un solo mediador entre Dios y los hombres, Jesucristo hombre, el cual se dio a sí mismo en rescate por todos, de lo cual se dio testimonio a su debido tiempo» (1 Ti. 2:3-6).

«Y de la manera que está establecido para los hombres que mueran una sola vez, y después de esto el juicio» (He. 9:27).

Pensamiento 1. Ahora los creyente deben llevar el mensaje de Cristo a todas partes. El mundo (por así decir) se reunió junto a Cristo, pero los creyentes tienen mandato de esparcirse a lo largo y ancho del mundo y llevar consigo el evangelio del reino (*véase* nota—pt. 4: Hch. 8:1).

«Pero recibiréis poder, cuando haya venido sobre vosotros el Espíritu Santo, y me seréis testigos en Jerusalén, en toda Judea, en Samaria, y hasta lo último de la tierra» (Hch. 1:8).

«Lo que has oído de mí ante muchos testigos, esto encarga a hombres fieles que sean idóneos para enseñar también a otros» (2 Ti. 2:2).

«Sino santificad a Dios el Señor en vuestros corazones, y estad siempre preparados para presentar defensa con mansedumbre y reverencia ante todo el que os demande razón de la esperanza que hay en vosotros» (1 P. 3:15).

ESTUDIO A FONDO 4

(4:24) *Siria:* Siria era una gran provincia romana de la que Palestina era una parte. Gente de todas partes de Siria estaba viniendo para ver a Jesús. Sus principales ciudades eran Damasco, Antioquía, Biblos, Alepo, Palmira, y Carchemis. Comenzando con la gente que se reunía para escuchar a Cristo, Siria se hizo famosa en la temprana historia de la iglesia. Pablo se convirtió en el camino a Damasco, y la primera gran iglesia de los gentiles fue fundada en Antioquía. Fue la iglesia de Antioquía la que envió a los primeros misioneros de la historia cristiana y allí se les dio por primera vez el nombre de cristianos a los creyentes (cp. Hch. 11:26).

4 (4:24) *Sanando—milagros:* el poder de Jesús era grande y glorioso. Dice el texto que Jesús «sanó *toda* enfermedad y dolencia» (v. 23) y sanó «diversas enfermedades y tormentos» (v. 24). Sin embargo, solamente se mencionan de manera específica tres sanidades. Estas tres en particular simbolizan el poder de Cristo sobre la totalidad del hombre y el universo físico.

- Hubo sanidad espiritual: «los endemoniados».
- Hubo sanidad mental: «los lunáticos».
- Hubo sanidad física: «los paralíticos».

El punto es este: Jesucristo tiene el poder sobre todo el universo físico. Tiene poder sobre todos los problemas imaginables que aprisionan al hombre; todos los problemas espirituales, mentales y físicos.

Pensamiento 1. Este pasaje es un hermoso cuadro de Cristo, el gran Médico. Todos los creyentes deben ser físicos, y todos deben participar en el ministerio de curar las almas, las mentes y los cuerpos de los hombres.

«Al oír esto Jesús, les dijo: Los sanos no tienen necesidad de médico, sino los enfermos. Id, pues, y aprended lo que significa: Misericordia quiero, y no sacrificio. Porque no he venido a llamar a justos, sino a pecadores, al arrepentimiento» (Mt. 9:12-13).

«Como el Hijo del Hombre no vino para ser servido, sino para servir, y para dar su vida en rescate por muchos» (Mt. 20:28).

«Entonces Jesús les dijo otra vez: Paz a vosotros.
Como me envió el Padre, así también yo os envío»
(Jn. 20:21).

5 (4:25) *Jesucristo, influencia:* los que seguían a Jesús eran
muchos. Este versículo subraya dos cosas: (1) Grandes multitudes
de toda clase de personas comenzaron a seguir a Jesús, y (2) venían
de todas partes, desde las regiones más distantes de la gran provincia
Siria.

«Sabiendo esto Jesús, se apartó de allí; y le siguió
mucha gente, y sanaba a todos» (Mt. 12:15; cp. Mt. 8:1).

«Y se juntó mucha gente; y entrando él en la barca,
se sentó, y toda la gente estaba en la playa» (Mt. 13:2).

«Y se le acercó mucha gente que traía consigo a cojos,
ciegos, mudos, mancos, y otros muchos enfermos; y los
pusieron a los pies de Jesús, y los sanó» (Mt. 15:30; cp.
Mt. 19:2).

«Al salir de Jericó le seguía una gran multitud» (Mt.
20:29).

Pensamiento. ¿Hoy, dónde están las multitudes? ¿Por qué
después de dos mil años no están tan excitadas las naciones
como estuvo Israel por la presencia de Cristo?

1)   ¿Acaso la gente ya no tiene hambre de Dios? ¿ Ya no
están los campos blancos para la siega?

«Mirad los campos, porque ya están blancos
para la siega» (Jn. 4:35).

2)   ¿Acaso los predicadores ya no buscan tanto a Dios
como lo hizo Cristo?

«Levantándose muy de mañana, siendo aún
muy oscuro, salió y se fue a un lugar desierto, y
allí oraba» (Mr. 1:35).

«Y después que los hubo despedido, se fue
al monte a orar» (Mr. 6:46).

«Mas él se apartaba a lugares desiertos, y
oraba» (Lc. 5:16).

«Aconteció que mientras Jesús oraba
aparte, estaban con él los discípulos; y les
preguntó, diciendo: ¿Quién dice la gente que
soy yo?» (Lc. 9:18).

3)   ¿Acaso los predicadores no son tan apasionado ni
están tan preocupados como lo estuvo Cristo?

«Y al ver a las multitudes, tuvo compasión
de ellas; porque estaban desamparadas como
ovejas que no tienen pastor» (Mt. 9:36).

«Y saliendo Jesús, vio una gran multitud,
y tuvo compasión de ellos, y sanó a los que de
ellos estaban enfermos» (Mt. 14:14).

«En toda angustia de ellos él fue angustiado,
y el ángel de su faz los salvó; en su amor y en su
clemencia los redimió, y los trajo, y los levantó
todos los días de la antigüedad» (Is. 63:9).

	CAPÍTULO 5
	
	IV. LAS ENSEÑANZAS DEL MESÍAS A SUS DISCÍPULOS: ELGRAN SERMÓN DEL MONTE, 5:1—7:29 (Lc. 6:20-49)
	
	A. El auténtico discípulo (Parte I): quién es y cuál es su recompensa (las bienaventuranzas), 5:1-12 (cp. Lc. 6:20-23)
	
	Viendo la multitud, subió al monte; y sentándose, vinieron a él sus discípulos.
	
	2 Y abriendo su boca les enseñaba diciendo:
	
	3 Bienaventurados los pobres en espíritu, porque de ellos es el reino de los cielos.
	
	4 Bienaventurados los que lloran, porque ellos recibirán consolación.
	
	5 Bienaventurados los man-
		sos, porque ellos recibirán la tierra por heredad.
		
		6 Bienaventurados los que tienen hambre y sed de justicia, porque ellos serán saciados.
		
		7 Bienaventurados los misericordiosos, porque ellos alcanzarán misericordia.
		
		8 Bienaventurados los de limpio corazón, porque ellos verán a Dios.
		
		9 Bienaventurados los pacificadores, porque ellos serán llamados hijos de Dios.
		
		10 Bienaventurados los que padecen persecución por causa de la justicia, porque de ellos es el reino de los cielos.
		
		11 Bienaventurados sois cuando por mi causa os vituperen y os persigan, y digan toda clase de mal contra vosotros, mintiendo.
		
		12 Gozaos y alegraos, porque vuestro galardón es grande en los cielos; porque así persiguieron a los profetas que fueron antes de vosotros.
			4 Los mansos: heredan la tierra[EF4]
			5 Los que tienen hambre y sed de [EF5] **justicia: son saciados**[EF6]
			6 Los misericordiosos: obtienen misericordia[EF7]
			7 Los de corazón puro: verán a Dios[EF8]
			8 Los pacificadores: llamados hijos de Dios[EF9]
			9 Los perseguidos: reciben el reino de los cielos
			
			  a. La persecución
			    1) vituperados e insultados
			    2) infamación y mentira
			    3) perseguidos y heridos
			  b. Conducta esperada: gozo
			  c. Razón para el gozo
			    1) gran recompensa
			    2) grandes ejemplos: los profetas

1 Vio las multitudes
  a. El sitio: la montaña
  b. Postura: sentado–listo
  c. Audiencia: discípulos
  d. Propósito: enseñar y preparar
  e. Bienaventurados[EF1]
2 Los pobres en espíritu: reciben el reino de los cielos [EF2]
3 Los que lloran: son consolados[EF3]		

IV. LAS ENSEÑANZAS DEL MESÍAS A SUS DISCÍPULOS: EL GRAN SERMÓN DEL MONTE, 5:1—7:29

A. El auténtico discípulo (Parte I): quién es y cuál es su recompensa (las bienaventuranzas), 5:1-12

(5:1-12) *Introducción:* pocas veces en la historia se han dicho tan pocas palabras con tanto significado. Las bienaventuranzas de nuestro Señor son poderosas, presentando al mundo un cuadro descriptivo del auténtico discípulo de Dios. Las bienaventuranzas cubren la gloriosa esperanza y recompensa que el creyente puede esperar, ahora y en la eternidad.

1. Vio las multitudes (vv. 1-2).
2. Los pobres en espíritu: reciben el reino de los cielos (v. 3).
3. Los que lloran: son consolados (v. 4).
4. Los mansos: heredan la tierra (v. 5).
5. Los que tienen hambre y sed de justicia: son saciados (v. 6).
6. Los misericordiosos: obtienen misericordia (v. 7).
7. Los de corazón puro: verán a Dios (v. 8).
8. Los pacificadores: llamados hijos de Dios (v. 9).
9. Los perseguidos: reciben el reino de los cielos (vv. 10-12).

1 (5:1-2) *Compasión:* Jesús vio a las multitudes. Es de notar que el sermón del monte fue dado a los *discípulos* y no *a la multitud*. «Viendo las multitudes» Jesús fue movido a compasión por su desesperante angustia y necesidad. Sabía que Él solo no podía alcanzarlos, de modo que se sintió impulsado a estar a solas con sus discípulos. Tenía que comenzar a prepararlos para el ministerio que ellos harían con las multitudes.

¿Cuánto tiempo estuvo con sus discípulos en la montaña? ¿Un día? ¿Semanas? Solamente dice que «cuando descendió Jesús del monte, le seguía mucha gente» (Mt. 8:1).

Pensamiento 1. Para alcanzar a las multitudes hay dos ingredientes básicos.
1) Compasión: ver a las multitudes; mantener los ojos abiertos para poder ver a la gente y sus necesidades.
> **«Y al ver a las multitudes, tuvo compasión de ellas; porque estaban desamparadas como ovejas que no tienen pastor» (Mt. 9:36).**
> **«En toda angustia de ellos él fue angustiado, y el ángel de su faz los salvó; en su amor y en su clemencia los redimió, y los trajo, y los levantó todos los días de la antigüedad» (Is. 63:9).**
2) Discipulado: comprender que uno solo no puede hacer la tarea. Es preciso enseñar a otros para que ayuden en la gran comisión.
> **«Por tanto, id y haced discípulos a todas las naciones, bautizándolos en el nombre del Padre, y del Hijo, y del Espíritu Santo; enseñándoles que guarden todas las cosas que os he mandado; y he aquí, yo estoy con vosotros todos los días, hasta el fin del mundo. Amén» (Mt. 28:19-20).**
> **«Lo que has oído de mí ante muchos testigos, esto encarga a hombres fieles que sean idóneos para enseñar también a otros» (2 Ti. 2:2).**

Pensamiento 2. La predicación y enseñanza no se deben hacer solamente en la iglesia, sino en todo lugar donde se encuentre la gente, en las montañas, a la orilla de mar, en los hogares, en las calles, en todo lugar y en cada lugar.

Pensamiento 3. Las grandes multitudes son importantes, pero un pequeño grupo de discípulos es crucial para el cumplimiento de la gran comisión. La misión del Señor es alcanzar a la gente, pero el *método* es hacer discípulos. Consiste en dar entrenamiento intensivo a un grupo pequeño de personas para que ellas puedan ayudar en el ministerio a las multitudes. El hacer discípulos también fue el método de Pablo (véanse notas—Mt. 28:19-20).

> «Por tanto, id y haced discípulos a todas las naciones, bautizándolos en el nombre del Padre, y del Hijo, y del Espíritu Santo; enseñándoles que guarden todas las cosas que os he mandado; y he aquí, yo estoy con vosotros todos los días, hasta el fin del mundo. Amén» (Mt. 28:19-20).

> «Después llegó a Derbe y a Listra; y he aquí, había allí cierto discípulo llamado Timoteo, hijo de una mujer judía creyente, pero de padre griego ... Quiso Pablo que éste fuese con él; y tomándole, le circuncidó por causa de los judíos que había en aquellos lugares; porque todos sabían que su padre era griego» (Hch. 16:1, 3).

> «Lo que has oído de mí ante muchos testigos, esto encarga a hombres fieles que sean idóneos para enseñar también a otros» (2 Ti. 2:2).

Pensamiento 4. Los líderes cristianos tienen que reunir pequeños grupos de discípulos para darles entrenamiento y preparación especial. Mateo dice, sin ninguna explicación que «vinieron a él sus discípulos» (v. 1), pero Marcos y Lucas dicen que Cristo reunió a sus discípulos para el entrenamiento y la preparación (Mr. 3:13; Lc. 6:13).

Pensamiento 5. Se requieren tres cosas para el entrenamiento y la preparación. Un lugar, un tiempo y un mensaje. Las palabras «subió al monte, y sentándose» parecen decir que Jesús había escogido deliberadamente dicho lugar y dicho momento para el entrenamiento. Todo había sido planificado; personalmente, Jesús estaba preparado. (Qué lección; demasiadas veces olvidada.)

ESTUDIO A FONDO 1

(5:3) **Bienaventurados** (makarios): el gozo y la satisfacción espiritual que perduran a pesar de las circunstancias; que perduran a través del dolor, la pena, pérdida, y aflicción.

Pensamiento 1. Ser «bienaventurado» es lo que los hombres buscan. El problema está en que buscan en las cosas de la tierra: posición, dinero, fama, poder y placer sensual.

> «No os hagáis tesoros en la tierra, donde la polilla y el orín corrompen, y donde ladrones minan y hurtan; sino haceos tesoros en el cielo, donde ni la polilla ni el orín corrompen, y donde ladrones no minan ni hurtan. Porque donde está vuestro tesoro, allí estará también vuestro corazón» (Mt. 6:19-21).

> «Por lo cual, salid de en medio de ellos, y apartaos, dice el Señor, y no toquéis lo inmundo; y yo os recibiré, y seré para vosotros por Padre, y vosotros me seréis hijos e hijas, dice el Señor Todopoderoso» (2 Co. 6:17-18).

> «No améis al mundo, ni las cosas que están en el mundo. Si alguno ama al mundo, el amor del Padre no está en él. Porque todo lo que hay en el mundo, los deseos de la carne, los deseos de los ojos, y la vanagloria de la vida, no proviene del Padre, sino del mundo» (1 Jn. 2:15-16).

Pensamiento 2. El hombre busca ser bienaventurado en este mundo. Esto revela varias cosas acerca de su naturaleza.

1) El hombre es carnal y corruptible, y pecador y moribundo.

> «Porque los que son de la carne piensan en las cosas de la carne; pero los que son del Espíritu, en las cosas del Espíritu. Porque el ocuparse de la carne es muerte, pero el ocuparse del Espíritu es vida y paz. Por cuanto los designios de la carne son enemistad contra Dios; porque no se sujetan a la ley de Dios, ni tampoco pueden; y los que viven según la carne no pueden agradar a Dios» (Ro. 8:5-8).

> «Por cuanto todos pecaron, y están destituidos de la gloria de Dios» (Ro. 3:23).

> «Porque la paga del pecado es muerte, mas la dádiva de Dios es vida eterna en Cristo Jesús Señor nuestro» (Ro. 6:23).

> «Y de la manera que está establecido para los hombres que mueran una sola vez, y después de esto el juicio» (He. 9:27).

2) El hombre está enceguecido en cuanto a su verdadera necesidad, la de un espíritu renovado.

> «Respondió Jesús y le dijo: De cierto, de cierto te digo, que el que no naciere de nuevo, no puede ver el reino de Dios» (Jn. 3:3).

> «Y renovaos en el espíritu de vuestra mente, y vestíos del nuevo hombre, creado según Dios en la justicia y santidad de la verdad» (Ef. 4:23-24).

> «Siendo renacidos, no de simiente corruptible, sino de incorruptible, por la palabra de Dios que vive y permanece para siempre» (1 P. 1:23).

3) El hombre ignora el reino de los cielos (véase Estudio a fondo 3, *Reino de los cielos*—Mt. 19:23-24).
   - Está mal informado y engañado al respecto.
   - Está endurecido contra ello.
   - Es incrédulo en cuanto al reino de los cielos.
   - Es negligente al respecto.
   - Prefiere alguna otra cosa.
   - No le interesa.

2 (5:3) **Pobres en espíritu:** reconocer la pobreza espiritual. Se trata de pobreza, pobreza espiritual absoluta y abyecta. Es estar destituido y ser notoriamente pobre en espíritu. Note varios hechos significativos acerca de los «pobres en espíritu».

1. Ser *pobre en espíritu* no significa que la persona está sumergida en la pobreza y que es financieramente pobre. El hambre, desnudez y las villas miseria no complacen a Dios, especialmente en un mundo de abundancia. Cristo no está hablando de la pobreza material. Cristo quiere decir lo que dice: pobres en *espíritu*. Ser «pobres en espíritu» significa varias cosas.
   a. Reconocer nuestra total indefensión delante de Dios, nuestra pobreza espiritual, nuestra necesidad espiritual. Dependemos únicamente de Dios para suplir nuestra necesidad.
   b. Reconocer nuestra total ineptitud para encarar la vida y la eternidad estando separados de Dios. Reconocer que las verdaderas bendiciones de la vida y la eternidad vienen únicamente de una correcta relación con Dios (véase nota—Ef. 1:3; cp. Jn. 10:10; Gá. 5:22-23).
   c. Reconocer nuestra total falta de superioridad con respecto a todos los demás y nuestra muerte espiritual delante de Dios. Reconocer que no somos mejores, ni más ricos, ni superiores a otras personas, no importa cuánto hayamos logrado en este mundo (fama, fortuna, poder). Nuestra actitud hacia otros no es orgullo o altivez, ni superioridad o avasallamiento. Ser «pobre en espíritu» significa reconocer que todo ser humano es una auténtica persona, igual que todos los demás: una persona que tiene una contribución importante que hacer a la sociedad y al mundo. La persona «pobre en espíritu» encara la vida con humildad y aprecio, no como si la vida le perteneciera solamente a ella, sino como deudora a la vida. Ha recibido el privilegio de vivir; por eso transita la vida con una actitud humilde y con espíritu apreciativo contribuye en todo lo que puede al mundo necesitado.

2. Lo opuesto a «pobre en espíritu» es tener un espíritu altivo.

Hay un universo de diferencia entre estos dos espíritus. Está la diferencia de pensar que somos justos en contraste con el reconocimiento de nuestra necesidad de la justicia de Cristo. Está la diferencia de ser justos en contraste con el hecho de recibir la justicia de Cristo. La justicia propia no va más allá del ego; es decir, no va más allá de la muerte. El ego muere y con él todo lo demás incluyendo la justicia propia. Pero la justicia que es de Cristo permanece para siempre. (*Véanse* notas—Ro. 3:21-22; nota 3 y Estudio a fondo 1—Gá. 2:15-16; Estudio a fondo 2—2:16. *Véanse* bosquejo y notas—Ro. 10:6-7.)

> «Pero ahora, aparte de la ley, se ha manifestado la justicia de Dios, testificada por la ley y por los profetas; la justicia de Dios por medio de la fe en Jesucristo, para todos los que creen en él. Porque no hay diferencia» (Ro. 3:21-22).
>
> «Al que no conoció pecado, por nosotros lo hizo pecado, para que nosotros fuésemos hechos justicia de Dios en él» (2 Co. 5:21).
>
> «Y ser hallado en él, no teniendo mi propia justicia, que es por la ley, sino la que es por la fe de Cristo, la justicia que es de Dios por la fe» (Fil. 3:9).

3. La persona que realmente reconoce su pobreza espiritual da dos pasos cruciales.
   a. Aparta su atención primordial de las cosas de este mundo. Sabe que las cosas nunca le pueden dar riqueza en espíritu.
   b. Dirige su atención primordial a Dios y a su reino. Sabe que solamente Dios le puede dar riqueza en espíritu (*véase* nota—Ef. 1:3).

4. Los «pobres en espíritu» se sienten cansados y cargados por el mundo. Saben la verdad acerca de este mundo y de la eternidad. Por eso han determinado hacer su propia parte respecto de uno y de otro.
   a. Están cansados de las apariencias engañosas y de las mentiras de este mundo. Han aprendido que «todo es vanidad [vacío]» y que todo es corruptible. Todo se gasta, incluso la misma vida humana. Por eso se sienten cansados y cargados respecto de aquellos que todavía están perdidos en el mundo.
   b. Están cansados de haber trabajado tanto por alcanzar a su propia generación. Han trabajado para servir y hacer su contribución conforme Dios los llamó. Por una sola razón trabajaron tan arduamente: el amor de Cristo los constreñía a alcanzar a su generación (2 Co. 5:14).

5. Los «pobres en espíritu» son quienes encaran al mundo como un niño (*véanse* notas—Mt. 18:1-2; Estudios a fondo 2, 3, 4—Mr. 10:14. Estas notas ofrecen una excelente descripción de lo que significa ser «pobre en espíritu»). Todos los niños son muy, muy preciosos a Dios, y tienen ángeles asignados que velan por ellos (Mt.18:10 cp. Sal. 91:11).

ESTUDIO A FONDO 2

(5:3) *Pobres en espíritu—recompensa—reino de los cielos:* los «pobres en espíritu» son bendecidos con el reino de los cielos (*véase* Estudio a fondo 3—Mt. 19:23-24). Los «pobres en espíritu» heredan tres cosas significativas.

1. Reciben el perdón de pecados y la atención continua de Dios; la seguridad de que Dios nunca los olvidará.

> «Porque seré propicio a sus injusticias, y nunca más me acordaré de sus pecados y de sus iniquidades» (He. 8:12).
>
> «Se acordó para siempre de su pacto; de la palabra que mandó para mil generaciones» (Sal. 105:8).
>
> «Y no enseñará más ninguno a su prójimo, ni ninguno a su hermano, diciendo: conoce a *Jehová*; porque todos me conocerán, desde el más pequeño hasta el más grandes, dice *Jehová*; porque perdonaré la maldad de ellos, y no me acordaré más de su pecado» (Jer. 31:34).

2. Los pobres en espíritu recibirán un compañerismo con otros creyentes que andan como ellos (*véanse* bosquejo y notas—Hch. 2:41-47; Ef. 2:19-22).

> «Y perseveraban en la doctrina de los apóstoles, en la comunión los unos con otros, en el partimiento del pan y en las oraciones» (Hch. 2:42).
>
> «Así que ya no sois extranjeros ni advenedizos, sino conciudadanos de los santos, y miembros de la familia de Dios, edificados sobre el fundamento de los apóstoles y profetas, siendo la principal piedra del ángulo Jesucristo mismo, en quien todo el edificio, bien coordinado, va creciendo para ser un templo santo en el Señor; en quien vosotros también sois juntamente edificados para morada de Dios en el Espíritu» (Ef. 2:19-22).
>
> «Lo que hemos visto y oído, eso os anunciamos, para que también vosotros tengáis comunión con nosotros; y nuestra comunión verdaderamente es con el Padre, y con su Hijo Jesucristo» (1 Jn. 1:3).

3. Los pobres en espíritu reciben el don de la vida que es para siempre: el compañerismo eterno tanto con Dios como con la congregación de los que son pobres en espíritu.

> «De cierto, de cierto os digo: el que oye mi palabra, y cree al que me envió, tiene vida eterna; y no vendrá a condenación, mas ha pasado de muerte a vida» (Jn. 5:24).
>
> «Pues no habéis recibido el espíritu de esclavitud para estar otra vez en temor, sino que habéis recibido el espíritu de adopción, por el cual clamamos: ¡Abba, Padre! El Espíritu mismo da testimonio a nuestro espíritu, de que somos hijos de Dios. Y si hijos, también herederos; herederos de Dios y coherederos con Cristo, si es que padecemos juntamente con él, para que juntamente con él seamos glorificados» (Ro. 8: 15-17).

3 (5:4) *Llorar* (penthountes): tener un corazón quebrantado. Es la palabra más fuerte que existe para el llanto. Es semejante al profundo lamento y lloro que ocurre ante la muerte de un ser querido. Es tristeza, tristeza profunda y desesperante. Es la tristeza por el pecado, un corazón roto por el mal y el sufrimiento. Es un quebrantamiento del ego al ver a Cristo en la cruz y comprender que nuestros pecados lo pusieron allí (cp. Stg. 4:9). Note varios hechos significativos.

1. ¿Quién es el que llora? ¿Quién es el que que tiene tanto dolor que llora y solloza y prorrumpe en aclamaciones de lo profundo de su interior? Hay tres personas que lloran y tienen tales exclamaciones.
   a. La persona *desesperadamente triste* por causa de sus propios pecados y de su indignidad ante Dios. Esta persona es tan consciente de su pecado que experimenta sencillamente un quebrantamiento de corazón.

> «Mas el publicano, estando lejos, no quería ni alzar los ojos al cielo, sino que se golpeaba el pecho, diciendo: Dios, sé propicio a mí, pecador» (Lc. 18:13).

   b. La persona que realmente siente la desesperante aflicción y el terrible sufrimiento de otros. Las tragedias, los problemas, la conducta pecaminosa de otros—el estado, la condición, la perdición del mundo, todo ello pesa tanto sobre el corazón del que llora.

> «Y al ver a las multitudes, tuvo compasión de ellas; porque estaban desamparadas y dispersas como ovejas que no tienen pastor» (Mt. 9:36).
>
> «Y saliendo Jesús, vio una gran multitud, y tuvo compasión de ellos, y sanó a los que de ello estaban enfermos» (Mt. 14:14).
>
> «Como el padre se compadece de los hijos,

se compadece Jehová de los que le temen» (Sal. 103:13).

«**En toda angustia de ellos él fue angustiado, y el ángel de su faz los salvó; en su amor y en su clemencia los redimió, y los trajo, y los levantó todos los días de la antigüedad**» (Is. 63:9).

2. Los hombres deben llorar sobre sus pecados. Ello conduce a la confesión y humildad ante Dios y el resultado es ser enaltecido por Dios (Stg. 4:8-10).

3. La persona que llora es consolada por Cristo mismo. Cristo fue llamado «varón de dolores» y tenía experiencia en el quebranto (Is. 53:3). El puede socorrer y acercar a una persona para consolarla y fortalecerla más allá de todo lo imaginable (He. 2:18; 4:15-16).

4. Existe una tristeza piadosa, pero también existe una tristeza mundana (para más discusión *véase* Estudio a fondo 1—2 Co. 7:10). También hay una tristeza egocéntrica (*véase* nota—2 Co. 1:6-7).

ESTUDIO A FONDO 3

(5:4) *Consuelo:* los que lloran *serán* consolados *véase* nota—2 Co. 1:3).
    1.   Existe un consuelo presente.
        a.   Una profunda paz. Alivio, consuelo interior.

«**La paz os dejo, mi paz os doy; y no os la doy como el mundo la da. No se turbe vuestro corazón, ni tenga miedo**» (Jn. 14:27).

«**Estas cosas os he hablado para que en mí tengáis paz. En el mundo tendréis aflicción; pero confiad, yo he vencido al mundo**» (Jn. 16:33).

        b.   Una seguridad de perdón y aceptación de parte de Dios.

«**Bendito sea el Dios y Padre de nuestro Señor Jesucristo, que nos bendijo con toda bendición espiritual en los lugares celestiales en Cristo**» (Ef. 1:3).

«**Si confesamos nuestros pecados, él es fiel y justo para perdonar nuestros pecados, y limpiarnos de toda maldad**» (1 Jn. 1:9).

«**Hijitos míos, estas cosas os escribo para que no pequéis; y si alguno hubiere pecado, abogado tenemos para con el Padre, a Jesucristo el justo. Y él es la propiciación por nuestros pecados; y no solamente por los nuestros, sino también por los de todo el mundo**» (1 Jn. 2:1-2).

        c.   Una plenitud de gozo; un sentido de la presencia de Dios, de su cuidado y guía (Jn. 14:26); un sentido de su soberanía; un sentido de que a los que a Dios aman todas las cosas ayudan a bien.

«**Y sabemos que a los que aman a Dios, todas las cosas les ayudan a bien, esto es, a los que conforme a su propósito son llamados**» (Ro. 8:28).

«**Alabad al Señor todos los gentiles, y magnificadle todos los pueblos**» (Ro. 15:11).

«**Como entristecidos, mas siempre gozosos; como pobres, mas enriqueciendo a muchos; como no teniendo nada, mas poseyéndolo todo**» (2 Co. 6:10).

«**Me mostrarás la senda de la vida; en tu presencia hay plenitud de gozo; delicias a tu diestra para siempre**» (Sal. 16:11).

    2.   Hay un consuelo eterno.
        a.   Un pasar de muerte a vida.

«**Porque de tal manera amó Dios al mundo, que ha dado a su Hijo unigénito, para que todo aquel que en él cree, no se pierda, mas tenga vida eterna**» (Jn. 3:16).

«**De cierto, de cierto os digo: el que oye mi palabra, y cree al que me envió, tiene vida eterna; y novendrá a condenación, mas ha pasado de muerte a vida**» (Jn. 5:24).

        b.   Todas las lágrimas serán secadas.

«**Destruirá a la muerte para siempre; y enjugará Jehová el Señor toda lágrima de todos los rostros; y quitará la afrenta e su pueblo de toda la tierra; porque Jehová lo ha dicho**» (Is. 25:8).

«**Porque el Cordero que está en medio del trono los pastoreará, y Dios enjugará toda lágrima de los ojos de ellos**» (Ap. 7:17).

«**Enjugará Dios toda lágrima de los ojos de ellos; y ya no habrá muerte, ni habrá más llanto, ni clamor, ni dolor; porque las primeras cosas pasaron**» (Ap. 21:4).

4 (5:5) *Mansos (praeis):* tener una vida vigorosa, pero tierna y humilde. Es un espíritu fuerte, pero abierto a la enseñanza. No es debilidad, ni sumisión o carencia de carácter. Es un hombre fuerte, muy fuerte, sin embargo, es humilde y tierno. Es un hombre con todas las emociones y habilidades para tomar y conquistar, pero es capaz de controlarse a sí mismo. Es disciplina: un hombre disciplinado porque es controlado por Dios. Lo opuesto a la mansedumbre es arrogancia y orgullo. En demasiadas personas hay un aire de suficiencia y superioridad. Una persona mansa sabe que tiene necesidades y que no tiene todas las respuestas.

    1.   ¿Quiénes son los mansos?
        a.   La persona *controlada, no indisciplinada*. La mente y el corazón están disciplinados; nunca están libres. La pasión y los deseos, el habla y la conducta, la vista y el tacto, todo está siempre bajo control.

«**No reine, pues, el pecado en vuestro cuerpo mortal, de modo que lo obedezcáis en sus concupiscencias**» (Ro. 6:12).

«**Todas las cosas me son lícitas, mas no todas me convienen; todas las cosas me son lícitas, mas yo no me dejaré dominar por ninguna**» (1 Co. 6:12).

«**Sino que golpeo mi cuerpo, y lo pongo en servidumbre, no sea que habiendo sido heraldo para otros, yo mismo venga a ser eliminado**» (1 Co. 9:27).

«**Porque todos ofendemos muchas veces. Si alguno no ofende en palabra, éste es varón perfecto, capaz también de refrenar todo el cuerpo**» (Stg. 3:2).

«**Vosotros también, poniendo *toda diligencia* por esto mismo, añadid a nuestra fe virtud; a la virtud, conocimiento; al conocimiento, dominio propio; al dominio propio, paciencia; a la paciencia, piedad; a la piedad afecto fraternal; y al afecto fraternal, amor**» (2 P. 1:5-7).

        b.   La persona *humilde, no orgullosa.*
           1)   Es una persona humilde ante Dios. Conoce su necesidad de Dios y de la mano de Dios sobre la propia vida; su necesidad de ser salvada y controlada por Dios.
           2)   Es humilde ante los hombres. Sabe que no es la suprema expresión de humanidad, y que no tiene la suma del conocimiento entre los hombres. No lo tiene todo, ni lo sabe todo.

«**Digo, pues, por la gracia que me es dada, a cada cual que está entre vosotros, que no tenga más alto concepto de sí que el que debe tener, sino que piense de sí con cordura, conforme a la medida de fe que Dios repartió a cada uno**» (Ro. 12:3).

«**Nada hagáis por contienda o por vanagloria; antes bien con humildad, estimando cada uno a los demás como superiores a él mismo; no mirando cada uno por lo suyo propio, sino cada cual también por lo de los otros**» (Fil. 2:3-4).

c. La persona *gentil, que no es fácil de provocar*. Siempre está en control de sí misma cuando trata con otros; es tranquila, de temperamento estable, capaz de mostrar desagrado sin reaccionar violentamente, capaz de responder con suavidad. (Cp. *Cristo*, Mt. 11:29; 1 P. 2:23; cp. Moisés, Nm. 12:3.)

«Porque el siervo del Señor no debe ser contencioso, sino amable para con todos, apto para enseñar, sufrido» (2 Ti. 2:24).

«[El amor] no hace nada indebido, no busca lo suyo, no se irrita, no guarda rencor» (1 Co. 13:5).

d. La persona *que perdona, no vengativa*.

«Porque si perdonáis a los hombres sus ofensas, os perdonará también a vosotros vuestro Padre celestial» (Mt. 6:14).

«No os venguéis vosotros mismos, amados míos, sino dejad lugar a la ira de dios; yo pagaré, dice el Señor. Así que, si tu enemigo tuviere hambre, dale de comer; si tuviere sed, dale de beber; pues haciendo esto, ascuas de fuego amontonarás sobre su cabeza. No seas vencido de lo malo, sino vence con el bien al mal» (Ro. 12:19-21).

2. La persona mansa es una persona *quieta*. Procura estar tranquila.

«Temblad, y no pequéis; meditad en vuestro corazón estando en vuestra cama, y callad» (Sal. 4:4).

a. Está quieta en presencia de Dios. Se rinde en quietud a Dios, reconociendo su propia necesidad, sin pomposidad, y en quietud se presenta diariamente ante Dios, dependiendo de Dios para ser guiada y protegida.

«Estad quietos, y conoced que yo soy Dios; seré exaltado entre las naciones; enaltecido seré en la tierra» (Sal. 46:10).

b. Está quieta en presencia de los hombres. Anda tranquila en presencia de los hombres, con todas las cosas bajo control, tanto palabras como conducta.

«Y que procuréis tener tranquilidad, y ocuparos en vuestros negocios, y trabajar con vuestras manos de la manera que os hemos mandado» (1 Ts. 4:11).

«Y por los reyes y por todos los que están en eminencia, para que vivamos quieta y reposadamente en toda piedad» (1 Ti. 2:2).

«Sino el interno, el del corazón, en el incorruptible ornato de un espíritu afable y apacible, que es de grande estima delante de Dios» (1 P. 3:4).

ESTUDIO A FONDO 4

(5:5) *Heredar la tierra:* hay dos puntos que deben ser acentuados en cuanto a la recompensa para los mansos (cp. Sal. 27:11).

1. Los mansos heredan la tierra *ahora*. Es decir, en la actualidad disfrutan y experimentan las buenas cosas de la tierra.

a. Los mansos se han encontrado consigo mismos. Están en paz consigo mismos. Saben quiénes son; por eso son fuertes y confiados, y sin embargo, tiernos y humildes.

«Estando persuadido de esto, que el que comenzó en vosotros la buena obra, la perfeccionará hasta el día de Jesucristo» (Fil. 1:6).

«Yo sé a quien he creído, y estoy seguro que es poderoso para guardar mi depósito para aquel día» (2 Ti. 1:12).

b. Los mansos saben a dónde van; están abiertos a la enseñanza. No tienen nada que demostrar. Tienen propósito, sentido, significado en la vida.

«Por lo demás me está guardada la corona

de justicia, la cual me dará el Señor, juez justo, en aquel día; y no sólo a mí, sino también a todos los que aman su venida» (2 Ti. 4:8).

«Y el Señor me librará de toda obra mala, y me preservará para su reino celestial. A él sea la gloria por los siglos de los siglos» (2 Ti. 4:18).

c. Los mansos tienen asegurados victoria, conquista, y triunfo sobre lo que pueda enfrentarlos. Están controlados, por eso controlan las circunstancias en vez de permitir que las circunstancias los controlen a ellos. Están libres de estress y tensión.

«Justificados, pues, por la fe, tenemos paz para con Dios por medio de nuestro Señor Jesucristo; por quien también tenemos entrada por la fe a esta gracia en la cual estamos firmes, y nos gloriamos en la esperanza de la gloria de Dios. Y no sólo esto, sino que también nos gloriamos en las tribulaciones, sabiendo que la tribulación produce paciencia; y la paciencia prueba; y la prueba, esperanza; y la esperanza no avergüenza; porque el amor de Dios ha sido derramado en nuestros corazones por el Espíritu Santo que nos fue dado» (Ro. 5:1-5).

«No os ha sobrevenido ninguna tentación que no sea humana; pero fiel es Dios, que no os dejará ser tentados más de lo que podéis resistir, sino que dará también juntamente con la tentación la salida, para que podáis soportar» (1 Co. 10:13).

d. Los mansos tienen paz en el alma. Llevan cualquier presión y tensión que se les cruza a Cristo, y Cristo los alivia.

«Venid a mí todos los que estáis trabajados y cargados, y yo os haré descansar. Llevad mi yugo sobre vosotros, y aprended de mí, que soy manso y humilde de corazón; y hallaréis descanso para vuestras almas; porque mi yugo es fácil, y ligera mi carga» (Mt. 11:28-30).

2. La tierra les pertenece eternamente, es decir, los nuevos cielos y tierra. Tienen la promesa de heredar vida eterna y dominio, porque son coherederos con Cristo.

«El Espíritu mismo da testimonio a nuestro espíritu, de que somos hijos de Dios. Y si hijos, también herederos; herederos de Dios y coherederos con Cristo, si es que padecemos juntamente con él, para que juntamente con él seamos glorificados» (Ro. 8:16-17).

«Para que, justificados por su gracia, viniésemos a ser herederos conforme a la esperanza de la vida eterna» (Tit. 3:7).

«Bendito sea el Dios y Padre de nuestro Señor Jesucristo, que según su grande misericordia nos hizo renacer para una esperanza viva, por la resurrección de Jesucristo de los muertos, para una herencia incorruptible, incontaminada, e inmarcesible, resrvada en los cielos para vosotros» (1 P. 1:3-4; cp. 2 P. 3:10-13).

«Vi un cielo nuevo y una tierra nueva; porque el primer cielo y la primera tierra pasaron, y el mar ya no existía» (Ap. 21:1).

5 (5:6) *Hambre y sed:* tener un espíritu que está muriendo de hambre. Es en verdad hambre y muerte de hambre del alma. Es morir de insoportable sed. Es un espíritu que se muere de hambre y sed de justicia. Pero hay algo más: justicia significa *toda justicia*. El verdadero creyente está muerto de hambre y sed por *toda justicia*. Esto lo muestra el griego, en ese idioma los verbos para hambre y sed están en lo que normalmente se llama el caso genitivo. Esto simplemente significa que a veces una persona siente un poco de hambre y un poco de sed; por eso, tiene hambre y sed de un poco de algo, por ejemplo de una manzana y vaso de jugo. Pero en las bienaventuranzas, hambre y sed están en el caso acusativo. Esto es totalmente inusual. Se refiere al hambre y a la sed de *toda la cosa*: de toda justicia, no de un bocado de ella. Esto es significativo, porque significa que la promesa de una *vida saciada* es condicional. Una persona tiene que morir de hambre y de sed por *toda justicia* si desea ser saciada con la plenitud de la vida. Note varios puntos significativos.

1. ¿Quién es bienaventurado? La persona que tiene hambre y sed *de ser* justa y de *hacer justicia*. No es suficiente hacer justicia. No es suficiente ser justo. Ambas cosas son esenciales para ser bienaventurado (*véase* Estudio a fondo 5—Mt. 5:6).

Pensamiento. Muchas personas solo quieren unos bocados y pedazos de justicia, lo suficiente para sentirse bien.

2. Están las personas que *acentúan ser justas* y *descuidan el hacer justicia*. Esto conduce a dos graves errores.

a. El error de una seguridad falsa. Impulsa a una persona a acentuar que es salvada y ha sido aceptada por Dios porque ha creído en Jesucristo. Pero descuida el hacer el bien. No vive como debiera, obedeciendo a Dios y sirviendo al hombre.

b. El error de una vida libertina. Le permite a una persona salir y hacer lo que desea. Se siente segura y cómoda en su fe puesta en Cristo. Sabe que su conducta equivocada puede afectar el compañerismo con Dios y con otros creyentes, pero cree que su conducta no afecta a la propia salvación ni a la aceptación por parte de Dios.

El problema con este énfasis es que constituye una justicia falsa. En la Biblia justicia significa *ser justo* y *hacer justicia*. La Biblia no sabe nada de ser justo *sin vivir justamente*.

3. Están las personas que *acentúan el hacer justicia* y *descuidan el hecho de ser justas*. Esto también conduce a dos graves errores.

a. El error de la justicia propia y el legalismo. Impulsa a la persona a acentuar que es salvada y aceptable a Dios porque hace buenas obras. Trabaja, se comporta con moralidad, guarda las reglas y regulaciones, hace lo que un cristiano debe hacer, y obedece las principales leyes de Dios. Pero descuida la ley fundamental: la ley del amor y de la aceptación; olvida que Dios la ama y la acepta no porque hace buenas obras, sino porque ama y confía en la justicia de Cristo (*véase* Estudio a fondo 5—Mt. 5:6).

b. El error de una actitud que juzga y censura. Una persona que acentúa el hecho de ser justa (aceptable a Dios) por guardar ciertas leyes con frecuencia juzga y censura a otros. Cree que las reglas y reglamentos pueden ser guardados porque ella los guarda. Por eso, todo aquel que fracase en guardarlos, es juzgado, criticado y censurado.

El problema con este énfasis es que también constituye una justicia falsa. Nuevamente, en la Biblia la justicia es tanto *ser justo* como *hacer justicia*. La Biblia no conoce nada de ser aceptable a Dios sin *haber sido justificado* en Cristo Jesús (*véanse* Estudio a fondo 5—Mt. 5:6; cp. 2 Co. 5:21. Para más discusión *véanse* Estudios a fondo 1, 2—Ro. 4:22.)

4. La respuesta a la justicia no es lo que la mayoría piensa cuando piensa en justicia. Cuando la mayoría piensa en justicia, piensa en hacer el bien, en hacer buenas obras, obras de bien, y en ayudar a su prójimo. Al transitar el hombre por la vida encara desafío tras desafío por ayudar, y entonces ayuda. Y se siente bien consigo mismo por haber ayudado. Cree que sus *buenas obras* lo hacen aceptable y justo delante de Dios. Pero la Biblia no dice que los hombres nunca obran el bien; lo que dice es que los hombres no son justos, no son perfectamente justos en su corazón (*véase* Estudio a fondo 5—Mt. 5:6).

5. Cristo no dice «bienaventurados los justos porque no hay ningún justo» (Ro. 3:10). Cristo dice: «Bienaventurados los que tienen hambre y sed *de justicia*». El hombre no es justo, no es perfectamente justo. Su oportunidad de ser justo ha pasado. Ya se ha quedado corto y ha errado el blanco. Ya es imperfecto. El hombre tiene una sola esperanza: que Dios lo ame tanto que de alguna manera lo *cuente* como justo. Y es precisamente lo que Dios hace. Dios toma el «hambre y sed de justicia» de una persona y la cuenta como justicia. Dios lo hace porque ama al hombre (Ro. 5:6, 8-9. *Véanse* Estudios a fondo 1, 2—Ro. 4:22; nota—5:1.)

Pensamiento. La pregunta que debe formularse cada persona es esta: ¿Cuánto busco yo la justicia? En realidad estoy buscando —buscando un poco, buscando algo, buscando mucho, buscando más y más? Lo que Cristo dice es esto: Una persona tiene que ansiar, morir de hambre y sed, por justicia. Una persona tiene que buscar la justicia más y más, si desea ser salvada y saciada.

6. Toda persona tiene cierta necesidad e influencia que la lleva a hacer el bien. Esa necesidad e influencia tienen que ser alimentadas. En efecto, tienen que ser alimentadas porque de lo contrario se debilitan. Es posible, en efecto, subyugar este impulso, debilitarlo tanto que finalmente muere por completo. Entonces la persona queda sencillamente endurecida ante cualquier cosa que no sean los deseos del ego (He. 3:13; cp. Pr. 21:29; 28:14; 29:1).

7. Justicia es lo único que llenará y saciará la íntima necesidad del hombre. Comida y bebida no lo harán. Toda persona que piensa honestamente sabe que no hay nada en ninguna parte de esta tierra que pueda satisfacer su profunda necesidad de vida (vida permanente, vida que nunca termina). Solamente Dios puede llenar una vida y satisfacer la profunda necesidad de vida permanente. Esta es la razón por la que Cristo menciona el tener hambre y sed de justicia.

Pensamiento. Ser saciado significa «ser llenado del espíritu» (Ef. 5:18). «El fruto del Espíritu es amor, gozo, paz ....» (Gá. 5:22-23).

ESTUDIO A FONDO 5

(5:6) *Justicia:* ¿Qué es justicia? (*Véanse* también notas—Ro. 3:21; 4:4-5; Estudios a fondo 1, 2—4:22; notas—5:1; 10:5, 6-7; nota 3 y Estudio a fondo 3—Gá. 2:15-16; Estudio a fondo 2—2:16; cp. Gá. 3:10.) En la Biblia «justicia» significa dos cosas, simples pero profundas. Tiene un significado doble. Significa *ser justo* y *hacer justicia*. Es posible expresarlo de otra manera: *ser bueno* y *hacer lo bueno*. En la Biblia esto es de crucial importancia.

«No hay justo, ni aún uno» (Ro. 3:10).

«Ninguno hay bueno, sino uno: Dios» (Mt. 19:17).

«Todos están destituidos de la gloria de Dios» (Ro. 3:23).

Lo que aquí se está diciendo es que solamente Dios es justo; solamente Él es perfectamente bueno. El hombre no es perfectamente justo; su esfuerzo no alcanza. ¿Cómo entonces puede un hombre llegar a ser perfectamente justo? ¿Cuál es la respuesta? La respuesta es lo que dice Cristo: «Bienaventurados los que tienen hambre y sed de justicia, porque ellos serán saciados». Lo que ocurre es esto.

Dios toma el «hambre y sed de justicia» de una persona y la *cuenta* como si fuera justicia. La persona no tiene justicia, pero Dios la cuenta como tal. Este es el gran amor de Dios. Un hombre tiene hambre y sed de justicia; y por eso Dios lo sacia.

Hay varias cosas que decir acerca de la justicia.

1. A lo largo de las Escrituras la justicia es explicada con la palabra *fe*. Fe es creer en la bondad de Dios de tomar nuestra fe y contarla como justicia (*véanse* Estudios a fondo 1, 2—Ro. «Pero sin fe es imposible agradar a Dios; porque es necesario

que el que se acerca a Dios crea que le hay, y que es galardonador de los que le buscan».

La persona que *busca diligentemente a Dios* es la que realmente cree en Él. La persona que así *tiene hambre y sed de Dios y su justicia* será contada como justa y será saciada. (*Véanse* bosquejo y notas—Fil. 3:7-16.)

2. La justicia de Dios ha sido revelada a los hombres. Lo que Dios quiere que el hombre *sea* y *haga* ha sido perfectamente demostrado en Jesucristo. Este es el amor de Dios. Dios no se ha limitado a dar al hombre la Palabra escrita para describir su justicia divina; ha dado a los hombres una vida, la vida de su propio Hijo, para mostrar lo que quiere decir con justicia. Jesucristo es justicia perfecta. No hizo sino el bien. Es lo que la Biblia quiere decir al hablar de Cristo como «la justicia de Dios». Cristo es el cuadro, la expresión, la imagen misma de la justicia, de *ser justo* y de *hacer justicia*.

> «Cristo Jesús, el cual nos ha sido hecho por Dios sabiduría, justificación ... » (1 Co. 1:30).
> « ... justicia de Dios en él» (2 Co. 5:2).
> «Cristo, la justicia que es de Dios por fe» (Fil. 3:9).

3. La justicia involucra la mente. La Escritura dice que involucra ser «renovados en el espíritu de vuestra mente» (Ef. 4:23), y ser «renovados en conocimiento» (Col. 3:10).

¿Qué significa esto? Es muy simple, el hombre que busca «a Dios es creado en justicia y verdadera santidad». Se «viste el nuevo hombre y es renovado en el espíritu de su mente» (Ef. 4:23).

Otra manera de decir lo mismo es esta: El hombre que busca a Dios se ha «despojado del viejo hombre con sus hechos, y revestido del nuevo, el cual conforme a la imagen del que lo creó» (Col. 3:9-10).

ESTUDIO A FONDO 6

(5:6) *Saciar—vida abundante:* el creyente que tiene hambre y sed de justicia es maravillosamente saciado tanto con vida abundante como con vida eterna.

1. Es «lleno de bondad, lleno de todo conocimiento» (Ro. 15:14).
2. Es «lleno de toda la plenitud de Dios» (Ef. 3:19).
3. Es «lleno del Espíritu» (Ef. 5:18).
4. Es «lleno de frutos de justicia» (Fil. 1:11).
5. Es «lleno del conocimiento de su voluntad [de Dios]» (Col. 1:9).
6. Es «lleno de gozo y del Espíritu Santo» (Hch. 13:52).

[6] (5:7) *Misericordioso (eleemones):* tener un espíritu perdonador y un corazón compasivo. Es mostrar misericordia y ser benevolente. Es perdonar a los que están errados, pero también es mucho más. Es empatía; es ponerse en el lugar de la otra persona y sentir como ella siente. Es un esfuerzo deliberado, un acto de la voluntad por comprender a la otra persona y suplir su necesidad mediante el perdón y demostración de misericordia. Es lo opuesto de ser duro, de negarse a perdonar, de ser insensible. Dios solamente perdona a quienes perdonan a otros. Una persona solamente recibe misericordia si ella es misericordiosa (cp. Mt. 6:12; Stg. 2:13). Es preciso notar varios hechos significativos acerca de la misericordia.

1. La persona con misericordia tiene un corazón tierno: un corazón que se preocupa por todos los necesitados, sean estos visibles o no. Si ve a los necesitados, siente como ellos y hace cuanto puede por ayudarles. Si no los ve, siente y se extiende hacia ellos mediante la oración y las ofrendas conforme se presentan las oportunidades. El misericordioso simplemente no oculta ni retiene ninguna clase de ayuda, no importa cuál sea el precio.

   a. En ellos mora el amor de Dios.

> «Pero el que tiene bienes de este mundo y ve a su hermano tener necesidad, y cierra contra él su corazón, ¿cómo mora el amor de Dios en él?» (1 Jn. 3:17).
>
> «Y si un hermano o una hermana están desnudos, y tienen necesidad del mantenimiento de cada día, y alguno de vosotros les dice: Id en paz, calentaos y saciaos, pero no les dais las cosas que son necesarias para el cuerpo, ¿de qué aprovecha?» (Stg. 2:15-16).

   b. Saben que es «más bienaventurado dar que recibir».

> «En todo os he enseñado que, trabajando así, se debe ayudar a los necesitados, y recordar las palabras del Señor Jesús, que dijo: Más bienaventurado es dar que recibir» (Hch. 20:35).

2. Todo creyente puede ser misericordioso. Algunos quizá no tengan dinero u otros medios para ayudar, pero pueden ser tiernos y compasivos y mostrar misericordia mediante su expresión y oración. En efecto, Dios manda al creyente a ser misericordioso. Le encarga al creyente a hacer algunas cosas, prácticas:

   a. «Partir el pan con el hambriento» (Is. 58:7; Stg. 2:15).
   b. «Albergar a los pobres errantes en casa» (Is. 58:7).
   c. «Cubrir al desnudo (Is. 58:7; Stg. 2:15).
   d. Alentar y apaciguar el dolor (Job 16:5).
   e. Consolar al atribulado (Job 6:14).
   f. Llevar la carga de otros; al extremo de restaurarlos cuando pecan. Pero nos extendemos hacia ellos en un espíritu de mansedumbre (Gá. 6:2; cp. 6:1).
   g. Sostener a los débiles (Hch. 20:35).

3. Los resultados de ser misericordiosos son numerosos.

   a. La persona recibe la misericordia de Dios, esto es, perdón de pecados (Sal. 18:25; cp. 2 S. 22:26).
   b. La persona le hace un bien a su propia alma (Pr. 19:17).
   c. La persona recibe de vuelta lo que da, Dios mismo se lo devuelve (Pr. 19:17).
   d. La persona se comporta como Dios mismo (Lc. 6:36; cp. Sal.103:8; Joel 2:15).
   e. La persona es bendecida (Sal. 51:1).
   f. La persona recibe seguridad de obtener misericordia en «aquel día» (2 Ti. 1:18).
   g. La persona hereda el reino de Dios, para siempre (Mt. 25:34-35).

4. Los carentes de misericordia son advertidos por Dios.

   a. Serán sometidos a juicio «sin misericordia» (Stg. 2:13).
   b. Enfrentarán el enojo y la ira de Dios (Mt. 18:34-35).
   c. Sus pecados no son perdonados (Mt. 6:12, 14-15).

5. Hay dos actitudes opuestas que se manifiestan hacia la misericordia.

   a. La actitud de negarse a tener compasión por quienes están en necesidad (1 Jn. 3:17; cp. Stg. 2:15-16).
   b. La actitud de asumir un corazón misericordioso (Col. 3:12).

ESTUDIO A FONDO 7

(5:7) *Misericordia:* para la discusión *véase* nota—Ef. 2:4-5.

[7] (5:8) *Puros (katharoi):* tener un corazón limpio; ser sin mancha, sincero, no contaminado; haber sido limpiado, purgado, perdonado; ser santo; tener una sola intención, la de la gloria de dios. Hay varios puntos significativos en cuanto a los «de corazón puro».

1. La persona que es de «corazón puro» tiene una vida limpia.

   a. Se mantiene «sin contaminación del mundo».

> «La religión pura y sin mácula delante de Dios el Padre es esta: Visitar a los huérfanos y a las viudas en sus tribulaciones, y guardarse sin mancha del mundo» (Stg. 1:27).

   b. Lava su corazón de maldad para poder ser salva.

> «Lava tu corazón de maldad, oh Jerusalén,

para que seas salva ... » (Jer. 4:14)
c. Por la obra del Espíritu Santo obedece a la verdad.

> «Habiendo purificado vuestras almas por
> la obediencia a la verdad, mediante el Espíritu,
> para el amor fraternal no fingido, amaos unos a
> otros entrañablemente, de corazón puro» (1 P.
> 1:22).

d. Mantiene sus manos limpias.

> «El limpio de manos y puro de corazón; el
> que no ha elevado su alma a cosas vanas, ni
> jurado con engaño. El recibirá bendición de
> Jehová, y justicia del Dios de salvación» (Sal. 24:
> 4-5).

e. Procura estar sin mancha y sin culpa.

> «Por lo cual, oh amados, estando en espera
> de estas cosas, procurad con diligencia ser
> hallados por él sin mancha e irreprensibles, en
> paz» (2 P. 3:14).

2. El mejor comportamiento de una persona, pocas veces es
(si es que alguna vez es) libre de toda mezcla de egoísmo. Es dudoso
que una criatura pecadora alguna vez pueda actuar de modo perfecto:
totalmente libre de motivaciones ajenas. Como dice la Biblia: «No
hay quien haga lo bueno, no hay ni siquiera uno» (Ro. 3:12). El
creyente debe examinar constantemente su corazón y limpiarlo de
motivaciones impuras. Las motivaciones que involucran al ego son
insidiosas y engañosas.

a. La persona que toma un empleo ¿lo hace
primordialmente por su ego, o para servir a Cristo
ganando lo suficiente para ayudar a otros que tienen
necesidad? (Col. 3:24; Ef. 4:28).

b. La persona que cumple un ministerio ¿lo hace para
ayudar a los necesitados, o para tener un sentido de
satisfacción propia? (cp. Mt. 5:7).

c. La persona que adora a Dios ¿lo hace para honrar a
Dios, o para satisfacer un sentimiento de obligación?

d. La persona que ora todos los días ¿lo hace para tener
compañerismo con Dios, o para sentirse bien pensando
que agrada a Dios orando?

Las motivaciones impuras entran tan silenciosa y engañosamente al corazón del creyente que muchas veces el creyente es
inconsciente de su presencia. Le hace falta orar con frecuencia:
«¡Crea, oh Dios, en mí un corazón limpio!» (Sal. 51:10).

3. Los de «corazón puro» ministran en dos áreas muy
prácticas:

• Visitan a los huérfanos.
• Visitan a las viudas en sus aflicciones.

> «La religión pura y sin mácula delante de
> Dios el Padre es esta: Visitar a los huérfanos y a
> las viudas en sus tribulaciones, y guardarse sin
> mancha del mundo» (Stg. 1:27).

ESTUDIO A FONDO 8

(5:8) *De limpio corazón:* hay dos maravillosas promesas para
los «de limpio corazón». Los de limpio corazón «verán a Dios»
(Mt. 5:8).

1. En la actualidad, los de limpio corazón verán a Dios por
fe, «por espejo, oscuramente» (1 Co. 13:12). ¡Imagínese
solamente! Los de «limpio corazón» persisten la fe «como viendo
al Invisible» (He. 11:27).

> «Y ahora *vemos* por espejo, oscuramente; mas
> entonces veremos cara a cara. Ahora conozco en
> parte; pero entonces conoceré como fui conocido»
> (1 Co. 13:12).

> «Por la fe dejó a Egipto, no temiendo la ira del
> rey; porque se sostuvo como viendo al Invisible» (He.
> 11:27).

2. Los de limpio corazón verán a Dios en la eternidad cara
a cara. Le verán como es y contemplarán su rostro en justicia.

> «Y ahora *vemos* por espejo, oscuramente; mas

> entonces veremos cara a cara. Ahora conozco en
> parte; pero entonces conoceré como fui conocido»
> (1 Co. 13:12).

> «Amados, ahora somos hijos de Dios, y aún no
> se ha manifestado lo que hemos de ser; pero sabemos
> que cuando él se manifieste, seremos semejantes a
> él, porque le veremos tal como él es» (1 Jn. 3:2).

> «En cuanto a mí, veré tu rostro en justicia;
> estaré satisfecho cuando despierte a tu semejanza»
> (Sal. 17:15).

8 (5:9) *Pacificadores:* lograr unión entre personas; hacer paz
entre los hombres y Dios; resolver disputas y quitar divisiones;
reconciliar a personas peleadas y eliminar la contienda; silenciar
a las lenguas y construir buenas relaciones.

1. ¿Quién es el pacificador?

a. La persona que procura hacer paz con Dios (Ro. 5:1;
Ef. 2:14-17). Conquista la lucha interior, apacigua la
tensión interior, maneja la presión interior. Toma la
lucha que hay en su corazón entre el bien y el mal y
procura que el bien conquiste el mal.

> «Justificados, pues, por la fe, tenemos paz
> para con Dios por medio de nuestro Señor
> Jesucristo» (Ro. 5:1).

> «Porque él es nuestra paz, que de ambos
> pueblos hizo uno, derribando la pared inter-
> media de separación, aboliendo en su carne las
> enemistades, la ley de los mandamientos
> expresados en ordenanzas, para crear en sí
> mismo de los dos un solo y nuevo hombre,
> haciendo la paz, y mediante la cruz reconciliar
> con Dios a ambos en un solo cuerpo, matando
> en ella las enemistades. Y vino y anunció las
> buenas nuevas de paz a vosotros que estabais
> lejos, y a los que estaban cerca» (Ef. 2:14-17).

b. La persona que en toda oportunidad procura hacer la
paz *en el interior* de otros. Busca y conduce a otros a
hacer paz con Dios, a conquistar la lucha interior, a
eliminar la tensión interior, a controlar la presión interior.

> «Así que, sigamos lo que contribuye a la
> paz y a la mutua edificación» (Ro. 14:19).

c. La persona que en toda ocasión procura hacer la paz
entre otros. Se esfuerza por resolver disputas y
eliminar divisiones, reconciliar diferencias y quitar
peleas, silenciar a las lenguas y construir buenas
relaciones.

> «Nada hagáis por contienda o por
> vanagloria; antes bien con humildad, estimando
> cada uno a los demás como superiores a Él
> mismo» (Fil. 2:3).

> «Recuérdales esto, exhortándoles delante
> del Señor a que no contiendan sobre palabras,
> lo cual para nada aprovecha, sino que es para
> perdición de los oyentes» (2 Ti. 2:14).

> «Porque el siervo del Señor no debe ser
> contencioso, sino amable para con todos, apto
> para enseñar, sufrido» (2 Ti. 2:24).

2. El pacificador es la persona que ha hecho *paz con Dios*
(Ro. 5:1), y conoce la *paz de Dios* (*véase* nota—Jn. 14:27).

3. Los pacificadores aman la paz, pero no son pasivos ante
los problemas. Están aquellos que dicen amar la paz, pero se apartan
de todo problema. Ignoran y huyen de los problemas y de situaciones
amenazantes, con frecuencia evaden los conflictos. No hacen ningún
intento por hacer paz entre los otros. El pacificador (de quien habla
Cristo) encara el problema sin importar cuán peligroso sea, y se
esfuerza por lograr una verdadera paz sin importar la lucha.

4. El mundo tiene sus perturbadores. Prácticamente toda
organización tiene sus perturbadores, inclusive la iglesia.
Dondequiera esté el perturbador hay críticas, quejas y murmuraciones; y, con demasiada frecuencia, una división en el cuerpo,

una división que a veces es menor, a veces, mayor; a veces apenas insípida, a veces totalmente amarga. El pacificador no lo soporta. Se dispone a resolver el asunto, a solucionar el problema, a controlar las diferencias y reconciliar las partes.

5. El evangelio de Cristo tiene que ser esparcido con medios pacíficos, no por fuerza. Existen muchos tipos de fuerza.

    a. Existe una fuerza verbal, por medio de un elevado volumen, una conversación dominante, tácticas de venta inapropiadas, amenazas, soborno, y abuso.

    b. Existe la fuerza física mediante expresiones faciales, movimientos corporales, una presencia avasalladora, y ataques.

ESTUDIO A FONDO 9

(5:9) *Hijos de Dios: véanse* Estudio a fondo 2, *Adopción*—Gá. 4:5-6; notas—Ro. 8:15-17; 1 Jn. 3:2.

[9] (5:10-12) *Perseguidos:* soportar el sufrimiento por Cristo; ser burlado, ridiculizado, criticado, separado; ser tratado hostilmente; ser martirizado. (*Véanse* nota—Lc. 21:12-19; nota y Estudio a fondo 1—1 P. 4:12; nota—4:14.) Note varios puntos significativos.

1. En este mensaje Cristo menciona tres clases principales de persecución:

- Ser vituperado: ser verbalmente abusado, insultado, burlado, mofado (vituperios crueles, He.11:36).
- Ser perseguido: herido, separado, atacado, torturado, martirizado y tratado con hostilidad.
- Ser objeto de *toda clase* de habladurías malas: injurias, maldiciones, mentiras (cp. Sal. 35:11; Hch. 17:6-7; cp. «cosas duras que se hablan», esto es *palabras ásperas, desafiantes,* Jud. 15).

2. ¿Quiénes son los perseguidos?

    a. La persona que vive y habla en favor de la justicia y que recibe oposición.

    b. La persona que vive y habla por Cristo, y que es vituperada, perseguida y rechazada con palabras.

3. La persecución es una paradoja. Revela que la auténtica naturaleza del mundo es mala. Piense en ello: la persona que vive y habla en favor de justicia es rechazada y perseguida. La persona que se preocupa y trabaja por verdadero amor, justicia y salvación del mundo es objeto literal de oposición. ¡Cuán engañado está el mundo y su humanidad, para avanzar locamente sin alcanzar nada, sino volver al polvo, a buscar vida por solamente setenta años (*si* no ocurre nada antes).

4. Los creyentes son anticipadamente advertidos, sufrirán persecución.

    a. Sufrirán persecución porque no son de este mundo. Son *llamados a salir* del mundo. Están en el mundo, pero no son del mundo. Están separados de la conducta del mundo. Por eso el mundo reacciona contra ellos.

> «Si fuerais del mundo, el mundo amaría lo suyo; pero porque no sois del mundo, antes yo os elegí del mundo, por eso el mundo os aborrece» (Jn. 15:19).

    b. Sufrirán persecución porque los creyentes se despojan del *manto de pecado* del mundo. Viven demostrando una vida de justicia. No se comprometen con el mundo y su conducta pecaminosa. Viven vidas puras y piadosas, sin tener nada que ver con los placeres pecaminosos de un mundo corruptible. Esa clase de vida expone los pecados de la gente.

> «Si el mundo os aborrece, sabed que a mí me ha aborrecido antes que a vosotros ... Si yo no hubiera venido, ni les hubiera hablado, no tendrían pecado; pero ahora no tienen excusa por su pecado» (Jn. 15:18, 22).

> «Y también todos los que quieran vivir piadosamente en Cristo Jesús padecerán persecución» (2 Ti. 3:12).

    c. Sufrirán persecución porque el mundo no conoce a Dios ni a Cristo. Los impíos del mundo no quieren otro Dios que no sea ellos mismos y sus propias imaginaciones. Quieren hacer lo que se les ocurre: satisfacer sus propios deseos, no lo que Dios quiere y demanda. En cambio, el creyente piadoso dedica su vida a Dios, a su adoración y servicio. Los impíos no quieren tener parte con Dios; por eso se oponen a los que hablan de Dios y de la obligación del hombre de honrar y adorar a Dios.

> «Mas todo esto os harán por causa de mi nombre, porque no conocen al que me ha enviado» (Jn. 15:21).

> «Y harán esto porque no conocen al Padre ni a mí» (Jn. 16:3).

    d. Sufrirán persecución porque el mundo vive engañado en su concepto y en su fe en Dios. El mundo concibe a Dios como Aquel que sacia sus deseos y pasiones terrenales (Jn. 16:2-3). La idea que el hombre tiene de Dios es la del *Supremo Abuelo.* Creen que Dios protege, provee y otorga sin importar cual sea el comportamiento de la persona, siempre que no sea un comportamiento extremo, cree que Dios aceptará y hará que al final de cuentas todo esté bien. Sin embargo, el verdadero creyente enseña lo contrario. Dios es amor, pero también es justo y demanda justicia. El mundo se rebela contra este concepto de Dios.

> «Os expulsarán de las sinagogas; y aun viene la hora cuando cualquiera que os mate, pensará que rinde servicio a Dios. Y harán esto porque no conocen al Padre ni a mí» (Jn. 16:2-3).

> «Acordaos de la palabra que yo os he dicho: El siervo no es mayor que su señor. Si a mí me han perseguido, también a vosotros os perseguirán; si han guardado mi palabra, también guardarán la vuestra» (Jn. 15:20).

> «Estas cosas os he hablado, para que no tengáis tropiezo. Os expulsarán de las sinagogas; y aun viene la hora cuando cualquiera que os mate, pensará que rinde servicio a Dios. Y harán esto porque no conocen al Padre ni a mí. Mas os he dicho estas cosas, para que cuando llegue la hora, os acordéis de que yo os lo había dicho» (Jn. 16:1-4).

> «A fin de que nadie se inquiete por estas tribulaciones; porque vosotros mismos sabéis que para esto estamos puestos» (1 Ts. 3:3).

> «Porque a vosotros os es concedido a causa de Cristo, no sólo que creáis en él, sino también que padezcáis por él» (Fil. 1:29).

> «Y también todos los que quieran vivir piadosamente en Cristo Jesús padecerán persecución» (2 Ti. 3:12).

> «Hermanos míos, no os extrañéis si el mundo os aborrece» (1 Jn. 3:13).

> «Amados, no os sorprendéis del fuego de prueba que os ha sobrevenido, como si alguna cosa extraña aconteciese, sino gozaos por cuanto sois participantes de los padecimientos de Cristo, para que también en la revelación de su gloria os gocéis con gran alegría. Si sois vituperados por el nombre de Cristo, sois bienaventurados porque el glorioso Espíritu de Dios reposa sobre vosotros. Ciertamente, de parte de ellos, él es blasfemado, pero por vosotros es glorificado» (1 P. 4:12-14).

5. Las persecuciones pueden surgir de las imaginaciones más diabólicas de los hombres. (Para una descripción de algunos de los sufrimientos del amado pueblo de Dios *véase* Estudio a fondo 1—1 P. 4:12.)

6.   ¿Cuál debe ser la actitud del creyente ante la persecución?
    a.   *No* debe ser vengativa, orgullosa o de superioridad espiritual.
    b.   *Debe ser* de gozo y alegría (Mt. 5:12; 2 Co. 12:10; 1 P. 4:12-13).
7.   Los perseguidos tienen la promesa de grandes recompensas.
    a.   El reino de los cielos: ahora.
- Experimentan un honor especial (Hch. 5:41).
- Experimentan un consuelo especial (2 Co. 1:5).
- Reciben una cercanía muy especial, un resplandor de la presencia del Señor (*véase* nota: 1 P. 4:14).
- Llegan a ser un testimonio mayor para Cristo (2 Co. 1:4-6).

    b.   El reino de los cielos: eternamente (He. 11:35ss; 1 P. 4:12-13; *véase* Estudio a fondo 3—Mt. 19:23-24).

	B. El auténtico discípulo (Parte II): la sal de la tierra— sirviendo a Dios, 5:13 (Mr. 9:50; cp. Lc.14:34-35; Col. 4:6)
1 El carácter de los discípulos: sal **2 El lugar de los discípulos para salar: la tierra** **3 La misión de los discípulos: salar la tierra** **4 El peligro: perder el sabor y volverse peligroso**	13 Vosotros sois la sal de la tierra; pero si la sal se desvaneciere, ¿con qué será salada? No sirve para nada, sino para ser echada fuera y hollada por los hombres.

B. El auténtico discípulo (Parte II): la sal de la tierra sirviendo a Dios, 5:13

(5:13) *Introducción:* hay tanto contenido en esta pequeña parábola, pero su rasgo principal es *el carácter distintivo.* La sal es distintivamente diferente a la sustancia sobre la cual yace. Es diferente por naturaleza y por propósito. Así son los creyentes. Son distintivamente diferentes por naturaleza y propósito. *Por naturaleza* los creyentes son nuevas criaturas, nacidas de Dios (2 Co. 5:17; 1 P. 1:23); *por propósito* los creyentes deben penetrar y cambiar el sabor mismo de la tierra. Son como la sal.

1. El carácter de los discípulos: sal (v. 13).
2. El lugar de los discípulos para salar: la tierra (v. 13).
3. La misión de los discípulos: salar la tierra (v. 13).
4. El peligro: perder el sabor y volverse peligroso (v. 13).

1 (5:13) *Sal:* el carácter de los discípulos es como la sal. Los creyentes son *llamados y designados* (hechos) para ser la sal de la tierra. Hay varias cosas que se pueden decir acerca de la sal que señalan lo que Jesús quiso decir:

1. La sal es *distintiva.* Es totalmente diferente a la comida o al objeto sobre el cual se la echa. El poder de la sal está en su diferencia. Los creyentes, al igual que la sal tienen que ser diferentes al mundo. El poder de sus vidas y de su testimonio está en el hecho de ser diferentes y distintivos. Deben «guardarse sin mancha del mundo» (Stg. 1:27).

> «No os conforméis a este siglo, sino transformaos por medio de la renovación de vuestro entendi-miento, para que comprobéis cuál sea la buena voluntad de Dios, agradable y perfecta» (Ro. 12:2).
> «Por lo cual, salid de en medio de ellos, y apartaos, dice el Señor, y no toquéis lo inmundo; y yo os recibiré, y seré para vosotros por Padre, y vosotros me seréis hijos e hijas, dice el Señor todopoderoso» (2 Co. 6:17-18).
> «La religión pura y sin mácula delante de Dios el Padre es esta: Visitar a los huérfanos y a las viudas en sus tribulaciones, y guardarse sin mancha del mundo» (Stg. 1:27).
> «No améis al mundo, ni las cosas que están en el mundo. Si alguno ama al mundo, el amor del Padre no está en él. Porque todo lo que hay en el mundo, los deseos de la carne, los deseos de los ojos, y la vanagloria de la vida, no proviene del Padre, sino del mundo» (1 Jn. 2:15-16).

2. La sal *preserva.* Evita que las cosas se echen a perder y se descompongan. Limpia y desinfecta. Los creyentes, igual que la sal, deben limpiar y preservar. Deben desinfectar al mundo y evitar que los gérmenes del mundo descompongan demasiado las cosas. Deben salvar al mundo de la corrupción.

> «Habiendo purificado vuestras almas por la obediencia a la verdad, mediante el Espíritu, para el amor fraternal no fingido, amaos uno a otros entrañablemente, de corazón puro; siendo renacidos, no de simiente corruptible, sino de incorruptible, por la palabra de Dios que vive y permanece para siempre. Porque: Toda carne es como hierba, y toda la gloria del hombres como flor de la hierba. La hierba se seca, y la flor se cae; mas la palabra del Señor permanece para siempre. Y esta es la palabra que por el evangelio os ha sido anunciada» (1 P. 1:22-25).

3. La sal *penetra.* Ella inserta una nueva calidad, sustancia, y vida. Cambio aquello sobre lo cual es echada. Los creyentes deben penetrar al mundo e insertarle nueva vida.

> «De modo que si alguno está en Cristo, nueva criatura es; las cosas viejas pasaron; he aquí todas son hechas nuevas» (2 Co. 5:17).
> «Y vestíos del nuevo hombre, *creado* según Dios en la justicia y santidad de la verdad» (Ef. 4:24).
> «Y revestido del nuevo, el cual conforme a la imagen del que lo creó se va *renovando* hasta el conocimiento pleno» (Col. 3:10).

4. La sal *otorga sabor.* Influye sobre el gusto de las cosas. Convierte una comida sin gusto, insípida en sabrosa. Así los creyentes deben dar sabor e influenciar al mundo para Cristo. Deben tomar a los que carecen de gusto, a los insípidos, y hacerlos sabrosos en el mundo.

> «Mas el fruto del Espíritu es amor, gozo, paz, paciencia, benignidad, bondad, fe, mansedumbre, templanza; contra tales cosas no hay ley» (Gá. 5:22-23).
> «Lo que hemos visto y oído, eso os anunciamos, para que también vosotros tengáis comunión con nosotros; y nuestra comunión verdaderamente es con el Padre, y con su Hijo Jesucristo» (1 Jn. 1:3).

5. La sal es *quieta.* Es visible, pero trabaja silenciosamente, sin hacer ningún tipo de ruido durante su obra. Los creyentes, la sal de la tierra, deben trabajar quieta y discretamente.

> «Sino el interno, el del corazón, en el incorruptible ornato de un espíritu afable y apacible, que es de grande estima delante de Dios» (1 P. 3:4).

6. La sal se *esparce.* Su sabor se esparse en todas direcciones. Una pizca de sal tiene un extenso efecto. La *sal* de un creyente se esparce lejos en todas direcciones.

> «Porque no podemos dejar de decir lo que hemos visto y oído» (Hch. 4:20).
> «Porque de él doy testimonio de que tiene gran solicitud por vosotros, y por los que están en Laodicea» (Col. 4:13).
> «Sino santificad a Dios el Señor en vuestros corazones, y estad siempre preparados para presentar defensa con mansedumbre y reverencia ante todo el que demande razón de la esperanza que hay en vosotros» (1 P. 3:15).

«Y que procuréis tener tranquilidad, y ocuparos de vuestros negocios, y trabajar con vuestras manos de la manera que os hemos mandado, a fin de que os conduzcáis honradamente para con los de afuera, y no tengáis necesidad de nada» (1 Ts. 4:11-12).

7.   La sal *no se puede detener*. Una vez aplicada no se puede detener. La *sal* del creyente, su testimonio no se puede detener; no se puede frenar su obra.

> «Porque como desciende de los cielos la lluvia y la nieve, y no vuelve allá, sino que riega la tierra, y la hace germinar y producir, y da semilla al que siembra, y pan al que come, así será mi palabra que sale de mi boca; no volverá a mi vacía, sino que hará lo que yo quiero, y será prosperada en aquello para que la envíe» (Is. 55:10-11).

2 (5:13) *Ministerio, lugar:* el lugar para el ministerio de los discípulos es la tierra. El mundo es el lugar donde los creyente deben moverse para salarlo (vivir y ministrar). ¿Por qué? Porque el mundo es (1) sin gusto, insípido, (2) decayendo y descomponiéndose y (3) es corrupto y fétido.

Pensamiento 1. Demasiados creyentes viven como si ya estuvieran en el cielo, salvos y seguros de todo daño. No le prestan suficiente atención a esta tierra, a sus necesidades, a su proceso de descomposición, a su decaimiento y corrupción. Entre tanto, en esta tierra, los creyentes han sido llamados a salar y dar sabor a la tierra, no al cielo.

Pensamiento 2. En un sentido la iglesia es la fábrica de sal y el mundo el mercado de sal. Hay demasiada sal depositada y encerrada en la iglesia. No se está enviando suficiente sal al mercado. ¿El resultado? El mundo no está siendo salado, no está siendo suficientemente condimentado.

> «Les decía: La mies a la verdad es mucha, mas los obreros pocos; por tanto, rogad al Señor de la mies que envíe obreros a su mies» (Lc. 10:2).
> «¿No decís vosotros: Aún faltan cuatro meses para que llegue la siega? He aquí os digo: Alzad vuestros ojos y mirad los campos, porque ya están blancos para la siega» (Jn. 4:35).
> «No nos cansemos, pues, de hacer el bien; porque a su tiempo segaremos, si no desmayamos» (Gá. 6:9).

3 (5:13) *Misión:* la misión de los discípulos es salar la tierra. Note un punto crucial: Los creyentes son la sal de la tierra, no del cielo. Nada pueden hacer para salar al cielo. No lo pueden penetrar, ni darle sabor, ni preservarlo. Cualquiera sea la relación que tengan con el cielo, ella es un don del cielo. En cambio, los creyentes son la sal de la tierra; la pueden penetrar, dar sabor, y preservarla. Pero hay dos cosas que son necesarias *antes que una persona pueda salar* la tierra.

1.   Los creyentes tienen que tener la sal en sí mismos.

> «Buena es la sal; mas si la sal se hace insípida, ¿con qué la sazonaréis? Tened sal en vosotros mismos; y tened paz los unos con los otros» (Mr. 9:50).

2.   Los creyentes se deben esparcir en el mundo. Pero una cosa hay que saber en cuanto al creyente que se *esparce* en el mundo: su sal es necesaria y útil. No hay otra sal que la del creyente. No hay ninguna otra cosa que puede salar la tierra, nada en absoluto. La tarea pertenece al creyente, y solamente a él. El éxito de la misión se apoya en el creyente, y solamente en él.

> «Sea vuestra palabra siempre con gracia, sazonada con sal, para que sepáis cómo debéis responder a cada uno» (Col. 4:6).
> «Por tanto, id y haced discípulos a todas las naciones, bautizándolos en el nombre del Padre, y del Hijo, y del Espíritu Santo; enseñándoles que guarden todas las cosas que os he mandado; y he aquí yo estoy con vosotros todos los días, hasta el fin del mundo. Amén» (Mt. 28:19-20).
> «Y les dijo: Id por todo el mundo y predicad el evangelio a toda criatura» (Mr. 16:15).
> «Entonces Jesús les dijo otra vez: Paz a vosotros. Como me envió el Padre, así también yo os envío» (Jn. 20:21).
> «Pero recibiréis poder, cuando haya venido sobre vosotros el Espíritu Santo, y me seréis testigos en Jerusalén, en toda Judea, en Samaria, y hasta lo último de la tierra» (Hch. 1:8).
> «Sino santificad a Dios el Señor en vuestros corazones, y estad siempre preparados para presentar defensa con mansedumbre y reverencia ante todo el que demande razón de la esperanza que hay en vosotros» (1 P. 3:15).

4 (5:13) *Juicio—echar fuera:* el peligro que corre el discípulo es el de volverse inútil y destructivo. La sal no pierde su sabor salado, su gusto. Sin embargo, en el tiempo de Cristo la sal de Palestina era recogida de manera tal que estaba mezclada con suciedad y otras impurezas. Entonces era inútil e inservible. En efecto, realmente destruía la fertilidad de la tierra. Por eso, no solo era inútil, sino destructiva (*véase* Estudio a fondo 4—Mt. 25:30). Note dos puntos significativos.

1.   Este es un cuadro del creyente que deja el camino, del creyente que pierde su sabor y su sal, o sea su testimonio. Tres cosas se pueden decir del que deja el camino.
   a.   Se vuelve inútil, igual que la sal.
   b.   Pierde su valor. Bien puede ser echado fuera y pisoteado.
   c.   En realidad destruye la fertilidad de algunos que están en el mundo porque se convierte en un tropiezo y porque no puede salarlos.

> «Y Jesús le dijo: Ninguno que poniendo su mano en el arado mira hacia atrás. Es apto para el reino de Dios» (Lc. 9:62).
> «Entonces va, y toma otros siete espíritus peores que él; y entrados, moran allí; y el postrer estado de aquel hombre viene a ser peor que el primero» (Lc. 11:26).
> «Mas el justo vivirá por fe; y si retrocediere, no agradará a mi alma» (He. 10:38).
> «Ciertamente, si habiéndose ellos escapado de las contaminaciones del mundo, por el conocimiento del Señor y Salvador Jesucristo, enredándose otra vez en ellas son vencidos, su postrer estado viene a ser peor que el primero» (2 P. 2:20).
> «Pero tengo contra ti que has dejado tu primer amor» (Ap. 2:4).

2.   Si la sal del creyente pierde su sabor, el creyente experimentará el juicio de Dios.
   a.   Será echado fuera.

> «Vosotros sois la sal de la tierra; pero si la sal se desvaneciere, ¿con qué será salada? No sirve para nada, sino para ser echada fuera y hollada por los hombres» (Mt. 5:13).

   b.   Será desechado.

> «Sino que golpeo mi cuerpo, y lo pongo en servidumbre, no sea que habiendo sido heraldo para otros, yo mismo venga a ser eliminado» (1 Co. 9:27).

   c.   Experimentará perdida cuando aparezca ante el tribunal de Cristo.

> «Porque es necesario que todos nosotros comparezcamos ante el tribunal de Cristo, para que cada uno reciba según lo que haya hecho mientras estaba en el cuerpo, sea bueno o sea malo» (2 Co. 5:10).
> «Porque nadie puede poner otro fundamente que el que está puesto, el cual es Jesucristo. Y si sobre este fundamento alguno edificare oro, plata, piedras preciosas, madera,

heno, hojarasca, la obra de cada uno se hará
manifiesta; porque el día la declarará, pues por
el fuego será revelada; y la obra de cada uno cuál
sea, el fuego la probará. Si permaneciere la obra
de alguno que sobreedificó, recibirá recompensa.
Si la obra de alguno se quemare, él sufrirá
pérdida, si bien él mismo será salvo, aunque así
como por fuego» (1 Co. 3:11-15).

Pensamiento 1. Si la sal pierde *su* sabor, ¿qué le podrá
restaurar *su* sabor? No hay nada. Una vez que el sabor
salado se ha ido de la sal, se ha ido. Ya no puede salar la
tierra.

Pensamiento 2. No hay otro sino Cristo que puede salar y
salvar a una persona de la descomposición. Una persona
que dice tener sal y sigue siendo insípida, sin gusto, y corruptible no tiene esperanza de ser salada alguna vez. No
habrá nadie que pueda salarla. O bien permite que Cristo
la sale, o no será salada nunca.

Pensamiento 3. La persona que no ha sido salada y salvada
de la descomposición está condenada a la ruina. No sirve
para nada, sino para ser echada fuera (cp. Jn. 3:16-18; He.
9:27).

	B. El auténtico discí- pulo (Parte III):la luz del mundo:— alumbrando para Dios, 5:14-16 (Mr. 4:21-23; Lc. 8:16-18; 11:33)
1 El carácter del discípulo: luz **2 Donde debe alumbrar el discípulo: en el mundo** **3 El testimonio ineludible del discípulo:** a. Como ciudad sobre un monte b. Como luz en un candelero **4 El propósito del discípulo** a. Mostrar buenas obras b. Que los hombres glorifiquen a Dios	14 Vosotros sois la luz del mundo; una ciudad asentada sobre un monte no se puede esconder. 15 Ni se enciende una luz y se pone debajo de un almud, sino s obre el candelero, y alumbra a todos los que estén en casa. 16 Así alumbre vuestra luz delante de los hombres, para que vean vuestras buenas obras, y glorifi- quen a vuestro Padre que está en los cielos.

B. El auténtico discípulo (Parte III): la luz del mundo:—alumbrando para Dios, 5:14-16

(5:14-16) *Introducción—creyente—luz:* «Dios es luz» (1 Jn. 1:5). Jesucristo dijo: «Yo soy la luz del mundo» (Jn. 8:12; 9:5). Aquí Jesús dice: «Vosotros sois la luz del mundo.» ¡Qué cumplido enorme! Dios es luz, Cristo es luz, y aquí dice que el creyente es «la luz del mundo» El creyente es lo que es Dios y Cristo: luz. No pudo haber un cumplido mayor para el creyente. Pero note: Ser identificado con Dios es una enorme responsabilidad, así como es un cumplido. Lo que la luz es y hace es lo que el creyente debe *ser y hacer.*

Cuatro cosas se dicen acerca del creyente como luz del mundo (*véanse* Estudio a fondo 5—Jn. 12:35-36; Estudio a fondo 1—Jn. 8:12).

1. El carácter del discípulo: luz (v. 14).
2. Donde debe alumbrar el discípulo: en el mundo (v. 14).
3 El testimonio ineludible del discípulo (v. 15).
4. El propósito del discípulo (v. 16).

1 (5:14) *Creyentes, luz:* el carácter del discípulo es luz. Cristo dijo «Yo soy la luz del mundo» (Jn. 8:12; 9:5). Aquí afirma que el discípulo es semejante a él «la luz del mundo» el discípulo tiene que experimentar una transformación radical, tiene que transformarse, más y más *a semejanza* de Cristo y *reflejar* la luz de Cristo (2 Co. 3:18; 4:6-7). La luz hace y opera diversas cosas.

1. La luz es clara y pura. Es limpia, es decir, buena, recta, veraz.

«En otro tiempo erais tinieblas, mas ahora sois luz en el Señor; andad como hijos de luz (porque el fruto del Espíritu es en toda bondad, justicia y verdad)» (Ef. 5:8-9).

2. La luz penetra. Por naturaleza atraviesa y elimina la oscuridad.

«Porque todos vosotros sois hijos de luz e hijos del día; no somos de la noche ni de las tinieblas» (1 Ts. 5:5).

3. La luz alumbra. Aumenta la visión y el conocimiento que el hombre tiene de un área.

«Entonces Jesús les dijo: Aún por un poco está la

luz entre vosotros; andad entre tanto que tenéis luz, para que no os sorprendan las tinieblas, porque el que anda en tinieblas, no sabe a dónde va» (Jn. 12:35).

4. La luz revela. Exhibe la verdad acerca de un área, todo un mundo nuevo, y exhibe el camino a la verdad y a la vida.

«Jesús le dijo: Yo soy el camino, y la verdad, y la vida; nadie viene al Padre, sino por mí» (Jn. 14:6).
«Entre tanto que tenéis la luz, creed en la luz, para que seáis hijos de luz» (Jn. 12:36).

5. La luz guía. Muestra el camino a seguir, conduce por el camino correcto.

«Yo, la luz, he venido al mundo, para que todo aquel que cree en mí no permanezca en tinieblas» (Jn. 12:46).

6. La luz elimina la oscuridad

«Y esta es la condenación: que la luz vino al mundo, y los hombres amaron más las tinieblas que la luz, porque sus obras eran malas. Porque todo aquel que hace lo malo, aborrece la luz y no viene a la luz, para que sus obras no sean reprendidas» (Jn. 3:19-20).

7. La luz derrota el caos.

«Para que seáis irreprensibles y sencillos, hijos de Dios sin mancha en medio de una generación maligna y perversa, en medio de la cual resplandecéis como luminares en el mundo» (Fil. 2:15).

8. La luz discrimina entre el buen camino y el camino equivocado (*véase* nota—Ef. 5:10; cp. 5:8-10).

«Otra vez les habló Jesús, diciendo: Yo soy la luz del mundo; el que me sigue no andará en tinieblas, sino que tendrá la luz de la vida» (Jn. 8:12).

9. La luz advierte. Advierte contra los peligros que esperan a una persona en su camino.

«Y no participéis en las obras infructuosas de las tinieblas, sino más bien reprendedlas; porque vergonzoso es aun hablar de lo que ellos hacen en secreto. Mas todas las cosas, cuando son puestas en evidencia por la luz, son hechas manifiestas; porque

la luz es lo que manifiesta todo. Por lo cual dice: Despiértate, tú que duermes, y levántate de los muertos, y te alumbrará Cristo» (Ef. 5:11-14).

10.   La luz protege. Protege a una persona de los peligros de las tinieblas, de tropezar, caer, y sufrir daño.

> **«La noche está avanzada y se acerca el día. Desechemos, pues, las obras de las tinieblas, y vistámonos las armas de la luz» (Ro. 13:12).**

Pensamiento 1. *Ahora* los creyentes son la luz del mundo. Jesús dijo: «Entre tanto que estoy en el mundo, luz soy del mundo» (Jn. 9:5). Jesús ya no está en el mundo, al menos no corporalmente. Ahora su luz está en las vidas de los creyentes. Los creyentes son *reflejos* de Él.

Pensamiento 2. La luz de una persona solamente es una luz reflejada. Refleja la «luz del Señor».

> **«En otro tiempo erais tinieblas, mas ahora sois luz en el Señor; andad como hijos de luz» (Ef. 5:8).**

Pensamiento 3. La luz es de carácter puro. El creyente debe andar en la luz, es decir, en pureza.

> **«En otro tiempo erais tinieblas, mas ahora sois luz en el Señor; andad como hijos de luz» (Ef. 5:8).**

> **«La noche está avanzada y se acerca el día. Desechemos, pues, las obras de las tinieblas, y vistámonos las armas de la luz» (Ro. 13:12).**

> **«Para que seáis irreprensibles y sencillos, hijos de Dios sin mancha en medio de una generación maligna y perversa, en medio de la cual resplandecéis como luminares en el mundo» (Fil. 2:15).**

2   (5:14) *Ministerio, lugar:* el lugar donde debe alumbrar el discípulo es el mundo. El mundo es el lugar donde deben moverse los creyentes y reflejar su luz (vivir y ministrar). ¿Por qué? Porque el mundo está...

- ciego
- en tinieblas
- sin ver
- confuso
- en peligro
- en caos
- andando a tientas
- tropezando
- en problemas
- inconsciente
- cayendo
- sin discriminar

Note que la luz *está* en el mundo; la ciudad está en el mundo, y el candelero está en el hogar. Lo mismo vale para los creyentes, ellos ocupan un lugar en el mundo. Sea cual fuere ese lugar, deben dejar que su luz alumbre.

Pensamiento. «¡Vosotros sois la luz del mundo!» El mundo no tiene otra luz. «Vosotros la luz». Por eso la luz debe ser colocada donde su influencia se pueda *sentir y usar* mejor. ¡Qué lección para los creyentes en su vida y en su lugar de trabajo! Toda comunidad, ciudad, estado, y nación —el mundo entero— debe ser iluminado por la luz de los creyentes.

> **«Porque así nos ha mandado el Señor, diciendo: Te he puesto para luz de los gentiles, a fin de que seas para salvación hasta lo último de la tierra» (Hch. 13:47).**

> **«Para que seáis irreprensibles y sencillos, hijos de Dios sin mancha en medio de una generación maligna y perversa, en medio de la cual resplandecéis como luminares en el mundo» (Fil. 2:15).**

3   (5:14-15) *Testimonio:* el testimonio ineludible del testigo. Dos cosas se dicen acerca de la ciudad. Está asentada sobre la colina, y, no puede ser escondida. Dos cosas se dice acerca de la luz: se la pone en un candelero, y alumbra a todos los que están en la casa. Note que la luz de los discípulos está en el mundo, sobre la colina, y en la casa.

Pensamiento 1. Se pueden aprender varias lecciones de esta parábola.

1)   Los creyentes alumbran como luces en el mundo. Son como ciudades y como candeleros en medio de un mundo oscuro.

2)   La luz tiene diferentes intensidades. Puede ser fuerte

o débil, resplandeciente o suave. En efecto, pue-de ser tan débil y dar dan poca luz que una persona puede tropezar y caer.

3)   Algunos lugares del mundo son intensamente iluminados; otros apenas. Algunas ciudades tienen muchas luces resplandecientes, otras ciudades tienen pocas luces resplandecientes. Algunos hogares tienen luces fuertes: la luz de otros es débil. Toda ciudad, todo hogar, y todo emprendimiento, y todo lugar sobre la tierra que tiene el testimonio de un creyente cristiano, tiene alguna luz, sea débil o fuerte.

4)   Una luz puede debilitarse tanto que ya no sirva.

5)   Una luz no se enciende para esconderla. Se la enciende para ser vista y para alumbrar. Por eso, una luz es manifiesta. Muchos ojos se fijan en ella.

Pensamiento 2. Hay tiempos en que todos quieren luz: al menos transitoriamente. La buscan, admiran, andan en ella, recogen sus beneficios, se alegran en ella y sugieren su uso.

> **«Porque Dios, que mandó que de las tinieblas resplandeciese luz, es el que resplandeció en nuestros corazones, para iluminación del conocimiento de la gloria de Dios en la faz de Jesucristo» (2 Co. 4:6).**

> **«Mas todas las cosas, cuando son puestas en evidencia por la luz, son hechas manifiestas; porque la luz es lo que manifiesta todo» (Ef. 5:13-14).**

4   (5:16) *Misión:* el propósito del discípulo. El creyente tiene luz. La luz ya está en él. Él es la luz de Dios en la tierra. Note las palabras exactas dichas por Cristo: «*Alumbre* vuestra luz». El creyente puede rehusarse a *alumbrar* con su luz. Puede apagarla, rehusarse a encenderla, puede hacerle sombra, apartarla, dirigir sus rayos en otra dirección.

Note los dos propósitos de *alumbrar* con nuestra luz.

1.   Los creyentes deben alumbrar con su luz para mostrar buenas obras. La orden: «Así alumbre vuestra luz» significa *que vuestras buenas obras sean vistas*. El creyente debe mostrar buenas obras al mundo, pero debe ser cuidadoso respecto de cómo hace sus obras delante de otros (Stg. 3:13).

> **«A los ricos de este siglo manda que no sean altivos, ni pongan la esperanza en las riquezas, las cuales son inciertas, sino en el Dios vivo, que nos da a todos las cosas en abundancia para que las disfrutemos. Que hagan bien, que sean ricos en *buenas obras*, dadivosos, generosos; atesorando para sí buen fundamento para lo por venir, que echen mano de la vida eterna» (1 Ti. 6:17-19).**

> **«Presentándote tú en todo como ejemplo de buenas obras; en la enseñanza mostrando integridad, seriedad» (Tit. 2:7).**

> **«Quien se dio a sí mismo por nosotros para redimirnos de toda iniquidad y purificar para sí un pueblo propio, celoso de buenas obras» (Tit. 2:14).**

> **«Palabra fiel es esta, y en estas cosas quiero que insistas con firmeza, para que los que creen en Dios procuren ocuparse en buenas obras. Estas cosas son buenas y útiles a los hombres» (Tit. 3:8).**

> **«Y considerémonos unos a otros para estimularnos al amor y a las buenas obras; no dejando de congregarnos, como algunos tienen por costumbre, sino exhortándonos; y tanto más, cuanto veis que aquel día se acerca» (He. 10:24-25).**

> **«De manera que podemos decir confiadamente: El Señor es mi ayudador; no temeré lo que me pueda hacer el hombre» (He. 13:6).**

> **«Así también la fe, si no tiene obras, es muerta en sí misma» (Stg. 2:17).**

> **«Manteniendo buena vuestra manera de vivir entre los gentiles; para que en lo que murmuran de vosotros como de malhechores, glorifiquen a Dios en el día de la visitación, al considerar vuestras buenas obras» (1 P. 2:12).**

2.   Los creyentes deben alumbrar con su luz para motivar a la gente a glorificar a Dios. Esta es la suprema razón por la que nuestra

luz tiene que alumbrar delante de los hombres: que los hombres glorifiquen a Dios. La gloria de Dios debe ser la principal meta de todos los creyentes (1 P. 4:11; 5:11). (*Véanse* Estudios a fondo 2-6—Mt. 6:9-10.) Precisamente, la forma en que Dios es glorificado es por la luz, las buenas obras de los creyentes alumbrando a los hombres. Note dos cosas.

 a. Dios es glorificado cuando los creyentes salen a las tinieblas donde están los hombres.

 b. Las buenas obras de los creyentes deben saber hechas afuera en las tinieblas, no en el encierro de las paredes con otras luces.

> **«En esto es glorificado mi Padre, en que *llevéis mucho fruto,* y seáis así mis discípulos»** (Jn. 15:8).

> **«No me elegisteis vosotros a mí, sino que yo os elegí a vosotros, y os he puesto para que vayáis y llevéis fruto, y vuestro fruto permanezca; para que todo lo que pidiereis al Padre en mi nombre, él os lo dé»** (Jn. 15:16).

> **«Porque habéis sido comprados por precio; glorificad, pues, a Dios en vuestro cuerpo y en vuestro espíritu, los cuales son de Dios»** (1 Co. 6:20).

> **«Si alguno habla, hable conforme a las palabras de Dios; si alguno ministra, ministre conforme al poder que Dios da, para que en todo sea Dios glorificado por Jesucristo, a quien pertenecen la gloria y el imperio por los siglos de los siglos. Amén»** (1 P. 4:11).

Pensamiento. Hay varias lecciones importantes en este punto.

1) La luz tiene un propósito: alumbrar *delante de los hombres.* La luz no se ve si no es puesta *delante de los hombres.* Si no hay gente no hay ojos para ver la luz. El creyente no debe ocultarse de los otros.

2) Otras luces no necesitan la luz. Es la gente en tinieblas la que necesita la luz. ¡Así alumbre «vuestra luz» delante de los hombres que están afuera en las tinieblas! Los creyentes no deben ocultarse en la iglesia, moviéndose alrededor de otras luces. Cuantas más luces se ponen en las tinieblas, mayor es la victoria sobre ellas.

3) No solamente los creyentes deben glorificar a Dios. Ellos deben salir y motivar a quienes están en la tiniebla que glorifiquen a Dios.

	D. La ley y Jesús: quebrantar la ley de Dios,[EF1] 5:17-20	uno de estos mandamientos muy pequeños, y así enseñe a los hombres, muy pequeño será llamado en el reino de los cielo mas cualquiera que los haga y los enseñe, éste será llamado grande en el reino de los cielos.	ser grande en el reino de los cielos
1 Hay que saber que Cristo vino para cumplir la ley[EF2] a. La ley no debe ser destruida b. La ley es perpetua; más segura que el cielo y la tierra	17 No penséis que he venido para abrogar la ley o los profetas; no he venido para abrogar, sino para cumplir. 18 Porque de cierto os digo que hasta que pasen el cielo y la tierra, ni una jota ni una tilde pasará de la ley, hasta que todo se haya cumplido.		a. Si una persona desobedece e influye en otros será pequeña b. Si una persona obedece e influye a otros, será grande
2 Hay que cumplir y enseñar la ley para	19 De manera que cualquiera que quebrante	20 Porque os digo que si vuestra justicia no fuere mayor que la de los escribas y fariseos, no entraréis en el reino de los cielos.	3 Hay que ser más justo que los religiosos para entrar al reino de los cielos

D. La ley y Jesús: quebrantar la ley de Dios, 5:17-20

(5:17-20) *Introducción:* Jesucristo fue acusado de destruir la ley de Dios. Siempre fue acusado de minimizar la ley de Dios. Cada generación tiene sus exponentes que creen que Jesús *acentúa* el amor y resta importancia a la ley. Muchos han creído que el rasgo principal de Jesús es amor y perdón, y que en segundo lugar está la ley y la justicia. Como resultado muchas personas se sintieron menos obligadas a seguir la ley de Dios. Se han sentido más libres para vivir disipadamente y hacer lo que querían. Han creído que mantener la ley de Dios en el fondo de su mente, poseen la libertad cristiana de interpretar la conducta según les convenía (dentro de límites razonables). Después de todo, se afirma, el «sacerdocio y la seguridad del creyente» son dos de las enseñanzas básicas de las Escrituras. Por eso, las claras restricciones y obligaciones de la ley y sus demandas de obediencia son minimizadas, acentuándose, en cambio, lo que es llamado amor y perdón.

Sin rodeos Cristo va directamente al grano: «No penséis que he venido para abrogar la ley.... » (v. 17), «cualquiera que quebrante uno de estos mandamientos *más pequeños....* » (v. 19), «si vuestra justicia no fuere mayor que la de los escribas y fariseos.... » (v. 20).

1.   Hay que saber que Cristo vino para cumplir la ley (vv. 17-18).
2.   Hay que cumplir y enseñar la ley para ser grande en el reino de los cielos (v. 19).
3.   Hay que ser más justo que los religiosos para entrar al reino de los cielos (v. 20).

ESTUDIO A FONDO 1

(5:17-48) *Ley—Jesús cumple la ley:* esta Escritura es de crucial importancia. Es el Hijo de Dios explicando la ley de Dios.
1.   Cristo confirmó la ley de Dios, toda la Escritura del Antiguo Testamento. Cristo dijo que no estaba destruyendo *la ley o los profetas.* La expresión «la ley y los profetas» era una referencia a la totalidad del Antiguo Testamento. Lo que Cristo dijo fue que Él, como Hijo de Dios, vino para cumplir la ley; y que su propia enseñanza era tan mandatoria como la ley del Antiguo Testamento. (*Véase* nota—Mt. 5:17-18.)
2.   Cristo ilustró los mandamientos de Dios explicando los grandes principios que todavía debían ser, y todavía deben ser, aplicados a cada vida. Tomó algunas leyes prácticas y mostró cómo una persona debía tomar el principio general y aplicarlo a su propia conducta diaria.
3.   Cristo condenó la ley oral o de los escribas (en términos más bien fuertes). Cuando Jesucristo y los otros escritores del Nuevo Testamento condenaron la ley, siempre se refería a la ley oral y a la ley de los escribas, no a la ley de Dios (*véase* nota—Mt. 5:17-18).

1 (5:17-18) *Jesús—cumple la ley:* hay que saber que Cristo vino para cumplir la ley. Jesús dijo que no estaba contradiciendo ni destruyendo las Escrituras del Antiguo Testamento, ni se oponía a ellas. Las estaba cumpliendo, las estaba completando, destacando lo que estaba implícito. Estaba mostrando el significado real de las Escrituras del Antiguo Testamento, su significado pleno: todo lo que Dios quiso que la Escritura dijera. Como Hijo de Dios, Cristo es la Revelación de la verdad. Va a revelar el significado auténtico y completo de las Escrituras.

Hay varias formas en que Jesucristo cumplió la ley.
1.   Antes de Cristo la ley describía cómo quería Dos que viva el hombre. La ley era el ideal, eran las palabras que le decían al hombre qué hacer. Pero cristo cumplió y completó la ley; es decir, Dios le dio al hombre más que meras palabras para describir cómo él quiere que el hombre viva. Le dio al hombre la Vida y la Persona que ilustra perfectamente y demuestra la ley ante los mismos ojos del mundo. Jesucristo es la Ilustración, el Ejemplo Viviente, el Patrón, la Demostración de la vida como debe ser vivida. Él es la Perfecta Ilustración de la voluntad de Dios, el Hombre Representativo, el Modelo para todos los hombres.

«Y aquel Verbo fue hecho carne, y habitó entre nosotros (y vimos su gloria, gloria como del unigénito del Padre), lleno de gracia y de verdad» (Jn. 1:14).

«Y a mí, porque digo la verdad, no me creéis» (Jn. 8:45).

«Es es la imagen del Dios invisible, el primogénito de toda la creación» (Col. 1:15).

«El cual, siendo el resplandor de su gloria, y la imagen misma de su sustancia, y quien sustenta todas las cosas con la palabra de su poder, habiendo efectuado la purificación de nuestros pecados por medio de sí mismo, se sentó a la diestra de la Majestad en las alturas» (He. 1:3).

«Pues para esto fuisteis llamados; porque también Cristo padeció por nosotros, dejándonos ejemplo, para sigáis sus pisadas; el cual no hizo pecado, ni se halló engaño en su boca; quien cuando le maldecían, no respondía con maldición; cuando padecía, no amenazaba, sino encomendaba la causa al que juzga justamente» (1 P. 2:21-23).

2.   Antes de Cristo, la ley era solamente palabras y reglas. Solamente podía inyectar la idea del comportamiento en la mente de una persona. No tenía espíritu, ni vida, ni poder para capacitar a una persona a cumplir la ley. Pero Cristo cumplió y completó la ley. El era *Espíritu y Vida,* de modo que pudo poner espíritu y vida en las palabras y reglas de la ley. Él pudo vivir la vida descrita por las palabras y reglas. Como tal, pudo inyectar tanto la idea como el poder en la mente y la vida de una persona para comportarse según la ley.

Ahora es su vida la que establece la norma y la regla para el creyente: es su Espíritu y vida que le da al creyente el poder para obedecer.

«Ahora, pues, ninguna condenación hay para los que están en Cristo Jesús. Los que no andan conforme a la carne, sino conforme al Espíritu. Porque la ley del Espíritu de vida en Cristo Jesús me ha librado de la ley del pecado y de la muerte. Porque lo que era imposible para la ley, por cuanto era débil por la carne, Dios, enviando a su Hijo en semejanza de carne de pecado y a causa del pecado, condenó al pecado en la carne; para que la justicia de la ley se cumpliese en nosotros, que no andamos conforme a la carne, sino conforme al Espíritu» (Ro. 8:1-4).

«Porque yo por la ley soy muerto para la ley, a fin de vivir para Dios. Con Cristo estoy juntamente crucificado, y ya no vivo yo, mas vive Cristo en mí; y lo que ahora vivo en la carne, lo vivo en la fe del hijo de Dios, el cual me amó y se entregó a sí mismo por mí» (Gá. 2:19-20).

«Digo, pues: andad en el Espíritu y no satisfagáis los deseos de la carne. Porque el deseo de la carne es contra el Espíritu, y el del Espíritu es contra la carne; y éstos se oponen entre sí, para que no hagáis lo que quisiereis. Pero si sois guiados por el Espíritu, no estáis bajo la ley» (Gá. 5:16-18).

«Por lo cual, este es el pacto que haré con la casa de Israel. Después de aquellos días, dice el Señor: Pondré mis leyes en la mente de ellos, y sobre su corazón las escribiré; y seré a ellos por Dios, y ellos me serán a mí por pueblo» (He. 8:10; cp. He. 10:15-16).

3. Antes de Cristo la ley solamente establecía la regla y el principio del comportamiento. No explicaba la regla ni el espíritu que había detrás de la regla. La ley tampoco daba el significado completo de la regla. La ley siempre requería de un intérprete. Pero Cristo cumplió y completó la ley. Explicó la regla y el espíritu que había detrás de ella. Interpretó la ley. Le dio a la ley su significado real y pleno.

«Pero antes que viniese la fe, estábamos confinados bajo la ley, encerrados para aquella fe que iba a ser revelada. De manera que la ley ha sido nuestro ayo, para llevarnos a Cristo, a fin de que fuésemos justificados por la fe» (Gá. 3:23-24).

«Ya que por las obras de la ley ningún ser humano será justificado delante de él; porque por medio de la ley es el conocimiento del pecado. Pero ahora, aparte de la ley, se ha manifestado la justicia de Dios, testificada por la ley y por los profetas; la justicia de Dios por medio de la fe en Jesucristo, para todos los que creen en él. Porque no hay diferencia» (Ro. 3:20-22).

4. Antes de Cristo, la ley demandaba perfecta justicia; demandaba una vida perfecta. Pero el hombre falló en ciertos puntos. Sencillamente no podía obedecer en forma perfecta la ley; no alcanzó la perfecta justicia. Pero Cristo cumplió y completó la ley. Cumplió la ley en *cada detalle*. Él obtuvo la *justicia perfecta* demandada por la ley. Cumplió todos los requisitos, todos los tipos y todas las ceremonias de la ley, y lo hizo en forma perfecta. Como tal se convirtió en el Hombre Perfecto, el Hombre Ideal, el Hombre Representativo de todos los hombres. Como Hombre Ideal, sencillamente abarcó a todos los hombres; corporizó la justicia que el hombre tiene que tener ahora.

«Ya que por las obras de la ley ningún ser humano será justificado delante de él; porque por medio de la ley es el conocimiento del pecado. Pero ahora, aparte de la ley, se ha manifestado la justicia de Dios, testificada por la ley y por los profetas; la justicia de Dios por medio de la fe en Jesucristo, para todos los que creen en él. Porque no hay diferencia» (Ro. 3:20-22).

«Al que *no conoció pecado*, por nosotros lo hizo pecado, para que nosotros fuésemos hechos justicia de Dios en él» (2 Co. 5:21).

«Porque no tenemos un sumo sacerdotes que no pueda compadecerse de nuestras debilidades, sino uno que fue tentado en todo según nuestra semejanza, pero sin pecado» (He. 4:15-16).

«Porque tal sumo sacerdote nos convenía: santo, inocente, sin mancha, apartado de los pecadores, y hecho más sublime que los cielos» (He. 7:26).

«Sabiendo que fuisteis rescatados de vuestra vana manera de vivir, la cual recibisteis de vuestros padres, no con cosas corruptibles, como oro o plata, sino con la sangre preciosa de Cristo, como de un cordero sin mancha y sin contaminación» (1 P. 1:18-19).

5. Antes de Cristo, la ley demandaba castigo para la desobediencia. Si una persona quebrantaba la ley, tenía que ser castigada. Pero Cristo cumplió y completó la ley. En efecto fue hasta el extremo más distante posible para cumplir la ley. Pagó el precio máximo y demostró el amor supremo. Él llevó el castigo de la ley por la desobediencia de cada hombre; él cargó sobre sí mismo el castigo de la ley. Como Hombre Ideal no solamente encarna la justicia que debe cubrir a todo hombre, sino que también libra a todos los hombres de la penalidad de la ley. Y los hace hijos de Dios (cp. Ro. 8:15-17; Gá. 3:13-14; 4:1-7).

Pensamiento 1. Es preciso consultar muchos otros pasajes para un entendimiento completo de Cristo, la ley y el creyente. (*Véanse* notas—Ro. 7:4, 14-25; 8:2-4; Estudio a fondo 2—8:3; Estudio a fondo 2—Gá. 3:10.)

Pensamiento 2. Cristo se dirige a dos clases diferentes de personas.
1) Al religioso estricto o legalista. Cristo no destruye ni debilita la ley. La libertad que predica cumple la ley como debe ser cumplida. Cristo *no debe ser rechazado* porque alguien piense que su libertad debilita la ley. Cristo debe ser reconocido como Hijo de Dios a quien hay que seguir y obedecer. (*Véanse* bosquejos y notas—Ro. 14:1-23; Gá. 5:13, 16-18.)
2) Al religioso carnal o libertino. Cristo no debilita la ley por permitir que una persona viva como quiera —basada únicamente en la conciencia. No exime a los hombres del deber y la responsabilidad de la ley. Cristo cumple, fortalece e inclusive aumenta la ley. Libertad no significa licencia; significa que ahora la persona está libre para servir a Dios conforme al espíritu y a la vida de la ley, y no solo conforme a la letra de ella (*véanse* bosquejos y notas, pt. 2—Mt. 5:17-18; Estudio a fondo 1—Mt. 5:21-48; nota—Ro. 8:1-17).

Pensamiento 3. El Antiguo Testamento es Palabra de Dios, según Cristo (*véanse* notas—2 Ti. 3:16; nota 4. 1 P.1:11; 2 P. 1:19-20).

Pensamiento 4. Cristo consideró que su venida fue significativa: uno de los puntos cruciales de la historia. Lo demuestran las siguientes palabras (cp. vv. 17-18):
• «He venido.... »
• «He venido ... para cumplir»
• «Os digo que hasta que pasen los cielos y la tierra.... »
• «Hasta que todo se haya cumplido».
Habla como una persona cuya entrada al mundo es de gran importancia para éste. Esto le dice al hombre algo de suma importancia: «Escuchen a Cristo». Lo que Él dice es mandatorio. Es *tan* mandatorio, si no *más*, que la ley misma.

«Porque ignorando la justicia de Dios, y procurando establecer la suya propia, no se han sujetado a la justicia de Dios; porque el fin de la ley es Cristo, para justicia a todo aquel que cree» (Ro. 10:3-4).

«Como el Hijo del Hombre no vino para ser servido, sino para servir, y para dar su vida en rescate por muchos» (Mt. 20:28).

«Porque no envió Dios a su Hijo al mundo para condenar al mundo, sino para que el mundo sea salvo por él» (Jn. 3:17).

«Yo he venido para que tengan vida: y para que la tengan en abundancia» (Jn. 10:10).

«Al que oye mis palabras, y no las guarda, yo no le juzgo; porque no he venido a juzgar al mundo, sino a salvar al mundo. El que me rechaza, y no recibe mis palabras, tiene quien le juzgue; la palabra que he hablado, ella le juzgará en el día postrero» (Jn. 12:47-48).

ESTUDIO A FONDO 2

(5:17) *Ley:* la ley estaba referida a cuatro clases diferentes de escritos judíos.

1. *Los diez mandamientos.*
2. *Los primeros cinco libros* de la Biblia, es decir, el Pentatéuco.
3. *La ley y los profetas*, es decir, a todos los escritos del Antiguo Testamento.
4. *La ley oral o de los escribas.*

La ley de Dios, dada en el Antiguo Testamento, no era suficiente para los judíos. En su razonamiento decían que si la ley realmente era la Palabra de Dios, tenía que incluir —tener incorporada— cada regla y reglamento necesarios para la conducta. Por eso, tomaban los grandes principios de la ley y los reducían a miles y miles de reglas y reglamentos. Estas reglas y reglamentos se convirtieron en la ley oral o de los escribas.

Había dos grupos que entregaron su vida a la enseñanza y cumplimiento de la ley.

1. Los escribas. Eran los copistas y maestros de la ley (*véase* Estudio a fondo 1 nota—Lc. 6:2).
2. Los fariseos. Eran quienes seguían estrictamente la ley (*véase* Estudio a fondo 3 nota—Hch. 23:8).

2 (5:19) *Ley—obediencia—desobediencia—maestros—pastores:* una persona tiene que cumplir y enseñar la ley para ser grande en el reino de los cielos. *Quebrantar* y *cumplir* la ley encierra la idea de una acción continua. Ninguna persona obedece constantemente en forma perfecta. Alguna vez toda persona falla (Ro. 3:23; Stg. 3:2; 1 Jn. 1:8, 10). Pero cualquier persona que sigue quebrantando un mandamiento, aunque sea el más pequeño, será llamada pequeña en el reino de los cielos. Y la persona que sigue obedeciendo los mandamientos será llamada grande en el reino de los cielos. No se puede quebrantar un mandamiento y pedir perdón, y luego salir y quebrantar otro mandamiento y volver una y otra vez a pedir perdón. Quien lo haga no puede esperar que Dios le tome en serio en cuanto a los mandamientos. Nadie le tomaría en serio. ¿Por qué habría de hacerlo Dios? Tal persona solo se engaña a sí misma. Note dos puntos significativos.

1. Tres clases de personas enseñan la ley a otros.
   a. El que *guarda* y el que *quebranta* la ley. La persona enseña por lo que hace. Otros ven y observan y aprenden de lo que hace. Si una persona quebranta y quebranta una ley, no importa que sea la más pequeña, está enseñando que la ley no es importante, que no es suficientemente digna para ser cumplida.
   b. El *instructor* de la ley. Es decir, los maestros de la ley y de la religión. Todo instructor o acepta o rechaza la ley. Todo instructor o bien enseña a sus alumnos la verdad o los engaña a seguir el razonamiento humano. La persona que quebranta y enseña a quebrantar la ley *invalida la ley*, es decir, a quitarla. (*Véase* nota—Ro. 3:31; cp. Mt. 15:3; Sal. 119:126; cp. 89:39.) Pareciera que un intento por *invalidar la ley* es un crimen mucho más grave que desobedecer un mandamiento. Note también que la desobediencia continua de un mandamiento es negar el mandamiento, es decir, tratarlo como sin importancia e innecesario. Es tratar al mandamiento como no existente y como sin influencia en la vida de una per-

sona. Tal comportamiento es *invalidar la ley* consciente o inconscientemente.

2. Cristo advirtió a todos los que quebrantan la ley enseñando a otros a hacer lo mismo, aunque se trate del más pequeño de los mandamientos: les advirtió que serían los más pequeños en el reino de los cielos. Note: hay cuatro clases de personas que reciben severas advertencias.
   a. Los mundanos o carnales. Las personas que continúan quebrantando los mandamientos de Dios.
   b. El maestro o instructor. La persona que enseña que el mandamiento de Dios es una farsa. La persona que dice que no hay tal cosa como la ley de Dios, que solamente hay leyes de los hombres.
   c. La persona que enseña y alienta a otros a pecar y desobedecer los mandamientos de Dios, aunque sea el más pequeño de ellos. Nada es más despreciable, y nada será juzgado más severamente. Esta es una de las ofensas más graves entre los hombres. (*Véanse* bosquejo y Estudio a fondo 1—Ro. 2:17-29.)

   «Mejor le fuera que se le atase al cuello una piedra de molino y se le arrojase al mar, que hacer tropezar a uno de estos pequeñitos» (Lc. 17:2).

   «Tú que te jactas de la ley, ¿con infracción de la ley deshonras a Dios? Porque como está escrito, el nombre de Dios es blasfemado entre los gentiles por causa de vosotros» (Ro. 2:23-24).

   «Pero si por causa de tu comida tu hermano es contristado, ya no andas conforme al amor. No hagas que por la comida tuya se pierda aquel por quien Cristo murió» (Ro. 14:15).

   «Mas si aun nosotros, o un ángel del cielo, os anunciare otro evangelio diferente del que os hemos anunciado, sea anatema. Como antes hemos dicho, también ahora lo repito: Si alguno os predica diferente evangelio del que habéis recibido, sea anatema» (Gá. 1:8-9).

   d. El burlador o perseguidor. La persona que se rebela, se burla, y maldice *la ley de Dios* y su carácter estricto se burla de Dios y de quienes siguen los mandamientos de Dios.

   «Pero cualquiera que me oye estas palabras y no las hace, le compararé a un hombre insensato, que edificó su casa sobre la arena; y descendió lluvia, y vinieron ríos, y soplaron vientos, y dieron con ímpetu contra aquella casa; y cayó, y fue grande su ruina» (Mt. 7:26-27).

   «Nadie os engañe con palabras vanas, porque por estas cosas viene la ira de Dios sobre los hijos de desobediencia» (Ef. 5:6).

   «Y a vosotros que sois atribulados, daros reposo con nosotros, cuando manifieste el Señor Jesús desde el cielo con los ángeles de su poder, en llama de fuego, para dar retribución a los que no conocieron a Dios, ni obedecen al evangelio de nuestro Señor Jesucristo; los cuales sufrirán pena de eterna perdición, excluidos de la presencia del Señor, y de la gloria de su poder» (2 Ts. 1:7-9).

   «Porque si la palabra dicha por medio de los ángeles fue firme, y toda transgresión y desobediencia recibió justa retribución, ¿cómo escaparemos nosotros, si descuidamos una salvación tan grande? La cual, habiendo sido anunciada primeramente por el Señor, nos fue confirmada por los que oyeron» (He. 2:2-3).

   «De éstos también profetizó Enoc, séptimo desde Adán, diciendo: He aquí, vino el Señor con sus santas decenas de millares, para hacer juicio contra todos, y dejar convictos a todos los impíos de todas sus obras impías que han hecho impíamente, y de todas las cosas duras que los pecadores impíos han hablado contra él» (Jud. 14-15).

Pensamiento 1. En este punto se ven cuatro lecciones importantes.

1) Todos los mandamientos de Dios son importantes, pero algunos menos que otros. La persona que *quebranta el más pequeño* de los mandamientos y sigue y sigue quebrantándolo (enseñando lo mismo a los hombres) será *llamado el más pequeño* en el reino de los cielos.

2) Quebrantar un mandamiento de Dios y continuar en ello es grave, aunque se trate del más pequeño de los mandamientos. Semejante conducta le enseña a la gente que el mandamiento no es importante. Resultado: esa persona será llamada pequeña en el reino de los cielos.

3) Cuando un mandamiento es quebrantado, el culpable debe pedir perdón y arrepentirse (*véanse* nota 7 y Estudio a fondo 1—Hch. 17:29-30; 1 Jn. 2:1-2). No debe seguir quebrantando el mandamiento y volver una y otra vez a pedir perdón. La continua desobediencia enseña que los mandamientos de Dios realmente no son tan importante. Es esa persona la que será severamente juzgada (*véanse* bosquejo y notas: 1 Co. 3:10-17. Cp. 2 Co. 5:10).

4) La persona obediente puede esperar gran recompensa.
   • Será llamada grande en el cielo.
   • Es amada de modo especial por Dios y Cristo (Jn. 14:10, 14).
   • Recibe manifestaciones muy especiales de la presencia de Cristo (*véase* Estudio a fondo 3— Jn. 14:21).

Pensamiento 2. ¿Quién falla en cumplir la ley? ¿Quién quebranta la ley?

1) La persona que descuida la ley, que no la cumple.
2) La persona que desobedece, haciendo lo que dice que no haga.
3) La persona que no conoce la ley; no la puede cumplir porque no la conoce.
4) La persona que reduce la ley, es decir, la limita y debilita haciéndole decir lo que realmente no dice. Muchos aplican la ley solamente a lo que quieren porque les permite hacer y vivir como quieren.

Pensamiento 3. Por varios motivos una persona puede descuidar la ley.

1) Está engañada en cuanto a la importancia de la ley. Alguien la engañado en cuanto a su importancia.
2) Está demasiado preocupada con los asuntos del mundo para dar mucha importancia a la ley.
3) Está reaccionando contra alguna enseñanza estrica en el pasado; por eso ahora descuida la ley.
4) No le han enseñado la importancia de cumplir la ley de Dios.
5) Teme las restricciones que la ley impondrá sobre su vida y conducta. No quiere vivir como dice la ley, por eso la descuida.

Pensamiento 4. Con frecuencia la ley de Dios es quebrantada por dos razones trágicas.

1) A algunos nunca han escuchado de la ley de Dios. Los creyentes han fallado en llevar el mensaje de la ley al mundo.
2) Algunos no tienen la ley suficientemente grabada en sus mentes para preocuparse por guardarla. Los creyentes no han enfatizado con suficiente convicción y poder el mensaje para demostrar su importancia.

3 (5:20) *Justicia—religiosos:* la justicia de una persona tiene que ser mayor que la de los religiosos para entrar al reino de los cielos. Note tres hechos.

1. La justicia es necesaria para entrar al cielo (*véanse* nota 5 y Estudio a fondo 5—Mt. 5:6; notas—Ro. 3:21; 4:5; Estudio a fondo 1—4:22; notas—5:1; 10:6; Estudio a fondo 2—Gá. 2:16; cp. 3:10).

   «Porque os digo que si vuestra justicia no fuere mayor que la de los escribas y fariseos, no entraréis en el reino de los cielos» (Mt. 5:20).

   «Porque la ira de Dios es revelada desde el cielo contra toda impiedad e injusticia de los hombres que detienen con injusticia la verdad» (Ro. 1:18).

   «Como está escrito: No hay justo, ni aún uno .... » Por cuanto todos pecaron, y están destituidos de la gloria de Dios» (Ro. 3:10, 23).

2. Los religiosos, los fariseos y escribas, tenían alguna justicia. Simplemente no era suficiente. En efecto, eran religiosos muy estrictos. Procuraban obedecer miles y miles de reglas y reglamentos, que cubrían todo, desde la ropa y la conducta social o el ministerio o el trabajo. Sin embargo, les faltaba lo esencial: Amar tanto a Dios que estuvieran dispuestos a negarse a sí mismos y buscar su justicia en Jesucristo, el Hijo de Dios.

   «Ya que por las obras de la ley ningún ser humano será justificado delante de él; porque por medio de la ley es el conocimiento del pecado. Pero ahora, aparte de la ley, se ha manifestado la justicia de Dios, testificada por la ley y por los profetas; la justicia de Dios por medio de la fe en Jesucristo, para todos los que creen en él. Porque no hay diferencia» (Ro. 3:20-22).

   «Porque ignorando la justicia de Dios, y procurando establecer la suya propia, no se han sujetado a la justicia de Dios; porque el fin de la ley es Cristo, para justicia a todo aquel que cree» (Ro. 10:3-4).

3. El punto en cuestión es impactante: Una persona tiene que tener mayor justicia que la de un estricto religioso para entrar al cielo. Hay muchos religiosos, pero pocos son religiosos estrictos. ¿Qué quiso decir Cristo? ¿Quién puede entrar al cielo si un estricto religioso no puede? (*Véanse* notas—Ro. 4:5; Estudio a fondo 1—4:22; nota—5:1. También Estudio a fondo 5—Mt. 5:6.)

   «Mas al que no obra, sino *cree* en aquel que justifica al impío, su fe le es contada por justicia» (Ro. 4:5).

   «Porque por gracia sois salvos por medio de la fe; y esto no de vosotros, pues es don de Dios; no por obras, para que nadie se gloríe» (Ef. 2:8-9).

   «Pero cuando se manifestó la bondad de Dios nuestro Salvador, y su amor para con los hombres, nos salvó, no por obras de justicia que nosotros hubiéramos hecho, sino por su misericordia, por el lavamiento de la regeneración y por la renovación en el Espíritu Santo» (Tit. 3:4-5).

Pensamiento. Hay cuatro hechos en este versículo que deben ser notados. Ellos deben impulsarnos, a cada uno, a examinar nuestros corazones para estar seguros de acercarnos a Dios como debemos.

1) Muchos religiosos cometen el mismo error fatal de los fariseos y escribas. Buscan la aceptación de Dios ...
   • ofreciendo a Dios una adoración formal en vez de una confesión de indignidad y de su necesidad personal de Él.
   • ofreciendo a Dios buenas obras en vez de darle el corazón.
   • ofreciendo a Dios un cuerpo limpio y moral en vez de confesar su necesidad espiritual.
   • dando a Dios solamente una parte de sus vidas en vez de abandonarse totalmente a Él. (*Véase* Estudio a fondo 1—Lc. 9:23.)

2) Muchos cometen el mismo error fatal de los religiosos, pero en grado menor. Adoran y hacen el bien ...
   • para ser respetados en la comunidad
   • para sentirse bien en su propia conciencia.

- para buscar la aceptación de Dios.
- para asegurarse la aprobación de familiares y amigos..
- para tener compañerismo con otros.
- para hacer el bien que se les enseñó.
- para obedecer la imposición de sus padres.

3) Algunos creen que tienen que hacer el bien para ser aceptables a Dios. La motivación de sus vidas es trabajar y trabajar haciendo buenas obras para asegurarse la aceptación de Dios. Nunca aprendieron la verdad de que no pueden hacer suficiente bien para ser perfectamente aceptables a Dios. Tienen que confiar en su amor, en que Dios los ama tanto que tomará la confianza de ellos y la contará como justicia (*véanse* nota 5 y Estudio a fondo 5—Mt. 5:6; nota—Ro. 4:5; Estudio a fondo 1—4:22; nota—5:1).

- Muchos adoran y hacen el bien suficiente para satisfacer su conciencia. Se limitan a hacer suficiente bien para sentirse cómodos y aceptables a Dios. Pero erran totalmente el punto crucial. Lo que Dios quiere —lo único que hace a una persona aceptable a Dios— es que le entreguen a Él la totalidad de su ser (día y noche)....
- en indignidad y confesión; reconociendo que necesita a Dios en su vida ahora y siempre.
- en confianza y amor; confesando que confía y ama a Dios porque Dios ha entregado a su propio Hijo con la promesa de aceptación basada en la justicia de Cristo.
- en gratitud y aprecio; porque Dios ha aceptado y asegurado vida abundantes ahora y eternamente.
- en adoración y alabanza, porque Dios es Dios *(Elohim)* y ha revelado su glorioso amor en Cristo que lo ha redimido eternamente.
- en adoración y servicio, porque el amor de Cristo lo constriñe.

	E. El verdadero significado de matar,[EF1] 5:21-26		reconciliación
1 La ley	21 Oísteis que fue dicho a los antiguos: No matarás; y cualquiera que matare será culpable de juicio.	ofrenda al altar, y allí te acuerdas de que tu hermano tiene algo contra ti, 24 deja allí tu ofrenda delante del altar, y anda, reconcíliate primero con tu hermano, y entonces ven y presenta tu ofrenda.	a. Su urgencia: debe preceder a la adoración b. La oportunidad: mientras exista una apertura
2 El verdadero significado: enojo **3 El crecimiento del enojo** a. Enojo en aumento b. Enojo altivo c. Enojo acusador, maldiciente	22 Pero yo os digo que cualquiera que se enoje contra su hermano, será culpable de juicio; y cualquiera que diga: Necio, a su hermano, será culpable ante el concilio; y cualquiera que le diga: Fatuo, quedará expuesto al infierno de fuego.	25 Ponte de acuerdo con tu adversario pronto, entre tanto que estás con él en el camino, no sea que el adversario te entregue al juez, y el juez al alguacil, y seas echado en la cárcel.	**6 Peligro o daño de mantener un enojo** a. Juicio terrenal b. Juicio divino simbolizado
4 El juicio del enojo[EF1] **5 Respuesta al enojo:**	23 Por tanto, si traes tu	26 De cierto te digo que no saldrás de allí, hasta que pagues el último cuadrante.	**7 Terrible fin del enojo: juicio seguro**

E. El verdadero significado de matar, 5:21-26

(5:21-48) *«Oísteis—fue dicho»:* estas palabras se encuentran en cada párrafo o tema de estos versículos. Es importante entender esto: Cristo no solo se está refiriendo a los diez mandamientos, sino también a la ley de los escribas de los maestros judíos. (Para la discusión *véanse* notas: Lc. 6:2; 6:7.) Está dirigiendo la atención de sus oyentes a lo que ellos habían oído de sus maestros, es decir, a la interpretación que habían hecho de la ley. Dicho sencillamente, Cristo está dando el significado real de ciertas leyes, lo que Dios quiso originalmente que la ley diga.

Note las palabras «hermano» y «cualquiera» (vv. 22, 23, 24). Cristo está diciendo que todo ser humano es un hermano bajo la creación de Dios. Por eso, sus palabras son de aplicación universales cada ser humano.

1. La ley (v. 21).
2. El verdadero significado: enojo (v. 22).
3. El crecimiento del enojo (v. 22).
4. El juicio del enojo (v. 22).
5. Respuesta al enojo: reconciliación (vv. 23-24).
6. Peligro o daño de mantener un enojo (v. 25).
7. Terrible fin del enojo: juicio seguro (v. 26).

ESTUDIO A FONDO 1

(5:21-26) *Introducción—crimen—enojo—desprecio—blasfemia:* las sociedades civilizadas siempre han considerado al crimen un delito grave digno de juicio. Pero el enojo es otra cosa. Pocas personas han considerado alguna vez al enojo en la misma categoría del crimen y digno de un juicio serio. Sin embargo, Cristo dice que el enojo «sin causa» es lo mismo que el crimen, y que recibirá el mismo juicio de Dios.

1 (5:21) *Crimen:* la ley contra el crimen es el sexto mandamiento (Éx. 20:13; Dt. 5:17). Note que la ley de Dios es dada para proteger la vida. La vida debe ser respetada y atesorada. Ninguna vida debe ser quitada, ni la de uno mismo, ni la de ningún otro.

«No matarás» (Éx. 20:13).

«Porque: No adulterarás, *no matarás,* no hurtarás, no dirás falso testimonio, no codiciarás, y cualquier otro mandamiento, en esta sentencia se resume: Amarás a tu prójimo como a ti mismo» (Ro. 13:9).

«Así que, ninguno de vosotros padezca como *homicida,* o ladrón o malhechor, o por entremeterse en lo ajeno» (1 P. 4:15).

2 (5:22) *Enojo:* el verdadero objetivo de esta ley es el enojo. Note lo que Cristo está diciendo: Está diciendo que el hombre tiene un problema. El hombre hace una lectura equivocada de la ley de Dios. El hombre hace decir a la ley de Dios lo que él —el hombre— quiere que diga. La aplica solo al acto externo, en este caso al acto del homicidio. Falla al mirar al interior —a su propio interior— a la causa (*véase* nota—Mt. 5:17-18; Mr. 7:14-23).

El homicidio es algo más profundo que un simple acto externo. Es un acto interno: enojo, amargura, enemistad. El homicidio nace de adentro, de un espíritu no controlado, de un impulso no regulado, de un enojo interior. El verdadero pecado es el enojo, el pecado que quebranta la ley de Dios. El enojo es ...

- amargura y enemistad..
- violencia y furia.
- indignación e ira.
- un espíritu no controlado.
- levantar la mano contra una persona.
- desea el daño de una persona.
- odio hacia uno mismo.
- envidiar y matar la felicidad de una persona.
- despreciando y destruyendo la imagen de una. persona (que es creada a imagen de Dios).

Pensamiento. Note tres hechos.

1) Jesús le está hablando a quienes conocen la ley. La persona que *conoce* la ley (la Palabra) necesita este mensaje tanto como cualquier otra.
2) La ley de Dios (la Palabra) existió desde el principio («los antiguos»). Nunca será anulada ni quitada. Para siempre debe gobernar al hombre. El hombre debe obedecerla siempre.
3) Está claramente prohibido levantar la mano contra otra persona, y del mismo modo los *sentimientos* malos contra otra persona. Enojo —todo sentimiento malo, cualquiera que sea contra una persona— es pecado, grave pecado.

3 (5:22) *Enojo:* el crecimiento del enojo es peligroso. El enojo no resuelto se inflama. Se puede volver incontrolable y engendrar homicidio. Aquí hay tres pasos en el crecimiento del enojo.

1. El enojo que se incuba. Es egoísta, encierra malicia; no perdonará; está al acecho; aumenta; quiere venganza y a veces busca venganza.
2. El enojo que desprecia (raca). Menosprecia; ridiculiza; con

arrogancia se exalta a sí mismo llamando a otro vano e inútil. Es un enojo lleno de malicia. Desprecia y ridiculiza (raca). Surge del orgullo, es una ira orgullosa (Pr. 21:24). Tales sentimientos o enojo pisotean a otra persona. Dice que cualquiera sea el mal que le sobrevenga al otro es merecido.

3. El enojo que maldice. Procura destruir moral intelectual y espiritualmente a una persona junto a su reputación.

Existe un enojo justificado. En efecto, el creyente tiene que ser una persona enojada: enojada con los que pecan y hacen el mal, con los que hacen injusticia y son egoístas en su conducta. Sin embargo, un enojo justificado es siempre disciplinado y bajo control; siempre está limitado con los que hacen el mal sea contra Dios o contra otros. La marca distintiva entre enojo justificado e injustificado es que el enojo justificado nunca es egoísta; nunca se demuestra por lo que a uno mismo le ha ocurrido. Es un enojo con propósito. El creyente sabe que está enojado por una razón legítima, y procura corregir la situación de la forma más pacífica posible (véanse notas—Ef. 4:26-27; Rm. 12:18; Jn. 2:14-17).

«Airaos, pero no pequéis; no se ponga el sol sobre vuestro enojo» (Ef. 4:26).

«Si es posible, en cuanto dependa de vosotros, estad en paz con todos los hombres» (Ro. 12:18).

«Estaba cerca la pascua de los judíos; y subió Jesús a Jerusalén, y halló en el templo a los que vendían bueyes, ovejas y palomas, y a los cambistas allí sentado. Y haciendo un azote de cuerdas, echó fueradel templo a todos, y las ovejas y los bueyes; y esparció las monedas de los cambistas, y volcó las mesas; y dijo a los que vendían palomas: Quitad de aquí esto, y no hagáis de la casa de mi Padre casa de mercado» (Jn. 2:13-16).

Pensamiento 1. El enojo existe contra muchos. Demasiadas veces hay sentimientos heridos entre aquellos que supuestamente deberían vivir más unidos: esposo y esposa, padre e hijo, vecino y amigo, empleador y empleado. El Señor es claro al respecto: nunca debemos permitir que el enojo se adueñe sin justa causa de nosotros.

«Pero ahora dejad también vosotros todas estas cosas: ira, enojo, malicia, blasfemia, palabras deshonestas de vuestra boca» (Col. 3:8).

«Por esto, mis amados hermanos, todo hombre sea pronto para oír, tardo para hablar, tardo para airarse» (Stg. 1:19).

«Todo el que aborrece a su hermano es homicida; y sabéis que ningún homicida tiene vida eterna permanente en él» (1 Jn. 3:15).

«Deja la ira, y desecha el enojo; no te excites en manera alguna a hacer lo malo» (Sal. 37:8).

«El que fácilmente se enoja hará locuras; y el hombre perverso será aborrecido» (Pr. 14:17).

«Mejor es el que tarda en airarse que el fuerte; y el que se enseñorea de su espíritu, que el que toma una ciudad» (Pr. 16:32).

«La cordura del hombre detiene el furor, y su honra es pasar por alto la ofensa» (Pr. 19:11).

«No te apresures en tu espíritu a enojarte; porque el enojo reposa en el seno de los necios» (Ec. 7:9).

Pensamiento 2. Hay motivos por los que las personas se enojan y desarrollan sentimientos en contra de otras personas:

- Buscar venganza y herir.
- Mostrar ego y autoridad.
- Revelar pasión o asegurar algún fin.
- Mostrar la propia herida, resentimiento y amargura.
- Expresar desacuerdo y desagrado.
- Corregir un mal (enojo justificado).
- Dar una advertencia.

[4] (5:22) Enojo: el juicio del enojo. Es asunto grave sostener senti-

mientos de enojo contra otra persona, asunto muy, muy grave. Está (1) el peligro del juicio (2) el peligro de tener que presentarse ante cortes terrenales, y (3) el peligro del fuego del infierno.

Pensamiento. La violencia ha de ser juzgada, no solamente en las cortes del mundo, sino en las cortes de Dios.

ESTUDIO A FONDO 2

(5:22) Fuego del infierno o Gehena (geenna): esta palabra es usada once o doce veces en el Nuevo Testamento, y en cada caso es pronunciada por Jesús excepto en la epístola de Santiago. Ella ilustra la terrible verdad de la segunda muerte, de la separación final del hombre respecto de Dios. Jesús se refería a los repulsivos basurales que ardían en las afueras de Jerusalén, diciendo que exactamente así era el infierno. El basural era llamado Gehena. Estaba en el valle de Hinom que servía de incinerador público. Sobre el basural pendía un grueso manto de ácido humo proveniente de lo que parecía ser una llama eterna. El hedor y los desperdicios se convirtieron en el sumidero de un repugnante gusano que era difícil de matar (Mr. 9:44). De modo que en la gehena Jesús encontró una descripción de lo que significa exactamente estar separado de Dios eternamente y morir la segunda muerte. Note varios hechos respecto del infierno o la Gehena.

- Es lo mismo que el lago de fuego (Ap. 19:20; 20:10, 14-15).
- Tiene que ver con la segunda muerte (Ap. 21:8; Jn. 8:24).
- Es el infierno (5:29-30; 10:28; 23:15, 33; Lc. 12:5).
- Es fuego eterno (Mt. 18:8).
- Es fuego del infierno (Mt. 18:9; Stg. 3:6).
- Es fuego inextinguible (Mr. 9:43-49).

Hay que recordar siempre la enseñanza de Jesús. El recordar es crucial para determinar el destino de una persona. El infierno es un lugar definido, un lugar real que tiene una localización específica. Originalmente fue preparado para el diablo y sus ángeles. Pero todas las personas que escogen seguir al ego y al mal, y rechazar a Dios también serán enviadas eternamente al infierno.

«Y ya también el hacha está puesta a la raíz de los árboles; por tanto, todo buen árbol que no da buen fruto es cortado y echado en el fuego» (Mt. 3:10).

«Por tanto, si tu ojo derecho te es ocasión de caer, sácalo, y échalo de ti; pues mejor te es que se pierda uno de tus miembros, y no que todo tu cuerpo sea echado al infierno." Y si tu mano derecha te es ocasión de caer, córtala, y échala de ti; pues mejor te es que se pierda uno de tus miembros, y no que todo tu cuerpo sea echado en el infierno» (Mt. 5:29-30).

«Todo árbol que no da buen fruto es cortado y echado en el fuego» (Mt. 7:19).

«Y no temáis a los que matan el cuerpo, mas el alma no pueden matar; temed más bien a aquel que puede destruir el alma y el cuerpo en el infierno» (Mt. 10:28).

«Y tú, Capernaum, que eres levantada hasta el cielo, hasta el Hades serás abatida; porque si en Sodoma se hubieran hecho los milagros que han sido hechos en ti, habría permanecido hasta el día de hoy» (Mt. 11:23).

«Y los echarán en el horno de fuego; allí será el lloro y el crujir de dientes .... Y los echarán en el horno de fuego; allí será el lloro y el crujir de dientes» (Mt. 13:42, 50).

«Y yo también te digo, que tú eres Pedro, y sobre esta roca edificaré mi iglesia; y las puertas del Hades no prevalecerán contra ella» (Mt. 16:18).

«Por tanto, si tu mano o tu pie te es ocasión de

caer, córtalo de ti; mejor te es entrar en la vida cojo o manco, que teniendo dos manos o dos pies ser echado en el fuego eterno. Y si tu ojo te es ocasión de caer, sácalo y échalo de ti; mejor te es entrar con un solo ojo en la vida, que teniendo dos ojos ser echado en el infierno de fuego» (Mt. 18:8-9).

«¡Ay de vosotros, escribas y fariseos, hipócritas! Porque recorréis mar y tierra para hacer un prosélito, y una vez hecho, le hacéis dos veces más hijo del infierno que vosotros.... ¡Serpientes, generación de víboras! ¿Cómo escaparéis de la condenación del infierno?» (Mt. 23:15, 33).

«Entonces dirá también a los de la izquierda: apartaos de mí, malditos, al fuego eterno preparado para el diablo y sus ángeles» (Mt. 25:41).

«Si tu mano te fuere ocasión de caer, córtala; mejor te es entrar en la vida manco, que teniendo dos manos ir al infierno, al fuego que no puede ser apagado, donde el gusano de ellos no muere, y el fuego nunca se apaga. Y si tu pie te fuere ocasión de caer, córtalo; mejor te es entrar a la vida cojo, que teniendo dos pies ser echado en el infierno, al fuego que no puede ser apagado, donde el gusano de ellos no muere, y el fuego nunca se apaga. Y si tu ojo te fuere ocasión de caer, sácalo; mejor te es entrar en el reino de Dios con un ojo, que teniendo dos ojos ser echado al infierno, donde el gusano de ellos no muere, y el fuego nunca se apaga» (Mr. 9:43-48).

«Y ya también el hacha está puesta a la raíz de los árboles; por tanto, todo árbol que no da buen fruto se corta y se echa en el fuego» (Lc. 3:9).

«Y tú Capernaum, que hasta los cielos eres levantada, hasta el Hades serás abatida» (Lc. 10:15).

«Pero os enseñaré a quien debéis temer: Temed a aquel que después de haber quitado la vida, tiene poder de echar en el infierno; sí, os digo, a éste temed» (Lc. 12:5).

«Y en el Hades alzó sus ojos, estando en tormentos, y vio de lejos a Abraham, y a Lázaro en su seno. Entonces él, dando voces, dijo: Padre Abraham, ten misericordia de mí, y envía a Lázaro para que moje la punta de su dedo en agua, y refresque mi lengua; porque estoy atormentado en esta llama» (Lc. 16:23-24).

5 (5:23-24) *Enojo:* la respuesta al enojo es reconciliación. Cristo tenía dos cosas sorprendentes que decir al respecto.

1. La urgencia de la reconciliación. La reconciliación siempre tiene que preceder a la adoración. Incluso cuando estamos entrando a la iglesia para adorar, si hay un problema con un hermano, debemos dejar la adoración de ir a nuestro hermano y buscar la reconciliación. Hay cuatro razones por las que la reconciliación es más importante que adorar.

a. Reconciliación es uno de los principales propósitos de la adoración. Una persona adora para buscar reconciliación y compañerismo con Dios y su pueblo. Por eso, Dios no acepta la adoración de una persona que siente malicia hacia él o hacia alguno de su pueblo. Afirmaciones de este hecho aclaran perfectamente el punto.

• Romper con otra persona significa romper con Dios.
• Falta de perdón hacia una persona significa falta de perdón de parte de Dios.
• No estar bien con otra persona significa no estar bien con Dios.
• El compañerismo roto con otra persona significa compañerismo roto con Dios.
• Sentimientos malos hacia otra persona significa falta de aceptación por parte de Dios.

• Enojo hacia otra persona significa rechazo por parte de Dios.

Una persona sencillamente no puede esperar estar bien con Dios ni no está bien con su hermano (1 Jn. 4:20-21). Tiene que perdonar y reconciliarse si espera ser perdonada y reconciliada con Dios.

«Y perdónanos nuestras deudas, *como también nosotros perdonamos* a nuestros deudores» (Mt. 6:12; Lc. 11:4).

«Porque si perdonáis a los hombres sus ofensas, os perdonará también a vosotros... » (Mt. 6:14-15; Mr. 11:25-26).

«Si alguno dice: yo amo a Dios, y aborrece a su hermano, es mentiroso. Pues el que no ama a su hermano a quien ha visto, ¿cómo puede amar a Dios a quien no ha visto? Y nosotros tenemos este mandamiento de él: El que ama a Dios, ame también a su hermano» (1 Jn. 4:20-21).

b. Una persona debe adorar, porque la adoración es esencial par la vida y la eternidad. Pero la adoración es inaceptable a Dios a menos que la persona esté reconciliada con todos sus hermanos.

c. Los sentimientos malos entre creyentes estorban la adoración. La adoración carece de sentido a menos que una persona esté bien con su hermano. La reconciliación siempre tiene que preceder a la adoración.

d. La adoración es un tiempo en que la persona reflexiona y examina su corazón para ver si en él hay «camino de perversidad» (Sal.139:24). Es esencial que examine su corazón. Si hay sentimientos malos o malvados contra otros en el corazón humano la adoración no es aceptable.

Pensamiento 1. ¡Cuán engañoso es el corazón humano!
1) Algunas personas tratan de adorar mientras hay sentimientos malos entre ellas y otras personas (Mt. 5:23-24).
2) Algunas personas tratan de orar con ira en su corazón (1 Ti. 2:8; Is. 1:15).
3) Algunas personas dicen, «amo a Dios» cuando están odiando a su hermano (1 Jn. 4:20).

¡Y cada persona cree que es aceptable a Dios!

Pensamiento 2. Algunas personas dicen que se apartan de la adoración porque tienen algo contra un hermano. El mensaje de Cristo es claro: Arréglate con tu hermano y *vayan a adorar.* Un pecado sumado a otro es doblemente peligroso y causará doble juicio.

2. La oportunidad para la reconciliación es cuando aun existe alguna apertura entre ambas partes. La reconciliación debería ser intentada inmediatamente ...

• mientras la persona todavía está en presencia de un hermano: «entre tanto que estás con él en el camino» (v. 25).
• antes que el sol se ponga sobre la ira de la persona.
    «Airaos, pero no pequéis; no se ponga el sol sobre vuestro enojo» (Ef. 4:26).
• porque la persona no puede adorar verdaderamente con barreras en su corazón.
• porque la persona no puede ofrecer oraciones aceptables habiendo barreras en su corazón.
• porque la persona *podría morir* antes de la reconciliación y ser obligada a ir a juicio con algún pecado no confesado.
    «Y cuando estéis orando, perdonad, si tenéis algo contra alguno, para que también vuestro Padre que está en los cielos os perdone vuestras ofensas» (Mr. 11:25).

«Y si siete veces al día pecare contra ti, y siete veces al día volviere a ti, diciendo: Me arrepiento; perdónale» (Lc. 17:4).

«Quítense de vosotros toda amargura, enojo, ira gritería y maledicencia, y toda malicia. Antes sed benignos unos con otros, misericordiosos, perdonándoos unos a otros, como Dios también os perdonó en Cristo» (Ef. 4:31-32).

«Soportándoos unos a otros, y perdonándo os unos a otros si alguno tuviere queja contra otro. De la manera que Cristo os perdonó, así también hacedlo vosotros» (Col. 3:13).

6 (5:25) *Enojo—juicio:* el peligro o daño de alimentar un enojo. El peligro es doble.

1. Hay un peligro terrenal. Las barreras pueden conducir a acciones graves desde un juicio legal hasta el encarcelamiento. Semejante acción es algo trágico para Dios y entre el pueblo de Dios. Incluso está prohibido entre hermanos verdaderamente cristianos (*véanse* bosquejo notas—1 Co. 6:1-8). El daño del enojo es múltiple:

- Conduce al aumento de barreras y amargura.
- Lastima a las familias.
- Es costoso.
- Daña el nombre de Cristo y el propio testimonio.
- A los incrédulos les dice que el cristianismo es farsa —en nada mejor que cualquier otra religión.
- Se aprovecha de otra persona: siempre.
- Puede provocar una injusticia. La ley no siempre es justa.
- Puede motivar que un hermano débil se aparte: para siempre.
- Puede causar peleas, guerras, sufrimiento y muerte.

2. Hay un peligro eterno. La vida no es duradera y viene el día del juicio final. El juicio contra una persona por guardar un enojo contra un hermano será severo (*véanse* notas—Mt. 5:22, 25).

7 (5:26) *Enojo—juicio:* el terrible final del enojo es juicio seguro. Cristo puntualizó fuertemente tres cosas.

1. El juicio es seguro. «El último cuadrante»; hasta el último centavo hay que pagar.

2. No habrá escapatoria. *«No saldrás* de allí.» No habrá nada ni nadie que libre a una persona del juicio (2 Co. 5:10).

«¡Serpientes, generación devíboras! ¿Cómo escaparéis de la condenación del infierno?» (Mt. 23:33).

«¿Y piensas esto, oh hombre, tú que juzgas a los que tal hacen, y haces lo mismo, que tú escaparás del juicio de Dios?» (Ro. 2:3).

«¿Cómo escaparemos nosotros, si descuidamos una salvación tan grande? La cual, habiendo sido anunciada primeramente por el Señor, nos fue confirmada por os que oyeron» (He. 2:3).

«Por tanto, así ha dicho Jehová: He aquí yo traigo sobre ellos mal del que no podrán salir; y clamarán a mí, y no los oiré» (Jer. 11:11).

«¡Ay de los que desean el día de Jehová! ¿Para qué queréis este día de Jehová? Será de tinieblas, y no de luz; como el que huye de delante del león y se encuentra con el oso; o como si entrare en casa y apoyare su mano en la pared, y le muerde una culebra» (Am. 5:18-19).

3. La reconciliación debe ser buscada *rápidamente*: ahora mismo, antes del juicio, porque Cristo ha llevado todo el castigo por cada creyente (v. 25).

«Pero ahora en Cristo Jesús, vosotros que en otro tiempo estabais lejos, habéis sido hechos cercanos por la sangre de Cristo. Porque él es nuestra paz, que de ambos pueblos hizo uno, derribando la pared intermedia de separación .... Y mediante la cruz reconciliar con Dios a ambos en un solo cuerpo, matando en ella las enemistades» (Ef. 2:13-14, 16).

«Y por medio de él reconciliar consigo todas las cosas, así las que están en la tierra como las que están en los cielos, haciendo la paz mediante la sangre de su cruz» (Col. 1:20).

«Por lo cual debía ser en todo semejante a sus hermanos, para venir a ser misericordioso y fiel sumo sacerdote en lo que a Dios se refiere, para expiar los pecados del pueblo» (He. 2:17; cp. 2 Co. 5:18-21).

«Quien llevó él mismo nuestros pecados en su cuerpo sobre el madero, para que nosotros, estando muertos a los pecados, vivamos a la justicia; y por cuya herida fuisteis sanados» (1 P. 2:24).

	F. El verdadero significado del adulterar,[EF1] 5:27-30 (Cp. Mt. 9:3-11; Mr. 10:2-12; Lc. 16:18; 1 Co. 7:1-16)	29 Por tanto, si tu ojo derecho te es ocasión de caer, sácalo, y échalo de ti; pues mejor te es que se pierda uno de tus miembros, y no que todo tu cuerpo sea echado al infierno.	3 Los dos culpables: ojos y manos 4 El peligro a. Ofender o tropezar b. Ser condenado al infierno
1 La ley 2 El verdadero significado a. La mirada deliberada b. Un deseo: codicia, pasión[EF2] c. Un acto de adulterio	27 Oísteis que fue dicho: No cometerás adulterio. 28 Pero yo os digo que cualquiera que mira a una mujer para codiciarla, ya adulteró con ella en su corazón.	30 Y si tu mano derecha te es ocasión de caer, córtala, y échala de ti; pues mejor te es que se pierda uno de tus miembros, y no que todo tu cuerpo sea echado al infierno.	5 La respuesta a. Cirugía: cortar el miembro que causa caída b. Muerte: dejar que el culpable muera c. Arrepentimiento: Apartarse de ser echado al infierno

F. El verdadero significado del adulterar, 5:27-30

(5:27-30) *Introducción—inmoralidad—adulterio:* la inmoralidad y el adulterio causan gran destrucción, daño y dolor, tanto en el interior como el exterior de la persona. Hay al menos tres razones por las que una persona comete un acto inmoral.

1. El ego. El sentido de conquistar, tomar, capturar, controlar, conocer, ver, experimentar, disfrutar, etc. El ego de la persona se siente incrementado, inflado.
2. La necesidad interior de recibir atención y de compartir.
3. El mero deseo de la carne.

La inmoralidad es tan común que frecuentemente se la considera excusable si se realiza con acuerdo de lo participantes, y si otras vidas no son afectadas directamente.

El hombre siempre ha tenido la tendencia de glorificar al cuerpo y a la carne, exhibiendo el cuerpo, vistiendo al cuerpo para la atracción sexual, mirando y observando al cuerpo en sus movimientos; todo lo cual constituyen prácticas frecuentemente aceptadas por la sociedad. El deseo interior (pasión) y el acto de placer sexual son considerados muchas veces como un parte tan integral de la naturaleza y de la normalidad que restringirlos es considerado como anormal y anticuado.

Cristo es fuerte e insistente en su demanda de pureza, tan fuerte que insiste en una cirugía radical antes de permitir que mano u ojo pequen. «Un ojo y una mano inmoral llevarán a todo el cuerpo al infierno», dice Cristo. «Por eso, saca el ojo y corta la mano». ¿Pero qué decimos nosotros? «No quiso decir que lo hagamos literalmente». Y usamos este hecho para diluir la agudeza y el carácter estricto de lo dicho. Sin embargo, es para nuestra condenación que ignoramos y desoímos sus palabras. Ese es el tema. Nosotros podemos....

- tener fantasías y deseos como resultado de leer revistas y libros inmorales.
- mirar lujuriosamente los movimientos de una persona al caminar.
(y llamarlo un reconocimiento de la belleza).
- vestirnos de modo de ejercer una atracción sexual.
- complacernos en la estimulación y sensación del sexo.

Pero Cristo advierte claramente, que mirar con deseos, tocar, y conducirse con ese propósito llevarán a que todo el cuerpo sea echado al infierno. El asunto es tan grave que requiere cirugía radical. No diluir, ni evadir, ni explicar las palabras de Jesús y lo que él quiere decir puede cambiar el severo juicio que espera a la persona inmoral.

1. La ley (v. 27).
2. El verdadero significado (v. 28).
3. Los dos culpables: ojos y manos (v. 29).
4. El peligro (v. 29).
5. La respuesta (v. 29).

ESTUDIO A FONDO 1

(5:27-30) *Adulterio—sexo:* la Biblia no dice que el sexo sea malo. Pero sí dice que el sexo puede ser usado mal, y que el mal uso del sexo es pecado. El sexo ha sido dado por Dios para al menos tres propósitos.

1. El sexo motiva la atracción de una persona a otra. Por eso, la atracción sexual es uno de los principales instrumentos para producir el matrimonio (Gn. 2:28, 21-25).
2. El sexo es un medio con el cual amamos. El sexo, adecuadamente arraigado y expresado en Dios, es una de las formas más profundas y ricas de involucrarse y expresar amor (Ef. 5:28-32).
3. El sexo crea vida. Dios le ha dado al hombre el privilegio de ser subcreadores de vida, bajo su anuencia (Gn. 1:29).

1 (5:27) *Adulterio—inmoralidad:* la ley contra la inmoralidad es el séptimo mandamiento (Éx. 20:14; Dt. 5:18). Note que el mandamiento de Dios es dado por tres razones.

1. Para asegurar el respeto y la protección de todas las familias y vecinos. Dios se vengará de aquellos que destruyen familias por medio del adulterio.

> «No cometerás adulterio» (Éx. 20:14; cp. Dt. 5:18).

> «No codiciarás la casa de tu prójimo, no codiciarás la mujer de tu prójimo, ni su siervo, ni su criada, ni su buey, ni su asno, ni cosa alguna de tu prójimo» (Éx. 20:17).

> «Pues la voluntad de Dios es vuestra santificación; que os apartéis de fornicación; que cada uno de vosotros sepa tener su propia esposa en santidad y honor; no en pasión de concupiscencia, como los gentiles que no conocen a Dios; que ninguno agravie ni engañe en nada a su hermano; porque el *Señor es vengador* de todo esto, como ya os hemos dicho y testificado» (1 Ts. 4:3-6).

2. Para proteger al hombre del juicio, del juicio de perecer en el infierno (v. 30).
3. Para proteger al hombre de pecar contra su propio cuerpo (*véase* Estudio a fondo 1—1 Co. 6:18).

> «Huid de la fornicación. Cualquier otro pecado que el hombre cometa, está fuera del cuerpo; mas el que fornica, contra su propio cuerpo peca» (1 Co. 6:18).

2 (5:28) *Adulterio—ojos—manos:* verdadero significado del adulterio. Con frecuencia se afirma que el adulterio (*moicheia*) es la infidelidad sexual de una persona casada. Es cierto, pero es mucho más. La idea humana del adulterio es despedazada por Cristo (*véase* Estudio a fondo 5—Mt. 19:19). Cristo dice que adulterio no es solamente el hecho en sí, sino que el adulterio es cualquiera de cinco actos:

- una mirada deliberada.
- pasión en el corazón; deseo y codicia.
- el acto sexual en sí con otra persona que no es el cónyuge.
- relaciones de divorciados (Mt. 5:32; 19:9-11; Mr. 10:11-12; Lc. 16:18).
- infidelidad espiritual hacia Dios o apostasía de Dios (Mt. 12:39; 16:4; Mr. 8:38; Stg. 4:4; cp. Ez. 16:15ss. 23:43ss).

Dicho en palabras sencillas Cristo afirma que hay adulterio de los ojos, del corazón (pasión) y del cuerpo. Esto es una asombrosa revelación que impacta en la experiencia de toda persona joven y adulta. No hay duda, muchos sueñan e imaginan, y si hubieran tenido la oportunidad habrían cometido el acto. Lo único que les falta es una oportunidad y un empujón en su coraje para pecar (cp. Stg. 1:14-15). Los ojos pueden conducir al deseo por fijarse en personas o cuadros u objetos estimulantes. Los ojos pueden ser usados en diversas maneras de modo pecaminoso.

- mirando y buscando a otra persona para incentivar el deseo.
- haciendo saber a otra persona que uno está disponible.
- atrayendo, sugiriendo, insinuando.
- gratificando el deseo si la experiencia no es posible.

Hay dos asuntos más que deben ser mencionados en este punto.
1. La comunicación sugestiva. Esta puede surgir de (a) la conversación impura como pueden ser las bromas, palabras sucias, y afirmaciones sugestivas hechas al pasar; (b) conversaciones inductivas que pueden surgir cuando se comparte con el sexo opuesto. Esto tiende a que la otra persona baje la guardia o a comportarse superficialmente con las convicciones y compromisos morales. El compartir de esta manera con frecuencia incluye frases inductivas y proposiciones sugestivas que despiertan el placer. La conversación sugestiva puede darse en cualquier lugar: el trabajo, la escuela, en reuniones, hablando por teléfono, o simplemente dando vueltas y hablando.
2. Vestimenta. Se exponen partes del cuerpo o se sigue el último grito de la moda que puede estar diseñado para exhibir o atraer. (*Véase* nota—1 Ti. 2:9-10; cp. Mr. 12:38).

Hay verdadero peligro en usar la pecaminosidad de los ojos. Pedro advierte que se puede perder el control: «Tienen los ojos llenos de adulterio, no se sacian de pecar.... » (2 P. 2:14). Una persona realmente puede ser esclavizado y atado por el sexo.

La gravedad del adulterio se ve en la drástica acción sugerida por Cristo en los vv. 29-30. El adulterio es obra de la carne que no heredará el reino de Dios (Gá. 5:19-21). Es un pecado grave, muy grave. Existe la posibilidad de que todo el cuerpo sea arrojado al infierno (Mt. 5:29-30). El creyente puede conquistar los ojos y el deseo y se puede guardar de cometer adulterio haciendo algunas cosas muy simples.

1. En relación a otros:
   a. Mantenerse alejado de lugares que se *prestan* para los deseos sugestivos.
   b. Mantenerse alejado de personas que *podrían* ser sugestivas o inductivas, no importa cuán placenteras y agradables sean.
   c. Rechazar invitaciones a funciones o reuniones sociales que *podrían* conducir a conversaciones sugestivas o engañosas.
2. En relación con uno mismo:
   a. Vestir decentemente, para agradar al Señor (1 Ti. 2:9).
   b. Comportarse siempre como un auténtico creyente cristiano.
   c. Establecer un testimonio mediante la conversación y la conducta, de creyente cristiano.
3. En relación a los ojos y la mente:
   a. Hacer un pacto de no mirar o pensar en personas, lugares, o cosas inmorales, y cumplirlo. Job dijo de

sí mismo: «Hice pacto con mis ojos; ¿Cómo, pues, había yo de mirar a una virgen?» (Job 31:1).
   b. Mantener los ojos en todo lo que es verdad, honesto, justo, puro, amable, y de buen nombre (Fil. 4:8). Comience inmediatamente: comience a pensar en lo positivo y moral, día por día. Mantenga la vista en lo positivo por el resto de su vida.
   c. Aprenda a cautivar todo pensamiento (2 Co. 10:3-5, esp. v. 5).
   d. Resista el primer pensamiento: vuelva la mente y el cuerpo inmediatamente a otros asuntos. Ocúpese sin vacilar de otra cosa, quédese con ello: manténgase ocupado.
4. En la presencia de otros:
   a. Mantenerse alerta siempre.
   b. Huya de las afirmaciones sugestivas; excúsese, o muestre desagrado por las afirmaciones, fuérzalo si es necesario. Apártese inmediatamente, no permitiendo que las palabras agradables estimulen o gratifiquen su carne. La carne retoza en las expresiones de placer y aprecio en cuanto a la forma de mirar, vestir, trabajar, servir, ejecutar, etc. Uno tiene que apreciar simplemente esas cosas y seguir de largo, inmediatamente. Permanecer y retozarse en comentarios de aprecio *conducirá* a la atracción. Todos son humanos.

> «Porque del corazón salen *los malos pensamientos*, los homicidios, *los adulterios, las fornicaciones*, los hurtos, los falsos testimonios, las blasfemias» (Mt. 15:19).

> «Y vio Jehová que la maldad de los hombres era mucha en la tierra, y que todo designio de los pensamientos del corazón de ellos era de continuo solamente el mal» (Gn. 6:5).

> «Abominación son a Jehová los pensamientos del malo; mas las expresiones de los limpios son limpias» (Pr. 15:26).

ESTUDIO A FONDO 2
(5:28) *Pasión: véase* Estudio a fondo 1—Stg. 4:1-3; 4:2.

3 *(5:29) Adulterio:* los dos culpables del adulterio: ojos y manos. ¿Por qué usó Cristo los ojos y las manos para ilustrar este punto? Probablemente porque el hombre es movido primordialmente por pensamientos nacidos a partir de la vista, y la mujer es movida primordialmente por el contacto. El ojo y la mano son los culpables del adulterio (cp. Mr. 9:43-48).

4 *(5:29) Adulterio:* el peligro es doble.
1. Caer o tropezar. La palabra «caer» *(skandalon)* significa tropezar; ser cebado; ser seducido; ser objeto de una zancadilla. Los ojos y las manos son piedras de tropiezo.
2. Ser condenado al infierno. El pecado es grave, extremadamente grave. A menos que el pecado sea tratado, la persona será echada al infierno *(véase* Estudio a fondo 2—Mt. 5:22).

> «¿No sabéis que los injustos no heredarán el reino de Dios? No erréis; ni los fornicarios, ni los idólatras, ni los adúlteros, ni los afeminados, ni los que se echan con varones, ni los ladrones, ni los avaros, ni los borrachos, ni los maldicientes, ni los estafadores, heredarán el reino de Dios» (1 Co. 6:9-10).

> «Y manifiestas son las obras de la carne, que son: adulterio, fornicación, inmundicia, lascivia ... envidias, homicidios, borracheras, orgías, y cosas semejantes a estas; acerca de las cuales os amonesto, como ya os lo he dicho antes, que los que practican tales cosas no heredarán el reino de Dios» (Gá. 5:19, 21).

Pensamiento 1. El pecado de la fornicación arruina el cuerpo y el alma. Este es un hecho terrible, pero pocas veces tenido en cuenta *(véase* Estudio a fondo 1—1 Co. 6:18).

«Huid de la fornicación. Cualquier otro pecado que el hombre cometa, está fuera del cuerpo; mas el que fornica, contra su propio cuerpo peca» (1 Co. 6:18).

5 (5:29-30) *Adulterio:* la respuesta para resolver el problema del adulterio es triple.

1. Cirugía. Extirpar el miembro del cuerpo que causa la caída. La mirada licenciosa y el contacto licencioso deben ser eliminados de la vida del creyente—totalmente.

«La boca del justo producirá sabiduría; mas la lengua perversa será cortada» (Pr. 10:31).

«Y si tu mano derecha te es ocasión de caer, córtala, y échala de ti; pues mejor te es que se pierda uno de tus miembros, y no que todo tu cuerpo sea echado al infierno» (Mt. 5:30).

«Sabiendo esto, que nuestro viejo hombre fue crucificado juntamente con él, para que el cuerpo del pecado sea destruido, a fin de que no sirva más al pecado» (Ro. 6:6).

«Porque si vivís conforme a la carne, moriréis; mas si por el Espíritu hacéis morir las obras de la carne, viviréis» (Ro. 8:13).

«En él también fuisteis circuncidados con circuncisión no hecha a mano, al echar de vosotros el cuerpo pecaminoso carnal, en la circuncisión de Cristo» (Col. 2:11).

«Haced morir, pues, lo terrenal en vosotros: fornicación, impureza, pasiones desordenadas, malos deseos y avaricia, que es idolatría» (Col. 3:5).

2. Muerte: que el miembro del cuerpo que causa la caída perezca. Lo que es agradable y placentero a la carne no siempre es bueno. A veces se requiere la negación de uno mismo (*véase* Estudio a fondo 1—Lc. 9:23).

«Ni tampoco presentéis vuestros miembros al pecado como instrumentos de iniquidad, sino presentaos vosotros mismos a Dios como vivos de entre los muertos, y vuestros miembros a Dios como instrumentos de justicia» (Ro. 6:13).

«Por tanto, tomad toda la armadura de Dios, para que podáis resistir en el día malo, y habiendo acabado todo, estar firmes» (Ef. 6:13).

«Así que vosotros, oh amados, sabiéndolo de antemano, guardaos, no sea que arrastrados por el error de los inicuos, caigáis de vuestra firmeza» (2 P. 3:17).

«Hijo mío, si los pecadores te quieren engañar, no consientas» (Pr. 1:10).

«No entres por la vereda de los impíos, ni vayas por el camino de los malos» (Pr. 4:14).

3. Arrepentimiento: Volverse para no ser arrojado al infierno. Note un hecho importante: Cristo no *apela* a que el hombre renuncie al adulterio; le *advierte* cuáles son las consecuencias del adulterio. Algunos pecados tienen que ser frenados mediante la advertencia, no mediante una apelación. Los hombres tienen que estar advertidos en cuanto a los deseos de la carne (*véanse* Estudio a fondo 1—Stg. 4:1-3; nota—4:2). El adulterio es un pecado tan agradable, y aparentemente tan natural que puede ser fácilmente racionalizado. La advertencia dada a los adúlteros es «todo tu cuerpo sea echado al infierno» (Mt. 5:30).

Pensamiento 1. «Digo, pues: andad en el Espíritu y no satisfagáis los deseos de la carne» (Gá. 5:16).

Pensamiento 2. Los miembros del cuerpo no deben ser entregados al pecado. Los miembros del cuerpo deben ser *considerados muertos* con Cristo (*véase* bosquejo—Ro. 6:11-13).

«Así también vosotros consideraos muertos al pecado, pero vivos para Dios en Cristo Jesús, Señor nuestro. No reine pues el pecado en vuestro cuerpo mortal, de modo que los obedezcáis en sus concupiscencias; ni tampoco presentéis vuestros miembros al pecado como instrumentos de iniquidad, sino presentaos vosotros mismos a Dios como vivos de entre los muertos, y vuestros miembros a Dios como instrumentos de justicia» (Ro. 6:11-13).

Pensamiento 3. Es preciso que el hombre se arrepienta, es decir, *se vuelva* del adulterio a Dios. (*Véase* nota *Arrepentimiento*—Mt. 4:17.)

«Os digo: No; antes si no os arrepentís, todos pereceréis igualmente» (Lc. 13:3).

«Pedro les dijo: Arrepentíos, y bautícese cada uno de vosotros en el nombre de Jesucristo para perdón de los pecados; y recibiréis el don del Espíritu Santo» (Hch. 2:38).

«Así que, arrepentíos y convertíos, para que sean borrados vuestros pecados; para que vengan de la presencia del Señor tiempos de refrigerio» (Hch. 3:19).

«Arrepiéntete, pues, de tu maldad, y ruega a Dios, si quizá te sea perdonado el pensamiento de corazón» (Hch. 8:22).

«Pero Dios, habiendo pasado por alto los tiempos de esta ignorancia, ahora manda a todos los hombres en todo lugar, que se arrepientan» (Hch. 17:30).

	G. El verdadero significado del divorcio, 5:31-32
1 La ley	31 También fue dicho: Cualquiera que repudie a su mujer, déle carta de divorcio.
2 Divorcio no permitido **3 Excep.: fornicación** **4 Las partes culpables** 　a. El instigador 　b. La persona divorciada 　　que vuelve a casarse 　c. La persona que se casa 　　con la divorciada	32 Pero yo os digo que el que repudia a su mujer, a no ser por causa de fornicación, hace que ella adultere; y el que se casa con la repudiada, comete adulterio.

G. El verdadero significado del divorcio, 5:31-32

(5:31-32) *Introducción—divorcio:* a lo largo de la historia siempre han existido dos escuelas de pensamiento en cuanto a interpretar las leyes de la sociedad; la escuela de los intérpretes estrictos, conservadores, amplios y liberales. En los días de Jesús los intérpretes estrictos eran conocidos como la escuela Shammai; los intérpretes amplios eran conocidos como la escuela de Hillel. Al tratar el tema del divorcio, Shammai citaba las palabras «alguna cosa indecente»(Dt. 24:1) diciendo que permitían el divorcio, pero indicando que se refieren al adulterio, y solamente al adulterio. Hillel decía que las palabras «alguna cosa indecente» significaban que cualquier cosa destructiva para la unidad justificaba el divorcio; que en el matrimonio era preciso mantener un estado de perfecta unidad. Esta posibilidad había degenerado en una posición según la cual cualquier cosa desagradable para el hombre era suficiente motivo para el divorcio. (*Véase* Estudio a fondo 1—Mt. 19:1-12.)

Cualquier persona puede ver claramente qué escuela siguió la naturaleza humana y la mayoría de las sociedades. El divorcio se había vuelto algo tan común que la sociedad misma estaba amenazada. Todo lo que un hombre tenía que hacer para divorciarse de su esposa era lograr que un rabino le extendiera un certificado de divorcio y se lo entregara a la mujer en presencia de dos testigos. El divorcio era inmediato y definitivo (Dt. 24:1-4).

　1. La ley (v. 31).
　2. El verdadero significado: el divorcio no está permitido (v. 32).
　3. Excepciones: fornicación (v. 32).
　4. Las partes culpables (v. 32).

1 (5:31) *Divorcio:* por tres motivos fue dada la ley contra el divorcio.
　1. Para proteger a la familia.
　　　«Pero al principio de la creación, varón y hembra los hizo Dios. Por esto dejará el hombre a su padre y a su madre, y se unirá a su mujer, y los dos serán una sola carne; así que no son ya más dos, sino uno. Por tanto, lo que dios juntó, no lo separe el hombre» (Mr. 10:6-9).
　　　«Por esto dejará el hombre a su padre y a su madre, y se unirá a su mujer, y los dos serán una sola carne» (Ef. 5:31).
　2. Para proteger la tierra o nación, previniendo la desintegración nacional (cp. Dt. 24:4. *Véanse* Estudio a fondo 1—Mt. 19:1-12; notas—Ef. 5:22-33; 1 Co. 7:1-16.)
　　　«Por la bendición de los rectos la ciudad será engrandecida; mas por la boca de los impíos será trastornada» (Pr. 11:11).
　　　«La justicia engrandece a la nación; mas el pecado es afrenta a las naciones» (Pr. 14:34).
　3. Para prevenir que una persona se vuelva adúltera (*véanse* bosquejo y notas—Mt. 5:27-30).

«Y yo os digo que cualquiera que repudia a su mujer, salvo por causa de fornicación, y se casa con otra, adultera; y el que se casa con la repudiada, adultera» (Mt. 19:9; cp. Lc. 16:18).
«Y si la mujer repudia a su marido y se casa con otro, comete adulterio» (Mr. 10:12).
«Las casadas estén sujetas a sus propios maridos, como al Señor» (Ef. 5:22).

2 (5:32) *Divorcio:* el auténtico significado de la ley es que el divorcio no es permitido. En este pronunciamiento se ve una enorme protección. Incluye protección para la familia, incluyendo a la esposa, el esposo y lo hijos. Incluye protección emocional, física, mental y espiritual; protección contra el desmembramiento de la familia, y contra todas las tensiones y separación que siguen. El divorcio es una de las experiencias más traumáticas de la vida humana. Para muchas personas es la experiencia más traumática.

El divorcio *afecta* a tantas personas. *Afecta* a ...

• esposo	• esposa
• hijos	• amigos
• padres	• empleadores y empleados

El divorcio *afecta* a cada persona que toca, profundamente. *Afecta* ...

• la mente	• la seguridad
• la fe	• el control
• el espíritu	• las esperanzas
• las emociones	• el propósito
• la conducta	• los planes
• el amor	• el estado
• la alegría	• la paz
• las posesiones	

El divorcio *cambia* drásticamente cada vida personal. *Cambia* ...

• la vida personal	• la vida de los padres
• la vida social	• la vida privada
• la vida de los sueños	• la vida del hogar
• la recreación en la vida	

Puesto que el divorcio afecta tanto a la vida humana es una asunto de interés crucial para Cristo. Cuando alguien sufre, Cristo sufre. Y puesto que el divorcio hace sufrir tanto, y a tantas personas, Cristo se dispone a corregir el concepto corrupto que el hombre tiene del matrimonio y del divorcio fácil. (Para más discusión *véanse* Estudio a fondo 1—Mt. 19:1-12; notas—1 Co. 7:1-16; Ef. 5:22-33.)

Pensamiento 1. Enseñar, predicar y vivir conforme a principio estrictos requiere un enorme coraje. Cristo demostró un enorme coraje al ir contra la corriente de la sociedad y demandar una actitud estricta en el matrimonio.

Pensamiento 2. Hay cuatro actitudes hacia el matrimonio,

tres de las cuales son *abiertas* y frecuentemente conducen al divorcio.

1) *Matrimonio con puerta de salida*: «si funciona, bien; si no funciona, bien».

2) *Matrimonio barato, sensual*: está basado en algún motivo que no es amor, algún motivo como puede ser la atracción, sexo, o finanzas.

3) *Matrimonio por aventura*: el matrimonio se realiza por la experiencia en sí y la aventura de estar casado.

4) *Matrimonio de entrega*: ambos cónyuges tienen la plena convicción de que deben cumplir con los votos hechos; una convicción delante de Dios.

Pensamiento 3. Existe una sola base para el matrimonio que puede prevenir totalmente el divorcio: la auténtica unión, tanto espiritual como física (*véanse* bosquejo y notas—Mt. 19:5; Ef. 5:22-33; 1 Co. 7:1-16).

> «Por tanto, *lo que Dios juntó*, no lo separe el hombre» (Mr. 10:9).
>
> «Las casadas *estén sujetas* a sus propios maridos, como al Señor ... Maridos, *amad* a vuestras mujeres, así como Cristo amó a la iglesia, y se entregó a sí mismo por ella» (Ef. 5:22, 25).
>
> «Por esto dejará el hombre a su padre y a su madre, y se *unirá* a su mujer, y los dos serán *una sola carne*» (Ef. 5:31).

3 (5:32) *Adulterio—fornicación:* la excepción para el divorcio es la fornicación cometida por uno de los cónyuges. La gran tragedia de la fornicación o adulterio que rompe la unión y el lazo que hay entre esposo y esposa. Rompe la unión y el lazo y todo lo que está implicado en ello, es decir, la fe, esperanza, amor, confianza, seguridad, certeza, y fuerza. Si los esposos no son creyentes, se rompe la unión física y mental del matrimonio. Si son creyentes, se rompen las tres uniones, física, mental *y espiritual.* (*Véanse* notas—Mt.19:5-6.) Dos cosas hay que notar brevemente acerca de Cristo, tanto aquí como en los otros evangelios. (Para una discusión más extensa *véanse* bosquejos, Introducción, notas y Estudio a fondo 1—Mt.19:1-12;1 Co. 7:12-16.)

1. Cristo no toma partido ni con la escuela conservadora ni con la liberal, discutidas en la nota uno. No menciona a ninguna de las escuelas ni posiciones.

2. Cristo dice dos cosas acerca del divorcio.

   a. El divorcio no es propósito de Dios. Esto queda silenciosa, pero claramente entendido.

   b. El divorcio solo es permitido si uno de los cónyuges ha cometido adulterio.

Lo que Cristo intenta prevenir es lo que la historia muestra. Las sociedades han ignorado trágicamente el mandamiento de Dios. Han plantado la semilla de la desintegración nacional, es decir, han roto los hogares (*véanse* notas—Mt.19:1-12; Ef. 5:22-33; cp. Mt. 19:9; Mr. 10:12; Lc.16:18; 1 Co. 7:1-16). Esta breve declaración sobre el divorcio muestra la gran necesidad de protección que tienen los hombres, mujeres, niños, y el hogar. Señala al inmenso valor de los tres (*véanse* notas—Mt. 5:32; Mt. 19:1-12, escuela de Hillel).

Pensamiento 1. Véanse notas—Mt. 5:32; Mt. 19:8; nota 6 y Estudio a fondo 5—19:9; Estudio a fondo 6—19:11; 1 Co. 7:12-16. Hay dos excepciones que se señalan en la nota de 1 Co. 7:12. Algunos de los pecados que causan divorcio también son discutidos en 1 Co. 7:1-16.

> «Huid de la fornicación. Cualquier otro pecado que el hombre cometa, está fuera del cuerpo; mas el que fornica, contra su propio cuerpo peca» (1 Co. 6:18).
>
> «Pero a causa de las fornicaciones, cada uno tenga su propia mujer, y cada una tenga su propio marido» (1 Co. 7:2).
>
> «Pero fornicación y toda inmundicia, o avaricia, ni aun se nombre entre vosotros, como conviene a santos» (Ef. 5:3).

> «Haced morir, pues, lo terrenal en vosotros: fornicación, impureza, pasiones desordenadas, malos deseos y avaricia, que es idolatría» (Col. 3:5).
>
> «Pues la voluntad de Dios es vuestra santificación; que os apartéis de fornicació» (1 Ts. 4:3).

Pensamiento 2. Siempre hay que recordar que el adulterio no es el único pecado que puede romper la unión matrimonial. La fe, esperanza, amor, confianza, seguridad, firmeza, y fuerza, todo ello puede ser roto sobre las rocas del egoísmo, y la abyección (para la discusión *véase* Estudio a fondo 5—Mt. 19:9).

4 (5:32) *Divorcio:* las partes culpables en el divorcio (para la discusión *véanse* notas—Mt. 19:5. 19:8; Estudio a fondo 5—19:9; Estudio a fondo 6—19:11. Es fácil ver las aplicaciones en estas notas de pie de página. *Véase* también 1 Co. 7:12-16 respecto de aplicaciones adicionales.)

1 La ley a. No jures con falsedad; no cometas perjurio b. Guarda todos los juramentos 2 El verdadero significado: no jures[EF2, 3, 4] a. Porque todas las cosas son sagradas	**H. El verdadero significado de jurar y blasfemar, 5:33-37**[EF1] 33 Además habéis oído que fue dicho a los antiguos: No perjurarás, sino cumplirás al Señor tus juramentos. 34 Pero yo os digo: No juréis en ninguna manera; ni por el cielo, porque es el trono de Dios;	35 ni por la tierra, porque es el estrado de sus pies; ni por Jerusalén, porque es la ciudad del gran Rey. 36 Ni por tu cabeza jurarás, porque no puedes hacer blanco o negro un solo cabello. 37 Pero sea vuestro hablar: sí, sí; no, no; porque lo que es más de esto, de mal procede.	b. Porque todo el poder pertenece a Dios 3 El juramento o garantía ideal a. La palabra; el carácter b. La razón: el jurar tiene su origen en el mal[EF5]

H. El verdadero significado de jurar y blasfemar, 5:33-37

(5:33-37) *Introducción—jura—profanar:* Cristo dijo: «No juréis en ninguna manera» (v. 34). Estaba ampliando la ley que regía los juramentos de modo de incluir todo tipo de juramento y blasfemia (cp. Mt. 5:17ss; Stg. 5:12). Toda conversación debería ir derecho al grano y a los hechos, y no estar repleta de juramentos o blasfemias (Mt. 5:34, 37). La persona debe ser recta. Su palabra y su carácter deben ser su garantía, el único juramento que necesita.

1. La ley (v. 33).
2. El verdadero significado: no jures (vv. 34-36).
3. El juramento o garantía ideal (v. 37).

ESTUDIO A FONDO 1

(5:33-37) *Jurar—blasfemar—juramentos:* existen por lo menos seis tipos de juramentos.

1. El *juramento por imposición.* Jesús fue conjurado (Mt. 26:63), y Pablo juró mediante una invocación (2 Co. 1:23; Gá. 1:20). ¿Qué quiere decir entonces Cristo con «no juréis en ninguna manera»? Simplemente que la palabra de una persona, dicha en la vida cotidiana, debe ser confiable, tan confiable que jamás necesite de un juramento. Su carácter debe ser su garantía, la única garantía necesaria.

También hay una segunda explicación posible. Los hombres mundanos son malos, tan desconfiables en sus tratos diarios que necesitan de juramentos. Por eso Pablo y Cristo fueron obligados a jurar. Sin embargo, como se afirmó arriba, la palabra y el carácter del creyente deben ser su garantía.

2. El *juramento habitual, frívolo.* Se dijo que los impíos tienen la «boca *llena* de maldición y amargura» (Ro. 3:10, 14).

3. El *juramento hipócrita.* Hay algunos que «bendicen a Dios» en instante, y se vuelven y «maldicen a los hombres» en el instante que sigue. «De una misma boca proceden bendición y maldición» (Stg. 3:9-10).

4. El *juramento silencioso, universal.* Toda persona es culpada de maldecir secretamente en el corazón, a otros, «porque tu corazón sabe que tú también dijiste mal de otros muchas veces» (Ec. 7:22).

5. El *juramento evasivo.* Hay personas que no dicen malas palabras, sucias, feas, duras o comprometedoras. Personas que nunca usarían en vano el nombre de Dios. Más bien usan palabras sustitutas, palabras que se usan comúnmente, en la conversación diaria, palabras que nunca serían consideradas como juramentos. Otros prefieren lo que pueden ser maldiciones suaves. Evadiendo los juramentos directos, creen que sus palabras no están sujetas a obligación. Se consideran menos culpables.

6. El *juramento del ego.* Muchos juran para incrementar su ego, su hombría entre otros. Se sienten identificados con la multitud cruzando al campo prohibido.

[1] (5:33) *Juramentos—jurar—perjurar:* la ley estaba basada en el tercer mandamiento (Éx. 20:7; Lv. 19:12; Dt. 23:23; cp. Nm. 30:2). La ley había sido interpretada de modo de decir: «No hagas juramentos falsos»; «no jures con falsedad»; «no jures una mentira». Pero la ley era demasiado estrecha. El hombre la había interpretado a su propio gusto de modo de permitirle jurar y blasfemar cuanto quisiera. Note dos puntos significativos acerca de la ley:

1. Por varios motivos Dios dio esta ley a los hombres.
   a. Para evitar que el hombre deshonre a Dios invocando falsamente en su nombre y blasfemándolo.
   b. Para evitar que el hombre perjure en contra de sí mismo, exhibiéndose como mentiroso, injusto e inestable.
   c. Para evitar que el hombre trate injustamente a otros.
2. La ley fue dada para regir varias costumbres.
   a. Mentir y luego jurar que se dice la verdad. Esto es perjurio. ¡Cuántas veces la gente perjura en contra de sí misma, deformando la verdad, exagerando, o mintiendo directamente, y jurando luego haber dicho la verdad!
   b. Hacer un voto falso a Dios. ¡Cuántos votos se han hecho a Dios que nunca se cumplieron!
   c. Hacer un voto falso a otra persona, prometiendo algo sin cumplir después.
   d. Usar en vano el nombre de Dios. Cuántas personas usan el nombre de Dios como mera *expresión interjección.* Esta persona será especialmente culpable ante Dios (Éx. 20:7).

Las Escrituras dicen que es mejor no hacer votos, que hacerlos y no cumplir (Ec. 5:4-5). La razón es obvia: el voto convierte a la persona en deudor. La persona está en deuda con el cumplimiento de su voto o promesa.

1. Un voto hecho a Dios, convierte al hombre en deudor ante Dios. Romper un voto es un acto de mentira a Dios (Hch. 5:4).
2. Un voto hecho al hombre, convierte al hombre en deudor ante el hombre. Romper el voto es un acto de injusticia hacia el hombre.

«Cuando alguno hiciere voto a Jehová, o hiciere juramento ligando su alma con obligación, no quebrantará su palabra; hará conforme a todo lo que salió de su boca» (Nm. 30:2).

«Cuando haces voto a Jehová tu Dios, no tardes en pagarlo; porque ciertamente lo demandará Jehová tu Dios de ti, y sería pecado en ti» (Dt. 23:21).

«Cuando a Dios haces promesa, no tardes en cumplirla; porque él no se complace en los insensatos. Cumple lo que prometes» (Ec. 5:4).

«Orarás a él, y él te oirá; y tú pagarás tus votos» (Job 22:27).

«Sacrifica a Dios alabanza, y paga tus votos al Altísimo» (Sal. 50:14).

«Prometed, y pagad a Jehová vuestro Dios; todos los

que están alrededor de él, traigan ofrendas al Temible»
(Sal. 76:11).

2 (5:34-36) *Jurar—profanar:* el verdadero significado de la ley
es este: No jures de *ninguna manera*; no blasfemes de *ninguna
manera.* No jures ni maldigas por ninguna cosa.

1. No jures, porque todas las cosas son sagradas.
   a. El cielo es el trono de Dios; el lugar donde se
      manifiesta su gloria (Is. 66:1). Jurar por el cielo o
      maldecir el cielo es jurar por Dios y maldecir a Dios.
   b. La tierra es el estrado de los pies de Dios; el lugar
      donde gobierna y al que cuida (Is. 66:1; Sal. 24:1).
      Jurar por la tierra o maldecir la tierra es jurar por
      Dios y maldecir a Dios.
   c. Jerusalén es la ciudad del gran Rey (Sal. 48:2; Sal.
      46:4). El tiene gran cuidado de Jerusalén. En cierto
      sentido Dios tiene gran cuidado de cada ciudad y lugar
      de la tierra. Se preocupo por cómo es tratado un lugar,
      y cómo se habla de él (cp. Mt. 10:15; 11:24; Mr. 6:11;
      Lc. 10:12).
2. No jures porque todo el poder pertenece a Dios. En
realidad, nadie tiene poder alguno para hacer algo; por ejemplo nadie
puede cambiar su estatura. Cualquier poder que tenga ha sido dado
por Dios. En efecto, el poder que el hombre cree tener puede serle
quitado en cualquier momento. Por eso, realmente no tiene el poder
de cumplir sus votos. El hombre puede ser inutilizado o quitado en
cualquier momento. El reconocimiento de esta realidad debería
impulsar al hombre a vivir tan honesta y rectamente que su sola
palabra sea aceptable. Juramentos y votos no tienen que ser
necesarios.

Nota esto: todo poder pertenece a Dios. Por eso el hombre debe
tener reverencia ante Dios y no maldecirlo. Pero observe qué es lo
que generalmente se maldice: Dios y las cosas de Dios, precisamente
las cosas que no se deben maldecir. Esto dice mucho acerca de la
naturaleza egoísta y depravada del hombre. Maldecir a Dios es un
pecado terrible, tan terrible que constituye uno de los diez
mandamientos. Incluso se pronuncia un juicio especial sobre quien
así maldice (Éx. 20:7). Maldecir carece de sentido, de razón y es
irreverente.

«No tomarás el nombre de Jehová tu Dios en vano;
porque no dará por inocente Jehová al que tomare su
nombre en vano» (Éx. 20:7).

«Y no juraréis falsamente por mi nombre, profanando
así el nombre de tu Dios. Yo Jehová» (Lv. 19:12).

«Pero yo os digo: No juréis en ninguna manera; ni
por el cielo, porque es el trono de Dios» (Mt. 5:34).

«Su boca está llena de maldición y de amargura»
(Ro. 3:14).

«Pero ningún hombre puede domar la lengua, que
es un mal que no puede ser refrenado, llena de veneno
mortal. Con ella bendecimos al Dios y Padre, y con ella
maldecimos a los hombres, que están hechos a la
semejanza de Dios. De una misma boca proceden
bendición y maldición. Hermanos míos, esto no debe ser
así» (Stg. 3:8-10).

«Pero sobre todo, hermanos míos, no juréis, ni por
el cielo, ni por la tierra, ni por ningún otro juramento;
sino que vuestro sí sea sí; y vuestro no sea no; para que o
caigáis en la condenación» (Stg. 5:12).

«Llena está su boca de maldición, y de engaños y
fraude; debajo de su lengua hay vejación y maldad» (Sal.
10:7).

«Por el pecado de su boca, por la palabra de sus
labios, sean ellos presos en su soberbia, y por la maldición
y mentira que profiere» (Sal. 59:12).

«Amó la maldición, y ésta le sobrevino; y no quiso
la bendición, y ella se alejó de él» (Sal. 109:17).

«Porque tu corazón sabe que tú también dijiste mal
de otros muchas veces» (Ec. 7:22).

Pensamiento 1. El maldecir no tiene máscara; no puede
ser escondido. Es dicho y oído. El problema es que con
frecuencia es conversación aceptable, no obstante, maldecir
es un problema porque revela varias cosas:
- un corazón desgraciado.
- un espíritu desconsiderado y egoísta.
- un problema con la imagen propia.
- una falta de individualidad y/o independencia.
- una mente descuidada.
- una dureza o enemistad hacia Dios.
- un vocabulario inadecuado.
- un concepto necio del juicio y la eternidad.

Pensamiento 2. Existe opiniones diferentes en cuanto a
los juramentos legales. Algunos creen que nunca se debería
tomar un juramento, ni siquiera por amor a la justicia (p.
ej., los quákeros). Otros creen que por amor a la justicia
se les puede requerir un juramento; pero que nunca deberían
jurar por sí mismos, es decir, tomar la iniciativa de verificar
sus palabras. (Cp. Gn. 22:16; 26:31; 31:53; 47:31; 50:25;
Éx. 22:11; Nm. 5:9; Dt. 6:13; Jos. 9:15, 19; 1 R. 8:31; 2 R.
11:14; Sal. 89:35; 95:11; Is. 14:24; 62:8; Jer. 12:16; 38:16;
Ez. 17:13; Mr. 6:23; Lc. 1:73; Hch. 23:21; He. 3:11; 6:17.)

ESTUDIO A FONDO 2

(5:34) *Jurar—blasfemar:* algunos pasajes que hablan de jurar
son: Dt. 6:13; 10:20; Is. 45:23; Jer. 4:2; Mt. 26:63; 2 Co. 1:23;
Gá. 1:20; Stg. 5:12.

ESTUDIO A FONDO 3

(5:34) *Jurar—blasfemar:* la blasfemia es aceptada en la mayoría
de las sociedades. Las personas que maldicen y usan malas
palabras, rara vez piensan en la gravedad de la blasfemia. *Es
grave; es una ofensa muy grave.* No importa cuán escasamente
se estime el «blasfemar» Dios dice que «no dará por inocente»
al que blasfema (Éx. 20:7).

ESTUDIO A FONDO 4

(5:34) *Jurar:* para los judíos había dos clases de juramentos.
1. El *juramento de compromiso.* Eran juramentos que
usaban el nombre de Dios. Cuando era usado el nombre de Dios,
se consideraba a Dios como parte; por eso, tal juramento nunca
podía ser roto.
2. El *juramento no comprometido.* Estos juramentos omitían
el nombre de Dios, pero usaban frases sagradas como «por el
cielo», «por la tierra», «por Jerusalén», «por mi cabeza», o alguna
otra afirmación para acentuar la intención o la confiabilidad.
Estos juramentos no comprometían necesariamente a quien los
hacía porque Dios no era considerado parte del juramento.

Lo que el hombre tantas veces omite ver es que Dios siempre
está presente. Él ve y se interesa en todo lo que el hombre dice
y hace, sea por palabra o hechos, mediante votos, juramentos o
blasfemias (*véanse* Estudios a fondo 2, 3—Mt. 5:34).

3 (5:37) *Juramentos—conversación:* para el hombre existe
únicamente un juramento ideal, una garantía, su palabra. Esa palabra
debe surgir de su carácter. Ella debe ser su único juramento y garantía
necesaria. El hombre no debe decir más que «Sí, lo haré ... » o «No,
no lo haré ... » Su vida debe ser tan honesta y recta que nadie cuestione
su palabra. Cuando el hombre habla todo deben saber que así se
hará. La razón es expuesta sencillamente: el jurar tiene su origen en
el mal (*véase* Estudio a fondo 5—Mt. 5:37). Algo que con frecuencia
se pasa por alto es este hecho: jurar o maldecir no hacen que un
asunto sea más creíble; en realidad vuelven al asunto más sospechoso.
La persona jura o blasfema porque su propio carácter o el asunto
son cuestionables. ¡Qué denuncia de depravación! Y sin embargo,
jurar y blasfemar son hábitos aceptables de los hombres.

«Vosotros sois la sal de la tierra; pero si la sal se desvaneciere, ¿con qué será salada? No sirve para nada, sino para ser echada fuera y hollada por los hombres» (Mt. 5:13).

«Pero sea vuestro hablar: sí, sí; no, no; porque lo que es más de esto, de mal procede» (Mt. 5:37).

«Sea vuestra palabra siempre con gracia, sazonada con sal, para que sepáis cómo debéis responder a cada uno» (Col. 4:6).

«Retén la forma de las sanas palabras que de mí oíste, en la fe y amor que es en Cristo Jesús» (2 Ti. 1:13).

«Preséntate tú en todo como ejemplo de buenas obras; en la enseñanza mostrando integridad, seriedad, palabra sana e irreprochable, de modo que el adversario se avergüence, y no tenga nada malo que decir de vosotros» (Tit. 2:7-8).

Pensamiento 1. Por una razón se requieren los juramentos: los hombres saben cuán engañoso es el corazón de humano. El corazón es engañoso sobre todas las cosas y desesperadamente malo (Jer. 17:9). Todos son mentirosos (Sal. 116:11). Piense solamente cuántas veces una persona guía a otras solamente para obtener lo que quiere.

«Engañoso es el corazón, más que todas las cosas, y perverso; ¿quién lo conocerá?» (Jer. 17:9).

«Y dije en mi apresuramiento: todo hombre es mentiroso» (Sal. 116:11).

Pensamiento 2. En un mundo perfecto los juramentos no serían necesarios. Todos serían perfectamente honestos y rectos. La vida de una persona hablaría elocuente y claramente. Toda palabra que dijere el hombre sería absolutamente confiable. Por eso, los creyentes deben trabajar para cambiar el mundo cambiando el corazón de los hombres.

ESTUDIO A FONDO 5

(5:37) *Juramentos—depravación:* al menos dos cosas se quieren significar aquí. Primero, el hombre tiene que jurar porque el mundo es malo. Segundo, el hombre jura porque él es malo y lo sabe. Por eso jura, para acentuar la verdad de lo que dice. La necesidad de los juramentos y la necesidad del hombre de jurar la verdad, son evidencias claras de la depravación del hombre.

	I. El verdadero significado de la ley referida un daño sufrido, 5:38-42 (Lc. 6:29-30)	40 y al que quiera ponerte a pleito y quitarte la túnica, déjale también la capa;	**b. Acepta el daño en tu propiedad**
1 La ley	38 Oísteis que fue dicho: Ojo por ojo, y diente por diente.	41 y a cualquiera que te obligue a llevar carga por una milla, vé con él dos.	**c. Acepta cualquier carga obligada**
2 El verdadero significado de no vengarse	39 Pero yo os digo: No resistáis al que es malo; antes, a cualquiera que te	42 Al que te pida, dale; y al que quiera tomar de ti prestado, no se lo rehúses	**4 La gran ética cristiana: dar**
3 El comportamiento ideal a. Acepta el daño físico	hiera en la mejilla derecha, vuélvele también la otra;		

I. El verdadero significado de la ley referida un daño sufrido, 5:38-42

(5:38-42) *Introducción:* esta ley ha sido usada y mal usada, excusada y abusada a lo largo de los siglos. Con frecuencia el hombre ha usado la ley para tratar a otros como quería. Pero Cristo ha cambiado la ley. Afirma que el cristiano no devolverá mal por mal; no debe guardar un rencor o buscar venganza. Debe ir más allá y perdonar. No obstante, el cristiano tiene el derecho de evitar y resistir el daño por causa de la seguridad (para más discusión *véase* nota—Ro. 12:18).

1. La ley (v. 38).
2. El verdadero significado de no vengarse (v. 39).
3. El comportamiento ideal (vv. 39-41).
4. La gran ética cristiana: dar (v. 42).

1 (5:38) *Ley del Talión—resistencia:* con frecuencia se ha pensado que esta ley justifica la ley del talión (cp. Éx .21:24; Lv. 24:20; Dt. 19:21). Ha sido mal usada y abusada. Sin embargo, el propósito de Dios para esta ley era mostrar misericordia, y limitar la venganza. En la antigüedad los hombres mataban por la mayoría de las ofensas menores. Por ejemplo, si una persona hiere accidentalmente, toda una familia o aldea corría peligro de ser muerta por venganza. De modo que esta ley fue el comienzo de la misericordia en una sociedad sin piedad. Limitaba la venganza a un daño equivalente. Varios hechos muestran el aspecto misericordioso de la ley.

1. La ley no era un mandamiento que debía ser ejecutado. Era una ley que *permitía* a una persona alguna justicia *si la quería*. No estaba obligada a insistir en ella.
2. La ley fue dada a las cortes para guiar a los jueces en la administración de justicia. No fue dada a los individuos para que tomen venganza de otros.
3. La ley podía ser cumplida mediante el pago de dinero o algún otro rescate que pareciera justo (Nm. 35:31). Sin embargo, «no se debía recibir rescate por la vida del homicida». El homicida debía pagar con su vida.

> **Pensamiento.** La ley fue dada para controlar las pasiones irresponsables y no reguladas de los hombres; debía controlar y limitar la revancha o venganza. La ley fue dada como un factor limitador, controlador (1) al criminal o persona que obraría mal; y (2) a la víctima, para que no aplique una venganza mayor de la que el crimen merecía.
>
> «Ojo por ojo, diente por diente, mano por mano, pie por pie» (Éx. 21:24).
> «Rotura por rotura, ojo por ojo, diente por diente; según la lesión que haya hecho a otro, tal se hará a él» (Lv. 24:20).
> «Y no le compadecerás; vida por vida; ojo por ojo, diente por diente, mano por mano, pie por pie» (Dt. 19:21).

2 (5:39) *Resistencia—venganza—represalia:* esto es lo que

Cristo dice: La ley realmente indica que una persona no debe tomar venganza. Pero, es preciso entender lo que Cristo está diciendo.

1. Cristo no está diciendo «no resistan el mal» nunca. Cristo mismo resistió el mal. (1) Expulsó a los cambistas del templo (Mt. 21:12; Mr. 11:15), y (2) resistió el castigo del sumo sacerdote (Jn. 18:22-23). Pablo, el apóstol también resistió el mal (cp. Hch. 16:35ss; 22:25; 23:3; 25:9-10).

El tema en cuestión es este: Jesús y Pablo siguieron la nueva ley, «no resistan el mal». Observaron el espíritu de la nueva ley, pero no fueron esclavos de ella. Hay momentos cuando el mal debe ser resistido (para mayor discusión *véase* nota—Ro. 12:18).

2. Cristo está diciendo «no resistan el mal», es decir, no procuren devolver mal por mal; no guardar un rencor o resentimiento hacia quienes te han maltratado. No busques venganza ni procures una oportunidad para devolver el mal. En cambio, perdona; deja tu camino para ayudar a aquellos que te hacen mal. Esa actitud es la única forma de alcanzarlos alguna vez para el reino de los cielos (Mt. 4:17; 5:3, 10, 19, 21. *Véanse* notas—Mt. 19:23-24; cp. Pr. 20:22; 24:29; 25:21-22.)

> **Pensamiento 1.** El cristiano no debe ser una persona vengativa. No debe ser conocido como alguien que guarda rencor.
>
> **Pensamiento 2.** La venganza consume. Puede *devorar* el ser interior de una persona.
> 1) Puede consumir la mente de una persona: convertirse en el foco de atención de todos sus pensamientos. La persona puede concentrarse tanto en la venganza que no hace sino pensar en devolver el mal.
> 2) Puede consumir las emociones de una persona: causar todo tipo de problemas emocionales. La persona puede estar tan sumida en la venganza que se vuelve ...
>   - centrada en sí misma (fijándose en el gran daño que ha sufrido)
>   - retraída
>   - auto-compasiva
>   - paranoide
>   - destructiva (se vuelve contra otras personas y cosas)
>
> «Pero yo os digo: No resistáis al que es malo; antes, a cualquiera que te hiera en la mejilla derecha, vuélvele también la otra» (Mt. 5:39).
> «No paguéis a nadie mal por mal; procurad lo bueno delante de todos los hombres» (Ro. 12:17).
> «Mirad que ninguno pague a otro mal por mal; antes seguid siempre lo bueno uno para con otros, y para con todos» (1 Ts. 5:15).
> «Porque el siervo del Señor no debe ser contencioso, sino amable para con todos, apto para enseñar, sufrido» (2 Ti. 2:24).
> «No devolviendo mal por mal, ni maldición por maldición, sino por el contrario,

bendiciendo, sabiendo que fuisteis llamados para que heredaseis bendición» (1 P. 3:9).

«No te vengarás, ni guardarás rencor a los hijos de tu pueblo, sino amarás a tu prójimo como a ti mismo. Yo Jehová» (Lv. 19:18).

«No digas: yo me vengaré; espera a Jehová y él te salvará» (Pr. 20:22).

«No digas: Como me hizo, así le haré; daré el pago al hombre según su obra» (Pr. 24:29).

3 (5:39-41) *Resistencia—venganza—represalia:* la conducta ideal. Cristo compartió tres ilustraciones muy prácticas, enseñando al cristiano cómo tratar a quienes le hacen daño.

1. Aceptar el daño físico. Es la mejilla derecha la que es golpeada. Esto dice algo que frecuentemente es ignorado. La persona que golpea con su mano derecha tiene que hacerlo con el dorso de su mano a efectos de golpear la mejilla derecha de otro. Golpear a alguien con el dorso de la mano siempre fue considerado como un insulto mayor. A lo largo de la historia se ha utilizado esta forma de golpear para simbolizar un reto a duelo. Mostraba desprecio y amargura. Cristo señala claramente su punto: el creyente no ha de responder a los insultos más terribles o desprecios amargos, ni siquiera a las amenazas de daño corporal.

Volver la otra mejilla es difícil. Significa que la persona no desafía, no se resiente, no se venga, no devuelve, ni entra en una acción legal contra el atacante; en cambio se prepara para otro golpe y lo soporta con paciencia. Lo deja pasar y lo acepta. Perdona y deja el asunto a Dios. Sabe que Dios obrará en todas las cosas para bien mientras la persona transita la vida y sirve a Dios.

Pensamiento 1. Muchas personas reciben golpes en su mejilla. Un «golpe en el rostro» puede ser un insulto, desprecio, crítica, rumor, abuso, amenaza, o ataque físico (cp. 2 Co. 11:20).

Pensamiento 2. A veces la sumisión es el modo de vencer (Pr. 25:21-22).

Pensamiento 3. El creyente que soporta el trato avergonzante cosechará gloria eterna. (*Véanse* bosquejo y notas—Mt. 5:10-12.)

«Al que te hiera en una mejilla, preséntale también la otra; y al que te quite la capa, ni aun la túnica le niegues» (Lc. 6:29).

«[El amor] Todo lo sufre, todo lo cree, todo lo espera, todo lo soporta» (1 Co. 13:7).

«[Andad] Con toda humildad y mansedumbre, soportándoos con paciencia los unos a los otros en amor» (Ef. 4:2).

«Y vosotros amos, haced con ellos lo mismo, dejando las amenazas, sabiendo que el Señor de ellos y vuestro está en los cielos, y que para él no hay acepción de personas» (Ef. 6:9).

«Soportándoos unos a otros, y perdonándoos unos a otros si alguno tuviere queja contra otro. De la manera que Cristo os perdonó, así también hacedlo vosotros» (Col. 3:13).

«Que con mansedumbre corrija a los que se oponen, por si quizá Dios les conceda que se arrepientan para conocer la verdad» (2 Ti. 2:25).

2. Aceptar el daño en la propiedad. La túnica mencionada *(chiton)* era la ropa interior. La capa era la vestimenta exterior semejante a una manta larga. William Barclay dice que la ley judía que la túnica fuese dada a modo de prenda, pero nunca la capa. La razón sencillamente era que una persona tendría varias túnicas (ropa interior), pero quizá una sola capa (cp. Éx. 22:26-27).

La referencia de Cristo va a la médula del asunto. Un cristiano no debe ser consumido por la lucha por la propiedad y la disputa de sus derechos. No debe devolver por el solo hecho de tener razón. El creyente olvida su ego, y olvida su propiedad y su derechos, y vive para Dios y para la salvación de otros. (Para mayor discusión *véanse* bosquejo y notas—1 Co. 6:1-8.)

Pensamiento 1. Entregar la túnica es difícil. Significa que el creyente no defiende, no se levanta, no objeta que tomen su propiedad. Perdona y da más a la persona que le despoja. Incluso entrega su túnica si es necesario. Un creyente no se esclaviza atendiendo sus derechos y privilegios dentro o fuera de la corte. Solamente tiene tiempo para atender sus deberes y responsabilidades. Está totalmente ocupado con vivir en toda plenitud para Cristo y extenderse al mundo perdido y consumido por las *disputas,* un mundo que *necesita la paz* que solamente Dios puede dar.

Pensamiento 2. El mundo está lleno de divisiones y disputas, amarguras y odios, peleas y guerras. Es un mundo dividido porque los individuos están centrados en sí mismos. El cristiano tiene que ser una persona de paz, una persona que mantiene su mente en Dios, no en su ego. Tiene que negar al mundo y las cosas del mundo (*véase* nota, *Negación de sí mismo*— Lc. 9:23; cp. Ro. 8:5-6).

Pensamiento 3. A veces la recuperación o la lucha por la propiedad cuesta más que el renunciar a ella y adquirir una nueva.

Pensamiento 4. ¿Cuándo lucha una persona por sus derechos? Hay algunos factores a considerar:
* el daño sufrido por uno mismo.
* el daño sufrido por su familia.
* los factores discutidos en Romanos 12 (*véase* nota—Ro.12:18).

«Ponte de acuerdo con tu adversario pronto, entre tanto que estás con él en el camino, no sea que el adversario te entregue al juez, y el juez al alguacil, y seas echado en la cárcel» (Mt. 5:25).

«Y al que quiera ponerte a pleito y quitarte la túnica, déjale también la capa» (Mt. 5:40).

«¿Osa alguno de vosotros, cuando tiene algo contra otro, ir a juicio delante de los injustos, y no delante de los santos? ¿O no sabéis que los santos han de juzgar al mundo? Y si el mundo ha de ser juzgado por vosotros, ¿sois indignos de juzgar cosas muy pequeñas?» (1 Co. 6:1-2).

«Pero desecha las cuestiones necias e insensatas, sabiendo que engendran contiendas. Porque el siervo del Señor no debe ser contencioso, sino amable para con todos, apto para enseñar, sufrido. Que con mansedumbre corrija a los que se oponen, por si quizá Dios les conceda que se arrepientan para conocer la verdad, y escapen del lazo del diablo, en que están cautivos a voluntad de él» (2 Ti. 2:23-26).

«No entres apresuradamente en pleito, no sea que no sepas qué hacer al fin, después que tu prójimo te haya avergonzado» (Pr. 25:8).

Pensamiento 5. Algunos roban la propiedad de otros, y algunos incluso usan la ley para cometer las mayores injusticias. Tuercen los hechos, deforman la verdad, exageran, calumnian, mienten, hacen cualquier cosa para justificarse y obtener lo que quieren. Hieren y se apropian lo ajeno y sus conciencias les importan poco. La palabra y el juramento de ellos tienen escaso valor.

Pensamiento 6. El creyente no debe estar esclavizado y se debe consumir en disputas sobre la propiedad, es decir, derechos, privilegios y posesiones. Las disputas presentan a la persona como factor de división, como alguien que disputa y tiene una mentalidad mundana.

3.   Aceptar cualquier carga impuesta. En la antigüedad los ciudadanos de un país conquistado podían ser conscriptos a prestar *servicios forzados (aggarevein)* por los conquistadores, cualquiera fuese la aparente necesidad. Un ciudadano podía ser obligado a acarrear agua, provisiones, y cualquier cosa (cp. Simón de Cirene, Mt. 27:32).

Cristo está diciendo que si un creyente es forzado a ir una milla, vaya el doble. Nuevamente, los derechos —incluidos los derechos de libertad— no son la principal preocupación del creyente. La principal preocupación del creyente es la gente con sus cargas; extendiéndose y aliviando sus cargas en obediencia a Dios.

Es difícil ir una segunda milla. Significa que la persona no se resiente ni se amarga, ni protesta ni se aflige; no se vuelve quejumbrosa criticando, con auto compasión y protestas. Significa que la persona perdona y sirve y ofrece mayor servicio. Dispone su mente y corazón para alcanzar al ofensor ayudando más y más. Tal acción alcanzará con más probabilidad al ofensor para el reino de los cielos. Ciertamente ayudará a acercar el reino de los cielos a la tierra (*véase* Estudio a fondo 3—Mt. 19:23-24).

Pensamiento 1. Algunas personas van más allá de lo razonable al insistir, presionar, obligar y forzar su propia voluntad. Hay quienes incluso esclavizan a otros. Es algo que existe en las familias, amistades, en los negocios, las naciones, en todas partes.

Pensamiento 2. Por supuesto, hay momento cuando la persona no debe someterse a la voluntad de otro. Hay mandamientos específicos en la Biblia que rigen la moralidad y la injusticia. (*Véanse* notas—Mt. 5:39; Ro. 12:18.)

Pensamiento 3. La preocupación del creyente es la gente y sus cargas (Gá. 6:2). El creyente tiene que llevar las cargas de la gente, servirles y ayudarles en cuanto pueda. Su propósito es cumplir la ley de Cristo que es la ley del amor, y de esa manera, mediante la conversión de ellos, ayudar a traer el reino de Dios a esta tierra.

«Un mandamiento nuevo os doy; que os améis unos a otros; como yo os he amado, que también os améis unos a otros. En esto conocerán todos que sois mis discípulos, si tuviereis amor los unos con los otros» (Jn. 13:34-35).

«Sobrellevad los unos las cargas de los otros, y cumplid así la ley de Cristo» (Gá. 6:2).

«El amor es sufrido, es benigno; el amor no tiene envidia, el amor no es jactancioso, no se envanece» (1 Co. 13:4).

«Fortalecidos con todo poder, conforme a la potencia de su gloria, para toda paciencia y longanimidad» (Col. 1:11).

«Que a nadie difamen, que no sean pendencieros, sino amables, mostrando toda mansedumbre para con todos los hombres» (Tit. 3:2).

«Pero la sabiduría que es de lo alto es primeramente pura, después pacífica, amable, benigna, llena de misericordia y de buenos frutos, sin incertidumbre ni hipocresía» (Stg. 3:17).

«Y este es su mandamiento: Que creamos en el nombre de su Hijo Jesucristo, y nos amemos unos a otros como nos lo ha mandad» (1 Jn. 3:23).

4 (5:42) *Prestar—dar en préstamo:* la gran ética cristiana es dar. Cristo es puntualmente claro: el cristiano debe ayudar a los que tienen necesidad, y debe hacerlo con buena disposición. El cuadro es simple: cuando alguien pide, el cristiano *da*, y no *quita*. Sin embargo, la Biblia no habla de dar indiscriminadamente: «El hombre de bien tiene misericordia, y presta; gobierna sus asuntos con *discreción*» (Sal. 112:5). Cuando se da, siempre hay que hacerlo con discreción (Sal. 112:5). Dos cosas deben ser consideradas y estudiadas para ver si se debe o no dar.

Primero, hay que considerar el efecto sobre quien recibe. ¿Va a alentar pereza, descuido, vagancia e indulgencia?

Segundo, también hay que considerar la capacidad de la persona para dar. Tiene que dar —y dar— y aprender a dar más y más, aprendiendo siempre a confiar en Dios. No es por casualidad que la gente viene a los creyentes buscando ayuda. O bien son conscientes del interés y la compasión del creyente o son traídos por Dios. Cuando son traídos por Dios, son traídos tanto para el crecimiento del creyente como para el beneficio del necesitado. Sin embargo, el creyente tiene que ser realista y conocer su capacidad de dar, y cuánto quiere Dios que dé, y si la persona pidiendo ayuda tiene una necesidad real.

Lo esencial del asunto es este: el creyente debe vivir dispuesto a dar y prestar (cp. 2 Co. 8:11-15, esp. 11). No vive para esta tierra ni este mundo. Vive para Dios y el cielo. Su ciudadanía está en el cielo desde donde espera al Salvador (Fil. 3:20). Toda preocupación referida a este mundo y sus posesiones es solamente para suplir las necesidades de la vida y para ayudar a otros. Existe para el ministerio, ayudando y dando a quienes tienen necesidad. En efecto, la Escritura es clara, el creyente trabaja por dos motivos: suplir sus propias necesidades, y obtener los medios para ayudar a los necesitados.

«El que hurtaba, no hurte más, sino trabaje, haciendo con sus manos lo que es bueno para que tenga qué compartir con el que padece necesidad» (Ef. 4:28).

Pensamiento 1. Dios ama de manera especial al dador alegre.

«Cada uno dé como propuso en su corazón: no con tristeza, ni por necesidad, porque Dios *ama* al dador alegre. Y poderoso es Dios para hacer que abunde en vosotros toda gracia, a fin de que, teniendo siempre en todas las cosas todo lo suficiente, abundéis para toda buena obra» (2 Co. 9:7-8).

Pensamiento 2. El dar debe ser personal. Jesucristo es una persona; está relacionado a personas. Por eso espera que todo creyente esté involucrado personalmente en las vidas de otros así como él. Demasiadas personas creen que su obligación de dar ha sido cumplida cuando han dado por medio de los canales oficiales. Pero este no es el caso de Cristo. Él demostró que el creyente tiene que involu-crarse personalmente en ayudar a otros.

Pensamiento 3. El dar debe ser hecho de tal manera que la dignidad de quien recibe sea restaurada. La humillación que experimenta el necesitado con frecuencia es insoportable.

Pensamiento 4. Dar en préstamo puede ayudar a la persona que toma prestado. Le puede enseñar (1) a confiar más en Dios y (2) aprender a ser más laborioso. El tomador del préstamo tiene que *reunir* lo necesario para devolver el préstamo.

Pensamiento 5. Es mejor ser engañado por un *mendigo profesional* con tal de ayudar al auténticamente necesitado.

«Y la gente le preguntaba, diciendo: Entonces, ¿qué haremos? Y respondiendo les dijo: El que tiene dos túnicas, dé al que no tiene; y el que tiene qué comer, haga lo mismo» (Lc. 3:10-11).

«Vended lo que poseéis, y dad limosna; haceos bolsas que no se envejezcan, tesoro en los cielos que no se agote, donde ladrón no llega, ni polilla destruye» (Lc. 12:33).

«En todo os he enseñado que, trabajando así, se debe ayudar a los necesitados, y recordar las palabras del Señor Jesús, que dijo: Más bienaventurado es dar que recibir» (Hch. 20:35).

«Compartiendo para las necesidades de los santos; practicando la hospitalidad» (Ro. 12:13).

«Así que, según tengamos oportunidad, hagamos bien a todos, y mayormente a los de la familia de la fe» (Gá. 6:10).

«Que hagan bien, que sean ricos en buenas obras, dadivosos, generosos» (1 Ti. 6:18).

«Y de hacer bien y de la ayuda mutua no os olvidéis; porque de tales sacrificios se agrada Dios» (He. 13:16).

	J. El verdadero significado de las relaciones humanas, 5:43-48 (Lc. 6:27-36)	los cielos, que hace salir su sol sobre malos y buenos, y que hace llover sobre justos e injustos.	a. Te convierte en hijo de Dios b. Te hace semejante a Dios c. Te distingue de otros hombres
1 La ley	43 Oísteis que fue dicho: Amarás a tu prójimo, y aborrecerás a tu enemigo.	46 Porque si amáis a los que os aman, ¿qué recompensa tendréis? ¿No hacen también lo mismo los publicanos?	

2 El verdadero significado
  a. Ama a tus enemigos^EF1
  b. Bendice a quienes te maldicen
  c. Haz bien a quienes te odian^EF2
  d. Ora por quienes te persiguen
3 El incentivo
	44 Pero yo os digo: amad a vuestros enemigos, bendecid a los que os maldicen, haced bien a los que os aborrecen, y orad por los que os ultrajan y os persiguen;
	45 para que seáis hijos de vuestro Padre que está en
		47 Y si saludáis a vuestros hermanos solamente, ¿qué hacéis de más? ¿No hacen también así los gentiles?
		48 Sed, pues, vosotros perfectos, como vuestro Padre que está en los cielos es perfecto.
			4 El mandato: sed perfectos

J. El verdadero significado de las relaciones humanas, 5:43-48

(5:43-48) *Introducción:* no hay otro tema más importante que el de las relaciones humanas. Dios está creando una familia de creyentes que vivirán eternamente juntos. Por eso quiere que esa familia viva junta como tal, amándose unos a otros y amando a sus semejantes como corresponde. La familia de Dios nunca debe permitir que el odio entre en sus corazones. La familia de Dios no debe tratar a ninguna persona como enemigo. Cada persona debe ser amada como un auténtico semejante.

1. La ley (v. 43).
2. El verdadero significado (v. 44).
3. El incentivo (vv. 45-47).
4. El mandato: sed perfectos (v. 48).

1 (5:43) *Amor—odio:* la ley decía: «amarás a tu prójimo como a ti mismo» (Lv. 19:18). Israel hizo dos errores fatales al interpretar esta ley.

1. Dijeron que «prójimo» se refería solamente a las personas de la propia comunidad, religión y nación. No incluían a nadie más. En efecto, excluían y eliminaban a cualquier otra persona (*véase* Estudio a fondo 1—Jn. 4:5; notas—Mr. 7:25; Lc. 7:4-5).
2. Infirieron que debían *aborrecer a sus enemigos.* Dios dijo: «Ama a tu prójimo»; por eso, razonaron y agregaron: «Aborrece a tu enemigo». La razón humana realmente conduce a una persona a pensar que debe oponerse y aborrecer a su enemigo. Pero eso es una simple *deducción* o *inferencia* hecha por el depravado razonamiento humano. Es la obra de la razón natural del hombre. No es Dios, y no es lo que Dios sabe que es mejor para el mundo: amor, gozo, paz ... (Gá. 5:22-23).

   Pensamiento. Muchos cometen el mismo error que Israel. Interpretan «prójimo» como refiriéndose únicamente a sus amigos y a aquellos que viven cerca. Nunca piensan en los enemigos o en el mundo como un todo en términos de sus prójimos.

2 (5:44) *Amor—enemigos:* el verdadero significado de la ley de «amar» implica cuatro hechos muy prácticos (cp. 1 Co. 13:4-7).

1. Amar a los enemigos. (Para los versículos *véase* Estudio a fondo 1, *Amor*—Mt. 5:44). Los creyentes deben amar a *todos,* incluidos los enemigos. Deben respetar y honrar a todos los hombres (1 P. 2:17). Todo ser humano tiene alguna virtud, aunque no sea sino el hecho de ser un ser humano con un alma que debe ser alcanzada para Dios. Note dos hechos.

   a. Amar a nuestros enemigos es contra la naturaleza humana. El comportamiento de la naturaleza humana es reaccionar, devolver el golpe, aborrecer y desear el mal. En el mejor de los casos la naturaleza humana trata al enemigo con frivolidad manteniendo su distancia. La raíz de la reacción humana es contra los enemigos es egoísmo y amargura. (La defensa propia no es mala en sí misma. *Véase* Estudio a fondo 1, *Amor*—Mt. 5:44. La sección sobre el amor ágape destaca que el amor no es aceptación complaciente de maldad y conducta licenciosa.)

   b. Existe una cosa que el creyente puede tener para su enemigo: misericordia o compasión. Si no tiene compasión por quienes le aborrecen, no ha ganado nada del espíritu de Cristo (Lc. 6:36).

   Pensamiento 1. Con frecuencia los creyentes son criticados por su cumplimiento deficiente de este mandamiento.

   Pensamiento 2. Note dos hechos. Primero, no todos serán amados por igual (*véase* Estudio a fondo 1—Mt. 5:44). Segundo, el amor no es licencia; no es complaciente en el trato con la maldad (*véase* Estudio a fondo 1—Mt. 5:44).

2. Bendecir a quienes lo maldicen a uno. «Bendecir» significa que una persona tiene que hablar. Cristo está diciendo que le hable suavemente al que maldice (Pr. 15:1). Usa palabras amables, amistosas. Estando cara a cara, sé cortés; cuando estés a sus espaldas destaca sus fuerzas. No devuelvas «injuria por injuria», es decir, no lo condenes o ataques con lenguaje amargo o abusivo (1 P. 3:9).

   Un hecho que frecuentemente es olvidado es este: si reaccionamos con palabras cortantes, ásperas, ello solo traerá más enojo y odio en quien maldice.

   «No devolviendo mal por mal, ni maldición por maldición, sino por el contrario, bendiciendo, sabiendo que fuisteis llamados para que heredaseis bendición» (1 P. 3:9).
   La blanda respuesta quita la ira; mas la palabra áspera hace subir el furor» (Pr. 15:1).

   Pensamiento. Maldecir es un grave pecado para Dios (*véanse* notas: Mt. 5:33-37; Stg. 5:12).

3. Haz bien a quienes te aborrecen. «Hacer bien» va más allá de las palabras. Realiza cosas para la persona que aborrece. Se extiende hacia ella, por medio de sus familia o amigos, empleo o negocio. Busca formas de hacerle bien, comprendiendo que tiene que ser alcanzada para Dios. Si no se encuentra una forma inmediata, entonces el cristiano espera pacientemente el día en que la persona pasa una de las crisis que todo ser humano alguna vez pasa (p.ej., enfermedad, accidente, muerte). Entonces el creyente va y le hace

bien, ministrándole como Cristo mismo ministró.

> **Pensamiento.** La mayor prueba de amor es "hacer el bien a quienes te aborrecen."

> «Pero a vosotros, los que oís, os digo: amad a vuestros enemigos, haced el bien a los que os aborrecen» (Lc. 6:27; cp. Lc. 6:28).

> «Así que, si tu hermano tuviere hambre, dale de comer; si tuviere sed, dale de beber; pues haciendo esto, ascuas de fuego amontonarás sobre su cabeza» (Ro. 12:20).

> «Mirad que ninguno pague a otro mal por mal; antes seguid siempre lo bueno uno para con otros, y para con todos» (1 Ts. 5:15).

> «Si vieres el asno del que te aborrece caído debajo de su carga, ¿le dejarás sin ayuda? Antes bien le ayudarás a levantarlo» (Éx. 23:5).

> «Si el que te aborreciere tuviere hambre, dale de comer pan, y si tuviere sed, dale de beber agua; porque ascuas amontonarás sobre su cabeza, y Jehová te lo pagará» (Pr. 25:21-22).

4.   Orar por los que a uno lo persiguen. Hay tres cosas por las que hay que orar particularmente: (a) que Dios perdone al perseguidor (Lc. 23:34; Hch. 7:60), (b) por la paz entre perseguido y perseguidor, y (c) por la salvación o corrección del perseguidor.

La oración por el perseguidor beneficiará grandemente al creyente. Le evitará que el creyente se vuelva amargado, hostil, reaccionario.

> «Pero yo os digo: amad a vuestros enemigos, bendecid a los que os maldicen, haced bien a los que os aborrecen, y orad por los que os ultrajan y os persiguen» (Mt. 5:44).

> «Y Jesús decía: Padre, perdónalos, porque no saben lo que hacen. Y repartieron entre sí sus vestidos, echando suertes» (Lc. 23:34).

> «Y puesto de rodillas, clamó a gran voz: Señor, no les tomes en cuenta este pecado. Y habiendo dicho esto, durmió» (Hch. 7:60).

ESTUDIO A FONDO 1

(5:44) *Amor:* cuando Cristo dijo: «Amad a vuestros enemigos» pudo haber usado cualquiera de cuatro palabras. La lengua griega es muy descriptiva y detallada en sus expresiones. Sus palabras son precisas y llenas de significado. Al hablar de amor la lengua griega describe exactamente lo que se quiere decir. Separa los diferentes tipos de amor, y usa palabras diferentes para ellos. Por eso, siempre es importante saber qué palabra es usada en el Nuevo Testamento y qué significa esa palabra.

1.   Está el amor «eros». Es el amor que surge de la pasión, del apasionamiento y de la atracción sexual. Es el amor (pasión) del hombre por la mujer. Esta palabra nunca es usada en el Nuevo Testamento.

2.   Está el amor «storge». Es el que nace del afecto, un lazo natural de afecto, el afecto del amor familiar. Es el amor y afecto natural entre padre e hijo.

3.   Está el amor «phileo». Este amor, que también surge del afecto, pero de una clase diferente. Es un afecto profundo, intenso, cálido. Es el afecto que llena el corazón de una persona con calidez, ternura, aprecio, y de un profundo sentimiento de realmente amar y ser amado. Es el amor de precioso afecto y sentimientos de aquellos que están muy cerca y que son muy queridos al corazón de uno (véanse notas—Jn. 21:15-17).

4.   Está el amor «ágape». Es el amor que desea el bien. Es un amor que demuestra bondad, benevolencia y estima. Es el amor de la mente, de la razón y elección. Es un amor sacrificial, es decir, un amor que se preocupa, que da, y que trabaja por el bien de otra persona, sin importar cómo pueda responder esa persona o tratarlo a uno (véanse notas—Jn. 21:15-17).

La palabra que Cristo usa al decir, «Amad a vuestros enemigos» es *ágape;* el amor de la voluntad. El cristiano tiene que usar su mente y su razón y decidir deliberadamente amar a su enemigo.

Note cuatro cosas:

1.   El amor cristiano hacia su enemigo difiere del amor que siente por su familia. Sería imposible amar al enemigo con afecto. Cristo lo sabía.

2.   El cristiano se sacrifica a sí mismo a efectos de trabajar por el bien de su enemigo. Sea un ministro cristiano o un laico, el cristiano escoge deliberadamente amar un mundo de hombres antagónicos, por el propio bien de ellos (la salvación de ellos y su esperanza de eternidad).

3.   El amor cristiano (amor *ágape*) no es una complaciente aceptación de la abierta maldad y licencia. No es cruzarse de brazos y dejar que una persona haga lo que quiera. No es permitir el egoísmo y engaño y el abundar en conductas licenciosas. El amor *ágape* es poner de la mejor manera posible un freno al pecado y a la conducta licenciosa. Es freno, control, disciplina y aun castigo cuando ello protege al ofensor de sí mismo y a los que el ofensor hiere. Ilustrado con sencillez es un padre que controla a su hijo para el propio bien de ese niño y de quienes lo aman.

4.   El amor *ágape* es el amor de Dios. Un cristiano solamente puede tener amor *ágape* si permite que Dios ame a través de él (véase nota—Jn. 21:15-17). El creyente deliberadamente quiere amar como ama Dios, y Dios lo capacita para hacerlo (Ro. 5:5).

> «Pero yo os digo: Amad a vuestros enemigos» (Mt. 5:44).

> «Así que, si tu hermano tuviere hambre, dale de comer; si tuviere sed, dale de beber; pues haciendo esto, ascuas de fuego amontonarás sobre su cabeza» (Ro. 12:20).

> «Si encontrares el buey de tu enemigo o su asno extraviado, vuelve a llevárselo» (Éx. 23:4).

> «Cuando cayere tu enemigo, no te regocijes, y cuando tropezare, no se alegre tu corazón» (Pr. 24:17).

> «Si el que te aborreciere tuviere hambre, dale de comer pan, y si tuviere sed, dale de beber agua; porque ascuas amontonarás sobre su cabeza, y Jehová te lo pagará» (Pr. 25:21-22).

> «Amarás a tu prójimo como a ti mismo» (Mt. 22:39).

> «El amor sea sin fingimiento. Aborreced lo malo, seguid lo bueno» (Ro. 12:9).

> «Y el Señor os haga crecer y abundar en amor unos para con otros y para con todos, como también lo hacemos nosotros para con vosotros» (1 Ts. 3:12).

> «Si en verdad cumplís la ley real, conforme a la Escritura: amarás a tu prójimo como a ti mismo, bienhacéis» (Stg. 2:8).

> «Amados, amémonos unos a otros; porque el amor es de Dios. Todo aquel que ama, es nacido de Dios, y conoce a Dios» (1 Jn. 4:7).

ESTUDIO A FONDO 2

(5:44) *Blasfemo:* el blasfemo tiene dos grandes problemas. (Véanse notas—Mt. 5:33-37.)

1.   El blasfemo tiene una autoimagen débil. Siente la necesidad de pasar por el *muchachón* o el *gran tipo.* Siente la necesidad de afirmarse a sí mismo, de impresionar como fuerte y vigoroso, de encajar como *uno de los muchachos* u *hombres.* Es de notar que la sociedad misma puede adquirir una imagen débil; es decir, toda una generación puede reflejar una auto-imagen débil. Uno de los primeros signos de una auto imagen débil es la aceptación de la blasfemia como parte normal de la conversación. ¡Qué denuncia contra tantas sociedades!

2.   El blasfemo o bien no conoce al Señor o bien es muy inmaduro y débil en el Señor. De modo que necesita desesperadamente la bendición y ayuda del creyente.

3   (5:45-47) *Amor:* el incentivo para amar a todos como verdaderos prójimos es triple.

1.	El amor convierte a la persona en hijo de Dios. El amor es una prueba inequívoca de que la persona verdaderamente ama y conoce a Dios. Un creyente no puede aborrecer a otra persona, no si es un verdadero creyente. Si una persona dice amar a Dios y aborrecer a alguna persona, haya sido amigo o enemigo, tiene necesidad de examinar su corazón. Le falta la autenticidad que demanda Dios (1 Jn. 4:19-21; 1 Jn. 3:23; cp. Jn. 13:33-34).

> «Pero cuando vino el cumplimiento del tiempo, Dios envió a su Hijo, nacido de mujer y nacido bajo la ley, para que redimiese a los que están bajo la ley, a fin de que recibiésemos la adopción de hijos. Y por cuanto sois hijos, Dios envió a vuestros corazones el Espíritu de su Hijo, el cual clama: ¡Abba, Padre!» (Gá. 4:4-6).

> «En esto se manifiestan los hijos de Dios, y los hijos del diablo: todo aquel que no hace justicia, y que no ama a su hermano, no es de Dios» (1 Jn. 3:10).

2.	El amor hace que una persona sea semejante a Dios. Dios ama a sus enemigos. Hace que el sol salga y la lluvia caiga sobre sus enemigos tanto como sobre los que le aman. El cristiano tiene que ser como Dios, es decir, tiene que amar a sus enemigos. Amando a sus enemigos se vuelve más y más semejante a Dios, más parecido a Dios.

> «Y creó Dios al hombre a su imagen, a imagen de Dios lo creó; varón y hembra los creó» (Gn. 1:27).

> «Sed, pues, vosotros perfectos, como vuestro Padre que está en los cielos es perfecto» (Mt. 5:48).

> «Desecha las fábulas profanas, y de viejas. Ejercítate para la *piedad*» (1 Ti. 4:7).

> «Mas tú, oh hombre de Dios, huye de estas osas, y sigue la justicia, la *piedad*, la fe, el amor, la paciencia, la mansedumbre» (1 Ti. 6:11).

> «Enseñándonos que, renunciando a la impiedad y a los deseos mundanos, vivamos en este siglo sobria, justa y piadosamente» (Tit. 2:12).

> «Sino, como aquel que os llamó es santo, sed también vosotros santos en toda vuestra manera de vivir; porque escrito está: Sed santos, porque yo soy santo» (1 P. 1:15-16).

Pensamiento 1. El hombre fue creado «a imagen y semejanza de Dios» (Gn. 1:27). El propósito de *ser* del hombre, es glorificar a Dios y ser semejante a Dios (cp. Mt. 5:48).

Pensamiento 2. Nadie puede mirar la naturaleza de Dios y aprender a aborrecer. El sol y la lluvia de Dios bendicen a todos. No hay indicación de favoritismo en el sol y la lluvia. Por eso, aprender a reaccionar y aborrecer no proviene desde *afuera* sino desde *el interior del hombre* (Mt. 15:18-20; Mr. 7:21; cp. Mt. 12:34-35; Lc. 6:45).

3.	El amor hace que una persona sea distinta a las otras. Un creyente tiene que hacer más que otros. Tiene que ir más allá de lo que otros hacen. Cualquiera ama a sus amigos, entonces, *haciendo más y yendo más allá* significa que el creyente va a amar a sus enemigos. Cualquiera es amable con los que le saludan; por eso, hacer más e ir más allá significa que el creyente saluda a sus enemigos.

Pensamiento 1. Hay que analizar las motivaciones. Demasiadas personas son buenas y amables por interés propio. Esperan obtener algo (un voto, dinero, herencia, sostén) de aquellos hacia quienes son amables. El creyente tiene que ser diferente, distinto. Sus motivaciones tienen que ser extenderse hacia quienes no son amables, incluso hacia los enemigos de Cristo.

Pensamiento 2. Si las personas solo amaran y se preocuparan por aquellos que le dan amor, piense cuán dividido estaría el mundo. Alguien tiene que extenderse para reunir a todos. Todos tienen que ser alcanzados: los amargados, los de corazón frío, los que se apartaron, los enojados, los homicidas, los que atacan, el ladrón, el enemigo, el blasfemo, el que aborrece, el despreciable, el perseguidor.

Pensamiento 3. Le corresponde al creyente *hacer más e ir más allá*. El creyente debe alcanzar a todos, porque conoce el verdadero amor de Dios.

Pensamiento 4. Dios *ha hecho más y ha ido más allá* enviando a su Hijo al mundo (Jn. 3:16; cp. Ef. 2:11-18). El creyente lo sabe; por eso, su llamado es *hacer más e ir más allá* (2 Co. 5:18-20).

> «Al que te pida, dale; y al que quiera tomar de ti prestado, no se lo rehúses» (Mt. 5:42).

> «En todo os he enseñado que, trabajando así, se debe ayudar a los necesitados, y recordar las palabras del Señor Jesús, que dijo: Más bienaventurado es dar que recibir» (Hch. 20:35).

> «Compartiendo para las necesidades de los santos; *practicando la hospitalidad*» (Ro. 12:13).

> «Así que, según tengamos oportunidad, hagamos bien a *todos,* y mayormente a los de la familia de la fe» (Gá. 6:10).

4 (5:48) *Perfecto (teleios)*: el mandato es: «Sed, pues, perfectos». La idea es la de propósito perfecto. Tiene que ver con un fin, un propósito, una meta, un blanco. Significa preparado, totalmente crecido en una etapa particular de crecimiento. Por ejemplo, un niño bien crecido, es un niño perfecto; ha alcanzado su niñez y logrado el propósito de su niñez. No significa perfección de carácter, es decir, ausencia de pecado. Es preparación, madurez para una tarea y un propósito. Es pleno desarrollo, madurez en la piedad. (*Véanse* notas—Ef. 4:12-16; cp. Fil. 3:12-16; 1 Jn. 1:8-10).

La Biblia revela tres etapas de perfección.

1.	Perfección salvadora. La muerte de Cristo ha garantizado para siempre la perfección o redención de los apartados para Dios.

> «Porque con una sola ofrenda hizo perfectos para siempre a los santificados» (He. 10:14).

2.	Perfección progresiva o en maduración. Dios revela todo lo que es contrario a su propósito, y se espera del creyente que lo quite (Fil. 3:13-15, esp. 15). La «santidad perfecta» del creyente (2 Co. 7:1) está «siendo perfeccionada ahora» (Gá. 3:3). Como miembro de la iglesia, el creyente está experimentando «la perfección de los santos» (Ef. 4:12; Col. 4:12; He. 13:21; Stg. 1:4; 1 Jn. 4:17-18).

> «Y él mismo constituyó a unos, apóstoles; a otros, profetas; a otros, evangelistas; a otros, pastores y maestros, a fin de perfeccionar a los santos para la obra del ministerio, para la edificación del cuerpo de Cristo» (Ef. 4:11-12).

3.	Perfección redentora o resucitada. El propósito y la meta del creyente es llegar «a la resurrección de los muerto ... [ser] perfecto» (Fil. 3:11-12).

> «A fin de conocerle, y el poder de su resurrección, y la participación de sus padecimientos, llegando a ser semejante a él en su muerte, si en alguna manera llegase a la resurrección de entre los muertos. No que lo haya alcanzado ya, ni que ya sea perfecto; sino que prosigo, por ver si logro asir aquello para lo cual fui también asido por Cristo Jesús» (Fil. 3:10-12).

El mensaje del Señor es este: el creyente maduro hará el bien y mostrará bondad a todos los hombres, tanto a buenos como a malos. Es *maduro* en el corazón al mostrar amor a sus enemigos tanto como a sus amigos. En esto Dios mismo es el ejemplo del creyente (*véanse* notas—Stg. 13:33-35; 21:15-17).

Pensamiento 1. Dios es amor, amor perfecto (1 Jn. 4:8, 16). Dios ama a todos; por eso, anhela un mundo de amor, criaturas que se decidan libremente por el amor. Desafía a cada uno a ser semejante a él mismo: a amar a todos, aun a sus enemigos.

Pensamiento 2. ¡Piense en el desafío! El verdadero cristiano...

- tiene enemigos, pero los va a amar.
- tiene quienes lo maldigan, pero él los va a bendecir.

88   MATEO 5:43-48

- tiene quienes le aborrezcan, pero él les va a hacer el bien.
- tiene quienes le escupan, pero el orará por ellos.
- tiene quienes lo persigan, pero él va a orar por ellos.

Si una persona procura madurar en este desafío, marchará por siempre hacia la meta de ser como su «Padre que está en los cielos» (cp. Fil. 3:12-16).

Pensamiento 3. Ninguna persona logrará la perfección en las relaciones humanas. Considere solamente las deficiencias de una persona en la relación con su cónyuge, hijo, amigo, compañero de trabajo, y enemigo. Pero debe «proseguir ... olvidar lo que queda atrás ... extenderse ... continuar». Debe andar como aprendió a andar: más y más semejante a Cristo (Fil. 3:12-16; 1 P. 1:14-16).

«Sed, pues, vosotros perfectos, como vuestro Padre que está en los cielos es perfecto» (Mt. 5:48).

«Por lo demás, hermanos, tened gozo, perfeccionaos, consolaos, sed de un mismo sentir, y vivid en paz; y el Dios de paz y de amor estará con vosotros» (2 Co. 13:11).

«Hasta que todos lleguemos a la unidad de la fe y del conocimiento del Hijo de Dios, a un varón perfecto, a la medida de la estatura de la plenitud de Cristo» (Ef. 4:13).

«A quien anunciamos, amonestando a todo hombre, y enseñando a todo hombre en toda sabiduría, a fin de presentar perfecto en Cristo Jesús a todo hombre» (Col. 1:28).

«Toda la Escritura es inspirada por Dios, y útil para enseñar, para redargüir, para corregir, para instruir en justicia, a fin de que el hombre de Dios sea perfecto, enteramente preparado para toda buena obra» (2 Ti. 3:16-17).

«Por tanto, dejando ya los rudimentos de la doctrina de Cristo, vamos adelante a la perfección; no echando otra vez el fundamento del arrepentimiento de obras muertas, de la fe en Dios» (He. 6:1).

«Os haga aptos en toda obra buena para que hagáis su voluntad, haciendo él en vosotros lo que es agradable delante de él por Jesucristo; al cual sea la gloria por los siglos de los siglos. Amén» (He. 13:21).

«Mas tenga la paciencia su obra completa, para que seáis perfectos y cabales, sin que os falte cosa alguna» (Stg. 1:4).

«Mas el Dios de toda gracia, que nos llamó a su gloria eterna en Jesucristo, después que hayáis padecido un poco de tiempo, él mismo os perfeccione, afirme, fortalezca y establezca» (1 P. 5:10).

	CAPÍTULO 6	hacen los hipócritas en las sinagogas y en las calles, para ser alabados por los hombres; de cierto os digo que ya tienen su recompensa.	b. Característica de los hipócritas
	K. El verdadero motivo para dar,[EF1] **6:1-4**		c. Recompensa: reconocimiento de hombre únicamente
1 Limosnas **— buenas obras y dádivas** a. Advertencia: no busque reconocimiento b. La razón: Dios no recompensará	Guardaos de hacer vuestra justicia delante de los hombres, para ser vistos de ellos; de otra manera no tendréis recompensa de vuestro Padre que está en los cielos.	3 Mas cuando tú des limosna, no sepa tu izquierda lo que hace tu derecha,	**3 Motivación correcta** a. Dar inconscientemente b. Dar quieta, privada y secretamente
2 Motivación equivocada a. Dar por el reconocimiento	2 Cuando, pues, des limosna, no hagas tocar trompeta delante de ti, como	4 para que sea tu limosna en secreto; y tu Padre que ve en lo secreto te recompensará en público.	**4 Las razones** a. Dios ve en secreto b. Dios recompensa en público

K. El verdadero motivo para dar, 6:1-4

(6:1-4) Introducción—motivación: a Dios le importa en gran manera lo que hace una persona. Dios espera que los hombres sean buenos y hagan buenas obras en el mundo. Que ayuden a otros, tanto por medio de la participación personal como por medio de dádivas generosos y sacrificiales.

Pero hay algo más que Dios espera, algo de crucial importancia: Dios espera que la persona tenga las *motivaciones correctas*. A Dios le importa en gran manera por qué una persona hace el bien y muestra bondad. Esto importa tanto que el destino eterno de una persona es determinado por sus motivaciones. Por ese motivo Cristo nos advierte acerca de las motivaciones correctas y equivocadas.

1. Limosnas—buenas obras y dádivas (v. 1).
2. Motivación equivocada (v. 2).
3. Motivación correcta (vv. 3-4).
4. Las razones (v. 4).

ESTUDIO A FONDO 1

(6:1-8) Cristiano, deber: Cristo discutió los tres grandes deberes religiosos de un judío: dar limosnas (Mt. 6:1-4), orar (Mt. 6:5-15) y ayunar (Mt. 6:16-18). Tenía un triple propósito.
1. Que los hombres hagan dádivas, oren, y ayunen.
2. Que los hombres hagan estas obras con las *motivaciones correctas* y *que se guarden de la hipocresía* cuando las hicieren.
3. Que los hombres reciban su *recompensa* de Dios el Padre.

1 **(6:1) Limosnas—buenas obras—dádivas:** dar limosnas, hacer el bien y dar dádivas a otros. La palabra «limosnas» significa hechos justos a fin de suplir las necesidades de los pobres. Para los judíos dar limosnas y justicia significaba lo mismo. Lo más grande que un judío podía hacer era dar limosnas; era la primera obra de la religión. Se lo consideraba la encarnación misma de la justicia, a tal extremo que ambas palabras comenzaron a usarse como sinónimos. El dar limosnas le aseguraba a uno justicia y salvación (*véase* nota—Mt. 5:6). Cristo advirtió que había un gran peligro en dar limosnas y hacer justicia. Estén atentos y cuídense. No den por el reconocimiento, de lo contrario perderán su recompensa.

Pensamiento. Hay dos lecciones importantes en este versículo.
1) El hombre tiene que estar atento y alerta al engaño de dar y de hacer justicia delante de los hombres. El corazón de la persona puede ser engañado. El pecado se apodera del hombre; es insidioso y sutil. Impedirá que la persona reciba algo de Dios.
2) La persona tiene que dar limosnas y hacer justicia. Es un deber del cristiano. En este pasaje solamente, Cristo menciona cuatro veces «hacer justicia».

2 **(6:2) Motivación:** existe la motivación equivocada para hacer justicia. Cristo da por sentado que el creyente da y hace justicia. Lo que Cristo señala es la motivación del corazón humano para dar y hacer justicia.

1. La motivación equivocada es dar por el reconocimiento. Dice que el reconocimiento es procurado haciendo sonar la propia trompeta en dos lugares: (1) en la sinagoga ante la gente religiosa y (2) en las calles ante el público.

Pensamiento 1. Existen varias motivaciones equivocadas para dar y hacer justicia.
1) Una persona puede dar por el reconocimiento y prestigio; para ser alabada por la gente en la vida y recordada en la muerte. La persona puede desear el aplauso de los hombres, su agradecimiento y aprecio, la honra y alabanza, estima y gloria.
2) Una persona puede dar para aplaudirse a sí misma, por satisfacción propia, y auto admiración; para sentirse bien por lo que ha hecho y verse con la mejor imagen posible. Tal vez quiera levantar su ego y gloriarse a sí misma.
3) Una persona puede dar por un sentimiento de obligación, para satisfacer un sentido del deber.
4) Una persona puede dar para asegurar el reconocimiento de Dios; para sentir que Dios está complacido y que le favorecerá por haber hecho justicia.

Pensamiento 2. No siempre es malo dar limosnas cuando la gente nos ve. Es algo que no se puede evitar siempre. Lo malo es dar limosnas *de modo que* los hombres nos vean.

Pensamiento 3. No se trata de que una persona deje de hacer el bien, pero debe cuidarse de cómo da y cómo hace el bien.

«Antes hacen todas sus obras para ser vistos por los hombres» (Mt. 23:5).

«Guardaos de los escribas, que gustan de andar con ropas largas, y aman las salutaciones en las plazas, y las primeras sillas en las sinagogas, y los primeros asientos en las cenas» (Lc. 20:46).

2. Dar por el reconocimiento es característico de los hipócritas. Dar por motivaciones equivocadas es hipócrita. La palabra «hipócrita» *(hupokrites)* se refiere a un actor que hace una presentación, que interpreta un papal en el escenario; una máscara, un cuadro ficticio; demostrando ser algo que no es.
a. Es «tocar la trompeta» *ante uno mismo* (v. 2): tocar la propia trompeta en auto alabanza.
b. Es «tocar la trompeta» *en la sinagoga*; tocar la propia trompeta en la iglesia, ante los religiosos; es procurar

la alabanza de los religiosos (v. 2).

c.   Es «tocar la trompeta» *en las calles*; tocar la propia trompeta ante el público, buscando la alabanza del público (v. 2).

> «Porque el que se enaltece será humillado, y el que se humilla será enaltecido» (Mt. 23:12).
>
> «¿Cómo podéis vosotros creer, pues recibís la gloria los unos de los otros, y no buscáis la gloria que viene de Dios único?» (Jn. 5:44).
>
> «El que ama la disputa, ama la transgresión; y el que abre demasiado la puerta busca su ruina» (Pr. 17:19).
>
> «Comer mucha miel no es bueno, ni el buscar la propia gloria es gloria» (Pr. 25:27).
>
> «Si te remontares como águila, y aunque entre las estrellas pusieres tu nido, de ahí te derribaré, dice Jehová» (Abd. 4).

3.   Dar por el reconocimiento solamente es recompensado en esta tierra. La persona solamente recibe el reconocimiento de los hombres. Hay dos recompensas por las motivaciones equivocadas: el reconocimiento de los hombres y una autosatisfacción transitoria. Note las palabras «tienen su recompensa». Es una afirmación reveladora: significa precisamente lo que dice: que el pago ya se entregó completamente. Uno ha recibido su pago y recompensa; ha recibido todo lo que iba a recibir. No habrá recompensa —en absoluto— de parte de Dios (*véase* nota—Mt. 6:4).

Pensamiento 1. La persona que da por motivaciones falsas fracasa de diversas formas.
1)   Fracasa en «darse a sí misma». Entrega dinero y da cosas, pero calcula exactamente lo que puede dar a efectos de satisfacer la necesidad; pero nunca se involucra personalmente. Nunca da de sí misma.
2)   Pocas veces pone a la necesidad o al necesitado en primer lugar. El satisfacer sus propias motivaciones, y suplir su propia necesidad tienen el primer lugar.
3)   Siempre se siente herida, desilusionada, infeliz, y a veces enojada si su dádiva no es reconocida y alabada.
4)   Nunca está permanentemente satisfecha con lo hecho. ¿Por qué? Porque Cristo y el genuino darse a sí mismo es la única satisfacción permanente en el corazón humano.
5)   Ha aceptado el reconocimiento que solo dura un breve lapso. El prestigio y honor, la gratitud y alabanza de los hombres solo es transitoria.
   a.   La persona que da en esta vida pronto desaparece de la memoria de los hombres. Sus dádivas se desplazan hacia el fondo. La gente avanza hacia otras cosas.
   b.   Una vez desaparecido, el hombre que dio dádivas en su vida, nada sabe de los pensamientos y las palabras referidas a él. Se encuentra a solas ante Dios, responsable solamente ante Dios.

Pensamiento 2. Tres cosas se pueden decir acerca de la persona que escoge la recompensa del hombre por encima de la de Dios: (1) Ha escogido la recompensa más pobre; (2) se ha engañado a sí misma; y (3) no puede esperar más que eso. ¡Qué terrible destino! No tener más recompensa que la ofrecida por este mundo. ¡Imagínese! Ninguna esperanza ni expectativa de un futuro mejor; más allá de este mundo, nada.

> «Porque toda carne es como hierba, y toda la gloria del hombre como flor de la hierba. La hierba se seca y la flor se cae» (1 P. 1:24).
>
> «Mas el hombre no permanecerá en honra; es semejante a las bestias que perecen» (Sal. 49:12).
>
> «Porque cuando muera no llevará nada, ni descenderá tras él su gloria» (Sal. 49:17).
>
> «Por eso ensanchó su interior el Seol, y sin

> medida extendió su boca; y allá descenderá la gloria de ella, y su multitud, y su fausto, el que en él se regocijaba» (Is. 5:14).
>
> «Conforme a su grandeza, así pecaron contra mí; también yo cambiaré su honra en afrenta» (Os. 4:7).

3 (6:3-4) *Motivación:* ¿Cuál es la motivación correcta para hacer el bien y dar limosnas? «No sepa tu izquierda lo que hace tu derecha.» ¡Qué manera tan descriptiva de decirlo!
1.   Dar inconscientemente. Sin prestar atención a lo que estás dando y haciendo. Hacerlo por una compulsión interior de dar y ayudar, a partir de un intenso amor, a partir de un interés genuino. Mantener la mente en la necesidad, no en lo que estás haciendo y en los beneficios que puedas recibir. No alientes tales pensamientos egoístas. Limítate a amar y a preocuparte y a interesarte al tiempo que das y haces el bien.
2.   Dar secretamente, quieta y privadamente. Que otros no sepan lo que estás dando y haciendo. Manténlo oculto, sin decir nada. Manten un perfil bajo; mantente fuera del centro de los aplausos; si es posible evita el reconocimiento. Es crucial que huyas del reconocimiento. Los otros miembros de una persona, esto es su mano, o sea, su familia, no deben enterarse.

Lo que se necesita tan desesperadamente es una visión realista del mundo. El mundo es un lugar de dolor y sufrimiento, pecado y muerte; un mundo que necesita ser salvado y traído de alguna manera a un estado de incorrupción. Cuando una persona encara la pura verdad del mundo, se olvida de sí misma y se dispone a suplir las necesidades del mundo mediante el poder de Cristo. Sencillamente no hay tiempo para enredarse en los asuntos de este mundo y buscar el aplauso de los hombres. Solamente hay tiempo para ministrar. Perder tiempo para aplaudirse unos a otros significa que alguna otra necesidad no será satisfecha.

Existe una sola motivación correcta para dar limosnas y hacer justicia: ayudar a los necesitados.
•   Hay personas que conocen y viven conscientes de la miseria, infortunio y desesperante angustia del mundo.
•   Hay personas que aman y se preocupan tanto que *desean* ayudar a los que necesitan ayuda.
•   Hay personas que literalmente se *lanzan a sí mismas* a suplir las necesidades del mundo y ayudar en todo lo que pueden.

Pensamiento. Hay tres vigorosas lecciones en este punto.
1)   La persona tiene que estar inmersa en Dios y en las necesidades del mundo. No hay tiempo para centrar la atención en sí misma si desea concentrar su vida en Dios y a gastarla para salvar su mundo.
2)   Hay una sola forma en que las necesidades del mundo pueden ser suplidas: salir al mundo donde están esas necesidades. No hay tiempo para explicaciones a la mano derecha ni para recibir aplausos de la mano izquierda.
3)   El siervo de Dios tiene que estar obsesionado con su llamado y ministerio para con el mundo. No se enreda con los asuntos de este mundo y el aplauso de los hombres (2 Ti. 2:4). El siervo sale silenciosa y diligentemente para derramar su vida ayudando a otros.

> «Jesús le dijo: si quieres ser perfecto, anda, vende lo que tienes, y dalo a los pobres, y tendrás tesoro en el cielo; y ven y sígueme» (Mt. 19:21).
>
> «Pero dad limosna de lo que tenéis, y entonces todo os será limpio» (Lc. 11:41).
>
> «Vended lo que poseéis, y dad limosna; haceos bolsas que no se envejezcan, tesoro en los cielos que no se agote, donde ladrón no llega, ni polilla destruye» (Lc. 12:33).
>
> «Jesús, oyendo esto, le dijo: Aún te falta una cosa: vende todo lo que tiene, y dalo a los pobres, y tendrás tesoro en el cielo; y ven, sígueme» (Lc. 18:22).

«Entonces Zaqueo, puesto en pie, dijo al Señor: He aquí, Señor, la mitad de mis bienes doy a los pobres; y si en algo he defraudado a alguno, se lo devuelvo cuadruplicado» (Lc. 19:8).

«Y cuando tu hermano empobreciere y se acogiere a ti, tú lo ampararás; como forastero y extranjero vivirá contigo» (Lv. 25:35).

«Cuando haya en medio de ti menesteroso de alguno de tus hermanos en alguna de tus ciudades, en la tierra que Jehová tu Dios te da, no endurecerás tu corazón, ni cerrarás tu mano contra tu hermano pobre» (Dt. 15:7).

«Cada uno con la ofrenda de su mano, conforme a la bendición que Jehová tu Dios te hubiere dado» (Dt. 16:17).

«Alarga su mano al pobre, y extiende sus manos al menesteroso» (Pr. 31:21).

4 (6:4) *Limosnas—dar:* hay dos razones por la cuales hacer el bien silenciosa y secretamente.

1.   Dios ve en secreto. Dios ve el dar y hacer justicia secretamente. Nada pasa desapercibido a su atención. Conoce las motivaciones y hechos de cada hombre; toda simple motivación, todo simple hecho.

«Yo Jehová, que escudriño la mente, que pruebo el corazón, para dar a cada uno según su camino, según el fruto de sus obras» (Jer. 17:10).

«¿Se ocultará alguno, dice Jehová, en escondrijos que yo no lo vea? ¿No lleno yo, dice Jehová, los cielos y la tierra?» (Jer. 23:24).

«Jehová es bueno, fortaleza en el día de la angustia; y conoce a los que en él confían» (Nah. 1:7).

«Pero si alguno ama a Dios, es conocido por él» (1 Co. 8:3).

Pensamiento. Note las palabras «tu Padre». Si Dios realmente es el Padre de una persona, ésta tiene que dar y hacer justicia tal como el padre se lo dicta. *Cualquier cosa que no se ajuste a ello es desobediencia y no agrada a Dios.*

2.   Dios recompensa abiertamente. Note las palabras «[Dios] recompensará en público».

a.   Es Dios mismo quien recompensará a la persona.

b.   Será una recompensa *abierta*—vista por todos. El creyente tendrá un momento de estar personalmente ante Dios cuando reciba su recompensa. Este es el cuadro presentado por Cristo (*véase* nota 2 Co. 5:10; cp. Mt. 10:32; 1 Co. 4:5; He. 11:6).

Pensamiento. La persona fiel será recompensada como hijo, no como siervo. *Su Padre,* no *su Jefe,* le recompensará.

«Por lo cual, si lo hago de buena voluntad, recompensa tendré; pero si de mala voluntad, la comisión me ha sido encomendada» (1 Co. 9:17).

«Así que, hermanos míos amados, estad firmes y constantes, creciendo en la obra del Señor siempre, sabiendo que vuestro trabajo en el Señor no es en vano» (1 Co. 15:58).

«Porque es necesario que todos nosotros comparezcamos ante el tribunal de Cristo, para que cada uno reciba según lo que haya hecho mientras estaba en el cuerpo, sea bueno o sea malo» (2 Co. 5:10).

«He peleado la buena batalla, he acabado la carrera, he guardado la fe. Por lo demás, me está guardada la corona de justicia, la cual me dará el Señor, juez justo, en aquel día; y no sólo a mí, sino también a todos los que aman su venida» (2 Ti. 4:7-8).

«Mirad por vosotros mismos, para que no perdáis el fruto de vuestro trabajo, sino que recibáis galardón completo» (2 Jn. 8).

«He aquí yo vengo pronto, y mi galardón conmigo, para recompensar a cada uno según sea su obra» (Ap. 22:12).

«Los juicios de Jehová son verdad, todos justos

... Tu siervo es además amonestado con ellos; en guardarlos hay grande galardón» (Sal. 19:9, 11).

«Entonces dirá el hombre: Ciertamente hay galardón para el justo; ciertamente hay Dios que juzga en la tierra» (Sal. 58:11).

«He aquí que Jehová el Señor vendrá con poder, y su brazo señoreará; he aquí que su recompensa vendrá con él, y su paga delante de su rostro» (Is. 40:10).

«He aquí que Jehová hizo oír hasta lo último de la tierra: Decid a la hija de Sion: He aquí viene tu Salvador; he aquí su recompensa con él, y delante de él su obra» (Is. 62:11).

«Yo Jehová, que escudriño la mente, que pruebo el corazón, para dar a cada uno según su camino, según el fruto de sus obras» (Jer. 17:10).

«¿Se ocultará alguno, dice Jehová, en escondrijos que yo no lo vea? ¿No lleno yo, dice Jehová, los cielos y la tierra?» (Jer. 23:24).

L. El verdadero motivo para orar[EF1, 2, 3] **(Parte I), 6:5-6**	
1 Orar para ser visto por la gente 　a. Lugar: querer orar 　　1) En la sinagoga 　　2) En las calles 　b. Reconocimiento 　c. Recompensa: estima de los hombres **2 Ser escuchado por Dios** 　a. Lugar: habitación propia 　b. Motivo: Dios está en el lugar secreto[EF4] 　c. Recompensa: bendición pública	5 Y cuando ores no seas como los hipócritas; porque ellos aman el orar en pie en las sinagogas y en las esquinas de las calles, para ser vistos de los hombres; de cierto os digo que ya tienen su recompensa. 　6 Mas tú, cuando ores, entra en tu aposento, y cerrada la puerta, ora a tu Padre que está en secreto; y tu Padre que ve en lo secreto te recompensará en público.

L. El verdadero motivo para orar (Parte I), 6:5-6

(6:5-6) *Introducción—oración—motivación:* este pasaje está dirigido *a los que oran:* a personas que toman la oración en serio. La oración es una de las mayores obras del creyente cristiano. Hablar con Dios, sea en pensamiento o con los labios, es la forma en que el creyente tiene compañerismo con Dios; y si algo anhela Dios es el compañerismo con el hombre (Is. 43:10). Por eso, es esencial que oremos, y oremos con frecuencia, teniendo compañerismo durante todo el día.

Sin embargo, la preocupación de Cristo en este punto no es *que* oremos. Su preocupación es *cómo* oramos. Es posible orar mal, con motivaciones equivocadas y de manera equivocada. Es posible orar y nunca ser escuchado por Dios. Es posible orar, y sin embargo estar meramente hablando a solas, a nosotros mismos, que nuestras oraciones no se elevan más que a nuestros propios oídos. Por eso Cristo se dispone a enseñarnos las motivaciones correctas y equivocadas para orar.

1. La motivación equivocada: orar para ser visto por la gente (v. 5).
2. La motivación correcta: orar para ser es cuchado por Dios (v. 6).

ESTUDIO A FONDO 1

(6:5-6) *Oración:* Existen algunos peligros alrededor de la oración, algunos factores negativos de los que hay que cuidarse.

1. La oración se puede volver hipócrita (v. 5). La persona puede orar por razones equivocadas, por falsas motivaciones.
2. La oración puede formar ciertos hábitos (v. 5) y es una maravillosa experiencia, emocional y mentalmente que ofrece ricas recompensas; es igualmente eficiente para que nuestras necesidades sean suplidas por Dios en respuesta a nuestras oraciones. Podemos comenzar a sentir *amor al orar* y todavía estar orando equivocadamente.
3. La oración puede llegar a asociarse con ciertos lugares (v. 5). El creyente puede tener lugares que le significan mucho en su vida de oración, pero tiene que cuidarse de limitar la presencia de Dios a esos lugares únicamente, aún tratándose de la iglesia.
4. La oración se puede convertir en una repetición vacía (v. 7). La persona puede tomar cualquier frase o forma de oración y hacerla una experiencia significativa, también puede convertirla

en una ocasión formal y sin sentido. (Piense en cuántas veces se repite el Padrenuestro de memoria mientras la atención está en cualquier otra cosa.)

5. La oración puede llegar a ser demasiado larga (v. 7). El creyente puede comenzar a creer que es oído por «hablar mucho» (cp. Ec. 5:1-2).
6. La oración puede llegar a ser una forma de glorificarse a uno mismo (v. 8). La persona puede comenzar a creer que tiene que informar y convencer a Dios de la *gran* necesidad que tiene. Cuando llega la respuesta (por misericordia de Dios, a pesar de orar equivocadamente), el creyente comienza a *gloriarse en su propia espiritualidad:* en el hecho de cumplir los requisitos para obtener cosas de Dios.
7. La oración puede volverse un auto engaño (vv. 7-8). La persona puede comenzar a pensar que es oída (1) por sus «muchas palabras» y (2) por convencer a Dios de su necesidad.

ESTUDIO A FONDO 2

(6:5-6) *Oración:* note varias cosas.

1. Cristo dice: «Cuando ores». Se refiere a la oración personal (cp. v. 6).
2. Cristo asume que el creyente ora, y la idea implícita es que el creyente ora con frecuencia.
3. Cristo dice que hay una forma correcta y una forma equivocada de orar. «Cuando ores, no ... »; «cuando ores, entra ... »
4. Cristo dice que algunos «aman el orar», y son precisamente los que oran equivocadamente. Oran mal, oran por motivaciones equivocadas.
5. Cristo ilustra a dos hombres orando. Uno ora a los hombres (v. 5); el otro ora al Padre (v. 6). El primero es un hipócrita; el segundo es un auténtico hijo del Padre.

ESTUDIO A FONDO 3

(6:5-6) *Oración:* se espera de los creyentes que oren. La oración es el medio que Dios ha designado para actuar en favor del hombre. *Compartir y hablar* juntos es la forma en que todas las personas se comunican, tienen compañerismo y andan juntas. Es así, tanto respecto de los hombres como respecto de Dios. El orar requiere nuestra presencia, nuestro compartir y hablar; Dios quiere el compañerismo y la comunión con nosotros. Pocas personas consideran este hecho; pocas personas toman la oración en serio. Por eso, si queremos las bendiciones de Dios sobre nuestras vidas y ministerios, si queremos que la obra de Dios avance con poder llevando frutos, entonces debemos orar e interceder en oración.

> «Ora a tu Padre» (Mt. 6:6; cp. Mt. 6:7).
>
> «Vosotros, pues, oraréis así» (Mt. 6:9).
>
> «Rogad, pues, al Señor de la mies» (Mt. 9:38; Lc. 10:2).
>
> «Velad y orad, para que no entréis en tentación» (Mt. 26:41; Mr. 13:33; 14:38; Lc. 21:36; 22:40, 46).
>
> «La necesidad de orar siempre, y no desmayar» (Lc. 18:1).
>
> «Orando en todo tiempo, con toda oración y súplica en el Espíritu, y velando en ello con toda perseverancia y súplica por todos los santos» (Ef. 6:18).
>
> «Orad sin cesar» (1 Ts. 5:17).
>
> «Quiero, pues, que los hombres oren en todo lugar» (1 Ti. 2:8).

1 (6:5) *Oración—motivación:* la motivación equivocada en la oración es orar para ser visto por los hombres. Hay que considerar dos aspectos preliminares antes de discutir este punto.

1. Orar —incluso amando el orar— no es señal de que la persona realmente conoce a Dios.

2. Si una persona realmente conoce a Dios, va a orar. No importa lo que la persona piense, si realmente conoce a Dios y realmente creen en Dios, esa persona habla con Dios. No hay nada que le pueda impedir orar. Conoce a Dios personalmente; lo conoce como Padre que ama y se ocupa de ella con tanto cuidado. Por eso, igual que un niño que realmente ama a su padre, el creyente habla, conversa y comparte con su Padre.

Esto tiene un mensaje para la persona que ora primordialmente en público, y en privado poco o nada. Tal persona tiene que examinar la autenticidad de su corazón y profesión.

Cristo dice que la persona que ora para ser vista por los hombres *ama el orar, pero es un hipócrita.*

1. Los lugares donde *ama* el orar son *lugares públicos*, en la sinagoga (iglesia) y en las calles (restaurantes y otros lugares públicos).

Pensamiento. Note cinco enseñanzas.
1) Algunos aman el orar en público. Les gusta representar al grupo y vocalizar las alabanzas y necesidades del mismo a Dios. Algunos se han vuelto muy carismáticos y elocuentes en la oración pública, sin embargo, les falta ese amor esencial para orar en privado. Cristo dice «hipócrita» (v. 5).
2) Algunos solo oran en público. Oran en presencia de la familia (en las comidas y oraciones familiares, normalmente con los niños); en la iglesia (cuando se les pide la oración); y en público (cuando comen en restaurantes). Pocas veces, o nunca, oran en privado. ¡Qué deficiente es la oración de tantas personas!
3) Las oraciones tiene que ser hechas a Dios tanto en la iglesia como en público. Pero la oración pública debe ser pública y no privada. Con demasiada frecuencia una persona tiene sus *devociones personales* cuando es requerida a orar públicamente. Ha descuidado sus *oraciones privadas* y su necesidad interior no ha sido satisfecha. Entonces, cuando comienza a orar públicamente, se desliza hacia su propia *oración privada* en vez de representar al grupo.
4) Algunos hipócritas oran, y oran mucho. Existen algunas *personas religiosas* que oran poco o nada.

Ellas pueden aprender de los hipócritas.

5) Note la postura de este hipócrita. Oraba de pie. Es una postura aceptable para orar (Mr. 11:25); pero el cuadro es el de orgullo, arrogancia, confianza en sí mismo. Estar de rodillas demuestra humildad, reverencia, y dependencia de Dios (Lc. 22:41; Ef. 3:14).

> «Unánimes entre vosotros; no altivos, sino asociándoos con los humildes. No seáis sabios en vuestra propia opinión» (Ro. 12:16).
>
> «Porque el que se cree ser algo, no siendo nada, a sí mismo se engaña» (Gá. 6:3).
>
> «Porque todo lo que hay en el mundo, los deseos de la carne, los deseos de los ojos, y la vanagloria de la vida, no proviene del Padre, sino del mundo» (1 Jn. 2:16).
>
> «He aquí que aquel cuya alma no es recta, se enorgullece; mas el justo por su fe vivirá» (Hab. 2:4).

2. El hombre que solamente ora en público ora por una sola razón: no porque ama el orar, sino porque ama el reconocimiento.

Pensamiento. Note dos lecciones.
1) El pecado no es fallar en la oración; el pecado es orar *únicamente* en la iglesia y en público. La persona que ora públicamente, pero pocas veces en privado se engaña a sí misma. Cristo dice que la verdadera oración (oración dirigida al Padre) no le importa a esa persona. Ella ora únicamente por el reconocimiento: para ser oída por los hombres.
2) La oración pública debe ser hecha. Sin embargo, hay un gran peligro en la oración pública, y es que el orgullo propio sea incentivado. Es tan fácil orar públicamente y tener pensamientos egoístas recorriendo la mente.
   - Pensar que uno está diciendo una buena oración. Tal oración no es sino palabras elocuentes
   - Que la oración de uno seguramente es admirada.
   - Que la oración realmente está demostrando un estrecho andar con Dios (profunda espiritualidad).

> «Hipócritas, bien profetizó de vosotros Isaías, cuando dijo: este pueblo de labios me honra; mas su corazón está lejos de mí» (Mt. 15:7-8).
>
> «Y si alguno se imagina que sabe algo, aún no sabe nada como debe saberlo» (1 Co. 8:2).
>
> «El que confía en sus riquezas caerá; mas los justos reverdecerán como ramas» (Pr. 11:28).
>
> «Antes del quebrantamiento es la soberbia, y antes de la caída la altivez de espíritu» Pr. 16:18).
>
> «¡Ay de los sabios en sus propios ojos, y de los que son prudentes delante de sí mismos» (Is. 5:21).

3. El hombre que únicamente ora en público recibe su recompensa: reconocimiento público. Tres cosas referidas a este hombre tienen que ser vistas claramente.

a. Tendrá buenos sentimientos y pensamientos que lo satisfagan acerca de su estado espiritual y su piedad religiosa. Tendrá una buena imagen de sí mismo y cierta confianza en su relación con Dios. La estima y alabanza de la gente y el sentirse bien por lo que ha hecho le da una buena imagen de sí mismo. *Pero,* en este caso es una imagen falsa.

b. Se ha engañado a sí mismo. Se ha equivocado en cuanto a la más íntima presencia y el futuro más grande en el universo. Ha perdido su alma. Nunca oirá: «Bien, buen siervo y fiel» (Mt. 25:21).

c.   Obtiene exactamente lo que merece: reconocimiento público. Si le asigna tan poco valor al compartir con Dios mismo, no merece más de lo que el hombre le puede dar, esto es, reconocimiento público.

Pensamiento. La estima de los hombres falla en varios puntos.

1)   La estima del hombre es pasajera. Todas las cosas pasan y pasan tan rápidamente. El hombre pronto olvida y prosigue a otras cosas.

2)   La estima de los hombres se vuelve común. Las mayores habilidades que despiertan alabanza se hacen rutinarias y comunes para el hombre cuando se realizan día tras día. Pronto el hombre deja de reconocer su singularidad. Entonces esas habilidades son meramente esperadas y aceptadas; ya no despiertan alabanza y reconocimiento.

3)   La estima del hombre es impotente. No puede contestar la oración; solamente puede reconocer la habilidad, unir palabras y ver la expresión del hombre, su fervor y sus emociones. Su poder está limitado a las cosas de este mundo, e incluso ese poder es limitado y de corta vida. La estima del hombre no puede hacer absolutamente nada en cuanto a las necesidades espirituales de su corazón.

4)   La estima del hombre no será quien juzgue la vida de una persona. Ningún hombre es más grande que otro hombre; los hombres son meros hombres. Todos tienen la misma necesidad: volverse a Dios en oración, orar por la aceptación y el reconocimiento de Dios. Por eso, la estima del hombre *por el hombre* es sin sentido a la luz del juicio y la eternidad.

«Porque toda carne es como hierba, y toda la gloria del hombre como flor de la hierba. La hierba se seca y la flor se cae» (1 P. 1:24).

«Mas el hombre no permanecerá en honra; es semejante a las bestias que perecen» (Sal. 49:12).

«Porque cuando muera no llevará nada, ni descenderá tras él su gloria» (Sal. 49:17).

«Conforme a su grandeza, así pecaron contra mí; también yo cambiaré su honra en afrenta» (Os. 4:7).

2 (6:6) *Oración—motivación:* la motivación correcta para orar es ser oído por Dios. Tres asuntos preliminares tienen que ser considerados en este punto.

1.   La disposición de tomarse tiempo para orar: «Cuando ores». Tiene que existir la voluntad de orar. El creyente tiene que tomarse el tiempo para estar a solas y orar. Son demasiado pocos los que se toman tiempo para orar, y menos aún los que dedican más de unos minutos a la oración. Demasiados creyentes permanece envueltos en el mundo y sus asuntos cotidianos, algunos de los cuales son necesarios, ¡pero cuánto más necesaria es la oración!

2.   Se requiere un sitio íntimo. El creyente tiene que tener un lugar privado escogido deliberadamente para orar.

3.   Una relación personal con Dios. Una relación *Padre–Hijo* es absolutamente esencial. Dios es nuestro *Padre* y está al alcance como los padres están al alcance de sus hijos. Debemos ir a Él, orar, compartir, tener comunión y dejar que derrame sobre nosotros su cuidado y protección y cubra cada una de nuestras necesidades (Sal. 91:1).

Note: Cristo dice que si el hombre es genuino ora para ser escuchado por Dios y no por los hombres.

1.   El lugar que escoge para orar es su habitación privada. Cristo dice: «Está a solas»; «entra en tu aposento ... cerrada la puerta». Que nadie te observe, ni perturbe ni te oiga (cp. 2 R. 4:33; Is. 26:20).

a.   *Busca estar a solas:* nadie te observe—nadie te vea.

b.   *Busca estar a solas:* nadie te perturbe—evita las interrupciones y perturbaciones.

c.   *Busca estar a solas:* nadie te oiga—que puedas concentrarte y permitir que Dios tenga la libertad de obrar en tu corazón como él quiera.

«Al día siguiente, mientras ellos iban por el camino y se acercaban a la ciudad, Pedro subió a la azotea para orar, cerca de la hora sexta» (Hch. 10:9).

«Entonces Cornelio dijo: Hace cuatro días que a esta hora yo estaba en ayunas; y a la hora novena, mientras oraba en mi casa, vi que se puso delante de mí un varón con vestido resplandeciente» (Hch. 10:30).

«Mas tú, cuando ores, entra en tu aposento, y cerrada la puerta, ora a tu Padre que está en secreto; y tu Padre que ve en lo secreto te recompensará en público» (Mt. 6:6).

«Levantándose muy de mañana, siendo aún muy oscuro, salió y se fue a un lugar desierto, y allí oraba» (Mr. 1:35).

«Y después que los hubo despedido, se fue al monte a orar; y al venir la noche, la barca estaba en medio del mar, y él solo en tierra» (Mr. 6:46-47).

«En aquellos días él fue al monte a orar, y pasó la noche orando a Dios» (Lc. 6:12).

«Y él se apartó de ellos a distancia como de un tiro de piedra; y puesto de rodillas oró, diciendo: Padre, si quieres, pasa de mí esta copa; pero no se haga mi voluntad, sino la tuya» (Lc. 22:41-42).

2.   El motivo por el que el creyente ora en su aposento privado es porque Dios está en secreto (*véase* nota—Mt. 6:4). Note dos hechos significativos.

a.   Dios «está en secreto»; por eso, la persona solo puede encontrar a Dios en *secreto.* Aún en medio de una multitud que adora, la persona tiene que concentrarse y fijar su atención en Dios a quien no se ve. Tiene que haber un encuentro y una comunión secreta de corazón a corazón si la persona desea orar y compartir realmente con Dios.

b.   Dios «está en secreto»; por eso no está interesado en lo que se ve, sino en la sustancia. El acto es ante los hombres. La sustancia se encuentra en el lugar secreto, quieto, de meditación. Recuerde: cuanto existe comenzó con una idea, y el desarrollo de la idea vino del *pensamiento y la meditación privada y secreta,* no del escenario público ante la gente; al menos no es frecuente. Lo mismo ocurre con los asuntos espirituales. El acto espiritual se realiza ante la gente, pero la sustancia espiritual o la calidad que realmente importa se desarrolla en el lugar secreto. El creyente derrama su corazón y recibe su mayor aliento y fuerza del Dios Supremo en el lugar secreto, no en los lugares públicos del mero hombre.

Pensamiento. Muchos oran a la carrera; pocos oran en secreto. ¿Por qué tan pocas personas tienen un tiempo de quietud, un tiempo diario de adoración y devoción? ¿Por qué tan pocas personas guardan su compromiso diario con Dios? Esta es una de las cosas más difíciles de entender en el mundo a la luz de quien es Dios, y a la luz de la desesperante angustia y necesidad del hombre. Nadie jamás dejaría de fallar a su compromiso con el líder máximo de su nación.

1)   Muchos dicen no tener tiempo, de modo que no se toman el tiempo. Pero, con toda honestidad, se requiere solo un pequeño esfuerzo para levantarse un poco más temprano, si realmente están tan presio-

nados por el tiempo. Lo único que les hace falta es reorganizar su horario para hacer lugar a un tiempo de quietud, así como hacen lugar para cualquier otra reunión importante. Sin embargo, son pocos los que lo hacen; por eso, no tienen excusa. Muchos creyentes son fieles en su encuentro diario con Dios. Es una simple cuestión de disciplina y prioridad.

2) La mayoría tiene el tiempo; sencillamente no se lo toman. Descuidan el estar regularmente a solas con Dios.

3) A muchas personas no se les ha enseñado la importancia y los beneficios de un tiempo de quietud con Dios todos los días. Esta es una denuncia justificada contra padres cristianos, predicadores y maestros. Son tan pocos los que han practicado y acentuado lo que siempre oyeron sobre la importancia de orar. El silencio de los creyentes y su fracaso en alcanzar el mundo en sana doctrina es increíble, especialmente después de dos mil años.

4) Algunos todavía no han aprendido a disciplinarse ellos mismos para ser regulares en su vida espiritual. No hay un área mejor que un tiempo diario de quietud para aprender la disciplina y regularidad. Uno debe comenzar sencillamente y hacerlo. Cuando se falla un día, hay que huir del desaliento «olvidando lo que queda atrás» y extenderse hacia el nuevo día y comenzar de nuevo. Con el tiempo se aprenderá la regularidad y disciplina y el alma de la persona será alimentada con las «insondables riquezas de Cristo» (Ef. 3:8, 20; cp. Fil. 3:13).

3. La recompensa de los guerreros de oración es bendición evidente. El creyente que ora será recompensado en dos formas muy especiales.

a. La fuerza y presencia de Dios estará sobre su vida (Es. 8:22; 1 P. 5:6) La presencia de Dios es inequívoca. Hay una diferencia entre la persona que anda en la presencia de Dios y una vida que solo anda en este mundo (Mt. 6:25-34, esp. 33).

Dios recompensa al creyente que ora, le da su presencia y sus bendiciones. Las necesidades del creyente, materiales y espirituales, son suplidas día a día.

b. Las oraciones del creyente también serán contestadas (Mt. 21:22; Jn. 16:24; 1 Jn. 5:14-15). Las respuestas a la oración son claramente percibidas por el observador que piensa y es honesto. Dios ha prometido responder la verdadera oración de un auténtico creyente. Dios cuida al auténtico creyente con un cuidado muy especial. A veces la respuesta se ve ...

• en una renovación de fuerza.

«Y a Aquel que es poderoso para hacer todas las cosas mucho más abundantemente de lo que pedimos o entendemos, según el poder que actúa en nosotros» (Ef. 3:20).

• en la provisión para alguna necesidad.

«Mas buscad primeramente el reino de Dios y su justicia, y todas estas cosas os serán aña-didas» (Mt. 6:33).

• en la conquista de alguna gran tentación o prueba.

«No os ha sobrevenido ninguna tentación que no sea humana; pero fiel es Dios, que no os dejará ser tentados más de lo que podéis resistir, sino que dará también juntamente con la tentación la salida, para que podáis soportar» (1 Co. 10:13).

• en una paz que sobrepasa todo entendimiento.

«Por nada estéis afanosos, sino sean conocidas vuestras peticiones delante de Dios en toda oración y ruego, con acción de gracias. Y la paz de Dios, que sobrepasa todo entendimiento, guardará vuestros corazones y vuestros pensa-mientos en Cristo Jesús» (Fil. 4:6-7).

• en una incomprensible paz mental.

«Porque no nos ha dado Dios, espíritu de cobardía, sino de poder, de amor y de dominio propio» (2 Ti. 1:7).

Pensamiento. El creyente que ora, que se convierte en un verdadero intercesor, será recompensado abiertamente en aquel día especial de redención.

1) Dios «vio que no había hombre, y se maravilló que no hubiera quien se interpusiese» (Is. 59:16).

2) Cristo, el gran Intercesor vive «siempre para interceder por ellos» (He. 7:25).

3) El creyente que intercede estará abiertamente en una relación muy especial con Jesús, el Gran Intercesor, ante Dios el Padre.

«Y todo lo que pidiereis en oración, creyendo, lo recibiréis» (Mt. 21:22).

«Y yo os digo: Pedid, y se os dará; buscad y hallaréis; llamad, y se os abrirá» (Lc. 11:9).

«Y todo lo que pidiereis al Padre en mi nombre, lo haré, para que el Padre sea glorificado en el Hijo. Si algo pidiereis en mi nombre, yo lo haré» (Jn. 14:13-14).

«Si permanecéis en mí, y mis palabras permanecen en vosotros, pedid todo lo que queréis, y os será hecho» (Jn. 15:7).

«Hasta ahora nada habéis pedido en mi nombre; pedid, y recibiréis, para que vuestro gozo sea cumplido» (Jn. 16:24).

«Y cualquier cosa que pidiéremos la recibiremos de él porque guardamos sus mandamientos, y hacemos las cosas que son agradables delante de él» (1 Jn. 3:22).

«Y esta es la confianza que tenemos en él, que si pedimos alguna cosa conforme a su voluntad, él nos oye. Y si sabemos que él nos oye en cualquier cosa que pidamos, sabemos que tenemos las peticiones que le hayamos hecho» (1 Jn. 5:14-15).

ESTUDIO A FONDO 4

(6:6) *Oración:* «Tu Padre que está en secreto ... » *secreto* significa tres cosas.

1. Concentración: meditación, contemplación, pensar profundamente acerca de Dios y conforme a ello compartir con él.

2. Apartado de todo: alejado, a solas, en privado, fuera de la vista de todos.

3. Sin ser visto: invisible, pero presente; creyendo y teniendo fe de que Dios está allí; espiritualmente presente, oyendo y respondiendo. Todo creyente tendría que tener un lugar secreto de quietud, querido a su corazón, querido porque es el lugar donde se acerca a Dios y donde Dios se acerca a él. (*Véase* Estudio a fondo 3—Jn.1:48.)

	M. Las tres grandes reglas para orar (Parte II), 6:7- 8

1 Regla 1: no uses vanas repeticiones^{EF1}
2 Regla 2: no hables mucho
3 Regla 3: confía en Dios
   a. Conoce tu necesidad
 	
   b. Desea oír tu oración
	7 Y orando, no uséis vanas repeticiones, como los gentiles, que piensan que por su palabrería serán oídos.
	   8 No os hagáis, pues, semejantes a ellos; porque vuestro Padre sabe de qué cosas tenéis necesidad, antes que vosotros le pidáis.

M. Las tres grandes reglas para orar (Parte II), 6:7- 8

(6:7-8) *Introducción:* con frecuencia existe entre los religiosos una tendencia hacia las oraciones extensas, particularmente en público. Demasiadas veces la gente mide la oración por su fluidez y longitud, pensando que longitud significa devoción. «No te des prisa con tu boca, ni tu corazón se apresure a proferir palabra delante de Dios; porque Dios está en el cielo, y tú sobre la tierra; por tanto, sean pocas tus palabras» (Ec. 5:2). Cristo lo expresa en forma muy simple, muy vigorosa: «Cuando oras», sigue tres grandes reglas:

1. Regla 1: No uses vanas repeticiones (v. 7).
2. Regla 2: No hables mucho (v. 7).
3. Regla 3: Confía en Dios (v. 8).

1 (6:7) *Oración—repetición:* la primera gran regla para la oración es asombrosa: no usar vanas repeticiones (*véase* Estudio a fondo 1—Mt. 6:7). Existen varios factores que conduce a las vanas repeticiones.

1. La oración de memoria: solo decir las palabras de una fórmula de oración, por ejemplo, el Padrenuestro. No hay nada de malo en orar una oración memorizada, pero dicha oración debe ser orada punto por punto, y no simplemente repetida sin pensar en las palabras.

2. Oraciones escritas, bien formuladas: pensar que lo que decimos está tan bien expresado y tan bien formulado, que forzosamente tiene que ejercer fuerza ante Dios. Las palabras pueden ser descriptivas y ordenadas con belleza, pero deben ser ofrecidas por el corazón, no por la mente o el ego. Tal oración sería una vana repetición.

3. La oración ritual: decir la oración en la misma ocasión y en el mismo momento, una y otra vez. Pronto se puede volver una vana repetición.

4. Adoración formal: orar de la misma manera, siguiendo un horario rígido puede conducir al hábito (práctica repetida) con poco o ningún significado.

5. Orar sin sentido: hablar palabras mientras nuestra mente está en otras cosas. Estar cansado no es excusa. Es mejor no orar que orar sin sinceridad.

6. Palabras y frases religiosas: usar ciertas palabras o frases una y otra vez en la oración (simplemente porque suenan religiosas). (Compare el uso repetido de palabras tales como *misericordia, gracias oh Dios, en nombre de Jesús.*)

7. Referencias habituales a Dios: usar una repetición vana tal como «Señor, esto», «Señor, aquello», y «Señor, acá», «Señor, allá», «Señor ...», «Señor ... », «Señor ... », qué escasa consideración se da al acercamiento a Aquel cuyo nombre es «Admirable, Consejero, Dios Fuerte, Padre Eterno, Príncipe de Paz» (Is. 9:6).

Hay varias cosas que nos guardarán de usar vanas repeticiones en la oración.

1. Un corazón sincero: realmente conocer a Dios en forma personal y tener compañerismo con Él momento a momento a lo largo de todo el día.

2. Concentración de pensamientos: fijando la atención realmente en lo que decimos.

3. Desear el compañerismo con Dios: orando sinceramente; que las palabras expresen la intención.

4. Preparación: preparándonos para la oración meditando primero en la Palabra de Dios.

Note algo de extrema importancia al discutir las «vanas repeticiones». Cristo no dice que la repetición en la oración sea mala. No es mala. Lo que es malo es la repetición vana, vacía, sin sentido, necia. Cristo mismo usó repeticiones en la oración (Mt. 26:44), igualmente Daniel (Dn. 9:18-19), al igual que el salmista (Sal. 136:1ss).

Pensamiento. Note seis lecciones.

1) Existe un problema mayor con las oraciones de los creyentes: es que no oran lo suficiente. No se toman suficiente tiempo para orar y orar con sinceridad.

   Existe un problema mayor *cuando los creyentes oran*: con frecuencia oran con repeticiones vanas, vacías, no pensadas, sin sentido. Con demasiada frecuencia un creyente ora sin concentrarse. Su mente se distrae con alguna otra cosa; solamente vocaliza las palabras. Tales oraciones no pensadas y sin sentido se ven claramente en las oraciones públicas y en la impotencia de los creyentes de hoy.

2) Existe una forma segura de preparar nuestros corazones: meditar en la Palabra de Dios.

   «Toda la Escritura es inspirada por Dios, y útil para enseñar, para redargüir, para corregir, para instruir en justicia» (2 Ti. 3:16).

   Es en las Escrituras donde el creyente aprende de Dios, de sí mismo: del mundo, de la naturaleza y verdad de todas las cosas. Es el Espíritu de Dios quien toma la Palabra de Dios y la mueve sobre el corazón del creyente revelando qué cosas son las que el creyente debería pedir al orar. Por eso el creyente es movido a orar por todo lo que la Palabra de Dios y el Espíritu de Dios le han demostrado (Ro. 8:26; cp. Jn. 14:26; 16:13; 1 Co. 2:12-13).

3) Las vanas repeticiones en la oración, sea formal o no pensada, son *tediosas*.
   - Desalientan a los sinceros y recién convertidos.
   - Enfrían a los que están dispuestos y a los dotados.
   - Apagan a los comprometidos y maduros.

4) Las repeticiones en la oración *son* sin sentido. Las repeticiones vanas afectan a la adoración, al interés, y a la asistencia a las reuniones.

5) Las vanas repeticiones son trágicas. La oración debería ser una de las experiencias más significativas de la vida. Dios ciertamente está dispuesto a encontrarse con el creyente de una manera muy especial, en cualquier momento, en cualquier lugar. Hay tantos corazones simplemente ...

- áridos
- desérticos
- duros
- complacientes
- paralizados
- secos
- indolentes
- oxidados
- en letargo

Hay tantas oraciones que simplemente cubren una y otra vez los mismos motivos desde «bendice a mamá y a papá» a «dános un buen día mañana».

6) La vana repetición aparta a Dios y separa el corazón de los consagrados.

«Que tendrán apariencia de piedad [oraciones largas] pero negarán la eficacia de ella; a éstos evita» (2 Ti. 3:5).

«Hipócritas, bien profetizó de vosotros Isaías, cuando dijo: Este pueblo de labios me honra; mas su corazón está lejos de mí» (Mt. 15:7-8).

ESTUDIO A FONDO 1

(6:7) *Oración—repetición, vana (battologesete):* demasiada palabrería; usar muchas frases; decir cosas sin sentido; decir cosas sin razón. La vana repetición significa al menos dos cosas.

1. Significa decir las mismas palabras una y otra vez sin poner el corazón y los pensamientos en lo que se está diciendo.

2. Significa usar ciertas palabras o frases religiosas (a veces una y otra vez) pensando que Dios oye porque uno está usando esas palabras religiosas.

2 **(6:7)** *Oración, prolongada:* la segunda gran regla para la oración nos abre los ojos en cuanto a no hablar mucho. Demasiadas personas piensan que la extensión equivale a devoción; es decir, que cuánto más largo oran, más los escuchará Dios (que le están demostrando sinceridad), y que lo prolongado les aumentará su espiritualidad.

Dios no escucha la oración de una persona por su extensión, sino porque su corazón se derrama realmente ante Dios. La extensión nada tiene que ver con la devoción, pero sí un corazón sincero.

Las oraciones largas no están prohibidas. Lo que está prohibido es pensar que las oraciones largas son automáticamente oídas por Dios. Cristo oró toda la noche (Lc. 6:12). Los primeros discípulos oraron y ayunaron, y buscaron a Dios durante diez días y diez noches esperando que viniera el Espíritu Santo (Hch. 2:1ss). El creyente debe percibir tan agudamente las necesidades del mundo que ello lo impulse a buscar a Dios y su intervención durante períodos prolongados de tiempos, y tal búsqueda debe ser frecuente (Ef. 6:18).

¿Por qué algunas personas hacen oraciones largas?

1. Algunos creen que las oraciones largas convencen a Dios. Creen que Dios tiene que ser movido, empujado, y motivado a escuchar y responder.

2. Algunos creen que necesitan oraciones largas para explicar su situación. Creen que Dios tiene que ser informado, y que hay que hacerle entender la situación particular, y cómo esta ha afectado al que ora.

3. Algunos creen que las oraciones largas los vuelven más espirituales, maduros y devotos.

4. Algunos creen que las oraciones largas son simplemente un requisito para los creyentes. Algo esperado; es algo religioso y piadoso que hay que hacer.

5. Algunos creen que las oraciones largas demuestran sinceridad a Dios. Procuran asegurar la aprobación de Dios mediante largas oraciones.

6. Algunos creen que las oraciones largas impresionan a las personas. Que así demuestran a la gente lo profundamente espiritual que uno es.

¿De qué manera se evitan los pecados que surgen de las oraciones prolongadas?

«No te des prisa con tu boca, ni tu corazón se apresure a proferir palabra delante de Dios; porque Dios está en el cielo, y tú sobre la tierra; por tanto, sean pocas tus palabras» (Ec. 5:2).

1. «No te des prisa con tu boca.» Controla tu boca. Que tu boca no hable y hable, sin sentido. Muchas veces la boca se da prisa y se apura siguiendo cualquier pensamiento que se cruza por la mente.

2. «Tu corazón no se apresure a proferir palabra delante de Dios.» Guarda silencio, está quieto, sin decir palabra durante unos instantes. No te apresures a hablar.

3. Piensa en lo que Dios es. Imagínate a un hombre; sus labios están quietos; se ha mantenido quieto por algún tiempo. Se ha estado preparando, controlando su mente y pensamientos para poder aparecer ante la Majestad Soberana del universo. Centra sus pensamientos en Dios, en quien está en el cielo, muy por encima de la tierra. Medita en la soberanía y majestad de Dios. Dios es el centro de sus pensamientos (Sal. 46:10).

4. «Sean pocas tus palabras.» Habla: pero que tus palabras sean deliberadas, tan deliberadas como las palabras de cualquier persona que entrevista a un gobernante soberano. Pide: igual que cualquier hijo obediente pide a un padre reverenciado. La persona que así se acerca Dios habla con respeto y premeditación, con cuidado y amor. Dice pocas palabras, pero va al grano; ora a partir de un corazón y una mente preparada.

¿Cuándo debe orar prolongadamente un creyente? *Existen momentos especiales cuando hace falta un tiempo prolongado de oración. Algunas de esas ocasiones se ven claramente en las Escrituras.*

1. A veces se siente interiormente un impulso de alabar y adorar a Dios. Cuando el creyente siente este impulso, debe apartarse y pasar a solas períodos prolongados de alabanza y adoración a Dios (cp. Hch. 16:25).

2. A veces surge una necesidad especial. Puede ser la necesidad propia del creyente o la necesidad de un amigo. Es momento de interceder hasta que Dios le de la seguridad de que la necesidad será suplida (Ef. 6:18; cp. Hch. 12:1-5, esp. v. 5).

3. A veces ha ocurrido o va a ocurrir alguna experiencia o acontecimiento inusual en la vida del creyente o en el ministerio. Es tiempo de apartarse y compartir el acontecimiento con Dios. Y debe permanecer en la presencia de Dios hasta que la experiencia haya tenido lugar (aliento, confianza, poder, fe, amor). (*Véase* nota 1—Mt. 4:1-11.)

4. A veces hay que encarar una gran prueba o tentación. Puede ser necesaria una larga sesión de oración para obtener fuerza y mantener al creyente a salvo de la prueba o tentación. (*Véase* Estudio a fondo 1—Mt. 4:1-11.)

5. A veces algún asunto requiere ser elaborado o una decisión mayor tiene que ser tomada. Es tiempo de buscar ayuda y dirección de la presencia de Dios. Dios debe ser reconocido en todos los caminos del creyente. Debe permanecer ante Dios hasta obtener respuesta. (Cp. Hch. 13:1-3, esp. v. 2.)

Pensamiento 1. La oración es un asunto del corazón, no de palabras y extensión. Orar es compartir; es compartir con Dios así como una persona comparte con cualquier otra persona. Así como comparte pensamientos, sentimientos, alabanza y pedidos con otros, así los comparte con Dios.

Pensamiento 2. Orar es tener una relación personal. Orar no es hablar al aire. Dios puede estar «en lo secreto» (v. 6); tal vez sea invisible, pero está allí. Está allí más que cualquier otra persona que pueda estar en nuestra presencia. Es Él a quien todos deben conocer y con quien todos los hombres deben estar vitalmente unidos. Con demasiada frecuencia se permite que la conciencia y el reconocimiento de su presencia se desvanezcan, entonces hacemos nuestras prolongadas oraciones con la mente distraída saltando de pensamiento en pensamiento. Las oraciones prolongadas se prestan a este peligro. ¡Qué falta de sinceridad! ¡Qué irreverencia! ¡Cuántas veces tiene que ser lastimado y herido el corazón de Dios!

Pensamiento 3. Hay oraciones de creyentes y oraciones de paganos. Cristo mismo hace una distinción. Afirma que ambos oran.

1) Los paganos usan vanas repeticiones y hablan palabras vanas.

2) El creyente está vitalmente relacionado a Dios; por eso, ora a Dios quien es su Padre. Ora a Dios tal como un hijo comparte con su padre a quien venera.

> «Mas tú, cuando ores, entra en tu aposento, y cerrada la puerta, ora a tu Padre que está en secreto; y tu Padre que ve en lo secreto te recompensará en público» (Mt. 6:7).
> «¡Ay de vosotros, escribas y fariseos, hipócritas! Porque devoráis las casas de las viudas, y como pretexto hacéis largas oraciones; por esto recibiréis mayor condenación» (Mt. 23:14).
> «Todo el trabajo del hombre es para su boca, y con todo eso su deseo no se sacia» (Ec. 6:7).

3 (6:8) *Oración:* la tercera gran regla para la oración es mandatoria: confía en Dios.

1. Dios conoce la necesidad del creyente aún antes que el creyente pida. ¿Entonces, por qué debe orar el creyente? La oración demuestra nuestra necesidad de Dios y nuestra dependencia de él. La oración provee el tiempo para compartir y tener comunión en forma concentrada entre el creyente y Dios. No es suficiente que el hombre en su tránsito por la vida tenga en su mente un conocimiento de Dios. El hombre necesita de momentos en los que esté en la presencia de Dios, en los que pueda concentrar sus pensamientos y tener compañerismo con Dios. Necesita de este tiempo con Dios como necesita de un tiempo con su familia y sus amigos. El hombre no ha sido hecho para vivir aislado de la gente y de Dios. Tiene que tener momentos para estar tanto en la presencia del hombre como en la presencia de Dios, momentos para concentrar sus pensamientos y su atención en ambos.

Por eso, el creyente no ora solamente para suplir sus necesidades, sino para compartir y tener compañerismo y para enriquecer su vida con Dios.

> *Pensamiento 1.* Dios conoce las necesidades del creyente. El creyente no tiene que preocuparse de que Dios conozca o supla sus necesidades. La preocupación del creyente debe ser vivir en la presencia de Dios, tomándose tiempo suficiente para tener compañerismo con Dios. Cuanto más comparta y tenga comunión con Dios, tanto más conocerá a Dios y aprenderá a confiar y depender en el cuidado y las promesas de Dios.

> *Pensamiento 2.* Dios es el Padre del creyente. El creyente es hijo de Dios. Por eso el creyente puede *descansar* en Dios y sus promesas. No tiene que angustiarse ni orar prolongadamente para que su Padre lo oiga. Su Padre ya sabe y cuida de él. Tiene que pasar períodos prolongados compartiendo y teniendo compañerismo, llegando a conocer a su Padre íntimamente.

2. Dios quiere oír. Dios conoce la necesidad del creyente aun antes que el creyente pida (cp. 2 Cr. 16:9; Is. 65:24). Dios quiere oír y contestar la oración del creyente, quiere suplir las necesidades del creyente. Dios quiere obrar para la liberación y salvación del creyente (*véanse* bosquejo y notas—Ro. 8:23-27; 8:28-39. Este es uno de los grandes pasajes sobre seguridad y confianza).

3. Dios ha establecido la oración como el medio por el cual bendecir y moverse entre los hombres (*véase* Estudio a fondo 3, *Oración*— Mt. 6:56; pt. 2—1 Ts. 5:15-22).

> «¡Cuán grande es tu bondad, que has guardado para los que te temen, que has mostrado a los que esperan en ti, delante de los hijos de los hombres!» (Sal. 31:19).
> «Muchos dolores habrá para el impío; mas al que espera en Jehová le rodea la misericordia» (Sal. 32:10).
> «Jehová redime el alma de sus siervos, y no serán condenados cuantos en él confían» (Sal. 34:22).
> «Los que confían en Jehová son como el monte de Sion, que no se mueve, sino que permanece para siempre» (Sal. 125:1).
> «Fíate de Jehová de todo tu corazón, y no te apoyes en tu propia prudencia. Reconócelo en todos tus caminos, y él enderezará tus veredas» (Pr. 3:5-6).
> «El temor del hombre pondrá lazo; mas el que confía en Jehová será exaltado» (Pr. 29:25).
> «Tú guardarás en completa paz a aquel cuyo pensamiento en ti persevera; porque en ti ha confiado. Confiad en Jehová perpetuamente, porque en Jehová el Señor está la fortaleza de los siglos» (Is. 26:3-4).
> «Bendito el varón que confía en Jehová, y cuya confianza es Jehová. Porque será como el árbol plantado junto a las aguas, que junto a la corriente echará sus raíces, y no verá cuando viene el calor, sino que su hoja estará verde; y en el año de sequía no se fatigará, ni dejará de dar fruto» (Jer. 17:7-8).

N. La oración modelo[EF1] (Parte III), 6:9-13 (Lc. 11:2-4)	11 El pan nuestro de cada día, dánoslo hoy.	c. Por el pan diario[EF7]
1 Hay sumisión a. A nuestro Padre[EF2] en el cielo[EF3] b. Al sto. nombre de Dios[EF4]	9 Vosotros, pues, oraréis así: Padre nuestro que estás en los cielos, santificado sea tu nombre.	12 Y perdónanos nuestras deudas, como también nosotros perdonamos a nuestros deudores.	d. Por perdón[EF8]
2 Hay petición y ruego a. Por el reino de Dios[EF5] b. Por la voluntad de Dios[EF6]	10 Venga tu reino. Hágase tu voluntad, como en el cielo, así también en la tierra.	13 Y no nos metas en tentación, mas líbranos del mal; porque tuyo es el reino, y el poder, y la gloria, por todos los siglos. Amén.	e. Por liberación[EF9] **3 Hay alabanza y compromiso[EF10]**

N. La oración modelo (Parte III), 6:9-13

(6:9-13) *Introducción—oración—padrenuestro:* ¿Qué es el Padrenuestro? ¿Es una oración para ser recitada simplemente, como ocurre tantas veces, de memoria, o es una oración modelo?

Note las palabras «Vosotros ... oraréis así». Note también el relato de Lucas donde los discípulos pidieron a Jesús que les enseñase a orar (Lc. 11:1-2). La oración fue dada para enseñar a los discípulos *cómo orar* : cómo debían proceder para orar, no las *palabras* que debían decir. El contexto mismo de lo que Cristo acababa de enseñar lo muestra claramente (cp. Mt. 6:5-8).

El Padrenuestro es una oración modelo cuyos diversos puntos se *recorren en oración*. Es «así»; *de esta manera, según este modelo,* es que una persona debe orar. Cristo estaba enseñando a los discípulos a orar. Les estaba dando palabras, frases, pensamientos que deben ser los temas de la oración del creyente. El creyente debe desarrollar estos temas a medida que ora. Un ejemplo sería algo así:

- «Padre nuestro ... »: «Gracias Padre, por ser nuestro Padre, por habernos adoptado como hijos de Dios, hijos e hijas tuyas. Gracias por los creyentes del mundo que constituyen la familia de Dios. Gracias por la iglesia, el cuerpo de Cristo, que nos da la familia de Dios. Gracias por amarnos tanto.» Y, continuando de esta manera, el creyente debe seguir orando.
- « ... que estás en los cielos»: «Gracias por los cielos, por estar tú en el cielo, por habernos escogido para estar contigo en el cielo. Gracias, Padre, por la esperanza y anticipación del cielo.» Y continuando de esta manera el creyente debe seguir orando.

Cristo enseñó a sus discípulos a orar «así». Cuando el creyente recorre con su oración el Padrenuestro, descubre que ha cubierto el espectro de temas por los que Dios quiere que ore. ¡Cuánto dolor debe soportar el corazón del Señor por la forma en que el hombre ha abusado y usado mal su oración! ¡Cuán desesperadamente necesitan los creyentes recorrer en oración el Padrenuestro! ¡Cuán desesperadamente necesitan los *profetas y maestros* del mundo orar como enseñó Cristo! Cuán necesario es que tú y todos nosotros, ministros de Dios, prediquemos y enseñemos que el Padrenuestro debe ser *recorrido en oración* y no simplemente recitado.

1. Hay sumisión y confesión (v. 9).
2. Hay petición y ruego (vv. 10-13).
3. Hay alabanza y compromiso (v. 13).

ESTUDIO A FONDO 1

(6:9-13) *Oración:* ¿Qué es orar?

1. Orar es compartir y tener comunión con Dios (Mt. 6:9). No es suficiente que la persona tenga un conocimiento de Dios al transitar por la vida. Necesita tener tiempo para estar a solas con Dios y concentrar sus pensamientos y su atención en Dios. Necesita esos períodos con Dios tal como necesita esos períodos con su familia y amigos. El hombre no fue hecho para vivir aislado de la gente y de Dios. Tiene que tener momentos para estar en la presencia tanto del hombre como de Dios, momentos en que pueda concentrar sus pensamientos y su atención en ambos (*véase* nota—Mt. 6:8).

2. Orar es rendirse a Dios (Mt. 6:9). El creyente se rinde a sí mismo y a su tiempo a Dios. No existe algo así como oración sin persona y sin tiempo. La persona tiene que rendirse a Dios antes de querer orar, y aún entonces tiene que tomarse el tiempo para orar. La persona que se ha rendido a Dios y está sometiendo su tiempo o tomándose el tiempo para hablar con Dios está orando (*véase* nota—Mt. 6:9).

3. Orar es pedir y rogar ante Dios (Mt. 6:10). Está demostrando la necesidad y dependencia de la persona respecto de Dios. Es derramar el corazón necesitado y confiar que Dios va a suplir la necesidad.

4. Orar es reconocer y alabar a Dios (Mt. 6:9-10, 13). Es reconocer a Dios como Señor soberano y majestuoso, a quien pertenece el reino, el poder y la gloria, por siempre.

1 (6:9) *Oración—sumisión:* la oración del creyente debe ser un acto de sumisión.

1. El creyente se somete a Dios y a la familia de Dios.
   a. Cuando una persona dice sinceramente «Padre», se está sometiendo a Dios. Está ...
      - negando el humanismo, la auto suficiencia y todos los otros dioses.
      - sometiéndose al Padre del Señor Jesucristo.
      - reconociendo que el Padre del Señor Jesucristo es su propio Padre.
   b. Cuando una persona ora «Padre *nuestro*», está sometiendo a Dios su independencia y aceptando la familia de Dios. Está aceptando su responsabilidad en la familia de Dios.

2. El creyente se somete al *cielo*, el mundo o la dimensión espiritual del ser. El creyente se somete y fija su mente y corazón en el reino de Dios y su justicia. Todo su ser está sometido y entregado a buscar las cosas del mundo espiritual. (*Véanse* bosquejo y notas—Ef. 1:3.)

3. El creyente se somete al santo nombre de Dios. El creyente sencillamente se inclina en pobreza total y abyecta, totalmente desprovisto, ante el nombre de Dios. El creyente es anonadado por el conocimiento de la «santidad», la soberanía y majestad de la naturaleza de Dios. ¡Dios es todo; el hombre, nada! El hombre depende totalmente de Dios.

Note: Cuando la persona alcanza este punto de sumisión, está lista para representar sus necesidades a Dios. Es absolutamente consciente de que solamente Dios puede suplir sus necesidades.

ESTUDIO A FONDO 2

(6:9) *Dios—Padre:* Dios es llamado «Padre Nuestro». Padre denota una relación de familia y muestra tres cosas.

1. Muestra que «Dios [que está] ... en los cielos» es el Padre del creyente. De esta manera se establece una relación con el mundo invisible, celestial, y el mundo visible, terrenal. Dios representa al mundo invisible y el creyente representa al mundo visible. En el creyente es creado un ser totalmente nuevo (una nueva criatura) y se reconoce y establece todo un mundo nuevo, un mundo espiritual y físico, de lo visible e invisible, del cielo y de la tierra (2 Co. 5:17; Ef. 4:23-24; Col. 4:10. *Véanse* esp. notas—Ef. 2:11-18; pt. 4—2:14-15; 4:17).

2. La palabra «Padre» establece una relación entre un creyente y todo los otros creyentes. Todos los creyentes pertenecen a la misma familia; todos tienen intereses comunes, preocupaciones y responsabilidades dentro de la familia.

3. La palabra «Padre» destaca a Dios como la fuente del creyente. Dios, como Padre, es la persona que ama y provee y se ocupa de las necesidades del creyente, tal como lo hace un padre terrenal al cuidar de su hijo (Mt. 6:25-34, esp. 33; Lc. 11:11-13; Sal. 103:13; Mal. 3:17; cp. He. 2:18; 4:15-16).

Pensamiento 1. «Padre nuestro», este es el primer tema por el cual orar. El creyente debe orar «así».
- «Padre, gracias *por ti mismo*; por ser *nuestro Padre* .... »
- «Gracias por adoptarnos como hijos de Dios; por habernos escogido .... »
- «Gracias por la "casa de Dios", por la "familia de Dios" .... »

Pensamiento 2. La frase «Padre nuestro» dice tres cosas acerca de la oración.
1) El creyente no va a orar solo, al menos no siempre. Esto lo muestra la palabra «nuestro». Cristo acaba de enseñar que la persona debe orar a solas. Ahora dice que hay ocasiones en que debe orar con otros. Dios es «nuestro Padre».
2) Se le enseña al creyente a quién dirigir su oración: a Dios, y solo a Él.
3) Se le enseña al creyente a dirigirse a Dios como «Padre». Se le enseña cuál debe ser su relación con Dios, la de hijo y Padre.

«**Pues si vosotros, siendo malos, sabéis dar buenas dádivas a vuestros hijos, ¿cuánto más vuestro Padre que está en los cielos dará buenas cosas a los que le pidan?**» (Mt. 7:11).

«**Y si invocáis por Padre a aquel que sin acepción de personas juzga según la obra de cada uno, conducíos en temor todo el tiempo de vuestra peregrinación**» (1 P. 1:17).

Pensamiento 3. Dios es «*nuestro* Padre». Dios no tiene favoritos: «Dios no hace acepción de personas» (Hch. 10:34).
1) Dios es «*nuestro* Padre» por creación: Él es el Padre de todos los hombres en todas partes porque Él es el Creador de todos (Gn. 1:1; Mal. 2:10; Is. 64:8; Hch. 27:28).
2) Dios es «*nuestro* Padre» por crearnos de nuevo (2 Co. 5:17), y por adoptarnos (*véase* Estudio a fondo 2—Gá. 4:5-6; cp. Ef. 1:5). Él es «*nuestro* Padre» y lo es de todos los que creen en el Señor Jesucristo y en la redención que es en Él (Ef. 2:19).

«**Pues no habéis recibido el espíritu de esclavitud para estar otra vez en temor, sino que habéis recibido el Espíritu de adopción, por el cual clamamos: ¡Abba, Padre!**» (Ro. 8:15).

«**Pero cuando vino el cumplimiento del tiempo, Dios envió a su Hijo, nacido de mujer y nacido bajo la ley, para que redimiese a los que están bajo la ley, a fin de que recibiésemos la adopción de hijos. Y por cuanto sois hijos, Dios envió a vuestros corazones el Espíritu de su Hijo, el cual clama: ¡Abba, Padre!**» (Gá. 4:4-6).

Pensamiento 4. Hay un momento en particular cuando el creyente tiene que acercarse a Dios como a su Padre: y es cuando vuelve a Dios arrepentido de pecar (cp. el hijo pródigo, Lc. 15:18).

Pensamiento 5. «Padre nuestro» determina todas las relaciones existentes en el mundo.
1) Determina la relación de una persona consigo misma. Toda persona falla y fracasa, y a veces se deprime en sí misma. Se siente como un fracaso: sin esperanza, sin ayuda, indigna, inútil. «Padre nuestro» indica que esa persona también cuenta; para Dios siempre cuenta. Puede venir al Padre y compartir sus angustias.
2) Determina la relación de la persona con otros (*véase* Pensamiento 3).

ESTUDIO A FONDO 3

(6:9) *Cielo:* en el griego la palabra es plural, cielos. El Nuevo Testamento habla de por lo menos tres cielos:
- La atmósfera que rodea la tierra (cp. Mt.6:25, «las aves del cielo»).
- El espacio exterior de cuerpos celestiales (cp. Mt. 24:29; Ap. 6:13).
- El espacio por encima y más allá de la dimensión física de la existencia, donde se manifiesta plenamente la presencia de Dios. En el lenguaje moderno es una dimensión «encima y más allá» totalmente distinta de esta existencia; es el *mundo espiritual, otra dimensión de la existencia.* Es un mundo espiritual donde se manifiesta plenamente la presencia de Dios, y donde Cristo y sus seguidores esperan el glorioso día de la redención. Ese glorioso día de redención es el día cuando Dios tome los cielos y la tierra, imperfectos, (la dimensión física) y los transforme en cielos nuevos y tierra nueva (la dimensión espiritual y eterna). (Para más discusión *véase* nota—2 P. 3:8-10, esp. 3:11-14.)

Pensamiento 1. «Padre nuestro ... en los cielos» es el segundo tema por el cual orar. El creyente debe orar «así»:
- «Padre, gracias por el cielo; por la esperanza y anticipación del cielo .... »
- «Gracias porque tú estás en el cielo .... »
- «Gracias por tu promesa de que nosotros estaremos donde tú estás .... » (Jn. 17:24).

Pensamiento 2. Note varias lecciones.
1) El creyente tiene que dirigir sus oraciones al cielo. El trono de Dios está en el cielo (Sal.103:19), y es ante el trono de Dios donde se presente Cristo como Abogado y Mediador del creyente.

«**Pero Esteban, lleno del Espíritu Santo, puestos los ojos en el cielo, vio la gloria de Dios, y a Jesús que estaba a la diestra de Dios, y dijo: He aquí, veo los cielos abiertos, y al Hijo del Hombre que está a la diestra de Dios**» (Hch. 7:55-56).

«**Porque hay un solo Dios, y un solo mediador entre Dios y los hombres, Jesucristo hombre**» (1 Ti. 2:5).

«**El cual se dio a sí mismo en rescate por todos, de lo cual se dio testimonio a su debido tiempo**» (1 Ti. 2:6).

«**Ahora bien, el punto principal de lo que venimos diciendo es que tenemos tal sumo sacerdote, el cual se sentó a la diestra del trono de la Majestad en los cielos**» (He. 8:1).

«**Pero ahora tanto mejor ministerio es el suyo, cuanto es mediador de un mejor pacto, establecido sobre mejores promesas**» (He. 8:6).

«**Así que, por eso es mediador de un nuevo**

pacto, para que interviniendo muerte para la remisión de las transgresiones que había bajo el primer pacto, los llamados reciban la promesa de la herencia eterna» (He. 9:15).

2) ¿Cómo debemos acercarnos a Dios? Las palabras «Padre nuestro ... en los cielos» lo aclaran.

   a. «Padre» dice que podemos acercarnos osadamente para «hallar gracia para el socorro oportuno» (He. 4:16).

   b. «En los cielos» dice que debemos acercarnos respetuosamente, en reverencia temor y asombro (Sal. 111:9; cp. Ec. 5:2).

3) Los cielos revelan el poder y la gloria de Dios. El espacio muestra la obra de sus manos (Sal. 19:1; 150:1). Cuando se conectan las palabras «Padre nuestro» y «en los cielos» se unen dos grandes cosas: el amor y el poder de Dios. Por amor Dios ha llegado a ser «nuestro Padre», y «en los cielos» muestra su glorioso poder que está a disposición de los hijos de Dios. El Padre del creyente tiene el poder de hacer cualquier cosa, aún de afirmar al mundo en el espacio (Ef. 3:20; Sal. 121:1-8).

4) La verdadera ciudadanía del creyente está en el cielo (Fil. 3:20). Allí está Dios; allí también está el Señor Jesús (He. 8:1; cp. Sal. 103:19). Por eso, el anhelo del corazón del creyente maduro es estar en el cielo donde está su Padre y su Señor. Dirige su atención, sus oraciones, energía y vida a los cielos.

«Pero no os regocijéis de que los espíritus se os sujetan, sino regocijaos de que vuestros nombres están escritos en los cielos» (Lc. 10:20).

«En la casa de mi Padre muchas moradas hay; si así no fuera, yo os lo hubiera dicho; voy, pues, a preparar lugar para vosotros» (Jn. 14:2).

«Porque todos sabemos que si nuestra morada terrestre, este tabernáculo, se deshiciere, tenemos de Dios un edificio, una casa no hecha de manos, eterna, en los cielos» (2 Co. 5:1).

«Mas nuestra ciudadanía está en los cielos, de donde también esperamos al Salvador, al Señor Jesucristo» (Fil. 3:20).

«A causa de la esperanza que os está guardada en los cielos, de la cual habéis oído por la palabra verdadera del evangelio» (Col. 1:5).

«Porque [Abraham] esperaba la ciudad que tiene fundamentos, cuyo arquitecto y constructor» (He. 11:10).

5) Dios ve todo desde el cielo (Sal. 33:13-19).
   • Ve a todos los hijos de los hombres.
   • Mira a todos los habitantes de la tierra.
   • Considera a todas sus obras.
   Pero hay una cosa que Dios ve en particular, a la persona que teme a Dios y tiene sus esperanzas en su misericordia. Ve a esta persona a efectos de librar su alma de la muerte (Sal. 33:18-19). Esta es una de las principales razones por las que el creyente mantiene sus ojos puestos en el cielo.

ESTUDIO A FONDO 4

(6:9) *Santificado sea* (hagiastheto): ser considerado santo; ser tratado como santo; ser contado y tratado de manera diferente. La oración es para que los hombres consideren y traten el nombre de Dios en forma diferente, a separar el nombre de Dios de todos los otros nombres (véase nota—1 P. 1:15-16).

Pensamiento 1. «Santificado sea tu nombre» es el tercer tema por el cual orar. El creyente debe orar «así»:
   • «Santificado sea tu nombre. Tu nombre es santo, apartado, diferente de todo otro nombre. No hay

otro sino tú ... tú y solo tú. Tu estás por encima, delante y sobre todos .... »

Pensamiento 2. Note varias lecciones.

1) El nombre de Dios es santo, justo y puro. Está por encima, delante y sobre todos los nombres. Por eso, la oración del creyente es que el nombre de Dios sea adorado y honrado por todos los hombres. (Véanse bosquejo y notas—Mt. 5:33-37 en cuanto al contraste en cómo algunos tratan el nombre de Dios).

2) Lo primero que la oración debe hacer es alabar y glorificar a Dios. Ese es el punto que Cristo señala con las palabras:
   • «Padre nuestro ...
   • que estás en los cielos ...
   • santificado sea tu nombre».

Dios ha hecho todas las cosas; ha hecho al mundo y le ha dado vida. El hombre le debe a Dios el hecho de vivir. Por eso, lo primero que el hombre debe hacer es alabar a Dios.

«Toda buena dádiva y todo don perfecto desciende de lo alto» (Stg. 1:17).

3) El propósito del hombre es glorificar a Dios por medio de su vida: «Sed santos, porque yo soy santo» (1 P. 1:15-16). La vida incluye el habla; por eso, el hombre debe alabar la santidad de Dios mediante palabras tanto como con su vida. En efecto, como el propósito principal del hombre es ser santo, es lógico que las primeras palabras dichas a Dios sean para alabar su santidad. Toda oración debe estar centrada en alabar a Dios por lo que es, en toda su santidad y plenitud. Su nombre es «santificado» diferente, separado de todo otro nombre. Y, gracias a Dios porque su nombre está separado, porque imagínese lo que sería la vida si su nombre no fuese más que el nombre de una persona.

«Si en esta vida solamente esperamos en Cristo, somos los más dignos de conmiseración de todos los hombres» (1 Co. 15:19).

4) La gloria de Dios es precisamente la razón por la que Cristo vino a la tierra (Jn. 17:1-26, esp. vv. 1, 4-6, 22-26). Dios dice que Él será exaltado en la tierra aún en medio de los paganos (Sal. 46:10, cp. Sal. 2:1-5, esp. vv. 4-5). ¡Cuán necesario es que el hombre fije su mente en la santidad y gloria del nombre de Dios!

«Porque así dijo el Alto y Sublime, el que habita en la eternidad, y cuyo nombre es Santo: Yo habito en la altura y la santidad, y con el quebrantado y humilde de espíritu, para hacer vivir el espíritu de los humildes, y para vivificar el corazón de los quebrantados» (Is. 57:15).

«Y Daniel habló y dijo: Sea bendito el nombre de Dios de siglos en siglos, porque suyos son el poder y la sabiduría» (Dn. 2:20).

«Estad quietos, y conoced que yo soy Dios; seré exaltado entre las naciones; enaltecido seré en la tierra» (Sal. 46:10).

5) Los hombres se alaban y honran unos a otros. Los hombres glorifican a los hombres, incluso hacen imágenes de ellos (véase nota—Mt. 6:2). Algunos son más leales a los nombres de los famosos (atletas, estrellas, políticos) que al nombre de Dios. Están más perturbados cuando se habla irrespetuosamente de su ídolo que cuando es blasfemado el nombre de Dios. De qué manera tan distinta presentan las Escrituras el nombre de Dios: «Santificado sea tu nombre». Dios dice que el hombre que blasfeme su nombre será severamente juzgado (Éx. 20:7).

2 (6:10-13) *Oración:* el creyente ha de pedir y rogar varias cosas (véanse Estudios a fondo 5-9—Mt. 6:10, 11, 12, 13).

ESTUDIO A FONDO 5

(6:10) *Reino de Dios: véase* nota—Mt. 19:23-24.

Pensamiento 1. «Venga tu reino» es el primer pedido que hay que hacer en oración. El creyente debe orar «así»:

• «Padre, que tu reino venga aquí mismo a la tierra. Que Cristo reine en el corazón y en la vida de todos. Envíalo, envía su reino, su reino soberano, ahora. Dios, te pido que así venga el Señor Jesús ahora .... »

Pensamiento 2. El reino de Dios debe ser el foco de atención de los pedidos del creyente, la primerísima cosa que pide. Hay tres motivos para esto.

1) Es precisamente el mensaje que Jesucristo y los primeros apóstoles predicaron enseñaron y pidieron en oración (Mt. 3:2; 4:17; 5:3, 10, 19-20).
2) Es precisamente lo que Dios anhela. Dios anhela el día en que gobierne y reine en los corazones de todos los hombres, de manera perfecta —el día cuando todos los hombres estén dispuestos a someterse y servirle a Él— Él día cuando todos los pensamientos, todas las palabras, toda conducta sean exactamente lo que deben ser.
3) Es la sustancia misma de la vida del creyente, o al menos debería ser así. El creyente debe vivir y amar y tener su existencia para Dios, y solo para Dios. Toda su meta, y atención, energía y esfuerzo deben estar centrados en el gobierno y reino del Dios de la tierra.

> «Diciendo: Arrepentíos, porque el reino de los cielos se ha acercado» (Mt. 3:2).
>
> «Desde entonces comenzó a predicar, y a decir: Arrepentíos, porque el reino de los cielos se ha acercado» (Mt. 4:17).
>
> «Bienaventurados los pobres en espíritu, porque de ellos es el reino de los cielos» (Mt. 5:3).
>
> «Bienaventurados los que padecen persecución por causa de la justicia, porque de ellos es el reino de los cielos» (Mt. 5:10).
>
> «Porque el reino de Dios no es comida ni bebida, sino justicia, paz y gozo en el Espíritu Santo» (Ro. 14:17).

Pensamiento 3. «Venga tu reino» es futuro. Es la petición por algo que ahora no existe en la tierra. Es la petición por el gobierno y reinado de Dios y de su reino. El creyente debe orar «venga tu reino».

> «Porque os digo que si vuestra justicia no fuere mayor que la de los escribas y fariseos, no entraréis en el reino de los cielos» (Mt. 5:20).
>
> «Entonces el rey dirá a los de su derecha: Venid, benditos de mi Padre, heredad el reino preparado para vosotros desde la fundación del mundo» (Mt. 25:34).
>
> «Confirmando los ánimos de los discípulos, exhor-tándoles a que permaneciesen en la fe, y diciéndoles: Es necesario que a través de muchas tribulaciones entremos en el reino de Dios» (Hch. 14:22).
>
> «Hermanos míos amados, oíd: ¿No ha elegido Dios a los pobres de este mundo, para que sean ricos en fe y herederos del reino que ha prometido a los que le aman?» (Stg. 2:5).
>
> «Sí, ven, Señor Jesús» (Ap. 22:20).

Pensamiento 4. El reino de Dios *es* accesible. Se necesita desesperadamente al reino de Dios en la tierra ahora mismo. Son tantas las cosas que corroen y consumen al hombre: tanta rebelión, malicia, mal, enemistad, amargura, odio, homicidio, injusticia, depravación y hambre. Ahora se necesitan el gobierno y reinado de Dios. El creyente tiene que ver esta urgencia para orar regularmente: «Venga tu reino», y vivir como si el reino de Dios ya estuviera aquí.

ESTUDIO A FONDO 6

(6:10) *Dios, su voluntad:* «Hágase tu voluntad» le dicen tres cosas cruciales a Dios.

1. Que vamos a procurar de agradar a Dios en todo lo que hagamos. Vamos a hacer nuestra parte para ver que la voluntad de Dios sea hecha en la tierra.
2. Que Dios puede hacer con nosotros lo que le plazca. No importa lo que escoja para nosotros, nos ponemos a su disposición, para su uso, aún si ello requiere el sacrificio de cuanto somos y tenemos.
3. Que no vamos a estar desconformes con lo que Dios haga con nosotros. Tal vez no lo entendamos; tal vez no tenga sentido; tal vez haya pregunta tras pregunta; pero sabemos que la voluntad de Dios es lo mejor, y que Él va a usar todas las cosas para bien.

Pensamiento 1. «Hágase tu voluntad, como en el cielo, así también en la tierra» es la segunda petición para orar. El creyente debe orar «así»:

• «Padre, hágase tu voluntad; tu voluntad y nada más que la tuya. No hay otra voluntad que la tuya. Que sea hecha ahora mismo, aquí en la tierra ... »

Pensamiento 2. Existen cuatro voluntades que luchan por la obediencia del hombre.

1) La propia voluntad del hombre (Ro. 12:1-2; cp. Ro. 7:15ss; Gá. 5:17).
2) La voluntad de otros hombres (1 P. 4:2).
3) La voluntad de Satanás (Jn. 8:44).
4) La voluntad de Dios (Ef. 5:15-17, esp. v. 17; Fil. 2:13; 1 Jn. 2:17).

Pensamiento 3. Aquí hay tres lecciones importantes.

1) Muchos dicen Rey a Dios, pero no lo honran como Rey. No hacen su voluntad. Su profesión es falsa, y ello crea trágicamente la imagen de un Rey falso y sin sentido ante el mundo.
2) *Tenemos que conocer la voluntad de Dios* si queremos que ella sea hecha. Ello requiere estudio: «Procura con diligencia presentarte a Dios aprobado» (2 Ti. 2:15). Para nosotros, la única forma de poder hacer la voluntad de Dios es estudiar su Palabra y pedir la sabiduría y fuerza para aplicarla a nuestras vidas (2 Ti. 3:16).
3) Debemos pedir que la voluntad de Dios sea hecha *en la tierra*. La tierra es el sitio donde la voluntad de Dios se necesita tan desesperadamente. Ella es el sitio ...

• donde hay tanto pecado y corrupción.
• donde hay tanto sufrimiento y dolor.
• donde hay tanta lucha y muerte.
• donde el creyente es tentado.

> «Entonces María dijo: He aquí la sierva del Señor; hágase conmigo conforme a tu palabra. Y el ángel se fue de su presencia» (Lc. 1:38).
>
> «Ni tampoco presentéis vuestros miembros al pecado como instrumentos de iniquidad, sino presentaos vosotros mismos a Dios como vivos de entre los muertos, y vuestros miembros a Dios como instrumentos de justicia» (Ro. 6:13).
>
> «Cometeos, pues, a Dios; resistid al diablo, y huirá de vosotros» (Stg. 4:7).
>
> «El hacer tu voluntad, Dios mío, me ha agradado» (Sal. 40:8).
>
> «Enséñame a hacer tu voluntad, porque tú eres mi Dios; tu buen espíritu me guíe a tierra de rectitud» (Sal. 143:10).

4) «Hágase tu voluntad, como en el cielo, así también en la tierra». El creyente está orando que el *cielo (el gobierno del cielo)* venga a la tierra. Se está comprometiendo a hacer que la tierra sea más semejante al cielo.

a. Sometiéndose a sí mismo «a Dios como vivo de entre los muertos ... » (Ro. 6:13).

b. Yendo y enseñado «a todas las naciones todas las cosas que os he [Cristo] enseñado» (Mt. 28:19-20).

ESTUDIO A FONDO 7

(6:11) *Pan:* el pan es la necesidad básica de la vida, el símbolo de todo lo que es necesario para sobrevivir y tener una vida plena. Esta simple petición encierra un gran significado.

1. «El pan *nuestro* ... *dánoslo* ... » las palabras *nuestro* y *nosotros* dejan de lado el egoísmo y muestran preocupación por otros. Toda persona que a la noche se acuesta con hambre debe ser una preocupación para el creyente.

2. «*Hoy*. Esto elimina la preocupación y ansiedad acerca del mañana y del futuro distante. También nos enseña y ayuda a confiar en Dios cada día. «El justo por la fe vivirá ... « día a día.

3. «De *cada día* ... » Todo creyente tiene una porción de pan diario que es suyo. No pide el pan de otro, sino el suyo propio. Procura y trabaja por el propio pan; no piensa en hurtar o comer de la mesa de otro (2 Ts. 3:10).

4. «El *pan ... dánoslo*». Pedimos por las necesidades, no por los postres de este mundo.

5. «El *pan ... dánoslo*». El creyente confiesa su incapacidad y su dependencia de Dios. Aun para las cosas elementales de la vida depende de Dios.

6. «*El pan ... de cada día* dánoslo hoy». Esto enseña al creyente a venir cada día a Dios en oración y confiar que Él suplirá sus necesidades.

Pensamiento 1. «El pan ... de cada día dánoslo hoy», es el tercer pedido de esta oración. El creyente debe orar «así»:

- «Padre, dános en el día de hoy nuestro pan, tanto espiritual como físico. Alimenta nuestras almas y nuestros cuerpos. Que éste sea un día glorioso en ti. Además, oh Señor, el mundo muere de hambre de ti, y muchos mueren de hambre sin tener qué comer .... »

Pensamiento 2. Dios cuida del hombre, se ocupa de su bienestar.

1) Se ocupa del bienestar físico del hombre (Mt. 6:11; Mt. 6:25-34).

«**No os afanéis, pues, diciendo: ¿Qué comeremos, o qué beberemos, o qué vestiremos? Porque los gentiles buscan todas estas cosas; pero vuestro Padre celestial sabe que tenéis necesidad de todas estas cosas. Mas buscad primeramente el reino de Dios y su justicia, y todas estas cosas os serán añadidas» (Mt. 6:31-33).**

2) Dios cuida del bienestar mental y emocional del hombre.

«**Porque no nos ha dado Dios, espíritu de cobardía, sino de poder, de amor y de dominio propio» (2 Ti. 1:7).**

«**Por lo demás, hermanos, todo lo justo, todo lo puro, todo lo amable, todo lo que es de buen nombre; si hay virtud alguna, si algo digno de alabanza, en esto pensad» (Fil. 4:8).**

«**Mas el Dios de toda gracia, que nos llamó a su gloria eterna en Jesucristo, después que hayáis padecido un poco de tiempo, él mismo os perfeccione, afirme, fortalezca y establezca» (1 P. 5:10).**

3) Dios cuida del bienestar espiritual del hombre.

«**¿No sabéis que sois templo de Dios, y que el Espíritu de Dios mora en vosotros? Si alguno destruyere el templo de Dios, Dios le destruirá a él; porque el templo de Dios, el cual sois vosotros, santo es» (1 Co. 3:16-17).**

«**¿O ignoráis que vuestro cuerpo es templo del Espíritu Santo, el cual está en vosotros, el cual tenéis de Dios, y que no sois vuestros? Porque habéis sido comprados por precio; glorificad, pues, a Dios en vuestro cuerpo y en vuestro espíritu, los cuales son de Dios» (1 Co. 6:19-20).**

Pensamiento 3. Dios cuida del cuerpo humano. Varias cosas lo demuestran.

1) Dijo que pidamos por las necesidades de la vida, diariamente (Mt. 6:11).

2) Envió a su único Hijo al mundo con cuerpo humano.

3) Resucitó a Cristo en su cuerpo, un cuerpo resucitado.

4) Prometió dar al creyente un cuerpo nuevo, resucitado. El creyente vivirá eternamente en «el cuerpo resucitado».

5) Ha escogido al cuerpo del creyente como «templo del Espíritu Santo» (1 Co. 6:19-20).

Pensamiento 4. Esta sencilla petición encierra una gran lección tanto para ricos como para pobres.

1) El rico se siente auto suficiente, como si sus posesiones vinieran de sus propias manos. Por eso piensa, «¿Quién es el Señor?»

2) El pobre no tiene nada, y muchas veces se ve forzado a hurtar. De esa manera levanta el puño y maldice a Dios por sus condiciones de vida.

«**Vanidad y palabra mentirosa aparta de mí; no me des pobreza ni riqueza; manténme del pan necesario; no sea que me sacie y te niegue, y diga: ¿Quién es Jehová? O que siendo pobre, hurte, y blasfeme el nombre de mi Dios» (Pr. 30:8-9).**

El creyente debe confiar en Dios para las necesidades de la vida y alabar a Dios por lo que recibe. Ha aprendido «a contentarse, cualquiera sea su situación» (Fil. 4:11; cp. 4:12-13).

ESTUDIO A FONDO 8

(6:12) *Perdón, espiritual:* la palabra «deudas» (*opheilema*) significa cuentas a pagar, obligaciones, lo que se debe, lo que hay que pagar legalmente. Con referencia al pecado significa un fracaso en pagar las deudas, obligaciones; un fracaso en cumplir con el deber; de cumplir con las responsabilidades.

Dios le ha dado al hombre ciertas reponsabilidades, ciertas cosas para hacer y otras para no hacer. Todo hombre ha fallado en alguna medida en hacer lo que debía. Ciertamente, nadie afirmaría haber cumplido perfectamente con sus obligaciones, sin fallar, sin ninguna deficiencia. En algún punto y en alguna medida todos fallan. Todos tienen necesidad de orar: «Perdónanos nuestras deudas, como también nosotros perdonamos a nuestros deudores».

Esta oración pide que Dios haga tres cosas

1. Perdonar *la deuda del pecado*. La persona ha fallado a Dios en el cumplimiento de su deber; por eso, necesita que Dios le perdone la deuda.

2. Perdonar *la deuda de culpa y castigo*. La persona que ha fallado en pagar sus deudas es culpable; por eso, pagará las consecuencias; será castigada. Por este motivo tiene que orar: «Padre, perdona mis deudas .... »

3. Perdonar las *deudas propias como uno ha perdonado* a sus deudores. Esto significa pedir a Dios que perdone exactamente como uno perdona a otros. Si uno perdona, Dios perdona. Si uno no perdona, Dios no perdona. Por lo tanto, si una persona guarda algo contra otra, no recibe perdón de los pecados propios, no importa lo que pueda pensar o lo que otra persona le haya dicho. (Cp. Mt. 6:14-15.)

Pensamiento 1. «Perdónanos nuestras deudas, como también nosotros perdónamos a nuestros deudores!. Es el cuarto pedido para orar. El creyente debe orar «así».

1) «Padre, perdóname, ten misericordia de mí, pecador, que no soy nada. Oh Dios, tú eres todo, ten misericordia .... »

2) «Padre, perdona a otros, a todos los otros. No guardo rencor en mi interior. Oh Dios, si hay algo en mi corazón contra alguien, ayúdame a perdonar .... »

Pensamiento 2. Al pedir perdón tenemos un deber tanto hacia Dios como hacia el hombre.

1) Nuestro deber hacia Dios es pedir perdón cuando fallamos en hacer su voluntad.

> «Si confesamos nuestros pecados, él es fiel y justo para perdonar nuestros pecados, y limpiarnos de toda maldad» (1 Jn. 1:9).

> «Deje el impío su camino, y el hombre inicuo sus pensamientos, y vuélvase a Jehová, el cual tendrá de él, misericordia, y al Dios nuestro, el cual será amplio en perdonar» (Is. 55:7).

> «Y los limpiaré de toda su maldad con que pecaron contra mí; y perdonaré todos sus pecados con que contra mí pecaron, y con que contra mí se rebelaron» (Jer. 33:8).

2) Nuestra obligación hacia el hombre es perdonar sus pecados contra nosotros.

> «Y cuando estéis orando, perdonad, si tenéis algo contra alguno, para que también vuestro Padre que está en los cielos os perdone vuestras ofensas» (Mr. 11:25).

> «Y si siete veces al día pecare contra ti, y siete veces al día volviere a ti, diciendo: Me arrepiento; perdónale» (Lc.17:4).

> «Antes sed benignos unos con otros, misericordiosos, perdonándoos unos a otros, como Dios también os perdonó en Cristo» (Ef. 4:32).

> «Soportándoos unos a otros, y perdonándoos unos a otros si alguno tuviere queja contra otro. De la manera que Cristo os perdonó, así también hacedlo vosotros» (Col. 3:13).

Si queremos ser perdonados, ambas obligaciones tienen que ser cumplidas. Tenemos que perdonar a los que pecan contra nosotros (Mt. 6:12), y pedir perdón por nuestros pecados (1 Jn. 1:9).

Pensamiento 3. Existen aquellos que nos hacen mucho mal. En este mundo hay muchos que dicen y hacen toda clase de mal contra nosotros. Las malas noticias y los propósitos perversos andan sin control, y ello no siempre ocurre *fuera* de la iglesia, ni *fuera* de la familia. A veces se comete terrible mal, en palabra y hecho, dentro de la iglesia y dentro de la familia de una persona (Ef. 4:30-32; cp. Mt. 10:21; Mr. 13:12-13). Cristo dice que no debemos reaccionar de la misma manera ni ser ásperos con quienes pecan severamente contra nosotros, en cambio debemos perdonar. Debemos perdonar si queremos ser perdonados.

- Algunos nos golpean (Mt. 5:39).
- Algunos nos llevan a juicio (Mt. 5:40).
- Algunos nos usan con desprecio (Mt. 5:44).
- Algunos nos maldicen (Mt. 5:44).
- Algunos nos odian (Mt. 5:44).
- Algunos nos persiguen (Mt. 5:44).
- Algunos nos obligan contra nuestra voluntad (Mt. 5:41).
- Algunos esparcen rumores acerca de nosotros (Mt. 5:11).

Pensamiento 4. Hay cuatro cosas que un creyente debe hacer cuando ha sido ofendido.

1) El creyente debe entender (Pr. 11:12; 15:21;17:27-28; cp. Ef. 1:8). Siempre hay un motivo por el cual una persona peca contra el creyente. Con demasiada frecuencia lo olvidamos.

   a. La persona puede ser maltratada por alguien cercano a ella. Quizá sea apartada, descuidada e ignorada. Por eso, puede reaccionar contra un creyente, y la reacción puede ser desde auto-compasión hasta amargura y hostilidad.

   b. La persona puede estar cansada, agraviada y preocupada. Entonces puede volverse demasiado directa, cortante, o áspera hacia el creyente.

   c. La persona puede ser de naturaleza tímida, o tener un sentido de inferioridad; entonces puede actuar en forma poco amistosa y desconsiderada hacia el creyente.

   d. La persona puede haber escuchado rumores y chismes y fantasías descontroladas; quizá lo haya escuchado de alguien herido; tal vez le mintieron o informaron mal. Por eso puede actuar con desconfianza sin querer involucrarse con el creyente.

   e. La persona puede tener una gran necesidad de atención y apoyo emocional. Entonces puede imaginar cosas, exagerar, culpar, acusar al creyente a efectos de obtener el apoyo de amigos y recibir la atención que necesita.

2) El creyente debe controlarse (Ef. 4:2; Col. 3:13).
3) El creyente debe perdonar (Ef. 4:31-32).
4) El creyente debe olvidar, es decir, no guardar el mal que le hicieron (Fil. 3:13; cp. 2 Co. 10:5).

Pensamiento 5. Note cuatro lecciones adicionales que hay que destacar.

1) Un espíritu que no perdona causa dolor, heridas y tragedia—tanto a sí mismo como a otros. Puede arruinar vidas, especialmente las vidas de aquellos que están más cerca y que le son más queridos.

2) Podemos maldecirnos a nosotros mismos orando el Padrenuestro. Si oramos el Padrenuestro «Padre ... perdónanos *como nosotros perdonamos* a nuestros deudores» enojados y sin perdonar a quienes pecan contra nosotros, estamos en problemas. El mismo juicio que pronunciamos contra otros, será sobre nosotros mismos.

3) El perdón es condicional. El motivo es explicado con sencillez. Hemos pecado contra Dios, y otras personas han pecado contra nosotros. Si queremos que Dios nos perdone, nosotros tenemos que perdonar a quienes han pecado contra nosotros. ¿Cómo podemos esperar que Dios nos perdone, si nosotros no perdonamos a quienes nos han ofendido? No podemos esperar un trato mejor del que damos.

4) Perdonar a otros da evidencia de que Dios ha perdonado nuestros pecados.

ESTUDIO A FONDO 9

(6:13) *Tentación—liberación:* Dios no hace pecar al hombre; Él no tienta al hombre (Stg. 1:13). Cristo está diciendo dos cosas.

1. Ora, pide que Dios te guarde de la terrible fuerza de la tentación. El creyente tiene que tener un sentido de su debilidad personal ante la tentación.

2. Ora, pide que Dios te libre del mal. El griego dice: «del malo», esto es, de Satanás. El pedido es que Dios nos rescate, preserve y guarde. Él, el malo, es tan engañoso y tan poderoso; es tan poderoso como un león rugiente (1 P. 5:8). El ruego y clamor es que Dios nos libre de (1) tentación y (2) del malo. (Cp. Ro. 8:31; 1 Jn. 4:4; cp. 1 Co. 10:13. *Véanse* también los bosquejos—Stg. 4:7-10; *véanse* notas—Lc. 4:1-2.)

Pensamiento 1. «Y no nos metas en tentación, mas líbranos del mal», es la quinta petición para orar. El creyente debe orar «así»:

- «Padre, no nos metas en tentación. La tentación viene frecuentemente; su atracción es tan fuerte. Nos ponemos en su camino. Buscamos nuestro propio camino y reaccionamos a cada vuelta. Oh Dios, no nos dejes librados a nosotros mismos .... »

- Y, «querido Padre, líbranos del malo. Es maestro del engaño y pinta cuadros tan hermosos. Si nos dejas librados a nosotros mismos, caeremos. Y, oh Dios, es capaz de ser un «león rugiente» tratando de devorarnos. Líbranos, rescátanos, presérvanos y protégenos .... »

Pensamiento 2. Una vez que nuestros pecados han sido perdonados (v. 12), tenemos que pedir a Dios que nos guarde de pecar otra vez. Hay dos cosas esenciales para guardarnos de pecar: (1) ser librados de la tentación (*véase* nota—Lc. 4:1-2) y (2) liberación del «malo» (*véase* nota—Ap. 12:9).

Pensamiento 3. Esta petición la necesita todo creyente. ¿Por qué? Hay dos razones.
1) Todos los creyentes son tentados, y con frecuencia, no por cosas extrañas, sino por las cosas que son comunes a todos. Las tentaciones vienen y vendrán a todos; las mismas tentaciones (1 Co. 10:13).
2) Ningún creyente está excento de caer.
   «Así que, el que piense estar firme, mire que no caiga» (1 Co. 10:12).

Pensamiento 4. Por dos motivos hay que orar contra la tentación.
1) Porque a Dios el pecado le causa gran dolor y sufrimiento (Sal. 15:4).
2) Porque el pecado causa grandes problemas, culpa, y dolor, tanto para uno mismo como para los otros (Lc. 19:41-44; cp. Mt. 23:37; Lc. 13: 34).

Pensamiento 5. El creyente necesita ayuda para vencer «al malo». El *malo* ataca (1) mediante el engaño (2 Co. 11:3, 14-15; Ap. 12:9) y (2) por asalto directo, procurando devorar (1 P. 5:8).

Pensamiento 6. Al tratar con «el malo» el creyente tiene que recordar dos cosas.
1) «Mayor es el que está en vosotros, que el que está en el mundo» (1 Jn. 4:4).
2) «¿Qué, pues, diremos a esto? Si Dios es por nosotros, ¿quién contra nosotros?» (Ro. 8:31; cp. Ro. 8:31-39).

> **«No os ha sobrevenido ninguna tentación que no sea humana; pero fiel es Dios que no os dejará ser tentados más de lo que podéis resistir, sino que dará también juntamente con la tentación la salida, para que podáis soportar» (1 Co. 10:13).**
>
> **«Hermanos míos, tened por sumo gozo cuando os halléis en diversas pruebas, sabiendo que la prueba de vuestra fe produce paciencia» (Stg. 1:2-3).**
>
> **«Bienaventurado el varón que soporta la tentación; porque cuando haya resistido la prueba, recibirá la corona de vida, que Dios ha prometido a los que le aman» (Stg. 1:12).**
>
> **«Sabe el Señor librar de tentación a los piadosos, y reservar a los injustos para ser castigados en el día del juicio» (2 P. 2:9).**
>
> **«Y a aquel que es poderoso para guardaros sin caída, y presentaros sin mancha delante de su gloria con gran alegría, al único y sabio Dios, nuestro Salvador, sea gloria y majestad, imperio y potencia, ahora y por todos los siglos. Amén» (Jud. 24-25).**
>
> **«Por cuanto has guardado la palabra de mi paciencia, yo también te guardaré de la hora de la prueba que ha de venir sobre el mundo entero, para probar a los que moran sobre la tierra» (Ap. 3:10).**

3 (6:13) *Doxología—el reino, y el poder, y la gloria:* estas palabras no se encuentran en los mejores y más antiguos manuscritos griegos. Muchos eruditos creen que la doxología fue agregada en una fecha posterior para su uso en la adoración pública. Sin embargo, hay una doxología similar que proviene de David (1 Cr. 29:11). El punto esencial de la doxología es acentuar que todo pertenece a Dios.

1. El es *la fuente* del reino, del poder y de la gloria.
2. El es *el titular* del reino, del poder y de la gloria.
3. El es *el receptor* del reino, del poder y de la gloria.

El creyente pertenece al reino, al poder y a la gloria de Dios.
1. El creyente pertenece al reino de Dios: Dios ha aceptado al creyente en el reino de Dios y promete llevarlo a ese reino y a su gloria, ya sea en el momento de la muerte o al regreso de Jesús.
2. El creyente pertenece al poder de Dios: Dios lo ha librado del pecado y de la muerte y sigue librándolo diariamente.
3. El creyente pertenece a la gloria de Dios: Dios ha hecho todo «para mostrar [al creyente] en los siglos venideros las abundantes riquezas de su gracia en su bondad, para con nosotros en Cristo Jesús» (Ef. 2:7).

Pensamiento 1. «Tuyo es el reino, y el poder, y la gloria, por todos los siglos. Amén.» Este el tercer tema principal por el cual orar.
1) «Padre, tuyo es el reino, el derecho de gobernar y reinar .... »
2) «Tuyo es el poder, el único poder que realmente puede gobernar y reinar .... »
3) «Tuya es la gloria. Oh Dios, toda la gloria te pertenece a ti .... »

Pensamiento 2. Note tres puntos significativos.
1) «Tuyo es el reino» dice dos cosas.
   a. El derecho de gobernar y reinar en el universo es de Dios. No le pertenece a nadie más. El único gobierno perfecto y eterno es de Dios. El único gobierno que posee utopía, lo mejor de lo mejor, y que dura para siempre, es de Dios.
   b. El derecho de gobernar y reinar es de Dios, ¡y de nadie más! Únicamente el gobierno de Dios puede hacer realidad la utopía, esto es, el amor, gozo, paz, y lo mejor de lo mejor de la vida.

> **«El Dios que hizo el mundo y todas las cosas que en él hay, siendo Señor del cielo y de la tierra, no habita en templos hechos por manos humanas, ni es honrado por manos de hombres, como si necesitase de algo; pues él es quien da a todos vida y aliento y todas las cosas» (Hch. 17:24-25).**
>
> **«Aprende pues, hoy, y reflexiona en tu corazón que Jehová es Dios arriba en el cielo y abajo en la tierra, y no hay otro» (Dt. 4:39).**
>
> **«Las riquezas y la gloria proceden de ti, y tú dominas sobre todo; en tu mano está la fuerza y elpoder, y en tu mano el hacer grande y el dar poder a todos» (1 Cr. 29:12).**
>
> **«Y conozcan que tu nombre es Jehová; tú solo Altísimo sobre toda la tierra» (Sal. 83:18).**
>
> **«Jehová se vistió, se ciñó de poder, afirmó también el mundo, y no se moverá» (Sal. 93:1).**
>
> **«Y Daniel habló y dijo: Sea bendito el nombre de Dios de siglos en siglos, porque suyos son el poder y la sabiduría. El muda los tiempos y las edades; quita reyes, y pone reyes; da la sabiduría a los sabios, y la ciencia a los entendidos» (Dn. 2:20-21).**
>
> **«Todos los habitantes de la tierra son considerados como nada; y él hace según su voluntad en el ejército del cielo, y en los habitantes de la tierra, y no hay quien detenga su mano, y le diga: ¿Qué haces?» (Dn. 4:35).**

2) «Tuyo es el poder» dice dos cosas.
   a. Únicamente Dios tiene el poder para crear y

mantener un gobierno perfecto. Únicamente Él tiene el poder para sostener y traer un gobierno perfecto al hombre sobre su tierra.

b.   Únicamente Dios tiene el poder para cambiar a los hombres de manera que puedan escapar de la muerte y vivir por siempre dentro de un gobierno perfecto. Sólo Él tiene el poder de impulsar a los hombres a vivir en amor, gozo, y paz y de servir en forma completa y sin egoísmos de modo que todos puedan tener lo mejor de lo mejor.

3)   «Tuya es la gloria» dice que únicamente Dios merece todo el honor y la alabanza y la gloria. ¿Para qué? Para todo. Él es todo en todo.

Pensamiento 3. Hay un tema que debe dominar la oración y es la «alabanza a Dios». El que el Padrenuestro comience con alabanza (sumisión, v. 9) y termine con alabanza (v. 13*b*) lo demuestra.

•   Dios *no necesita* la alabanza. Tiene la alabanza de multitudes de ángeles, pero *merece* nuestra alabanza.

•   Dios nos crea con la habilidad de alabarlo. Necesariamente *quiere* nuestra alabanza.

•   El auténtico creyente está siempre alabando el nombre de Dios en presencia de todos.

ESTUDIO A FONDO 10

(6:13) *Amén:* así sea; así es, y así debe ser. Dicho por Dios «Amén» significa que así es y que así será inequívocamente. Dicho por el hombre, es una petición que significa «Permite que así sea». Aquí, en el Padrenuestro, la palabra *Amén* es una palabra de compromiso. Cuando una persona ora el Padrenuestro y termina diciendo «Amén» (permite que así sea), se está entregando a sí misma para hacer su parte en favor de las cosas que han sido pedidas.

	O. El principio básico para la oración (Parte IV): perdón,*EF1, 2* 6:14-15 (Mr. 11:25-26)
1 La promesa: perdona a otros y serás perdonado	14 Porque si perdonáis a los hombres sus ofensas, os perdonará también a vosotros vuestro Padre celestial;
2 La advertencia: rehúsate a perdonar a otros y no serás perdonado	15 mas si no perdonáis a los hombres sus ofensas, tampoco vuestro Padre os perdonará.

O. El principio básico para la oración (Parte IV): perdón, 6:14-15

(6:14-15) *Introducción—perdón:* nota la primera palabra, «Porque». Ella conecta estos versículos al Padrenuestro. Inmediatamente después de cerrar el Padrenuestro, Jesús explica por qué había dicho que el perdón es condicional (Mt. 6:12). Por dos motivos era necesaria esta explicación.

1. La idea en sí de que una persona tiene que perdonar a otros para que Dios a su vez le perdone a ella, es totalmente nueva. Era un concepto chocante, algo que a uno le abría los ojos. Hacía falta una explicación.

2. La idea en sí del perdón es exactamente lo que dice: perdonar. Dios sabe que no puede perdonar al corazón que no perdona. Su naturaleza de amor y justicia no le permitirá ser indulgente con el pecado ni dar licencia a las pasiones del espíritu no perdonador de los hombres. Solamente puede perdonar donde encuentra la misericordia y ternura del perdón. Por eso Cristo tuvo que enseñar el principio básico de la oración: el perdón (Mt. 18:21-35; Mr. 11:25-26; Lc. 6:37; 17:3-4; Ef. 4:32). (*Véase* Estudio a fondo 4—Mt. 26:28).

1. La promesa: perdona a otros y serás perdonado (v. 14).
2. La advertencia: rehúsate a perdonar a otros y no serás perdonado (v. 15).

ESTUDIO A FONDO 1

(6:14-15) *Perdón:* existen varios prerequisitos para el perdón. Para que una persona sea perdonada tiene que hacer varias cosas.

1. Tiene que confesar sus pecados (1 Jn. 1:9; cp. 1 Jn. 1:8-10).
2. Tiene que tener fe en Dios; creer que Dios realmente le va a perdonar (He. 11:6).
3. Tiene que arrepentirse (apartarse y renunciar a sus pecados) y volverse a Dios en un compromiso renovado (*véanse* notas—Hch. 3:19; nota 7 y Estudio a fondo 1—17:29-30; nota—Lc. 17:3-4).
4. Tiene que perdonar a los que le hicieron mal (Mt. 6:14-15). Resentimientos o enojo hacia otra persona son pecado. Son evidencia de que la persona no ha dejado realmente sus pecados y que *no* es *realmente* sincera al buscar perdón.

ESTUDIO A FONDO 2

(6:14-15) *Perdón:* existen cuatro actitudes diferentes hacia el perdón.

1. La actitud del agnóstico o de aquel que duda. Quizá exista Dios; quizá no. Por eso el perdón de Dios es algo inmaterial. Carece de importancia. Lo que importa es que los hombres se perdonen unos a otros y se relacionen adecuadamente. El perdón de un Dios personal, invisible, es una idea fantasiosa.

2. La actitud de la persona con cargo de conciencia, que se siente culpable. Esta persona conoce poco y nada de un Dios personal, pero es profundamente consciente de su culpa y de su necesidad de perdón. Una y otra vez pide perdón en su oración, pero nunca llega a conocer el perdón.

3. La actitud del religioso social. Es la persona que a veces reconoce mentalmente la necesidad de perdón; por eso, ocasionalmente hace una confesión. Se siente perdonada, se levanta y atiende sus cosas sin pensar más en el asunto. El problema con esto es que es un perdón falso. La persona ve a Dios como a un *abuelo bonachón* que le permite a uno vivir como quiere con tal de hacer ocasionalmente una confesión. Ignora y niega la rectitud y justicia de un Dios de amor.

4. La actitud del creyente maduro. Este es el creyente que realmente conoce su ego pecaminoso y su gran necesidad del perdón de Dios. Por eso vive en un espíritu de confesión y arrepentimiento, mediante el cual llega a conocer el perdón de Dios y la certeza del mismo (*véase* nota—Ro. 8:2-4).

1 (6:14) *Perdonar a otros:* existe la promesa de perdonar y así ser perdonado. La palabra «ofensa» (*paraptoma*) significa tropezar, caer, resbalar, equivocarse; desviarse de la justicia y verdad. Note tres cosas.

1. Cristo da por sentado que conocemos nuestra necesidad de perdón. Esto lo demuestran sus palabras: «os perdonará también a vosotros vuestro Padre celestial». Somos pecadores; hemos transgredido la ley de Dios y necesitamos perdón. Aún el más maduro entre nosotros falla en guardar perfectamente la ley de Dios. Todos tropezamos, caemos, nos equivocamos y resbalamos; y lo hacemos con demasiada frecuencia.

   a. Pocas veces hacemos en la máxima medida posible lo que debemos. Quedamos cortos.
   b. *Siempre nos salimos* de la senda que debemos seguir. Nos desviamos y pasamos a la zona *prohibida*.
   De modo que necesitamos desesperadamente ser perdonados. Dios promete que perdonará nuestras transgresiones si hacemos una cosa sencilla: si perdonamos a los hombres sus transgresiones.

2. Lo más grandioso en todo el mundo es recibir el perdón de nuestros pecados; ser absueltos y librados de toda culpa y condenación, para ser aceptados y restaurados por Dios, y recibir la seguridad de ver a Cristo cara a cara. El perdón de pecados significa que somos librados; puestos en libertad en esta vida para vivir abundantemente, y puestos en libertad en la vida venidera para vivir eternamente en perfección.

3. La única forma de recibir el perdón de nuestros pecados es perdonar las transgresiones de otros. Cristo promete: «perdonad a los hombres sus ofensas [y] vuestro Padre celestial les perdonará a vosotros». Perdonar a los hombres sus transgresiones significa varias cosas muy prácticas.

- Que no juzgamos ni censuramos.
- No nos volvemos hostiles ni amargados.
- No planificamos venganza.
- No guardamos sentimientos malos hacia otra persona.
- No andamos en habladurías, chismes ni rumores; al contrario, corregimos el rumor.
- No nos gozamos en los problemas y pruebas que le acaecen a otra persona.
- Amamos a la persona y oramos por ella.

Pensamiento. Note dos hechos.
1) Sentimientos malos hacia otra persona son pecado. Es guardar el pecado en nuestro corazón. Perdonar a una persona que nos ha hecho mal es prueba de que deseamos tener un corazón limpio. Realmente queremos que Dios nos perdone.
2) Perdonar a las personas sus transgresiones no se refiere solo a las transgresiones contra nosotros, sino a todas sus transgresiones.

«**Bienaventurados los misericordiosos, porque ellos alcanzarán misericordia**» (Mt. 5:7).

«**Y cuando estéis orando, perdonad, si tenéis algo contra alguno, para que también vuestro Padre que está en los cielos os perdone vuestras ofensas**» (Mr. 11:25).

«**Y perdónanos nuestros pecados, porque también nosotros perdonamos a todos los que nos deben**» (Lc. 11:4).

«**Y si siete veces al día pecare contra ti, y siete veces al día volviere a ti, diciendo: me arrepiento; perdónale**» (Lc. 17:4).

«**Soportándoos unos a otros, y perdonándoos unos a otros si alguno tuviere queja contra otro. De la manera que Cristo os perdonó, así también hacedlo vosotros**» (Col. 3:13).

2 (6:15) *Perdonar a otros:* aquí está la advertencia: rehúsate a perdonar, y quédate sin perdón. El creyente que ora por perdón y conserva sentimientos en contra de otra persona es un hipócrita. Está pidiendo que Dios haga algo que él mismo no está dispuesto a hacer. Está pidiendo a Dios que le perdone sus transgresiones, cuando él mismo no quiere perdonar las transgresiones de otros. Los malos sentimientos en contra de otro son evidencia clara de que la persona no está en buena relación con Dios.

1. Los malos sentimientos muestran que la persona no conoce la verdadera naturaleza ni del hombre ni de Dios. No conoce la verdadera y exaltada perfección de Dios ni toda la profundidad de la naturaleza pecadora del hombre: ¡qué lejos está de la perfecta justicia!

2. Los malos sentimientos muestran que la persona anda y vive en una actitud de auto justificación (es decir, piensa que Dios la acepta en base a sus obras de justicia). Se siente mejor que otros, y se considera capacitada para hablar y mirar desde arriba los pecados de otros.

3. Los malos sentimientos muestran que la persona no ha dado los pasos que debe dar para que sus propios pecados le sean perdonados (*véase* nota—Mt. 6:14-15).

4. Los malos sentimientos muestran que la persona vive según las normas de la sociedad y no según la Palabra de Dios. La Palabra de Dios es clara: «No hay quien haga lo bueno, no hay ni siquiera uno» (Ro. 10:12; cp. Mt. 19:17). Por eso, tenemos que ayudarnos y amarnos unos a otros, y cuidarnos y restaurarnos unos a otros cuando tropezamos, resbalamos, caemos, erramos y nos desviamos.

«**No hay justo, ni aun uno**» (Ro. 3:10; cp. Ro. 3:9-19).

«**Todos pecaron y están destituidos de la gloria de Dios**» (Ro. 3:23).

«**Quítense de vosotros toda amargura, enojo, ira gritería y maledicencia, y toda malicia. Antes sed benignos unos con otros, misericordiosos, perdonándoos unos a otros, como Dios también os perdonó en Cristo**» (Ef. 4:31-32).

«**Hermano, si alguno fuere sorprendido en alguna falta, vosotros que sois espirituales, restauradle con espíritu de mansedumbre, considerándote a ti mismo, no sea que tú también seas tentado. Sobrellevad los unos las cargas de los otros, y cumplid así la ley de Cristo. Porque el que se cree ser algo, no siendo nada, a sí mismo se engaña**» (Gá. 6:1-3).

Cristo es absolutamente claro en su advertencia acerca de perdonar a otros.

«**Sed pues misericordiosos, como también vuestro Padre es misericordioso. No juzguéis y no seréis juzgados; no condenéis, y no seréis condenados; perdonad, y seréis perdonados**» (Lc. 6:36-37).

Es una severa advertencia si se la mira desde la afirmación opuesta: Juzgad y seréis juzgados; condenad y seréis condenados; no perdonéis y no seréis perdonados (cp. Lc. 6:36-37).

Pensamiento 1. Note tres lecciones significativas en este punto.
1) El hombre que alberga malos sentimientos contra otros no se ha mirado a sí mismo ni a sus propios pecados. No se conoce a sí mismo, no conoce su verdadero ego, ni el egoísmo interior ni las motivaciones que caracterizan la depravación del hombre.
2) Los sentimientos en contra de otros causan perturbación interior. En diferente grado consumen la mente y las emociones de la persona. Profundos sentimientos malos contra otros pueden causar profundos problemas mentales y emocionales como también graves problemas físicos.
3) Se requieren tres cosas para que Dios oiga nuestra oración pidiendo perdón de pecados: (1) Levantar manos santas, (2) no tener ira y (3) no dudar.

«**Quiero, pues, que los hombres oren en todo lugar, levantando manos santas, sin ira ni contienda**» (1 Ti. 2:8).

Pensamiento 2. La respuesta para la paz es Cristo Jesús: «El es nuestra paz»: la única paz posible entre dos personas (*véanse* bosquejo y notas—Ef.2:14-18. Repase versículo por versículo los textos que siguen a la luz de los siguientes hechos.
1) Él puede hacer de los dos uno (Ef. 2:14).
2) Él puede derribar la pared intermedia (Ef. 2:14).
3) Él puede abolir la enemistad--en su propia carne (Ef. 2:15).
4) Él puede hacer de los dos un nuevo hombre (Ef. 2:15).
5) Él puede reconciliar a ambos con Dios —en un cuerpo— por medio de la cruz (Ef. 2:15).
6) Él puede dar paz entre ambos y traer la paz entre ambos (Ef. 2:17).
7) Él puede dar a ambos acceso a Dios el Padre (Ef. 2:18).

1 Forma equivocada de ayunar a. Ayunar como hipócrita b. Ayunar para ser reconocido c. Recompensa: recibir sólo la recompensa	P. El auténtico motivo para ayunar, 6:16-18 16 Cuando ayunéis no seáis austeros, como lo hipócritas; porque ellos demudan sus rostros para mostrar a los hombres que ayunan; de cierto os digo que ya tienen su	recompensa. 17 Pero tú, cuando ayunes, unge tu cabeza y lava tu rostro, 18 para no mostrar a los hombres que ayunas, sino a tu Padre que está en secreto; y tu Padre que ve en lo secreto te recompensará en público.	y estima humana 2 For. correcta de ayunar[EF1,2] a. Ayunar como un deber b. Ayunar sin hacerlo notar c. Ayunar para Dios únicamente d. Recompensa: Dios recompensará en público

P. El auténtico motivo para ayunar, 6:16-18

(6:16-18) *Introducción—ayunar:* ayunar significa abstenerse de comida por algún motivo religioso o espiritual. Un estudio de la práctica del ayuno realizado por Jesús y por los grandes líderes bíblicos revela lo que para Dios significa ayunar. Ayunar significa, sencillamente, estar tan imbuido en un asunto que el mismo se vuelve más importante que la comida. Por eso el creyente aparta la comida *para concentrarse en buscar a Dios con respecto a ese asunto.* El ayuno bíblico es más que abstenerse simplemente de la comida; significa abstenerse de la comida para concentrarse en Dios y en su respuesta a un asunto particular. El ayuno bíblico incluye oración, súplicas intensas delante de Dios. Note las palabras «cuando ayunéis» (vv. 16, 17). Jesús presuponía que los creyentes ayunaban. Esperaba que lo hicieran. El mismo ayunaba y enseñó sobre el ayuno (Mt. 4:2), y los primeros creyentes también ayunaban (Mt. 17:21; Lc. 2:37; Hch. 10:30; 14:23; 1 Co. 7:5; 2 Co. 6:5; 11:27). Pero son pocos los que han continuado una búsqueda tan intensa del Señor; son tan pocos los que ayunan, que verdaderamente ayunan.

Los beneficios del ayuno son enormes, pero también hay peligros. Podemos tener motivaciones equivocadas para ayunar. De ello trata este texto. Cristo nos aconseja con referencia a las motivaciones equivocadas y correctas para ayunar.

1. Forma equivocada de ayunar (v. 16).
2. Forma correcta de ayunar (vv. 17-18).

[1] (6:16) *Ayunar:* forma equivocada de ayunar. El peligro en sí al ayunar es que seamos hipócritas. Hay cuatro razones por las que los hombres ayunan, con una sola excepción, las demás son formas equivocadas e hipócritas.

a. Las personas ayunan para sentirse aprobadas por Dios y por sí mismas.
b. Las personas ayunan para cumplir con un acto religioso.
c. Las personas ayunan para obtener un reconocimiento religioso.
d. Las personas ayunan para tener, con algún propósito especial, un genuino encuentro con Dios.

Pensamiento. Cristo no condena el ayunar. Pero ayunar con cualquier otro propósito que no sea el de un encuentro con Dios es condenado; cuando ayunes, sea para aparecer «a tu Padre ... » (v. 18).

«Cuando, pues, des limosna, no hagas tocar trompeta delante de ti, como hacen los hipócritas en las sinagogas y en las calles, para ser alabados por los hombres; de cierto os digo que ya tienen su recompensa» (Mt. 6:2).

«Este pueblo de labios me honra; mas su corazón está lejos de mí» (Mt. 15:8).

«Ayuno dos veces a la semana, doy diezmos de todo lo que gano» (Lc. 18:12).

«Que tendrán apariencia de piedad, pero negarán la eficacia de ella; a éstos evita» (2 Ti. 3:5).

«Dice, pues, el Señor: Porque este pueblo se acerca a mí con su boca, y con sus labios me honra, pero su corazón está lejos de mí. Y su

temor de mí no es más que un mandamiento de hombres que les ha sido enseñado» (Is. 29:13).

«Porque misericordia quiero, y no sacrificio, y conocimiento de Dios más que holocaustos» (Os. 6:6).

2. Es un error ayunar por el reconocimiento. En ello hay varios peligros graves de los que hay que cuidarse con toda diligencia.

a. El peligro de sentirse super espiritual. Son pocos los creyentes que hacen una auténtico ayuno. Por eso cuando ayunan de verdad tienen que cuidarse de un sentido de orgullo y de super espiritualidad.

b. El peligro de una excesiva confianza. La confianza del creyente tiene que estar puesta en Dios, no en sí mismo. Después de un genuino ayuno, el creyente normalmente se siente espiritualmente confiado, preparado par continuar. Debe continuar, pero dependiendo de la fuerza de Cristo y no de su propia energía y esfuerzo.

c. El peligro de compartir la experiencia del ayuno. Normalmente el creyente ha aprendido tanto del hecho de estar en la presencia de Dios que está ansioso por compartirlo, especialmente con los más cercanos a él. El mejor consejo es enmudecer, no decir nada, ni siquiera al mejor amigo.

d. El peligro de cambiar la propia apariencia y la forma de actuar y de comportarse. Cualquiera sea el cambio respecto del comportamiento y la rutina normal llama la atención y arruina todo el beneficio del ayuno. Como dice Cristo: «ellos demudan su rostro» (actúan de manera sobre espiritual; v. 16).

«Antes hacen *todas sus obras* para ser vistos por los hombres» (Mt. 23:5).

«No juzguéis según las apariencias, sino juzgad con justo juicio» (Jn. 7:24).

«Miráis las cosas según la apariencia» (2 Co. 10:7).

3. El ayunar en la forma equivocada tiene su recompensa. Una persona recibe la recognición y estima humanas, pero la recognición de hombres es todo que recibirá.

Pensamiento. Algunas personas logran el control y la disciplina de sus cuerpos haciendo ayunos, pero se arruinan a sí mismas y a su ministerio por causa del orgullo. Pierden su recompensa.

«Porque toda carne es como hierba, y toda la gloria del hombre como flor de la hierba. La hierba se seca y la flor se cae» (1 P. 1:24).

«Mas el hombre no permanecerá en honra; es semejante a las bestias que perecen» (Sal. 49:12).

«Porque cuando muera no llevará nada, ni descenderá tras él su gloria» (Sal. 49:17).

«Por eso ensanchó su interior el Seol, y sin medida extendió su boca; y allá descenderá la gloria de ella, y su multitud, y su fausto, el que en él se regocijaba» (Is. 5:14).

«Conforme a su grandeza, así pecaron contra

mí; también yo cambiaré su honra en afrenta» (Os. 4:7).

2 (6:17-18) *Ayunar:* la forma correcta de ayunar. Como se dijo en la introducción, ayunar significa ser tan consumidos por algún tema que la comida pierde su importancia. Por eso, el creyente aparta la comida *para concentrarse en buscar a Dios con referencia a ese tema.* El ayuno bíblico es más que abstenerse meramente de la comida; significa abstenerse de comida para concentrarse en Dios y en su respuesta a un asunto particular. El ayuno bíblico incluye oración, súplicas intensas a Dios.

1.	Es un deber ayunar. Se espera de cada creyente que haga ayunos. Cristo dijo: «Cuando ayunéis». El espera que ayunemos

- Jesús mismo ayunaba.

   «Y después de haber ayunado cuarenta días y cuarenta noches, tuvo hambre» (Mt. 4:2).

- Los apóstoles ayunaban.

   «Pero este género no sale sino con oración y ayuno» (Mt. 17:21; cp. Mt. 9:15; Mr. 2:20; Lc. 5:35).

- Ana ayunaba.

   «Y era viuda hacía ochenta y cuatro años; y no se apartaba del templo, sirviendo de noche y de día con ayunos y oraciones» (Lc. 2:37).

- Cornelio ayunaba.

   «Entonces Cornelio dijo: Hace cuatro días que a esta hora yo estaba en ayunas; y a la hora novena, mientras oraba en mi casa, vi que se puso delante de mí un varón con vestido resplandeciente» (Hch. 10:30).

- Los líderes de la iglesia ayunaban.

   «Ministrando estos al Señor, y ayunando, dijo el Espíritu Santo: Apartadme a Bernabé y a Saulo para la obra a que los he llamado» (Hch. 13:2).

   «Y constituyeron ancianos en cada iglesia, y habiendo orado con ayunos, los encomendaron al Señor en quien habían creído» (Hch. 14:23).

- Se espera que esposos y esposas hagan ayunos.

   «No os neguéis el uno al otro, a no ser por algún tiempo de mutuo consentimiento, para ocuparos sosegadamente en la oración y ayunos, y volved a juntaros en uno, para que no os tiente Satanás a causa de vuestra incontinencia» (1 Co. 7:5).

- Pablo ayunaba con frecuencia.

   «En azotes, en cárceles, en tumultos, en trabajos, en desvelos, *en ayunos*» (2 Co. 6:5).

   «En trabajo y fatiga, en muchos desvelos, en hambre y sed, *en muchos ayunos,* en frío y desnudez» (2 Co. 11:27).

2.	El ayunar debe pasar inadvertidamente. El creyente debe ayunar delante de Dios, no de los hombres. No debe haber cambios en la apariencia o el comportamiento para indicar que uno está ayunando. Piense en esto. ¿Por qué habría de cambiar uno? ¿Por qué debería saber alguien que uno está buscando a Dios de manera muy especial? Es un asunto de Dios, no del hombre. Es entre la persona y Dios, no entre la persona y otra gente.

   Pensamiento. ¿Qué es ayunar? Es «no mostrar a los hombres ... sino a tu Padre» (v. 18). Es venir a la presencia de Dios para un tiempo muy, pero muy especial de oración.

3.	El ayuno es solamente para Dios. El creyente debe ayunar solamente para Dios. Dios es el objeto de su ayuno. Necesita encontrarse con Dios de una manera muy, pero muy especial. Al encontrarse completamente a solas con Dios, el creyente está demostrando su dependencia de Dios y de la provisión de él. (*Véase* nota—Mt. 6:16-18.)

   Pensamiento 1. El religioso ayuna antes los hombres. Un creyente genuino ayuna ante Dios.

   Pensamiento 2. Dios no dice cuándo ni con cuánta

frecuencia debemos ayunar, pero nos dice cómo hacerlo. Debemos tomar todas las precauciones posibles para ayunar exactamente como el dice, es decir, en la presencia de Dios, sin ostentación de ninguna clase. Nadie lo debe ver ni saber.

4.	Ayunar de forma correcta tiene su recompensa. Dios nos recompensará en público. ¡Cuánto mayor es su reconocimiento que el de los hombres! La aceptación y la recompensa eterna de Dios es suficiente para los verdaderos creyentes.

   «Mas cuando tú des limosna, no sepa tu izquierda lo que hace tu derecha, para que sea tu limosna en secreto; y tu Padre que ve en lo secreto te recompensará en público» (Mt. 6:3-4).

   «Porque es necesario que *todos* nosotros comparezcamos [públicamente, ante todos los creyentes] ante el tribunal de Cristo, para que cada uno reciba según lo que haya hecho mientras estaba en el cuerpo, sea bueno o sea malo» (2 Co. 5:10).

   «Mirad por vosotros mismos, para que no perdáis el fruto de vuestro trabajo, sino que recibáis galardón completo» (2 Jn. 8).

   «He aquí yo vengo pronto, y mi galardón conmigo, para recompensar a cada uno según sea su obra» (Ap. 22:12).

   «Los juicios de Jehová son verdad, todos justos, ... tu siervo es además amonestado con ellos: en guardarlos hay grande galardón» (Sal. 19:9, 11).

   «Entonces dirá el hombre: Ciertamente hay galardón para el justo; ciertamente hay Dios que juzga en la tierra» (Sal. 58:11).

   «He aquí que Jehová el Señor vendrá con poder, y su brazo señoreará; he aquí que su recompensa vendrá con él, y su paga delante de su rostro» (Is. 40:10).

   «He aquí que Jehová hizo oír hasta lo último de la tierra: Decid a la hija de Sion: He aquí viene tu Salvador; he aquí su recompensa con él, y delante de él su obra» (Is. 62:11).

   «Yo Jehová, que escudriño la mente, que pruebo el corazón, para dar a cada uno según su camino, según el fruto de sus obras» (Jer. 17:10).

   «¿Se ocultará alguno, dice Jehová, en escondrijos que yo no lo vea? ¿No lleno yo, dice Jehová, los cielos y la tierra?» (Jer. 23:24).

ESTUDIO A FONDO 1

(6:17-18) *Ayunar:* existen al menos cuatro ocasiones en que el creyente debe ayunar.

1.	Hay momentos en que el creyente siente una necesidad especial, una urgencia, un llamado en el interior de su corazón de estar a solas con Dios. Es el Espíritu de Dios que se está moviendo en su corazón. Cuando ello ocurre, nada —ni comida ni responsabilidad— debe impedirle el estar a solas con Dios. En estos casos debe ayunar cuanto antes.

2.	Hay momentos en que aparecen necesidades especiales. Las necesidades pueden estar referidas a la propia vida del creyente o a la vida de amigos, de la sociedad, del mundo o de algún ministerio o misión. Nuevamente, ante tan profundas necesidades, nada debe impedir que el creyente pase un tiempo muy especial en la presencia de Dios.

3.	Hay ocasiones en que el creyente tiene que humillar su alma ante Dios. En tales ocasiones no solo aprende humildad, sino también dependencia de Dios (Sal. 35:13).

4.	Hay circunstancias cuando el creyente necesita un poder muy especial de parte de Dios. El Señor prometió tal poder si el creyente ora y ayuna (Mt. 17:21; Mr. 9:29).

ESTUDIO A FONDO 2

(6:17-18) *Ayunar:* ¿Por qué deben ayunar los creyentes? El ayunar provee excelentes beneficios, y Dios quiere que su pueblo coseche estos beneficios.

1.	El ayunar mantienen al creyente en la presencia de Dios.

Está ayunando para buscar la presencia de Dios con un propósito muy especial; permanece en la presencia de Dios hasta sentir que ha suplido o va a suplir su necesidad.

2. El ayunar humilla el alma del creyente ante Dios. Con el ayuno dice que para él Dios es lo más importante en todo el mundo (Sal. 35:13).

3. El ayunar le enseña al creyente su dependencia de Dios. Está buscando a Dios, y con ello está demostrando que depende de él.

4. El ayuno le demuestra a Dios (de manera práctica) una sinceridad auténtica. Demuestra con los hechos que el tema en consideración es una prioridad.

5. El ayunar le enseña al creyente a controlar y disciplinar su vida. Se abstiene a efectos de hallar una sustancia mayor.

6. El ayuno prviene que el creyente sea esclavizado por el hábito. Deja de lado toda sustancia; con ello rompe el sostén de cualquier cosa que podría haberlo encadenado.

7. El ayunar ayuda al creyente a mantenerse físicamente en forma. Lo previene del sobrepeso y lo mantiene bien articulado.

	Q. Advertencias en cuanto a riqueza y materialismo, 6:19-24	también vuestro corazón.	a. Un corazón bueno; como un ojo bueno

1 Un contraste: dos tipos de riquezas
a. Riquezas terrenales
  1) No amontonar
  2) Se corrompen[EF1]
  3) Son inseguras
b. Riquezas celestiales
  1) Amontona
  2) No se corrompen
  3) Son seguras
2 Una advertencia: dos tipos de corazones
	19 No os hagáis tesoros en la tierra donde la polilla y el orín corrompen, y donde ladrones minan y hurtan;
	20 sino haceos tesoros en el cielo, donde ni la polilla ni el orín corrompen, y donde ladrones no minan ni hurtan.
	21 Porque donde esté vuestro tesoro, allí estará
		22 La lámpara del cuerpo es el ojo; así que, si tu ojo es bueno, todo tu cuerpo estará lleno de luz;
		23 pero si tu ojo es maligno, todo tu cuerpo estará en tinieblas. Así que, si la luz que en ti hay es tinieblas, ¿cuántas no serán las mismas tinieblas?
		24 Ninguno puede servir a dos señores; porque o aborrecerá al uno y amará al otro. No podéis servir a Dios y a las riquezas.
			1) Focaliza y ve
			2) Focaliza el cielo (v. 20)
			b. Un corazón malo; como un ojo malo
			1) Ciego y oscuro
			2) Focaliza la tierra (v. 19)
			3 Elección entre dos señores
			a. Aborrecer o amar
			b. Estimar o despreciar
			c. Servir a Dios o a las cosas materiales[EF2]

Q. Advertencias en cuanto a riqueza y materialismo, 6:19-24

(6:19-24) *Introducción:* ¿Dónde están nuestros pensamientos? ¿En qué pensamos? ¿Están nuestros pensamientos centrado en la tierra o en el cielo? ¿Está nuestra mente atenta a las cosas terrenales o a las cosas de Dios? ¿Qué estamos buscando, las cosas de la tierra o las cosas del cielo? ¿Dónde está nuestro corazón, atento a la tierra o atento al cielo? En este pasaje Cristo se ocupa del dinero, las posesiones y las cosas materiales. Su preocupación es prevenir que centremos nuestras vidas en casas, moblaje, vehículos, tierras, edificios, acciones, cosas; todas ellas, que constituyen la seguridad y riqueza en esta tierra. El motivo se entiende fácilmente: en esta tierra nada es seguro ni duradero. Todo envejece, decae, se gasta. Todo es corruptible y temporal. Lo que Cristo quiere es que centremos nuestras vidas en Él y en el cielo, porque todo lo referido a Él y al cielo es vida y seguridad. Todo es permanente y eterno. Para motivar nuestros pensamientos nos da lecciones sobre las riquezas y el materialismo. (*Véanse* también bosquejo y notas—Mt. 13:7.22.)

1. Un contraste: dos tipos de riquezas (vv. 19-20).
2. Una advertencia: dos tipos de corazones (vv. 21-23).
3. Una elección: entre dos tipos de señores (v. 24).

1 (6:19-20) *Materialismo—riqueza:* Cristo plantea un contraste en dos clases de riquezas.

1. Existen las riquezas terrenales. Hay cosas en la tierra que los hombres anhelan tener. Cristo las llama riquezas y tesoros terrenales. Riquezas terrenales pueden ser cosas tales como ropa, automóviles, joyas, juguetes, casas, edificios, mobiliarios, placeres, fama, poder, profesión, propiedades, dinero, y cualquier cosa que domina la vida de una persona y la mantiene sujeta a esta tierra.

Un tesoro es aquello que tiene valor y que para una persona encierra algún valor. Los hombres toman cosas y les adjudican valor; pueden ser piedras, (diamantes); o rocas y polvo (oro); o dinero (papel y metal); o tierra (propiedades); o madera, metal, lodo, sustancias químicas, construcciones (edificios); o influencia (poder); o la atención de la gente (fama).

Cristo dice tres cosas acerca de las riquezas terrenales que son de crucial importancia tanto para el creyente como para el incrédulo.

a. No juntes para ti riquezas terrenales (posesiones materiales). Cristo dice que una persona no debe centrar su vida en cosas terrenales, ni fijar sus ojos y su mente y su energía y esfuerzo en esos tesoros pasajeros.

Pensamiento 1. Las riquezas existen. Su *localización* queda claramente establecida. Hay riquezas tanto en la *tierra* como en el *cielo.*

Pensamiento 2. Es más fácil codiciar cosas terrenales que cosas celestiales. Por cuatro motivos.
1) Son visibles; se las puede manipular.
2) La mayoría de la gente las busca, y otra gente influye sobre nosotros. Una persona tiene mentalidad terrenal o celestial (Ro. 8:5-7).
3) En diferente grado son necesarias para la vida.
4) Son actuales, están constantemente ante nosotros, pueden ser poseídas ahora mismo.

b. Las riquezas terrenales son corruptibles (*véase* nota—Mt. 6:19). Hay algo terrible que le ocurre a todas las cosas de la tierra. Todo envejece, muere, se deteriora y decae. Las cosas solo están brevemente en la tierra, luego no están más. Todas las cosas tienen en sí la simiente de corrupción.

c. Las riquezas terrenales son inseguras. Por tres motivos son inseguras:
• Pueden ser hurtadas o consumidas.
• No duran; se gastan.
• Una persona no se puede llevar una sola cosa cuando pasa de este mundo.

«Porque nada hemos traído a este mundo, y sin duda nada podremos sacar» (1 Ti. 6:7).

«Porque raíz de todos los males el amor al dinero, el cual codiciando algunos, se extraviaron de la fe, y fueron traspasados de muchos dolores» (1 Ti. 6:10).

«Vuestro oro y plata está enmohecidos; y su moho testificará contra vosotros, y devorará del todo vuestras carnes como fuego. Habéis acumulado tesoros para los días postreros» (Stg. 5:3).

«Los renuevos de su casa serán transportados, serán esparcidos en el día de su furor» (Job 20:28).

«Ciertamente como una sombra es el hombre; ciertamente en vano se afana; amontona riquezas, y no sabe quién las recogerá» (Sal. 39:6).

«Pues verá que aun los sabios mueren; que perecen del mismo modo que el insensato y el necio, y dejan a otros sus riquezas» (Sal. 49:10).

«¿Has de poner tus ojos en las riquezas, siendo ningunas? Porque se harán alas como alas de águila, y volarán al cielo» (Pr. 23:5).

«Porque las riquezas no duran para siempre; ¿y será la corona para perpetuas

generaciones?» (Pr. 27:24).

«Asimismo aborrecí todo mi trabajo que había hecho bajo el sol, el cual tendré que dejar a otro que vendrá después de mí» (Ec. 2:18).

«El que ama el dinero, no se saciará de dinero; y el que ama el mucho tener, no sacará fruto. También esto es vanidad» (Ec. 5:10).

«Como la perdiz que cubre lo que puso, es el que injustamente amontona riquezas; en la mitad de sus días las dejará, y en su postrimería será insensato» (Jer. 17:11).

«Con tu sabiduría y con tu prudencia has acumulado riquezas, y has adquirido oro y plata en tus tesoros. Con la grandeza de tu sabiduría en tus contrataciones has multiplicado tus riquezas; y a causa de tus riquezas se ha enaltecido tu corazón» (Ez. 28:4-5).

Pensamiento. Note cuatro lecciones impactantes.

1) Se busca la riqueza, y muchos la buscan. Lo que frecuentemente se olvida es esto: toda pizca de riqueza está en las manos de alguien. Por eso muchas personas se las pasan calculando cómo obtener algo de lo que tiene otro. Las cosas del mundo son muy inseguras.

2) Una persona puede ser quitada de la tierra en un abrir y cerrar de ojos. Todo aquello por lo que ha trabajado tan arduamente en esta tierra se habrá ido inmediatamente (cp. Lc. 12:16-21).

3) Una persona puede perder mucho de lo que tiene en esta tierra y lo puede perder rápidamente. Lo puede perder por dificultades financieras, accidente, problemas matrimoniales, enfermedad, muerte, y por mil otros motivos.

4) La persona es necia al buscar la abundancia de cosas: de procurar tener más y más. ¿Por qué? Porque esta noche, o mañana, o pronto, un día cualquiera Dios dirá: «Necio, esta noche vienen a pedirte tu alma; y lo que has provisto, ¿de quién será?» (Lc. 12:20).

Cristo dijo: «Así es el que hace para sí tesoro, y no es rico para con Dios»; aquella persona no va a oír lo de arriba (Lc. 12:21).

2. Hay riquezas celestiales. Hay cosas en el cielo que los creyentes desean tener. Cristo las llama riquezas celestiales (en cuanto a la lista de las bendiciones celestiales de Dios, *véanse* bosquejo y notas: Ef. 1:3). Riquezas celestiales son cosas tales como ...

• una vida inocente.
• llegar a ser un auténtico hijo de Dios.
• el perdón de pecados.
• sabiduría.
• entender la voluntad de Dios (propósito, sentido, significado de la vida).
• una enorme herencia eterna.
• un constante Consolador y Ayudador, el Espíritu Santo de Dios mismo.
• una vida que es abundante y desbordante (Jn. 10:10).

Cristo dice tres cosas acerca de las riquezas celestiales que son de crucial importancia tanto para el creyente como para el incrédulo.

a. Acumula para sí mismo riquezas celestiales. Es necia la persona al procurar y centrar su mente en cosas perecederas. ¿Por qué? Porque puede procurar aquello que le da todo el sentido, propósito y significación a la vida que uno se pueda imaginar. Tener significado, propósito y sentido en la vida es la esencia de la vida misma.

Piensa en ello. «Porque la vida del hombre no consiste en la abundancia de los bienes que posee» (Lc. 12:15). ¿Cuánto sentido hay en algo que pasa y perece? Mientras la persona todavía está buscando algo sobre esta tierra, es interiormente consciente de que no va a durar. Hay un fin a cualquiera sea el sentido que se encuentre en ello. El tesoro terrenal puede ser un automóvil, un trabajo, un viaje, una relación, ropa, posición, poder, fama, o fortuna. El hecho es que, cualquiera sea el tesoro, éste tendrá su fin, pasará y no será más. El sentido de la vida de un hombre mundano, su propósito y significación, es temporario, insatisfactorio e incompleto. (*Véanse* nota y Estudio a fondo 1—Ef. 1:7; nota y Estudio a fondo 1—2 P. 1:4; cp. Ef. 1:3.)

b. Las riquezas celestiales son incorruptibles. Es posible escapar de la corrupción (2 P. 1:4). Hay una «herencia incorruptible, incontaminada e inmar-cesible, *reservada en los cielos para vosotros*» (1 P. 1:4). Toda persona debería reclamar y poner su corazón en *su* herencia celestial.

c. Las riquezas celestiales son seguras (*véanse* notas—Ef. 1:3). Los ladrones no pueden violar el cielo; no pueden penetrar la dimensión espiritual. Nadie ni nada puede quitar las riquezas celestiales de una persona. Esto lo asegura el amor de Dios (cp. Ro. 8:32-39).

Pensamiento 1. Cristo no impide que una persona procure tesoros; al contrario, la guía a buscar tesoros reales. El cielo vale más que toda la riqueza del mundo.

«Porque ¿qué aprovechará al hombre, si ganare todo el mundo, y perdiere su alma? ¿O qué recompensa dará el hombre por su alma?» (Mt. 16:26).

«Porque ¿qué aprovechará al hombre si ganare todo el mundo, y perdiere su alma? ¿O qué recompensa dará el hombre por su alma?» (Mr. 8:36).

«Pues ¿qué aprovecha al hombre, si gana todo el mundo, y se destruye o se pierde a sí mismo?» (Lc. 9:25).

Pensamiento 2. La persona tiene que dejar todo para seguir a Cristo, de otra manera no puede ser discípulo del Señor.

«Así, pues, cualquiera de vosotros que no renuncia a todo lo que posee, no puede ser mi discípulo» (Lc. 14:33).

Pensamiento 3. Cristo dice que un hombre debe hacerse tesoros en el cielo, y no en la tierra para su familia. ¡Es un mensaje puntual y perturbador para muchas personas hoy!

«Sino haceos tesoros en el cielo, donde ni la polilla ni el orín corrompen, y donde ladrones no minan ni hurtan» (Mt. 6:20).

«Jesús le dijo: si quieres ser perfecto, anda, vende lo que tienes, y dalo a los pobres, y tendrás tesoro en el cielo; y ven y sígueme» (Mt. 19:21).

«Vended lo que poseéis, y dad limosna; haceos bolsas que no se envejezcan, tesoro en los cielos que no se agote, donde ladrón no llega, ni polilla destruye» (Lc. 12:33).

«Y ciertamente, aun estimo todas las cosas como pérdida por la excelencia del conocimiento de Cristo Jesús, mi Señor, por amor del cual lo he perdido todo, y lo tengo por basura, para ganar a Cristo» (Fil. 3:8).

«Atesorando para sí buen fundamento para lo por venir, que echen mano de la vida eterna» (1 Ti. 6:19).

«Por tanto, yo te aconsejo que de mí compres oro refinado en fuego, para que sea rico, y vestiduras blancas para vestirte, y que no se descubra la vergüenza de tu desnudez; y unge tus ojos con colirio, para que veas» (Ap. 3:18).

ESTUDIO A FONDO 1

(6:19) *Corrupción—incorrupción:* en el mundo existe una semilla de corrupción, un principio o naturaleza de corrupción en cada cosa sobre la tierra. Todas las cosas son de origen y formación imperfectas; se envejecen, mueren, se deterioran, decaen y se gastan. (*Véanse* Estudio a fondo 2—Mt. 8:17; notas—1 Co. 15:50; 2 Co. 5:1-4; Col. 2:8; nota 5 y Estudio a fondo 1— 2 P. 1:4.)

«Para que se cumpliese lo dicho por el profeta Isaías, cuando dijo: El mismo tomó nuestras *enfermedades,* y llevó *nuestras dolencias*» (Mt. 8:17).

«Pero esto digo, hermanos: que la carne y la sangre no pueden heredar el reino de Dios, ni la *corrupción* hereda incorrupción» (1 Co. 15:50).

«Porque todos sabemos que si nuestra morada terrestre, este tabernáculo, *se deshiciere,* tenemos de Dios un edificio, una casa no hecha de manos, eterna ... en los cielos pues así seremos hallados vestidos, y no *desnudos*» (2 Co. 5:1, 3).

«Por medio de las cuales nos ha dado preciosas y grandísimas promesas, para que por ellas llegaseis a ser participantes de la naturaleza divina, habiendo huido de la *corrupción* que hay en el mundo a causa de la concupiscencia» (2 P. 1:4).

También hay una semilla de incorrupción, un principio de incorrupción, una naturaleza eterna de incorrupción en el cielo (1 P. 1:4, 23; cp. 1:18-23; 2 P.1:4; cp. 1 Co. 15:12-58. *Véase* nota—Ef.1:3.)

«Bendito sea el Dios y Padre de nuestro Señor Jesucristo, que según su grande misericordia nos hizo renacer para una esperanza viva, por la resurrección de Jesucristo de los muertos, para una herencia *incorruptible,* incontaminada, e inmarcesible, reservada en los cielos para vosotros» (1 P. 1:3-4).

«Siendo *renacidos,* no de simiente corruptible, sino de incorruptible, por la palabra de Dios que vive y permanece para siempre» (1 P. 1:23).

«Así también es la resurrección de los muertos. Se siembra en corrupción, resucitará en *incorrupción.* Se siembra en deshonra, resucitará en gloria; se siembra en debilidad, resucitará en *poder.* Se siembra en cuerpo animal, resucitará cuerpo espiritual. Hay cuerpo animal, y hay cuerpo espiritual» (1 Co. 15:42-44; cp. 1 Co. 15:12-58).

2 (6:21-23) *Corazón—mente:* Cristo advierte acerca de tipos de corazones.

1. Existe un corazón que es bueno. Es como un ojo bueno. Note que el ojo es una puerta que *da entrada* a la mente del hombre. Lo que el hombre mira, es lo que el hombre piensa, y lo que piensa es lo que realmente llega a ser (cp. Pr. 23:7). Si una persona se fija en Jesucristo, quien es la Luz del mundo (Jn. 8:12), su mente será *llena de luz.* Por eso las obras de su cuerpo serán obras de luz. Sinceridad del ojo y el corazón significa que la persona pone su atención en el Señor Jesús con el propósito de hacer su voluntad (cp. Hch. 2:46; Ef. 6:5; Col. 3:22). Un ojo malo es el que se fija en todo aquello que no es de Dios.

El corazón de un hombre está precisamente donde está su tesoro. Si su tesoro está en la tierra, su corazón estará en la tierra. Si su tesoro está en el cielo, su corazón está en el cielo. El ojo ilustra la verdad. Si el ojo de una persona es *bueno y sano,* el hombre es capaz de focalizar el tesoro y captar la verdad. Pero si el ojo es *insano,* no se podrá fijar en el tesoro. Está ciego y en tinieblas. Un *corazón sano* es como un ojo sano. Capta el verdadero tesoro, el tesoro en el cielo. Pero un *corazón insano* es como un ojo malo. Está en tinieblas, incapaz de ver el tesoro en el cielo.

Note que el creyente tiene dos razones primordiales para fijar sus ojos en el cielo.

a. Su ciudadanía está en el cielo:

«Mas nuestra ciudadanía está en los cielos, de donde también esperamos al Salvador, al Señor Jesucristo; el cual trastornará el cuerpo de la humillación nuestra, para que sea semejante al cuerpo de la gloria suya, por el poder con el cual puede también sujetar a sí

mismo todas las cosas» (Fil. 3:20-21).

b. Busca los tesoros eternos:

«Pues las cosas que se ven son temporales, pero las que no se ven son eternas» (2 Co. 4:18).

- Son incorruptibles (v. 20).
- Son seguras (v. 20).
- Hacen que todo su «cuerpo esté lleno de luz» (v. 22).
- Consumen todo su ser con el significado propósito y sentido de la vida (v. 24).
- Lo llevan a amar y servir a Dios (v. 24).
- Lo acercan a Dios (v. 24).

«Bienaventurados los de limpio corazón, porque ellos verán a Dios» (Mt. 5:8).

«Otra vez les habló Jesús, diciendo: Yo soy la luz del mundo; el que me sigue no andará en tinieblas, sino que tendrá la luz de la vida» (Jn. 8:12).

«Todavía un poco, y el mundo no me verá más; pero vosotros me veréis; porque yo vivo, vosotros también viviréis» (Jn. 14:19).

«Pero el hombre natural no percibe las cosas que son del Espíritu de Dios, porque para él son locura, y no las puede entender, porque se han de discernir espiritualmente» (1 Co. 2:14).

«Por la fe dejó a Egipto, no temiendo la ira del rey; porque se sostuvo como *viendo al Invisible*» (He. 11:27).

Pensamiento. El creyente tiene un mandato completamente claro: «Poned la mira en las cosas de arriba, no en las de la tierra» (Col. 3:2).

«Bendito sea el Dios y Padre de nuestro Señor Jesucristo, que nos bendijo con toda bendición espiritual en los lugares celestiales en Cristo» (Ef. 1:3).

«Alumbrando los ojos de vuestro entendimiento, para que sepáis cuál es la esperanza a que él os ha llamado, y cuáles las riquezas de la gloria de su herencia en los santos» (Ef. 1:18).

«A mí que soy menos que el más pequeño de todos los santos, me fue dada esta gracia de anunciar entre los gentiles el evangelio de las *inescrutables riquezas* de Cristo» (Ef. 3:8).

«Teniendo [Moisés] por mayores riquezas el vituperio de Cristo que los tesoros de los egipcios; porque tenía puesta la mirada en el galardón» (He. 11:26).

«Hermanos míos amados, oíd: ¿No ha elegido Dios a los pobres de este mundo, para que sean ricos en fe y herederos del reino que ha prometido a los que le aman?» (Stg. 2:5).

2. Existe el corazón malo. Es como un ojo malo. Un ojo malo no tiene la capacidad de enfocar el tesoro, no es capaz de fijarse en las cosas de Dios. Un ojo malo es ciego y está en tinieblas. Así es con el corazón. Cristo dice que la persona no debe poner su corazón en los tesoros terrenales ¿Por qué? Porque esa persona focaliza sus ojos (atención, mente, pensamientos, energía, esfuerzo) en el mal. ¿Qué quiere decir Cristo? Las cosas terrenales son malas porque son engañosas.

- Están sujetas a corrupción; envejecen, mueren, se gastan, deterioran, decaen.
- Son inseguras; serán hurtadas, o quitadas o abandonadas.
- Son el motivo para que el corazón de una persona esté lleno de oscuridad (v. 23).
- Impulsan a una persona a odiar, despreciar, y rechazar a Dios (v. 24).
- Separan al hombre de Dios (v. 24).

Pensamiento 1. Hay varias cosas que le pasan a la persona que pone sus ojos en cosas terrenales. La invaden las sombras de oscuridad. Es engañada (cp. Mt. 13:7, 22). Es engañada porque se vuelve...

- codiciosa, consumida (por obtener más y más).
- quejumbrosa, malhumorada.
- suspicaz y temerosa (de perder sus cosas).
- dura y de mente cerrada (para dar mucho). (Cp. Stg. 5:9.)

«Pero si tu ojo es maligno, todo tu cuerpo estará en tinieblas. Así que, si la luz que en ti hay es tinieblas, ¿cuántas no serán las mismas tinieblas?» (Mt. 6:23).

«La luz en las tinieblas resplandece, y las tinieblas no prevalecieron contra ella» (Jn. 1:5).

«Y esta es la condenación: que la luz vino al mundo, y los hombres amaron más las tinieblas que la luz, porque sus obras eran malas» (Jn. 3:19).

«En los cuales el Dios de este siglo cegó el entendimiento de los incrédulos, para que no les resplandezca la luz del evangelio de la gloria de Cristo, el cual es la imagen de Dios» (2 Co. 4:4).

«Teniendo el entendimiento entenebrecido, ajenos de la vida de Dios por la ignorancia que en ellos hay, por la dureza de su corazón» (Ef. 4:18).

3. (6:24) *Decisión:* Cristo advierte sobre la necesidad de escoger entre dos señores. Hay dos motivos esenciales por los que hay que hacer una elección.

1. El hombre aborrece a un señor y ama a otro. Cuando ambos señores ejercen sus demandas simultáneamente sobre el hombre, éste tiene que escoger. Decide favorecer, servir, ayudar, y amar a uno; y haciendo esto estará desfavoreciendo, rechazando, faltando respeto y odiando al otro. El hombre no puede servir a dos señores.

2. El hombre aprecia o desprecia a uno de los señores. Tiene que escoger a qué señor favorecer y servir. A uno tiene que amar. Al amar a uno revela su desprecio y rechazo por el otro. Un hombre no puede servir a dos señores.

La elección es clara. El hombre o bien sirve a Dios, o bien a las cosas materiales.

- Solamente hay dos tesoros; la tierra y sus tesoros, o Dios y sus tesoros; cosas físicas y materiales o cosas espirituales y eternas.
- Toda persona, sin excepción ha entregado su vida a uno de dos tesoros. O a mamón o a Dios. El hombre pone su corazón, ojos, mente, atención, pensamientos, manos y energía en cosas terrenales o en cosas celestiales. No puede «servir a Dios y a mamón».

Pensamiento 1. Tantas personas consideran a las riquezas una bendición de Dios, una señal de que uno es piadoso. Pero la Biblia dice algo diferente:

«[Algunos] toman la piedad como fuente de ganancia; apártate de los tales. Pero gran ganancia es la piedad acompañada de contentamiento, porque nada hemos traído a este mundo y sin duda nada podremos sacar. Así que, teniendo sustento y abrigo, estemos contentos con esto. Porque los que quieren enriquecerse caen en tentación y lazo, y en muchas codicias necias y dañosas, que hunden a los hombres en destrucción y perdición; porque raíz de todos los males es el amor al dinero, el cual codiciando algunos, se extraviaron de la fe, y fueron traspasados de muchos dolores. Mas tú, oh hombre de Dios, huye de estas cosas, y sigue la justicia, la piedad, la fe, el amor, la paciencia, la mansedumbre» (1 Ti. 6:5-11).

Pensamiento 2. Mamón, los tesoros terrenales, pueden ser muchas cosas (*véase* Mt. 6:19-20).

1) Riquezas y bienes.

«¡Vamos ahora! los que decís: Hoy y mañana iremos a tal ciudad, y estaremos allá un año, y traficaremos, y ganaremos» (Stg. 4:13).

«¡Vamos ahora, ricos! Llorad y aullad por las miserias que os vendrán» (Stg. 5:1).

2) Comida, el estómago lleno.

«El fin de los cuales será perdición, cuyo Dios es el vientre, y cuya gloria es su vergüenza; que sólo piensan en lo terrenal» (Fil. 3:19).

3) Un ojo malo, lleno de codicia.

«Pero yo os digo que cualquiera que mira a una mujer para codiciarla, ya adulteró con ella en su corazón» (Mt. 5:28).

«Pero si tu ojo es maligno, todo tu cuerpo está en tinieblas. Así que, si la luz que en ti hay es tinieblas, ¿cuántas no serán las mismas tinieblas?» (Mt. 6:23).

«Los hurtos, las avaricias, las maldades, el engaño, la lascivia, la envidia, la maledicencia, la soberbia, la insensatez» (Mr. 7:22).

4) Los deseos de la carne.

«No améis al mundo, ni las cosas que están en el mundo. Si alguno ama al mundo, el amor del Padre no está en él. Porque todo lo que hay en el mundo, los deseos de la carne, los deseos de los ojos, y la vanagloria de la vida, no proviene del Padre, sino del mundo» (1 Jn. 2:15-16).

5) La actividad improductiva, relajamiento, recreación, pasatiempos onerosos, indolencia.

«Vé a la hormiga, oh perezoso, mira sus caminos y sé sabio; la cual no teniendo capitán, ni go-bernador, ni señor prepara en el verano su comida, y recoge en el tiempo de la siega su mante-nimiento. Perezoso, ¿hasta cuándo has de dormir? ¿Cuándo te levantarás de tu sueño? Un poco de sueño, un poco de dormitar, y cruzar un poco las manos para reposo; así vendrá tu necesidad como caminante, y tu pobreza como hombre armado» (Pr. 6:6-11).

Pensamiento 3. Dios promete diversas cosas grandes al hombre que le sirve.

1) Suplir todas las necesidades de su vida.

«Mas buscad primeramente el reino de Dios y su justicia; y [entonces] todas las demás cosas os serán añadidas» (Mt. 6:33).

2) Librarlo de toda ansiedad.

«Por nada estéis afanosos, sino sean conocidas vuestras peticiones delante de Dios en toda oración y ruego, con acción de gracias. Y la paz de Dios, que sobrepasa todo entendimiento, guardará vuestros corazones y vuestros pensamientos en Cristo Jesús» (Fil. 4:6-7).

3) Alegría y contentamiento.

«Estas cosas os he hablado, para que mi gozo esté en vosotros, y vuestro gozo sea cumplido» (Jn. 15:11).

«Sean vuestras costumbres sin avaricia, contentos con lo que tenéis ahora; porque él dijo: No te desampararé, ni te dejaré» (He. 13:5).

4) Vida abundante y eterna.

«Porque de tal manera amó Dios al mundo, que ha dado a su Hijo unigénito, para que todo aquel que en él cree, no se pierda, mas tenga vida eterna» (Jn. 3:16).

«De cierto, de cierto os digo: el que oye mi pala-bra, y cree al que me envió, tiene vida eterna; y no vendrá a condenación, mas ha pasado de muerte a vida» (Jn. 5:24).

«El ladrón no viene sino para hurtar y matar y destruir; yo he venido para que tengan vida: y para que la tengan en abundancia» (Jn. 10:10).

ESTUDIO A FONDO 2

(6:24) *Riquezas: véanse* Estudio a fondo 1—Mt. 19:16-22; 19:23-26; notas—19:27-30; pt. 2; Stg. 1:9-11.

	R. El consejo referido a la preocupación y ansiedad, 6:25-34	Salomón con toda su gloria se vistió así como uno de ellos.	al de Salomón

1 Un consejo: no se preocupen por las necesidades
a. Por comida y bebida
b. Por cuerpo y ropa
2 No se preocupen por la vida y el cuerpo
3 No se preocupen por comida y refugio
a. Mirad las aves
b. Ustedes son mejores que las aves
4 No se preocupen por la estatura, no tiene sentido
5 No se preocupen por la ropa
a. Consideren los lirios
  1) No trabajan
  2) Su adorno supera
	25 Por tanto os digo: No os afanéis por vuestra vida, qué habéis de comer o qué habéis de beber; ni por vuestro cuerpo, qué habéis de vestir. ¿No es la vida más que el alimento, y el cuerpo más que es vestido?
	26 Mirad las aves del cielo, que no siembran, ni siegan, ni recogen en graneros; y vuestro Padre celestial las alimenta. ¿No valéis vosotros mucho más que ellas?
	27 ¿Y quién de vosotros podrá, por mucho que se afane, añadir a su estatura un codo?
	28 Y por el vestido, ¿por qué os afanáis? Considerad los lirios del campo, cómo crecen: no trabajan ni hilan;
	29 pero os digo, que ni aun
		30 Y si la hierba del campo que hoy es, y mañana se echa en el horno, Dios la viste así, ¿no hará mucho más a vosotros, hombres de poca fe?
		31 No os afanéis, pues, diciendo: ¿Qué comeremos, o qué beberemos, o qué vestiremos?
		32 Porque los gentiles buscan todas estas cosas; pero vuestro Padre celestial sabe que tenéis necesidad de todas estas cosas.
		33 Mas buscad primeramente el reino de Dios y su justicia, y todas estas cosas os serán añadidas.
		34 Así que, no os afanéis por el día de mañana, porque el día de mañana traerá su afán. Basta a cada día su propio mal.
			b. Confíen, crean, hombres de poca fe[EF1]
			
			6 No se preocupen: no estén pensando y hablando de comida, bebida y ropa
			a. Ustedes son diferentes a los paganos
			b. El Padre celestial de ustedes conoce sus necesidades
			7 No se preocupen: busquen primero el reino de Dios y su justicia[EF2]
			8 No se preocupen por el mañana: vivan un día a la vez

R. El consejo referido a la preocupación y ansiedad, 6:25-34

(6:25-34) *Introducción:* este consejo se refiere a una de las mayores necesidades de los hombres, la necesidad de ser librados de la preocupación y ansiedad.

1. Un consejo: no se preocupen por las necesidades (v.25).
2. No se preocupen por la vida y el cuerpo (v. 25).
3. No se preocupen por comida y refugio (v. 26).
4. No se preocupen por la estatura, no tiene sentido (v. 27).
5. No se preocupen por la ropa (vv. 28-30).
6. No se preocupen: no estén pensando y hablando de comida, bebida y ropa (vv. 31-32).
7. No se preocupen: busquen primero el reino de Dios y su justicia (v. 33).
8. No se preocupen por el mañana: vivan un día a la vez (v. 34).

1 (6:25) *Preocupación—ansiedad (merimnate):* el creyente no debe preocuparse por las necesidades, por la comida y bebida, por el cuerpo y la ropa. Las palabras «no os afanéis» significan no preocuparse; no estar ansiosos; no estar sobremanera ocupados pensando en esto (cp. Fil. 4:6). El consejo es tan necesario que es dado tres veces (vv. 25, 31, 34).

Jesús no está sugiriendo que una persona no se prepare para la vida que sea perezosa, indolente, despreocupada, con una actitud de no-me-importa. Dios no va a apañar una actitud licenciosa, perezosa, y carente de iniciativa, esfuerzo y planificación. La persona tiene que atender sus responsabilidades (Pr. 27:23; 2 Co. 11:28; Fil. 2:20). Tiene que trabajar para comer (2 Ts. 3:10). En efecto, incluso debe hacer trabajos extra para tener lo suficiente para dar a otros (Ef. 4:28). Tiene que ser diligente en la atención de sus asuntos y de su profesión, y en ayudar y dar a otros.

1. Jesús está hablando de preocuparse por posesiones materiales de la vida. Muchas personas caen en la trampa de centrar su mente y sus pensamientos, energía y esfuerzos, en las necesidades y lujos de la vida. El creyente no debe estar envuelto ni enredado en los asuntos de este mundo (2 Ti. 2:4). No debe estar procurando más y más, reuniendo más y más. *No* debe «buscar primeramente» las cosas del mundo, sino «buscad primeramente el reino de Dios y su justicia», entonces Dios se ocupará de que reciba todas estas cosas (Mt. 6:33).

2. Jesús está hablando de estar tan envueltos en asegurar cosas que nos volvemos ansiosos, perturbados, sin poder dormir. Estar concentrado en las cosas del mundo impide que el hombre ande en la plenitud y gozo de la vida. La preocupación y ansiedad pueden causar serios problemas de salud, desde las noches de insomnio y jaquecas, hasta úlceras, hipertensión, infartos.

3. Jesús está hablando de ser consumi dos tanto por *obtener* que quede poco espacio para pensar en Dios. El temor de no tener lo suficiente y gastar todo nuestro tiempo tratando de *obtener* más y más causa incredulidad. La persona que trabaja para ganar más y más seguridad nunca conoce a Dios. Nunca conoce el amor y cuidado de Dios. Nunca aprende que Dios se ocupa de aquellos que realmente confían en él.

4. Jesús habla de estar tan enredados en los asuntos de esta tierra que olvidamos la eternidad. Simplemente olvidamos de ocuparnos de nuestras vidas y cuerpos más allá de esta vida (Lc. 12:20; cp. Sal. 49:10-20; 2 Ti. 2:4).

El mandato es claro. No debemos preocuparnos. Lo que debe consumirnos es Dios y la gente, no las cosas. Debemos buscar primeramente a Dios y servirle, y también a nuestro prójimo. Luego, las necesidades, y en algunos casos los lujos, nos serán añadidos (Mt. 6:33).

Pensamiento 1. Existen dos clases de comida, bebida y vestimenta. Existen ...
• las cosas necesarias.

- las cosas extravagantes o lujos que conducen a la auto indulgencia.

Vivir suntuosa y extravagantemente, en comodidad y lujo en medio de un mundo necesitado que muere de hambre, es pecado. Es un pecado que nos condena al infierno (*véanse* Estudio a fondo 1—Lc. 16:19-21). El creyente no debe enredarse en los asuntos de las cosas materiales (2 Ti. 2:4».

Pensamiento 2. Comida, ropa y techo son necesidades de la vida. No está mal trabajar por ellas, ni de asegurarlas para nuestro futuro. Lo malo son cuatro cosas.
1) Ignorar y descuidar a Dios mientras trabajamos.
2) Trabajar día y noche y luego preocuparse por cómo guardar lo que tenemos, y cómo conseguir más y más.
3) Nunca estar satisfechos con suplir para las necesidades; querer tener más y más, querer tener cosas más grandes y mejores, querer tener algo tan grande y tan bueno como tiene el prójimo.
4) Descuidar las necesidades de otros que son mayores que las nuestras (*véanse* bosquejo y notas—Mt. 6:19-24).

2 (6:25) *Vida—cuerpo—comida—ropa:* no te preocupes por tu vida y por tu cuerpo. El punto es claro e impactante: La vida y el cuerpo de una persona son más valiosos —mucho más valiosos— que la comida que ingiere y la ropa que viste. ¿Entonces, por qué permitir que estas cosas, cosas secundarias, consuman y dominen la vida de uno? Tantas personas son controladas por las necesidades y los lujos, por las cosas materiales de este mundo.

La persona solo puede comer y vestirse hasta determinado límite. Lo suficiente es suficiente; más que lo suficiente, es demasiado; demasiado significa que la persona lo consume de pura gula (*véanse* Estudio a fondo 1—Stg. 4:1-3; nota—Stg. 4:2). Su vida está siendo dominada por las cosas del mundo, en vez de dominar sobre ellas.

Pensamiento 1. Note varias lecciones significativas.
1) No te preocupes. Piensa en tu vida y en tu cuerpo y aprende a confiar en Dios para la comida y la vestimenta. Concentra tu mente y esfuerzo en tu vida y cuerpo, no en comida y ropa.
2) El punto es sencillo y claro. La vida es más que meras cosas, incluso más que comida y ropa.

> «Y les dijo: Mirad, y guardaos de toda avaricia; porque la vida del hombre no consiste en la abundancia de los bienes que posee» (Lc. 12:15).

> «El que fue sembrado entre espinos, éste es el que oye la palabra, pero el afán de este siglo y el engaño de las riquezas ahogan la palabra, y se hace infructuosa» (Mt. 13:22).

> «Porque todo el que quiera salvar su vida, la perderá; y todo el que pierda su vida por causa de mí, la hallará. Porque ¿qué aprovechará al hombre, si ganare todo el mundo, y perdiere su alma? ¿O qué recompensa dará el hombre por su alma?» (Mt. 16: 25-26).

> «Por demás es que os levantéis de madrugada, y vayáis tarde a reposar, y que comáis pan de dolores; pues que a su amado dará Dios el sueño» (Sal. 127:2).

3) El materialismo (mundanalidad y las posesiones) pueden esclavizar a una persona a tal punto de llegar a dominar su vida. Con tal de conseguir y poseer más, las esposas discuten, los hombres hurtan, los empleados se revelan, los empleadores acumulan, los niños llorisquean y las naciones hacen guerra. La vida —vivir y disfrutar lo que Dios ha dado— es ignorada con tal de conseguir y poseer más y más.

> «¿De dónde vienen las guerras y los pleitos entre vosotros? ¿No es de vuestras pasiones, las cuales combaten en vuestros miembros?
> Codiciáis, y no tenéis; matáis y ardéis de envidia, y no podéis alcanzar; combatís y lucháis, pero no tenéis lo que deseáis, porque no pedís. ¡Oh almas adúlteras! ¿No sabéis que la amistad del mundo es enemistad contra Dios? Cualquiera, pues, que quiera ser amigo del mundo, se constituye enemigo de Dios» (Stg. 4:1-4).

4) El problema básico del hombre es establecer las prioridades y determinar qué debe ser primero en su vida. La primera prioridad del todo hombre debe ser tener cuidado de su vida: eternamente. ¿Por qué va a preocuparse el hombre por unos años tan breves cuando tiene la oportunidad de sustentar la vida para siempre? ¿Por qué buscar las cosas que solamente sustentan y adornan su cuerpo físico, y esto por un breve tiempo nada más, puesto que luego se desvanece? ¿Por qué no va a buscar primeramente lo que puede sustentar y adornar su vida por siempre? Buscar primero el reino de Dios y su justicia debe ser la primer prioridad de todo hombre.

> «Mirad también por vosotros mismos, que vuestros corazones no se carguen de glotonería yembriaguez y de los afanes de esta vida, y venga de repente sobre vosotros aquel día» (Lc. 21:34).

Pensamiento 2. El hombre hará cualquier cosa con tal de salvar su cuerpo si este es amenazado. Por eso, hay que plantear dos preguntas cruciales.
1) ¿Por qué se permite el hombre quedar esclavizado por las posesiones? Si no tiene y posee cosas, es miserable, a veces al punto de enfermarse físicamente, tener úlceras, hipertensión o jaquecas. Se siente impulsado a buscar y procurar y conseguir. Está tan esclavizado que no alcanza a vivir la verdadera vida.
2) ¿Por qué se permite el hombre quedar tan esclavizado por las posesiones que descuida la eternidad de su vida? Busca y procura cosa tras cosa...
   - ignorando y descuidando a Dios.
   - fallando en cuanto a asir la vida eterna.

> «Así que, teniendo sustento y abrigo, estemos contentos con esto. Porque los que quieren enriquecerse caen en tentación y lazo, y en muchas codicias necias y dañinas, que hunden a los hombres en destrucción y perdición; porque raíz de todos los males es el amor al dinero, el cual codiciando algunos, se extraviaron de la fe, y fueron traspasados de muchos dolores. Mas tú, oh hombre de Dios, huye de estas osas, y sigue la justicia, la piedad, la fe, el amor, la paciencia, la mansedumbre. Pelea la buena batalla de la fe, *echa mano de la vida eterna*, a la cual asimismo fuiste llamado, habiendo hecho la buena profesión delante de muchos testigos» (1 Ti. 6:8-12).

3 (6:26) *Necesidades—necesidades de la vida:* no te preocupes por la comida y el techo. Dios da comida y protección a los pájaros del cielo. «Mirad»; mírenlos y estúdienlos. Usen sus ojos y aprendan cabalmente. Aprendan de lo que ven a su alrededor. La providencia de Dios tiene cuidado de los pájaros. Aprendan que de la misma manera Dios tendrá cuidado de los creyentes que realmente confían en él. Note dos puntos.
1. El creyente *vale más* que los pájaros.
   a. El hombre es un ser superior, sobre un nivel de creación mucho más elevado que los animales. Es más noble y excelente; un ser espiritual hecho a la imagen de Dios y capaz de tener relaciones personales con Dios. (*Véanse* bosquejo y notas—Ro. 5:6-11.)

> «Que nos enseña más que a las bestias de la tierra, y nos hace sabios más que a las aves del

cielo?» (Job 35:11).

«Y creó Dios al hombre a su imagen, a imagen de Dios lo creó; varón y hembra los creó» (Gn. 1:27).

«Porque de tal manera amó Dios al mundo, que ha dado a su Hijo unigénito, para que todo aquel que en él cree, no se pierda, mas tenga vida eterna» (Jn. 3:16).

b. El creyente es un hijo de Dios. Dios es *el Creador* de los pájaros, y es *el Padre* de los creyentes.

«Pues no habéis recibido el espíritu de esclavitud para estar otra vez en temor, sino que habéis recibido el Espíritu de adopción, por el cual clamamos: ¡Abba, Padre! El Espíritu mismo da testimonio a nuestro espíritu, de que somos hijos de Dios» (Ro. 8:15-16).

«Pero cuando vino el cumplimiento del tiempo, Dios envió a su Hijo, nacido de mujer y nacido bajo la ley, para que redimiese a los que estaban bajo la ley, a fin de que recibiésemos la adopción de hijos. Y por cuanto sois hijos, Dios envió a vuestros corazones el Espíritu de su Hijo, el cual clama: ¡Abba, Padre!» (Gá. 4:4-6).

c. El creyente es un heredero de Dios. En aquel glorioso día de redención va a recibir todo lo que posee Dios.

«El Espíritu mismo da testimonio a nuestro espíritu, de que somos hijos de Dios. Y si hijos, también herederos; herederos de Dios y coherederos con Cristo, si es que padecemos juntamente con él, para que juntamente con él seamos glorificados» (Ro. 8:16-17).

«Para que, justificados por su gracia, viniésemos a ser herederos conforme a la esperanza de la vida eterna» (Tit. 3:7).

2. Cuatro cosas se pueden decir de la persona preocupada por las cosas materiales.

a. Es codiciosa.

«Sean vuestras costumbres sin avaricia, contentos con lo que tenéis ahora; porque él dijo: No te desampararé, ni te dejaré» (He. 13:5).

b. Es menos sabia que los pájaros.

«Aun la cigüeña en el cielo conoce su tiempo, y la tórtola y la grulla y la golondrina guardan el tiempo de su venida; pero mi pueblo no conoce el juicio de Jehová» (Jer. 8:7).

c. Es una persona que vuelve atrás, olvidando lo que dijo Cristo: «No te desampararé, ni te dejaré» (He. 13:5).

d. No busca «primeramente el reino de Dios y su justicia» (Mt. 6:33).

Pensamiento 1. No te preocupes; observa los pájaros del cielo y confía en Dios para protección y comida.

Pensamiento 2. Dios conoce las necesidades de sus seguidores. «Conozco todas las aves de los montes» (Sal. 50:11; cp. Job 38:41; Sal. 147:9).

Ningún pajarito «cae a tierra sin vuestro Padre. Pues aun vuestros cabellos están todos contados. Así que, no temáis; más valéis vosotros que muchos pajarillos» (Mt. 10:29-31).

1) Dios conoce todo pajarito de la tierra, la cantidad innumerable de clases y tamaños. Y Él los alimenta y cuida a todos.

2) Dios conoce a todo creyente en la tierra, hasta el más pequeño detalle de cada uno (el número de sus cabellos). Por eso el creyente no tiene que temer. Dios lo va a alimentar y cuidar si el creyente solamente lo busca a él primeramente (Mt. 6:33).

Pensamiento 3. «Más valéis vosotros que muchos pajarillos» (Mt. 10:31). El creyente puede estar confiado

que Dios lo alimentará y cuidará. Dios no lo dejará morir de hambre. La responsabilidad del creyente simplemente es buscar «primeramente el reino de Dios y su justicia» (Mt. 6:33).

Pensamiento 4. Nada reduce tanto el Espíritu de una persona ni mata tanto su testimonio como las preocupaciones por el mundo (mundanalidad) (1 Jn. 2:15-16; Ro. 12:2).

Pensamiento 5. Dios no apañará la licencia, es decir, pereza, superficialidad, y falta de planificación e iniciativa y esfuerzo. Jesús hizo sus planes anticipadamente (Jn. 12:6) y se preparaba para la predicación (Lc. 6:8 cp. 1-10). La Biblia es clara en cuanto al deber del hombre de trabajar, incluso de trabajar extra para tener lo suficiente para dar a otros (Ef. 4:28). (*Véase* nota—Mt. 6:25-34.)

4 (6:27) *Preocupación—ansiedad—estatura:* no te preocupes por tu estatura, es una preocupación sin sentido. La palabra «estatura» (helikian) significa altura. Cualidad obtenida mediante el crecimiento, y a veces significa edad. La palabra *codo (pechus)* literalmente significa medida de espacio o distancia (aproximadamente 18 pulgadas); pero también puede significar medida de tiempo o edad (Jn. 9:21). Por eso, el versículo puede ser leído de dos formas, o bien: «quién puede añadir un codo a su estatura» o: *un minuto al tiempo de su vida.*

El punto en cuestión es impactante. La preocupación no tiene sentido, como que no tiene sentido tratar de añadir a la estatura propia o de alargar en un minuto el tiempo de la vida (cuando ha llegado el momento de morir). No todos tienen un cuerpo normal. En este mundo no todos los cuerpos están formados a la perfección. El mundo es corruptible e imperfecto (*véase* nota—Mt. 6:19-20); sin embargo, hay esperanza, una esperanza gloriosa en Dios, una esperanza que reconoce que Dios ama y cuida y ha prometido nuevos cielos y nueva tierra que sí serán perfectos. En ese cielo y esa tierra perfectos todos los cuerpos serán normales y formados a la perfección. Dios «enjugará toda lágrima» (Ap. 21:4; cp.1-7; 2 P. 3:10-12; cp. 3-18. Para mayor discusión *véase* nota, *Cuerpo*—Jn. 21:1.)

¿Cómo recibe una persona esta esperanza?

«Porque todo lo que es *nacido de Dios* vence al mundo; y esta es la victoria que ha vencido al mundo, nuestra fe. ¿Quién es el que vence al mundo, sino el que cree que Jesús es el Hijo de Dios?» (1 Jn. 5:4-5).

Pensamiento 1. No te preocupes. Piensa en tu estatura y aprende a confiar en Dios. No concentres tus pensamientos y corazón y tus esfuerzos en el mundo. Eso no tiene sentido. Concentra y focaliza tus pensamientos en Dios y en su justicia. llegado el momento de entrar al otro mundo ello te asegura un cambio perfecto en tu vida vida y cuerpo.

Pensamiento 2. En este mundo algunas cosas son sin sentido, extremadamente sin sentido.

Primero, es sin sentido para los hombres querer añadir una pulgada a su estatura, y de ocuparse de sucuerpo aquí y ahora, ignorando el más allá. Piénsalo. Todos los hombres son inmortales; van a existir por siempre. No tiene sentido concentrarse en unos pocos y breves años en la tierra.

Segundo, no tiene sentido para el creyente querer agregar una pulgada a su estatura, *preocuparse* por su cuerpo aquí y ahora, y ser *negligente* en cuanto a la vida del más allá. No tiene sentido para el creyente transitar por la vida ignorando al Padre y desconfiando de su cuidado y amor.

Pensamiento 3. Algunas personas tiene estaturas anormales e imperfectas. ¿Cómo evitan la ansiedad y preocupación?

1) Hay una esperanza gloriosa para todos.

«Mas nuestra ciudadanía está en los cielos, de donde también esperamos al Salvador, al Señor Jesucristo el cual transformará el cuerpo de la humillación nuestra, para que sea semejante al cuerpo de lagloria suya por el poder con el cual puede también sujetar a sí mismo todas las cosas» (Fil. 3:21).

2) Está la promesa de que Dios obrará en todas las cosas para bien en aquellos que realmente lo aman.

«Y sabemos que a los que aman a Dios, todas las cosas les ayudan a bien, esto es, a los que conforme a su propósito son llamados» (Ro. 8:28).

3) Existe el vigoroso desafío de contentarse con las condiciones de vida que uno tiene.

«Cada uno en el estado en que fue llamado, en él se quede ... Cada uno, hermanos, en el estado en que fue llamado, así permanezca para con Dios» (1 Co. 7:20, 24).

«No lo digo porque tenga escacés, pues he aprendido a contentarme, cualquiera sea mi situación. Sé vivir humildemente, y sé tener abundancia; en todo y por todo estoy enseñado, así para estar saciado como para tener hambre, así para tener abundancia como para padecer necesidad. Todo lo puedo en Cristo que me fortalece» (Fil. 4:11-13).

«El hermano que es de humilde condición, gloríese en su exaltación pero el que es rico, en su humillación; porque él pasará como la flor de la hierba. Porque cuando sale el sol abrasador, la hierba se seca, su flor se cae, y perece su hermosa apariencia; así también se marchitará el rico en todas sus empresas» (Stg. 1:9-11).

[5] (6:28-30) *Vestimenta:* no te preocupas por la vestimenta. Considera los lirios, cómo crecen.

1.   Los lirios crecen a partir de una raíz profunda. Las raíces están donde corresponde, en el suelo para recibir su alimento. Las raíces de los creyentes no deben estar en las cosas materiales de esta tierra. Para recibir su alimento y cumplir su propósito en la tierra, los creyentes deben poner sus raíces donde corresponde, en Dios y en su justicia.

2.   Los lirios no trabajan ni hilan en ruecas para adornarse de belleza. Su belleza viene naturalmente al cumplir con su propósito en el mundo. Los creyentes no deben ser consumidos por el trabajo en procura de cosas materiales a efectos de adornarse a sí mismos con las cubiertas artificiales y superficiales de la apariencia. Deben trabajar buscando a Dios y su justicia, dejando que su belleza natural resplandezca, confiando que Dios proveerá «todas estas cosas» (Mt. 6:33).

3.   Los lirios mueren a causa de la intemperie. Se marchitan hasta el suelo, decaen, dejan de existir, y se van para siempre. La vestimenta pasa, se gasta, pasa de moda, y es abandonada. La vestimenta deja de existir, pero el hombre no. A diferencia de los lirios y su vestimenta, el hombre es inmortal. Existe para siempre. Por eso debe centrar su vida en Dios y en su justicia, no en vestimenta material y belleza física. Dios proveerá la ropa necesaria a la persona que va diligentemente por la vida poniendo sus prioridades en orden, es decir, buscando primeramente a Dios y su justicia.

Pensamiento. Note siete lecciones significativas.
1) No hay que preocuparse sino considerar los lirios y confiar en Dios en cuanto a la vestimenta.
2) La vestimenta se usa para protección, para cubrirse, y como adorno. El cuerpo humano necesita ser ...
   • protegido de la intemperie.
   • cubierto para no ser expuesto en público.
   • adornado para ser atractivo.
Sin embargo, qué necio es poner el corazón y el destino de uno en las cosas materiales, especialmente cuando tantas personas en el mundo tienen tan poco. La salvación de una persona no se encuentra en la vestimenta, ni en ninguna otra cosa material,sino en buscar primeramente el reino de Dios y su justicia.

3) La preocupación por la vestimenta tiene tres aspectos. (A veces uno de los aspectos se vuelve tan fuerte que se convierte literalmente en un temor.)
   a) El aspecto de la popularidad. La persona teme no tener la ropa necesaria para ser popular. A veces este temor es tan grande que la persona se rehusa a concurrir a cierta función sin la ropa adecuada.
   b) El aspecto de estilo y moda. La persona se preocupa por el último grito de estilo y moda. No admite que una sola prenda esté pasada de moda.
   c) El aspecto de la aceptación. La mayoría de los adultos caerían en esta categoría. La ropa es una asunto que en realidad implica senti-mientos internos. La preocupación por la apariencia realmente existe. Se gasta tiempo y esfuerzo por mantener el estilo a la moda, al menos lo suficiente para ser aceptado.
       El tema que Cristo plantea es este: no te amargues o preocupes; no tengas ansiedad por la vestimenta. En cambio, busca primeramente —poniendo pensamientos y esfuerzo en Dios y su justicia— y todas estas cosas (vestimenta) te serán añadidas (Mt. 6:33).
4) Muchos juzgan a otros por su vestimenta. Cuántas veces alguien ha entrado a un lugar (incluso a una iglesia) y es mirado con suspicacia y sospecha de estar fuera de lugar. Cuántas veces las personas se han sentido incómodas en dar la bienvenida a alguien así y cuanto más de asociarse con él o ella. ¿Por qué? Porque la persona estaba usando ropa muy pasada de moda. Los mundanos con demasiada frecuencia se preocupan por la ropa, al punto que el juicio de ellos es afectado por la vestimenta. Con frecuencia esto se da en los jóvenes y adultos jóvenes.
5) · El creyente tiene que trabajar. Debe trabajar con alma y cuerpo buscando primero el reino de Dios y su justicia, confiando que entre tanto Dios suplirá sus necesidades. Dios, quien adorna a los lirios del campo que no trabajan, ciertamente adornará al creyente que está viviendo y trabajando por Él.
6) El hombre es como los lirios del campo: hoy está, mañana, no. Hay tan poco tiempo; no tiene tiempo para enredarse en los asuntos del mundo. Tiene que buscar primeramente el reino de Dios y su justicia (Mt. 6:33).
7) Es necio centrar la vida y el cuerpo en belleza y bonita vestimenta:

«Este su camino es locura ... Como rebaños que son conducidos al Seol, la muerte los pastoreará ... Se consumirá su buen parecer, y el Seol será su morada» (Sal. 49:13-14; cp. vv. 10-14. Este es un texto descriptivo que cubre la totalidad del presente tema.)

«Asimismo que las mujeres se atavíen de ropa decorosa, con pudor y modestia; no con peinado ostentoso, ni oro, ni perlas, ni vestidos costosos, sino con buenas obras, como corres-ponde a mujeres que profesan piedad» (1 Ti. 2:9-10).

«Vuestro atavío no sea el externo de peinados ostentosos, de adornos de oro o de vestidos lujosos sino el interno, el del corazón, en el incorruptible ornato de un espíritu afable y apacible, que es de gran estima delante de Dios» (1 P. 3:3-4).

«Y por el vestido, ¿por qué os afanáis? considerad los lirios del campo, cómo crecen:

pero os digo, que ni aun Salomón con toda su gloria se vistió así como uno de ellos» (Mr. 6:28-29).

ESTUDIO A FONDO 1

(6:30) *Confiar—creer:* las palabras «hombres de poca fe» pueden significar al menos dos cosas.

1. Pueden ser un desafío para fortalecer la fe de la persona. Cristo podría estar diciendo: «Ahora la fe de ustedes es pequeña. Crean, confíen, fortalezcan y agranden su fe en Dios. Dios los cuida y proveerá. Ustedes pueden confiar en él. Simplemente crean.»

2. Puede ser una amonestación porque la fe de alguna persona es tan terriblemente débil. «Ustedes se preocupan, están llenos de ansiedad; por eso desagradan y desilusionan a Dios. Dios sabe que necesitan estas cosas. Dejen de ser desconfiados, de experimentar tanta ansiedad y tantas noches de insomnio. Vuélvanse del mundo y confíen en Dios.»

6 (6:31-32) *Ansiedad—preocupación:* Cristo dice: «No se preocupen; no estén pensando y hablando de comida, bebida y ropa». Hay dos motivos por los que estas cosas no deben ocupar los pensamientos y la conversación de ustedes.

1. El creyente difiere del pagano. «Los gentiles [los paganos, perdidos] buscan todas estas cosas». No sean como ellos, porque el verdadero creyente será diferente.

Los perdidos están envueltos en el mundo y sus cosas. No conocen otra cosa. Lo único que saben es buscar y asegurarse todo lo que pueden de lo que el mundo tiene para ofrecer. Buscan la *buena vida* que ofrecen las posesiones. Para ellos la vida es dinero, casas, moblaje, comida, automóviles, televisión, juguetes, ropa, recreación, propiedades: todas ellas, cosas materiales del mundo que dan comodidad, orgullo, poder, fama, y reconocimiento.

Hay un motivo por el cual los gentiles (paganos, perdidos) viven de esta manera. La Escritura lo dice claramente (Ef. 2:12, 19).

a. Están sin Cristo (Ef. 2:12). No están dispuestos a aceptar a Cristo como el Mesías, el Ungido de Dios, el enviado de Dios al mundo para salvar al mundo.

b. Están separados del pueblo de Dios (Ef. 2:12). No son conscientes de que Dios tiene una *familia de genuinos creyentes* en la tierra, un cuerpo de personas que realmente confían en Él.

c. Son extraños a las promesas de Dios (Ef. 2:12). Poco y nada saben de las promesas de Dios y de su cuidado.

d. No tienen esperanza más allá de esta tierra (Ef. 2:12). Realmente es muy poco lo que saben del mundo más allá de esta vida; por eso, se aferran a esta tierra.

e. Están sin Dios en este mundo (Ef. 2:12). Nada saben de su presencia y cuidado, de su amor y dirección, y de su corrección.

Son extraños y forasteros a las cosas de Dios y a la esperanza de Dios (v. 19). Por eso no saben sino buscar las cosas de la tierra: asegurarse todo lo que su corazón desea y hacerlo como sea.

2. El creyente tiene un Padre celestial que conoce sus necesidades. El creyente difiere de los gentiles (perdidos) por tener un Padre celestial y por vivir para el cielo. El creyente no vive para la tierra.

• Conoce a Cristo y conoce al pueblo de Dios.
• Conocer las promesas de Dios y la gloriosa esperanza de vida eterna.
• Tiene a Dios y la presencia de Dios en este mundo.
• *No* es un extraño y forastero para Dios, sino un conciudadano con los santos de la casa de Dios.

Por eso, el creyente debe buscar «primeramente el reino de Dios y su justicia». Debe dejar los cuidados de este mundo en manos de Dios y ocuparse diligentemente de sus asuntos en la tierra. Hacer su contribución a la vida según Dios le haya llamado a hacerla, y al

cumplir de esa manera sabe que Dios se hará cargo de todas sus necesidades vitales.

Pensamiento 1. Los perdidos y no salvados del mundo encaran dos graves problemas.

1) No conocen personalmente al único, viviente y verdadero Dios. Poco y nada sabe de los cuidados diarios de parte de Dios. Están abandonados a su propia búsqueda materialista de cosas, tanto las necesarias como las suntuosas. Trágicamente carecen de la seguridad de que todo terminará bien.

2) Son ajenos a la esperanza superior de un mundo eterno. La mayoría de los hombres tiene esperanza, alguna clase de esperanza en este mundo y en las cosas de este mundo. Pero poco y nada saben de la esperanza eterna dada por Dios en Cristo. Por eso, la esperanza de ellos es gravemente deficiente. Es transitoria; solamente dura unos pocos años. La esperanza de ellos muere; muere cuando ellos mueren. Por eso, cuando se desmorona la esperanza mundanal, se desmoronan ellos.

¿Cuál es la esperanza para los mundanos (no salvados, perdidos)? La respuesta está dada en las palabras, «vuestro Padre celestial». Asegúrate que Dios sea *tu* Padre celestial, y conócelo como «*tu* Padre celestial».

¿Qué le está diciendo Cristo al creyente? No seas como los perdidos y carente de salvación del mundo; no seas un extraño a Dios ni a la gloriosa esperanza de eternidad. Pero vive, vive activamente en la presencia de Dios, ahora y siempre. Él conoce tus necesidades. Confía en Él y en sus cuidados.

«Mas buscad primeramente el reino de Dios y su justicia, y todas estas cosas os serán añadidas» (Mt. 6:33).

«Porque ¿qué aprovechará al hombre, si ganare todo el mundo, y perdiere su alma? ¿O qué recompensa dará el hombre por su alma?» (Mt. 16:26).

«Mirad también por vosotros mismos, que vuestros corazones no se carguen de glotonería y embriaguez y de los afanes de esta vida, y venga de repente sobre vosotros aquel día» (Lc. 21:34).

«Poned la mira en las cosas de arriba, no en las de la tierra» (Col. 3:2).

«Enseñándonos que, renunciando a la impiedad y a los deseos mundanos, vivamos en este siglo sobria, justa y piadosamente» (Tit. 2:12).

Pensamiento 2. El testimonio del creyente maduro es: «Aunque afligido yo y necesitado, Jehová pensará en mí» (Sal. 40:17).

7 (6:33) *Preocupación—ansiedad:* no se preocupen, mas «buscad primeramente el reino de Dios y su justicia». La palabra «buscad» (*zeteo*) significa buscar; procurar; perseguir; desear; tenerlo por meta; estar en búsqueda de ello; tratar de obtener. La vida del creyente no debe estar preocupada con las cosas materiales, por muy necesarias que algunas cosas son. Antes que nada, el creyente debe estar buscando el reino de Dios y su justicia.

1. Debe tratar de convertirse en ciudadano del reino de Dios, buscando a otros, alentándolos a convertirse en ciudadanos del reino de Dios. Este será el primer propósito de su vida.

2. Debe buscar la justicia de Dios para sí mismo y para otros.

Pensamiento 1. Hay dos formas de cuidarse uno mismo en este mundo.

1) Trabajando y buscando con la fuerza propia; dependiendo únicamente de la propia habilidad y energía: peleando y luchando para triunfar en la vida,

y amargándose y preocupándose por tener éxito.

2) Trabajando y buscando con la fuerza de Dios y la fuerza propia: confiando y reconociendo a Dios; y haciendo cuanto está al alcance de uno; poniendo la mano al arado y arando; trabajando y trabajando sin volver la mirada atrás. Y trabajando confiar los resultados a Dios. Dios dice que se ocupará de suplir siempre las necesidades vitales de la persona que así confía en Él.

Pensamiento 2. El creyente cuyo trabajo fracasa a los ojos del mundo puede estar seguro de cuatro cosas, si realmente ha puesto a Dios en primer lugar.
1) Su fracaso es transitorio. Dios le ayudará y lo fortalecerá e inclusive le enseñará por medio de los tiempos de prueba.
2) Dios obrará en todas las cosas para bien, porque el creyente ama a Dios y ha sido llamado por Dios (Ro. 8:28ss).
3) Dios se ocupará de suplirle todas las necesidades vitales.
4) Dios tiene para él cosas mucho mejores: cosas eternas. El creyente ha sido fiel en su obra, de modo que Dios los recompensará como siervo fiel, aun cuando su trabajo haya fracasado a los ojos del mundo.

El creyente que atraviesa un fracaso tiene que recordar una sola cosa: ser fiel—seguir siendo fiel. Poner a Dios primero; Dios levantará al creyente ahora y eternamente.

Pensamiento 3. Dios hizo al hombre un ser espiritual. Por eso la única forma para el hombre de encontrar satisfacción es buscando primeramente a Dios y su justicia. Este mundo y las cosas de este mundo nunca podrán satisfacerlo.

Pensamiento 4. Este es el principal error del hombre: las cosas materiales solamente le pueden dar *comodidad*. Las cosas del mundo solamente pueden verse bien, gustar bien y dar una buen sensación, pero eso es todo. ¡Piénsalo! Son externas, están *fuera* del hombre, y ése es precisamente el problema. La necesidad que el hombre siente en su interior no es la de estar *exteriormentecómodo*, sino *interior y espiritualmente satisfecho* (*véase* nota—Ef. 1:3).
1) Las cosas materiales no pueden tocar interiormente al hombre. Solamente le pueden dar comodidad exterior.
2) En realidad el hombre en la profundidad de su interior que todas las cosas materiales son pasajeras; él mismo es pasajero. Pero él subyuga este conocimiento, lo expulsa de sus pensamiento, a pesar de ser algo que sabe.

Pensamiento 5. El hombre puede suplir las necesidades vitales; pero tiene que hacer una cosa: «buscar primeramente el reino de Dios y su justicia .... »

«Y yo os digo: Pedid, y se os dará; buscad y hallaréis; llamad, y se os abrirá. Porque todo aquel que pide, recibe; y el que busca, halla; y al que llama, se le abrirá» (Lc. 11:9-10).

«Hermanos míos amados, oíd: ¿No ha elegido Dios a los pobres de este mundo, para que sean ricos en fe y herederos del reino que ha prometido a los que le aman?» (Stg. 2:5).

«Mas si de allí buscares a Jehová tu Dios, lo hallarás, si lo buscares de todo tu corazón y de toda tu alma» (Dt. 4:29).

«Porque fuiste fortaleza al pobre, fortaleza al menesteroso en su aflicción, refugio contra el turbión, sombra contra el calor; porque el ímpetu de los violentos es como turbión contra el muro» (Is. 25:4).

«Los afligidos y menesterosos buscan las aguas, y no las hay; seca está de sed su lengua; yo Jehová los oiré, yo el Dios de Israel no los desampararé» (Is. 41:17).

ESTUDIO A FONDO 2
(6:33) *Reino de Dios: véase* Estudio a fondo 3—Mt. 19:23-24.

8 (6:34) *Preocupación—ansiedad:* no se preocupen, vivan un día a la vez. El creyente no debe preocuparse por el mañana y sus problemas. Debe buscar hoy el reino de Dios y su justicia, y dejar el mañana con sus necesidades en las manos de Dios.

Cristo no está prohibiendo que el hombre *se ocupe del mañana*. Se refiere a la obsesión del hombre de conseguir más y más ignorando a Dios y su justicia.

Pensamiento. Existen cinco actitudes referidas al futuro.
1) La *actitud indiferente, mundanal.* La persona come, bebe y se alegra hoy, dejando que el mañana se ocupe de sí mismo. El futuro tiene poca importancia. Se ocupará de sí mismo. Las principales preocupaciones de la vida son el placer terrenal, el poder y la fama. De ello el hombre tiene que conseguir cuanto pueda, ahora, mientras puede.
2) La *actitud ansiosa, amargada.* La persona está constantemente preocupada, preguntándose si está segura y si tendrá lo suficiente para cuidar de sí misma y de su familia.
3) La *actitud de temor y pánico.* En vista de pruebas y fracasos, la persona apenas puede funcionar. La tragedia ha golpeado; se quedó sin trabajo, hay que hacer restricciones, se necesitan ajustes. Falta la fuerza y confianza para actuar y continuar.
4) La *actitud de seguridad propia.* La persona tiene completa confianza en sí misma y en sus habilidades. Sabe que en este mundo se las puede arreglar y cuidarse de sí misma, y lo hace. Pero hay una cosa fatal que esta persona deja de ver: la confianza que tiene en sí misma tiene un fin. La persona morirá y solamente se habrá ocupado de sí misma por unos breves años. Descubrirá que la confianza en sí misma no puede salvar el gran abismo entre cielo y tierra, entre tiempo y eternidad, entre Dios y el hombre.
5) La *actitud calma, confiada, centrada en Dios.* La persona se ocupa de la vida y del trabajo con toda diligencia y con toda calma, confiada que Dios cuidará de todo. Hace cuanto puede por las necesidades vitales; las propias y las de otros, pero busca primeramente a Dios y su justicia (Ef. 4:28).

«Por tanto os digo: No os afanéis por vuestra vida, qué habéis de comer o qué habéis de beber; ni por vuestro cuerpo, qué habéis de vestir. ¿No es la vida más que el alimento, y el cuerpo más que el vestido?» (Mt. 6:25).

«El que fue sembrado entre espinos, éste es el que oye la palabra, pero el afán de este siglo y elengaño de las riquezas ahogan la palabra, y se hace infructuosa» (Mt. 13:22).

«Vosotros, pues, no os preocupéis por lo que habéis de comer, ni por lo que habéis de beber, ni estéisen ansiosa inquietad» (Lc. 12:29).

«Mirad también por vosotros mismos, que vuestros corazones no se carguen de glotonería y embriaguez y de los afanes de esta vida, y venga de repente sobre vosotros aquel día» (Lc. 21:34).

«Y la paz de Dios, que sobrepasa todo entendimiento, guardará vuestros corazones y vuestros pensamientos en Cristo Jesús» (Fil. 4:6-7).

«Echando toda vuestra ansiedad sobre él, porque él tiene cuidado de vosotros» (1 P. 5:7).

1 No juzguen, no critiquen **2 El que critica será juzgado** a. Por la misma crítica b. Con igual peso **3 El que critica no se examina a sí mismo** a. Busca errores b. Busca errores en otros,	**CAPÍTULO 7** **S. Advertencia en cuanto a juzgar y criticar a otros, 7:1-6**^{EF1} (Lc. 6:37-42) No juzguéis, para que no seáis juzgados. 2 Porque con el juicio con que juzgáis, seréis juzgados, y con la medida con que medís, os será medido. 3 ¿Y por qué miras la paja que está en el ojo de tu hermano, y no echas de	ver la viga que está en tu propio ojo? 4 ¿O cómo dirás a tu hermano: Déjame sacar la paja de tu ojo, y he aquí la viga en el ojo tuyo? 5 ¡Hipócrita! saca primero la viga de tu propio ojo, y entonces verás bien para sacar la paja del ojo de tu hermano. 6 No deis lo santo a los perros, ni echéis vuestras perlas delante de los cerdos, no se que las pisoteen, y se vuelvan y os despedacen.	no en sí mismo **4 El que critica se engaña a sí mismo** a. Habla, pero sin pensar b. No está capacitado para juzgar **5 El que critica es un hipócrita: primero tiene que extraer su propio pecado** **6 El que critica no merece el evangelio** a. Pisotea el evangelio b. Se vuelve contra la gente y la despedaza

S. Advertencia en cuanto a juzgar y criticar a otros, 7:1-6

(7:1-6) *Introducción:* Cristo no tiene miramientos con el que critica.
1. No juzguen, no critiquen (v. 1).
2. El que critica será juzgado (v. 2).
3. El que critica no se examina a sí mismo (v. 3).
4. El que critica se engaña a sí mismo (v. 4).
5. El que critica es un hipócrita (v. 5).
6. El que critica no merece el evangelio (v. 6).

ESTUDIO A FONDO 1

(7:1-6) *Criticar—pecado:* note los terribles pecados cometidos por el que critica. Cristo dice que en el día del juicio el que critica será culpable de todos ellos.
* inconsistencia, v. 2
* auto-justificación, v. 3
* ceguera espiritual y auto engaño, v. 3
* ausencia de caridad y amor, v. 4
* hipocresía, v. 5
* abuso del evangelio, v. 6

Lo que Cristo dice es fuerte, tan fuerte que se vale de ilustraciones para exponer la verdad referida a los que critican. El versículo 6 es especialmente fuerte. Cristo dice tres cosas.

1. Los que critican son indignos del evangelio y de la verdad. Son susceptibles de pisotear el evangelio y volverse contra el mensajero y despedazarlo. Cuando el creyente critica, el mismo evangelio que se supone representar es reflejado en una luz desagradable. En efecto, el evangelio es negado. No se ve la vida cambiada del creyente. El hermano que critica demuestra no ser diferente al mundo. De manera que es indigno del evangelio.

2. Para algunos la predicación del evangelio es locura. Algunas personas son insensibles, dadas a censurar, cínicas y orgullosas. Sus mentes están cerradas. Ridiculizan y desprecian. Se vuelven más y más antagónicas. Todo parece indicar que son incapaces de recibir la verdad. Cristo está diciendo que con estas personas no debe ser compartido el evangelio para que no despedacen al creyente.

3. El creyente tiene que seguir al Espíritu de Dios para reconocer las diferencias entre los hombres. Al tratar con hombres hay algo que siempre hay que recordar: quizá con alguien no podamos hablar de Cristo, pero le podemos mostrar a Cristo con nuestras vidas.

significa criticar, condenar, juzgar, censurar. Es la actitud de encontrar errores; es buscar el pelo en la sopa. Es el hábito de la crítica que censura insidiosamente. No son los juicios morales que a veces hay que hacer (cp. 1 Co. 5:3-5, 12-13); no son las ocasiones específicas cuando es preciso hacer juicios de valor; no es la cuidadosa discriminación que a veces es necesaria (Mt. 7:6). Note que la viga en el ojo de quien critica es mucho mayor que la paja en el ojo de quien es juzgado (cp. Mt. 2:1-3). (*Véanse* bosquejo y notas—Ro. 2:1-16).

Cuando una persona ha errado, causado daño y caído, con frecuencia es juzgada condenada y censurada. Sin embargo, esos juicios ignoran un punto crucial.
1. Cuando una persona se ha deslizado, es tiempo de compasión no de censura. Es tiempo de extenderle la mano, ofrecerse para acercarla a uno mismo, no de empujarla más lejos. Es tiempo de hablar bondadosamente de ella, no negativa y destructivamente.
2. En la persona que ama y es humilde nunca hay un espíritu de crítica. Solamente hay amorosa compasión por quienes han errado (Gá. 6:1-3).

Existen varios motivos por los que la gente tiende a juzgar y criticar.
1. El criticar mejora nuestra propia auto imagen. Señalando las fallas de otro y derribándolo, nos hace sentir un poco mejor, al menos en nuestros propios ojos. Aumenta nuestro orgullo, ego e imagen propia.
2. Algunos sencillamente disfrutan el criticar. Existe una tendencia en la naturaleza humana de complacerse en escuchar y compartir malas noticias y fracasos.
3. El criticar nos hace sentir que nuestras propias vidas (moralidad y conducta) son mejores que la de quien ha fracasado.
4. El criticar nos ayuda para justificar las decisiones que hemos tomado y las cosas que hemos hecho en nuestras vidas. Racionalizamos nuestras decisiones y actos señalando los fracasos de otros.
5. Al criticar le señalamos a nuestros amigos cuán fuertes somos. El criticar nos hace sentir bien porque volvemos a probar nuestras *creencias rígidas* y *vidas fuertes*. Pero ¿cómo son probadas? Por el fracaso de nuestro hermano.
6. El criticar es una válvula para el dolor y la venganza. Sentimos que *lo merece*. En el subconsciente, o en el consciente, pensamos: «Me ha herido, merece ser igualmente herido». Entonces criticamos a la persona que fracasó.

Hay varias razones por las que una persona nunca debe criticar.
1. Nunca se conocen todas las circunstancias y hechos. Sencillamente no se sabe lo que ocurrió ni por qué ocurrió. Siempre

1 (7:1) *Juzgar:* no juzguen, no critiquen. La palabra «juzgar»

reprobados?» (2 Co. 13:5).

«Si decimos que no tenemos pecado, nos engañamos a nosotros mismos, y la verdad no está en nosotros» (1 Jn. 1:8).

«El mundo entero está bajo el maligno» (1 Jn. 5:19).

«Cada uno se había vuelto atrás; todos se habían corrompido; no hay quien haga lo bueno, no hay ni aun uno» (Sal. 53:3).

«¿Quién podrá decir: yo he limpiado mi corazón, limpio estoy de mi pecado?» (Pr. 20:9).

«Ciertamente no hay hombre justo en la tierra, que haga el bien y nunca peque» (Ec. 7:20).

«Todos nosotros nos descarriamos como ovejas, cada cual se apartó por su camino; mas Jehová cargó en él el pecado de todos nosotros» (Is. 53:6).

«Si bien todos nosotros somos como suciedad, y todas nuestras justicias como trapo de inmundicia; y caímos todos nosotros como la hoja, y nuestras maldades nos llevaron como viento» (Is. 64:6).

4 (7:4) *Criticar—juzgar:* el que critica se engaña a sí mismo.

1. Habla sin pensar. No ha evaluado lo que hace. Si lo hubiera hecho no criticaría ni juzgaría. Una persona que piensa sabe que es tan humana y pecadora como su prójimo. Tiene tantas pajas en el ojo como su prójimo. Por eso no tiene derecho a criticar.

La persona que juzga, no piensa lo que hace y se auto engaña en varias cuestiones.

a. Juzgar a otros es pasar por alto (ignorar, negar) nuestro propio pecado.

b. Juzgar a otros es uno de los mayores pecados porque es *juzgar y criticar.*

c. Juzgar a otros nos exalta como dioses. Es usurpar el derecho de Dios. Es decir que somos dignos y tenemos el derecho de sentarnos en el *trono* para juzgar al hermano (Ro. 14:4; Stg. 4:11-12).

d. Juzgar al hermano lo hunde y despedaza aun más. Es una actitud que no lo abraza compasivamente ni lo levanta y restaura.

e. Juzgar a otros trae mayor condenación (Stg. 3:1-2).

f. El juzgar en sí se convierte en la viga de nuestro propio ojo cuando juzgamos a otros. Hay diferentes grados de pecado. No hay pecados grandes o chicos, pero hay grados de pecado. Ningún pecado es chico cuando es cometido contra un Dios tan grande. Todo pecado es grande. Pero hay vigas y espinas, astillas y tablas, mosquitos y camellos. Pecados diferentes llevan diferente peso en sus catastróficos resultados. Nada causa un estruendo más catastrófico que el juzgar y criticar al hermano que ha fracasado.

2. El que critica no está capacitado para juzgar.

a. Es tan pecador como su prójimo, sin embargo, no está considerando su propio pecado. Se siente libre para criticar a aquellos que han fallado y fracasado, pero no se mira a sí mismo. Condena a otros, pero se justifica a sí mismo. Nota: Dios no justifica ni al que critica ni al pecador (2 Co. 5:10).

b. El que critica es el más débil de los dos. Es el débil quien que juzga y critica más. Son ellos quienes tienen mayor necesidad de elevar su ego encima de otros para sentirse bien respecto de sí mismos (*véase* nota— Mt. 7:1).

c. El que critica no se examina a sí mismo. El auto examen duele, tan pocos de nosotros lo hacemos. Sin embargo, Dios dice: «Si, pues, nos examinásemos a nosotros mismos, no seríamos juzgados» (1 Co. 11:31).

«Porque el que se cree ser algo, no siendo nada, a sí mismo se engaña» (Gá. 6:3).

«Pero sed hacedores de la Palabra, y no tan solamente oidores, engañándoos a vosotros mismos» (Stg. 1:22)

«Si alguno se cree religioso entre vosotros, y no refrena su lengua, sino que engaña su corazón, la religión del tal es vana» (Stg. 1:26).

«El camino del necio es derecho en su opinión» (Pr. 12:15).

«Muchos hombres proclaman cada uno su propia bondad, pero hombre de verdad, ¿quién lo hallará?» (Pr. 20:6).

«Todo camino del hombre es recto en su propia opinión; pero Jehová pesa los corazones» (Pr. 21:2).

«Hay generación limpia en su propio corazón, si bien no se ha limpiado de su inmundicia» (Pr. 30:12).

Pensamiento. Muchas personas protegen sus propias conciencias cuando juzgan y critican a otros. Engañan a su propia conciencia mediante diversas acciones.

1) Tratan de ser dulces y amables, hablar con suavidad, usando palabras suaves.

2) Dando siempre un poco de loable fuerza y pasando de largo las fallas.

3) Introduciendo la crítica con una afirmación de querer hacer un juicio constructivo o una crítica constructiva.

5 (7:5) *Criticar—juzgar:* el que critica es un hipócrita. Antes que una persona pueda abrir juicio primero tiene que extraer su propio pecado. Cuando juzgamos y criticamos, somos hipócritas.

1. Demostramos estar llenos de luchas y vanagloria. Demostramos no ser de *mente humilde,* ni «estimamos cada uno a los demás como superiores» (Fil. 2:3).

«Nada hagáis por contienda o por vanagloria; antes bien con humildad, estimando cada uno a los demás como superiores a él mismo; no mirando cada uno por lo suyo propio, sino cada cual también por lo de los otros» (Fil. 2:3-4).

2. Mostramos que fallamos en considerarnos a nosotros mismos, y en exhibir el espíritu de mansedumbre. Fallamos en llevar la carga del hermano.

«Hermano, si alguno fuere sorprendido en alguna falta, vosotros que sois espirituales, restauradle con espíritu de mansedumbre, considerándote a ti mismo, no sea que tú también seas tentado. Sobrellevad los unos las cargas de los otros, y cumplid así la ley de Cristo» (Gá. 6:1-2).

3. Demostramos estar contaminados de amargura, ira, enojo, clamor, blasfemias y malicia. Fallamos en tener un corazón tierno y perdonador. Olvidamos que Dios, por amor a Cristo, nos perdonó.

«Quítense de vosotros toda amargura, enojo, ira gritería y maledicencia, y toda malicia. Antes sed benignos unos con otros, misericordiosos, perdonándoos unos a otros, como Dios también os perdonó en Cristo» (Ef. 4:31-32).

Numerosas personas sufren mucho por el juicio y las críticas de otros. Cuando una persona se ha equivocado, y fallado o fracasado, es tiempo de compasión, no de censura. Es tiempo de extenderse y ofrecerse para levantar a la persona, no para hundirla aun más. Es tiempo de hablar bien de ella, no negativa y destructivamente. El hipócrita falla en esto.

La única esperanza para el hipócrita, es decir, para todo aquel que juzga y critica, es la que tiene cualquier persona que peca, «primero saca la viga de tu propio ojo» y vuélvete a Dios (*véanse* Estudio a fondo 2, *Arrepentimiento*—Hch. 17:29-30).

«Lavaos y limpiaos; quitad la iniquidad de vuestras obras de delante de mis ojos; dejad de hacer lo malo» (Is. 1:16).

«Lava tu corazón de maldad, oh Jerusalén, para que seas salva. ¿Hasta cuándo permitirás en medio de ti los pensamientos de iniquidad?» (Jer. 4:14).

«Así que, amados, puesto que tenemos tales promesas, limpiémonos de toda contaminación de carne y de *espíritu,* perfeccionando la santidad en el temor de Dios» (2 Co. 7:1).

«**Examinaos a vosotros mismos si estáis en la fe;** *probaos a vosotros mismos*. **¿O no os conocéis a vosotros mismos, que Jesucristo está en vosotros, a menos que estéis reprobados?**» (2 Co. 13:5).

Pensamiento. Cuando juzgamos y criticamos, somos hipócritas. Nosotros también fallamos y con frecuencia, de manera que juzgar la falla de otra persona es una acción hipócrita. El asunto es que no solo hemos fallado, sino que vamos a fallar otra vez. De modo que nuestra tarea es cuadruple.

1) Tenemos que conocernos a nosotros mismos. Somos tan humanos como nuestro prójimo y necesitamos, tanto como él, el perdón de Dios. Y una y otra vez vamos a necesitar el perdón de Dios, tanto como cualquier otro. Todos somos pecadores salvados por gracia.

2) No debemos usurpar el lugar de Dios como Juez. Él, y nadie más, es Dios. Solamente él tiene el derecho y la capacidad de juzgar de acuerdo a todos los hechos (Stg. 4:11-12).

3) Primero debemos «quitarnos la viga de nuestro propio ojo». Primero debemos quitarnos el pecado de nuestra propia vida, sea el espíritu de criticar y juzgar y todo lo demás que haya en nosotros. Entonces veremos claramente para hacer lo que corresponde, esto es, ayudar a quienes están fallando.

4) Debemos extendernos en compasión y comprensión hacia la persona que ha fallado, no en juicio y critica.

6 (7:6) *Criticar—juzgar:* el que critica no merece el evangelio. «No deis los santo a los perros, ni echéis vuestras perlas delante de los cerdos» (v. 6). Lo que Cristo estaba diciendo sencillamente es que no debemos ser necios y exponernos a nosotros mismos. Cuando sabemos que una persona no nos va a recibir, ni la instrucción del evangelio, no debemos acercarnos a ella. Es muy sencillo, habrá pecadores que critican y se mofan, a quienes no debemos ir. Nos herirán y abusarán del glorioso mensaje del evangelio.

Pensamiento. Este lenguaje, usado por Cristo, fue duro. Él veía la realidad. Existen algunos incrédulos tan malvados y profanos que pueden ser comparados con perros y cerdos. Se los menciona como indignos del evangelio. ¿Quiénes son?

*   pecadores notorios.
*   personas endurecidas que juzgan y critican.
*   burladores y escarnecedores.
*   personas que aborrecen y desprecian.
*   iracundos y difamadores.
*   perseguidores.
*   abiertamente malvados y profanos.

¿Pueden ser salvados? Sí. «Porque todo aquel que invocare el nombre del Señor, *será* salvo» (Ro. 10:13). Toda persona que se vuelva al Señor y lo invoque será salva. Pero hay que ver la realidad: Hay algunos que han alcanzado tal nivel de maldad que es improbable que se vuelvan de ella. Con sus palabras ellos ...

*   hieren
*   se burlan
*   vituperan
*   difaman
*   pisotean
*   son iracundos
*   destrozan
*   desafían

Usan sus mentes y manos y su poder para...

*   pisotear
*   trompear
*   golpear
*   matar
*   rendir
*   torturar
*   perseguir

No es que cada uno cometa todos estos pecados, pero muchas personas son culpables de algunos de ellos. Destruyen la reputación de una persona. Qué tragedia que tantos creyentes sean esclavizados por las criticas y juicios de otros. Demasiadas veces los creyentes son los culpables de usar sus palabras y manos para dañar la reputación y obra de otros.

«**Porque el corazón de este pueblo se ha engrosado, y con los oídos oyen pesadamente, y han cerrado sus ojos; para que no vean con los ojos, y oigan con los oídos, y con el corazón entiendan, y se conviertan, y yo los sane**» (Mt. 13:15).

«**También debes saber esto: que en los postreros días vendrán tiempos peligrosos. Porque habrá hombre amadores de sí mismos, avaros, vanagloriosos, soberbios, blasfemos, desobedientes a los padres, ingratos, impíos, sin afecto natural, implacables,** *calumniadores,* **intemperantes, crueles,** *aborrecedores de lo bueno,* **traidores, impetuosos,** *infatuados,* **amadores de los deleites más que de Dios**» (2 Ti. 3:1-4).

«**Pero éstos, hablando mal de cosas que no entienden, como animales irracionales, nacidos para presa y destrucción, perecerán en su propia perdición**» (2 P. 2:12).

«**Pero éstos blasfeman de cuantas cosas no conocen; y en las que por naturaleza conocen, se corrompen como animales irracionales**» (Jud. 10).

	T. La clave de la oración: perseverar en oración, 7:7-11	vosotros, que si su hijo le pide pan, le dará una piedra?	buscar, llamar[EF2]
1 ¿Qué es la oración perseverante? [EF1] a. Pedir, hasta recibir b. Buscar, hasta hallar c. Llamar, hasta que abran 2 ¿Por qué perseverar? a. El orar es condicional: Tiene que pedir,	7 Pedid, y se os dará; buscad y hallaréis; llamad, y se os abrirá. 8 Porque todo aquel que pide, recibe; y el que busca, halla; y al que llama, se le abrirá. 9 ¿Qué hombre hay de	10 ¿O si le pide un pescado, le dará una serpiente? 11 Pues si vosotros, siendo malos, sabéis dar buenas dádivas a vuestros hijos, ¿cuánto más vuestro Padre que está en los cielos dará buenas cosas a los que le pidan?	b. Todos son escuchados[EF3] c. Dios cuida mucho más que un padre terrenal (cp. 11) 3 ¿Cómo se persevera en oración? a. Viniendo a Dios como al Padre b. Pidiendo cosas buenas [EF4]

T. La clave de la oración: perseverar en oración, 7:7-11

(7:7-11) **Introducción:** «Pedid ... buscad ... llamad». El Señor nos manda y desafía a *perseverar* en oración.

1.   ¿Qué es la oración perseverante (v. 7)?
2.   ¿Por qué perseverar en oración (vv. 8-10)?
3.   ¿Cómo se persevera en oración (v. 11)?

1 (7:7) *Oración perseverante:* ¿Qué es la oración perseverante? Es pedir, buscar y llamar hasta que la respuesta es recibida, hallada, y la puerta abierta. Es estar tan obsesionados con la obtención de algo que la persona no abandona hasta tener la respuesta de Dios. Las palabras: pedir, buscar, llamar, está en tiempo presente. La persona tiene que seguir pidiendo, buscando y llamando. Debe persistir en oración. Las palabras: *recibir, hallar,* y *abrir* también están en tiempo presente (Mt. 7:8). Esto muestra que la respuesta a la oración es más que simple promesa para el futuro. La persona que persevera en oración ya posee la respuesta. Quizá lo pedido todavía no ha ocurrido, pero por la fe el creyente sabe que Dios ha escuchado su oración (cp.1 Jn. 5:14-15). (Cp. Ef. 6:18.) Cristo enseñó varias lecciones importantes sobre la oración.

1.   La verdadera oración es oración perseverante. Dios espera que todas las oraciones sean perseverantes. Cuando sentimos una auténtica necesidad de orar, no solo pedimos, sino que buscamos y llamamos. No jugamos alrededor de la puerta murmurando una ténue oración. Oramos, realmente oramos.

2.   La oración debe ser frecuente. Cristo mandó orar. Él dijo puntualmente: «Pedid ... buscad ... llamad». Y como se dijo arriba, demandó que orasemos con frecuencia e intensamente.

3.   Las respuestas a nuestras oraciones están aseguradas (vv. 9-10).

   a.   Dios no es reticente para dar. No está sentado en el fondo, desinteresado en cuanto a nuestro bienestar. Él es como un padre amoroso con su hijo: lo ama y cuida. No va a rechazar el pedido de su querido hijo.

   b.   Dios no burlará nuestros pedidos. No da con reproche (Stg. 1:5). Ni siquiera vacila en dar. Y lo que da no es de calidad inferior a lo que da un padre terrenal. Dios no da burdos sustitutos. Da exactamente, o más de lo que pedimos (v. 11; Ef. 3:20).

4.   La cosa pedida tiene que estar en la voluntad de Dios. La petición no puede ser motivada por deseos egoístas. Dios da solamente lo que es bueno y saludable para nosotros (1 Jn. 5:14-15; cp. Stg. 1:17; 4:2-3).

5.   La verdadera oración, oración perseverante, reconoce nuestra dependencia de Dios. Cuando estamos genuinamente necesitados, nos acercamos a Dios y pedimos y buscamos y llamamos. Esta ha sido la experiencia de todos los creyente, una y otra vez.

El hecho mismo de estar pidiendo, buscando y llamando demuestra que realmente dependemos de Dios. Somos sus hijos y Él es nuestro Padre. Cristo dijo que la verdadera oración significa duro trabajo;

es sincera y genuina en sus peticiones y continúa pidiendo hasta que Dios responde.

Pensamiento. La oración es más que meramente pedir. La persona pide, luego busca, después llama a la puerta del cielo, hasta que Dios otorga el pedido. Note dos cosas.

1)   El buscar encierra la idea de que procuramos responder nosotros mismos al pedido. Esto es especialmente así cuando el pedido puede ser respondido mediante el esfuerzo humano. Ciertamente no hay vestigio de pereza o complacencia en el tono de «pedid ... buscad ... llamad». El acento está en la acción, en una actitud de *obténlo.*

2)   Llamar encierra dos ideas. Primero, golpeamos a todas las puertas que podamos hasta que la indicada se abre. Por cierto, no golpearíamos una y otra vez a la misma puerta. Tenemos que movernos y llamar hasta que la puerta indicada sea abierta. Segundo, debemos seguir llamando a la puerta del cielo. Tenemos que luchar con Dios, no darle descanso hasta que Él abra. Tal acción muestra que dependemos de Él. Y, necesariamente le agrada que nos acerquemos en compañerismo y comunicación, del mismo modo que tal comunicación le agrada a un padre terrenal.

«*Velad y orad*, para que no entréis en tentación; el espíritu a la verdad está dispuesto, pero la carne es débil» (Mt. 26:41).

«También les refirió Jesús una parábola sobre la necesidad de *orar siempre*, y no desmayar» (Lc. 18:1).

«Velad, pues, *en todo tiempo rogando* que seáis tenidos por dignos de escapar de todas estas cosas que vendrán, y de estar en pie delante del Hijo del Hombre» (Lc. 21:36).

«*Orando en todo tiempo* con toda oración y súplica en el Espíritu, y velando en ello con toda perseverancia y súplica por todos los santos» (Ef. 6:18).

«Por nada estéis afanosos, sino *sean conocidas vuestras peticiones* delante de Dios en toda oración y ruego, con acción de gracias» (Fil. 4:6).

«*Perseverando* en la oración, velando en ella con acción de gracias» (Col. 4:2).

«Orad *sin cesar*» (1 Ts. 5:17).

«Mas si de allí *buscares* a Jehová tu Dios, lo hallarás, si lo buscares de todo tu corazón y de toda tu alma» (Dt. 4:29).

«*Buscad* a Jehová y su poder; buscad su rostro *continuamente*» (1 Cr. 16:11).

«*Buscad* a Jehová mientras pueda ser hallado, llamadle en tanto que está cercano» (Is. 55:6).

«Y me buscaréis y me hallaréis, porque me buscaréis de *todo vuestro corazón*» (Jer. 29:13).

«Buscad a Jehová y su poder: buscad *siempre* su rostro» (Sal. 105:4).

«Yo amo a los que me aman; y me hallan los que temprano me *buscan*» (Pr. 8:17).

ESTUDIO A FONDO 1

(7:7) *Oración perseverante:* hay una diferencia entre las palabras pedir, buscar, llamar.

1. La palabra «pedid» dice lo siguiente.
   a. Pedimos cuando hay una necesidad o carencia.
   b. Pedimos cuando hay alguien que tiene mucho y puede darnos lo que necesitamos o queremos.
2. La palabra «buscad» dice lo siguiente.
   a. Buscamos cuando necesitamos o queremos algo de valor.
   b. Buscamos cuando nosotros mismos somos responsables de encontrar lo que necesitamos o queremos.
3. La palabra «llamad» dice lo siguiente.
   a. Llamamos cuando quedamos fuera y necesitamos o queremos entrar.
   b. Llamamos cuando hay alguien del otro lado que nos puede abrir.

Note: Cristo dice que nuestras oraciones son contestadas. Recibimos y hallamos y la puerta nos es abierta.

2 **(7:8-10)** *Oración:* ¿por qué perseverar en oración? Hay tres razones.

1. El orar es condicional. Cristo es preciso: si pedimos, recibimos. Si no pedimos no recibimos. Si buscamos, hallamos. Si no buscamos, no hallamos. Si llamamos, nos es abierto. Si no llamamos, no nos es abierto.

«Pedís, y no recibís, porque pedís mal» (Stg. 4:3).

Pensamiento. Dejar de perseverar en oración avergüenza a Dios y a nosotros mismos. La verdadera oración es perseverante. Nuestra intención genuina y sinceridad se conocen por cuanto perseveramos en oración.

1) Mostramos falta de respeto hacia el Dador si pedimos y nos marchamos antes de recibir lo que pedimos.
2) Mostramos una grosera falta de sinceridad si buscamos una o dos veces y luego abandonamos.
3) Dejamos con un interrogante al morador si llamamos una o dos veces y nos vamos antes que venga o haya tenido tiempo para abrir.

2. Todo creyente es oído y toda oración es contestada. No son solamente los creyentes bien conocidos —los líderes y obreros oficiales— a quienes Dios oye y responde. Dios oye a todo aquel que «pide y busca y llama».

3. Dios tiene *mucho mayor cuidado* que un padre terrenal. Podemos acercarnos a Dios como a un Padre. Más que todos los otros, él sabe lo que un padre debe ser. Cualquiera sea el bien que exista en padres terrenales, proviene de Él. Él hizo a los padres. Él puso en sus corazones un *apego y amor natural y un deseo de nutrir*. Por eso podemos esperar que esté personalmente apegado a nosotros para amar y nutrirnos (cp. Sal. 103:13).

«Y todo lo que pidiereis al Padre en mi nombre, lo haré, para que el Padre sea glorificado en el Hijo. Si algo pidiereis en mi nombre, yo lo haré» (Jn. 14:13-14).

«Hasta ahora nada habéis pedido en mi nombre; pedid, y recibiréis, para que vuestro gozo sea cumplido» (Jn. 16:24).

«Mas si desde allí buscares a Jehová tu Dios, lo hallarás, si lo buscares de todo tu corazón y de toda tu alma» (Dt. 4:29).

«Si se humillare mi pueblo, sobre el cual mi nombre es invocado, y oraren, y buscaren mi rostro, y se convirtieren de sus malos caminos; entonces yo oiré desde

los cielos, y perdonaré sus pecados, y sanaré su tierra» (2 Cr. 7:14).

«Yo amo a los que me aman, y me hallan los que temprano me buscan» (Pr. 8:17).

«Clama a mí y yo te responderé, y te enseñaré cosas grandes y ocultas que tú no conoces» (Jer. 33:3).

ESTUDIO A FONDO 2

(7:8) *Oración:* ¿por qué Dios no contesta siempre en forma inmediata? ¿Por qué es necesario pedir y buscar y llamar, y continuar pidiendo buscando y llamando? ¿Por qué es preciso que pidamos si Dios conoce nuestras necesidades aun antes que pidamos?

Existen al menos cuatro razones.

1. La oración nos enseña a comunicarnos y a tener compañerismo con Dios y confiar y buscar a Dios más y más. Cuando Dios retiene la respuesta, nosotros seguimos viniendo para hablar y compartir con Él más y más. Así como un padre humano anhela nuestro compañerismo, anhela nuestro Padre el compañerismo.

2. La oración nos enseña tanto la paciencia como esperanza en Dios y en sus promesas. Si Dios no nos da inmediatamente nosotros seguimos viniendo pacientemente (perseverando) a su presencia, esperando y aguardando lo que Él nos ha prometido (Mt. 21:22; Jn. 14:26; 1 Jn. 5:14-15).

3. La oración nos enseña a amar más y más a Dios como a nuestro Padre. Saber que Dios va a responder nuestra oración y teniendo que esperar nos impulsa a acercarnos más y más a Dios y a sus dones. Luego, cuando nuestra oración es contestada, nuestros corazones sienten mucho más amor hacia Él que antes.

4. La oración demuestra cuán profundamente confiamos en Dios y cuánto le amamos y dependemos de Él. La persona que realmente confía en Dios —que realmente sabe que va a recibir lo que ha pedido— va a ocuparse más y más de Dios. Va a venir más y más en oración. Pero la persona que no está totalmente segura de recibir, solo vendrá ocasionalmente, normalmente solo en las emergencias. Por nuestra vida de oración Dios ve fácilmente cuánto lo amamos y confiamos en Él.

ESTUDIO A FONDO 3

(7:8) *Oración—promesa—esperanza:* cuando oramos como dice Cristo tenemos la respuesta inmediatamente. Él nos da la seguridad, aunque la respuesta no esté siempre, de forma inmediata, en nuestras manos. ¿Qué quiere decirnos Cristo entonces? Hay dos maneras de recibir cosas, sea que tratemos con hombres o con Dios.

1. Recibimos cosas por promesa y esperanza. Si alguna persona confiable nos promete algo, sabemos, sin ninguna duda, que la dádiva es nuestra. (Cp. interés mensual prometido en base a dinero deposito en el ahorro.) Lo que fácilmente olvidamos es esto: la promesa es un hecho, tanto como una recepción inmediata. La única diferencia entre promesa y recepción es tiempo, y si estamos dispuestos a esperar pacientemente demostramos nuestra confianza en el Dador del don. Si el Dador es confiable, entonces su promesa es firme: el don es nuestro. Nos será entregado cuando el tiempo y las condiciones hayan llegado.

Ahora, note dos cosas simples pero seguras.

   a. Si el Dador es confiable promesa y esperanza son tan seguras como recibir inmediatamente el don.
   b. Promesa y esperanza son tan seguras como el Dador. Si el Dador es confiable, el don prometido viene en el momento indicado.

2. Recibimos cosas mediante una recepción: recibiendo simplemente el don cuando éste nos es entregado.

> «Y esta es la confianza que tenemos en Él, que si pedimos alguna cosa conforme a su voluntad, Él nos oye. Y si sabemos que él nos oye en cualquier cosa que pidamos, sabemos que tenemos las peticiones que le hayamos hecho» (1 Jn. 5:14-15).

3 (7:11) *Oración:* ¿Cómo se persevera en oración?

1. El creyente tiene que venir a Dios como su Padre. Cristo nos dice explícitamente cómo venir a Dios.

   a. Tenemos que venir a Dios como «nuestro Padre que está en el cielo». Las palabras «en el cielo» reconocen su soberanía. Dios tiene poder para hacer lo que pidamos, y nosotros debemos esperar que conceda nuestras peticiones.

   b. Tenemos que venir a Dios como a un padre terrenal: libremente, abiertamente, comunicándonos y teniendo compañerismo con Él. Y hemos de venir con frecuencia, sin descuidar el amor, respeto, y la confianza debidos a Él.

Note las palabras «cuánto más». Por buenos que sean los padres terrenales, Dios los supera en mucho. Él es mucho más como Persona y como Padre. El conoce cada petición nuestra y tiene el conocimiento, inteligencia, sabiduría y poder para concederlas.

Pensamiento 1. Dios ha tomado la iniciativa para crear la relación familiar con nosotros. Nos ha adoptado como hijos de Dios. Por eso, podemos venir a Él con mucha mayor confianza y seguridad que a nuestros padres terrenales. (*Véase* Estudio a fondo 2—Gá. 4:5-6).

> «Pues no habéis recibido el espíritu de esclavitud para estar otra vez en temor, sino que habéis recibido el Espíritu de adopción, por el cual clamamos: ¡Abba, Padre! El Espíritu mismo da testimonio a nuestro espíritu, de que somos hijos de Dios» (Ro. 8:17).
> «Y de igual manera el Espíritu nos ayuda en nuestra debilidad; pues qué hemos de pedir como conviene, no lo sabemos, pero el Espíritu mismo intercede por nosotros con gemidos indecibles» (Ro. 8:26)
> «Pero cuando vino el cumplimiento del tiempo, Dios envió a su Hijo, nacido de mujer y nacido bajo la ley, para que redimiese a los que estaban bajo la ley, a fin de que recibiésemos la adopción de hijos. Y por cuanto sois hijos, Dios envió a vuestros corazones el Espíritu de su Hijo, el cual clama: ¡Abba, Padre!» (Gá. 4:4-6).

Pensamiento 2. Dios es amor (1 Jn. 4:8, 16). Su amor es tan grande que lo compara al amor y ternura de una madre (Is. 66:13).

2. El creyente tiene que venir a Dios por cosas buenas, saludables (*véase* Estudio a fondo 4—Mt. 7:11).

Pensamiento. Los padres terrenales son humanos y a veces carnales, y algunos padres incluso son delibera-damente malos. Note tres cosas acerca de los padres terrenales.

1) Los padres terrenales a veces hacen errores en lo que dan. Pueden dar y dan cosas semejantes a piedras y serpientes a sus hijos, no deliberadamente, sino equivocadamente. Simplemente están engañados por lo que el mundo llama aceptable y bueno. Pero Dios no es engañado. Dios solamente da «cosas buenas», cosas que son totalmente sanas y beneficiosas. Si pedimos aquello que es malo y perjudicial para nosotros, Dios va a decir rápida y contundentemente: «No», de lo contrario dará lo que realmente se necesita.

2) Los padres terrenales a veces tienen mal carácter, están atravesados, provocativos y equivocados en su respuesta al pedido de un hijo. Pero Dios no. Él siempre entiende y sabe exactamente cómo responder y qué y cuándo dar.

3) Los padres terrenales a veces son malos y causan daño, amenazantes y peligroso, a veces desalentadores, a veces abandonan a sus hijos. Pero Dios no. Dios sabe exactamente cómo satisfacer la necesidad del hijo o hija que está desalentada y abandonada (Sal. 27:10).

> «Mas buscad primeramente el reino de Dios y su justicia; y [entonces] todas las demás cosas os serán añadidas» (Mt. 6:33).
> «Venid a mí todos los que estáis trabajados y cargados, y yo os haré descansar» (Mt. 11:28).
> «Pues si vosotros, siendo malos, sabéis dar buenas dádivas a vuestros hijos, ¿cuánto más vuestro Padre celestial dará el Espíritu Santo a los que se lo pidan?» (Lc. 11:13).
> «Y yo les doy vida eterna; y no perecerán jamás, ni nadie las arrebatará de mi mano» (Jn. 10:28).
> «Bendito sea el Dios y Padre de nuestro Señor Jesucristo, que nos bendijo con toda bendición espiritual en los lugares celestiales en Cristo» (Ef. 1:3).
> «No temas en nada lo que vas a padecer. He aquí, el diablo echará a algunos de vosotros en la cárcel, para que seáis probados, y tendréis tribulación por diez días. Sé fiel hasta la muerte, y yo te daré la corona de la vida» (Ap. 2:10).
> «Mas a Jehová vuestro Dios serviréis, y él bendecirá tu pan y tus aguas; y yo quitaré toda enfermedad de en medio de ti» (Éx. 23:25).
> «Y les daré corazón para que me conozcan que yo soy Jehová; y me serán por pueblo, y yo les seré a ellos por Dios; porque se volverán a mí de todo su corazón» (Jer. 24:7).
> «Traed todos los diezmos al alfolí y haya alimento en mi casa; y probadme ahora en esto, dice Jehová de los ejércitos, si no os abriré las ventanas de los cielos, y derramaré sobre vosotros bendición hasta que sobreabunde» (Mal. 3:10).

ESTUDIO A FONDO 4

(7:11) *Buenas (agathos):* saludable, beneficioso, honorable, cualidades necesarias.

| 1 La regla de oro para la vida
a. Demanda verdadera justicia
b. Incluye verdadero amor
c. Enseña la ley total | **U. La suprema regla ética: la regla de oro y dos elecciones en la vida, 7:12-14**
(Lc. 6:31; 13:23-24)

12 Así que todas las cosas que queráis que los hombres hagan con vosotros, así también haced vosotros con ellos; porque esto es la ley y los profetas. | 13 Entrad por la puerta estrecha; porque ancha es la puerta, y espacioso el camino que lleva a la perdición, y muchos son los que entran por ella;
14 porque estrecha es la puerta, y angosto el camino que lleva a la vida, y pocos son los que la hallan. | **2 Las dos elecciones en la vida**
a. Dos puertas: ancha y angosta[EF1]
b. Dos caminos: fácil y difícil[EF2]
c. Dos finales: destrucción y vida[EF3]
d. Dos caminantes: sabio y necio[EF4]
e. Dos decisiones: del menor esfuerzo; buscar para hallar[EF5] |

U. La suprema regla ética: la regla de oro y dos elecciones en la vida, 7:12-14

(7:12-14) *Introducción:* este texto contiene dos de los dichos más conocidos de Jesús. Se refieren a dos aspectos fundamentales de la vida. (1) El aspecto de la justicia. ¿Cómo puede vivir una persona con justicia, es decir, con una relación correcta con su prójimo? (2) El aspecto de la vida misma. ¿Cómo puede estar segura una persona de tener vida, verdadera vida?

1.	La regla de oro para la vida (v. 12).
2.	Las dos elecciones en la vida (vv. 13-14).

1 (7:12) *Regla de oro—rectitud—justicia:* probablemente la regla de oro sea el dicho más conocido que Jesús haya dicho. Es la suma de la ética, conducta, rectitud y piedad. Es una afirmación muy práctica del amor de Dios; es decir, Dios ha obrado con nosotros, tal como quiere que nosotros obremos con Él. Dios nos ha tratado como quiere que nosotros los tratemos a Él (y a toda otra persona).

La regla de oro revela el corazón de Dios. Nos muestra exactamente cómo anhela Dios que nosotros vivamos y actuemos. Es una simple declaración que revela lo que el amor realmente es, y lo que es la vida en un mundo perfecto. Les dice a los creyentes que vivan según el dictado de la regla de oro estando aun en la tierra, antes de ser transferidos al cielo al mundo o dimensión celestial.

Hay cuatro hechos significativos que separan a la regla de oro de todas las otras enseñanzas convirtiéndola en máxima expresión del comportamiento humano.

1.	La regla de oro es una declaración, de una sentencia, que abarca la totalidad del comportamiento humano. Es asombroso que toda la ley y todo el amor puedan ser expresados en una simple oración. La sencilla declaración de la regla de oro incluye toda «la ley y los profetas» (Mt. 7:12).

2.	La regla de oro demanda *verdadera* ley y justicia. Note la formulación de las palabras: no es negativo o pasiva, sin embargo, le dice al hombre cómo conducirse. Realmente limita al hombre. Por ejemplo, la regla de oro enseña al hombre a no mentir, hurtar, engañar o injuriar. Y además enseña muchos más.

3.	La regla de oro se ocupa del verdadero amor y del comportamiento positivo, activo.
   a.	Es más que abstenerse de hacer el mal (mentir, hurtar, engañar).
   b.	Es más que solamente hacer el bien (ayudar, cuidar, dar).
   c.	Es mirar, investigar, buscar formas de hacer el bien que quieres que otros te hagan. Es buscar formas de tratar a otros como quieres que ellos te traten.

4.	La regla de oro enseña toda la ley. Toda la ley está contenida en las palabras: «Amarás a tu prójimo como a ti mismo» (Mt. 22:39-40). Todo ser humano quisiera que los demás lo traten de manera perfecta: amando y cuidándolos al grado máximo y expresando ese amor y cuidado. De la misma manera el creyente debe amar y cuidar de otros mientras todavía estén en la tierra. Debe dar a la tierra un sabor a cielo antes que todas las cosas terminen. Las personas que son tratadas de manera tan suprema y reciben el sabor del cielo es más probable que se vuelvan a Dios.

«El amor sea sin fingimiento. Aborreced lo malo, seguid lo bueno» (Ro. 12:9).

«El amor no hace mal al prójimo; así que el cumplimiento de la ley es el amor» (Ro. 13:10).

«Así que, los que somos fuertes debemos soportar las flaquezas de los débiles, y no agradarnos a nosotros mismos. Cada uno de nosotros agrade a su prójimo en lo que es bueno, para edificación» (Ro. 15:1-2).

«Porque toda la ley en esta sola palabra se cumple: Amarás a tu prójimo como a ti mismo» (Gá. 5:14).

«Si en verdad cumplís la ley real, conforme a la Escritura: amarás a tu prójimo como a ti mismo, bien hacéis» (Stg. 2:8).

«Ahora, pues, Israel, ¿qué pide Jehová tu Dios de ti, sino que temas a Jehová tu Dios, que andes en todos sus caminos, y que lo ames, y sirvas a Jehová tu Dios con todo tu corazón y con toda tu alma» (Dt. 10:12).

«El fin de todo el discurso oído es este: Teme a Dios, y guarda sus mandamientos; porque esto es el todo del hombre» (Ec. 12:13).

«Porque misericordia quiero, y no sacrificio, y conocimiento de Dios más que holocaustos» (Os. 6:6).

«Oh hombre, él te ha declarado lo que es bueno, y qué pide Jehová de ti: solamente hacer justicia, y amar misericordia, y humillarte ante tu Dios» (Mi. 6:8).

Pensamiento 1. Una *regla de oro* de una frase tiene que cumplir tres requisitos.
1)	Demandar verdadera justicia: insistir en que los hombres sean tratados con justicia en todas las circunstancias.
2)	Incluir verdadero amor: insistir en que los hombres hagan el bien, activamente, y vayan aún más lejos haciendo más que el bien.
3)	Enseñe toda la ley: enseñando que los hombres hagan todo aquello que la ley enseña.

Pensamiento 2. De los hombres se requieren tres cosas.
1)	Conocer lo que enseñó Cristo.
2)	Creer lo que enseñó Cristo.
3)	Hacer lo que enseñó Cristo. No basta con conocer y creer la regla de oro. Debemos vivirla.

Pensamiento 3. Dos simples reglas pueden revolucinar la vida de una persona (o a la sociedad misma).
1)	Tratar a Dios como queremos que Dios nos trate.
2)	Tratar a otros como queremos que ellos nos traten.

Pensamiento 4. En la práctica la regla de oro dice varias cosas:
1)	No debemos tratar a las personas como nos trata a nosotros; bien por bien, mal por mal.
2)	No debemos tratar a las personas como ellas creen que deben ser tratadas.

3) No debemos tratar a las personas como nosotros creemos que deben ser tratadas.

4) Pero, debemos tratar a las personas como queremos que ellas nos traten a nosotros.

Pensamiento 5. Note varias importantes verdades.

1) Nuestra profesión es vana si no *vivimos* la regla de oro. La regla de oro nos condena y nos muestra cuánto hemos fallado.

2) ¿Cómo queremos que las personas nos traten? La respuesta en cuanto a cómo queremos ser tratados es nuestra. Somos totalmente responsables de nuestra conclusión. Nuestra conclusión es crucial, porque la respuesta está en cómo vamos a tratar a otros. Es la base del juicio sobre nosotros mismos. Seremos juzgados por la forma en que realmente tratamos a otros.

3) La regla iguala a todas las personas. Como queremos ser tratados es como debemos tratar a otros. Y como otros quieren ser tratados es como deben tratarnos a nosotros. Todos los hombres, ricos famosos y poderosos, tanto como pobres, desconocidos e insignificantes, todos deben tratar al otro tal como quisieran ser tratados. Si los hombres practicasen la regla de oro, los males de la sociedad quedarían resueltos: hambre, pobreza, enfermedad y pecado.

4) La regla de oro produciría de la noche a la mañana un mundo de paz si los hombres se entregaran a ella.

5) El camino de la sabiduría es vivir por la regla de oro. Es lo más sabio que una persona puede hacer. ¿Por qué? Le asegura a uno muchos amigos, y las mejores cosas de la vida. Muchos se acercarán a la persona que siempre los trata bien. Y responderán con el mismo trato, al menos buena parte del tiempo. En realidad, no todos responderán, pero muchos lo harán.

6) Una forma de practicar la regla de oro es formular la simple pregunta: «¿Cómo quisiera ser tratado?» Y luego tratar a la otra persona de esa manera.

7) La regla de oro dice en gran medida lo mismo que el segundo gran mandamiento: «Amarás a tu prójimo como a ti mismo» (Mt. 22:39).

Note que Cristo afirma que ambos, la regla de oro y los dos grandes mandamientos, contienen toda la ley (Mt. 7:12; cp. Mt. 22:40). Las leyes de Dios y las leyes de los hombres serían obedecidas si practicásemos la regla de oro y los dos grandes mandamientos.

2 (7:13-14) *Vida—decisión:* las dos decisiones en la vida. No es el cuadro de un hombre en un cruce de caminos, como algunos pintan la escena. Lo que el hombre ve es una sola puerta, no dos. Hay dos puertas, pero el hombre solo ve una. El hombre no puede ver la puerta angosta; esta tiene que ser buscada y hallada. (Note las palabras «la hallan», v. 14.)

El mandato es vigoroso: vuélvete de la puerta ancha (mundanalidad), busca, encuentra y entra por la puerta angosta.

1. Hay dos puertas (para la discusión *véase* Estudio a fondo 1—Mt. 7:13-14).

2. Hay dos caminos (para la discusión *véase* Estudio a fondo 2—Mt. 7:13-14).

3. Hay dos finales (para la discusión *véase* Estudio a fondo 3—Mt. 7:13-14).

4. Hay dos caminantes (para la discusión *véase* Estudio a fondo 4—Mt. 7:14).

5. Hay dos decisiones (para la discusión *véase* Estudio a fondo 5—Mt. 7:14).

ESTUDIO A FONDO 1

(7:13-14) *Salvación—vida—decisión:* existen dos puertas, una ancha, otra angosta. Todo hombre está ante la puerta ancha. Esta está inmediatamente ante él; se le presenta directamente. Es la única puerta que ve; en efecto, está tan cerca que es innecesario entrar. Con dar un paso ya ha entrado en ella.

La puerta angosta no se ve. La persona tiene que buscarla para hallarla. Es angosta y además mira en dirección contraria a la puerta ancha. Esto significa que ...

- no se la ve inmediata y naturalmente.
- solo puede ser hallada si uno se vuelve (se arrepienta) para ello.
- tiene que ser buscada.
- es difícil de entrar una vez hallada (angosta).

El punto es impactante y fuerte.

1. El camino a la vida eterna es muy específico y muy pocos lo escogerán (cp. Jer. 21:8).

2. No hay alternativa. Existe *un solo camino;* no muchos.

3. El camino es Jesucristo. Si una persona desea vida eterna tiene que venir a Dios por medio de Jesucristo (Jn. 14:6; Hch. 4:12).

Pensamiento 1. La puerta ancha es el mundo. La puerta estrecha es el reino de los cielos. La puerta grandes está de par en par abierta. Es tan amplia que se pueden decir cuatro cosas de ella.

1) No hay un solo obstáculo para entrar por la puerta amplia. Nada impide que una persona entre por ella. Es como si una persona estuviera naturalmente ante sus puertas abiertas.

2) Muchas personas pueden entrar y están entrando a toda hora la puerta grande. La persona tiene abundante compañía al entrar por ella.

3) Aparentemente es la única puerta para entrar, porque ...
- alrededor de ella hay tanto crecimiento.
- tantas personas entran por ella.
- ofrece tanta actividad.

El tema es que la persona ni piensa en otra puerta, ni mucho menos la busca.

4) La puerta grande es suficientemente grande para incluir a todos: a todas las filosofías y creencias sin importar cuán extremas sean, todos los apetitos y pasiones, todas las libertades y licencias, todo pecado y egoísmo. La puerta está de par en par abierta de modo que todos puedan entrar.

«Y manifiestas son las obras de la carne, que son: adulterio, fornicación, inmundicia, lascivia idolatría, hechicería, enemistades, pleitos, celos, iras, contiendas, disensiones, herejías, envidias, homicidios, borracheras, orgías, y cosas semejantes a estas; acerca de las cuales os amonesto, como ya os lo he dicho antes, que los que practican tales cosas no heredarán el reino de Dios» (Gá. 5:19-21).

Pensamiento 2. La puerta angosta es tan angosta que no se la puede ver. Esto indica varias cosas.

1) Tenemos que volvernos de la puerta ancha; volvernos y dejar de seguir a la multitud; volvernos de la atracción de la actividad y de las atracciones alrededor de la puerta.

2) Tenemos que buscar la puerta angosta y buscarla diligentemente.

3) Tenemos que entrar inmediatamente cuando la encontramos. Sin embargo, es difícil entrar, porque es muy estrecha.

Pensamiento 3. ¿Cómo se entra por la puerta angosta (al cielo)?

1) Hay que arrepentirse; volverse de la puerta ancha, de

la multitud, de las actividades y atracciones alrededor de la puerta (el mundo).

«Os digo: No; antes si no os arrepentís, todos pereceréis igualmente» (Lc. 13:3).

«Así que, arrepentíos y convertíos, para que sean borrados vuestros pecados; para que vengan de la presencia del Señor tiempos de refrigerio» (Hch. 3:19).

«Pero Dios, habiendo pasado por alto los tiempos de esta ignorancia, ahora manda a todos los hombres en todo lugar, que se arrepientan» (Hch. 17:30).

2. La persona tiene que confesar que no conoce la puerta angosta (cielo); su ubicación (fe); la actividad alrededor de ella (justicia, buenas obras); y su atracción (esperanza, cualidades espirituales, auténtica vida), y que necesita ayuda para encontrarla. (*Véase* nota—Ef. 1:3.)

«Todos se desviaron, a una se hicieron inútiles; no hay quien haga lo bueno, no hay ni siquiera uno» (Ro. 3:12).

3) La persona tiene que haber nacido de nuevo:

«El que no naciere de nuevo, no puede ver el reino de Dios» (Jn. 3:3).

«Siendo renacidos, no de simiente corruptible, sino de incorruptible, por la palabra de Dios que vive y permanece para siempre» (1 P. 1:23).

Pensamiento 4. ¿Cómo entra una persona por la puerta estrecha?

1) La persona tiene que inclinarse, agacharse .... volverse como un niño (Mr. 10:15; Lc. 18:17).
2) La persona tiene que despojarse .... despojaos del viejo hombre (Ef. 4:23-24; Col. 4:10).
3) La persona tiene que luchar .... resistid la carne (2 Co. 6:17; Gá. 5:17).

ESTUDIO A FONDO 2

(7:13-14) *Salvación—vida—decisión:* existen dos caminos o dos rutas hacia la vida, uno fácil, otro difícil.

El camino ancho y fácil puede ser seguido sin reflexión alguna. Hay espacio abundante para caminar; hay abundante lugar para que las cosas atractivas del mundo crezcan y fascinen; hay abundante espacio para que una persona pueda transitar. Es difícil salirse del camino. El camino ancho es el camino de los irreflexivos, indisciplinados, perezosos, mundanos, impíos, materialistas y carnales.

El camino angosto y difícil requiere compromiso, determinación, disciplina, control y auto negación. A lo largo del camino hay poco lugar. Es difícil avanzar. La persona tiene que estar constantemente alerta para no salirse del camino. El camino estrecho es de los que piensan, los disciplinados, los responsables, y espirituales.

Los dos caminantes pueden ser comparados como los irreflexivos vs. los pensantes; los indisciplinados vs. los disciplinados, los perezosos y los responsables, los materialistas o carnales vs. los de mentalidad espiritual.

Pensamiento 1. El camino ancho es el camino fácil, el camino del mundo. El camino angosto es el difícil, el camino del cielo, el camino de la fe, esperanza, y justicia. El camino ancho es muy ancho y tan fácil de transitar.

1) Tiene muy pocos cercos o restricciones, u órdenes de reducir la velocidad del viaje. La persona puede viajar como quiere, con pocas prohibiciones. Puede detenerse si es atraída o invitada.
2) Ofrece muchas atracciones a lo largo del camino. Hay atracciones que motivan la mente y la carne, valores estéticos y deseos sensuales, intereses culturales y

estimulantes placenteros. Hay muchas, muchas atracciones que apelan a la totalidad de las sensaciones naturales de una persona.

«Cuyas veredas son torcidas, y torcidos sus caminos» (Pr. 2:15).

« ... mas el camino de los transgresores es duro» (Pr. 13:15).

«No conocieron camino de paz, ni hay justicia en sus caminos; sus veredas son torcidas; cualquiera que por ellas fuere, no conocerá paz» (Is. 59:8).

Pensamiento 2. El camino angosto es muy angosto, y es difícil y trabajoso transitar por él.

1) El camino (ruta) está rodeado de desiertos aterradores, amenazantes y cenagosos. Hay que resistir. A veces es fuerte la tentación de volver al camino ancho. Se requiere auto negación y la disposición para luchar para vencer a la carne y el temor.

«Si alguno quiere venir en pos de mí, niéguese a sí mismo, tome su cruz cada día, y sígame» (Lc. 9:2).

«Porque el deseo de la carne es contra el Espíritu, y el del Espíritu es contra la carne; y éstos se oponen entre sí, para que no hagáis lo que quisiereis» (Gá. 5:17).

«Porque no tenemos lucha contra sangre y carne, sino contra principados, contra potestades, contra los gobernadores de las tinieblas de este siglo, contra huestes espirituales de maldad en las regionescelestes» (Ef. 6:12).

«Mas el Dios de toda gracia, que nos llamó a su gloria eterna en Jesucristo, después que hayáis padecido un poco de tiempo, él mismo os perfeccione, afirme, fortalezca y establezca» (1 P. 5:10).

2) El camino (ruta) no es asfaltado, cubierto de grava y roca. Se requiere una fuerte voluntad y determinación y sacrificio personal para seguir en el camino (Ro. 12:1-2). La persona tiene que soportar dificultades y sufrimientos.

«Así que, hermanos, os ruego por las misericodias de Dios, que presentéis vuestros cuerpos en sacrificio vivo, santo, agradable a Dios, que es vuestro culto racional. No os conforméis a este siglo, sino transformaos por medio de la renovación de vuestro entendimiento, para que comprobéis cuál sea la buena voluntad de Dios, agradable y perfecta» (Ro. 12:1-2).

«En nada intimidados por los que se oponen, que para ellos ciertamente es indicio de perdición, mas para vosotros de salvación; y esto de Dios» (Fil. 1:28).

«Tú, pues, sufre penalidades como buen soldado de Jesucristo. Ninguno que milita se enreda en los negocios de la vida, a fin de agradar a aquel que lo tomó por soldado» (2 Ti. 2:3-4).

ESTUDIO A FONDO 3

(7:13-14) *Salvación—vida—decisión:* hay dos finales. El camino ancho *finaliza* en destrucción y muerte. En efecto, mientras la per-sona aun está transitando, se dice de ella que «está pereciendo [apoleian]».

El camino estrecho termina en vida, es decir, en *«la plenitud de la vida»* y en el *«ideal supremo de la vida»* (Jn. 10:10. *Véase* nota—1 Co. 1:18 donde Pablo hace un contraste en «los que están pereciendo» y los que están «siendo salvados» [griego].)

Pensamiento. El camino o ruta ancha termina. Tiene un final, pero el caminante no le presta atención. El camino se presenta tan ancho y largo que al recorrerlo día tras día cree que percibirá cuando llegue a su fin. Piensa que es poco probable pasarlo por alto. Pero una cosa pasa por alto, el camino ancho tiene tantas atracciones a los costados que atraen y cautivan la atención del caminante que frecuentemente llega al final sin saberlo. No alcanza a ver que el final está inmediatamente adelante; por eso corre hacia el final sin haberse preparado para el abismo.

> «Porque la paga del pecado es muerte, mas la dádiva de Dios es vida eterna en Cristo Jesús Señor nuestro» (Ro. 6:23).

> «Y de la manera que está establecido para los hombres que mueran una sola vez, y después de esto el juicio» (He. 9:27).

> «Como la justicia conduce a la vida, así el que sigue el mal lo hace para su muerte» (Pr. 11:19).

> «Hay camino que al hombre le parece derecho; pero su fin es camino de muerte» (Pr. 14:12).

> «Abominación es a Jehová el camino del impío; mas él ama al que sigue justicia» (Pr. 15:9).

Pensamiento 2. El camino estrecho no finaliza. Conduce a un mundo glorioso que todavía es invisible, pero ofrece al caminante una vida increíble.

> «Porque de tal manera amó Dios al mundo, que ha dado a su Hijo unigénito, para que todo aquel que en él cree, no se pierda, mas tenga vida eterna» (Jn. 3:16).

> «De cierto, de cierto os digo: el que oye mi palabra, y cree al que me envió, tiene vida eterna; y no vendrá a condenación, mas ha pasado de muerte a vida» (Jn. 5:24).

> «Yo he venido para que tengan vida: y para que la tengan en abundancia» (Jn. 10:10).

> «Mas el fruto del Espíritu es amor, gozo, paz, paciencia, benignidad, bondad, fe, mansedumbre, templanza; contra tales cosas no hay ley» (Gá. 5:22-23).

> «Vi un cielo nuevo y una tierra nueva; porque el primer cielo y la primera tierra pasaron, y el mar ya no existía» (Ap. 21:1. *Véase* nota—Ef. 1:3).

ESTUDIO A FONDO 4

(7:14) *Salvación—vida—decisión:* hay dos clases de caminante, los sabios y los necios. Los necios son *muchos.* Entran por la puerta ancha, transitan el camino ancho y fácil, y terminan pereciendo y experimentando destrucción.

Los sabios son *pocos.* Ellos buscan para encontrar y entrar por la puerta estrecha. Transitan el camino angosto y difícil, y terminan en la *vida.* Unos pocos experimentan la plenitud de la vida en su ideal supremo.

Pensamiento 1. Muchos caminantes quieren tan intensamente la multitud y las atracciones del camino ancho que están dispuestos a correr el riesgo sucumbir en medio de tanto tránsito.

Pensamiento 2. Muchos caminantes del camino ancho piensan lo siguiente: Son tantos los que andan por el camino ancho que no pueden estar todos equivocados. Todas las *sendas* dentro del camino ancho tienen que tener el mismo fin. Y en esto tienen razón. Los caminantes de camino ancho, llegan todos al mismo final, no importa qué *senda* escogen.

> «Ninguno puede servir a dos señores; porque o aborrecerá al uno y amará al otro. No podéis servir a Dios y a las riquezas» (Mt. 6:24).

> «Cualquiera, pues, que me oye estas palabras, y las hace, le compararé a un hombre prudente, que edificó su casa sobre la roca .... Pero cualquiera que me oye estas palabras y no las hace, le compararé a un hombre insensato, que edificó su casa sobre la arena» (Mt. 7:24, 26).

> «Por lo cual, salid de en medio de ellos, y apartaos, dice el Señor, y no toquéis lo inmundo; y yo os recibiré, y seré para vosotros por Padre, y vosotros me seréis hijos e hijas, dice el Señor todopoderoso» (2 Co. 6:17-18).

> «No améis al mundo, ni las cosas que están en el mundo. Si alguno ama al mundo, el amor del Padre no está en él. Porque todo lo que hay en el mundo, los deseos de la carne, los deseos de los ojos, y la vanagloria de la vida, no proviene del Padre, sino del mundo» (1 Jn. 2:15-16).

> «El camino del necio es derecho en su opinión; mas el que obedece al consejo es sabio» (Pr. 12:15).

ESTUDIO A FONDO 5

(7:14) *Salvación—vida—decisión:* existen dos decisiones, la del menor esfuerzo y la de buscar para encontrar. La puerta ancha no requiere decisión para entrar. Cualquier persona está automáticamente ante ella por estar en el mundo. Cristo no dice que la persona necesariamente tiene que entrar por ella. Entrar no requiere ninguna energía, ni búsqueda, ni compromiso. La persona ya está allí, ante la puerta. Lo único que tiene que hacer es comenzar en su vida el viaje siguiendo el curso ancho y fácil.

La puerta angosta requiere una decisión. Requiere (1) una decisión personal, (2) una firme determinación, y (3) un compromiso de energía y esfuerzo para encontrar la entrada. Y una vez que la puerta angosta ha sido hallada, se requiere una decisión inmediata y definida de entrar por ella: «Entrad por la puerta estrecha» es la decisión impactante y clara que debe ser tomada.

> «Escogeos hoy a quién sirváis» (Jos. 24:15).

> «He aquí, pongo delante de vosotros camino de vida y camino de muerte» (Jer. 21:8; cp. Dt. 30:19; cp. v. 15).

> «Porque dice: En tiempo aceptable te he oído, y en día de salvación te he socorrido. He aquí ahora el tiempo aceptable; he aquí ahora el día de salvación» (2 Co. 6:2).

La puerta ancha es *el mundo* y la puerta estrecha es *el cielo.* El camino ancho es el *camino del mundo,* y el camino angosto es el *camino del cielo.* El camino ancho conduce a *destrucción* (perecer) y el camino angosto conduce a la *vida.* Muchos entran por la puerta ancha y perecen. *Unos pocos* solamente están entrando la puerta angosta y viven.

Pensamiento 1. Algunos buscan la puerta estrecha pero nunca entran por ella.
1) Algunos la encuentran pero deciden que es demasiado estrecha para ellos. Requiere demasiado esfuerzo, disciplina y auto-negación entrar por ella.
2) Algunos buscan irreflexivamente. Caminan descuidadamente y aunque pasan junto a ella nunca la ven.
3) Algunos buscan semi-decididos. Todavía vuelven la mirada a la puerta ancha como para no perderla de vista. No encuentran la puerta angosta por su propia inseguridad y falta de disciplina.
4) Algunos se encuentran con ella, pero no les gusta lo que ven: ven restricciones, la disciplina, la superficie cubierta de grava y rocas. Por eso, se vuelven a la puerta ancha.

Pensamiento 2. La puerta estrecha es estrecha y difícil de hallar. Pero no está cerrada. Está abierta a todos los que la buscan y encuentran. La invitación ha sido extendida a todo aquel que quiera entrar por ella.

> «Venid a mí todos los que estáis trabajados y cargados, y yo os haré descansar» (Mt. 11:28).

> «Dijo el señor al siervo: Vé por los caminos y por los vallados, y fuérzalos a entrar, para que se llene mi casa» (Lc. 14:23).

«Y el Espíritu y la Esposa dicen: Ven. Y el que oye, diga: Ven. Y el que tiene sed, venga; y el que quiera, tome del agua de la vida gratuitamente» (Ap. 22:17).

«Venid luego, dice Jehová, y estemos a cuenta: si vuestros pecados fueren como la grana, como la nieve serán emblanquecidos; si fueren rojos como el carmesí, vendrán a ser como blanca lana» (Is. 1:18).

«A todos los sedientos: Venid a las aguas; y los que no tienen dinero, venid, comprad y comed. Venid, comprad sin dinero y sin precio, vino y leche» (Is. 55:1).

1 Su presencia: cuidado **2 Su rasgo principal** a. Exterior: como ovejas b. Interior: como lobos **3 Su marca identifica-**	**V. Advertencia ante falsos profetas, 7:15-20** 15 Guardaos de los falsos profetas, que vienen a vosotros con vestidos de ovejas, pero por dentro son lobos rapaces. 16 Por sus frutos los conoceréis. ¿Acaso se recogen uvas de los espinos, o higos de los abrojos?	17 Así, todo buen árbol da buenos frutos, pero el árbol malo da frutos malos. 18 No puede el buen árbol dar malos frutos, ni el árbol malo dar frutos buenos. 19 Todo árbol que no da buen fruto, es cortado y echado en el fuego 20 Así que, por sus frutos los conoceréis.	**toria: su fruto** **4 Su verdadera naturaleza: no es buena, sino corrupta y mala** **5 Su fruto sin esperanza: no pueden llevar fruto bueno, solo pueden dar fruto corrupto y malo** **6 Su terrible futuro: juicio**[EF1] **7 Su fruto: los delata**

V. Advertencia ante falsos profetas, 7:15-20

(7:15-20) *Introducción—falsos profetas:* note de qué está hablando Cristo en este pasaje Está hablando de profetas, de hombres que proclaman y enseñan el evangelio. Algunos son falsos profetas, hombres que enseñan un evangelio falso. Cristo dice siete cosas acerca de los falsos profetas. (Cp. Gá. 1:6-9.)

1. Su presencia: cuidado (v. 15).
2. Su rasgo principal (v. 15).
3. Su marca identificatoria: el fruto que se recoge (v. 16).
4. Su verdadera naturaleza: no es buena, sino corrupta y mala (v. 17).
5. Su fruto sin esperanza: no pueden llevar fruto bueno, solo pueden dar fruto corrupto y malo (v. 18).
6. Su terrible futuro: juicio (v. 19).
7. Su fruto: los delata (v. 20).

1 **(7:15) *Falsos profetas:*** los falsos profetas están presentes. Están entre nosotros. Note dos temas acentuados.

1. Cristo dice: «Guardaos». La palabra significa tener cuidado. Protegerse, estar atento cuidarse uno mismo. Es una palabra enfática; la advertencia es clara y fuerte.
2. Cristo nos advierte: una de las principales razones que nos impiden buscar la puerta correcta y el camino correcto (salvación y cielo) son los falsos maestros. (*Véanse* Estudios a fondo 1, 2, 3—Mt. 7:13-14).

«Porque vendrá tiempo cuando no sufrirán la sana doctrina, sino que teniendo comenzón de oír, se amontonarán maestros conforme a sus propias concupiscencias, y apartarán de la verdad el oído y se volverán a las fábulas» (2 Ti. 4:3-4).

2 **(7:15) *Falsos profetas:*** el principal rasgo de los falsos profetas que «vienen a vosotros con vestidos de ovejas, pero por dentro son lobos rapaces».

1. Vestimenta de ovejas: *exteriormente*, por su profesión, comportamiento, llamado, posición y mensaje, su apariencia es la de todos los ministros y ovejas de Dios (2 Co. 11:12-15).
2. Lobos rapaces: *interiormente*, los falsos maestros son todo menos ovejas.
   a. Algunos falsos maestros son como lobos porque quizá no son conscientes de *no* ser lo que debieran ser. Salen a hacer lo que saben hacer, ignorando que lo que hacen es corrupto y malo (v. 17). Se presentan como ovejas, pero consumen todo lo que pueden para satisfacer todo apetito —de convicción personal o doctrina— que puedan tener.
   b. Algunos falsos maestros son como lobos porque salen para obtener ganancia propia, personal: ego, reconocimiento, fama, prestigio, posición, sustento, carrera y comodidad. Están primordialmente preocupados con cumplir sus propios motivos y propósitos y con forzar sus propios pensamientos y fórmulas para el éxito en la vida.

   c. Algunos falsos profetas son como lobos porque quieren un puñado de gente entre las cuales moverse, con las cuales identificarse. Quieren seguidores que reconozcan su liderazgo en inteligencia y creatividad o conocimiento y habilidad. Se presentan como ovejas, pero ahullan sus propias fórmulas (evangelios falsos), proclamando en alta voz: «Este es el camino, anden por él». Si es posible usan todos los medios al alcance: pantalla, radio, revistas, periódicos, libros, diarios, panfletos y tratados.

Pensamiento 1. Los falsos maestros se presentan vestidos de ovejas. Pueden engañar fácilmente.
1) Aparecen como ovejas o mensajeros de luz (2 Co. 11:13-15). Parecen inofensivos, inocentes y buenos. Comienzan como excelentes ejemplos en la sociedad, pero carecen de dos cosas: una vida y un testimonio cambiados por la Palabra de Dios.

«Porque estos son falsos apóstoles, obreros fraudulentos, que se disfrazan como apóstoles de Cristo. Y no es maravilla, porque el mismo Satanás se disfraza como ángel de luz. Así que, no es extraño si también sus ministros se disfrazan como ministros de justicia; cuyo fin será conforme a sus obras» (2 Co. 11:13-15).

«De cierto, de cierto os digo: el que oye mi palabra, y cree al que me envió, tiene vida eterna; y no vendrá a condenación, mas ha pasado de muerte a vida» (Jn. 5:24).

«Siendo renacidos, no de simiente corruptible, sino de incorruptible, por la palabra de Dios que vive y permanece para siempre» (1 P. 1:23).

2) Secreta y engañosamente predican herejías (2 P. 2:1-3; cp. Gá. 1:6-10; 1 Co. 15:1-4). Proclaman justicia, moralidad, rectitud y bien. Enseñan fuerza mental, emocional y física: todos los ideales altos y loables de los hombres. Pero nunca predican el verdadero evangelio del Señor viviente.

«Pero hubo también falsos profetas entre el pueblo, como habrá entre vosotros falsos maestros, que introducirán encubiertamente herejías destructoras, y aun negarán al Señor que los rescató, atrayendo sobre sí mismos destrucción repentina» (2 P. 2:1).

«Estoy maravillado de que tan pronto os hayáis alejado del que os llamó por la gracia de Cristo, para seguir un evangelio diferente. No que haya otro, sino que hay algunos que os perturban y quieren pervertir el evangelio de Cristo. Mas si aun nosotros, o un ángel del cielo, os anunciare otro evangelio diferente del que os hemos anunciado, sea anatema. Como antes hemos dicho, también ahora lo repito: si alguno os predica diferente evangelio del que habéis recibido, sea anatema. Pues, ¿busco ahora el favor de los hombres, o el de Dios? ¿O trato de agradar a los hombres? Pues si todavía agradara a los hombres, no sería siervo de Cristo» (Gá. 1:6-10).

«Además os declaro, hermanos, el evangelio que os he predicado el cual también recibisteis, en el cual también perseveráis; por el cual asimismo, si retenéis la palabra que os he predicado, sois salvos, si no creísteis en vano. Porque primeramente os he enseñado lo que asimismo recibí: que Cristo murió por nuestros pecados, conforme a las Escrituras; y que fue sepultado, y que resucitó al tercer día, conforme a las Escrituras; y que apareció a Cefas, y después a los doce» (1 Co. 15:1-5).

«Amados, no creáis a todo espíritu, sino probad los espíritus si son de Dios; porque muchos falsos profetas han salido por el mundo. En esto conoced el Espíritu de Dios: Todo espíritu que confiesa que Jesucristo ha venido en carne, es de Dios; y todo espíritu que no confiesa que Jesucristo ha venido en carne, no es de Dios; y este es el espíritu del anticristo, el cual vosotros habéis oído que viene, y que ahora ya está en el mundo» (1 Jn. 4:1-3).

Pensamiento 2. Interiormente los falsos profetas son lobos, verdaderos lobos, conciente o inconscientemente. Pueden presentarse como ovejas, pero son lobos.
1) No han confesado al *Señor Jesús*, ni que Dios lo ha resucitado de los muertos.

«Que si confesares con tu boca que Jesucristo es el Señor, y creyeres en tu corazón que Dios le levantó de los muertos, serás salvo. Porque con el corazón se cree para justicia, pero con la boca se confiesa para salvación» (Ro. 10:9-10).
2) No se han «despojado del viejo hombre» del mundo.

«En cuanto a la pasada manera de vivir, despojaos del viejo hombre, que está viciado conforme a los deseos engañosos» (Ef. 4:22).
3) No han sido «renovados en el espíritu de su mente» ni se han vestido del «nuevo hombre».

«Y renovaos en el espíritu de vuestra mente, y vestíos del nuevo hombre, creado según Dios en la justicia y santidad de la verdad» (Ef. 4:23-24).

«Y revestido del nuevo, el cual conforme a la imagen del que lo creó se va renovando hasta el conocimiento pleno» (Col. 3:10).

«De modo que si alguno está en Cristo, nueva criatura es; las cosas viejas pasaron; he aquí todas son hechas nuevas» (2 Co. 5:17).
4) No fueron puestos por Dios en el ministerio. (Note especialmente 1 Ti. 1:12, el hecho que Dios tiene en cuenta a los hombres que ha escogido como *dignos.*)

«Doy gracias al que me fortaleció, a Cristo Jesús nuestro Señor, porque me tuvo por fiel, poniéndome en el ministerio» (1 Ti. 1:12).

Pensamiento 3. A veces un falso profeta no sabe que es falso. Está *engañando* porque está *siendo engañado.*

«Mas los malos hombres y los engañadores irán de mal en peor, engañando y siendo engañados» (2 Ti. 3:13).

«En los cuales el Dios de este siglo cegó el entendimiento de los incrédulos, para que no les resplandezca la luz del evangelio de la gloria de Cristo, el cual es la imagen de Dios» (2 Co. 4:4; cp. 2 Ti. 3:1-15).

3 (7:16) *Falsos profetas:* ¿cómo podemos saber si un profeta es falso? Hay una señal que lo revela: su fruto. Un falso profeta es conocido por el fruto del que se alimenta y con el que alimenta a otros (*véanse* bosquejos y notas—Jn. 15:1-8). Si él *mismo se alimenta*

de espinos y abrojos y no de uvas e higos, ello es una forma de saber. Si el *alimento que da a otros* son espinas y abrojos en vez de uvas e higos, es otra indicio para saber.

Espinos y abrojos son alimento falso, mundanalidad (*véase* Estudio a fondo 3—Mt. 13:7, 22). Uvas e higos son verdadero alimento. Existe un solo alimento verdadero para el alma del hombre: el Señor Jesucristo y su Palabra. (*Véanse* nota—Jn. 6:1-71; bosquejos y notas—Jn. 6:30-36; 6:41-51. Cp. todos los bosquejos y notas de Jn. 6:1-71; Jn. 17:14-16; 17:17-19; cp. Jn. 5:24; 1 P. 2:2-3.) Un profeta tiene que alimentarse de la verdad del Señor y de su Palabra, y tiene que suministrar el mismo alimento a otros. Toda otra fuente de alimento para el alma humana es alimento falso; es espinos y abrojos (mundanalidad). Si uno lo come o lo sirve a otros, estrangula la vida del alma (Mt. 13:7, cp. 1 Jn. 2:15-16; 2 Co. 6:17-18; Ro. 12:1-2).

Note que Cristo formula una pregunta: «¿Acaso se recogen uvas de los abrojos o higos de los abrojos?» Esto puede significar dos cosas.
1. ¿Se alimenta el profeta con alimento mundana o con un alimento de Cristo y su Palabra?
2. ¿Acaso busca una persona uvas e higos entre espinos y cardos, entre falsos profetas? Por sus frutos se conoce al falso profeta.

Pensamiento 1. «Por sus frutos los conoceréis».
1) «Probad [examinad] los espíritus», a los profetas (1 Jn. 4:1).
2) «Examinadlo todo», el fruto del profeta (1 Ts. 5:21).

Pensamiento 2. No siempre podemos identificar a un árbol por su apariencia (corteza y hojas), pero siempre podemos reconocerlo por su fruto.

Pensamiento 3. El fruto tiene que ver con dos cosas.
1) Con lo que la persona lleva en su propia vida.
2) Con lo que una persona lleva en la vida de otros.

Un profeta debe ser medido por el fruto que lleva en su propia vida y el fruto que lleva en la vida de otros (*véase* Estudio a fondo 1—Jn. 15:1-8).

4 (7:17) *Falsos profetas:* Cuál es la verdadera naturaleza del profeta? Note algo de crucial importancia. No se juzga a un árbol por uno que otro fruto malo, sino por el buen fruto que lleva. Todo árbol produce algunos frutos malos, sin embargo el árbol no es desechado. Un árbol no es rechazado sino cuando *tiende* a llevar fruto malo. Al probar y examinar a los profetas no tenemos que observar uno que otro hecho aislado; sino el promedio, la tendencia, el comportamiento total de sus vidas. ¡Qué importante! Consideraciones como las que siguen provienen de las Escrituras.
1. La predicación y enseñanza de los profetas. ¿Son «enemigos de la cruz de Cristo»?

«Porque la palabra de la cruz es locura a los que se pierden; pero a los que se salvan, esto es a nosotros, es poder de Dios» (1 Co. 1:18).

«Pues me propuse no saber entre vosotros cosa alguna sino a Jesucristo, y a éste crucificado» (1 Co. 2:2).

«Porque por ahí andan muchos, de los cuales os dije muchas veces, y aún ahora lo digo llorando, que son enemigos de la cruz de Cristo» (Fil. 3:18).
2. La mente de los profetas. ¿Es normal que tengan su mente en cosas carnales o en cosas espirituales?

«El fin de los cuales será perdición, cuyo Dios es el vientre, y cuya gloria es su vergüenza; que sólo piensan en lo terrenal» (Fil. 3:19).

«Porque los que son de la carne piensan en las cosas de la carne; pero los que son del Espíritu, en las cosas del Espíritu. Porque el ocuparse de la carne es muerte, pero el ocuparse del Espíritu es vida y paz» (Ro. 8:5).

«Pues aunque andamos en la carne, no militamos según la carne; porque las armas de nuestra milicia no son carnales, sino poderosas en Dios para la destrucción de fortalezas, derribando argumentos y toda altivez que se levanta contra el conocimiento de Dios, y llevando cautivo todo pensamiento a la obediencia a Cristo» (2 Co. 10:3-5).

3. El apetito de los profetas. ¿Se puede decir: «Dios es su estómago»?

«El fin de los cuales será perdición, cuyo dios es el vientre, y cuya gloria es su vergüenza; que sólo piensan en lo terrenal» (Fil. 3:19).

4. La ética o conducta cotidiana de los profetas. ¿Tienen por práctica vivir inmoralmente, sea vicariamente (por lo que miran, observan, leen, hablan y hacen bromas) o por lo que hacen?

«Pero vosotros cometéis el agravio, y defraudáis, y esto a los hermanos. ¿No sabéis que los injustos no heredarán el reino de Dios? No erréis; ni los fornicarios, ni los idólatras, ni los adúlteros, ni los afeminados, ni los que se echan con varones, ni los ladrones, ni los avaros, ni los borrachos, ni los maldicientes, ni los estafadores, heredarán el reino de Dios» (1 Co. 6:8-10).

Ahora, ¿cómo puede Cristo llamar corrupto a aquel que hace el bien a los ojos del mundo? ¿Cómo puede Cristo que ver el fruto del hombre, sus buenas obras, son malos? ¿Cómo es posible que predicar un carácter fuerte y la justicia moral, y alimento y ropa, proveyendo y cuidando el bienestar físico y emocional de la persona ser malo? No es malo. Cristo no está diciendo que la justicia social y el bienestar sean malos. Lo que es malo es concentrarse *únicamente* en el bienestar social. «No solo de pan vive el hombre», no únicamente por lo físico, «sino de *toda palabra* que sale de la boca de Dios» (Mt. 4:4).

Un profeta que solamente predica y se ocupa de lo físico y mental es corrupto por el hecho de mentir y engañar a la gente. No proclama ni ministra toda la verdad, sino verdades a medias. Predica y enseña la salud mental en términos espirituales, pero seduce a la gente a dormir espiritualmente. Les hace pensar que están bien con Dios, pero esa no es la enseñanza de las Escrituras. No son aceptables ante Dios si se ministra solamente a las necesidades físicas y mentales, no importa qué términos espirituales se usen. Necesitan que sus espíritus sean *puestos y guardados* en buena relación con Dios. Los falsos profetas «son enemigos de la cruz de Cristo» (Fil. 3:18). Por eso, Cristo dice que son corruptos y llevan el fruto del mal.

Pensamiento. La *verdadera* naturaleza del falso profeta no es buena, no importa lo que él u otros piensan y profesan (*véase* nota—Mt. 7:18).

5 (7:18) *Profetas—falsos profetas:* el fruto del falso profeta carece de esperanza. No puede llevar buen fruto, sino únicamente fruto corrupto y malo. Los resultados de su vida y ministerio son «malos», dice Cristo. ¿Por qué? En el mejor de los casos su mensaje es solo una media verdad. Es engañoso por hacer creer al hombre que es aceptable a Dios cuando en realidad no lo es. Los hombres creen lo que sus profetas (ministros, pastores y maestros) les dicen y demuestran con sus vidas. Por eso, compartir solamente parte de la verdad es malo y destructivo.

¿Cuáles son algunos de los malos frutos (del evangelio malo) proclamados y enseñados por los falsos profetas? Las Escrituras mencionan los siguientes.

1. El evangelio que acentúa primordialmente el legalismo y las obras, los esfuerzos del hombre para hacer suficiente bien que le permitan a uno ser aceptable para Dios. (*Véanse* notas—Mt.23:4; Estudio a fondo 4—Lc. 6:7.)

«¡Oh gálatas insensatos! ¿Quién os fascinó para no obedecer a la verdad, a vosotros ante cuyos ojos Jesucristo fue ya presentado claramente entre vosotros como crucificado? Esto solo quiero saber de vosotros: ¿Recibisteis el Espíritu por las obras de la ley, o por el oír con fe ....? Porque todos los que dependen de las obras de la ley están bajo maldición, pues escrito está: Maldito todo aquel que no permaneciere en todas las cosas escritas en el libro de la ley, para hacerlas. Y que por la ley ninguno se justifica para con Dios, es evidente, porque: el justo por la fe vivirá» (Gá. 3:1-2, 10, 11).

2. El evangelio que acentúa primordialmente fe y gracia pero minimiza la conducta. Una persona puede ser mundana siempre y cuando se ocupe de su espíritu en los momentos indicados de la adoración dominical (Ro. 6:1ss).

«Qué, pues, diremos? ¿Perseveraremos en el pecado para que la gracia abunde? En ninguna manera. Porque los que hemos muerto al pecado, ¿cómo viviremos aún en él?» (Ro. 6:1-2).

«Pero vosotros cometéis el agravio, y defraudáis, y esto a los hermanos. ¿No sabéis que los injustos no heredarán el reino de Dios? No erréis; ni los fornicarios, ni los idólatras, ni los adúlteros, ni los afeminados, ni los que se echan con varones, ni los ladrones, ni los avaros, ni los borrachos, ni los maldicientes, ni los estafadores, heredarán el reino de Dios. Y esto erais algunos; mas ya habéis sido lavados, ya habéis sido santificados, ya habéis sido justificados en el nombre del Señor Jesús, y por el Espíritu de nuestro Dios» (1 Co. 6:8-11).

«Hermanos míos, ¿de qué aprovechará si alguno dice que tiene fe y no tiene obras? ¿Podrá la fe salvarle? ... Así también la fe, si no tiene obras, es muerta en sí misma» (Stg. 2:14, 17).

3. El evangelio que primordialmente acentúa el negativismo, reglas y reglamentos, para controlar cada acto de la conducta: «No toques, no gustes».

«Tales como: No manejes, ni gustes, ni aun toques en conformidad a mandamientos y doctrinas de hombres, cosas que todas se destruyen con el uso? Tales cosas tienen a la verdad cierta reputación de sabiduría en culto voluntario, en humildad y en duro trato del cuerpo; pero no tienen valor alguno contra los apetitos de la carne» (Col. 2:21-23).

4. El evangelio que primordialmente acentúa la salud física y mental en términos espirituales (Para más discusión *véase* nota—Mt. 7:17).

5. El evangelio que primordialmente acentúa el formalismo y ritual, lo exterior, las ceremonias: la persona es aceptable a Dios, por lo tanto es bautizada y sigue con cierta fidelidad en la iglesia, en sus rituales y ordenanzas.

«Porque ignorando la justicia de Dios, y procurando establecer la suya propia, no se han sujetado a la justicia de Dios» (Ro. 10:3).

«Que tendrá apariencia de piedad, pero negarán la eficacia de ella a estos evita» (2 Ti. 3:5).

6. El evangelio que primordialmente acentúa la separación y el monasticismo; un evangelio que saca a la persona del mundo (*véanse* bosquejos y notas—Mt. 5:14, 14-15).

«No ruego los que los quites del mundo, sino que los guardes del mal» (Jn. 17:15).

7. El evangelio que primordialmente acentúa las verdaderas necesidades espirituales del hombre, pero ignora las necesidades físicas.

«Entonces dirá también a los de la izquierda: apartaos de mí, malditos, al fuego eterno preparado para el diablo y sus ángeles. Entonces dirá también a los de la izquierda: apartaos de mí, malditos, al fuego eterno preparado para el diablo y sus ángeles. Porque tuve hambre, y no me disteis de comer; tuve sed, y no me disteis de beber; fui forastero, y no me recogisteis; estuve desnudo, y no me cubristeis; enfermo y en la cárcel, y no me visitasteis» (Mt. 25:41-43; cp. Mt. 25:34-46).

Pensamiento 1. Nunca se puede esperar que el árbol malo produzca fruto bueno.

Pensamiento 2. Del árbol corrupto se cosecha constantemente fruto malo. Un profeta falso atrae más y más personas a pensar que son aceptables y que están profundizando su fe en un falso evangelio.

6 (7:19) *Falsos profetas:* y el futuro terrible de los falsos profetas es juicio severo *véase* nota—Mt. 7:19). Cuando un árbol tiende a dar fruto malo es ...

- marcado como corrupto.
- talado.
- echado al fuego.

Cristo dice que la mismo suerte será el destino de los falsos profetas. Diversos pasaje expresan el terrible juicio que viene sobre los falsos profetas.

«Todo pámpano que en mí no lleva fruto, lo quitará; y todo aquel que lleva fruto, lo limpiará, para que lleve más fruto .... El que en mí no permanece, será echado fuera como pámpano, y se secará; y los recogen, y los echan en el fuego y arden» (Jn. 15:2, 6).

«Pero vosotros cometéis el agravio, y defraudáis, y esto a los hermanos. ¿No sabéis que los injustos no heredarán el reino de Dios? No erréis; ni los fornicarios, ni los idólatras, ni los adúlteros, ni los afeminados, ni los que se echan con varones, ni los ladrones, ni los avaros, ni los borrachos, ni los maldicientes, ni los estafadores, heredarán el reino de Dios» (1 Co. 6:8-10).

«Así que, no es extraño si también sus ministros se disfrazan como ministros de justicia; cuyo fin será conforme a sus obras» (2 Co. 11:15).

«Mas no irán más adelante; porque su insensatez será manifiesta a todos, como también lo fue la de aquéllos» (2 Ti. 3:9).

«Sabe el Señor librar de tentación a los piadosos, y reservar a los injustos para ser castigados en el día del juicio» (2 P. 2:9).

«Mas quiero recordaros, ya que una vez lo habéis sabido, que el Señor, habiendo salvado al pueblo sacándolo de Egipto, después destruyó a los que no creyeron. Y a los ángeles que no guardaron su dignidad, sino que abandonaron su propia morada, los ha guardado bajo oscuridad, en prisiones eternas, para el juicio del gran día; como Sodoma y Gomorra y las ciudades vecinas, las cuales de la misma manera que aquéllos, habiendo fornicado e ido en pos de vicios contra naturaleza, fueron puestas por ejemplo, sufriendo castigo del fuego eterno ... ¡Ay de ellos! porque han seguido el camino de Caín, y se lanzaron por lucro en el error de Balaam, y perecieron en la contradicción de Coré ... De éstos también profetizó Enoc, séptimo desde Adán, diciendo: He aquí, vino el Señor con sus santas decenas de millares, para hacer juicio contra todos, y dejar convictos a todos los impíos detodas sus obras impías que han hecho impíamente, y de todas las cosas duras que los pecadores impíos han hablado contra él» (Jud. 5-7, 11, 14-15).

ESTUDIO A FONDO 1

(7:19) *Juicio—fuego del infierno:* véase Estudio a fondo 2— Mt. 5:22.

7 (7:20) *Falsos profetas:* su fruto los expone (para la discusión *véanse* notas—Mt. 7:16, 17, 18).

| 1 La ley de entrada
a. Más que una profesión
b. Hacer la voluntad de Dios | W. Advertencias ante falsas expectativas: quién entrará al reino de los cielos, 7:21-23 (Lc. 13:26-27)

21 No todo el que me dice: Señor, Señor, entrará en el reino de los cielos, sino el que hace la voluntad de mi Padre que está en los cielos. | 22 Muchos me dirán en aquel día: Señor, Señor, ¿no profetizamos en tu nombre, y en tu nombre echamos fuera demonios, y en tu nombre hicimos muchos milagros? 23 Y entonces les declararé: Nunca os conocí; apartaos de mí, hacedores de maldad. | 2 Argumento de los falsos profetas: obras
a. Arg.1: profetizamos y echamos fuera espíritus malos
b. Arg. 2: grandes obras
c. Argumento 3: servimos en el nombre del Señor.
3 Rechazo de la falsa profesión[EF1]
a. Pq. Cristo nunca lo supo
b. Porque hicieron maldad |

W. Advertencias ante falsas expectativas: quién entrará al reino de los cielos, 7:21-23

(7:21-23) *Introducción—mera profesión—falsa profesión:* ¿Quién entrará al reino de los cielos? ¿Entrará todo aquel que profesa a Cristo? El Señor dice: «No. Hay algunos que meramente profesan mi nombre .... » El *falso profesante* es una persona que usa el vocabulario cristiano, recita sus credos y oraciones, asiste a los servicios, participa en las funciones, sin embargo, no conoce ni acepta la Palabra de Dios. No obedece la Palabra de Dios (Mt. 7:18; Lc. 6:46). En realidad no conoce a Cristo, al menos no, personalmente. Por eso, dice Cristo, no entrará al reino de los cielos.

1. La ley de entrada (v. 21).
2. Argumento de los falsos profetas: obras (v. 22).
3. Rechazo de la falsa profesión (v. 23).

1 (7:21) *Mera profesión—falsa profesión:* la ley de entrada. No se puede entrar al cielo por profesar que Jesucristo es Señor; solamente se puede entrar al cielo haciendo la voluntad de Dios. Esta es la ley que gobierna la puerta y la entrada al cielo. Note dos puntos.

1. La persona tiene que hacer más que una profesión para entrar al cielo. Existen dos clases de personas que dicen «Señor, Señor» haciendo falsa profesión. Primero, están los que profesan y prácticamente no hacen nada más. No vacilan en hablar sobre su religión o iglesia expresando su confianza en ella. Creen que la religión tiene su lugar en las vidas de los hombres y en la estructura de la sociedad. Asisten a la iglesia, dan y sirven a otros todo lo necesario para sentirse bien consigo mismos y aceptables delante de Dios. Algunas personas se siente bien asistiendo a algunos servicios, dando un poco y sirviendo únicamente cuando son requeridos a hacerlo. Otros necesitan más, entonces hacen más.

Segundo, los que profesan y hacen una tremenda obra para la religión y la sociedad. Son tan sinceros como pueden; y llaman a Cristo «Señor, Señor» en todas la áreas de la vida religiosa, en ...

- oración
- conversación
- testimonios
- predicación
- la enseñanza
- la palabra escrita
- vestimiento
- confesiones
- rituales
- las ordenanza
- fórmulas
- actividades
- ofrendas
- en ayudar a otros
- su apariencia
- asistencia a la iglesia o sinagoga

¿Por qué es rechazada y excluida esta persona del cielo, siendo una persona que llama «Señor» a Cristo y trabaja con tanta diligencia «en su nombre»? Por tres motivos principales.

a. La *mera profesión* no hace más que profesar. La *mera profesión* es el gran «Yo». Note las palabras: «¿No profetiza*mos* ... echa*mos* ... hici*mos*?» *Nosotros* hici*mos* todas estas cosas: «hicimos muchos milagros» (v. 22). Aquellas fueron obras maravillosas, pero si *nosotros* estamos antes que Dios, todas ellas

no cuentan para nada. En aquel día (el día del Juicio) el auténtico creyente no va a profesar *lo que él ha hecho*. Lo que él ha hecho no es nada comparado con *lo que Cristo ha hecho*. El creyente va y adora a Cristo. El tema crucial es que la mera profesión solo muestra cuán inadecuado es nuestro entendimiento de Dios y de nosotros mismos. Solamente muestra cuán centrados estamos en nuestra propia *habilidad y bondad*.

Piensa solamente y sé honesto: ¿Cómo puede alguien estar ante el Ser Supremo, ante la Inteligencia del Universo, ante el Todopoderoso Dios, y pretender que hizo algo? Si *ese Dios* va a dejar que una persona entre al cielo, será porque quiere aceptar a esa persona, no porque ella la haya hecho algo. La mera profesión no *entiende* o bien rechaza la verdadera naturaleza de Dios y del hombre: la verdadera naturaleza de Dios y del hombre tal como es revelada en la Biblia y ratificada por la historia. La historia expone el egoísmo, la codicia y el mal de cada nación y persona del mundo, día tras día.

b. La *mera profesión* no cumple la voluntad de Dios. La *mera profesión* «tendrá apariencia de piedad, pero negarán la eficacia de ella ... » (2 Ti. 2:5). ¿Qué es piedad?

«Que *Dios estaba en Cristo* reconciliando consigo al mundo...[Dios] lo hizo pecado, para que nosotros fuésemos hechos justicia de Dios en él» (2 Co. 5:19, 21).

«Grande es el misterio de la piedad: Dios fue manifestado [revelado] en carne ... recibido en gloria» (1 Ti. 3:16).

El tema crucial es este: El único *Señor* que Dios conoce es el Señor Jesucristo a quien Él ha enviado del cielo (Jn. 3:16). Dios envió al Señor Jesús a morir por nuestros pecados, a morir para que mediante la fe ...

- nosotros podamos ser contados como libres de la penalidad del pecado.
- nosotros podamos ser justificados, esto es, contados perfectamente justos y aceptables a Dios por causa de Él. (Para la discusión *véanse* Estudios a fondo 1, 2, *Justificación*—Ro. 4:22; nota—5:1.)

Dios envió al Señor Jesús a resucitar de los muertos, a resucitar para que mediante la fe ...

- nosotros podamos ser contados como un *hombre nuevo* en su vida resucitada.
- nosotros podamos ser aceptables *en Él* para vivir eternamente con Dios. (Nuevamente, *véanse* Estudios a fondo 1, 2, *Justificación*—Ro. 4:22; nota—5:1.)

Toda persona que niega el poder de la piedad, el poder de la muerte y resurrección de Cristo para impartirle perdón y vida, no entrará al cielo. Todas sus obras y religión, no importa cuán buenas, son solamente una apariencia de piedad (*véanse* notas— Mt. 7:17, 18).

  c. La *mera profesión* se conoce y honra al ego, no a Cristo. Note algo de crucial importancia. Cuando Cristo murió *por nosotros*, Él había hecho todo el bien, toda la obra de salvación. Nosotros no hicimos nada. Él fue quien murió; por eso es Él quien debe ser honrado y elevado y alabado. Él es el autor, el único autor de la redención.

Esto es lo único que Dios quiere: la honra de su Hijo. El hombre que confía en la muerte y resurrección de Cristo, ese es el que honra a Cristo. Y ese es el hombre que tendrá entrada al cielo, y solamente ése hombre.

  «No todo el que me dice: Señor, Señor, entrará en el reino de los cielos, sino el que hace la voluntad de mi Padre que está en los cielos» (Mt. 7:21).

  «Respondiendo él, les dijo: Hipócritas, bien profetizó de vosotros Isaías, como está escrito: Este pueblo de labios me honra, mas su corazón está lejos de mí» (Mr. 7:6).

  «Profesan conocer a Dios, pero con los hechos lo niegan, siendo abominables y rebeldes, reprobados en cuanto a toda buena obra» (Tit. 1:16).

  «Hijitos míos, no amemos de palabra ni de lengua, sino de hecho y en verdad» (1 Jn. 3:18).

  «Se acordaron de que Dios era su refugio, y el Altísimo su redentor. Pero le lisonjeaban con su boca, y con su lengua le mentían» (Sal. 78:35-36).

  «Y vendrán a ti como viene el pueblo, y estarán delante de ti como pueblo mío, y oirán tus palabras, y no las pondrán por obra; antes hacen halagos con sus bocas, y el corazón de ellos anda en pos de su avaricia. Y he aquí que tú eres a ellos como cantor de amores, hermoso de voz y que canta bien; y oirán tus palabras, pero no las pondrán por obra» (Ez. 33:31-32).

  2. La persona tiene que hacer la voluntad de Dios para entrar al cielo. Note: Cristo está hablando de gente que está interesada en el cielo. No está hablando de quienes no están interesados en el cielo. El cielo debe ser la meta final de toda persona. Debería ser el lugar donde todo el mundo quisiera entrar. Sin embargo, no toda persona interesada en el cielo, entrará a él. Hay algunos que lo llaman «Señor» que no podrán entrar. Las personas que desean entrar al cielo tiene que hacer la voluntad de quien está en el cielo. ¿Quién está en el cielo? ¿Quién es el que controla la entrada al cielo? El Padre del Señor Jesucristo. Si una persona quiere entrar al cielo, tiene que hacer la voluntad del Padre de Cristo, no la voluntad de algún otro *dios* o *profeta*. ¿Ahora bien, cuál es la voluntad primordial de Dios?

  «Y este es su mandamiento: Que creamos en el nombre de su Hijo Jesucristo, y nos amemos unos a otros como nos lo ha mandado» (1 Jn. 3:23).

La persona que hace la voluntad de Dios es la persona que *realmente cree, obedece, y ama* al Hijo de Dios.

  «El que tiene mis mandamientos, y los guarda, ése es el que me ama; y el que me ama, será amado por mi Padre, y yo le amaré, y me manifestaré a él» (Jn. 14:21).

  «Si guardareis mis mandamientos, permaneceréis en mi amor; así como yo he guardado los mandamientos de mi Padre, y permanezco en su amor .... Vosotros sois mis amigos, si hacéis lo que yo os mando» (Jn. 15:10, 14).

Pensamiento 1. Cristo está reclamando ser él mismo el futuro Juez del mundo (Jn. 5:22, 27). Note esto, la persona que profesa, lo invoca, pero es rechazada por Él.

Pensamiento 2. ¿Qué queremos decir cuando llamamos a Jesús: «Señor»? ¿Queremos decir ...

- que fue un gran maestro?
- que fue un ejemplo vivo de lo que deben ser todos los hombres buenos?
- que fue un gran mártir, que mostró a todos cómo abrazar un gran propósito?
- que fue un gran hombre sobre quien el Espíritu de Dios posó de manera especial? (*Véanse* notas—Mt. 7:17, 18.)

Pensamiento 3. En los momentos más profundos de nuestros pensamientos, sabemos que necesitamos ayuda para vivir, particularmente si queremos escapar a la muerte y vivir para siempre: necesitamos ayuda de Alguien sobre y más allá de nosotros mismos. ¿Por qué, entonces, tenemos tanta dificultad en confesar nuestra necesidad?

Dios merece la confesión y obediencia y el honor; el hombre no. Nosotros somos quienes tenemos una necesidad desesperante de la vida. La persona que confiesa y obedece y honra a Dios entrará eternamente al cielo.

2 (7:22) *Profesión falsa—auto justificación:* la defensa de la profesión falsa son las *obras*. Hay un universo de diferencia entre el hombre que reconoce que su justicia es la jusicia de Cristo, y aquel que afirma que sus obras agradan a Dios y lo hacen aceptable ante él.

El primero cree que Cristo murió por sus pecados y resucitó para darle vida; confía que Dios lo *dará por perdonado y justo* «en la muerte de Cristo» y *vivo* «en la resurrección de Cristo» (*véanse* Estudios a fondo 1, 2—Ro. 4:22; nota—5:1; cp. 4:1-3, 4-5, 1-25). Por cierto, este hombre trabaja, pero trabajo porque Cristo lo ama. Cristo ha hecho tanto por él, imputándole justicia y vida que ahora entrega su vida para servir a Cristo.

El segundo también trabaja, pero trabaja para llegar a ser aceptable a Dios. Cree que sus obras agradan a Dios; por eso cree que Dios lo acepta por las buenas obras que hace y por vivir rectamente. Este hombre tiene una religión *formal*, y basa su propio destino en las buenas obras que hace. Su confianza está puesta en la propia bondad y habilidad. Cristo no es honrado con ello; quien es honrado es el hombre (*véanse* notas—Mt. 7:21-23).

Note las tres grandes defensas que presentará la falsa profesión el día del juicio.

  1. La gran defensa referida al Señor mismo: «Señor, Señor». El problema está en lo que una persona realmente quiere significar con «Señor» (*véase* nota, *Pensamiento 2*—Mt. 7:21).

Cristo dijo a sus propios discípulos: «Vosotros me llamáis Maestro, y Señor; y decís bien, porque lo soy» (Jn. 13:13). Él *es* Señor (Fil. 2:5-11; cp. 2 Co. 5:21; He. 1:1-3; 1 P. 2:24; 3:18).

  «Acerca de su Hijo, nuestro Señor Jesucristo, que era del linaje de David según la carne, que fue declarado Hijo de Dios con poder, según el Espíritu de santidad, por la resurrección de entrelos muertos» (Ro. 1:3-4).

  «Fiel es Dios, por el cual fuisteis llamados a la comunión con su Hijo Jesucristo nuestro Señor» (1Co. 1:9).

  «Para nosotros, sin embargo, sólo hay un Dios, el Padre, del cual proceden todas las cosas, ynosotros somos para él; y un Señor, Jesucristo, por medio del cual son todas las cosas, y nosotros por medio de él» (1 Co. 8:6).

  «[El poder de Dios que] operó en Cristo, resucitándole de los muertos y sentándole a su diestra en los lugares celestiales» (Ef. 1:20).

  «Sino que [Cristo Jesús] se despojó a sí mismo, tomando forma de siervo, hecho semejante a los hombres; y estando en la condición de hombre, se humilló a sí mismo, haciéndose obediente hasta la muerte, y muerte de cruz.

Por lo cual Dios también le exaltó a los sumo, y le dio un nombre que es sobre todo nombre, para que en el nombre de Jesús se doble toda rodilla de los que están en los cielos, y en la tierra, y debajo de la tierra» (Fil. 2:7-10).

2. La gran defensa de su profesión: «¿Acaso no hicimos ... en tu nombre muchos milagros?» Las obras son maravillosas, una tremenda ayuda para la humanidad. Pero hay dos equivocaciones referidas a la profesión de sus vidas: Se apoyan en sus obras y abrazan solamente una mitad del evangelio (*véanse* notas—Mt. 7:17, 18, 21).

«Muchos me dirán en aquel día: Señor, Señor, ¿no profetizamos en tu nombre, y en tu nombre echamos fuera demonios, y en tu nombre hicimos muchos milagros? Y entonces les declararé: Nunca os conocí; apartaos de mí, hacedores de maldad» (Mt. 7:22-23).

«Ya que por las obras de la ley ningún ser humano será justificado delante de él; porque por medio de la ley es el conocimiento del pecado» (Ro. 3:20).

«Sabiendo que el hombre no es justificado por las obras de la ley, sino por la fe en Jesucristo, nosotros también hemos creído en Jesucristo, para ser justificados por la fe de Cristo y no por las obras de la ley, por cuanto por las obras de la ley nadie será justificado» (Gá. 2:16).

«Porque por gracia sois salvos por medio de la fe; y esto no de vosotros, pues es don de Dios; no por obras, para que nadie se gloríe» (Ef. 2:8-9).

«Pero cuando se manifestó la bondad de Dios nuestro Salvador, y su amor para con los hombres, nos salvó, no por obras de justicia que nosotros hubiéramos hecho, sino por su misericordia, por el lavamiento de la regeneración y por la renovación en el Espíritu Santo» (Tit. 3:4-5).

3. La gran defensa de la confianza: «Señor, Señor, ¿acaso no hicimos estas obras en tu nombre?» «Señor, tú sabes ... Tú sabes». Pero se engañan. La confianza en uno mismo no es el camino de Dios. El camino de Dios es la confianza en Cristo y su justicia (*véanse* notas—Mt.7:17, 18; cp. nota—Mt. 7:21).

«Porque ignorando la justicia de Dios, y procurando establecer la suya propia, no se han sujetado a la justicia de Dios» (Ro. 10:3).

«¿Quién hará limpio a lo inmundo? Nadie» (Job 14:4).

«Yo soy limpio y sin defecto; soy inocente y no hay maldad en mí» (Job 33:9).

«Muchos hombres proclaman cada uno su propia bondad, pero hombre de verdad, ¿quién lo hallará?» (Pr. 20:6).

«¿Quién podrá decir: Yo he limpiado mi corazón, limpio estoy de mi pecado?» (Pr. 20:9).

«Todo camino del hombre es recto en su propia opinión; pero Jehová pesa los corazones» (Pr. 21:2).

«Hay generación limpia en su propio corazón, si bien no se ha limpiado de su inmundicia» (Pr. 30:12).

Pensamiento 1. Las tres defensas son defensas fuertes.
1) Defensa 1: Haber profetizado en el nombre de Cristo puede significar haber proclamado, predicado enseñado, predicho, dado testimonio. Haber echado fuera malos espíritus puede significar haber exorcisado demonios, o haber convertido a los hombres del mal y del malo.
2) Defensa 2: Haber hecho grandes obras puede significar muchas de las cosas mencionadas en la lista de Mateo 7:21.
3) Defensa 3: Haber hecho todo «en el nombre del Señor» puede significar que ellos profesaron haber vivido y haber hecho todas sus obras para Él. Están argumentando que dieron honor al nombre de «cristianos»; por eso tuvieron una buena reputación entre los hombres. Estuvieron dedicados a la iglesia y al servicio de la humanidad y a la sociedad. Tal vez incluso fueron líderes en su iglesia y en su sociedad.

Pensamiento 2. Muchas personas creen que irán al cielo por lo que han hecho. Creen que Dos los aceptará ...

- porque han predicado y enseñado, y porque vieron a personas convertidas del mal (malos espíritus) al bien (buenos espíritus).
- porque hicieron muchas obras maravillosas.
- porque lo hicieron todo «en el nombre del Señor».

Entre los hombres tienen excelente renombre y reputación. Han sido fieles y dieron a la iglesia y sus causas. Algunos incluso fueron líderes en su iglesia y en los asuntos de la comunidad.

¿En qué fallaron? La sociedad pregunta ¿en que se equivocaron?

«Y este es su mandamiento: Que creamos en el nombre de su Hijo Jesucristo, y nos amemos unos a otros como nos lo ha mandado» (1 Jn. 3:23).

La voluntad de Dios es una espada de dos filos. No se trata solo de *amar unos a otros*, es decir, predicar, enseñar y hacer muchas obras maravillosas. En primer lugar es «que creáis en el nombre de su Hijo Jesucristo». Creer no es solamente creer en las maravillosas obras que hizo, sino creer en *quien él es y en todo lo que hizo* incluyendo la cruz y la resurrección (*véanse* notas—Mt. 7:21; Jn. 1:34; Estudio a fondo 1—3:31; nota—3:32-34; Estudio a fondo 3—3:34; cp. notas—Mt.7:17; 7:18).

3 (7:23) *Profesión falsa:* por dos motivos se rechaza la falsa profesión.

1. Cristo *nunca conoció* a quienes hicieron profesión falsa, al menos no personalmente. Los que hacen falsa profesión no conocen personalmente a Cristo; no reconocen su redención y la propia necesidad de esa redención. Nunca se acercan a Él buscando salvación personal. Por eso Cristo nunca tiene la oportunidad de conocerlos. El día del juicio se verá trágicamente obligado a pronunciar la verdad: «Nunca os conocí» (Mt. 10:32; Jn. 3:18 cp. 3:16-18).

«Y entonces les declararé: Nunca os conocí; apartaos de mí, hacedores de maldad» (Mt. 7:23).

«Mas él, respondiendo, dijo: De cierto os digo, que no os conozco» (Mt. 25:12).

«Mas el que me negare delante de hombres, será negado delante de los ángeles de Dios» (Lc. 12:9).

«Pero os dirá: Os digo que no sé de dónde sois; apartaos de mí todos vosotros, hacedores de maldad» (Lc. 13:27).

2. El que hizo falsa profesión solo obró maldad. La palabra iniquidad (*anomia*) significa sin ley, malicia. Es negligencia u oposición a la ley de Dios; es sustituir con la voluntad del ego la voluntad de Dios (1 Jn. 3:4). Es mirar al ego, o al mundo en vez de mirar a Dios. Es seguir el curso del ego y de los deseos del ego en vez de seguir el curso de Dios. (Para la discusión *véase* Estudio a fondo 1—Mt. 7:23.)

Pensamiento 1. El juicio será público; será ante los muchos que dicen: «Señor, Señor».

Pensamiento 2. Los *muchos* tendrán que partir de la presencia de Dios; tendrán que alejarse y separarse de Él dejando el lugar donde Él está. No importa lo que muchos piensen (en su mundo pequeño y su breve vida), Cristo dijo que el día viene cuando Él le diga a *muchos*: «Apartaos de mí».

Pensamiento 3. ¿Por qué *muchos* serán apartados de Cristo? Cristo dijo que por «obrar maldad» ¿Cómo es posible que personas que hacen el *bien* ante los ojos de los hombres sean llamadas «hacedores de maldad»? Es muy simple, «no solo de pan [del pan físico] vivirá el hombre». Es cierto, el hombre necesita lo físico, pero no solamente. Acentuar solamente lo físico, mental, y moral del hombre, aun usando términos religiosos, es errar el evangelio (*véanse* notas—Mt. 7:17, 18).

Pensamiento 4. Hay un mensaje en la palabra «apartaos», un mensaje que puede salvarnos: «Apártese de iniquidad todo aquel que invoca el nombre de Cristo» (2 Ti. 2:19).

ESTUDIO A FONDO 1

(7:23) *Apartaos* (*apochoreo*): apartarse de; ser separado de; dejar un lugar; alejarse. La idea es la enorme distancia, o el gran abismo que hay entre quien profesa solamente y la presencia del Señor.

«Mas los hijos del reino serán echados a las tinieblas de afuera; allí será el llorar y el crujir de dientes» (Mt. 8:12).

«Entonces el rey dijo a los que servían: Atadle de pies y manos, y echadle en las tinieblas de afuera; allí será el lloro y el crujir de dientes» (Mt. 22:13).

«Y los castigará duramente, y pondrá su parte con los hipócritas; allí será el lloro y el crujir de dientes» (Mt. 24:51).

«Y al siervo inútil echadle en las tinieblas de afuera; allí será el lloro y el crujir de dientes» (Mt. 25:30).

«El que en mí no permanece, será echado fuera como pámpano, y se secará; y los recogen, y los echan en el fuego y arden» (Jn. 15:6).

	X. El constructor sabio y el necio, 7:24-27 (Lc. 6:47-49)	porque estaba fundada sobre la roca.	fundamento
1 Un constructor sabio oye las instrucciones y las obedece a. Construye una casa b. Construye sobre la roca c. Enfrenta una tempestad d. Construyó sabiamente; la diferencia es el	24 Cualquiera, pues, que me oye estas palabras, y las hace, le compararé a un hombre prudente, que edificó su casa sobre la roca. 25 Descendió lluvia, y vinieron ríos, y soplaron vientos, y golpearon contra aquella casa; y no cayó,	26 Pero cualquiera que me oye estas palabras y no las hace, le compararé a un hombre insensato, que edificó su casa sobre la arena; 27 y descendió lluvia, y vinieron ríos, y soplaron vientos, y dieron con ímpetu contra aquella casa; y cayó, y fue grande su ruina.	**2 Un constructor insensato oye las instrucciones pero no las obedece** a. Construye una casa b. Construye sobre la arena c. Enfrenta una tempestad d. Construyó insensatamente; sufre gran destrucción—la diferencia es el fundamento

X. El constructor sabio y el necio, 7:24-27

(7:24-27) *Introducción—Jesucristo, profesión—carpintero—fundamento:* Jesucristo fue carpintero de oficio. Sabía de casas; conocía el oficio de la construcción.

Hay que notar aquí varios asuntos importantes sobre el tema de construir una casa.

1. Escuchar instrucciones. Esto es crucial, porque la persona tiene que prestar atención a las instrucciones para saber *cómo* construir la casa.
   a. La persona tiene que oír y seguir (obedecer) las instrucciones.
   b. La persona tiene que oír y construir en base a lo que oye, aprendiendo siempre acerca de los mejores materiales y métodos de construcción. Los constructores siempre tienen que estar «atesorando para sí buen fundamento para lo por venir ... » (1 Ti. 6:19).
2. Seleccionar el fundamento. Esto también es crucial, porque seleccionar el lugar y material determina el futuro de la casa.
   a. La persona tiene que construir sobre un fundamento sólido. Solamente existe un fundamento sobre el cual construir: la roca (1 Co. 3:11).
   b. La persona tiene que estar segura de su llamado a escoger y construir (2 P. 1:10).
   c. La persona tiene que saber que construir sobre la roca requiere tiempo y habilidad.
3. Contar el precio. Esto también es crucial; Cristo lo expresa en otro pasaje. Comenzar y no terminar la casa atrae la burla y vergüenza (Lc. 14:28-30).

En este cuadro de la construcción de una casa se ven claramente varias aplicaciones introductorias.

1. Toda persona tiene una casa —es decir una vida— que construir. La forma de construir su vida determina su destino, no solo para esta vida, sino para la eternidad. La diferencia está en cómo construye su vida. Es la diferencia entre ...
   - éxito y fracaso
   - vida y muerte
   - recompensa y pérdida
   - aceptación y rechazo
   - estar de pie y caer
2. Solamente existe un fundamento para cada vida: Jesucristo (1 Co. 3:11). Él es la roca sobre la que los individuos y las iglesias deben construir (Mt. 16:18).
3. Cada uno construye, o bien sobre este mundo o bien sobre Cristo (el cielo mismo). Jesús enseña que hay dos clases de constructores.
   a. Un constructor sabio: el que oye las instrucciones y las obedecen (vv. 24-25).
   b. Un constructor insensato: el que oye las instrucciones pero no las obedece (vv. 26-27).

(7:24-27) *Otro bosquejo:* el constructor sabio y el insensato.

1. Ambos construyen una casa. (Cp. 1 Co. 3:11-13.)
2. Ambos escogen un fundamento; existe una diferencia suprema: el fundamento. (Cp. 1 P. 2:6-10.)
3. Ambos experimentan lluvias, inundación, vientos que golpean la casa.
4. Ambos oyeron las instrucciones.
   a. Uno oyó y obedeció; éste experimentó gran liberación.
   b. Uno oyó, pero no obedeció; experimentó una gran ruina.

1 (7:24-25) *Vida, fundamento:* el constructor sabio es el que oye las instrucciones y las obedece.

1. El constructor sabio construye una casa.
   a. Cada persona tiene que edificar una casa, la casa de su vida. Una vez en el mundo no podemos escapar del hecho de estar construyendo nuestras vidas. Cómo construimos nuestras vidas determina nuestro destino eterno.
   b. El propio Hijo de Dios instruye al hombre cómo construir. La persona oye y sigue (obedece) las instrucciones u oye y rechaza (desobedece) las instrucciones y construye a su propia manera.
   c. Como dice Cristo, sus *dichos*, instrucciones y palabras, son los materiales que determinan la estructura y el destino de nuestras vidas. Nuestras vidas y nuestros destinos dependen de cómo respondemos a los *dichos* de Cristo.

Pensamiento 1. Cristo pone a cada persona en una de dos clases. Está la clase de hombres llamados «prudentes» y la clase de hombres llamados «insensatos». Cómo construimos nuestras vidas determina en qué clase somos colocados.

Pensamiento 2. Note esto: ambos constructores *oyen* y reciben las instrucciones. Cristo habla de personas que ...
- están en la iglesia.
- tienen amigos cristianos.
- tienen padres cristianos.
- tienen alguna fuente de influencia cristiana.

2. El constructor sabio construyó sobre la roca.
   a. Cristo es la única roca, el único fundamento sobre el cual podemos construir y estructurar nuestas vidas.
      «Porque nadie puede poner otro fundamento que el que está puesto, el cual es Jesucristo» (1 Co. 3:11).
      «Edificados sobre el fundamento de los apóstoles y profetas, siendo la principal piedra del ángulo Jesucristo mismo» (Ef. 2:20).
      «Acercándose a él, *piedra viva*, desechada ciertamente por los hombres, mas para Dios escogida y preciosa, vosotros también, como piedras vivas, sed edificados como casa espiritual y sacerdocio santo, para ofrecer sacrificios

espirituales aceptables a Dios por medio de Jesucristo» (1 P. 2:4-5).

b. El Señor no es una roca inerte, sino «piedra viva» (1 P. 2:4). Cuando venimos a él como a una «piedra viva» somos edificados como «casa espiritual» (1 P. 2:2-5).

1) Debemos tener sed de su palabra: debemos «desear ... la leche espiritual no adulterada» de su Palabra (1 P. 2:2).

2) Debemos crecer (ser edificados) mediante su Palabra (1 P. 2:2).

3) Debemos gustar de la gracia de Señor por medio de su Palabra (1 P. 2:3).

4) Nos acercamos al Señor como a piedra viva por medio de su Palabra (1 P. 2:4).

5) Somos edificados como casa espiritual por medio de su Palabra (1 P. 2:5).

Nuestras vidas y destinos están determinados por lo que hacemos con la Palabra, los *«dichos»* del Señor Jesús.

«Desead, como niños recién nacidos, la leche espiritual no adulterada, para que por ella crezcáis para salvación, si es que habéis gustado la benignidad del Señor. Acercándose a él, piedra viva, desechada ciertamente por los hombres, mas para Dios escogida y preciosa, vosotros también, como piedras vivas, sed edificados como casa espiritual y sacerdocio santo, para ofrecer sacrificios espirituales aceptables a Dios por medio de Jesucristo» (1 P. 2:2-5).

Pensamiento 1. Construir sobre la roca lleva tiempo y entrega y energía. Tenemos que negarnos a nosotros mismos, renunciar al sueño, y dedicarnos al trabajo con toda diligencia.

Pensamiento 2. El hombre que edifica sobre la roca es sabio; prudente, sensible (Pr. 16:21). Sabe varias cosas.

1) Su propia procedencia (sus instrucciones).

2) Por qué está aquí (para edificar una casa excelente).

3) Adónde se dirige (la clase de casa o vida que debe construir).Con fe y esperanza ve el producto terminado.

3. El constructor sabio afrenta tormentas. Siempre hubo y habrá tormentas en la vida. El hombre sabio no está exento de tormentas por el hecho de construir una casa excelente. De hecho, el principal motivo para construir una casa sólida es asegurarse que podrá resistir todas las tempestades. La lluvia cae «sobre justos y pecadores» (Mt. 5:45).

«Para que seáis hijos de vuestro Padre que está en los cielos, que hace salir su sol sobre malos y buenos, y que hace llover sobre justos e injustos» (Mt. 5:45).

«¡Ay del mundo por los tropiezos! porque es necesario que vengan tropiezos, pero ¡ay de aquel hombre por quien viene el tropiezo!» (Mt. 18:7).

Pensamiento. Vienen toda clase de lluvias y tormentas. Hay tormentas de ...

- enfermedad
- pena
- tristeza
- muerte
- tensión nerviosa
- rechazo
- emociones
- duda soledad
- disminuciones
- pecado
- quejas
- hospital

- sufrimiento
- maltrato
- desilusión
- presión
- enfermedad
- negligencia
- accidentes
- tensión
- chisme
- pobreza
- internación en tentaciones

- fracaso
- desentendimiento

- pérdidas
- abuso

4. El constructor sabio construyó con sabiduría; la diferencia es el fundamento. Una sola cosa determina si un hombres es *realmente sabio*: el tipo de fundamento que pone en esta vida.

«Atesorando para sí buen fundamento para lo por venir, que echen mano de la vida eterna» (1 Ti. 6:19).

«Pero el fundamento de Dios está firme, teniendo este sello: Conoce el Señor a los que son suyos y: Apártese de iniquidad todo aquél que invoca el nombre de Cristo» (2 Ti. 2:19).

«Tú eres mi refugio; me guardarás de la angustia; con cánticos de liberación me rodearás» (Sal. 32:7).

Pensamiento 1. Si una persona construye su vida sobre Cristo, nunca cae, no importa cuán severa sea la tormenta. Esta razón se ve claramente en las promesas de Dios.

1) Dios nos acepta en Cristo (el amado, Ef. 1:6); nos adopta como hijos suyos.

«Pero cuando vino el cumplimiento del tiempo, Dios envió a su Hijo, nacido de mujer y nacido bajo la ley, para que redimiese a los que estaban bajo la ley, a fin de que recibiésemos la adopción de hijos. Y por cuanto sois hijos, Dios envió a vuestros corazones el Espíritu de su Hijo, el cual clama: ¡Abba,Padre!» (Gá.4:4-6).

«Para alabanza de la gloria de su gracia, con la cual nos hizo aceptos en el Amado, en quien tenemos redención por su sangre, el perdón de pecados según las riquezas de su gracia» (Ef. 1:6-7).

2) Dios promete suplir las necesidades de la vida.

«No os afanéis, pues, diciendo: ¿Qué comeremos, o qué beberemos, o qué vestiremos? Porque los gentiles buscan todas estas cosas; pero vuestro Padre celestial sabe que tenéis necesidad de todas estas cosas. Mas buscad primeramente el reino de Dios y su justicia, y todas estas cosas os serán añadidas» (Mt. 6:31-33; cp. Mt. 6:25-34).

3) Dios promete obrar en todas las cosas (en todas las tormentas) para bien en aquellos que construyen sabiamente.

«Y sabemos que a los que aman a Dios, todas las cosas les ayudan a bien, esto es, a los que conforme a su propósito son llamados» (Ro. 8:28).

4) Dios bendice a quienes «oyen la Palabra de Dios y la guardan» (Lc. 11:28).

5) Cristo promete gozo a quienes escuchan y reciben las cosas que él dijo.

«Estas cosas os he hablado, para que mi gozo esté en vosotros, y vuestro gozo sea cumplido» (Jn. 15:11; cp. Jn. 13:17).

6) El Señor promete liberar al creyente y llevarlo a su reino celestial cuando pase de este mundo al otro.

«Y el Señor me librará de toda obra mala, y me preservará para su reino celestial. A él sea la gloria por los siglos de los siglos» (2 Ti. 4:18).

«Mas los sabios heredarán honra» (Pr. 3:35; cp. Pr. 15:24).

Pensamiento 2. El de «corazón sabio» recibirá más y más instrucciones del Señor. Su vida será dirigida día tras día a través de todas las tormentas de la vida, aun a través de la eternidad (Pr. 10:8; Jn.1 6:13-15; He. 13:5).

2 (7:26-27) *Vida—fundamento:* el constructor insensato es alguien que oye las instrucciones pero no las obedece.

1. El constructor insensato edifica una casa, pero, note algo de crucial *importancia e interés.*

a. Oye las instrucciones del Maestro Mayor de Obras. Esto significa que está en la iglesia y de alguna parte recibe influencia cristiana. Recibe la semilla, la Palabra, por medio de la iglesia, los padres, radio, libros, amigos, grabaciones, o la televisión (Mt. 13:4).

b. Está en una posición por demás peligrosa. Sabe cómo construir, pero escoge no construir según las instrucciones. ¡Qué necio es no seguir las instrucciones cuando se construye una casa!

«El que confía en sus riquezas caerá; mas los justos reverdecerán como ramas» (Pr. 11:28).

«El que confía en su propio corazón es necio; mas el que camina en sabiduría será librado» (Pr. 28:26).

«Porque te confiaste en tu maldad, diciendo: Nadie me ve. Tu sabiduría y tu misma ciencia te engañaron, y dijiste en tu corazón: Yo, y nadie más» (Is. 47:10).

«Así ha dicho Jehová: Maldito el varón que confía en el hombre, y pone carne por su brazo, y su corazón se aparta de Jehová» (Jer. 17:5).

«Di a los recubridores con lodo suelto, que caerá; vendrá lluvia torrencial, y enviaré piedras de granizo que la hagan caer, y viento tempestuoso la romperá» (Ez. 13:11).

«Y vendrán a ti como viene el pueblo, y estarán delante de ti como pueblo mío, y oirán tus palabras, y no las pondrán por obra; antes hacen halagos con sus bocas, y el corazón de ellos anda en pos de su avaricia» (Ez. 33:31).

Pensamiento 1. No hay un terreno intermedio. Una vez que oímos, o bien construimos sabiamente (obedeciendo) o construimos insensatamente (desobedeciendo).

Pensamiento 2. Están los que oyen una y otra vez, se levantan y salen, y todavía no siguen las instrucciones de Maestro Mayor de Obras.

Pensamiento 3. El consejo es claro: «Escucha el consejo, y recibe la corrección, para que seas sabio en tu vejez» (Pr. 19:20).

2. El constructor insensato construye sobre la arena. Este es el colmo de la necedad, tal como lo ilustra Cristo. Imagínese a un hombre construyendo una casa. Sabe construir; sabe que debería construir sobre la roca. Pero sale y la construye sobre arena. La arena representa todo aquello que no es Cristo (1 Co. 3:11; cp. 1 Jn. 2:15-16; 2 Co. 6:17-18).

- Existe la arena del mundo, las posesiones materiales y la riqueza del mundo.
- Existe la arena de la carne, los placeres que la estimulan y satisfacen.
- Existe la arena de la fama y reconocimiento y el orgullo de ello.

Cualquier persona que piensa sabe que la arena no resiste tormentas fuertes, ni en esta vida ni en la venidera. Por eso, cualquier vida construida sobre la arena está destinada al colapso.

«¿Cómo escaparemos nosotros, si descuidamos una salvación tan grande? La cual, habiendo sido anunciada primeramente por el Señor, nos fue confirmada por los que oyeron» (He. 2:3).

«La justicia del perfecto enderezará su camino; mas el impío por su impiedad *caerá*» (Pr. 11:5).

«¿Se han avergonzado de haber hecho abominación? Ciertamente no se han avergonzado, ni aun saben tener vergüenza; por tanto, caerán entre los que caigan; cuando los castigue caerán, dice Jehová» (Jer. 6:15).

«La obra de cada uno se hará manifiesta; porque el día la declarará, pues por el fuego será revelada; y la obra de cada uno cuál sea, el fuego la probará. Si permaneciere la obra de alguno que sobreedificó, recibirá recompensa. Si la obra de alguno se quemare, él sufrirá pérdida, si bien él mismo será salvo, aunque así como por fuego» (1 Co. 3:13-15).

«Porque vosotros sabéis perfectamente que el día del Señor vendrá así como ladrón en la noche; que cuando digan: Paz y seguridad, entonces vendrá sobre ellos destrucción repentina, como los dolores a la mujer en cinta, y no escaparán» (1 Ts. 5:2-3; cp. 2 P. 3:4, 9-13).

«Allí cayeron los hacedores de maldad; fueron derribados y no podrán levantarse» (Sal. 36:12).

«Por tanto, su calamidad vendrá de repente; súbitamente será quebrantado, y no habrá remedio» (Pr. 6:15).

Pensamiento 1. ¡Qué tragedia! Este hombre oyó lo que los profetas y hombres justos de la antigüedad desearon oír (Mt. 13:17; 1 P. 1:10). ¡Qué privilegio tuvo; y cómo abusó del privilegio! Semana tras semana, año tras año, escuchó, y sin embargo, nunca siguió las instrucciones de cómo construir su vida.

«Porque de cierto os digo, que muchos profetas y justos desearon ver lo que veis, y no lo vieron; y oír lo que oís, y no lo oyeron» (Mt. 13:17).

«Los profetas que profetizaron de la gracia destinada a vosotros, inquirieron y diligentemente indagaron acerca de esta salvación, escudriñando qué persona y qué tiempo indicaba el Espíritu de Cristo que estaba en ellos, el cual anunciaba de antemano los sufrimientos de Cristo, y las glorias que vendrían tras ello» (1 P. 1:10-11).

Pensamiento 2. El constructor insensato es como el hombre que recibe la semilla «junto al camino». Está en la iglesia, bajo alguna adecuada instrucción (cristiana) en cuanto a cómo construir su vida. Pero está *al costado*. Deliberadamente se ubica allí. Y se niega a recibir instrucción (la Palabra). Se niega a ser impulsado, o advertido, ignorando y descuidando las instrucciones y cuidados. (*Véanse* bosquejo y notas—Mt. 13:1-9.)

Pensamiento 3. Incluso la religión puede ser arena que se hunde (*véanse* bosquejo y notas—Mt. 7:15-20, 21-23).

«No todo el que me dice: Señor, Señor, entrará en el reino de los cielos, sino el que hace la voluntad de mi Padre que está en los cielos. Muchos me dirán en aquel día: Señor, Señor, ¿no profetizamos en tu nombre, y en tu nombre echamos fuera demonios, y en tu nombre hicimos muchos milagros? Y entonces les declararé: Nunca os conocí; apartaos de mí, hacedores de maldad» (Mt. 7:21-23).

«Porque ignorando la justicia de Dios, y procurando establecer la suya propia, no se han sujetado a la justicia de Dios; porque el fin de la ley es Cristo, para justicia a todo aquel que cree» (Ro. 10:3-4).

Pensamiento 4. Muchos oyen, pero pocos están dispuestos obedecer. Hay muchos constructores insensatos, y apenas uno pocos sabios.

«Entrad por la puerta estrecha; porque ancha es la puerta, y espacioso el camino que lleva a la perdición, y muchos son los que entran por ella; porque estrecha es la puerta, y angosto el camino que lleva a la vida, y pocos son los que la hallan» (Mt. 7:13-14).

«Muchos me dirán en aquel día: Señor, Señor, ¿no profetizamos en tu nombre, y en tu nombre echamos fuera demonios, y en tu nombre hicimos muchos milagros?» (Mt. 7:22).

Pensamiento 5. No deberíamos recibir en vano las instrucciones (la gracia de Dios) (2 Co. 6:1). Sin embargo, ¿cuántos se sientan a recibir instrucciones una y otra vez pero nunca conducen sus vidas conforme al plano?

Pensamiento 6. Muchas personas profesan lealtad y respeto (incluso amor) hacia el Perito Constructor, pero sencillamente siguen construyendo a su manera, como ellas quieren.

> «Y vendrán a ti como viene el pueblo, y estarán delante de ti como pueblo mío, y oirán tus palabras, y no las pondrán por obra; antes hacen halagos con sus bocas, y el corazón de ellos anda en pos de su avaricia. Y he aquí que tú eres a ellos como cantor de amores, hermoso de voz y que canta bien; y oirán tus palabras, pero no las pondrán por obra» (Ez. 33:31-32).

Pensamiento 7. Alguien que solamente es oyente se engaña a sí mismo. El bienaventurado es el hacedor. Él va a resistir las tempestades de la vida y del juicio.

> «Pero sed hacedores de la Palabra, y no tan solamente oidores, engañándoos a vosotros mismos. Porque si alguno es oidor de la palabra pero no hacedor de ella, éste es semejante al hombre que considera en un espejo su rostro natural. Porque él se considera así mismo y se va, y luego olvida cómo era. Mas el que mira atentamente en la perfecta ley, la de la libertad, y persevera en ella, no siendo oidor olvidadizo, sino hacedor de la obra, éste será bienaventurado en lo que hace» (Stg. 1:22-25).

3. El constructor insensato enfrenta una tempestad. El hecho es claro y descriptivo, fácilmente ilustrado.

 a. «Descendió la lluvia». Sobre los hombres caen gotas de lluvia o de pruebas. Nadie las detiene. A veces la lluvia o las pruebas caen lentamente y en gotas pequeñas; a veces caen rápidamente y en grandes gotas. La casa construida sobre la arena es socavada tanto por la lluvia como por las pruebas de la vida.

 b. «Vinieron los ríos». Vienen torrentes de pruebas contra nosotros. No pueden ser detenidas. La casa construida sobre la arena no puede permanecer. Los ríos de pruebas se llevan la arena.

 c. «Soplaron los vientos». Los vientos de pruebas soplan contra nosotros y nadie puede detenerlos. Su fuerza va desde pequeña a grande, y no importa cuánto se los deteste o tema, ellos vienen con toda la fuerza de su naturaleza. Nuevamente, la casa construida sobre la arena es despojada de sus fundamentos por los vientos de pruebas.

Pensamiento 1. Todo hombre se enfrenta con las tempestades de la vida. No esperan a nadie, atacan, esté uno o no preparado.

Pensamiento 2. Una terrible tempestad viene con la muerte y con el gran día del juicio; una tempestad que nadie puede resistir a menos que sea sostenido por Cristo (Jl. 2:31; Mt. 24:51; 25:30, 46).

4. El constructor insensato construyó neciamente —hubo una gran destrucción— la diferencia estuvo en los fundamentos. La casa cayó. Si no seguimos los dichos del Señor, sus instrucciones, vamos a ver la caída y el colapso de nuestra casa. Las pruebas de esta vida y la gran prueba que vendrá golpearán nuestra casa y la condenarán a destrucción: «Y fue grande su ruina».

Pensamiento 1. La obra de todo hombre será manifiesta. Nuestro trabajo debe ser probado en esta vida mediante muchas pruebas, y en la otra vida por Cristo. Si nuestras vidas no están edificadas sobre Cristo será «grande su caída». Aquel día el hombre que construyó su casa sobre la arena tendrá que *enfrentar a* Cristo (1 Co. 3:13).

Pensamiento 2. El hombre que construye sobre la arena no tiene esperanza.

> «Porque ¿cuál es la esperanza del impío ... Cuando Dios le quitare la vida?» (Job 27:8).
> «La esperanza del impío perecerá ... Se apoyará él en su casa, mas no permanecerá ella en pie» (Job 8:13, 15).

Pensamiento 3. ¿En qué circunstancias es mayor nuestra necesidad de una casa sólida? ¿Acaso no es cuando comienzan a soplar los vientos y cuando vienen las tempestades? Pero nota: cuando la tormenta comienza, ya es demasiado tarde para construir la casa. ¡Qué tragedia; construir y luego experimentar el colapso de nuestras vidas al venir las tormentas!

Pensamiento 4. Las tormentas pueden venir en cualquier momento y lugar. Pueden venir hoy; por un accidente, alguna mala noticia, alguna tragedia: o que sea. Vendrá el día cuando sea demasiado tarde para construir.

	Y. La enseñanza de Jesús y su influencia, 7:28-29
1 La influencia: la gente se admiraba	28 Y cuando terminó Jesús estas palabras, la gente se admiraba de su doctrina;
2 El motivo: Jesús enseñaba con autoridadEF1	29 porque les enseñaba como quien tiene autoridad, y no como los escribas.

Y. La enseñanza de Jesús y su influencia, 7:28-29

(7:28-29) *Introducción:* jamás alguien enseñó como Jesús. En efecto, fue un maestro tan vigoroso que muchas personas que niegan la deidad de Jesús, todavía entregan su vida al ministerio de enseñanza del Señor. Pocos niegan la fuerza de su habilidad como maestro y la fuerza de su ética. Además de estos, están los que creen que Jesús realmente es el Hijo de Dios. Para estos no hay quien se compare a Jesús como persona o maestro.

1. La influencia: la gente se admiraba (v. 28).
2. El motivo: Jesús enseñaba con autoridad (v. 29).

1 (7:28) *Jesucristo, enseñanza:* la influencia de la enseñanza de Jesús queda vigorosamente expresado: «la gente se admiraba», es decir, estaban asombrados. Note varios hechos.

1. Jesús se sentía compelido a predicar y enseñar, sin importar quién fuere la audiencia. Se extendía a todo aquel que quisiera escuchar. Su compulsión es un ejemplo dinámico para todos los creyentes.

«Como el Hijo del Hombre no vino para ser servido, sino para servir, y para dar su vida en rescate por muchos» (Mt. 20:28).

«El Espíritu del Señor está sobre mí, por cuanto me ha ungido para dar buenas nuevas a los pobres; me ha enviado a sanar a los quebrantados de corazón; a pregonar libertad a los cautivos, y vista a los ciegos; a poner en libertad a los oprimidos; a predicar el año agradable del Señor» (Lc. 4:18-19).

«Pero él les dijo: es necesario que también a otras ciudades anuncie el evangelio del reino de Dios; porque para esto he sido enviado» (Lc. 4:43).

«Porque el Hijo del hombre vino a buscar y a salvar lo que se había perdido» (Lc. 19:10).

2. Las multitudes se admiraban. Pero note: los asombrados no eran los religiosos, los ricos, ni las clases gobernantes, sino la gente común. Con demasiada frecuencia los ricos y quienes están en posiciones importantes se siente amenazados por Cristo. Estos temen que el discipulado les pueda costar algo. Y así será, porque Jesucristo demanda *todo cuanto una persona es y tiene.*

«Y no temáis a los que matan el cuerpo, mas el alma no pueden matar; temed más bien a aquel que pude destruir el alma y el cuerpo en el infierno» (Mt. 10:28).

«Jesús le dijo: si quieres ser perfecto, anda, vende lo que tienes, y dalo a los pobres, y tendrás tesoro en el cielo; y ven y sígueme» (Mt. 19:21).

«Después de estas cosas salió, y vio a un publicano llamado Leví, sentado al banco de los tributos públicos, y le dijo: Sígueme. Y dejándolo todo, se levantó y le siguió» (Lc. 5:27-28).

«Si alguno quiere venir en pos de mí, niéguese a sí mismo, tome su cruz cada día, y sígame. Porque todo el que quiera salvar su vida, la perderá; y todo el que pierda su vida por causa de mí, éste la salvará» (Lc. 9:23-24).

«Si alguno viene a mí, y no aborrece a su padre, y madre, y mujer, e hijos, y hermanos, y hermanas, y aun también su propia vida, no puede ser mi discípulo. Y el que no lleva su cruz y viene en pos de mí, no puede ser mi discípulo» (Lc. 14:26-27).

«Así, pues, cualquiera de vosotros que no renuncia a todo lo que posee, no puede ser mi discípulo» (Lc. 14:33).

«Y él les dijo: De cierto os digo, que no hay nadie que haya dejado casa o padres, o hermanos, o mujer, o hijos, por el reino de Dios, que no haya de recibir mucho más en este tiempo, y en el siglo venidero la vida eterna» (Lc. 18:29-30).

«Y ciertamente, aun estimo todas las cosas como pérdida por la excelencia del conocimiento de Cristo Jesús, mi Señor, por amor del cual lo he perdido todo, y lo tengo por basura, para ganar a Cristo» (Fil. 3:8).

3. Todo lo que se dice de la gente es que estaba admirada. Hay una gran diferencia entre estar asombrado y hacer lo que Jesús dice, entre oír y hacer, entre profesión y discipulado.

Asombrar a la audiencia no era lo que procuraba Jesús. Ya había conquistado la amenaza de sus tentaciones(*véase* nota—Mt. 4:5-7). Procuraba las vidas de ellos, su entrega, un cambio de su conducta (Mt. 7:21-23; cp. 7:15-20). Asombrarse simplemente no es suficiente. Tenemos que seguir a Cristo. No hay nada malo con asombrarse ante la enseñanza de Cristo; la mayoría se asombra. Pero el tema y propósito de su enseñanza es obedecer la voluntad de Dios (Mt. 7:21).

«No todo el que me dice: Señor, Señor, entrará en el reino de los cielos, sino el que hace la voluntad de mi Padre que está en los cielos. Muchos me dirán en aquel día: Señor, Señor, ¿no profetizamos en tu nombre, y en tu nombre echamos fuera demonios, y en tu nombre hicimos muchos milagros. Y entonces les declararé: Nunca os conocí; apartaos de mí, hacedores de maldad» (Mt. 7:21-23).

«Cualquiera, pues, que me oye estas palabras, y las hace, le compararé a un hombre prudente, que edificó su casa sobre la roca. Descendió lluvia, y vinieron ríos, y soplaron vientos, y golpearon contra aquella casa; y no cayó, porque estaba fundada sobre la roca» (Mt. 7:24-25; cp. 7:26-27).

«El que quiera hacer la voluntad de Dios, conocerá si la doctrina es de Dios, o si yo hablo por mi propia cuenta» (Jn. 7:17).

«El que tiene mis mandamientos, y los guarda, ése es el que me ama; y el que me ama, será amado por mi Padre, y yo le amaré, y me manifestaré a él» (Jn. 14:21).

«Si guardareis mis mandamientos, permaneceréis en mi amor; así como yo he guardado los mandamientos de mi Padre, y permanezco en su amor. Estas cosas os he hablado, para que mi gozo esté en vosotros, y vuestro gozo sea cumplido. Este es mi mandamiento: Que os améis unos a otros, como yo os he amado. Nadie tiene mayor amor que este, que uno ponga su vida por sus amigos. Vosotros sois mis amigos, si hacéis lo que yo os mando» (Jn. 15:10-14).

2 (7:29) *Jesucristo—enseñanza:* el motivo por el que la gente se admiraba era que Jesús enseñaba con autoridad. Probablemente esto significa varias cosas.

1. Hablaba en un tono de autoridad.
2. Hablaba como el verdadero Mesías, una Persona con derecho para dictar leyes y dar mandamientos y esperar obediencia.
3. Hablaba en el poder del Espíritu Santo. Al hablar, el

Espíritu de Dios se movía en el corazón de quienes creían en Él como Mesías. Cuando Cristo enseña, siempre hay una atracción, una fuerza que atrae a la gente.

> **«Y yo si fuere levantado de la tierra, a todos atraeré a mí mismo»** (Jn. 12:32).

> **«Pero yo os digo la verdad: Os conviene que yo me vaya; porque si no me fuese, el Consolador no vendría a vosotros; mas si me fuere, os lo enviaré. Y cuando él venga, convencerá al mundo de pecado, de justicia y de juicio. De pecado, por cuanto no creen en mí; de justicia, por cuanto voy al Padre, y no me veréis más; y de juicio, por cuanto el príncipe de este mundo ha sido ya juzgado»** (Jn. 16:7-11).

A diferencia de Cristo, los escribas no enseñaban con autoridad. Ello era algo por demás inusual, porque en realidad estaban respaldados por más autoridad que cualquier grupo de maestros en la historia. No solamente tenían las Santas Escrituras, sino también la tradición oral y la influencia de su religión y la entrega personal a ella.

Tenían un doble problema.

a. Siempre se referían a otras autoridades; siempre se referían a la fuente de sus declaraciones. Esto causaba una pérdida en su audiencia.

b. Pocas veces elaboraban y ilustraban lo que decían. Ello hacía que sus mensajes o lecciones fuesen insípidos, aburridos, carentes de interés.

Pensamiento. El principal motivo por el que Jesús podía hablar con autoridad era que Él es el Hijo de Dios. Cuanto hacía lo hacía con la autoridad de Dios.

> **«Y Jesús se acercó y les habló diciendo: Toda potestad me es dada en el cielo y en la tierra»** (Mt. 28:18).

> **«Y todos se asombraron, de tal manera que discutían entre sí, diciendo: ¿Qué es esto? ¿Qué nueva doctrina es esta, que con autoridad manda aun a los espíritus inmundos, y le obedecen?»** (Mr. 1:27; cp. Jn. 5:19-30).

> **«Y también le dio autoridad de hacer juicio, por cuanto es el Hijo del Hombre»** (Jn. 5:27).

ESTUDIO A FONDO 1
(7:29) *Escribas: véase* nota—Lc. 6:2; 6:7.

	CAPÍTULO 8	2 Y he aquí vino un leproso y se postró ante él, diciendo: Señor, si quieres, puedes limpiarme.	**2 El leproso: el impuro**
	V. LA GRAN AUTORIDAD Y PODER DEL MESÍAS REVELADOS EN DICHOS Y HECHOS, 8:1—9:34	3 Jesús extendió la mano y le tocó, diciendo: Quiero; sé limpio. Y al instante su lepra desapareció.	a. Vino a Jesús b. Adoró a Jesús c. Pidió y confió en Jesús para su purificación
	A. Jesús sana a un leproso: purificando al más impuro,[EF 1, 2, 3] **8:1- 4** (Mr. 1:40-45; Lc. 5:12-16)	4 Entonces Jesús le dijo: Mira, no lo digas a nadie; sino vé, muéstrate al sacerdote, y presenta la ofrenda que ordenó Moisés, para testimonio a ellos.	**3 El señor Jesús** a. Tocó b. Dijo: «Quiero» c. Purificó
1 Multitudes seguían a Jesús	**C**uando descendió Jesús del monte, le seguía mucha gente.		**4 El hombre purificado** a. Debe cuidarse del orgullo, de la jactancia b. Debe obedecer la ley[EF 4]

V. LA GRAN AUTORIDAD Y PODER DEL MESÍAS REVELADOS EN DICHOS Y HECHOS, 8:1—9:34

A. Jesús sana a un leproso: purificando al más impuro, 8:1-4

(8:1-4) *Introducción—lepra—salvación—purificación espiritual:* este pasaje es un hermoso cuadro de la purificación espiritual. Muestra claramente el poder de Jesús para sanar y purificar a la persona más impura.

1. Trasfondo: multitudes seguían a Jesús (v. 1).
2. El leproso, el impuro (v. 2).
3. El señor Jesús (v. 3).
4. El hombre purificado (v. 4).

ESTUDIO A FONDO 1

(8:1-4) *Lepra:* William Barclay señala que la lepra era la enfermedad más terrible en días de Jesús, grandemente temida. Desfiguraba a la persona, y a veces era fatal. En la Biblia la lepra es un tipo del pecado (*Evangelio de Mateo*, Tomo 1, p. 300).

1. La persona leprosa era considerada *totalmente impura*—física y espiritualmente. No debía acercarse a más de seis pasos de cualquier persona, incluyendo a los miembros de la familia. «Y el leproso en quien hubiere llaga llevará vestidos rasgados y su cabeza descubierta, y embozado pregonará: ¡Inmundo! ¡inmundo!» (Lv. 13:45).

2. Se lo daba por *muerto*: el muerto viviente. Tenía que usar un manto negro para ser reconocido como alguien de entre los *muertos*.

3. Era expulsado como un paria, sometido a un ostracismo total por la sociedad: excluído terrenal y celestialmente. «Todo el tiempo que la llaga estuviere en él, será *inmundo*; estará *impuro, y habitará solo; fuera del campamento será su morada*» (Lv. 13:46). No podía vivir dentro de los muros de ninguna ciudad; su morada debía estar fuera de las puertas de la ciudad.

4. Se lo consideraba impuro, incurable por medios humanos, cualesquiera que fuesen. Solamente podía ser sanado por Dios, y solo por su poder. (Nota cómo Jesús demostró su naturaleza mesiánica y su deidad al sanar al leproso.)

Imagínese la angustia y el dolor del leproso, ser cortado totalmente de la familia, los amigos y la sociedad. Imagínese el dolor emocional y mental. Hay otros casos de leprosos sanados (cp. Mt. 10:8; 11:5; Mr. 1:40; Lc. 7:22; 17:12; y tal vez Mt. 26:6; Mr. 14:3).

ESTUDIO A FONDO 2

(8:1-4) *Jesucristo:* en Mateo este es el primer milagro de sanidad obrado por Jesús. Cristo dio prueba de dos cosas al sanar al leproso.

1. Jesús dio prueba de ser Dios, de poseer el poder de Dios. La gente sabía que nadie podía sanar a un leproso sino Dios (2 R. 5:7).

2. Jesús dio prueba de ser el Mesías, el Salvador del mundo. No solamente declaró sanado al leproso, como hacían los sacerdotes; sino que *purificó* al leproso. Quitó la lepra (pecado) del hombre; purificó total y completamente al hombre.

ESTUDIO A FONDO 3

(8:1-4) *Sanidad—sufrimiento:* este leproso fue sanado. Cuando se miran los milagros de sanidad con frecuencia uno se plantea la pregunta, ¿por qué no son sanados todos los creyentes fieles que están enfermos y que piden sanidad? Algunos andan con toda fidelidad delante de Dios y creen que Dios sana; y tienen tanta fe, y tal vez más, que otros que son sanados. ¿Entonces, por qué no son sanados todos?

La razón es Dios. Cuando Dios mira nuestras peticiones, considera al menos cuatro cosas. (*Véase* también nota—Ef. 1:3; *véanse* bosquejo y notas— 2 Co. 1:3-11. Cp. Fil. 1:29.)

1. La gloria de Dios. ¿Aportará la concesión del pedido mayor gloria al nombre de Dios?

2. Nuestro bien, y no solamente físico sino espiritual. ¿Qué virtud espiritual o cualidad en particular nos hace falta aprender? ¿Paciencia, saber controlarnos, dependencia?

   a. La condición espiritual en nuestro interior. ¿Nos fortalecerá espiritualmente la concesión de nuestro pedido? ¿De qué manera crecerá más nuestra fe y confianza en Dios?

   b. La condición espiritual alrededor de nosotros. ¿Cómo quiere usarnos Dios ahora? ¿Cómo un constante guerrero de oración? ¿Como un testimonio increíble del fortalecimiento espiritual más allá de la condición física? Considera algo más: ¿Qué necesita la gente con la que Dios quiere usarnos? ¿Cuál es la mejor manera para Dios de alcanzarlos? ¿Demostrando su fuerza en y a través de nuestra prueba? No importa lo que algunos puedan decir, muchas veces el poder de Dios se ve con más vigor cuando es manifestado en las enfermedades y debilidades.

«Respecto a lo cual tres veces he rogado al Señor, que lo quite de mí. Y me ha dicho: Bástate mi gracia; porque mi poder se perfecciona en la debilidad. Por tanto, de buena gana me gloriaré más bien n mis debilidades, para que repose sobre mí el poder de Cristo» (2 Co. 12:8-9).

3. La sabiduría de Dios. Él sabe quien necesita y qué; el momento cuando lo necesita; para quién lo necesita; dónde; cómo y el por qué de la necesidad.

4. La misericordia de Dios. Sobre todas las cosas Dios quiere que los hombres conozcan su misericordia. Dios hace todo lo necesario para demostrar su misericordia a los hombres. A veces, el atravesar pruebas de la vida, es más eficaz para revelar su misericordia; a veces la eliminación de las pruebas es mejor. Dios escoge el camino mejor, tanto para el que sufre como para quienes lo rodean.

1 (8:1) *Jesucristo, respuesta a:* las multitudes seguían a Jesús. Le seguían porque estaban asombradas por sus enseñanzas. (*Véanse* bosquejo y notas—Mt. 7:28-29.)

2 (8:2) *Buscando a Cristo:* Allí estaba el leproso, la más contaminada e impura de las personas. El leproso demuestra dramáticamente que nadie es demasiado impuro, contaminado, sucio o pecaminoso para venir a Jesucristo. Note tres puntos significativos.

1. El leproso vino a Jesús. Vino a pesar de lo que pensaba la gente. Vino ...

- a pesar de ser «totalmente impuro» (Ro. 3:23; cp. 3:10-18).
- a pesar de ser considerado muerto (Ef. 2:1; 4:18; 1 Jn. 5:12).
- a pesar de ser un paria y haber sido expulsado por la gente.
- a pesar de ser considerado como impuro e incurable por la gente.

2. El leproso adoró a Jesús. La palabra (*proskuneo*) significa reverencia; rendir respetos. La actitud de reverencia y adoración la demostró al postrarse. El leproso estaba desesperado; conocía su desesperada aflicción. Le estaba prohibido acercarse a más de seis pasos a cualquier persona. Sin embargo, se levantó y cayó postrado a los pies de Jesús, y lo adoró. Al levantarse y adorar a Jesús el leproso demostró *dos cosas significativas*.

- Su deseo y disposición de romper con el mundo y sus restricciones.
- Su reconocimiento de que Jesús era digno de adoración.

3. El leproso pidió y confió en Jesús para su purificación. El leproso no pidió meramente ser sanado; pidió ser purificado. Quería ser restaurado, es decir, ser sanado y *salvado completamente*. Quería todos los derechos y privilegios de un hombre sano. Quería ser totalmente restaurado entre los hombres (socialmente) y con Dios (religiosamente).

Las palabras «si quieres» muestran dos cosas.

a. Muestran una gran fe en Jesús. El leproso creía que Jesús tenía el poder de sanarlo; era solo cuestión de que Jesús decidiera purificarlo.

b. Muestran que el leproso apeló al corazón de Jesús, no a su poder. Creía y sabía que Jesús tenía el poder. Lo que le hacía falta al leproso era tocar el corazón de Jesús. Esencialmente, lo que el leproso pidió eran el amor y el poder de Dios.

«Como el Hijo del Hombre no vino para ser servido, sino para servir, y para dar su vida en rescate por muchos» (Mt. 20:28).

«En esto hemos conocido el amor, en que él puso su vida por nosotros; también nosotros debemos poner nuestras vidas por los hermanos» (1 Jn. 3:16).

«De cierto, de cierto os digo: el que oye mi palabra, y cree al que me envió, tiene vida eterna; y no vendrá a condenación, mas ha pasado de muerte a vida» (Jn. 5:24).

«Mas Dios muestra su amor para con nosotros, en que siendo aún pecadores, Cristo murió por nosotros» (Ro. 5:8).

«Porque no tenemos un sumo sacerdote que no pueda compadecerse de nuestras debilidades, sino uno que fue tentado en todo según nuestra semejanza, pero sin pecado» (He. 4:15).

«Cercano está Jehová a los quebrantados de corazón; y salva a los contritos de espíritu» (Sal. 34:18).

Pensamiento 1. El leproso pidió ser purificado. Dios dice que todos los hombres tienen que pedir si quieren ser purificados. «Porque todo aquel que invocare el nombre del Señor, será salvo» (Ro. 10:13).

«Que si confesares con tu boca que Jesucristo es el Señor, y creyeres en tu corazón que Dios le levantó de los muertos, serás salvo. Porque con el corazón se cree para justicia, pero con la boca se confiesa para salvación» (Ro. 10:9-10).

«Mas también sé ahora que todo lo que pidas a Dios, Dios te lo dará» (Jn. 11:22).

«Y a Aquel que es poderoso para hacer todas las cosas mucho más abundantemente de lo que pedimos o entendemos, según el poder que actúa en nosotros» (Ef. 3:20).

«Por lo cual dice: Despiértate tú que duermes, y levántate de los muertos, y te alumbrará Cristo» (Ef. 5:14).

Pensamiento 2. El leproso hizo dos cosas que todos debemos hacer cuando pedimos que Cristo nos purifique.

1) Confiar verdaderamente en Cristo. Creyó en Él y en su poder.

2) Ofrecerse a sí mismo a Cristo. Se postró y recibió el amor y poder de Cristo para purificarlo.

Pensamiento 3. No todos los leprosos vinieron a Jesús para ser purificados. Cada generación tiene sus incrédulos que no vienen a Él para ser purificados.

1) Algunos sencillamente no confían en Jesús. No creen en Él ni en su poder.

2) Algunos conocen a Jesús, pero sencillamente no están dispuestos a ofrecerse a Él. No están dispuestos a postrarse y recibir su amor y poder.

3 *Compasión—salvación:* allí estaba el Señor Jesús. El corazón de Jesús fue profundamente tocado por el leproso. El verlo sencillamente le impactó. La condición del hombre era deplorable. Solamente imagínese ...

- su cuerpo lleno de llagas
- su alienación
- su carne carcomida
- su vacío
- su soledad
- su indefensión
- su desesperación

1. Jesús «tocó» al leproso. Note que antes de pronunciar palabra alguna Jesús extendió su mano hacia el hombre. Extendió la mano y le tocó». Cuando nadie en el mundo le extendería una mano, Jesús se la extendió, al más impuro. ¿Cuánto hacía que alguien lo había tocado? ¿Semanas? ¿Meses? ¿Años?

«Y al ver a las multitudes, tuvo compasión de ellas; porque estaban desamparadas como ovejas que no tienen pastor» (Mt. 9:36).

compasión de ellos, y sanó a los que de ellos estaban enfermos» (Mt. 14:14).

«Como el padre se compadece de los hijos, se compadece Jehová de los que le temen» (Sal. 103:13).

«En toda angustia de ellos él fue angustiado, y el ángel de su faz los salvó; en su amor y en su clemencia los redimió, y los trajo, y los levantó todos los días de la antigüedad» (Is. 63:9).

Pensamiento. Tantas personas no tocarán al *más impuro.* No querrán tener nada que ver con él. Lo esquivan y evitan. Con demasiada frecuencia, cuando los impuros entran a la iglesia, ella se deshace de ellos lo antes posible. Hay tantos en la iglesia que tienen poco tiempo para los impuros. Los pasan por alto y los dejan donde están. Demasiados creyentes y demasiadas iglesias han perdido el sentido de misión para alcanzar a los más impuros.

2.   Jesús dijo: «Quiero». Estas palabras dicen varias cosas significativas acerca de Jesús.

a.   Jesús no quería que perezca ni el más impuro (2 P. 3:9).

b.   Jesús no tuvo que ser obligado a ayudar al más impuro. Solo tuvo que acercarse a Jesús con un corazón sincero.

c.   No fue necesario pagarle a Jesús para que ayude al más impuro. El leproso no hizo nada sino venir a Jesús, creyendo que Jesús lo limpiaría.

«Cómo Dios ungió con el Espíritu Santo y con poder a Jesús de Nazaret, y cómo éste anduvo haciendo bienes y sanado a todos los oprimidos por el diablo, porque Dios estaba con él» (Hch. 10:38).

«Por lo cual puede también salvar perpetuamente a los que por él se acercan a Dios, viviendo siempre para interceder por ellos» (He. 7:25).

«Mi mano hizo todas las cosas, y así todas estas cosas fueron, dice Jehová; pero miraré a aquel que es pobre y humilde de espíritu, y que tiembla a mi palabra» (Is. 66:2).

Pensamiento. «Quiero». La misión de Jesucristo es buscar y salvar lo que se había perdido, sin importar el grado de impureza (Lc. 19:10; Mt .9:12-13; 20:28). La iglesia es llamada a la misma misión (Jn. 20:21). Jesucristo dijo: Id, id a «toda criatura», a todo ser humano (Mr. 16:15; cp. Mt. 28:19-20).

3.   Jesús purificó. El leproso había reconocido el poder de Jesús. Ahora recibía ese poder; fue purificado física y ceremonialmente, es decir, religiosa y espiritualmente. Note que Jesús lo sanó inmediatamente. No vaciló; no hubo espera. El hombre fue sincero con Jesús; deseaba realmente ser purificado. Jesús sabía de su sinceridad, de modo que lo purificó inmediatamente. La idea es que lo purificó *del derecho y del revés* (cp. Sal. 5: 7; 1 Jn. 1:9).

Pensamiento. Todo hombre tiene necesidad de ser purificado y lavado de sus pecados.

«Ahora, pues, ¿por qué te detienes? Levántate y bautízate, y lava tus pecados, invocando su nombre» (Hch. 22:16).

«¿No sabéis que los injustos no heredarán el reino de Dios? No erréis; ni los fornicarios, ni los idólatras, ni los adúlteros, ni los afeminados, ni los que se echan con varones, ni los ladrones, ni los avaros, ni los borrachos, ni los maldicientes, ni los estafadores, heredarán el reino de Dios. Y esto erais algunos; mas ya habéis sido *lavados,* ya habéis sido *santificados,* ya habéis sido *justificados* en el nombre del Señor Jesús, y por el Espíritu de nuestro Dios» (1 Co. 6:9-11).

«Y de Jesucristo el testigo fiel, el primogénito de los muertos, y el soberano de los reyes de la tierra.

«Al que nos amó, y nos lavó de nuestros pecados con su sangre» (Ap. 1:5).

4   (8:4) *Orgullo—testimonio:* allí estaba el hombre purificado. Después de haber sido limpiado, el leproso todavía tenía que hacer dos cosas: dos cosas que todo buen creyente tiene que hacer.

1.   El hombre purificado tenía que *cuidarse del orgullo.* El leproso había sido limpiado y librado del pozo de la impureza. Todavía quedaban muchos en el pozo del que él había salido. Jesús conocía el corazón de este hombre. Sabía que estaba en peligro de tentación, la tentación de asignarse importancia así mismo. Fácilmente se podría haber ido diciendo lo que se oye tantas veces: «Jesús me ha limpiado. Si no fuera por la gracia de Dios, yo aun sería un pecador». Por supuesto, *esto era cierto.* Pero al proclamarlo de esa manera existía la tendencia de separarse como alguien *más favorecido* que otros. Y el leproso no era un favorito de Dios. Dios no tiene favoritos. Era solamente un hombre desesperadamente impuro, a quien Cristo había limpiado. *Tenía que proclamar a Cristo y a su poder purificador, no su propia purificación.* No merecía nada, ni mucho menos la gracia de Dios; por eso no tenía derecho a proclamar «pero por la gracia de Dios....» Ello hubiera sido una actitud ego céntrica, orgullosa, y jactanciosa. Jesús quiso evitar tal clase de profesión. (*Véase* nota—Mr. 1:44.)

2.   El hombre purificado tenía que *obedecer la ley* (*véase* nota—Mt. 8:4). Por dos razones Jesús le mandó obedecer la ley.

a.   Se preocupaba profundamente por el hombre purificado. Quería que fuese restaurado, aceptado, y reunido a su familia y amigos. Ellos solamente lo aceptarían si su sanidad era probada.

b.   Quería que el hombre respetara la ley de Dios y anduviera el resto de su vida en ella.

«Jehová tu Dios te manda hoy que cumplas estos estatutos y decretos; cuida, pues, de ponerlos por obra con todo tu corazón y con toda tu alma» (Dt. 26:16).

«Nunca se apartará de tu boca este libro de la ley, sino que de día y de noche meditarás en él, para que guardes y hagas conforme a todo lo que en él está escrito: porque entonces harás prosperar tu camino, y todo te saldrá bien» (Jos. 1:8).

«No todo el que me dice: Señor, Señor, entrará en el reino de los cielos, sino el que hace la voluntad de mi Padre que está en los cielos» (Mt. 7:21).

«El que quiera hacer la voluntad de Dios, conocerá si la doctrina es de Dios, o si yo hablo por mi propia cuenta» (Jn. 7:17).

«Respondió Jesús y le dijo: el que me ama, mi palabra guardará; y mi Padre le amará, y vendremos a él, y haremos morada con él» (Jn. 14:23).

ESTUDIO A FONDO 4

(8:4) *Lepra:* la curación de un leproso era un acontecimiento por demás improbable. Si alguna vez ocurría el leproso tenía que someterse a una lista detallada de leyes y rituales. Estos rituales le daban tiempo al sacerdote para confirmar la curación. Los rituales eran considerados una ofrenda de gratitud a Dios (Lv. 14:1-32; cp. 13:38-59). Jesús ordenó al leproso a dar su ofrenda a Dios y recibir el certificado de estar limpio..

	B. Jesús sana al siervo de un centurión: recibiendo y rechazando a los hombres,^{EF1} 8:5-13 (Lc. 7:1-10)	tengo bajo mis órdenes soldados; y digo a éste: Vé, y va; y al otro: Ven, y viene; y a mi siervo: Haz esto, y lo hace.	2) En Jesús como soberano Señor (v. 8)
1 El gran poder de Jesús fue impulsado a recibir a los rechazados	5 Entrando Jesús en Capernaum, vino a él un centurión, rogándole,	10 Al oírlo Jesús, se maravilló, y dijo a los que le seguían: De cierto os digo que ni aun en Israel he hallado tanta fe.	**2 El gran poder de Jesús fue impulsado a incluir a los creyentes de toda nacionalidad**
a. Por la humildad del centurión 1) Rogó a un judío 2) Llamó a Jesús *Señor* 3) Respuesta de Jesús: «Quiero»	6 y diciendo: Señor, mi criado está postrado en casa, paralítico, gravemente atormentado. 7 Y Jesús le dijo: Yo iré y le sanaré.	11 Y os digo que vendrán muchos del oriente y del occidente, y se sentarán con Abraham e Isaac y Jacob en el reino de los cielos;	a. Al centurión romano b. A los «muchos» de todo lugar y nación^{EF4}
b. Por el sentido de indignidad del centurión c. Por el amor del centurión a un esclavo ^{EF2} d. Por la gran fe del centurión ^{EF3} 1) En la suprema autoridad y poder de Jesús	8 Respondió el centurión y dijo: Señor, no soy digno de que entres bajo mi techo; solamente dí la palabra, y mi criado sanará. 9 Porque también yo soy hombre bajo autoridad, y	12 mas los hijos del reino serán echados afuera; allí será el lloro y el crujir de diente. 13 Entonces Jesús dijo al centurión: Vé, y como creíste, te sea hecho. Y su criado fue sanado en esa misma hora.	**3 El gran poder de Jesús rechazará a los incrédulos** **4 El gran poder de Jesús probó su naturaleza mesiánica**

B. Jesús sana al siervo de un centurión: recibiendo y rechazando a los hombres, 8:5-13

(8:5-13) *Introducción:* este es un gran mensaje; muestra definitivamente que Jesús es el Mesías (v. 13). Tiene el poder mesiánico de recibir a los hombres (vv. 10-11) y de rechazarlos (v. 12). Puede recibir a cualquier persona que realmente confía en Él, no importa cuán lejos pueda estar la persona o cuántas barreras puedan obstruir el camino. Como Mesías también tiene el poder de rechazar a los incrédulos (v. 12).

Note la profunda emoción de Jesús a lo largo de su experiencia. Fue impulsado a pronunciar las declaraciones que pronunció y a demostrar su poder mesiánico (vv. 5-7, 10-13). Aparentemente el propósito de Mateo al registrar este milagro es mostrar que Jesús posée el poder mesiánico para hacer dos cosas.

1. Jesús poseía el poder para recibir a cualquier persona, sin importar las barreras. Podía salvar toda barrera imaginable.
   a. La barrera ideológica: el centurión era un hombre *rechazado*, despreciado y odiado por los judíos (*véase* Estudio a fondo 1—Hch. 23:23); sin embargo, Jesús pudo alcanzarlo y suplir su necesidad. Tenía el poder para obviar las ideas y prejuicios que dividían al hombre contra el hombre, vecino contra vecino, raza contra raza, nación contra nación, empleado contra empleador, hijo contra padres, esposa contra esposo. (*Véase* Introducción, Rasgos especiales 3—Ef.; *véase* nota—Ef. 2:14-15.)
   b. Las barreras físicas: el siervo del centurión estaba desesperadamente enfermo y a varias millas de distancia; sin embargo, Jesús pudo alcanzar al siervo. Su poder pudo salvar todas las barreras físicas, sin importar la distancia o la gravedad de la situación.
   c. La barrera espiritual: el centurión era un gentil, a quien los judíos consideraban espiritualmente perdido; un extraño y enemigo del pueblo de Dios. Pero Jesús tenía el poder de alcanzar al hombre, de trasponer las barreras espirituales de su alma y salvarlo. Jesús puede alcanzar el alma de cualquier

persona que quiere creer en Él, no importa cuán perdido o cuán ajeno o cuán enemistado haya estado con Dios.

2. Jesús poseían el poder para rechazar a cualquier hombre, incluso a aquellos que profesaban ser hijos del reino, es decir, a los religiosos (v. 12).

La gran fe del centurión impulsó a Jesús a mostrar lo antes dicho. Jesús demostró vigorosamente que recibe a cualquier persona que cree realmente, pero rechaza a los que no creen, no importa quiénes sean.

1. El gran poder de Jesús fue impulsado a recibir a los rechazados (vv. 5-9).
2. El gran poder de Jesús fue impulsado a incluir a los creyentes de toda nacionalidad (vv. 10-11).
3. El gran poder de Jesús rechazará a los incrédulos (v. 12).
4. El gran poder de Jesús probó su naturaleza mesiánica (v. 13).

ESTUDIO A FONDO 1

(8:5-13) *Centurión: véase* nota—Hch. 23:23.

1 (8:5-9) *Jesucristo—poder—compasión—humildad—amor:* el gran poder de Jesús fue impulsado a recibir a los rechazados.

1. El poder de Jesús fue impulsado por la humildad del centurión. La humildad del hombre se ve en dos actos por demás inusuales.
   a. El centurión era un gentil y un oficial romano, sin embargo, vino a Jesús por ayuda. Acercarse a un judío era socialmente inaceptable, algo que nunca se había oído de un gentil, pero el hecho de ser un oficial romano lo empeoraba todo. Jesús sabía que el centurión tuvo gran coraje y humildad para acercarse a Él en busca de ayuda.
   b. El centurión vino a Jesús como «Señor», reconociendo su superioridad y su naturaleza mesiánica. Se acercó a Él como a quien podía suplir su necesidad. Note varias cosas.

- *Sabía y confesó* que tenía una necesidad, una necesidad que otras personas no podían suplir. Conocer y confesar son requisitos esenciales para la persona que realmente quiere que una necesidad sea satisfecha.
- *Sabía adónde ir,* y a quién ir para hallar respuesta a su necesidad.
- *Estuvo dispuesto* a hacer cuanto podía para suplir su necesidad. Luego confió en Jesús para suplirla.

> «Cercano está Jehová a los quebrantados de corazón; y salva a los contritos de espíritu» (Sal. 34:18).
>
> «Porque así dijo el Alto y Sublime, el que habita en la eternidad, y cuyo nombre es Santo: Yo habito en la altura y la santidad, y con el quebrantado y humilde de espíritu, para hacer vivir el espíritu de los humildes, y para vivificar el corazón de los quebrantados» (Is. 57:15).
>
> «Mi mano hizo todas las cosas, y así todas estas cosas fueron, dice Jehová; pero miraré a aquel que es pobre y humilde de espíritu, y que tiembla a mi palabra» (Is. 66:2).

La respuesta de Jesús al clamor del centurión fue vigorosa: «Yo iré». Estas palabras declaran que Jesús salvará todas las barreras y divisiones de los hombres para cubrir la necesidad del hombre (*véase* nota—Mt. 8:5-13). Cubrirá la necesidad de cualquiera que realmente confía en Él: maestro o siervo, noble o plebeyo, padre o hijo, rico o pobre, hombre o mujer, pecador o santo, condenado o salvado, indefenso o capaz, sin esperanza o seguro. Jesús no tiene favoritos. No prefiere a una persona más que a otra.

> «Entonces, Pedro, abriendo la boca, dijo: En verdad comprendo que Dios no hace acepción de personas, sino que en toda nación se agrada del que le teme y hace justicia» (Hch. 10:34-35).
>
> «Porque no hay diferencia entre judío y griego, pues el mismo que es Señor de todos, es rico para con todos los que le invocan» (Ro. 10:12).
>
> «Y si invocáis por Padre a aquel que sin acepción de personas juzga según la obra de cada uno, conducíos en temor todo el tiempo de vuestra peregrinación» (1 P. 1:17; cp. 2 S. 14:14).

Pensamiento 1. El más encumbrado de los hombres tiene que acercarse a Jesús *implorando,* dependiendo totalmente de Él. No hay otra forma. Posición, poder, fama, riqueza y aceptación social tienen que ser dejados de lado. Si queremos que nuestra necesidad sea satisfecha nuestros pensamientos no tienen que centrarse en el ego ni en la aceptación social, sino únicamente en Cristo y en su poder.

Pensamiento 2. Nuestros pensamientos —aquello de lo que se ocupa nuestra mente— revelan la sinceridad de nuestros corazones cuando nos acercamos a Jesús.
1) Si nuestros pensamientos están centrados en el ego y en la aceptación social, nuestra sinceridad será débil y deficiente. Jesús sabe que pensamos más en este mundo que en Él.
2) Si nuestros pensamientos están centrado en Él y en su poder, Jesús sabrá que realmente dependemos de la ayuda de Él, sin importar lo que otros puedan pensar o decir.

Pensamiento 3. «Yo iré». Note que el acento está en el *Señor mismo,* en quien Él es, no en su visita al hogar del centurión. Es el Señor mismo quien suplirá la necesidad del soldado.

2. El poder de Jesús fue impulsado por el sentido de indignidad del centurión. El centurión no dijo: «Mi siervo no es digno de que vengas»; en cambio dijo: «Yo no soy digno». Un sentido de *indignidad personal* se apoderó de él. Jesucristo es el Soberano Señor. Él es el Único que tiene el poder de suplir nuestra necesidad. Por eso tenemos que confesar nuestra ineptitud e indignidad para tener la ayuda del Señor.

> «Porque el que se enaltece será humillado, y el que se humilla será enaltecido» (Mt. 23:12; cp. Lc. 14:11; 18:14).
>
> «Digo, pues, por la gracia que me es dada, a cada cual que está entre vosotros, que no tenga más alto concepto de sí que el que debe tener, sino que piense de sí con cordura, conforme a la medida de fe que Dios repartió a cada uno» (Ro. 12:3).
>
> «Pero él da mayor gracia. Por esto dice: Dios resiste a los soberbios, y da gracia a los humildes» (Stg. 4:6).
>
> «Humillaos delante del Señor, y él os exaltará» (Stg. 4:10).
>
> «Cercano está Jehová a los quebrantados de corazón; y salva a los contritos de espíritu» (Sal. 34:18).
>
> «Porque Jehová es excelso, y atiende al humilde, mas al altivo mira de lejos» (Sal. 138:6).

Pensamiento. Desde un punto de vista social, el mayor proclamó su inferioridad al menor. La sociedad consideraba al centurión mayor que al pobre predicador de Nazaret. Pero el centurión confesó humildemente una profunda indignidad delante de Cristo. Vio algo de Dios en Cristo, algo que lo motivó a humillarse delante de Cristo.
1) Debemos ver a Dios en Cristo.
2) Debemos ver valor en cada hombre, el valor que Dios reparte a aun el más pobre y no aceptable. Debemos humillarnos ante todo, no importa cuánto duele.

> «Nada hagáis por contienda o por vanagloria; antes bien con humildad, estimando cada uno a los demás como superiores a él mismo; no mirando cada uno por lo suyo propio, sino cada cual también por lo de los otros» (Fil. 2:3-4).

3. El poder de Jesús fue motivado por el amor del centurión: el amor por su esclavo. El centurión estaba derramando su vida en favor de otra persona (oración intercesora). A los ojos de la sociedad esa persona debía haber sido insignificante para él, sin embargo a él le significaba mucho. El centurión amaba a esta persona *insignificante,* a este esclavo.

Pensamiento 1. ¡Qué lección para nosotros! Hay una gran necesidad de oración intercesora por todos, no importa quiénes sean, ni lo que otros piensen.

> «Amarás a tu prójimo como a ti mismo» (Mt. 22:39).
>
> «Este es mi mandamiento: Que os améis unos a otros, como yo os he amado» (Jn. 15:12).
>
> «El amor sea sin fingimiento [hipocresía]. Aborreced lo malo, seguid lo bueno» (Ro. 12:9).
>
> «Y el Señor os haga crecer y abundar en amor unos para con otros y para con todos, como también lo hacemos nosotros para con vosotros» (1 Ts. 3:12).
>
> «Si en verdad cumplís la ley real, conforme a la Escritura: amarás a tu prójimo como a ti mismo, bien hacéis» (Stg. 2:8).

Pensamiento 2. El creyente debe amar. No solamente debe amar a los que le son más cercanos, sino a todos. El centurión amaba a su esclavo. Nuestro amor puede ser medido por el del centurión.
1) ¿En qué medida llevamos las necesidades de nuestros seres queridos al Señor?
2) ¿En qué medida llevamos las necesidades de los esclavos, ajenos a nosotros, al Señor?
3) ¿En qué medida nos preocupamos por los de nuestra

propia casa y cuidamos de ellos, sean de avanzada edad o padres discapacitados o hijos o cónyuges (*véase* Estudio a fondo 2—Mt. 8:8)?

4.   El poder de Jesús fue motivado por la gran fe del centurión (para la discusión *véase* Estudio a fondo 3—Mt. 8:8-10 y los versículos). El centurión creía en el gran poder de Jesús para salvar y vencer las barreras, aun las barreras de espacio y tiempo. ¡Qué gran fe! (*Véase* notas—Mt. 8:5-13.)

> *Pensamiento.* La fe del centurión fue grande porque fue una fe personal en Jesús (*véase* Estudio a fondo 3—Mt. 8:8-10) ...
>
> * en la autoridad suprema de Jesús y en su poder.
> * en Jesús como soberano Señor sobre todo; sobre los hombres y la naturaleza. Note que esto lo incluía a él mismo, un soldado romano, el país conquistador; incluía espacio y tiempo y la corrupción física de la enfermedad (cp. Jer. 23:23-24). Creyó que Jesús era Señor sobre el reino natural y el reino celestial.

ESTUDIO A FONDO 2

(8:8) *Esclavo—cuidado—amor—intercesión:* este es el único caso registrado de una persona que viene a Jesús en favor de un esclavo o siervo. Hubo muchos casos en que los padres traían a sus hijos (Mt. 9:18-34; Lc. 7:11-18; Jn. 4:46-54), y amigos a sus amigos (Lc. 18:26), pero este soldado y oficial trajo a su siervo. Note que el esclavo, paralítico, hubiera quedado completamente indefenso e inútil para el centurión. Estaba discapacitado para su trabajo, sin embargo, el centurión cuidó de él. No lo había *rechazado*, ni enviado a algún otro hogar, ni lo había puesto al cuidado de otro. Personalmente había *recibido* al esclavo con brazos abiertos y ahora estaba cuidando de él. Esto debe haber impresionado dramáticamente a Jesús.

Jesús usó esta ocasión para demostrar vigorosamente una lección muy necesaria: Él recibe a cualquier persona que realmente cree, y rechaza a cualquier persona que no cree, no importa quién sea.

ESTUDIO A FONDO 3

(8:-10) *Fe:* El centurión dio una ilustración perfecta de lo que es la fe (He. 11:6).

1.   Es creer que *Cristo es* Señor soberano; todo poder está sujeto a él (He. 11:6; cp. Mt. 8:6).

2.   Es creer que Cristo «es galardonador de los que le buscan» (He. 11:6; cp. Mt. 8:8-9).

Note que el centurión había buscado diligentemente a Cristo, creyendo que Cristo podía suplir su necesidad. Muchos creyentes buscan de igual modo al Señor, pero lo que hizo tanto más grande la fe del centurión fue creer que la *palabra de Cristo* era lo único que hacía falta. No era necesario que Cristo estuviera presente para suplir la necesidad. Como centurión él tenía autoridad sobre hombres. Lo único que se necesitaba era una orden para que ésta fuese cumplida, estuviera o no presente. Era un comandante soberano. El centurión estaba diciendo: «Cuánto más tú, oh Señor. Solamente dí la palabra y la necesidad de mi siervo será suplida». Vigoroso: poderoso. ¡Para todos, una gran lección de fe!

> «Pero sin fe es imposible agradar a Dios; porque es necesario que el que se acerca a Dios crea que le hay, y que es galardonador de los que le buscan» (He. 11:6).
>
> «Y Jesús se acercó y les habló diciendo: Toda potestad me es dada en el cielo y en la tierra» (Mt. 28:18).
>
> «Encomienda a Jehová tu camino, y confía en él; y él hará» (Sal. 37:5).

> «Mejor es confiar en Jehová que confiar en el hombre» (Sal. 118:8).
>
> «Confiad en Jehová perpetuamente, porque en Jehová el Señor está la fortaleza de los siglos» (Is. 26:4).
>
> «Buscad a Jehová mientras pueda ser hallado, llamadle en tanto que está cercano» (Is. 55:6).

2 (8:10-11) *Jesucristo, poder—salvación universal:* el gran poder de Jesús fue impulsado para incluir a los creyentes de toda nacionalidad.

1.   El poder de Jesús para abrazar al centurión romano. Jesús *abrió* su corazón y sus brazos y *abrazó* al centurión. Lo hizo a pesar de ser un hombre despreciado y rechazado como gentil. (Imagínese. No era solamente un gentil, sino un soldado romano, un ciudadano y soldado de la nación que esclavizaba a los judíos). Jesús no solo recibió al centurión, además lo felicitó por su fe. Note: no lo felicitó por lo que era ni por lo que había hecho como soldado.

> *Pensamiento 1.* La verdadera fe es escasa. No muchos creen; sin embargo, la fe en Jesucristo es una de las mayores cualidades de la vida humana: cualidad ignorada, olvidada, y en algunos casos negada.

> *Pensamiento 2.* En ciertas ocasiones es propicio dar reconocimiento y felicitar. Pero, nuevamente, note por qué. Es por la fuerza espiritual. De todos modos, siempre se requiere de cuatela para que no se instale la tentación del orgullo y la auto importancia.

> *Pensamiento 3.* Lo que Jesús busca es fe. Note su emoción referida a la fe: Se maravilló. Se sintió impulsado a exclamar que abrazaría a todos los que vengan con fe, no importa quienes fueren ni de dónde vengan.

2.   El poder de Jesús para abrazar a los «muchos» de todo lugar y nación (*véase* nota—Mt. 8:11).

> «Id, pues, a las salidas de los caminos, y llamad a las bodas a cuantos halléis» (Mt. 22:9).
>
> «En el último día de la fiesta, Jesús se puso en pie y alzó la voz, diciendo: Si *alguno* tiene sed, venga a mí y beba» (Jn. 7:37).
>
> «Porque no hay diferencia entre judío y griego, pues el mismo que es Señor de todos, es rico para con todos los que le invocan» (Ro. 10:12).
>
> «El que quiere que todos los hombres sean salvos y vengan al conocimiento de la verdad» (1 Ti. 2:4).
>
> «Y el Espíritu y la Esposa dicen: Ven. Y el que oye, diga: Ven. Y el que tiene sed venga: y el que quiera tome del agua de la vida gratuitamente» (Ap. 22:17).

> *Pensamiento.* ¿Quiénes serán salvados? La fe del centurión causó profundas emociones en el interior de Cristo, tan fuertes que Jesús exclamó varias cosas.
>
> 1) Muchos vendrán —así como había venido el centurión— por fe (Gá. 3:14; Ef. 2:8-9; cp. Ro. 4:11-12, 16).
>
> 2) Muchos vendrán —así como había venido el centurión— de todas partes, del este y del oeste (Ap. 7:9; 21:24; cp. Mt. 24:3).
>
> 3) Muchos se sentarán en el cielo con Abraham e Isaac y Jacob (He. 2:10).

ESTUDIO A FONDO 4

(8:11) *Gentiles, conversión:* Jesús usó la gran fe del centurión para predecir un gran avivamiento futuro entre los gentiles. Por supuesto, nosotros estamos en el centro de esta gran conversión de gentiles, la conversión de gentiles tan claramente predicha por nuestro Señor aquel memorable día de la conversión del centurión.

1.   El centurión poseía algo inusual. Poseía lo que le había sido dado a Abraham e Isaac y Jacob para entrar al cielo. *Tenía*

fe. Era un gentil, no un hijo de Abraham por nacimiento, sino que por fe se había convertido en un hijo de Abraham (Ro. 4:11-12. *Véanse* bosquejos y Estudio a fondo 1—Ro. 4:1-25).

2. El centurión haría algo inusual. Se «sentaría» con Abraham e Isaac en el cielo. Jesús estaba diciendo que la salvación vendría a los gentiles (*véase* bosquejo—Ro. 9:25-33; 10:12-21; Gá. 3:13-14).

3. El centurión era una ilustración. Un anticipo de la conversión de los gentiles (*véase* bosquejo—Ro. 9:25-33; Ro. 10:12-21).

3 (8:12) *Juicio:* el gran poder de Jesús rechazará a los incrédulos. El juicio de los incrédulos será terrible (*véanse* notas—Mt. 8:12). Note: Jesús predijo que los judíos que persistieran en la incredulidad perecerían. Son rechazados por Dios a pesar de haber sido escogidos para ser hijos de Dios habiendo recibido tantos privilegios (*véanse* bosquejo y Estudio a fondo 1—Jn. 4:22; Ro. 9:1-33; 10:1-21).

1. Habrá *completa oscuridad*. Una región, un lugar, una habitación, una casa de total oscuridad que impida la menor vista. Un lugar sin luz, sin un rayo de esperanza, sin ningún tipo de luz. Es un lugar de completa oscuridad donde uno vive totalmente discapacitado, indefenso, sin esperanza. Está muy lejos del esplendor y gloria y resplandor de la presencia de Dios. Es ser arrojado a las tinieblas y a la oscuridad del mundo exterior. Es miseria, la miseria del alma perdida.

> «Mas los hijos del reino serán echados afuera; allí será el lloro y el crujir de diente» (Mt. 8:12).
> «Entonces el rey dijo a los que servían: Atadle de pies y manos, y echadle en las tinieblas de afuera; allí será el lloro y el crujir de dientes» (Mt. 22:13).
> «Estas son fuentes sin agua, y nubes empujadas por la tormenta; para los cuales la más densa oscuridad está reservada para siempre» (2 P. 2:17).
> «Y a los ángeles que no guardaron su dignidad, sino que abandonaron su propia morada, los ha guardado bajo oscuridad, en prisiones eternas, para el juicio del gran día» (Jud. 6).
> «Ciertamente la luz de los impíos será apagada, y no resplandecerá la centella de su fuego» (Job 18:5).
> «Al que maldice a su padre o a su madre, se le apagará su lámpara en oscuridad tenebrosa» (Pr. 20:20).

2. Habrá *llanto*. Dolor, dolor a voces, lloro, quejidos, lamentación, torrentes y torrentes de lágrimas.

3. Habrá *crujir de dientes* (*brugmos*): Crujir; morderse de hostilidad y amargura e indignación; castañetear despectivamente los dientes. Es ira, furia, y desesperación porque no se puede hacer nada. El destino de la persona está determinado para siempre.

> «Mas los hijos del reino serán echados afuera; allí será el lloro y el crujir de diente» (Mt. 8:12).
> «Y los echarán en el horno de fuego; allí será el lloro y el crujir de dientes» (Mt. 13:42).
> «Y los castigará duramente, y pondrá su parte con los hipócritas; allí será el lloro y el crujir de dientes» (Mt. 24:51).
> «Y al siervo inútil echadle en las tinieblas de afuera; allí será el lloro y el crujir de dientes» (Mt. 25:30).
> «Lo verá el impío y se irritará; crujirá los dientes y se consumirá. El deseo de los impíos perecerá» (Sal. 112:10).

Pensamiento. La entrada al cielo está basada en una cosa, y en ella solamente: fe en Cristo. Herencia, padres piadosos e hijos, profesión religiosa, bautismo, y membresía de la iglesia: son todas cosas inútiles sin fe. Sin fe, el único futuro al que puede mirar el hombre es el juicio de Dios.

4 (8:13) *Jesucristo, naturaleza mesiánica:* el gran poder de Jesús prueba su naturaleza mesiánica. Su gran poder para responder al pedido del centurión probó su ilimitado poder como Mesías.

Pensamiento 1. Con frecuencia Jesús nos alienta cuando lo buscamos por el bien de otros. Así alentó al centurión.

Pensamiento 2. Conforme hemos creído nos será hecho. Estas fueron las palabras de Jesús al centurión. En la práctica es casi un cheque en blanco; el monto que recibimos depende de nuestra fe en Él.

	C. Jesús sana a la suegra de Pedro: el poder de Jesús y su propósito 8:14-17 (Mr. 1:29-34; Lc. 4:38-41)	16 Y cuando llegó la noche, trajeron a él muchos endemoniados; y con la palabra echó fuera a los demonios, y sanó a todos los enfermos;	2 Suplir las necesidades de las multitudes
1 Suplir las necesidades de los individuos[EF1] a. Visitó el hogar de Pedro b. Sanó la suegra de Pedro; se levantó y les servía	14 Vino Jesús a casa de Pedro, y vio a la suegra de éste postrada en cama, con fiebre. 15 Y tocó su mano, y la fiebre la dejó; y ella se levantó, y les servía.	17 para que se cumpliese lo dicho por el profeta Isaías, cuando dijo: el mismo tomó nuestras enfermedades, y llevó nuestras dolencias.	3 Probar su naturaleza mesiánica a. Llevó la causa última de la enfermedad[EF2] b. Llevó toda enfermedad

C. Jesús sana a la suegra de Pedro: el poder de Jesús y su propósito, 8:14-17

(8:14-17) *Introducción—Jesucristo, propósito:* uno de los propósitos por los que Jesús vino a la tierra era suplir las necesidades de individuos y familias. La experiencia en casa de Pedro lo demuestra.

Jesús iba a la casa de Pedro para descansar. Era sábado y había estado ministrando en la sinagoga, enseñando y sanado (Mr. 1:29; Mr. 1:21-34). En el camino a la casa de Pedro encontró un pedido desesperado de sanar el siervo de un centurión. Ahora estaba cansado, muy cansado; necesitaba descansar. Sin embargo, al entrar a la casa, le esperaba otra demanda. Otra persona necesitaba ayuda.

¡Cuántas veces debe haber sentido Jesús que ya no estaba en condiciones de dar un paso más! Sentía desesperadamente la necesidad de dejarse caer en la cama, pero seguía. Note varias cosas.

1. Este era un individuo en una sola casa. No había una multitud, ni publicidad, ni reconocimiento. Simplemente había una señora postrada enferma en cama.

2. Este fue precisamente el propósito por el cual Jesús había venido: ministrar. Amaba y tenía el poder de ayudar, de manera que ayudó. Hizo lo que pudo, y cuándo pudo, olvidándose de sí mismo.

> «El Hijo del hombre no vino para ser servido, sino para servir» (Mt. 20:28).
> «Porque el Hijo del hombre vino a buscar y a salvar lo que se había perdido» (Lc. 19:10).

Los individuos y las familias eran importantes para Jesús, tan importantes como la multitud. Con frecuencia dejaba la multitud para ayudar a los individuos, y aun ministrando a la multitud con frecuencia fijaba su atención al individuo (cp. Mt. 9:18-34; 12:9-13; Lc. 7:11-17; 8:41-56; 13:10-17).

1. Propósito 1: suplir las necesidades de los individuos y las familias (vv. 14-15).
2. Propósito 2: suplir las necesidades de las multitudes (v. 16)
3. Propósito 3: probar su naturaleza mesiánica (v. 17).

1 (8:14-15) *Jesucristo, propósito:* el primer propósito del poder de Jesús era suplir las necesidades de individuos y familias. Demostró este propósito con dos hechos.

1. Jesús visitó el hogar de Pedro. Jesús visitaba los hogares de aquellos que ministraban con él. Tenía un cuidado y amor muy especial por las familias. Note los individuos involucrados en este hogar:
   a. El esposo, Pedro.
   b. La esposa.
   c. La suegra.
   d. El cuñado, Andrés.
   e. Los amigos, Santiago y Juan (Mr. 1:29ss).

Note también la atención que Jesús le dio a los niños (Mt. 18:1-4; 19:13-15; Lc. 9:46-48; 18:15-17).

> «Porque donde están dos o tres congregados *en mi nombre,* allí estoy yo en medio de ellos» (Mt. 18:20).

> «Pero Jesús dijo: Dejad los niños venir a mí, y no se lo impidáis; porque de los tales es el reino de los cielos» (Mt. 19:14).

> «Maridos, amad a vuestras mujeres, así como Cristo amó a la iglesia, y se entregó a sí mismo por ella» (Ef. 5:25).

> «Así también los maridos deben amar a sus mujeres como a sus mismos cuerpos, el que ama a su mujer, a sí mismo se ama. Porque nadie aborreció jamás su propia carne, sino que la sustenta y la cuida, como también Cristo a la iglesia, porque somos miembros de su cuerpo, de su carne y de sus huesos. Por eso dejará el hombre a su padre y a su madre, y se unirá a su mujer, y los dos serán una sola carne» (Ef. 5:28-31).

> «Tu mujer será como vid que lleva fruto a los lados de tu casa; tus hijos como plantas de olivo alrededor de tu mesa» (Sal. 128:3).

Pensamiento 1. Ningún individuo o familia es tan pobre o insignificante para no recibir la visita y ayuda de Jesús. Él cuida de todos.

Pensamiento 2. ¿Quiénes eran la esposa y la suegra de Pedro? Esta es la única vez que se las menciona. Ellas representan a los creyentes silenciosos y desconocidos. Note que la persona individual y la familia son de suprema importancia para Jesús. Él no busca el reconocimiento de la multitud. No servía solamente cuando ello le reportaba reconocimiento. Con toda disposición ministraba en silencio, sin que otros lo supieran. Silenciosamente suplirá nuestras necesidades, cuando estemos totalmente a solas sin saberlo el mundo.

2. Jesús sanó a la suegra de Pedro.
   a. Note que cautivó inmediatamente la atención de Jesús al entrar a la casa de Pedro: «Vio a la suegra de éste [Pedro] postrada en cama, con fiebre». La *necesidad* fue lo que cautivó la atención de Jesús. Precisamente su propósito en la tierra era fijar su atención en las necesidades de individuos y familias. Le preocupaban sus necesidades, incluídas las enfermedades (cp. Mt. 9:18-34; Lc. 7:11-17; Jn. 4:46-54).
   b. Note lo que hizo Jesús: «Tocó su mano». Hay algo especial en el toque entre personas.
      1) Al tocarse se comunica calidez, ternura y cuidado.
      2) También hay comunicación de poder cuando tocamos orando. Este poder es una infusión de verdadera seguridad y confianza referida al motivo de oración. Se nos asegura que «sabemos que tenemos las peticiones que le hayamos hecho» (1 Jn. 5:14-15).

> «Y esta es la confianza que tenemos en él, que si pedimos alguna cosa conforme a su voluntad, él nos oye. Y si sabemos que él

nos oye en cualquier cosa que pidamos, sabemos que tenemos las peticiones que le hayamos hecho» (1 Jn. 5:14-15).

«[Para conocer] la supereminente grandeza de su poder para con nosotros los que creemos, según la operación del poder de su fuerza« (Ef. 1:19).

«Y a Aquel que es poderoso para hacer todas las cosas mucho más abundantemente de lo que pedimos o entendemos, según el poder que actúa en nosotros» (Ef. 3:20).

«Porque no tenemos un sumo sacerdote que no pueda compadecerse de nuestras debilidades, sino uno que fue tentado en todo según nuestra semejanza, pero sin pecado. Acerquémonos, pues, confiadamente al trono de la gracia, para alcanzar misericordia y hallar gracia para el oportuno socorro» (He. 4:15-16).

c. Note lo que hizo la suegra de Pedro: Se levantó e inmediatamente comenzó a servir al Señor.

1) Había estado enferma con fiebre y podría haberse quedado sentada alegando debilidad y necesidad de retomar fuerza.

2) Ella no era la cabeza del hogar. Podría haber esperado y seguido a la cabeza del hogar o a su esposa. Pero note que no hizo ni una ni otra cosa; en cambio se levantó e inmediatamente comenzó a servir al Señor.

«Que los ancianos sean sobrios, serios, prudentes, sanos en la fe, en el amor, en la paciencia. *Las ancianas asimismo* sean reverentes en su porte; no calumniadoras, no esclavas del vino, maestras del bien» (Tit. 2:3).

«Corona de honra es la vejez que se halla en el camino de justicia» (Pr. 16:31).

«Y hasta la vejez yo mismo, y hasta las canas os soportaré; yo hice, yo llevaré, yo soportaré y guardaré» (Is. 46:4).

Pensamiento 1. Qué lección para nosotros ...
• cuando Jesús nos toca tenemos que levantarnos inmediatamente y comenzar a servir.
• cuando Jesús nos toca con poder, no es para que nos sintamos importantes. Su toque de poder es para servir, no para sentimientos de propia importancia.
• cuando Jesús nos toca con poder no tenemos que esperar hasta que otros comiencen a servir. Tenemos que levantarnos y comenzar el ministerio de alcanzar a otros para el Señor.

La suegra de Pedro había sido favorecida con el maravilloso poder del Señor. Se podría haber sentido suficientemente importante para ser eximida de las tareas del hogar. Podía haberse reunido con los demás esperando ser servida.

Pensamiento 2. «Y tocó su mano». El propósito de Jesús en la tierra era tocar individuos y familias. Sin duda el toque de Jesús afectó a la suegra de Pedro. Ella se levantó y ministró. Pero su toque también tenía que haber afectado a otros. Un toque comunica íntimamente lo que una persona trata de decir a otra.

Pensamiento 3. El propósito de Jesús está resumido en las Escrituras: se compadeció «de nuestras debilidades» (He. 4:15-16).

ESTUDIO A FONDO 1

(8:14) *Pedro:* note los siguientes hechos referidos a la vida y árbol familiar de Pedro.

1. Pedro tenía una esposa. Viviría aproximadamente unos cuarenta años o más, de modo que él y su esposa probablemente eran recién casados cuando Cristo lo llamó. Es interesante que la tradición sostenga que su esposa sirvió con él en el ministerio. William Barclay cita un cuadro conmovedor de Clemente de Alejandría, afirmando que ella fue martirizada junto a Pedro: «Viendo que su esposa era llevada a la muerte, Pedro se regocijó por el llamado y la conducta de ella, y llamándola por su nombre con tono muy alentador y consolador le dijo: "Recuerda al Señor"» (Stromateis 7:6. Citado por Barclay. *Evangelio de Mateo*, Tomo 1, p. 313). Hay fuertes evidencias de que Pedro sufriera el martirio de la crucifixión en Roma. La tradición dice que se sentía tan indigno de ser crucificado como su Señor que pidió ser crucificado cabeza abajo.

2. Pedro tenía casa. Era oriundo de Betsaida (Jn. 1:44). Ahora estaba en Capernaum. Después que Jesús lo llamara como apóstol probablemente se mudó a Capernaum donde Jesús tenía sus cuarteles generales.

3. Pedro cuidaba a su suegra. Aparentemente era anciana y viuda y necesitaba ser cuidada por sus hijos. Pedro mostró verdadera compasión y ternura al permitirle vivir con su propia familia.

4. Pedro abría su casa a los huéspedes. Marcos dice que era el hogar de Pedro y Andrés, su hermano; pero probablemente era propiedad de Pedro, puesto que se mencionan a la esposa y suegra. Note que Jesús, Jacobo y Juan eran huéspedes de Pedro (Mr. 1:29ss). Es posible que Jesús se hospedara en casa de Pedro mientras estaba en Capernaum, y que tuviera allí su cuartel general.

5. El padre de Pedro era Jonás (Jn. 21:15-17). Tenía al menos un hermano, Andrés (Jn.1:41).

2 (8:16) *Jesucristo—propósito:* el segundo propósito del poder de Jesús era suplir las necesidades de las multitudes. Note tres cosas.

1. Jesús estaba cansado; finalmente descansaría un poco. Pero la gente oyó que estaba en la ciudad; y la gente tenía necesidades desesperantes. Comenzaron a reunirse junto a la puerta pidiendo que él les ayudara.

a. Se enfrentó al incesante clamor del hombre por ayuda.

b. Renunció a su descanso para ayudar. Precisamente ese era el propósito de su andar en la tierra.

c. No rechazó a nadie. «Sanó a todos.» Mientras hubo alguna persona que lo necesitaba, el ayudaba.

2. La escena era un cuadro de cuán desesperadamente necesita el mundo a Jesús. No vino toda la ciudad, como tampoco hoy viene todo el mundo. Pero algunos vinieron ¿Quiénes? Aquellos que eran conscientes de necesitar la ayuda de Jesús y confesaban su necesidad.

a. Él vino por los que están «perdidos».

«Porque el Hijo del hombre vino a buscar y a salvar lo que se había perdido» (Lc. 19:10).

b. Él vino por los que están «enfermos», los que necesitan Médico.

«Id, pues, y aprended lo que significa: Misericordia quiero, y no sacrificio. Porque no he venido al lamar a justos, sino a pecadores, al arrepen-timiento» (Mt. 9:13).

«Como el Hijo del Hombre no vino para ser servido, sino para servir, y para dar su vida en rescate por muchos» (Mt. 20:28).

c. Él vino por todos aquellos que «vendrían».

«Venid a mí todos los que estéis trabajados y cargados, y yo os haré descansar» (Mt. 11:28).

«¡Jerusalén, Jerusalén, que matas a los profetas, y apedreas a los que te son enviados! ¡Cuántas veces quise juntar tus hijos, como la gallina junta sus polluelos debajo de sus alas, y no quisiste!» (Mt. 23:37).

«Y el Espíritu y la Esposa dicen: Ven. Y el

que oye, diga: Ven. Y el que tiene sed venga: y el que quiera tome del agua de la vida gratuitamente» (Ap. 22:17).

«A todos los sedientos: Venid a las aguas; y los que no tienen dinero, venid, comprad y comed. Venid, comprad sin dinero y sin precio, vino y leche» (Is. 55:1).

3. Jesús tenía el poder para ayudar a todos. Se acentúa la palabra «todos». No había necesidad demasiado desesperante que su poder no pudiera alcanzar.

a. Su poder podía «echar fuera los espíritus» malos (demonios). Demostró tener poder sobre Satanás. Tenía el poder para vencer y destruir a Satanás.

«Ahora es el juicio de este mundo; ahora el príncipe de este mundo será echado fuera» (Jn. 12:31).

«Así que, por cuanto los hijos participaron de carne y sangre, él también participó de lo mismo, para destruir por medio de la muerte al que tenía el imperio de la muerte, esto es, al diablo» (He. 2:14).

«El que practica el pecado es del diablo; porque el diablo peca desde el principio. Para esto apareció el Hijo de Dios, para deshacer las obras del diablo» (He. 3:8).

b. Su poder podía cubrir *todas* las necesidades, sin importar cuán desesperantes. Note las palabras: «Y sanó a todos». El acento está en *todos*.

«Cómo Dios ungió con el Espíritu Santo y con poder a Jesús de Nazaret, y cómo éste anduvo haciendo bienes y sanando a todos los oprimidos por el diablo, porque Dios estaba con él» (Hch. 10:38).

«Echando toda vuestra ansiedad sobre él, porque él tiene cuidado de vosotros» (1 P. 5:7).

«En toda angustia de ellos él fue angustiado, y el ángel de su faz los salvó; en su amor y en su clemencia los redimió, y los trajo, y los levantó todos los días de la antigüedad» (Is. 63:9).

3 (8:17) *Jesucristo—propósito:* el tercer propósito del poder de Jesús era probar su naturaleza mesiánica. Jesús era el Mesías. Sin duda, su ministerio fue el cumplimiento de las Escrituras que predecían al Mesías. Esto se ve claramente en que Él es el «Siervo Ideal de Dios»; es decir, no solamente sanó nuestras enfermedades como cualquier otro ministro, sino que «Él mismo cargó [*elaben*] nuestras dolencias, y llevó [*ebastase*] nuestras enfermedades». Esto significa al menos dos cosas.

1. Cristo llevó nuestras dolencias y enfermedades hasta el final, hasta la muerte en la cruz por nosotros. Fue allí donde cargó con ellas (para la discusión *véase* Estudio a fondo 2—Mt. 8:17). (Cp. Jn. 1:29.)

2. Cargó toda nueva enfermedad de una manera que jamás se entenderá.

a. Cada necesidad que se le presentaba era un *recordatorio* de que debía llevar el pecado del mundo. Sabía lo que significaba llevar el pecado del mundo y cuanto esto incluía. Entonces, viendo las necesidades que se presentaban ante Él recordaba los sufrimientos que debía soportar.

b. Toda necesidad que suplía era un anticipo de la cruz. Día tras día, y hora tras hora, mientras ministraba le acompañaba el pensamiento de lo que soportaría. Necesariamente esto le pesaba en gran manera.

• Marcos dice que de Él salió *virtud*, esto es poder, cuando sanaba (Mr. 5:30; cp. Lc. 8:46).
• En ocasión de un milagro gimió profundamente (Mr. 7:34).
• Experimentó una profunda emoción al levantar a Lázaro de la muerte (Jn. 11:33).

Lo que sigue es una forma simple pero descriptiva de ilustrar como Jesús llevó nuestros pecados por nosotros.

1. Llevó nuestros pecados *por nosotros*: «en su cuerpo sobre el madero» (1 P. 2:24; cp. Is. 53:4-6).

«Quien llevó él mismo nuestros pecados en su cuerpo sobre el madero, para que nosotros, estando muertos a los pecados, vivamos a la justicia; y por cuya herida fuisteis sanados» (1 P. 2:24).

2. Llevó nuestros pecados *quitándolos de nosotros*; los removió, los sacó de encima nuestro. Él «llevó» nuestros pecados (Mt. 8:17). «Echará en lo profundo del mar todos nuestros pecados» (Mi. 7:19) y tan lejos como está el «oriente del occidente» (Sal. 103:12).

«Y volverá a tener misericordia de nosotros; sepultará nuestras iniquidades, y echará en lo profundo del mar todos nuestros pecados» (Mi. 7:19).

«Cuanto está lejos el oriente del occidente, hizo alejar de nosotros nuestras rebeliones» (Sal. 103:13).

3. Lleva nuestros pecados *con nosotros*. Puede «compadecerse de nuestras debilidades» (He. 4:15-16).

«Porque no tenemos un sumo sacerdote que no pueda compadecerse de nuestras debilidades, sino uno que fue tentado en todo según nuestra semejanza, pero sin pecado. Acerquémonos, pues, confiadamente al trono de la gracia, para alcanzar misericordia y hallar gracia para el oportuno socorro» (He. 4:15-16).

Pensamiento 1. Existe una sola provisión segura para las necesidades del alma humana: Jesucristo. Nuestras necesidades no pueden ser suplidas ...

• por la filosofía y psicología.
• por la salud mental y física.

Solamente Cristo es «el camino, la verdad y la vida» (Jn. 14:6). Cuando venimos a Él conoceremos el *consuelo y sostén* que necesitamos para transitar por la vida.

ESTUDIO A FONDO 2

(8:17) *Enfermedad—dolencia—corrupción:* la causa última de la corrupción es el pecado en el mundo (Gn. 2:15-3:7). Un mundo imperfecto y corruptible produce la simiente de imperfección e inconclusión. Produce la simiente del envejecimiento hasta que finalmente todo pasa. Imperfección, pecado, y enfermedad son justamente el camino de un mundo que es imperfecto. La simiente de corrupción carcome hasta que todo es afectado por el mal y la enfermedad, listo para el sepulcro. Pero aquí está el objetivo del glorioso evangelio, el proclamar ...

• que Jesús cargó la corrupción del mundo, sus dolencias y enfermedades (Ro. 8:19-23; cp. Is. 53:4).
• que Jesús cargó los pecados y el mal de los hombres (1 P. 2:24).

Jesús también prometió intervenir y crear un nuevo cielo y una nueva tierra: un cielo y una tierra nuevos que no pasarán, serán eternos (2 P. 3:10; Ap. 21:1ss). Además promete que quien cree en Él tiene vida eterna y será un ciudadano de los nuevos cielos y la nueva tierra. El creyente nunca será condenado a la corrupción y muerte, sino que pasa de muerte a vida en el instante mismo de confiar en Jesucristo como su Salvador (Jn. 5:24). (*Véanse* nota 5 y Estudio a fondo 1— Mt. 6:19-20; 2 P. 1:4.)

	D. Jesús atrae a gente: el precio del verdadero discipulado, 8:18-22 (Lc. 9:57-62)	tienen guaridas, y las aves del cielo nidos; mas el Hijo del hombre no tiene dónde recostar su cabeza.	c. Jesús demandaba más 1) Ser aceptado como Hijo del Hombre[EF3] 2) Pobreza personal[EF4] 3) Abandonar todo
1 La multitud fue atraída	18 Viéndose Jesús rodeado de mucha gente, mandó pasar al otro lado.	21 Otro de sus discípulos le dijo: Señor, permíteme que vaya primero y entierre a mi padre.	3 El discípulo promedio fue atraído[EF5] a. Vaciló
2 El erudito fue atraído[EF1, 2] a. Dispuesto a seguir b. Decidido	19 y vino un escriba y le dijo: Maestro, te seguiré adondequiera que vayas. 20 Jesús le dijo: Las zorras	22 Jesús le dijo: Sígueme; deja que los muertos entierren a sus muertos.	b. Su atención dividida c. Jesús demandaba más 1) Lealtad inmediata 2) Sentido de urgencia

D. Jesús atrae a gente: el precio del verdadero discipulado, 8:18-22

(8:18-22) *Introducción:* Jesucristo atraía a la gente. Fue tan grande su impacto sobre el mundo que la historia humana cuenta sus años por la fecha del nacimiento y de la muerte de Cristo (a.C. antes de Cristo, y d.C.: *Anno Domini*, en el año del Señor). Jesús predijo: «Y yo si fuere levantado de la tierra, a todos atraeré a mí mismo» (Jn. 12:32).

1. La multitud fue atraída (v. 18).
2. El erudito fue atraído (v. 19).
3. El discípulo promedio fue atraído (vv. 21-22).

1 (8:18) *Multitudes—Jesucristo, respuesta: la* multitud fue atraída a Jesús. Note que la multitud se reunió junto a Jesús porque tenía desesperantes necesidades, y Él estaba supliendo sus necesidades partiendo de la profunda compasión de su corazón (cp. Mt. 8:16-17). De todas las regiones y ciudades vecinas la gente se estaba congregando porque habían oído que Jesús estaba en la ciudad. Entonces vinieron masivamente. Fueron atraídos por lo que oían, siempre esperando hallar respuesta a su necesidad.

Pensamiento 1. Con frecuencia la gente viene a Jesucristo por lo que puede *obtener de Él.* Los hombres tienen una vaga idea y de alguna manera entienden que Jesús puede suplir sus necesidades, de modo que cuando enfrentan situaciones malas vienen a Él y a la iglesia buscando ayuda. Bien dijo Jesús:

«**Respondió Jesús y les dijo: de cierto, de cierto os digo que me buscáis, no porque habéis visto las señales, sino porque comisteis el pan y os saciasteis**» (Jn. 6:26; cp. Jn. 6:5-26).

Pensamiento 2. Hay varios motivos por los que la multitud es atraída a Jesús.

1) Algunos se complacen en lo que ven. Vidas son cambiadas para bien, la gente es ayudada, el ministerio es para el bien público, abundan las buenas obras. Algunas personas concuerdan con lo que se hace, al menos en espíritu; están totalmente dispuestas a ser identificadas con ese tipo de movimiento.
2) Algunos profesan a Cristo y pertenecen a una iglesia por la imagen y posición social que ello implica. Profesar a Cristo, aun cuando uno lo hace oculta y silenciosamente, abre puertas. Algunos empleadores incluso establecen y esperan la membresía en una iglesia cristiana del personal que contratan. Pertenecer a una iglesia ayuda a mostrar una persona bien formada. Algunos simplemente quieren la imagen que confiere la profesión de fe.
3) Algunos siguen a Cristo y su iglesia debido a familiares y amigos. Se los insta a pertenecer a una iglesia; por eso profesan la fe y asisten, algunos con regularidad, otros no tanto.
4) Algunos se sienten más cómodos siguiendo a Cristo y asistiendo a la iglesia. Su conciencia los molestaría si no profesaran la fe en Él y si no asistieran, al menos ocasionalmente, a la iglesia. Profesan y asisten solo lo suficiente para sentirse bien y mantener bajo control su conciencia.
5) Algunos tienen una vaga comprensión de Dios. Quieren ser aprobados y aceptados por Él. Saben que deben mostrar algún interés en Él si quieren que Él se interese por ellos, preocupándose por ellos y cuidándolos. De modo que profesan la fe en Él y asisten a la iglesia tanto como les parece necesario para asegurarse la aprobación y el cuidado de Dios.
6) Algunos han visto el poder de Dios para cambiar vidas y librar al hombre en pruebas terribles. Puede haber sido en la vida de un miembro de la familia, un amigo, un compañero de trabajo, un pariente o un conocido distante. Pero el poder de Cristo fue claramente evidente. De manera que saben que Cristo y su iglesia les pueden ayudar cuando estén en problemas.
7) Algunos creen que Jesús es el Salvador, el Mesías prometido, y quieren ser identificados con Él. Entonces le siguen, y siguen a su iglesia.

Lo que le faltaba a la multitud está claramente expresado en la respuesta de Cristo a la pregunta de la gente.

«Entonces le dijeron: ¿Qué debemos hacer para poner en práctica las obras de Dios? Respondió Jesús y le dijo: Esta es la obra de Dios, que creáis en el que Él ha enviado» (Jn. 6:28-29).

En otra ocasión Cristo dio otra vigorosa respuesta.

«Si alguno quiere venir en pos de mí, niéguese a sí mismo, tome su cruz cada día, y sígame» (Lc. 9:23; *véase* nota—Lc. 9:23).

2 (8:19-20) *Negación propia —discipulado:* el erudito fue atraído a Jesús. Note que este hombre era un discípulo, un seguidor de Jesús (v. 21). El erudito creía que Jesús era el más grande de los maestros que había visto. Él también era un maestro de profesión, y se sintió enormemente atraído por la habilidad didáctica de Jesús.

1. El erudito anhelaba seguir a Jesús. La profundidad de su deseo era por demás inusual porque había un constante conflicto entre Jesús y los colegas profesionales del erudito.
   a. Jesús rechazaba las tradiciones legalistas de los escribas y de otros religiosos, se oponía enérgicamente a ellas. Lo expresaba en términos inequívocos, condenándolos con un lenguaje que solo Dios mismo se atrevería a usar (cp. Lc. 11:37-54).
   b. Los escribas se oponían con profunda hostilidad a Jesús, incluso al punto de conjurarse para darle muerte (Lc. 11: 52-54; Jn. 7:1ss).
2. El erudito proclamó su disposición de ir donde fuere. Note sus palabras: dijo *estar dispuesto* a ir. Esto también es por demás

inusual, puesto que trabajaba en una atmósfera tranquila donde podía copiar y enseñar la ley. Estar junto a Jesús, que era rodeado por las multitudes incluso por niños, ofrecía de todo menos quietud.

3. Jesús demandó más. Estar dispuesto a seguir a Jesús no era suficiente. Estar dispuesto a ir hasta los confines de la tierra no era suficiente. Jesús mencionó tres cosas esenciales para que el hombre sea un discípulo.

a. El hombre tenía que aceptar a Jesús como el Hijo del hombre (*véase* Estudio a fondo 3—Mt. 8:20).

b. El hombre tenía que conocer personalmente la pobreza (*véase* Estudio a fondo 4—Mt.8:20).

c. El hombre tenía que abandonar todo por Cristo y su misión—*cuanto era y tenía*.

> «Si alguno quiere venir en pos de mí, niéguese a sí mismo, tome su cruz cada día, y sígame. Porque todo el que quiera salvar su vida, la perderá; y todo el que pierda su vida por causa de mí, éste la salvará» (Lc. 9:23-24).

> «Si alguno viene a mí, y no aborrece a su padre, y madre, y mujer, e hijos, y hermanos, y hermanas, y aun también su propia vida, no puede ser mi discípulo. Y el que no lleva su cruz y viene en pos de mí, no puede ser mi discípulo» (Lc. 14:26-27).

> «Porque si vivís conforme a la carne, moriréis; mas si por el Espíritu hacéis morir las obras de la carne, viviréis» (Ro. 8:13).

> «Pero los que son de Cristo han crucificado la carne con sus pasiones y deseos» (Gá. 5:24).

Pensamiento 1. Algunos eruditos, la inteligencia del mundo, los ricos, famosos, los poderosos, desean seguir a Jesús; pero tropiezan en las demandas que requieren *más*.

1) Algunos tropiezan por tener que confesar que Jesús es el *Hijo del Hombre*. Toda creencia y doctrina que señala su deidad es cuestionada, puesta en duda o negada. Tiene dificultad en hacer lo que Jesús le pidió que hiciera este escriba: Seguirlo a él como al *Hijo del Hombre*, el propio Hijo de Dios, engendrado por Él (Jn. 3:16). Aluden problemas con el nacimiento virginal, la encarnación, el poder divino, obras milagrosas, muerte resurrección, ascensión, exaltación y el ministerio espiritual e intercesorio de Jesucristo. Son atraídos a Él como el más grande de todos los maestros, pero sencillamente no están dispuestos a seguirle como *el Señor*, como Dios mismo encarnado en carne humana (*véanse* bosquejos y notas—Fil. 2:5-11. Cp. He. 2:14-15).

2) Algunos tropiezan en la pobreza personal. Dar y trabajar diligentemente a efectos de dar más es ajeno a ellos. Dar hasta el extremo de tener que confiar en Cristo para las necesidades vitales les es desconocido (cp. Mt. 1:24-34). Han permitido que les afecte la influencia del mundo. Buscan la seguridad material y la comodidad de este mundo. Ahorran, acumulan, aseguran. Ignoran que la riqueza de este mundo fluctúa y está sujeta al rápido colapso por causas inesperadas. Se excusan con la interpretación de que una persona tiene que estar *dispuesta* a dar cuanto tiene, pero sin darlo realmente. Creen que es la disposición de dar lo que Jesús realmente espera. La persona no tiene que dar necesariamente todo. Sin embargo, este argumento deja de ver un punto crucial. Lo que Cristo le dice al erudito, se lo dice a todos:

> • «Estar dispuesto no es suficiente. Es preciso dar todo. *Estar dispuesto es seguir y hacer.* Yo no tengo lujos, ni siquiera un lugar donde recostar mi cabeza. He dado todo. Tú debes dar todo si quieres seguirme».

(Cp. Mt. 19:16-22.) Pocos de nosotros estamos dispuestos a pagar esta clase de precio para seguir a Cristo. ¿Y tú? ¿Y yo? ¿Estamos dispuestos a dar *cuanto tenemos y somos*?

3) Algunos tropiezan en el abandono total de sí mismos y de sus posesiones (*véase* Estudio a fondo 1—Lc. 9:23).

Pensamiento 2. Algunos incluso están dispuesto y decididos a ir hasta los confines de la tierra, de todos modos ...

• tenemos que aceptarlo como el Hijo del Hombre.

• tenemos que adoptar su modelo de vida: dar *cuanto tenemos y cuanto somos*.

Pensamiento 3. Las palabras de Jesús son una advertencia para nosotros.

1) Tenemos que aceptarlo como «el Hijo del Hombre» para seguir su modelo de vida.

2) Tenemos que experimentar pobreza personal e ir más allá de la mera disposición de dar todo.

3) Tenemos que abandonar todo.

Pensamiento 4. Las palabras de la Escritura nos advierten.

> «¿Dónde está el sabio? ¿dónde está el escriba? ... Pues mirad, hermanos, vuestra vocación, que no sois muchos sabios según la carne, ni muchos poderosos, ni muchos nobles» (1 Co. 1:20, 26). (*Véanse* bosquejo y notas—1 Co. 1:26-31.)

Pensamiento 5. Muchos están entregados, pero su entrega es *entrega al ego,* no entrega a Cristo. Debemos reconocer que la entrega al ego involucra una gran disposición, determinación y disciplina, a tal punto que la persona con frecuencia persevera en gran manera. Pero la entrega del ego no es suficiente para Cristo. Tiene que haber una entrega total *al Hijo del Hombre,* abandonando la totalidad del ego y la totalidad del mundo a Él y a su causa.

Pensamiento 6. Algunos cruzan la calle, o la ciudad, o el país, y algunos cruzan el océano para ministrar al mundo; pero lo que se demanda es entrega al Hijo del hombre y a su modelo de vida.

Pensamiento 7. Note que en este pasaje se destacan las penurias a las que estuvo sujeto el Hijo de Dios. Ni siquiera tenía un lugar donde recostar su cabeza. (*Véanse* bosquejo y notas—Fil. 2:5-8.)

> «Porque ya conocéis la gracia de nuestro Señor Jesucristo, que por amor a vosotros se hizo pobre, siendo rico, para que vosotros con su pobreza fueseis enriquecidos» (2 Co. 8:9).

Pensamiento 8. El modelo de vida de Jesús nos enseña la vanidad y el vacío de las posesiones materiales y riquezas mundanales (1 Jn. 2:15-16; cp. Ro. 12:1-2).

Pensamiento 9. Deberíamos contar el precio antes de hacer una entrega (Lc. 14:28-30). Debemos hacer la decisión correcta.

ESTUDIO A FONDO 1

(8:19) *Escriba: véase* nota—Lc. 6:2.

ESTUDIO A FONDO 2

(8:19) *Maestro* (griego: *didaskolos*; hebreo: rabbi): en ambos idiomas quiere decir maestro.

ESTUDIO A FONDO 3

(8:20) *Hijo del Hombre:* Jesús no es solamente lo que es un hombre común, un hijo de hombre; Jesús es lo que toda persona debería ser, el Hijo del Hombre mismo. Es el Hombre Ideal, el Hombre Representativo, el Hombre Perfecto, el Modelo, la Encarnación de todo lo que un hombre debería ser. Jesucristo es el cuadro perfecto de un hombre. Todo lo que Dios quiere que un hombre sea queda perfectamente exhibido en Jesucristo (cp. Jn. 1:14; Col. 2:9-10; He. 1:3. Véase Estudio a fondo 3—Mt. 1:16.)

El título también significa el Siervo Ideal del hombre. Acentúa su simpatía por los pobres, los de corazón quebrantado, los cautivos, los ciegos, los destrozados, los expulsados, los angustiados (cp. Lc. 4:18). Jesús es el Patrón, el Modelo, el Ejemplo Perfecto de cuidado y protección. Él sirvió a otros y dio el ejemplo perfecto de cómo todo hombre debe servir a otros hombres.

Unas ochenta veces Jesús se denomina a sí mismo «el Hijo del Hombre». Es su término favorito. Probablemente el título de Hijo de Hombre esté basado en el Hijo del Hombre en Daniel (Dn. 7:13-14). La Escritura también ofrece un cuadro de Jesús como celestial Hijo del Hombre en contraste con Adán, el Hombre terrenal (1 Co. 15:45-47). Cada uno de ellos sirve como Hombre Representativo de la raza humana en el plan de Dios para la historia del mundo.

«Pues para que sepáis que *el Hijo del Hombre tiene potestad en la tierra para perdonar pecados* (dice entonces al paralítico): Levántate, toma tu cama, y vete a tu casa» (Mt. 9:6).

«Viniendo Jesús a la región de Cesarea de Filipo, preguntó a sus discípulos, diciendo: ¿Quién dicen los hombres que es el Hijo del Hombre? ... Respondiendo Simón Pedro, dijo: Tú eres el Cristo, el Hijo de Dios viviente» (Mt. 16:13, 16).

«Como el Hijo del Hombre no vino para ser servido, sino para servir, y para dar su vida en rescate por muchos» (Mt. 20:28).

«Porque el que se avergonzare de mí y de mis palabras en esta generación adúltera y pecadora, el Hijo del Hombre se avergonzará también de él, cuando venga en la gloria de su Padre con los santos ángeles» (Mr. 8:38).

«Porque el Hijo del hombre vino a buscar y a salvar lo que se había perdido» (Lc. 19:10).

«Porque como el Padre tiene vida en sí mismo, así también ha dado al Hijo el tener vida en sí mismo; y también le dio autoridad de hacer juicio, *por cuanto es el Hijo del Hombre*» (Jn. 5:26-27).

«Jesús les dijo: de cierto, de cierto os digo: Si no coméis la carne del Hijo del Hombre, y bebéis su sangre, no tenéis vida en vosotros» (Jn. 6:53).

«Entonces, cuando hubo salido, dijo Jesús: Ahora es glorificado el Hijo del Hombre, y Dios es glorificado en él. Si Dios es glorificado en él, Dios también le glorificará en sí mismo, y en seguida le glorificará» (Jn. 13:31-32).

«Y dijo [Esteban]: He aquí, veo los cielos abiertos, y al Hijo del Hombre que está a la diestra de Dios» (Hch. 7:56).

«Y me volví para ver la voz del que hablaba conmigo; y vuelto vi siete candeleros de oro [iglesias], y en medio de los siete candeleros, a uno semejante al Hijo del Hombre, vestido de una ropa que llegaba hasta los pies, y ceñido por el pecho con un cinto de oro» (Ap. 1:12-13).

ESTUDIO A FONDO 4

(8:20) *Discipulado:* Jesús está diciendo que no posee siquiera los lujos normales que la gente tiene, y que da por sentado tenerlas. Jesús demanda ese total abandono de uno mismo. Demanda el primer lugar en la vida de una persona; la rendición de todos los bienes y cosas materiales bajo su control. La voluntad y las posesiones de un esclavo tienen que estar sujetas a su señor. El cristiano es un esclavo que sigue al Señor Jesús como Señor absoluto, de lo contrario no le está siguiendo de ninguna manera (*véase* Estudio a fondo 1—Lc. 9:23).

«Entonces Pedro comenzó a decirle: He aquí, nosotros lo hemos dejado todo, y te hemos seguido» (Mr. 10:28).

«Después de estas cosas salió, y vio a un publicano llamado Leví, sentado al banco de los tributos públicos, y le dijo: Sígueme. Y dejándolo todo, se levantó y le siguió» (Lc. 5:27-28).

«Así, pues, cualquiera de vosotros que no renuncia a todo lo que posee, no puede ser mi discípulo» (Lc. 14:33).

«Y él les dijo: De cierto os digo, que no hay nadie que haya dejado casa o padres, o hermanos, o mujer, o hijos, por el reino de Dios, que no haya de recibir mucho más en este tiempo, y en el siglo venidero la vida eterna» (Lc. 18:29-30).

«Y ciertamente, aun estimo todas las cosas como pérdida por la excelencia del conocimiento de Cristo Jesús, mi Señor, por amor del cual lo he perdido todo, y lo tengo por basura, para ganar a Cristo» (Fil. 3:8).

3 (8:21-22) *Discipulado—negarse a sí mismo:* el discípulo promedio era atraído por Jesús. Este hombre recibió el llamado de Dios, pero vaciló. Note tres hechos.

1. Su vacilación fue legítima. Cuidar de los padres es algo esencial. Su padre o bien ya había muerto o bien estaba apunto de morir. El hijo realmente hacía falta.

2. Su problema era tener la atención dividida. Al sentir el llamado de Dios, consideró cuál era su situación y no se rindió de inmediato. Ocurrió lo que ocurre tantas veces. Las circunstancias y los problemas desbordaron al hombre. Quería esperar para poder controlarlas. Una vez que los problemas estuvieran bajo control, seguiría a Jesús.

«Si alguno viene a mí, y no aborrece a su padre, y madre, y mujer, e hijos, y hermanos, y hermanas, y aun también su propia vida, no puede ser mi discípulo. Y el que no lleva su cruz y viene en pos de mí, no puede ser mi discípulo» (Lc. 14:26-27).

«Entonces Pedro comenzó a decirle: He aquí, nosotros lo hemos dejado todo, y te hemos seguido. Respondió Jesús y dijo: De cierto os digo que no hay ninguno que haya dejado casa, o hermanos, o hermanas, o padre, o madre, o mujer, o hijos, o tierras, por causa de mí y del evangelio, que no reciba cien veces más ahora en este tiempo; casas, hermanos, hermanas, madres, hijos, y tierras, con persecuciones; y en el siglo venidero la vida eterna» (Mr. 10:28-30).

«Lo que has oído de mí ante muchos testigos, esto encarga a hombres fieles que sean idóneos para enseñar también a otro. Tú, pues, sufre penalidades como buen soldado de Jesucristo. Ninguno que milita se enreda en los negocios de la vida, a fin de agradar a aquel que lo tomó por soldado» (2 Ti. 2:2-4).

«Porque el siervo del Señor no debe ser contencioso, sino amable para con todos, apto para enseñar, sufrido; que con mansedumbre corrija a los que se oponen, por si quizá Dios les conceda que se arrepientan para conocer la verdad, y escapen del lazo del diablo, en que están cautivos a voluntad de él» (2 Ti. 2:24-26).

«Pero tú sé sobrio en todo, soporta las aflicciones, haz obra de evangelista, cumple tu ministerio» (2 Ti. 4:5).

3. Jesús demandó más. Miró a través de la entrega parcial del hombre. Vio la falta de confianza en Dios. Cristo espera que

cuidemos de nuestros padres (1 Ti. 5:3-8); pero demanda una respuesta inmediata, una lealtad inmediata, que le sigamos a él primero con un sentido de urgencia.

> «Jesús les dijo: Mi comida es que haga la voluntad del que me envió, y que acabe su obra» (Jn. 4:34).

> «Y esto, conociendo el tiempo, que es ya hora de levantarnos del sueño; porque ahora está más cerca de nosotros nuestra salvación que cuando creímos. La noche está avanzada, y se acerca el día. Desechemos, pues, las obras de las tinieblas, y vistámonos las armas de la luz» (Ro. 13:11-12).

> «Pero esto digo, hermanos: que el tiempo es corto ...» (1 Co. 7:29).

> «Aprovechando bien el tiempo, porque los días son malos» (Ef. 5:16).

> «Andad sabiamente para con los de afuera, redimiendo el tiempo» (Col. 4:5).

> «Por lo cual te aconsejo que avives el fuego del don de Dios que está en ti por la imposición de mis manos» (2 Ti. 1:6)

Pensamiento 1. Algunos rechazan o postergan el llamado, usando como pretexto a sus padres. Quedan advertidos y las palabras dirigidas a ellos son graves: no son «dignos de mí» dice Cristo (Mt. 10:37-39).

Pensamiento 2. Todas las excusas son inadecuadas. Dios sabe lo que hace cuando llama a una persona. Lo que Él quiere es confianza, confianza absoluta. Piense en ello: no hay mejor momento para llamar a una persona que cuando pasa por pruebas o circunstancias inusuales. ¿Qué mejor ocasión para que una persona demuestre confianza absoluta y sea instruida en ella?

Pensamiento 3. Note dos temas cruciales.

1) Una persona llamada puede usar cualquier cosa como excusa para postergar su respuesta. Por ese motivo está registrada esta experiencia del discípulo. Su excusa fue la excusa más legítima posible: cuidar de su familia. Todas las demás excusas son de menor peso.

2) La persona llamada debe dejar que el mundo cuide de los asuntos mundanales (2 Ti. 2:4). Debe seguir inmediatamente a Cristo con un gran sentido de urgencia.

ESTUDIO A FONDO 5

(8:21-22) *Discipulado:* las palabras de este discípulo muestran que percibía *un llamado* de Dios. Es un ejemplo de muchos que con su boca llaman a Jesús Señor, pero no lo hacen Señor de sus vidas. Han sentido el llamado de Jesús y tienen un deseo de seguirle, pero postergan el acto concreto de obediencia. Permiten que otros intereses se interpongan en el discipulado inmediato. Se engañan a sí mismos, pensando que más adelante habrá un momento más propicio. Es posible que el padre de este hombre estuviera vivo, pero que era anciano, y que necesitaba de los cuidados del hijo. Solamente pedía a Jesús esperar hasta que su padre muriese y ya no necesitase de su atención: un pedido válido. Sencillamente falta el elemento de abandono y confianza total. Cuando en el corazón de una persona hay un movimiento que la impulsa a seguir a Jesús, ese momento debe ser aprovechado.

	E. Jesús calma una tormenta: conquistando el miedo y la naturaleza, 8:23-27 (Mr. 4:35-41; Lc. 8:22-25)	pulos y le despertaron, diciendo:¡Señor, sálvanos, que perecemos!	desesperado: Señor, despiérta, sálvanos
1 Hecho básico: auténticos discípulos le siguen sin condiciones 2 Exper. aterradora: se levantó gran tempes.[EF1] 3 Descubr. aterrador: el hombre es incapaz de controlar la situación 4 Acercamiento	23 Y entrando él en la barca, sus discípulos le siguieron. 24 Y he aquí se levantó en el mar una tempestad tan grande que las olas cubrían la barca; pero él dormía. 25 Y vinieron sus discí-	26 El les dijo: ¿Por qué teméis, hombres de poca fe? Entonces, levantándose, reprendió a los vientos y al mar; y se hizo grande bonanza. 27 Y los hombres se maravillaron, diciendo: ¿Qué hombre es éste, que aun los vientos y el mar le obedecen?	5 Pregunta desafiante a. ¿Por qué tanto miedo? [EF2] b. ¿Por qué, tan poca fe? 6 Liberación fuerte, poderosa: una gran calma 7 Propósito maravilloso a. Probar quién es Él b. Fortalecer la fe c. Demostrar su protección por todos

E. Jesús calma una tormenta: conquistando el miedo y la naturaleza, 8:23-27

(8:23-27) *Introducción—Mesías—naturaleza mesiánica:* ¿Cuál fue el propósito de esta experiencia? ¿Por qué se permitió semejante tormenta en el el mar estando Cristo en un bote? La respuesta está en el v. 27. Y qué propósito maravilloso: Impulsar a su gente a preguntar: «¿Qué hombre es este?» ¡Nuevamente demostró ser el Mesías! Calmar la tormenta tuvo tres resultados.

1. Demostró quién es Jesús: El soberano Señor que tiene todo el poder, incluso sobre la naturaleza.

2. Fortaleció la fe de sus seguidores: la fe en Él como el Mesías y la fe en su cuidado personal como Salvador de ellos.

3. Dejó una ilustración a todas las generaciones de la protección y el poder de Jesús, su protección y poder para librar al hombre de todas las tormentas de la vida (pruebas y experiencias de temor).

No importa cuál sea la tormenta o prueba, ni cuán aterradora sea, Cristo tiene poder para librarnos y causar la calma más segura. Pocas pruebas podrían ser tan aterradoras como la de ser sorprendidos por una tempestad en el mar con amenaza de muerte. En esta experiencia Dios demostró su maravillosa protección para librar a los creyentes en las tormentas de la vida.

1. Factor fundamental: auténticos discípulos siguen a Jesús sin condiciones (v. 23).

2. Experiencia aterradora: se levantó gran tempestad (v. 24).

3. Descubrimiento aterrador: el hombre es incapaz de controlar la situación (v. 24).

4. Acercamiento desesperado: Señor, despiérta, sálvanos (v. 25).

5. Pregunta desafiante (v. 26).

6. Liberación fuerte, poderosa: una gran calma (v. 26).

7. Propósito maravilloso (v. 27).

1 (8:23) *Discipulado—negación de sí mismo:* un factor fundamental: auténticos discípulos siguen a Jesús sin condiciones. Las palabras «sus discípulos le siguieron» son significativas. Sus discípulos le siguieron dondequiera que Él iba. Habían hecho una auténtica entrega; ahora estaban comprometidos a seguirle sin importar las circunstancias ni el precio. Una breve mirada a la vida de Pedro (Mt. 8:14-17) nos da una idea del sacrificio que los discípulos hicieron para seguirle. Recuerde, Pedro y los otros dejaron el hogar, pocas veces volvían, al menos durante un tiempo prolongado. ¡Simplemente imagínese el precio, el enorme sacrificio que fue para ellos y sus familias!

«Y decía a todos: si alguno quiere venir en pos de mí niéguese a sí mismo, tome su cruz cada día, y sígame. Porque todo el que quiera salvar su vida, la perderá; y

todo el que pierda su vida por causa de mí, éste la salvará» (Lc. 9:23-24).

«Así, pues, cualquiera de vosotros que no renuncia a todo lo que posee, no puede ser mi discípulo» (Lc. 14:33).

«Porque si vivís conforme a la carne, moriréis; mas si por el Espíritu hacéis morir las obras de la carne, viviréis» (Ro. 8:13).

«Y ciertamente, aun estimo todas las cosas como pérdida por la excelencia del conocimiento de Cristo Jesús, mi Señor, por amor del cual lo he perdido todo, y lo tengo por basura, para ganar a Cristo» (Fil. 3:8).

Pensamiento 1. ¿Cuántas personas están dispuestas a seguir a Jesús sin importar las circunstancias, el precio y el sacrificio que ello demanda?

«El que ama a padre o madre más que a mí, no es digno de mí; el que ama a hijo o hija más que a mí, no es digno de mí; y el que no toma su cruz y sigue en pos de mí, no es digno de mí» (Mt. 10:37-38).

Pensamiento 2. No todos siguen a Jesús. La distancia alrededor del lago era solamente de doce millas; cruzar el lago eran ocho millas. Jesús podría haber preferido, sin problema, rodear el lago, pero escogió atravesarlo para poder descansar y compartir esta experiencia con sus discípulos. Pero note: ahora no hay mención de que le siguieran las multitudes como le siguieron después del sermón del monte (8:1). ¿Por qué no le seguían?

1) ¿Por la distancia adicional? (¿Era demasiado grande el esfuerzo requerido para seguir a Jesús?)

2) ¿Las potenciales tormentas del viaje? (El viaje requerido para seguir a Jesús implicaba demasiadas tormentas de abuso, ridículo, persecución e interrogantes).

3) ¿El precio del pasaje? (El precio para seguir a Jesús implicaba demasiado sacrificio; renunciar a demasiadas comodidades).

4) ¿Incredulidad y disgusto referidos a los milagros de Jesús?

2 (8:24) *Pruebas—problemas—aflicciones:* una experiencia aterradora; se levantó gran tempestad. Fue una experiencia por demás aterradora; la vida misma de los apóstoles estaba en peligro (v. 25). Las olas cubrían el bote (v. 24). Era por así decir, la prueba de las pruebas. Si Jesús podía enseñarles su protección a través de esta experiencia, ellos sabrían que él podía protegerlos en cualquier tempestad o prueba.

Note tres cosas.

1. La tormenta se levantó súbitamente, en forma inesperada: «he aquí que se levantó».

2.   Era una gran tormenta, las olas cubrían el bote.

3.   La tormenta ponía en peligro sus vidas: «Señor ... perecemos» (v. 25).

> «Pero como las chispas se levantan para volar por el aire, así el hombre nace para la aflicción» (Job 5:7).

> «El hombre nacido de mujer, corto de días y hastiado de sinsabores» (Job 14:1).

> «Me rodearon ligaduras de muerte, me encontraron las angustias del Seol; angustia y dolor había yo hallado» (Sal. 116:3).

> «Porque todos sus días no son sino dolores, y sus trabajos molestias; aun de noche su corazón no reposa. Esto también es vanidad» (Ec. 2:23).

> «Esperamos paz, y no hubo bien; día de curación, y he aquí turbación» (Jer. 8:15).

Pensamiento 1. A lo largo de la vida nos enfrentamos con muchas tormentas, tormentas aterradoras (para una lista de las tormentas de la vida *véase* nota—Mt. 7:24-25).

1)   Algunas tormentas nos sobrevienen en forma totalmente inesperada. No hay advertencia, ninguna señal de su venida. Pero vienen, y mientras sigamos a Jesús seguirán viniendo.

2)   Algunas tormentas son grandes. Sus olas y repercusión nos golpean. Nos avasallan y amenazan con encerrarnos.

3)   Algunas amenazan la vida. No vemos escapatoria, ninguna salida, ninguna liberación. Aparentemente no hay camino para seguir, al menos no en las circunstancias dadas.

Pensamiento 2. La naturaleza en sí puede parecer calma y segura; puede parecer serena e inofensiva. Pero sus tormentas se pueden levantar rápidamente, inesperadamente. Algunas personas quedan aterradas por los inmensos nubarrones que se suceden uno a otro, el rugir del trueno, la luz de los relámpagos, y los torrentes de la lluvia. La tormenta es peligrosa y amenaza la vida de cualquiera que no tiene refugio ni protección.

El cuadro es igualmente cierto con algunas pruebas de la vida: pruebas que todos tienen o tendrán. Lo que necesitamos es el refugio y la protección de Jesucristo mismo.

ESTUDIO A FONDO 1
(8:24) *Mar de Galilea: véase* Estudio a fondo 1—Mr.1:16.

3 (8:24) *Desamparo—debilidad:* un descubrimiento aterrador. El hombre es incapaz de controlar la situación. Este aterrador descubrimiento era doble.

1.   Ellos, los pescadores curtidos, confiados en sí mismos, eran incapaces de defenderse en esta tormenta particular. Note los siguientes hechos referidos a los discípulos en la tormenta.

a.   Eran pescadores curtidos. Conocían al mar y al bote; sabían cómo comportarse en cualquier situación o prueba. Lo mismo ocurre con muchos de nosotros. Estamos curtidos por la vida, y sabemos manejar las tormentas de la vida. Creemos que ninguna tormenta puede sobrevenirnos que escape a nuestro control. Somos completamente auto suficientes, al menos eso pensamos y sentimos.

b.   Estaban cara a cara con una tormenta tan grande que eran incapaces de salvarse. Sin duda, habían estado en tormentas antes, pero nunca habían pasado una tormenta tan aterradora como ésta. Algún día cada uno de nosotros tendrá que encarar una *tormenta aterradora*. La *tormenta aterradora* estará fuera de nuestro control. Seremos incapaces de salvarnos.

c.   Estaban atemorizados y aterrados. Eran totalmente indefensos y sin esperanza, abandonados a ellos mismos. Cuando nos golpee la tormenta aterradora nos dejará pasmados, indefensos y sin esperanza.

d.   Aparentemente trataron de manejar la situación sin Jesús hasta que perdieron el control sobre ella (cp. v. 25). Por su puesto, en muchas de nuestras situaciones, esta es la raíz del problema. Falta de confianza y fe en Cristo y el hecho de no llamarlo a tiempo para prevenir la desesperación.

2.   Carecieron de la ayuda inmediata de Jesús. Para ellos, Jesús estaba dormido. Estaba presente, sin embargo, parecía tan distante; parecía estar dormido. Estaba fuera del alcance, desconociendo la desesperante penuria, inconsciente de las necesidades de ellos; es lo que los discípulos pensaban. Cuántas veces nuestra falta de confianza y nuestro pecado nos hacen creer que el Señor no sabe y que está fuera de nuestro alcance, y que nuestra necesidad no lo toca.

> «¡Oh Dios nuestro! ¿no los juzgarás tú? Porque en nosotros no hay fuerza contra tan grande multitud que viene contra nosotros; no sabemos qué hacer, y a ti volvemos nuestros ojos» (2 Cr. 20:12).

> «Si Jehová no edificare la casa, en vano trabajan los que la edifican; si Jehová no guarda la ciudad, en vano vela la guardia» (Sal. 127:1).

> «Conozco, oh Jehová, que el hombre no es señor de su camino, ni del hombre que camina el ordenar sus pasos» (Jer. 10:23).

> «Respondió Juan y dijo: No puede el hombre recibir nada, si no le fuere dado del cielo» (Jn. 3:27).

> « ... porque separados de mí nada podéis hacer» (Jn. 15:5).

> «Yo sé que en mí, esto es, en mi carne, no mora el bien; porque el querer el bien está en mí, pero no el hacerlo» (Ro. 7:18).

> «No que seamos competentes por nosotros mismos para pensar algo como de nosotros mismos, sino que nuestra competencia proviene de Dios» (2 Co. 3:5).

4 (8:25) *Buscando a Dios:* un acercamiento desesperado: Señor, despiérta, sálvanos. ¿Por qué los discípulos llaman ahora a Jesús? ¿Por qué no lo hicieron antes?

• La situación estaba totalmente *fuera de control*, más allá de lo que ellos podían manejar.

• Estaban por perecer, por morir.

• Habían esperado y esperado, tratado de manejar la situación ellos mismos. Eran hombre orgullosos, fuertes, fornidos, capaces, maduros, y orgullosos de su profesión. Siempre habían manejado ellos mismos cada situación; también podrían manejar ésta, es lo que pensaban.

En el análisis final los discípulos confesaron su necesidad de ayuda. Salieron de su orgullo y vinieron a Jesús. Pero note: habían esperado tanto que casi era demasiado tarde hablando humanamente (vv. 24-25). Jesús *se levantó* y escuchó la confesión de ellos.

Pensamiento. Note las importantes lecciones que siguen.

1)   El peligro inminente puede conducirnos a Cristo, pero tenemos que recordar tres cosas cruciales.

a)   Podemos esperar hasta que sea demasiado tarde. Podemos morir y deslizarnos hacia la eternidad antes que nos demos cuenta.

b)   Esperando corremos un terrible riesgo. Pasamos por alto un detalle: la persona que decide esperar hasta el último minuto no es tan sincera respecto de Cristo, y Cristo lo sabe.

c)   Desperdiciamos durante toda la vida el *vivir-vivir realmente en toda la plenitud de la vida*. La vida abundante solamente viene por medio de Cristo; la vida que trae increíble confianza y certeza, seguridad y auto estima, amor y gozo, paz y descanso.

> «Yo he venido para que tengan vida: y para que la tengan en abundancia» (Jn. 10:10).

> «Mas el fruto del Espíritu es amor, gozo, paz, paciencia, benignidad, bondad, fe, mansedumbre, templanza; contra tales cosas no hay ley» (Gá. 5:22-23).

2) Hay un ingrediente que falta tantas veces cuando pedimos que Cristo nos salve; un ingrediente que determina que seamos o no escuchados: un verdadero sentido de necesidad; una súplica desesperada pidiendo la ayuda que está más allá de nosotros mismos, un clamar al Señor mismo; un buscar con diligencia.

> «Pero sin fe es imposible agradar a Dios; porque es necesario que el que se acerca a Dios crea que le hay, y que es galardonador de los que le buscan» (He. 11:6).

3) El clamor de ellos incluía los pasos necesarios para que Cristo nos salve.
    a) Creían que Cristo podía salvarlos, por eso fueron a Él.

> «Porque de tal manera amó Dios al mundo, que ha dado a su Hijo unigénito, para que todo aquel que en él cree, no se pierda, mas tenga vida eterna» (Jn. 3:16).

    b) Confesaron su necesidad de ser salvados; confesaron que estaban pereciendo.

> «Por cuanto todos pecaron, y están destituidos de la gloria de Dios» (Ro. 3:23).

> «Porque la paga del pecado es muerte, mas la dádiva de Dios es vida eterna en Cristo Jesús Señor nuestro» (Ro. 6:23).

    c) Clamaron desesperadamente que Cristo los salve.

> «Porque todo aquel que invocare el nombre del Señor, será salvo» (Ro. 10:13).

> «Que si confesares con tu boca que Jesucristo es el Señor, y creyeres en tu corazón que Dios le levantó de los muertos, serás salvo. Porque con el corazón se cree para justicia, pero con la boca se confiesa para salvación» (Ro. 10:9-10).

4) El clamor desesperado que no cesará despertará al Señor en cuanto a nuestra necesidad. No importa lo que sea, perseverar en oración lo despertará y traerá la respuesta (véanse bosquejo y notas—Mt. 7:7-11).

> «Pedid, y se os dará; buscad y hallaréis; llamad, y se os abrirá. Porque todo aquel que pide, recibe; y el que busca, halla; y al que llama, se le abrirá» (Mt. 7:7-8).

> «Para que busquen a Dios, si en alguna manera, palpando, puedan hallarle, aunque ciertamente no está lejos de cada uno de nosotros» (Hch. 17:27).

> «Mas si de allí buscares a Jehová tu Dios, lo hallarás, si lo buscares de todo tu corazón y de toda tu alma» (Dt. 4:29).

> «Este pobre clamó, y le oyó Jehová, y lo libró de todas sus angustias» (Sal. 34:6).

> «Desde el cabo de la tierra clamaré a ti, cuando mi corazón desmayare» (Sal. 61:2).

> «Buscad a Jehová y su poder; buscad siempre su rostro» (Sal. 105:4).

> «Buscad a Jehová mientras puede ser hallado, llamadle en tanto que está cercano» (Is. 55:6).

> «Y me buscaréis y me hallaréis, porque me buscaréis de todo vuestro corazón» (Jer. 29:13).

5 (8:26) *Temor—incredulidad:* una pregunta desafiante. Los discípulos estaban atravesando dos experiencias humanas, pero solamente *eran conscientes de una*: la experiencia de terrible temor. No veían algo que les era totalmente oculto. Estaban experimentando la causa fundamental del temor: poca fe. Les falta la confianza en Cristo (de que sus vidas estaban totalmente bajo la protección y el cuidado de Jesús). La confianza de ellos era incompleta e inmadura. No estaban seguros de que Jesús fuera consciente de la desesperada necesidad que tenían. Pero Jesús era consciente, así como es consciente de todas las necesidades: siempre. Él fue quien preguntó «¿Por qué teméis?» Es como si estuviera asombrado ante la falta de fe de ellos. (*Véanse* Estudio a fondo 2—Mt. 8:26.)

> «Jesús les dijo: Por vuestra poca fe; porque de cierto os digo, que si tuviéreis fe como un grano de mostaza, diréis a este monte: Pásate de aquí allá, y se pasará; y nada os será imposible» (Mt. 17:20).

> «Jesús le dijo: Si puedes creer, al que cree todo le es posible» (Mr. 9:23).

> «Sobre todo, tomad el escudo de la fe, con que podáis apagar todos los dardos de fuego del maligno» (Ef. 6:16).

> «Pero sin fe es imposible agradar a Dios; porque es necesario que el que se acerca a Dios crea que le hay, y que es galardonador de los que le buscan» (He. 11:6).

> «Y si alguno de vosotros tiene falta de sabiduría, pídala a Dios, el cual da a todos abundantemente y sin reproche, y le será dada. Pero pida con fe, no dudando nada; porque el que duda es semejante a la onda del mar, que es arrastrada por el viento y echada de una parte a la otra» (Stg. 1:5-6).

Pensamiento. Note varias lecciones.
1) Cristo no se molestó que lo llamaran e interrumpieran su sueño. Le molestó el temor y la falta de confianza de ellos. Nunca le molesta nuestro clamor a Él.
2) El discípulo no tiene excusas para el temor. De entre todas las gentes, se espera que los creyentes sean las personas que confían en Él, sabiendo que Él se ocupa de sus vidas. Los creyentes deben conocer el poder sobrenatural de Jesús; se espera de ellos que atraviesen todas las circunstancias con valor, incluso la muerte.
3) Los discípulos se olvidaron de Cristo. Podían haber prevenido gran parte de sus problemas si lo hubieran buscado antes. Como se dijo arriba, trataron de manejar la situación ellos mismos, confiados en su propia habilidad. Cuántas veces andamos confiados en nosotros mismos, sin prestar atención al Señor y a su protección. *Siempre* tenemos necesidad de invocar al Señor; no es preciso esperar hasta el último momento, esperando que entonces se haga presente y responda a nuestra emergencia (1 P. 5:7; Ef. 6:18).
4) Cristo amonesta el temor y la incredulidad. Temor e incredulidad lo deshonran. Son actitudes que dicen al mundo que Cristo no es suficiente. Que no es suficientemente fuerte, y que no se ocupa suficientemente de nosotros en nuestros problemas y pecados. ¡Qué necios somos (Jn. 3:16; 1 P. 5:7; Mt. 11:28-30)!
5) La fe es varias cosas.
    • La fe debe ser el fundamento de nuestras vidas, no una viga de sostén en la emergencia.
    • La fe debe ser nuestra conducta corriente, no el suero en las emergencias.
    • La fe debe ser el pensamiento constante de nuestra mente, no el pensamiento esporádico motivado por la necesidad.
    • La fe debe ser el ruego constante de nuestro corazón, no un desesperado clamor ocasional.
6) Las tormentas y pruebas pueden conducir a un terrible desaliento y temor ...

- el temor de haber ido demasiado lejos para poder volver.
- temor de que a nadie le importe.
- temor de ser una piedra de tropiezo una carga para otros.
- temor de que la vida realmente no tenga sentido.

Pero hay esperanza—*en Cristo*. Él es *el Gran Libertador* del temor. En efecto, Él era el Gran Libertador de todas las pruebas y tentaciones.

«He aquí yo estoy con vosotros todos los días, hasta el fin del mundo» (Mt. 28:20).

«Él dijo: No te desampararé, ni te dejaré» (He. 13:5).

«No os ha sobrevenido ninguna tentación que no sea humana; pero fiel es Dios, que no os dejará sertentados más de lo que podéis resistir, sino que dará también juntamente con la tentación la salida, para que podáis soportar» (1 Co. 10:13).

«No temas en nada lo que vas a padecer ... Sé fiel hasta la muerte, y yo te daré la corona de la vida» (Ap. 2:10).

«Aunque ande en valle de sombra de muerte, no temeré mal alguno; tu vara y tu cayado me infundirán aliento» (Sal. 23:4).

«Jehová es mi luz y mi salvación; ¿de quién temeré? Jehová es *la fortaleza de mi vida*; ¿de quién he de atemorizarme?» (Sal. 27:1).

ESTUDIO A FONDO 2

(8:26) *Temor:* el temor puede ser algo bueno como también algo malo. A veces el temor nos impulsa a responder con más vigor y fuerza, inteligencia y sabiduría, mucho más allá de nosotros mismos. El temor nos puede hacer encarar dos cosas.

1. El temor puede hacernos ver la realidad acerca de nosotros mismos; lo que realmente somos; quienes realmente somos; por qué estamos aquí.

2. El temor puede impulsarnos a encarar nuestra desesperante necesidad; el hecho de no ser perfectos ni completamente autosuficientes, contenidos en nosotros mismos, o adecuados para todas las cosas. No somos lo máximo de la existencia ni un ejemplo de lo que el hombre debe ser. El humanismo y la filosofía humanista (diciendo que el hombre es todo) no son la corona de gloria de la conducta y el pensamiento. Necesitamos desesperadamente encarar el hecho. No importa lo bien que nos conduzcamos o los pensamientos elevados que tengamos, todavía hay terribles tempestades que se abaten sobre nosotros, y que nos tragan como las olas de océano que se siguen una a la otra. Después viene la ola final que nadie puede controlar. La gran ola de la muerte, que nos despoja del aliento de vida. Tenemos que encarar la realidad.

- existen necesidades desesperantes que tienen que ser manejadas.
- nosotros mismo somos incapaces de manejarlas.

3. El temor puede impulsarnos a encarar nuestra necesidad de una ayuda más allá de nosotros mismos.

Al encarar la muerte estamos tan indefensos como lo estuvieron los discípulos. No podemos detener a la muerte. Llegado el momento, morimos. Note también esto: igual que los discípulos, necesitamos ayuda a todo momento. Tal vez no confesamos nuestra necesidad, pero la *necesidad de Cristo* nos acecha siempre, lo reconozcamos o no. Podemos andar día tras día en nuestra propia habilidad, pero si confiáramos en que Cristo nos salva habría una enorme diferencia.

1. Las cosas irían mucho mejor.

«Y sabemos que a los que aman a Dios, todas las cosas les ayudan a bien, esto es, a los que conforme a su propósito son llamados» (Ro. 8:28).

2. La vida sería tanto más suave y pacífica.

«Yo he venido para que tengan vida; y para que la tengan en abundancia» (Jn. 10:10).

«La paz os dejo, mi paz os doy; yo no os la doy como el mundo la da. No se turbe vuestro corazón, ni tenga miedo» (Jn. 14:27).

«Estas cosas os he hablado para que en mí tengáis paz. En el mundo tendréis aflicción; pero confiad, yo he vencido al mundo» (Jn. 16:33).

3. La vida sería tanto más fructífera.

«Mas el fruto del Espíritu es amor, gozo, paz, paciencia, benignidad, bondad, fe, mansedumbre, templanza; contra tales cosas no hay ley» (Gá. 5:22-23).

4. Nuestros corazones y mentes estarían tanto más inundados de seguridad, confianza y esperanza.

«Y la esperanza no avergüenza; porque el amor de Dios ha sido derramado en nuestros corazones por el Espíritu Santo que nos fue dado» (Ro. 5:5; cp. 5:1-5).

«Porque yo ya estoy para ser sacrificado, y el tiempo de mi partida está cercano. He peleado la buena batalla, he acabado la carrera, he guardado la fe. Por lo demás, me está guardada la corona de justicia, la cual me dará el Señor, juez justo, en aquel día; y no sólo a mí, sino también a todos los que aman su venida» (2 Ti. 4:6-8).

«Y ahora, hijitos, permaneced en él, para que cuando se manifieste, tengamos confianza, para que en su venida no nos alejemos de él avergonzados» (1 Jn. 2:28).

«Amados, si nuestro corazón no nos reprende, confianza tenemos en Dios» (1 Jn. 3:21).

[6] (8:26) *Liberación—Jesucristo—poder:* una liberación fuerte, poderosa: una gran calma. Cristo es el soberano Señor sobre toda la naturaleza. Puede hacer lo que Él quiere para cualquiera de nosotros. Se levantó y reprendió a la tormenta, luego hubo instantánea calma. Pero note esto: los discípulos hicieron una lectura equivocada tanto de la situación como de la presencia de Cristo. Cuando despertaron a Cristo, éste inmediatamente señaló el temor de ellos, aún antes de levantarse y responder a la necesidad de ellos.

Esto indica algo de crucial importancia: todos los problemas del mundo son conocidos por Cristo y solucionados providencialmente por Él. No le es necesario apresurarse para solucionarlos. Para el hijo de Dios los problemas no son un peligro o una amenaza. Esto no significa que no hemos de sufrir ni morir, ni que seamos eximidos de terribles pruebas. Era preciso que los discípulos experimentaran esta tormenta y muchas otras tormentas en el futuro. Pero Cristo estaba con ellos, y siempre está con nosotros. Nos va a fortalecer y conducir a través de todas las tormentas de la vida. En efecto, como con los discípulos, Dios usa las tormentas de la vida para enseñarnos a confiar más y más en Él. Si no hubiera pruebas, no habría necesidad de confiar en Él.

Cuántas veces hacemos una lectura equivocada de la presencia de Cristo, pensando que está fuera de nuestro alcance. Y cuántas veces nos equivocamos en cuanto a la tormenta, pensando que está fuera del control suyo. El problema es que no estamos andando suficientemente cerca de Él para ser conscientes de su presencia y protección. Él hablará y calmará la tormenta en el momento más indicado, después de que cada uno haya aprendido lo que debía aprender por medio de las tormentas.

«Y mirándolos Jesús, les dijo: Para los hombres esto es imposible; mas para Dios todo es posible» (Mt. 19:26).

«Y Jesús se acercó y les habló diciendo: Toda potestad me es dada en el cielo y en la tierra» (Mt. 28:18).

«Porque nada hay imposible para Dios» (Lc. 1:37).

«El agita el mar con su poder, y con su entendimiento hiere la arrogancia suya» (Job 26:12).

«Nuestro Dios está en los cielos; todo lo que quiso ha hecho» (Sal. 115:3).

«Aun antes que hubiera día yo era; y no hay quien de

mi mano libre. Lo que hago yo, ¿quién lo estorbará?» (Is.
43:13).

Pensamiento 1. Cristo se levanta cuando es invocado.
Cuando somos sinceros al orar, Él se levanta para
ayudarnos. Él se para y enfrenta la situación, supliendo
nuestras necesidades más allá de lo que pedimos, de la
mejor forma posible.

**«Y de igual manera el Espíritu nos ayuda en
nuestra debilidad; pues qué hemos de pedir como
conviene, no lo sabemos, pero el Espíritu mismo
intercede por nosotros con gemidos indecibles»** (Ro.
8:26).

**«Y a Aquel que es poderoso para hacer todas las
cosas mucho más abundantemente de lo que pedimos
o entendemos, según el poder que actúa en nosotros»**
(Ef. 3:20).

Pensamiento 2. Note dos cosas.
1) Cristo puede calmar cualquier tormenta de la vida para
nosotros.
2) Cristo puede fortalecernos para atravesar cualquier
tormenta de la vida.

**«Bendito sea el Dios y Padre de nuestro
Señor Jesucristo, Padre de misericordias y Dios
de toda consolación, el cual nos consuela en todas
nuestras tribulaciones, para que podamos
también nosotros consolar a los que están en
cualquier tribulación, por medio de la
consolación conque nosotros somos consolados
por Dios»** (2 Co. 1:3-4).

**«Porque a vosotros os es concedido a causa
de Cristo, no sólo que creáis en él, sino también
que padezcáis por él»** (Fil. 1:29).

**«Amados, no os sorprendáis del fuego de
prueba que os ha sobrevenido, como si alguna
cosa extraña aconteciese, sino gozaos por cuanto
sois participantes de los padecimientos de
Cristo, para que también en la revelación de su
gloria os gocéis con gran alegría»** (1 P. 4:12-13).

(8:27) *Poder:* un propósito maravilloso. Los discípulos se
maravillaron; nunca habían visto algo semejante, aun los vientos y
el mar le obedecían. (*Véase* nota—Mt. 8:23-27.)
1. Ahora ellos sabían mejor lo que significaba llamarle
«Señor». Él era el soberano Señor que poseía todo el poder sobre la
naturaleza, el mismo poder que los profetas de la antigüedad
proclamaron de Dios.
2. Ahora también sabían mejor lo que significaba confiar en
Dios y en su palabra. Él era capaz de controlar incluso los elementos
de la naturaleza. Ahora podían depender de su poder seguros que Él
podía hacer lo que fuere necesario. En Él estaba disponible el poder
para controlar todas las cosas y hacer todas las cosas.

**«De cierto, de cierto os digo: El que en mí cree, las
obras que yo hago, él las hará también; y aun mayores
hará, porque yo voy al Padre»** (Jn. 14:12).

**«Y a Aquel que es poderoso para hacer todas las cosas
mucho más abundantemente de lo que pedimos o
entendemos, según el poder que actúa en nosotros»** (Ef.
3:20).

**«Por lo cual Dios también le exaltó a los sumo, y le
dio un nombre que es sobre todo nombre, para que en el
nombre de Jesús se doble toda rodilla de los que están en
los cielos, y en la tierra, y debajo de la tierra; toda lengua
confiese que Jesucristo es el Señor, para gloria de Dios
Padre. Por tanto, amados míos, como siempre habéis
obedecido, no como en mi presencia solamente, sino mucho
más ahora en mi ausencia, ocupaos en vuestra salvación
con temor y temblor»** (Fil. 2:9-12).

**«Porque no nos ha dado Dios, espíritu de cobardía,
sino de poder, de amor y de dominio propio»** (2 Ti. 1:7).

1 Jesús fue adonde ningún hombre iría
a. A los poseídos del mal
b. A los muertos
c. A los feroces

d. A los desafiantes

e. A los malignos, devoradores, destructores

F. Jesús echa fuera demonios: salvando a los hombres,[EF1] **8:28-34**
(Mr. 5:1-20; Lc. 8:26-40)

28 Cuando llegó a la otra orilla, a la tierra de los gadarenos, vinieron a su encuentro dos endemoniados que salían de los sepulcros, feroces en gran manera, tanto que nadie podía pasar por aquel camino. 29 Y clamaron diciendo: ¿Qué tienes con nosotros, Jesús, Hijo de Dios? ¿Has venido acá para atormentarnos antes de tiempo? 30 Estaba paciendo lejos de ellos un hato de muchos cerdos.

31 Y los demonios le rogaron diciendo: Si nos echas fuera, permítenos ir a aquel hato de cerdos. 32 El les dijo: Id. Y ellos salieron, y se fueron a aquel hato de cerdos; y he aquí, todo el hato de cerdos se precipitó en el mar por un despeñadero, y perecieron en las aguas. 33 Y los que los apacentaban huyeron, y viniendo a la ciudad, contaron todas las cosas, y lo que había pasado con los endemoniados. 34 Y toda la ciudad salió al encuentro de Jesús; y cuando le vieron, le rogaron que se fuera de sus contornos.

2 Jesús salvó a los que nadie podía alcanzar[EF2]
a. El poder de su palabra «Id»
b. Resultado: los demonios fueron expulsados y exorcisados

3 Jesús fue rechazado nuevamente por hombres codiciosos
a. Los codiciosos oyeron de la presencia del Señor y de su proceder
b. Los codiciosos no se identificaron con Él: «cuando le vieron»
c. Los codiciosos lo rechazaron y expulsaron

F. Jesús echa fuera demonios: salvando a los hombres, 8:28-34

(8:28-34) *Introducción—malos espíritus—Mesías:* en esta experiencia Jesús estaba haciendo dos cosas.

1. Jesús estaba demostrando su poder para librar a los hombres de las fuerzas más tenebrosas imaginables: a hombres poseídos por «demonios» (malos espíritus). Quería que el mundo supiera que Él había combatido y conquistado a las fuerzas del mal.

    a. «Porque no tenemos lucha contra sangre y carne, sino contra *principados*, contra *potestades*, contra los gobernadores de las tinieblas de este siglo, contra huestes espirituales de maldad en las regiones celestes» (Ef. 6:12).

    b. En la cruz Cristo «despojó a los principados y a las potestades»; Cristo «los exhibió públicamente, triunfando sobre ellos» (Col. 2:15; cp. He. 2:14-15). Esto significa que ...

- la profundidad del mal fue vista *abiertamente* al tomar la vida del Hijo de Dios.
- al sufrir la muerte en la cruz el Hijo de Dios *mostró abiertamente* cuán extremadamente malos son los principados y potestades.

Pero contrariamente a los que esperaban esos principados, estando en la cruz Cristo llevó los pecados de todo el mundo, «triunfando sobre» las fuerzas del mal (1 P. 2:24; *véase* Estudio a fondo 2—Ro. 8:3; cp. Mt. 5:17-18).

    c. Pero Dios, «resucitándole de los muertos y sentándole a su [Dios] diestra ... Sobre todo principado y autoridad y poder y señorío, y sobre todo nombre que se nombra, no sólo en este siglo, sino también en el venidero» (Ef. 1:20-21).

    d. Ahora proclama la esperanza más gloriosa para el hombre.

        «Toda potestad me es dada en el cielo y en la tierra» (Mt. 28:18).
        «[El] la cabeza de todo principado y potestad» (Col. 2:10).

    e. ¿Por qué no toma ahora mismo el control de todo?

¿Por qué no ha asumido ya el reino soberano del universo?

    «El Señor no retarda su promesa, según algunos la tienen por tardanza, sino que es paciente para con nosotros, no queriendo que ninguno perezca, sino que todos procedan al arrepentimiento» (2 P. 3:9; cp. 3:3-4, 8-18).

2. Jesús estaba demostrando que busca hombres en todas partes. Quiere que todos los hombres sean salvados, aun los *más salvajes y ordinarios*. Y quiere que todos sepan que ha salido a salvar a todos, aun *al peor de los hombres*. Por eso, salió para salvar a dos hombres tan *poseídos de demonios* como era posible. Nosotros tal vez evitemos a los más salvajes y ordinarios, tal vez tengamos poco que ver con los que están en condiciones malas, pero Cristo anhela salvarlos.

1. Jesús fue adonde ningún hombre iría (vv. 28-31).
2. Jesús salvó a los que nadie podía alcanzar (v. 32).
3. Jesús fue rechazado nuevamente por hombres codiciosos (vv. 33-34).

ESTUDIO A FONDO 1

(8:28-34) *Malos espíritus—demonios—Satanás:* la Biblia enseña que en el mundo espiritual existen seres malos así como en este mundo existen hombres que son malos. La Biblia llama a estos seres: «*malos espíritus*». Note que la misma palabra *malo* es usada para nombrarlos y describir exactamente su naturaleza y misión. «Malos espíritus» aparentemente tienen un líder malo llamado *el malo*. A veces es llamado por otros nombres para describir la terrible obra que ha determinado hacer para desafiar a Dios (para mayor discusión *véase* Estudio a fondo 1—Ap. 12:9).

Algunas personas niegan una *fuerza del mal* en un mundo invisible, pero la persona que acepta a la Biblia como Palabra autoritativa de Dios acepta lo que ella enseña en cuanto a la presencia del mal.

Quienes niegan a los espíritus malos creen que una sociedad civilizada y científica tiene un entendimiento mayor; sencillamente es demasiado inteligente para aceptar *seres malos* en un mundo invisible y que tengan el poder de poseer, obsesionar y oprimir a los hombres. Tres razones fundamentales conducen a esta conclusión.

1. La existencia de espíritus malos en un mundo invisible no puede ser probada científicamente.

2. El comportamiento de los así llamados *espíritus malos* aparentemente es más frecuente y más acentuado en sociedades no científicas y que tienden a acentuar la existencia de malos espíritus.

3. El comportamiento de los *poseídos* supuestamente no es otra cosa que enfermedad mental.

Hay inmensos problemas con la negación de un espíritu malo detrás del mundo visible. Dicha negación sencillamente deja tantos interrogantes sin respuesta.

1. ¿Cómo puede la *enfermedad mental* explicar conductas tales como las que tantas veces se vieron en el escenario de la historia humana? Considere a Hitler y a otros asesinos de masas, y las muchas otras atrocidades humanas cometidas contra la gente. En realidad, diversos hechos militan contra la enfermedad mental como explicación de toda conducta inhumana.

    a. El hecho de que tantas personas que hicieron mucho daño fueron criadas en los brazos de una madre o de alguna otra persona que las cuidaba. La enfermedad mental señala hacia una desviaciones de la crianza sana. Pero en realidad las desviaciones en ninguna manera corresponden a las terribles atrocidades cometidas. Y la desviación de la conducta normal no siempre varía tanto, al punto de ser cometida la terrible atrocidad.

    b. Un ser humano, mentalmente enfermo no puede conducirse prolongadamente entre gente sana sin ser descubierta. La verdadera enfermedad mental no puede fingir tanto y con tanta frecuencia. Su conducta se desvía con la frecuencia suficiente para permitir a los otros reconocer una conducta anormal. Una persona mentalmente enferma puede ser detectada y alcanzada por personas que la aman.

    c. Una persona mentalmente enferma no puede moverse entre un número grande de líderes sanos y convencerlos a todos a cometer atrocidad tras atrocidad. Visto con realismo tiene que haber más que enfermedad mental detrás del comportamiento inhumano que engaña (enceguece) y y es tan terriblemente destructivo.

2. La afirmación de que la *conducta aparentemente demónica* exista más en sociedades no industrializadas tiene dos errores.

    a. Es una afirmación discutible, aunque tal vez sea cierta. Pero el tema es este: una sociedad científica dominada por la incredulidad tiende a adjudicar el comportamiento anormal a cualquier cosa que crea ser la causa del defecto. Por eso ...

        • la conducta anormal siempre es adjudicada a una enfermedad mental.

        • la conducta anormal severa es señalada como inexplicable o debida a una diversificación completa (división) de la personalidad.

        Sin embargo, afirmar que algo es inexplicable o presentar un nuevo nombre no resuelve la realidad, la realidad de lo que en verdad existe. (No hay tanta diferencia entre la creencia psicológica de dos personalidades completas dentro de un cuerpo y la creencia escritural de que dos personas diferentes pueden *poseer* un mismo cuerpo: el propio hombre y el espíritu malo).

    b. La Biblia afirma que los espíritus malos del mundo invisible son de elevada inteligencia y engañosos.

    • Cuando un hombre piensa que «anda en luz» (iluminado o científico), la Biblia dice que el malo se viste como ángel de luz y utiliza las estrategias de la luz. Por eso, es natural que los hombres llamen a la conducta anormal por algún término natural o humanístico como es *enfermedad mental* (2 Co. 11:14-15; Ef. 6:11).

    • Cuando una persona cree en espíritus malos y abre su vida a tales espíritus, el malo utiliza estrategias de lo que los hombres llaman *espíritus de tinieblas*.

1 (8:28-31) *Jesús—misión:* Jesús fue adonde ningún hombre iría.

1. Jesús fue a las personas poseídas por el mal. Estos dos hombre estaban tan poseídos como nadie lo estuvo antes. (Cp. Marcos y Lucas para tener un cuadro completo del sufrimiento de ellos.) Estaban tan poseídos, y actuaban con tanta insanía que nadie se atrevía a extenderles una mano de ayuda. En efecto, nadie se osaba acercarse a ellos. Sin embargo, Cristo se preocupa por todos y equitativamente. Se preocupó por estos dos tanto como por cualquier otro. Y quiere que su pueblo se preocupe y se extienda hacia todos, no importa cuán deteriorada su condición. Cristo iba a demostrar tal preocupación a todas las generaciones sucesivas, de modo que fue adonde nadie se atrevería ir. Fue hacia aquellos que eran un ejemplo de hombres *poseídos por demonios*.

2. Jesús fue a los muertos. Note dos cosas.

    a. Estos hombres vivían entre los sepulcros, en el cementerio.

    b. Representaban a los *vivientes muertos:* todos los hombres sin Cristo están «muertos en sus pecados». La diferencia entre los dos hombres poseídos y todos los demás es que éstos ofrecían el cuadro de los peores *vivientes muertos*. Sencillamente muestra cuánto pueden distanciarse algunos de Dios y de sus familias y amigos. Pueden estar tan poseídos del mal que queden completamente separados tanto de Dios como del hombre, como viviendo entre los muertos (cp. Ef. 2:1-3; 5:14; Col. 2:13).

    «Era necesario hacer fiesta y regocijarnos, porque este tu hermano era muerto, y ha revivido; se había perdido y es hallado» (Lc. 15:32).

    «Pero la que se entrega a los placeres, viviendo está muerta» (1 Ti. 5:6).

    «Escribe al ángel de la iglesia en Sardis: El que tiene los siete espíritus de Dios, y las siete estrellas, dice esto: Yo conozco tus obras, que tienes nombre de que vive, y estás muerto» (Ap. 3:1).

    «El hombre que se aparta del camino de la sabiduría vendrá a parar en la compañía de los muertos» (Pr. 21:16).

Pensamiento. Note dos cosas.

1) A donde puede llevar la profundidad del mal: «A estar entre los muertos».

2) Hasta qué extremo puede ir una persona en entregarse al *mal* o a los *demonios*; puede arruinar literalmente su vida. Todos conocemos a algunas personas que se han entregado tanto al mal que han caído a las profundidades. Se han separado tanto de los otros que viven como «entre los muertos».

3) Jesús fue a los feroces. Algunas personas son peligrosas; están tan entregadas al mal que se convierten en amenaza a cualquier persona. Los dos hombres poseídos eran «feroces en gran manera». Amenazaban a cualquiera que pasaba por allí.

Pensamiento. ¿Por qué eran feroces los dos hombres poseídos? ¿Por qué se vuelven feroces y peligrosos los hombres?

1) Algunos se entregan, paso por paso, al mal. Paulatinamente crecen en el mal. Transitan por tanto tiempo en el orgullo y la envidia, el egoísmo y la codicia que finalmente se rebelan contra todo dar de sí mismos. Reaccionan con malicia y venganza contra todo aquel que pretende un trato egalitario. La estimulación sensual y las cosas materiales, riqueza, reconocimiento y poder, y las cosas del mundo llegan a ser la ambición de sus vidas, y en ellas fijan su atención. Tanto tiempo transitan en ello que terminan obsesionados y poseídos; reaccionan con enojo y contra toda posición o relación que no satisface sus deseos.

2) Algunos se vuelven ego céntricos, centrados en sí mismos, y en ello transitan tanto tiempo que reaccionan violentamente cuando no reciben la atención y el reconocimiento que desean o si no obtienen lo que quieren. Se comportan con tanto egoísmo que terminan «poseídos por demonios».

3) Algunos se entregan tanto al mal que terminan poseídos del mal. Son capaces de actuar y reaccionar con tanta frialdad que toda otra persona se vuelve en nada más que una prenda de sus apuestas. Si alguien expresa una posición diferente, inmediatamente se constituye en amenaza.

4) Algunas personas son ignoradas, olvidadas, rechazadas y abusadas durante tanto tiempo que se apartan y se convierten en víctimas de la posesión de las reacciones negativas del mal: egoísmo, compasión propia, enojo, hostilidad, malicia, amargura, venganza y así sucecivamente.

Cuando el corazón no está lleno de Dios, se llena del ego y del mal, y a veces da lugar a enojo y ferocidad contra personas y posiciones. No hay excepción; toda persona sin Dios experimenta algún enojo y ferocidad durante su travesía sin Dios. Algunos van al extremo de ser poseídos de *un espíritu malo y feroz*.

4. Jesús fue a los desafiantes. Los hombres se rebelan contra Dios; a los ojos de Dios la rebelión es desafío, es decir, rechazo de Dios y de su voluntad. Estos hombres se rebelaron y fueron desafiantes a más no poder. Note tres hechos.
  a. Protestaron contra la presencia de Jesús; «clamaron» desafiando la presencia de Jesús. ¿Cuántos de nosotros protestamos y pasamos por tiempos en que no queremos la presencia de Dios?
  b. Reconocieron que Él era el Hijo de Dios. Reconocieron algo que actualmente muchos se niegan a reconocer.
  c. Reconocieron un día de tormento, de juicio venidero. Hicieron algo que mucho tratan de negar.

Pensamiento. Note varias lecciones importantes.
1) No es el conocimiento de la existencia de Dios lo que convierte a una persona en hijo de Dios. Es amor; el amor de Dios y el amor del hombre. La persona que se extiende realmente hacia Dios y hacia el semejante es nacido de Dios.
  «Tú crees que Dios es uno; bien haces. También lo demonios creen, y tiemblan» (Stg. 2:19).
  «Amados, amémonos unos a otros; porque el amor es de Dios. Todo aquel que ama, es nacido de Dios, y conoce a Dios. El que no ama, no ha conocido a Dios; porque Dios es amor. En esto se mostró el amor de Dios para con nosotros, en que Dios envió a su Hijo unigénito al mundo, para que vivamos por él» (1 Jn. 4:7-9; cp. 10-11).

2) Los espíritus malos no tienen nada que ver con Cristo. Cristo no vino para salvar a ángeles caídos sino a hombres caídos. Cristo fue a un cementerio para salvar a estos dos hombres. Irá a cualquier lugar, para salvar a cualquier persona. ¿Cuánto más debemos nosotros estar dispuestos a ir a cualquier lugar para alcanzar a hombres caídos?
  «Que Dios estaba en Cristo reconciliando consigo al mundo, no tomándoles en cuenta a los hombres sus pecados, y nos encargó a nosotros la palabra de la reconciliación. Así que, somos embajadores en nombre de Cristo, como si Dios rogase por medio de nosotros; os rogamos en nombre de Cristo: Reconciliaos con Dios» (2 Co. 5:19-20).

3) Algunos hombres reaccionan contra Jesucristo como estos espíritus malos.
  a) Pueden llamar a Jesucristo el Hijo de Dios y sin embargo, no tener nada que ver con Él.
  b) Pueden reconocer un futuro día de tormento y, sin embargo, no tener nada que ver con Él.
  c) Pueden rechazara Cristo, protestar contra su presencia, oponerse a su derecho de controlar sus vidas, rebelarse contra sus interferencias, incluso aborrecerlo y sentir animosidad contra él.

4) Algunas personas pueden sentirse carcomidos por la pregunta: ¿Acaso tenemos algo que ver con Dios? El hombre es el tema de interés de Dios, y que una persona se haga esta pregunta es buena señal. Esa persona puede encontrar a Dios y encontrar liberación si busca con diligencia a Dios.
  «Pero sin fe es imposible agradar a Dios; porque es necesario que el que se acerca a Dios crea que le hay, que es galaronador de los que le buscan» (He. 11:6).
  «Buscad a Jehová y su mover; Buscad siempre su rostro» (Sal. 105:4).
  «Y me buscaréis y me hallaréis, porque me buscaréis de todo corazón» (Jer. 29:13).

5. Jesús va a los maliciosos, devoradores, destructores. Dice que son los espíritus malos los que hablan aquí. Reconocieron la soberanía de Jesús. Note cómo los *malos espíritus* pensaron y obraron.
  a. Estaban morando en estos hombres hiriéndolos física, mental y espiritualmente.
  b. Querían (en caso de ser exorcisados de los cuerpos humanos) herir a otros hombres dañando y destruyendo su propiedad.
  c. Querían (en caso de ser exorcisados) mantener a otra gente alejada de Cristo destruyendo la propiedad de ellos e impulsándolos a culpar a Dios por la devastación y pérdida.
  «Sed sobrios, y velad; porque vuestro adversario el diablo, como león rugiente, anda alrededor buscando a quien devorar» (1 P. 5:8).
  «Pero si nuestro evangelio está aún encubierto, entre los que se pierden está encubierto; en los cuales el Dios de este siglo cegó el entendimiento de los incrédulos, para que no les resplandezca la luz del evangelio de la gloria de Cristo, el cual es la imagen de Dios» (2 Co. 4:3-4).
  «Porque no tenemos lucha contra sangre y carne, sino contra principados, contra potestades, contralos gobernadores de las tinieblas de este siglo, contra huestes espirituales de maldad en las regiones celestes» (Ef. 6:12).
  «...Al que tenía [el diablo] el imperio de la muerte» (He. 2:14).

Pensamiento 1. Jesucristo fue a donde ninguna otra persona iría. Fue a los malos, a quienes devoran y destruyen. Y por el hecho de ir pudo librar a dos hombres.

«Como el Hijo del Hombre no vino para ser servido, sino para servir, y para dar su vida en rescate por muchos» (Mt. 20:28).

«Al oír esto Jesús, les dijo: Los sanos no tienen necesidad de médico, sino los enfermos. No he venido a llamar a justos, sino a pecadores» (Mr. 2:17).

«Porque el Hijo del hombre vino a buscar y a salvar lo que se había perdido» (Lc. 19:10).

2 (8:32) *Salvación—purificación espiritual:* Jesús salvó a aquellos que nadie podía salvar.

1. El poder de su Palabra. El poder del diablo podrá ser grandes, pero la Palabra de Cristo es omnipotente (todopoderosa).

«Y Jesús se acercó y les habló diciendo: Toda potestad me es dada en el cielo y en la tierra» (Mt. 28:18).

«Porque mayor es el que está en vosotros, que el que está en el mundo» (1 Jn. 4:4).

«Si Dios es por nosotros, ¿quién contra nosotros?» (Ro. 8:31ss). Lea todo el pasaje para obtener un cuadro descriptivo del amor y poder del Señor.

2. El resultado de su Palabra. Los hombres fueron salvados y los malos espíritus fueron echados fuera. Cristo tiene el poder para librar y salvar. Solamente tiene que decir «Sal fuera» para que el mal que moraba en el hombre se haya ido. El hombre es librado de todo mal: de su presencia, culpa, y consecuencias. El hombre es salvado «perpetuamente» (He. 7:25).

«Como le has dado potestad sobre toda carne, para que dé vida eterna a todos los que le diste» (Jn. 17:2).

«Cómo Dios ungió con el Espíritu santo y con poder a Jesús de Nazaret, y cómo éste anduvo haciendo bienes y sanado a todos los oprimidos por el diablo, porque Dios estaba con él» (Hch. 10:38).

«Que no tiene necesidad cada día, como aquellos sumos sacerdotes, de ofrecer primero sacrificios por sus propios pecados, y luego por los del pueblo; porque esto lo hizo una vez para siempre, ofreciéndose a sí mismo» (He. 7:27).

Pensamiento 1. Nos puede parecer que algunas personas no tienen esperanza. Se pueden enfurecer, rebelar y desafiar a Dios; pero Cristo puede alcanzarlos y los alcanzará. Simplemente tenemos que ir a ellos en el nombre de nuestro Señor, y nuestro Señor tiene el poder de librarlos y salvarlos. Precisamente ese es el propósito de esta experiencia. Es una demostración del poder de Cristo para salvar a las personas que son prisioneras de las profundidades de las tinieblas.

Pensamiento 2. El poder de Cristo es poderoso y totalmente suficiente para suplir toda necesidad. Los dos espíritus malos eran de los peores que se hayan descrito, sin embargo fueron echados fuera y los hombres fueron librados.

ESTUDIO A FONDO 2

(8:32) *Espíritu malo:* se impone aquí una pregunta referida a los cerdos que fueron muertos (Mt. 8:30-32). Eran aproximadamente dos mil cerdos (Mr. 5:13). ¿Por qué fueron muertos? Al discutir esto es notorio que no fue Cristo quien los mató. Por supuesto, Él sabía que serían muertos; pero fueron los espíritus malos los que los desbarrancaron. ¿Por qué permitió Cristo que sus dueños sufrieran semejante pérdida?

Hay varias respuestas posibles.

1. Ello era una señal visible de que los dos poseídos fueron realmente librados de las espíritus malos. Todo el mundo sabía, sin lugar a dudas, que los dos estaban poseídos. Solo un hecho dramático podía dar una prueba incuestionable.

2. Fue para convencer a aquellos que no creían en los malos espíritus que definitivamente existen y se posesionan de los cuerpos. (Personas incrédulas como los saduceos y otros pensadores liberales de aquellos días tenían que ver la verdad.)

3. Fue para enseñar obediencia y santidad. Para los judíos era ilegal poseer y comer cerdos (Lc. 11:7; cp. Is. 65:3-4; 66:17). Si los propietarios eran judíos (lo que probablemente eran), estaban pecando contra la ley. De esta manera Jesús estaba enseñando que su presencia demandaba santidad y obediencia a la ley.

4. Fue para enseñar el valor del alma humana. Los dos hombres poseídos eran por mucho de más valor que cualquier cantidad de riqueza material, y tanto más si dicha riqueza era obtenida por medios ilegales.

5. Fue para atraer la atención y abrir la puerta a la evangelización de la zona vecina. Sin duda se difundirían las noticias sobre la presencia del Mesías impulsando a la gente a abrir sus corazones para recibir el mensaje de los endemoniados sanados (Lc. 8:38-40).

6. Fue para destacar la santidad de Jesús e impulsar a la gente a reconocerla; de esta manera el corazón que buscaba a Dios y era honesto se abriría a la salvación (Lc. 8:38-40).

7. Fue para sacudir a las personas avaras de que eran prisioneras de la codicia. Estaban condenadas a menos que renunciaran a sus posesiones materiales volviéndose al Mesías (Mt. 19:16-26). Esta pudo haber sido la mejor forma y la única oportunidad para despertarlos a su necesidad y al poder de Cristo para librarlos.

8. Fue para mostrar y revelar la verdadera naturaleza de los espíritus malos (*véanse* bosquejo y nota, pt. 3—Mr. 5:8-13).

3 (8:33-34) *Codicia—Jesucristo, respuesta—rechazo:* nuevamente, Jesús fue rechazado, por nadie más que por los hombres avaros (*véase* nota—Mt. 8:32).

1. Los avaros oyeron de la presencia del Señor y de lo que hizo. Los que cuidaban el rebaño fueron corriendo a la ciudad para informar lo que había ocurrido. Note: toda la ciudad salió al encuentro de Jesús y todos reaccionaron contra la pérdida de la riqueza. No reconocieron nada del bien que se había hecho.

a. El hecho de tener lugar una gran liberación fue un bien. Dos hombres sin esperanza habían sido sanados y librados.

b. La verdad referida a los cerdos fue un bien. Cualesquiera fuesen la razones detrás de la destrucción de los cerdos, aquello fue para el bien de tos los involucrados (*véase* Estudio a fondo 1—Mt. 8:32).

2. Aquellos avaros sintieron que no tenían nada en común con Cristo. «Cuando le vieron», vieron solamente a un hombre que les había destruido su propiedad. Eran ciegos a la obra gloriosa y a la liberación de los dos hombres poseídos. Ellos no pensaban en la salvación, pensaban en negocios. Sus pensamientos eran prisioneros de la pérdida material, no de la ganancia celestial.

Pensamiento 1. Cuando los avaros ven al Señor, experimentan una respuesta inmediata: sienten que no tienen nada en común con Cristo y con sus demandas de negación propia (*véase* Estudio a fondo 1—Lc.9:23).

Pensamiento 2. La actitud del Señor y sus demandas en cuando a las posesiones materiales son restrictivas (*véanse* bosquejo, notas y pensamientos—Mt. 6:19-24; 6:25-34). El hombre avaro es obligado, o bien a arrepentirse, es decir, volverse de toda búsqueda material, o bien de rechazar abiertamente a Cristo (Mt. 19:16-22).

3. Aquellos hombres avaros rechazaron y expulsaron a Cristo. No vinieron para ser salvados por el Mesías, sino para expulsarlo. Lo expulsaron a Él que tenía el poder de expulsar a todas las fuerzas del mal que habían aprisionado las vidas de ellos y que los estaban llevando barranca a bajo a la destrucción material.

«No améis al mundo, ni las cosas que están en el mundo. Si alguno ama al mundo, el amor del Padre no está en él. Porque todo lo que hay en el mundo, los deseos de la carne, los deseos de los ojos, y la vanagloria de la vida, no proviene del Padre, sino del mundo» (1 Jn. 2:15-16).

«Porque ¿qué aprovechará al hombre, si ganare todo el mundo, y perdiere su alma? ¿O qué recompensa dará el hombre por su alma?» (Mt. 16:26).

«Y a cualquiera que me niegue delante de los hombres, yo también le negaré delantede mi Padre que está en los cielos» (Mt. 10:33).

«Porque el que se avergonzare de mí y de mis palabras en esta generación adúltera y pecadora, el Hijo del Hombre se avergonzará también de él, cuando venga en la gloria de su Padre con los santos ángeles» (Mr. 8:38).

«El que ama el dinero, no se saciará de dinero; y el que ama el mucho tener, no sacará fruto. También esto es vanidad» (Ec. 5:10).

«¿Por qué gastáis el dinero en lo que no es pan, y vuestro trabajo en lo que no sacia? Oídme atentamente, y comed del bien, y se deleitará vuestra alma con grosura?» (Is. 55:2).

	G. Jesús sana a un paralítico: perdonando pecados,[EF1] 9:1-8 (Mr. 2:1-12; Lc. 5:17-26)	pensamientos de ellos, dijo: ¿Por qué pensáis mal en vuestros corazones?	poder para perdonar pecados
1 Jesús dejó a Gádara y vino a Capernaum **2 Se demostró su poder de perdonar pecados** a. Los amigos: trajeron al discapacitado a Jesús b. Gran fe de los amigos c. Compasión de Jesús: perdonó sus pecados[EF2] **3 Se cuestionó su poder de perdonar pecados; se le acusó de blasfemia**[EF3, 4] **4 Jesús demostró su**	Entonces, entrando Jesús en la barca, pasó al otro lado y vino a su ciudad. 2 Y sucedió que le trajeron un paralítico, tendido sobre una cama; y al ver Jesús la fe de ellos, dijo al paralítico: Ten ánimo, hijo; tus pecados te son perdonados. 3 Entonces algunos de los escribas decían dentro de sí: Este blasfema. 4 Y conociendo Jesús los	5 Porque, ¿qué es más fácil, decir: Los pecados te son perdonados, o decir: Levántate y anda? 6 Pues para que sepáis que el Hijo del Hombre tiene potestad en la tierra para perdonar pecados (dice entonces al para-lítico): Levántate, toma tu cama y vete a tu casa. 7 Entonces él se levantó y se fue a su casa. 8 Y la gente, al verlo, se maravilló y glorificó a Dios, que había dado tal potestad a los hombres.	a. Reveló que conocía el rechazo de ellos b. Sugirió algo: una prueba c. Hizo algo: sanó al hombre[EF5] d. Mandó algo: Id **5 El poder de Jesús para perdonar pecados fue para gloria de Dios**

G. Jesús sana a un paralítico: perdonando pecados, 9:1-8

(9:1-8) Introducción—Jesucristo—compasión—fe persistente: Jesús fue profundamente impactado por los hombres que lo buscaban diligentemente y que perseveraban en esa diligencia. Los hombres de esta historia no podían llegar hasta Jesús debido la multitud, no obstante, los amigos del paralítico no abandonaron. Levantaron una parte del techo y desde arriba bajaron al enfermo frente a Jesús (Mr. 2:1-12).

Este acto de persistencia le dio a Jesús la oportunidad de mostrar su amor y su poder para perdonar pecados, y para demostrar que era, incuestionablemente, el Mesías.

1. Trasfondo: Jesús dejó a Gádara y vino a su propia ciudad, Capernaum (v. 1).
2. Quedó demostrado el poder de Jesús para perdonar pecados (v. 2).
3. Fue cuestionado el poder de Jesús para perdonar pecados; silenciosamente fue acusado de blasfemia (v. 3).
4. Jesús demostró su poder para perdonar pecados (vv. 4-7).
5. El poder de Jesús para perdonar pecados fue para gloria de Dios (v. 8).

ESTUDIO A FONDO 1

(9:1-8) Jesucristo, deidad—perdón: note varias cosas acerca de esta experiencia.

1. Debe haber sido una experiencia embarazosa para el enfermo. Sus amigos no habían esperado el turno, y el enfermo no tuvo posibilidades de detenerlos. Probablemente esperaba un reproche. Las palabras de Jesús indican vergüenza y temor por parte del enfermo: «Ten ánimo, hijo».
2. La experiencia tocó de manera muy especial el corazón de Jesús. Revelaba una fe persistente que no abandonaría su objetivo hasta alcanzarlo. Los amigos tenían una fe que no claudicaría, pase lo que pasare.
3. La experiencia llevó a Jesús a revelar y expresar los pensamientos que siempre estaban en su mente: «Ten ánimo, hijo; tus pecados te son perdonados». Son palabras de com-pasión, afecto, aprecio, simpatía, aliento, seguridad y perdón.
4. Esta experiencia le dio a Jesús la oportunidad única de demostrar su naturaleza mesiánica; demostrar que él era el Hijo del Hombre. (Véase Estudio a fondo 3, Hijo del Hombre—Mt. 8:20.) Note que Jesús no dijo «Yo», sino «el Hijo del Hombre

tiene potestad [autoridad] en la tierra para perdonar pecados». La gente estaba familiarizada con el título «el Hijo del Hombre» (cp. Dn. 7:13-14). Cada frase es importante.

    a. El Hijo del Hombre ha recibido «autoridad», es decir, dominio y poder sobre un reino, un reino que está abierto a toda la gente (véase Estudio a fondo 3, Reino de los cielos—Mt. 19:23-24).
    b. Al Hijo del Hombre se le ha «dado poder en la tierra» tanto ahora como en el futuro.
    c. El poder del Hijo del Hombre incluye el poder [autoridad] para perdonar tanto como el poder para gobernar y reinar.

1 **(9:1) Jesucristo, rechazado:** Jesús salió de Gádara y vino a su propia ciudad, Capernaum. Los gadarenos le habían pedido que se fuera (cp. Mt. 8:34). No hay registro de que haya vuelto alguna vez a sus orillas. Obedeció el deseo de ellos.

    Pensamiento. La experiencia de los gadarenos es una advertencia a todo hombre, ciudad y nación. Jesús no se va a imponer por la fuerza a ninguna persona o sociedad. Qué contraste con la gente de Capernaum y el hombre paralítico de esta historia.

2 **(9:2) Jesucristo, poder—perdón:** fue demostrado el poder de Jesús para perdonar pecados.

1. La profunda preocupación de los amigos. Ellos llevaron a su amigo discapacitado a Cristo. Note cuatro hechos.
    a. El hombre estaba discapacitado. Era indefenso; por eso no tenía esperanza. Pero sus amigos se preo-cuparon, y mucho, por él.
    b. Los amigos tenían una preocupación especial por el enfermo, una preocupación que iba más lejos a la de una mera amistad (Marcos y Lucas lo demuestran). Estaban obsesionados con *la misión* de llevar a su amigo discapacitado a Jesús. No sólo fueron a lo del enfermo para tenderle la cama en un acto de ministerio y servicio, sino que fueron, hicieron el catre, y luego *lo llevaron a Jesús.*
    c. Los amigos reconocieron el poder de Jesús para ayudar. Sabían que Jesús podía ayudar y no dudaron de su poder. El de ellos no era un espíritu de *tal vez pueda*, sino de *Él puede ayudar y ayudará.*

d. Los amigos persistieron aún al punto de ser descorteses (Lc. 11:5-10; 18:1-8). No se dejarían detener (cp. Marcos y Lucas).

>«Así que, los que somos fuertes debemos soportar las flaquezas de los débiles, y no agradarnos a nosotros mismos» (Ro. 15:1).

>«Sobrellevad los unos las cargas de los otros, y cumplid así la ley de Cristo» (Gá. 6:2).

>«No nos cansemos, pues, de hacer el bien; porque a su tiempo segaremos, si no desmayamos» (Gá. 6:9).

>«Yo era ojos al ciego, y pies al cojo. los menesterosos era padre, y de la causa que no entendía, me informaba con diligencia» (Job 29:15-16).

>«Alarga su mano al pobre, y extiende sus manos al menesteroso» (Pr. 31:20).

>«Pero un samaritano, que iba de camino, vino cerca de él, y viéndole, fue movido a misericordia y acercándose, vendó sus heridas, echándoles aceite y vino; y poniéndole en su cabalgadura, lo llevó al mesón, y cuidó de él» (Lc. 10:34).

Pensamiento 1. Todos los hombres son espiritualmente enfermos y discapacitados. Por eso es preciso que tengamos las mismas cualidades que tuvieron los amigos del paralítico:
1) Tenemos que estar obsesionados con la misión de traer los enfermos a Cristo. Tenemos que aferrarnos a los indefensos, a los que carecen de esperanza hasta que los podamos traer a Cristo.
2) Tenemos que reconocer el poder de Cristo para ayudar: reconocerlo incuestionablemente.
3) Tenemos que persistir y perseverar hasta que consigamos traer al enfermo a Cristo.

Pensamiento 2. No podemos salvar a nuestros enemigos. Nadie puede perdonar los pecados de otro o sanarlo, pero *podemos llevarlo a Cristo* para su salvación y liberación.

2. La gran fe de los amigos. Note las palabras: «la fe de ellos». Fue *la fe de ellos* lo que salvó a este hombre; tanto la fe del hombre como la fe de sus amigos. *La fe de ellos* fue grande y persistente. ¿Qué es una gran fe?
   a. Una gran fe es centrar la fe en Jesucristo. Es centrar la atención y convicción en Cristo; creer que solo él es la respuesta a los necesitados e indefensos del mundo, no importa quienes sean.
   b. Una gran fe es reconocer que hay una necesidad que debe ser suplida.
   c. Una gran fe es hacer todo cuanto esté al alcance de uno para suplir la necesidad. Estos hombres hicieron todo lo que podían. Hicieron un gran esfuerzo. Fueron a lo del amigo discapacitado, hicieron la camilla, y lo llevaron a Jesús.
   d. Una gran fe persiste hasta que la necesidad es suplida.

>«Y yo os digo: Pedid, y se os dará; buscad y hallaréis; llamad, y se os abrirá. Porque todo aquel que pide, recibe; y el que busca, halla; y al que llama, se le abrirá» (Lc. 11:9-10).

>«Pero sin fe es imposible agradar a Dios; porque es necesario que el que se acerca a Dios crea quele hay, y que es galardonador de los que le buscan» (He. 11:6).

>«¡Cuán grande es tu bondad, que has guardado para los que te temen, que has mostrado a los que esperan en ti, delante de los hijos de los hombres!» (Sal. 31:19).

>«Jehová redime el alma de sus siervos, y no serán condenados cuantos en él confían» (Sal. 34:22).

Pensamiento 1. Jesús nunca dejará de reconocer la fe

persistente. Él vio la fe de estos hombres; no podía ignorarla. La fe de ellos los había llevado a persistir; abandonar les era impensable. Persistieron hasta que llegaron a Él.

Pensamiento 2. La fe de los amigos influye y tiene peso en la salvación de los indefensos y faltos de esperanza. Fue la «fe de ellos» lo que salvó a este hombre. Tenemos que salir de las paredes de nuestras iglesias y hogares y traer los indefensos y desesperados a Cristo. Cristo honrará nuestra fe y confianza en él. Salvará a los que llevamos a Él.

Pensamiento 3. Note: las obras de estos hombres eran más elocuentes que las palabras. Los hombres no dijeron nada que se sepa. Se limitaron a llevar el hombre a Cristo. Cuando existe la obra o conducta, no hay necesidad de palabras. ¡Qué lección sobre la fe! Fe no consiste en profesar; consiste en poseer. La fe no son palabras; es acción (Stg. 2:20; cp. 2:17-26).

3. La compasión de Jesús. La mayor necesidad de este hombre discapacitado era el perdón de sus pecados. Fue lo primero que Jesús hizo. Le perdonó sus pecados. Fue lo más importante. Pero note que estos amigos y el paralítico ya tenían fe. Para que uno le sean perdonados los pecados es preciso tener fe.

>«A éste, Dios ha exaltado con su diestra por Príncipe y Salvador, para dar a Israel arrepentimiento y perdón de pecados» (Hch. 5:31).

>«Sabed, pues, esto, varones hermanos: que por medio de él se os anuncia perdón de pecados» (Hch. 13:38).

>«En quien tenemos redención por su sangre, el perdón de pecados según las riquezas de su gracia» (Ef. 1:7).

Pensamiento 1. Jesús tiene compasión por todos los hombres, incluso por los descorteses. Jesús tiene enorme compasión ante una fe que lo busca sinceramente y cree en Él. Lo que Jesús busca en un hombre y lo que ve en él es *fe*, la fe que impulsa al hombre a buscar a Cristo con todo el corazón.
1) Estos hombres no podían haber sido más descorteses al no esperar su debido turno. Probablemente los consideraron egoístas y centrados en sí mismos al adelantarse de esa manera. Pero en su corazón estaban clamando desesperadamente en favor del amigo.
2) Probablemente el paralítico no podía estar más avergonzado, pero estaba desesperado, de modo que estuvo dispuesto a soportar la vergüenza.

Pensamiento 2. Jesús no regía sus servicios por la ceremonia y el ritual. Estos hombres interrumpieron lo que estaba haciendo. ¿Por qué? Porque estaban necesitados y buscaban desesperadamente su ayuda. La ceremonia y el ritual nunca pueden reemplazar la compasión. La iglesia tiene que mantenerse abierta al mensaje de compasión, y la compasión siempre tiene que anteceder a la ceremonia y el ritual. El suplir la necesidad siempre tiene que preceder a la ceremonia y el ritual. Es un hecho conocido, pero una práctica revolucionaria.

ESTUDIO A FONDO 2

(9:2) *Perdón: véase* Estudio a fondo 4—Mt.26:28.

3 (9:3) *Jesucristo, poder:* el poder de Jesús para perdonar pecados fue cuestionado. Lo acusaron silenciosamente de blasfemia. Note: fueron los religiosos quienes *pensaron* que Jesús no podía perdonar pecados, y ese pensamiento fue susurrado de boca en boca entre ellos. Aun hoy muchos piensan así. En la intimidad de su corazón piensan que Jesús realmente no puede perdonar pecados. Tienen ese

pensamiento y tal vez se lo *susurran* a su cónyuge o a sus allegados, diciendo que Jesús realmente no es el Hijo de Dios, aquel que tiene poder de perdonar pecados.

> **Pensamiento.** La creencia íntima de muchos es una paradoja.
> 1) Muchos realmente no creen que Jesucristo viva, que el sea el Hijo de Dios, que sea Dios encarnado en cuerpo humano, que resucitó de la muerte y está sentado a la diestra de Dios.
> 2) Sin embargo, muchos que no creen, aceptan a Jesucristo como uno de los más grandes maestros que haya existido.

La paradoja de esta actitud es que convierte a Cristo en el mayor fraude de la historia, porque Él dijo ser el Hijo de Dios y dijo tener el poder de Dios para perdonar pecados.

> **«Porque de tal manera amó Dios al mundo, que ha dado a su Hijo unigénito, para que todo aquel que en él cree, no se pierda, mas tenga vida eterna» (Jn. 3:16).**
>
> **«¿Al que el Padre santificó y envió al mundo, vosotros decís: Tú blasfemas, porque dije: Hijo de Dios soy» (Jn. 10:36).**
>
> **«Le dijo Jesús: Yo soy la resurrección y la vida; el que cree en mí, aunque esté muerto, vivirá. Y todo aquel que vive y cree en mí, no morirá eternamente. ¿Crees esto? Le dijo: Sí, Señor; yo he creído que tú eres el Cristo, el Hijo de Dios, que has venido al mundo» (Jn. 11:25-27).**
>
> **«Que *Dios estaba en Cristo* reconciliando consigo al mundo, no tomándoles en cuenta a los hombres sus pecados, y nos encargó a nosotros la palabra de la reconciliación» (2 Co. 5:19).**

ESTUDIO A FONDO 3

(9:3) *Escribas: Véase* Estudio a fondo 1—Lc.6:2.

ESTUDIO A FONDO 4

(9:3) *Blasfemia* (*blasphemia*): blasfemar, vituperar, insultar, injuriar, rechazar, reprochar. Jesús afirmaba hacer que lo solamente podía hacer Dios: perdonar pecados.

[4] (9:4-7) *Jesucristo, poder:* el poder de Jesús para perdonar pecados quedó probado. Note cuatro pasos.

1. Jesús reveló algo. Reveló conocer el rechazo de los religiosos. El *mal* de los escribas era pensar que Jesús, el Hijo de Dios, no era de Dios y que no tenía el poder para perdonar pecados (v. 4). La multitud por lo menos reconoció que su poder era el poder de Dios, pero los escribas y religiosos no. En su orgullo y en la dureza de su corazón, rechazaron a Jesús y se rehusaron a reconocerle autoridad alguna. Jesús sabía exactamente lo que estaban pensando.

> **Pensamiento 1.** Cristo conoce todos nuestros pensamiento. No hay pensamiento ni imaginación que estén ocultos a él (cp. Mt. 12:25; Lc. 6:8; 9:47; Jn. 2:25).

> **Pensamiento 2.** Los pensamientos que niegan la deidad de Jesús son malos. Jesús les pregunta una sola cosa a los incrédulos: «¿Por qué pensáis *mal* en vuestros corazones?» (v. 4).

2. Jesús sugirió algo: una prueba. Es mucho más fácil decir algo que hacer algo. Por eso Jesús sugirió que lo pusieran a prueba, sugirió probar su deidad con obras, no meras palabras. Note dos cosas.

> a. Jesús estaba reconociendo que la *profesión sola* era una evidencia inadecuada para una afirmación. También se requiere acción.

b. El propósito de Jesús era demostrar que el Hijo del Hombre tiene poder para *perdonar pecados*. Dios ha entregado todo juicio en manos de Jesús, un juicio que o bien perdona o bien condena a la persona.

> **«Por que el Padre a nadie juzga, sino que todo el juicio dio al Hijo, para que todos honren al Hijo como honran al Padre. El que no honra al Hijo, no honra al Padre que le envió» (Jn. 5:22-23).**

> **Pensamiento.** Es mucho más fácil decir algo que hacer algo. Jesús demostró que no estaba meramente hablando, no estaba meramente profesando tener poder de Dios para perdonar pecados. Habló vigorosamente y el hombre se levantó.

3. Cristo hizo algo. Sanó al hombre. Cristo demostró su deidad y carácter mesiánico. Este milagro y todo los demás milagros demuestran dos cosas.

> a. Sus milagros demostraban con exactitud lo que Él quería decir, esto es, que Él era el Mesías, el Hijo del Hombre, el Hijo del Dios viviente. Él tiene poder para perdonar pecados.

> b. Sus milagros demuestra que Dios se ocupa de los hombres lo suficiente para enviar a su único Hijo al mundo para sanar y salvar a los necesitados y desesperanzados.

> > **«Y Jesús se acercó y les habló diciendo: Toda potestad me es dada en el cielo y en la tierra» (Mt. 28:18).**
> >
> > **«Cómo Dios ungió con el Espíritu Santo y con poder a Jesús de Nazaret, y cómo éste anduvo haciendo bienes y sanando a todos los oprimidos por el diablo, porque Dios estaba con él» (Hch. 10:38).**
> >
> > **«Quien llevó él mismo nuestros pecados en su cuerpo sobre el madero, para que nosotros, estando muertos a los pecados, vivamos a la justicia; y por cuya herida fuisteis sanados» (1 P. 2:24).**
> >
> > **«El es quien perdona todas tus iniquidades, el que sana todas tus dolencias» (Sal. 103:3).**
> >
> > **«Mas él herido fue por nuestras rebeliones, molido por nuestros pecados; el castigo de nuestra paz fue sobre él, y por su llaga fuimos nosotros curados» (Is. 53:5).**

> **Pensamiento.** Note que Cristo no ofreció argumentos. Su propósito era sanar y salvar a los necesitados, no discutir sobre quién es él ni por la autoridad de quién tenía el poder de Dios.
> 1) Reveló conocimiento divino, su omniciencia: «¿Por qué pensáis ...?»
> 2) Reveló su poder divino, su omnipotencia: «Levántate, toma tu cama, y vete ... » ¡Qué lección para pastores y denominaciones en la actualidad! Cuánto nos hace falta dejar de argüir y comenzar a ejecutar la verdadera misión a la que Dios nos ha llamado.

4. Cristo ordenó algo: Véte a tu casa. ¿Por qué envió Cristo al hombre a su casa? Nuestros hogares deben ser los primeros en recibir nuestro testimonio. Pero con frecuencia ocurre precisamene lo contrario; nuestros hogares con frecuencia son ignorados y descuidados. Note dos hechos referidos al hombre salvado que nos pueden enseñar una clara lección.

> a. Había sido una carga para sus seres queridos.

> b. Ahora podía ser un siervo capaz de ministrar a sus seres queridos.

> > **«Lo que has oído de mí ante muchos testigos, esto encarga a hombres fieles que sean idóneos para enseñar también a otros» (2 Ti. 2 :2).**
> >
> > **«Sino santificad a Dios el Señor en vuestros corazones, y estad siempre preparados para**

presentar defensa con mansedumbre y
reverencia ante todo el que os demande razón
de la esperanza que hay en vosotros» (1 P. 3:15).

ESTUDIO A FONDO 5
(9:6) *Hijo del Hombre: véase* Estudio a fondo 3—Mt. 8:20.

5 (9:8) *Jesucristo, poder:* el poder de Jesús para perdonar pecados trajo gloria a Dios.

«Así que, ofrezcamos siempre a Dios, por medio de él, sacrificio de alabanza, es decir, fruto de labios que confiesen su nombre» (He. 13:15).

«Los que teméis a Jehová, alabadle; glorificadle, descendencia toda de Jacob, y temedle vosotros, descendencia toda de Israel» (Sal. 22:23).

«Te alaben los pueblos, oh Dios; todos los pueblos te alaben» (Sal. 67:3).

Pensamiento 1. Dos cosas deben movernos a glorificar a Dios.
1) La demostración del poder de Jesús.
2) La salvación de personas cuyos pecados han sido realmente perdonados.

Pensamiento 2. Dos cosas deben mover a los incrédulos a glorificar a Dios.
1) Que el Mesías realmente ha venido: «Porque de tal manera amó Dios al mundo, que ha dado a su Hijo unigénito, para que todo aquel que en él cree, no se pierda, mas tenga vida eterna» (Jn. 3:16).
2) Que los incrédulos pueden recibir el perdón de sus pecados, es decir, ser salvados: «Por lo cual puede también salvar perpetuamente a los que por él se acercan a Dios, viviendo siempre para interceder por ellos» (He. 7:25).

Pensamiento 3. Note varias advertencias.
1) Una persona puede glorificar a Dios y sin embargo, no ser salvada. Las multitudes glorificaban a Dios, pero no recibieron el perdón de pecados.
2) Una persona puede maravillarse ante Cristo, pero puede no creer que Cristo realmente sea el Hijo del Hombre.
3) La persona puede creer que Jesucristo fue solamente un hombre que recibió poder de Dios mientras estaba en la tierra, pero esa persona no será salvada mientras niegue que Jesús es el Hijo de Dios (Jn. 3:16; cp. Mt. 10:33).

1 El pecador que necesitaba un Salvador a. Jesús vio a un hombre b. Jesús llamó al hombre c. La decisión del hombre: se levantó y siguió a Jesús **2 El pecador que llevó sus amigos pecadores a Jesús** a. Agasajó a Jesús; invitó a los amigos pecadores	**H. Jesús llama a Mateo: recibiendo a pecadores,**^{EF1} **9:9-13** (Mr. 2:14-17; Lc. 5:27-32) 9 Pasando Jesús de allí, vio a un hombre llamado Mateo, que estaba sentado al banco de los tributos públicos, y le dijo: Sígueme. Y se levantó y le siguió. 10 Y aconteció que estando él sentado a la mesa en la casa, he aquí que muchos publicanos y pecadores, que habían venido, se sentaron junta-	mente a la mesa con Jesús y sus discípulos. 11 Cuando vieron esto los fariseos, dijeron a los discípulos: ¿Por qué come vuestro Maestro con los publicanos y pecadores? 12 Al oír esto Jesús, les dijo: Los sanos no tienen necesidad de médico, sino los enfermos. 13 Id, pues, y aprended los que significa: Misericordia quiero, y no sacrificio. Porque no he venido a llamar a justos, sino a pecadores, al arrepentimiento.	b. Los religiosos cuestionaron que Jesús tuviera comunión con los pecadores **3 El que salvó a los pecadores: sumisión** a. Vino donde había enfermedades esp. b. Vino para tener misericordia, no para obtener sacrificios^{EF2} c. Vino para llamar a los hombres al arrepentimiento^{EF3}

H. Jesús llama a Mateo: recibiendo a pecadores, 9:9-13

(9:9-13) *Introducción—Mateo—cobrador de impuestos:* esta es una de las escenas más emotivas e influyentes de toda la Biblia. Es el testimonio personal de Mateo.

Imagínese a Mateo sentado, escribiendo sobre las experiencias de tantos otros de quienes acabamos de leer en los Caps. 1—8. Ahora llega a su propia experiencia personal. Era un hombre duramente rechazado, era aborrecido y cubierto de chismes y habladurías, y no por uno pocos, sino por todos. Era tan detestado que se lo clasificaba junto a los peores pecadores (Lc. 15:1). Era cobrador de impuestos al servicio del conquistador. Mediante extorsiones se había hecho rico, tan rico que pudo tener una casa propia suficientemente grande para recibir una multitud y ofrecer una gran fiesta. Era un hombre inmoral, injusto, sediento de dinero, de mentalidad mundana. Le preocupaban más las posesiones y riquezas que la gente. A lo largo de los años se había vuelto hozco, duro, difícil de tratar, amargado y, lo peor de todo, sin amor, propósito, sin sentido y significado en la vida. Por supuesto, hay mucho más para decir de sí mismo; pero él lo cubre todo en estos pocos y sencillos versículos.

Lo que es tan emocionante e impactante es que comparte su propia conversión personal en un simple versículo, y luego sigue para compartir cómo Jesús vino para salvar a los pecadores tales como él mismo. No habla de sí mismo, ni de los detalles de su pecado y vergüenza, en cambio destaca a Jesús y a la gloriosa salvación que Jesús vino a traer. No acentúa su propia conversión, sino el hecho de que Jesús vino para salvar a todos los cobradores de impuestos y a pecadores semejantes a él mismo.

1. El pecador que necesitaba un Salvador (v. 9).
2. El pecador que llevó sus amigos pecadores a Jesús (vv. 10-11).
3. El Salvador que salvó a los pecadores: su misión (vv. 12-13).

(9:9-13) *Otro bosquejo:* el poder de Jesús.
1. El poder de Jesús para dar una causa (v. 9).
2. El poder de Jesús para sanar espiritualmente a la gente (vv. 10-13).

ESTUDIO A FONDO 1

(9:9-13) *Mateo—cobrador de impuestos:* Jesús: «vio a un hombre», un pecador que necesitaba una causa. La gente no veía a un hombre, sino a Mateo, al cobrador de impuestos de los romanos. Lo odiaban como a todos los cobradores de impuestos.

Había tres razones para que los cobradores de impuestos fuesen odiados tan amargamente.

1. Servían a los conquistadores romanos. La mayoría de los cobradores de impuestos eran judíos, pero a los ojos de la gente habían negado su herencia judía y traicionado a la patria. De manera que eran rechazados, apartados completamente de la sociedad judía y excomulgados de la religión judía y de sus privilegios.

2. Eran mentirosos, deshonestos e injustos. La mayoría de los cobradores de impuestos eran extremadamente ricos. El gobierno romano compensaba a los cobradores de impuestos permitiéndoles cobrar más del porcentaje requerido por el impuesto. Los cobradores de impuestos se abusaban con avaricia de su derecho, agregando el porcentaje que ellos querían y que creían poder cobrar (*véase* nota—Ro. 13:6). Recibían sobornos de los ricos que querían evitar los impuestos, abusaban del ciudadano común y mentían al gobierno cada vez que podían.

3. Asumían derechos que pertenecían solamente a Dios. A los ojos de los judíos Dios y el sumo sacerdote en función era la cabeza del gobierno judío. Por eso los impuestos debían ser pagados únicamente a Dios y a su gobierno. Pagar impuestos a gobernadores terrenales era un abuso y una negación de los derechos de Dios. Por eso los cobradores de impuestos eran excomulgados de la religión judía y de sus privilegios. Se los maldecía, eran anatema.

[1] (9:9) *Mateo—conversión:* el pecador que necesitaba un Salvador. Note la conversión de Mateo.

1. Jesús «vio a un hombre» llamado Mateo. Jesús vio donde estaba sentado y qué estaba haciendo. Vio todo lo referido a Mateo. Vio su corazón, su mente, sus pensamientos, sus heridas, su dolor, su soledad, su falta de propósito y sentido en la vida. Vio una vida inútil, una vida desperdiciada. «Vio a un hombre», un hombre que necesitaba un Salvador, un Salvador que pudiera satisfacer cada necesidad e su existencia.

2. Jesús llamó al hombre. Le dijo dramáticamente: «Sígueme». Un llamado vigoroso y al grano. Sin lugar a preguntas, ni vacilaciones, ni peros, ni condiciones, ni decisiones a medias ni postergaciones.

Fue vigoroso y al grano. El hombre debía seguir inmediatamente, sin vacilación. Era entrega inmediata y total, o no era nada (*véase* nota—Lc. 9:23; *véanse* bosquejo y notas—Mt. 8:18-22).

«Venid a mí todos los que estáis trabajados y cargados, y yo os haré descansar. Llevad mi yugo sobre vosotros, y

aprended de mí, que soy manso y humilde de corazón; y hallaréis descanso para vuestras almas; porque mi yugo es fácil, y ligera mi carga» (Mt. 11:28-30).

«Venid luego, dice Jehová, y estemos a cuenta: si vuestros pecados fueren como la grana, como la nieve serán emblanquecidos; si fueren rojos como el carmesí, vendrán a ser como blanca lana» (Is. 1:18).

«A todos los sedientos: Venid a las aguas; y los que no tienen dinero, venid, comprad y comed. Venid, comprad sin dinero y sin precio, vino y leche» (Is. 55:1).

«Venid y volvamos a Jehová; porque él arrebató, y nos curará; hirió, y nos vendará» (Os. 6:1).

3. La decisión del hombre: se levantó y siguió a Jesús. Se levantó y dejó todo para seguir a Jesús. Por supuesto, algún tiempo después de este encuentro inmediato cumplió con las responsabilidades referidas al negocio, renunciando a su posición como correspondía. Pero cuando sintió el llamado, comenzó inmediatamente a seguir a Cristo. Dejó todo y se entregó totalmente a Cristo.

«Porque todo el que quiera salvar su vida, la perderá; y todo el que pierda su vida por causa de mí y del evangelio, la salvará. Porque ¿qué aprovechará al hombre si ganare todo el mundo, y perdiere su alma?» (Mr. 8:35-36).

«Si alguno quiere venir en pos de mí, niéguese a sí mismo, tome su cruz cada día, y sígame» (Lc. 9:23).

«Si alguno viene a mí, y no aborrece a su padre, y madre, y mujer, e hijos, y hermanos, y hermanas, y aun también su propia vida, no puede ser mi discípulo» (Lc. 14:26).

«Así, pues, cualquiera de vosotros que no renuncia a todo lo que posee, no puede ser mi discípulo» (Lc. 14:33).

Pensamiento 1. Mateo era un hombre que trabajaba, un hombre muy ocupado. No era una persona perezosa o descuidada. Aparentemente no estaba satisfecho con su profesión, pero trabajaba y duro. Jesús no tiene lugar para los perezosos y dejados.

Pensamiento 2. En Mateo se operó un cambio dramático.
1) El llamado de Jesús fue claro y vigoroso, inequívoco: «Sígueme».
2) La respuesta de Mateo *fue* clara y vigorosa, inequívoca: Se levantó y siguió a Cristo.

Pensamiento 3. Para los ricos es difícil entrar al cielo porque están tan apegados al mundo material. Mateo fue uno de los pocos que estuvo dispuesto a renunciar a todo para seguir a Jesús. Por eso, el reino de los cielos fue suyo (Mt. 19:23-26; cp. 19:16-26).

Pensamiento 4. Mateo se entregó totalmente a Jesús. Una vez que comenzó a seguir a Jesús *nunca volvió atrás*.

Pensamiento 5. La conversión de Mateo muestra que Jesús salva a todo aquel que le siga realmente.
- los aborrecidos
- los amargados
- los no religiosos
- los injustos
- los insatisfechos
- los solitarios
- los traidores
- el ladrón
- el inmoral
- el sin propósito

Mateo los representa a todos ellos y a otros más.

2 (9:10-11) *Testificar:* el pecador que llevó sus amigos pecadores a Jesús.

1. Mateo agasajó a Jesús e invitó a los propios amigos pecadores. Lo primero que hizo Mateo fue testificar a sus amigos. Organizó un «gran banquete» para Jesús a fin de testificar a los propios amigos (Lc. 5:29). Aparentemente la sesión de testimonio fue muy fructífera: «había muchos que le habían seguido» (Mr. 2:15).

«Entonces Jesús les dijo otra vez: Paz a vosotros. Como me envió el Padre, *así también os envío*» (Jn. 20:21).

«Que Dios estaba en Cristo reconciliando consigo al mundo, no tomándoles en cuenta a los hombres sus pecados, y nos encargó a nosotros la palabra de la reconciliación. Así que, somos embajadores en nombre de Cristo, como si Dios rogase por medio de nosotros; os rogamos en nombre de Cristo: Reconciliaos con Dios» (2 Co. 5:19-20).

«Lo que has oído de mí ante muchos testigos, esto encarga a hombres fieles que sean idóneos para enseñar también a otros» (2 Ti. 2:2).

«Sino santificad a Dios el Señor en vuestros corazones, y estad siempre preparados para presentar defensa con mansedumbre y reverencia ante todo el que demande razón de la esperanza que hay en vosotros» (1 P. 3:15).

Pensamiento 1. Todos los apóstoles dieron un *ejemplo dinámico al testificar*. Todos comenzaron a testificar inmediatamente después de su conversión (para una ilustración clara de esto *véanse* bosquejos—Jn. 1:35-49). Cuántas veces fracasamos y fallamos en testificar a nuestros amigos pecadores.

Pensamiento 2. Un nuevo convertido no debe jactarse en su pasado, sino *en* Jesús. Sin embargo, con demasiada frecuencia este no es el caso. Muchos acentúan sus pecados del pasado, pecados tales como riquezas, inmoralidad, ebriedad y orgullo, en vez de realzar a Jesús. Pero note que Mateo no escribe de su vida pasada. Realza a Jesucristo, no la propia vida y riqueza del pasado. Ni siquiera menciona su riqueza o casa, o el hecho de haber organizado una «gran fiesta» para Cristo y los propios amigos pecadores. Son Marcos y Lucas quienes nos dicen esto. ¡Qué lección de modestia y humildad!

Pensamiento 3. Note varias lecciones importantes.
1) Jesús fue a donde estaban los pecadores. No lo evitaba ni esquivaba. Él los buscaba.
2) Los pecadores se sentían bien viniendo a Él. No esquivaban a Jesús ni se sentían despreciados.
3) Jesús solía comer con los pecadores, con gente inmoral a quienes la sociedad y los religiosos rechazaban y evitaban.
4) Jesús y los pecadores eran buenos amigos. Mire esta escena: Había una gran fiesta, una reunión de personajes pecadores, y Jesús estaba allí, en medio de ellos. Por supuesto, el propósito de la fiesta era testificar de Jesús. Esto es importante: debemos estar afuera en el mundo testificando a personas pecadoras, pero no debemos ser del mundo.

2. Los religiosos cuestionaron la comunión de Jesús con los pecadores. Ellos (los fariseos) «lo vieron»; es decir, vieron a Jesús sentado y comiendo con los pecadores. Prácticamente estaban observando, buscando errores de conducta, para acusarlo luego.

Los religiosos no hablaron a Jesús mismo, sino a sus discípulos. No se atrevían a acercarse personalmente, pero estaban dispuestos a atacarlo por medio de sus allegados. Quizá hubo algún intento de apartarlos de él como ocurre con frecuencia en la vida de cada día.

Pensamiento 1. A muchos les gusta oír noticias malas, trágicas o inmorales. En efecto, cuanto más inmorales e injustas, tanto más jugoso el ataque, la conversación y el chisme en la mente de ellos.

Pensamiento 2. Los de temperamento controlado, los disciplinados, morales, los estrictos, los que cumplen la ley, los religiosos tantas veces tienen dificultad para entender y perdonar a los que fracasan. Sencillamente no pueden entender cómo una persona puede ser tan indiciplinada y vivir una vida tan inmoral. Cuántas veces alentamos pensamientos en el sentido de que Dios no tiene nada que ver con los pecadores.

Pensamiento 3. Las personas disciplinadas y religiosas a

veces son las que más juzgan y censuran. El espíritu que juzga y censura hiere más a las personas que cualquier otra cosa. Pero note lo que Dios dice: la persona que juzga y censura a otros será cortada del reino de Dios (Ro. 2:1-3).

Pensamiento 4. Los religiosos creían ser mejores y más aceptables a Dios por ser más morales y disciplinados que quienes habían pecado. No alcanzaron a ver que todos los hombres son pecadores y tienen necesidad de la justicia de Jesucristo. (Para la discusión *véase* nota—Ro. 5:1.)

3 (9:12-13) *Jesucristo, misión:* este texto puede ser titulado como el Salvador que salvó al pecador, o como la misión del Salvador. Dos cosas se dicen en estos versículos.

Primero, Mateo estaba testificando que él, el pecador, y sus amigos pecadores, estaban espiritualmente enfermos y que necesitaban la misericordia de Dios. Necesitaban un Salvador y creían que Jesús era ese Salvador. Creían que Jesús había venido para salvarlos.

Segundo, Jesús estaba haciendo una advertencia a los religiosos y a aquellos que creen ser más aceptables a Dios que otros ...

- Jesús les advirtió que vino para estar donde estaban los enfermos espirituales. Había venido a la tierra con el mismo propósito que tiene un médico cuando va a una casa: ayudar al enfermo. Sin embargo, igual que el médico, solamente puede ministrar a los enfermos que lo llaman a venir a su casa para sanarlos.
- Jesús les advirtió que vino para tener misericordia no para llevar la gente a hacer sacrificios. Lo que Jesús quiere no son los sacrificios de los justos, sino las vida de aquellos que necesitan su misericordia. Los sacrificios ofrecidos en servicios religiosos no es lo que él vino a buscar. Él vino para mostrar y conceder misericordia a los pecadores: a toda persona que se reconoce pecadora y desea la misericordia y aceptación de Dios.
- Jesús les advirtió que vino para llamar a los pecadores al arrepentimiento. Si una persona no sabe que necesita ser cambiada (arrepentirse), Jesús no le puede ayudar. Pero si se reconoce pecadora y desea ser cambiada, Jesús puede conducirla al arrepentimiento (para cambiar).

Note que se expresa el triple propósito de Jesús.
1. Jesús vino para estar donde están los enfermos espirituales.

«Como el Hijo del Hombre no vino para ser servido, sino para servir, y para dar su vida en rescate por muchos» (Mt. 20:28).

«Porque el Hijo del Hombre vino a buscar y a salvar lo que se había perdido» (Lc. 19:10).

Pensamiento 1. El pecado es una enfermedad. Todos han pecado (Ro. 3:23); por eso todo están espiritualmente enfermos y necesitan ser sanados por el gran Médico. Pero la persona tiene que reconocer su enfermedad y pedir que el médico le ayude si quiere ser sanada.

Pensamiento 2. Pecado, la enfermedad del espíritu, siempre es curable (Ro. 10:13). Es fatal si no es detectada pero nadie tiene que morir por su causa.

Pensamiento 3. ¡Qué necio padecer una enfermedad fatal que puede ser curada y no buscar la cura!

Pensamiento 4. Muchos andan por allí fatalmente enfermos con la enfermedad del pecado, pero ...
- lo ignoran
- son indiferentes
- lo alimentan
- lo niegan
- se abusan de ello

2. Jesús vino para tener misericordia, no para obtener sacrificios.

«Porque misericordia quiero, y no sacrificio, y

conocimiento de Dios más que holocaustos» (Os. 6:6).

«Y Samuel dijo: ¿Se complace Jehová tanto en los holocaustos y víctimas, como en que se obedezca a las palabras de Jehová? Ciertamente el obedecer es mejor que los sacrificios y el prestar atención que la grosura de los carneros» (1 S. 15:22).

«Porque no quieres sacrificio que yo lo daría; no quieres holocausto. Los sacrificios de Dios son el espíritu quebrantado; al corazón contrito y humillado no despreciarás tú, oh Dios» (Sal. 51:16-17).

«Pero Dios, que es rico en misericordia, por su gran amor con que nos amó, aun estando nosotros muertos en pecados, nos dio vida juntamente con Cristo (por gracia sois salvos)» (Ef. 2:4-5).

«No por obras de justicia que nosotros hubiéramos hecho, sino por su misericordia, por el lavamiento de la regeneración y por la renovación del Espíritu Santo» (Tit. 3:5).

Pensamiento 1. El llamado de Dios es a misericordia, no a sacrificio. La persona puede hacer sacrificio tras sacrificio, entregar ofrenda tras ofrenda, y todavía no agradar a Dios. Lo que Dios quiere antes que nada es la vida de la persona. Dios quiere purificar la persona y hacerla aceptable para el cielo. Una vez que Dios tiene la vida de la persona, tiene todo lo que ella es.

Pensamiento 2. Dios quiere los sacrificios y las ofrendas, pero ellas no alcanzan. Dios demanda todo cuanto una persona es y tiene. El quiere tener misericordia, perdonar y purificar y hacer a la persona aceptable para el cielo.

3. Jesús vino para llamar a los hombres al arrepentimiento (para la discusión *véase* nota—Mt. 4:17).

«Arrepentíos porque el reino de los cielos se ha acercado» (Mt. 3:2).

«Os digo: No; antes si no os arrepentís, todos pereceréis igualmente» (Lc. 13:3).

«Pedro les dijo: Arrepentíos, y bautícese cada uno de vosotros en el nombre de Jesucristo para perdón de los pecados; y recibiréis el don del Espíritu Santo» (Hch. 2:38).

«Así que, arrepentíos y convertíos, para que sean borrados vuestros pecados; para que vengan de la presencia del Señor tiempos de refrigerio» (Hch. 3:19).

«Arrepiéntete, pues, de esta tu maldad, y ruega a Dios, si quizá te sea perdonado el pensamiento de tu corazón» (Hch. 8:22).

«Deje el impío su camino, y el hombre inicuo sus pensamientos, y vuélvase a Jehová, el cual tendrá de él misericordia, y al Dios nuestro, el cual será amplio en perdonar» (Is. 55:7).

«Mas el impío, si se apartare de todos sus pecados que hizo, y guardare todos mis estatutos e hiciere según el derecho y la justicia, de cierto vivirá; no morirá» (Ez. 18:21).

«Echad de vosotros todas vuestras transgresiones con que habéis pecado, y haceos un corazón nuevo y un espíritu nuevo. ¿Por qué moriréis, casa de Israel?» (Ez. 18:31).

«Llevad con vosotros palabras de súplica, y volved a Jehová, y decidle: Quita toda iniquidad, y acepta el bien y te ofreceremos la ofrenda de nuestros labios» (Os. 14:2).

«Por eso pues, ahora, dice Jehová, convertíos a mí con todo vuestro corazón, con ayuno y lloro y lamento» (Jl. 2:12).

Pensamiento 1. Jesús no llama a los que se auto justifican ni a quienes están satisfechos consigo mismos. Ellos creen que son *suficientemente buenos* para ser aceptables a Dios. Jesús llama a los pecadores al arrepentimiento, a aquellos que son profundamente conscientes de su necesidad de un Salvador (1 Ti. 1:15).

Pensamiento 2. El llamado de Jesús es al arrepentimiento; a una vida cambiada (2 Co. 5:17).

Pensamiento 3. Considere la persona a quien Jesús llama.

1) Es enferma espiritual.
2) Necesita misericordia.
3) Es un pecador.
4) Necesita arrepentimiento.

Pensamiento 4. Jesús recibe a las siguientes personas (una cuidadosa lectura de la Escritura revelará los siguientes hechos):
1) A la persona que sabe que es pecadora.
2) Que se reconoce pecadora.
3) A la persona que confiesa ser pecadora.
4) Que se arrepienta de verdad.

ESTUDIO A FONDO 2
(9:13) *Referencia profética:* Os. 6:6.

ESTUDIO A FONDO 3
(9:13) *Arrepentimiento:* para la discusión *véase* nota—Mt. 4:17.

1 Los discípulos de Juan	I. Jesús responde sobre el ayuno: inaugurando una nueva era y un nuevo pacto, 9:14-17 (Mr. 2:18-22; Lc. 5:33-39)	días cuando el esposo les será quitado, y entonces ayunarán.	c. Su propia muerte traería ayunos
a. Preguntaron a Jesús sobre el ayuno	14 Entonces vinieron a él los discípulos de Juan, diciendo: ¿Por qué nosotros y los fariseos ayunamos muchas veces, y tus discípulos no ayunan?	16 Nadie pone remiendo de paño nuevo en vestido viejo; porque tal remiendo tira del vestido, y se hace peor la rotura.	3 El paño nuevo: una vida y era más fuertes EF2 a. Lo nuevo es más fuerte b. Lo más antiguo es más débil
b. Jesús dio tres ilustraciones	15 Jesús les dijo: ¿Acaso pueden los que están de bodas tener luto entre tanto que el esposo está con ellos? Pero vendrán	17 Ni echan vino nuevo en odres viejos; de otra manera los odres se rompen, y el vino se derrama, y los odres se pierden; pero echan el vino nuevo en odres nuevos, y lo uno y lo otro se conservan juntamente.	4 El vino nuevo y viejo: una vida y una era de mayor poder EF3 a. El vino nuevo rompe los odres viejos b. Ambas cosas deben ser preservadas
2 El esposo: Una nueva vida y una era de gozo a. Su presencia trae gozo b. Su predicción: la propia muerte EF1			

I. Jesús responde sobre el ayuno: inaugurando una nueva era y un nuevo pacto, 9:14-17

(9:14-17) *Introducción—ayunar—nueva era—pacto—vida nueva—Jesucristo, esposo:* la pregunta sobre el ayuno ya había sido contestada por Jesús (Mt. 6:16-18). Los discípulos de Juan sencillamente no eran conscientes de ello. Es importante ver algo del trasfondo de este pasaje para comprender lo que está ocurriendo.

1. Juan estaba en prisión y sobre su cabeza pendía la amenaza de la pena capital. Sus discípulos, naturalmente estaban preocupados. Ayunaban muchas veces en favor de él pidiendo que Dios lo librase; no podían comprender por qué Jesús y sus discípulos no se habían unido a los ayunos por la libertad de Juan. Juan le había enseñado a sus discípulos a ayunar, y a hacerlo con frecuencia (Jn. 11:18). Además estaban profundamente arraigados en las prácticas religiosas judías que demandaban frecuentes ayunos. Jesús parecía quebrantar ese ritual tradicional del ayuno; por eso no alcanzaban a comprender cómo Jesús podía ser el Mesías siendo tan irreligioso.

2. Lo que Jesús hizo fue ampliar la cuestión del ayuno para incluir a todas las ceremonias y rituales religiosos, todas las reglas y regulaciones. Usó tres ilustraciones para mostrar que estaba inaugurando una nueva vida, una nueva era, y un nuevo pacto entre Dios y el hombre. La verdad de la antigua religión y de sus prácticas debía ser preservada; no debían ser desechadas (v. 17). Pero ahora habría una verdad mayor, una verdad que superaba a toda verdad anterior. Él había sido *enviado por Dios* para traer al hombre vida nueva. Note que el centro de atención de esta nueva vida era su presencia, la de Cristo, la presencia del Esposo. Cristo es el esposo de la nueva era, la nueva vida, y el nuevo pacto. Él es el Esposo de la iglesia.

1. Trasfondo: los discípulos de Juan (v. 14).
2. El Esposo: una nueva vida y una era de gozo (v. 15).
3. El paño nuevo: una vida y una era más fuertes (v. 16).
4. El vino nuevo y viejo: una vida y una era de mayor poder (v. 17).

1 (9:14) *Ayunar:* los discípulos de Juan consultaron a Jesús acerca del ayuno (para la discusión *véase* nota arriba—Mt 9:14-17). Note dos cosas.

1. Los discípulos de Juan estaban criticando, murmurando y quejándose ¿Por qué? Porque los discípulos de Jesús no hacían lo que los discípulos de Juan creían que tenían que hacer. Los discípulos de Jesús no estaban ayunando para pedir a Dios que libre a Juan de la prisión, ni estaban ayunando dos veces a la semana como se esperaba que lo hicieran todas las personas religiosas. En pocas palabras, los discípulos de Jesús estaban *viviendo vidas fáciles.* No estaban siguiendo las reglas y reglamentos de la religión.

Pensamiento 1. Cuántas veces criticamos a quienes se apartan de las tradiciones y reglas que nosotros practicamos y que frecuentemente consideramos de fácil observación. La mayoría de las personas son disciplinados en algunas áreas e indisciplinadas en otras. Es fácil criticar la debilidad de un hombre y pasar por alto las propias. (Cp. Mt. 7:1-5.)

Pensamiento 2. ¿A qué se debe que quienes son más criticados y objetados son quienes frecuentemente sirven más? Son precisamente los que más hacen. ¡Cuánta división y daño se hace en medio del pueblo de Dios murmurando!

2. Jesús respondió a la pregunta sobre el ayuno con tres ilustraciones.

2 (9:15) *Nuevo pacto—nueva vida—nueva era—Jesucristo, esposo:* la primera ilustración es la del Esposo. El Esposo representa una nueva vida y una era de *gozo.* La ilustración es clara. Durante las festividades nupciales de un esposo, mientras el esposo estaba presente, los invitados se regocijan. Es un tiempo de gozo, un tiempo festivo. Jesús estaba enseñando varias lecciones.

- Él es el esposo (cp. Jn. 3:29). Los niños son los invitados o los que componen el cortejo nupcial.
- Su presencia era ocasión de alegría y regocijo. La presencia de Él es lo que marca la diferencia en una vida. Si Él está presente no hay motivo para estar de luto. Él trae alegría y regocijo a la vida (Sal. 16:11; Jn. 15:11; Fil. 4:4; 2 Co. 6:10).
- Su presencia sería quitada, entonces sus discípulos tendrían luto y ayuno. La falta de su presencia los haría lamentar y ayunar.

Note tres puntos significativos.

1. La presencia de Jesús trae gozo. Muchas veces la presencia del Mesías fue representada como ocasión de gozo. Era comparada muchas veces con las festividades relacionadas a unas bodas. Jesús estaba diciendo que Él era el Mesías que estaba inaugurando la era mesiánica. El Mesías traía una *nueva era* y *nueva vida* al hombre, una era de gozo y liberación (salvación). Es una era y una vida nueva que desplaza los rituales mecánicos y externos y las ceremonias de la religión. Es una era que hace descender la presencia de Dios junto al hombre, y que acentúa la presencia de Dios y no los rituales y las ceremonias. (*Véase* nota—Mr. 2:19.)

«El ladrón no viene sino para hurtar y matar y destruir; yo he venido para que tengan vida: y para que la tengan en abundancia» (Jn. 10:10).

«Estas cosas os he hablado, para que mi gozo esté en vosotros, y vuestro gozo sea cumplido» (Jn. 15:11).

«De modo que si alguno está en Cristo, nueva criatura es; las cosas viejas pasaron; he aquí todas son hechas nuevas» (2 Co. 5:17).

«A quien amáis sin haberle visto, en quien creyendo, aunque ahora no lo veáis, os alegráis con gozo inefable y glorioso» (1 P. 1:8).

«Me mostrarás la senda de la vida; en tu presencia hay plenitud de gozo; delicias a tu diestra para siempre» (Sal. 16:11).

«Sacaréis con gozo aguas de las fuentes de la salvación» (Is. 12:3).

Pensamiento 1. La presencia de Jesucristo le daba a los discípulos una sensación de la presencia de Dios. La presencia de Él los llenaba de amor, gozo, y paz (Gá. 5:22-23). Les infundía la convicción y confianza de vivir para siempre en la presencia de Dios. Por eso, no tenían necesidad de ayunar para obtener un andar más cercano y una conciencia más profunda de la presencia de Dios. Ya andaban cerca de Él.

Lo mismo se aplica a nosotros. Cuando somos consciente de la presencia del esposo y andamos cerca de él, no hay tanta necesidad de ayunar. Es tiempo de alabanza, regocijo y servicio. Pero cuando el esposo parece estar lejos y no somos tan conscientes de su presencia, y cuando no estamos andando tan cerca suyo como deberíamos, entonces sí nos hace falta ayunar y buscar su presencia y poder (*véanse* bosquejo y notas—Mt. 6:16-18).

Pensamiento 2. El gozo o tristeza del creyente es determinado por su sentido de la presencia del Señor. Así es con el esposo y sus allegados inmediatos. Así es con nosotros en la actualidad.

2. Jesús predijo que moriría. Predijo que moriría violentamente. Sería «quitado» de ellos. Note varias cosas.
    a. Su muerte permitía que el Espíritu Santo estuviera con todos los creyentes alrededor del mundo (Jn. 14:16-18).

«Pero yo os digo la verdad: Os conviene que yo me vaya; porque si no me fuese, el Consolador no vendría a vosotros; mas si me fuere, os lo enviaré» (Jn. 16:7).
    b. Su muerte traería dolor al corazón de todo aquel que la viera o entendiera. Pero poco después traería gozo, porque sabrían que vive para siempre.

«De cierto, de cierto os digo, que vosotros lloraréis y lamentaréis, y el mundo se alegrará; pero aunque vosotros estéis tristes, vuestra tristeza se convertirá en gozo. La mujer cuando da a luz, tiene dolor, porque ha llegado su hora; pero después que ha dado a luz un niño, ya no se acuerda de la angustia, por el gozo que haya nacido un hombre en el mundo. También vosotros ahora tenéis tristeza; pero os volveré a ver, y se gozará vuestro corazón, y nadie os quitará el gozo» (Jn. 16:20-22).

«Por lo cual puede también salvar perpetuamente a los que por él se acercan a Dios, viviendo siempre para interceder por ellos» (He. 7:25).
    c. Su muerte y su poder purificador pueden ser *olvidados* (2 P. 1:9). La presencia del Señor puede desaparecer de la conciencia de una persona. La persona puede ocuparse y preocuparse tanto por los asuntos del mundo que pierde su sensibilidad para la presencia del Señor. En esos casos la persona necesita estar a solas con Dios. Su preocupación tiene que ser tan grande que ni la comida ni el sueño importen; nada importa excepto recuperar la conciencia de la presencia de Dios.

«Pero el que no tiene estas cosas tiene la vista corta; es ciego, habiendo olvidado la purificación de sus antiguos pecados» (2 P. 1:9).

3. Su muerte traería ayunos.

Pensamiento. Su muerte motivó a los primeros discípulos a ayunar. A nosotros nos debe motivar de la misma manera.
1) Su muerte debe motivarnos a ayunar cuando por primera vez oímos de ella y comprendemos lo que realmente significa.

«Porque de tal manera amó Dios al mundo, que ha dado a su Hijo unigénito, para que todo aquel que en él cree, no se pierda, mas tenga vida eterna» (Jn. 3:16).

«Mas Dios muestra su amor para con nosotros, en que siendo aún pecadores, Cristo murió por nosotros» (Ro. 5:8).

«Quien llevó él mismo nuestros pecados en su cuerpo sobre el madero, para que nosotros, estando muertos a los pecados, vivamos a la justicia; y por cuya herida fuisteis sanados» (1 P. 2:24).

«Porque también Cristo padeció una sola vez por los pecados, el justo por los injustos, para llevarnos a Dios, siendo a la verdad muerto en la carne, pero vivificado en espíritu» (1 P. 3:18).
2) Su muerte debe impulsarnos a ayunar cuando somos intensamente recordados de que murió por nosotros. Esas ocasiones de ayuno deben ser tiempos de profunda contrición para los creyentes, tiempos preciosos de oración y ayuno.
3) Su muerte debe impulsarnos a ayunar cuando hemos permitido por algún tiempo que su presencia se deslice fuera de nuestra mente. Son tiempos para procurar estar a solas y meditar en su muerte sin permitir que nada interfiera, ni la comida.

«Velad y orad, para que no entréis en tentación; el espíritu a la verdad está dispuesto, pero la carne es débil» (Mt. 26:41).

«Buscad a Jehová y su poder; buscad su rostro continuamente» (1 Cr. 16:11).

«También les refirió Jesús una parábola sobre la necesidad de orar siempre, y no desmayar» (Lc. 18:1).

«Me invocará, y yo le responderé; con él estaré yo en la angustia; lo libraré y le glorificaré» (Sal. 91:15).

«Y de igual manera el Espíritu nos ayuda en nuestra debilidad; pues qué hemos de pedir como conviene, no lo sabemos, pero el Espíritu mismo intercede por nosotros con gemidos indecibles Mas el que escudriña los corazones sabe cuál es la intención del Espíritu, porque conforme a la voluntad de Dios intercede por los santos» (Ro. 8:26-27).

«La mano de nuestro Dios es para bien sobre todos los que le buscan; mas su poder y su furor contra todos los que le abandonan. Ayunamos, pues, y pedimos a nuestro Dios sobre esto, y él nos fue propicio» (Esd. 8:23).

«Si se humillare mi pueblo, sobre el cual mi nombre es invocado, y oraren, y buscaren mi rostro, y se convirtieren de sus malos caminos; entonces yo oiré desde los cielos, y perdonaré sus pecados, y sanaré su tierra» (2 Cr. 7:14).

ESTUDIO A FONDO 1

(9:15) *Muerte de Jesús: véase* nota—Mr. 2:20.

3 (9:16) *Nuevo pacto—nueva vida—nueva era:* la segunda ilustración es la de un paño nuevo. El nuevo paño ilustra una vida y una era más fuerte. Jesús estaba diciendo dos cosas.
    1. Que estaba inaugurando una nueva vida y era, más fuerte que la vida y la era anterior.

2. Que no podía remendar con su enseñanza la enseñanza antigua. No solo le *quitaría* lo bueno a la enseñanza antigua, sino que causaría una *rotura* mayor de la que naturalmente se iba a producir. Habría una rotura en la religión y enseñanza antigua, una rotura natural como la que ocurre cuando una era o movimiento nuevo es lanzado a gran escala. Pero la rotura sería mayor si tratara de remendar lo viejo. Los seguidores del viejo orden reaccionarían aun más violenta y rápidamente (*véanse* notas—Mt. 12:1-8; Estudio a fondo 1—15:10; nota—15:1-20; Estudio a fondo 1—15:6-9).

«Mas a todos los que le recibieron, a los que creen en su nombre, les dio potestad de ser hechos hijos de Dios; los cuales no son engendrados de sangre, ni de voluntad de carne, ni de voluntad de varón, sino de Dios» (Jn. 1:12-13).

«Respondió Jesús y le dijo: De cierto, de cierto te digo, que el que no naciere de nuevo, no puede ver el reino de Dios» (Jn. 3:3).

«Nos salvó, no por obras de justicia que nosotros hubiéramos hecho, sino por su misericordia, por el lavamiento de la regeneración y por la renovación del Espíritu Santo» (Tit. 3:5).

«Siendo renacidos, no de simiente corruptible, sino de incorruptible, por la palabra de Dios que vive y permanece para siempre» (1 P. 1:23).

«Todo aquel que cree que Jesús es el Cristo, es nacido de Dios; y todo aquel que ama al que le engendró, ama también al que ha sido engendrado por él» (1 Jn. 5:1).

Pensamiento 1. Hubo una rotura, una separación entre Jesús y la *antigua religión* con sus rituales y ceremonias. Jesús estaba diciendo que la rotura habría sido mucho mayor si hubiera adoptado lo antiguo para reformarlo. Entonces lo antiguo y lo nuevo serían inútiles, inútil para que alguien lo usara. La verdadera religión habría sido desgarrada drásticamente quedando inservible para vestir a alguien (cp. con pasajes que tratan la justificación tales como 2 Co. 5:19-20; Fil. 3:4-16, esp. 5-7, 9).

Pensamiento 2. Muchas personas están apegadas a la *religión formal* y ponen su confianza en las ceremonias y rituales. Creen que lo importante es cumplir con toda la mecánica de la religión. La persona cree que es aceptable a Dios, y así adora a Dios. Todo aquel que dice algo distinto o intenta cambiar la tradición de la religión es tenido por radical y fanático.

Pensamiento 3. Las siguientes afirmaciones son trágicamente ciertas.
- Muchos adoran la tradición, no a Dios.
- Muchos adoran las ceremonias, no a Dios.
- Muchos adoran al ritual, no a Dios.
- Muchos adoran el compañerismo, no a Dios.
- Muchos adoran a la religión, no a Dios.

«Que tendrá apariencia de piedad, pero negarán la eficacia de ella; a estos evita» (2 Ti. 3:5).

ESTUDIO A FONDO 2

(9:16) *Vida de Jesús—Reforma: véanse* notas—Mr. 2:21; 2:22.

4 (9:17) *Nuevo pacto—vida nueva—era nueva:* la tercera ilustración es del vino viejo y nuevo. El vino viejo y nuevo ilustra una nueva vida y una nueva era de *más poder.* Cristo estaba diciendo dos cosas.

1. El vino nuevo rompería los odres viejos. La nueva vida y era que él estaba inaugurando, tenía demasiada fuerza, energía, y poder para ser encerradas en los odres viejos. La presión rompería los odres viejos. Sencillamente había demasiado poder.

«Y cuál la supereminente grandeza de su poder para con nosotros los que creemos, según la operación del poder de su fuerza, la cual operó en Cristo, resucitándole de los muertos y sentándole a su diestra en los lugares celestiales, sobre todo principado y autoridad y poder y señorío, y sobre todo nombre que se nombra, no sólo en este siglo, sino también en el venidero; y sometió todas las cosas bajo sus pies, y lo dio por cabeza sobre todas las cosas a la iglesia, la cual es su cuerpo, la plenitud de Aquel que todo lo llena en todo» (Ef. 1:19-23).

«Porque no nos ha dado Dios, espíritu de cobardía, sino de poder, de amor y de dominio propio» (2 Ti. 1:7).

«Y a Aquel que es poderoso para hacer todas las cosas mucho más abundantemente de lo que pedimos o entendemos, según el poder que actúa en nosotros» (Ef. 3:20).

«Fortalecidos con todo poder, conforme a la potencia de su gloria, para toda paciencia y longanimidad» (Col. 1:11).

2. La respuesta en cuanto al manejo del vino viejo y nuevo es a efectos de conservar lo bueno de ambos. La vieja religión no debía ser desechada. Tenía algunos puntos fuertes y beneficios. La respuesta no era reformar, sino cumplirla inaugurando una nueva vida y una nueva era. Los odres viejos (restricciones) no eran suficientemente fuerte para contener la nueva vida que Cristo estaba trayendo.

«De modo que si alguno está en Cristo, nueva criatura es; las cosas viejas pasaron; he aquí todas son hechas nuevas» (2 Co. 5:17).

«Al que no conoció pecado, por nosotros lo hizo pecado, para que nosotros fuésemos hechos justicia de Dios en él» (2 Co. 5:21).

«En cuanto a la pasada manera de vivir, despojaos del viejo hombre, que está viciado conforme a los deseos engañosos; y renovaos en el espíritu de vuestra mente» (Ef. 4:22-23).

«Y revestido del nuevo, el cual conforme a la imagen del que lo creó se va renovando hasta el conocimiento pleno» (Col. 3:10).

Pensamiento 1. El vino nuevo se habría perdido si hubiera sido puesto en los odres viejos de la religión. No habría ni vida ni era nueva, ni esperanza para hombre alguno (2 Co. 5:17).

Pensamiento 2. Uno de los mayores errores hechos por los hombres es echar ideas y métodos nuevos en recipientes viejos, es decir, en antiguas restricciones y antiguas formas de hacer las cosas.

Pensamiento 3. No debemos permitir que las tradiciones de la antigua forma nos lleven a la muerte. Nuestros rituales, ceremonias y religiones morirán separados de la nueva vida en Jesucristo. Incluso nosotros mismos moriremos separados de su nueva vida. Nuestras tradiciones, nuestra religión pueden mantenernos separados de Él al fijar nuestra atención en ellas y no en Dios.

ESTUDIO A FONDO 3

(9:17) *Pacto:* la nueva vida y la nueva era es el pacto nuevo que Cristo vino para establecer entre Dios y el hombre. (*Véanse* notas—Mr. 2:21; 2 Co. 3:6. Cp. Ro. 9:4; 2 Co. 3:12-16.)

J. Jesús sana a muchas personas: supliendo las desesperantes y desesperadas necesidades del hombre,[EF1] **9:18-34**
(Mr. 5:21-43; Lc. 8:41-56; 11:14-15)

1 Clamor desesperado por la vida (Parte 1)
  a. Un principal y un padre
    1) Sin esperanza: muerte
    2) Actitud: adoración
    3) Petición: tocarla
    4) Fe: «vivirá»
  b. Respuesta de Jesús

2 La esperanza secreta de salud
  a. La mujer [EF2]
    1) Separación de sociedad
    2) Actitud: indigna
    3) Fe: «Seré sana»
  b. Respuesta de Jesús
    1) Respondió a su toque
    2) Compasión
    3) Dijo «Hija»: La adoptó
    4) «Sanó» con su poder

3 Clamor desesperado por la vida (Parte 2)
  a. Exasperante demora: Finalmente llegó Jesús
  b. La atmósfera: ruidosa

18 Mientras él les decía estas cosas, vino un hombre principal y se postró ante él, diciendo: Mi hija acaba de morir; mas ven y pon tu mano sobre ella y vivirá.
19 Y se levantó Jesús, y le siguió con sus discípulos.
20 Y he aquí una mujer enferma de flujo de sangre desde hacía doce años, se le acercó por detrás y tocó el borde de su manto;
21 porque decía dentro de sí: Si tocare solamente su manto, seré salva.
22 Pero Jesús, volviéndose y mirándola, dijo: Ten ánimo, hija; tu fe te ha salvado. Y la mujer fue salva desde aquella hora.
23 Al entrar Jesús en la casa del principal, viendo a los que tocaban flautas, y a la gente que hacía alboroto,
24 les dijo: Apartaos, porque la niña no está muerta, sino duerme. Y se burlaban de él.
25 Pero cuando la gente había sido echada fuera, entró, y tomó de la mano a la niña, y ella se levantó.
26 Y se difundió la fama de esto por toda aquella tierra.
27 Pasando Jesús de allí, le siguieron dos ciegos, dando voces y diciendo: ¡Ten misericordia de nosotros, Hijo de David!
28 Y llegado a la casa, vinieron a él los ciegos; y Jesús le dijo: ¿Creéis que puedo hacer esto? Ellos dijeron: Sí, Señor.
29 Entonces les tocó los ojos, diciendo: conforme a vuestra fe os sea hecho.
30 Y los ojos de ellos fueron abiertos. Y Jesús les encargó rigurosamente, diciendo: Mirad que nadie lo sepa.
31 Pero salidos ellos divulgaron la fama de él por toda aquella tierra.
32 Mientras salían ellos, he aquí, le trajeron un mudo, endemoniado.
33 Y echado fuera el demonio, el mudo habló; y la gente se maravillaba, y decía: Nunca se ha visto cosa semejante en Israel.
34 Pero los fariseos decían: Por el príncipe de los demonios echa fuera los demonios.

  c. Demanda vigorosa
  d. La muerte de la hija
  e. Reacción de los deudos: burla
  f. El poder de su mano

  g. El resultado de su poder

4 Clamor incesante por la vista
  a. Hombres lo siguieron
    1) Reconocieron que era Mesías[EF3]
    2) Pide misericordia
    3) Lucharon llegar a Él.
  b. Respuesta de Jesús: Dispuesto a ayudar
    1) Su pregunta
    2) Su toque
    3) Su poder: basado en la fe
  c. Instrucciones de Jesús: Fijen su atención en mí, no en el milagro ni en ustedes mismos

5 Acerc. silen. buscando sanidad y habla[EF4]
  a. Endemoniado traído
  b. Respuesta de Jesús: los sanó

6 Reacción ante el poder de Jesús
  a. La gente: asombrada
  b. Los religiosos: tildaron a Jesús de endemoniado[EF5]

J. Jesús sana a muchas personas: supliendo las desesperantes y desesperadas necesidades del hombre, 9:18-34

(9:18-34) *Introducción:* este pasaje incluye cuatro ejemplos de personas que tenían necesidades desesperantes, sin esperanza. Ellos nos demuestran dos cosas: Cristo es incuestionablemente el Mesías, «el Hijo de David» (v. 27); y Cristo tiene el poder de suplir nuestras desesperantes necesidades, aquellas que no tienen esperanza, aun la necesidad de conquistar la muerte.

  1. Clamor desesperado por la vida (Parte 1) (vv. 18-19).
  2. La esperanza secreta de salud (vv. 20-22).
  3. Clamor desesperado por la vida (Parte 2) (vv. 23-26).
  4. Clamor incesante por la vista (vv. 27-31).
  5. Acercamiento silencioso buscando sanidad y habla (vv. 32-33).
  6. Reacción ante el poder de Jesús (vv. 33-34).

ESTUDIO A FONDO 1

(9:18-34) *Fe:* lo que Dios quiere de los hombres es exactamente lo que un padre quiere de su hijo, es decir, fe y confianza, amor y dependencia. Dios quiere que el hombre crea y confíe en Él, que lo ame y dependa de Él. Esto se ve claramente a lo largo de todo este pasaje.

  1. Dios responde a la verdadera fe. Dios concede cualquier bien que la persona le pida si esa persona realmente cree en Él y en su poder. Y, asombrosamente, el pedido puede ser *en favor de otra persona*. Dios tocará la vida de otra persona porque nosotros oramos con fe (cp. Mt. 8:5-13).
    a. La hija fue levantada por la fe del padre (Mt. 9:18, 25).
    b. La mujer con hemorragia fue sanada por su propia fe (Mt. 9:21-22).
    c. Los dos hombres ciegos recibieron la vista por su propia persistencia en la fe (Mt. 9:29-30).

d.   El mudo poseído por un espíritu malo fue librado y recibió sanidad por la fe de otros (Mt. 9:23-33).

2.   Nuestra fe solamente es tan fuerte como *el objeto de nuestra fe*. El poder de la fe no está en la propia fe de la persona, sino en Dios y solamente en Dios (Mr. 6:30). Cristo puede hacer lo que sea, el tema es, ¿lo hará? Ello siempre depende de dos cosas.

a.   ¿Es una buena petición? ¿Es buena para todos, tanto para las personas involucradas como para el mundo? Y, ¿es buena para Dios mismo y su gloria? Solamente Dios puede saber si una petición es buena; es decir, si abarca el bien para todas las personas involucradas. Esto es lo que se quiere decir con pedir conforme a la voluntad de Dios. Pero note esto: una gran parte de lo que es bueno (su voluntad) ya nos ha sido revelado en su Palabra. Podemos pedir conforme a su Palabra y entonces Él responderá, si es que realmente creemos.

b.   ¿Es una petición hecha con verdadera fe? ¿Realmente creemos que Dios puede hacer y que hará el bien que pedimos?

«Pero sin fe es imposible agradar a Dios; porque es necesario que el que se acerca a Dios crea que le hay, y que es galardonador de los que le buscan» (He. 11:6).

1   **9:18-19)** *Sin esperanza—buscando a Jesús:* allí estaba el clamor desesperado por la vida (Parte 1). El hombre que clamaba era un principal y un padre. Lucas dice que el hombre se llamaba Jairo y que supervisaba la administración de la sinagoga en Capernaum. El principal de la sinagoga era elegido a esa posición de entre los líderes religiosos. Era una persona muy respetada, era capaz y popular, una persona que investía gran poder. Determinaba quien enseñaría en el servicio de la sinagoga y supervisaba todo el funcionamiento de la misma. Era uno de lo hombres más importantes en la comunidad.

La hija de Jairo apenas tenía doce años de edad. Jairo era hombre de gran amor, un hombre que amaba profundamente a su hija; y era un hombre de gran coraje. Mostró notable coraje al acercarse a Jesús, porque fue en contra de la corriente de los otros religiosos que alentaban pensamientos violentos contra Jesús. Los otros religiosos tenían que reaccionar contra Jairo. Solo un sentido de desesperación lo impulsaría a acercarse a Jesús, y lo haría únicamente como última solución. Fue la desesperante necesidad de su hija lo que lo impulsó hacia Jesús.

1.   Note cuatro cosas referidas a este hombre en su desesperación.

a.   Su estado desesperado. Estaba tan desesperado que interrumpió a Jesús en su predicación y enseñanza. Su hijita había muerto. Se había ido para siempre. Amaba a su hija y aparentemente la amaba más que la mayoría. Se plantó de cara al mundo, es decir, contra la censura y hostilidad de sus colegas. Era un oficial elegido por los religiosos ancianos; por eso, probablemente estaba arriesgando su posición al venir a Cristo. Solamente un amor y una fe inusual podían haberlo impulsado a buscar a Jesús en vista de tanta oposición (cp. Mt. 9:34).

«Mi mano hizo todas las cosas, y así todas estas cosas fueron, dice Jehová; pero miraré a aquel que es pobre y humilde de espíritu, y que tiembla a mi palabra» (Is. 66:2).

«Porque todo el que quiera salvar su vida, la perderá; y todo el que pierda su vida por causa de mí, éste la salvará Pues ¿qué aprovecha al hombre, si gana todo el mundo, y se destruye o se pierde a sí mismo? Porque el que se avergonzare de mí y de mis palabras, de éste se

avergonzará el Hijo del Hombre cuando venga en su gloria, y en la del Padre, y de los santos ángeles» (Lc. 9:24-26).

Pensamiento. Hay una cosa que siempre debe recibir prioridad sobre todas las demás: el clamor de una persona desesperada,indefensa. Cuando los desesperados e indefensos se acercan a nosotros debemos detenernos inmediatamente, ir a ellos, y hacer lo que esté a nuestro alcance. Oración, estudio, predicación; todo debe pasar a segundo plano cuando se trata de ayudar a aquellos que están en necesidad. Note: la necesidad suplida por Jesús era inmediata y urgente. No había tiempo ni para decir una palabra. Jesús se mantuvo en silencio. Simplemente respondió levantándose y yendo conforme al pedido.

b.   Su actitud. Adoró a Jesús; se postró a los pies de Jesús. Recuerde que este era un hombre distinguido, un oficial elegido que supervisaba las responsabilidades administrativas de la institución más importante en una ciudad judía: la sinagoga. Fue un ejemplo dinámico de cómo los líderes deben acercarse a Cristo: con humildad, adoración y fe.

«Así que, cualquiera que se humille como este niño, ése es el mayor en el reino de los cielos» (Mt. 18:4).

«Pero él da mayor gracia. Por esto dice: Dios resiste a los soberbios, y da gracia a los humildes» (Stg. 4:6).

Pensamiento 1. Nunca conoceremos la misericordia de Cristo hasta humillarnos y ser como niños (Mt. 18:3).

Pensamiento 2. Con demasiada frecuencia las necesidades de seres queridos nos llevan a un estado de indefensión, y desesperación, de depresión y auto compasión. La necesidad puede ser una enfermedad grave, terribles problemas, o muerte. Sin embargo, la desesperación no es la respuesta para las necesidades. La respuesta es levantar nuestras cabezas hacia Jesús para pedir la salvación de nuestros seres queridos. Debemos venir a Cristo y pedirle que nos ayude. Nunca nos rechaza.

c.   Su petición. Pidió a Jesús que viniera y tocase su hija.

«Me invocará, y yo le responderé; con él estaré yo en la angustia; lo libraré y le glorificaré» (Sal. 91:15).

«Entonces invocarás, y te oirá Jehová; clamarás, y dirá él: Heme aquí. Si quitares de en medio de tiel yugo, el dedo amenazador, y el hablar vanidad» (Is. 58:9).

«Clama a mí y yo te responderé, y te enseñaré cosas grandes y ocultas que tú no conoces» (Jer. 33:3).

Pensamiento. Tenemos que pedir el *toque de Jesús:* que *Él nos toque*; que *toque nuestra necesidad*, Él lo hará.

d.   Su fe: «vivirá». Este era hombre de una gran fe. Creía que si Jesús simplemente iba, su hija viviría. Creía que Cristo la podía levantar de los muertos.

Pensamiento. Note dos lecciones.
1)   Esta es precisamente la misma fe, la gran fe que nosotros tenemos que tener.
a)   Tenemos que creer que Cristo puede suplir nuestras necesidades desesperantes.
b)   Tenemos que creer que Cristo nos puede levantar de los muertos (Jn. 6:39-40, 44, 54; 1 Co. 15:12-58;1 Ts. 4:13-18).
2)   Un acontecimiento trágico llevó a este hombre a Jesús. Dios usa la tragedia para llevarnos a Jesús. En la

tragedia toda persona debe acercarse a Jesús, acercarse a Él en un espíritu de adoración y fe: creyendo verdaderamente y confiando que Jesús va a ayudar.

> «Y todo lo que pidiéreis en oración, creyendo, lo recibiréis» (Mt. 21:22).
>
> «Si algo pidiéreis en mi nombre, yo lo haré» (Jn. 14:14).
>
> «Me invocará, y yo le responderé; con él estaré yo en la angustia; lo libraré y le glorificaré» (Sal. 91:15).

2. Note la respuesta de Jesús a la desesperación del padre. Jesús se levantó y actuó siguiendo al hombre, yendo a la casa del hombre donde estaba la necesidad. No hubo vacilación alguna.

> «Clama a mí y yo te responderé, y te enseñaré cosas grandes y ocultas que tú no conoces» (Jer. 33:3).

Pensamiento. Note tres lecciones.

1) El principal estaba tan desesperado que interrumpió a Jesús en su predicación y enseñanza. Jesús no lo detuvo ni lo amonestó. No dijo nada. Simplemente *respondió* al clamor desesperado y sin esperanza *del hombre.* Jesús siempre recibe y responde al hombre ...
   - que está desesperado.
   - que confiesa su desesperación e indefensión.
   - que reconoce su necesidad y cree que Jesús puede ayudar.

2) Jesús nunca da la espalda al hombre desesperado que lo busca. En efecto, ni siquiera vacila en ayudar al hombre. Ni siquiera se tomará tiempo para hablar. Se levantará y seguirá al hombre desesperado para suplir su necesidad. Jesús está siempre listo para ayudar. Anhela ayudar.

3) Note que Jesús nos visitará dondequiera esté nuestra necesidad. En esta ocasión Jesús dejó la reunión y la oportunidad de predicar y enseñar a efectos de suplir una desesperante necesidad. ¡Qué lección para nosotros! ¡Cuánto nos hace falta aprender cuáles son las verdaderas prioridades!

2 (9:20-22) *Sin esperanza:* había esperanza secreta de salud de una mujer. Durante doce años había sufrido de hemorragias (*véase* Estudio a fondo 2—Mt.9:20). Estaba desesperada, sin esperanza, avergonzada, confundida e indigna. De acuerdo a la ley ella ni siquiera debía estar en la multitud que rodeaba a Jesús. Supuestamente debía estar aislada, pero su desesperación la impulsó a Jesús. Ella creía que Jesús nunca la tocaría porque era impura, pero había escuchado cosas tan maravillosas de él: si ella solo pudiera tocar el manto de Jesús, él no lo sabría, y ella sería sanada. ¡Imagínese que gran fe, la de ella! La respuesta de Jesús fue cuádruple.

1. *Jesús se volvió* a la mujer. De ninguna manera Jesús podía haber sentido el toque a su manto. Estaba siendo presionado y apretado por la multitud, sin embargo, cuando se acercó detrás de Jesús y tocó su manto, él lo percibió. ¿Cómo?

   a. Le tocó la fe de ella. Es la fe lo que toca a Jesús. La fe nunca será pasada por alto o ignorada por Jesús.

   > «Diciendo: El tiempo se ha cumplido, y el reino de Dios se ha acercado; arrepentíos y creed en el evangelio» (Mr. 1:15).
   >
   > «Jesús le dijo: Si puedes creer, al que cree todo le es posible» (Mr. 9:23).
   >
   > «¡Cuán grande es tu bondad, que has guardado para los que te temen, que has mostrado a los que esperan en ti, delante de los hijos de los hombres!» (Sal. 31:19).
   >
   > «Encomienda a Jehová tu camino, y confía en él; y él hará» (Sal. 37:5).

   b. Virtud (poder y vida) salió de Jesús. Cuando una persona pone fe en Jesús y su poder, ello toca a Jesús, y Jesús infunde su virtud (poder y vida) en esa persona.

En ello consiste la vida y la salvación; que la vida y el espíritu del hombre sean infundidos de la virtud, el poder, de Dios.

> «Luego Jesús, conociendo en sí mismo el poder que había salido de él, volviéndose a la multitud dijo: ¿Quién ha tocado mis vestidos?» (Mr. 5:30).
>
> «Siendo renacidos, no de simiente corruptible, sino de incorruptible, por la palabra de Dios que vive y permanece para siempre» (1 P. 1:23).
>
> «Por medio de las cuales nos ha dado preciosas y grandísimas promesas, para que por ellas llegaseis a ser participantes de la naturaleza divina, habiendo huido de la corrupción que hay en el mundo acausa de la concupiscencia» (2 P. 1:4 ; cp. Jn. 17:2-3).

Pensamiento. Jesús se detuvo y se volvió a la mujer. Para Jesús la tarea más importante del mundo es suplir la necesidad de una persona. Cuanto más desesperada la necesidad, más desea Jesús detenerse y encarar esa necesidad. Nada impedirá a Jesús detenerse y volverse a la persona que viene desesperadamente a Él.

> «Para que se cumpliese lo dicho por el profeta Isaías, cuando dijo: El mismo tomó nuestras enfermedades, y llevó nuestras dolencias» (Mt. 8:17; cp. Is. 53:4).

2. *Jesús vio* a la mujer. Vio su desesperación, confusión y falta de esperanza, su necesidad y su fe; y desde las profundidades de su compasión el corazón de Jesús se extendió a ella.

Pensamiento. El Señor cuida de todos, no importa cuan rechazados, separados y discriminados sean. Una persona puede ser considerada impura, sucia, infectada, contaminada, perdida para siempre; pero esa persona es preciosa a nuestro Señor. Su corazón se extiende en ternura y cuidado hacia el mayor de los pecadores.

> «Porque no tenemos un sumo sacerdote que no pueda compadecerse de nuestras debilidades, sino uno que fue tentado en todo según nuestra semejanza, pero sin pecado. Acerquémonos, pues, confiadamente al trono de la gracia, para alcanzar misericordia y hallar gracia para el oportuno socorro» (He. 4:15-16).

3. *Jesús adoptó* a la mujer. La llamó «hija» y la adoptó en la familia de Dios. Se dirigió a ella en nombre del Padre y le dio la seguridad de haber sido aceptada por Dios. El hecho de la ayuda de Dios le fue comunicado inmediatamente. Note también que Jesús dijo: «Ten ánimo». Ella experimentó inmediatamente la consolación y seguridad de Dios.

Note: Cuando una persona viene realmente desesperada a Dios, Dios le hace saber inmediatamente su adopción y le da consuelo. Tal es el alivio del peso y de la desesperación que el espíritu de la persona respira y retosa en la nueva paz.

> «Mas a todos los que le recibieron, a los que creen en su nombre, les dio potestad de ser hechos hijos de Dios» (Jn. 1:12).
>
> «Pues no habéis recibido el espíritu de esclavitud para estar otra vez en temor, sino que habéis recibido el Espíritu de adopción, por el cual clamamos: ¡Abba, Padre!» (Ro. 8:15).
>
> «Y seré para vosotros por Padre, y vosotros me seréis hijos e hijas, dice el Señor Todopoderoso» (2 Co. 6:18).
>
> «Pero cuando vino el cumplimiento del tiempo, Dios envió a su Hijo, nacido de mujer y nacido bajo la ley, para que redimiese a los que estaban bajo la ley, a fin de que recibiésemos la adopción de hijos. Y por cuanto sois hijos, Dios envió a vuestros corazones el Espíritu de su Hijo, el cual clama: ¡Abba, Padre!» (Gá. 4:4-6).

4. *Jesús la sanó.* La virtud de Jesús (poder y vida) fue infundida en ella, y ella fue salvada y sanada. Había tenido temor de

dirigirse directamente a Jesús temiendo ser amonestada. Se había equivocado. Jesús anhelaba sanar a los desesperados entre la gente. Ninguna persona es demasiado sucia para Él. En efecto, cuanto más impura la persona, más anhela Él purificarla y sanarla. ¡Imagínese semejante Salvador!

«Al oír esto Jesús, les dijo: Los sanos no tienen necesidad de médico, sino los enfermos. Id, pues, y aprended lo que significa: Misericordia quiero, y no sacrificio. Porque no he venido a llamar a justos, sino a pecadores, al arrepentimiento» (Mt. 9:12-13).

«Como el Hijo del hombre no vino para ser servido, sino para servir, y para dar su vida en rescate por muchos» (Mt. 20:28).

«Porque el Hijo del Hombre vino a buscar y a salvar lo que se había perdido» (Lc. 19:10).

ESTUDIO A FONDO 2

(9:20) *Hombre, rechazado—religión, rechazado por:* la mujer afligida por una hemorragia incontrolable era considerada impura. Nadie debía tocarla, ni a ella ni a nada tocado por ella. Había sido discriminada y separada de la sociedad y excomulgada de las prácticas religiosas. Si estaba casada tenía que ser divorciada (cp. Lv. 15:25-27). El hecho de su impureza se había asentado profundamente en su mente, puesto que había sido separada de la sociedad y de su familia: quedó abandonada durante doce años. Había ido a todos los médicos que conocía o de quienes había oído, y ninguno había podido ayudarle (Mt. 5:26). Ahora era pobre porque había gastado cuanto tenía buscando una cura. Había experimentado diariamente la angustia de la soledad, de no ser aceptada, de una baja auto estima. En sus propios ojos ella no era nada. Por eso, al acercarse a Jesús se sentía avergonzada e indigna. Su hemorragia era un asunto personal e íntimo, demasiado vergonzoso para ser discutido en presencia de la gente, y creía que Jesús jamás la tocaría por causa de su impureza. Era demasiado impura. Sin embargo, ella tenía exactamente lo que hace falta para obtener ayuda de Dios, esto es, una desesperación y la fe de que Jesucristo podía ayudar. Podemos imaginarla preguntando: «¿Qué voy a hacer? Él no me va a saludar; soy impura». Pero de pronto ella supo: «Si solamente toco el borde de su vestido, seré sana». Y así fue. Su fe la sanó (*véase* nota, *Fe*—Mr. 11:22-23; Jn. 2:24; Ro. 10:16-17; He. 10:38). Simbólicamente, su enfermedad es una clara ilustración de lo que hace el pecado. Separa a la persona de Dios y de la verdadera comunión con los creyentes (Is. 59:2). La única forma de restauración es venir a Jesús tal como ella lo hizo. En contraste con lo que hacen los hombres cuando son confrontados por los impuros, Jesús responde; Él no rechaza. Jesús llama; no divorcia. Jesús adopta; no excomulga.

3 (9:23-26) *Jesucristo, poder:* El clamor desesperado por la vida (Parte 2). Este clamor desesperado fue, nuevamente, del principal y padre en favor de su hija. Hay que notar varios factores significativos.

1. La exasperante demora (vv. 20-22). ¿Por qué permitió Jesús que la mujer lo demore? No hay mayor necesidad que la que causa la muerte. Jesús sabía que la desesperación del principal se volvería más insoportable al permitir que la mujer lo demore. Pero también sabía que la confianza y certeza del principal serían fortalecidos viendo a Jesús suplir la necesidad de la mujer. Tal vez el hombre necesitaba ser fortalecido. Cualquiera haya sido la razón para permitir la demora, Jesús la conocía.

Pensamiento. Jesús siempre sabe qué es lo mejor para nosotros y cuándo suplir nuestra necesidad. No debemos atemorizarnos, ni dudar ni dejar de creer cuando nuestras necesidades no son suplidas inmediatamente. Jesús va a suplir la necesidad de todo aquel que se le acerca con humildad y fe.

2. La atmósfera en la casa del principal. El ambiente era ruidoso y el lloro en alta voz.

Pensamiento. Note dos lecciones.
1) El ambiente ruidoso y el llanto no crean la atmósfera adecuada para que Jesús obre y supla nuestras necesidades. Debemos librarnos de tales distracciones: aquietarnos, meditar, orar y confiar que el Señor haga su obra.
2) El mundo padece mucho ruido y aflicción porque no tiene esperanza respecto de la muerte. Pero el Señor anhela cubrir la aflicción del corazón creyente con la certeza y esperanza que él ha dado. La promesa dada al creyente que realmente espera en el Señor es firme (Tit. 2:13).

3. La demanda vigorosa. Jesús demandó una atmósfera silenciosa, de oración. El dijo: «Hagan lugar», váyanse, salgan, fuera de aquí con tanto llanto ruidoso. En presencia de la fe no hay lugar para tal comportamiento.

Pensamiento. En medio del llanto ruidoso y estridente pocas veces seremos conscientes de que Jesús intenta consolarnos.

4. La muerte de la hija. Estaba muerta, y Lucas dice inequívocamente que la gente se *rió de Jesús* «sabiendo que ella estaba muerta» (Lc. 9:53). Marcos dice que incluso vinieron algunos para decirle al principal «tu hija ha muerto» (Mr. 5:35). Los hombres detestan y temen la muerte, de modo que atenúan ese pensamiento llamándolo *sueño* (*véase* nota—1 Ts. 4:13).

5. La reacción de los deudos. Se burlaron de Jesús. Sabían lo que era la muerte. Constantemente rodeaban a los muertos, especialmente los que eran pagados para hacer lamentación. Era una práctica de los ricos pagar a personas profesionales para llorar la muerte de los seres queridos. No había dudas, la niña estaba muerta y no dormida. También es posible que se burlaran de Jesús para desalentar al principal para que no admita la ayuda de Jesús. Conocían algo de Él y de su poder porque Capernaum era su hogar, el centro de su ministerio. Si levantaba a la hija, los lamentadores pagados perderían su trabajo y su paga.

Pensamiento 1. La mayoría de las personas se burlan ante la idea de Jesús levantando a los muertos (cp. 1 Co. 15:12ss, 35ss.; 1 P. 3:3ss. Estas páginas mostrarán claramente cuál es la causa de la burla).
1) Con frecuencia los hombres se burlan y ríen de lo que no entienden.
2) Tenemos que creer, y confiar, y confesar con Pablo: «¡Oh profundidad de las riquezas de la sabiduría y de la ciencia de Dios! ¡Cuán insondables son sus juicios, e inescrutables son sus caminos!» (Ro. 11:33).

Pensamiento 2. La gente tuvo que salir. Los que se burlan no son dignos de presenciar el poder del Señor. Solamente los mansos y receptivos lo son.

6. El poder de su mano. La descripción del poder del Señor es hermosa y es fuente de seguridad.
a. «Entró.» Siempre va a *entrar* a nosotros, dondequiera estemos, con tal que nuestro corazón se extienda hacia Él como lo hizo el corazón del principal. Podemos haber sido inutilizados, pero Él vendrá para ayudarnos.
b. «Y tomó de la mano a la niña». La tomó de la mano para infundirle su propio poder y vida. Él nos infundirá su poder y vida si solamente lo invocamos.
c. La levantó. «Y ella se levantó.» Jesús nos va a levantar, supliendo nuestras desesperantes necesidades en esta tierra, y también nos levantará el día postrero. (Cp. Jn. 5:22-30.)

«Y Jesús se acercó y les habló diciendo: Toda potestad me es dada en el cielo y en la tierra» (Mt. 28:18).

«Cómo Dios ungió con el Espíritu Santo y con poder a Jesús de Nazaret, y cómo éste anduvo haciendo bienes y sanando a todos los oprimidos por el diablo, porque Dios estaba con él» (Hch. 10:38).

«Que fue declarado Hijo de Dios con poder, según el Espíritu de santidad, por la resurrección de entre los muertos» (Rm. 1:4).

Pensamiento. El poder de Jesús puede tocar y tocará cualquier necesidad.
1) Puede tocar las necesidades más desesperantes de todas, la necesidad de levantar de la muerte a los seres queridos.
2) Puede tocar las desesperantes necesidades de la gente por medio de nuestra intercesión. Nuestros seres queridos pueden estar indefensos como esta joven hija, pero si oramos, Jesús usará su soberano poder para tocar la necesidad de ellos.

7. El resultado de su poder. La fama de Jesús se difundió. El levantar a los muertos era prueba de que Jesús era el Mesías (*véanse* Estudio a fondo 1—Mt. 9:18-34; cp. Mt. 10:9; Estudio a fondo 1—11:5; Jn.11:37ss). La gente hablaba y hablaba de su poder, pero note cuántos todavía no creían. Todavía se negaban a entregarle sus vidas. Qué preciosos aquellos, de generaciones posteriores, que no vieron y sin embargo creyeron.

«Jesús le dijo: Porque me has visto, Tomás, creíste; bienaventurados los que no vieron, y creyeron» (Jn. 20:29).

4 (9:27-31) *Buscar a Jesús—persistencia:* el incesante clamor por la vista. Este clamor provenía de dos hombres ciegos que aparentemente estaban sentados a la orilla del camino, mendigando. En los días de Jesús la mayoría de los ciegos eran mendigos. Estos dos ciegos oyeron lo que había ocurrido. En su corazón hubo una nota sensible de manera que comenzaron a seguir a Jesús, clamando con toda la fuerza que podían: «Tú, Hijo de David, ten misericordia de nosotros».

1. Note que dieron los pasos precisos para que sus necesidades fuesen suplidas.
   a. Reconocieron que Jesús era el Mesías, el Salvador del mundo. Esto se ve en el título con que llamaron a Jesús: «Tú, Hijo de David» (*véase* Estudio a fondo 3—Mt. 9:27; Lc. 3:24-31).

   Pensamiento. Los hombres eran ciegos. No podían ver lo que Jesús estaba haciendo. Solamente podían oír.
   1) Los perdidos están ciegos. No pueden ver; no pueden entender.
   2) Los perdidos solamente pueden oír.
   «Así que la fe es por el oír, y el oír, por la palabra de Dios» (Ro. 10:17).

   La única esperanza para los perdidos es oír el evangelio. Es imperativo que vayamos y proclamemos la Palabra a ellos.
   b. Clamaron por misericordia. Estos hombres hicieron lo que tenemos que hacer nosotros si queremos que Dios tenga misericordia de nosotros.
      • Los ciegos «creyeron el informe» acerca del Mesías (Ro. 10:16). Solamente podían escuchar lo que les decían; no podían ver lo que estaba ocurriendo.
      • Clamaron personalmente por misericordia, aceptando y confesando que Jesús era el Mesías.
      «Este pobre clamó, y le oyó Jehová, y lo libró de todas sus angustias» (Sal. 34:6).
      «Cercano está Jehová a los quebrantados de corazón; y salva a los contritos de espíritu» (Sal. 34:18).
      «Señor, delante de ti están todos mis

deseos, y mi suspiro no te es oculto» (Sal. 38:9).

Pensamiento. Dios es rico en misericordia (Ef. 2:4-5). Tendrá misericordia de todo aquel que clame genuinamente a él por su misericordia.

   c. Lucharon hasta llegar a Él. Persistieron y persiguieron lo que querían (*véanse* bosquejo y notas—Mt. 7:7-11). Note que Jesús no se detuvo inmediatamente. Conocía el corazón de ellos, como conoce el corazón de cada uno. Sabía que tenían que crecer en su desesperación. La desesperación de ellos tenía que ser tan grande que ellos sencillamente se abandonarían totalmente a Jesús. Aparentemente no habían alcanzado ese punto. De modo que Él, que todo lo sabe, prosiguió caminando como si no los oyera. Entre tanto, los ciegos se abrían paso entre la aplastante multitud, gritando a voz en cuello, más y más desesperados y más y más dispuestos a dar el gran salto de la fe salvadora.

Pensamiento. Note tres lecciones.
1) Los hombres persistieron en seguir a Jesús. Le siguieron hasta su casa y de alguna manera lograron entrar. El tema es que no abandonarían hasta que Él les hubiera ayudado.
2) Persistencia, un auténtico clamor por ayuda, no constituye una falta de respeto hacia Jesús. ¿Cuántas personas han sido interrumpidas en su casa y lo tomaron como falta de respeto? ¡Cómo nos hace falta aprender que el primer orden del día es ministrar!
3) Los hombres se ayudaron el uno al otro. Comenzaron juntos y juntos lucharon hasta llegar a Jesús. ¡Qué lección para nosotros cuando confrontamos la necesidad! Los creyentes que tienen necesidades comunes se pueden ayudar mutuamente para llegar a Jesús.
   «Porque todo aquel que pide, recibe; y el que busca, halla; y al que llama, se le abrirá» (Mt. 7:8).
   «Mas si de allí buscares a Jehová tu Dios, lo hallarás, si lo buscares de todo tu corazón y de toda tu alma» (Dt. 4:29).
   «Y me buscaréis y me hallaréis, porque me buscaréis de todo vuestro corazón» (Jer. 29:13).

2. *La respuesta de Jesús* fue compasiva y vigorosa. Había una incuestionable disposición para ayudar. Esto se ve en tres hechos.
   a. Jesús preguntó a los ciegos: «¿Creéis que puedo hacer esto?» Jesús siempre está dispuesto a ayudar. No hay momento en que no esté dispuesto a ayudar, pero su ayuda tiene un prerequisto. Una condición: «¿Creéis que *puedo hacer esto?*»

Pensamiento 1. Muchos tropiezan en esta pregunta: «¿Creéis que *puedo hacer esto?*»
1) Algunos no creen absolutamente.
2) Algunos dudan que Jesús tenga el poder o esté interesado en ayudar.
3) Algunos lo ignora y no les importa.
4) Algunos siguen a Jesús e incluso piden misericordia, pero nunca *entregan sus vidas* en fe a Cristo. Creen mentalmente, pero con sus vidas nunca creen, es decir, nunca entregan sus vidas a lo que Jesús reclama ser, esto es, el Mesías, el Hijo de Dios.

Pensamiento 2. Algunos llaman a Jesús *Señor*, pero les falta lo esencial que es hacer lo que profesan. Nunca han entregado sus vidas a Aquel en quien dicen confiar. La persona no ha confiado en Cristo hasta que no ha confiado su vida al cuidado de Jesús (*véanse* bosquejo y nota—Mt.7:21-23).

> «Pero sin fe es imposible agradar a Dios; porque es necesario que el que se acerca a Dios crea que le hay, y que es galardonador de los que le buscan» (He. 11:6).

> «Encomienda a Jehová tu camino, y confía en él; y él hará» (Sal. 37:5).

> «Fíate de Jehová de todo tu corazón, y no te apoyes en tu propia prudencia» (Pr. 3:5).

> «Confiad en Jehová perpetuamente, porque en Jehová el Señor está la fortaleza de los siglos» (Is. 26:4).

b. Jesús tocó a los dos hombres. Note la ternura del toque de Jesús. Estos hombres no veían nada; tenían una necesidad especial, de modo que Jesús suplió su necesidad de manera especial.

Pensamiento. Jesús suple, siempre, cada faceta de nuestra necesidad. Toca a todos los que sinceramente vienen a Él y del modo en que necesitan ser tocados. Este hecho debería impulsar a todo hombre a venir a él. No existe necesidad alguna, o problema especial alguno que él no pueda suplir.

> «Y antes que clamen, responderé yo; mientras aún hablan, yo habré oído» (Is. 65:24).

> «Clama a mí y yo te responderé, y te enseñaré cosas grandes y ocultas que tú no conoces» (Jer. 33:3).

c. Jesús ejerció su poder; los sanó, pero fue en base a la fe de ellos.

Pensamiento. Note cuatro lecciones.
1) Su *fe en Cristo y en su poder* operó la sanidad.
   - No se exigieron obras, sino fe.
   - No se exigió salud, sino fe.
   - No se exigió dinero, sino fe.
   - No se exigieron amigos, sino fe.
   - No se exigió aceptación social o posición, sino fe.
2) Jesús conoce nuestra fe y sabe cómo hacerla crecer. Note cómo hizo crecer la fe de estos dos hombres. Dios traerá a nuestra vida lo que nos haga falta para desarrollar una fe vigorosa en nosotros, ya sea que nos hagan falta pruebas o exámenes, o bendición inmediata, Dios lo dará (Ro. 8:28ss; Fil. 1:29; 1 P. 4:12-13).
3) ¡Qué bendito pensamiento! Jesús recibe nuestra fe, la acepta, y hace lo que creemos.
4) Esta es una advertencia, a nadie se trata en base a su profesión, sino en base a su fe: «Pero sin fe es imposible agradar a Dios ... » (He. 11:6).

> «Y todo lo que pidiéreis en oración, creyendo, lo recibiréis» (Mt. 21:22).

> «Pero sin fe es imposible agradar a Dios; porque es necesario que el que se acerca a Dios crea que le hay, y que es galardonador de los que le busca» (He. 11:6).

3. *La instrucción de Jesús* a estos hombres fue una orden muchas veces necesaria. Especialmente necesaria en creyentes que experimentan el toque milagroso del poder de Jesús. La orden fue: «Mirad que nadie lo sepa», «sean humildes». Cristo quería que estos hombres dieran un ejemplo dinámico de humildad. Por eso les ordenó guardar silencio. Él conocía lo más profundo de sus corazones y mentes como conoce a todos los hombres. Aparentemente tenían un corazón tendiente a jactarse en su milagro y en el cambio operado en la vida de ellos.

Pensamiento. Note dos lecciones.
1) Tanta bendición de Jesús encierra un peligro. Fácilmente podía instalarse en ellos el orgullo y el sentirse importantes. Fácilmente podían pensar de sí mismos más de lo debido.
2) Existe una línea muy delgada entre honrar a Jesús y honrarse uno mismo en un testimonio. La diferencia está en el corazón, y solamente Dios conoce el corazón. *Pero Él lo conoce.* Cuántas veces nos jactamos y gloriamos en frases tales como ...
   - qué cambio se ha operado en mi vida.
   - pero por la gracia de Dios allí voy.
   - qué terrible pecador era yo.

> «Digo, pues, por la gracia que me es dada, a cada cual que está entre vosotros, que no tenga más alto concepto de sí que el que debe tener, sino que piense de sí con cordura, conforme a la medida de fe que Dios repartió a cada uno» (Ro. 12:3).

> «Nada hagáis por contienda o por vanagloria; antes bien con humildad, estimando cada uno a los demás como superiores a él mismo; no mirando cada uno por lo suyo propio, sino cada cual también por lo de los otros» (Fil. 2:3-4).

ESTUDIO A FONDO 3

(9:27) *Jesucristo, hijo de David—nombres—títulos: véanse* notas—Mt.1:1; Estudio a fondo 2—1:18; Estudio a fondo 2—3:11; notas—11:1-6; 11:2-3; Estudio a fondo 1—11:5; Estudio a fondo 2—11:6; Estudio a fondo 1—12:16; nota—Lc.3:24-31.

5 (9:32-33) *Jesucristo, poder—buscar a Jesús:* el acercamiento silencioso buscando sanidad y la facultad de hablar. Note cuán silenciosamente es colocado este evento en medio de los otros milagros, pero sus lecciones son precisas.
1. El hombre.
   a. Fue traído por otros. (Para mayor discusión *véase* nota—Mt 9:2.)
   b. Necesitaba desesperadamente ayuda; estaba endemoniado, poseído por un espíritu malo.

> «Y yo os digo: Pedid, y se os dará; buscad y hallaréis; llamad, y se os abrirá. Porque todo aquel que pide, recibe; y el que busca, halla; y al que llama, se le abrirá» (Lc. 11:9-10).

> «¡Cuán grande es tu bondad, que has guardado para los que te temen, que has mostrado a los que esperan en ti, delante de los hijos de los hombres!» (Sal. 31:19).

> «Jehová redime el alma de sus siervos, y no serán condenados cuantos en él confían» (Sal. 34:22).

Pensamiento. Note cuatro lecciones.
1) Muchos no vendrán a menos que sean traídos. Son demasiado débiles en espíritu, mente, o cuerpo para venir por sí mismos. No vendrán a menos que sean traídos.
2) Tenemos que buscar a los necesitados, para traerlos. Muchos vendrían ...
   - si fuéramos simplemente a visitarlos y buscarlo.
   - si les diéramos amistad nutriéndolos en el camino.
3) Algunos están poseídos por el espíritu equivocado, no por el Espíritu de Dios. Espiritualmente son mudos en cuanto a su conocimiento de Cristo. No son concientes, ni se dan cuenta, ni entienden nada del poder liberador que hay en Cristo. El hecho de existir un Salvador les es totalmente ajeno.
4) Algunos están presos por la forma más profunda del mal, por la posesión demónica. Necesitan deses-

peradamente ser traídos a Cristo (*véanse* bosquejos y notas—Mt. 8:28-34. *Véase* Lc. 8:26-40).

2. La respuesta de Jesús. Sanó al hombre.

> «Y cuál la supereminente grandeza de su poder para con nosotros los que creemos, según la operación del poder de su fuerza la cual operó en Cristo, resucitándole de los muertos y sentándole a su diestra en los lugares celestiales» (Ef. 1:19-20).

> «Y a Aquel que es poderoso para hacer todas las cosas mucho más abundantemente de lo que pedimos o entendemos, según el poder que actúa en nosotros» (Ef. 3:20).

Pensamiento 1. Note cuánto poder tiene Jesús.

1) Puede tocar la vida de una persona por la fe de otra. Para muchos la oración intercesora y la fe son el camino de Dios para ser alcanzados.

2) El puede romper la mayor de las ataduras, aun el poder aprisionador de Satanás cuando éste posee totalmente la vida de una persona.

Pensamiento 2. El enorme poder de Cristo debería...

- impulsarnos a traer nuestras necesidades siempre a Él.
- impulsarnos a traer siempre otras personas a Cristo, aun cuando sean prisioneras de las peores fuerzas de las tinieblas.

ESTUDIO A FONDO 4

(9:32-34) *Malos espíritus: véanse* bosquejos y notas—Mt. 8:28-34; Lc. 8:26-39.

6 (9:33-34) *Jesucristo, reacción contraria:* la reacción hacia el poder de Jesús. La gente estaba maravillada. Presenciaron lo que llamaron maravillosa obra de Dios, milagro tras milagro. Pero note: no todos creyeron. A pesar de la asombrosa obra de Dios, solamente unos pocos realmente creyeron en Él.

Los religiosos aborrecían a Cristo. Le eran hostiles, vehementemente hostiles (*véase* Estudio a fondo 2—Mr. 3:22). Fueron culpables del pecado imperdonable (*véase* nota—Mt. 12:31-32).

> «Engañoso es el corazón más que todas las cosas, y perverso; ¿quién lo conocerá?» (Jer. 17:9).

ESTUDIO A FONDO 5

(9:34) *Satanás: véase* Estudio a fondo 1—Ap. 12:9.

	VI. LOS MENSAJEROS DEL MESÍAS Y SU MISIÓN, 9:35—10:42 (Mr. 6:7-13; Lc. 9:1-6)
	
	A. La misión del Mesías, 9:35-38
		toda dolencia en el pueblo.
		36 Y al ver las multitudes, tuvo compasión de ellas; porque estaban desamparadas y dispersas como ovejas que no tienen pastor.
			del reino
			2 Su compasión[EF2]
			  a. Multitudes desamparadas: cansadas[EF3]
			  b. Multitudes dispersas[EF4]
			  c. Multitudes como ovejas sin pastor

1 Su ministerio
  a. Método: recorrer
  b. Lugar: todo lugar
  c. Obra: enseñar, predicar[EF1] y sanar
  d. Mensaje: el evangelio
	35 Recorría Jesús todas las ciudades y aldeas, enseñando en las sinagogas de ellos, y predicando el evangelio del reino, y sanado toda enfermedad y	37 Entonces dijo a sus discípulos: A la verdad la mies es muchas, mas los obreros pocos.
		38 Rogad, pues, al Señor de la mies, que envíe obreros a su mies.
			3 Su visión
			  a. Una gran cosecha
			  b. Gran necesidad de obreros
			  c. Gran necesidad de oración
			  d. Gran fuerza de obreros

VI. LOS MENSAJEROS DEL MESÍAS Y SU MISIÓN, 9:35—10:42

A. La misión del Mesías, 9:35-38

(9:35-38) *Introducción—Jesucristo, misión:* la misión del Mesías fue triple. (*Véanse* también bosquejos y notas—Mt. 4:12-17; nota 2 y Estudio a fondo 3— 4:23.)
1. De ministrar (v. 35).
2. De mostrar compasión (v. 36).
3. De llamar a los hombres a la más grande de todas las visiones (vv. 37-38).

1 (9:35) *Jesucristo, misión—ministerio:* la misión de Jesucristo fue ministrar. Este versículo cubre cuatro aspectos de su ministerio.
1. El método de Jesús. Jesucristo tuvo un solo método para alcanzar a la gente: «recorría» la zona buscando a la gente. No se quedó sentado esperando que la gente viniera a Él.
«Porque el Hijo del hombre vino a buscar y a salvar lo que se había perdido» (Lc. 19:10).

Pensamiento 1. Somos necios al quedarnos sentados esperando que la gente venga a nosotros. La vasta y gran mayoría no vendrá. No saben que tienen que venir; tenemos que salir a buscarlos.

Pensamiento 2. El mismo gran método nos es dado en la gran comisión.
«Por tanto, id, y haced discípulos a todas las naciones, bautizándolos en el nombre del Padre, y del Hijo, y del Espíritu Santo; enseñándoles que guarden todas las cosas que os he mandado; y he aquí yo estoy con vosotros todos los días hasta el fin del mundo. Amén» (Mt. 28:19-20).
«Entonces Jesús les dijo otra vez: Paz a vosotros. Como me envió el Padre, así también yo os envío» (Jn. 20:21; cp. Lc. 19:10).

2. El lugar del ministerio de Jesús. Jesús fue literalmente a todas partes: a todas las ciudades y aldeas (Mt. 9:35), a los campos (Mt. 5:1), a las sinagogas (Mt. 9:35), a las montañas (Mt.5:1), a la orilla del mar (Mt. 4:18), viajó en bote (Mt. 8:23ss), a los cementerios (Mt. 8:28ss), y a los hogares (Mt. 8:14; 9:10). No hubo lo hogar que Jesús no visitase para ministrar.
«Id, pues, a las salidas de los caminos, y llamad a las bodas a cuantos halléis» (Mt. 22:9).
«Pero recibiréis poder, cuando haya venido sobre vosotros el Espíritu Santo, y me seréis testigos en Jerusalén, en toda Judea, en Samaria y hasta lo último de la tierra» (Hch. 1:8).
«Mirad a mí, y sed salvos, todos los términos de la tierra, porque yo soy Dios, y no hay más» (Is. 45:22).

Pensamiento. Note tres lecciones impactantes.
1) ¡Cuánto más deberíamos *nosotros* ir a todas partes! Cuánto más deberíamos nosotros no descuidar ni la mansión ni la villa miseria.

2) Cristo enseñó en las singogas, en las instituciones existentes cuando éstas le era abiertas. Note dos cosas.
• Usaba lo que estaba disponible, *las instituciones existentes*, aunque éstas se opusieron violentamente a Él.
• Cuando se presentaba la oportunidad iba dondequiera hubiese una audiencia dispuesta.
3) Hay lugares a los que algunos creyentes no irán: la pequeña ciudad, la oscura aldea, a los villorios, al campo, al extranjero, al norte, este, oeste, sur, a las clases bajas, las clases altas. Pero no fue así con Cristo; Él fue a todas partes.

3. La obra de Jesús: enseñar, predicar, sanar. Jesús tenía una triple tarea que debe servir de guía básica a los creyentes.
   a. Predicaba. Proclamaba las buenas nuevas del Rey, de Dios mismo. Trajo al hombre el mensaje glorioso de salvación y redención.
   b. Enseñaba. Arraigaba y fundamentaba a toda persona que quisiera recibir el mensaje. No era suficiente oír y recibir el mensaje. La gente necesitaba ser enseñada (*véase* bosquejo—Hch. 11:19-30).
   c. Sanaba. Suplía las necesidades físicas, mentales y emocionales de quienes estaban heridos y sufrían.
«Cómo Dios ungió con el Espíritu Santo y con poder a Jesús de Nazaret, y cómo éste anduvo haciendo bienes y sanado a todos los oprimidos por el diablo, porque Dios estaba con él. Y nosotros somos testigos de todas cosas que Jesús hizo en la tierra de Judea y en Jerusalén; quien mataron colgándole en un madero» (Hch. 10:38-39).
«Lo que has oído de mí ante muchos testigos, esto encarga a hombres fieles que sean idóneos para enseñar también a otros» (2 Ti. 2:2).
«Que prediques la palabra; que instes a tiempo y fuera de tiempo; redarguye, reprende, exhorta con toda paciencia y doctrina» (2 Ti. 4:2).

Pensamiento 1. Note tres lecciones.
1) Lo que se predica tiene que ser enseñado y vivido. No es suficiente hablar y predicar. Dios quiere que las cosas que tiene para decir, sean enseñadas de manera que los hombres sepan cómo vivir.
2) Todo creyente debe proclamar, enseñar y sanar. Jesús nunca pensó que el ministro haga la obra él solo. Jesús ha enviado a todo creyente, y espera que todo creyente se ocupe de alcanzar y ayudar a la gente.
3) Muchas personas necesitan el mensaje, pero también necesitan que se les enseñe los detalles del mensaje y cómo aplicarlos a sus vidas, es que se les enseñen los detalles del mensaje.

Pensamiento 2. Cuando se trata de predicar, enseñar y sanar, hay un peligro del cual es preciso guardarse.

1) *Predicar solamente* nutrirá a la gente únicamente con los puntos principales del mensaje de Dios. *Predicar solamente* dejará a la gente con un gran vacío espiritual en su vida. No sabrá cómo aplicar la voluntad de Dios en su vida cotidiana. La enseñanza es tan necesaria como la predicación.

2) *Enseñar solamente* conduce a cuatro errores.
   a) Lleva a la persona a discutir únicamente la Palabra de Dios y sus detalles. Pasa por alto la proclamación del cuadro general y de los grandes temas de la Biblia.
   b) Limita a la persona en la experiencia de adorar en relación a la proclamación del mensaje del Rey.
   c) Limita a la persona en su experiencia del Espíritu Santo al obrar por medio de la predicación (1 Co. 1:18, 21).
   d) Minimiza el método escogido por Dios para salvar a los hombres. Con frecuencia hace creer a la persona que está creciendo y llegando a ser cristiana porque aprende los detalles de la Palabra de Dios. La predicación (esto es, proclamación) es tan necesaria como la enseñanza (es decir, la discusión).

   > «Porque la palabra de la cruz es locura a los que se pierden; pero a los que se salvan, esto es, a nosotros, es poder de Dios ... Pues ya que en la sabiduría de Dios, el mundo no conoció a Dios mediante la sabiduría, agradó a Dios salvar a los creyentes por la *locura de la predicación*» (1 Co. 1:18, 21).

3) *Sanar solamente* lleva a un énfasis en las necesidades de la carne ignorándose las necesidades del espíritu. Puede conducir a restar importancia a la salvación, de acentuar la sanidad más que la salvación. Predicar y enseñar son tan necesarios como sanar (*véanse* bosquejo y notas—Mt. 4:17; 14:3-4).

4. El mensaje de Jesús: el evangelio del reino (para la discusión *véase* Estudio a fondo 3—Mt. 19:23-24). Jesucristo fue el heraldo del Rey proclamando las buenas nuevas de su reino.
   a. Hay un Rey: Dios mismo.
   b. Hay un reino donde mora el Rey. Se lo llama cielo, es otra dimensión de la existencia, otro mundo. El Rey, su reino y poder y soberanía gobiernan tanto en el cielo como en la tierra, tanto sobre el mundo visible como sobre el invisible, tanto en la dimensión de existencia espiritual como física.

   > «Porque en él fueron creadas todas las cosas, las que hay en los cielos y las que hay en la tierra, visibles e invisibles; sean tronos, sean dominios, sean principados, sean potestades; todo fue creado por medio de él y para él» (cp. Col. 1:16).

   c. Hay un heraldo *veraz* del Rey, enviado por el mismo Rey. Jesucristo es el heraldo que es el perfecto representante del Rey. Él proclama las buenas nuevas acerca del reino, un mensaje sin falsedad alguna, lleno de verdad y esperanza, la esperanza de salvación eterna.

   > «Después que Juan fue encarcelado, Jesús vino a Galilea predicando el evangelio del reino de Dios, diciendo: El tiempo se ha cumplido, y el reino de Dios se ha acercado; arrepentíos, y creed en el evangelio» (Mr. 1:14-15).
   >
   > «Que Dios estaba en Cristo reconciliando consigo al mundo, no tomándole en cuenta a

los hombres sus pecados, y nos encargó a nosotros la palabra de la reconciliación. Así que, somos embajadores en nombre de Cristo como si Dios rogase por medio de nosotros; os rogamos en nombre de Cristo: Reconciliaos con Dios. Al que no conoció pecado, por nosotros lo hizo pecado, para que nosotros fuésemos hechos justicia de Dios en él» (2 Co. 5:19-21).

ESTUDIO A FONDO 1

(9:35) *Predicación* (*euangelizo*): proclamar, predicar, anunciar, publicar. El predicador es un heraldo que viene en nombre del Rey y que representa al Rey (cp. 2 Co. 5:20). Viene para proclamar el mensaje del Rey y *solamente* el mensaje del Rey. No tiene mensaje propio. Si comienza a proclamar su propio mensaje, y en el mismo momento de hacerlo, ya no es heraldo o portavoz del Rey.

2 (9:36) *Jesucristo, compasión:* la misión de Jesucristo fue mostrar compasión (*véase* Estudio a fondo 2—Mt.9:36). Debía expresar y demostrar la compasión de Dios, el tipo de compasión todo los hombres deben tener por todos los otros hombres. Jesús «vio a las multitude». Vio a los que le seguían —a los de las aldeas, a los de las ciudades, del campo, de las sinagogas, en las montañas, de junto a la orilla, del cementerio, los de los botes, y los de los hogares— y fue «movido a compasión». Jesús fue conmovido por las necesidades físicas de los hombres: su hambre, su dolor, y su sufrimiento. Se sintió conmovido por las necesidades espirituales de los hombres: por estar perdidos y muertos para Dios; su vacío, soledad y perturbación; su falta de propósito, sentido o significado en la vida. Los vio a todos y los observó y estudió. Ninguno escapó al ojo y al corazón de Jesús, y al mirar Él vio tres cosas.

1. Jesús vio a las multitudes desamparadas (*véase* Estudio a fondo 3—Mt. 9:36). Estaban aplastadas y al punto del colapso.
   a. La vida los aplastaba. La vida era cruel, dura, pobre, vacía y sin un verdadero propósito. Con demasiada frecuencia la vida parecía sin esperanza y sin sentido.
   b. La religión los aplastaba.
      1) La religión les imponía carga sobre carga, demanda tras demanda. Requería interminables rituales, ceremonias y reglas.
      2) Además la religión los llevaba a creencias que realmente no los conducirían a Dios. Por eso no estaban espiritualmente satisfechos.Estaban *muertos a Dios*.
   c. El pecado los aplastaba. No se les enseñaba la verdad, sino más bien las ideas de los religiosos. Por eso todavía estaban muertos en sus pecados (Ef. 2:15). El peso de sus pecados todavía yacía sobre sus corazones cautivaba sus mentes y debilitaba cualquier confianza o seguridad que tuvieran. Sus pecados los volvían inseguros en cuanto al futuro.

   > «Venid a mí todos los que estáis trabajados y cargados, y yo os haré descansar. Llevad mi yugo sobre vosotros, y aprended de mí, que soy manso y humilde de corazón; y hallaréis descanso para vuestras almas» (Mt. 11:28-29).
   >
   > «Y el Espíritu y la Esposa dicen: Ven. Y el que oye, diga: Ven. Y el que tiene sed venga: y el que quiera tome del agua de la vida gratuitamente» (Ap. 22:17).
   >
   > «Venid luego, dice Jehová, y estemos a cuenta: si vuestros pecados fueren como la grana, como la nieve serán emblanquecidos; si fueren rojos como el carmesí, vendrán a ser como blanca lana» (Is. 1:18).
   >
   > «A todos los sedientos: Venid a las aguas; y los que no tienen dinero, venid, comprad y comed. Venid, comprad sin dinero y sin precio, vino y leche» (Is. 55:1).

Pensamiento. Las multitudes desmayaban porque eran engañadas por sus líderes, maestros, predicadores y sacerdotes. Tenían gran confianza en ellos, pero sus líderes los extraviaban y engañaban. Por eso seguían y vivían en el error, en una ruta que conduce a un destino vacío. Estaban vacíos, cansados, perplejos e insatisfechos.

2. Jesús vio a las multitudes esparcidas (*véase* Estudio a fondo 4—Mt. 9:36). Iban de un lado a otro sin saber qué dirección tomar. Se detenían en un lugar y otro tratando de encontrar algo que los satisfaciera, pero en vano. Carecían de sentido, propósito, o significado. Muchos se volvían.

- a la religión restrictiva (judaismo) o a las filosofías (estoicismo).
- a la religión permisiva (politeismo) o a la filosofía (epicúreos).
- a ninguna religión (ateísmo) o filosofía (humanismo).

Sin embargo, nada les llenaba interiormente; nada les satisfacía realmente, al menos no en lo espiritual. El alma humana aun gemía por la verdad de Dios.

«Yo he venido para que tengan vida: y para que la tengan en abundancia» (Jn. 10:10).

«Pero que ahora ha sido manifestada por la aparición de nuestro Salvador Jesucristo, el cual quitó la muerte y sacó a luz la vida y la inmortalidad por el evangelio» (2 Ti. 1:10).

«El que tiene al Hijo, tiene la vida; el que no tiene al Hijo de Dios no tiene la vida» (1 Jn. 5:12).

3. Jesús vio a las multitudes como ovejas sin pastor. Estaban perdidas, igual que ovejas. No tenían líder con coraje suficiente para rendirse a la verdad y vivir por ella. No había quien enseñe la verdad. Prácticamente todo maestro solo procuraba esquilmar a las ovejas, asegurando su propia posición y establece seguidores de sus propias ideas. Pocos conducían a la gente a Dios; muchos apartaban la gente de Dios. La gente era como ovejas sin pastor.

«Y al ver las multitudes, tuvo compasión de ellas; porque estaban desamparadas y dispersas como ovejas que no tienen pastor» (Mt. 9:36).

«¿Qué os parece? si un hombre tiene cien ovejas, y se descarría una de ellas, ¿no deja las noventa y nueve y va por los montes a buscar la que se había descarriado?» (Mt. 18:12).

«Ovejas perdidas fueron mi pueblo; sus pastores las hicieron errar, por los montes las descarriaron;anduvieron de monte en collado, y se olvidaron de sus rediles» (Jer. 50:6).

«Anduvieron perdidas mis ovejas por todos los montes, y en todo collado alto; y en toda la faz de la tierra fueron esparcidas mis ovejas, y no hubo quien las buscase, ni quien preguntase por ellas» (Ez. 34:6).

ESTUDIO A FONDO 2

(9:36) *Compasión* (*splanchnistheis*): ser conmovido interiormente; gemir con tierna misericordia, afecto, piedad y empatía. Es, específicamente, el asiento de los afectos del hombre. Es el movimiento más profundo posible de las emociones, es ser tocado con los sentimientos más profundos posibles. Es ser movido en la parte más profunda del ser de una persona.

«¿Quién nos separará del amor ocompasión] de Cristo? ¿Tribulación, o angustia, o persecución, o hambre, o desnudez, o peligro, o espada?» (Ro. 8:35).

«Porque no tenemos un sumo sacerdote que no pueda compadecerse de nuestras debilidades, sino uno que fue tentado en todo según nuestra semejanza, pero sin pecado» (He. 4:15).

«Echando toda vuestra ansiedad sobre él, porque él tiene cuidado de vosotros» (1 P. 5:7).

«Se acordó de que eran carne, soplo que va y no vuelve» (Sal. 78:39).

«Como el padre se compadece de los hijos, se compadece Jehová de los que le temen» (Sal. 103:13).

«Mas la misericordia de Jehová es desde la eternidad y hasta la eternidad sobre los que le temen, y su justicia sobre los hijos de los hijos» (Sal. 103:17).

«En toda angustia de ellos él fue angustiado, y el ángel de su faz los salvó; en su amor y en su clemencia los redimió, y los trajo, y los levantó todos los días de la antigüedad» (Is. 63:9).

«Por la misericordia de Jehová no hemos sido consumidos, porque nunca decayeron sus misericordias» (Lm. 3:22).

ESTUDIO A FONDO 3

(9:36) *Desamparadas* (*eklelumenoi*): desmayar, cansarse, perder el ánimo, falta de coraje, desaliento, ser abrumado. La palabra es usada cuando una persona ha luchado y luchado contra el pecado, o cuando ha resistido el embate de insulto tras insulto hasta no poder soportarlo más. Significa que una persona ha soportado prueba tras prueba hasta estar realmente al borde del colapso (He. 12:3).

ESTUDIO A FONDO 4

(9:36) *Dispersas* (*errimenoi*): ser echado fuera, abatido, arrojado al suelo, postrado rechazado y falto de esperanza. Estar disperso puede surgir de experiencias tales como la embriaguez, o de luchar y combatir adentro y afuera, o estar tan agotado que se está sencillamente abatido. Es estar postrado por fuerzas dentro de uno mismo, o abatido por fuerzas externas a uno mismo.

[3] (9:37-38) *Visión—Jesucristo, visión de:* la misión de Cristo era compartir la visión de un mundo desesperadamente necesitado. La visión del Señor Jesucristo es el mayor desafío conocido por el hombre.

1. La visión de una gran cosecha. Todos los hombres, en todas las partes están cansados, abrumados, esparcidos y son como ovejas sin pastor. Pero note un punto crucial: a visión del Señor no es solamente mundial; implica además la transformación da cada vida humana en el globo (1 P. 3:9; 2 Co. 5:17).

«¿No decís vosotros: Aún faltan cuatro meses para que llegue la siega? He aquí os digo: Alzad vuestros ojos y mirad los campos, porque ya están blancos para la siega. Y el que siega recibe salario, y recoge fruto para vida eterna, para que el que siembra goce juntamente con el que siega» (Jn. 4:35-36).

«No nos cansemos, pues, de hacer el bien; porque a su tiempo segaremos, si no desmayamos» (Gá. 6:9).

Pensamiento 1. La cosecha es un *trabajo necesario*.
1) Es grande, es decir, abundante. Hay campos y campos de personas que crecen en los valles y en las colinas del mundo (Mt. 9:36).
2) Es una cosecha madura, lista y desesperada por ser segada (Mt. 9:36).
3) Tiene que ser cosechada en su tiempo, esto es, en su generación. El tiempo en que puede hacerse la siega es breve; de lo contrario se echará a perder muriendo en el campo donde creció.

Pensamiento 2. Cada generación tiene que ser cosechada en su generación.
1) Cada uno dispone solamente de determinada estación (generación, duración de la vida) en que puede ser segado. Su tiempo de cosecha es breve, tan breve.
2) Toda persona tiene una estación suprema, un tiempo óptimo para la cosecha. Es tanto más fructífero y gozoso cosechar a un hombre en el en su estación óptima que tratar de hacerlo en otros momentos.

Pensamiento 3. La cosecha es abundante.

1)	Hay una cosecha de niños que tiene que ser alcanzada e instruida.
2)	Hay una cosecha de personas jóvenes que tiene que ser alcanzada y fundamentada en la Palabra.
3)	Hay una cosecha de mujeres que tiene que ser alcanzada e instruida en la confianza y protección del amor de Dios.
4)	Hay una cosecha de hombres que tiene que ser alcanzada e instruida en la fuerza y seguridad de la dirección y el cuidado de Dios.

Pensamiento 4. En la cosecha hay un mundo de oportunidades. Hay campos y más campos de localidades, nacionalidades, clases, profesiones, salud, habilidades, apariencias, estados emocionales, y condiciones mentales y son campos perdidos, espiritualmente enfermos y no alcanzados. Los campos para la cosecha no tienen fin.

2.	La visión de una gran necesidad de obreros. Cristo necesita gente, es decir, creyentes: hombres, mujeres, niños y niñas. Los obreros son pocos. Él necesita muchos obreros, y los necesita *ahora*. A menos que haya segadores que salgan a segar, la cosecha morirá y se echará a perder en la tierra.

«Entonces dijo a sus discípulos: A la verdad la mies es mucha, mas los obreros pocos» (Mt. 9:37).

«¿Cómo, pues, invocarán a aquel en el cual no han creído? ¿Y cómo creerán en aquel de quien no han oído? ¿Y cómo oirán sin haber quién les predique? ¿Y cómo predicarán si no fueran enviados? Como está escrito: ¡Cuán hermosos son los pies de los que anuncian la paz, de los que anuncian buenas nuevas!» (Ro. 10:14-15).

«No tenéis lo que deseáis, porque no pedís» (Stg. 4:2).

Pensamiento 1. El trabajo por hacer es ilimitado, y son tan pocos para hacerlo.
1)	La cosecha nunca será recogida si los obreros no salen a trabajar (Mt. 28:19-20; Jn.20:21; cp. Lc. 19:10).
2)	La cosecha se echará a perder en los campos donde crece (la tierra).

Pensamiento 2. Cada generación tiene una desesperada necesidad de obreros.
1)	La cosecha siempre es grande. La cosecha es cada hombre, mujer, y niño de cada una generación.
2)	La cosecha tiene que contar con suficientes obreros para cosechar a cada persona viviente durante su estación, es decir, durante su vida. ¡Imagínese, la población total de la tierra cambia cada cien años!

Pensamiento 3. ¿Por qué no hay más obreros?
1)	Algunos rechazan el llamado de Dios.
2)	Algunos posponen el llamado de Dios.
3)	Algunos niegan el llamado de Dios; cierran totalmente sus mentes a Él.
4)	Algunos buscan una profesión, una posición, o un sostén para la vida en vez de realmente extenderse y ministrar a la gente.
5)	Algunos predican evangelios falsos. Procuran propagar sus propios razonamientos e ideas de la verdad de Dios.
6)	Algunos sencillamente carecen de suficiente entrega para extenderse y ministrar.
7)	Algunos se sienten satisfechos con los rituales tradicionales y enfoques de la religión.
8)	Algunos están más preocupados por la burocracia que por el trabajo, más preocupados con mantener las cosas como siempre han sido.

3.	La visión de una gran necesidad de oración. Se necesitan obreros, pero tienen que ser obreros de Dios, porque la cosecha es de Dios. Es totalmente inadecuado seleccionar humanamente a los obreros, elaborar planes humanos, y enviar obreros en las fuerzas humanas. La acción humana de esta clase no logrará cumplir el trabajo. Se necesitan el llamado de Dios, y la designación por parte de Dios. Cristo está diciendo: «Oren que Dios levante suficientes obreros para alcanzar su generación, la generación por la que eres responsable inmediato».

«Pedid, y se os dará; buscad y hallaréis; llamad, y se os abrirá» (Mt. 7:7).

«Hasta ahora nada habéis pedido en mi nombre; pedid, y recibiréis, para que vuestro gozo sea cumplido» (Jn. 16:24).

«Orando en todo tiempo con toda oración y súplica en el Espíritu, y velando en ello con toda perseverancia y súplica por todos los santos» (Ef. 6:18).

Pensamiento 1. Note tres hechos significativos.
1)	Cristo mismo oró toda la noche antes de escoger a sus primeros obreros y antes de enviarlos a su primer viaje misionero (Lc. 6:12-13).
2)	La cantidad de obreros para cualquier generación depende de las oraciones del pueblo de Dios en dicha generación. Si el pueblo de Dios se preocupa por su propia generación, orarán por obreros para alcanzarla e ministrarle. Si son indiferentes no orarán y los obreros serán pocos. Compare el *espíritu muerto de la religión* en días de Cristo, y cuán escasos obreros ha habido durante unos cuantos siglos.
3)	En primer lugar Cristo da la orden a sus apóstoles y ministros. Ellos deben dar el ejemplo y enseñar la necesidad absoluta de orar por obreros.

Pensamiento 2. Note dos cosas.
1)	La cosecha es del Señor. Él conoce la cosecha, cada tallo y cada hoja. Él conoce a cada uno, cada cuerpo, cada mente, cada hecho y pensamiento, cada necesidad y provisión (Mt. 10:30). Él conoce el corazón y sabe exactamente lo que hay que hacer para cosechar el campo de la forma más eficiente.
2)	Por eso, los obreros tienen que ser escogidos, llamados, alistados por Él. Cristo es el que tiene que enviar a los obreros.

Pensamiento 3. Tres cosas deben impulsarnos a orar con todo fervor por obreros.
1)	Las buenas nuevas, el evangelio de reino (Mt. 9:35; *véase* Estudio a fondo 3—Mt. 19:23-24).
2)	La compasión por las almas de los hombres, por los que están esparcidos y desamparados y sin pastor.
3)	El amor a Cristo y el aprecio por lo que Él ha hecho (2 Co. 5:14).

4.	La visión de una gran fuerza de obreros. La cosecha es tan abundante y madura que se requiere una gran fuerza de hombres para ser enviados y *enviados ahora*. Note varios verdades que se encuentran en las Escrituras.
a)	Dios es «el Señor de la mies». Él es el «labrador» (Jn. 15:1). La cosecha es la «viña del Señor de señores» (Is. 5:7). El mundo es suyo. Él puede vislumbrar la cosecha habiendo suficientes obreros.
b)	Nosotros «somos colaboradores de Dios, y vosotros sois labranza de Dios» (1 Co. 3:9). Dios trabaja y nosotros trabajamos; ambos tenemos una parte. ¡Qué gloriosa verdad, y qué desafío, Dios nos necesita! ¡Qué privilegio glorioso: vamos a trabajar, hombro a hombro, con Dios!

Pensamiento 1. Note varias lecciones significativas.
1)	Dios quiere que cada generación tenga una gran fuerza de obreros. Quiere que todo hombre, mujer, y niño sea alcanzado con «el evangelio del reino» (Mt. 9:35). No quiere que ninguno se pierda (2 P. 3:9).
2)	Es Dios quien debe enviar a los obreros, no los hombres. Él los debe seleccionar, llamar, ordenar y

enviar. La tarea nuestra es orar por obreros, y cuando Dios los levanta debemos sostenerlos con todos los medios posibles.

3) Dios levanta a personas con dones especiales para recoger la cosecha de los campos.

> **«Y el mismo constituyó a unos, apóstoles; a otros, profetas; a otros, evangelistas; a otros, pastores y maestros» (Ef. 4:11).**

4) La cosecha es de Dios. Debe ser recogida tal como Dios dice y quiere, no como nosotros queremos. Nadie tiene el derecho de cosechar usando su propio mensaje e ideas. Cristo ha instruido y demostrado claramente que debe ser predicado «el evangelio del reino».

Pensamiento 2. La cosecha es de Dios. Cumpliéndose varias condiciones Él puede recoger la cosecha.

1) Si hay suficiente *preocupación* en nuestra generación por las multitudes de personas que se pierden.
2) Si hay suficiente *oración* por obreros.
3) Si hay suficiente *entrega* a su llamado a ir.
4) Si hay suficiente *dedicación* para seguirle día tras día y hora tras hora.
5) Si hay suficiente *fe* para creer en Cristo y la verdad de las Escrituras.
6) Si hay suficiente *convicción* para permanecer fiel y firme en todas las circunstancias.

	CAPÍTULO 10 **B. El llamado del Mesías a sus discípulos, 10:1-4** (Mr. 3:13-19; Lc. 6:13-19; Hch. 1:13)	apóstoles son estos: primero Simón, llamado Pedro, y Andrés su hermano; Jacobo hijo de Zebedeo, y Juan su hermano;	**4 Fueron hechos apóstoles** *EF5* **5 Había tres pares de hermanos** *EF6*
1 Fueron llamados «a él» *EF1* **2 Recibieron poder y autoridad** *EF2, 3*	**E**ntonces llamando a sus doce discípulos, les dio autoridad sobre los espíritus inmundos, para que los echasen fuera y para sanar toda enfermedad y toda dolencia.	3 Felipe, Bartolomé, Tomás, Mateo el publicano, Jacobo hijo de Alfeo, Lebeo, por sobrenombre Tadeo,	**6 Para el ministerio fueron organizados de dos en dos**
3 Fueron doce *EF4*	2 Los nombres de los doce	4 Simón el cananista, y Judas Iscariote, el que también le entregó.	

B. El llamado del Mesías a sus discípulos, 10:1-4

(10:1-4) *Introducción:* anteriormente los apóstoles habían sido llamados para ser «pescadores de hombres« (Mt. 4:18-22; 9:9; Jn. 35:51). Cada uno ocupado en su medio ambiente, había sido llamado de modo especial. Ahora Cristo estaba llamando a sus apóstoles a salir en cumplimiento de su primer llamado. En un sentido podemos decir que fueron *llamados dos veces* (cp. Mt. 3:14; Jn. 12:26).

1. Primero recibieron el *llamado de entregarse.* Debían recibir un entrenamiento formal, debían aprender cómo ser «pescadores de hombres».
2. Recibieron su *llamado a ir.* Debían recibir entrenamiento práctico, realmente ir a «pescar hombres».

Hay varios factores importantes en su llamamiento a ir.
1. Fueron llamados «a él» (v. 1).
2. Recibieron poder y autoridad (v. 1).
3. Fueron doce (v. 2).
4. Fueron hechos apóstoles (v. 2).
5. Había tres pares de hermanos entre ellos (v. 2).
6. Para el ministerio fueron organizados de dos en dos (v. 3).

1 (10:1) *Apóstoles—discipulado:* los discípulos fueron llamados «a él» (Cristo). Existen tres pasos en el llamado de los discípulos al ministerio.
1. *El llamado a ser discípulos.* Oyeron hablar de Cristo, salieron a escucharlo, y comenzaron a seguirlo igual que muchos otros (cp. Jn. 1:35ss).
2. *El llamado a la entrega.* Había multitudes que seguían a Cristo, pero Él notó la entrega inusual de estos doce. En ese momento los llamó al ministerio; los llamó a dejar todo y comenzar un período de entrenamiento especial a efectos de predicar y enseñar profesionalmente. Note Lucas 6:13 donde Jesús llama a sí los discípulos y de entre los muchos que llamó «escogió a doce a quienes también llamó apóstoles».
3. *El llamado a ir.* Cristo los mandó a salir con el mensaje de salvación.

Pensamiento 1. Los discípulos habían estado algún tiempo *con Jesús;* lo habían tocado, habían hablado, compartido, comulgado, orado, meditado y tenido compañerismo con Él. Habían compartido con Él y habían sido enseñados por Él en las Escrituras y probablmente en cómo predicar y enseñar. Ciertamente habían presenciado su predicación y enseñanza, habían visto como lo hacía. De esto se pueden aprender varias lecciones.
1) Cada creyente necesita estar *con Jesús.* Todos necesitamos aprender en silencio y meditar y estudiar su Palabra y tener comunión con Él en oración.
2) Todo siervo necesita pasar un período de preparación y entrenamiento antes de ser enviado. Un siervo primero tiene que ser puesto a prueba (1 Ti. 3:10).
3) Para el ministerio es esencial tener una relación personal, *estar con Jesús todos los días.* No hay sustituto para el entrenamiento que una persona recibe a los pies de Jesús estudiando su palabra y aprendiendo del Espíritu Santo y teniendo comunión con Él en oración.

Pensamiento 2. Note tres lecciones.
1) La persona primero tiene que ser entrenada, recién entonces estará en condiciones de servir.
   «**Viendo la multitud, subió al monte; y sentándose,** *vinieron a él sus discípulos.* **Y abriendo su boca les enseñaba ... »** (Mt. 5:1-2).
   «**Lo que has oído de mí ante muchos testigos, esto encarga a hombres fieles que sean idóneos para enseñar también a otros»** (2 Ti. 2:2).
2) El principal prerrequisito para el ministerio es estar «con Jesús», aprender de Él y de su Palabra y tener comunión con él en oración y quietud.
   «**Sino que en la ley de Jehová está su delicia, y en su ley medita de día y de noche»** (Sal. 1:2).
   «**Estad quietos, y conoced que yo soy Dios»** (Sal. 46:10).
   «**Cercano está Jehová a todos los que le invocan, a todos los que le invocan de veras»** (Sal. 145:18).
   «**Procura con diligencia presentarte ante Dios aprobado, como obrero que no tiene de qué avergonzarse, que usa bien la palabra de verdad»** (2 Ti. 2:15).
   «**Acercaos a Dios, y él se acercará a vosotros. Pecadores, limpiad las manos; y vosotros los de doble ánimo, purificad vuestros corazones»** (Stg. 4:8).
3) El ministerio público requiere dos formas de preparación o entrenamiento.
   a) La preparación privada con Cristo: *estando a solas con Él* (2 Ti. 2:15).
   b) La preparación pública o entrenamiento formal; observando y aprendiendo de Cristo, cómo Él ministra a otros (Mt. 5:1ss; 2 Ti. 2:2).

ESTUDIO A FONDO 1

(10:1) *Llamado—discipulado:* el estudio del llamado de los discípulos es precioso. Jesús los llamó a sí; los escogió «para que estuvieran con él» (Mr. 3:14). Fueron llamados de entre los muchos seguidores (Lc. 6:13).

2 (10:1) *Llamado—discipulado:* los discípulos recibieron poder y autoridad. El poder para sanar y echar fuera demonios fue dado para probar que Cristo realmente era el Hijo de Dios (Mt. 9:6; Jn.

10:25-26). Los apóstoles recibieron el mismo poder porque fueron enviados en su nombre. Proclamaban a Jesús, y que el mensaje de Jesús era cierto; lo prueban mediante el poder que les fue dado.

> «Palabra fiel y digna de ser recibida por todos: que Cristo Jesús vino al mundo para salvar a los pecadores» (1 Ti. 1:15).

Esta es la principal verdad que enseñan los milagros: Dios realmente nos ama y se preocupa aquí y ahora, físicamente. Su cuidado no es solo para el futuro y para el bienestar espiritual; su cuidado es para nuestra liberación en el aquí y ahora (el Gran Redentor).

> «He aquí os doy potestad de hollar serpientes y escorpiones, y sobre toda fuerza del enemigo, y nada os dañará. Pero no os regocijéis de que los espíritus se os sujetan, sino regocijaos de que vuestros nombres están escritos en los cielos» (Lc. 10:19-20).

> «Pero recibiréis poder, cuando haya venido sobre vosotros el Espíritu Santo, y me seréis testigos en Jerusalén, en toda Judea, en Samaria y hasta lo último de la tierra» (Hch. 1:8).

> «Y con gran poder los apóstoles daban testimonio de la resurrección del Señor Jesús, y abundante gracia era sobre todos ellos» (Hch. 4:33).

> «Pero no podían resistir a la sabiduría y al Espíritu con que hablaba» (Hch. 6:10).

> «Y cuál la supereminente grandeza de su poder para con nosotros los que creemos, según la operación del poder de su fuerza» (Ef. 1:19).

> «Y a Aquel que es poderoso para hacer todas las cosas mucho más abundantemente de lo que pedimos o entendemos, según el poder que actúa en nosotros» (Ef. 3:20).

> «Por lo cual te aconsejo que avives el fuego del don de Dios que está en ti por la imposición de mis manos. Porque no nos ha dado Dios, espíritu de cobardía, sino de poder, de amor y de dominio propio. Por tanto no te avergüences de dar testimonio de nuestro Señor, ni de mí, preso suyo, sino participa de las aflicciones por el evangelio según el poder de Dios» (2 Ti. 1:6-8).

Pensamiento 1. Note tres lecciones.
1) El poder de un siervo proviene del poder de su señor. La autoridad del creyente proviene de su Señor.
   - Esta es una gran seguridad. El siervo no está sólo al enfrentar el mundo. Tiene autoridad sobrenatural y poder que lo respalda, el poder del Señor mismo.
   - Esta es una gran responsabilidad. El siervo del Señor no tiene derecho de avanzar y actuar sólo. Debe llevar el mensaje de las obras del Señor, no su propio mensaje y conducta.
2) La autoridad y poder dado por el Señor *se refieren al ministerio*: no a posición, riqueza, fama, o dominio terrenal. El siervo del Señor recibe poder para *alcanzar y ayudar a la gente*. ¡Qué lección en cuanto a las motivaciones y acciones de los siervos de Dios, tanto laicos como profesionales!
3) El poder dado por el Señor es dirigido contra el diablo y los malos espíritus que controlan al hombre. Es una lucha espiritual, librada contra el mal que se posesiona de las mentes y los corazones de los hombres.
   - El mal de las falsas enseñanza y doctrina o creencias, que siempre son tan prominentes entre los hombres (1 Ti. 4:1).
   - El mal de la conducta engañosa y carnal que siempre ha esclavizado a los hombre (2 Ti. 3:1-7, 13).
   - El mal de algunos que se rebelan tanto que son entregados a andar casi exclusivamente en la carne (2 P. 2:10).

ESTUDIO A FONDO 2

(10:1) *Poder y autoridad* (*exousia*): la palabra griega significa autoridad. Cristo estaba dando *su propia autoridad* a sus mensajeros. Eran enviados por Él a una misión especial; por eso recibieron su autoridad y poder para ministrar.

Note que no se da el poder para salvar o convertir a los perdidos. ¿Por qué? Solamente Dios puede salvar y penetrar la dimensión del mundo espiritual. La autoridad del hombre está limitada al mundo de la dimensión física.

ESTUDIO A FONDO 3

(10:1) *Espíritus inmundos—espíritus malos:* los espíritus malos son espíritus impíos, contaminados, inmorales y de conducta injusta; son espíritus que pertenecen al reino impío de las tinieblas. Dos cosas hay que decir aquí acerca de malos espíritus.
1. Cristo acepta y enseña la presencia y realidad de malos espíritus. Envió a sus apóstoles con la autoridad de echarlos fuera.
2. A lo largo de la experiencia humana, la mayoría de las creencias tienen extremos que surgen y rodean a la verdad. Note varios hechos que toda persona que piensa honestamente conoce acerca de esta experiencia humana.
   a. Los extremos de una creencia van desde un liberalismo extremo (negación) hasta un extremado conservadorismo (superstición).
   b. El que algunas personas crean en supersticiones no significa que en ellas no haya alguna verdad. No es así, como la negación de una creencia tampoco significa que dicha creencia carezca de verdad.
   c. Que algunas personas puedan hacer, y probablemente hagan, una lectura equivocada de la creencia en los malos espíritus llevándola a la zona de la superstición no significa que no existan los malos espíritus. Cristo aceptó su presencia, y enseñó a los apóstoles el hecho de su existencia. (*Véanse* bosquejos y nota—Lc. 8:26-40; Mt. 8:28-34.)

[3] (10:2) *Discipulado—apóstoles:* eran doce discípulos. Un maestro, incluido Cristo, solamente puede enseñar eficazmente a esa cantidad de alumnos. Note que Cristo enseña algunas cosas a las multitudes; luego agregó otras a un grupo más reducido (María, Marta, Lázaro, y algunos otros); y finalmente le enseñó todo a un pequeño puñado de hombres (los doce apóstoles). Podríamos decir que enseñó cuanto pudo a un pequeño grupo de discípulos que continuarían la obra de la vida de Jesús (cp. el consejo de Jetro a Moisés, sugiriendo que Moisés organice a la gente en grupos de diez a efectos de lograr un gobierno más eficiente), Éx. 18:17-20).

> **Pensamiento 1.** Cuán necesario nos es seguir este método de Cristo: hacer discípulos de unos pocos al tiempo de ministrar a los muchos. Y note: los doce no serían administradores a las órdenes de Cristo. Serían ministros de Cristo, hombres que harían el mismo trabajo que hizo Jesús. Ellos debían proseguir el ministerio por Él comenzado.

> **Pensamiento 2.** ¿Qué pasaría si cada ministro y maestro (laico o religioso) discipulara a solamente doce personas a lo largo de la vida, doce que proseguirían alguna clase de ministerio? ¿Cuánto demorarían en alcanzar al mundo con el evangelio?

ESTUDIO A FONDO 4

(10:2) *Apóstoles:* ¿por qué escogió Jesús doce apóstoles especiales y no alguna otra cantidad? Hay varias respuestas posibles.
1. Las tribus de Israel eran doce. Primero Dios llamó a Israel

para ser pueblo de Dios (Gn. 12:1-5). Cristo quiso extenderse primero a Israel y darle una última oportunidad. Por eso quería que un apóstol representara a cada una de las doce tribus; quería igualar a los doce patriarcas de Israel, es decir, a los hijos de Jacob. El número doce simbolizaba su intento de alcanzar a Israel.

2. Los judíos fueron los primeros llamados por Dios (Gn. 12:1-5). Por eso serían los que el Hijo de Dios llamaría primero. Los doce apóstoles debían ser representantes de Cristo para traer a las doce tribus de Israel a Dios el Padre. Note un importante hecho: Cristo dijo que los doce apóstoles juzgarían a las doce tribus de Israel (Mt. 19:28; Lc. 22:29-30).

3. Los doce apóstoles debían ser los patriarcas, las cabezas, los apóstoles del nuevo Israel (Ap. 21:14; Stg. 1:1; cp. Gá. 6:16; cp. Ro. 2:28-29).

4 (10:2) *Discipulado—apóstoles:* los discípulos fueron hechos apóstoles (*véase* Estudio a fondo 5, *Apóstol*—Mt. 10:2). Note varias cosas.

1. Cristo mismo es llamado un apóstol; es decir, un mensajero de Dios enviado por Dios mismo. (Cp. He. 3:1.)

2. Estos doce hombres también tenían que llamarse apóstoles; es decir, mensajeros enviados por Cristo mismo.

3. En un sentido los ministros de cada generación son los apóstoles del Señor, sus mensajeros muy especiales. Ellos son los hombres enviados por Cristo para ser sus representantes. Aquí hay una lección en el sentido de que el pueblo de Dios debe respetar a los mensajeros del Señor, a sus apóstoles especiales.

«Hubo un hombre enviado de Dios, el cual se llamaba Juan» (Jn. 1:6).

«Y os daré pastores según mi corazón, que os apacienten con ciencia y con inteligencia» (Jer. 3:15).

«Y pondré sobre ellas pastores que las apacienten; y no temerán más, ni se amedrentarán, ni serán menoscabadas, dice Jehová» (Jer. 23:4).

«Le dijo la tercera vez: Simón, hijo de Jonás, ¿me amas? Pedro se entristeció de que le dijese la tercera vez: ¿Me amas? y le respondió: Señor, tú lo sabes todo; tú sabes que te amo. Jesús le dijo: apacienta mis ovejas» (Jn. 21:17).

«Por tanto, mirad por vosotros, y por todo el rebaño en que el Espíritu Santo os ha puesto por obispos, para apacentar la iglesia del Señor, la cual ganó por su propia sangre» (Hch. 20:28).

«Apacentad la grey de Dios que está entre vosotros, cuidando de ella no por fuerza, sino voluntariamente; no por ganancia deshonesta, sino con ánimo pronto» (1 P. 5:2).

«Acercaos a mí, oíd esto: desde el principio no hablé en secreto; desde que eso se hizo, allí estaba yo; y ahora me envió Jehová el Señor, y su Espíritu» (Is. 48:16).

ESTUDIO A FONDO 5

(10:2) *Apóstol* (*apostolos*): enviar. Un apóstol es un representante, un embajador, una persona enviada a otro país para representar al propio. Hay tres verdades referidas al apóstol.

- Pertenece a aquel que lo ha enviado.
- Es comisionado a salir.
- Posee toda la autoridad y poder de aquel que lo envía.

En el Nuevo Testamento la palabra «apóstol» tiene tanto un sentido estrecho como un sentido amplio.

1. El sentido estrecho. Se aplica a los doce apóstoles y a Pablo como apóstol (Hch. 1:21-22; 1 Co. 9:1). En este sentido estrecho hay al menos dos aspectos básicos.

a. El apóstol era un hombre escogido directamente por el mismo Señor o por el Espíritu Santo (cp. Mt. 10:1-2; Mr. 3:13-14; Lc. 6:13; Hch. 9:6, 15;

13:2; 22:10; 14-15; Ro. 1:1). Era una persona que o bien había visto o sido compañero del Señor Jesús.

b. El apóstol era un hombre, testigo ocular, del Señor resucitado (Hch. 1:21-22; 1 Co. 9:1).

2. El sentido amplio. La palabra «apóstol» se refiere a otros hombres que predicaron el evangelio. Se la usa con referencia a dos misioneros: Bernabé (Hch. 14:4, 14, 17) y Silas (1 Ts. 2:6), y a dos mensajeros, Tito (2 Co. 8:23) y Epafrodito (Fil. 2:25). También existe la posibilidad que Santiago, el hermano del Señor, (Gá. 1:19), y Andrónico y Junia (Ro. 16:7) hayan sido llamados apóstoles.

En el sentido estrecho, el don del apóstol estaba sujeto a la extinción debido a las singulares características necesarias para recibir ese don. Pero históricamente, en el sentido amplio, tal vez esas características y el don mismo todavía sean usadas por el Señor. Los siervos del Señor de todas las generaciones necesariamente tienen que *ver* al Señor y conocerlo íntimamente. De igual manera es preciso que *veamos y experimentemos* personalmente el poder de la resurrección. Por cierto, cada generación tiene quienes *así han visto* al Señor Jesús y *así conocen y experimentan* el poder de la resurrección del Señor. Tal vez el Señor Jesús invita a algunos con el don muy especial de un apóstol para ser usados de manera muy especial en lo que es su dominio más precioso: la iglesia.

5 (10:2) *Discípulos:* los discípulos incluyeron tres pares de hermanos (*véase* Estudio a fondo 6—Mt. 10:2). Note la influencia de las familias sobre sus niños. Seis de los apóstoles de Cristo, la mitad del círculo íntimo, aparentemente provenían de familias *muy unidas*. Los hermanos se respetaban mutuamente lo suficiente para escucharse y seguirse el uno al otro (cp. Jn. 1:40s.).

ESTUDIO A FONDO 6

(10:2) *Discípulos:* los hermanos entre los discípulos eran: Simón Pedro y Andrés, Jacobo y Juan (los hijos de Zebedeo), y el otro Jacobo y Lebeo. (*Véase* nota—Lc. 6:14-16.)

6 (10:3-4) *Discípulos—discipulado:* los discípulos fueron organizados de dos en dos para el ministerio.

Pensamiento 1. Aparentemente Cristo ordenó a los apóstoles de dos en dos; note cómo Mateo los agrupa por pares. Inmediatamente se pueden inferir varias lecciones de esto.

1) Nos necesitamos mutuamente; necesitamos a alguien con quien podamos tener compañerismo íntimo y ministrar.
2) Nos es preciso salir de dos en dos.
3) Nos es preciso organizarnos para el ministerio.

Pensamiento 2. Note la humildad que enseña Mateo. Él es el autor del gran evangelio, sin embargo demuestra el ingrediente tan necesario para ser un siervo de Cristo (Fil. 2:3-4; cp. Ro. 12:10).

1) Menciona a Tomás, su compañero, antes que a sí mismo. Los otros dos autores de evangelios ubican a Mateo antes que a Tomás.
2) Vuelve a mencionar su terrible pasado, esto es, el hecho de haber sido un publicano y traidor de la nación judía (*véase* Estudio a fondo 1—Mt. 9:9-13).

Pensamiento 3. La presencia de Judas Iscariote, un traidor, no afectó permanentemente a los otros. Cristo puede conquistar todas las cosas, y las conquista, obrando para bien en todas ellas (Ro. 8:28).

	C. El mandato del Mesías a sus discípulos, 10:5-15 (Mr. 6:7-13; Lc. 9:1-6)	ni de calzado, ni de bordón; porque el obrero es digno de su alimento.	b. Solamente procurar el cuidado adecuado
1 Jesús envió a sus discípulos con las siguientes órdenes	5 A estos doce envió Jesús, y les dio instrucciones, diciendo: Por camino de gentiles no vayáis, y en ciudad de samaritanos no entréis,	11 Mas en cualquier ciudad o aldea donde entréis, informaos quién en ella sea digno, y posad allí hasta que salgáis. 12 Y al entrar en la casa, saludadla.	6 Quinto, buscar un anfitrión digno
2 Primero, ir a los perdidos de la casa propia*EF1* 3 Segundo, predicar que el reino de los cielos está cerca*EF2, 3* 4 Tercero, ministrar compartiendo con liberalidad	6 sino antes a las ovejas perdidas de la casa de Israel. 7 Y yendo, predicad, diciendo: El reino de los cielos se ha acercado. 8 Sanad enfermos, limpiad leprosos, resucitad muertos, echad fuera demonios; de gracia recibisteis, dad de gracia.	13 Y si la casa fuere digna, vuestra paz vendrá sobre ella; mas si no fuere digna, vuestra paz se volverá a vosotros. 14 Y si alguno no os recibiere, ni oyere vuestras palabras, salid de aquella casa o ciudad, y sacudid el polvo de vuestros pies.	7 Sexto, planificar el ministerio y las visitas a. Acercarse cordialmente b. Una vez aceptados, compartir c. En caso de ser rechazados, salir y simbolizar juicio
5 Cuarto, recibir compensación a. No buscar ganancia material	9 No os proveáis de oro, ni plata, ni cobre en vuestros cintos; 10 ni de alforja para el camino, ni de dos túnicas,	15 De cierto os digo que en el día del juicio, será más tolerable el castigo para la tierra de Sodoma y de Gomorra, que para aquella ciudad.	d. Quienes rechazan serán juzgados*EF4*

C. El mandato del Mesías a sus discípulos, 10:5-15

(10:5-15) **Introducción:** esta es la comisión que nuestro Señor dio a sus apóstoles. Fue la primera expedición a la que fueron enviados totalmente solos. Note con cuánto cuidado los instruyó Jesús y las claras implicaciones que ello tiene para sus seguidores en todas las generaciones.

1. Jesús envió a sus discípulos con las siguientes órdenes: (v. 5).
2. Primero, ir a Israel, a los perdidos de la casa propia (v. 6).
3. Segundo, predicar: predicar que el reino de los cielos está cerca (v. 7).
4. Tercero, ministrar compartiendo con liberalidad (v. 8).
5. Cuarto, recibir compensación (vv. 9-10).
6. Quinto, buscar un anfitrión digno (v. 11).
7. Sexto, planificar el ministerio y las visitas (vv. 12-15).

1 (10:5) *Comisión—llamado—pastores:* Jesús envió a sus discípulos con órdenes precisas. Note que Jesús no envió a cada discípulo que le seguía. Unos pocos solamente fueron escogidos para servir como mensajeros especiales, y éstos debían dedicar *todo su tiempo* a predicar y ministrar (*véanse* bosquejo y notas—Mt. 10:1-4). La mayoría de los otros discípulos tenían que testificar en su trabajo en sus otras actividades diarias.

> **Pensamiento 1.** La persona es enviada por Jesús; no es una decisión propia. Si lo hace por propia decisión, saldrá en su propia fuerza y poder. No puede esperar el poder de Cristo.
> **Pensamiento 2.** El ministerio no es una profesión; es una comisión. Cristo llama y comisiona. El hombre que escoge ser un ministro sin un auténtico llamado y comisión del Señor experimenta cuatro cosas.
> 1) Se hallará ministrando primordialmente en su propia fuerza.
> 2) Con frecuencia hallará que su corazón está vacío sintiendo la continua presión de tener que presentar

ideas humanas y *programas humanos.* Le cuesta mantener un sentido y un propósito tanto para sí mismo como para su pueblo.
> 3) Siente un verdadero vacío y fracaso al proclamar el evangelio y al hacer la obra del ministerio.
> 4) Con frecuencia se pregunta si realmente se está haciendo algún *bien.* Sencillamente le falta el verdadero sentido de un llamado interior; por eso le falta la *conexión piadosa y externa* para consolarlo y asegurarle que está en la voluntad de Dios. Queda abandonado a buscar consuelo y certeza en sí mismo o de alguna otra fuente humana. No hay Espíritu sobrenatural o poder para alentarlo.

2 (10:6) *Comisión—testificar:* vayan primero a Israel; es decir, no vayan a los perdidos del mundo, sino a los perdidos de la casa propia (*véase* Estudio a fondo 1—Mt. 10:6). El ofrecimiento de salvación tenía que ser hecho primero a Israel; (actualmente debe ser hecha) a todo el mundo (Ro. 9:30; cp. Ro. 10:13).

> **Pensamiento.** El hombre debe ir primero a su propia casa.
> 1) Primero debe mostrar amor a su propia familia y amistades. Si no ama a los de su propia casa, ¿cómo puede amar a los que no conoce?
> 2) Tiene que aprender a testificar a aquellos que con más probabilidad respondan en vez de reaccionar. Esa clase de conocimiento lo prepara mejor para enfrentar al mundo con sus respuestas negativas.

ESTUDIO A FONDO 1

(10:6) *Israel:* Jesús tenía varios motivos para enviar a sus mensajeros primero a Israel. (1) Israel tenía un lugar muy especial en los planes de Dios. La nación tendría la primera oportunidad de oír el evangelio (*véase* Estudio a fondo 1—Jn. 4:22). (2) Los discípulos tenían que concentrar sus esfuerzos en el lugar donde estaban para que los mismo no fueran dispersados. (3) El método de Dios siempre es que la persona alcance primero su propio hogar y su propia gente. La persona debe comenzar su testimonio y obra en el lugar inmediato donde vive.

> «Pero recibiréis poder, cuando haya venido sobre vosotros el Espíritu Santo, y me seréis testigos en Jerusalén, en toda Judea, en Samaria y hasta lo último de la tierra» (Hch. 1:8).

> «Sino santificad a Dios el Señor en vuestros corazones, y estad siempre preparados para presentar defensa con mansedumbre y reverencia ante todo el que demande razón de la esperanza que hay en vosotros» (1 P. 3:15).

Es preciso decir una palabra acerca de Israel. Jesús estaba destacando varias cosas.

1. Israel tiene un lugar muy especial en el corazón de Dios (véase Estudio a fondo 1—Jn. 4:22). Por eso el evangelio tenía que ser predicado primero a Israel.

2. Israel es como una oveja perdida: «Ovejas perdidas fueron mi pueblo» (Jer. 50:6). Note que los gentiles también son llamados «ovejas perdidas» (1 P. 2:25).

3. La gente de Israel estaba perdida porque sus pastores (maestros) las habían descarriado. Sus maestros no habían sido fieles a la verdad (véanse bosquejos y notas—Mt. 9:36-38).

> «Y al ver las multitudes, tuvo compasión de ellas; porque estaban desamparadas y dispersas como ovejas que no tienen pastor. Entonces dijo a sus discípulos: A la verdad la mies es mucha, mas los obreros pocos. Rogad, pues, al Señor de la mies, que envía obreros a su mies» (Mt. 9:36-38).

3 (10:7) *Predicar—reino de los cielos:* segundo, predicar que el reino de los cielos estaba cerca. Note que el mensaje es un mensaje *dado*, dado por el Señor mismo. Los discípulos no debían proclamar sus propias ideas ni las ideas de otros. Debían predicar el mensaje *dado* por el Señor. No importa la generación, el mensaje tiene que ser repetido una y otra vez.

- Es el mismo, ayer, hoy y por lo siglos (He. 13:8).
- Era el mensaje de Cristo (Mt. 4:17, 23).
- Fue el mensaje de Juan (Mt. 3:2).
- Fue el mensaje de los apóstoles y ministros de Cristo.

> «Porque el reino de Dios no es comida ni bebida, sino justicia, paz y gozo en el Espíritu Santo» (Ro. 14:17).

Pensamiento. El reino de los cielos requiere arrepentimiento. Los apóstoles predicaron el arrepentimiento cuando salieron (Mr. 6:12).

ESTUDIO A FONDO 2
(10:7) *Reino de los cielos:* véase Estudio a fondo 3—Mt. 19:23-24.

ESTUDIO A FONDO 3
(10:7-8) *Pastores—ministerio:* para los apóstoles había dos áreas principales de servicio: el de la predicación del evangelio y el de ministrar. La predicación se destaca por sí misma como área principal (v. 7), y el ministrar se destaca por sí misma como área principal (v. 8).

Los apóstoles debían ministrar compartiendo con liberalidad. Cristo les dio con liberalidad autoridad y poder; por eso debían ministrar con liberalidad, sin cobrar *pagos especiales por ministerios especiales* (note que esto no está referido a la *compensación* por los ministerios especiales, sino a *pagos especiales* cobrados por ministerios especiales, v.10). Debían compartir el ministerio en cuatro áreas principales.

1. Debían sanar a los enfermos. Muchos tenían necesidades físicas; estaban enfermos, heridos, con sufrimientos. Algunos no tenían lo suficiente para comer o vestir o lugar donde vivir. Algunos eran débiles y habían perdido la voluntad de luchar. Estaban sin esperanza e indefensos, desalentados y deprimidos. Necesitaban el mensaje del evangelio.

2. Debían limpiar a los leprosos. La lepra era considerada una forma de contaminación; por eso era un símbolo de pecado. Los apóstoles debían limpiar a los leprosos. Debían limpiar a los que tenían auténticas enfermedades, y debían predicar el poder de Cristo para limpiar una vida contaminada por el pecado.

3. Debían resucitar a los muertos. No hay indicios de que los apóstoles resucitaran a muertos antes de la resurrección de Cristo, pero los apóstoles fueron usados por Dios para levantar a muchos a la vida espiritual. La Biblia dice que los hombres están «muertos en pecados» (Ef. 2:1; véase Estudio a fondo 1—He. 9:27). Por eso los discípulos debían predicar el poder de Cristo para levantar a los hombres a vida eterna.

4. Debían echar fuera demonios. La posesión demónica significa que una persona está aprisionada por fuerzas del mal. Cuando una persona está poseída por un espíritu malo, ya no tiene el control de su propia vida; está bajo el control de las fuerzas del mal. Los discípulos tenían que predicar el poder de Cristo para librar a los hombres de los espíritus del mal.

4 (10:8) *Pastores:* tercero, ministrar con liberalidad (véase Estudio a fondo 3—Mt. 10:7-8). Siempre hay que recordar dos cosas acerca del poder inusual de los apóstoles.

1. Su poder era un poder recibido. Provenía del Señor mismo. Dios da a su siervo dones y poder para predicar y ministrar conforme a su llamado (1 Co. 12:28ss; Ef. 4:11-13). Los dones y el poder son de Dios, no del hombre mismo. Los dones y el poder de una persona provienen libremente de Dios; por eso, debe dar con liberalidad todo lo que tiene. Toda la energía y los instrumentos necesarios deben ser volcados en la predicación del evangelio y en el ministerio hacia la gente.

2. El poder de ellos debía confirmar que Dios ama y cuida al mundo y que el mensaje predicado realmente provenía de Dios (véase nota—Mt. 10:1).

Pensamiento. Ministrar a las necesidades de las personas muestra dos cosas.
1) Que Dios ama y cuida a la gente.
2) Que el ministro es un ministro de amor y protección.

> «Como el Hijo del Hombre no vino para ser servido, sino para servir, y para dar su vida en rescate por muchos» (Mt. 20:28).

> «Entonces Jesús les dijo otra vez: Paz a vosotros. Como me envió el Padre, así también os envío» (Jn. 20:21).

> «Cómo Dios ungió con el Espíritu Santo y con poder a Jesús de Nazaret, y cómo éste anduvo haciendo bienes y sanando a todos los oprimidos por el diablo, porque Dios estaba con él» (Hch. 10:38).

> «En todo os he enseñado que, trabajando así, se debe ayudar a los necesitados, y recordar las palabras del Señor Jesús, que dijo: Más bienaventurado es dar que recibir» (Hch. 20:35).

> «Así que, los que somos fuertes debemos soportar las flaquezas de los débiles, y no agradarnos a nosotros mismos» (Ro. 15:1).

> «Sobrellevad los unos las cargas de los otros, y cumplid así la ley de Cristo» (Gá. 6:2).

5 (10:9-10). *Pastores—mayordomía:* cuarto, recibir compensación. En asuntos financieros Cristo esperaba dos cosas de sus apóstoles y de su pueblo. Primero, sus apóstoles y siervos no debían gastar su propio dinero en el ministerio; y, segundo, su pueblo debía sostener adecuadamente a los apóstoles y siervos.

> «Así también ordenó el Señor a los que anuncian

el evangelio, que vivan del evangelio» (1 Co. 9:14).

«El que es enseñado en la palabra, haga partícipe de toda cosa buena al que lo instruye» (Gá. 6:6).

«Sin embargo, bien hicisteis en participar conmigo en mi tribulación» (Fil. 4:14).

«Los ancianos que gobiernan bien, sean tenidos por dignos de doble honor, mayormente los que trabajan en predicar y enseñar. Pues la Escritura dice: No pondrás bozal al buey que trilla; y: Digno es el obrero de su salario» (1 Ti. 5:17-18).

Pensamiento 1. Se les prohibió a los apóstoles, siervos de Dios, acumular riquezas *mediante el ministerio*. Pero no debían gastar su propio dinero en el ministerio. Había varios motivos para esto.

1) La mente y el corazón de ellos debía estar centrado en predicar el evangelio y ministrar a la gente, no en comprar y vender y acumular.
2) Debían confiar en Dios para sus necesidades y mediante ese ejemplo enseñar la dependencia de Dios (Mt. 6:24-34).
3) Debían enseñar y depender del pueblo de Dios para su propia provisión (cp. 1 Co. 9:13-14).
4) Debían permitir al pueblo de Dios el privilegio de compartir en el ministerio por medio de sus ofrendas. El pueblo de Dios debía aprender a confiar más y más dependiendo de Dios para levantar los fondos necesarios para el sostén de los ministros.

Pensamiento 2. El siervo u obrero de Dios es digno de ser sostenido financieramente. En efecto, Pablo enseñó que el siervo de Dios debía ser tenido por «digno de doble honra» (salario, compensación, sostén financiero). (*Véanse* notas—1 Ti. 5:17-18; pt. 2—1 Co. 16:5-9; cp. Lc. 10:7; Fil. 4:11-14.)

Pensamiento 3. El pueblo de Dios debía sostener a los apóstoles del Señor. La gente debía permitir que los apóstoles dieran todo su tiempo al ministerio sin ser obligados a realizar un trabajo secular.

6 **(10:11) Hospitalidad:** quinto, buscar un anfitrión digno. En toda ciudad y lugar hay algunas personas de buena reputación, y algunos de mala reputación. Diversos aspectos determinan que un anfitrión sea digno.

1. Un anfitrión digno era una persona de buena reputación en cuanto a la moral. Vivir con una persona injusta de mala moral, pondría en duda la propia moral de los apóstoles. Debían extenderse hacia el inmoral, tal como lo hizo Cristo, pero no debían compartir ni vivir con ellos. Debían ser cuidadosos al escoger sus amigos íntimos.
2. Un anfitrión digno era una persona de buena reputación en cuanto a Dios. Algunos tendrían un interés espiritual, algunos no.
3. Un anfitrión digno era una persona de buena reputación en cuanto a la hospitalidad. Algunos cuidarían gustosamente de los extraños; otros no.

«Compartiendo para las necesidades de los santos; practicando la hospitalidad» (Ro. 12:13).

«Que [la viuda cristiana] tenga testimonio de buenas obras; si ha criado hijos; si ha practicado la hospitalidad; si ha lavado los pies de los santos; si ha socorrido a los afligidos; si ha practicado toda buena obra» (1 Ti. 5:10).

«Sino hospedador, amante de lo bueno, sobrio, justo, santo, dueño de sí mismo» (Tit. 1:8).

«No os olvidéis de la hospitalidad, porque por ella algunos, sin saberlo, hospedaron ángeles» (He. 13:2).

«Hospedaos los unos a los otros sin murmuraciones» (1 P. 4:9).

Pensamiento 1. Note varias lecciones.

1) Los apóstoles debían buscar al anfitrión digno. No debían buscar a los ciudadanos ricos y en posición;
2) Cuando Pablo llegaba a un lugar extraño buscaba al pueblo de Dios (Hch. 28:14).
3) Generalmente se conocen a las personas buenas de un lugar. Todos los rasgos que hacen a la calidad de una persona son generalmente conocidos: honestidad, decencia, bondad.
4) Note la lección en cuanto a los amigos íntimos del creyente. Deben ser del pueblo de Dios: personas tenidas por dignas ante Dios.

Pensamiento 2. El mensajero de Dios debía permanecer con el anfitrión mientras durase su estadía en ese lugar. No debía buscar mayor comodidad y lujo a medida que iba conociendo el lugar. Hay varios motivos para esto.

1) Tal actitud podría indicar favoritismo y causar celos.
2) Tal actitud podría indicar una mente materialista, egoísta, indefinida, y poner en duda la entrega de la persona.
3) Tal actitud podría distraer a la persona de su propósito y ministerio.
4) Tal actitud podría herir y en muchos casos alejar al primer anfitrión.

7 **(10:12-15) Ministerio:** sexto, planificar el ministerio, las visitas que vas a hacer. El Señor envió a sus mensajeros, esto es a visitar las casas de la ciudad. No se quedaron sentados esperando que la gente viniera. Salieron a llevar el evangelio a la gente.

Note que el Señor dijo a los apóstoles cómo visitar. Estableció planes precisos.

1. Los apóstoles debían acercarse a la casa con cordialidad (v. 13). Saludar, es decir llegar cordialmente, tiene varios efectos.
    a. Comunica amistad y bondad, y estas alientan una recepción abierta.
    b. Abre la puerta a una conversación más fluida, y el mensajero puede utilizarla para presentar el evangelio.
    c. Muestra en forma inmediata si una persona es receptiva o no.

«Vestíos, pues, como escogidos de Dios, santos y amados, de entrañable misericordia, de benignidad, de humildad, de mansedumbre, de paciencia» (Col. 3:12).

«Sea vuestra palabra siempre con gracia, sazonada con sal, para que sepáis cómo debéis responder a cada uno» (Col. 4:6).

«Finalmente, sed todos de un mismo sentir, compasivos amándoos fraternalmente, misericordiosos *amigables*» (1 P. 3:8).

Pensamiento. El mensajero debe saludar y ser cortés, no severo, exigente, impetuoso o desagradable.

2. Si las personas aceptaban a los apóstoles, estos debían compartir la paz que tenían (v. 13). El saludo de *paz* debía ser dado en toda casa y lugar al que llegaban. Si la gente era digna, los mensajeros debían continuar su mensaje de paz. Si la gente era indigna, debían quedarse con el saludo. No debían decir nada más. En tal caso no debían continuar con el mensaje de paz. Debían guardar el mensaje de paz sin compartirlo.

«Justificados, pues, por la fe, tenemos paz para con Dios por medio de nuestro Señor Jesucristo» (Ro. 5:1).

«Porque el reino de Dios no es comida ni bebida, sino justicia, paz y gozo en el Espíritu Santo» (Ro. 14:17).

«Y por medio de él reconciliar consigo todas las cosas, así las que están en la tierra como las que están en los cielos» (Col. 1:20).

Pensamiento 1. Los testigos del Señor tienen que discernir y evaluar a la gente a quienes están testificando.

1) ¿Son personas bondadosas y amables, o frías y duras?
2) ¿Son personas tímidas y retraídas o realmente desinteresadas?
3) ¿Son personas realmente abiertas o solamente buenas y amables hacia otros?
4) ¿Son personas espiritualmente sensibles o simplemente interesadas en cuestiones religiosas?

Pensamiento 2. El testigo del Señor no tiene que perder tiempo. Tiene que discernir tan pronto como pueda quién es digno y receptivo.

Pensamiento 3. El saludo de aquel día era «Paz sea contigo». Los apóstoles debían usar el saludo como base de su mensaje. Debían expandirlo. El mensaje de ellos debía ser paz; *paz con Dios y paz de Dios* (*véase* nota—Jn. 14:27).

Pensamiento 4. Note esto: cuando un auténtico mensajero visita a una familia y no comparte el mensaje de paz, ello es una advertencia para la familia. El comportamiento de la misma, su falta de amabilidad, o desinterés no permitió compartir el mensaje.

3. Si la gente rechazaba a los apóstoles, éstos debían dejar el lugar. Los mensajeros del Señor podían esperar ser rechazados por algunos. Al ser rechazado, el mensajero debía hacer dos cosas.
    a. Debía dejar la casa o ciudad.
    b. Debía sacudir el polvo de sus pies. Esto era un símbolo de ...
        * que habían perdido su oportunidad.
        * que la maldad de ellos era tan detestable que contaminaba incluso el suelo donde estaba asentada la casa o ciudad.
        * que Dios los rechazaría, así como ellos habían rechazado a Dios.

Pensamiento 1. Note que algunos *rechazan*. Rechazan dos cosas.
1) Al mensajero mismo.
2) Las palabras del mensajero.

Pensamiento 2. Note que hay ciudades completas que rechazan el evangelio, no solamente algunas casa.

Pensamiento 3. Cuando es rechazado, el mensajero no tiene que argumentar o forzar a las personas a aceptar el evangelio. Cristo espera que los mensajeros dejen el lugar. Note las palabras: «salid de aquella casa ... y sacudid».

4. Quienes rechazan serán juzgados (*véase* Estudio a fondo 4—Mt. 10:15). El rechazo del mensajero de Dios y del evangelio condena a una persona a un terrible destino. El juicio sobre esa persona será incluso más severo que el juicio a Sodoma y Gomorra. ¿Por qué? Porque la persona rechaza al propio Hijo de Dios. Sodoma y Gomorra nunca tuvieron la oportunidad de escuchar al Hijo de Dios. Nuestra responsabilidad es mucho mayor porque nuestro privilegio de escuchar al Hijo de Dios es mucho mayor.

«Y de la manera que está establecido para los hombres que mueran una sola vez, y después de esto el juicio» (He. 9:27).

«Pero los cielos y la tierra que existen ahora, están reservados por la misma palabra, guardados para el fuego en el día del juicio y de la perdición de os hombres impíos» (2 P. 3:7).

«De éstos también profetizó Enoc, séptimo desde Adán, diciendo: He aquí, vino el Señor con sus santas decenas de millares, para hacer juicio contra todos, y dejar convictos a todos los impíos de todas sus obras impías que han hecho impíamente, y de todas las cosas duras que los pecadores impíos han hablado contra él» (Jud. 14-15).

ESTUDIO A FONDO 4

(10:15) *Sodoma y Gomorra:* estas dos ciudades y sus habitantes son usados como ejemplos del pecado extremo (Dt. 32:32; Is.1:10; Ez. 16:46; Mt. 11:23-24; Lc. 10:12-13; 17:29; Ro. 9:29; 2 P. 2:6; Jud. 7; Ap. 11:8). Las ciudades fueron destruidas por fuego (Gn.19:24-25), y de ellas se dice que están «sufriendo el castigo del fuego eterno» (Jud. 7).

	D. La advertencia del Mesías referida a la persecución, 10:16-23	aquella hora os será dado lo que habéis de hablar.	necesidad de ustedes

1 Dos hechos
 a. Son comisionados
 b. Son como ovejas en medio de lobos
2 Consejo 1: sean sabios e inofensivos
3 Consejo 2: cuídense de los hombres
 a. Los perseguidores: el estado y los religiosos
 b. Razones por las que serán perseguidos
  1) Por amor del Señor
  2) Para ser un testimonio
 	
4 Consejo 3: no se preocupen por su defensa
 a. Dios suplirá la
	16 He aquí yo os envío como a ovejas en medio de lobos; sed, pues, prudentes como serpientes, y sencillos como palomas.
	17 Y guardaos de los hombres, porque os entregarán a los concilios, y en sus sinagogas os azotarán;
	18 y aun ante gobernadores y reyes seréis llevados por causa de mí, para testimonio a ellos y a los gentiles.
	19 Mas cuando os entreguen, no os preocupéis por cómo o qué hablaréis; porque en
		20 Porque no sois vosotros los que habláis, sino el Espíritu de vuestro Padre que habla en vosotros.
		21 El hermano entregará a la muerte al hermano, y el padre al hijo; y los hijos se levantarán contra los padres, y los harán morir.
		22 Y seréis aborrecidos de todos por causa de mi nombre; mas el que persevere hasta el fin, éste será salvo.
		23 Cuando os persigan en esta ciudad, huid a la otra; porque de cierto os digo, que no acabaréis de recorrer todas las ciudades de Israel, antes que venga el Hijo del Hombre.
			b. El Espíritu de Dios hablará en ustedes *EF1*
			
			5 Consejo 4: sepan que las familias serán divididas *EF2*
			
			6 Consejo 5: perseveren hasta el fin
			
			7 Consejo 6: huyan de la persecución

D. La advertencia del Mesías referida a la persecución, 10:16-23

(10:16-23) *Introducción:* hay una cosa que los verdaderos discípulos tienen que saber al salir por Cristo. Son como ovejas en medio de lobos. Pueden esperar persecución, severa persecución. Tienen que «guardarse de los hombres» (v. 17).

Lo que Cristo hizo en este pasaje fue advertir a sus discípulos en cuanto a la persecución, y al hacerles la advertencia les aconsejó cómo tratar a la persecución. (Para mayor discusión *véanse* bosquejos y notas—Mt. 5:10-12; Lc. 21:12-19; 1 P. 4:12-19; 4:14.)

1. Trasfondo: Dos hechos (v. 16).
    a. Son comisionados.
    b. Son como ovejas en medio de lobos.
2. Consejo 1: sean sabios e inofensivos (v. 16).
3. Consejo 2: cuídense de los hombres (vv. 17-18).
4. Consejo 3: no se preocupen por su defensa (vv. 19-20).
5. Consejo 4: sepan que las familias serán divididas (v. 21).
6. Consejo 5: perseveren hasta el fin (v. 22).
7. Consejo 6: huyan de la persecución (v. 23).

1 (10:16) *Persecución:* cuando los discípulos enfrentan persecución hay que recordar dos cosas.

1. El discípulo es comisionado y enviado por Cristo. Note las palabras: «yo os envío». Es Cristo, el Hijo de Dios quien nos envía. En este hecho hay gran consuelo, porque Cristo sabe lo que le espera al discípulo. Es plenamente consciente de la persecución venidera, pero sin embargo envía sus mensajeros. ¿Por qué? Porque el Hijo de Dios puede usar nuestra persecución para diversos fines.
    a. Al proteger y librarnos puede enseñarnos acerca de la protección de Dios.
    b. Puede enseñarnos a confiar más y más, madurándonos como creyentes.
    c. Puede tomar nuestro sufrimiento y tocar el corazón de los perseguidores llevándolos a rendir sus vidas a Cristo.
    d. Puede librarnos mediante la muerte misma llevándonos a la presencia de Dios.

Cristo conoce la importancia del mensaje del evangelio del reino.

Es esencial para la salvación del hombre. Por eso, a pesar del rechazo y la persecución por parte de muchos, todavía es preciso proclamar el mensaje de modo que algunos puedan ser salvados.

2. El discípulo es enviado como a oveja en medio de lobos. Ser comisionado por Cristo implica persecución segura. Cristo envía a sus discípulos a un mundo que se *opondrá* al evangelio. Sabe que el discípulo será perseguido. Por eso, el discípulo ...

- debe ser consciente y esperar la persecución. El discípulo no debe ser tomado por sorpresa por ella.
- debe saber que su persecución no es sino «una leve aflicción» en comparación con la gloria que le espera. En efecto, «porque esta leve tribulación momentánea produce en nosotros un cada vez más excelente y eterno peso de gloria» (2 Co. 4:17).

Pensamiento. Todo creyente debe saber que lo mirarán con sospecha y que sufrirá algún grado de abuso, burla y rechazo.

2 (10:16) *Persecución—discípulos—misión:* el primer consejo es ser prudentes e inofensivos, tan prudentes como serpientes y tan inofensivos como palomas. Ser prudente «como serpiente» significa operar con quietud, cautela y con inteligencia; operar con una estrategia planificada; vislumbrar rápidamente el peligro y escapar de él. Significa ser una persona de visión e iniciativa. Significa conocer los propios recursos, y saber cuándo avanzar y cuando retirarse. Significa avanzar con el ataque y mensaje cuando la oportunidad se presenta; significa retirarse calladamente cuando hay amenaza de peligro.

El discípulo también tiene que ser como una paloma; gentil y inofensivo como una paloma; no causar daño; ser conocido como un símbolo de paz; ser tan puro, tan inmaculado y no adulterado como las palomas.

Pensamiento 1. El pueblo y los mensajeros del Señor están expuestos a un mundo de hombres malos (lobos). Por eso tienen que ser dos cosas.
1) Sabios como serpientes. Ante el peligro la serpiente...
   - trata de escapar.

- en lo posible busca de ocultarse.
- es callada.
- no se expone innecesariamente.
- en primer lugar busca preservar su vida
2) Inofensivos como palomas. La paloma ...
  - es mansa y humilde.
  - no tiene maldad ni hiere.
  - es inocente e inofensiva.
  - es un símbolo de paz y no de guerra.

Pensamiento 2. El testigo del Señor debe tener mente como serpiente, y espíritu como paloma.
1) Debe ser sabio en percibir las amenazas y responder desapasionadamente.
2) No debe provocar ni dejarse provocar.
3) Debe cuidarse de ser engañado y no engañar a nadie.
4) Debe operar para evitar ser dañado y no dañar a nadie.

3 (10:17-18) *Persecución:* el segundo consejo es guardarse de los hombres. Dos puntos significativos requieren el estudio de los creyentes.
1. Los perseguidores. Existen tres perseguidores: hombres en general, los religiosos, y el estado. El creyente debe cuidarse, estar alerta y velar siempre. Si vive por Cristo —si realmente vive por Cristo— entonces es suceptible de ser: perseguido, ridiculizado, rechazado, despreciado, aborrecido, injuriado, abusado, atacado físicamente, encarcelado y martirizado. ¿Quiénes harán cosas semejantes a los creyentes?
   a. Los hombres, personas como él mismo, perseguirán a los creyentes. Los hombres pueden volverse y se volverán brutales bestias cuando algo no les guste. Su naturaleza depravada, similar a la del lobo, comienza a manifestarse. Se vuelven engañosos, explotadores mentirosos presentando dos caras. Con frecuencia hieren o destruyen a los creyentes atacando su reputación o sometiéndolos por fuerza. El ataque puede ser por un trabajo, una posición o una creencia.
   b. Los religiosos, gente en las sinagogas e iglesias, perseguirán a los creyentes. La iglesia está llena de personas que no han entregado realmente su vida a Dios. Sencillamente no conocen personalmente a Dios; no lo conocen real y personalmente. Por eso el creyente que realmente vive y enseña y se juega por Dios y su justicia a veces es perseguido por quienes están en la iglesia. No entienden a Dios y su justicia. Pueden mostrar dos caras, hablar mal, pasar chismes, injuriar, rechazar e insultar. También pueden reñir, burlarse, y atacar de frente. Pueden ir al extremo de intentar destruir la reputación y vida de una persona, dependiendo de la sociedad en que viven. La tragedia es que la persecución puede ocurrir y con frecuencia ocurre dentro de las paredes de la casa de Dios.
   c. Las autoridades civiles del estado perseguirán a los creyentes. Los creyentes de todo el mundo siempre han sido y siempre serán arrastrados y perseguidos ante las autoridades estatales.

> «Si el mundo os aborrece, sabed que a mí me han aborrecido antes que a vosotros. Si fuerais del mundo, el mundo amaría lo suyo; pero porque no sois del mundo, antes yo os elegí del mundo, por eso el mundo os aborrece. Acordaos de la palabra que yo os he dicho: El siervo no es mayor que su señor. Si a mí me han perseguido, también a vosotros os perseguirán; si han guardado mi palabra, también guardarán la vuestra» (Jn. 15:18-20).

Pensamiento 1. Note tres lecciones en cuanto al carácter de los religiosos.
1) Los religiosos pueden estar tan engañados de creer

que rinden servicio a Dios al perseguir a los creyentes (Jn. 16:2).
2) Rara vez las iglesias desean ser perturbadas. Cuando el evangelio de Dios es predicado o se intenta un verdadero ministerio para Dios, a veces la iglesia está tan enfrascada en su formalismo y el modo antiguo de hacer las cosas que no alcanza a ver la verdad. Entonces persigue al hombre de Dios.
3) Con demasiada frecuencia los miembros de la iglesia han perseguido al mensajero o maestro del Señor (*véanse* notas—Mt. 5:10-12). A veces han destruido en un lugar específico el ministerio y la reputación de un mensajero. Pero Dios siempre ha demostrado ser fiel. Ha seguido usando a su siervo, y lo ha hecho maravillosamente. Siempre usará a su siervo perseguido que le es fiel.

Pensamiento 2. El creyente debe cuidarse de los hombres en altas posiciones, ya sea en la iglesia, el estado o el comercio. Cuanto mayor la posición, mayor la persecución que puede ser ejecutada.

Pensamiento 3. Pablo fue azotado *cinco veces* por religiosos (2 Co. 11:24).

2. En este pasaje se mencionan dos motivos de persecución.
   a. El creyente es perseguido por amor al Señor o a su causa. El creyente procura vivir para Cristo y avanzar su causa. El hombre natural, ya sea del mundo o de la iglesia, no entiende las cosas de Dios, de manera que se opone a ellos (*véanse* bosquejo y notas—1 Co. 2:14-3:4).

> «Bienaventurados sois cuando por mi causa os vituperen y os persigan, y digan toda clase de mal contra vosotros, mintiendo» (Mt. 5:11).
> «Y seréis aborrecidos de todos por causa de mi nombre; mas el que persevere hasta el fin, éste será salvo» (Mt. 10:22).
> «Y cualquiera que haya dejado casas, o hermanos, o hermanas, o padre, o madre, o mujer, o hijos, tierras, por mi nombre, recibirá cien veces más, y heredará la vida eterna» (Mt. 19:29).
> «Porque nosotros que vivimos, siempre estamos entregados a muerte por causa de Jesús, para que también la vida de Jesús se manifieste en nuestra carne mortal» (2 Co. 4:11).

   b. El creyente es perseguido para poder ser un testimonio a sus perseguidores. No hay mayor testimonio en favor de Cristo que el de un creyente que testifica en vista de la persecución (cp. Hch. 24:1ss; 25:1ss; 25:13ss; 26:1ss).
   1) El permanecer firme demuestra la verdad del evangelio. Su mensaje de amor y salvación es visto claramente por el perseguidor.
   2) El permanecer firme da al Espíritu Santo una singular oportunidad para alcanzar con la verdad del evangelio los corazones de aquellos que están presentes.
   3) El permanecer firme es un testimonio *contra* los perseguidores. Muestra cuán profunda es la maldad y el mal de sus corazones. En el día del juicio será un testimonio contra ellos.

> «Entonces les responderá diciendo: De cierto os digo que en cuanto no lo hicisteis a uno de estos más pequeños, tampoco a mí lo hicisteis. E irán estos al castigo eterno, y los justos a la vida eterna» (Mt. 25:45-46).
> «Pero por tu dureza y por tu corazón no arrepentido, atesoras para ti mismo ira para el día de la ira y de la revelación del justo juicio de

Dios, el cual pagará a cada uno conforme a sus obras» (Ro. 2:5-6).

«Hermanos míos, tomad como ejemplo de aflicción y de paciencia a los profetas que hablaron en nombre del Señor» (Stg. 5:10).

4 (10:19-20) *Persecución:* el tercer consejo es no preocuparse por la defensa. El creyente nunca es abandonado para defenderse sólo contra la persecución.

1. Dios da lo que debe decirse. Note: Dios da la respuesta en el momento preciso de ser expuesta.

«Mas cuando os entreguen, no os preocupéis por cómo o qué hablaréis; porque en aquella hora os será dado lo que habéis de hablar» (Mt. 10:19).

2. El Espíritu de Dios realmente opera el hablar «en» el creyente.

3. Dios está con el creyente.

«Porque yo os daré palabra y sabiduría, la cual no podrán resistir no contradecir todos los que se opongan» (Lc. 21:15).

«En mi primer defensa ninguno estuvo a mi lado, sino que todos me desampararon; no les sea tomado en cuenta. Pero el Señor estuvo a mi lado, y me dio fuerzas, para que por mí fuese cumplida la predicación, y que todos los gentiles oyesen. Así fui liberado de la boca del león. Y el Señor me librará de toda obra mala, y me preservará para su reino celestial. A él sea gloria por los siglos de los siglos» (2 Ti. 4:16-18).

Pensamiento 1. Cuando un creyente es llamado a defenderse a si mismo, con frecuencia está nervioso y ansioso. Se pregunta *cómo* hablar en defensa propia.

1) Algunos tal vez descofían de la propia habilidad. Se sienten incapaces. Pocas veces se presentaron si es que alguna vez lo hicieron, para defenderse (cp. Moisés, Éx. 4:10-12; Jeremías, Jer. 1:6, 10).

2) Algunos tal vez desconfían de sus propias emociones. Están nerviosos y extremadamente ansiosos en cuanto a aparecer ante otra gente. Tener que pararse en frente de otros para defenderse duplica sus estado de nerviosismo.

Pensamiento 2. Tenemos que confiar en Dios en cuanto a qué decir. Esto no significa que no debamos estar orando y pensando, pero significa que es preciso confiar en Dios para la defensa. Hay un motivo para ello: Solamente Dios conoce el corazón de los perseguidores y de toda otra persona presente. Por eso, solamente él sabe lo que hay que decir para tocar sus corazones o para servir como testigo contra ellos en el futuro.

ESTUDIO A FONDO 1
(10:20) *Espíritu Santo:* cp. Jn. 16:13. *Véase* bosquejo—Jn. 14:15-26; 16:7-15.

5 (10:21) *Persecución:* el cuarto consejo es saber que las familias serán divididas. La propia familia de uno puede convertirse en el peor perseguidor. ¿Por qué? Hay tres motivos.

1. Por la entrega del creyente a Cristo y a su justicia. Con frecuencia la familia vive una vida mundana y no puede entender una vida piadosa. Por lo tanto, la familia se opone a un miembro que no deja de participar en ciertas funciones y tradiciones (2 Co. 6:17-18; 1 Jn. 2:15-16).

2. Debido a la ortodoxia religiosa de la familia o de la iglesia. El miembro de la familia convertido tal vez quiera cambiar de religión o iglesia. La familia se opone a un movimiento de esa naturaleza.

3. Debido a la entrega del creyente a Cristo. El creyente debe llegar a ser un testigo dinámico que comparte la gracia y el amor del Señor. Un testigo activo de esa clase a veces es embarazoso para la familia.

«Entonces Pedro comenzó a decirle: He aquí nosotros lo hemos dejado todo, y te hemos seguido» (Mr. 10:28).

«Después de estas cosas salió, y vio a un publicano llamado Leví, sentado al banco de los tributos públicos, y le dijo: Sígueme» (Lc. 5:27).

«Si alguno viene a mí, y no aborrece a su padre, y madre, y mujer, e hijos, y hermanos, y hermanas, y aun también su propia vida, no puede ser mi discípulo. Y el que no lleva su cruz y viene en pos de mí, no puede ser mi discípulo» (Lc. 14:26-27).

«Y él les dijo: De cierto os digo, que no hay nadie que haya dejado casa o padres, o hermanos, o mujer, o hijos, por el reino de Dios, que no haya de recibir mucho más en este tiempo, y en el siglo venidero la vida eterna» (Lc. 18:29-30).

Pensamiento 1. Un verdadero testigo es un hombre de convicción, convencido de que Jesucristo realmente es el Mesías, el Hijo del Dios viviente. Es fiel a esta verdad, viviendo y testificando de ella. Tal clase de convicción y testimonio pocas veces es entendida y muchas veces es rechazada. Por eso, a veces el creyente tiene que escoger entre la obediencia a Cristo y la obediencia a su familia.

Pensamiento 2. Nada duele más que la oposición de la propia familia cuando tomamos la decisión de seguir a Cristo. Cuando nuestra familia se opone y nos persigue, nos causa un dolor profundo.

Pensamiento 3. En algunos casos la oposición más severa proviene de los miembros de la propia familia. Hay una doble razón.

1) Creen que la influencia de ellos tiene que ser respetada.

2) Creen que toda la familia es afectada por lo que hace uno de sus miembros.

Estos dos sentimientos son normales en una familia, pero el creyente lo sabe y ha entregado su vida a la verdad de Jesucristo. Por eso, el creyente está convencido que lo que su familia necesita es convertirse, no que él niegue su fe.

ESTUDIO A FONDO 2
(10:21) *Persecución: véanse* bosquejo y notas—Mt. 10:34-37.

6 (10:22) *Persecución:* el quinto consejo es perseverar hasta el fin. Nuevamente, el creyente tiene que esperar la persecución. Todo el mundo se opondrá a él. ¿Por qué? «Por amor a mi nombre». El auténtico creyente vive y da testimonio del nombre de Cristo que es el nombre de justicia y de negación propia (*véase* Estudio a fondo 1—Lc. 9:23). El mundo y su gente se opondrá a todo estilo de vida que demande la negación propia total.

La persona que persevera hasta el fin será salvada. Note varias cosas.

1. La persecución tiene un fin. Es transitoria; terminará.

2. La perseverancia es posible. El creyente puede perseverar. Dios lo sostendrá mientras dure la persecución.

«Considerad a aquel que sufrió tal contradicción de pecadores contra sí mismo, para que vuestro ánimo no se canse hasta desmayar» (He. 12:3).

3. Salvación y liberación esperan a la persona que persevera; una vida de gloria y recompensa.

«Bienaventurado el varón que soporta la tentación; porque cuando haya resistido la prueba, recibirá la corona de vida, que Dios ha prometido a los que le aman» (Stg. 1:12).

«Porque yo ya estoy para ser sacrificado, y el tiempo de mi partida está cercano. He peleado la buena batalla, he acabado la carrera, he guardado la fe. Por lo demás, me está guardada la corona de justicia, la cual me dará el Señor, juez justo, en aquel día; y no sólo a mí, sino también a todos los que aman su venida» (2 Ti. 4:6-8).

«No temas en nada lo que vas a padecer. He aquí, el diablo echará a algunos de vosotros en la cárcel, para que seáis probados, y tendréis tribulación por diez días. Sé fiel hasta la muerte, y yo te daré la corona de la vida» (Ap. 2:10).

Pensamiento 1. Note las palabras «aborrecidos de *todos*». Esto significa todo el mundo; cada persona en el mundo, religiosos (v. 17), el estado (v. 18) y la familia (v. 21).

Pensamiento 2. Es doloroso ser objeto de conversación, del ridículo, de infamias, chismes y abusos. El creyente tiene que recordar tres hechos.
1)   Es por amor a Cristo.
2)   Asegura la salvación.
3)   Asegura una recompensa gloriosa (Stg. 1:12).

Pensamiento 3. Los perseguidores son meros hombres. Pueden oponerse y causar problemas; incluso pueden matar el cuerpo. Sin embargo, hay que recordar varias cosas.
1)   Los perseguidores no pueden matar el alma.
2)   El cuerpo pronto pasará. ¿Por qué sacrificar la eternidad por algo que solamente durará un poco más?
3)   Los perseguidores *son meros hombres* que también morirán. Entonces enfrentarán el eterno juicio de Dios (He. 9:27; cp. Is. 51:12).

7   (10:23) *Persecución:* el sexto consejo es huir de la persecución. Note lo que Cristo ya le había dicho a los discípulos.
1.   Si era rechazado el mensaje del discípulo, debía dejar la casa o ciudad. Debía salir rápida y silenciosamente.

«Y al entrar en la casa, saludadla. Y si la casa fuere digna, vuestra paz vendrá sobre ella; mas si no fuere digna, vuestra paz se volverá a vosotros. Y si alguno no os recibiere, ni oyere vuestras palabras, salid de aquella casa o ciudad, y sacudid el polvo de vuestros pies» (Mt. 10:12-14).

2.   El creyente debe ser prudente, percibir el peligro y huir (Mt. 10:16).

Ahora, por tercera vez Cristo dice: «Cuando os persigan ... huid». Hay al menos tres razones por las que Cristo les manda huir.
1.   Cristo tiene cuidado de nosotros, de nuestra seguridad.

«Echando toda vuestra ansiedad sobre él, porque él tiene cuidado de vosotros» (1 P. 5:7).

2.   Cristo quiere que otra gente escuche el evangelio. Algunos son receptivos. Es mejor ministrar a quienes son receptivos que echar las perlas de uno (el evangelio) a los cerdos o permitir que los lobos destruyan su vida.
3.   Cristo quiere un testigo contra todos aquellos que lo rechazan. Es preciso que sepan cuán terrible es su pecado y vergüenza, su frialdad y dureza, su amargura y enemistad hacia Dios. Si ellos logran ver la verdad del propio corazón en esta vida, tal vez se rindan a Dios y a su amor. De lo contrario verán al testigo de su persecución levantarse contra ellos en aquel terrible día del juicio.

Pensamiento 1. No es común encontrar coraje y convicción hacia una causa; por otra parte no es algo tan extraño. Algunos tienen coraje y algunos están entregados a una causa; Muchas veces oímos de tal coraje y entrega a una causa. Note dos puntos significativos.
1)   En la vida hay dos tipos de entrega entre los hombres.
   •   Primero, existe una entrega razonable y racional. Esta clase de entrega puede ser tan intensa que soporte la persecución hasta la muerte.
   •   Segundo, existe una entrega fanática e histérica. Esta clase de entrega puede ser tan irracional de arrojarse a sí misma al martirio.

2)   Hay varias cosas que hacen que el coraje y la entrega de los creyentes sea diferente y distintivo.
   •   Primero, los creyentes sufren por causa de una entrega a *la verdad* tal como lo ha revelado Dios en su Hijo (Jn.3:16).

«Pues ¿qué gloria es, si pecando sois abofeteados, y lo soportáis? Mas si haciendo lo bueno sufrís, y lo soportáis, esto ciertamente es aprobado delante de Dios» (1 P. 2:20).
   •   Segundo, los creyentes intentan escapar a la persecución y a prevenirla. Obedecen a Cristo y huyen de ella. No cortejan al peligro ni son temerarios.
   •   Tercero, los creyentes encaran la persecución solamente cuando no pueden escapar de ella. En ese punto, se mantienen firmes por el Señor y su fe, confiando que Dios los sostendrá en todo.

«Porque a vosotros os es concedido a causa de Cristo, no sólo que creáis en él, sino también que padezcáis por Él» (Fil. 1:29).

«Y también todos los que quieren vivir piadosamente en Cristo Jesús padecerán persecución» (2 Ti. 3:12).

Pensamiento 2. El verdadero creyente aceptará el martirio por su fe, pero no lo buscará. Lo que busca es vida y libertad para seguir proclamando a Cristo. Su mensaje es un mensaje de vida y de la santidad de la vida. ¿Cómo entonces podríamos invitar a la muerte?

E. El Mesías alienta a no temer la persecución, 10:24-33

1 El hecho de la persecución
a. Advertencia: no estámos exentos de persecución
b. Privilegio: uds. deben compartir los sufrimientos de Cristo
c. Seguridad: uds. sufran persecución más que Cristo

2 No teman a los perseguidores
a. La verdad será revelada
b. El mensaje tiene que ser predicado
1) El mensaje dado por Cristo: en secreto
2) El mensaje urgente

3 No teman a los hombres

24 El discípulo no es más que su maestro, ni el siervo más que su señor.
25 Bástale al discípulo ser como su maestro, y al siervo como su señor. Si al padre de familia llamaron Beelzebú, ¿cuánto más a los de su casa?
26 Así que, no los temáis; porque nada hay encubierto, que no haya de ser manifestado; ni oculto, que no haya de saberse.
27 Lo que os digo en tinieblas, decidlo en la luz; y lo que oís al oído, proclamadlo desde las azoteas.
28 Y no temáis los que matan el cuerpo, mas el alma no pueden matar; temed más bien a aquel que puede destruir el alma y el cuerpo en el infierno.
29 ¿No se venden dos pajarillos por un cuarto? Con todo, ni uno de ellos cae a tierra sin vuestro padre.
30 Pues aun vuestros cabellos están todos contados.
31 Así que, no temáis; más valéis vosotros que muchos pajarillos.
32 A cualquiera, pues, que me confiese delante de los hombres, yo también le confesaré delante de mi Padre que está en los cielos.
33 Y a cualquiera que me niegue delante de los hombres, yo también le negaré delante de mi Padre que está en los cielos.

que matar el cuerpo
a. No matan el alma
b. Solamente Dios puede destruir el alma y el cuerpo[EF1]

4 No temas[EF2]
a. Cui. al gorrión común
b. Conoce toda herida a cada gorrión
c. Cuidar cada detalle de tu vida
d. Te valora más que a los gorriones

5 Conclusión: lo esencial es la lealtad
a. Confiesa a Cristo y Él te confesará a ti
b. Niega a Cristo y él te negará a ti

E. El Mesías alienta a no temer la persecución, 10:24-33

(10:24-33) *Introducción:* con frecuencia los creyentes son perseguidos. Se los pasa por alto, se los avergüenza, la gente se aparta de ellos, se los aísla, se habla de ellos, se os ridiculiza, son objeto de burla, se los considera extraños, se hacen bromas sobre ellos. La persecución puede ir más allá incluyendo el abuso físico y el asesinato, dependiendo ello de la sociedad y de las leyes bajo las que el creyente vive. Este pasaje es de gran aliento para el creyente cuando enfrenta persecución. Cristo dijo tres veces: «No teman» (vv. 26, 28, 31). Estaba alentando a los discípulos a no temer la persecución. Deben esperar la persecución, puesto que Cristo mismo fue perseguido.

1. El hecho de la persecución (vv. 24-25).
2. No teman a los perseguidores (vv. 26-27).
3. No teman a los hombres que pueden matar el cuerpo (v. 28).
4. No teman, Dios los cuida (vv. 29-31).
5. Conclusión: lo esencial es la lealtad (vv. 32-33).

[1] (10:24-25) *Persecución:* el hecho de la persecución.

1. La advertencia: el discípulo no está exento de persecución. Ningún discípulo es más que su maestro; ningún siervo es más que su señor. El Señor sufrió persecución, también la sufrirá el discípulo. Es preciso que el discípulo espere ser perseguido, porque así como fue perseguido su Señor, así ocurrirá con él.

Pensamiento. Es imposible que un discípulo sea más que su maestro o un siervo más que su señor. Si nuestro Maestro y Señor ha sufrido persecución, también nosotros la sufriremos. ¿Por qué? Él es nuestro maestro y Señor; es decir, somos suyos. Le pertenecemos a Él. Todo lo que Él es y todo lo que Él defiende, es lo que somos nosotros y defendemos nosotros. Lo que haya llevado a los hombres a perseguirlo a Él, *también los llevará a perseguirnos a nosotros.* Nos perseguirán por el mismo motivo y la misma razón por la que lo persiguieron a Él.

2. El privilegio de la persecución. El creyente comparte los sufrimientos de Cristo. Note las palabras: «es suficiente». Dios ha hecho lo suficiente por el creyente. Ha exaltado al creyente a una altura increíble. Ahora el creyente es *como su Maestro y su Señor.* Dios ha aceptado al creyente como *igual* a su propio querido Hijo (Ro. 8:16-17; Gá. 4:4-7; Ef. 1:5-6).

¿Qué significa esto? Significa que la persecución es un privilegio. Cuando somos perseguidos estamos andando en la más alta y noble compañía posible: en la compañía del Hijo de Dios.

Pensamiento 1. ¡Imagínese! Somos *llamados* por el propio Hijo de Dios, el Maestro y Señor del universo. Tener al propio Hijo de Dios como nuestro Maestro y Señor es el mayor privilegio imaginable. De modo que es un alto privilegio sufrir por Él. El hombre no podría recibir ningún llamado mayor. Cristo nos llama a vivir justamente en un mundo que no quiere la justicia. El hecho que el mundo reacciones contra nosotros no niega nuestro alto llamado. Simplemente realza nuestro llamado y lo pone en mayor altura aun. El *mal* comportamiento del mundo simplemente muestra cuán precioso y altamente deseable es nuestro gran llamado.

«**Porque a vosotros os es concedido a causa de Cristo, no sólo que creáis en él, sino también que padezcáis por él**» (Fil.1:29; cp. Hch. 5:41; 9:16; Ro. 8:17; He. 11:25).

Pensamiento 2. Vivir con justicia en un mundo que no quiere justicia asegura la persecución.

«**Y también todos los que quieren vivir piadosamente en Cristo Jesús padecerán persecución**» (2 Ti. 3:12. *Véase* nota—Mt. 5:10-12.)

3. La seguridad: La persecución es más probable para los creyentes de lo que fue para Cristo.

Algunos creyentes tienen que esperar severa persecución tal como la que sufrió Cristo (1 P. 4:11-12). Note las palabras: «a los de su casa». Nosotros somos de su casa. Si abusaron del Maestro y Señor, abusarán de sus discípulos y siervos. Si el mundo arrastró al Maestro fuera y lo mató, también arrastrarán al siervo para ser muerto. Todo lo que hicieron al Maestro de la casa, también lo harán a nosotros. Cristo fue terriblemente perseguido. Lo llamaron Beelzebú, el dios de las moscas e inmundicias, nombre dado al principal de los demonios (*véase* nota—Mr. 3:22-23). Considere tres cosas.

    a.   La terrible maldad de algunos hombres: ser tan empedernidamente malos de maldecir al Hijo de Dios.

    b.   La increíble paciencia y disposición de soportar de Cristo: dejarse maldecir y abusar.

    c.   La vigorosa enseñanza para nosotros: no importa cuan severa la persecución, Cristo ha ido delante de nosotros. Él es nuestro antecesor; Él ya ha sufrido la profundidad de la indignación y del ridículo.

          «Considerad a aquel que sufrió tal contradicción de pecadores contra sí mismo, para que vuestro ánimo no se canse hasta desmayar» (He. 12:3; cp. He. 2:17-18; 4:15-16).

2 (10:26-27) *Persecución:* la primera palabra de aliento es esta: No teman la persecución. Hay dos temas principales en esta declaración de aliento.

    1.   La verdad será revelada; algún día se conocerá *la verdad.* En el día del juicio Dios revelará *la verdad,* si no lo hace antes.

    a.   El manto que los perseguidores colocaron sobre su mal, será quitado. La verdad de la maldad de ellos será revelada. Ya no será posible disfrazarla. Su verdadero carácter será revelado por Dios y mostrado a todos los presentes en aquel día.

    b.   El manto que el mundo pone sobre el testimonio del creyente será quitado en aquel día. Dios revelará la verdad del testimonio del creyente. Su testimonio será vindicado, y se verá que la persecución habrá sido sólo «una leve tribulación» comparada con el «peso de gloria» que será nuestra (2 Co. 4:17).

    c.   El manto que el mundo pone sobre el evangelio será quitado en aquel día. Dios revelará que el evangelio es verdad, que es cierto en su totalidad. El evangelio será vindicado. Se verá y sabrá que era cierto.

El creyente no debe temer lo que dicen sus perseguidores. Puede estar tranquilo; viene el día cuando la verdad será conocida. Las acusaciones, el hablar, los disgustos, los mantos, los disfraces, los secretos de todos los hombres serán quitados y develados para que todos los vean (Ro. 2:2, 6, 11, 16).

Pensamiento 1. Note tres lecciones.

    1)   Los creyentes serán vindicados. Todo lo hablado y todo el abuso infligido a los creyentes será manejado por Cristo. La vergüenza, las burlas, el aislamiento, la frialdad, lo feo, el abuso, y el maltrato de vecinos, compañeros de trabajo, miembros de la iglesia y creyentes carnales; todo ello será manejado por Dios. Cristo es enfático; va al grano: «No teman a los perseguidores: la verdad será revelada» y tratada adecuadamente.

    2)   No debemos temer el daño de nuestro *carácter y reputación* por parte de los hombres. Dios sabe lo que realmente somos en nuestro corazón y en nuestra vida, lo que realmente somos a pesar de todos nuestros fracasos y errores y pecado. Él nos va a librar y vindicar. Él va a restaurar nuestra reputación y carácter y ocuparse de que tengamos «la alabanza de Dios» (1 Co. 4:5). Por eso no debemos temer a los perseguidores.

    3)   Muchos creyentes son hechos un *espectáculo* por los incrédulos, tanto en la iglesia como en el mundo. Pero viene el día cuando la verdad será conocida.

        a)   El verdadero creyente será exaltada con un «peso de gloria» mucho mayor (2 Co. 4:17).

        b)   El verdadero creyente «tendrá la alabanza de Dios» mismo (1 Co. 4:5).

        c)   El verdadero creyente «resplandecerá como el

sol en el reino de su Padre» (Mt. 13:43).

    2.   El mensaje tiene que ser predicado. El sentido de este versículo está lleno de significado para el mensajero de Cristo. Note las palabras: «Lo que *os digo* en tinieblas ... lo que oís *al oído*». Cristo está diciendo tres cosas.

    a.   Cristo da el mensaje que el quiere que sea proclamado. Cristo afirma que es: «lo que os digo» lo que el mensajero debe oir y proclamar.

    b.   Cristo da su mensaje en la quietud del estar a solas con su mensajero. Es en «las tinieblas ... en el oído» que Cristo da su mensaje al mensajero. Esto es, Cristo da el mensaje cuando el mensajero está a solas y se acerca al Señor en oración y estudio de la Palabra.

    c.   El mensajero debe proclamar el mensaje «sobre las azoteas». Dos cosas se quieren significar con esto.

     •   El mensaje es urgente. Debe ser proclamado a voz en cuello y claramente para que todos oigan.

     •   El mensaje debe pasar de uno a otro; debe ser compartido siempre y proclamado. En tiempos de Cristo la gente se sentaba en sus techos (terrados planos) en la quietud del atardecer y conversaban entre sí. Este es el cuadro que Cristo pinta ante sus discípulos.

          «Y les dijo: Id por todo el mundo y predicad el evangelio a toda criatura» (Mr. 16:15).

          «Jesús le dijo: Deja que los muertos entierren a sus muertos; y tú vé, y anuncia el reino de Dios» (Lc. 9:60).

          «Id, y puestos en pie en el templo, anunciad al pueblo todas las palabras de esta vida» (Hch. 5:20).

          «Que prediques la palabra; que instes a tiempo y fuera de tiempo; redarguye, reprende, exhorta con toda paciencia y doctrina» (2 Ti. 4:2).

3 (10:28) *Persecución:* la segunda palabra de aliento es esta: No teman a los hombres que matan el cuerpo. No debemos temer a los hombres (perseguidores), sino a Dios. El motivo es simple y comprensible: los hombres solamente pueden matar el cuerpo; Dios puede destruir tanto al cuerpo como al alma «*en el infierno*» (*véanse* Estudio a fondo 1—Mt. 10:28; Estudio a fondo 2—5:22).

Existen varios motivos por los cuales no hay que temer a los hombres.

    1.   Los hombres solamente pueden matar el cuerpo, no el alma. El poder de ellos es limitado y no pueden ir más allá. No pueden tocar el alma de una persona, el verdadero ser de una persona.

    2.   Los hombres solamente pueden mandarnos fuera de este mundo, pero no del cielo. «Estar con Cristo ... es mucho mejor» (Fil. 1:23; 3:20-21).

    3.   Los hombres solamente pueden separarnos de este mundo, no de la vida. Tenemos vida eterna; la muerte no es parte de la experiencia del creyente. El creyente no *prueba* la muerte. Cristo *probó*, es decir, experimentó la muerte en lugar del creyente (He. 2:9). El creyente ya ha pasado de muerte a vida y está en el proceso de vivir para siempre (Jn. 5:24). Es meramente transferido de este mundo, de la dimensión física del ser, al mundo venidero, a la dimensión celestial o espiritual de la existencia (*véase* nota—2 Ti. 4:18).

    4.   Los hombres solamente pueden separarnos de los hombre mundanos y de los redimidos terrenales, no del amor de Dios ni de los santos en gloria.

          «¿Quién nos separará del amor de Cristo? ¿Tribulación, o angustia, o persecución, o hambre, o desnudez, o peligro, o espada?» (Ro. 8:35; cp. vv. 36-39; Pr. 29:25; Is. 51:12).

Pensamiento 1. El temor a los hombres tiene varios efectos.

1)	Tiene el efecto de perturbar a la persona en su corazón y en su mente; pierde la paz.
2)	Hace que la persona pierda su fervor y su sentido de entrega.
3)	Tiene el efecto de apartar a la persona y a renunciar a lo que sabe que es la voluntad de Dios; pierde la misión y el sentido y propósito de su vida.

Pensamiento 2. Existen dos razones fundamentales por las que no debemos temer a los hombres ni a la persecución.
1)	Dios nos ha dado una causa grande y gloriosa que es la de alcanzar a los hombres para Cristo. En forma muy práctica, algunos hombres no quieren ser alcanzados; por eso se rebelan y reaccionan y se convierten en perseguidores. Pero algunos quieren ser salvados. El hecho de que sean salvados para vivir por siempre es tan glorioso que por ello vale la pena soportar cualquier sufrimiento.
2)	Dios nos ha dado una gran esperanza (*véanse* pensamientos—Mt. 10:26-27).

Pensamiento 3. Hay un remedio que nos protege del temor a los hombres: Dios. Dios tiene que ser temido (*véase* Estudio a fondo 1—Mt. 10:28).
1)	Dios puede destruirnos, tanto cuerpo como alma, y poner amos en el «infierno» (*véase* Estudio a fondo 2—Mt. 5:22). La palabra «destruir» no significa que nuestro cuerpo y alma dejen de existir, sino que vivirán una existencia indigna, que quedarán en ruinas, y sufrirán ruina eterna (*véase* Estudio a fondo 1—Mt. 10:28).
2)	En este pasaje Cristo estaba hablando a creyentes. Dios debe ser temido mucho más y más pronto que los hombres. El terror de los hombres empalidece cuando su significado es comparado al terror de Dios. Imagínese este sólo hecho: el terror de los hombres solamente es por un breve tiempo, pero el terror de Dios es *para siempre*. Nunca cesa. El tema es claro, antes de sucumbir bajo la persecución del hombre, tenemos que acordarnos de «temer a Dios».
3)	La destrucción del alma viene de Dios, no del hombre. El poder para destruir el alma pertenece exclusivamente a Dios. ¡Cuán temerosos debemos ser de Dios, inclusive nosotros, los creyentes! (*Véase* Estudio a fondo 1—Mt. 10:28.)

«Y: Si el justo con dificultad se salva, ¿en dónde aparecerá el impío y el pecador?» (1 P. 4:18).

ESTUDIO A FONDO 1

(10:28) *Destruir* (*apoleia*): pérdida del *bienestar* (no la pérdida del ser), existencia vana, ruin, indigna. «Destruir el alma y el cuerpo en el infierno» no significa que una persona deja de existir, sino que llevará una existencia indigna. Significa la pérdida del bienestar, no de su ser. Significa que sufrirá pérdida y ruina por siempre y siempre.

[4] (10:29-31) *Persecución:* la tercera palabra de aliento es esta: no teman porque Dios los cuida. Cristo es claro: Si Dios cuida del vulgar gorrión, ¡cuánto más del hombre! Se ocupa de cada evento, aun del asunto más pequeño en a vida del hombre. Por eso, no hay nece-sidad de temer.

«Echando toda vuestra ansiedad sobre él, porque él tiene cuidado de vosotros» (1 P. 5:7).
«Jehová se acordó de nosotros; nos bendecirá; bendecirá a la casa de Israel; bendecirá a la casa de Aarón» (Sal. 115:12).

Pensamiento 1. Aquí hay algo muy precioso, y también

hay una revelación de poder.
1)	Es muy precioso el pensamiento de que cada gorrión —no importa cuán vulgar u olvidado o ignorado sea —es muy querido para Dios.
2)	Hay poder y protección en el hecho de que Dios conoce a cada gorrión en la tierra. Ninguno de ellos cae sin que Dios lo sepa. La idea es que el daño causado al gorrión produce un dolor y sufrimiento que Dios percibe.

Pensamiento 2. Cristo está destacando cinco hechos poderosos y preciosos.
1)	La providencia de Dios: Dios ve, sabe protege y supervisa todos los eventos y acontecimientos en la tierra—igual que con el pequeño gorrión del cual sabe todo y que es tan vulgar y olvidado.
2)	El conocimiento de Dios (omnisciencia). Dios conoce cada pequeño acontecimiento, incluso el detalle más ínfimo. Conoce incluso la caída de un solo gorrión a tierra. Conoce cada cabello en la cabeza de la persona, incluso el número de ellos.
3)	El poder de Dios (Omnipotente): Dios tiene el poder de controlar la persecución y los acontecimientos que ocurren en la vida del creyente, no importa cuán detallados y minúsculos. Dios los puede controlar y obrar para bien con ellos, a tal punto que el creyente no le quedan motivos para el temor.
4)	El amor y cuidado de Dios: Dios conoce cada daño que los perseguidores causan al creyente, incluso el más pequeño dolor y sufrimiento. El creyente no tiene que temer sino confiar en el amor y cuidado de Dios (1 P. 5:7).
5)	El propósito de Dios: Dios tiene el poder de tomar todos los dolores y sufrimientos causados por el pecado y la vergüenza de los hombres y obrar con ello para el bien del creyente. Tiene el poder de dar propósito, sentido y significado a todo (Ro. 8:28ss). Por eso el creyente no debe temer.

Pensamiento 3. El creyente vale mucho más que muchos gorriones, porque es hijo adoptado por Dios (*véase* Estudio a fondo 2—Gá. 4:5-6). Así como Dios tiene su ojo sobre el gorrión, también mira cuidadosamente a sus «queridos hijos» (Ef. 5:1).

ESTUDIO A FONDO 2

(10:29) *Temor* (*phobos*; el verbo es *phobeo*): miedo, temor terror. Con referencia a Dios significa ser temeroso; mostrar reverencia, un sentido de temor reverencial; sentir asombro basado en santo temor. Significa que tememos a Dios porque Él es Dios, santo, recto, puro, justo. Significa que tememos y estamos asombrados y reverenciamos a Dios quien revelará su santidad y ejecutará su justicia en el futuro día del juicio.

[5] (10:32-33) *Persecución:* la conclusión es que la fidelidad es esencial. Note un tema crucial —Cristo está hablando de confesarlo a él en el momento más difícil que uno se pueda imaginar— en el momento de la persecución. A veces somos llamados a confesar a Cristo por aquellos que nos reprochan, se burlan, se mofan, maldicen, preguntan difaman, abusan y nos evitan debido a nuestro testimonio en favor de Cristo.

«Porque el que se avergonzare de mí y de mis palabras en esta generación adúltera y pecadora, el Hijo del Hombre se avergonzará también de él, cuando venga en la gloria de su Padre con los santos ángeles» (Mr. 8:38).
«Que si confesares con tu boca que Jesucristo es el Señor, y creyeres en tu corazón que Dios le levantó de los muertos, serás salvo» (Ro. 10:9).
«Pero hubo también falsos profetas entre el

pueblo, como habrá entre vosotros falsos maestros, que introducirán encubiertamente herejías destructoras, y aun negarán al Señor que los rescató, atrayendo sobre sí mismos destrucción repentina» (2 P. 2:1).

«¿Quién es el mentiroso, sino el que niega que Jesús es el Cristo? Este es anticristo, el que niega al Padre y al Hijo. Todo aquel que niega al Hijo, tampoco tiene al Padre. El que confiesa al Hijo, tiene también al Padre» (1 Jn. 2:22-23).

Pensamiento 1. Note aquí tres verdades dobles.
1) Hay una doble confesión. Nuestra confesión de Cristo ante los hombres, y la confesión del Señor ante su Padre.
2) Hay un doble día de gloria. El día de gloria del Señor cuando nos escucha confesar su nombre ante los hombres, y nuestro día de gloria, cuando lo escuchemos a Él confesar nuestro nombre ante su Padre.
3) Hay un doble privilegio. Nuestro privilegio de confesar al Señor ante los hombres, y el privilegio del Señor de confesar acerca de nosotros a su Padre.

Pensamiento 2. Cristo puede ser negado de tres maneras:
1) Con la palabra podemos negar a Cristo. Nuestras palabras o bien confiesan o bien niegan a Cristo. Nuestra conversación común o bien testifica de Cristo y su justicia o bien del mal y de su injusticia. Nuestras palabras o bien confiesan, o bien niegan que Cristo es nuestro Señor.
2) Con nuestros hechos podemos negar a Cristo. La forma de comportarnos o bien confiesa o bien niega a Cristo. No debemos conformarnos a este mundo, sino transformarnos por la renovación de nuestra mente (Ro. 12:1-2; cp. 2 Co. 6:17-18; 1 Jn. 2:15-16).
3) Con nuestro silencio podemos negar a Cristo. No hablar por Cristo protestando contra el mal es negar a Cristo. El silencio probablemente es la mayor negación de Cristo cometida por los creyentes.

Pensamiento 3. Negar a Cristo es lo más peligroso que podemos hacer. ¿Por qué?
1) Porque viene un día cuando necesitaremos que Cristo nos confiese a nosotros delante de Dios.
2) Porque Cristo ya nos ha anticipado lo que va a hacer si nosotros lo negamos. Él nos negará a nosotros. Él va a decir la verdad: que nunca nos conoció (Mt. 7:23; 25:41).

	F. El precio de ser discípulo del Señor, 10:34-42	no es digno de mí.	tenido por digno o indigno
1 Propósito de Jesús a. No es traer paz b. Es traer espada	34 No penséis que he venido a traer paz a la tierra; no he venido para traer paz, sino espada.	39 El que halla su vida, la perderá; el que pierde su vida por causa de mí, la hallará.	**4 Ilustración 3: vida de una persona** a. Renunciar la vida*EF1* b. Recompensa: perder vida o encontrar vida
2 Ilustración 1: la familia de una persona a. El hecho: Cristo pone al creyente contra la propia familia	35 Porque he venido para poner en disensión al hombre contra su padre, a la hija contra su madre, y a la nuera contra su suegra; 36 y los enemigos del hombre serán los de su casa.	40 El que a vosotros recibe, a mí me recibe; y el que me recibe a mí, recibe al que me envió. 41 El que recibe a un profeta por cuanto es profeta, recompensa de profeta recibirá; y el que recibe a un justo por cuanto es justo, recompensa de justo recibirá.	**5 Ilustración 4: recibir y ministrar a otros** a. Demanda: recibir y ministrar a un creyente b. Recompensa: recíproca o igual 1) Presencia de Cristo y Dios (v. 40)
b. La demanda: amor supremo a Cristo c. La recom.: será tenido por digno o indigno	37 El que ama a padre o madre más que a mí, no es digno de mí; el que ama a hijo o hija más que a mí, no es digno de mí;	42 Y cualquiera que dé a uno de estos pequeñitos un vaso de agua fría solamente, por cuanto es discípulo, de cierto os digo que no perderá su recompensa.	2) Recompensa recíproca o igual 3) Vigorosa afirmación: El menor ministerio no perderá su recompensa
3 Ilustración 2: la cruz a. Demanda: morir—seguir b. Recompensa: será	38 y el que no toma su cruz y sigue en pos de mí,		

F. El precio de ser discípulo del Señor, 10:34-42

(10:34-42) *Introducción:* en este pasaje Cristo habla de modo preciso y sin compromisos. Impone algunas demandas pesadas sobre sus discípulos. Expresa claramente lo que costará a una persona ser su discípulo, y describe el costo mediante el uso de cuatro ilustraciones.

1. Trasfondo: propósito de Jesús (v. 34).
2. Ilustración 1: la familia de una persona (vv. 35-37).
3. Ilustración 2: la cruz (v. 38).
4. Ilustración 3: la vida de una persona (v. 39).
5. Ilustración 4: recibir y ministrar a otros (vv. 40-42).

1 (10:34) *Cristo, propósito—lucha espiritual:* el propósito de Jesús. Jesús dice que no vino a traer paz a la tierra, sino espada. ¿Qué quiso decir? (Cp. Jn. 16:33.)

1. No vino para aprobar o sancionar la corrupción física y el decaimiento de la tierra. La tierra y todo lo que hay en ella envejece, se deteriora y muere. Todo pasa. Jesús no vino para dar la paz o bendición de Dios a un mundo moribundo. Vino para traer espada a la tierra. Vino para batallar contra el envejecimiento, la decadencia y muerte. Vino para extirpar, cortar y dar muerte a la dimensión física del ser que lo condena todo a decaimiento y muerte.

2. No vino para dar su aprobación al pecado y al mal de la tierra. Nunca podría dar la paz o bendición de Dios a un mundo tan lleno de maldición y rebelión contra Dios y tan lleno de egoísmo y división entre los hombres. Vino para traer una espada a la tierra, a batallar contra el pecado y el mal y a destruir todo el mal tanto dentro como fuera del hombre.

Automáticamente la presencia de Jesús causa división. Esto se debe a que la naturaleza pía y divina del creyente es tan enteramente opuesta a su naturaleza caída proveniente de Adán. Cuando ciertas personas siguen el llamado de Jesús y se hacen uno con Él y con el camino de la justicia. Repentinamente aparece una división tanto interior como exterior.

a. *Interiormente* hay una división entre su naturaleza antigua proveniente de Adán, caída, y su naturaleza nueva y divina (cp. 2 Co. 5:17; Ef. 4:22ss; Col. 3:8-10; Gá. 5:13-17, esp.16-17).
b. *Exteriormente* hay una división entre Él y los que

escogen rechazar a Jesús y a seguir el camino de las tinieblas (*véanse* bosquejo y notas—Mt. 5:10-12).

Con frecuencia la división ocurre entre miembros de la familia y amigos cuando una persona acepta a Jesús y la otra persona no. La persona salvada llega a una criatura totalmente nueva, nacida de Dios con nuevos ideales y una conducta justa; en cambio el miembro de la familia o amigo no salvado permanece en la tiniebla, sigue deseando las cosas que agradan a la carne (*véanse* nota 5 y Estudio a fondo 2—Mt. 10:21).

Pensamiento 1. El mundo está lleno de heridas, dolor, y sufrimiento, no de paz. La verdad no puede ser negada. Sin embargo, podemos tener buen ánimo, porque Cristo ha vencido al mundo.

«**Estas cosas os he hablado para que en mí tengáis paz. En el mundo tendréis aflicción; pero confiad, yo he vencido al mundo**» (Jn. 16:33).

Pensamiento 2. Cristo vino para traer la espada de su palabra al mundo. Su palabra, más aguda que espada de dos filos, penetra el alma y espíritu de una persona, discerniendo los pensamientos e intenciones de su corazón. convence a la persona a convertirse en seguidor de Dios y de su justicia (cp. He. 4:12).

2 (10:35-37) *Familia—división:* la primera ilustración usada por Jesús es la de la familia de una persona. El creyente tiene que notar tres cosas en cuanto a su familia.

1. Primero, Jesús coloca al creyente contra su familia. Es importante ver que es Jesús quien causa la división. Jesús llama a la persona fuera del mundo y la separa del mundo de manera que pueda ocuparse de corregir el mal del mundo. Si un miembro de la familia sigue viviendo en el pecado prosiguiendo su camino hacia la tumba sin volverse a Dios, normalmente ocurren dos cosas.

a. El creyente lucha por salvar a su ser querido, sin importar la oposición que pueda encontrar.
b. El miembro de la familia se rebela contra la justicia y los esfuerzos del creyente.

«**¿Pensáis que he venido para dar paz en la tierra? Os digo: No, sino disensión. Porque de** aquí en adelante, cinco en una familia estarán divididos, tres contra dos, y dos contra tres» (Lc. 12:51-52).

Pensamiento 1. El creyente es llamado a una vida de justicia y batalla contra el pecado y el mal. Si un miembro de su familia está comprometido con el lado del pecado y del mal, habrá un *conflicto natural* entre el creyente y ese miembro de la familia.

1) El miembro de la familia todavía está en la tierra, buscando los placeres y las posesiones del mundo, y todavía vive fundamentalmente para satisfacer sus deseos terrenales. Reprime y subyuga el pensamiento referido a Dios para poder seguir procurando sus propios deseos terrenales.

2) El creyente es de la tierra, pero también es del cielo. Vive físicamente pero también espiritualmente. Vive fundamentalmente para Dios y su justicia procurando alcanzar a los hombres con el glorioso evangelio de Cristo.

Las dos naturalezas difieren drásticamente. Son diametralmente opuestas una a la otra. La persona del mundo habla y vive primordialmente para el mundo. La persona espiritual hace de Dios la fuerza primaria de su vida: hablando y viviendo para Dios y su justicia.

Pensamiento 2. Jesús es honesto para con el hombre. Es sincero en lo que dice. *Vino,* con la intención de lograr su propósito aun si ello causaba división en el seno de una familia. Los que sean salvados y se pronuncian por la justicia, serán salvados por Cristo aun a expensas de la unión familiar.

Pensamiento 3. La peor experiencia para el mensajero de Dios es que «los enemigos del hombre serán los de su casa» (v. 36). No hay experiencia tan amarga como la de tener la oposición de la propia familia, y que la misma sea contada entre sus perseguidores.

2. Segundo, Jesús demanda amor supremo. Note las palabras «más que a mí». Los creyentes deben amar a sus familias, pero deben amar más a Dios; Dios debe ser primero y primordial. Su primera lealtad la deben a Dios. Cuando una familia es puesta ante la presencia de Dios ocurren dos cosas terribles.

a. Las familias no pueden ser lo que deben sin Dios. Ninguna familia puede alcanzar su potencial completo sin Dios. Sin Dios la familia va a carecer de crecimiento espiritual y fuerza convicción y entrega, confianza y seguridad, propósito y sentido de eternidad. No habrá perspectivas ni esperanza de vida eterna, no habrá seguridad de cosa alguna más allá de eta vida.

b. Las familias no pueden ser cuidadas y supervisadas por Dios, a menos que Dios reciba el lugar correcto en ellas. Si la familia controla su propia vida, ignorando a Dios y el control de Dios, entonces queda en las propias manos de ella lo que pueda ocurrir. Dios es apartado, excluído, dejado fuera. No se le da voz en la vida de la familia. La familia es abandonada a ella misma. Pueden surgir, y normalmente surgen, todo tipo de problemas. Hay carencia de fuerza espiritual para encarar las pruebas y crisis que confrontan a la familia mientras sus miembros vivan juntos.

El tema es este: Debemos amar a Dios en forma suprema, anteponiéndolo a todos los demás, incluso a nuestras familias. Cuando lo hacemos nuestras familias tienen la certeza de ser todo lo que deben ser, de ser protegidas y cuidadas por Dios (Mt. 6:33). Por eso, la decisión de una persona de seguir a Cristo es sabia, a pesar del sacrificio que puede significar para su familia; en efecto

es la única decisión razonable (Ro. 12:1-2).

Pensamiento 1. Jesús demanda el primer amor y la primera fidelidad (*véanse* bosquejo y notas—Mt. 8:18-22).

«Mas buscad primeramente el reino de Dios y su justicia, y todas estas cosas os serán añadidas» (Mt. 6:33).

«Jesús le dijo: Amarás al Señor tu Dios con todo tu corazón, y con toda tu alma, y con toda tu mente. Este es el primero y grande mandamiento» (Mt. 22:37-38; cp. Mr. 12:28-30; Lc. 10:27).

Pensamiento 2. A veces una persona ama tanto a su familia que se aparta de Cristo, escogiendo a su familia en desmedro de Cristo. Normalmente hay dos motivos para esta decisión.

1) La oposición contra su determinación de seguir a Cristo es demasiado fuerte. La división en el seno de la familia es demasiado profunda (*véanse* pensamientos—Mt. 10:21).

2) El sacrificio requerido es demasiado grande. Puede ser que la persona sienta el llamado de Dios a algún ministerio, a algún campo de servicio, a algún acto de ofrenda; pero decide que la tensión económica y emocional sería insoportable. Decide que Dios está demandando un sacrificio demasiado alto a su familia.

Cuando permitimos que nuestras familias nos impidan servir a Dios y hacer lo que debemos hacer, estamos haciendo de ellas el amor supremo de nuestras vidas. Las estamos adorando, nos estamos ocupando primero de su bienestar en vez de adorar y poner primero a Dios. Al poner primero a nuestras familias estamos permitiendo que se conviertan en nuestros ídolos.

3. Tercero, Jesús advierte al creyente que será contado o bien como digno o bien como indigno de Él.

a. Hay una gran recompensa por amar a Cristo en forma suprema. Si tenemos a Cristo por digno de nuestro primer amor, Él nos tendrá por dignos de sí mismo. Se nos asegura que recibiremos *la gran salvación* en él (cp. Mt. 10:32).

b. Hay una terrible pérdida por no amar a Cristo en forma suprema. Si amamos a nuestra familia más que a Cristo, nos tendrá por indignos de él. Se nos asegura que no recibiremos la gran salvación en él (cp. Mt. 10:33).

«A cualquiera, pues, que me confiese delante de los hombres, yo también le confesaré delante de mi Padre que está en los cielos. Y a cualquiera que me niegue delante de los hombres, yo también le negaré delante de mi Padre que está en los cielos» (Mt. 10:32-33).

«Porque el que se avergonzare de mí y de mis palabras en esta generación adúltera y pecadora, el Hijo del Hombre se avergonzará también de él, cuando venga en la gloria de su Padre con los santos ángeles» (Mr. 8:38).

«Si sufrimos, también reinaremos con él; si le negáremos, él también nos negará» (2 Ti. 2:12).

Pensamiento. La familia de una persona debe constituir la más fuerte y más preciosa de las relaciones entre seres humanos. La persona tiene que amar a su familia tanto como a cualquier otro en la tierra. Sin embargo, hay una relación que debe ser superior a ésta con su familia, es la relación con Jesucristo. Debe amar a Cristo en forma suprema, teniendo a Cristo por digno, más que todas las cosas, incluso más digno que su propia familia. Existen al menos tres motivos por los que Cristo debe ser tenido por más digno.

1) Cristo es el ser supremo del universo. Es el Creador, Sustentador, Protector de la vida en nuestro transitar por la tierra Nuestro tiempo y nuestra protección están en sus manos. Nuestras familias solamente pueden protegernos y sostenernos hasta cierto punto, y sólo por un breve tiempo. No controlan la vida, en cambio Cristo sí. Él es el Ser supremo del universo; por eso es el único digno de nuestro supremo amor.

2) Cristo es el Salvador supremo. Es quien da y provee la vida, abundante y eternamente. Nuestras familias nos pueden dar algo de felicidad y placer, y en cierta medida nos pueden proteger en esta vida, pero no en sentido último. Los accidentes y la enfermedad escapan a su poder. Solamente en pocas situaciones pueden salvarnos y sólo por un breve tiempo. Cristo es el Salvador supremo; por eso, solamente él es digno de nuestro supremo amor.

3) Con Cristo tenemos la relación suprema. Cristo es totalmente libre de egoísmos y su amor es perfecto. Por supuesto, nosotros no somos totalmente libres de egoísmo, ni nuestro amor es perfecto, pero tener el privilegio de ser amados en forma perfecta y ser tratados sin egoísmo alguno (siempre) es la cima de todas las relaciones (Jn. 3:16; Mt. 7:25-34).

3 (10:38) *Cruz—negación de uno mismo:* la segunda ilustración utilizada por Cristo es la cruz.

1. Nuevamente, Cristo hizo una gran demanda. Note las palabras «el que no toma *su cruz*». Cada hombre tiene «*su cruz*». La cruz es símbolo de muerte y ejecución. Cada hombre tiene que morir día tras día al ego. Tiene que considerarse muerto al pecado y seguir a Cristo. (Para una discusión completa *véase* Estudio a fondo 1—Lc. 9:23).

> «Entonces Jesús dijo a sus discípulos: Si alguno quiere venir en pos de mí, niéguese a sí mismo, y tome su cruz, y sígame» (Mt. 16:24).
> «Si alguno viene a mí, y no aborrece a su padre, y madre, y mujer, e hijos, y hermanos, y hermanas, y aun también su propia vida, no puede ser mi discípulo» (Lc. 14:26).
> «Así, pues, cualquiera de vosotros que no renuncia a todo lo que posee, no puede ser mi discípulo» (Lc. 14:33).

2. Nuevamente, la recompensa será ser contado digno o indigno por Cristo. Si no nos entregamos a muerte, no somos dignos de Cristo. El nos negará.

Pensamiento. Lo que Cristo dice aquí es fuerte. El hombre tiene que morir a sí mismo, sacrificando su voluntad, ambición y sus deseos. Sea lo que fuere lo que la persona quiere, comodidad, bienestar, riqueza, fama, poder, familia, todo ello tiene que ser colocado detrás de Cristo y de su voluntad.

4 (10:39) *Negación de uno mismo:* la tercera ilustración usada por Jesús es la vida personal.

1. Jesús demanda la vida de la persona. Note la forma singular de expresarlo.

a. «El que halla su vida, la perderá.» La frase «hallar la vida» significa que la persona busca su propio placer y sus pasiones en la vida. Es una vida egoísta, descubriendo lo que le agrada a uno y procurándolo. Es amontonar y acumular y hacer lo que el ego quiere. Es descubrir lo que le da *vida* y placer al ego en esta tierra, y luego hacer eso.

Pero en ello hay algo que está mal. Es egoísta. Vivimos en un mundo pecaminoso y mal: un mundo de dolor y heridas, de hambre y enfermedad, de crimen y heridas, de accidentes y daños, de codicia y egoísmo, de guerra y muerte. Lo que todos necesitan es la negación del ego: entregar y perder nuestra vida

en Cristo, lo cual será combatir el mal y librar al mundo moribundo para vida eterna.

b. «El que pierde su vida ... la encontrará.» la frase «perder la vida» significa que la persona procura perder su vida en esta tierra para encontrar a Dios. Significa que la persona renuncia al derecho de ordenar su propia vida, permitiendo que la controle Cristo. Significa que el propósito de la persona la consume totalmente, que la persona busca diligentemente a Dios. Cuando una persona es consumida por la búsqueda de Dios, las cosas del mundo sencillamente se desvanecen. Pero la persona que se rehusa a reconocer este derecho al Señor no alcanza la vida que Dios le tiene designada. No logra experimentar la satisfacción de completar su misión en la tierra, mientras que la persona que entrega al Señor el derecho de ordenar su vida, experimenta la vida plena. Experimenta un profundo sentido de cumplimiento, satisfacción y placer en su vida, aun en vista de dificultades y problemas. Además Cristo dice que hallará la vida tanto abundante como eterna.

2. La recompensa es *perder* la vida vs. *encontrar* la vida. La vida, precisamente aquello que la persona busca, se encuentra únicamente en Cristo. Si la persona nunca encuentra a Cristo, o si rechaza a Cristo, pierde la vida. Si se niega a sí misma, y sigue a Cristo, halla la vida (*véase* Estudio a fondo 1—Mt. 10:39).

Pensamiento 1. La persona no tiene que buscar la vida en esta tierra. Si encuentra vida en esta tierra, perderá su vida. ¿Por qué? Porque todo lo que hay en esta tierra es corruptible, se envejece, decae, se deteriora, muere. En esta tierra nada dura. Este hecho dice algo a las claras: no se puede encontrar vida en esta tierra; solamente se puede encontrar muerte.

Pensamiento 2. Lo que los hombres llaman vida no es verdadera vida.

- La carne con todas sus plumas, y chiches, y mariposas, no es vida.
- Las riquezas, con todas las cosas que puede comprar, no es vida.
- El reconocimiento y la fama, con todo el ego capaz de jactarse, no es vida.
- El poder, con todos los derechos y pompas que puede dar, no es vida.
- El orgullo, con toda la auto imagen que puede construir, no es vida.

Todo esto y todo lo demás que hay en la tierra se desvanece y pasa. Sencillamente no dura. ¿Cómo puede la vida, la verdadera vida, ser algo que termine tan rápidamente dejándolo a uno tan vacío?

Pensamiento 3. El mundo, y tantas personas en él, está desesperadamente necesitados. Por eso, cada persona debería perder su vida sirviendo a Dios y a su prójimo. Una cosa es segura: la persona no debería *atesorar vida*, procurando satisfacer solamente los propios placeres y deseos.

Pensamiento 4. La persona que trata de salvar su propia vida y la vida de su familia, perderá su vida. Negar a Cristo o anteponer algo a Cristo no es la forma de salvar algo, ni mucho menos la propia vida.

ESTUDIO A FONDO 1

(10:39) *Vida—vida eterna:* la verdadera vida se encuentra solamente entregándose uno mismo a Jesús. La persona que se rehusa a reconocer este derecho al Señor Jesús no alcanza a tener la vida que Dios quería que tuviese. No logra experimentar la satisfacción de completar su misión en la tierra, mientras que la persona que entrega al Señor el derecho de ordenar su vida, experimenta la vida plena. Experimenta un profundo sentido de cumplimiento, satisfacción y placer en su vida, aun en vista de dificultades y problemas. Además Dios le da esa calidad especial de vida llamada vida eterna.

5 (10:40-42) *Recibiendo a otros:* la cuarta ilustración usada por Jesús es la de recibir y ministrar a otros.

1. Cristo demanda que recibamos y ministremos a todos sus siervos. ¡Imagínese esto! Se dijo que la persona que ministra al mensajero de Dios ministra a los que siguen:

- a Cristo mismo (v. 40).
- a Dios el Padre (v. 40).
- a un profeta (v. 41).
- al hombre justo (v. 41).
- a un pequeñito (v. 42).

> «Mas en cualquier ciudad o aldea donde entréis, informaos quién en ella sea digno, posad allí hasta que salgáis. Y al entrar en la casa, saludadla. Y si la casa fuere digna, vuestra paz vendrá sobre ella; mas si no fuere digna, vuestra paz se volverá a vosotros» (Mt. 10:11-13).

> «Y cualquiera que reciba en mi nombre a un niño como este, a mí me recibe» (Mt. 18:5).

> «Y respondiendo el Rey les dirá: De cierto os digo que en cuanto lo hicisteis a uno de estos mis hermanos más pequeños, a mí lo hicisteis» (Mt. 25:40).

> «El que a vosotros oye, a mí me oye; y el que a vosotros desecha, a mí me desecha; y el que me desecha a mí, desecha al que me envió» (Lc. 10:16).

2. La recompensa es asombrosa. La persona que gustosa recibe al siervo de Dios obtendrá una recompensa recíproca o igual.

a. La persona que recibe y ministra será recibida en la presencia de Cristo y de Dios mismo. Refleja honra para el Señor y para Dios mismo. En efecto, Jesús dice que recibir y ministrar a otros es lo mismo que hospedarlo a Él y a su Padre (Mt. 10:40).

b. La persona que recibe y ministra a otros recibirá una recompensa recíproca o igual a la del siervo de Dios. Tal vez alguna persona no pueda ser un profeta o un ejemplo resplandeciente de hombre justo, pero puede recibir la recompensa de ambos. ¿Cómo? Simplemente recibiendo y sustentando y cuidando del siervo de Dios. Esta es una verdad asombrosa: en realidad la persona está compartiendo el trabajo del mensajero de Dios al recibirlo y ayudarle. Cristo pone enorme valor en cómo es recibido y tratado su mensajero. Si el mensajero es bien recibido, Cristo dará una recompensa igual por la bondad y el cuidado mostrado al mismo. (¡Qué lección para las iglesias de cómo recibir y cuidar a sus ministros!).

c. Cristo declara que el ministerio más pequeño no perderá su recompensa. La persona será recompensada por el más pequeño de los ministerios realizados en favor del mensajero de Dios. Simplemente dar un vaso de agua a un mensajero es extremedamente significativo para Dios. Lo impulsa a decir enfáticamente que esa persona será recompensada por dicho acto. La persona tiene que saber que está ministrando a alguien que es muy, muy querido a Dios. Cristo llama a sus mensajeros «pequeñitos», lo cual es un término de ternura.

> «Su Señor le dijo: Bien, buen siervo y fiel; sobre poco has sido fiel, sobre mucho te pondré; entra en el gozo de tu señor» (Mt. 25:23).

> «Si alguno me sirve, sígame; y donde yo estuviere, allí estará también mi servidor. Si alguno me sirviere, mi Padre le honrará» (Jn. 12:26).

> «Pero gloria y honra y paz a todo el que hace lo bueno, al judío primeramente y también al griego» (Ro. 2:10).

> «Sabiendo que el bien que cada uno hiciere, ése recibirá del Señor. Sea siervo o sea libre» (Ef. 6:8).

> «Sabiendo que del Señor recibiréis la recompensa de la herencia, porque a Cristo el Señor servís» (Col. 3:24).

Pensamiento. El mensajero de Dios encuentra gran confianza y seguridad aquí. Queda implícito que algunos *recibirán* de buena gana al mensajero del Señor. Habrá algunos que le abrirán su corazón y su hogar y que recibirán su mensaje.

	VII. EL MESÍAS VINDICA SU CARÁCTER MESIÁNICO, 11:1-30 A. La certeza: respuesta dada a un discípulo con dudas, Juan el bautista, 11:1-6 (Lc. 7:18-23)	los hechos de Cristo, le envió dos de sus discípulos,	ginaba un Mesías severo
		3 para preguntarle: ¿Eres tú aquel que había de venir, o esperaremos a otro?	a. Hacía obras de amor b. Juan preguntaba por qué esperaba un Mesías de juicio
		4 Respondiendo Jesús, les dijo: Id, y haced saber a Juan las cosas que oís y veis.	3 Aseveración: Él era sin duda el Mesías a. Hablaba como Mesías
1 Jesús terminó de enviar a sus discípulos a. Los envió a salir b. Comenzó a ministrar nuevamente; sólo	Cuando Jesús terminó de dar instrucciones a sus doce discípulos, se fue de allí a enseñar y a predicar en las ciudades de ellos.	5 Los ciegos ven, los cojos andan, los leprosos son limpiados, los sordos oyen, los muertos son resucitados, y a los pobres es anunciado el evangelio;	b. Mostraba el poder y las obras del Mesías c. Cumplía las profecías referidas al Mesías^EF1 d. Predicaba el evangelio e. Prometía tanto la
2 Perplej. de Juan: imagi-	2 Y al oír Juan, en la cárcel,	6 y bienaventurado es el que no halle tropiezo en mí.	bendición como el juicio del Mesías^EF2

VII. EL MESÍAS VINDICA SU CARÁCTER MESIÁNICO, 11:1-30

A. La certeza: respuesta dada a un discípulo con dudas, Juan el bautista, 11:1-6

(11:1-6) *Introducción:* Juan oyó de las obras de Cristo. Él mismo había predicho la venida del Mesías tal como lo habían hecho los profetas de la antigüedad. Según él pensaba, el Mesías vendría bautizando con el Espíritu de Dios y con fuego (*véanse* Estudio a fondo 2—Mt. 3:11; nota—Lc. 7:21-23). Cristo había aparecido sobre la escena y estaba bautizando con el Espíritu de Dios, y las multitudes venían a Él como si fuera el Mesías. Pero Cristo no hacía nada en cuanto a bautizar con fuego, el fuego mesiánico del juicio. Juan pensaba que Cristo sólo cumplía la mitad de las profecías referidas al Mesías. (*Véanse* notas—Mt. 1:1; Estudio a fondo 2—1:18; Estudio a fondo 2—3:11; 11:2-3, Estudio a fondo 1—5; Estudio a fondo 2—6; Estudio a fondo 1—12:16; notas—22:42; Lc. 7:21-23.) Juan estaba confundido. ¿Era Jesús realmente el Mesías? Tenía que averiguarlo. La totalidad de su vida estaba entregada a la creencia de que Jesús era el Mesías. Entonces envió a dos discípulos para preguntar, y Jesús aprovechó la oportunidad para vindicar su naturaleza mesiánica.

1. Jesús terminó de enviar a sus discípulos (v. 1).
2. Perplejidad de Juan: imaginaba un Mesías severo (vv. 2-3).
3. Aseveración de Jesús: Él era incuestionablemente el Mesías (vv. 4-6).

1 (11:1) *Jesucristo, ministerio:* Jesús terminó de comisionar a sus discípulos. La idea es que los envió sin ir con ellos. Tenían que aprender a ministrar, y la forma de aprenderlo sería la experiencia práctica. Debían aprender mientras estaban ya ministrando. Note que Jesús comienza nuevamente a ministrar estando solo. Este acontecimiento ocurrió mientras estaba solo.

2 (11:2-3) *Juan el bautista:* la perplejidad de Juan era causada por la idea que tenía de un Mesías severo. Juan estaba en la prisión y oyó de las obras de Cristo. Note dos cosas.

1. Lo que Juan oyó es que las obras de Cristo eran obras de amor. Sabía que el Mesías iba a bautizar con Espíritu y con fuego: con el fuego mesiánico del juicio. Había oído que Jesús hacía las obras de amor del Espíritu y que grandes multitudes de gente se reunían alrededor suyo, pero nada había oído del fuego del juicio mesiánico. Aparentemente Jesús estaba cumpliendo solo la mitad de las profecías mesiánicas. Estaba perplejo y lleno de preguntas, de modo que envió a dos emisarios a Jesús para pedir una respuesta. Note: a pesar del desconcierto y de los interrogantes que Juan tenía seguía creyendo en la verdad.

- Creía en las promesas de las Escrituras referidas al Mesías: «¿Eres tú aquel ...?» (cp. Sal. 118:26).
- Estaba decidido a buscar el Mesías de Dios: «¿Esperaremos a otro?»
- Estaba dispuesto a ser confirmado en su fe en Jesús como el verdadero Mesías. Lo muestran las preguntas que formuló.

2. Juan estaba cuestionando la naturaleza mesiánica de Jesús. Juan fue quien envió a dos de sus discípulos para preguntar a Jesús (v. 2), y fue *a Juan* que Jesús envió su respuesta (v. 4). Juan se preguntaba si Jesús sería el verdadero Mesías. Había varios motivos para cuestionarse respecto de Jesús.

a. Juan estaba perplejo. Su idea del Mesías no concordaba con lo que Jesús estaba haciendo. Jesús no estaba movilizando a la gente para formar un gran ejército para librar a Israel del dominio romano (*véase* Estudio a fondo 2—Mt.1:18). No era el severo Mesías que habían presentado los profetas (*véase* nota—Lc. 7:21-23).

b. Juan estaba en prisión. Esperaba estar involucrado en un movimiento para derrocar a los conquistadores romanos y establecer a Israel como una nación libre; pero estaba padeciendo en la prisión. No entendía por qué no lo libraba el Mesías. ¿Acaso no había sido él el prominente antecesor del esperado Mesías?

c. Juan necesitaba certeza. Necesitaba un fortalecimiento de su fe. Los santos de las Escrituras eran meros hombres, con pasiones como las que experimentamos nosotros. Ellos también necesitaban que el Señor ocasionalmente los confirmara en la fe. Aun los más fuertes a veces necesitan la palabra y presencia del Señor de una manera especial. Si vemos el concepto que Juan tenía del Mesías y el hecho de padecer en la prisión, su necesidad es claramente comprensible.

«No os ha sobrevenido ninguna tentación que no sea humana; pero fiel es Dios, que no os dejará sertentados más de lo que podéis resistir, sino que dará también juntamente con la tentación la salida, para que podáis soportar» (1 Co. 10:13).

«Porque no tenemos un sumo sacerdote que no pueda compadecerse de nuestras debilidades, sino uno que fue tentado en todo según nuestra semejanza, pero sin pecado» (He. 4:15).

«Y si alguno de vosotros tiene falta de sabiduría, pídala a Dios, el cual da a todos abundantemente y sin reproche, y le será dada» (Stg. 1:5).

Pensamiento 1. Note varias lecciones significativas.
1) Juan no entendió totalmente a Jesús, y, honestamente, a todos nos falta entendimiento; pero lo que nos hace falta es hacer lo que hizo Juan:
- De todos modos confió en Cristo.
- Entregó su vida a proclamar que Jesús era el Mesías, y siguió proclamando el mensaje aunque no entendía todo plenamente.
- Buscó respuestas a lo que no entendía.
- No permitió que sus preguntas destruyeran su fe.

2) Juan creía en las Escrituras y esperaba la primer venida del Mesías. Nosotros debemos creer las Escrituras: el Mesías ha venido y volverá a venir (Jn. 14:2-3; 1 Ts. 4:13ss; Tit. 2:12-13).

3) No debemos tener miedo ni sentirnos avergonzados porque no entendamos o tengamos preguntas acerca de Jesús. De hecho, es bueno que tengamos absoluta certeza en los asuntos concernientes a nuestra salvación. Debemos buscar y preguntar sin vergüenza (Stg. 1:5).

4) Note un hecho crucial: Juan no se había cansado de esperar el Mesías. Dijo que seguiría esperando si Jesús no era el Mesías. Nosotros no debemos cansarnos ni comenzar a dudar porque todavía no ha vuelto (cp. 2 P. 3:3-4, 8-18).

5) Las dudas de Juan comenzaron cuando estaba en la prisión en gran prueba y tribulación. A veces es difícil entender por qué tenemos que atravesar tantos problemas, especialmente algunos de nosotros. En esos tiempos tenemos que acercarnos a Cristo, acercarnos a él en su Palabra y en oración (1 P. 4:11-12; Stg. 1:5; Is.1:18).

6) Juan comenzó a cuestionarse en su mente. Aun los más fuertes a veces no son fuertes, no importa quiénes sean (Mt. 26:36-46, 69-75; Gá. 2:1ss). Las pruebas severas con frecuencia ejercen gran tensión sobre nuestra fe. En tales tiempos necesitamos una presencia muy especial de Señor; necesitamos su fuerza y seguridad.

«Amados, no os sorprendéis del fuego de prueba que os ha sobrevenido, como si alguna cosa extraña aconteciese, sino gozaos por cuanto sois participantes de los padecimientos de Cristo, para que también en la revelación de su gloria os gocéis con gran alegría» (1 P. 4:12-13).

«Echando toda vuestra ansiedad sobre él, porque él tiene cuidado de vosotros ... Mas el Dios de toda gracia, que nos llamó a su gloria eterna en Jesucristo, después que hayáis padecido un poco de tiempo, él mismo os perfeccione, afirme, fortalezca y establezca» (1 P. 5:7, 10).

«Bendito sea el Dios y Padre de nuestro Señor Jesucristo, Padre de misericordias y Dios de toda consolación, el cual nos consuela en todas nuestras tribulaciones, para que podamos también nosotros consolar a los que están en cualquier tribulación, por medio de la consolación conque nosotros somos consolados por Dios» (2 Co. 1:3-4).

«Porque no nos ha dado Dios, espíritu de cobardía, sino de poder, de amor y de dominio propio» (2 Ti. 1:7).

«Considerad a aquel que sufrió tal contradicción de pecadores contra sí mismo, para que vuestro ánimo no se canse hasta desmayar» (He. 12:3).

[3] (11:4-6) **Naturaleza mesiánica—Jesucristo, obras:** la aseveración que Jesús dio a Juan fue que Él era incuestionablemente el Mesías. Jesús le dio a Juan cinco certezas.

1. Jesús hablaba como el Mesías. Sus palabras y el poder de su mensaje eran evidencias de que Jesús era el Mesías. No hubo palabras mayores ni mayores lecciones que las dichas y enseñadas por Cristo. Él es reconocido como uno de los mayores, si no el mayor, maestro de todos los tiempos. Esta es una de las pruebas de ser incuestionablemente el Mesías.

«El cielo y la tierra pasarán, pero mis palabras no pasarán» (Mr. 13:31).

«Y se admiraban de su doctrina, porque su palabra era con autoridad» (Lc. 4:32).

«Porque el que Dios envió, las palabras de Dios habla; pues Dios no da el Espíritu por medida» (Jn. 3:34).

«El espíritu es el que da vida; la carne para nada aprovecha; las palabras que yo os he hablado son espíritu y son vida» (Jn. 6:63).

«Le respondió Simón Pedro: Señor, ¿a quién iremos? Tú tienes palabras de vida eterna» (Jn. 6:68).

«Jesús les respondió y dijo: Mi doctrina no es mía, sino de aquel que me envió» (Jn. 7:16).

«De cierto, de cierto os digo, que el que guarda mi palabra, nunca verá muerte» (Jn. 8:51).

«El que me rechaza, y no recibe mis palabras, tiene quien le juzgue; la palabra que he hablado, ella le juzgará en el día postrero» (Jn. 12:48).

Pensamiento. Jesús hablaba como quien tiene autoridad; hablaba, enseñaba y predicaba como el Mesías (*véanse* bosquejo y notas—Mt. 7:28-29; cp. Jn. 14:10).

2. Jesús demostró el poder y las obras del Mesías. Jesús estaba diciendo que sus obras y su amor eran las obras y el amor predichas para el Mesías, ambas son sin límite.
a. Dios vista a los ciegos. Los ciegos veían física y espiritualmente. No solo conocían la verdad del mundo, sino también la de Dios.
b. Hizo caminar a los cojos. Impulsó a los hombres a caminar física y espiritualmente. Andaban vigorosamente sirviendo tanto a Dios como al hombre.
c. Limpió a los leprosos. Los hizo puros, tanto física como espiritualmente. Fueron aceptados tanto por los hombres como por Dios (*véase* Estudio a fondo 1—Mt. 8:1-4).
d. Abrió los oídos de los sordos. Hizo oír a los sordos tanto física como espiritualmente. Ahora podía oír tanto la voz de los hombres como la de Dios.
e. Resucitó a los muertos. Les fue dada nueva vida, tanto física como espiritualmente. Habiendo estado muertos ahora andaban como nuevas criaturas delante de los hombres y delante de Dios.
f. Predicó el evangelio a los pobres. Aquellos que habían sido ignorados tanto y tenido en tan poca estima, ahora estaban recibiendo las buenas nuevas de salvación de parte de Dios mismo.

«Mas yo tengo mayor testimonio que el de Juan; porque las obras que el Padre me dio para que cumpliese, las mismas obras que yo hago, dan testimonio de mí, que el Padre me ha enviado» (Jn. 5:36).

«Me es necesario hacer las obras del que me envió, entre tanto que el día dura; la noche viene, cuando nadie puede trabajar» (Jn. 9:4).

«Jesús les respondió: os lo he dicho, y no creéis; las obras que yo hago en nombre de mi Padre, ellas dan testimonio de mí» (Jn. 10:25).

«Mas si las hago, aunque no me creáis a mí, creed a las obras, para que conozcáis y creáis que el Padre está en mí, y yo en el Padre» (Jn. 10:38).

«Creedme que soy en el Padre, y el padre en mí; de otra manera, creedme por las mismas obras» (Jn. 14:11).

«Si yo no hubiese hecho entre ellos obras que ningún otro ha hecho, no tendrían pecado; pero ahora han visto y me han aborrecido a mí y a mi Padre» (Jn. 15:24).

«Varones israelitas, oíd estas palabras: Jesús nazareno, varón aprobado por Dios entre vosotros con las maravillas, prodigios y señales que Dios hizo entre vosotros por medio de él, como vosotros mismos sabéis» (Hch. 2:22).

Pensamiento 1. Note que Cristo no se limitó a afirmar que era el Mesías; además lo demostró (Jn. 14:10-11). Lo demostró ministrando a la gente *en el poder de Dios.* Mostró que Dios lo había enviado para revelar dos cosas:
1) Que Dios existe, y que es soberano. Él está por encima y más allá de todo y tiene el poder para obrar por encima de las leyes naturales.
2) Que Dios ama al hombre y que ha provisto un camino para que sea salvo y viva para siempre.

Cada vez que Jesús ministró y sanó a una persona, demostró dos cosas: el soberano poder y el gran amor de Dios.

Pensamiento 2. Note un asunto crucial. Los milagros de Cristo son el sello de Dios; Él es el Hijo de Dios, el Mesías, aquel que dice ser. Sus obras son incuestionablemente las obras de Dios (Jn. 5:36; 10:25s, 32, 37-38; 14:11).

3. Jesús cumplió las profecías del Mesías (para la mayoría de los versículos referidos a las profecías del Mesías y su cumplimiento *véanse* Estudio a fondo 1—Mt.11:5; Estudio a fondo 1—Lc. 3:23-38).

Pensamiento. Las obras de Cristo concuerdan con las obras predichas para el Mesías. Nadie tiene que seguir esperando a su Salvador y Libertador.

4. Jesús predicó el evangelio del Mesías. Aquí hay una lección muy necesaria. Jesús fue a los pobres. No evitó ni ignoró a nadie, no tuvo en cuenta su posición social.
   a. Esta es una señal de la enorme compasión y misericordia de Dios: que su Hijo fuese a los que tantas veces eran pasados por alto, ignorados, y despreciados como perezosos e indolentes. (En todas partes del mundo hay ciertamente algunos que son perezosos e indolentes, pero por cierto no todos los pobres lo son.)
   b. Los pobres tienen necesidad. La persona que siente necesidad se vuelve mucho antes a Cristo que la persona que no siente necesidad. Ser auto suficiente e independiente puede ser bueno para alcanzar metas, pero cuando se trata de Dios es algo que puede maldecir y llevar a condenación eterna. Solamente quienes confiesan su necesidad del cuidado de Dios pueden esperar que Dios cuide de ellos y los salve.
   c. Esto es un cumplimiento profético, que el Mesías fuera a ministrar especialmente a los pobres (Sal. 72:2, 4, 12-13; Zac.11:11).

«Y recorrió Jesús toda Galilea, enseñando en las sinagogas de ellos, y predicando el evangelio del reino, y sanado toda enfermedad y toda dolencia en el pueblo» (Mt. 4:23).

«Recorría Jesús todas las ciudades y aldeas, enseñando en las sinagogas de ellos, y predicando el evangelio del reino, y sanado toda enfermedad y toda dolencia en el pueblo» (Mt. 9:35).

Pensamiento. Cristo predicó el evangelio a todo aquel que quería escuchar, sin importar su condición o posición social.

5. Jesús prometió tanto la bendición como el juicio del Mesías (*véase* Estudio a fondo 2—Mt. 11:6). Note las dos facetas de lo que Jesús prometió: las dos áreas del trabajo predichas acerca del Mesías.
   a. El área de bendición, del Espíritu, de salvación del cuidado y amor de Dios por la gente. Esta es la zona cubierta por Jesús en el presente pasaje. Hoy es el día de bendición y salvación (Mt. 11:4-5).

«Porque dice: En tiempo aceptable te he oído, y en día de salvación te he socorrido. He aquí ahora el tiempo aceptable; he aquí ahora el día de salvación» (2 Co. 6:2).

«Venid luego, dice Jehová, y estemos a cuenta: si vuestros pecados fueren como la grana, como la nieve serán emblanquecidos; si fueren rojos como el carmesí, vendrán a ser como blanca lana» (Is. 1:18).

«A todos los sedientes: Venid a las aguas; y los que no tienen dinero, venid, comprad y comed. Venid, comprad sin dinero y sin precio, vino y leche» (Is. 55:1).

   b. El área de fuego, de ira, de juicio. Cuando vuelva el Mesías va a cumplir su juicio de fuego cuando vuelva. (*Véanse* Estudio a fondo 2—Mt.1:18; 3:11; Estudio a fondo 2—11; notas—11-6; 11:2-3; 11:6; Estudio a fondo 1—12:16; notas—22:42; Lc.7:21-23.)

«Mas Israel, que iba tras una ley de justicia, no la alcanzó. ¿Por qué? Porque iban tras ella no por fe, sino como por obras de la ley, pues tropezaron en la piedra de tropieza» (Ro. 9:31-32).

«Pero nosotros predicamos a Cristo crucificado, para los judíos ciertamente tropezadero, y para los gentiles locura» (1 Co. 1:23).

«Y: Piedra de tropiezo, y roca que hace caer, porque tropiezan en la palabra, siendo desobedientes; a lo cual fueron también destinados» (1 P. 2:8).

«Sabe el Señor librar de tentación a los piadosos, y reservar a los injustos para ser castigados en el día del juicio» (2 P. 2:9).

«Pero los cielos y la tierra que existen ahora, están reservados por la misma palabra, guardados para el fuego en el día del juicio y de la perdición de os hombres impíos» (2 P. 3:7).

Pensamiento. Note tres lecciones.
1) Jesús animó a Juan a no hallar tropiezo en Él. A todos nos alienta a no tropezar en Él, sino a creer y confiar que Él es «en verdad, el Hijo de Dios», el Mesías.
2) Muchos hallan tropiezo en Cristo:
   • Por la idea y la fe en los milagros.
   • Por su muerte y el derramamiento de sangre.
   • Por su encarnación y su nacimiento virginal.
   • Por su demanda de negación propia y comportamiento estricto.

Muchas personas no pueden entender las demandas de Cristo y plantean interrogantes igual que Juan, pero no logran seguir todo el curso como hizo Juan; no logran hacer una entrega total a pesar de los interrogantes.
3) Cristo dice que nos espera uno de dos juicios. (1) El juicio de bendición, o (2) el juicio de haber tropezado en él. Él es el verdadero Mesías que va a ejecutar ambos juicios. Ahora mismo es el día de bendición y del Espíritu. El día de su regreso será el día de fuego y juicio.

ESTUDIO A FONDO 1
(11:5) *Profecía, cumplida:* aquí Jesús se refería a la Escritura. Le decía a Juan que estaba cumpliendo las predicciones de los profetas (Is. 35:5-6; 61:1-2; cp. Sal. 72:2; 146:8; Zac. 11:11).

Note, sin embargo, que Jesús destacó el ministerio personal y
no el político. Omitió la frase de Isaías 61:1 que permitía interpretar al Mesías como un líder político: «Publicar libertad a los
cautivos, y a los presos apertura de la cárcel». Era preciso apartar
la atención de Juan del concepto falso del Mesías y fijarla en el
concepto correcto. Jesús se estaba extendiendo en el poder del
Espíritu a los individuos, salvando y restaurándolos; no se estaba
extendiendo para movilizar a la gente para librar a Israel de la
esclavitud a mano de los romanos.

ESTUDIO A FONDO 2

(11:6) *Mesías, juicio:* Jesús estaba diciendo que le bendición
mesiánica y el juicio estaban en camino. Hoy es el día de salvación, el día de la bendición mesiánica. Mañana será el día del
fuego mesiánico, el día del juicio contra todos los que hallaron
tropiezo en Cristo. El fuego mesiánico del juicio era lo que preocupaba a Juan. No veía que Cristo estuviera juzgando al mundo.
Pero Cristo le aseguró que «viene la bendición; y *viene el juicio.*
No tropieces en el hecho de no comprender todo los referido a mí.»
(*Véanse* notas—Mt. 1:1; Estudio a fondo 2—1:18; Estudio a fondo
2—3:11; nota—11:2-3; Estudio a fondo 1—11:5; Estudio a fondo
2—11:6; Estudio a fondo 1—12:16; notas—22:42; Lc. 7:21-23).

	B. El recordatorio: dado a un pueblo olvidadizo e inconstante, 11:7-15 (Lc. 7:24-28)	de tu faz, el cual preparará tu camino delante de ti.	**del verdadero Rey**
1 La gente quedó asombrada por las preguntas de Juan	7 Mientras ellos se iban comenzó Jesús a decir a la gente: ¿Qué salisteis a ver al desierto? ¿Una caña sacudida por el viento?	11 De cierto os digo: Entre los que nacen de mujer no se ha levantado otro mayor que Juan el Bautista; pero el más pequeño en el reino de los cielos, mayor es que él.	**6 Juan fue el mayor de los hombres naturales, pero no tan grande como el menor en el Reino de los cielos**
2 Juan no era una caña oscilante, sino un hombre de convicción firme	8 ¿O qué salisteis a ver? ¿A un hombre cubierto de vestiduras delicadas? He aquí, los que llevan vestiduras delicadas, en las casas de los reyes están.	12 Desde los días de Juan el Bautista hasta ahora, el reino de los cielos sufre violencia, y los violentos los arrebatan.	**7 Con Juan el reino sufre violencia**
3 Juan no era un hombre de finas vestiduras, sino de disciplina y negación propia	9 Pero ¿qué salisteis a ver? ¿A un profetas? Sí, os digo, y más que profeta.	13 Porque todos los profetas y la ley profetizaron hasta Juan.	**8 Juan fue el último de una era, la era que precedía al Mesías**
4 Juan era un profeta, y más	10 Porque éste es de quien está escrito: He aquí yo envío mi mensajero delante	14 Y si queréis recibirlo, él es aquel Elías que había de venir.	**9 Juan era el prometido Elías, quien debía anteceder al Mesías**
5 Juan era el antecesor del Mesías, el heraldo		15 El que tiene oídos para oír, oiga.	**10 Conclusión: es preciso que el hombre oiga**

B. El recordatorio: dado a un pueblo olvidadizo e inconstante, 11:7-15

(11:7-15) *Introducción:* Juan acababa de preguntar si Jesús era el verdadero Mesías (*véanse* bosquejo y notas—Mt. 11:1-6). Las preguntas habían sido formuladas en presencia de todos. Algunos pensaban que Juan estaba vacilando en su fe, que era débil e inconstante.

Si se dejaba a la gente pensar en esta dirección, pronto preguntaría si Juan era el verdadero profeta que debía preparar el camino del Mesías. Pisándole los talones vendría la pregunta referida a Jesús: ¿Era Jesús el verdadero Mesías? Si comenzaba este tipo de cuestionamientos, ello habría afectado no solamente a la multitud, sino también a los que ya creían. Hubiera sido devastador para la misión del Señor. Note cuán vacilante es la gente y con cuánta facilidad olvida el verdadero llamado del profeta y atiende las novedades de los momentos débiles.

Lo que hizo Jesús fue reprender a la multitud. Vindicó a Juan y a su misión, recordando a los olvidadizos y vacilantes que Juan era el antecesor del Mesías, y que Jesús era el verdadero Mesías.

1. La gente quedó asombrada por las preguntas de Juan (v. 7).
2. Juan no era una caña oscilante, sino un hombre de convicción firme (v. 7).
3. Juan no era un hombre de finas vestiduras, sino de disciplina y negación propia (v. 8).
4. Juan era un profeta y más (v. 9).
5. Juan era el antecesor del Mesías, el heraldo del verdadero Rey (v. 10).
6. Juan fue el mayor de los hombres naturales, pero no tan grande como el menor en el Reino de los cielos (v. 11).
7. Juan inicia un derrocamiento violento del reino (v. 12).
8. Juan fue el último de una era, la era que precedía al Mesías (v. 13).
9. Juan era el prometido Elías, que debía anteceder al Mesías (v. 14).
10. La conclusión: es preciso que el hombre oiga (v. 15).

1 (11:7) *Inconstancia:* la gente quedó asombrada por los cuestionamientos de Juan (*véase* nota—Mt. 11:7-15).

Pensamiento. La gente puede volverse tan rápidamente. Con tanta facilidad se puede olvidar todo el bien que una persona ha hecho y todo lo buena que fue. La experiencia de Juan ilustra claramente esta inconstancia de la gente.

> «El era antorcha que ardía y alumbraba; y vosotros quisisteis regocijaros por un tiempo en su luz» (Jn. 5:35).

2 (11:7) *Juan el Bautista:* Juan no era una caña sacudida, sino un hombre de firmes convicciones. El hecho de formular preguntas no significa necesariamente que la persona está vacilando en sus creencias o conducta. Juan no era un vacilador, una caña sacudida por los vientos de cambios. No tambaleó ni se debilitó ante la severidad y el terror de Herodes. No era hombre de predicar con fuerza cuando contaba con el aplauso de la gente, y de predicar débilmente ante el ceño fruncido de los hombres. Era siervo de Dios y lo sabía. Servía fielmente a Dios conforme a su llamado y a pesar de tener que responderse algunas preguntas. A pesar de sus preguntas Juan seguía ...

- creyendo en el Mesías.
- fuerte en espíritu.
- consistente en su conducta.

Como ya se afirmó, Juan era imperturbable al tratar con los problemas y tentaciones que aparecían en su vida: tales como el reconocimiento y la alabanza de las multitudes, la furia y el encarcelamiento por parte de Herodes, el pensamiento de que Jesús tal vez era un Mesías equivocado. A pesar de todo Juan se mantenía inamovible. Se aferraba a dos cosas:

- a la firmeza de su fe en Dios y en el Mesías de Dios.
- a su llamado:

> «Yo no soy el Cristo ... soy enviado delante de él» (Jn. 3:28 cp. Jn. 1:20).

Pensamiento. Juan no vacilaba ante cualquier viento de cambio, o prueba u oposición o multitud. Permanecía firme en su propio llamado. Aplausos, objeciones, aprobación y desaprobación: aprecio o desacuerdo nos afectan tanto a la mayoría de nosotros, e influyen demasiado en nuestro trabajo. Tenemos que aprender, y aprender pronto, que no importan las circunstancias, debemos proseguir por Cristo y seguir prosiguiendo.

«Para que ya no seamos niños fluctuantes, llevados por doquiera de todo viento de doctrina, por estratagema de hombres que para engañar emplean con astucia la artimañas del error» (Ef. 4:14).

«No os dejéis llevar de doctrinas diversas y extrañas; porque buena cosa es afirmar el corazón con la gracia, no con viandas, que nunca aprovecharon a los que se han ocupado de ellas» (He. 13:9).

«Pero pida con fe, no dudando nada; porque el que duda es semejante a la onda del mar, que es arrastrada por el viento y echada de una parte a la otra» (Stg. 1:6).

3 (11:8) *Juan el Bautista:* Juan no era un hombre de finas vestiduras, sino de disciplina y negación propia. Juan estaba muerto a su mundo, a su fama, a su poder y comodidad. No era mundano, ni contemplativo, sino disciplinado y severo en la negación de sí mismo. No era un hombre determinado a salvar lo que tenía, ni a salvarse a sí mismo. No se estaba desmoronando bajo el peso de la oposición como hubiera ocurrido con una persona complaciente y de mentalidad materialista. No hacía compromisos. Juan era un hombre enviado por Dios a proclamar la verdad, y la proclamó sin importar el precio. Cristo estaba diciendo: «Cuando miran a Juan no ven a un hombre de mundo, pensando en finas vestiduras, en cambio ven a un embajador de Dios». ¡Qué lección sobre la auto negación y la fidelidad en vista de la oposición!

Pensamiento. Una vida de disciplina y auto negación es nuestra mejor preparación para soportar todas las pruebas. Si vivimos una vida por Dios, negándonos a nosotros mismos, ocurrirá que ...
- las pruebas producirán paciencia (capacidad de soportar).
- la paciencia aumentará nuestra experiencia.
- la experiencia producirá esperanza, y
- la esperanza no nos avergüenza (Ro. 5:3-5).

«Si alguno quiere venir en pos de mí, niéguese a sí mismo, tome su cruz cada día, y sígame» (Lc. 9:23).

«Porque si vivís conforme a la carne, moriréis; mas si por el Espíritu hacéis morir las obras de la carne, viviréis» (Ro. 8:13).

«Pero los que son de Cristo han crucificado la carne con sus pasiones y deseos» (Gá. 5:24).

4 (11:9) *Juan el Bautista:* Juan era un profeta, y más que profeta. Un profeta es un *anticipador*, un proclamador del mensaje de Dios (*véase* Estudio a fondo 4—Hch. 11:27; 1 Co. 14:3). El mensaje puede estar referido al pasado, al presente o al futuro. Note diversas cosas referidas al profeta:
- es escogido por Dios.
- es escogido para proclamar el mensaje de Dios.
- tiene que ser un hombre digno de confianza, alguien que será fiel a su misión y valiente en proclamar la Palabra de Dios (1 Ti. 1:12).

Juan reunía esas características. Era un profeta, pero note: Jesús dijo que era más que profeta. ¿Qué significa esto? Muy simple, su mensaje incluía más que el mensaje de los otros profetas. Su mensaje era el anuncio, la proclamación de que el Mesías había venido. En esto Juan fue superior a todos los otros profetas. Aquellos solamente *preveían* la venida del Mesías, en cambio Juan lo *vio* venir. Por eso era su responsabilidad proclamar la venida de Cristo.

Note que la superioridad de Juan sobre los otros profetas tenía que ver con el deber y la responsabilidad, no con el privilegio. Algunas personas son llamadas por Dios para superar y tomar la cabecera en la responsabilidad. Y note: es el deber y el deber de rendir cuentas, no el privilegio. ¡Qué lección sobre la *necesidad de*

humildad y temor, temor de no cumplir!

Pensamiento. Juan fue más que un profeta. Fue el sujeto de la profecía tanto como el mensajero de la misma.

«Voz que clama en el desierto: Preparad camino a Jehová; enderezad calzada en la soledad a nuestro Dios» (Is. 40:3).

«He aquí, yo envío mi mensajero, el cual preparará el camino delante de mí; y vendrá súbitamente a su templo el Señor a quien vosotros buscáis, y el ángel del pacto, a quien deseáis vosotros. He aquí viene, ha dicho Jehová de los ejércitos» (Mal. 3:1).

«En aquellos días vino Juan el Bautista predicando en el desierto de Judea, y diciendo: Arrepentíos, porque el reino de los cielos se ha acercado. Pues éste es aquel de quien habló el profeta Isaías, cuando dijo Voz del que clama en el desierto: Preparad el camino del Señor, enderezad sus sendas» (Mt. 3:1-3).

5 (11:10) *Juan el Bautista:* Juan el Bautista fue el antecesor del Mesías, el heraldo del verdadero Rey (cp. Is. 40:3; Mal. 3:1; Mt. 3:1-3). Note esto: cuando Dios escogió a una persona para preceder y proclamar la venida del Mesías no escogió a un rey ni a ninguna otra persona de poder y fama; escogió a un *simple hombre* y lo llamó a *predicar* la venida del Mesías. Esto trasmite un mensaje poderoso: el reino de Dios no está basado en pompa y poder terrenal. Está basado en el Espíritu de Dios y en el poder de Dios. No fue traído por manos de hombres, sino por la mano de Dios. De modo que el reino de Dios es duradero, eterno, no un reino transitorio que eventualmente dejará de ser.

Pensamiento. Cristo se aplicó a sí mismo esta profecía; es decir, *afirmó ser el Mesías* precedido por Juan el bautista y para quién éste preparó el camino (*véase* Estudio a fondo 3—Mr. 1:3). Note dos cosas.
1) El mismo, y Juan, eran el cumplimiento de la profecía. El mismo era el Mesías y Juan quien le precedía preparando el camino anunciando su venida.
2) ¿Deben todos los creyentes, predicador y laico por igual, preparar el camino del Señor? ¿Cómo? Proclamando que (1) el Señor ha venido, y (2) que vuelve a venir. Recuerde: Vino la primera vez, así vendrá la segunda vez.

6 (11:11) *Juan el Bautista—reino de los cielos:* Juan fue el más grande los hombres naturales, sin embargo, no tan grande como el más pequeño en el reino. Juan no tuvo lo que tienen los creyentes de hoy. En conocimiento no tuvo la revelación completa de la salvación que Dios ha dado a los creyentes en el Señor Jesucristo. En experiencia, no tuvo al Espíritu Santo habitando en él en el sentido que lo tienen los creyentes del Nuevo Testamento (*véase* Estudio a fondo 1—Hch. 2:1-4).
1. Los creyentes tiene la oportunidad de un mayor conocimiento acerca de Dios que el que tuvo Juan. En el reino que Dios está construyendo, quienes creen en Jesús tendrán acceso a la revelación completa de Dios. El creyente ve la cruz. Sabe que el Mesías ha venido, que murió, resucitó y ascendió al cielo. El creyente conoce toda la envergadura de la salvación. Ve la cruz, el símbolo del gran amor de Dios. Puede conocer el amor de Dios de una manera que Juan y otros anteriores a Juan nunca pudieron conocer. ¡Imagínese! ¡El creyente más humilde puede saber más acerca de Dios que el más grande de los santos del Antiguo Testamento! ¡Puede saber más que Abraham, Moisés, Elías, o Isaías! Sin embargo, es de notar que esto no es favoritismo. Es una mayor responsabilidad para los seguidores de Cristo.
2. Los creyentes tienen la oportunidad de una mayor experiencia con Dios que la que tuvo Juan. La diferencia básica de los creyentes antes y después de Cristo es el Espíritu Santo. También entienden con mayor claridad la revelación de Dios por el hecho de

conocer personalmente al Señor Jesucristo y de seguirle.

Posicionalmente, tanto los creyentes del Antiguo como del Nuevo Testamento están justificados delante de Dios. Abraham, un creyente que vivió antes de Cristo, creyó en Dios y fue contado por justo o justificado (Ro. 4:3). El carcelero de Filipos, un creyentes que vivió después de Cristo, creyó en Dios y fue salvado o justificado (Hch. 16:31). Posicionalmente, los que hoy están en el reino de los cielos no son más justificados delante de Dios que Juan el Bautista. Pero teniendo la oportunidad de conocer y experimentar la plena revelación de Dios, el creyente de hoy tiene un privilegio inigualable. Sin embargo, debido a este privilegio el mundo de hoy tiene una responsabilidad mucho mayor. (Véase nota—Lc. 7:28.)

Pensamiento 1. Ante los ojos de Dios Juan fue el hombre más grande nacido de mujer. Juan no era ni príncipe ni rey. No era un hombre de riqueza, fama, o poder. ¿Quién era? Era simplemente un hombre que creía en el Mesías y que había entregado totalmente su vida a esa creencia. Dios no valora a un hombre por su nacimiento o sus posiciones terrenales, sino por su relación y entrega al Mesías.

Pensamiento 2. La eminencia de Juan probablemente se debía a dos cosas.
1) Su dedicación y entrega a Dios eran inusuales. Se negaba a sí mismo en su compromiso respecto del Mesías (véase bosquejo—Jn. 1:19-28). Y aunque hubo muchas personas disciplinadas que sirvieron a Dios, probablemente el corazón de Juan estaba más cerca de la verdadera auto negación que el de otros. Solamente Dios (Cristo) lo sabría. Como sea, Cristo declaró la superioridad de Juan sobre todo los hombres; y en Juan tenemos un impactante ejemplo de negación propia y entrega a Dios.
2) Su predicación fue arrepentimiento y la venida del Mesías. Muchos habían predicado el mismo mensaje; sin embargo, probablemente había una diferencia. Tal vez el corazón de Juan fue más intenso e íntimo con la presencia de Dios. Solo Dios lo sabe, pero Cristo dijo que Juan fue el mayor hombre que hasta entonces había nacido. Ciertamente, en Juan hay un ejemplo de intensa entrega al llamado de Dios.

> «Porque será grande delante de Dios. No beberá vino ni sidra, y será lleno del Espíritu Santo, aun desde el vientre de su madre» (Lc. 1:15).

> «De manera que cualquiera que quebrante uno de estos mandamientos muy pequeños, y así enseña a los hombres, muy pequeño será llamado en el reino de los cielos; mas cualquiera que los haga y los enseñe, éste será llamado grande en el reino de los cielos» (Mt. 5:19).

> «Mas entre vosotros no será así, sino que el que quiera hacerse grande entre vosotros, será vuestro servidor» (Mt. 20:26).

> «El que es el mayor de vosotros, sea vuestro siervo» (Mt. 23:11).

Pensamiento 3. Note dos asuntos.
1) Hoy el predicador tiene el privilegio de proclamar la cruz y la resurrección. Juan nunca supo de la cruz ni de la resurrección; solamente sabía que el Mesías había venido. Pero, mire cuán entregado estaba a su misión. ¡Qué lección para los creyentes de todas las generaciones!
2) Hoy el hombre tiene el privilegio de conocer la cruz y resurrección de Cristo. Juan no tuvo ese privilegio. Solo sabía que el Mesías había venido. ¡Cuánto mayor es nuestra responsabilidad!

> «Porque la palabra de la cruz es locura a los que se pierden; pero a los que se salvan, esto es a nosotros, es poder de Dios» (1 Co. 1:18).

> «Mas por él estáis vosotros en Cristo Jesús, el cual nos ha sido hecho por Dios sabiduría, justificación, santificación, y redención» (1 Co. 1:30).

> «Pues me propuse no saber entre vosotros cosa alguna sino a Jesucristo, y a éste crucificado» (1 Co. 2:2).

> «Antes bien como está escrito: Cosas que ojo no vio, ni oído oyó, ni han subido en corazón de hombre, son las que Dios ha preparado para los que le aman. Pero Dios nos las reveló a nosotros por el Espíritu; porque el Espíritu todo lo escudriña, aun lo profundo de Dios» (1 Co. 2:9-10).

> «Y nosotros no hemos recibido el espíritu del mundo, sino el Espíritu que proviene de Dios, para sepamos lo que Dios nos ha concedido» (1 Co. 2:12).

7 (11:12) *Juan el Bautista:* con Juan el reino sufre violencia. Esto significa al menos tres cosas.
1. Juan motivaba a la gente a forzar y penetrar en el reino como un ejército fuerza y penetra en una ciudad. En cuanto al comienzo del ministerio de Juan Lucas dice:

> «El reino de Dios es anunciado, y todos se esfuerzan por entrar en él» (Lc. 16:16).

2. La persona tiene que forzar el reino para entrar a él. Tiene que tener el espíritu del soldado que conquista una ciudad (2 Ti. 2:3-4). No puede estar decidido a medias, carente de espíritu y energía. No puede ser complaciente e indulgente, y sentirse cómodo. No puede pretender deslizarse al interior del reino. Tiene que haber un verdadero interés y deseo, un procurar y luchar con valor, una búsqueda diligente de Dios para entrar al cielo:

> «Porque es necesario que el que se acerca a Dios crea que le hay, y ... le buscan» (He. 11:6).

> «Tú, pues, sufre penalidades como buen soldado de Jesucristo. Ninguno que milita se enreda en los negocios de la vida, a fin de agradar a aquel que lo tomó por soldado» (2 Ti. 2:3-4).

3. La persona que *realmente* quiere entrar al reino de los cielos, forzará la entrada; es decir, soportará cualquier cosa para entrar al cielo. Se negará a sí misma y cambiará su conducta; se volverá del pecado a Dios (arrepentirá) sujetará sus deseos a la voluntad de Dios y cambiará su mente para entrar al cielo.

> «Y decía a todos: Si alguno quiere venir en pos de mí niéguese a sí mismo, tome su cruz cada día, y sígame» (Lc. 9:23).

> «No os conforméis a este siglo, sino transformaos por medio de la renovación de vuestro entendimiento, para que comprobéis cuál sea la buena voluntad de Dios, agradable y perfecta» (Ro. 12:2).

> «Y renovaos en el espíritu de vuestra mente» (Ef. 4:23).

8 (11:13) *Juan el Bautista:* Juan fue el último de una era: la era de predecir al Mesías. Juan puso fin a la era del la profecía del Antiguo Testamento. Fue el último de una prolongada línea de profetas que predijeron la venida del Mesías. Fue el puente tendido entre las predicciones de la venida del Mesías y la venida propiamente dicha: el puente entre el Antiguo y el Nuevo Testametno. Fue el hombre que Dios levantó para ser el fin de una era y el comienzo de una era nueva, la era de una larga línea de profetas nuevos que presentarían al Mesías.

> «Así que, por eso es mediador de un nuevo pacto, para que interviniendo muerte para la remisión de las transgresiones que había bajo el primer pacto, los llamados reciban la promesa de la herencia eterna» (He. 9:15).

9 (11:14) *Juan el bautista:* Juan fue el Elías prometido, aquel que debía preceder al Mesías. Fue Elías, el cumplimiento de la última profecía del Antiguo Testamento: «He aquí, yo os envío el profeta Elías» (Mal. 4:5-6; cp. Mal. 3:1). Note que Juan no fue Elías en persona, pero fue semejante a Elías en espíritu y poder y obra (Jn. 1:21-23).

Algunos creen que Juan fue el Elías prometido, algunos no. Es una cuestión de fe. A ello se refería Jesús al decir: «Si queréis recibirlo». Recibir este hecho significa que la persona también tiene que recibir a Jesús como el Mesías, aquel que fue anunciado por Juan.

10 (11:15) *Conclusión:* la persona tiene que escuchar. La persona tiene oídos para oír; que oiga el mensaje.

> **«Pero bienaventurados vuestros ojos, porque ven; y vuestros oídos, porque oyen» (Mt. 13:16).**
> **«El corazón del entendido adquiere sabiduría; y el oído de los sabios busca la ciencia» (Pr. 18:15).**

Pensamiento 1. Dios espera que usemos nuestras facultades para recibir su mensaje; tenemos ojos para ver sus obras; oídos para oír su mensaje; mentes para razonar la verdad; manos para hacer sus obras; pies para ir donde Él quiera. Debemos estar tan entregados al Mesías como lo estuvo Juan.

Pensamiento 2. Note la advertencia: una persona con oídos puede no oír.

1 El carácter infantil de esta generación

  a. Hacían la contra, eran superficiales, juguetones; buscaban defectos, no se contentaban
    1) Acusaron a Juan de aislarse
    2) Acusaron a Jesús de mundanalidad
  b. Justificaba su inconstancia[EF1]

2 El juicio sobre esta generación

  a. Juicio sobre dos ciudades privilegiadas[EF2]

    1) Por ser privilegiadas
    2) Por no arrepentirse

C. El mensaje: dado a una generación infantil, 11:16-27 (Lc. 7:31-35; 10:12-15; 10:21-22)

16 Mas ¿a qué compararé esta generación? Es semejante a los muchachos que se sientan en las plazas, y dan voces a sus compañeros,

17 diciendo: Os tocamos flauta, y no bailasteis; os endechamos, y no lamentasteis.

18 Porque vino Juan, que ni comía ni bebía, y dicen: Demonio tiene.

19 Vino el Hijo del hombre, que come y bebe, y dicen: He aquí un hombre comilón, y bebedor de vino, amigo de publicanos y de pecadores. Pero la sabiduría será justificada por sus hijos.

20 Entonces comenzó a reconvenir a las ciudades en las cuales había hecho muchos de sus milagros, porque no se habían arrepentido, diciendo:

21 ¡Ay de ti, Corazín! ¡Ay de ti, Betsaida! Porque si en Tiro y en Sidón se hubieran hecho los milagros que han sido

hechos en vosotros, tiempo ha que se hubieran arrepentido en cilicio y en ceniza.

22 Por tanto os digo que en el día del juicio, será más tolerable el castigo para Tiro y Sidón, que para vosotras.

23 Y tú Capernaum, que eres levantada hasta el cielo, hasta el hades serás abatida; porque si en Sodoma se hubieran hecho los milagros que han sido hechos en ti, habría permanecido hasta el día de hoy.

24 Por tanto os digo que en el día del juicio, será más tolerable el castigo para la tierra de Sodoma, que para ti.

25 En aquel tiempos, respondiendo Jesús, dijo: Te alabo, Padre, Señor del cielo y de la tierra, porque escondiste estas cosas de los sabios y de los entendidos, y las revelaste a los niños.

26 Sí, Padre, porque así te agradó.

27 Todas las cosas me fueron entregadas por mi Padre; y nadie conoce al Hijo, sino el Padre, ni al Padre conoce alguno, sino el Hijo, y aquel a quien el Hijo lo quiera revelar.

    3) Por ignorar a Cristo
    4) Juicio más severo que la mayoría

  b. Juicio sobre los más privilegiados[EF3,4]
    1) Porque tuvieron mayor oportunidad
    2) Por no arrepentirse

    3) Por descuidar a Cristo
    4) Severidad del juicio: suprema

3 La ceguera de esta generación[EF5]
  a. Ciegos para la verdad de Dios[EF6]
    1) Los sabios son ciegos; autosuficientes[EF7]
    2) Los bebés no son ciegos: aprenden
  b. Ciegos a la voluntad y el propósito de Dios
  c. Ciegos al Mesías
    1) Jesús es de Dios
    2) Todas las cosas se han entregado a Jesús
    3) Jesús es el Mediador
    4) Solo J. revela a Dios.

C. El mensaje: dado a una generación infantil, 11:16-27

(11:16-27) *Introducción—hombre, perverso—perversidad:* cada generación tiene sus privilegios. Algunos usan los privilegios, otros los ignoran y abusan de ellos. Desde la venida de Cristo el mayor privilegio del mundo ha sido el de conocerlo personalmente, porque es Cristo quien nos hace aceptables a Dios. Y no hay mayor privilegio que conocer a Dios cara a cara. Sin embargo, la vasta mayoría ha ignorado y abusado de Cristo; por eso la mayoría no conoce a Dios, al menos personalmente.

Al mirar a su propia generación Jesús preguntó: «¿A qué compararé esta generación?» La ilustración más adecuada que podía usar era la de niños (*véase* nota—Mt. 11:16-19). Estaba diciendo que su propia generación era *infantil*. Con *infantil* quiso decir *perversa*. La suya era una generación perversa. Se apartaban de lo que era recto y bueno prefiriendo lo corrupto. Obraban contrariamente a las evidencias. Se oponían a lo que era recto, razonable y aceptable; eran obstinados en su oposición. Sencillamente estaban mal encaminados, eran necios y de actitud contraria. No querían la verdad, de modo que buscaban excusas para no recibirla.

Jesús tenía un mensaje para una generación tan *infantil y perversa*. Es un mensaje aplicable a todas las generaciones.

1. El carácter infantil de esta generación (vv. 16-19).
2. El juicio sobre esta generación (vv. 20-24).
3. La ceguera de esta generación (vv. 25-27).

1 (11:16-19) *Hombre—mundo:* el carácter infantil de su generación. La ilustración se entiende claramente. Hay niños jugando en el mercado. Algunos comienzan a tocar música nupcial en sus flautas y unos llaman a otros: «Vamos, juguemos al casamiento». Los otros responden a los gritos: «No. Hoy no queremos bailar.» Entonces, los primeros, que todavía quieren jugar, comienzan a tocar música fúnebre y los llaman: «Está bien, juguemos al funeral». «No. Tampoco queremos jugar al funeral. No queremos hacernos los tristes.»

1. Es una generación que hace la contra, es necia y dada a jugar. Es gente que se ocupa en ver los errores, y que no se contenta. Cualquiera sea la sugerencia, todo les parece mal. Sencillamente no pueden aceptar nada ni complacerse con nada que signifique restricciones a su juego descuidado. Un enfoque ascético del evangelio les parece mal, y también les parece mal un enfoque sociable.

  a. Acusaron a Juan de asceticismo. Juan no llegó comiendo y bebiendo. Era un asceta. Venía del desierto viviendo una disciplinada vida estricta y austera.

Sencillamente se aislaba y separaba de todos los demás. Se apartaba de la sociedad. Su mensaje era de arrepentimiento y separación de las cosas del mundo. Por eso fue acusado de tener al *demonio*, es decir, de estar loco, de ser insano por el hecho de escoger esa clase de vida.

b. A Jesús lo acusaron de mundanalidad. Jesús era todo lo opuesto de Juan. Jesús vivía y predicaba un evangelio de libertad. Comía y se asociaba con la gente y compartía sus acontecimientos sociales. Se movía entre toda clase de gente, se mezclaba con ella, se hacía accesible a todos sin importar qué terrible concepto tenían la gente de ellos. Por eso fue acusado de ser un pecador él mismo; un glotón, un bebedor de vino, un amigo inmoral de los pecadores. (Es preciso recordar que cuando Jesús se movía entre los encumbrados de la sociedad fue para testificarles, no para ser parte del compañerismo mundanal).

2. La generación infantil justifica su inconstancia. Juan vivió y predicó un evangelio de arrepentimiento y separación. Jesús vivió y predicó un evangelio de libertad. La gente era como los niños: hallaba defectos en ambos y no aceptaba a ninguno. Sencillamente querían hacer lo que se les antojaba. Lo último de su carácter infantil fue justificar su propia inconstancia (*véase* Estudio a fondo 1— Mt. 11:9).

> «Porque mi pueblo es necio, no me conocieron; son hijos ignorantes y no entendidos; sabios para hacer el mal, pero hacer el bien no supieron» (Jer. 4:22).

> «Para que ya no seamos niños fluctuantes, llevados por doquiera de todo viento de doctrina, por estratagema de hombres que para engañar emplean con astucia las artimañas del error» (Ef. 4:14).

> «De manera que yo, hermanos, no pude hablaros como a espirituales, sino como a carnales, como a niños en Cristo. Os di a beber leche, y no vianda; porque aún no erais capaces, ni sois capaces todavía» (1 Co. 3:1-2).

> «Cuando yo era niño, hablaba como niño, pensaba como niño, juzgaba como niño; mas cuando ya fui hombre, dejé lo que era de niño» (1 Co. 13:11).

> «Porque debiendo ser ya maestros, después de tanto tiempo, tenéis necesidad de que se os vuelva a enseñar cuáles son los primeros rudimentos de las palabras de Dios; y habéis llegado a ser tales que tenéis necesidad de leche, y no de alimento sólido» (He. 5:12).

Pensamiento. Note varias lecciones.

1) Hay dos maneras de enfocar la justicia: el enfoque separatista de Juan, y el enfoque sociable de Jesús. La mayoría de la gente rechaza ambos enfoques. Son como niños jugando, que buscan el defecto, que no pueden ser conformados.

a) Algunos son juguetones. Están pasándola bien y no quieren ser interrumpidos ni molestados. Quieren *seguir en lo que están haciendo.*

b) Algunos son necios y superficiales. No piensan en las razones y la lógica que hay detrás del glorioso plan de Dios en el Mesías. Se rehusan a encarar la realidad de la verdad: el mal, el pecado y la depravación del mundo y la existencia de un Dios personal y la desesperante necesidad de Él de salvar al mundo.

c) Algunos hacen la contra. Sus mentes están decididas. No van a prestar atención a ninguna otra cosa. Tienen sus propios pensamientos sobre el mundo y la moral, y se sienten bien viviendo como viven. Por eso rechazan con testarudez cualquier otra visión, no importa cuan razonable sea lo que se les presente.

2) La mayoría de la gente rechaza cualquier intento de restringir el juego propio. Quieren seguir haciendo lo que hacen: sea que buscan placer, propósitos intelectuales, o entrega religiosa. La mayoría está dispuesta a no ir más allá en las restricciones de su propio deseo, voluntad, y camino. Pocos están dispuestos a negar completamente el ego (*véase* Estudio a fondo 1—Lc. 9:23).

3) Dios evidentemente usó ambos enfoques de la justicia (cp. 1 Co. 12:6-7). Jesús no condenó el enfoque de Juan, y éste no condenó al de Jesús. Se apoyaban mutuamente. ¡Qué lección para los creyentes! No hay lugar para un espíritu de censura. Los hombres tienen temperamentos diferentes y es preciso abordarlos por diferentes métodos (*véanse* bosquejo y notas—Ro. 14:1-23).

ESTUDIO A FONDO 1

(11:19) *Inconstancias del mundo:* probablemente ésta sea una acusación por parte de Jesús. Los niños normalmente justifican su *sabiduría e ideas* aun cuando las mismas no tengan sentido.

2 (11:20-24) *Juicio:* el juicio sobre esta generación.

1. El juicio sobre dos ciudades privilegiadas, Corazín y Betsaida (*véase* Estudio a fondo 2—Mt. 11:2-22). Note por qué son juzgadas.

a. Tuvieron el privilegio del acceso al evangelio. Tuvieron la presencia de Cristo, de creyentes y del evangelio. Semejante exposición condena a una persona si no responde. ¿Por qué? Porque tiene la oportunidad de conocer a Cristo.

b. Rechazan el arrepentimiento. La persona que sigue viviendo como quiere y se rehusa a volver a Dios se condena a sí misma. Dios demanda arrepentimiento.

c. Ignoraron y descuidaron a Cristo. En los propios días de Jesús la mayoría no le prestaba atención. Note: el juicio no será basado únicamente en las malas obras, sino en la falta de hacer el bien. Estar sencillamente sentado sin hacer nada [que no es un pecado grosero ni público] no exime a la persona del juicio. Dios espera entrega y diligencia en el servicio a Cristo.

d. La severidad del juicio sobre estas dos ciudades será mayor que sobre la mayoría. El juicio sobre las dos ciudades será mucho mayor que sobre Tiro y Sidón. Tiro y Sidón nunca tuvieron la oportunidad del ministerio de Cristo. Corazín y Betsaida la tuvieron, pero *descuidaron y rechazaron* a Cristo. Por eso el juicio sobre ellas será mucho más severo.

2. El juicio sobre la ciudad más privilegiada, Capernaum (*véase* Estudio a fondo 3—Mt. 11:23). La severidad del juicio sobre Capernaum será aun mayor que la del juicio sobre Sodoma (*véase* Estudio a fondo 4—Mt.11:23). ¿Por qué? Porque fue el centro mismo del ministerio del Señor, y no obstante, la gente seguía descuidando y rechazando a Cristo.

> «Porque el que se avergonzare de mí y de mis palabras en esta generación adúltera y pecadora, el Hijo del Hombre se avergonzará también de él, cuando venga en la gloria de su Padre con los santos ángeles» (Mr. 8:38).

> «Y esta es la condenación: que la luz vino al mundo, y los hombres amaron más las tinieblas que la luz, porque sus obras eran malas» (Jn. 3:19).

> «Mas vosotros negasteis al Santo y al Justo, y pedisteis que se os diese un homicida» (Hch. 3:14).

> «Y a vosotros que sois atribulados, daros reposo con nosotros, cuando manifieste el Señor Jesús desde el cielo con los ángeles de su poder, en llama de fuego, para dar retribución a los que no conocieron a Dios, ni obedecen al

evangelio de nuestro Señor Jesucristo» (2 Ts. 1:7-8).

«Pero hubo también falsos profetas entre el pueblo, como habrá entre vosotros falsos maestros, que introducirán encubiertamente herejías destructoras, y aun negarán al Señor que los rescató, atrayendo sobre sí mismos destrucción repentina» (2 P. 2:1).

«¿Quién es el mentiroso, sino el que niega que Jesús es el Cristo? Este es anticristo, el que niega al Padre y al Hijo» (1 Jn. 2:22).

Pensamiento. Note cuatro lecciones.

1) Habrá un día de juicio, y Cristo afirma que habrá diversos grados de severidad en el juicio. Para algunos el juicio será más «intolerable» que para otros. Note dos cosas.

- Hay diversos grados de privilegio. En algunas áreas el testimonio de Cristo es mucho mayor. La gente que vive en ella es mucho más privilegiada y será mucho más responsable que quienes tuvieron un testimonio menor.

- Hay grados en la severidad del juicio. Nuestra respuesta al mensaje de Cristo determina con cuanta severidad seremos juzgados.

   «Mas el que sin conocerla hizo cosas dignas de azotes, será azotado poco; porque a todo aquel a quiens haya dado mucho, mucho se le demandará; y al que mucho se le haya confiado, más se la pedirá» (Lc. 12:48).

   «Pero por tu dureza y por tu corazón no arrepentido, *atesoras* para ti mismo ira para el día de la ira y de la revelación del justo juicio de Dios» (Ro. 2:5).

2) Un severo juicio caerá sobre todos los que tuvieron la oportunidad de recibir a Cristo y no lo hicieron.

3) Nuestra condición eterna es determinada por nuestra respuesta a Jesucristo, y esa condición no puede ser alterada. La condenación sobre Tiro y Sidón no podía ser alterada, ni la de Sodoma. Su condenación estaba establecida y fue determinada mientras existían sobre la tierra. Pero note: en el día del juicio Sodoma responderá por muchas cosas pero no por haber sido negligente respecto de Cristo. ¡Cuánto mayor será el juicio sobre nosotros si hemos sido negligentes y hemos rechazado a Cristo!

4) Dios perdona el pecado, no importa cuán terrible sea. Los pecados de Sodoma habrían sido perdonados si la gente se hubiera arrepentido. El juicio puede ser evitado y con el arrepentimiento de los pecados se puede escapar de él.

ESTUDIO A FONDO 2

(11:20-22) *Corazín—Betsaida:* Jesús hizo muchas «obras poderosas» en estas ciudades, aunque no haya registro de ellas. Siempre tenemos que recordar que lo que tenemos en el Nuevo Testamento es solo un número reducido de los milagros y obras hechos por Cristo. Como dice Juan: «Y hay también otras muchas cosas que hizo Jesús, las cuales si se escribieran una por una, pienso que ni aun en el mundo cabrían los libros que se habrían de escribir» (Jn. 21:25).

ESTUDIO A FONDO 3

(11:23) *Capernaum:* aquí estaban los cuarteles generales de Cristo desde que comenzó su ministerio.

ESTUDIO A FONDO 4

(11:23) *Sodoma:* note cuatro cosas que la Biblia dice acerca de Sodoma (*véase* Estudio a fondo 4—Mt.10:15).

1. Sodoma es un símbolo de la profundidad del pecado y del juicio.

2. Los pecados de Sodoma podrían haber sido perdonados si la gente se hubiera arrepentido.

3. Sodoma fue juzgada y destruida por causa de pecado. No hubiera sido destruida si la gente se hubiera arrepentido.

4. En el día del juicio Sodoma tendrá que responder por muchas cosas, pero no por haber descuido y sido negligentes hacia Cristo.

3 (11:25-27) *Hombre—mundo:* la ceguera de esta generación. La generación fue ciega a tres cosas.

1. La gente fue ciega a la verdad de Dios. Note las palabras «estas cosas», es decir, la verdad de Cristo que estas ciudades no habían visto (*véase* Estudio a fondo 5, *Verdad*—Mt. 11:25-27). (*Véanse* Estudios a fondo 6, 7—Mt. 11:25.)

2. La gente fue ciega a la voluntad de Dios, a su propósito. Dios tenía el propósito de salvar al mundo por medio de su Hijo Jesucristo. También tiene el propósito de que los sabios (los que son sabios en sus propios ojos, auto suficientes) no verán la verdad, sino los bebés (los necesitados), a ellos será revelada la verdad.

   «Pero el entendimiento de ellos se embotó; porque hasta el día de hoy, cuando leen el antiguo pacto, les queda el mismo velo no descubierto, el cual por Cristo es quitado» (2 Co. 3:14).

   «En los cuales el Dios de este siglo cegó el entendimiento de los incrédulos, para que no les resplandezca la luz del evangelio de la gloria de Cristo, el cual es la imagen de Dios» (2 Co. 4:4).

   «Teniendo el entendimiento entenebrecido, ajenos de la vida de Dios por la ignorancia que en ellos hay, por la dureza de su corazón» (Ef. 4:18).

3. La gente estaba ciega para el Mesías. Note: el hombre es ciego a cuatro hechos referidos al Mesías:

a. El hombre es ciego al hecho de que Jesucristo es de Dios. Cristo declara enfáticamente que proviene de Dios. Llama a Dios «mi Padre».

b. El hombre es ciego al hecho de que Jesucristo ha recibido todas las cosas de Dios. Pero note: Cristo declara enfáticamente que a él han sido dadas «todas las cosas» por Dios. *Todas las cosas han sido entregadas* en las manos de Cristo. Él debe supervisar y gobernar el universo. Todas las cosas han sido hechas para el Hijo de Dios.

   «Y Jesús se acercó y les habló diciendo: Toda potestad me es dada en el cielo y en la tierra» (Mt. 28:18)

   «También el Padre que me envió ha dado testimonio de mí. Nunca habéis oído su voz, ni habéis visto su aspecto» (Jn. 5:37).

   «Y sometió todas las cosas bajo sus pies, y lo dio por cabeza sobre todas las cosas a la iglesia» (Ef. 1:22).

   «Porque en él fueron creadas todas las cosas, las que hay en los cielos y las que hay en la tierra, visibles e invisibles; sean tronos, sean dominios, sean principados, sean potestades; todo fue creado por medio de él y para él. Y él es antes de todas las cosas, y todas las cosas en él subsisten; y él es la cabeza del cuerpo que es la iglesia, él que es el principio, el primogénito de entre los muertos, para que en todo tenga la preeminencia; por cuanto agradó al Padre que en él habitase toda plenitud» (Col. 1:16-19).

   «Dios, habiendo hablado muchas veces y de muchas maneras en otro tiempo a los padres por los profetas, en estos postreros días nos ha hablado por el Hijo, a quien constituyó heredero de todo, y por quien asimismo hizo el universo; el cual, siendo el resplandor de su gloria, y la imagen misma de su sustancia, y quien sustenta todas las cosas con la palabra de su poder, habiendo efectuado la purificación de nuestros pecados por medio de sí mismo, se sentó a la diestra de la Majestad en las alturas» (He. 1:1-3).

c. El hombre es ciego al hecho de que Jesucristo es el Mediador. Pero note: Cristo declara enfáticamente ser el Mediador. Él sólo *conoce* y es *conocido* por el Padre.

«Jesús le dijo: Yo soy el camino, y la verdad, y la vida; nadie viene al Padre, sino por mí» (Jn. 14:6).

«Y en ningún otro hay salvación; porque no hay otro nombre bajo el cielo, dado a los hombres, en que podamos ser salvos» (Hch. 4:12).

«Porque hay un solo Dios, y un solo mediador entre Dios y los hombres, Jesucristo hombre» (1 Ti. 2:5).

«Por lo cual puede también salvar perpetuamente a los que por Él se acercan a Dios, viviendo siempre para interceder por ellos» (He. 7:25).

d. El hombre es ciego al hecho de que solo Jesucristo puede revelar al Padre. Pero note: Cristo declara enfáticamente que solamente Él revela al Padre. Nadie puede conocer a Dios sin Cristo. La persona que quiere ver a Dios y ver cómo es Dios tiene que venir a Jesucristo.

«Yo y el Padre uno somos ... Mas si las hago, aunque no me creíais a mí, creed a las obras, para que conozcáis y creáis que el Padre está en mí y yo en el Padre» (Jn. 10:30, 38).

«Porque yo no he hablado por mi propia cuenta; el padre que me envió, él me dio mandamiento de lo que he de decir, y de lo que he de hablar» (Jn. 12:49).

«El que me ha visto a mí, ha visto al Padre; ¿cómo, pues, dices tú: Muéstranos al Padre? ¿No crees que yo soy en el Padre, y él Padre en mí? Las palabras que yo os hablo, no las hablo por mi propia cuenta, sino que el Padre que mora en mí, él las hace» (Jn. 14:9, 10).

ESTUDIO A FONDO 5

(11:25-27) *Verdad—mundo, sabiduría del:* la verdad espiritual está «escondida». ¿Dónde? En Dios. Dios hizo lo lógico. Ha tomado alguna verdad espiritual y la ha encerrado para sí mismo. La única forma de acceder a la verdad es viniendo a Él. La única llave hacia la verdad espiritual es fe y confianza en Dios.

Ello es razonable. El hombre que se considera a sí mismo sabio e inteligente y suficientemente inteligente sin Dios nunca viene a Dios. Por eso nunca conoce una relación personal con Dios. El hombre no viene para conocer a Dios ni la verdad espiritual «oculta» en Dios (Ro. 1:18-22). Dios y su presencia y su plan para los siglos venideros son ajenos al hombre auto suficiente. Los sabios sencillamente no creen en Dios, no lo suficiente para venir a Él. Por eso las cosas del Espíritu y del evangelio están ocultas para él. Pero el corazón y las verdades de Dios están abiertas para aquel que viene dependiendo y confiando en Él.

Lo que Cristo condena no es la inteligencia y sabiduría, sino el orgullo intelectual y la auto suficiencia. Dios hizo al hombre para que piense, razone, busque, e investigue a efectos de descubrir y construir. Pero Dios espera que el hombre «no piense demasiado de sí mismo» (Ro. 12:3; cp. Fil. 2:3-4). La persona tiene que andar humildemente durante su breve estadía en la tierra, sabiendo de dónde ha venido y a dónde va. Debe confiar en Dios, poniendo su tiempo y su destino en las manos de Dios.

«Nada hagáis por contienda o por vanagloria; antes bien con humildad, estimando cada uno a los demás como superiores a él mismo; no mirando cada uno por lo suyo propio, sino cada cual también por lo de los otros» (Fil.2:3-4).

ESTUDIO A FONDO 6

(11-25) *Los sabios:* los que piensan de sí mismos como sabios e inteligentes; los autosuficiente; los racionalistas; los sabios de este mundo (1 Co. 1:21, 25-29; 2:14). Los sabios son ciegos para el Señor de los cielos y de la tierra y para la verdad. Por su propia naturaleza y orgullo y auto suficiencia no perciben la necesidad de ayuda, incluso se rehusan a recibirla. Descansan en su propia habilidad y en sus logros. Por eso, Dios no les puede revelar la verdad.

ESTUDIO A FONDO 7

(11:25) *El niño:* es el humilde y dispuesto a recibir; el que puede ser enseñado (Mr. 10:15).

	D. La gran invitación: dada a esta generación, 11:28-30

1 Vengan a mí
  a. ¿Quién?: los cansados
  b. *Él dará descanso*^EF1
  c. Condición: venir
2 Tomen mi yugo— aprendan
  a. ¿Por qué?
   1) Es manso y humilde
   2) *Hallaremos descanso*
   3) Su yugo es liviano, su carga es ligera
  b. Condición: tomar el yugo
	28 Venid a mí todos los que estáis trabajados y cargados, y yo os haré descansar.
	29 Llevad mi yugo sobre vosotros, y aprended de mí, que soy manso y humilde de corazón; y hallaréis descanso para vuestras almas;
	30 porque mi yugo es fácil, y ligera mi carga.

D. La gran invitación: dada a esta generación, 11:28-30

(11:28-30) *Introducción:* en este pasaje Cristo pinta dos cuadros. Uno es el cuadro de *extremo agotamiento.* Es el de la persona que ha ido tan lejos como pudo; ya no puede seguir; no puede dar un paso más. El otro, es el cuadro de la *extrema presión.* Es el cuadro de la persona que está a punto de estallar; ya no soporta más. Cristo no dice qué ha causado el agotamiento o la presión (pesadas cargas). No importa, su invitación está abierta a todos. Es una simple invitación, que requiere tan poco y ofrece tanto.

1. Vengan a mí (v. 28).
2. Tomen *mi yugo*—aprendan de Mí (vv. 29-30).

1 (11:28) *Salvación—descanso:* la primera gran invitación a esta generación es «vengan a mí».

1. ¿Quién debe venir? La persona cansada y cargada que está trabajando y soporta un gran peso, cansada y cargada, exhausta y desesperando; extremadamente cansada y abatida, lista a detenerse y sufrir un colapso.

   Pensamiento. Algunas de las cosa que nos dejan exhaustos son ...
   • el trabajo; ser sobrecargados de trabajo.
   • fama y su vanidad.
   • la mundanalidad y carnalidad (placer carnal).
   • poder y su soledad.
   • pecado y culpa y el poder de ambos.
   • los rituales y tradiciones de la religión.
   • dinero y posesiones materiales y el espíritu.
   • reglas y reglamentos que ambos que no satisface.

   Note esto: no conocer la verdad de la vida es una de la mayores causas que nos dejan exhaustos. Buscar la verdad pero jamás llegar a ella desalienta, exaspera, agota y nos carga. Nos lleva a borrar y castigar la conciencia, nos deja vacíos, inciertos e inseguros acerca del futuro.

2. ¿Por qué deben acudir a Cristo los cansados y cargados? Muy simple, Cristo los *hará descansar.* Cristo dará descanso al alma que *lucha y desespera,* y al alma que está vacía y solitaria, no importa cuán intensa sea la lucha y la desesperación o el vacío y la soledad. Nadie ha ido demasiado lejos para que Cristo le de su descanso; lo esencial es que la persona invoque a Cristo (*véase* Estudio a fondo 1—Mt. 11:28-29; He. 4:1-13).

3. ¿Cuáles son las condiciones para recibir el descanso? Hay una sola condición: que la persona venga a Cristo. Note que la respuesta al *descanso* ...
   • no es buscar la verdad por medio de la religión (por muy importante que ello sea).

   • no es el pensamiento positivo (por muy importante que ello sea).
   • no es buscar el consejo de amigos confiables (por muy importante que ello sea).

La respuesta a la necesidad de *descanso* es venir a Jesucristo. Hay descanso, pero tenemos que venir a Jesucristo para recibir el descanso de Dios.

> «Venid luego, dice Jehová, y estemos a cuenta: si vuestros pecados fueren como la grana, como la nieve serán emblan-quecidos; si fueren rojos como el carmesí, vendrán a ser como blanca lana» (Is. 1:18).
> «A todos los sedientos: Venid a las aguas; y los que no tienen dinero, venid, comprad y comed. Venid, comprad sin dinero y sin precio, vino y leche» (Is. 55:1).
> «Y el Espíritu y la Esposa dicen: Ven. Y el que oye, diga: Ven. Y el que tiene sed venga: y el que quiera tome del agua de la vida gratuitamente» (Ap. 22:17).

ESTUDIO A FONDO 1

(11:28-29) *El descanso del cristiano:* note la diferencia entre los dos descansos ofrecidos por Jesucristo. Son los dos *descansos* más grandes que uno se pueda imaginar. (*Véase* también para mayor discusión, nota—He. 4:1-13).

1. «Yo os haré descansar» (v. 28). Primero está el descanso de la salvación o justificación. Este es el descanso de la liberación de la esclavitud y atadura del pecado, el poder de Cristo para conquistar los esclavizantes hábitos que dañan al cuerpo humano y destruyen su alma. Es el descanso de la conciencia que viene al alma de la persona cuando deja de luchar en el desierto del pecado. Es el descanso de conquista y triunfo que la persona experimenta cuando conquista a los enemigos que son el pecado y el mal por medio del poder de Cristo, día tras día. Es el descanso de la victoria en medio de las tempestades diarias de la vida (*véanse* Estudios a fondo 1, 2—Ro. 4:22; 5:1; cp. Ro. 4:5, 1-3, 1-25).

2. «Hallaréis descanso para vuestras almas» (v. 29). Segundo, el descanso de la santificación o del placer y satisfacción, de confianza y entereza. No es un descanso de inactividad, de no hacer cosas, de un sueño sin fin, del derecho a la pereza. Es un descanso de tres cosas.
   a. Es una descanso que refresca: que refresca el cuerpo, la mente y el espíritu.
   b. Es el descanso que a uno lo prepara para la vida: el descanso que le infunde a la persona un verdadero propósito, sentido, y significado.
   c. Es un descanso de nuevo aliento y motivación para el alma: un descanso que impulsa a la persona a

emprender la tarea que ha recibido de Dios con entusiasmo y vigor y paciencia.

«**Llevad mi yugo sobre vosotros, y aprended de mí, que soy manso y humilde de corazón; y hallaréis descanso para vuestras almas**» (Mt. 11:29).

«**Y a vosotros que sois atribulados, daros eposo con nosotros, cuando se manifieste el Señor Jesús desde el cielo con los ángeles de su poder**» (2 Ts. 1:7).

«**Oí una voz que desde el cielo me decía: Escribe: Bienaventurados de aquí en adelante los muertos que mueren en el Señor. Sí, dice el Espíritu, descansarán de sus trabajos, porque sus obras con ellos siguen**» (Ap. 14:13).

«**Vuelve, oh alma mía, a tu reposo, porque ehová te ha hecho bien**» (Sal. 116:7).

«**Y en el día que Jehová te dé reposo de tu trabajo y de tu temor, y de la dura servidumbre en que te hicieron servir**» (Is. 14:3).

«**Entrará en la paz; descansarán en sus lechos todos los que andan delante de Dios**» (Is. 57:2).

2 (11:29-30) *Salvación—propósito—vida:* la segunda gran invitación a esta generación es: «Llevad mi yugo sobre vosotros, y aprended de mí».

1. ¿Por qué debe la persona tomar el yugo de Cristo? ¿Por qué debe aprender la persona de Cristo? Hay tres razones.

    a. Cristo es manso y humilde. Algunos propietarios de bueyes eran rudos y severos tanto en la enseñanza como en su trabajo con los bueyes, pero Cristo no. Él era manso y humilde, considerado y comprensivo, suave y gentil, paciente, alentando a cada persona a venir a Él.

    b. Hallaremos descanso (v. 29). (*Véase* Estudio a fondo 1—Mt. 11:28-29; He. 4:1-13.)

    c. El yugo de Cristo es fácil, su carga es liviana (v. 30). El «yugo» se refiere al yugo usado con los bueyes. Era un instrumento de madera colocado sobre el cogote del buey. Era usado para atar las sogas del arado al buey, o para atar la carga que debía llevar. Era muy importante que el yugo estuviera bien amoldado al cogote del buey para evitar un roce que podía dejar al descubierto la carne y producir llagas. Al principio el buey tal vez se rebelaría contra el yugo, pero pronto aprendía que facilitaba llevar la carga. El yugo se refiere a la *vida y obra* de un hombre en la tierra.

La palabra «liviano» (*chresto*s) también puede significar *bien a medida.* Cristo está diciendo que su yugo, su vida y obra están hechos a la medida de una persona. Es precisamente lo que una persona necesita, y es liviano, es la vida y obra más liviana que una persona podría emprender.

«**Por lo cual debía ser en todo semejante a sus hermanos, para venir a ser misericordioso y fiel sumo sacerdote en lo que a Dios se refiere, para expiar los pecados del pueblo. Pues en cuanto él mismo padeció siendo tentado, es poderoso para socorrer a los que son tentados**» (He. 2:17, 18).

«**Porque no tenemos un sumo sacerdotes que no pueda compadecerse de nuestras debilidades, sino uno que fue tentado en todo según nuestra semejanza, pero sin pecado**» (He. 4:15).

«**Echando toda vuestra ansiedad sobre él, porque él tiene cuidado de vosotros**» (1 P. 5:7).

Pensamiento 1. Cristo es manso y humilde. Se preocupa por nosotros y nos atiende; se preocupa y tiene compasión de nosotros y sabe hasta dónde podemos ir.

Pensamiento 2. Dios nos hizo; por eso, Él tiene el yugo (vida y obra) adecuados para nosotros.

2. ¿Cuáles son las condiciones para *encontrar este descanso*? Hay solamente una condición. La persona simplemente tiene que tomar el yugo de Cristo y comenzar a aprender de Él. Esto significa sencillamente que debemos aprender a vivir y trabajar bajo su liderazgo, dirección, guía y cuidado.

Toda persona tiene su yugo, esto es, su vida y su obra mientras está en la tierra. Desde el nacimiento aprende de otros cómo vivir y cumplir su tarea. Algunos maestros son muy exigentes, y la mayoría de los cursos en la vida llevan al agotamiento y a vivir bajo pesadas cargas. El único maestro que puede enseñar y asegurarnos *verdadero descanso* (de cuerpo, mente, y espíritu) es Cristo, y el único yugo que realmente nos sienta y demuestra ser liviano es el yugo de la vida y obra de Cristo.

«**Y decía a todos: si alguno quiere venir en pos de mí niéguese a sí mismo, tome su cruz cada día, y sígame**» (Lc. 9:23).

«**Yo he venido para que tengan vida: y para que la tengan en abundancia**» (Jn. 10:10).

«**Yo soy la vid, vosotros los pámpanos; el que permanece en mí; y yo en él, éste lleva mucho fruto; porque separados de mí nada podéis hacer [de valor duradero]**» (Jn. 15:5).

«**Pues este es el amor a Dios, que guardamos sus mandamientos; y sus mandamientos no son gravosos. Porque todo lo que es nacido de Dios vence al mundo; y esta es la victoria que ha vencido al mundo, nuestra fe. ¿Quién es el que vence al mundo, sino el que cree que Jesús es el Hijo de Dios?**» (1 Jn. 5:3-5).

Pensamiento. Este es un mandamiento. Si queremos «descanso» tenemos que tomar su yugo sobre nosotros.

	VIII. LA DEFENSA DEL MESÍAS DADA A SUS OPOSITORES, 12:1-50	con él estaban tuvieron hambre;	las necesidades sobre tradición y ritual (cp. David)[EF2]
	A. Defensa 1: el Mesías es mayor que la religión, 12:1-8 (Mr. 2:23-28; Lc. 6:15)	4 cómo entró en la casa de Dios, y comió los panes de la proposición, que no les era lícito comer ni a él ni a los que con él estaban, sino solamente a los sacerdotes?	
1 Conducta cuestionable: quebrantar la ley del sábado [EF1]	En aquel tiempo iba Jesús por los sembrados en un día de reposo; y sus discípulos tuvieron hambre, y comenzaron a arrancar espigas y a comer.	5 ¿O no habéis leído en la ley, cómo en el día de reposo los sacerdotes en el templo profanan el día de reposo, y son sin culpa?	3 Paso 2: trabajo requerido tiene prioridad sobre el sábado, es decir, sobre la religión
a. La acusación de los religiosos	2 Viéndolo los fariseos, le dijeron: He aquí tus discípulos hacen lo que no es lícito hacer en el día de reposo.	6 Pues os digo que uno mayor que el templo está aquí.	4 Paso 3: el Mesías es mayor que el templo
b. El argumento y defensa progresiva de Jesús	3 Pero él les dijo: ¿No habéis leído lo que hizo David, cuando él y los que	7 Y si supieses qué significa: Misericordia quiero, y no sacrificio, no condenaríais a los inocentes;	5 Paso 4: el Mesías tendrá una religión de misericordia y no de sacrificio
2 Paso 1: prioridad de		8 porque el Hijo del Hombre es Señor del día de reposo.	6 Paso 5: el Mesías es Señor del sábado y de la religión

VIII. LA DEFENSA DEL MESÍAS DADA A SUS OPOSITORES, 12:1-50

A. Defensa 1: el Mesías es mayor que la religión, 12:1-8

(12:1-50) *Introducción:* note que el capítulo 12 tiene que ver con la creciente oposición hacia Cristo, tanto de parte de los religiosos (Mt. 12:1-45) como de su propia familia (Mt. 12:46-50). Cristo hizo frente a un ataque tras otro, vindicando en cada ocasión su naturaleza mesiánica.

Las sospechas, el rechazo y el temor a Cristo crecían a paso acelerado. No podía ignorarlos si quería evitar la destrucción de quienes seguían la verdad. Era preciso confrontar los argumentos y las negaciones dirigidos contra su naturaleza mesiánica. Tenía que encarar a aquellos que no creían y se le oponían. Por amor a cada generación tenía que seguir proclamando la verdad, puesto que Él era el verdadero Mesías, el Salvador de todos aquellos que estaban dispuestos a creer y a rendirse a Dios.

(12:1-8) *Judíos, religión, importancia desde la ley del sábado, tradición—ritual—Jesucristo, oposición:* los discípulos no estaban robando cereales. Por ley le era permitido al viajero hambriento comer algunas espigas de cereal al pasar por los sembrados (Dt. 23:25). El crimen era que los discípulos *trabajaron*, al arrancar las espigas de grano *en día sábado.*

Para el judío ortodoxo este era un asunto grave. La seriedad del asunto se refleja en las demandas que regían al sábado. Una ley tras otra fue escrita para establecer las actividades de ése día. La persona no podía viajar, apurarse, cocinar, comprar, vender, sacar agua, caminar más de cierta distancia, alzar algo, luchar en una guerra o sanar el sábado a menos que la vida misma estuviera en juego. La persona no debía considerar ninguna clase de trabajo o actividad para el sábado. Un buen ejemplo de la lealtad de la gente a la ley son las mujeres que presenciaron la crucifixión de Jesús. Ni siquiera caminarían hasta el sepulcro para preparar el cuerpo para el sepelio hasta tanto no hubiese pasado el sábado (Mr.16:1s; Mt. 28:1ss). Quebrantar la ley del sábado era asunto grave. El transgreso era condenado, y si la ofensa era suficientemente grave, tenía que morir.

A algunos esto les puede parecer demasiado severo, pero tratándose de la nación judía, uno tiene que recordar que esa *era la religión* que durante siglos y siglos de exilio los había mantenido unidos como nación. La religión de los judíos (particularmente sus creencias referidas al llamado de Dios dirigido a la nación, el templo y el sábado) se convirtieron en la *fuerza de unión* que mantuvo unidos a los judíos preservando su carácter distintivo como pueblo. Ella los protegía de creencias ajenas y de ser absorbidos por otros pueblo por vía de matrimonios con esos pueblos. Dondequiera que estuvieran, se reunían y adoraban juntos y seguían fieles a sus creencias. Se puede ver un cuadro de esto en la insistencia de Nehemías al conducir a algunos judíos de regreso a Jerusalén (Neh. 13:15-22; cp. Jer. 17:19-27; Ez. 46:1-7).

Todo lo dicho anteriormente explica en cierto grado por qué los religiosos se oponían con tanta hostilidad a Jesús. El problema de ellos era este: habían permitido que la religión y el ritual, la ceremonia y litúrgica (y en algunos casos la posición, seguridad, y reconocimiento) cobrase más importancia que las cosas esenciales de la vida humana, tales como las necesidades personales y la compasión, y la auténtica adoración y misericordia de Dios. (*Véase* Estudio a fondo 1—Mt.12:10. Esta es una nota importante referida al presente punto.)

Cristo usó la oportunidad para mostrar que Él mismo era el Mesías y que tanto Él como el hombre en general eran más importantes que el sábado y la religión.

1. Conducta cuestionable: quebrantar la ley del sábado (vv. 1-3).
2. Paso 1: prioridad de las necesidades sobre tradición y ritual (cp. David) (vv. 3-4).
3. Paso 2: el trabajo necesario tiene prioridad sobre el sábado, es decir, sobre la religión (v. 5).
4. Paso 3: Él, el Mesías, es mayor que el templo (v. 6).
5. Paso 4: Él, el Mesías, tendrá una religión de misericordia y no de sacrificio (v. 7).
6. Paso 5: Él, el Mesías, es Señor del sábado y de la religión (v. 8).

1 (12:1-3) *Sábado—religión—ritual:* una conducta cuestionable: quebrantar la ley del sábado. Los discípulos estaban hambrientos. Transitando por el sendero junto a un campo de cereales, arrancaron algunas espigas para comer. Por ley un viajero estaba autorizado a hacerlo. No era robar, pero había un problema. Era sábado y la ley prohibía trabajar (arrancar cereales) en día sábado. Note dos cosas.

1. Inmediatamente los religiosos acusaron a Jesús, condenándolo por permitir a sus discípulos quebrantar la regla de la religión (*véanse* notas—Mt. 12:1-8; Estudio a fondo 1—12:1).

> **Pensamiento 1.** Los religiosos (maestros judíos) habían corrompido la Palabra de Dios (Ap. 22:18-19; Pr. 30:6).
> 1) La persona corrompe la Palabra de Dios cuando quita palabras de las Escrituras. La persona quita de la Palabra de Dios ...
>   - negando partes que no le gustan o no entiende.
>   - siendo negligente en cuanto a practicar todo el consejo de Dios.
>   - interpretando con demasiada superficialidad a algunos mandamientos.
> 2) La persona corrompe la Palabra de Dios agregando palabras a las Escrituras. La persona agrega a la Palabra de Dios cuando la interpreta y practica en forma excesivamente estricta. Tal conducta exalta la carne y no es sino una disciplina extrema y auto control. Por supuesto, tanto la disciplina como el auto control son recomendables y son cualidades requeridas por la Palabra de Dios, pero no son un fin en sí mismas.
>
> La Palabra de Dios es práctica y conduce a la vida abundante, a la vida real. No es fría, severa, restrictiva, monástica, carente de realismo e impráctica. Dios no dio su Palabra a un grupo selecto (clero); la dio para el hombre común. «Sus mandamientos no son gravosos» (1 Jn. 5:3).
>
> Los saduceos eran especialmente culpables de quitar de la Palabra de Dios. Los fariseos y escribas eran especial-mente culpables de agregar a la Palabra de Dios (*véanse* Estudio a fondo 3—Hch. 23:8; Estudio a fondo 1—Lc. 6:2).
>
> **Pensamiento 2.** Note dos cosas.
> 1) Hay creencias, prácticas religiosas y tradiciones que no son de Dios. Los hombres agregan a la Palabra de Dios e imponen restricciones a los hombres que Dios nunca quiso imponer.
> 2) Los religiosos tienen un espíritu de juicio y censura en el corazón cuando sus creencias son quebrantadas.

2. Jesús se defendió a sí mismo y a sus discípulos. Jesús utilizó el cuestionamiento de los religiosos para lograr dos objetivos primordiales.
    a. Enseñar que la necesidad humana y el trabajo necesario tienen prioridad sobre el sábado y la religión. Los rituales y las tradiciones religiosas no son tan importantes como la gente, ni como Dios.
    b. Proclamar su propia naturaleza mesiánica, su derecho a enderezar las creencias de autoría humana que rodean la Palabra de Dios y *las restricciones no escriturales* impuestas al hombre.

ESTUDIO A FONDO 1

(12:1) *Sábado—domingo:* la palabra significa reposo, cesación del trabajo. El sábado era el séptimo día de cada semana [sábado]. Era el día en que Israel celebraba mediante el reposo, dejando de hacer absolutamente todo trabajo. Estaba basado en el séptimo día cuando Dios reposo después de sus seis días de creación (Gn. 2:2-3).

Hasta donde se sepa, no hubo sábado desde la creación hasta Moisés. El sábado fue instituido por primera vez bajo el liderazgo de Moisés (Éx. 16:23; Neh. 9:13-14), después de ello se convirtió en parte de la ley de Israel (Éx. 20:8-11).

El sábado fue guardado como una señal distintiva de Israel, particular pueblo de Dios. Nunca fue un día de adoración o servicio religioso. Simplemente fue un día de descanso completo, tanto para el hombre como para la bestia. Cristo es acusado de violar leyes hechas por el hombre incrustadas en el contexto del sábado.

Hay una diferencia entre el sábado tal como lo observaban los judíos y otros, y el domingo tal como es observado por los creyentes cristianos. El sábado es el último día de la semana. Fue un día de reposo cuando Jesús el Mesías estuvo en el sepulcro, un día de gran tristeza para el cristiano. En cambio, domingo es el primer día de la semana. Es un día de gran gozo, porque fue el día de la resurrección de Jesús, el día en que triunfó sobre la muerte. Es llamado el *Día del Señor* y es celebrado como un día de reposo y gozo, un día glorioso para escudriñar el alma y meditar en Dios. Es el día de adoración y de compañerismo cristiano celebrado por los creyentes de todas partes del mundo (Hch. 20:7; 1 Co. 16:2).

- Jesús tenía la costumbre de adorar en sábado (Lc. 4:16).
- Pablo tenía la costumbre de adorar en domingo (Hch. 17:2).
- El pueblo de Dios no debe descuidar la adoración (He. 10:25; cp. Hch. 16:13).
- El pueblo de Dios debe recordar el sábado, y santificarlo (Éx. 20:8; 31:14; 34:21).
- El pueblo de Dios tiene una bendición especial referida a guardar y santificar el sábado (Is. 56:2; 58:13-14).
- Violar el sábado traerá juicio de Dios sobre el pueblo (Ez. 20:13; 22:15; cp. Nm. 15:32-35; Jer. 17:27).
- En sábado no hay que comparar ni vender (Neh. 10:31; 13:15).
- Está permitido ayudar al necesitado en sábado (Mt. 12:12; cp. Jn. 7:23; 9:14).
- Los primeros cristianos adoraban el día que Cristo se levantó de los muertos, esto es, en domingo, el primer día de la semana (Hch. 20:7; 1 Co. 16:2).

2 (12:3-4) *Necesidad:* el primer paso en el argumento de Cristo es que la necesidad tiene prioridad sobre la religión y su tradición y ritual. Esta verdad es ilustrada por David comiendo los panes de la proposición cuando tuvo hambre (*véase* Estudio a fondo 2, *Panes de la proposición*—Mt. 12:3-4). David comió los panes de la proposición. El sacerdote se lo dio a pesar de la ley religiosa, y David no fue culpado (1 S. 21:1-6). ¿Por qué? Porque tenía necesidad. La necesidad humana tenía prioridad sobre la tradición y el ritual religioso.

> **Pensamiento 1.** Note dos cosas.
> 1) David quebrantó la ley, no por placer, sino para suplir una necesidad genuina. Debemos suplir las necesidades genuinas de los hombres. El llamado y la preocupación de Dios es suplir la necesidad humana, no la *religión* y las creencias religiosas, no las prácticas religiosas y el ritual y la ceremonia y las reglas y reglamentos.
> 2) La ley que fue quebrantada para suplir la necesidad de David siguió en pie. Era una ley necesaria para la práctica de los hombres, sin embargo fue quebrantada para suplir una necesidad humana. La necesidad humana y la compasión tuvieron prioridad sobre la ley.
>
> **Pensamiento 2.** Existe un criterio para determinar si una

creencia religiosa, ley, costumbre, ritual ceremonia o regla debe ser quebrantada: ¿Será quebrantada para satisfacer un placer o para suplir una genuina necesidad? La respuesta honesta a esta pregunta le dirá a la persona qué hacer. (Cp. la ley civil. Los límites de velocidad son violados por conductores de ambulancias que se apresuran para llevar un paciente graveal hospital, o por agentes de policía que deben atender una emergencia.)

> «Como el Hijo del Hombre no vino para ser servido, sino para servir, y para dar su vida en rescate por muchos» (Mt. 20:28).

> «Entonces Jesús les dijo otra vez: Paz a vosotros. Como me envió el Padre, así también os envío» (Jn. 20:21).

> «En todo os he enseñado que, trabajando así, se debe ayudar a los necesitados, y recordar las palabras del Señor Jesús, que dijo: Más bienaventurado es dar que recibir» (Hch. 20:35).

> «Así que, los que somos fuertes debemos soportar las flaquezas de los débiles, y no agradarnos a nosotros mismos» (Ro. 15:1).

> «Sobrellevad los unos las cargas de los otros, y cumplid así la ley de Cristo» (Gá. 6:2).

ESTUDIO A FONDO 2

(12:2-4) *Pan de la proposición:* la palabra significa *el pan del rostro* o *el pan de la Presencia.* Simbolizaba la presencia de Dios quien es el Pan de vida. Los panes de la proposición estaban constituidos por doce piezas de pan traídos a la casa de Dios como ofrenda simbólica a Dios. Era una ofrenda de gratitud para agradecer a Dios por dar el alimento. Los panes debían ser llevados al Lugar Santo por el sacerdote y colocados en la mesa delante del Señor. Los panes simbolizaban un pacto duradero entre Dios y su pueblo: un pacto por el cual Dios siempre cuidaría que su pueblo tuviese el alimento necesario para el sustento (*véase* bosquejo—Mt. 6:25-34). Los panes debían ser cambiados cada semana. Los panes viejos pasaban al alimento de los sacerdotes y solamente ellos debían comerlos.

---

3 (12:5) *Domingo—trabajo—sábado:* el segundo paso en el argumento de Cristo es que el trabajo que es necesario hacer tiene prioridad sobre el sábado, es decir, sobre la religión. Siempre había trabajo que hacer en el templo: el manipuleo de los animales, el ofrecimiento de sacrificios, el trato de la gente, la dirección de la adoración. La *adoración de Dios* y el *trabajo necesario* siempre han tenido prioridad sobre las reglas y los reglamentos de la religión, y quienes trabajaban en la religión eran libres de culpa.

El sábado o domingo tiene dos propósitos: reposar y adorar (*véase* Estudio a fondo 1, *Domingo*—Mt. 12:1). Algunos trabajos son necesarios para posibilitar las funciones del reposo y la adoración. Note dos cosas.

1. El trabajo necesario es cualquier trabajo requerido para sustentar la vida y la adoración y la meditación en Dios (*véanse* nota 4 y Estudio a fondo 2—Mt. 12:12).

2. El reposo sabatino o dominical no debe impedir la adoración de Dios, sino proveerle el tiempo y alentarla.

> «Es lícito hacer el bien en los días de reposo» (Mt. 12:12).

> «No dejando de congregarnos, como algunos tienen por costumbre, sino exhortándonos; y tanto más cuanto véis que aquel día se acerca» (He. 10:25).

> «Acuérdate del día de reposo para santificarlo» (Ex. 20:8).

> «Asimismo, que si los pueblos de la tierra trajesen a vender mercaderías y comestibles en día de reposo, nada tomaríamos de ellos en ese día ni en otro día santificado» (Neh. 10:31; cp. Neh. 13:15).

4 (12:6) *Naturaleza mesiánica:* el tercer paso en el argumento de Cristo es que el Mesías es mayor que el templo (cp. 2 Cr. 6:18;

Is. 66:1-2). A los sacerdotes se les permitía trabajar el sábado porque era trabajo para el templo. Cristo estaba diciendo que sus discípulos podían trabajar (arrancar espigas de trigo) porque lo hacían para él (para saciar su hambre). Fue una oportunidad singular para Cristo, para proclamar que él era el Mesías, el Hijo de Dios, la gran fuente y objeto del templo, su fundador y el sujeto de su adoración.

Note que Cristo estaba en medio del campo cuando dijo: «Uno mayor que el templo [vuestro lugar de adoración] está aquí [en el campo de trigo]». No había duda en cuanto a qué estaba haciendo. Estaba proclamando que Él era el Mesías.

Pensamiento. El templo solamente poseía la presencia *simbólica* de Dios. Cristo poseía «toda la plenitud de la deidad» (Col. 2:9).

> «Pues os digo que uno mayor que el templo está aquí» (Mt. 12:6).

> «La reina del Sur se levantará en el juicio con los hombres de esta generación, y los condenará; porque ella vino de los fines de la tierra para oír la sabiduría de Salomón, y he aquí más que Salomón en este lugar» (Lc. 11:31).

> «El que de arriba viene es sobre todos; el que es de la tierra es terrenal, y cosas terrenales habla; el que viene del cielo es sobre todos» (Jn. 3:31).

> «Los quebrantarás con vara de hierro; como vasija de alfarero los desmenuzarás. Ahora, pues, oh reyes, sed prudentes; admitid amonestación, jueces de la tierra» (Sal. 2:9-10).

> «Y Él es la cabeza del cuerpo que es la iglesia, Él que es el principio, el primogénito de entre los muertos, para que en todo tenga la preeminencia» (Col. 1:18).

> «Hecho tanto superior a los ángeles, cuanto heredó más excelente nombre que ellos» (He. 1:4).

> «Porque de tanto mayor gloria que Moisés es estimado digno éste, cuanto tiene mayor honra que la casa el que la hizo» (He. 3:3).

5 12:7) *Misericordia—sacrificio—religión—cristiandad:* el cuarto paso en el argumento de Cristo es que el Mesías tendrá una religión de misericordia y no de sacrificio (cp. 1 S. 15:22; Os. 6:6). La ley suprema es el amor, no el sacrificio religioso—un amor que se extiende hacia toda persona en necesidad. Las prácticas religiosas y los rituales pueden ayudar, pero lo primero es el amor y la misericordia.

Pensamiento. Estos religiosos se hicieron culpables de la ofensa más grave.

1) Carecían de un corazón misericordioso; no eran compasivos ni comprensivos ante la necesidad humana. ¡Cuánta misericordia y compasión se requieren en nuestros tratos!

2) Ellos no entendían lo que «quiere decir»; no conocieron el verdadero significado del corazón y de la Palabra de Dios. Conocían la Palabra de Dios, pero no conocían su significado. ¡Qué mensaje para nosotros!

3) Juzgaban y censuraban a otros porque no conocían el significado del corazón y de la palabra de Dios. El corazón y la Palabra de Dios nunca permiten la censura de nadie.

> «No juzguéis, para que no seáis juzgados. Porque con el juicio con que juzgáis, seréis juzgados, y con la medida con que medís, os será medido. ¿Y por qué miras la paja que está en el ojo de tu hermano, y no echas de ver la viga que está en tu propio ojo? ¿O cómo dirás a tu hermano: Déjame sacar la paja de tu ojo, y he aquí la viga en el ojo tuyo? ¡Hipócrita! saca primero la viga de tu propio ojo, y entonces verás bien para sacar la paja del ojo de tu hermano» (Mt. 7:1-5).

«Por lo cual eres inexcusable, oh hombre, quienquiera que seas tú que juzgas; pues en lo que juzgas a otro, te condenas a ti mismo; porque tú que juzgas haces lo mismo» (Ro. 2:1).

«¿Tú quién eres, que juzgas al criado ajeno? Para su propio señor está en pie, o cae; pero estará firme, porque poderoso es el Señor para hacerle estar firme» (Ro. 14:4).

«Así que, ya no nos juzguemos más los unos a los otros, sino más bien decidid no poner tropiezo u ocasión de caer al hermano» (Ro. 14:13).

«Así que, no juzguéis nada antes de tiempo, hasta que venga el Señor, el cual aclarará también lo oculto de las tinieblas, y manifestará las intenciones de los corazones; y entonces cada uno recibirá su alabanza de Dios» (1 Co. 4:5).

«Uno solo es el dador de la ley, que puede salvar y perder; pero tú, ¿quién eres para que juzgues a otro?» (Stg. 4:12).

6 (12:8) *Jesucristo, deidad:* el quinto paso en el argumento de Cristo es que el Mesías es Señor del sábado y de la religión. Siendo el Señor, es Él el único para determinar lo que es la auténtica religión:

- Es amar a Dios creyendo en el nombre de su Hijo Jesucristo (1 Jn. 1:3).
- Es amar a nuestro prójimo como a nosotros mismos, ministrándoles y cuidando de ellos.

El hombre no debe procurar agregar o quitar del corazón y de la Palabra de Dios. Quitar de él es negarlo, y agregarle es representarlo equivocadamente, ambas actitudes destronan a Dios y exaltan al hombre como Señor.

«Y Jesús se acercó y les habló diciendo: Toda potestad me es dada en el cielo y en la tierra» (Mt. 28:18).

«A este Jesús a quien vosotros crucificasteis, Dios le ha hecho Señor y Cristo» (Hch. 2:36).

«A éste, Dios ha exaltado con su diestra por Príncipe y Salvador, para dar a Israel arrepentimiento y perdón de pecados» (Hch. 5:31).

«Para nosotros, sin embargo, sólo hay un Dios, el Padre, del cual proceden todas las cosas, y nosotros somos para él; y un Señor, Jesucristo, por medio del cual son todas las cosas, y nosotros por medio de él» (1 Co. 8:6).

«[Jesucristo] quien habiendo subido al cielo está a la diestra de Dios; y a él están sujetos los ángeles, autoridades y potestades» (1 P. 3:22).

	B. Defensa 2: el hombre es mayor que la religión, 12:9-13 (Mr. 3:1-6; Lc. 6:6-11)	tenga una oveja, y si ésta cayere en un hoyo en día de reposo, no le eche mano, y la levante?	a. ¿El bienestar de un animal vale más que las reglas religiosas?
1 Jesús pasó de allí a. Entró a la sinagoga b. Se encontró con un hombre con mano seca **2 Pregunta sobre la verdad:**_EF1_ **3 Ilustración de la verdad**	9 Pasando de allí, vino a la sinagoga de ellos. 10 Y he aquí había allí uno que tenía seca una mano; y preguntaron a Jesús, para poder acusarle: ¿Es lícito sanar en el día de reposo? 11 El les dijo: ¿Qué hombre habrá de vosotros, que	12 Pues ¿cuánto más vale un hombre que una oveja? Por consiguiente, es lícito hacer el bien en los días de reposo. 13 Entonces dijo a aquel hombre: Extiende tu mano. Y él la extendió, y le fue restaurada sana como la otra.	b. ¿Un hombre no vale más que un animal? **4 Afirmación de la verdad: Hacer el bien al hombre es más importante que las reglas religiosas** _EF2_ **5 La verdad demostrada: El hombre y su necesidad se deben anteponer a las reglas relig.: el hombre es mayor**

B. Defensa 2: el hombre es mayor que la religión, 12:9-13

(12:9-13) *Introducción:* no sabemos nada del hombre con la mano seca. Los evangelios no dicen nada más de él. Sin embargo, William Barclay nos dice que hay un terrible trasfondo dado en uno de los libros que nunca fue aceptado en el Nuevo Testamento, *El Evangelio según los Hebreos.* Dicho evangelio dice que el hombre era un carpintero que se ganaba la vida trabajando con sus manos. Agrega que el hombre rogó a Jesús que lo sanara para no tener que sufrir la vergüenza de tener que mendigar su comida (*The Gospel of Matthew,* tomo 2, p. 331).

Cristo utilizó este evento para probar su naturaleza mesiánica y para mostrar que el hombre es más que la religión.

1. Jesús pasó de allí (vv. 9-10).
2. Pregunta sobre la verdad: ¿Es un hombre más importante que la religión—que el sábado? (v. 10).
3. Ilustración de la verdad (v. 11).
4. Afirmación de la verdad: hacer el bien al hombre es más importante que las reglas religiosas (v. 12).
5. La verdad demostrada: el hombre y su necesidad debe ser antepuesto a las reglas religiosas—el hombre es mayor (v. 13).

1 (12:9-10) *Jesucristo, compasión:* Jesús pasó de allí. Esto no quiere decir que Jesús estaba dejando los campos sembrados donde había estado discutiendo con los religiosos (v.1-8). Significa que dejó la ciudad donde estaba para dirigirse a otra. Fue en «otro día de reposo» que él entró a la sinagoga (cp. Lc. 6:6).

1. Cristo vino a la sinagoga. Note que la discordia, las disputas y la oposición no eran motivo para que Cristo dejara la adoración ni dejara de hacer lo que debía (cp. Mt. 12:1-8).

Pensamiento. Note dos lecciones impactantes.

1) Jesús estaba adorando en día sábado. Estaba donde tenía que estar el día del Señor.
2) Conflictos y discordia no deben impulsarnos a dejar la casa del Señor. Nuestra primera obligación es amar y adorar al Señor con todo nuestro ser.

2. Cristo se encontró con un hombre de mano seca. Note que Jesús no había comenzado a sanar al hombre. Aparentemente los religiosos habían notado que Jesús vio al hombre o percibieron la compasión de Jesús y su intención de sanarlo. Los religiosos estaban perturbado, y profundamente, porque Jesús estaba por ignorar otra vez las creencias de ellos y reglas sus reglas referidas al sábado (*véase* nota—Mt. 12:1-8).

Pensamiento. Este hombre estaba en la sinagoga. Percibía su dependencia de Dios. Note dos cosas.

1) Una discapacidad física no impide que una persona sea fuerte. Puede la persona ser discapacitada y sin embargo, maravillosamente fuerte. Puede ser

espiritual mentalmente fuerte, fuerte en confianza y seguridad, fuerte en percibir la presencia de Dios y fuerte en un sentido de propósito y significado para la vida. Dios puede dar este tipo de fuerza. En efecto, la salud física es inútil y a veces destructiva sin la fuerza espiritual. Evidentemente, este hombre de la mano seca conocía la fuerza de Dios, pero tenía una necesidad. Estos dos hechos tocaron el corazón de Jesús.

2) Una discapacidad física puede ser usada por Dios y en gran manera. Dios usa las discapacidades ...

- para demostrar gran fe.
- para dar un ejemplo vibrante de confianza ante los seres queridos, vecinos, y allegados.
- para ser un testimonio dinámico de la gracia salvadora de Dios.
- para motivar la propia salvación de la persona.
- para acercar a la persona de una manera muy, muy especial a Dios.
- para motivar a la persona a convertirse en un guerrero de oración, un interceso tanto por el pueblo de Dios como por el mundo que padece un espíritu inquieto y variante, perdido, tratando de hallar su camino.

2 (12:10) *Religiosos:* se planteó una pregunta sobre la verdad. ¿Es un hombre más importante que la religión, que las reglas sabatinas? (Para mayor discusión *véase* Estudio a fondo 1—Mt. 12:10). La ley decía que las personas no podían ser sanadas ni recibir ayuda en sábado a menos que la vida misma estuviera en peligro. Sin embargo, allí estaba el hombre y tenía una desesperante necesidad de ayuda. Jesús tenía el poder para ayudarle ¿pero, era correcto hacerlo? Si sanaba al hombre estaría violando las reglas religiosas. ¿Debía Jesús poner primero al hombre o a los rituales?

«Maestro, ¿cuál es el gran mandamiento? Jesús le dijo: Amarás al Señor tu Dios con todo tu corazón, y con toda tu alma, y con toda tu mente. Este es el primero y grande mandamiento. Y el segundo es semejante: Amarás a tu prójimo como a ti mismo» (Mt. 22:36-39).

«El amor no hace mal al prójimo; así que el cumplimiento de la ley es el amor» (Ro. 13:10).

«En esto hemos conocido el amor, en que él puso su vida por nosotros; también nosotros debemos poner nuestras vidas por los hermanos. Pero el que tiene bienes de este mundo y ve a su hermano tener necesidad, y cierra contra él su corazón, ¿cómo mora el amor de Dios en él? Hijitos míos, no amemos de palabra ni de lengua, sino de hecho y en verdad. Y en esto conocemos que somos de la verdad, y aseguraremos nuestros corazones delante de él» (1 Jn. 3:16-19).

«Oh hombre, él te ha declarado lo que es bueno, y qué pide Jehová de ti: solamente hacer justicia, y amar

misericordia, y humillarte ante tu Dios» (Mi. 6:8).

Pensamiento. Note varias lecciones.

1) Hay motivos por los que damos prioridad a las costumbres religiosas y el presente orden de cosas respecto del hombre y de suplir sus auténticas necesidades.

   a) Nos deslizamos hacia una rutina, una forma de hacer las cosas, y sencillamente las seguimos haciendo porque ello es cómodo.

   b) Tenemos miedo del cambio porque podemos perder a algunas personas y el apoyo que ellas nos dan.

   c) Tenemos miedo de perder nuestra posición y seguridad.

   d) Tenemos miedo del fracaso, el debilitamiento de lo que ya tenemos, la pérdida de lealtad de otras personas a nuestra posición y a nuestras prácticas religiosas.

2) Todo hombre tiene alguna necesidad. Necesita salvación, una auténtica experiencia de adoración, una relación personal con Dios día tras día; ser consciente de la presencia del Espíritu y de la dirección que él da a cada momento. Necesita saber cómo vivir en un mundo que lo aleja de Dios, un mundo que lo empuja a todas las cosas mundanas imaginables. Y, sin embargo, con demasiada frecuencia, se antepone todo lo demás al hombre: se da prioridad a mantener la organización religiosa, la forma, el ritual, la ceremonia, la costumbre, el servicio, el orden, litúrgica, reglas y reglamentos, todo ello parece ser más importante que suplir las necesidades de los hombres.

3) Nada debe impedirnos el suplir las necesidades del hombre, de anteponerlo a él y sus necesidades a todo ritual y forma religiosa.

   a) Es la única forma en que el corazón del hombre puede ser alcanzado y satisfecho (Col. 2:9-10; Jn. 10:10).

   b) Es la única forma en que la iglesia puede detener la pérdida de multitudes de personas. Como hemos oído tantas veces: entran por la puerta de adelante y salen por la de atrás. ¿Por qué? Sus necesidades no han sido satisfechas.

   Tenemos que ser valientes y venir a la presencia del Señor escudriñando nuestros corazones y formular varias preguntas. ¿Estamos realmente alcanzando a tantos para Cristo? ¿Está la gente realmente aceptando a Cristo por medio de nuestro ministerio? ¿Por qué no, si el Señor dijo que los campos están blancos para la siega? ¿Es posible que estemos tan aprisionados en la religión que le damos mayor importancia a ella que a las necesidades de la gente?

4) La necesidad básica del hombre es conocer y adorar a Dios en forma personal. Sin embargo, con demasiada frecuencia no logramos extendernos hacia el hombre por anteponer la adoración, la forma, el ritual, y la reglas al suplir sus necesidades. Demasiadas veces actuamos como si ...

   • el hombre existiera para la religión, y no la religión para el hombre.

   • el hombre existiera para los servicios religiosos, y no los servicios religiosos para el hombre.

   • el hombre existiera para mantener las organizaciones, y no las organizaciones para el hombre.

   • el hombre existiera para las reglas y rituales, en vez de existir ellas para el hombre.

ESTUDIO A FONDO 1

(12:10) *Religiosos:* el conflicto que los religiosos tuvieron con Jesús por creencias religiosas a veces es considerado por el hombre moderno como insignificante y duro, o bien que esos conflictos no son entendidos. Tres hechos le ayudarán a uno a entender por qué tuvo lugar el conflicto y por qué ponían en peligro la vida de Jesucristo, terminando finalmente con su asesinato.

1. La nación judía se había mantenido unida por sus creencias religiosas. A lo largo de los siglos el pueblo judío había sido conquisto por un ejército tras otro, habían sido deportados de a millones y esparcidos en todo el mundo. En los propios días de Jesús habían sido esclavizados por Roma. La religión de ellos era la fuerza unificadora que mantenía unidos a los judíos. Con particular fuerza ...

   • la convicción de haber sido llamados por Dios para ser un pueblo distinto (que adoraba al único y verdadero Dios viviente).

   • las reglas que ellos tenían referidas al sábado y al templo, al matrimonio entre distintas razas, a la adoración, y a las cosas que podían o no comer.

Estas creencias y estas reglas los protegieron de creencias ajenas y de ser absorbidos por vía de matrimonios con otros pueblos. La religión fue lo que mantuvo el carácter distintivo de ellos como pueblo y como nación.

Los líderes judíos sabían esto. Sabían que la *religión de ellos* era la fuerza de unión que mantenía unida la nación. Por eso se oponían a toda persona o cosa que fuera una amenaza de *romper o debilitar* las leyes de su religión y de su nación.

2. Los religiosos eran hombres de convicciones muy profundas. Eran fuertes en sus creencias; por eso quedaron aprisionados en las creencias y prácticas religiosas. La violación de cualquier ley o regla referida a las creencias o prácticas era una grave ofensa, porque propugnaban un comportamiento *superficial.* Y la conducta superficial, suficientemente extendida, debilitaría la religión. Por eso Jesús al violar la ley estaba cometiendo una ofensa muy grande. En el pensamiento de ellos estaba debilitando la religión y amenazando a la nación.

3. Los religiosos eran hombres con una profesión, posición, reconocimiento, estima, un sustento y seguridad. Cualquier persona que se oponía a lo que ellos creían y enseñaban era una amenaza a todo lo que poseían. Sin duda, algunos religiosos sentían que Jesús era una amenaza para ellos. Cada vez que Jesús violaba la ley de ellos, estaba socavando la posición y seguridad que tenían. (*Véanse* notas—Mt.12:1-8; 16:1-12; 21:23; 22:15-22, 23-33, 34-40; 23:1-12.)

Cuatro errores tenían los religiosos.

1. Malinterpretaron y corrompieron la Palabra de Dios (*véanse* notas—Mt. 12:1-3; Estudio a fondo 1—Jn. 4:22; cp. Ro. 9:4).

2. Ante los ojos de Dios cometían un pecado grave tras otro (*véanse* notas—1 Ts. 2:15-16; cp. Ro. 2:17-29).

3. Rechazaron el camino de justicia de Dios, el Mesías de Dios, que es Jesucristo (*véanse* notas—Ro. 11:28; 1 Ts. 2:15-16; cp. Ro. 10:1-21, esp. 1-4, 19-21).

4. Permitieron que la religión con sus tradiciones y rituales fuera más importante que suplir las necesidades básicas de la vida humana: la necesidad que el hombre tiene de Dios y la necesidad de salud espiritual, mental y física. Cristo, como verdadero Mesías, tenía que denunciar semejante error. De esa manera quedaron trazadas las líneas de combate.

   • El Mesías sabía que tenía que librar a la gente de un comportamiento tan esclavizante. Tenía que salvarlos para que pudieran adorar a Dios en libertad de espíritu.

   • Los religiosos sentían que debían oponerse a Cristo

porque constituía una amenaza a la nación y a la posición y seguridad de ellos.

El ataque de los religiosos asumió dos formas.

1. Primero, intentaron desacreditar a Cristo para impedir así que las multitudes le siguieran (cp. Mt. 21:46).

> «Y preguntaron a Jesús, *para poder acusarle:* ¿Es lícito sanar en el día de reposo?» (Mt. 12:10).

> «Y le acechaban los escribas y los fariseos, para ver si en el día de reposo lo sanaría, a fin de hallar *de qué acusarle*» (Lc. 6:7).

> «Entonces se fueron los fariseos y consultaron cómo sorprenderle en alguna palabra. Y le enviaron los discípulos de ellos con los herodianos, diciendo: Maestro, sabemos que eres amante de la verdad, y que enseñas con verdad el camino de Dios, y que no te cuidas de nadie, porque no miras la apariencia de los hombres. Dinos, pues, qué te parece: ¿Es lícito dar tributo a César, o no?» (Mt. 22:15-17).

2. Segundo, no pudiendo desacreditarlo, buscaron alguna forma para darle muerte.

> «Y salidos los fariseos, tuvieron consejo contra Jesús para *destruirle*» (Mt. 12:14).

> «Entonces los principales sacerdotes, los escribas, y los ancianos del pueblo se reunieron en el patio del sumo sacerdote llamado Caifás, y tuvieron consejo para prender con engaño a Jesús, y *matarle*» (Mt. 26:3-4).

> «Y los principales sacerdotes y los escribas buscaban cómo matarle; porque temían al pueblo» (Lc. 22:2).

> «Por esto los judíos aun más procuraban matarle, porque no sólo quebrantaba el día de reposo, sino que también decía que Dios era su propio Padre, haciéndose igual a Dios» (Jn. 5:18).

> «Después de estas cosas, andaba Jesús en Galilea; pues no quería andar en Judea, porque los judíos procuraban matarle» (Jn. 7:1). (Cp. Jn. 7:19-20, 25.)

[3] (12:11) *Hombre:* para demostrar que el hombre es más que la religión la verdad fue ilustrada. Jesús preguntó: Si un hombre tenía una sola oveja, y en sábado caía en un hoyo, ¿acaso el hombre no iría a rescatarla? Imagínese la fuerza de la pregunta de Jesús. Ella mostraba sencillamente cuán *incongruente e ilógica* era la forma de pensar de los religiosos. Los exponía como *ignorantes y ciegos* ante la verdad espiritual.

La pregunta del Señor tenía dos aspectos.

*   ¿Acaso no se antepone el bienestar del animal a las reglas religiosas?
*   ¿Acaso un hombre no vale más que un animal?

> «Si recibe el hombre la circuncisión en día de reposo, para que la ley de Moisés no sea quebrantada, ¿os enojáis conmigo porque en el día de reposo sané completamente a un hombre?» (Jn. 7:23).

> «Y de hacer bien y de la ayuda mutua no os olvidéis; porque de tales sacrificios se agrada Dios» (He. 13:16).

> «Y si un hermano o una hermana están desnudos, y tienen necesidad del mantenimiento de cada día» (Stg. 2:15).

Pensamiento 1. Es preciso formular dos preguntas, preguntas que deberían escudriñar nuestros corazones.

1) ¿Es un animal de más valor que una persona con sus necesidades?
2) ¿Se podrá afirmar alguna vez que las cosas (rituales y ordenanzas) sean de más valor que la compasión hacia un hombre?

¡Cuán engañados e irresponsablemente vivimos y actuamos tantas veces! ¡Cuántas veces nos oponemos a

Jesucristo y a su verdadera misión tal como se opusieron los religiosos de su día! Y lo hacemos por los mismos motivos (véase Estudio a fondo 1—Mt.12:10).

Pensamiento 2. Hoy tenemos *animales* que son más importantes que el alcanzar al hombre y suplir sus necesidades; son los *animales* de los rituales religiosos y de reglas y de la posición y seguridad personal. La verdad tiene que ser conocida y vivida. Es preciso establecer las prioridades.

Pensamiento 3. El hombre no sólo es más racional que los animales, el hombre es espíritu, es capaz de adorar y vivir por siempre con Dios. Los animales no son seres espirituales; por eso, el hombre y sus necesidades deben recibir prioridad sobre los animales. Si una persona tiene problemas con esto, es señal de un corazón engañado y una mente enceguecida. ¿Cuántos de nosotros seguimos las formas religiosas antes de extendernos hacia el hombre para suplir sus verdaderas necesidades? ¿Cuántos de nosotros tienen corazones engañados y mentes enceguecidas en nuestra práctica de la religión?

[4] (12:12) *Hombre:* la verdad fue enunciada. Cristo dijo que hacer bien al hombre vale más que las reglas de religión y del sábado. Debemos ayudar a la persona que tiene necesidades antes de preocuparnos por guardar los rituales y las reglas de la religión.

Pensamiento. Hay muchas formas en que podemos hacer el bien durante el día del Señor:

*   adorando.
*   trayendo a otros a la adoración.
*   visitando a los perdidos y necesitados.
*   ayudando a aquellos sorprendidos por la angustia.
*   alimentando a los hambrientos.
*   cuidando a los enfermos y los que sufren.

> «Como el Hijo del Hombre no vino para ser servido, sino para servir, y para dar su vida en rescate por muchos» (Mt. 20:28).

> «Porque tuve hambre, y me disteis de comer; tuve sed, y me disteis de beber; fui forastero, y me recogisteis; estuve desnudo, y me cubristeis; enfermo, y me visitasteis; en la cárcel, y vinisteis a mí» (Mt. 25:35-36).

> «Entonces Jesús les dijo otra vez: Paz a vosotros. Como me envió el Padre, así también os envío» (Jn. 20:21).

> «En todo os he enseñado que, trabajando así, se debe ayudar a los necesitados, y recordar las palabras del Señor Jesús, que dijo: Más bienaventurado es dar que recibir» (Hch. 20:35).

> «Así que, los que somos fuertes debemos soportar las flaquezas de los débiles, y no agradarnos a nosotros mismos» (Ro. 15:1).

> «Sobrellevad los unos las cargas de los otros, y cumplid así la ley de Cristo» (Gá. 6:2).

ESTUDIO A FONDO 2

(12:12) *Sábado—domingo:* el sábado o el domingo son para descansar y adorar (*véase* nota—Mt. 12:5). ¿Qué está permitido el sábado o domingo, para el día apartado para descansar y adorar? El Hijo de Dios dice: «Es lícito hacer el bien en los días de reposos»; es decir, es lícito ayudar *auténticamente* a la persona que tiene una *verdadera* necesidad.

[5] (12:13) *Hombre:* la verdad fue demostrada. El hombre y sus necesidades son más importantes que el sábado y las reglas religiosas. El hombre vale más; es mucho más importante. Jesús sanó al hombre. Jesús demostró en términos incuestionables que para Dios no hay nada más sagrado que el hombre. El hombre tiene que ser *alcanzado y traído* a una relación personal con Dios (Lc. 19:10), y se le debe

ayudar y llevarlo a un estado de vida abundante; se le debe ayudar todo lo posible (Jn. 10:10).

«Porque el Hijo del hombre vino a buscar y a salvar lo que se había perdido» (Lc. 19:10).

«Yo he venido para que tengan vida: y para que la tengan en abundancia» (Jn. 10:10).

«Me he hecho débil a los débiles, para ganar a los débiles; a todos me he hecho de todo, para que de todos modos salve a algunos» (1 Co. 9:22).

«También os rogamos, hermanos, que amonestéis a los ociosos, que alentéis a los de poco ánimo, que sostengáis a los débiles, que seáis pacientes para con todos» (1 Ts. 5:14).

Pensamiento 1. ¡Qué lección para nosotros al extendernos, semana tras semana y día tras día, para conducir los hombre *a* Dios! ¡Cuánto nos hace falta corregir nuestros corazones engañados y nuestras mentes enceguecidas! ¡Cuánto necesitamos ser librados de la esclavitud de nuestros órdenes y formas religiosas y de nuestra propia posición y seguridad personal!

1) Sólo vivimos un breve tiempo, luego rendiremos cuentas a Dios.
2) Sólo disponemos de unos cortos años para ocuparnos de la obra del Señor.

Pensamiento 2. Cristo nos imparte una importante lección: debemos dar más importancia al hombre y a sus necesidades que a nuestras prácticas religiosas y a nuestra seguridad personal. No debemos permitir que nuestro miedo nos detenga (*véase* Estudio a fondo 1—Mt. 12:10).

| 1 Dos actitudes
  a. Primera: los fariseos se complotaron contra Jesús; Él se retiró
  b. Segunda: las multitudes siguieron a Jesús; Él las sanó
  c. Jesús no quería publicidad EF1

2 La persona de Jesús EF2 | C. Defensa 3: el Mesías es el siervo escogido de Dios, 12:14-21
(Mr. 3:7-12)

14 Y salidos los fariseos, tuvieron consejo contra Jesús para destruirle.
15 Sabiendo esto Jesús, se apartó de allí; y le siguió mucha gente, y sanaba a todos,
16 y les encargaba rigurosamente que no le descubriesen;
17 para que se cumpliese lo dicho por el profeta | Isaías, cuando dijo:
18 He aquí mi siervo, a quien he escogido; mi amado, en quien se agrada mi alma; pondré mi Espíritu sobre él, y a los gentiles anunciará el juicio.
19 No contenderá, ni voceará, ni nadie oirá en las calles su voz.
20 La caña cascada no quebrará, y el pábilo que humea no apagará, hasta que saque a victoria el juicio.
21 Y en su nombre esperarán los gentiles. | a. Siervo escogi.de Dios
b. Hijo amado de Dios
c. El Espíritu de Dios estaba sobre Él

3 La obra de Jesús
  a. Proclama justicia a toda la gente
  b. Muestra humildad
    1) No hay pelea
    2) No hay clamor
    3) No hay alboroto
  c. Ama y alienta
  d. Lleva la justicia a victoria
  e. Da esperanza a todos |

C. Defensa 3: el Mesías es el siervo escogido de Dios, 12:14-21

(12:14-21) **Introducción:** el Antiguo Testamento predijo quien sería el Mesías y qué obra haría. Este pasaje prueba que Jesús cumplía con lo predicho acerca del Mesías.

1. Trasfondo: dos actitudes (vv. 14-16). (Su respuesta a la forma en que la gente lo trataba demostraba que él era el Mesías.)
2. La persona de Jesús (vv. 17-18).
3. La obra de Jesús (vv. 18-21). (Lo que Jesús hizo, la forma quieta, tierna en que lo hizo fue prueba de su naturaleza mesiánica.)

1 (12:14-16) **Jesucristo, respuesta de:** hay dos actitudes hacia Jesús. Los religiosos y las multitudes demostraron estas dos actitudes.

1. Los religiosos rechazaron y se complotaron contra Jesús. Representan a quienes se rebelan contra el Señorío de Cristo; se oponen a que Cristo tenga algún control sobre sus vidas. Había una advertencia en la respuesta de Jesús a los religiosos (fariseos). Tuvieron oportunidad tras oportunidad, pero rechazaron una y otra vez el llamado de Cristo. Rechazaron tantas veces que sus corazones se volvieron impenetrables endurecidos, aparentemente fuera del alcance. Cristo se vio obligado a alejarse de ellos.

> **Pensamiento.** Dios dice: «No contenderá mi espíritu con el hombre para siempre» (Gn. 6:3; cp. Pr. 29:1). Esta es una advertencia necesaria, porque cuando nos sentimos requeridos a hacer una decisión y postergamos la decisión por una hora o dos (medio día o a lo sumo un día), la fuerza se desvanece y eventualmente muere. El Espíritu de Dios no sigue contendiendo con nosotros. La mayoría de nosotros hemos experimentado esos movimientos y hemos matado la fuerza con que el Espíritu tironeaba de nosotros.

2. Las multitudes (muchos de ellos) creyeron y confiaron y siguieron a Jesús, de modo que los sanó a todos.

> **Pensamiento.** Jesús sana, respondiendo a todo aquel que *verdaderamente* le sigue.

3. Jesús no quiso publicidad (para la discusión *véase* Estudio a fondo 1—Mt. 12:16).

ESTUDIO A FONDO 1

(12:16) **Jesús—ninguna publicidad:** ¿Por qué se retiró Jesús recomendando a la gente que no lo descubriese?

1. Jesús quería evitar la confrontación con aquellos que estaban detrás de su vida. Su hora aun no había llegado. No quiso provocar a los religiosos a un conflicto deliberado

exponiéndose a sí mismo a un peligro prematuro.

2. Jesús no quería ser obligado por la aclamación pública a asumir el reinado de la nación. Entendía cuál era su misión. Había venido, en primer lugar, para ser el sufriente Siervo, sabía que la gente era muy inflamable, que gemía por liberación de los conquistadores romanos. Demasiada promoción de sus milagros habría causado un levantamiento. Tenía que evitar un levantamiento para poder desarrollar su misión de morir por el mundo como Siervo sufriente. (*Véanse* nota—Mt. 1:1; Estudio a fondo 2—1:18; Estudio a fondo 2—3:11; notas—11:1-6; 11:2-3; Estudio a fondo 1—11:5; Estudio a fondo 2—11:6; Estudio a fondo 1—12:16; notas—22:42; Lc.7:21-23.)

3. Jesús necesitaba tiempo para enseñarle a la gente lo que significaba ser el verdadero Mesías. La gente creía que el Mesías iba a derrocar a los conquistadores romanos y a establecer a Israel como una de las grandes naciones del mundo. Jesús tenía que mostrar que el reino del Mesías era espiritual, no material; presente y futuro, no solo presente; permanente y eterno, no solamente mortal y transitorio.

4. Jesús tenía que enseñar la humildad. Se rehusaba a presentar un espectáculo para «ser visto de los hombres» (v. 19).

5. Jesús quería dar un ejemplo del principio que había establecido: «Cuando os persigan en esta ciudad, huid a la otra» (Mt. 10:23).

2 (12:17-18) **Jesucristo, deidad—siervo escogido:** en estos dos versículos se muestra tan claramente la persona de Jesucristo. Note que es una cita de la profecía de Isaías concerniente a la persona del Mesías (Is. 42:1-4).

1. Jesucristo es *el Siervo escogido de Dios.* Cristo se humilló a sí mismo ante la voluntad de Dios. Y cumplió *perfectamente* la voluntad de Dios (2 Co. 5:21; He. 4:15). Por eso Él es el *Siervo ideal* de Dios. Es el modelo, el cuadro, el ideal de cómo todo hombre debe servir a Dios. Jesús fue el siervo escogido de Dios en la gran obra redentora. Note dos cosas: Cristo fue (1) escogido por Dios, y (2) fue el siervo de Dios (*véase* nota—Ef. 5:2).

> «[El Señor]... desechada ciertamente por los hombres, mas para Dios *escogida* y preciosa» (1 P. 2:4).
> «El cual [Cristo Jesús] siendo en forma de Dios, no estimó el ser igual a Dios como cosa a que aferrarse, sino que se despojó a sí mismo, tomando forma de *siervo,* hecho semejante a los hombres; y estando en la condición de hombre, se humilló a sí mismo, haciéndose obediente hasta la muerte, y muerte de cruz» (Fil. 2:6-8).
> «Entonces dije: He aquí que vengo, oh Dios, *para hacer tu voluntad,* como en el rollo del libro está escrito de mí» (He. 10:7).

«Porque he descendido del cielo, no para hacer mi voluntad, sino *la voluntad del que me envió* ... Y esta es la voluntad del que me ha enviado: Que todo aquel que ve al Hijo, y cree en él, tenga vida eterna; y yo le resucitaré en el día postrero» (Jn. 6:38, 40).

Pensamiento. Note tres vigorosas lecciones para nosotros.

* Cristo se *sometió a sí mismo* a Dios, para hacer su voluntad; por eso.
* le fue dada una *gran obra* para hacer.
* experimentó la *gran confianza* de Dios.

2. Jesucristo es el Hijo amado de Dios. Hay dos pensamientos preciosos en esto.

a. Cristo ha estado en «el seno del Padre» por toda la eternidad; es decir, su gran misión en la tierra y la gran salvación que traería al hombre había estado desde siempre en lo profundo del corazón de Dios. Dios siempre tuvo a Cristo por muy querido y precioso.

b. Cristo fue «su delicia de día en día, teniendo solaz delante de él en todo tiempo» (Pr. 8:30; cp. 8:22-31). Por toda la eternidad ha habido una relación inconcebible de amor y comunión entre el Padre y el Hijo que trasciende nuestras limitadas mentes. Cristo siempre fue el *amado* Hijo de Dios.

«*Su amado Hijo*, en quien tenemos redención por su sangre, el perdón de pecados .... » (Col. 1:13-14. Cp. 1:13-20 para tener una hermosa descripción de la obra de Cristo y la complacencia de Dios en esa obra.)

«Pues cuando él [Jesucristo] recibió de Dios Padre honra y gloria, le fue enviada desde la magnífica gloria una voz que decía: Este es *mi Hijo amado*, en el cual tengo complacencia» (2 P. 1:17. Cp. Mt. 3:17; 17:5; Mr. 1:11; 9:7; Lc. 3:22; 9:35.)

«Porque de tal manera amó Dios al mundo, que ha dado a su *Hijo unigénito*, para que todo aquel que en Él cree, no se pierda, mas tenga vida eterna. Porque no envió Dios a su Hijo al mundo para condenar al mundo, sino para que el mundo sea salvo por Él» (Jn. 3:16-17).

«*Por eso me ama el Padre*, porque yo pongo mi vida, para volverla a tomar» (Jn. 10:17).

3. El Espíritu de Dios estuvo plenamente sobre Jesucristo. Cristo estaba capacitado para la obra que Dios lo envió hacer. Tenía una medida ilimitada del Espíritu de Dios (*véase* nota—Jn. 3:34).

«Porque el que Dios envió [Cristo], las palabras de Dios habla; pues Dios no da el Espíritu por *medida*» (Jn. 3:34; cp. He. 1:9 donde el «óleo de alegría» se refiere al Espíritu Santo).

«Y reposará sobre Él el Espíritu de Jehová; espíritu de sabiduría y de inteligencia, espíritu de consejo y de poder, espíritu de conocimiento y de temor de Jehová. Y le hará entender diligente en el temor de Jehová. No juzgará según la vista de sus ojos, ni argüirá por lo que oigan sus oídos; sino que juzgará con justicia a los pobres, y argüirá con equidad por los mansos de la tierra» (Is. 11:2-4).

Pensamiento. Dios pone su Espíritu en todo aquel que es escogido por Él. Esto significa al menos dos cosas.
1) Dios da dones espirituales y poder a todo vaso escogido por Él. Él equipa a toda persona para hacer aquello a lo cual Dios la llama. (Cp. Ro. 12:5-8; 1 Co. 12:7-11, 27-31; Ef. 4:11-16.)
2) Dios también da algo de su imagen, algo de su semejanza a toda persona escogida (2 Co. 3:18).

ESTUDIO A FONDO 2

(12:17-21) *Jesucristo, escritura cumplida:* cp. Is. 42:1-4.

[3] (12:18-21) *Jesucristo, obra:* estos versículos expresan claramente la obra de Jesucristo.

1. Jesucristo proclamó justicia a toda persona. Justicia significa hacer lo que está bien para Dios y para el hombre (*véase* Estudio a fondo 5—Mt. 5:6). Es vivir y obrar correctamente. Jesucristo vino para mostrar a todos los hombres, tanto judíos como gentiles, cómo vivir y comportarse para con Dios y el hombre. Vino a proclamar el *camino correcto* para el hombre mientras viva en la tierra.

Pensamiento. Cristo no excluye a nadie, pero los hombres rehuyen y evitan, se excluyen y rechazan mutuamente. Cristo se extiende hasta los gentiles, no importa cuan impíos y corrompidos puedan ser. Se extiende a todos, y muestra a todos cómo vivir una vida justa y recta.

«Jesús le dijo: Yo soy el camino, y la verdad, y la vida; nadie viene al Padre, sino por mí» (Jn. 14:6).

2. Jesucristo mostró humildad. El cuadro es doble.
a. Jesucristo no vino haciendo ruido:
* *peleando* (discutiendo, protestando, debatiendo).
* *clamando* (desafiando en alta voz y reaccionando contra la oposición).
* *alborotando* (vociferando y promoviendo un levantamiento en las calles).

Jesucristo vino silenciosa y pacíficamente para conquistar a los hombres amándolos y advirtiéndoles que huyan de los terribles resultados del egoísmo y del pecado.

b. Jesucristo no vino con la pompa y ceremoniosidad que la gente esperaba del Mesías. No vino en la fuerza y violencia que la gente esperaba del Hijo de David (*véanse* nota 1 y Estudio a fondo 1—Mt. 1:18). Vino en paz, humillándose y negándose a sí mismo y ofreciendo paz a todos los hombres sin importar cuán egoístas y malvados pudieran ser. Vino con la voz del llamado y la invitación a ser salvados, no con la voz del argumento, del terror y la condenación.

Pensamiento. Esta es una vigorosa lección para todo creyente. Cuánto difieren vida y ministerio de muchas personas del ejemplo de Cristo. Cuanta gente habla, expone, enfatiza argumenta y alborota sobre promoción y publicidad, posición e importancia, ministerio y resultados.

«En verdad que me he comportado y he callado mi alma como un niño destetado de su madre; como un niño destetado está mi alma» (Sal. 131:2).

«Y el efecto de la justicia será *paz;* y la labor de la justicia, *reposo y seguridad* para siempre» (Is. 32:17).

«Angustiado él, y afligido, *no abrió su boca;* como cordero fue llevado al matadero; y como oveja delante de sus trasquiladores, enmudeció, y no abrió su boca» (Is. 53:7).

«Llevad mi yugo sobre vosotros, y aprended de mí, que soy manso y humilde de corazón; y hallaréis descanso para vuestras almas» (Mt. 11:29).

«Yo Pablo os ruego por la mansedumbre y ternura de Cristo, yo que estando presente ciertamente soy humilde entre vosotros, mas ausente soy osado para con vosotros» (2 Co. 10:1).

«Y que procuréis tener tranquilidad, y ocuparos de vuestros negocios, y trabajar con vuestras manos de la manera que os hemos mandado» (1 Ts. 4:11).

«Quien cuando le maldecían, no respondía con maldición; cuando padecía, no amenazaba, sino encomendaba la causa al que juzga justamente» (1 P. 2:23).

«Sino el interno, el del corazón, en el incorruptible ornato de un espíritu afable y apacible, que es degrande estima delante de Dios» (1 P. 3:4).

3. Jesucristo amaba y alentaba a los hombres. Cristo vino para dar aliento.

a. No vino para destruir sino para sanar la «caña cascada», es decir a los que estaban heridos, abatidos, destrozados, desalentados, deprimidos, caídos, inseguros, a los inferiores y tímidos. Vino a sanar a todos los heridos.

b. No vino a condenar a quienes eran como una mecha humeante (luz vacilante) ni a apagarlos ni apartarlos. Vino a alentar a los vacilantes: a los (de luz) débil, carentes de motivación, descorazonados, indolentes.

«Como el Hijo del Hombre no vino para ser servido, sino para servir, y para dar su vida en rescate por muchos» (Mt. 20:28).

«En todo os he enseñado que, trabajando así, se debe ayudar a los necesitados, y recordar las palabras del Señor Jesús, que dijo: Más bienaventurado es dar que recibir» (Hch. 20:35).

«Porque no tenemos un sumo sacerdote que no pueda compadecerse de nuestras debilidades, sino uno que fue tentado en todo según nuestra semejanza, pero sin pecado» (He. 4:15).

«Acordaos de los presos, como si estuvierais presos juntamente con ellos; y de los maltratados, como que también estáis en el cuerpo» (He. 13:3).

«Cuanto está lejos el oriente del occidente, hizo alejar de nosotros nuestras rebeliones» (Sal. 103:13).

«Como pastor apacentará su rebaño; en su brazo llevará los corderos, y en su seno los llevará; pastoreará suavemente a las recién paridas» (Is. 40:11).

«En toda angustia de ellos él fue angustiado, y el ángel de su faz los salvó; en su amor y en su clemencia los redimió, y los trajo, y los levantó todos los días de la antigüedad» (Is. 63:9).

4. Jesucristo llevará la justicia a la victoria. Hará que la justicia triunfe en todo el mundo. Viene un día de victoria. Los corazones y las vidas se volverán más y más a Él; los hombres comenzarán a hacer el bien y a conducirse como deben tanto hacia Dios como hacia los hombres. Viene un glorioso día de redención, un día cumbre en la historia humana, cuando todos los creyentes sean perfeccionados en justicia y gloria.

«Luego el fin, cuando entregue el reino al Dios y Padre, cuando haya suprimido todo dominio, toda autoridad y potencia» (1 Co. 15:24).

«Como está escrito: Por causa de ti somos muertos todo el tiempo; somos contados como ovejas de matadero. Antes, en todas estas cosas somos más que vencedores por medio de aquel que nos amó» (Ro. 8:36-37).

«Mas a Dios gracias, el cual nos lleva siempre en triunfo en Cristo Jesús, y por medio de nosotros manifiesta en todo lugar el olor de su conocimiento» (2 Co. 2:14).

«Porque la gracia de Dios se ha manifestado para salvación a todos los hombres, enseñándonos que, renunciando a la impiedad y a los deseos mundanos, vivamos en este siglo sobria, justa y piadosamente, aguardando la esperanza bienaventurada y la manifestación gloriosa de nuestro gran Dios y Salvador Jesucristo, quien se dio a sí mismo por nosotros para redimirnos de toda iniquidad y purificar para sí un pueblo propio, celoso de buenas obras» (Tit. 2:11-14).

5. Jesucristo da esperanza a todos. Este versículo, escrito entre 50-70 a.C. era una predicción. La historia ha probado el cumplimiento de la profecía: los gentiles serían quienes confiarían en Jesús. El gran propósito de Dios para los hombres es que confíen en «su nombre» (Ro. 10:13). Por eso, la gran esperanza para el hombre está en «su nombre».

«Que los gentiles son coherederos y miembros del mismo cuerpo, y copartícipes de la promesa en Cristo Jesús por medio del evangelio» (Ef. 3:6).

«Se acordarán, y se volverán a Jehová todos los confines de la tierra, y todas las familias de las naciones adorarán delante de ti» (Sal. 22:27).

«Todas las naciones que hiciste vendrán y adorarán delante de ti, Señor» (Sal. 86:9).

«El pueblo que andaba en tinieblas vio gran luz; los que moraban en tierra de sombra de muerte, luz resplandeció sobre ellos» (Is. 9:2).

Pensamiento. Cristo da esperanza a todos, no importa cuan impuros, sucios, o contaminados puedan ser. Confiar en Él es todo lo que Jesús requiere.

«Porque el Hijo del Hombre vino a buscar y a salvar lo que se había perdido» (Lc. 19:10).

«Que si confesares con tu boca que Jesús es el Señor, y creyeres en tu corazón que Dios le levantó de los muertos, serás salvo. Porque con el corazón se cree para justicia, pero con la boca se confiesa para salvación ... Porque todo aquel que invocare el nombre del Señor, será salvo» (Ro. 10:9-10, 13).

«Y este es su mandamiento: Que creamos en el nombre de su Hijo Jesucristo, y nos amemos unos a otros como nos lo ha mandado» (1 Jn. 3:23).

	D. Defensa 4: el Mesías es del reino y de la casa de Dios, 12:22-30 (Mr. 3:22-30; Lc.1:14-23)	permanecerá. 26 Y si Satanás echa fuera a Satanás, contra sí mismo está dividido; ¿cómo, pues, permanecerá su reino?	dividida no puede permanecer c. El reino de Satanás dividido no puede permanecer

1 Jesús dio pruebas de su poder mesiánico[EF1]
a. La prueba: un hombre endemoniado se sanó
b. Dos reacciones
  1) La gente esperaba que fuese el Mesías[EF2]
  2) Los religiosos decían que Jesús era del diablo[EF3, 4]
c. Respuesta de Jesús: cuatro argumentos lógicos e irrefutables
2 Arg. 1: la fidelidad dividida destruye
a. Un reino dividido se auto destruye
b. Una ciudad o casa
	22 Entonces fue traído a él un endemoniado, ciego y mudo; y le sanó, de tal manera que el ciego y mudo veía y hablaba.
	23 Y toda la gente estaba atónita, y decía: ¿Será éste aquel Hijo de David?
	24 Mas los fariseos, al oírlo, decían: Este no echa fuera los demonios sino por Beelzebú, príncipe de los demonios.
	25 Sabiendo Jesús los pensamientos de ellos, les dijo: Todo reino dividido contra sí mismo, es asolado, y toda ciudad o casa dividida contra sí misma, no
		27 Y si yo echa fuera los demonios por Beelzebú, ¿por quién los echan vuestros hijos? Por tanto, ellos serán vuestros jueces.
		28 Pero si yo por el Espíritu de Dios echo fuera los demonios, ciertamente ha llegado a vosotros el reino de Dios.
		29 Porque ¿cómo puede alguno entrar en la casa del hombre fuerte, y saquear sus bienes, si primero no le ata? Y entonces podrá saquear su casa.
		30 El que no es conmigo, contra mí es; y el que conmigo no recoge, desparrama.
			3 Arg. 2: Negar a Jesús es inconsistente e ilógico
			a. ¿Por qué negar las obras de él, cuando las de otros son aceptadas?
			b. Sus obras son una señal
			  1) del Espíritu de Dios
			  2) del reino de Dios que viene hacia el hombre
			4 Arg. 3: Hay que atar a un hombre fuerte antes que su propiedad
			a. Jesús ha invadido la casa de Satanás y tomado su propiedad
			b. Jesús ha atado a Satanás
			5 Arg. 4: es imposible ser neutral; o se está con Cristo, o contra

D. Defensa 4: el Mesías es del reino y de la casa de Dios, 12:22-30

(12:22-30) *Introducción:* en este evento la oposición a Cristo alcanzó su punto máximo (*véase* nota—Mt. 12:1-50). Cristo fue injuriado y atacado diabólicamente. Fue blasfemado, no sólo acusado, sino *culpado* de ser del diablo. Nuevamente mantuvo la calma y la cabeza fría procediendo a probar que él era de Dios, el verdadero Mesías. Respondió a la monstruosa acusación dándole cuatro argumentos lógicos e irrefutables. (*Véanse* bosquejo y notas—Mr. 3:22-30.)

1. Jesús dio pruebas de su poder mesiánico (vv. 22-24).
2. Argumento 1: la fidelidad divida destruye (vv. 25-26).
3. Argumento 2: negar a Jesús es actitud inconsistente e ilógica (vv. 27-28).
4. Argumento 3: un hombre fuerte tiene que ser atado antes que su propiedad pueda ser tomada (v. 29).
5. Argumento 4: es imposible ser neutral; o se está con Cristo, o contra Cristo (v. 30).

1 (12:22-24) *Jesucristo, Mesías:* Jesús demostró su poder mesiánico.

1. La prueba: un hombre endemoniado (ciego y mudo) fue sanado. Note tres cosas.
   a. El hombre fue «traído a Jesús». Hubo familiares o amigos que se preocuparon lo suficiente para traerlo. Cuán desesperadamente necesitan algunas personas que familiares o amigos se preocupen suficientemente por ellos para ayudarles.
   b. Cristo tenía compasión aun del peor, de un hombre considerado tan malo que se lo consideraba «endemoniado». El diablo dejó ciego y mudo al hombre, sin embargo, Jesús tuvo compasión de él. La compasión de Jesús se extendía aun a la peor de las personas.
   c. Jesús tiene el poder «para librar y sanar» inmediatamente. Lo único que se necesita es venir o ser traído a Él.

Pensamiento 1. El propósito específico de Cristo al venir a la tierra era conquistar a Satanás y quebrar su poder sobre los hombres. En algunos casos el poder de Satanás era imaginario; en otros casos era real (y todavía lo es). Cuando un hombre es esclavizado por algo, Cristo se preocupa y se angustia por librar al hombre (cp. He. 2:14-15. *Véase* Estudio a fondo 1—Mt. 8:28-34).

Pensamiento 2. Un hombre sin Cristo es «ciego y mudo» para las cosas de Dios.

2. Hay dos reacciones ante el poder mesiánico de Jesús.
   a. La gente quedó asombrada. Se preguntaba *esperanzada*, «¿Es este el hijo de David, el Mesías prometido?» Pensaban que podría ser él, pero no estaban totalmente seguros. No estaba haciendo las cosas que les habían enseñado que el Mesías haría (*véanse* notas—Mt.1:1; Estudio a fondo 2—1:18). Aparentemente no tenía interés en asuntos políticos y nacionales. Ni había movilizado un ejército ni había conducido, como hijo de David, un levantamiento contra los romanos. Al contrario, estaba demostrando compasión y amor por las personas necesitadas, por los destituidos en espíritu y heridos en el cuerpo. Estaba proclamando un mensaje de salvación personal en vez de una liberación nacional.

   Ese comportamiento era tan diferente de lo que siempre habían creído y enseñado. Él reclamaba ser el Mesías; también reclamaba ser el Hijo de Dios. La gente quería creer, incluso tenían esperanzas, pero sencillamente no estaban seguras.
   b. Los religiosos (fariseos) negaron a Jesús (en cuanto a las razones *véanse* Estudio a fondo 1—Mt. 12:10; Estudio a fondo 2—Mr. 3:22). Cuando vieron que la gente se volvía a Jesús, hicieron dos cosas: (a) intentaron *destruir* la esperanza y fe de la gente para no perder su propia posición y el control sobre ella, y (b) acusaron a Jesús de ser del diablo y que su poder era del diablo (*véase* Estudio a fondo 4—Mt. 12:24).

Pensamiento 1. La gente estaba abierta a la posibilidad de que Jesús pudiera ser el Mesías, pero los religiosos no. ¿Por qué? ¿Por qué algunas mentes y corazones están abiertos y otros cerrados para Cristo? Con demasiada frecuencia la diferencia tiene que ver con la aceptación de colegas, reputación, orgullo, riqueza, posesiones, fama, poder, sustento, estima pública, aplauso, alabanza, posición (1 Jn. 2:15-16; cp. 2 Co. 6:17-18).

Pensamiento 2. La *incredulidad obstinada* es grave, críticamente grave (*véase* Estudio a fondo 4—Mt. 12:24). En cada generación existen aquellos que se aferran a su incredulidad a pesar de ver testimonio tras testimonio. La evidencia de la presencia del Señor en las vidas incrementa hasta un punto en que ya es imposible negarla, pero ellos aun siguen persistiendo en su incredulidad. Atribuyen todo cambio en la vida humana al poder de la mente o a algún poder psicológico de sugestión o de fe humana. Y atribuyen todo cambio en los eventos naturales a alguna faceta de la naturaleza o a alguna causa inexplicable y aún desconocida o todavía no descubierta. Atribuirán lo inexplicable a cualquier cosa con tal de no tener que confesar a Cristo y rendirse a Él.

3.   La respuesta de Jesús consistiría en cuatro argumentos lógicos e irrefutables en favor de la propia naturaleza mesiánica. El corazón abierto y la mente honesta tiene que admitir estos cuatro argumentos (*véase* bosquejo—pts. 2-5).

ESTUDIO A FONDO 1

(12:22) *Demonios—malos espíritus: véanse* Estudio a fondo 1—Mt. 8:28-34; nota—Lc. 8:26-39; Estudio a fondo 1—Ap. 12:9.

ESTUDIO A FONDO 2

(12:23) *Mesías: véanse* notas—Mt.1:1; Estudio a fondo 2—1:18.

ESTUDIO A FONDO 3

(12:24) *Religiosos—incredulidad: véanse* Estudio a fondo 1—Mt. 12:10; Estudio a fondo 2—Mr. 3:22.

ESTUDIO A FONDO 4

(12:24) *Beelzebú—Satanás:* la acusación contra Jesús era que su poder para librar a los hombres del mal no era de Dios, sino del diablo (Estudio a fondo 2—Mr. 3:22; Estudio a fondo 1—Ap. 12:9). La idea era que Jesús fue enviado por el diablo para engañar deliberadamente a la gente y apartarla de la verdadera religión y de las creencias tradicionales. Note dos cosas.

1.   La evidencia del poder sobrenatural fue vista claramente y admitida, aun por los enemigos de Dios. Alguna fuerza, que no era humana, estaba sanando a las personas y realizando milagros. Los enemigos de Jesús se vieron obligados a buscar otras respuestas.

2.   Aquí se ve la profundidad de la incredulidad. Es *incredulidad obstinada, una raíz maligna* llena de maldad que intenta herir. Es una incredulidad que no se someterá a los reclamos de Cristo a pesar de las evidencia ofrecidas. La evidencia era clara. Las vidas eran cambiadas y ocurrían milagros, sin embargo, alguno personas aun se rehusaban a creer y se endurecían en esa incredulidad. Buscaron otras respuestas para el poder milagroso de Cristo. Trataron de atribuir su poder a cualquier cosa que les evitaría tener que confesar a Cristo y rendir sus vidas y posesiones a Él.

2 (12:25-26) *Jesucristo, deidad—Mesías, prueba—división:* el primer argumento es que una fidelidad dividida destruye. Esta es una verdad universal. Las divisiones conducen a la separación y ruina. Un reino dividido, una ciudad o casa dividida no puede permanecer en pie. Se combate y destruye a sí misma. Satanás no va a dar poder a nadie para librar a personas del mal, al menos no una y otra vez, tal como Jesús estaba obrando. Satanás destruiría su reino y su gobierno sobre las vidas. Jesús estaba diciendo que era algo absolutamente imposible que él hubiese venido de otra parte que no fuese de Dios mismo. «¿Qué compañerismo ... tiene la justicia con la injusticia? ¿Y qué comunión la luz con las tinieblas? ¿Y qué concordia Cristo con Belial?» (2 Co. 6:14-15).

Cristo estaba diciendo que su obra y poder necesariamente tenían que ser de Dios. De ninguna manera podían ser de Satanás ni de ninguna otra fuente que no fuese Dios mismo. Esto lo muestran tres cosas.

1.   Sus obras eran demasiado numerosas (Jn. 21:25).

2.   Sus obras eran demasiado sobrenaturales; demasiado inmensas y más allá de todo poder humano conocido, para ser explicadas por alguna otra fuente distinta al poder de Dios mismo.

3.   Sus obras eran demsiado buenas, demasiado virtuosas, y demasiado eficientes en la liberación de los hombre para ser de alguna fuente ajena a Dios.

«Así que, por cuanto los hijos participaron de carne y sangre, él también participó de lo mismo, para destruir por medio de la muerte al que tenía el imperio de la muerte, esto es, al diablo, y librar a todos los que por el temor de la muerte estaban durante toda la vida sujetos a servidumbre» (He. 2:14-15).

Cristo no vino para construir el reino de las tinieblas y de Satanás. Los únicos tratos que tenía con Satanás eran estos dos.

1.   Cristo quebró el poder de Satanás sobre las vidas y el temor a él. (*Véase* Estudio a fondo 1—Mt. 8:28-34.)

«Ahora es el juicio de este mundo; ahora el príncipe de este mundo será echado fuera» (Jn. 12:31).

«El que practica el pecado es del diablo; porque el diablo peca desde el principio. Para esto apareció el Hijo de Dios, para deshacer las obras del diablo» (1 Jn. 3:8).

2.   Cristo destruyó las obras de Satanás el archirebelde contra Dios (*véase* Estudio a fondo 1—Ap. 12:9).

Pensamiento. Note la vigorosa lección referida a las divisiones. Ningún cuerpo de personas puede sobrevivir la división. Un pueblo dividido no puede permanecer en pie. Demasiadas personas en la iglesia han ignorado la lección: «Pero si os mordéis y os coméis unos a otros, mirad que también no os consumáis unos a otros» (Gá. 5:15; cp. 1 Co. 1:10ss).

3 (12:27-28) *Jesucristo, respuesta: obras—negación:* el segundo argumento es que negar a Jesús es inconsistente e ilógico.

1.   ¿Por qué son negados sus reclamos y sus obras cuando los reclamos y las obras de otros son aceptados? En los días de Jesús había quienes «echaban fuera demonios»; eran exorcistas que practicaban el echar fuera demonios.

a.   Estaban los que echaban fuera demonios en nombre de Cristo, aunque no lo seguían a Él (Mr. 9:38).

b.   Había exorcistas judíos itinerantes que usaban de manera mágica el nombre de Jesús (Hch. 19:13ss).

c.   Había exorcistas que no eran fieles a Cristo (Mt. 7:22).

Jesús estaba diciendo que negarlo a Él era inconsistente e ilógico. Las *buenas obras* de otros hombres eran reconocidas, pero las *buenas obras* de Él eran negadas y atribuidas al diablo. Las obras de Jesús eran las mayores que alguna vez se hubieron realizado en favor de los hombres, y eran más en número que las de cualquier otro (Jn. 21:25). ¿Cómo era posible que su poder y sus obras fuesen adjudicadas al *mal*, y las obras de otros al *bien*? Sus obras necesariamente tenían que ser de Dios. Si las obras de Jesús eran las *buenas obras* de Dios, entonces su reclamo de ser el Mesías necesariamente tenía que ser auténtico, puesto que Dios no daría su poder a un mentiroso o engañador.

Solamente hay una conclusión lógica y consistente: sus obras son del Espíritu de Dios. Esto señala un hecho esencial: su reclamo es auténtico. El es el Mesías y el reino de Dios ha venido a los hombres (*véase* Estudio a fondo 3—Mt. 19:23-24). Toda otra posición es ilógica e inconsistente.

2. Las obras de Cristo son una señal de su naturaleza mesiánica. Sus obras son una señal de que el Espíritu de Dios está sobre Él, y que el reino de Dios ha venido al hombre.

Pensamiento. Cristo es inflexible con este argumento. Es muy claro y preciso: todos los incrédulos son inconsistentes e ilógicos en su incredulidad.

Si adjudicamos a otras personas buenas obras y decimos que ellas son bendecidas por Dios, ¿por qué no hacemos lo mismo con Cristo, especialmente habiendo hecho tantas grandes obras y con un poder tan fenomenal? ¿Por qué no decimos que Él es de Dios, y que es bendecido como ninguna otra persona por Dios? Algunos lo profesan así ¿Por qué entonces tantas personas dicen que su reclamo de ser el Salvador no es auténtico?

Cristo está diciendo que tal posición es ilógica inconsistente, puesto que Dios no podría bendecir a un mentiroso y engañador, ni mucho menos con tal poder sobrenatural y fenomenal.

«Mas yo tengo mayor testimonio que el de Juan; porque las obras que el Padre me dio para que cumpliese, las mismas obras que yo hago, dan testimonio de mí, que el Padre me ha enviado» (Jn. 5:36).

«Me es necesario hacer las obras del que me envió, entre tanto que el día dura; la noche viene, cuando nadie puede trabajar» (Jn. 9:4).

«Jesús les respondió: Os lo he dicho, y no creéis; las obras que yo hago en nombre de mi Padre, ellas dan testimonio de mí» (Jn. 10:25).

«Si no hago las obras de mi Padre, no me creáis. Mas si las hago, aunque no me creáis a mí, creed a las obras, para que conozcáis y creáis que el Padre está en mí, y yo en el Padre» (Jn. 10:37-38).

«¿No crees que yo soy en el Padre, y el Padre en mí? Las palabras que yo os hablo, no las hablo por mi propia cuenta, sino que el Padre que mora en mí, él hace las obras. Creedme que soy en el Padre, y el Padre en mí; de otra manera, creedme por las mismas obras» (Jn. 14:10-11).

«Si yo no hubiese hecho entre ellos obras que ningún otro ha hecho, no tendrían pecado; pero ahora han visto y han aborrecido a mí y a mi Padre» (Jn. 15:24).

4 (12:29) *Jesucristo, destruye a Satanás:* el tercer argumento es que un hombre fuerte tiene que ser atado antes que le pueda ser quitada su propiedad. Satanás es el hombre fuerte; Cristo es el invasor que entra a la casa de Satanás para librar a los prisioneros de Satanás. Note: Cristo está diciendo que está lejos de tener alianza con Satanás; en efecto, lo está atacando. Esta entrando en la «casa del mal» o en el dominio (territorio) de Satanás y tomando sus bienes (humanos). Está volviendo a los hombres «de las tinieblas a la luz, y de la potestad de Satanás a Dios, para que reciban, por la fe que es en mí, perdón de pecados» (Hch. 26:18). Dios nos «libra del poder de las tinieblas» (Col. 1:13).

¿Cuándo invadió Cristo la casa de Satanás y lo ató?

1. Satanás fue atado un poco durante las tentaciones de Jesús en el desierto. Por primera vez en la historia Satanás se enfrentó a alguien a quien no pudo apartar de Dios. Después de la experiencia en el desierto Satanás quedó neutralizado, su poder había sido sacudido. El Hombre Cristo Jesús había resistido el más severo embate de tentaciones jamás lanzado. Satanás necesariamente tenía que sentir que pronto sería *atado*.

«Para esto apareció el Hijo de Dios, para deshacer las obras del diablo» (1 Jn. 3:8).

2. Satanás fue atado aun más al confrontar a Jesús a lo largo de su vida con tentación tras tentación (Mt. 16:23). Jesús se mantuvo firme, resistió y venció las tentaciones, conquistando y atando a Satanás más y más cada vez.

«¿Quién de vosotros me redarguye de pecado? Pues si digo la verdad, ¿por qué vosotros no me creéis?» (Jn. 8:46).

«No hablaré ya mucho con vosotros; porque viene el príncipe de este mundo, y él nada tiene en mí» (Jn. 14:30).

«Porque no tenemos un sumo sacerdote que no pueda compadecerse de nuestras debilidades, sino uno que fue tentado en todo según nuestra semejanza, pero sin pecado» (He. 4:15).

«Porque tal sumo sacerdote nos convenía: santo, inocente, sin mancha, apartado de los pecadores, y hecho más sublime que los cielos» (He. 7:26).

3. Satanás fue atado dramáticamente después de la experiencia de Jesús en el huerto de Getsemaní. Jesús fue tentado a seguir otra ruta que la de la cruz, sin embargo, obedeció perfectamente a Dios (*véanse* Estudio a fondo 4—Mt. 26:39; nota—Mr. 14:41-42).

«Considerad a aquel que sufrió tal contradicción de pecadores contra sí mismo, para que vuestro ánimo no se canse hasta desmayar. Porque aún no habéis resistido hasta la sangre, combatiendo contra el pecado [en el Jardín de Getsemaní]» (He. 12:3-4).

4. Satanás fue atado en un sentido completo en la cruz. Cristo había obtenido *justicia perfecta*; nunca había pecado (2 Co. 5:21; *véanse* notas—Mt. 5:17-18; Estudio a fondo 2—Ro. 8:3). Por eso era el Hombre Ideal, el Hombre Perfecto. Siendo el Hombre Ideal, su justicia y su muerte podían abarcar a todos los hombres que quisieran poner sus vidas al cuidado suyo. La casa del mal y del pecado, de Satanás, estaba desmoronada, totalmente caída.

«No hablaré ya mucho con vosotros; porque viene el príncipe de este mundo, y él nada tiene en mí» (Jn. 14:30).

«Al que no conoció pecado, por nosotros lo hizo pecado, para que nosotros fuésemos hechos justicia de Dios en él» (2 Co. 5:21).

5. Satanás será atado en forma suprema y para siempre al final del tiempo. Tanto la tierra como el cielo serán hechos de nuevo, y serán establecidos para siempre en forma perfecta, serán establecidos sin Satanás y sin que su «casa del mal» haga su obra. (Cp. 2 P. 3:3-18.)

«Y entonces se manifestará aquel inicuo, a quien el Señor matará con el espíritu de su boca, y destruirá con el resplandor de su venida» (2 Ts. 2:8).

«Y el diablo que los engañaba fue lanzado en el lago de fuego y azufre, donde estaban la bestia y el falso profeta; y serán atormentados día y noche por los siglos de los siglos» (Ap. 20:10).

5 (12:30) *Neutralidad:* el cuarto argumento es que la neutralidad no es posible. La persona está con Cristo o contra Cristo. Este podría ser el cuadro de un pastor o de un agricultor. Ambos están involucrados en reunir: uno, las ovejas, el otro la cosecha. Cada uno también puede ser culpable de esparcir: uno de esparcir la ovejas, el otro la cosecha.

Cristo dice dos cosas.

1. O bien la persona está con Él, cree en Él y confía en Él, o bien la persona está contra Él en incredulidad y falta de confianza.

2. La persona trabaja con Él en reuniendo a otros, o bien trabaja en contra de él esparciendo a otros (*véase* nota—Mt. 12:22-24).

Note dos hechos significativos.

1. Es imposible ser neutral. Solamente hay dos lados, con Cristo o contra Cristo.

2. No es suficiente evitar el mal. La persona tiene que unirse a Cristo. La persona tiene que estar haciendo el bien constantemente. Si no reunimos, esparcimos.

«Porque el que no es contra nosotros, por nosotros es» (Mr. 9:40).

«El que no es conmigo, contra mí es; y el que conmigo no recoge, desparrama» (Lc. 11:23).

«Ningún siervo puede servir a dos señores; porque o aborrecerá al uno y amará al otro, o estimará al uno y menospreciará al otro. No podéis servir a Dios y a las riquezas» (Lc. 16:13).

«Mira, yo he puesto delante de ti hoy la vida y el bien, la muerte y el mal» (Dt. 30:15).

«A los cielos y la tierra llamo por testigos hoy contra vosotros, que os he puesto delante la vida y la muerte, la bendición y la maldición; escoge, pues, la vida, para que vivas tú y tu descendencia» (Dt. 30:19).

	E. Defensa 5: la palabra del hombre determina su destino, 12:31-37 (Mr. 3:28-30; Lc. 11:14-16)	bueno, y su fruto bueno, o haced el árbol malo, y su fruto malo; porque por el fruto se conoce el árbol.	a. Hacer a C. bueno o malo b. C. se cono. por su fruto
1 Palabras blasfemas contra el Espíritu Santo no tienen perdón a. Advertencia 1) Todo pecado se perdona menos éste 2) Incluso el pecado contra Cristo se perdona b. Resultado terrible 1) Sin perdón en este mundo 2) Sin perdón en el mundo venidero 2 O confiesan o niegan a Cristo	31 Por tanto os digo: Todo pecado y blasfemia será perdonada a los hombres; mas la blasfemia contra el espíritu no les será perdonada. 32 A cualquiera que dijere alguna palabra contra el Hijo del Hombre, le será perdonado; pero al que hable contra el Espíritu Santo, no le será perdonado, ni en este siglo ni en el venidero. 33 O haced el árbol	34 ¡Generación de víboras! ¿Cómo podéis hablar lo bueno, siendo malos? porque de la abundancia del corazón habla la boca. 35 El hombre bueno, del buen tesoro del corazón saca buenas cosas; y el hombre malo, del mal tesoro saca malas cosas. 36 Mas yo os digo que de toda palabra ociosa que hablen los hombres, de ella darán cuenta en el día del juicio. 37 Porque por tus palabras serás justificado, y por tus palabras serás condenado.	3 Las palabras exponen el corazón a. Algunos son expuestos como víboras 1) Porque son malos 2) Son del corzón b. Exponen al hombre bueno c. Exponen al hombre malo 4 Rendir cuenta de toda palabra ociosa[EF1] a. Toda palabra ociosa b. En el día del juicio 5 Las palabras determinan el destino del hombre a. Palabras lo justifican b. Palabras lo condenan

E. Defensa 5: la palabra del hombre determina su destino, 12:31-37

(12:31-37) *Introducción—lengua—palabras:* las palabras son extremadamente importantes; en efecto, tan importante que determinan el destino del hombre (Mt. 12:37). Nuestras palabras o bien bendicen o bien maldicen a Dios; bendicen o maldicen a los hombres (Stg. 3:9). Se dice que la lengua es un «mundo de maldad», un «fuego» y «un mal que no puede ser refrenado, llena de veneno mortal» (Stg. 3:6, 8). Cristo dijo: «No lo que entra en la boca contamina al hombre; mas lo que sale de la boca [las palabras], esto contamina al hombre» (Mt. 15:11).

El hombre lleva una terrible responsabilidad por las palabras que habla.

1. Palabras blasfemas contra el Espíritu Santo no tienen perdón (vv. 31-32).
2. Las palabras, o confiesan o niegan a Cristo (v. 33).
3. Las palabras exponen el corazón (vv. 34-35).
4. Rendir cuenta de toda palabra ociosa (v. 36).
5. Las palabras determinan el destino del hombre (v. 37).

1 (12:31-32) *Lengua—pecado imperdonable:* las palabras blasfemas contra el Espíritu Santo no tienen perdón. La advertencia es inequívoca. Note los siguientes hechos.

1. Es un *pecado de lengua* lo que es imperdonable. Esto sólo señala la gravedad de todos los *pecados de lengua* (*véase* bosquejo—Stg. 3:1-12).
2. Note por qué Cristo dio la advertencia. El advierte ...
   - para despertar temor en las personas que están al borde de cometer el pecado imperdonable (Mt. 12:23-24; cp. 23:13).
   - para despertar una reverencia y arrepentimiento respecto de Dios (Mt. 12:33, 37).
3. El único pecado para el cual no hay perdón, no es contra Cristo, sino contra el Espíritu Santo (Mt. 12:31-32). ¿Por qué? La Escritura da una sencilla razón. El Espíritu Santo es la Persona que obra en el corazón del hombre; es Él quien «convencerá al mundo de pecado, de justicia y de juicio .... » (Jn. 16:8-11). Hay una palabra muy descriptiva en su obra: *convencerá*. La persona ve, siente, oye de la bondad y el amor de Dios y de la propia necesidad de rendirse

a Dios. El Espíritu toma esas evidencias y las usa como convicciones. Convence el corazón del hombre a creer. La persona puede continuar más y más ...

- insistiendo en su propio camino.
- rehusándose a reconocer a Dios y a rendirle su vida.
- querer ser ciego ante lo que ve, siente y oye (la obra convencedora del Espíritu).

Eventualmente esa persona llegará a estar tan endurecida que no puede reconocer la verdad y bondad de Dios. Llega a un grado tal de dureza que ya no ve, ni siente, ni oye a Dios. Tal hombre ha blasfemado al Espíritu de Dios y considerada indigna su obra de convencimiento. Ha abusado, se ha rebelado, ignorado descuidado a Dios y ha endurecido permanentemente su corazón a los impulsos del Espíritu de Dios. Ha blasfemado al Espíritu de Dios y esa blasfemia, dice Cristo, es imperdonable.

4. Note lo que es el pecado imperdonable. En los términos más simples y claros, es *rechazo testarudo, negación caprichosa, incredulidad obstinada*. Ello resulta en un *espíritu muerto* y en una *raíz de maldad* (Mt. 12:23-24; cp. 23:13). (*Véase* Estudio a fondo 4—Mt. 12:24.)

Cuando el Espíritu convence al hombre a volver a Dios, el hombre ...

- rechaza y rechaza, y su rechazo se hace testarudo.
- se rehusa y rehusa, su actitud se convierte en capricho.
- se mantiene incrédulo, una y otra vez, su incredulidad se hace obstinada.

El hombre mata a su propio espíritu contra los convencimientos del Espíritu y desarrolla una malicia arraigada contra Dios. Por demasiado tiempo insiste en su propio camino y se rehúsa a rendirse a Dios mientras su corazón todavía es suficientemente sensible para ser tocado.

Qué advertencia a las criaturas en cuanto a condicionar y desarrollar hábitos: una advertencia en cuanto a condicionarse uno mismo a rechazar y rechazar a Dios. ¡Y qué llamado a despertar reverencia y arrepentimiento hacia Dios! ¡Cuán necesario es rendirnos a Dios mientras nuestros corazones todavía son suficientemente sensibles para ser tocados!

5. Tratando de determinar quien precisamente comete el pecado imperdonable, dos cosas son conocidas.

- La sangre de Cristo limpia todo pecado. No hay un solo pecado que no pueda ser perdonado, excepto la incredulidad obstinada contraria a los convencimientos del Espíritu Santo (Mt. 12:31-32).
- No hay esperanza de salvación excepto por medio de Cristo y el poder de convicción del Espíritu Santo.

Por eso, rechazar o blasfemar el poder de convicción del Espíritu Santo es privar a una persona de la salvación por medio de Cristo. Por su puesto, la persona que se preocupa de haber cometido el pecado imperdonable, no lo ha cometido. Su preocupación muestra que todavía puede venir a Cristo.

> **Pensamiento.** Esta es la gloriosa gracia de Dios: toda clase de pecado (cualquier pecado, todo pecado, aun la blasfemia, incluso una palabra dicha contra Cristo) será perdonada. Esto muestra la humillación que tanto Cristo como el Padre están dispuestos a soportar por la negación y maldición de los hombres. Dios perdona toda clase de pecado. No hay un solo pecado que Dios no perdone, no importa cuán terrible y cuán reiterado sea. Pablo, el *antiguo* Saulo de Tarso, que fue blasfemo y asesino de los primeros creyentes, fue perdonado por Dios y utilizado en gran manera por Dios (Hch. 9:1; cp. 8:1).
>
> **«En quien tenemos redención por su sangre, el perdón de pecados según las riquezas de su gracia» (Ef. 1:7).**
>
> **«Si confesamos nuestros pecados, él es fiel y justo para perdonar nuestros pecados, y limpiarnos de toda maldad» (1 Jn. 1:9).**
>
> **«Porque más grande que los cielos es tu misericordia, y hasta los cielos tu verdad» (Sal. 108:4).**
>
> **«Si vuestros pecados fueren como la grana, como la nieve serán emblanquecidos» (Is. 1:18).**
>
> **«Yo, yo soy el que borro tus rebeliones por amor de mí mismo, y no me acordaré de tus pecados» (Is. 43:25).**
>
> **«Yo deshice como una nube tus rebeliones, y como niebla tus pecados; vuélvete a mí, porque yo te redimí» (Is. 44:22).**
>
> **«Deje el impío su camino, y el hombre inicuo sus pensamientos, y vuélvase a Jehová, el cual tendrá de él, misericordia, y al Dios nuestro, el cual será amplio en perdonar» (Is. 55:7).**
>
> **«¿Qué Dios como tú, que perdona la maldad» (Mi. 7:18).**

6. El terrible resultado es inconfundible. Todo pecado es perdonado: *EXCEPTO UNO*. La blasfemia contra el Espíritu Santo no es perdonada. No es perdonada ni en este ni en el próximo mundo. En este mundo no habrá *paz de conciencia*, ni tampoco un *sentido de perdón, ni absolución*. En el otro mundo el hombre se presentará culpable delante de Dios.

> **«Pero cualquiera que blasfeme contra el Espíritu Santo, no tiene jamás perdón, sino que es reo de juicio eterno» (Mr. 3:29; cp. He. 6:6; 10:26; 12:17).**
>
> **«El que cree en el hijo tiene vida eterna; pero el que rehusa creer en el Hijo no verá la vida, sino que la ira de Dios está sobre él» (Jn. 3:36).**
>
> **«Por eso os dije que moriréis en vuestros pecados; porque si no creéis que yo soy, en vuestros pecados moriréis» (Jn. 8:24).**
>
> **«Mirad, hermanos, que no haya en ninguno de vosotros corazón malo de incredulidad para apartarse del Dios vivo» (He. 3:12).**
>
> **«Mas ellos fueron rebeldes, e hicieron enojar su santo espíritu; por lo cual se les volvió enemigo, y él mismo peleó contra ellos» (Is. 63:10).**

2 (12:33) *Lengua—confesión:* las palabras o bien confiesan o bien niegan a Cristo. En este versículo Cristo es el árbol mencionado en los versículos 27-28. Cristo estaba diciendo dos cosas.

1. Cristo estaba planteando una demanda: «Decidan. Hagan al Cristo [el Mesías] bueno, o bien háganlo malo. Dejen de vacilar

y de oscilar con el viento. Júzguenme bueno y mi fruto bueno, o júzguenme malo y mi fruto malo. O bien soy bueno, es decir, soy quien digo ser, el Mesías, el Salvador del mundo; o bien soy malo, un engañador y mentiroso, decidido a apartar a la gente de Dios hacia otro curso de razonamiento humano. ¿Quién soy? Juzguen. Decidan. Porque se me conoce por mis obras así como el árbol es conocido por sus frutos».

2. Cristo es conocido por su fruto. Estaba diciendo: «No hay terreno intermedio. No hay neutralidad posible (v. 29). Ustedes o bien están conmigo, o en contra mío, de modo que dejen de hacerse los hipócritas indecisos en cuanto a mí. Hagan una decisión. Decidan y declarenme *bueno* [de valor] para ustedes y para su vida, o bien declarenme *corrupto* [un engañador y mentiroso] para ustedes y sus vidas. Soy conocido por mi fruto, de modo que o bien hablan de mi como bueno, o bien hablan de mi como malo».

Note la fuerza de la demanda de Cristo, en efecto, qué fuerza a lo largo de todo este pasaje. Qué delgado el hielo en que se paran tantas personas. Cuán cercanos estamos del precipicio cuando nuestros pensamientos esperan y no se deciden.

> **«Ningún siervo puede servir a dos señores; porque o aborrecerá al uno y amará al otro, o estimará al uno y menospreciará al otro. No podéis servir a Dios y a las riquezas» (Lc. 16:13).**
>
> **«No podéis beber la copa del Señor, y la copa de los demonios; no podéis participar de la mesa del Señor, y de la mesa de los demonios» (1 Co. 10:21).**
>
> **«Para que ya no seamos niños fluctuantes, llevados por doquiera de todo viento de doctrina, por estratagema de hombres que para engañar emplean con astucia las artimañas del error» (Ef. 4:14).**
>
> **«El hombre de doble ánimo es inconstante en todos sus caminos» (Stg. 1:8).**
>
> **«Acercaos a Dios, y él se acercará a vosotros. Pecadores, limpiad las manos; y vosotros los de doble ánimo, purificad vuestros corazones» (Stg. 4:8).**
>
> **«Y Elías volvió a decir al pueblo: Sólo yo he quedado profeta de Jehová; mas de los profetas de Baal hay cuatroscientos cincuenta hombres» (1 R. 18:21).**

3 (12:34-35) *Lengua—corazón:* Cristo dijo que las palabras del hombre exponen su corazón, el tipo de hombre que es. Las palabras del hombre exponen una de tres cosas referidas a él mismo:
- que tiene el corazón de una víbora (v. 34).
- que tiene el corazón de un hombre bueno (v. 35).
- que tiene el corazón de un hombre malo (v. 35).

La idea es que las palabras surgen de la abundancia del corazón: «De la abundancia del corazón habla la boca».
- Las palabras del hombre exponen su verdadera naturaleza; lo que él es debajo de la superficie.
- Las palabras del hombre exponen lo que él es en lo profundo de su corazón; sus motivos, deseos y ambiciones.
- Las palabras del hombre exponen su verdadero carácter; si es bueno o malo, bondadoso o cruel.
- Las palabras del hombre exponen su mente, lo que piensa; pensamientos puros o impuros, pensamientos limpios o sucios.
- Las palabras del hombre exponen su espíritu, lo que él cree y persigue; lo que es legítimo o ilegítimo, inteligente o ignorantes, verdadero o falso, beneficioso o inútil.

> **«Mirad, hermanos, que no haya en ninguno de vosotros corazón malo de incredulidad para apartarse del Dios vivo» (He. 3:12).**
>
> **«Este mal hay entre todo lo que se hace debajo del sol, que un mismo suceso acontece a todos, y que también el *corazón de los hijos de los hombres* está lleno de mal y de insensatez en su corazón durante su vida; y después de esto se van a los muertos» (Ec. 9:3).**

«**Engañoso es el corazón más que todas las cosas, y perverso; ¿quién lo conocerá?**» (Jer. 17:9).

Pensamiento. Lo que hacemos lo hacemos debido a nuestro corazón. Actuamos y nos comportamos y hacemos cosas debido a lo que somos en nuestro interior. Nuestros corazones, lo que somos interiormente, determina nuestra conducta. Esto dice algo extremadamente importante. *Reformar* —reformar la conducta y cambiar el exterior— no es la respuesta a los males de la naturaleza humana ni de la sociedad. *Transformar* el corazón, el *ser interior* del hombre, esa es la respuesta. La naturaleza humana no puede *hacerse* buena; tiene que ser transformada, es decir, regenerada o nacida de nuevo. Solamente Dios tiene acceso al interior del espíritu del hombre para cambiar su corazón.

Note que la respuesta a los problemas del mundo no es político, legal, militar, ni aun religiosa. Es espiritual: un cambio espiritual en el corazón del hombre.

«**Mas la que cayó en buena tierra, éstos son los que con corazón bueno y recto retienen la palabra oída, y dan fruto con perseverancia**» (Lc. 8:15).

«**Aquél, respondiendo, dijo: Amarás al Señor tu Dios con todo tu corazón, y con toda tu alma, y contodas tus fuerzas, y con toda tu mente; y a tu prójimo como a ti mismo. Y le dijo: Bien has respondido; haz esto, y vivirás**» (Lc. 10:27-28).

«**Que si confesares con tu boca que Jesús es el Señor, y *creyeres en tu corazón* que Dios le levantó de los muertos, serás salvo. Porque con el corazón se cree para justicia, pero con la boca se confiesa para salvación**» (Ro. 10:9-10).

«**Acerquémonos con *corazón sincero*, en plena certidumbre de fe, purificados los corazones de mala conciencia, y lavados los cuerpos con agua pura. Mantengamos firme, sin fluctuar, la profesión de nuestra esperanza, porque fiel es el que prometió**» (He. 10:22-23).

4 (12:36) *Lengua—palabras:* el día del juicio rendiremos cuenta de toda palabra ociosa (*véase* Estudio a fondo 1—Mt. 12:36).

Pensamiento. Note varias lecciones.
1) Dios oye y registra toda palabra vana que hablamos.
«**Pues aún no está la palabra en mi lengua, y he aquí, oh Jehová, tú la sabes toda**» (Sal. 139:4).
2) Las palabras inútiles nos hacen siervos inútiles y nos muestran como tales.
3) Nuestras palabras vanas tienen que ser confesadas a Dios, y su misericordia tiene que ser requerida, puesto que somos culpables de este pecado vano e inútil.
4) Las Escrituras desbordan de acusación tras acusación en cuanto al gobierno de la lengua.
«**Así que, sigamos lo que contribuye a la paz y a la mutua edificación**» (Ro. 14:19).
«**Hágase todo para edificación**» (1 Co. 14:26).
«**Ni aun se nombre entre vosotros ... ni palabras deshonestas, ni necedades, ni truhanerías ...**» (Ef. 5:3-4).
«**Edificaos unos a otros**» (1 Ts. 5:11).
«**¿Disputará con palabras inútiles, y con razones sin provecho?**» (Job 15:3).

ESTUDIO A FONDO 1

(12:36) *Ociosas (aergos):* significa negativa, sin fruto, estéril, ineficiente. La expresión «palabras ociosas» dice muy bien lo que Cristo quiere decir.

5 (12:37) *Lengua—palabras:* las palabras determinan el destino del hombre. Nuestras palabras o bien nos justificarán o bien nos condenarán.

Pensamiento 1. Una misma ley es común a todos los hombres. Un hombre es juzgado como culpable o inocente en base al testimonio de sus obras.

Las palabras llenas de gracia, amor, edificantes, provechosas, testificarán en favor nuestro y nos justificarán en el día del juicio. Palabras feas, sucias, impuras, enojadas, despreciativas, palabras chismosas, de protesta, de murmuración testificarán contra nosotros y nos condenarán en el día del juicio.

«**Porque por tus palabras serás justificado, y por tus palabras serás condenado**» (Mt. 12:37).
«**Porque el que quiere amar la vida y ver días buenos, refrene su lengua de mal, y sus labios no hablen engaño**» (1 P. 3:10).
«**El que guarda su boca guarda su alma; mas el que mucho abre sus labios tendrá calamidad**» (Pr. 13:3).
«**La muerte y la vida están en poder de la lengua, y el que la ama comerá de sus frutos**» (Pr. 18:21).
«**Tu boca te condenará, y no yo; y tus labios testificarán contra ti**» (Job 15:6).

Pensamiento 2. Dos cosas se dicen del hombre que no «refrena su lengua» (Stg. 1:26).
1) Su religión es vana, falsa, vacía, una mentira, hipócrita.
2) Engaña a su propio corazón.
«**Si alguno se cree religioso entre vosotros, y no refrena su lengua, sino que engaña su corazón, la religión del tal es vana**» (Stg. 1:26).

1 Una generación mala buscaba señalEF1

a. Jesús condenó a su generación como mala y adúltera
b. Jesús dio una señal
  1) La señal simbolizada por Jonás
  2) La señal: su muerte y resurrección EF2

2 Una generación mala fue condenada porque no se arrepintió
a. Nínive testificará en contra
b. Había un mensajero

F. Defensa 6: la respuesta del Mesías a una generación mala o apóstata, 12:38-45
(Lc. 11:29-32)

38 Entonces respondieron algunos de los escribas y de los fariseos, diciendo: Maestro, deseamos ver de ti señal.
39 El respondió y les dijo: La generación mala y adúltera demanda señal; pero señal no le será dada, sino la señal del profeta Jonás.
40 Porque como estuvo Jonás en el vientre del gran pez tres días y tres noches, así entrará el Hijo del Hombre en el corazón de la tierra tres días y tres noches.
41 Los hombres de Nínive se levantarán en el juicio con esta generación, y la condenarán; porque ellos se arrepintieron a la predicación de Jonás, y he

aquí más que Jonás en este lugar.
42 La reina del Sur se levantará en el juicio con esta generación, y la condenará; porque ella vino de los fines de la tierra para oir la sabiduría de Salomón, y he aquí más que Salomón en este lugar.
43 Cuando el espíritu inmundo sale del hombre, anda por lugares secos buscando reposo, y no lo halla.
44 Entonces dice: Volveré a mi casa de donde salí; y cuando llega, la halla desocupada, barrida y adornada.
45 Entonces va, y toma consigo otros siete espíritus peores que él, y entrados, moran allí; y el postrer estado de aquel hombre viene a ser peor que el primero. Así también acontecerá a esta mala generación.

mayor que Jonás
  c. Resultado: condena
3 Una generación mala conden. por no buscar la sabiduría mayor
a. La reina de Saba testificará en contra
b. ¿Por qué? Porque uno mayor que Salomón impartía sabiduría
4 La generación mala seguía la religión falsa
a. Ilustración: una parábola
  1) El hombre reforma su vida
  2) El hombre no llena su vida con Cristo

b. Resultado
  1) Mayor depravación
  2) La condición final es peor
c. Tema: una generación que rechaza a Cristo está lista para ser dominada por el mal

F. Defensa 6: la respuesta del Mesías a una generación mala o apóstata, 12:38-45

(12:38-45) *Introducción:* en el corazón de toda persona hay un deseo de ser especial y de ser tratada de manera especial. Esa es la naturaleza del hombre. El deseo de ser especial puede ser bueno o puede ser malo. La diferencia depende de lo que hay en el corazón.

Por ejemplo, tratándose de Dios es bueno querer una relación especial con Dios o un llamado especial o un don especial. En cambio, es malo querer señales especiales o espectaculares. Cristo es muy claro en este punto. ¿Por qué? Porque en Cristo Dios mismo ha dado todas las señales que podían haber sido necesarias.

1. Una generación mala buscaba señal (vv. 38-40).
2. Una generación mala fue condenada porque no se arrepintió (v. 41).
3. Una generación mala fue condenada porque no buscó la sabiduría mayor (v. 42).
4. La generación mala seguía la religión falsa: la de una auto-reforma (vv. 43-45).

[1] (12:38-40) *Generación—señales:* una generación mala buscaba señal. Pablo dijo: «Los judíos piden señales» (1 Co. 1:22). Y las pedían; siempre pedían señales sobrenaturales para todo profeta o mensajero que decía venir de Dios. Seis cosas deben notarse aquí.

1. Este es el mismo tipo de tentación que Jesús tuvo cuando fue tentado por segunda vez en su experiencia en el desierto: probar su naturaleza mesiánica mediante alguna señal espectacular (*véanse* bosquejo y nota—Mt. 4:5-7; cp. nota—Mt. 4:5-7).
2. Los judíos querían más que las señales de los milagros. Querían una *señal del cielo,* aparentemente algún evento espectacular que ocurriera en el cielo que revelase más allá de toda duda que Cristo era el Mesías prometido (Mt. 16:1; Mr. 8:11; Lc. 11:16). Note

las palabras «de ti». Querían que en un momento dado apareciera una señal por orden de Jesús, no algún acontecimiento espectacular, caprichoso, accidental, del futuro, que Jesús pudiera reclamar como señal.
3. Había al menos dos motivos por los que los judíos pedían una señal.
  a. La religión de ellos era una religión de señales y milagros. La religión de ellos les había sido dada por Dios mismo, y establecida por hechos milagrosos operados por los profetas de Dios. Un rápido repaso del Antiguo Testamento lo demuestra. De modo que todo aquel que pretendía ser de Dios tenía que mostrar sus credenciales con lo que los judíos consideraban alguna «señal» de Dios.
  b. Jesús había venido para superar o cumplir la religión basada en señales sobrenaturales (Mt. 5:17). Los judíos preguntaban cuáles eran sus señales, pedían las credenciales de Jesús para hacer lo que hacía.

    «Entonces respondieron algunos de los escribas y de los fariseos, diciendo: Maestro, deseamos ver de ti señal» (Mt. 12:38).
    «Otros, para tentarle, le pedían señal del cielo» (Lc. 11:16).
    «Y los judíos respondieron y le dijeron: ¿Qué señal nos muestras, ya que haces esto?» (Jn. 2:18).
    «Entonces Jesús le dijo: si no viereis señales y prodigios, no creeréis» (Jn. 4:48).
    «Porque los judíos piden señales, y los griegos buscan sabiduría» (1 Co. 1:22).

4. Era totalmente injustificado que los judíos pidieran señales adicionales de Jesús. Había presentado señal tras señal, milagro tras

milagro, obra tras obra, suficiente para llevar a cualquier persona a decir con firme fe: «Ciertamente, este es el Hijo de Dios» (Mr. 15:39; cp. Hch. 2:22). El problema de ellos no era una falta de señales. El problema de ellos era doble.

    a.   Sencillamente no creían y no querían creer. Eran obstinados en su incredulidad.

    b.   No entendieron el amor y la fe de Dios, es decir, la verdadera religión de Dios. No alcanzaron a ver lo que Dios quería: fe y amor, no señales y obras. Dios quiere que el hombre sencillamente crea en Él y lo ame por lo que Él es y por lo que ha hecho en favor del hombre. La verdadera religión de Dios no es una religión de obras y señales, sino de fe y amor en Jesucristo, su propio Hijo (véanse notas—Mt. 4:1-11; Estudio a fondo 2—Jn. 2:24; 4:22; nota—4:48-49; Estudio a fondo 1—Ro. 4:1-25; nota—4:5; cp. Hch. 2:22).

5.   Los que buscaban una señal fueron llamados generación mala y adúltera. La razón es sencilla. Eran apóstatas que iban detrás de dioses falsos y de señales en vez de buscar al Dios de fe y amor. Al buscar señales y obras estaban cometiendo adulterio espiritual, es decir, se estaban volviendo del verdadero Dios y de su Mesías a los dioses falsos de las señales y obras. (Note: es la razón humana la que busca señales y obras y pruebas. El espíritu del hombre busca fe y confianza y amor, las cualidades espirituales que mantienen unida la vida que le dan sentido a la vida en todas sus facetas.)

6.   Ninguna clase de señal le será dada a generación alguna, excepto una: la señal de Jonás. La señal de Jonás señalaba a la resurrección de Cristo [de la muerte] (Mt. 12:39-40). (Véanse notas—Lc.11:29-30; 11:33-36.) La resurrección es la gran prueba de que Jesús es el Mesías, el Salvador del mundo. Él fue «declarado Hijo de Dios con poder, ... por la resurrección de entre los muertos» (Ro.1:4).

Pensamiento 1. Note dos lecciones significativas.

1)   Cristo oirá y contestará la oración, supliendo las auténticas necesidades de su pueblo. Pero no responderá a los deseos egoístas de la gente, ni a la curiosidad carnal, no responderá a los argumentos de los incrédulos con señales espectaculares (Stg. 4:1-3). Dios ha terminado con las señales. Ya ha dado la señal final; ha dado a su Hijo, su muerte, sepultura y resurrección.

      «A éste, entregado por el determinado consejo y anticipado conocimiento de Dios, prendisteis y matasteis por manos de inicuos, crucificándole; al cual Dios levantó, sueltos los dolores de la muerte, por cuanto era imposible que fuese retenido por ella» (Hch. 2:23-24).

      «Mas vosotros negasteis al Santo y al Justo, y pedisteis que se os diese un homicida, al Santo y al Justo, y pedisteis que se os diese un homicida, matasteis al Autor de la vida, a quien Dios ha resucitado de los muertos, de lo cual nosotros somos testigos» (Hch. 3:14-15).

      «Y con gran poder los apóstoles daban testimonio de la resurrección del Señor Jesús, y abundante gracia era sobre todos ellos» (Hch. 4:33).

      «Y nosotros somos testigos de todas las cosas que Jesús hizo en la tierra de Judea y en Jerusalén; a quien mataron colgándole en un madero. A éste levantó Dios al tercer día, e hizo que se manifestase; no a todo el pueblo, sino a los testigos que Dios había ordenado de antemano, a nosotros que comimos y bebimos con él después que resucitó de los muertos» (Hch. 10:39-41).

      «Y Pablo, como acostumbraba, fue a ellos, y por tres días de reposo discutió con ellos, declarando y exponiendo por medio de las Escrituras, que era necesario que el Cristo padeciese, y resucitase de los muertos; y que Jesús, a quien yo os anuncio, decía él, es el Cristo» (Hch. 17:2-3).

      «Que fue declarado Hijo de Dios con poder, según el Espíritu de santidad, por la resurrección de entre los muertos» (Ro. 1:4).

      «Que si confesares con tu boca que Jesucristo es el Señor, y creyeres en tu corazón que Dios le levantó de los muertos, serás salvo» (Ro. 10:9).

      «La cual operó en Cristo, resucitándole de los muertos y sentándole a su diestra en los lugares celestiales» (Ef. 1:20).

2)   Note la palabra «Maestro». No todos los que le llamen «Señor, Señor, entrarán al reino de los cielos». Muchos profesan, pero pocos poseen. «Muchos son llamados, y pocos escogidos» (Mt. 22:14; cp. 20:16). (*Véanse* bosquejo y notas—Mt. 7:21-23.)

Pensamiento 2. Los hombres intentan *prescribir* a Dios cómo actuar. Insisten y claman que Dios haga algo, que de una señal; y, en el caso de hacerlo, el hombre promete servir a Dios con renovada entrega. Note varias cosas.

1)   Dios no obra en base a señales. Obra en base a la fe y el amor. Quiere que los hombres crean en Él por lo que ha prometido, no por señales espectaculares que ocurran. A veces puede conceder una señal debido a la debilidad del creyente, pero las señales no son su modo de tratar con los hombres.

2)   No debemos prescribir a Dios las cosas que debería hacer en el trato con nosotros. Dios nos ha dado *tres enormes ayudas* que son más que suficientes para suplir nuestras necesidades: su Palabra, la oración y el Espíritu Santo.

3)   Muchos afirman haber recibido señales, pero nuestro Señor dice en una declaración clara e inconfundible: «Señal no le será dada ... sino [la resurrección]». La resurrección es la máxima señal. Piense: ¿Qué más pudo hacer Dios?

ESTUDIO A FONDO 1

(12:39) *Adúltera:* adulterio espiritual e infidelidad; apostasía; prostitución espiritual; buscando y coqueteando con otros dioses; adorar y entregar el amor a dioses falsos. La generación estaba cometiendo adulterio espiritual contra Dios. Sin embargo, la palabra «adúltera» también pudo significar que la gente de aquel día estaba tan entregada a pecados sexuales que podían ser caracterizados como una generación *adúltera*. (Cp. Jue. 2:17; 1Cr. 5:25; Sal. 106:39; Ez. 6:9; 20:30; 23:35; Os. 4:12; 5:4; 9:1.)

ESTUDIO A FONDO 2

(12:40) *Corazón de la tierra:* el lugar de los espíritus que han partido; morada de los muertos (*véase* nota—Ef. 4:8-10).

2 (12:41) *Jonás—Nínive—arrepentimiento—juicio:* una generación mala era condenada por no arrepentirse. Note varias cosas.

1.   Toda una generación puede ser mala y adúltera, tan mala y adúltera que su estilo de vida puede ser llamado «malo y adúltera» (v. 39).

2.   Los ninivitas son un excelente ejemplo del *arrepentimiento* y de cuán esencial es el arrepentimiento. La persona tiene que arrepentirse para no ser condenada.

3.   En el futuro hay un día de juicio. Note las palabras «en el juicio» (v. 42). La frase señala a un día definido de juicio.

4.   El arrepentimiento de los ninivitas será usado como testimonio en el día del juicio. El pueblo de Nínive son el mejor ejemplo de un pueblo que se vuelve a Dios desde las profundidades del pecado. Estaban hundidos a más no poder en el hoyo del pecado,

pero se arrepintieron al oír la predicación de Jonás.

5.   El arrepentimiento de los ninivitas deja a todos *sin excusa*. ¿Por qué? Nadie fue a profundidades de pecado mayores que ellos, sin embargo, se arrepintieron. Ellos muestran que cualquiera puede volverse a Dios del pecado no importa cuan terrible sea el pecado. Nadie tiene excusa para no volverse a Dios.

6.   Cristo afirma ser mayor que Jonás. Afirma ser el mensajero más grande que haya venido, el Mesías mismo. Por eso, todos los hombres están definitivamente sin excusa. Los peores pecadores de la historia se arrepintieron ante la predicación de un simple hombre, el profeta Jonás. Ahora ha venido el Mesías mismo, el propio Hijo de Dios; y Él ha predicado y anunciado: «el reino de Dios» mismo está cerca. Ahora, sin duda alguna, nadie tiene excusas.

> «Os digo: No; antes si no os arrepentís, todos pereceréis igualmente» (Lc. 13:3).
>
> «Pedro les dijo: Arrepentíos, y bautícese cada uno de vosotros en el nombre de Jesucristo para perdón de los pecados; y recibiréis el don del Espíritu Santo» (Hch. 2:38).
>
> «Así que, arrepentíos y convertíos, para que sean borrados vuestros pecados; para que vengan de la presencia del Señor tiempos de refrigerio» (Hch. 3:19).
>
> «Arrepiéntete, pues, de esta tu maldad, y ruega a Dios, si quizá te sea perdonado el pensamiento de tu corazón» (Hch. 8:22).
>
> «Pero Dios, habiendo pasado por alto los tiempos de esta ignorancia, ahora manda a todos los hombres en todo lugar, que se arrepientan» (Hch. 17:30).
>
> «Deje el impío su camino, y el hombre inicuo sus pensamientos, y vuélvase a Jehová, el cual tendrá de él, misericordia, y al Dios nuestro, el cual será amplio en perdonar» (Is. 55:7).

Pensamiento 1. Note varias cosas acerca de Nínive.
1)   Nínive era una ciudad impía y malvada (Jon. 1:2).
2)   Dios envió un profeta (Jonás) para dar una advertencia a Nínive.
3)   «El pueblo de Nínive *creyó en Dios*» y se arrepintió cuando predicó el profeta.

Cristo aplica la experiencia de Nínive al mundo.
1)   El mundo es impío y malvado.
2)   Dios envió a su profeta (Jesucristo, su propio Hijo) para advertir en amor al mundo.
3)   La gente del mundo «no cree en Dios» y no se arrepiente cuando es predicado el mensaje de Cristo.

Pensamiento 2. Note lo que Cristo está diciendo: «Ustedes piden una señal. *Yo soy la señal de Dios.*»
1)   Los ninivitas reconocieron el mensaje de Dios cuando predicó Jonás, y ellos creyeron y se arrepintieron.
2)   «Ustedes no me reconocen. Son tan ciegos, malos, y adúlteros que no pueden ver siquiera a uno que es mayor que Jonás. Dios les ha dado *la señal mayor*, el Mesías mismo; sin embargo, ustedes no ven ni oyen.»
3)   «Los ninivitas se levantarán en el juicio y será usados como testimonio contra ustedes.»

Pensamiento 3. Note dos puntos significativos.
1)   Jonás no era sino un simple hombre. Es cierto, era un profeta, pero aun era solo un hombre con pasiones pecaminosas semejantes a las nuestras. Pero Cristo es el Mesías, el Hijo de Dios mismo. Note que Cristo está proclamando y vindicando su carácter mesiánico.
2)   En el día del juicio se mencionará el arrepentimiento de Nínive. Los ninivitas se levantarán como testigos de cómo un pueblo puede volverse de la maldad extrema a Dios. El ejemplo de los ninivitas dejará sin excusas al peor de los pecadores. No importa cuán malvada sea una persona, la misma no tendrá excusa. Los ninivitas tuvieron menos de lo que tenemos

nosotros. Tuvieron un testigo más débil, Jonás. Nosotros tenemos al testigo más grandes, a Cristo mismo.

3 **(12:42)** *Reina de Sabá—Dios, buscando—hombre, buscando—sabiduría:* una generación mala es condenada por no buscar la sabiduría mayor. Hay muchas lecciones importantes acerca de la Reina de Saba y de Cristo en este versículo.

1.   La reina de Sabá es gran ejemplo de un individuo *buscando* a Uno que conoce la verdad. Ella demuestra cuán importante es buscar a alguien que pueda *compartir la verdad*. En su búsqueda tenía que ser muy diligente y pasar por más circunstancias que nadie para experimentar la búsqueda de la verdad.
   a.   Tuvo una búsqueda prolongada y peligrosa. Había venido «de los fines de la tierra» para buscar la verdad.
   b.   Sus responsabilidades eran extremadamente grandes. Era una reina con enormes tareas que cumplir y un horario muy ocupado. Siendo cabeza de su estado una obligación tras otra demanda su tiempo y su presencia y todo un reino dependía de la preocupación de ella, sin embargo, nada pudo detenerla en su búsqueda de la verdad.
   c.   No estaba segura de su búsqueda. Era como una apuesta, al menos en dos sentidos incierta.
      1)   No podía estar absolutamente segura de que Salomón fuese realmente tan sabio como se decía. Las reputaciones se vuelven exageradas cuando son difundidas de boca en boca. Ella, como cualquier otra persona, lo sabía.
      2)   No tenía invitación personal para visitar a Salomón. La fama adula a la gente y las motiva a hacerse inaccesibles a efectos de incrementar su fama de *ocupado* y *de llevar pesadas responsabilidades*. Ella no podía estar segura de ser recibida o de concedérsele mucho tiempo.
   d.   Tenía que soportar terribles prejuicios. Era una mujer en un mundo de hombres. En su tiempo las mujeres no eran sino propiedades muebles, poseídas y usadas por los hombres, para los deseos de ellos y según ellos quisieran.

2.   La búsqueda de la reina de Sabá será usada como testimonio en el día del juicio. Su diligencia en la búsqueda —superando increíbles problemas y dificultades para encontrar a Uno que supiera la verdad— es un testimonio contra todos aquellos que no buscan la verdad.

3.   La búsqueda de la reina deja a todos sin excusa. No hay distancia demasiado lejana ni peligrosa, ni responsabilidad tan importante, ninguna pregunta o duda de tanto peso, ningún prejuicio ni oposición tan fuerte; no hay nada mayor a lo que superó la reina de Sabá. Y a pesar de todo ello, ella buscó la verdad. Era el impulso primordial de su vida. Ya nadie tiene excusas.

> «Y yo os digo: Pedid, y se os dará; buscad y hallaréis; llamad, y se os abrirá. Porque todo aquel que pide, recibe; y el que busca, halla; y al que llama, se le abrirá» (Lc. 11:9-10).
>
> «Mas si de allí buscares a Jehová tu Dios, lo hallarás, si lo buscares de todo tu corazón y de toda tu alma» (Dt. 4:29).
>
> «Buscad a Jehová y su poder; buscad siempre su rostro» (Sal. 105:4).
>
> «Si clamares a la inteligencia, y a la prudencia dieres tu voz; Si como a la plata la buscares, y la escudriñares como a tesoros, Entonces entenderás el temor de Jehová, y hallarás el conocimiento de Dios» (Pr. 2:3-5).

4.   Cristo afirma ser más grande y superior a Salomón. Afirma ser el camino, la verdad y la vida. Imagínese solamente, la *vida misma* (Jn. 14:6). Jesús afirma ser aquel a quien todos los

hombres deben buscar y encontrar, a cualquier precio, para no enfrentar la condenación.

Desde que ha venido Cristo, todos los hombres quedaron definitivamente sin excusa. En todo el mundo, la persona menos probable, la reina de Sabá, pasó por las dificultades más extremas buscando la verdad. Y ella buscaba la verdad de un mero hombre, Salomón. Ahora el Mesías, aquel que es «la verdad» Él mismo, ha venido y ha revelado la verdad de Dios. Ya no queda duda alguna, no hay persona que tenga excusas.

> **«Y aquel Verbo fue hecho carne, y habitó entre nosotros (y vimos su gloria, gloria como del unigénito del Padre), lleno de gracia y de verdad» (Jn. 1:14).**

> **«Jesús le dijo: Yo soy el camino, y la verdad, y la vida; nadie viene al Padre, sino por mí» (Jn. 14:6).**

> **«Jesús le dijo: ¿Tanto tiempo hace que estoy con vosotros, y no me has conocido Felipe? El que me ha visto a mí, ha visto al Padre; ¿cómo, pues, dices tú: Muéstranos el Padre? ¿No crees que yo soy en el Padre, y el Padre en mí? Las palabras que yo os hablo, no las hablo por mi propia cuenta, sino que el Padre que mora en mí, él hace las obras. Creedme que soy en el Padre, y el Padre en mí; de otra manera, creedme por las mismas obras» (Jn. 14:9-11).**

> **«Porque hay un solo Dios, y un solo mediador entre Dios y los hombres, Jesucristo hombre» (1 Ti. 2:5).**

Pensamiento 1. La reina de Sabá pasó por las mayores dificultades humanamente posibles para buscar a alguien (Salomón) que pudiera compartir la verdad con ella. Ella es una ejemplo dinámico de que no hay esfuerzo, energía, tensión, o sufrimiento que uno no deba soportar al buscar a Aquel que es la encarnación misma de la verdad.

Pensamiento 2. Si queremos conocer a Dios, se requiere una búsqueda diligente:

> **«Es necesario que el que se acerca a Dios crea que le hay, y que es galardonador de los que *le buscan*» (He. 11:6. cp. Mt. 7:7; Pr. 8:17).**

[4] (12:43-45) *Religión—reforma:* una generación mala sigue a la religión falsa: la de reformas. ¡Qué bien describe este cuadro al hombre que reforma y limpia su vida!

1. Note lo que sucede cuando un hombre expulsa el mal (espíritu) de su vida.
   a. Se experimentan muchos lugares secos. No importa a dónde vaya la persona, ni lo que haga, hay muchos momentos de sequía. No importa con cuánta diligencia la persona busque, aparentemente nada llena el vacío dejado por el mal (espíritu) expulsado. Siempre queda algún lugar seco.
   b. El mal (espíritu) que estaba en el hombre y que ha sido expulsado busca reposo, pero no lo encuentra. El espíritu malo del hombre, al ser subyugado o expulsado, se vuelve inquieto. Anda *por lugares secos sin reposo*, y no encuentra descanso.
   c. El hombre siempre experimenta el anhelo de regresar que tiene el mal. El mal (espíritu dice): «Voy a retornar». Note las palabras «a mi casa». Su casa era el lugar tan confortable, donde se sentía tan seguro y cómodo. El espíritu malo está diciendo: «Regresaré a lo que siempre pareció tan bueno y que me gustó tanto, y que me hizo sentir tan bien».

2. Todo lo dicho arriba tiene que ver con el hombre que reforma y limpia su vida. Note lo que sucede cuando el mal (espíritu) vuelve al hombre y llama a la puerta de sus pensamientos y espía por las ventanas de sus deseos.
   a. Encuentra la casa *vacía y desocupada*.
   b. Encuentra la casa barrida y limpia, todo ordenado, lista para ser ocupada. El hombre había quitado toda basura y barrido toda suciedad afuera. Había limpiado la casa de su vida, pero no había invitado al *huésped* (al Señor Jesucristo) a entrar y ocupar las dependencias.

3. Note lo que ocurre cuando el mal (espíritu) encuentra la casa vacía y desocupada.
   a. Penetra en ella y la inunda con más fuerza que nunca. El hombre se vuelve mucho más indulgente que antes.
   b. Trae más mal consigo; comienza y ejecuta más mal que nunca.
   c. «Mora» allí. Es poco probable que vuelva a limpiar su vida otra vez.

El lector debe notar que Jesús aplica la verdad de esta parábola no sólo a individuos, sino también a toda la generación y sociedad. La respuesta al mal y a las enfermedades de la sociedad no es la reforma —no es cambio de la superficie exterior— sino la transformación y regeneración del corazón del hombre. Es llenar el corazón humano con Cristo mismo y con las acciones y los cuidados del amor cristiano. El mensaje y las acciones del amor y de su cuidado son ejecutados en un mundo que sufre, que padece dolor y guerra, y está condenado a morir sin Dios.

> **«Y por haberse multiplicado la maldad, el amor de muchos se enfriará» (Mt. 24:12).**

> **«Ciertamente, en otro tiempo, no conociendo a Dios, servíais a los que por naturaleza no son dioses; mas ahora, conociendo a Dios, o más bien, siendo conocidos por Dios, ¿cómo es que os volvéis de nuevo a los débiles y pobres rudimentos, a los cuales os queréis volver a esclavizar? Guardáis los días, los meses, los tiempos y los años» (Gá. 4:8-10).**

> **«Mas los malos hombres y los engañadores irán de mal en peor, engañando y siendo engañados» (2 Ti. 3:13).**

> **«Ciertamente, si habiéndose ellos escapado de las conta-minaciones del mundo, por el conocimiento del Señor y Salvador Jesucristo, enredándose otra vez en ellas son vencidos, su postrer estado viene a ser peor que el primero. Porque mejor les hubiera sido no haber conocido el camino de la justicia, que después de haberlo conocido, volverse atrás del santo mandamiento que les fue dado» (2 P. 2:20-21).**

> **«Pero tengo contra ti, que has dejado tu primer amor» (Ap. 2:4).**

Pensamiento. Note cuatro lecciones.

1) El mal puede ser conquistado por medio de Cristo. Puede ser expulsado, apartado, echado fuera de nuestras vidas; *pero no puede ser destruido o eliminado, al menos no en esta vida.* Aunque el mal pueda ser quitado de una vida y apartado, siempre volverá a atacar. Lo que se necesita es un *poder sobrenatural* para volverse del mal. Ese poder está en Jesucristo.

2) Cuando el mal es quitado de una vida, algo tiene que ser puesto en su lugar. ¿Qué? Jesucristo. El amor de Cristo y su misión de redención es llenar el corazón y la vida de un hombre. Toma todas las acciones de amor y cuidado; no le alcanza la vida al hombre para tocar siquiera la superficie. El mundo está tan aplastado por los prejuicios, guerra, maldad, egoísmo, orgullo y poder; y son tantas las personas necesitadas. La persona tiene que expulsar al mal de su vida y reemplazarlo con Cristo. Cuando la persona entrega su vida a Cristo, es inundada con tantas cosas para hacer que no le queda tiempo para pensar o hacer el mal.

3) La respuesta de la iglesia para dejar de perder gente es la auténtica conversión y acción cristiana. La persona tiene que estar realmente convertida del mal a Cristo y luego tiene que ser puesta a trabajar. Al creyente convertido tiene que *mostrar* su trabajo para el Señor en la iglesia, tiene que ser *dirigido* a Él, luego tiene que ser dirigido a servir a Cristo.

4) La tarea de la iglesia es doble.
   a) Mostrar a las personas las necesidades desesperantes del mundo y de la comunidad, tanto nacional como internacional (Hch. 1:8).
   b. Desafiar a personas y conducirlas a involucrarse personalmente en satisfacer esas necesidades.

1 No fue comprendido por su familia a. Estaban «fuera»: perturbados por las afirmaciones acerca de sí b. Trataron de interrumpir su ministerio	G. Defensa 7: la respuesta del Mesías a parientes con dudas, 12: 46-50 (Mr. 3:31-35; Lc. 8:19-21) 46 Mientras él aún hablaba a la gente, he aquí su madre y sus hermanos estaban fuera, y le querían hablar. 47 Y le dijo uno: He aquí tu madre y, tus hermanos están afuera, y te quieren hablar.	48 Respondiendo él al que le decía esto, dijo: ¿Quién es mi madre, y quiénes son mis hermanos? 49 Y extendiendo su mano hacia sus discípulos, dijo: He aquí mi madre y mis hermanos. 50 Porque todo aquel que hace la voluntad de mi Padre que está en los cielos,ése es mi hermano, y hermana, y madre.	2 Proclamó la existencia de una familia singular a. No basada en relaciones de sangre b. Basada en el discipulado c. Basada en hacer la voluntad de Dios d. Basada en una relación celestial, espiritual, con Dios como Padre

G. Defensa 7: la respuesta del Mesías a parientes con dudas, 12:46-50

(12:46-50) *Introducción—familia:* la familia puede llegar a ser una oposición sutil y poderosa. En efecto, no hay mayor oposición que la de una familia que no comprende o se opone a uno de sus propios miembros que ha aceptado a Cristo. Jesús había dicho: «los enemigos del hombre serán los de su casa» (Mt. 10:34-39). Ahora estaba experimentando Él mismo esta oposición.

Note que María actuaba impulsada por un corazón materno y un sentido de responsabilidad hacia su hijo (*véanse* bosquejo y nota—Mt. 3:31-32). De todos modos estaba equivocada.

La oposición a Jesús había sido fuerte y violenta, pero ahora adquiría un nuevo cariz (Mt. 12:1ss). Los que le eran más queridos, los de su propia familia no lo comprendían; no creían e incluso se oponían a su ministerio. Muchas personas que siguieron a Cristo se encontraron con la misma falta de comprensión y rechazo de parte de sus familias, y en algunos casos el rachazo fue hostil. Prácticamente todo verdadero creyente conoce a otro que ha experimentado la oposición de parte de algún miembro de la familia. Es una experiencia más común de lo que normalmente se piensa. (Para mayor discusión *véanse* bosquejo y notas—Mr. 3:31-35; Lc.8:19-21.)

1. No fue comprendido por su familia (vv. 46-47).
2. Proclamó la existencia de una familia singular espiritual (vv. 48-50).

1 (12:46-47) *Familia:* Jesucristo no fue comprendido por su familia. Aparentemente su familia se sintió perturbada ante las afirmaciones que hacía acerca de sí mismo y todos los rumores que circulaban por el país. (*Véase* nota—Mr. 3:31-32. Esta nota es importante para entender la reacción contraria por parte de su familia.)

Jesús no estaba negando a su familia; no estaba reaccionando, herido por la incredulidad de ellos. Jesús llevaba a su familia en el corazón como a toda otra alma y hogar. Esto se ve claramente en las Escrituras.

1. Tuvo tiernos pensamientos y preocupación por su madre cuando estaba muriendo en la cruz (Jn. 19:27).
2. Probablemente experimentaba un profundo anhelo de ser apoyado por su familia al expresar una desesperante verdad: «El Hijo del Hombre no tiene donde recostar su cabeza» (Mt. 8:20; Lc. 9:58).
3. Constantemente hablaba de las relaciones familiares al referirse a su propio *Padre*, a Dios mismo.
4. Él, el propio Hijo de Dios, fue enviado al mundo mediante el cuerpo de una mujer y criado en el entorno de un hogar. De esta manera Dios santificó a la familia y al hogar por sobre toda estimación humana.

En este pasaje Jesús no esta negando a su familia ni relegando a la familia a una posición de menor importancia, ni enseñando que para Dios la familia carece de importancia. ¿Entonces, qué está haciendo? Está proclamando la existencia de una familia singular: de una familia espiritual (*véase* nota—Mt. 12:48-50).

> «Porque si alguno no provee para los suyos, y mayormente para los de su casa, ha negado la fe, y es peor que un incrédulo» (1 Ti. 5:8).

Pensamiento 1. Note varias cosas.
1) Jesús estaba predicando en el momento de ser interrumpido por su familia. Piense en las diferentes reacciones que podría haber tenido, y note su forma de controlar la situación. En algún momento todo siervo confronta interrupciones. Debemos controlar nuestras reacciones cuando somos interrumpidos, por muy difícil que ello sea.
2) La familia de Jesús se sentía suficientemente cercana a Él para interrumpirlo. El fácil acceso y la familiaridad producen una falta de respeto y estima (*véanse* bosquejo y notas—Mt. 13:53-58).
3) Jesús usa la interrupción para enseñar una gran lección; Dios está formando una familia singular: una familia espiritual.

Pensamiento 2. La familia de Jesús tenía la oportunidad de tratarlo diariamente, el privilegio de sostenerlo y de aprender de Él, sin embargo, no estaban con Él. ¿Por qué? El fácil acceso y la familiaridad con frecuencia producen ...
- menor respeto
- negligencia
- desconfianza
- menor estima
- incredulidad

Con frecuencia somos negligentes con aquello que podemos tener cuando lo queremos: con los padres, los hijos, cónyuges, amigos, adoración, estudio bíblico oración.

Pensamiento 3. La oposición, aunque venga de nuestra familia no debe hacernos renunciar a nuestro llamado y misión. Cristo prosiguió con todo lo que había sido llamado a hacer.

Pensamiento 4. Con frecuencia las interrupciones a nuestro ministerio provienen de amigos. Pueden ser no intencionales; pero son interrupciones. Los amigos se sienten suficientemente cercanos para interrumpir y decir «hola» o extender una invitación personal, esperando una respuesta personal. Cosas semejantes con frecuencia interrumpen el ministerio, sea la predicación, la enseñanza, o la preparación para ministrar. Note que Cristo cambia la interrupción en una oportunidad para enseñar.

2 (12:48-50) *Familia—familia espiritual:* Jesucristo proclamó la existencia de una familia singular, de una familia espiritual. Proclamó una relación familiar tan unida espiritualmente que supera a la familia humana. (*Véase* nota—Lc. 8:20.)

Jesús dijo cuatro cosas de la familia espiritual.

1. La familia espiritual no está basada en relaciones sanguíneas. No es que la familia humana sea rebajada, sino que se proclama una relación familiar superior. Es una verdadera relación con Dios el Padre, una relación que es espiritual y eterna.

Es una relación que está por encima de lo físico y temporal. La familia humana es importante, pero sufre quebrantos. Sus relaciones se rompen. Los hijos se rebelan y se vuelven contra sus padres, y unos contra otros. Los padres se oponen a los hijos y demasiadas veces los rechazan. Los cónyuges se maltratan mutuamente y se apartan y permiten la aparición de barreras.

Con frecuencia se comienzan familias nuevas después de la muerte o del divorcio. Las familias humanas son transitorias y tan frágiles debido al egoísmo humano y debido al mal y al pecado en el corazón del hombre. La familia humana es importante, pero ella solo es un tipo de la auténtica familia, la familia de Dios mismo.

La verdadera familia espiritual, aquellos que conocen a Dios en manera auténticamente personal, conocen *una unión más fuerte y estrecha, una fuerza más comprometedora* que las relaciones de sangre. Conocen una auténtica relación espiritual con Dios el Padre y sus verdaderos seguidores, una relación espiritual que es ...

- más leal
- más segura
- más comprensiva
- más amorosa
- más tierna
- más comprometedora
- más significativo
- más llena de propósito
- más desafiante

Por su puesto, el gran anhelo de Dios es que la familia humana sea parte de su familia eterna. No debe existir un lazo más estrecho que el de una familia humana espiritualmente unida en Jesucristo nuestro Señor.

2. La familia espiritual está basada en el discipulado auténtico discipulado de Jesucristo. Una de las descripciones más claras de lo que significa ser un verdadero discípulo de Cristo se encuentra en Lucas (*véanse* bosquejo y nota—Lc. 14:25-35).

   a. Para llegar a ser un discípulo de Cristo el hombre tiene que poner a Cristo primero; encima de la familia, antes que a sí mismo.

   «Si alguno viene a mí, y no aborrece a su padre, y madre, y mujer, e hijos, y hermanos, y hermanas, y aun también su propia vida, no puede ser mi discípulo» (Lc. 14:16).

   b. Para llegar a ser un discípulo de Cristo el hombre tiene que llevar la cruz de la muerte al yo.

   «Y el que no lleva su cruz y viene en pos de mí, no puede ser mi discípulo» (Lc. 14:27).

   c. Para llegar a ser un discípulo de Cristo el hombre tiene que prestar atención al discipulado: contar el precio y las consecuencias.

   «Porque ¿quién de vosotros, queriendo edificar una torre, no se sienta primero y calcula los gastos, a ver si tiene lo que necesita para acabarla? No sea que después que haya puesto el cimiento, y no pueda acabarla, todos los que lo vean comiencen a hacer burla de él, diciendo, Este hombre comenzó a edificar, y no puede acabar. ¿O qué rey, al marchar a la guerra contra otro rey, no se sienta primero y considera si puede hacer frente con diez mil soldados al que el con veinte mil? Y si no puede, cuando el otro está todavía lejos, le envía una embajada y le pide condiciones de paz» (Lc. 14:28-32).

   d. Para llegar a ser un discípulo de Cristo el hombre tiene que pagar el precio máximo: renunciar a todo.

   «Así, pues, cualquiera de vosotros que no renuncia a todo lo que posee, no puede ser mi discípulo» (Lc. 14:33).

   e. Para llegar a ser un discípulo de Cristo el hombre tiene que mostrar amor a los otros.

   «Un mandamiento nuevo os doy: Que os améis unos a otros; como yo os he amado, que

también os améis unos a otros. En esto conocerán todos que sois mis discípulos, si tuviereis amor los unos con los otros» (Jn. 13:34-35).

   f. Para llegar a ser un discípulo de Cristo el hombre tiene que ser firme en su fidelidad a Jesucristo.

   «Dijo entonces Jesús a los judíos que habían creído en él, Si vosotros *permaneciereis* en mi palabra, seréis verdaderamente mis discípulos» (Jn. 8:31).

   g. Para llegar a ser un discípulo de Cristo el hombre tiene que ser fructífero sirviendo a Cristo.

   «En esto es glorificado mi Padre, en que llevéis mucho fruto, y seáis así mis discípulos» (Jn. 15:8).

Note que el discipulado gira en torno de Cristo. Él es la figura central en torno de quien viven todos los discípulos, y se mueven y tienen su existencia. De modo que la familia de Dios produce discipulado de Cristo. La familia de Dios es una familia espiritual basada en el genuino discipulado de Jesucristo.

3. La familia espiritual está basada en hacer la voluntad de Dios. Cristo dice claramente que hacer la voluntad de Dios tiene varias consecuencias.

   a. El hacer la voluntad de Dios establece la familia de Dios; establece una familia singular, una familia espiritual formada por el Padre y el Hijo. La familia de Dios está formada en torno de la voluntad de Dios; es una familia de personas que están entregadas a hacer la voluntad de Dios.

   «Porque todo aquel que hace la voluntad de mi Padre que está en los cielos, ése es mi hermano, y hermana, y madre» (Mt. 12:50).

   «El entonces respondiendo, les dijo: Mi madre y mis hermanos son los que oyen la palabra de Dios, y la hacen» (Lc. 8:21).

   b. Hacer la voluntad de Dios asegura la comunión con Dios y con su pueblo; asegura un compañerismo singular, un compañerismo espiritual tanto con el Padre como con el Hijo.

   «Respondió Jesús y le dijo, el que me ama, mi palabra guardará; y mi Padre le amará, y vendremos a él, y haremos morada con él. El que no me ama, no guarda mis palabras; y la palabra que habéis oído no es mía, sino del Padre que me envió» (Jn. 14:23-24).

   «Si guardareis mis mandamientos, permaneceréis en mi amor; así como yo he guardado los mandamientos de mi Padre, y permanezco en su amor ... Vosotros sois mis amigos, si hacéis lo que yo os mando» (Jn. 15:10, 14).

   «Y el mundo pasa, y sus deseos; pero el que hace la voluntad de Dios permanece para siempre» (1 Jn. 2:17).

   c. El hacer la voluntad de Dios demuestra que la persona ha llegado a ser un miembro de la familia de Dios: que la persona ha entrado al reino de los cielos, es decir, al reino o dimensión espiritual de la existencia.

   «No todo el que me dice: Señor, Señor, entrará en el reino de los cielos, sino el que hace la voluntad de mi Padre que está en los cielos» (Mt. 7:21).

   «Bienaventurados los que lavan sus ropas, para tener derecho al árbol de la vida, y para entrar por las puertas de la ciudad [al cielo]» (Ap. 22:14).

   d. Hacer la voluntad de Dios demuestra un hecho singular: que existe la familia de Dios lo que Cristo afirma que existe.

   «El que quiera hacer la voluntad de Dios, conocerá si la doctrina es de Dios, o si yo hablo por mi propia cuenta» (Jn. 7:17; cp. 16-18).

4.   La familia espiritual está basada en una relación celestial o espiritual con Dios como Padre. Cristo dice con toda claridad: «todo aquel que hace la voluntad de *mi Padre que está en los cielos, ése es mi hermano, y hermana, y madre».* La persona que busca a Dios, que quiere hacer su voluntad, es la persona que desarrolla una relación con Dios. Esa persona se convierte en hijo adoptivo en la familia de Dios, un hermanos o hermana de Cristo.

Varias cosas crean esta familia espiritual de hijos e hijas de Dios, o de hermanos y hermanas de Cristo.

    a.   La familia espiritual es creada por el renacimiento singular del espíritu de la persona operado por el Espíritu de Dios (*véase* nota—Jn. 3:1-15).

«**Respondió Jesús y le dijo: De cierto, de cierto te digo, que el que no naciere de nuevo, no puede ver el reino de Dios ... Respondió Jesús: De cierto, de cierto te digo, que el que no naciere de agua y del Espíritu, no puede entrar al reino de Dios»** (Jn. 3:3, 5).

«**Siendo renacidos, no de simiente corruptible, sino de incorruptible, por la palabra de Dios que vive y permanece para siempre»** (1 P. 1:23).

    b.   La familia espiritual es creada por la adopción singular en la familia de Dios; de la que testifica el Espíritu de Dios (*véase* Estudio a fondo 2—Gá. 4:5-6).

«**Pues no habéis recibido el espíritu de esclavitud para estar otra vez en temor, sino que habéis recibido el Espíritu de adopción, por el cual clamamos: ¡Abba, Padre! El Espíritu mismo da testimonio a nuestro espíritu, de que somos hijos de Dios.Y si hijos, también herederos; herederos de Dios y coherederos con Cristo, si es que padecemos juntamente con él, para que juntamente con él seamos glorificados»** (Ro. 8:15-17).

«**Pero cuando vino el cumplimiento del tiempo, Dios envió a su Hijo, nacido de mujer y nacido bajo la ley, para que redimiese a los que estaban bajo la ley, para que redimiese a los que estaban bajo la ley, a fin de que recibiésemos la adopción de hijos. Y por cuanto sois hijos, Dios envió a vuestros corazones el Espíritu de su Hijo, el cual clama: ¡Abba, Padre!»** (Gá. 4:4-6).

    c.   La familia espiritual es creada por el compañerismo singular creado por el Espíritu de Dios (*véase* nota—Hch. 2:42).

«**Y perseveraban en la doctrina de los apóstoles, en la comunión los unos con otros, en el partimiento del pan y en las oraciones»** (Hch. 2:42).

    d.   La familia espiritual es creada por la entrega singular a Jesucristo, esto es, llegando a ser discípulos de Él, motivados por el amor de Cristo. (*Véase* pt. 2 de esta nota—Mt. 12:48-50.)

«**Porque el amor de Dios nos constriñe, pensando esto: que si uno murió por todos, luego todos murieron; y por todos murió, para que los que viven, ya no vivan para sí, sino para aquel que murió y resucitó por ellos»** (2 Co. 5:14-15).

    e.   La familia espiritual es creada por la singular experiencia de adorar y servir a Dios diariamente.

«**Si alguno quiere venir en pos de mí, niéguese a sí mismo, tome su cruz cada día, y sígame»** (Lc. 9:23).

«**¿O ignoráis que vuestro cuerpo es templo del Espíritu Santo, el cual está en vosotros, el cual tenéis de Dios, y que no sois vuestros? Porque habéis sido comprados por precio; glorificad, pues, a Dios en vuestro cuerpo y en vuestro espíritu, los cuales son de Dios»** (1 Co. 6:19-20).

Pensamiento 1. Cristo da el ejemplo supremo de fidelidad a Dios y a la familia de Dios.

Pensamiento 2. La familia y los amigos deben ser muy cuidadosos en su forma de responder a la persona que ha sido llamada a servir a Dios.
1)   Dios espera sostén y aliento, no dudas y oposición.
2)   Dios espera comprensión y no sentimientos de descuido y abandono.

Pensamiento 3. El creyente se entrega a Cristo no para restar importancia a la familia, sino para dar a Dios el lugar que le corresponde: la supremacía sobre la vida.

1 Cristo predicó parábola a. En día sábado b. A la orilla del lago c. Se juntó una multitud d. Lo presionaron a subir a un bote **2 Un sembrador salió a sembrar**	**IX. LAS PÁRABOLAS DEL MESÍAS QUE DESCRIBEN EL REINO DE LOS CIELOS, 13:1-52** **A. La parábola del sembrador: cómo recibe una persona el evangelio, 13:1-9** (cp. Mt. 13:18-23; Mr. 4:1-9; Lc. 8:4:15) **A**quel día salió Jesús de la casa y se sentó junto al mar. 2 Y se le juntó mucha gente; y entrando él en la barca, se sentó, y toda la gente estaba en la playa. 3 Y les habló muchas cosas por parábolas diciendo: He aquí, el	sembrador salió a sembrar. 4 Y mientras sembraba, parte de la semilla cayó junto al camino; y vinieron las aves y la comieron. 5 Parte cayó en pedregales, donde no había mucha tierra; y brotó pronto, porque no tenía profundidad de tierra; 6 pero salido el sol, se quemó, y porque no tenía raíz se secó. 7 Y parte cayó entre espinos; y los espinos crecieron, y la ahogaron. 8 Pero parte cayó en buena tierra, y dio fruto, cuál a ciento, cuál a sesenta, y cuál a treinta por uno. 9 El que tiene oídos para oír, oiga.	**3 Numerosas personas no permitieron que la Palabra echara raíz permanente** a. Algunos quedaron a la orilla del camino [EF1] b. Algunos recibieron la Palabra en lugares pedregosos [EF2] c. Algunos recibieron la Palabra entre espinos [EF3] **4 Pocas personas permiten que la Palabra eche raíces** **5 En sólo unas personas la Palabra lleve fruto 100%** **6 Un llamado vigoroso: oigan**

IX. LAS PÁRABOLAS DEL MESÍAS QUE DESCRIBEN EL REINO DE LOS CIELOS, 13:1-52

A. La parábola del sembrador: cómo recibe una persona el evangelio, 13:1-9

(13:1-52) *Introducción—parábolas—misterios—reino de los cielos:* las ocho parábolas de Mateo 13 tienen que ver con los «misterios del reino de los cielo» (Mt. 13:11). Con *misterio* Jesús no se refiere a algo misterioso, sino más bien a algo desconocido y no revelado hasta ese momento. ¿Cuál es el misterio, la nueva revelación? El misterio es doble.

1. Jesús veía al cristianismo moderno. Dijo que en el reino de los cielos se mezclan el bien y el mal. Incluye a creyentes de palabra y a creyentes genuinos; doctrina falsa y doctrina sana; rituales falsos y rituales veraces; adoración hipócrita tanto como genuina; fe de palabra y fe verdadera (cp. el sembrador y la semilla, el trigo y la cizaña, la semilla de mostaza, y la levadura).

2. Jesús veía al mundo y su inapreciable valor. Dijo haber venido para buscar y comprar sacrificialmente al mundo. Dijo que sus seguidores debían trabajar intensamente, tratando de traer hombres al reino. Dijo que ellos eran extraordinariamente privilegiados: habían recibido la nueva revelación de Dios para agregarla al conocimiento que tenían de la revelación antigua. Por lo tanto, ahora eran responsables de enseñar la nueva tanto como la antigua (cp. tesoros escondidos, la perla, la red, el mayordomo).

(13:1-9; 18-23) *Sembrador, parábola del:* en los versículos 18-23 Cristo interpreta esta parábola. *El sembrador* es el mismo Señor Jesucristo, o bien un siervo suyo (v. 37). (Los siervos del Señor, ministros o laicos, son «colaboradores con Dios», 1 Co. 3:9). *La semilla* es la Palabra de Dios o la Palabra del reino (v. 19). Se la llama: (1) la «simiente incorruptible» (1 P. 1:23), y (2) el «evangelio ... [que] lleva fruto» (Col. 1:5-6).

La tierra donde cae la semilla es el corazón de los oyentes. Cristo dice dos cosas significativas acerca de la tierra:

- Hay distintos tipos de tierra para oír y recibir la Palabra (semilla).
- El destino de la Palabra, su buen crecimiento, depende de la tierra, es decir, del oyente. (Para mayor discusión *véanse* notas—Mr. 4:1-20; Lc. 8:4-15.)

Cada oyente es personalmente responsable de cómo recibe la Palabra de Dios.

1. Trasfondo: Cristo predicó una parábola (vv. 1-2).
2. Un sembrador salió a sembrar (vv. 3, 18).
3. Numerosas personas no permitieron que la Palabra echara raíz permanente (vv. 4-7).
4. Sólo un número reducido permitió que la Palabra echara raíces permanentes (v. 8).
5. Sólo unos pocos permitieron que la Palabra llevara fruto al 100 por uno (v. 8).
6. Un llamado vigoroso: oigan (v. 9).

[1] (13:1-2) *Predicar:* Cristo predicó una parábola.
- Predicó en día sábado.
- Predicó a la orilla del lago en un bote.
- Predicó al reunirse la multitud.
- La multitud lo presionó a entrar en un bote.

[2] (13:3) *Testificar:* un sembrador salió a sembrar. Note dos cosas.
- Primero, el sembrador salió.
- Segundo, el sembrador sembró la semilla (la Palabra de Dios) o la Palabra del reino (v. 19).

[3] (13:4-7) *Incredulidad—rechazo:* un gran número de personas no permitió que la Palabra eche raíces permanentes. Pero note: oyeron la Palabra de Dios. Iban a la iglesia regularmente. La palabra cayó sobre ellos, pero no permitieron que penetre en ellos, al menos no en forma permanente.

Note que el número de personas que rechazaron la Palabra era mucho mayor que el de quienes la recibieron. No todos obedecieron al evangelio ...

«Señor, ¿quién ha creído a nuestro anuncio?» (Ro. 10:16).

«Porque muchos *son llamados*, pero pocos escogidos» (Mt. 22:14).

Pensamiento. La persona es responsable por el tipo de corazón que tiene, duro, emotivo, superficial, espinoso o suave y tierno.

ESTUDIO A FONDO 1

(13:4, 19) *Junto al camino—evangelio, endurecidos para el:* algunos estaban junto al camino. En los días de Cristo no había cercos para separar una propiedad de otra. En cambio se usaban senderos largos y angostos para el tránsito público. Estos senderos eran pisoteados por el constante transito del público hasta quedar duros como pavimento. Esta es la tierra dura junto al camino que menciona Cristo.

Note que estos escucharon la Palabra pero no la entendieron (v. 19). Están regularmente en la iglesia, y la Palabra cae sobre ellos. Algunos han hecho decisiones públicas, otros no; pero sea como fuere, todavía están junto al camino, prestando poca atención a lo que está ocurriendo. Incluso los que han hecho decisiones no son genuinos. Son duros, muy duros, con sus mentes cerradas y corazones de concreto; por eso no prestan atención ni guardan la Palabra. La mente de ellos está en otra cosa. No tienen interés y son indiferentes, no alcanzando a comprender la importancia de la Palabra para la vida. Sencillamente creen que pueden arreglarse sin la Palabra de Dios, creen que ella no es necesaria para vivir.

Cristo dijo «viene el malo» y arrebata la Palabra que ha sido sembrada. Las personas cuyos corazones no están abiertos y no son suaves, son fácil presa del malo. La Palabra siempre está en la superficie del corazón de ellos, exponiéndola de esa manera a todo diablo que quiera arrebatarla.

Hay al menos cuatro razones por las que la gente se endurece para el evangelio.

1.	Se rebelan y rebelan. Reaccionan por causa de alguna tragedia o circunstancia por la que culpan a Dios.

2.	No se mantienen despiertos o alerta. No prestan atención. No consideran al evangelio suficientemente importante para merecer la atención de ellos. En sus pensamientos hay cosas que necesitan más atención que el evangelio.

3.	Son descuidados en el manejo del evangelio. Tratan al evangelio como un *asunto*, como un *aditivo*, como una parte de la vida, y no como la vida misma. Cuando están necesitados y cuando hay tiempo disponible el evangelio les es aceptable. Su actitud es la de pensar que el evangelio tiene su lugar, pero sin considerarlo el factor que abarca toda la vida, como lo es para muchos.

4.	Están engañados. Lo que les importa es la asistencia, estar presentes en los *servicios de adoración* y el asociarse con otros cristianos. Un cambio de corazón y de vida carece de importancia. Para ellos la religión es una asunto de forma y ceremonia, no de vida.

> «Porque el corazón de este pueblo se ha engrosado, y con los oídos oyeron pesadamente, y sus ojos han cerrado, para que no vean con los ojos, y oigan con los oídos, y entiendan de corazón, y se conviertan, y yo los sane» (Hch. 28:27).

> «Los cuales [de corazón duro], después que perdieron toda sensibilidad, se entregaron a la lascivia para cometer con avidez toda clase de impureza» (Ef. 4:19).

> «Antes exhortaos los unos a los otros cada día, entre tanto que se dice: Hoy; para que ninguno de vosotros se endurezca por el engaño del pecado» (He. 3:13).

> «Bienaventurado el hombre que siempre teme a Dios; mas el que endurece su corazón caerá en el mal» (Pr. 28:14).

> «El hombre que reprendido endurece la cerviz, de repente está quebrantado, y no habrá para él medicina» (Pr. 29:1).

> «Pero por tu dureza y por tu corazón no arrepentido, atesoras para ti mismo ira para el día de la ira y de la revelación del justo juicio de Dios» (Ro. 2:5).

Pensamiento. Las Escrituras nos dan una clara advertencia: «Por tanto, es necesario que con más diligencia atendamos a las cosas que hemos oído, no sea que nos deslicemos» (He. 2:1ss).

ESTUDIO A FONDO 2

(13:5-6)	*Lugares pedregosos—volver atrás—falsa profesión de fe:* algunos recibieron la Palabra en lugares pedregosos. En algunas partes de Palestina hay inmediatamente debajo de la superficie un estrato de piedra caliza. Cuando la semilla cae sobre ese suelo ocurre algo dramático. La piedra caliza retiene la lluvia y el calor del sol inmediatamente debajo de la superficie; por eso la semilla caída allí brota rápida y dramáticamente. Pero no tiene raíz.

La aplicación es clara. Esta persona tiene, lo que aparentemente es una conversión dramática. Hace la decisión por Cristo, y se destaca como ejemplo de vida cambiada y de rápido crecimiento. Pero el cambio sólo dura una estación, tal vez una estación prolongada, pero al final se marchita.

Note cuatro cosas acerca de esta persona (vv. 20-21):

* oye la Palabra.
* recibe la Palabra inmediatamente.
* recibe la Palabra con alegría.
* persevera por un tiempo.

Note por qué falla esta persona.

1.	No tiene raíz en sí misma (v. 21). No se ha arraigado y fundamentado en la Palabra y en la oración. No ha aprendido las doctrinas y principios del cristianismo. Comenzó con el *gozo emocional* de la Palabra y con la decisión de reformar su vida, pero ha seguido viviendo en las emociones de su experiencia y de sus nuevos amigos cristianos. Es poco lo que hace en cuanto a las demandas difíciles de parte de Cristo, demandas que aparecen en el estudio diligente y en la oración disciplinada. Poco sabe de la obediencia sacrificial: «Procura con diligencia presentarte aprobado» (2 Ti. 2:15).

2.	Tiene poca fuerza espiritual para resistir las pruebas y persecuciones de la vida. Las presiones de las circunstancias o de antiguos amigos del mundo —burla, abuso o lo que sea— lo obligan a claudicar.

> «Y por haberse multiplicado la maldad, el amor de muchos se enfriará» (Mt. 24:12).

> «Mas el que oyó y no hizo, semejante es al hombre que edificó su casa sobre la tierra, sin fundamento; contra la cual el río dio con ímpetu, y luego cayó, y fue grande la ruina de aquella casa» (Lc. 6:49).

> «Y Jesús le dijo: Ninguno que poniendo la mano en el arado mira hacia atrás, es apto para el reino de Dios» (Lc. 9:62).

> «Mas ahora, conociendo a Dios, o más bien, siendo conocidos por Dios, ¿cómo es que os volvéis de nuevo a los débiles y pobres rudimentos [el mundo], a los cuales os queréis volver a esclavizar?» (Gá. 4:9).

> «Mas el justo vivirá por fe; y si retrocediere, no agradará a mi alma» (He. 10:38).

> «Ciertamente, si habiéndose ellos escapado de las contaminaciones del mundo, por el conocimiento del Señor y Salvador Jesucristo, enredándose otra vez en ellas son vencidos, su postrer estado viene a ser peor que el primero. Porque mejor les hubiera sido no haber conocido el camino de la justicia, que después de haberlo conocido, volverse atrás del santo mandamiento que les fue dado. Pero les ha acontecido lo del verdadero proverbio: El perro vuelve a su vómito, y la puerca lavada a revolcarse en el cieno» (2 P. 2:20-22).

> «Pero tengo contra ti que has dejado tu primer amor. Recuerda, por tanto, de dónde haz caído, y arrepiéntete, y haz las primeras obras; pues si no, vendré pronto a ti, y quitaré tu candelero de su lugar, si no te hubieres arrepentido» (Ap. 2:4-5).

Pensamiento 1. El escuchar la Palabra predicada no

llevará a nadie al cielo. La persona tiene que recibir la Palabra.

Pensamiento 2. A veces se comete un gran error con personas que tienen una experiencia dramática de conversión. Se las empuja hacia adelante como vigoroso testimonio antes de haber demostrado que su conversión es genuina (1 Ti. 3:10).

Pensamiento 3. Un hecho impactante: «Mas el que persevere hasta el fin, éste será salvo» (Mt. 10:22).

ESTUDIO A FONDO 3

(13:7, 22) *Espinos—mundanalidad—riqueza:* algunos recibieron la Palabra entre espinos. El suelo espinoso es engañoso. Se lo ve bueno y limpio, aparentemente libre de malezas y espinas, pero no es así. Inmediatamente debajo de la superficie hay una red de raíces listas a brotar. El hecho de que los espinos ya están allí significa que serán más fuertes y crecerán más rápido que la *buena semilla.* Ahogarán la vida de la buena semilla.

Los espinos representan a quienes reciben la Palabra como aditamento a su vida. La Palabra es meramente agregada, pero no se le permite reemplazar al mundo y las cosas en él. No se arrepienten de verdad; intentan solamente tomar a Dios y agregarlo a la colección que ya tienen en su vida. Lo hacen una pequeña parte de los asuntos de sus vidas; consecuentemente la Palabra siempre es ahogada hasta morir (1 Jn. 2:15-16).

Note en qué consisten los espinos (*véanse* también bosquejo y notas—Mt. 6:19-24 para un estudio a fondo sobre la riqueza).

1. Los espinos son «el afán de este siglo» (v. 22). *Pinchan* y *punzan* hasta quitar la Palabra. *Enredan* a la persona en el mundo y en la cosas del mundo (2 Ti. 2:3-4). Irritan, punzan, molestan e impiden que la persona proceda en su tarea. Cuando la mente de la persona está en *los afanes del mundo,* su mente no está en Dios y en las cosas de la Palabra o del Espíritu. Es de mente carnal, no espiritual (Ro. 8:5-8; 2 Co. 10:3-5).

2. Espinos son «el engaño de las riquezas» (v. 22). Note: no es la riqueza en sí lo mundanal (espinoso); es el *engaño* de la riqueza. La riqueza engaña de diferentes maneras.

   a. La riqueza tiende a volver la persona en *confiada en sí misma* y *dependiendo de sí misma.* Hace que se sienta cómoda y segura en este mundo. Ello la detiene de confiar e invocar a Dios.

   b. La riqueza tiende a hacer que la persona esté *totalmente cómoda, extravagante e indulgente* consigo misma. La lleva a vivir suntuosamente, más allá de lo necesario. A veces cree que puede gastar para obtener un poco más y mejor de lo necesario. Estos sentimientos surgen especialmente cuando ya ha dado para satisfacer las necesidades del mundo. (*Véase* Estudio a fondo 1—Lc.16:19-21.)

   c. La riqueza tiende a *consumir la mente de la persona.* Despierta la urgencia y pasión por conservar y proteger todo lo que tiene y a hacer más y más. La persona rica frecuentemente se encuentra más y más centrada en su riqueza y cada vez menos centrada en las cosas de Dios y de su Palabra.

   d. La riqueza tiende a *malinterpretar las bendiciones de Dios.* Lleva a la persona a una falsa idea y a la falsa seguridad de pensar que *tener es ser bendecido por Dios,* y que no tener es ser menos bendecido por Dios. Este es un concepto falso que ha prevalecido desde el comienzo del tiempo; pensar que recibir y tener algo en este mundo es una bendición de Dios, y que cuanto más una persona tenga, tanto mayor su *bendición especial.* Dios ha

prometido suplir para las necesidades de la vida en este mundo material, pero sus grandes bendiciones son espirituales (Mt. 6:25-34; *véase* nota—Ef. 1:3).

Note que estos cuatro engaños muestran claramente por qué es tan difícil que los ricos entren al reino de los cielos.

«Pero los afanes de este siglo, y el engaño de las riquezas, y las codicias de otras cosas, entran y ahogan la palabra, y se hace infructuosa» (Mr. 4:19).

«Porque los que quieren enriquecerse caen en tentación y lazo, y en muchas codicias necias y dañosas, que hunden a los hombres en destrucción y perdición» (1 Ti. 6:9).

«Vuestro oro y plata están enmohecidos; y su moho testificará contra vosotros, y devorará del todo vuestras carnes como fuego. Habéis acumulado tesoros para los días postreros» (Stg. 5:3).

«Entonces Jesús dijo a sus discípulos: De cierto os digo, que difícilmente entrará un rico en el reino de los cielos» (Mt. 19:23).

«Porque nada hemos traído a este mundo y sin duda nada podremos sacar» (1 Ti. 6:7).

«Y tus vacas y tus ovejas se aumentaren, y la plata y el oro se te multipliquen, y todo lo que tuvieres se aumente; Y se enorgullezca tu corazón, y te olvides de Jehová tu Dios, que te sacó de la tierra de Egipto, de casa de servidumbre» (Dt. 8:13-14).

«Los renuevos de su casa serán transportados; serán esparcidos en el día de su furor» (Job 20:28).

«Pues verá que aun los sabios mueren; que perecen del mismo modo que el insensato y el necio, y dejan a otros sus riquezas» (Sal. 49:10).

«¿Has de poner tus ojos en las riquezas, siendo ningunas? Porque se harán alas como alas de águila, y volarán al cielo» (Pr. 23:5).

«Asimismo aborrecí todo mi trabajo que había hecho bajo el sol, el cual tendré que dejar a otro que vendrá después de mí» (Ec. 2:18).

«Como la perdiz que cubre lo que puso, es el que injustamente amontona riquezas; en la mitad de sus días las dejará, y en su postrimería será insensato» (Jer. 17:11).

4 (13:8, 23) *Fruto—salvación:* solamente un reducido número de personas permitió que la Palabra echara raíces permanentes. La persona que permite a la Palabra echar raíces permanentes representa al corazón honesto y bueno (Lc. 8:15). Cristo dice dos cosas acerca de ella.

1. Oye la Palabra de Dios y la entiende. Su corazón es blando y tierno para con Dios, de modo que escucha, medita, se concentra y piensa. No es un hipócrita, perdiendo el tiempo y estando físicamente presente, pero mentalmente ausente. No permite que sus pensamientos se distraigan cuando la Palabra es predicada. Es responsable y se conduce inteligentemente. Escucha la Palabra de Dios, la estudia y recibe.

2. Es fructífera. Lleva el fruto de la Palabra de Dios y del Espíritu en su propia vida (Gá. 5:22-23). Se reproduce a sí misma extendiéndose hacia otros para llevarlos a un conocimiento salvador del Señor (*véase* Estudio a fondo 1—Jn. 15:1-8).

Note que Juan 15 clasifica el fructificar en «no llevar fruto» (Jn. 15:2a), «llevar fruto» (Jn. 15:2b), «más fruto» (Jn. 15:2) y en «mucho fruto» (Jn. 15: 5, 8).

«De modo que si alguno está en Cristo, nueva criatura es; las cosas viejas pasaron; he aquí todas son hechas nuevas» (2 Co. 5:17).

«De cierto, de cierto os digo, que si el grano de trigo no cae en la tierra y muere, queda solo; pero si muere lleva mucho fruto» (Jn. 12:24).

«Yo soy la vid, vosotros los pámpanos; el que permanece en mí; y yo en él, éste lleva mucho fruto; porque separados de mí nada podéis hacer» (Jn. 15:5).

«Porque el fruto del Espíritu es en toda

bondad, justicia y verdad» (Ef. 5:9).

«Llenos de frutos de justicia que son por medio de Jesucristo, para gloria y alabanza de Dios» (Fil. 1:11).

«Para que andéis como es digno del Señor, agradándole en todo, llevando fruto en toda buena obra, y creciendo en el conocimiento de Dios» (Col. 1:10).

«Plantados en la casa de Jehová, en los atrios de nuestro Dios florecerán. Aun en la vejez fructificarán; estarán vigorosos y verdes» (Sal. 92:13-14).

Pensamiento 1. La Palabra de Dios nunca volverá a Él vacía (Is. 55:11). Este es un glorioso aliento para el verdadero ministro y maestro de Dios.

Pensamiento 2. El fruto es lo que distingue al verdadero creyente del hipócrita.

5 (13:8, 23) *Fruto—entrega:* ¡esta es una impactante verdad! No todos los creyentes son iguales. Algunos solo llevan un 30 por uno de fruto; algunos 60 por uno; y, asombrosamente, sólo un número muy reducido lleva fruto al 100 por uno. La mayoría sencillamente no está dispuesta entregar el 100 por ciento de su energía, esfuerzo, vigor, tiempo y posesiones. No existe la disposición de pagar el precio, al menos no en la mayoría de las personas.

6 (13:9) *Decisión:* Cristo lanza una fuerte llamado: «oigan. La persona que tiene oídos para oír, oiga» (v. 9).

«No todo el que me dice: Señor, Señor, entrará en el reino de los cielos, sino el que hace la voluntad de mi Padre que está en los cielos» (Mt. 7:21).

Pensamiento. No hay para el oído un propósito más sublime que el de oír el mensaje de Dios.

	B. Los motivos del Mesías para hablar en pará- bolas: quién recibe y quién pierde, 13:10-17 (Mr. 4:10-12; Lc. 8:9-10; 10:23-24)	en ellos la profecía del profeta Isaías, que dijo: De oído oiréis, y no entenderéis; y viendo veréis, y no percibiréis.	a. Rechazo es deliberado 1) Ven y oyen, pero se rehusan a ver y oír 2) Se rehusan a entender b. Profecía de su rechazo
1 Por qué habló Jesús por parábolas a. Los discípulos interrogaron a Jesús b. La declaración general 1) Los misterios son para los creyentes 2) Los misterios no son para incrédulos	10 Entonces, acercándose los discípulos, le dijeron: ¿Por qué les hablas por parábolas? 11 El respondiendo, les dijo: Porque a vosotros os es dado saber los misterios del reino de los cielos; mas a ellos no les es dado.	15 Porque el corazón de este pueblo se ha engrosado, y con los oídos oyen pesadamente, y han cerrado sus ojos; para que no vean con los ojos, y oigan con los oídos, y con el corazón entiendan, y se conviertan, y yo los sane.	c. Descrip. de su rechazo 1) Endurecieron sus corazones 2) Cierran sus oídos 3) Cierran sus ojos 4) Niegan lo que ven 5) Se rehusan a entender 6) Rechazan la conver- sión y sanidad
2 Motivo 1: los que buscan y logran reciben más a. Algunos buscan y obtienen b. Otros no buscan y pierden 3 Motivo: 2: los incrédu- los rechazan y pierden	12 Porque a cualquiera que tiene, se le dará, y tendrá más; pero al que no tiene, aun lo que tiene le será quitado. 13 Por eso les hablo por parábolas: porque viendo no ven, y oyendo no oyen, ni entienden. 14 De manera que se cumple	16 Pero bienaventurados vuestros ojos, porque ven; y vuestros oídos, porque oyen. 17 Porque de cierto os digo, que muchos profetas y justos desearon ver lo que veis, y no lo vieron; y oír lo que oís, y no lo oyeron.	4 Motivo 3: los creyentes reciben y son bendecidos a. Ven y oyen, v. 16 b. Son especialmente privilegiados, más que los creyentes del AT

B. Los motivos del Mesías para hablar en parábolas: quién recibe y quién pierde, 13:10-17

(13:10-17) *Introducción—parábola:* en este punto de su ministerio Jesús realizó un cambio significativo en su método de enseñanza. Comenzó a hablar en parábolas difíciles de entender, especialmente cuando había incrédulos entre los oyentes. ¿Por qué hablaría Jesús de manera que su audiencia no entienda lo que decía? De lo que dijo Jesús se pueden deducir tres conclusiones.

1. Las multitudes incrédulas estaban cerrando delibera- damente sus ojos y oídos al reclamo de Jesús rehusándose a ser convertidos y espiritualmente sanados (vv. 13-15).

2. Era tiempo de enseñar los «misterios del reino de los cielos» a los verdaderos discípulos. Ellos entenderían los misterios, no así los que deliberadamente cerraban sus ojos y oídos.

3. «Los misterios del reino de los cielos» no pueden ser entendidos si antes no hay un reconocimiento de Jesús como el Mesías, como Aquel que trae el reino de los cielos a los hombres.

Jesús siempre usó ilustraciones y a veces la ilustración fue una parábola, pero las parábolas siempre habían sido claramente entendidas. Sin embargo, ahora las parábolas eran diferentes, totalmente diferentes. No eran claras, y el cambio en el método de Jesús impactó a los discípulos. Por eso preguntaron: «¿Por qué?» Su respuesta fue una vigorosa advertencia para algunos y una gran promesa para otros. (Para mayor discusión *véanse* notas—Mr. 4:1- 2; Lc. 8:9-10.)

1. Por qué habló Jesús por parábolas (vv. 10-11).
2. Motivo 1: quienes buscan y tienen logros reciben más (v. 12).
3. Motivo 2: los incrédulos rechazan y pierden (vv. 13-15).
4. Motivo 3: los creyentes reciben y son bendecidos (vv. 16- 17).

1 (13:10-11) *Parábolas:* ¿Por qué hablaba Jesús en parábolas? Note cinco puntos. (*Véanse* también Estudio a fondo 1, *Misterio*— 1 Co. 2:7.)

1. Note las palabras: «¿Por qué *les* hablas por parábolas?» Los discípulos sabían que la gente no entendía, y Jesús no daba

explicaciones de sus parábolas. Los discípulos estaban preocupados de que la gente no captara la lección.

Pensamiento 1. Siempre debemos estar preocupados por la forma en que es predicada y enseñada la Palabra, y de cómo la gente la recibe. Están escuchando y creciendo o son indolentes y quedados.

Pensamiento 2. Note que la misma predicación apartó a algunos (a las multitudes incrédulas) y despertó a otros a buscar más (los discípulos creyentes). Hay aliento aquí para el predicador y maestro, y una advertencia para el incrédulo.

2. Jesús hizo una afirmación muy general. A los creyentes Dios les da el entendimiento de las cosas espirituales, de los misterios del reino, en cambio a los incrédulos no les da los misterios del reino.

El sentido común nos dice que Dios revelará cosas a la persona que realmente cree en Él y se acerca a Él: cosas que no puede revelar a la persona que ignora a Dios que los descuida, y le resta importancia cada vez que puede. Por eso Cristo lo dice con claridad: «Porque a vosotros os es dado saber los misterios del reino de los cielos; mas a ellos [incrédulos] no les es dado». Dios no recompensa la incredulidad; Él recompensa la fe y confianza (cp. Mt. 13:3-5).

3. Hay «misterios» en el reino de los cielos:
- la encarnación y el nacimiento virginal de Cristo (*véanse* Estudio a fondo 3—Mt. 1:16; Estudios a fondo 8, 9—1:23).
- la justicia ideal y perfecta de Cristo, certificada por su vida sin pecado mientras estaba en la tierra (*véase* nota—Mt. 5:17-18).
- la muerte de Cristo en la cruz en favor del hombre (Mt. 27:26-56).
- la obra intercesora de Cristo que continua ahora mismo (*véanse* Estudios a fondo 1, 2—He. 3:1).
- el Espíritu Santo y su presencia en el creyente (Jn. 14:16-21).
- el mundo material y el mundo espiritual, o la dimensión física y espiritual de la existencia (*véase* Estudio a fondo 2—Mt. 6:9).

- la pecaminosidad del hombre y su espíritu muerto por causa del pecado (Ro. 3:9-19; Ef. 2:1-3).
- la iglesia, tanto local como universal, y la mezcla del bien y el mal en ella (*véase* nota—Mt. 13:1-52).
- la resurrección futura (1 Co. 15:51).
- la destrucción y nueva creación del cielo y la tierra; un universo perfecto (2 P. 3:10-13).

4. Los misterios del cielo tienen que ser revelados por Dios. El hombre no puede conocerlos por el razonamiento humano; tienen que ser *dados*, es decir, revelados.

5. Los misterios de los cielos son dados, revelados únicamente a los creyentes. Esto es lógico. Es lo que uno esperaría, como ya se mencionó arriba. Los motivos aludidos por Cristo explican aun más por qué sólo los creyentes ven y entienden lo que Dios revela (vv. 12-15).

> «Mas el Consolador, el Espíritu Santo, a quien el Padre enviará en mi nombre, él os enseñará todas las cosas, y os recordará todo lo que yo os he dicho» (Jn. 14:26).

> «Y nosotros no hemos recibido el espíritu del mundo, sino el Espíritu que proviene de Dios, para que sepamos lo que Dios nos ha concedido, lo cual también hablamos, no con palabras enseñadas por sabiduría humana, sino con las que enseña el Espíritu, acomodando lo espiritual a lo espiritual» (1 Co. 2:12-13).

> «Pero la unción que vosotros recibisteis de él permanece en vosotros, y no tenéis necesidad de que nadie os enseñe; así como la unción misma os enseña todas las cosas, y es verdadera, y no es mentira, según ella os ha enseñado, permaneced en él» (1 Jn. 2:27).

2 (13:12) *Entrega—diligencia:* el primer motivo para que Cristo hable en parábolas es que quienes buscan y obtienen logros reciben más. Por eso quería despertar a todos los hombres a buscar y a obtener más y más logros. Los que buscan y obtiene logros reciben más. Los que no sueñan y son complacientes reciben cada vez menos. Esta es una ley en todos las áreas.

1. Es la ley de la naturaleza: el pájaro madrugador encuentra el gusano; el que se apresura encuentra y sobrevive; los quedados reciben poco y sufren.

2. Es la ley del hombre; los hombres recompensan la energía y el esfuerzo, los resultados y la producción. Amenazan al perezoso e inactivo y con frecuencia le quitan lo que tiene. Los que trabajan y practican y son diligentes y persisten, son los que oyen y obtienen. Están en la posición de obtener más y más y de ser receptores de más y más. Pero los negligentes, perezosos, los que no trabajan y los infieles, ellos pierden.

En todas las áreas de la vida el hombre o bien gana o bien pierde. Pocas veces está nivelado, equilibrado, estático. Todo depende de los sueños, el esfuerzo, y la energía que está dispuesto a poner en marcha.

3. Es la ley de Dios.

> «Bienaventurados los que tienen hambre y sed de justicia, porque ellos serán saciados» (Mt. 5:6).

> «Mas buscad primeramente el reino de Dios y su justicia, y todas estas cosas os serán añadidas» (Mt. 6:33).

> «Pedid, y se os dará; buscad y hallaréis; llamad, y se os abrirá. Porque todo aquel que pide, recibe; y el que busca, halla; y al que llama, se le abrirá» (Mt. 7:7-8).

> «El que es fiel en lo muy poco, también en lo más es fiel; y el que en lo muy poco es injusto, también en lo más es injusto» (Lc. 16:10).

Pensamiento 1. Una pequeña fórmula lo dice todo.
- Perspectiva + iniciativa = éxito.
- Perspectiva - iniciativa = oportunidad perdida.
- Iniciativa - perspectiva = nada.

Con *perspectiva* se quiere indicar la capacidad de ver, de avisorar, soñar, entender. Es la capacidad de ver claramente; de tener la visión de la oportunidad; de soñar sueños; de concebir visiones; de ver a través de algo. Es la persona que tiene la capacidad de soñar sueños y tener visiones y ver lo que es necesario para alcanzar la visión. Es la capacidad de medir la importancia de la visión y los pasos para alcanzarla en todas sus relaciones. Muy simple, es una persona con visión, que puede valorar la importancia de la visión y ver sus diferentes partes.

Con *iniciativa* se señala la acción oportuna. Una persona tiene que actuar, pero actuar en el momento correcto. Por eso la persona que tiene ...
- Perspectiva (viendo la oportunidad) + iniciativa (actuando en el momento indicado) = éxito.
- Perspectiva (viendo la oportunidad) - iniciativa (no actuando en el momento) = oportunidad perdida.
- Iniciativa—perspectiva = nada (la persona actúa y actúa, da vueltas y vueltas, comienza un proyecto y comienza otro y termina con nada. ¿Por qué? Porque carece de perspectiva.

Es la persona que tiene la perspectiva de Dios (visión) y la energía de Dios (espíritu) la que obtiene logros y que tiene todo y hace todo cuanto Dios propone para ella.

Pensamiento 2. La persona que busca y procura obtener logros recibirá más y más. Este pasaje es al mismo tiempo un gran aliento y una amenaza realista y comprensible.

1) Es un gran aliento para la persona que es ...

fiel	perseverante
diligente	consistente
constante	paciente
trabajadora	esforzada
uno que comienza y termina algo	

2) Es una amenaza realista y comprensible para la persona que es ...

perezosa	de mente cerrada
desprolija	dormilona
indolente	de ojos cerrados
descuidada	que comienza tarde
complaciente	de oídos cerrados
incapaz	que pierde tiempo
inconsistente	satisfecha consigo
sin propósito	mal encaminada

3 (13:13-15) *Rechazo—incredulidad—pecado, esclavizado al:* el segundo motivo por el que Cristo habló en parábolas es para que los incrédulos rechacen y pierdan más y más. Note tres cosas.

1. El rechazo del incrédulo es voluntario, siempre deliberado. Ve y oye, pero se rehusa a abrir realmente sus ojos y sus oídos. Se rehusa a entender. ¿Pero por qué? ¿Por qué obra una persona con tanta falta de lógica, rebelándose y rehusándose a entender? Cristo dijo: «el corazón de este pueblo se ha engrosado» (v. 15). El griego indica: «el corazón de este pueblo ha engordado [sufre de sobrepeso]». Pero la gordura indica sensualidad y sinsentido. Comer y comer, agregando peso sobre peso, vivir según la carne sin ningún sentido. Es sensual y sin propósito. Por eso Cristo estaba diciendo esto: el incrédulo se ha vuelto tan sensual y sin sentido que se rebela contra Dios y se rehusa a entender sus misterios. Su sensualidad se debe a la mundanalidad y a la codicia de cosas de este mundo (Ro. 8:5-8; 1 Jn. 2:15-16), y su falta de sentido se debe a que es engañado por el diablo (2 Co. 4:3-4).

2. El rechazo del incrédulo ha sido profetizado (Is. 6:9-10; cp. Jn.12:40; Hch. 28:26ss). Una persona que rechaza deliberadamente a Dios experimenta de parte de Dios *una ceguera y rechazo judicial.* La persona que deliberadamente escoge cegarse y que rechaza entendimiento va a recibir un *castigo justo.* Su obstinada

incredulidad y constante pecado y su continuo rechazo conducen a una ceguera judicial y al hecho de ser rechazado por Dios.

«Por lo cual también Dios los entregó a inmundicia ... Por esto Dios los entregó a pasiones vergonzosas ... Dios os entregó a una mente reprobada» (Ro. 1:24, 26, 28; *véanse* bosquejo y notas—Ro. 1:24-32).

«No contenderá mi espíritu con el hombre para siempre» (Gn. 6:3).

«Pero mi pueblo no oyó mi voz, e Israel no me quiso a mí. Los dejé, por tanto, a la dureza de su corazón; caminaron en sus propios consejos» (Sal. 81:11-12).

«El hombre que reprendido endurece la cerviz, de repente está quebrantado, y no habrá para él medicina» (Pr. 29:1).

«Efraín es dado a los ídolos; déjalo» (Os. 4:17).

3. Note también la clara descripción del rechazo de un creyente. No se podría hacer una descripción más clara y vigorosa:
*   Endurecen sus corazones.
*   Ensordecen sus oídos.
*   Cierran sus ojos.
*   Niegan lo que ven.
*   Se rehusan a entender.
*   Se oponen a convertirse y ser sanados.

Pensamiento 1. ¿Por qué rechazan los hombres a Cristo? ¿Por qué endurecen sus corazones, cierran sus oídos, y sus ojos?

«Los hombres amaron más las tinieblas que la luz, porque sus obras eran malas» (Jn. 3:19).

«[El hombre] amaste el mal más que el bien, la mentira más que la verdad» (Sal. 52:3).

«Que se alegran haciendo el mal, que se huelgan en las perversidades del vicio» (Pr. 2:14).

«Todos los que no creyeron a la verdad, sino que se complacieron en la injusticia» (2 Ts. 2:12).

Pensamiento 2. Uno de los cuadros más trágicos en todo el mundo es ver a personas sentadas bajo el más glorioso de los mensajes y dormirse, o no prestar atención, estar desinteresadas, o deliberadamente endurecidas y con su mente cerrada. Dios «los entregará» a su sueño y a su deliberada dureza.

Pensamiento 3. Lo que la persona combate es la conversión y la sanidad espiritual. Si escucha y recibe, tiene que cambiar su vida, entregando a Dios *todo lo que es y todo lo que tiene*. De modo que se rebela y rechaza deliberadamente. La persona no quiere ser traída «de la oscuridad a la luz» (Hch. 26:18). Prefiere continuar en la oscuridad de su pecado.

4 (13:16-17) *Creyentes, privilegios de los:* el tercer motivo por el que Cristo habló en parábolas es que los creyentes reciben y son bendecidos con más bendiciones. Las bendiciones de Dios incluyen a las mayores posesiones imaginables: amor, gozo, paz, confianza, seguridad, y salvación eterna. Las bendiciones de Dios vienen por ver y oír, esto es, de la *conversión y sanidad espiritual*, no de las cosas que los hombres quieren (Jn. 10:10; 14:27; 15:11; 16:33; Fil. 4:6-7).

«Así que, arrepentíos y convertíos, para que sean borrados vuestros pecados; para que vengan de la presencia del Señor tiempos de refrigerio» (Hch. 3:19).

«La ley de Jehová es perfecta, que convierte el alma; el testimonio de Jehová es fiel, que *hace sabio* al sencillo» (Sal. 19:7).

Los creyentes del Nuevo Testamento son mucho más privilegiados que los del Antiguo Testamento debido a Cristo (*véanse* bosquejos—2 Co. 3:6-18; He. 1:1-3, 4-14; 2:5-13, 14-18; 3:1-6; 4:14-16; 5:1-10; 7:1-10, 1-24, etc. Hebreos es una epístola que realmente muestra el gran privilegio en Cristo del creyente del Nuevo Testamento.)

«Antes bien como está escrito, cosas que ojo no vio, ni oído oyó, ni han subido en corazón de hombre, son las que Dios ha preparado para los que le aman. Pero Dios nos la reveló a nosotros por el Espíritu; porque el Espíritu todo lo escudriña, aun lo profundo de Dios» (1 Co. 2:9-10).

«El misterio que había estado oculto desde los siglos y edades, pero que ahora ha sido manifestado a sus santos, a quienes Dios quiso dar a conocer las riquezas de la gloria de este misterio entre los gentiles; que es Cristo en vosotros, la esperanza de gloria» (Col. 1:26-27).

«Pero vosotros tenéis la unción del Santo, y conocéis todas las cosas» (1 Jn. 2:20).

«El oído que escucha las amonestaciones de la vida, entre los sabios morará» (Pr. 15:31).

	C. La parábola del sembrador explicada, 13:18-23 (Mr. 4:13-20)		
1 **Describe el reino de los cielos** 2 **Semilla junto al camino** a. Una persona dura y de mente cerrada b. El corazón no blando; la semilla no penetra c. Satanás arrebata la semilla 3 **La semilla en terreno pedregoso** a. Una persona que tiene una conversión rápida y dramática.	18 Oíd, pues, vosotros la parábola del sembrador: 19 Cuando alguno oye la palabra del reino y no entiende, viene el malo, y arrebata lo que fue sembrado en su corazón. Este es el que fue sembrado junto al camino. 20 Y el que fue sembrado en pedregales, éste es el que oye la palabra, y al momento la recibe con gozo;	21 pero no tiene raíz en sí, pues al venir la aflicción o la persecución por causa de la palabra, luego tropieza. 22 El que fue sembrado entre espinos, éste es el que oye la palabra, pero el afán de este siglo y el engaño de las riquezas ahogan la palabra, y se hace infructuosa. 23 Mas el que fue sembrado en buena tierra, éste es el que oye y entiende la palabra, y da fruto; y produce a ciento, a sesenta, y a treinta por uno.	b. Problema: tiene poca raíz y no está preparada para las pruebas y persecuciones de la vida c. Resultado: se aparta. 4 **La semilla entre espinos** a. Una persona de mental. religiosa y mundana b. Mundanalidad c. La Palabra es ahogada y no lleva fruto 5 **La semilla en buena tierra** a. Los que oyen y entienden la Palabra b. Llevan fruto, pero en porcentajes diferentes

C. La parábola del sembrador explicada, 13:18-23

(13:18-23) *Introducción:* este pasaje es la interpretación del Sembrador y de la Semilla (para mayor discusión *véanse* bosquejo y nota—Mt. 13:1-9).

	D. La parábola del trigo y de la cizaña: el tema del mal, porque existe, 13:24-30 (cp. Mt. 13:36-43)	Señor, ¿no sembraste buena semilla en tu campo? ¿De dónde, pues, tiene cizaña?	a. Pregunta 1: ¿De dónde viene la cizaña?

1 Describe el reino de los cielos
2 Se siembra buena semilla
  a. Siembra
  b. Es dueño del campo
3 Se siembra cizaña
  a. Siembra secretamente
  b. Siembra en el mismo campo
4 Viene el día de los frutos
  a. Aparece el trigo
  b. Aparece la cizaña
5 Viene el día para las preguntas
	24 Les refirió otra parábola, diciendo: el reino de los cielos es semejante a un hombre que sembró buena semilla en su campo;
	25 pero mientras dormían los hombres, vino su enemigo y sembró cizaña entre el trigo, y se fue.
	26 Y cuando salió la hierba y dio fruto, entonces apareció también la cizaña.
	27 Vinieron entonces los siervos del padre de familia y le dijeron:
		28 El les dijo: Un enemigo ha hecho esto. Y los siervos le dijeron: ¿Quieres, pues, que vayamos y la arranquemos?
		29 El les dijo: No, no sea que al arrancar la cizaña, arranquéis también con ella el trigo.
		30 Dejad crecer juntamente lo uno con lo otro hasta la siega; y al tiempo de la siega yo diré a los segadores: Recoged primero la cizaña, y atadla en manojos para quemarla; pero recoged el trigo en mi granero.
			b. Respuesta: un enemigo la siembra
			c. Pregunta 2: ¿Debemos juzgar y arrancar la cizaña?
			d. Respuesta
			  1) No juzguen: algún trigo arrancarán con la cizaña^{EF1}(EF1)
			  2) Que ambos crezcan juntos
			6 Viene el día de la cosecha
			  a. Cizaña: será atada y quemada
			  b. Trigo: se juntará en el granero de su prop.

D. La parábola del trigo y de la cizaña: el tema del mal, porque existe, 13:24-30

(13:24-30, 36-43) *Introducción:* en esta parábola se mencionan algunas de las preguntas básicas en cuanto a la presencia del mal en el mundo y el juzgar a otros. Es una parábola que tiene algunas respuestas y lecciones muy prácticas para el hombre.

1. Hay personas tanto buenas como malas en este mundo y en el reino de los cielos (vv. 24-26).
2. Cristo siembra a los justos; el diablo a los malvados (vv. 24-25).
3. Los hombres se preguntan por qué existe el mal en el mundo y en el reino (iglesia). ¿Acaso plantó Dios el mal y el bien (vv. 27-28)?
4. Los hombres no deben juzgar quiénes son trigo y quiénes cizaña, quiénes buenos y quiénes malos. ¿Por qué? Porque a veces es difícil distinguir entre buenos y malos, y algunos de los buenos podrían ser arrancados (v. 29).
5. Viene un día de cosecha y juicio (vv. 29-30).
6. Sólo Dios tiene la sabiduría para juzgar correctamente (vv. 29-30).

Jesús explica la parábola en los versículos 36-43. Mirando los puntos principales de la parábola se puede tener un panorama general de ella.

1. Describe el reino de los cielos (v. 24).
2. Un hombre [Cristo] siembra buena semilla (los justos) (v. 24).
3. Un enemigo [el diablo] siembra cizaña (los malos) (v. 25).
4. Viene el día de los frutos (v. 26).
5. Viene el día para las preguntas (vv. 27-30).
6. Viene el día de la cosecha (v. 30).

1 (13:24) *El reino de los cielos:* esta parábola describe el reino de los cielos (*véase* Estudio a fondo 3—Mt. 19:23-24).

2 (13:24; 37-38) *Jesucristo, misión:* un hombre siembra buena semilla. *El hombre* es Cristo, el Hijo del Hombre (v. 37); *la buena semilla* son los justos (v. 43); los hijos del reino (v. 38). *El campo* es el mundo. Note dos cosas.

1. Lo que hace el hombre, es decir, Cristo. Su obra es sembrar personas justas en el mundo.

«Como el Hijo del Hombre no vino para ser servido, sino para servir, y para dar su vida en rescate por muchos» (Mt. 20:28).

«Porque el Hijo del Hombre vino a buscar y a salvar lo que se había perdido» (Lc. 19:10).

«Los que sembraron con lágrimas, con regocijo segarán» (Sal. 126:5).

2. El hombre, Cristo, es dueño del mundo. El mundo es «su campo».

«Todas las cosas por él fueron hechas, y sin él nada de lo que ha sido hecho, fue hecho» (Jn. 1:3).

«Porque en él fueron creadas todas las cosas, las que hay en los cielos y las que hay en la tierra, visibles e invisibles; sean tronos, sean dominios, sean principados, sean potestades; todo fue creado por medio de él y para él» (Col. 1:16).

«En estos postreros días nos ha hablado [Dios] por el Hijo, a quien constituyó heredero de todo, y por quien asimismo hizo el universo» (He. 1:2).

Pensamiento. Note varias lecciones.
1) Cristo es el dueño del campo. Por derecho el mundo le pertenece; Él lo ha creado (Jn. 1:3; Col. 1:16; He. 1:2).
2) Cristo siembra en el mundo. Obra activamente. No está muy lejos, en algún sitio del espacio exterior, desinteresado e inactivo. Está vitalmente interesado en el mundo, y trabaja intensamente sembrando personas justas.
3) La semilla es esparcida en todo el campo. Dios ha esparcido la semilla, ha esparcido hombres justos en todo el mundo. Ninguna nación posee en forma exclusiva a todos los justos de la tierra. Ninguna nación es favorita de Dios. Dios no hace acepción de personas.
4) La semilla va a dar fruto. Si no lo hace, o bien está *muerta* o bien no es verdadera semilla.
5) No hay persona justa, separada de Cristo. Él es el *Sembrador* de la semilla justa.

3 (13:25, 38-39) *Satanás:* un enemigo siembra la cizaña. *El enemigo* es el diablo (*diabolos*, v. 39), el mentiroso, engañador, el que lucha contra la verdad. *La cizaña* son los hijos del diablo o los malvados (v. 38).

1.   Note lo que hace el enemigo (el diablo). Su obra es sembrar personas malvadas o impías en el mundo; y lo hace secretamente de manera que pasen desapercibidos (vv. 38, 41). Vino mientras los hombres dormían (v. 25). Los hombres eran ...

* inconscientes.
* desatentos.
* estaban demasiado ocupados.
* demasiado preocupados.
* despreocupados.
* demasiado ocupados con los placeres y otros asuntos.

El diablo operó cubierto por la oscuridad y el engaño.

«¿Por qué no entendéis mi lenguaje? Porque no podéis escuchar mi palabra. Vosotros sois de vuestro padre el diablo, y los deseos de vuestro padre queréis hacer. El ha sido homicida desde el principio, y no ha permanecido en la verdad, porque no hay variedad en él. Cuando habla mentira, de suyo habla; porque es mentiroso, y padre de mentira. Y a mí, porque digo la verdad, no me creéis» (Jn. 8:43-45).

«Y cuando cenaban, como el diablo ya había puesto en el corazón de Judas Iscariote, hijo de Simón, que le entregase» (Jn. 13:2).

«Y dijo Pedro: Ananías, ¿por qué llenó Satanás tu corazón para que mintieses al Espíritu Santo, y sustrajeses del precio de la heredad?» (Hch. 5:3).

«Dijo: ¡Oh, lleno de todo engaño y de toda maldad, hijo del diablo, enemigo de toda justicia! ¿No cesarás de trastornar los caminos rectos del Señor?» (Hch. 13:10).

«Para que abras sus ojos, para que se conviertan de las tinieblas a la luz, y de la potestad de Satanás a Dios; para que reciban, por la fe que es en mí, perdón de pecados y herencia entre los santificados» (Hch. 26:18).

«Pero si nuestro evangelio está aún encubierto, entre los que se pierden está encubierto; en los cuales el Dios de este siglo cegó el entendimiento de los incrédulos, para que no les resplandezca la luz del evangelio de la gloria de Cristo, el cual es la imagen de Dios» (2 Co. 4:3-4).

«En los cuales anduvisteis en otro tiempo, siguiendo la corriente de este mundo, conforme al príncipe de la potestad del aire, el espíritu que ahora opera en los hijos de desobediencia» (Ef. 2:2).

«En esto se manifiestan los hijos de Dios, y los hijos del diablo: todo aquel que no hace justicia, y que no ama a su hermano, no es de Dios» (1 Jn. 3:10).

2.   Note que el enemigo (el diablo) siembra en el mismo campo que el Señor. Los malos son sembrados entre los buenos. El método del diablo es engaño e imitación (cp. 2 Co. 11:13-15). Algunos en el mundo y en la iglesia no han sido sembrados por el Señor. Puede que estén en el mundo y en la iglesia; incluso pueden dar la impresión de pertenecer a Dios, pero no es así.

«Porque estos son falsos apóstoles, obreros fraudulentos, que se disfrazan como apóstoles de Cristo. Y no es maravilla, porque el mismo Satanás se disfraza como ángel de luz. Así que, no es extraño si también sus ministros se disfrazan como ministros de justicia; cuyo fin será conforme a sus obras» (2 Co. 11:13-15).

Pensamiento 1. El diablo es enemigo a muerte de Cristo, del mundo y de todo lo bueno. Es el enemigo a muerte del hombre, de su paz, y del cumplimiento de su propósito en la tierra. Cualquiera sea el poder que use en la tierra es el mismo poder que usan los malvados; es poder usurpado e injusto (*véase* Estudio a fondo 1—Ap. 12:9).

Pensamiento 2. Un motivo por el cual son sembradas tantas cizañas es porque tantos justos están durmiendo cuando debieran estar vigilando el campo (v. 25). Satanás nunca duerme; siempre está despierto a toda oportunidad.

«Sed sobrios, y velad; porque vuestro adversario el diablo, como león rugiente, anda alrededor buscando a quien devorar» (1 P. 5:8).

Pensamiento 3. Note las palabras «y se fue». Satanás no quiere ser conocido como sembrador de hombres malvados. En efecto, quiere que los malvados lo nieguen, que nunca confiesen que él es «padre» de ellos (Jn. 8:44). Las cizañas están «en el campo del Señor» diciendo pertenecer a Dios, pero están engañados (2 Co. 11:13-14).

«Profesan conocer a Dios, pero con los hechos lo niegan, siendo abominables y rebeldes, reprobados en cuanto a toda buena obra» (Tit. 1:16).

4 (13:26) *Mera profesión—profesión falsa:* siempre llega el día de los frutos. Le llega a toda persona que dice ser cristiana. El nombre mismo de la cizaña se refiere a un tipo de trigo silvestre, levemente venenoso y narcótico. Su ingestión producía mareo y náuseas. Se lo llamaba el trigo bastardo. Sus raíces se entrelazaban con las raíces del trigo. Al ser arrancado destruía la planta de trigo antes que el fruto madure. El método para deshacerse de él era dejarlo crecer y cosecharlo junto con el trigo. Entonces era separado del trigo, atado en manojos y echado a las llamas del fuego.

Note algo: la cizaña (personas no regeneradas) al ser sembrada y durante el tiempo de crecimiento tenía aspecto de trigo. En las prácticas religiosas todos los hombres parecen iguales. Es en la etapa de los frutos cuando aparecen las diferencias. Las personas no regenerados solo pueden imitar hasta ese momento a los verdaderos creyentes; eventualmente su verdadera naturaleza queda al descubierto.

«Así, todo buen árbol da buenos frutos, pero el árbol malo da frutos malos» (Mt. 7:17).

«Y manifiestas son las obras de la carne, que son: adulterio, fornicación, inmundicia, lascivia, idolatría, hechicerías, enemistades, pleitos, celos, iras, contiendas, disensiones, herejías, envidias, homicidios, borracheras, orgías, y cosas semejantes a estas; acerca de las cuales os amonesto, como ya os lo he dicho antes, que los que practican tales cosas no heredarán el reino de Dios» (Gá. 5:19-21).

«Mas el fruto del Espíritu es amor, gozo, paz, paciencia, benignidad, bondad, fe, mansedumbre, templanza; contra tales cosas no hay ley» (Gá. 5:22-23).

«Todas las cosas son puras para los puros, mas para los corrompidos e incrédulos nada les es puro; pues hasta su mente y su conciencia están corrompidas» (Tit. 1:15).

«En esto se manifiestan los hijos de Dios, y los hijos del diablo: todo aquel que no hace justicia, y que no ama a su hermano, no es de Dios» (1 Jn. 3:10).

Pensamiento 1. Eventualmente siempre se manifiesta la naturaleza de una persona. Una cizaña se manifiesta. Una persona malvada puede decir que es justa, pero una vida de egoísmo e injusticia eventualmente se notará. La persona puede continuar en su afirmación, pero también continuará su vida de maldad.

Pensamiento 2. Un hecho notable: la cizaña (los malvados) en medio del trigo (los justos) daña al trigo.
1)   Ejerce un efecto malo sobre el trigo. A veces hace que al mundo le sea muy difícil distinguir entre *bueno* y malo; por eso son la principal causa de que se culpe a la iglesia de hipocresía.
2)   Inhiben el crecimiento del trigo. Su comportamiento y conversación y sus pensamientos están centrados en el mundo, no en Cristo. Por eso los justos no son edificados cuando la cizaña se les apega.
3)   Son una amenaza para el trigo. Pueden absorber el alimento que necesita el trigo. La cizaña que profesa ser cristiana puede tentar al justo y apartarlo del Señor y de su alimento, puede tentar y llevar al justo al mundo y a sus deleites.

4) Puede causar la muerte del trigo. La cizaña que profesa ser cristiana puede perseguir e incluso matar al trigo.

5 (13:27-30) *El mal, preguntas—mundo, estado del—disciplina de la iglesia:* viene el día de las preguntas. Está la pregunta referida a la *cizaña* o al mal en el mundo.

- ¿De dónde de proviene el mal?
- ¿Si Dios existe, por qué se permite que continúe el mal?

En esta etapa particular del crecimiento de los discípulos Cristo solamente afirma que existen personas malas, que alguien que es enemigo de Dios las planta. Por el momento, su afirmación sin otra explicación, es suficiente. Sin embargo, para responder a la pregunta del mal, es necesario que la persona considere toda la revelación de Dios dada en las Escrituras. Las Escrituras revelan que Jesucristo, el Hijo del Hombre, es el Sembrador o Creador original. Él es el Dueño y Señor del campo que es el mundo. Dios creó al hombre para que fuese perfecto (v. 43), esto es, a su propia imagen; y puso en el interior del hombre un espíritu que hiciera el bien (Gn. 1:26). Pero enseguida después de la creación, el otro sembrador, el diablo, puso manos a la obra. Comenzó con Adán y Eva (Gn. 3:1ss); y desde entonces no ha sembrado sino cizañas, personas injustas en medio de la «buena semilla» de Dios.

Se ha planteado la pregunta del porqué se permite continuar al mal en el mundo y por qué los hipócritas pueden seguir en la iglesia en lugar de ser disciplinados y expulsados. Por supuesto, esta pregunta se refiere a juzgar a otros. La respuesta de Jesús a esta pregunta merece cuidadosa atención. En esta tierra la persona no debe juzgar a otros (*véase* nota—Mt.13:30).

1. A veces es difícil distinguir entre el trigo y la cizaña, entre justos y los que dicen ser justos, pero no lo son. Pero note: si una persona juzga, puede arrancar algún trigo con las cizañas.

2. *Viene* un día de juicio; sin embargo, ese juicio no será ejecutado por los hombres, sino por Cristo, cuando Él venga.

> *Pensamiento 1.* El mal es una gran preocupación del justo. Tenemos que estar siempre delante del Señor al tratar con la presencia del mal y con nuestra responsabilidad hacia Él.

> *Pensamiento 2.* Note quien será culpado por la gente malvada en el reino de Dios y en la iglesia. No es el siervo de Dios, sino el diablo; él es el responsable. El siervo de Dios no tiene la culpa de que haya hipócritas en la iglesia; él no será culpado por los hipócritas.

> *Pensamiento 3.* Siempre se requiere gran cautela y paciencia en el trato con los pecados de los hombres.

>> «Al oír esto Jesús, les dijo: Los sanos no tienen necesidad de médico, sino los enfermos. No he venido a llamar a justos, sino a pecadores» (Mr. 2:17).
>> «Porque el Hijo del hombre vino a buscar y a salvar lo que se había perdido» (Lc. 19:10).
>> «Entonces Jesús les dijo otra vez: Paz a vosotros. Como me envió el Padre, así también *os envío*» (Jn. 20:21).
>> «El Señor no retarda su promesa, según algunos la tienen por tardanza, sino que es paciente para con nosotros, no queriendo que ninguno perezca, sino que todos procedan al arrepentimiento» (2 P. 3:9).

ESTUDIO A FONDO 1

(13:29-30) *Juzgar a otros:* hay tres motivos muy prácticos por los que nadie debe juzgar a otro.

1. Toda persona será juzgada por la totalidad de su vida. No será juzgada por hecho aislado, o por un período particular de su vida. Nadie puede ver toda la vida de otra persona. En efecto, un individuo solamente puede ver muy poco de la vida de una persona (pensamientos o actividades).

2. Una persona puede cometer un grave error o atravesar una etapa de terrible pecado. Luego, por la eterna misericordia y eterna gracia de Dios, tal vez vuelva a Cristo transformando el resto de su vida en un maravilloso servicio a Dios.

3. Toda persona que hoy es juzgada como recta puede caer en pecado algunos años más adelante. Solamente Dios puede ver la totalidad de la vida. Solamente Dios puede ver y conocer todos los hechos que llevan a una persona a pecar; hechos en el interior de su ser, y hechos exteriores a él; presiones de adentro y presiones de afuera; relaciones internas y relaciones externas. Solamente Dios puede conocer a una persona total y plenamente: solamente Él puede conocer todas las ramificaciones de cada pensamiento y acto de cada etapa en la vida.

> «No juzguéis, para que no seáis juzgados» (Mt. 7:1).
> «Por lo cual eres inexcusable, oh hombre, quienquiera que seas tú que juzgas; pues en lo que juzgas a otro, te condenas a ti mismo; porque tú que juzgas haces lo mismo» (Ro. 2:1).
> «¿Tú quién eres, que juzgas al criado ajeno? Para su propio señor está en pie, o cae; pero estará firme, porque poderoso es el Señor para hacerle estar firme» (Ro. 14:4).
> «Así que, ya no nos juzguemos más los unos a los otros, sino más bien decidid no poner tropiezo u ocasión de caer al hermano» (Ro. 14:13).
> «Porque no nos predicamos a nosotros mismos, sino a Jesucristo como Señor, y a nosotros como vuestros siervos por amor de Jesús» (1 Co. 4:5).
> «Uno solo es el dador de la ley, que puede salvar y perder; pero tú, ¿quién eres para que juzgues a otro?» (Stg. 4:12).

6 (13:30) *Juicio:* viene el día del juicio (para mayor discusión *véanse* Estudio a fondo 1—Mt. 13:41; Estudio a fondo 2— 42; Estudio a fondo 3—43).

	E. La parábola de la semilla de mostaza: el crecimiento del cristianismo,[EF1] **13:31-32** (Mr. 4:30-32; Lc. 13:18-19)
1 Describe al reino **2 Semilla de mostaza** a. Se tomó semilla en su campo b. La sembró en su campo **3 La semilla de mostaza creció** a. La más pequeña de las semillas b. Se convirtió en el mayor de los arbustos c. Vienen las aves para anidar en sus ramas	31 Otra parábola les refirió, diciendo: El reino de los cielos es semejante al grano de mostaza, que un hombre tomó y sembró en su campo; 32 el cual a la verdad es la más pequeña de todas las semillas; pero cuando ha crecido, es la mayor de las hortalizas, y se hace árbol, de tal manera que vienen las aves del cielo y hacen nidos en sus ramas.

E. La parábola de la semilla de mostaza: el crecimiento del cristianismo, 13:31-32

(13:31-32) *Introducción:* en esta parábola Cristo está describiendo el crecimiento y la grandeza de su reino y del cristianismo. Muestra como comienza, semejante a la más pequeña de las semillas, creciendo hasta convertirse en el mayor de los movimientos.

El mensaje de las parábolas es poderoso tanto para creyentes individuales y congregaciones como para el cristianismo como un todo. La semilla de la fe comienza muy pequeña, pero alimentándose crece hasta convertirse en el mayor de los arbustos. Los creyentes que han crecido y son maduros (v. 32) y también las congregaciones proveen alojamiento a personas de un mundo turbulento.

1. Describe al reino (cristianismo) (v. 31).
2. Una semilla de mostaza fue sembrada (v. 31).
3. La semilla de mostaza creció y se convirtió en la mayor de las hortaliza (v. 32).

ESTUDIO A FONDO 1

(13:31-32) *Semilla de mostaza, parábola de:* existen dos interpretaciones de esta parábola.

1. Algunos dicen que aquellas personas del mundo que hallan morada en el reino, en el reino (la iglesia y el cristia-nismo) que tuvo un comienzo tan pequeño, pero que ahora se está transformando en un poderoso movimiento. Muchas personas de este mundo, creyentes e incrédulos por igual, han encontrado ayuda y seguridad debajo de sus ramas. Leyes e instituciones de misericordia, justicia y honor, han surgido en gran medida de este magnífico movimiento. Esta interpretación se apoyo fuertemente en el cuadro que pinta el Antiguo Testamento. Se dice que un gran imperio es como un árbol y que las naciones conquistadas son como aves que se refugian a su sombra (Ez. 17:22-24; 31:1-6; Dn. 4:14).

2. Otros dicen que los pájaros son los hijos del malo, que ven las facilidades de alojamiento y la cubierta protectora del reino y entonces buscan anidar allí.

Ninguna de las dos interpretaciones agota necesariamente el significado de la parábola. Sin embargo, se deben ver dos cosas.

1. En las primeras cuatro parábolas Jesús estaba hablando a las multitudes. Su propósito era enseñar a qué se parecía el reino de los cielos. Es una *mezcla de lo bueno y de lo malo.* Jesús acababa de vindicar su naturaleza mesiánica ante los fariseos (Mt. 12:1-50) que estaban decididos a destruirlo (Mt. 12:14). Fue ese mismo día que Jesús comenzó a hablar en parábolas con el propósito de ocultar los misterios de los incrédulos y de protegerse a sí mismo de quienes lo querían destruir (Mt. 13:10-17). Ellos eran los malos que habían penetrado en el reino. Sin embargo, este hecho solo tiene que ser conocido por los discípulos, no necesariamente por los que son malos. Por eso algunos dicen que el propósito de hablar en parábolas señala hacia la interpretación de una mezcla del bien y el mal.

2. Los pájaros son para describir al malo en la parábola de la semilla (vv. 4, 19).

1 (13:31) *Cristianismo:* la parábola describe al reino de los cielos, esto es, el estado actual del reino aquí en la tierra (*véase* Estudio a fondo 3—Mt. 19:23-24).

2 (13:31) *Cristianismo:* una semilla de mostaza es sembrada. En tiempo de Jesús se usaba la semilla de mostaza para describir proverbialmente algo pequeño. La semilla crecía hasta ser un arbusto, un arbusto grande como un árbol. Sus características eran la altura, su expansión y su prominencia. (*Véase* Estudio a fondo 2, *Semilla de mostaza*—Mr. 4:31.)

El Hombre es Jesucristo. El campo es el mundo (cp. v. 24, 37-38). Jesucristo planta la semilla en su campo que es el mundo. Note que el mundo es suyo (cp. vv. 13:24, 37-38).

Tomó (labon), significa tomar deliberadamente; tomar con propósito y premeditación. El plantar la semilla no fue por casualidad. No es algo que simplemente ocurrió. Cristo plantó *deliberadamente* la semilla y alimentó el crecimiento del arbusto. El arbusto existía gracias a un *gran propósito y pensamiento.*

El *campo* significa el mundo. Como se dijo, Cristo planta la semilla en su campo. El mundo es suyo.

> *Pensamiento.* El hombre es activo, muy activo, no perezoso ni dejado. Planifica y siembra. Esta es una gran lección para nosotros al plantar semilla de mostaza de nuestra vida. ¡Qué enorme diferencia habría en el mundo si plantaramos nuestras vidas allí donde muchos pudieran venir para encontrar el cuidado que tan desesperadamente necesitan!

3 (13:32) *Cristianismo:* la semilla de mostaza crece hasta convertirse en el mayor de los arbustos. Note tres cosas.

1. El comienzo del arbusto (cristianismo). Comenzó como la más pequeña de las semillas. Hay muchos hechos que muestran la pequeñez del comienzo del reino o del cristianismo.

a. El cristianismo comenzó en el alma de una sola persona. Cristo lanzó el movimiento totalmente solo. La idea y el sueño estaban en su alma, y en ninguna otra. Él salió sólo, en la fuerza de Dios.

«Porque de tal manera amó Dios al mundo, que ha dado a su Hijo unigénito, para que todo aquel que en él cree, no se pierda, mas tenga vida eterna» (Jn. 3:16).

«Así que, por cuanto los hijos participaron de carne y sangre, él también participó de lo mismo, para destruir por medio de la muerte al que tenía el imperio de la muerte, esto es, al diablo, y librar a todos los que por el temor de la muerte estaban durante toda la vida sujetos a servidumbre» (He. 2:14-15).

b. El cristianismo nació en el alma de un carpintero de las oscuras aldeas de Nazaret y Capernaum (Galilea) y de una nación oscura y despreciada, Israel (véanse notas—Mt. 8:5-13; 13:53-58).

«Felipe halló a Natanael, y le dijo: Hemos hallado a aquel de quien escribió Moisés en la ley, así como los profetas: a Jesús, el hijo de José, de Nazaret. Natanael le dijo: ¿De Nazaret puede salir algo de bueno? Le dijo Felipe: Ven y ve» (Jn. 1:45-46).

«Respondieron y le dijeron: ¿Eres tú también galileo? Escudriña y ve que de Galilea nunca se ha levantado profeta» (Jn. 7:52).

«¿No es este el carpintero, hijo de María, hermano de Jacobo, de José, de Judas y de Simón? ¿No están también aquí con nosotros sus hermanas? Y se escandalizaban de él» (Mr. 6:3).

c. El cristianismo fue propulsado por hombres sin posición y sin prestigio. No eran poderosos ni nobles ni famosos. Eran gente común, algunos de profesión común como los pescadores (Mt. 4:18-21), otros de profesiones despreciadas como era el cobro de impuestos (Mt. 9:9).

«Pues mirad, hermanos, vuestra vocación, que no sois muchos sabios según la carne, ni muchos poderosos, ni muchos nobles; sino que lo necio del mundo escogió Dios, para avergonzar a los sabios; y lo débil del mundo escogió Dios, para avergonzar a lo fuerte; y lo vil del mundo y lo menospreciado escogió Dios, y lo que no es, para deshacer lo que es, a fin de que nadie se jacte en su presencia» (1 Co. 1:26-29).

d. El cristianismo surgió a partir de unas pocas personas que tenían muy «poca fe» (cp. Mt. 14:31; Lc. 12:32).

«Y si la hierba del campo que hoy es, y mañana se echa en el horno, Dios la viste así, ¿no hará mucho más a vosotros, hombres de poca fe?» (Mt. 6:30).

«Y he aquí se levantó en el mar una tempestad tan grande que las olas cubrían la barca; pero él dormía. Y vinieron sus discípulos y le despertaron, diciendo: ¡Señor, sálvanos, que perecemos! El les dijo: ¿Por qué teméis, hombres de poca fe? Entonces, levantándose, reprendió a los vientos y al mar; y se hizo grande bonanza» (Mt. 8:24-26).

«Y entendiéndolo Jesús, les dijo: ¿Por qué pensáis dentro de vosotros, hombres de poca fe, que no tenéis pan?» (Mt. 16:8; cp. 16:6-12).

e. Cuando Cristo partió de la tierra el cristianismo contaba solamente ciento veinte personas.

«En aquellos días Pedro se levantó en medio de los hermanos (y los reunidos eran unos ciento veinte en número), y dijo:» (Hch. 1:15).

2. El arbusto (cristianismo) se convirtió en el más grande de los arbustos. Cristo dijo explícitamente que cuando el reino o cristianismo haya crecido plenamente será el mayor de todos los movimientos.

a. Socialmente el cristianismo es el movimiento más grande. Ha cambiado la faz de la tierra. La libertad, las leyes e instituciones de misericordia, justicia, y honor, han surgido en su mayoría del cristianismo. El movimiento ha dado libertad a los que estaban esclavizados(véase Introducción, aspectos especiales, pt. 3—Filemón); y elevado enorm-mente la condición de las mujeres y niños (véanse notas—Mr. 10:5; Hch. 16:14).

b. El cristianismo es el mayor movimiento, tanto individual como personalmente. Ello es así porque Cristo hizo por el individuo exactamente lo que el árbol hace por un pájaro.

1) Cristo da descanso a la persona tal como el árbol da descanso a un pájaro (para la discusión véanse bosquejos y notas—Mt. 11:28-30; He. 4:1-13).

2) Cristo da un hogar a la persona tal como el árbol provee hogar al pájaro (para la discusión véase nota—Mt. 12:48-50).

3) Cristo da alimento, físico y espiritual, a la persona así como un árbol da de comer al pájaro (para la discusión véase nota—Mt. 6:25-34).

Pensamiento. Esta parábola es un gran aliento para cada creyente.

1) Nos es un aliento en nuestras vidas personales y en nuestro ministerio. No importa cuan pequeño sea nuestro comienzo, debemos continuar. Si continuamos, nuestras vidas y esfuerzos van a crecer. Tal vez nos suceda como a Cristo, que veamos poco crecimiento en números mientras estamos en la tierra, pero el crecimiento ocurrirá. El éxito está asegurado.

«¿No decís vosotros: Aún faltan cuatro meses para que llegue la siega? He aquí os digo: Alzad vuestros ojos y mirad los campos, porque ya están blancos para la siega. Y el que siega recibe salario, y recoge fruto para vida eterna, para que el que siembra goce juntamente con el que siega» (Jn. 4:35-36).

«Porque el que siembra para su carne, de la carne segará corrupción; mas el que siembra para el Espíritu, del Espíritu segará vida eterna» (Gá. 6:8).

«Los que sembraron con lágrimas, con regocijo segarán. Irá andando y llorando el que lleva la preciosa semilla; mas volverá con regocijo trayendo sus gavillas» (Sal. 126:5-6).

2) Es un aliento en cuanto a nuestra esperanza en la eternidad. Algún día, finalmente, vendrá el reino y seremos recompensados por nuestro trabajo fiel (véase Estudio a fondo 3—Mt. 19:23-24).

«Y cualquiera que dé a uno de estos pequeñitos un vaso de agua fría solamente, por cuanto es discí-pulo, de cierto os digo que no perderá su recompensa» (Mt. 10:42).

«Su Señor le dijo: Bien, buen siervo y fiel, ; sobre poco has sido fiel, sobre mucho te pondré; entra en el gozo de tu señor» (Mt. 25:23).

«Entonces el rey dirá a los de su derecha: Venid, benditos de mi Padre, heredad el reino preparado para vosotros desde la fundación del mundo. Porque tuvo hambre, y me disteis de comer; tuve sed, y me disteis de beber; fui forastero, y me recogisteis; estuve desnudo, y me cubristeis; enfermo, y me visitasteis; en la cárcel, y vinisteis a mí» (Mt. 25:34-36).

«Así que, hermanos míos amados, estad firmes y constantes, creciendo en la obra del Señor siempre, sabiendo que vuestro trabajo en el Señor no es en vano» (1 Co. 15:58).

3.	El resultado de la presencia del arbusto. Los pájaros vienen y habitan en sus ramas. Los mismos dos pasos son esenciales para el hombre.

    a.	Primero, la persona tiene que venir.

> «Venid a mí todos los que estáis trabajados y cargados, y yo os haré descansa» (Mt. 11:28).
>
> «Y el Espíritu y la Esposa dicen: Ven. Y el que oye, diga: Ven. Y el que tiene sed venga: y el que quiera tome del agua de la vida gratuitamente» (Ap. 22:17).
>
> «Venid luego, dice Jehová, y estemos a cuenta: si vuestros pecados fueren como la grana, como la nieve serán emblanquecidos; si fueren rojos como el carmesí, vendrán a ser como blanca lana» (Is. 1:18).
>
> «A todos los sedientos: Venid a las aguas; y los que no tienen dinero, venid, comprad y comed. Venid, comprad sin dinero y sin precio, vino y leche» (Is. 55:1).

    b.	Segundo, la persona tiene que habitar y caminar y vivir en Cristo (*véanse* bosquejo y notas—Mt. 13:1-9).

> «Permaneced en mí, y yo en vosotros. Como el pámpano no puede llevar por sí mismo, si no permanece en la vid, así tampoco vosotros, si no permanecéis en mí. Yo soy la vid, vosotros los pámpanos; el que permanece en mí; y yo en él, éste lleva mucho fruto; porque separados de mí nada podéis hacer. El que en mí no permanece, será echado fuera como pámpano, y se secará; y los recogen, y los echan en el fuego y arden» (Jn. 15:4-6).
>
> «Porque somos sepultados juntamente con él para muerte por el bautismo, a fin de que como Cristo resucitó de los muertos por la gloria del Padre, así también nosotros *andemos* en vida nueva» (Ro. 6:4).
>
> «Yo pues, preso en el Señor, os ruego que andéis como es digno de la vocación con que fuisteis llamados» (Ef. 4:1).
>
> «Por tanto, de la manera que habéis recibido al Señor Jesucristo, andad en él» (Col. 2:6).
>
> «Pero si andamos en luz, como él está en luz, tenemos comunión unos con otros, y la sangre de Jesucristo su Hijo nos limpia de todo pecado» (1 Jn. 1:7).
>
> «El que dice que permanece en él, debe andar como él anduvo» (1 Jn. 2:6).
>
> «Cualquiera que se extravía, y no persevera en la doctrina de Cristo, no tiene a Dios; el que persevera en la doctrina de Cristo, ése sí tiene al Padre y al Hijo» (2 Jn. 9).

	F. La parábola de la levadura: el poder transformador del evangelio, 13:33 (Lc. 13:20-21)
1 La parábola describe al reino **2 La levadura se toma deliberadamente** **3 Se mezcla en harina no leudada** **4 Silenciosamente transforma a toda la masa**	33 Otra parábola les dijo: El reino de los cielos es semejante a la levadura que tomó una mujer, y escondió en tres medidas de harina, hasta que todo fue leudado.

F. La parábola de la levadura: el poder transformador del evangelio, 13:33

(13:33) *Introducción—levadura:* hay, esencialmente dos interpretaciones para esta parábola.

1. Algunos dicen que la levadura representa el mal que penetra en el reino de Dios y en su iglesia. Hay tres argumentos que apoyan esta posición.

   a. La consistencia con el propósito del Señor señala hacia esta interpretación (*véase* Estudio a fondo 1—Mt. 13:31-32).

   b. La elección en sí que el Señor hace de la *levadura que tomó una mujer y escondió en la harina* indica una mezcla del mal en medio del bien. En las Escrituras la levadura siempre es usada para simbolizar el mal (cp. Mt. 16:6, 11; *véase* nota 2—Mr. 8:15). La levadura agría, fermenta, pudre. Es un cuadro de corrupción que penetra e invade la masa (cp. 1 Co. 5:6-8; 2 Co. 7:1; Gá. 5:7-9).

   c. La mujer tuvo que ocultar la levadura, camuflarla dentro de la harina.

2. La mayoría afirma que la levadura simboliza el reino de Dios que penetra y obra silenciosamente para transformar los hombres y la sociedad.

   a. El argumento es que solamente Cristo y su evangelio tiene el *poder* de transformar vidas, individual y socialmente, «hasta que *todo* fue leudado». Según este argumento se cree que el mal nunca podría «leudar todo» el reino de Dios, puesto que ello significaría el fracaso del reino.

   b. También se afirma que la mujer tomó la levadura y actuó conforme a un propósito y plan. Se argumenta que ninguna persona puede actuar deliberadamente contra el reino de Dios hasta que «todo sea leudado». Si el mal, a fuerza de obrar y obrar ha «leudado todo» significa que el mal ha triunfado en corromper el reino de Dios. Nuevamente, una interpretación de ese tenor implicaría que el reino de Dios va a fracasar.

1. La parábola describe el reino (v. 33).
2. La levadura es tomada deliberadamente (v. 33).
3. Es mezclada en harina no leudada (v. 33).
4. Silenciosamente transforma toda la masa (v. 33).

1 (13:33) *Reino de los cielos:* la parábola describe el reino de los cielos (para la discusión *véase* Estudio a fondo 3—Mt. 19:23-24).

2 (13:33) *Iglesia:* la levadura es tomada deliberadamente. En la primera interpretación, donde la levadura representa el mal, la mujer probablemente representaría la religión del hombre o lo que podría llamarse religión racionalista o humanista. El hombre siempre ha tenido alguna clase de religión, una religión de su propia hechura.

Intenta satisfacer la necesidad espiritual de su alma, y el hecho de estar asociado con el cristianismo o de estar dentro de las paredes de la iglesia le ayudan a sentirse bien.

En la segunda interpretación donde la levadura representa el reino de Dios, la mujer probablemente sería la iglesia y la levadura el evangelio. La harina sería el mundo o aquellos que no tienen conocimiento de Dios en el mundo. Esto significa que la iglesia tendría una doble misión.

1. La iglesia intentaría leudar a los *individuos*. Penetrar al individuo con el evangelio hasta que la totalidad de la persona es transformada.

   «Mas a todos los que le recibieron, a los que creen en su nombre, les dio potestad de ser hechos hijos de Dios» (Jn. 1:12).

   «Porque todo aquel que invocare el nombre del Señor, será salvo» (Ro. 10:13).

   «De modo que si alguno está en Cristo, nueva criatura es; las cosas viejas pasaron; he aquí todas son hechas nuevas» (2 Co. 5:17).

   «Y vestíos del nuevo hombre, creado según Dios en la justicia y santidad de la verdad» (Ef. 4:24).

   «Y revestido del nuevo, el cual conforme a la imagen del que lo creó se va renovando hasta el conocimiento pleno» (Col. 3:10).

2. La iglesia procuraría leudar a la *sociedad* como un todo: penetrar a la sociedad con el evangelio hasta que toda la sociedad sea transformada.

   «Por tanto, id, y haced discípulos a todas las naciones, bautizándolos en el nombre del Padre, y del Hijo, y del Espíritu Santo; enseñándoles que guarden todas las cosas que os he mandado; y he aquí yo estoy con vosotros todos los días hasta el fin del mundo» (Mt. 28:19-20).

   «Y les dijo: Id por todo el mundo y predicad el evangelio a toda criatura» (Mr. 16:15).

   «Pero recibiréis poder, cuando haya venido sobre vosotros el Espíritu Santo, y me seréis testigos en Jerusalén, en toda Judea, en Samaria, y hasta lo último de la tierra» (Hch. 1:8).

Pensamiento 1. Véanse nota—Mt. 13:31 en cuanto a un contraste entre ser diligente y ser perezoso.

Pensamiento 2. Era el trabajo de la mujer tomar la levadura y hacer pan como correspondía. Note: (1) cumplió con su trabajo, y (2) la levadura (el evangelio) fue necesaria para que el trabajo quedara bien hecho.

3 (13:33) *Levadura:* la levadura es mezclada en harina sin leudar. Si la levadura es el evangelio, entonces el cuadro es el del evangelio colocado ...

- en el mundo inconcluso e imperfecto.
- en la iglesia inconclusa e imperfecta en su estado terrenal.

El evangelio (levadura) tiene que ser colocado en medio mismo del mundo y de la iglesia (inconclusos e imperfectos) para que allí haga su obra.

Note otro punto: la harina en sí misma no es pan. En sí misma la harina es dura, seca, insípida, y no muy alimenticia (*véase* nota—Mt. 13:33). Usar la harina en sí misma para hacer pan, es usar mal la harina. Pero cuántas personas tratan de arreglarse durante toda la vida sin la levadura del evangelio. De esa manera su harina, esto es sus vidas, son mal usadas y quedan incompletas.

Pensamiento. El evangelio es poderoso, extremadamente poderoso; apenas un poco de «levadura leudó toda la masa» (1 Co. 5:6; Gá. 5:9). Note tres cosas.

1) La persona que deja entrar apenas un poco del evangelio en su vida, eventualmente tendrá toda su vida cambiada.

> «Y éstos eran más nobles que los que estaban en Tesalónica, pues recibieron la palabra con toda solicitud, *escudriñando* cada día las Escrituras para ver si estas cosas eran así. Así que creyeron muchos de ellos, y mujeres griegas de distinción, y no pocos hombres» (Hch. 17:11-12).

2) Los creyentes deben mezclar el evangelio en el mundo. Apenas un poco de levadura hará grandes transformaciones. Pero observe: la levadura tiene que ser trabajada constantemente para que quede bien mezclada. ¡Qué lección de fidelidad en cuanto a la publicación del mensaje del evangelio!

> «Por tanto, id, y haced discípulos a todas las naciones, bautizándolos en el nombre del Padre, y del Hijo, y del Espíritu Santo; *enseñándoles* que guarden todas las cosas que os he mandado; y he aquí yo estoy con vosotros todos los días, hasta el fin del mundo» (Mt. 28:19-20).

> «Porque el siervo del Señor no debe ser contencioso, sino amable para con todos, apto para enseñar, sufrido; que con mansedumbre corrija a los que se oponen, por si quizá Dios les conceda que se arrepientan para conocer la verdad» (2 Ti. 2:24-25).

> «Esto habla y exhorta y reprende con toda autoridad. Nadie te menosprecie» (Tit. 2:15).

3) El trabajo no requiere mucha levadura. No importa lo poco que la persona conozca del evangelio, ella ya debe estar leudando, es decir, trabajando para alcanzar a otras personas y cambiar el mundo para Cristo. No hay excusa para quedarse de brazos cruzados.

> «Mas Jesús no se lo permitió, sino que le dijo: Vete a tu casa, a los tuyos, y cuéntales cuán grandes cosas el Señor ha hecho contigo, y cómo ha tenido misericordia de ti» (Mr. 5:19).

> «Y vosotros daréis testimonio también, porque habéis estado conmigo desde el principio» (Jn. 15:27).

> «Porque no podemos dejar de decir lo que hemos visto y oído» (Hch. 4:20).

> «Pero teniendo el mismo espíritu de fe, conforme a lo que está escrito, creí por lo cual hablé, nosotros también creemos, por lo cual también hablamos» (2 Co. 4:13).

> «Sino santificad a Dios el Señor en vuestros corazones, y estad siempre preparados para presentar defensa con mansedumbre y reverencia ante todo el que demande razón de la esperanza que hay en vosotros» (1 P. 3:15).

Si una persona interpreta que la levadura es el mal, entonces tenemos el cuadro de la iglesia en su estado inconcluso e imperfecto. Puesto que es un estado inconcluso y aun no perfecto, ella es invadida por el mal. Los hombres malos e incrédulos (levadura) entran a la iglesia; con falsedad afirman seguir a Cristo.

4 (13:33) *Levadura—transformación—evangelio:* la levadura

transforma silenciosamente a toda la masa. La levadura cambia y transforma el pan. El pan hecho con agua es duro, seco, y no demasiado alimenticio. Pero la levadura mezclada en la masa cambia y transforma de manera tremenda el pan. Opera al menos cuatro cosas en favor del pan.

1. Le da suavidad, le quita la dureza. La levadura del evangelio hace lo mismo. Penetra el corazón del hombre, y suaviza la dureza de su vida. Se vuelve más sensible hacia el Señor y hacia las necesidades de otros. Llega a ser una persona más dadivosa y más preocupada por otros. La suavidad es difinidamente una de las características de una persona transformada.

2. La levadura le otorga porosidad y humedad al pan, ya no será pan seco. Lo mismo hace el evangelio. Penetra la sequedad del corazón y de la vida de un hombre. El evangelio penetra y crea poros en su vida y humedece su corazón de manera que puede convertirse en una persona fructífera.

3. La levadura hace que el pan satisfaga, ya no será insatisfactorio. Nuevamente, lo mismo hace la levadura del evangelio para el hombre que vive una vida insípida, sin propósito ni significado. El evangelio leuda o transforma el corazón de una persona dándole propósito y gozo y esperanza; todas las satisfacciones que una persona podría desear.

4. La levadura hace que el pan sea alimenticio, ya no será de escaso beneficio. Lo mismo hace la levadura del evangelio para el hombre que aparentemente alcanza tan escasos logros en la vida. El evangelio no solamente le da propósito, sino que inspira y motiva a la persona a alimentar a otros. Una persona transformada por el evangelio es capaz de dar la verdad al mundo: la verdad referida al vacío y a la soledad del corazón humano y la provisión de Dios para su aflicción.

Note varios hechos importantes sobre la forma de actuar de la levadura.

1. La levadura obra quieta y silenciosamente. Sin fanfáreas ni espectaculos. Aquí hay una profunda lección sobre cómo debe ser presentado el evangelio (*véanse* bosquejo y notas—Mt. 4:5-7; 12:38-40).

2. La levadura termina su trabajo. Una vez mezclada en la masa, nada puede detenerla ni quitarla nuevamente de allí. Está para siempre en la masa y la transformará siempre. Aquí hay una gran lección en cuanto a la seguridad de la persona que realmente le permite al evangelio penetrar su corazón y vida.

> «Y yo les doy vida eterna; y no perecerán jamás, ni nadie las arrebatará de mi mano» (Jn. 10:28).

> «Estando persuadido de esto, que el que comenzó en vosotros la buena obra, la perfeccionará hasta el día de Jesucristo» (Fil. 1:6).

> «Yo sé a quien he creído, y estoy seguro que es poderoso para guardar mi depósito para aquel día» (2 Ti. 1:12).

> «Que sois guardados por el poder de Dios mediante la fe, para alcanzar la salvación que está preparada para ser manifestada en el tiempo postrero» (1 P. 1:5).

> «Y a aquel que es poderoso para guardaros sin caída, y presentaros sin mancha delante de su gloria con gran alegría, al único y sabio Dios, nuestro Salvador, sea gloria y majestad, imperio y potencia, ahora y por todos los siglos» (Jud. 24-25).

3. La levadura opera lenta y gradualmente, pero en forma consistente. Le lleva tiempo leudar toda la masa. El creyente puede aprender al menos tres lecciones de este hecho.

a. Le llevará tiempo crecer en el evangelio. Así como un niño crece físicamente, cuando el creyente recibe alimento adecuado, su crecimiento espiritual será consistente y seguro aunque requiera tiempo.

> «Y ahora, hermanos, os encomiendo a Dios, y a la palabra de su gracia, que tiene poder para sobreedificaros y daros herencia con todos los santificados» (Hch. 20:32).

> «Procura con diligencia presentarte ante

Dios aprobado, como obrero que no tiene de qué avergonzarse, que usa bien la palabra de verdad» (2 Ti. 2:15).

«Toda la Escritura es inspirada por Dios, y útil para enseñar, para redargüir, para corregir, para instruir en justicia» (2 Ti. 3:16).

«Desead, como niños recién nacidos, la leche espiritual no adulterada, para que por ella crezcáis para salvación, si es que habéis gustado la benignidad del Señor» (1 P. 2:2-3).

b. Llevará tiempo hasta que su propio trabajo y testimonio produzcan pan. Pero su levadura (servicio y ministerio) leudará toda la masa de harina, esto es a la gente con que trata.

«Así alumbre vuestra luz delante de los hombres, para que vean vuestras buenas obras, y glorifiquen a vuestro Padre que está en los cielos» (Mt. 5:16).

«Presentándote tú en todo como ejemplo de buenas obras; en la enseñanza mostrando integridad, seriedad» (Tit. 2:7).

«Manteniendo buena vuestra manera de vivir entre los gentiles; para que en lo que murmuran de vosotros como de malhechores, glorifiquen a Dios en el día de la visitación, al considerar vuestras buenas obras» (1 P. 2:12).

4. La levadura cambia la calidad, no la sustancia de la masa. Todavía es masa, sin embargo ha cambiado. La persona que recibe el evangelio sigue siendo la persona, pero es una persona cambiada: una persona de calidad, una persona de Dios.

«De modo que si alguno está en Cristo, nueva criatura es; las cosas viejas pasaron; he aquí todas son hechas nuevas» (2 Co. 5:17).

«Y vestíos del nuevo hombre, creado según Dios en la justicia y santidad de la verdad» (Ef. 4:24).

«Y revestido del nuevo, el cual conforme a la imagen del que lo creó se va renovando hasta el conocimiento pleno» (Col. 3:10).

Pensamiento. El evangelio, la Palabra de esperanza de Dios, es rápida y poderosa. Es filosa; por eso penetrará y transformará las vidas.

«Porque la palabra de Dios es viva y eficaz, y más cortante que toda espada de dos filos; y penetra hasta partir el alma y el espíritu, las coyunturas y los tuétanos, y discierne los pensamientos y las intenciones del corazón» (He. 4:12).

	G. El propósito del Mesías al hablar en parábolas, 13:34-35 (Mr. 4:33-34)
1 Para alcanzar a las multitudes 2 Para enseñar «todo esto» 3 Para cumplir la Escritura 4 Para revelar el misterio del evangelio	34 Todo esto habló Jesús por parábolas a la gente, y sin parábolas no les hablaba; 35 para que se cumpliese lo dicho por el profeta, cuando dijo: Abriré mi boca; declararé cosas escondidas desde la fundación del mundo.

G. El propósito del Mesías al hablar en parábolas, 13:34-35

(13:34-35) *Introducción: véanse* bosquejo y notas—Mt. 13:10-17 para una discusión completa de los «motivos del Mesías para hablar en parábolas». Lo mejor sería incluir a estos dos versículos en el bosquejo de Mateo 13:10-17 como Motivo 4: el misterio del evangelio tiene que ser revelado (vv. 34-35). (Para la discusión *véanse* bosquejo y notas—Ef. 1:9-10.)

ESTUDIO A FONDO 1
(13:35) *Referencia profética:* cp. Sal. 78:2.

ESTUDIO A FONDO 2
(13:35) *Evangelio, misterio del:* para la discusión *véanse* bosquejos y nota—Mt. 13:11.

	H. La parábola del trigo y de la cizaña explicada, 13:36-43	los segadores son los ángeles.	a. El día: el fin del mundo

1 Trasfondo:
   a. Jesús estaba a solas con sus discípulos
   b. Los discípulos preguntaron por el significado de la parábola.
2 La buena semilla
   a. El sembrador: el Hijo del Hombre
   b. El campo: el mundo
   c. La semilla: los hijos del reino
3 La mala semilla
   a. La semilla: los hijos del diablo
   b. El sembrador: el diablo
4 La cosecha

36 Entonces, despedida la gente, entró Jesús en la casa; y acercándose a él sus discípulos, le dijeron: Explícanos la parábola de la cizaña del campo.
37 Respondiendo él, les dijo: el que siembra la buena semilla es el Hijo del Hombre.
38 El campo es el mundo; la buena semilla son los hijos del reino, y la cizaña son los hijos del malo.
39 El enemigo que la sembró es el diablo; la siega es el fin del siglo; y

40 De manera que como se arranca la cizaña, y se quema en el fuego, así será el fin de este siglo.
41 Enviará el Hijo del Hombre a sus ángeles, y recogerán de su reino a todos los que sirven de tropiezo, y a todos los que hacen iniquidad,
42 y los echarán en el horno de fuego; allí será el lloro y el crujir de dientes.
43 Entonces los justos resplandecerán como el sol en el reino de su Padre. El que tiene oídos para oír, oiga.

b. Los segadores: ángeles
5 La siega de la cizaña
   a. Simboliza el juicio
   b. Cuando: en el fin del mundo
   c. Ejecutado por ángeles
   d. Quiénes: los que están en el reino[EF1]
      1) Que hacen tropezar a otros
      2) Que hacen iniquidad
   e. Juicio: fuego y lloro[EF2]

6 La cosecha del trigo
   a. Identidad: los justos
   b. Posición: gloria en el reino[EF3]
7 Llamado vigoroso

H. La parábola del trigo y de la cizaña explicada, 13:36-43

(13:36-43) *Introducción:* este pasaje es la interpretación del trigo y la cizaña. (Para la discusión *véanse* bosquejo y notas—Mt.13:24-30).

ESTUDIO A FONDO 1

(13:41) *Juicio:* los que van a ser juzgados y condenados están en el reino; incluyen a los que son de tropiezo a otros y que obran iniquidad [sin la ley].

ESTUDIO A FONDO 2

(13:42) *Fuego del Infierno—lloro—crujir de dientes: véanse* Estudio a fondo 2—Mt. 5:22; nota—8:12; Estudio a fondo 4—Lc.16:24. Estas notas ilustran el terrible juicio que va a venir.

ESTUDIO A FONDO 3

(13:43) *Recompensa:* los justos serán glorificados. La promesa es dada a los justos, la promesa de que «resplandecerán como el sol en el reino de su Padre».
   ¿Qué significa esto? Varias cosas tienen que ser dichas.
   1.   Se desconoce el aspecto exacto de un hombre *glorificado.*
      «Amados, ahora somos hijos de Dios, y aún no se ha manifestado lo que hemos de ser; pero sabemos que cuando él se manifieste, seremos semejantes a él, porque le veremos tal como él es» (1 Jn. 3:2).
   2.   Implicará un cuerpo *gloriosos.*
      «El cual transformará el cuerpo de la humillación nuestra, para que sea semejante al cuerpo de la gloria suya por el poder con el cual puede también sujetar a sí mismo todas las cosas» (Fil. 3:21; cp. Ro. 8:17).
      «Una es la gloria del sol, otra la gloria de la luna, y otra la gloria de las estrellas, pues una estrella es diferente de otra en gloria. Así también es la resurrección de los muertos. Se siembra en corrupción, resucitará en incorrupción. Se siembra
en deshonra, resucitará en gloria; se siembra en debilidad, resucitará en poder. Se siembra en cuerpo animal, resucitará cuerpo espiritual. Hay cuerpo animal, y hay cuerpo espiritual ... Cual el terrenal, tales también los terrenales; y cual el celestial, tales también los celestiales. Y así como hemos traído la imagen del terrenal, traeremos también la imagen del celestial. Pero esto digo, hermanos: que la carne y la sangre no pueden heredar el reino de Dios, ni la corrupción hereda incorrupción .... Porque es necesario que esto corruptible se vista de incorrupción, y esto mortal se vista de inmortalidad» (1 Co. 15:41-44, 48-50, 53).**

   3.   Incluirá «resplandecer» como el sol, un reflejo de la gloria de Dios. (*Véase* Estudio a fondo 1—Ro. 3:23. Esta nota expresa el significado de la gloria de Dios.)

<table>
<tr><td rowspan="4">1 La parábola describe el reino

2 Hay un tesoro escondido en el campo

3 Un hombre encuentra el tesoro

   a. Lo oculta y protege
   b. Vende todo, compra el campo, se goza.</td><td>**I. La parábola del tesoro escondido: renunciando a todo por Cristo,**[EF1] **13:44**</td></tr>
<tr><td>44 Además el reino de los cielos es semejante a un tesoro escondido en el campo, el cual el hombre halla, y lo esconde de nuevo; y gozoso por ello va y vende todo lo que tiene, y compra aquel campo.</td></tr>
</table>

I. La parábola del tesoro escondido: renunciando a todo por Cristo, 13:44

(13:44) *Introducción—creyentes—tesoro—evangelio:* existen dos interpretaciones principales para esta parábola.

1. Algunos dicen que Jesucristo es *el hombre* (cp. vv. 24, 37-38) y que *el tesoro* en el campo representa a creyentes potenciales en el mundo. Según esta interpretación Jesús ve a los hombres en el mundo, y al verlos hace cuatro cosas.

   a. *Oculta* el tesoro: Toma lo que el Padre le ha dado y lo esconde en su propio corazón, escogiendo y protegiéndolos hasta completar la obra de la salvación.

     «Yo soy el buen pastor; y conozco a mis ovejas, y las mías me conocen, a sí como el Padre me conoce, y yo conozco al Padre; y pongo mi vida por las ovejas. También tengo otras ovejas que no son de este redil; aquéllas también debo traer, y oirán mi voz; y habrá un rebaño, y un pasto .... Mis ovejas oyen mi voz, y yo las conozco, y me siguen, y yo les doy vida eterna; y no perecerán jamás, ni nadie las arrebatará de mi mano. Mi Padre que me las dio, es mayor que todos, y nadie las puede arrebatar de la mano de mi Padre. Yo y el Padre uno somos» (Jn. 10:14-16, 27-30).

   b. *Va:* Jesús viene al mundo.

     «Porque el Hijo del hombre vino a buscar y a salvar lo que se había perdido» (Lc. 19:10).

     «Porque de tal manera amó Dios al mundo, que ha dado a su Hijo unigénito, para que todo aquel que en él cree, no se pierda, mas tenga vida eterna. Porque no envió Dios a su Hijo al mundo para condenar al mundo, sino para que el mundo sea salvo por él» (Jn. 3:16-17).

     «Yo he venido para que tengan vida, y para que la tengan en abundancia» (Jn. 10:10).

     «Al que oye mis palabras, y no las guarda, yo no le juzgo; porque no he venido a juzgar al mundo, sino a salvar al mundo» (Jn. 12:47).

     «Le dijo entonces Pilato: ¿Luego, eres tú rey? Respondió Jesús: Tú dices que yo soy rey. Yo para esto he nacido, y para esto he venido al mundo, para dar testimonio a la verdad. Todo aquel que es de la verdad, oye mi voz» (Jn. 18:37).

     «Palabra fiel y digna de ser recibida por todos: que Cristo Jesús vino al mundo para salvar a los pecadores» (1 Ti. 1:15).

   c. *Vende* todo: Renuncia al cielo en toda su gloria y esplendor.

     «Y dio a luz a su hijo primogénito, y lo envolvió en pañales, y lo acostó en un pesebre, porque no había lugar para ellos en el mesón» (Lc. 2:7).

     «Porque os digo que es necesario que se cumpla todavía en mí aquello que está escrito: Y fue contado con los inicuos; porque lo que está escrito de mí, tiene cumplimiento» (Lc. 22:37).

     «En su humillación no se le hizo justicia; mas su generación, ¿quién la contará? Porque fue quitada de la tierra su vida» (Hch. 8:33).

     «Porque ya conocéis la gracia de nuestro Señor Jesucristo, que por amor a vosotros se hizo pobre, siendo rico, para que vosotros con su pobreza fueseis enriquecidos» (2 Co. 8:9).

     «Sino que se despojó a sí mismo, tomando forma de siervo, hecho semejante a los hombres; y estando en la condición de hombre, se humilló a sí mismo, haciéndose obediente hasta la muerte, y muerte de cruz» (Fil. 2:7-8).

   d. *Compra:* Paga el precio máximo. Entrega su vida por la vida del hombre.

     «Mas Dios muestra su amor con para con nosotros, en que siendo aún pecadores, Cristo murió por nosotros» (Ro. 5:8).

     «Porque primeramente os he enseñado lo que asimismo recibí: Que Cristo murió por nuestros pecados, conforme a las Escrituras; y que fue sepultado, y que resucitó al tercer día, conforme a las Escrituras» (1 Co. 15:3-4).

     «Al que no conoció pecado, por nosotros lo hizo pecado, para que nosotros fuésemos hechos justicia de Dios en él» (2 Co. 5:21).

     «El cual se dio a sí mismo por nuestros pecados para librarnos del presente siglo malo, conforme a la voluntad de nuestro Dios y Padre» (Gá. 1:4).

     «Pero cuando vino el cumplimiento del tiempo, Dios envió a su Hijo, nacido de mujer y nacido bajo la ley, para que redimiese a los que están bajo la ley, a fin de que recibiésemos la adopción de hijos» (Gá. 4:4-5).

     «Quien llevó él mismo nuestros pecados en su cuerpo sobre el madero, para que nosotros, estando muertos a los pecados, vivamos a la justicia; y por cuya herida fuisteis sanados» (1 P. 2:24).

     «Porque también Cristo padeció una sola vez por los pecados, el justo por los injustos, para llevarnos a Dios, siendo a la verdad muerto en la carne, pero vivificado en espíritu» (1 P. 3:18).

   e. Se *goza:* Ya vislumbra aquel glorioso día cuando todos sus tesoros sean poseídos por Él.

     «Puestos los ojos en Jesús, el autor y consumador de la fe, el cual por el gozo puesto delante de él sufrió la cruz, menospreciando el oprobio, y se sentó a la diestra del trono de Dios» (He. 12:2).

2. Otros afirman que *el tesoro* es el evangelio de Cristo, el evangelio del Mesías, tan precioso como ese evangelio es. Una persona ve como nunca antes el evangelio, el mensaje salvador de Cristo; es decir, entiende el inmenso tesoro de la salvación.

a. *Esconde* el tesoro: lo esconde en su corazón allí lo protege, no lo suelta más. Busca y sigue buscando la verdad de Cristo.

b. *Va:* se acerca a Cristo y toma una decisión.

c. *Vende todo:* se arrepiente y dejando su anigua vida se vuelve a Dios.

d. *Compra*: renuncia a todo y entrega todo por poseer el tesoro de la salvación.

e. Se *goza*: experimenta una llenura y satisfacción por el tesoro y vislumbra y espera más y más, eternamente.

Cualquiera de las interpretaciones se ajusta a lo que dice el texto, y probablemente lo más seguro es que ninguna de ellas agota todo su significado.

1. La parábola describe al reino (v. 44).
2. Hay un tesoro escondido en el campo (v. 44).
3. Un hombre encuentra el tesoro (v. 44).

ESTUDIO A FONDO 1

(13:44) *Parábolas:* ahora Jesús estaba hablando solamente a sus discípulos. En el v. 36 había despedido a la multitud; ahora compartió cuatro parábolas estando a solas con los discípulos. La parábola del tesoro escondido y la de la perla de gran precio bien pudieron haber sido predicadas y enseñadas juntas. Su mensaje es el mismo: el gran valor de Cristo.

1 (13:44) *Reino de los cielos:* Jesús usó una parábola para describir el reino de los cielos y su inmenso valor (*véanse* Estudio a fondo 1—Mt. 13:44; Estudio a fondo 1—19:23-24).

2 (13:44) *Jesucristo—creyentes:* hay un tesoro escondido en el campo. Jesucristo es el tesoro más valioso que una persona puede poseer.

«Que habiendo hallado una perla preciosa, fue y vendió todo lo que tenía, y la compró» (Mt. 13:46).
«Porque ¿qué aprovechará al hombre si ganare todo el mundo, y perdiere su alma?» (Mr. 8:36; cp. 1 Ti. 6:7).
«Y en ningún otro hay salvación; porque no hay otro nombre bajo el cielo, dado a los hombres, en que podamos ser salvos» (Hch. 4:12).
«Mas por él estáis vosotros en Cristo Jesús, el cual nos ha sido hecho por Dios sabiduría, justificación, santificación y redención» (1 Co. 1:30).
«Porque nadie puede poner otro fundamento que el que está puesto, el cual es Jesucristo» (1 Co. 3:11).
«Y ciertamente, aun estimo todas las cosas como pérdida por la excelencia del conocimiento de Cristo Jesús, mi Señor, por amor del cual lo he perdido todo, y lo tengo por basura, para ganar a Cristo» (Fil. 3:8).
«Por cuanto agradó al Padre que en él habitase toda plenitud» (Col. 1:19).
«En quien están escondidos todos los tesoros de la sabiduría y del conocimiento» (Col. 2:3).
«Y vosotros estáis completos en él, que es la cabeza de todo principado y potestad» (Col. 2:10).

Si se interpreta que el tesoro son los potenciales creyentes, la nota 1 despertará suficientes pensamientos para compartir la lección de la parábola (*véase* nota, *Creyentes*—Mt. 13:44).

3 (13:44) *Evangelio—creyentes:* un hombre encuentra el tesoro. En los tiempos de Jesús era común esconder un tesoro o cosas de valor enterrándolos. La tierra era el lugar más seguro donde guardar cosas de valor; por ejemplo, en la «parábola de los talentos» el

siervo inútil escondió su talento en la tierra para estar seguro de no perderlo (Mt. 25:25).

El campo podría representar el evangelio. Entonces el tesoro sería Cristo quien está «escondido» en el evangelio. La persona no puede encontrar el tesoro (Cristo) por escarbar meramente en la superficie de la tierra (el evangelio). Sería preciso cavar profundamente (Jn. 5:39; 2 Ti. 2:15).

Existe una enorme diferencia entre los tesoros filosóficos del mundo y el tesoro de Cristo y de su Palabra. La persona no aprende los tesoros filosóficos del mundo escarbando la superficie. Es preciso profundizar. Así es con el tesoro de Cristo; la persona tiene que profundizar en el evangelio y cavar profundamente para encontrar los tesoros del evangelio.

Cuando el hombre encuentra el tesoro hace cinco cosas.

1. Lo *oculta y protege*. La persona que realmente ha gustado y aprendido cual es el valor de Cristo, oculta el tesoro en su corazón. Busca y busca para retener el evangelio; no permite que el evangelio se escape. Busca y decide poseer el tesoro.

«Para que busquen a Dios, si en alguna manera, palpando, puedan hallarle, aunque ciertamente no está lejos de cada uno de nosotros» (Hch. 17:27).
«Mas si de allí buscares a Jehová tu Dios, lo hallarás, si lo buscares de todo tu corazón y de toda tu alma» (Dt. 4:29).
«Buscad a Jehová mientras pueda ser hallado, llamadle en tanto que está cercano» (Is. 55:6).
«Y me buscaréis y me hallaréis, porque me buscaréis de todo vuestro corazón» (Jer. 29:13).
«Pero así dice Jehová a la casa de Israel: Buscadme, y viviréis» (Am. 5:4).
«Buscad a Jehová todos los humildes de la tierra, los que pusisteis por obra su juicio; buscad justicia, buscad mansedumbre; quizá seréis guardados en el día del enojo de Jehová» (Sof. 2:3).

2. *Va*. Es decir, se acerca a Cristo y toma una decisión. Note dos cosas.

a. Cristo extiende invitación tras invitación para que los hombres vengan y busquen su misericordia.

«Venid a mí todos los que estáis trabajados y cargados, y yo os haré descansar» (Mt. 11:28).
«A la hora de la cena envió a su siervo a decir a los convidados: Venid que ya todo está preparado» (Lc. 14:17).
«Y el Espíritu y la Esposa dicen: Ven. Y el que oye, diga: Ven. Y el que tiene sed venga; y el que quiera tome del agua de la vida gratuitamente» (Ap. 22:17).
«Venid luego, dice Jehová, y estemos a cuenta: si vuestros pecados fueren como la grana, como la nieve serán emblanquecidos; si fueren rojos como el carmesí, vendrán a ser como blanca lana» (Is. 1:18).

b. La decisión es necesaria (*véanse* Estudios a fondo 1, 2, 3—Mt. 7:13-14).

3. *Vende* todo; esto es, se arrepiente y se vuelve de su antigua vida a Dios. Aquí hay dos asuntos esenciales.

a. El hombre está *dispuesto* a vender y a renunciar a todo. Está *dispuesto* a dejar todo y volverse a Dios. Está *dispuesto* a arrepentirse (*véase* Estudio a fondo 1—Hch. 17:29-30). ¿Por qué? Para ganar el tesoro de gran valor.

«Arrepentíos porque el reino de los cielos se ha acercado» (Mt. 3:2).
«Bienaventurados los que lloran, porque ellos recibirán consolación» (Mt. 5:4).
«Pedro les dijo: Arrepentíos, y bautícese cada uno de vosotros en el nombre de Jesucristo para perdón de los pecados; y recibiréis el don del Espíritu Santo» (Hch. 2:38).
«Así que, arrepentíos y convertíos, para que

sean borrados vuestros pecados; para que vengan de la presencia del Señor tiempos de refrigerio» (Hch. 3:19).

«Si se humillare mi pueblo, sobre el cual mi nombre es invocado, y oraren, y buscaren mi rostro, y se convirtieren de sus malos caminos; entonces yo oiré desde los cielos, y perdonaré sus pecados, y sanaré su tierra» (2 Cr. 7:14).

«Deje el impío su camino, y el hombre inicuo sus pensamientos, y vuélvase a Jehová, el cual tendrá de él, misericordia, y al Dios nuestro, el cual será amplio en perdonar» (Is. 55:7).

b. No solamente está dispuesto, sino que *renuncia y niega todo*. Vive una vida de auto disciplina (*véase* Estudio a fondo 1—Lc. 9:23). Esto implica el sacrificio de deseos personales y ambiciones, anhelos y necesidades, pasiones y posesiones. Incluye la totalidad de la vida.

«Y no temáis los que matan el cuerpo, mas el alma no pueden matar; temed más bien a aquel que puede destruir el alma y el cuerpo en el infierno» (Mt. 10:28).

«Después de estas cosas salió, y vio a un publicano llamado Leví, sentado al banco de los tributos públicos, y le dijo: Sígueme. Y dejándolo todo, se levantó y le siguió» (Lc. 5:27-28).

«Así, pues, cualquiera de vosotros que no renuncia a todo lo que posee, no puede ser mi discípulo» (Lc. 14:33).

4. *Compra*; es decir, entrega todo lo que tiene para poseer el tesoro de la salvación. La persona sabe algo: y es que *asir* a Cristo vale todo lo que uno tiene. Por eso, la persona presenta su cuerpo en sacrificio vivo a Cristo (*véanse* bosquejo y notas—Ro. 12:1-2).

«Jesús le dijo: si quieres ser perfecto, anda, vende lo que tienes, y dalo a los pobres, y tendrás tesoro en el cielo; y ven y sígueme» (Mt. 19:21).

«Si alguno quiere venir en pos de mí, niéguese a sí mismo, tome su cruz cada día, y sígame. Porque todo el que quiera salvar su vida, la perderá; y todo el que pierda su vida por causa de mí, éste la salvará. Pues ¿qué aprovecha al hombre, si gana todo el mundo, y se destruye o se pierde a sí mismo?» (Lc. 9:23-25).

«Así que, hermanos, os ruego por las misericordias de Dios, que presentéis vuestros cuerpos en *sacrificio vivo*, santo, agradable a Dios, que es vuestro culto racional. No os conforméis a este siglo, sino transformaos por medio de la renovación de vuestro entendimiento, para que comprobéis cuál sea la buena voluntad de Dios, agradable y perfecta» (Ro. 12:1-2).

«Y ciertamente, aun estimo todas las cosas como pérdida por la excelencia del conocimiento de Cristo Jesús, mi Señor, por amor del cual lo he perdido todo, y lo tengo por basura, para ganar a Cristo» (Fil. 3:8).

5. Se *goza*; es decir, experimenta la llenura y satisfacción que le da el tesoro (Cristo) (v. 44). Tres cosas experimenta la persona.

a. Experimenta vida abundante.

«El ladrón no viene sino para hurtar y matar y destruir; yo he venido para que tengan vida: y para que la tengan en abundancia» (Jn. 10:10).

b. Experimenta llenura.

«Y vosotros estáis completos en él, que es la cabeza de todo principado y potestad» (Col. 2:10).

c. Experimenta el fruto del Espíritu.

«Mas el fruto del Espíritu es amor, gozo, paz, paciencia, benignidad, bondad, fe, mansedumbre, templanza; contra tales cosas no hay ley» (Gá. 5:22-23).

J. La parábola del mercader y la perla de gran precio: renunciando a todo por Cristo, 13:45-46	
1 Busca perlas a. Busca *muchas* perlas b. Busca *buenas* perlas **2 Encuentra una perla preciosa** a. Va b. Vende sus posesiones c. Compra la perla	45 También el reino de los cielos es semejante a un mercader que busca buenas perlas, 46 que habiendo hallado una perla preciosa, fue y vendió todo lo que tenía, y la compró.

J. La parábola del mercader y la perla de gran precio: renunciando a todo por Cristo, 13:45-46

(13:45-46) *Introducción:* la enseñanza de esta parábola es similar a la del tesoro escondido. Bien pueden haber sido predicadas y enseñadas juntas. (En cuanto a una discusión detallada y pensamientos *véanse* notas—Mt. 13:44.) La parábola de la perla tiene dos interpretaciones.

1. Algunas personas dicen que el *mercader* es Jesucristo. Las muchas *perlas* que busca son creyentes en potencia, y la perla preciosa es la iglesia, el cuerpo completo de los creyentes (cp. Jn. 17:21 1 Co. 13:12). Note: las perlas son buscadas, y la perla de gran precio es hallada como resultado de la búsqueda de perlas. (Para una discusión de las enseñanzas *véase* nota—Mt.13:44.)

2. Algunas personas dicen que el mercader representa a las personas que buscan la verdad (perlas). En la búsqueda algunas personas descubren la verdad de Jesucristo, la perla de gran precio; y cuando la persona encuentra una perla de gran precio, da tres pasos descriptos por Cristo: va, vende lo que tiene, y compra la perla de gran precio (para una discusión de estos pasos *véanse* bosquejo y notas—Mt. 13:44).

1. Busca perlas (v. 45).
2. Encuentra una perla preciosa (vv. 45-46).

1 (13:45) *Perla:* la perla nace del sufrimiento. Un grano de arena o un parásito se abre camino al interior de una ostra. La ostra es un organismo viviente, y el intruso lo hiere. Para protegerse, la ostra segrega una substancia llamada madre de perla, o nácar, para rodear con ella al intruso. Es esa secreción lo que gradualmente forma la perla. De manera que la perla nace en virtud de un gran tormento y de mucho dolor. Lo mismo ocurre con el creyente en la iglesia: ambos son nacidos del sufrimiento y de la tribulación y muerte del Señor Jesús.

«Para que todo aquel que en él cree no se pierda, mas tenga vida eterna. Porque de tal manera amó Dios al mundo, que ha dado a su Hijo unigénito, para que todo aquel que en él cree, no se pierda, mas tenga vida eterna» (Jn. 3:15-16).

«Mas Dios muestra su amor con para con nosotros, en que siendo aún pecadores, Cristo murió por nosotros. Pues mucho más, estando ya justificados en su sangre, por él seremos salvos de la ira. Porque si siendo enemigos, fuimos reconciliados con Dios por la muerte de su Hijo, mucho más, estando reconciliados, seremos salvos por su vida» (Ro. 5:8-10).

«Al que no conoció pecado, por nosotros lo hizo pecado, para que nosotros fuésemos hechos justicia de Dios en él» (2 Co. 5:21).

«Cristo nos redimió de la maldición de la ley, hecho por nosotros maldición (porque está escrito: Maldito todo el que es colgado de un madero)» (Gá. 3:13).

«Quien llevó él mismo nuestros pecados en su cuerpo sobre el madero, para que nosotros, estando muertos a los pecados, vivamos a la justicia; y por cuya herida fuisteis sanados» (1 P. 2:24).

«Porque también Cristo padeció una sola vez por los pecados, el justo por los injustos, para llevarnos a Dios, siendo a la verdad muerto en la carne, pero vivificado en espíritu» (1 P. 3:18).

Otra ilustración se puede ver en el hecho de que la perla está incorporada a la carne viva, pero corruptible. Allí permanece hasta que es perfeccionada y purificada. Entonces es separada de la carne corruptible como objeto de belleza. Es de gran precio, apta para ser la diadema de un rey.

«Sino haceos tesoros en el cielo, donde ni la polilla ni el orín corrompen, y donde ladrones no minan ni hurtan» (Mt. 6:20).

«Jesús le dijo: si quieres ser perfecto, anda, vende lo que tienes, y dalo a los pobres, y tendrás tesoro en el cielo; y ven y sígueme» (Mt. 19:21).

«Vended lo que poseéis, y dad limosna; haceos bolsas que no se envejezcan, tesoro en los cielos que no se agote, donde ladrón no llega, ni polilla destruye» (Lc. 12:33).

«Y ciertamente, aun estimo todas las cosas como pérdida por la excelencia del conocimiento de Cristo Jesús, mi Señor, por amor del cual lo he perdido todo, y lo tengo por basura, para ganar a Cristo» (Fil. 3:8).

«A los ricos de este siglo manda que no sean altivos, ni pongan la esperanza en las riquezas, las cuales son inciertas, sino en el Dios vivo, que nos da a todos las cosas en abundancia para que las disfrutemos. Que hagan bien, que sean ricos en buenas obras, dadivosos, generosos; atesorando para sí buen fundamento para lo por venir, que echen mano de la vida eterna» (1 Ti. 6:17-19).

«Por la fe Moisés, hecho ya grande, rehusó llamarse hijo de la hija de Faraón, escogiendo antes ser maltratado con el pueblo de Dios, que gozar de los deleites temporales del pecado, teniendo por mayores riquezas el vituperio de Cristo que los tesoros de los egipcios; porque tenía puesta la mirada en el galardón» (He. 11:24-26).

«Por tanto, yo te aconsejo que de mí compres oro refinado en fuego, para que sea rico, y vestiduras blancas para vestirte, y que no se descubra la vergüenza de tu desnudez; y unge tus ojos con colirio, para que veas» (Ap. 3:18).

Todavía se puede ver otra ilustración en la belleza de una perla. Una perla es de apreciable valor estético. Se la compra y es de tan alto valor tanto por la *satisfacción y alegría interior* como por su valor monetario.

«Estas cosas os he hablado, para que mi gozo esté en vosotros, y vuestro gozo sea cumplido» (Jn. 15:11).

«Entonces Felipe, descendiendo a la ciudad de Samaria, les predicaba a Cristo. Y la gente, unánime, escuchaba atentamente las cosas que decía Felipe, oyendo y viendo las señales que hacía. Porque de muchos que tenían espíritus inmundos, salían estos dando grandes voces; y muchos paralíticos y cojos eran sanados; así que había *gran gozo* en aquella ciudad» (Hch. 8:5-8).

«Porque si siendo enemigos, fuimos reconciliados con Dios por la muerte de su Hijo, mucho más, estando reconciliados, seremos salvos por su vida. Y no sólo esto, sino que también nos gloriamos en Dios por el Señor nuestro Jesucristo, por quien hemos recibido ahora la reconciliación» (Ro. 5:10-11).

«Porque el reino de Dios no es comida ni bebida, sino justicia, para gozo en el Espíritu Santo» (Ro. 14:17).

«Mas el fruto del Espíritu es amor, gozo, paz, paciencia, benignidad, bondad, fe» (Gá. 5:22).

«A quien amáis sin haberle visto, en quien creyendo, aunque ahora no lo veáis, os alegráis con gozo inefable y glorioso» (1 P. 1:8).

«Me mostrarás la senda de la vida; en tu presencia hay plenitud de gozo; delicias a tu diestra para siempre» (Sal. 16:11).

«Sacaréis con gozo aguas de las fuentes de la salvación» (Is. 12:3).

«En gran manera me gozaré en Jehová, mi alma se alegrará en mi Dios; porque me vistió con vestiduras de salvación, me rodeó de manto de justicia, como a novio me atavió, y como a novia adornada con sus joyas» (Is. 61:10).

«Fueron halladas tus palabras, y yo las comí; y tu palabra me fue por gozo y alegría de mi corazón; porque tu nombre se invocó sobre mí, oh Jehová Dios de los ejércitos» (Jer. 15:16).

2 (13:45-46) *Buscar:* el hombre descubre la perla de gran precio mientras está buscando perlas. Note que hay *muchas* perlas y que algunas de ellas son *buenas*. Las perlas son símbolo de verdad y de vida. Los hombres buscan la verdad y la vida en cosas tales como la filosofía, ciencia, tecnología, riqueza, fama, sensaciones (la carne), el arte, música, literatura y religión. Pero solamente hay una perla de gran precio, solamente una perla que vale más que el mundo mismo, la perla que es Jesucristo mismo. (Para mayor discusión *véanse* bosquejo y Estudio a fondo 1—Col. 2:3; nota—2:8-10.)

«Que habiendo hallado una perla preciosa, fue y vendió todo lo que tenía, y la compró» (Mt. 13:46).

«Y en ningún otro hay salvación; porque no hay otro nombre bajo el cielo, dado a los hombres, en que podamos ser salvos» (Hch. 4:12).

«Mas por él estáis vosotros en Cristo Jesús, el cual nos ha sido hecho por Dios sabiduría, justificación, santificación y redención» (1 Co. 1:30).

«Porque nadie puede poner otro fundamento que el que está puesto, el cual es Jesucristo» (1 Co. 3:11).

«Y ciertamente, aun estimo todas las cosas como pérdida por la excelencia del conocimiento de Cristo Jesús, mi Señor, por amor del cual lo he perdido todo, y lo tengo por basura, para ganar a Cristo» (Fil. 3:8).

«Por cuanto agradó al Padre que en él habitase toda *plenitud*» (Col. 1:19).

«En quien están escondidos todos los *tesoros* de la sabiduría y del conocimiento» (Col. 2:3).

«Y vosotros estáis *completos* en él, que es la cabeza de todo principado y potestad» (Col. 2:10).

	K. La parábola de la red: separando lo malo de lo bueno, 13:47-50

1 La parábola describe el reino
2 Una red se echa al mar[EF1]
  a. Junta toda clase de pescado
  b. Se recoge cuando llena
  c. Se recoge en contenedores
  d. Lo malo es echado fuera
3 La parábola es un símbolo del fin del mundo[EF2]
  a. Los ángeles salen
  b. Separar[EF3] los malvados de los justos
    1) Echar los malvados al fuego[EF4]
    2) Crujir de dientes [EF5]
	47 Asimismo el reino de los cielos es semejante a una red, que echada en el mar, recoge de toda clase de peces;
	48 y una vez llena, la sacan a la orilla; y sentados, recogen lo bueno en cestas, y lo malo echan fuera.
	49 Así será el fin del siglo: saldrán los ángeles, y apartarán a los malos de entre los justos,
	50 y los echarán en el horno de fuego; allí será el lloro y el crujir de dientes.

K. La parábola de la red: separando lo malo de lo bueno, 13:47-50

(13:47-50) Introducción: la red es el reino de los cielos y el evangelio es el mensaje del reino. El mar es el mundo en toda la profundidad de sus tinieblas y de lo desconocido de él. Los pescadores representan a Cristo y a sus seguidores.

Note varias cosas.

1. Trabajan fuertemente. Echan el evangelio, el mensaje del reino en el mundo.

2. Hay una mezcla del bien y del mal en el reino de los cielos mientras el reino está en la tierra (véase Estudio a fondo 3—Mt. 19:23-24). La red, el evangelio y el reino, junta tanto a buenos como malos; ambos conviven en la tierra. Algunos malos se reunen con los buenos en el reino, lo cual significa que no todos los que se reunen en el reino mientras este esté en la tierra, son sinceros y genuinamente buenos.

3. Viene un tiempo establecido, una hora de clímax. La red tiene un límite de capacidad. Algún día el cielo estará lleno. Por supuesto, solamente el Señor sabe cuándo es hora de recoger la red.

4. La separación de los malos y los buenos no ocurrirá antes que la red esté llena. El juicio no solo ocurre ahora. El Señor tiene el derecho y la sabiduría para ejecutar el juicio y echar fuera lo malo. (Cp. Mt. 5:13; 2 P. 3:3-4, 8-13.)

Hay que notar que Cristo no explica la primer parte de la parábola. El significado es evidente.

1. La parábola describe el reino (v. 47).
2. Una red es echada al mar (vv. 47-48).
3. Un símbolo del fin del mundo (vv. 49-50).

[1] (13:47) Reino de los cielos: la parábola describe el reino de los cielos (véase Estudio a fondo 3—Mt. 13:47-50; 19:23-24).

[2] (13:47-48) Evangelio—Reino de los cielos: una red es echada al mar (véase Estudio a fondo 1—Mt. 13:47). Cristo y sus auténticos seguidores echan la red del evangelio al mundo. Trabajan arduamente «pescando hombres» (Mt. 4:19).

Note lo que ocurre cuando la red es echada al mar.

1. La red reune todas las especies. El reino visible o iglesia contiene una mezcla tanto de buenos como de malos. Hay motivos por los que algunos malos (personas no convertidas) quieren ser parte de la iglesia terrenal.

  a. La iglesia acentúa *moralidad, virtud, ética y justicia.* La civilización y sociedad progresan cuando son construidos sobre este mensaje, por eso la iglesia es considerada como una de las instituciones básicas de algunas sociedades.

  b. La iglesia ofrece *posición y oportunidad social.* En algunas comunidades incluso se espera que la persona socialmente aceptable sea miembro de una iglesia.

  c. La iglesia ofrece *compañerismo.* Muchas personas están solas y vacías; hay muchos motivos para ellas tales como ser soltero, divorciado, recién llegado, o tímido. La iglesia cubre la necesidad de ellos.

  d. En algunas personas la iglesia infunde un sentido de *seguridad espiritual.* Creen que Dios se complace y los acepta porque asisten y sirven regularmente a la iglesia. Por eso *sostienen y trabajan para* la iglesia.

  e. La iglesia ofrece cierto grado de *autoridad y dirección.* La Biblia dice que «los hombres son como los peces del mar ... que no tienen quien los gobierne» (Hab. 1:14). Algunos encuentran en la iglesia la autoridad que necesitan. Hay pocas personas auto disciplinadas en la tierra, de modo que la mayoría de las personas necesitan autoridad y dirección.

2. Cuando la red está llena es recogida. Note dos hechos alentadores.

  a. A veces la red recoge más, a veces menos. A veces la pesca es rápida, o veces es lenta. El siervo de Dios nunca debe desesperar por falta de resultados, y nunca debe abandonar por la lentitud de ellos (1 Co. 3:6-8).

  b. El evangelio es eficiente; la red (cielo) será llenada. La Palabra de Dios no volverá vacía (Is. 55:11).

3. Los buenos son recogidos en contenedores. Note que los buenos ya están en el reino de los cielos mientras aun están en

la tierra. Ya tienen una verdadera relación con Dios.

«Yo soy la puerta; el que por mí entrare, será salvo; y entrará, y saldrá, y hallará pastos» (Jn. 10:9).

«Yo soy el buen pastor; y conozco mis ovejas, y las mías me conocen» (Jn. 10:14).

«También tengo otras ovejas que no son de este redil; aquéllas también debo traer, y oirán mi voz; y habrá un rebaño, y un pastor» (Jn. 10:16).

«Mis ovejas oyen mi voz, y yo las conozco, y me siguen, y yo les doy vida eterna; y no perecerán jamás, ni nadie las arrebatará de mi mano» (Jn. 10:27-28).

«En aquel día vosotros conoceréis que yo estoy en mi Padre, y vosotros en mí, y yo en vosotros» (Jn. 14:20).

«Con Cristo estoy juntamente crucificado, y ya no vivo yo, mas vive Cristo en mí; y lo que ahora vivo en la carne, lo vivo en la fe del hijo de Dios, el cual me amó y se entregó a sí mismo por mí» (Gá. 2:20).

«Lo que hemos visto y oído, eso os anunciamos, para que también vosotros tengáis comunión con nosotros; y nuestra comunión verdaderamente es con el Padre, y con su Hijo Jesucristo» (1 Jn. 1:3).

«Y el que guarda sus mandamientos, permanece en Dios, y Dios en él. Y en esto sabemos que él permanece en nosotros, por el Espíritu que nos ha dado» (1 Jn. 3:24).

«He aquí, yo estoy a la puerta y llamo; si alguno oye mi voz y abre la puerta, entraré a él, y cenaré con él, y él conmigo» (Ap. 3:20).

«Vosotros sois mis testigos, dice Jehová, y mi siervo que yo escogí, para que me conozcáis y creáis, y entendáis que yo mismo soy; antes de mí no fue formado Dios, ni lo será después de mí» (Is. 43:10).

4.   Lo malo es echado fuera. ¿Quiénes son los malos? Las criaturas del mar que son ...

- malos
- demasiado chicos
- impuros
- inútiles
- inadecuados
- muertos

ESTUDIO A FONDO 1

(13:47) *La red:* la red era rectangular, grande; se la arrastraba por el agua, detrás de la embarcación. Se le colocaban pesas para hundirla y formar una *draga cónica* que apresaba todo lo que encontraba en su camino. Los pescadores podían sentir por la fuerza de su peso cuándo la red estaba llena. Una vez llena la arrastraban hasta la orilla donde comenzaban el tedioso proceso de separar el pescado bueno del malo. Por supuesto, al malo no lo guardaban, lo echaban fuera.

3 (13:49-50) *Juicio:* la red es un símbolo del fin del mundo.

1.   Los ángeles saldrán para ejecutar el juicio de Cristo. La red al ser arrastrada por el agua no puede distinguir entre bueno y malo, simplemente recoge lo bueno y lo malo.

a.   La separación ocurre cuando la red está llena y ha sido traída a la orilla.

b.   Los ángeles de Dios harán la separación, no la iglesia ni ninguna autoridad religiosa.

Es un hecho que cuando el hombre juzga lo hace a ciegas y se equivoca. Hay al menos tres razones para ello (*véase* nota—Mt. 13:30-31).

2.   El propósito de los ángeles al salir es separar a los malvados de los justos. Note un tema crucial: quiénes son los echados fuera. Son personas que están en la red, que están en el reino de los cielos, que sin embargo, siguen siendo malvados. No se han vuelto buenos. Rozarse con los buenos, vivir entre ellos tener comunión y adorar con ellos no los convierte en buenas personas. La persona malvada, que lo es durante toda su vida, lo será hasta el final.

Pensamiento 1. La única ocasión en que los malos están en presencia de los buenos es *ahora*. Pronto, muy pronto los malvados serán *separados* de los buenos. Cristo

separará a los malos de los buenos. Si una persona es mala durante toda la vida, aunque esté en la iglesia (la red) y entre los buenos, no se le permitirá seguir entre ellos. Será tomada y echada fuera de la presencia de los buenos. Una y otra vez Cristo predicó y enseñó la *separación* respecto de Dios.

«Así será el fin del siglo: saldrán los ángeles, y apartarán a los malos de entre los justos» (Mt. 13:49).

«Y serán reunidas delante de él todas las naciones; y apartará los unos de los otros, como aparta el pastor las ovejas de los cabritos» (Mt. 25:32).

«Además de todo esto, una gran sima está puesta entre nosotros y vosotros, de manera que los que quisieren pasar de aquí a vosotros, no pueden, ni de allá pasar acá» (Lc. 16:26).

«Os digo que en aquella noche, estarán dos en una cama; el uno será tomado y el otro será dejado» (Lc. 17:34).

Pensamiento 2. Hay un destino específico para los malvados y es una sitio de *castigo eterno*. Cristo predicó y enseñó, una y otra vez, el *castigo eterno* (*véase* Estudio a fondo 2—Mt. 5:22).

«Pero yo os digo que cualquiera que se enoje contra su hermano, será culpable de juicio; y cualquiera que diga: Necio, a su hermano, será culpable ante el concilio; y cualquiera que le diga: Fatuo, quedará expuesto al infierno de fuego» (Mt. 5:22).

«Oísteis que fue dicho: No cometerás adulterio. Pero yo os digo que cualquiera que mira a una mujer para codiciarla, ya adulteró con ella en su corazón. Por tanto, si tu ojo derecho te es ocasión de caer, sácalo, y échalo de ti; pues mejor te es que se pierda uno de tus miembros, y no que todo tu cuerpo sea echado al infierno. Y si tu mano derecha te es ocasión de caer, córtala, y échala de ti; pues mejor te es que se pierda uno de tus miembros, y no que todo tu cuerpo sea echado al infierno» (Mt. 5:27-30).

«Y no temáis los que matan el cuerpo, mas el alma no pueden matar; temed más bien a aquel que puede destruir el alma y el cuerpo en el infierno» (Mt. 10:28).

«Dejad crecer juntamente lo uno con lo otro hasta la siega; al tiempo de la siega yo diré a los segadores: Recoged primero la cizaña, y atadla en manojos para quemarla; pero recoged el trigo en mi granero» (Mt. 13:30).

«Enviará el Hijo del Hombre a sus ángeles, y recogerán de su reino a todos los que sirven de tropiezo, y a todos los que hacen iniquidad, y los echarán en el horno de fuego; allí será el lloro y el crujir de dientes» (Mt. 13:41-42).

«Por tanto, si tu mano o tu pie te es ocasión de caer, córtalo y échalo de ti; mejor te es entrar en la vida cojo o manco, que teniendo dos manos o dos pies ser echado en el fuego eterno. Y si tu ojo te es ocasión decaer, sácalo y échalo de ti; mejor te es entrar con un solo ojo en la vida, que teniendo dos ojos ser echado en el infierno de fuego» (Mt. 18:8-9).

«¡Ay de vosotros, escribas y fariseos, hipócritas! porque recorréis mar y tierra para hacer un prosélito, y una vez hecho, le hacéis dos veces más hijo del infierno que vosotros» (Mt. 23:15).

«¡Serpientes, generación de víboras! ¿Cómo escaparéis de la condenación del infierno?» (Mt. 23:33).

«Entonces dirá también a los de la izquierda: apartaos de mí, malditos, al fuego eterno preparado para el diablo y sus ángeles» (Mt. 25:41).

«Pero os enseñaré a quien debéis temer: Temed a aquel que después de haber quitado la vida, tiene poder de echar en el infierno; sí, os digo, a éste temed» (Lc. 12:5).

Pensamiento 3. Esta parábola trata de hipócritas; acerca de gente en la red que sigue siendo *mala* o *malvada.*

ESTUDIO A FONDO 2
(13:49-50) *Parábola:* note que la primera parte de esta parábola tiene que ver con el estado actual del reino o de la iglesia. La parte final trata solamente del futuro (vv. 49-50).

ESTUDIO A FONDO 3
(13:49) *Apartar—separar:* (*aphorizo*) separar. Hacer atados y apartar. Los malvados serán quitados totalmente. Son tomados y echados completamente de la presencia de los buenos.

ESTUDIO A FONDO 4
(13:50) *Infierno—fuego:* véase Estudio a fondo 2—Mt. 5:12; nota—5:22; Estudio a fondo 4—Lc. 16:24; cp. Mt. 13:42.

ESTUDIO A FONDO 5
(13:50) *Lloro:* véase nota—Mt. 8:12; cp. Mt. 13:42.

ESTUDIO A FONDO 6
(13:50) *Crujir de Dientes:* véase nota—Mt. 8:12; cp. Mt. 13:42.

	L. La parábola del mayordomo: tener devoción y estudiar y compartir, 13:51-52
1 Cristo preguntó a sus discípulos si habían entendido	51 Jesús les dijo: ¿Habéis entendido todas estas cosas? Ellos respondieron: Sí, Señor.
2 Se comparan a escribas judíos a. Imitar su devoción b. Imitar su estudio **3 Se compara a un padre** a. Posee un tesoro b. Es resp. de compartir	52 El les dijo: Por eso todo escriba docto en el reino de los cielos es semejante a un padre de familia, que saca de su tesoro cosas nuevas y cosas viejas.

L. La parábola del mayordomo: tener devoción y estudiar y compartir, 13:51-52

(13:51-52) *Introducción—padre de familia:* esta parábola enseña una poderosa verdad: el auténtico discípulo de Cristo tenía el mismo privilegio y la misma responsabilidad que los escribas o que un padre de familia. Ambos eran bendecidos sobremanera. A lo largo de sus vidas habían sido instruidos en la antigua ley, pero ahora habían sido enseñados por Cristo, el Mesías mismo. Ahora conocían el nuevo consejo de Dios. De modo que debían ser discípulos responsables y compartir toda la Palabra de Dios, tanto la antigua como la nueva.

1. El escriba judío tenía dos rasgos inusuales. Era extremadamente devoto y estudiaba constantemente su religión. Cristo quería que sus discípulos desarrollasen la misma devoción. Quería que estudiaran el reino de los cielos (el evangelio y su Palabra) con la misma clase de imperturbable diligencia (Hch. 17:11; 1 Co. 15:58; 2 Ti. 2:15; 2 P. 2:2-3). Por eso les preguntó: «¿Han entendido estas cosas?» Sin duda se estaba refiriendo a las parábolas que acababa de compartir con ellos, pero probablemente también se refería a todo lo que había estado enseñando a lo largo de su ministerio. Ellos respondieron: «Sí, Señor».

Entonces Cristo los llamó escribas con la esperanza de plantar una idea, algo que Él no quería que olvidaran: que ser debían ser tan devotos como los escribas. Pero con una diferencia: no debían ser devotos de la religión, sino de Él y de su reino, su evangelio, y de su Palabra (2 Ti. 2:15; 3:16; 1 P. 2:2-3; cp. Dt. 17:19; Is. 34:16; Jn. 5:39; Hch. 17:11; Ro. 15:4; Col. 3:16).

2. El padre de familia o cabeza de la casa poseía los tesoros de la comida, tanto vieja como nueva. Tenía dos deberes principales al tratar con la comida. Almacenar la comida vieja y mantenerla fresca, y agregar comida nueva a la vieja, para servir ambas en el momento oportuno.

Cristo estaba encargando a sus discípulos a compartir lo que habían aprendido. Conocían las verdades antiguas, el mensaje del Antiguo Testamento; y ahora, desde la venida de Jesús, estaban aprendiendo las verdades nuevas, el mensaje del Nuevo Testamento. Por eso eran responsables de compartir tanto lo antiguo como lo nuevo.

1. Cristo preguntó a sus discípulos si habían entendido (v. 51).
2. Son comparados a escribas judíos (v. 52).
3. Son comparados a un padre de familia (v. 52).

[1] (13:51) *Parábola:* Cristo les preguntó a los discípulos: ¿Han entendido las parábolas?

1. Note la profunda preocupación de Cristo por estar seguro que su auditorio hubiese entendido. (¿Acaso había algunos dando la impresión de no estar interesados, de estar pensando en otras cosas,

de estarse durmiendo? ¿Fue ese el motivo de su pregunta?)

2. Note la paciencia de Cristo en su enseñanza. Sin duda, Cristo habría repasado una y otra vez las parábolas en caso de que los discípulos no hubiesen entendido. ¡Qué lección para nosotros en nuestra predicación y enseñanza!

Pensamiento. Note varias lecciones en esta pregunta.
1) Cristo quiere que entendamos su Palabra, lo que nos enseña.
2) Debemos pedir una explicación cuando hay algo que no entendemos.
3) No es desgracia ni motivo de reproche el no entender.
4) Debemos estar dispuestos a ayudar a otros a entender y estar atentos para darnos cuenta cuando no entienden. Tenemos que saber distinguir cuándo los otros están asombrados o cuándo tienen preguntas.

[2] (13:52) *Discípulos:* los discípulos fueron comparados a escribas judíos (*véase* nota—Mt. 13:51-52). ¿Qué quiso decir Cristo?

1. El discípulo debe *imitar* la devoción del escriba, pero con una significativa diferencia. El discípulo tendrá devoción a Cristo, no a la religión. Esto significa al menos tres cosas.
   a. Debe ser un «sacrificio vivo».
      «**Así que, hermanos, os ruego por las misericordias de Dios, que presentéis vuestros cuerpos en sacrificio vivo, santo, agradable a Dios, que es vuestro culto racional. No os conforméis a este siglo, sino transformaos por medio de la renovación de vuestro entendimiento, para que comprobéis cuál sea la buena voluntad de Dios, agradable y perfecta**» (Ro. 12:1-2).
   b. Debe estar «crucificado con Cristo».
      «**Con Cristo estoy juntamente crucificado, y ya no vivo yo, mas vive Cristo en mí; y lo que ahora vivo en la carne, lo vivo en la fe del hijo de Dios, el cual me amó y se entregó a sí mismo por mí**» (Gá. 2:20).
   c. Debe amar a Dios de todo corazón.
      «**Jesús le dijo: Amarás al Señor tu Dios con todo tu corazón, y con toda tu alma, y con toda tu mente**» (Mt. 22:37).

2. El discípulo debe imitar el estudio del escriba. Note tres características del escriba. (Nuevamente, debe haber una significativa diferencia. Nuestro estudio se centra en Cristo, no en la religión.)
   a. El tema de nuestro estudio. Debemos estudiar el reino de los cielos. Es el evangelio de dicho reino lo que debemos enseñar. Otros temas de estudio tales como filosofía, sicología, y justicia social pueden ayudarnos o ilustrar nuestra predicación y enseñanza; pero

nuestra instrucción primordial debe ser en la Palabra de nuestro Señor.

b. La necesidad del intelecto. Tenemos que estudiar lo que Cristo dijo antes, para poder entender lo que dice ahora.

c. La necesidad del empeño personal. A Cristo le preocupaba que cada discípulo entendiera al punto de poder aplicar la lección aprendida. Para poder enseñar, primero debían *entender y vivir*. Todos debemos tener un conocimiento personal y un entendimiento del reino de Dios para vivir, predicar y enseñar con eficiencia.

Pensamiento. Note dos cosas significativas acerca de la Escritura.

1) El hombre recibió las Escrituras para que le ayuden a aprender y a crecer.

«**Toda la Escritura es inspirada por Dios, y útil para enseñar, para redargüir, para corregir, para instruir en justicia**» (2 Ti. 3:16).

«**Desead, como niños recién nacidos, la leche espiritual no adulterada, para que por ella crezcáis para salvación si es que habéis gustado la benignidad del Señor**» (1 P. 2:2-3; cp. Hch. 20:32).

2) Debemos estudiar y andar en Cristo si queremos ser aprobados por Dios.

«**Sino que según fuimos aprobados por Dios para que se nos confiase el evangelio, así hablamos; no como para agradar a los hombres, sino a Dios, que prueba nuestros corazones**» (1 Ts. 2:4-5).

«**Por lo demás hermanos, os rogamos y exhortamos en el Señor Jesús, que de la manera que aprendisteis de nosotros cómo os conviene conduciros y agradar a Dios, así abundéis más y más**» (1 Ts. 4:1).

«**Procura con diligencia presentarte ante Dios aprobado, como obrero que no tiene de qué avergonzarse, que usa bien la palabra de verdad**» (2 Ti. 2:15).

3 (13:42) *Discípulos:* los discípulos son comparados a un padre de familia. (*Véanse* notas—Mt. 13:51-52. Cp. Mt. 12:33-34.) Los discípulos son semejantes a un padre de familia: extremadamente responsables. Tienen dos responsabilidades.

1. Compartir el reino de los cielos con todas sus riquezas.

«**Por tanto, id y haced discípulos a todas las naciones, bautizándolos en el nombre del Padre, y del Hijo, y del Espíritu Santo; enseñándoles que guarden todas las cosas que os he mandado; y he aquí yo estoy con vosotros todos los días, hasta el fin del mundo**» (Mt. 28:19-20).

«**Y les dijo: Id por todo el mundo y predicad el evangelio a toda criatura**» (Mr. 16:15).

«**Porque el Hijo del Hombre vino a buscar y a salvar lo que se había perdido**» (Lc. 19:10).

«**Entonces Jesús les dijo otra vez: Paz a vosotros. Como me envió el Padre, así también yo os envío**» (Jn. 20:21).

«**Pero recibiréis poder, cuando haya venido sobre vosotros el Espíritu Santo, y me seréis testigos en Jerusalén, en toda Judea, en Samaria, y hasta lo último de la tierra**» (Hch. 1:8).

«**Que Dios estaba en Cristo reconciliando consigo al mundo, no tomándoles en cuenta a los hombres sus pecados, y nos encargó a nosotros la palabra de la reconciliación. Así que, somos embajadores en nombre de Cristo, como si Dios rogase por medio de nosotros; os rogamos en nombre de Cristo: Reconciliaos con Dios**» (2 Co. 5:19-20).

2. Compartir lo que tienen, tanto lo antiguo como lo nuevo. Deben mostrar precisamente cómo lo nuevo es el cumplimiento de lo antiguo. (*Véase* nota—Mt. 5:17-18; cp. Jn. 2:7-8. *Véanse* bosquejos—Hebreos. Un repaso de los bosquejos que comparan lo antiguo con lo nuevo —como por ejemplo, el nuevo pacto, el nuevo sacrificio, el nuevo tabernáculo— mostrará lo que Cristo quiso decir exactamente. También muestra con cuanta diligencia debemos estudiar para comprender la Palabra de Dios. ¿Quién hubiera pensado alguna vez que había tanto significado detrás de la adoración y de las experiencias del Antiguo Testamento?)

Pensamiento 1. El discípulo es semejante a un padre de familia.

• El discípulo posee un enorme tesoro: el Antiguo y Nuevo Testamento.

«**Porque las cosas que se escribieron antes, para nuestra enseñanza se escribieron, a fin de que por la paciencia y la consolación de las Escrituras tengamos esperanza**» (Ro. 15:4).

«**Y estas cosas les acontecieron como ejemplo, y están escritas para amonestarnos a nosotros, a quienes han alcanzado los fines de los siglos**» (1 Co. 10:11)

• El discípulo posee un enorme tesoro: la revelación antigua y la revelación nueva.

«**Pues la ley por medio de Moisées fue dada, pero la gracia y la verdad vinieron por medio de Jesucristo. A Dios nadie le vio jamás; el unigénito Hijo, que está en el seno del Padre, él le ha dado a conocer**» (Jn. 1:17-18).

• El discípulo posee un enorme tesoro: la verdad antigua y la verdad nueva.

«**Pues la ley por medio de Moisés fue dada, pero la gracia y la verdad vinieron por medio de Jesucristo**» (Jn. 1:17).

«**Jesús le dijo: Yo soy el camino, y la verdad, y la vida; nadie viene al Padre, sino por mí**» (Jn. 14:6; cp. Sal. 119:142).

• El discípulo posee un enorme tesoro: el antiguo y nuevo mensaje de Dios.

«**No penséis que he venido para abrogar la ley o los profetas; no he venido para abrogar, sino para cumplir**» (Mt. 5:17).

«**Porque lo que era imposible para la carne, por cuanto era débil por la carne, Dios, enviando a su Hijo en semejanza de carne de pecado y a causa del pecado, condenó al pecado en la carne**» (Ro. 8:3).

• El discípulo posee un enorme tesoro: el antiguo y el nuevo pacto.

«**Pero ahora tanto mejor ministerio es el suyo, cuanto es mediador de un mejor pacto, establecido sobre mejores promesas**» (He. 8:6).

«**¿Cuánto más la sangre de Cristo, el cual mediante el Espíritu eterno se ofreció a sí mismo sin mancha a Dios, limpiará vuestras conciencias de obras muertas para que sirváis al Dios vivo? Así que, por eso es mediador de un nuevo pacto, para que interviniendo muerte para la remisión delas transgresiones que había bajo el primer pacto, los llamados reciban la promesa de la herencia eterna**» (He. 9:14-15).

Pensamiento 2. La herencia es esencial. No se puede desechar el pasado piadoso. Dicho pasado debe ser desarrollado y cumplido.

«No penséis que he venido para abrogar la ley o los profetas; no he venido para abrogar, sino para cumplir» (Mt. 5:17).

	X. EL MINISTERIO DEL MESÍAS DURANTE SU EXILIO, LEJOS DE HERODES, 13:53—16:12	sabiduría y estos milagros?	su sabiduría y poder
		55 ¿No es éste el hijo del carpintero? ¿No se llama su madre María, y sus hermanos, Jacobo, José, Simón y Judas?	a. Faltaba las adecuadas credenciales y poder
	A. El Mesías es rechazado en su propia ciudad: por qué es rechazado Jesús, 13:53-58 (Mr. 6:1-6; cp. Lc. 4:16-30)	56 ¿No están todas sus hermanas con nosotros? ¿De dónde, pues, tiene éste todas estas cosas?	b. Era de orígenes humildes
1 Jesús terminó sus enseñanzas con las parábolas a. Fue a Nazaret b. Enseñaba, pero lo rechazaron 2 Motivo 1: no entendieron la fuente de	53 Aconteció que cuando terminó Jesús estas parábolas, se fue de allí. 54 Y venido a su tierra, les enseñaba en la sinagoga de ellos, de tal manera que se maravillaban, y decían: ¿De dónde tiene éste esta	57 Y se escandalizaban de él. Pero Jesús les dijo: No hay profeta sin honra, sino en su propia tierra y en su casa. 58 Y no hizo allí muchos milagros, a causa de la incredulidad de ellos.	3 Motivo 2: se escandalizaban de Él a. Era del mismo país b. Era de la casa de ellos 4 Motivo 3: no creyeron en Él

X. EL MINISTERIO DEL MESÍAS DURANTE SU EXILIO, LEJOS DE HERODES, 13:53—16:12

A. El Mesías es rechazado en su propia ciudad: por qué es rechazado Jesús, 13:53-58

(13:53—16:12) *Jesucristo, ministerio:* Jesús fue rechazado por Nazaret, la ciudad de su casa, y amenazado por Herodes (Mt.14:1ss); por eso se apartó de los dominios de Herodes (Mt.14:13).

(13:53-58) *Introducción—Nazaret—Jesucristo, infancia, primeros años y juventud:* este pasaje nos permite imaginarnos algo de la juventud de Jesús.

1. Note las palabras «a su tierra». Esta era la ciudad donde Jesús estaba en casa, Nazaret. La ciudad estaba rodeada de suaves colinas, y a simple vista se podían ver algunas de las principales rutas de las caravanas de aquellos días. Siendo muchacho Jesús habrá andado por aquellas colinas y conversado con los mercaderes de todo el mundo (*véase* Estudio a fondo 4—Mt. 2:23).

2. Note las palabras «¿De dónde tiene éste esta sabiduría ...?» La educación de Jesús provenía de su propio hogar y de la sinagoga local (todos los muchachos judíos eran educados en la sinagoga local). Primordialmente fue educado a los pies de su madre y padre, no a los pies de algún famoso maestro. No tenía educación universitaria ni título alguno, y el público en general no lo reconocía ni lo llamaba «rabbi».

3. Note las palabras «el hijo del carpintero». Siendo el hijo mayor en la familia debe haber ayudado a su padre, aprendiendo y trabajando como carpintero a la par de su padre. Sabía lo que era construir una casa (Mt. 7:24-27), una torre (Lc. 13:4;14:28; Mr. 12:1), un granero (Lc. 12:18), y un yugo para bueyes (Mt. 11:29). Sabía de vigas (Mt. 7:3-4) y de cimientos firmes (Lc. 6:48-49). Todo lo que hacía lo hacía de la mejor manera posible, de modo que habrá sido el mejor de los carpinteros. Su padre aparentemente murió cuando Jesús aun estaba en casa, de modo que habrá sido cabeza de la casa y la mayor fuente de ingresos durante unos cuantos años. (Note que jamás se menciona a José durante el ministerio de Jesús, y que al morir Jesús encomienda a María al cuidado de Juan. Cp. Jn. 19:26-27. Note también que el v. 55 solamente menciona a María.)

4. Note las palabras «sus hermanos ... sus hermanas» (vv. 55-56). Aparentemente Jesús tenía cuatro hermanastros y algunas hermanastras. La palabra *hermanas* probablemente se refiere a varias, al menos a tres. Las hermanas nunca son mencionadas por nombre, de manera que su número es desconocido. Todos crecieron en el mismo hogar siendo Jesús el mayor. Habrá jugado con ellos como

cualquier niño normal, y siendo el mayor, habrá ayudado a suplir las necesidades siguiendo las directivas de sus padres.

5. Note las palabras: «¿No se llama su madre María, y sus hermanos, Jacobo, José, Simón y Judas? ¿No están sus hermanas *con* nosotros?» Jesús conocía bien a sus vecinos y éstos lo conocían a Él y a su familia. Habiendo hecho bien todas las cosas, Jesús sería el mejor de los vecinos. Él y sus vecinos tendrían una relación estrecha. Habrán compartido juntos: habrían compartido sus hogares, las alegrías y las penas propias del parentesco y de la amistad. Muchos de los que ahora lo rechazaban habrán sido sus compañeros de juego en la infancia, hombres y mujeres con quienes había crecido y a quienes había conocido tan bien. (*Véanse* bosquejo y notas—Mt. 12:46-50; Mr. 3:21; Lc. 8:19-21. Cp. Jn. 7:3-5.)

La experiencia de Jesús con sus amigos y vecinos de la infancia le debe haber herido profundamente. Lucas dice que querían matarlo (Lc. 4:28-29). Él los amaba de manera muy especial porque habían sido amigos suyos, por eso quería hacer tanto más por ellos. Pero no pudo hacer nada porque lo rechazaban (*véanse* bosquejo y notas—Mt. 12:53-58).

Aparentemente tenían tres motivos principales para rechazarlo.

1. Trasfondo: Jesús terminó sus enseñanzas mediante parábolas (vv. 53-54).

2. Motivo 1: no entendieron la fuente de su sabiduría y poder (vv. 54-56).

3. Motivo 2: se escandalizaban de Él (v. 57).

4. Motivo 3: no creyeron en Él (v. 58).

1 (13:53-54) *Jesucristo, enseñanza—rechazo:* Jesús terminó sus enseñanzas mediante parábolas. Jesús permaneció donde estaba hasta haber completado su ministerio. Se fue recién cuando «terminó ... estas parábolas», es decir, su ministerio de enseñanza.

> **Pensamiento.** Que esto se mencione es una gran lección para nosotros. Deberíamos terminar cada tarea antes de trasladarnos a otra.

1. Jesús fue a Nazaret, la ciudad de su casa. ¿Por qué? No se nos dice por qué, pero los ciudadanos de esa ciudad habían sido sus vecinos y deben haber sido buenos amigos. Como la mayoría de nosotros, amaba la ciudad de su casa. Tenía tanto para ofrecerles para ayudar a suplir sus necesidades. Eran como otros: perdidos y sin esperanza y necesitados de un Salvador. Jesús anhelaba ayudar a aquellos con quienes había jugado, crecido, con quienes se había rozado durante treinta años.

2. Jesús enseñó, pero ellos lo rechazaron. El rechazo de la gente fue fuerte. Había *escarnio y desprecio* en el rechazo de ellos. Una rápida mirada a las preguntas que formulaban y al relato que Lucas presenta de esto, lo demuestra. Lucas dice que se dispusieron a matar a Jesús (Lc. 4:28-29).

Pensamiento. ¿Cuál es la causa de tal escarnio y desprecio?

1) Un sentimiento de inferioridad puede causarlo. La inferioridad surge del quebranto. Nazaret era una ciudad conquistada y despreciada por los conquistadores romanos. La ciudad también era despreciada por el resto de la nación judía (Jn. 1:46). El ciudadano de Nazaret era objeto de profundos prejuicios de parte de todos los otros. Personas que se sienten inferiores manejan su inferioridad de diferente forma ...

   • retirándose.
   • reaccionando con orgullo revertido.
   • rechazando a quienes parecen ser superiores.

En el caso de Jesús, las dos últimas reacciones deben haberle jugado en contra.

2) La familiaridad con frecuencia produce sospechas y un menor respeto (*véanse* nota—Mt. 12:46-47).

3) El sentimiento de ser *pasado por alto* o *privado de la bendición* de parte de los poderes que fueren, sean de Dios o de algún destino en el espacio exterior, puede causar escarnio y desprecio. Una persona puede ser dejada fuera y destinada a la nada: sin sentido, sin amor, incapaz, sin dones, con desventajas. La persona puede sentirse tan indigna y tan desprovista que actúe como si esa fuera su realidad. Por supuesto, tal actitud proviene de un concepto falso de Dios. Fue esto lo que causó a la casa de Jesús a despreciarlo y escarnecerlo. Se preguntaban cómo era posible que una persona de en medio de ellos podía poseer tanta sabiduría y autoridad.

> «Respondieron y le [Jesús] dijeron: Tú naciste del todo en pecado, ¿y nos enseñas nosotros? Y le expulsaron» (Jn. 9:34).

> «¿O *menosprecias* las riquezas de su benignidad, paciencia y longanimidad, ignorando que su benignidad te guía al arrepentimiento? Pero por tu dureza y por tu corazón no arrepentido, atesoras para ti mismo ira para el día de la ira y de la revelación del justo juicio de Dios, el cual pagará a cada uno conforme a sus obras» (Ro. 2:4-6).

> «También debes saber esto: que en los postreros días vendrán tiempos peligrosos. Porque habrá hombre amadores de sí mismos, avaros, vanagloriosos, soberbios, blasfemos, desobedientes a los padres, ingratos, impíos, sin afecto natural, implacables, calumniadores, intemperantes, crueles, *aborrecedores de lo bueno*» (2 Ti. 3:1-3).

> «Sabe el Señor librar de tentación a los piadosos, y reservar a los injustos para ser castigados en el día del juicio; y mayormente a aquellos que siguiendo la carne, andan en concupiscencia e inmundicia, y desprecian el señorío. Atrevidos y contumaces, no temen decir mal de las potestades superiores» (2 P. 2:9-10).

2 (13:54-56) *Jesucristo, rechazado:* en primer lugar Jesús fue rechazado porque la gente no entendía la fuente de su sabiduría y poder.

1. Jesús carecía de credenciales propias y de educación (*véase* nota, pt. 2—Mt. 13:53-58). Reconocían su inusual sabiduría y poder. Oían su sabiduría y veían sus obras, pero no entendían ni lo uno ni lo otro. No estaban dispuestos a reconocer que Jesús realmente había venido de Dios (Lc. 4:16-21; Jn. 10:30-38).

Pensamiento. Muchos juzgan a los otros según su ...

• educación	• logros
• prestigio	• posición
• posición social	• nombre
• raíces	• herencia
• éxito	• riqueza
• fama	

2. Jesús era de orígenes humildes. Su familia era humilde, común, una familia promedio y nada más. Su padre José era un carpintero; su madre, ama de casa y madre. Ninguno de sus padres había logrado prominencia alguna, ninguno de sus hijos había sido levantado más o recibido alguna promesa mayor que la de los otros niños de Nazaret. ¿Cómo era posible que Jesús afirmara ser el Mesías, el mismo Hijo de Dios (cp. Lc. 4:16-21).

> «En el mundo estaba, y el mundo por él fue hecho; pero el mundo no le conoció. A lo suyo vino, y los suyos no le recibieron» (Jn. 1:10-11).

> «Respondió Jesús y le dijo: Si conocieras el don de Dios, y quien es el que te dice: Dame de beber; tú le pedirías a él, y él te daría agua viva» (Jn. 4:10).

> «Ellos le dijeron: ¿Dónde está tu Padre? Respondió Jesús: Ni a mí me conocéis, ni a mi Padre; si a mí me conocieseis, también a mi Padre conoceríais» (Jn. 8:19).

> «Respondió el hombre, y les dijo: Pues esto es lo maravilloso, que vosotros no sepáis de dónde sea, y a mí me abrió los ojos» (Jn. 9:30).

> «Jesús le dijo: ¿Tanto tiempo hace que estoy con vosotros, y no me has conocido Felipe? El que me ha visto a mí, ha visto al Padre; ¿cómo, pues, dices tú: Muéstranos el Padre?» (Jn. 14:9).

> «Porque los habitantes de Jerusalén y sus gobernantes, no conociendo a Jesús, ni las palabras de los profetas que se leen todos los días de reposo, las cumplieron al condenarle» (Hch. 13:27).

3 (13:57) *Jesucristo, rechazado:* En segundo lugar, Jesús fue rechazado porque la gente se escandalizaba de Él. El significado literal es *tropezar*. Sus vecinos y amigos *tropezaban en Él.*

1. No podían imaginarse que alguien de su propia casa — alguien a quien habían conocido desde la infancia— *pudiera ser el Mesías,* el Hijo de Dios. (*Véase* nota, pt. 5—Mt. 13:53-58.)

2. No podían imaginarse que alguien que había nacido en el mismo país de ellos y vivido entre ellos pudiera hacer las afirmaciones que él hacía. Un hombre que comía, bebía, trabajaba y dormía entre ellos *no tenía derecho a hablar* y a hacer semejantes afirmaciones. (*Véase* nota, pt. 2—Mt. 13:53-54.)

> «Y los que pasaban le injuriaban, meneando la cabeza, y diciendo: Tú que derribas el templo, y entres días lo reedificas, sálvate a tí mismo; si eres Hijo de Dios, desciende de la cruz» (Mt. 27:39-40).

> «De esta manera también los principales sacerdotes, escarneciendo, se decían unos a otros, con los escribas: a otros salvó, a sí mismo no se puede salvar. El Cristo, Rey de Israel, descienda ahora de la cruz, para que veamos y creamos. También los que estaban crucificados junto a él le injuriaban» (Mr. 15:31-32).

> «Entonces los escribas y los fariseos comenzaban a cavilar, diciendo: ¿Quién es este que habla blasfemias? ¿Quién puede perdonar pecados sino sólo Dios?» (Lc. 5:21).

> «Y el pueblo estaba mirando; y aun los gobernantes se burlaban de él, diciendo: A otros salvó; sálvese a sí mismo, si éste es el Cristo, el escogido de Dios» (Lc. 23:35).

> «Los soldados también le escarnecían, acercándose y presentándoles vinagre, y diciendo: si tú eres el Rey de los judíos, sálvate a ti mismo» (Lc. 23:36-37).

> «Y uno de los malhechores que estaban colgados

le injuriaba, diciendo: Si tú eres el Cristo, sálvate a ti mismo y a nosotros» (Lc. 23:39).

«Por esto los judíos aun más procuraban matarle, porque no sólo quebrantaba el día de reposo, sino que también decía que Dios era su propio Padre, haciéndose igual a Dios» (Jn. 5:18).

«Le respondieron los judíos, diciendo: Por buena obra no te apedreamos, sino por la blasfemia; porque tú, siendo hombre, te haces Dios» (Jn. 10:33).

Pensamiento 1. La mayoría de las personas niegan a un Dios que las trasciende. Exilian a Dios dándole poca o ninguna consideración. Creen que Dios es algún poder remoto en el espacio exterior o en otra dimensión de la existencia. Lo ponen *allá afuera* y no *acá adentro*, no lo ponen ni en su mundo ni en sus vidas.

1) Los hombres no lo quieren a Dios demasiado cerca. Si Dios está cerca, el hombre tiene que someterse a Él y servirle y obedecerle. El hombre sencillamente no quiere renunciar a tener las riendas de su vida. Por eso crea un *dios mental*, un dios *muy lejano*, suficientemente lejano para justificar el hecho de ser desconocido y tener tan escaso control sobre su vida.

2) Los hombres no quieren un Dios que se revele a sí mismo. Un Dios que se revela a sí mismo implica que el hombre le tiene que servir y obedecer. El hombre sencillamente quiere un dios *allá afuera,* un dios del *más allá,* un dios que el hombre tenga que buscar. Quiere un dios suficientemente lejano para *tener que suponer e imaginarse* lo que Dios y sus leyes son. Teniendo que buscar a Dios y sus leyes, el hombre puede *suponer e imaginarse* a Dios como quiere. Por eso el hombre es capaz de imaginarse a su propio dios con sus reglas y leyes; entonces puede vivir como quiere.

«Y decía a todos: si alguno quiere venir en pos de mí niéguese a sí mismo, tome su cruz cada día, y sígame. Porque todo el que quiera salvar su vida, la perderá; y todo el que pierda su vida por causa de mí, éste la salvará» (Lc. 9:23-24).

«Así, pues, cualquiera de vosotros que no renuncia a todo lo que posee, no puede ser mi discípulo» (Lc. 14:33).

«Porque si vivís conforme a la carne, moriréis; mas si por el Espíritu hacéis morir las obras de la carne, viviréis» (Ro. 8:13).

«Amados, yo os ruego como a extranjeros y peregrinos, que os abstengáis de los deseos carnales que batallan contra el alma» (1 P. 2:11).

«Para no vivir el tiempo que resta en la carne, conforme a las concupiscencias de los hombres, sino conforme a la voluntad de Dios» (1 P. 4:2).

Pensamiento 2. ¡Tenemos que escoger! O bien reducimos a Cristo a nuestro nivel de humanidad o bien nos rendimos a Él reconociéndolo como Hijo de Dios encarnado. O bien es uno de nosotros, o es el verdadero Mesías y Salvador del Mundo. Si es un mero hombre es mayor el impostor y el engañador más trágico de la historia, porque afirmó ser el Hijo de Dios. Si Él es el Mesías, entonces es nuestro Señor y nuestro Dios. (Un rápido repaso de los bosquejos de Juan lo demuestran. Y una rápida mirada sobre el Bosquejo General de Juan también nos mostrará esta verdad.)

Pensamiento 3. Los profetas deben ser honrados. Algunas personas los honran, pero no todas. Jesús dice que los profetas son dignos de honor (cp. 5:17).

4 (13:58) *Jesucristo, rechazado:* en tercer lugar, Jesús fue rechazado porque la gente no creyó en Él.

«¿Eres tú el Cristo? Dínoslo. Y les dijo: Si os lo dijere, no creeréis» (Lc. 22:67).

«De cierto, de cierto te digo, que lo que sabemos hablamos, y lo que hemos visto, testificamos; y no recibís nuestro testimonio» (Jn. 3:11).

«Entonces Jesús le dijo: si no viereis señales y prodigios, no creeréis» (Jn. 4:48).

«Pero hay algunos de vosotros que no creen. Porque Jesús sabía desde el principio quiénes eran los que no creían, y quien le habían de entregar» (Jn. 6:64).

«Y le rodearon los judíos y le dijeron: ¿Hasta cuándo nos turbarás el alma? Si tú eres el Cristo, dínoslo abiertamente. Jesús les respondió: Os lo he dicho, y no creéis; las obras que yo hago en nombre de mi Padre, ellas dan testimonio de mí» (Jn. 10:24-25).

«Pero a pesar de que había hecho tantas señales delante de ellos, no creían en él» (Jn. 12:37).

Pensamiento 1. La incredulidad produce algunos frutos amargos.

1) La incredulidad hiere al incrédulo. Pierde vida, vida abundante en este mundo y la vida eterna en el mundo venidero.

«El que en él cree, no es condenado; pero el que no cree, ya ha sido condenado, porque no ha creído en el nombre del unigénito Hijo de Dios» (Jn. 3:18).

«Escudriñad las Escrituras; porque a vosotros os parece que en ellas tenéis la vida eterna; y ellas son las que dan testimonio de mí; y no queréis venir a mí para que tengáis vida» (Jn. 5:39-40).

«El ladrón [maestro falso] no viene sino para hurtar y matar y destruir; yo he venido para que tengan vida: y para que la tengan en abundancia» (Jn. 10:10).

«Porque si vivís conforme a la carne, moriréis; mas si por el Espíritu hacéis morir las obras de la carne, viviréis» (Ro. 8:13).

2) La incredulidad hiere a los vecinos y amigos del incrédulo. ¡Imagínese todo el bien que podría ser compartido y experimentado por los vecinos y amigos del incrédulo si solamente confiara en Cristo!

- Imagínese la diferencia a nivel personal. Menos tragedias, pruebas, tentaciones, hogares quebrantados, bancarrotas, enfermedades, y accidentes; menos envidia, celos, prejuicios, desengaños, desaliento, pérdida, y división.

- Imagínese la diferencia a escala global. Menos guerras, menos animales salvajes, menos terrorismo, pactos rotos, y menor codicia económica, perturbación, pobreza, hambre y muerte.

3) La incredulidad hiere a Cristo. Le corta el corazón. Anhela darnos vida y ayudarnos día tras día. Pero como en Nazaret, el incrédulo con frecuencia le niega el derecho de mostrar su amor y poder.

«Y al ver las multitudes, tuvo compasión de ellas; porque estaban desamparadas y dispersas como ovejas que no tienen pastor» (Mt. 9:36).

«Y saliendo Jesús, vio una gran multitud, y tuvo compasión de ellos, y sanó a los que de ellos estaban enfermos» (Mt. 14:14).

«Y Jesús, llamando a sus discípulos, dijo: Tengo compasión de la gente, porque ya hace tres días que están conmigo, y no tienen qué comer; y enviarlos en ayunas no quiero, no sea que desmayen en el camino» (Mt. 15:32).

«Entonces Jesús, compadecido, les tocó los ojos, y enseguida recibieron la vista; y le siguieron» (Mt. 20:34).

«¡Jerusalén, Jerusalén [mundo, mundo], que matas a los profetas, y apedreas a los que te son enviados! ¡Cuántas veces quise juntar a tus hijos, como la gallina junta sus polluelos debajo de sus alas, y no quisiste!» (Mt. 23:37).

«Vino a él un leproso, rogándole; e incada la rodilla, le dijo: Si quieres puedes limpiarme. Y Jesús teniendo misericordia de él, extendió la mano y le tocó, y le dijo: Quiero, sé limpio» (Mr. 1:40-41).

«Cuando llegó cerca de la puerta de la ciudad, he aquí que llevaban a enterrar a un difunto, hijo único de su madre, la cual era viuda; y había con ella mucha gente en la ciudad. Y cuando el Señor la vio, se compadeció de ella, y le dijo: No llores. Y acercándose, tocó el féretro; y los que lo llevaban se detuvieron. Y dijo: Joven, a ti te digo, levántate» (Lc. 7:12-14).

«Jesús lloró» (Jn. 11:35).

Pensamiento 2. La incredulidad hiere a todos. Dios no puede obrar donde hay incredulidad. La incredulidad lo excluye a Dios; lo empuja fuera, se rehusa a dejar que obre el poder y amor de Dios.

Pensamiento 3. Han pasado siglos desde que vino Cristo, sin embargo, el mundo sigue sin ser alcanzado, negando a Dios, debatiéndose en la tragedia de la incredulidad. La falla no es de Dios; la falla es nuestra; nuestra incredulidad.

«Porque de tal manera amó Dios al mundo, que ha dado a su Hijo unigénito, para que todo aquel que en él cree, no se pierda, mas tenga vida eterna» (Jn. 3:16).

«Mas Dios muestra su amor con para con nosotros, en que siendo aún pecadores, Cristo murió por nosotros» (Ro. 5:8).

«El Señor no retarda su promesa, según algunos la tienen por tardanza, sino que es paciente para con nosotros, no queriendo que ninguno perezca, sino que todos procedan al arrepentimiento» (2 P. 3:9).

CAPÍTULO 14

B. El antecesor del Mesías es asesinado: un hombre piadoso vs. un hombre impío,[EF1,2] **14:1-14** (Mr. 6:14-29; Lc. 9:7-9)

1 Las poderosas obras de Juan vs. la conciencia culpable de Herodes
   a. Herodes oyó de las obras de Jesús
   b. Herodes temía que Juan hubiera resucitado

2 El testimonio recto de Juan; la vida inmoral de Herodes

3 El testimonio piadoso de Juan; la ambición mundana y temible de Herodes

4 El renunciamiento de Juan al mundo; la necedad y carnalidad de Herodes
   a. Manifestada en la

En aquel tiempo Herodes el tetrarca oyó de la fama de Jesús,

2 y dijo a sus criados: Este es Juan el Bautista; ha resucitado de los muertos, y por eso actúan en él estos poderes.

3 Porque Herodes había prendido a Juan, y le había encadenado y metido en la cárcel, por causa de Herodías, mujer de Felipe su hermano;

4 porque Juan decía: no te es lícito tenerla.

5 Y Herodes quería matarle, pero temía al pueblo; porque tenían a Juan por profeta.

6 Pero cuando se celebraba el cumpleaños de Herodes, la hija de Herodías, danzó en medio, y agradó a Herodes,

7 por lo cual éste le prometió con juramento darle todo lo que pidiese.

8 Ella, instruida primero por su madre, dijo: Dame aquí en un plato la cabeza de Juan el Bautista.

9 Entonces el rey se entristeció; pero a causa del juramento, y de los que estaban con él a la mesa, mandó que se la diesen,

10 y ordenó decapitar a Juan en la cárcel.

11 Y fue traída la cabeza en un plato, y dada a la muchacha; y ella la presentó a su madre.

12 Entonces llegaron sus discípulos, y tomaron el cuerpo y lo enterraron; y fueron y dieron las nuevas a Jesús.

13 Oyéndolo Jesús, se apartó de allí en una barca a un lugar desierto y apartado; y cuando la gente lo oyó, le siguió a pie desde las ciudades.

14 Y saliendo Jesús, vio una gran multitud, y tuvo compasión de ellos, y sanó a los que de ellos estaban enfermos.

   desvergonzada danza de una mujer
   b. Manifestada en el deseo apasionado de Herodes
   c. Manifestada en la debilidad de Herodes y su sumisión a su mujer (cp. v. 3)

5 El destino piadoso de Juan; el impío orgullo y debilidad de Herodes

6 El valiente fin de Juan; La bestial crueldad de Herodes

7 El gozo y la gloria de Juan; la condena de Herodes
   a. Los discípulos le dieron sepultura
   b. Jesús fue informado de la muerte de Juan; se apenó y se retiró para estar a solas
   c. Jesús salió
      1) Con renovada compasión
      2) Con renovado ministerio

B. El antecesor del Mesías es asesinado: un hombre piadoso vs. un hombre impío, 14:1-14

(14:1-14) *Introducción:* este pasaje es el retrato de un hombre piadoso contrastado con el de un hombre impío. Humanamente, el cuadro muestra el triunfo del impío sobre el piadoso, pero cuando miramos detrás del cuadro, la verdad queda en evidencia. El verdadero ganador es el piadoso, y el impío es el verdadero perdedor. Siempre se puede aprender mucho mirando a los hombres piadosos en contraste con los impíos.

1. Las poderosas obras de Juan vs. la conciencia culpable de Herodes (vv. 1-2).
2. El testimonio recto de Juan vs. la vida inmoral de Herodes (vv. 3-4).
3. El testimonio piadoso de Juan vs. la ambición mundana y temible de Herodes (v. 5).
4. El renunciamiento de Juan al mundo vs. la necedad y carnalidad de Herodes (vv. 6-8).
5. El destino piadoso de Juan vs. el impío orgullo y debilidad de Herodes (v. 9).
6. El valiente fin de Juan vs. la bestial crueldad de Herodes (vv. 10-11).
7. El gozo y la gloria de Juan vs. la condena de Herodes (vv. 12-14).

ESTUDIO A FONDO 1

(14:1-14) *Herodes Antipas:* Herodes es mencionado tres veces en las Escrituras. Aquí en la ejecución de Juan; cuando algunos fariseos advirtieron a Jesús que Herodes planeaba matarlo (Lc. 13:31); y cuando Herodes estuvo cara a cara con Jesús durante el juicio al Señor (Lc. 23:8ss).

La vida de Herodes se puede ver dramáticamente en la discusión de los puntos del bosquejo.
1. Por dos motivos Herodes tenía la conciencia culpable (vv. 1-2).
   a. Vivía una vida de grosero pecado claramente ilustrado en este pasaje.
   b. Encarceló y asesinó al profeta de Dios.
2. Herodes tenía una vida inmoral (vv. 3-4). Se había casado con una hija de Areta, rey de los árabes nabateos; pero en un viaje a Roma había visitado a su hermanastro quedando profundamente atraído por la mujer de éste, Herodías. La sedujo y la convenció de regresar con él. La propia esposa de Herodes descubrió los planes; y temiendo por su propia vida huyó a casa de su padre, el rey Areta (*véase* pt. 7, condena de Herodes por la reacción de Areta).

Herodes cometió dos graves pecados. Desechó a su propia esposa (cuya vida probablemente corría peligro), y se apropió de la esposa de su hermanastro. Juan predicó contra esa inmoralidad.

3. Herodes amaba al mundo y era extremadamente ambicioso. Como resultado sentía mucho miedo como todos los hombres mundanos y ambiciosos (*véanse* bosquejo y notas—Mt. 6:19-20). La mente de Herodes estaba puesta en las cosas del mundo.

    a. Era un constructor dado a la extravagancia. Reconstruyó a Séforis (4 millas al norte de Nazaret) y construyó un nuevo puerto sobre la orilla sur oeste del mar de Galilea, llamándolo Tiberias en honor al emperador romano. En este pasaje se puede ver su amor al mundo y al lujo.

    b. Herodes era ambicioso y envidiaba a otros. Cuando Herodes Agripa recibió el título de rey, él también codició ese título. Hizo lo imposible por lograrlo, pero fue esta ambición lo que le llevó perder su trono (*véase* pt. 7).

    c. La estrecha amistad de Herodes con Pilato en la crucifixión del Señor también indica la tendencia de capitalizar *buenos contactos*.

    d. Por dos motivos Herodes encarceló a Juan. Primero, porque temía la popularidad de Juan como profeta en el pueblo. Temía que Juan dijera algo que sublevase al pueblo haciéndole perder prestigio ante Roma. Roma lo despojaría de su poder y riqueza y lo reemplazaría con alguien que pudiera controlar al pueblo. Su ambición y amor al mundo lo llevaron seguir el camino más seguro, el de encarcelar a Juan. Segundo, Herodes cedió ante los deseos de su mujer, Herodías. Esta albergaba sentimientos de venganza contra Juan por predicar contra el pecado, aparentemente acosó a Herodes a deshacerse de Juan hasta que logró su objetivo.

4. Herodes vivía una vida de necedad y carnalidad (vv. 6-8). Su carnalidad se ve en su codicia y seducción de Herodías (*véase* pt. 2) y en los acontecimientos de este pasaje. Aparentemente seguía la costumbre griega de celebrar eventos especiales con fiestas licenciosas, con mucha bebida, y danzas sugestivas, lujuriosas y pasionales. Habiendo bebido mucho sintió deseos tan apsionados hacia su sobrina que le ofreció cualquier cosa, hasta la mitad de su reino. Su extrema mentalidad carnal se ve en el hecho de permitir que un miembro de la familia real (su sobrina) danzara tan sugestivamente ante la corte real. Esas danzas las hacían prostitutas profesionales, no los miembros de la familia real.

La necedad y el escaso juicio de Herodes quedan ilustrados en el *osado ofrecimiento* a su sobrina y en creer que debía guardar un juramento malvado y deshonroso.

5. Herodes era impíamente orgulloso y débil (v. 9). Hizo una promesa necia. Ahora estaba ante la disyuntiva de guardar un juramento malvado o quebrantar una de la mayores leyes de Dios «no matarás». El orgullo le impedía confesar su error. Temía ser avergonzado e importunado por la rabieta de su mujer en presencia de los huéspedes, quienes le harían objeto de bromas y diversiones. Sabía lo que debía hacer, pero *orgulloso y débil* ante los hombres se rindió y se entregó a un terrible pecado.

6. Herodes demostró una crueldad bestial (vv. 10-11). La sola forma de ejecutar a Juan y de hacer traer la sangrienta cabeza sobre un plato, revela la profundidad crueldad y un ebrio libertinaje, enormemente repulsivo a cualquier persona decente. Su crueldad también se había manifestado al encarcelar injustamente a Juan abandonándolo en un calabozo infestado de ratas y alimañas durante más de un año y medio.

Josefo, el prominente historiador de aquel tiempo, escribe que la ambición mundana de Herodes lo impulsó a arrestar y ejecutar a Juan.

> «Herodes, temiendo que Juan usara la gran influencia que tenía sobre la gente, conforme a su poder e inclinación causando una sublevación (pues aparentemente el pueblo estaba dispuesto a hacer cualquier cosa que Juan aconsejara) pensó que lo mejor sería, dándole muerte, prevenir cualquier infortunio que pudiera causar, evitándose a sí mismo los problemas de proteger a un hombre, de lo que podría arrepentirse cuando ya fuera demasiado tarde» (*Obras Completas de Josefo*. Antigüedades 18.5:1-2; *Josefo: Las obras esenciales*, Paul Maier, ed. [Editorial Portavoz], pp. 271, 272).

7. Herodes fue condenado (vv. 12-14). Como se mencionó arriba en el punto 2, la primera esposa de Herodes tuvo que huir para salvar su vida, buscando refugio con su padre el rey Areta. Buscando venganza, este rey salió contra Herodes causándole una amarga derrota. Una apelación desesperada a Roma salvó a Herodes en el último instante. Sin embargo, su destino quedó sellado apenas unos años más tarde cuando Herodes envió y buscó para sí mismo el título de rey. En un complot de intrigas Herodes Agripa convenció al gobierno de Roma que Herodes Antipas estaba confabulando una rebelión contra Roma. El emperador Calígula se dejó convencer y exilió a Herodes Antipas a España. Allí murió.

La condena de Herodes se manifiesta dramáticamente al encontrarse cara a cara con Jesús, durante el juicio de éste. Jesús le respondió «nada» (Lc. 23:9). Cristo lo encaró callado como una tumba. El silencio fue una amonestación que condenó la actitud liberal y mundana de Herodes hacia la vida.

Herodes murió sin Dios ¿Por qué? Escuchó a dos de los mayores testigos en la historia humana: a Juan el Bautista y a Cristo mismo. Está escrito que:

> «Porque Herodes temía a Juan, sabiendo que era varón justo y santo, y le guardaba a salvo; y oyéndole, se quedaba muy perplejo y *hacía muchas cosas* [que enseñaba Juan], pero le escuchaba de buena gana» (Mr. 6:20).

ESTUDIO A FONDO 2

(14:1-4) *Herodes el tetrarca:* la palabra «tetrarca» significa gobernador de una cuarta parte; sin embargo, con el tiempo la palabra llegó a ser la palabra para un gobernador, subordinado, de algún sector de territorio. Herodes es el tetrarca es Herodes Antipas, el Herodes que fue príncipe de Galilea y Perea desde 4 a.C. hasta 39 d.C. Fue hijo de Herodes el Grande y Maltace, su esposa samaritana (Mt. 2:1). Fue hermano directo de Arquelao (Mt. 2:22).

1 (14:1-2) *Conciencia—arrepentimiento:* las poderosas obras de Juan en contraste con la conciencia culpable de Herodes (*véase* Estudio a fondo 1, pt. 1—Mt. 14:1-14). «Juan ... *ninguna señal* hizo» mientras vivió (Jn. 10:41), pero sí realizó *grandes obras* para Dios. Herodes lo sabía. Por eso, al oír de los milagros que eran realizados por un hombre que a sí mismo se llamaba el Mesías, supuso una de dos cosas. Creyó que Juan había resucitado literalmente de la muerte o que Dios le había dado a algún otro hombre el mismo poder que tuvo Juan. Note que Herodes no adjudicó las obras a Juan mismo, sino a Dios: «obras poderosas para revelar en ellas a Dios».

    Pensamiento 1. Juan fue encarcelado, pero la Palabra de Dios siguió. Note dos cosas.

    1) Los hombres no pueden detener la Palabra de Dios. Los profetas no viven eternamente, pero Dios se ocupa de que su Palabra siempre cuente con algunos corazones y vidas (Zac. 1:5-6).

    2) Cuando el mundo hace callar a uno de los siervos de Dios, Dios levanta a otro, y a veces levanta muchos

otros para ocupar el lugar del que sufrió el martirio.

Pensamiento 2. Note la conciencia de Herodes. Temía a Juan y sabía que Juan era un hombre justo y santo, y le agradaba escucharlo. Incluso quedaba perplejo, impactado en su conciencia, tratando de vivir en alguna medida como Juan mandaba (Mr. 6:20). Sin embargo, lo encarceló temiendo que la popularidad de Juan en el pueblo pudiera conducir a una sublevación; finalmente ejecutó a Juan en un escenario sangriento y abyecto.

El tema es este: aparentemente Herodes era en alguna medida consciente de pecado y justicia, tenía alguna convicción de piedad, pero ello no era suficiente. En medio de algunas convicciones de conciencia, cometía pecados horribles. No mostró ni «*santa piedad*», ni cambio, ni arrepentimiento, ni valor para defender lo justo (*véase* Estudio a fondo 1, pt. 5—Mt. 14:1-14).

Note: una conciencia suave y tierna que incluso experimenta convicción y culpa no es suficiente. Es necesaria una *santa piedad* y arrepentimiento hacia Dios y coraje para levantarse en favor de Dios.

«**Arrepentíos porque el reino de los cielos se ha acercado**» (Mt. 3:2).

«**Respondiendo Jesús les dijo: ¿Pensáis que estos galileos, porque padecieron tales cosas, eran más pecadores que todos los galileos?**» (Lc. 13:2).

«**Arrepiéntete, pues, de tu maldad, y ruega a Dios, si quizá te sea perdonado el pensamiento de tu corazón**» (Hch. 8:22).

«**Pero Dios, habiendo pasado por alto los tiempos de esta ignorancia, ahora manda a todos los hombres en todo lugar, que se arrepientan**» (Hch. 17:30).

«**Por lo cual es necesario estarle sujetos, no solamente por razón del castigo, sino también por causa de la conciencia**» (Ro. 13:5).

«**Porque nuestra gloria es esta: el testimonio de nuestra conciencia, que con sencillez y sinceridad de Dios, no con sabiduría humana, sino con la gracia de Dios, nos hemos conducido en el mundo, y mucho más con vosotros**» (2 Co. 1:12).

«**Manteniendo la fe y buena conciencia, desechando la cual naufragaron en cuanto a la fe algunos**» (1 Ti. 1:19).

«**¿Cuánto más la sangre de Cristo, el cual mediante el Espíritu eterno se ofreció a sí mismo sin mancha a Dios, limpiará vuestras conciencias de obras muertas para que sirváis al Dios vivo?**» (He. 9:14).

«**Deje el impío su camino, y el hombre inicuo sus pensamientos, y vuélvase a Jehová, el cual tendrá de él, misericordia, y al Dios nuestro, el cual será amplio en perdonar**» (Is. 55:7).

«**Mas el impío, si se apartare de todos sus pecados que hizo, y guardare todos mis estatutos e hiciere según el derecho y la justicia, de cierto vivirá; no morirá**» (Ez. 18:21).

2 (14:3-4) **Testigo:** el testimonio justo de Juan en contraste con la vida inmoral de Herodes (*véase* nota, pt. 2—Mt. 14:1-2). El relato que Marcos presenta de este evento es mucho más detallado. Marcos dice que Herodes, «oyéndole se quedaba muy perplejo, pero le escuchaba de buena gana» (Mr. 6:20). A pesar de lo que era Herodes —a pesar de su influencia y poder— Juan predicaba osadamente la justicia y señalaba con su dedo directamente el pecado de Herodes. Juan sabía de la crueldad del poder de Herodes, sin embargo, fue honesto con la Palabra de Dios y fiel a su llamamiento. Proclamó osadamente: «No te es lícito tenerla».

Pensamiento 1. Note tres cosas.

1) Hay que decirle a la gente lo que es legítimo y lo que no, lo que es bueno y lo que es malo.

2) Nadie está por encima de la ley: la ley es para todos los hombres. Lo que es justo para el pobre, el débil y el de humilde condición también es justo para el rico, el fuerte, y el rey. Dios espera que todos guarden su Palabra.

3) La gente que quebranta la ley debe ser informada de su violación. Cuando una persona hace el mal o falla en hacer el bien, es preciso que se le diga: «no te es lícito ... »

Pensamiento 2. El siervo de Dios tiene que ser fiel en predicar contra el mal, aunque ello ofenda a la gente. Debe correr el riesgo de perder el favor antes que ser desobediente a Dios.

«**Y no participéis en las obras infructuosas de las tinieblas, sino más bien reprendedlas**» (Ef. 5:11).

«**También os rogamos, hermanos, que amonestéis a los ociosos, que alentéis a los de poco ánimo, que sostengáis a los débiles, que seáis pacientes para con todos**» (1 Ts. 5:14).

«**Que prediques la palabra; que instes a tiempo y fuera de tiempo; redarguye, reprende, exhorta con toda paciencia y doctrina**» (2 Ti. 4:2).

«**A ser prudentes, castas, cuidadosas de su casa, buenas, sujetas a sus maridos, para que la palabra de Dios no sea blasfemada**» (Tit. 2:5).

«**Clama a voz en cuello, no te detengas; alza tu voz como trompeta, y anuncia a mi pueblo su rebelión, y a la casa de Jacob su pecado**» (Is. 58:1).

«**Cuando yo dijere al impío: De cierto morirás; y tú no le amonestares ni le hablares, para que el impío sea apercibido de su mal camino a fin de que viva, el impío morirá por su maldad, pero su sangre demandaré de tu mano**» (Ez. 3:18).

«**Y si tú avisares al impío de su camino para que se aparte de él, y él no se apartare de su camino, él morirá por su pecado, pero tú libraste tu vida**» (Ez. 33:9).

3 (14:5) **Mundanalidad—temor:** el piadoso testimonio de Juan en contraste con la temerosa ambición de Herodes (*véase* Estudio a fondo 1, pt. 3—Mt.14:1-14). A pesar del respeto que Herodes sentía por Juan, estuvo dispuesto a matarlo como autor de rebeliones (Mr. 6:20). Una cosa se lo impedía: su mundanalidad. Juan era muy popular entre el pueblo (Mt. 3:5). Herodes temía que el pueblo reaccionase con una revuelta para protestar contra un crimen tan horrendo como el de matar a un profeta tan grande. En caso de revuelta, Roma desplazaría a Herodes de su puesto; perdería su posición, fama, riqueza y poder.

Pensamiento. Note varias cosas acerca de este hombre, cosas que con frecuencia son ciertas en los poderosos, famosos y ricos.

1) Las acciones de Herodes no se basaban en el temor a Dios ni en el temor al profeta de Dios. Actuaba solamente para protegerse a sí mismo y su posición. Dios y su profeta no tuvieron nada que ver con su decisión final. Herodes temía lo que el pueblo haría y el efecto que ello tendría sobre su posición ante Roma.

2) La mundanalidad y carnalidad de Herodes fueron más fuertes que cualquier interés que pudiera tener en la piedad y la justicia (cp. Mr. 6:20). Al principio había respetado a Juan, pero su ambición y codicia borraron el deseo de Dios de su corazón.

3) La ambición primordial de Herodes era secular, no espiritual. Escogió poseer las cosas materiales de esta tierra y por unos breves años, y no las cosas espirituales de la eternidad.

«No os conforméis a este siglo, sino transformaos por medio de la renovación de vuestro entendimiento, para que comprobéis cuál sea la buena voluntad de Dios, agradable y perfecta» (Ro. 12:2).

«Por lo cual, salid de en medio de ellos, y apartaos, dice el Señor, y no toquéis lo inmundo; y yo os recibiré, y seré para vosotros por Padre, y vosotros me seréis hijos e hijas, dice el Señor todopoderoso» (2 Co. 6:17-18).

«No améis al mundo, ni las cosas que están en el mundo. Si alguno ama al mundo, el amor del Padre no está en él. Porque todo lo que hay en el mundo, los deseos de la carne, los deseos de los ojos, y la vanagloria de la vida, no proviene del Padre, sino del mundo» (1 Jn. 2:15-16).

4) Herodes era presa del temor. A pesar de todo su poder y riqueza temía. El hombre secular tiene muchos temores ...

- temor de perder.
- temor de estar vacío.
- temor del futuro.
- temor de no tener.
- temor de la soledad.
- temor de escasa salud.
- temor de no.
- temor de otros.
- temor de la muerte.
- temor de no recuperar.

La causa básica del temor es la inseguridad. El hombre secular no tiene nada —ni poder, ni Dios fuera de él y de otros hombres— para ayudarle en las crisis de la vida, aquellas crisis que trascienden en mucho el poder de control de los hombres. Existen algunas crisis en las que el hombre sencillamente no puede hacer nada: muerte, accidente, enfermedad, rechazo del cónyuge, anormalidad física, bancarrota, robo. Pocos admitirán la inseguridad y el temor, sin embargo, existe en todas las personas seculares.

«Porque si pecáremos voluntariamente después de haber recibido el conocimiento de la verdad, ya no queda más sacrificio por los pecados, sino una horrenda expectación de juicio, y de hervor de fuego que ha de devorar a los adversarios» (He. 10:26-27).

«Mejor es confiar en Jehová que confiar en príncipes» (Sal. 118:9).

«Dejaos del hombre, cuyo aliento está en su nariz; porque ¿de qué es él estimado?» (Is. 2:22).

«Los pecadores se asombraron en Sion, espanto sobrecogió a los hipócritas» (Is. 33:14).

«También yo escogeré para ellos escarnios, y traeré sobre ellos lo que temieron; porque llamé y nadie respondió; hablé, y no oyeron sino que hicieron lo malo delante de mis ojos, y escogieron lo que me desagrada» (Is. 66:4).

«Así ha dicho Jehová: Maldito el varón que confía en el hombre, y pone carne por su brazo, y su corazón se aparta de Jehová» (Jer. 17:5).

4 (14:6-8) *Mundanalidad:* el renunciamiento de Juan hacia el mundo en contraste con la necedad y carnalidad de Herodes (*véase* Estudio a fondo 1, pt. 4—Mt. 14:1-14). Juan era piadoso y disciplinado. Vivía para Dios y vivía controladamente. Herodes era necio; carnal, sensual y secular. Esta escena lo demuestra. Vivía neciamente, solamente para este mundo; buscaba fama, riqueza, posición, poder y placer sensual y estímulo de la carne.

Note lo que la *bebida y la danza sugestiva* le causó a Herodes. Lo impulsó a permitir que (1) su sobrina se expusiera ante hombres de mirada licenciosa; (2) a dar cualquier cosa por la satisfacción sensual, hasta la mitad de su reino; y (3) a cometer un crimen.

Pensamiento 1. Herodes amaba las luces resplandecientes, las grandes multitudes, los buenos tiempos, y los sentimientos sensuales. Vivía una vida de mundanalidad y carnalidad. Cuando la gente se reúne para fiestas sociales y toma bebidas alcohólicas y danza sugestivamente o en contacto, crea una atmósfera para que ocurran cosas que normalmente no ocurrirían. Hacen cosas que normalmente no harían.

«Mirad también por vosotros mismos, que vuestros corazones no se carguen de glotonería y embriaguez y de los afanes de esta vida, y venga de repente sobre vosotros aquel día» (Lc. 21:34).

«Ni tampoco presentéis vuestros miembros al pecado como instrumentos de iniquidad, sino presentaos vosotros mismos a Dios como vivos de entre los muertos, y vuestros miembros a Dios como instrumentos de justicia» (Ro. 6:13).

«¡Oh almas adúlteras! ¿No sabéis que la amistad del mundo es enemistad contra Dios? Cualquiera, pues, el que quiera ser amigo del mundo, se constituye enemigo de Dios» (Stg. 4:4).

«No mires al vino cuando rojea, cuando resplandece su color en la copa. Se entra suavemente. Mas al fin como serpiente morderá, y como áspid dará dolor. Tus ojos mirarán cosas extrañas, y tu corazón hablará perversidades» (Pr. 23:31-33).

Pensamiento 2. Note la influencia de Herodías sobre su hija Salomé. La madre dio un mal ejemplo a su hija alentándola a hacer el mal. Aquí hay una lección para todos los padres.

«De manera que cualquiera que quebrante uno de estos mandamientos muy pequeños, y así enseña los hombres, muy pequeño será llamado en el reino de los cielos; mas cualquiera que los haga y los enseñe, éste será llamado grande en el reino de los cielos» (Mt. 5:19).

«Y amarás a Jehová tu Dios de todo tu corazón, y de toda tu alma, y con todas tus fuerzas. Y estas palabras que yo te mando hoy, estarán sobre tu corazón; y las repetirás a tus hijos, y hablarás de ellas estando en tu casa, y andando por el camino, y al acostarte, y cuando te levantes» (Dt. 6:5-7).

5 (14:9) *Dios—liberación:* el destino piadoso de Juan en contraste con el impío orgullo y debilidad de Herodes (*véase* Estudio a fondo 1, pt. 5—Mt. 14:1-4). Juan era siervo de Dios; por lo tanto estaba en las manos de Dios. Para el auténtico cristiano la muerte de Juan fue voluntad de Dios; para Dios Juan estaba listo para volver a casa. Para el mundo la muerte de Juan fue un destino terrible, inoportuno y un desperdicio. Si este mundo fuera todo lo que hay para la vida humana, el mundo tendría razón. Pero puesto que hay eternidad, el cristiano sabe que el destino de Juan *no fue simplemente un destino del mundo, sino un destino de parte de Dios.* Su muerte encajaba perfectamente en el propósito eterno de Dios.

«Pero de ninguna cosa hago caso, ni estimo preciosa mi vida para mí mismo, con tal que acabe mi carrera con gozo, y el ministerio que recibí del Señor Jesús, para dar testimonio del evangelio de la gracia de Dios» (Hch. 20:24).

«Y el Señor me librará de toda obra mala, y me preservará para su reino celestial. A él sea la gloria por los siglos de los siglos» (2 Ti. 4:18).

«No temas en nada lo que vas a padecer. He aquí, el diablo echará a algunos de vosotros en la cárcel, para que seáis probados, y tendréis tribulación por diez días. Sé fiel hasta la muerte, y yo te daré la corona de la vida» (Ap. 2:10).

6 (14:10-11) *Testigo—arrepentimiento:* el osado final de Juan en contraste con la bestial crueldad de Herodes (*véase* Estudio a fondo 1, pt. 6—Mt. 14:1-14). Muchos habrían recomendado a Juan guardar silencio, de ir por camino seguro y no provocar a Herodes. Pero Juan tenía el deber *de hablar por* Dios, y con ese deber cumplió. ¡Qué ejemplo referido a hablar por una causa y dar testimonio de Dios!

Note las palabras: «Entonces el rey se entristeció». Nuevamente, la tristeza sola no es suficiente. Debe haber arrepentimiento;
la persona tiene que hacer lo correcto. Hay una *tristeza del mundo*
y una *tristeza según Dios* (*véase* Estudio a fondo 1—2 Co. 7:10).

> **«Porque la tristeza que es según Dios produce
> arrepentimiento [sin remordimiento] para salvación, de
> que no hay que arrepentirse; pero la tristeza del mundo
> produce muerte» (2 Co. 7:10).**

> **«No sea que haya algún fornicario, o profano, como
> Esaú, que por una sola comida vendió su primogenitura.
> Porque ya sabéis que aun después, deseando heredar la
> bendición, fue desechado, y no hubo oportunidad para el
> arrepentimiento, aunque la procuró con lágrimas» (He.
> 12:16-17).**

> **«Porque mis iniquidades se han agravado sobre mi
> cabeza; como carga pesada se han agravado sobre mí»
> (Sal. 38:4).**

7 (14:12-14) *Dios, presencia:* gozo y gloria de Juan en contraste
con la condena de Herodes (*véase* Estudio a fondo 1, pt. 7—Mt.
14:1-14). Los fieles discípulos de Juan le dieron sepultura. El cuadro
de Herodes y Juan muestra con tanta claridad que «todo lo que el
hombre sembrare, eso también segará» (Gá. 6:7). El pecado cosecha
muerte y la justicia siega vida.

Note dos resultados de la muerte de Juan que nos hablan
claramente.

1.	Jesús se fue para estar a solas, aparentemente para la
contemplación y devoción. Jesús se siente tocado por la muerte de
toda persona. Para el creyente maduro la muerte de alguien es tiempo
de apartarse para estar a solas con Dios en contemplación y devoción.

2.	Jesús apareció con su compasión y ministerio renovados.
Se sintió impulsado a ministrar más y más.

> *Pensamiento.* No hay registro de los momentos finales
> de Juan, pero podemos estar seguros que Dios estuvo con
> él de una manera muy, muy especial.

> **«Aunque ande en valle de sombra de muerte,
> no temeré mal alguno; tu vara y tu cayado me
> infundirán aliento» (Sal. 23:4).**

> **«Porque yo ya estoy para ser sacrificado, y el
> tiempo de mi partida está cercano. He peleado la
> buena batalla, he acabado la carrera, he guardado
> la fe. Por lo demás, me está guardada la corona de
> justicia, la cual me dará el Señor, juez justo, en aquel
> día; y no sólo a mí, sino también a todos los que aman
> su venida» (2 Ti. 4:6-8).**

> **« ... todos me desampararon ... Pero el Señor
> estuvo a mi lado, y me dio fuerzas» (2 Ti. 4:16-17).**

> **«Porque para mí el vivir es Cristo» (Fil. 1:21).**

	C. El poder del Mesías para alimentar a cinco mil: lo esencial del ministerio,EF1 14:15-21 (Mr. 6:30-44; Lc. 9:10-17; Jn. 6:1-14)	panes y dos peces. 18 El les dijo: Traédmelos acá. 19 Entonces mandó a la gente recostarse sobre la hierba; y tomando los cinco panes y los dos peces, y levantando los ojos al cielo, bendijo, y partió y dio los panes a los discípulos, y los discípulos a la multitud. 20 Y comieron todos, y se saciaron; y recogieron lo que sobró de los pedazos, doce cestas llenas. 21 Y los que comieron fueron como cinco mil hombres, sin contar las mujeres y los niños.	son inadecuados 3 Req. 3: confiar que Cristo use nuestros recursosEF2 a. Deber de los discípulos traerlos recursos a Cristo b. Ejemplo de Jesús 1) Tomando recursos 2) Dando gracias a DiosEF3 3) Usando recursos c. Deber de los discípulos 1) Compartir 2) Guardar y hacer economía 3) Observación y testimonio del poder y del carácter mesiánico de Cristo
1 Req. 1: ver a la gente y tener compasión a. Ejemplo de Cristo, v. 14 1) Viendo la multitud 2) Teniendo compasión b. La preocupación meramente humana de los discípulos 2 Req. 2: aceptar la responsabilidad de ministrar a. Mandato de Cristo: dar b. Humanismo de los discípulos: los recursos	15 Cuando anochecía se acercaron a él sus discípulos, diciendo: El lugar es desierto, y la hora ya pasada; despide a la multitud, para que vayan por las aldeas y compren de comer. 16 Jesús les dijo: No tienen necesidad de irse; dadles vosotros de comer. 17 Y ellos dijeron: No tenemos aquí sino cinco		

C. El poder del Mesías para alimentar a cinco mil: lo esencial del ministerio, 14:15-21

(14:15-21) *Introducción:* en esta ocasión Jesús estaba haciendo dos cosas: (1) Estaba demostrando o comprobando su naturaleza mesiánica, y (2) enseñando a sus discípulos a hacer la parte que les correspondía a ellos. Les estaba dando los fundamentos esenciales para el ministerio. Los había llamado al ministerio, a mostrarle a la gente que Él, el Mesías, era la respuesta a la indefensión humana. Ellos debían suplir las necesidades diarias de la gente y ayudarles a pasar por las pruebas y problemas de la vida. Jesús tenía que enseñarles una verdad crucial: nunca podrían cumplir la tarea en sus propias fuerzas. Sus recursos humanos sencillamente eran demasiado inadecuados para suplir las necesidades del mundo. El humanismo, el hombre con solamente sus habilidades, nunca cumpliría el trabajo encomendado. El hombre y sus recursos solo pueden ocuparse de algunas necesidades, el hombre y sus recursos siempre tendría que terminar despidiendo multitudes para que cuiden de sí mismas (v. 15). ¿A qué se debe esta verdad? ¿Por qué es el humanismo un fracaso tan fútil ¿Por qué no puede el hombre satisfacer todas las necesidades del mundo? Porque son tan pocas las personas que ven las multitudes en su necesidad, y menos aún los que experimentan compasión por ellas (Mt. 14:14). La mayoría dice: «Despide a la multitud, para que vayan ... y compren» (v. 15). Pero Jesús dijo: «No tienen necesidad de irse; *dadles vosotros* de comer» (v. 16).

Es aquí donde fracasa, y tan miserablemente, el hombre. Tiene sus ojos atados a la tierra, en los recursos humanos únicamente. Lo que Jesús dijo es profundo: «Traédmelos acá [vuestros recursos humanos]» (v. 18). ¿Qué pasaría si los hombres trajeran sus recursos humanos a Cristo? Los recursos serían maravillosamente multiplicados y suplidas las necesidades del mundo.

1. Requisito esencial 1: ver a la gente y tener compasión (v. 15).

2. Requisito esencial 2: aceptar la responsabilidad de ministrar (vv. 16-17).

3. Requisito esencial 3: confiar que Cristo use nuestros recursos (vv. 18-21).

ESTUDIO A FONDO 1

(14:15-21) *Alimentando a multitudes:* se ha dicho que la alimentación de los cinco mil ilustra varios eventos significativos en la vida cristiana.

1. Ilustra cómo Cristo multiplica milagrosamente los recursos humanos del creyente.

2. Ilustra la Cena del Señor. La iglesia primitiva vio al milagro como una ilustración de la bendición que recibe el creyente cuando participa de Cristo, del pan de vida. Allí está el cuadro de Cristo «levantando los ojos al cielo», bendiciendo, partiendo y entregando los panes al pueblo por medio de los discípulos que estaban actuando como ancianos y diáconos de la iglesia.

3. Ilustra la gran boda o banquete del Cordero que tendrá lugar en el futuro reino de Dios (Mt. 22:1-14; Lc. 14:16-24).

1 (14:15) *Compasión:* el primer requisito esencial para el ministerio es ver a la gente y tener compasión de ella. Hay un agudo contraste entre la compasión de Jesús y la de los discípulos.

1. La compasión de Jesús era muy fuerte. Vuelva al versículo 14 para ver el cuadro del ejemplo de la compasión de Jesús. Su compasión lo había impulsado a dedicarse de corazón a la multitud, les había estado ministrando durante todo el día. (*Véase* Estudio a fondo 2—Mt. 9:36 en cuanto al significado de *Compasión*.)

Note dos cosas acerca de Jesús y las multitudes.

a. Jesús vio las multitudes. Era muy observador, buscando siempre a las personas para ayudarles. «No vinopara ser servido, sino para servir» (Mt. 20:28).

b. Jesús sintió compasión. La indefensión de la gente le partía el corazón. Veía preciosas almas inmortales, que estaban sufriendo bajo el peso de los problemas humanos. Se sintió impulsado a ayudarles y a enseñar a sus discípulos la gran necesidad de ver a la gente y sentir una profunda compasión por ella.

2. La compasión de los discípulos era muy débil. La gente les preocupaba, pero no tenían una profunda compasión. El problema de ellos era el problema que siempre ha esclavizado a los hombres. Los hombres no ven nada sino su propio poder y recursos humanos; no ven sino al hombre, su *humanidad*. Sus ojos están puesto en la tierra y en el hombre, nada más. Por eso viven solamente como humanistas. El resultado es este: el poder de ellos y sus recursos son, como siempre han sido, inadecuados. Piensan en términos de hacer simplemente lo que hicieron los discípulos: ignorar a la multitud y despedirla.

Pensamiento. Con frecuencia creemos que necesitamos

nuestros recursos para cubrir nuestras propias necesidades. Por eso ignoramos las clamorosas necesidades de quienes nos rodean y de aquellos que están esparcidos en todo el mundo.

«¿No decís vosotros: Aún faltan cuatro meses para que llegue la siega? He aquí os digo: Alzad vuestros ojos y mirad los campos, porque ya están blancos para la siega» (Jn. 4:35).

«No nos cansemos, pues, de hacer el bien; porque a su tiempo segaremos, si no desmayamos» (Gá. 6:9).

2 (14:16-17) *Ministrando:* el segundo requisito esencial para el ministerio es aceptar la tarea de ministrar.

1. El mandato de Cristo es: «Dad»: dad los recursos que tienen; el deber de ustedes es dar.

Pensamiento. El mandato de Cristo es a toda persona: «Dad». Debemos tomar los recursos que tenemos y darlos para suplir las necesidades desesperadas de la multitud. Todos tenemos el deber y la responsabilidad de dar lo que tenemos, no importa lo poco o cuan pequeño ello sea.

2. Todavía se manifestaba el humanismo de los discípulos. Todavía no podían ver más allá del mundo físico, aunque por lo menos estaban pensando en las necesidades humanas y en los recursos que tenían para suplirlas. Esto es comprensible porque la única vida que realmente habían conocido era la vida *vivida en el plano humano.* Siempre habían mirado únicamente a lo que tenían, únicamente a lo que el hombre podía hacer con lo poco que tenía. Todavía no habían visto lo que Dios podía hacer con los recursos humanos rendidos a Él.

«Entonces Jesús dijo a sus discípulos: Si alguno quiere venir en pos de mí, niéguese a sí mismo, y tome su cruz, y sígame. Porque todo el que quiera salvar su vida, la perderá; y todo el que pierda su vida por causa de mí, la hallará» (Mt. 16:24-25).

«Pero dad limosna de lo que tenéis, y entonces todo os será limpio» (Lc. 11:41).

«Vended lo que poseéis, y dad limosna; haceos bolsas que no se envejezcan, tesoro en los cielos que no se agote, donde ladrón no llega, ni polilla destruye» (Lc. 12:33).

Pensamiento. Note que los discípulos estaban despertando a las necesidades y que eran movidos por Cristo. Ahora estaban dispuestos a ofrecer y compartir lo que tenían. Pero note: ser conscientes y estar dispuestos a compartir no hace el trabajo. ¡Se requiere de Dios! Tenemos que tomar nuestros recursos y entregarlos a Dios. ¿Por qué?

Porque el hombre tiene un problema muy profundo en la base de todos los problemas, un problema que causa las necesidades físicas de su experiencia. Sus necesidades físicas son solamente síntomas o resultados de la causa subyacente. La causa subyacente es *pecado,* esto es, egoísmo, codicia, orgullo, prejuicio, mentira, robo, chisme, indulgencia, extravagancia, acaparamiento y tantas otras cosas más. Es preciso que el espíritu del hombre sea cambiado antes que sean suplidas las necesidades del mundo.

- La tierra tiene el potencial de *suplir algunas necesidades* de todo hombre, pero pocos hombres tienen el espíritu libre para actuar sin egoísmo.
- La tierra en sí no tiene los medios para dar vida abundante (seguridad, autoestima, estima piadosa, amor, gozo, paz, etc.). (Cp. Jn. 10:10.)
- La tierra en sí no tiene los medios para dar vida eterna (Ef. 2:4-7).

3 (14:18-21) *Ministrando:* el tercer requisito esencial para

ministrar es confiar que Cristo use nuestros recursos (*véase* Estudio a fondo 2—Mt. 14:18-21).

1. El deber del discípulo es traer sus recursos a Cristo. Cristo no suplió aquella necesidad sin los recursos de los discípulos. Si queremos ver suplidas las necesidades de los hombres tenemos que traer nuestros recursos a Cristo. Dos hechos son universalmente ciertos: Somos indefensos para suplir las necesidades de los hombres separados de Dios, y Dios no lo hace sin la entrega de sus discípulos.

Pensamiento 1. No importa cuán escaso sea lo que tenemos; eso tan escaso es necesitado, y somos responsables de traerlo a Cristo.

Pensamiento 2. Cristo quiere discípulos que le entreguen los recursos que tengan. Son los recursos de los discípulos, no ángeles, lo que Dios usa para mostrar *su amor y su verdad* a otros. De modo que, por la causa de Cristo y por amor al mundo, debemos traer a Cristo nuestros recursos y confiar que Él los use eficientemente para suplir las necesidades de un mundo desesperado.

«Dad, y se os dará; medida buena, apretada, remecida y rebosando darán en vuestro regazo; porque con la misma medida con que medís, os volverán a medir» (Lc. 6:38).

«Cada primer día de la semana cada uno de vosotros ponga aparte algo, según haya prosperado, guardándolo, para que cuando yo llegue no se recojan entonces ofrendas» (1 Co. 16:2).

«Cada uno con la ofrenda de su mano, conforme a la bendición que Jehová tu Dios te hubiere dado» (Dt. 16:17).

«Honra a Jehová con tus bienes, y con las primicias de todos tus frutos» (Pr. 3:9).

2. El ejemplo de Jesús de cómo deben ser usados nuestros recursos, es triple. (1) Cristo tomó los recursos que le fueron dados; (2) dio gracias; y (3) usó los recursos. Siempre, sin excepción, hará lo mismo con lo que le damos, con tal que le *demos todo lo que tengamos.*

Pensamiento 1. En estas tres acciones Cristo nos enseña cómo usar los recursos que tenemos.
1) Tomarlos: rendirlos a Cristo y a los propósitos suyos.
2) Agradecer a Dios: reconocer que Dios es la fuente de los recursos.
3) Usarlos. Dar todo lo que tenemos a los que están tan hambrientos, perdidos, y en una necesidad tan desesperante en todas partes del mundo.

«Jesús le dijo: si quieres ser perfecto, anda, vende lo que tienes, y dalo a los pobres, y tendrás tesoro en el cielo; y ven y sígueme» (Mt. 19:21).

Pensamiento 2. Cristo *devolvió* los panes a los discípulos— les llenó una y otra vez las manos, continuamente, sin cesar.

3. La parte del discípulo en el ministerio del Señor también fue triple.
a. Tuvieron que compartir.
b. Tuvieron que guardar las sobras haciendo economía, mostrando la gloriosa abundancia de Dios. Ellos debían ser un ejemplo de cómo deben ser usados los recursos.
c. Ellos mismo debían observar el poder de Cristo, aprendiendo constantemente y fortaleciendo la propia fe de manera que pudieran servir más vigorosamente en el futuro.

Pensamiento 1. Cristo no amontonó el pan de una sola vez. Las provisiones crecieron a medida que eran distribuidas. La necesidad de los hombres fue suplida *con el partimiento, en el uso* de los recursos. Debemos darle lo que tenemos y luego confiar que Él lo multiplicará suficientemente para suplir la necesidad. Esa es, sencillamente, nuestra parte en el suplir las necesidades del mundo. Tomamos lo que tenemos y hacemos lo que podemos, confiando que Cristo lo multiplica suficientemente para suplir la necesidad.

Pensamiento 2. Cuando compartimos lo que Cristo da, Él satisface a cada uno. Hay lo suficiente, más que suficiente, y hay satisfacción. Las necesidades de la gente son suplidas. Pero todo depende de una cosa: nuestro compartimiento. Debemos compartir las cosas que Dios nos da.

Pensamiento 3. Dios multiplica lo que compartimos. Dios puede tomar un poco y hacer que dure mucho.

«Y a Aquel que es poderoso para hacer todas las cosas mucho más abundantemente de lo que pedimos o entendemos, según el poder que actúa en nosotros» (Ef. 3:20).

Pensamiento 4. Cuando hay abundancia con demasiada frecuencia ocurre que el hombre ...

- se excede en su uso para provecho personal.
- olvida el pasado.
- acumula lo que no necesita.
- ignora al verdadero Dador.
- desperdicia los sobrantes.
- cierra sus ojos a los demás.

«Y diré a mi alma: alma, muchos bienes tienes guardados para muchos años; repósate, come, bebe regocíjate» (Lc. 12:19).

«A los ricos de este siglo manda que no sean altivos, ni pongan la esperanza en las riquezas, las cuales son inciertas, sino en el Dios vivo, que nos da a todos las cosas en abundancia para que las disfrutemos. Que hagan bien, que sean ricos en buenas obras, dadivosos, generosos; atesorando para sí buen fundamento para lo por venir, queechen mano de la vida eterna» (1 Ti. 6:17-19).

ESTUDIO A FONDO 2

(14:18-21) *Lecciones:* note cuatro cosas.

1. Los discípulos tuvieron gran fe en Cristo. Trajeron sus recursos a Cristo a pesar de ser pocos en cantidad y pequeños en tamaño.

2. Cristo usó *todos* los recursos: todo lo disponible.

3. Cristo obró a través de los discípulos, de las personas que trajeron lo que tenían. Las personas que dieron lo que tenían llegaron a ser agentes de Cristo.

4. Cristo multiplicó en gran manera lo que le dieron.

5. Los discípulos y la gente presenciaron un milagro de Dios; la necesidad quedó suplida.

ESTUDIO A FONDO 3

(14:19) *Oración en las comidas:* los creyentes bíblicos oraban antes de comer (Mt. 15:36; 26;26; Hch. 27:35; Ro. 14:6; 1 Co. 10:30; 1 Ti. 4:5; cp. 1 S. 9:13).

| | **D. El poder del Mesías para calmar una tormenta: el poder de su presencia, 14:22-33** (Mr. 6:45-52; Jn. 6:16-21) | 27 Pero enseguida Jesús les habló, diciendo: ¡Tened ánimo; yo soy, no temáis! | d. Jesús les dio seguridad; su presencia |

1 La presencia de Cristo es asegurada por la preparación personal
a. Envió a los discípulos
b. Despidió a la multitud
c. Estuvo a solas para orar
   1) En el monte
   2) En la noche
   3) Totalmente solo
   4) En la tormenta

2 La presencia de Cristo conquista el temor
a. Se levantó una tormenta
b. Jesús se acercó a ellos caminando en el mar
c. Los discípulos temieron pensando ver un fantasma

22 En seguida Jesús hizo a sus discípulos entrar en la barca e ir delante de él a la otra ribera, entre tanto que él despedía a la multitud.
23 Despedida la multitud, subió al monte a orar aparte; y cuando llegó la noche, estaba allí solo.
24 Y ya la barca estaba en medio del mar, azotada por las olas; porque el viento era contrario.
25 Mas a la cuarta vigilia de la noche, Jesús vino a ellos andando sobre el mar.
26 Y los discípulos, viéndole andar sobre el mar, se turbaron, diciendo: ¡Un fantasma! Y dieron voces de miedo.

28 Entonces le respondió Pedro, y dijo: Señor, si eres tú, manda que yo vaya a ti sobre las aguas.
29 Y él dijo: Ven. Y descendiendo Pedro de la barca, andaba sobre las aguas para ir a Jesús.
30 Pero al ver el fuerte viento, tuvo miedo; y comenzando a hundirse, dio voces, diciendo: ¡Señor, sálvame!
31 Al momento Jesús, extendiendo la mano asió de él, y le dijo: ¡Hombre de poca fe! ¿Por qué dudaste!
32 Y cuando ellos subieron en la barca, se calmó el viento.
33 Entonces los que estaban en la barca vinieron y le adoraron, diciendo: Verdaderamente eres Hijo de Dios.

3 La presencia de Cristo mueve la esperanza de ser salvado
a. Pedro tuvo esperanza: podía ser salvado por la presencia de Cristo
b. Mandato de Jesús: Ven
c. La fe de Pedro vaciló
   1) Miró la tormenta
   2) Comenzó a hundirse
   3) Clamó al Señor: Sálvame
d. Jesús lo salvó, pero amonestó la débil fe

4 La presencia de Cristo conquista la naturaleza
5 La presencia de Cristo mueve a la confesión y adoración[EF1]

D. El poder del Mesías para calmar una tormenta: el poder de su presencia, 14:22-33

(14:22-33) *Introducción:* note que Cristo *hizo* que sus discípulos partieran rumbo a la otra orilla. Ellos insistían en no ir. Por varios motivos fue preciso que Jesús los hiciera ir.

Primero, en seguida después de alimentar a la multitud, la gente quería tomarlo por la fuerza para hacerlo rey (Jn. 6:15). Cristo conocía el concepto del pueblo acerca del Mesías. El Mesías debía llevar a Israel a una rebelión contra el conquistador romano, librando al pueblo y estableciendo un gobierno teocrático, es decir, el gobierno y reino de Dios sobre toda la tierra (*véanse* notas—Mt.1:1; Estudio a fondo 2—1:18; Estudio a fondo 2—3:11; notas—11:1-6; 11:2-3; Estudio a fondo 1—11:5; Estudio a fondo 2—11:6; Estudio a fondo 1—12:16; notas—22:42; Lc. 7:21-23). Los discípulos fueron arrastrados por la excitación del momento. Cristo tuvo que enviarlos a cruzar el lago, y dispersar a la multitud para calmar a los discípulos y evitar que cometieran un grave error. Por supuesto, Cristo sabía que deberían luchar contra la tormenta, y la lucha contra una tormenta y la lucha para sobrevivir los calmaría en su entusiasmo. Además el calmar la tormenta les demostraría que Él era el Mesías y les mostraría nuevamente que tenía control sobre todas las cosas. Mostraría que Él conocía la mejor manera de proclamar su naturaleza mesiánica.

Segundo, para Cristo era momento oportuno para continuar su camino porque otras personas necesitaban su ministerio. Quería que los discípulos aprovechasen las últimas luces del día para cruzar el lago.

Tercero, y también importante, Cristo necesitaba tiempo para estar a solas en oración (v. 23).

Cuarto, e igualmente importante, Cristo quería que sus discípulos comenzaran a aprender una de las lecciones más importantes de sus vidas: su presencia, la de Cristo, estaría siempre con ellos, no necesariamente en forma corporal, pero sí su presencia

espiritual. Lo que ellos necesitaban era tener gran confianza en Él (cp. la demostración de confianza de Pedro, vv. 28-29).

La presencia del Señor marca la diferencia en el mundo. (*Véanse* bosquejo y notas—Mt. 8:23-27.)

1. La presencia de Cristo es asegurada por la preparación personal (vv. 22-23).
2. La presencia de Cristo conquista el temor (vv. 24-27).
3. La presencia de Cristo mueve la esperanza de ser salvado (vv. 28-31).
4. La presencia de Cristo conquista la naturaleza (v. 32).
5. La presencia de Cristo mueve a la confesión y adoración (v. 33).

1 (14:22-23) *Preparación, personal—oración:* la presencia de Cristo es asegurada por su preparación personal. Esto que da demostrado por lo que Cristo mismo hizo. Se fue para estar a solas en oración. Hay ocasiones en que se requieren prolongadas sesiones de oración, cualesquiera sean las circunstancias. Si Cristo sintió esa necesidad, ¿cuánto más deberíamos sentirla nosotros?

Cristo envió a sus discípulos a cruzar el lago y despidió a la multitud; luego se fue solo a orar. Habían ocurrido tantas cosas que Jesús estaba agotado y exhausto. Una vez más lo había confrontado el tentador ofreciéndole el camino fácil hacia la fidelidad del pueblo (*véanse* Estudios a fondo 1, 2, 3—Mt. 4:1-11). La gente estaba lista para proclamarlo rey, pero Jesús sabía que la proclamación humana no era sino el camino del diablo. Él tenía que asegurar la salvación de los hombres y tenía que ser mediante la muerte y resurrección. Necesitaba estar a solas con Dios.

- Necesitaba ser renovado y fortalecido. Estaba físicamente exhausto.
- Necesitaba recuperar claridad en la perspectiva de su misión. Estaba mentalmente exhausto; su mente tan cansada, probablemente borrosa como la nuestra

después de pensar y trabajar intensamente (cp. He. 4:15-16).

- Necesitaba ser recargado con el poder de Dios y con la profunda sinceridad para hacer la voluntad de Dios. Había salido tanto poder de Él que estaba espiritualmente exhausto (cp. Mr. 5:30; *véase* nota—Mt. 9:20-22).

Varias lecciones sobre la oración pueden vislumbrarse a partir de esta experiencia de Cristo.

Oró en la cima de la montaña. El creyente que está en la cima y piensa, mirando el vasto territorio que se extiende abajo, ve la inmensa grandeza de Dios: su poder, su majestad y su gloria. El creyente obtiene una nueva perspectiva de Dios y del hombre.

Cristo oró en la noche. La noche es un tiempo cálido y tierno, un tiempo en que una persona que ha trabajado tanto es muy consciente de su agotamiento y de su necesidad de renovación. Es el momento en que puede realizarse un repaso del día transcurrido y una mirada al mañana. Cristo oró completamente solo; necesitaba compartir con Dios, cara a cara.

Oró hasta la «cuarta vigilia» (3-6 horas de la madrugada), probablemente siete o más horas.

Oró en medio de la tormento. En algún lugar se levantó una tormenta, aparentemente mucho antes de las tres de la mañana, de lo contrario, los discípulos ya habrían cruzado el lago. La importancia que la oración tenía para Cristo se ve contundente en las muchas horas que pasó orando *en medio de la tormenta*.

Pensamiento 1. Nosotros somos meras personas. Tan frecuentemente nos cansamos; tantas veces nos agotamos; tantas veces somos tentados; presionados con tanta fuerza; dolorosamente tensionados. Luchamos por mantener nuestra mente en Cristo y por ser conscientes, momento a momento, de la presencia suya (2 Co. 10:5). Batallamos por mantenernos en nuestra tarea. Ello tiene un costo, nos gasta mentalmente, emocionalmente, física y espiritualmente. Nuestra única esperanza es aprender que la presencia de Cristo, el hecho de ser conscientes de su presencia, lleva oración, mucha oración. Tenemos que aprender a pasar mucho tiempo a solas con Dios.

Pensamiento 2. Una persona dedicada vive en alocada carrera y es atacada una y otra vez por distracción tras distracción. Es imposible seguir fuerte y fiel a Cristo sin apartarse y estar a solas para la oración y renovación. Ese es el camino que Dios ha escogido para enseñarnos a confiar. No somos auto suficientes. Si queremos la seguridad de su presencia y si vamos a ir para hacer lo que nos ha enviado hacer en el mundo, tenemos que pasar tiempo a solas con Él.

Esta es una de las leyes básicas del crecimiento espiritual y del ministerio (*véanse* bosquejo y notas—Mt. 7:7-11; cp. Mt. 6:6).

«Pedid, y se os dará; buscad y hallaréis; llamad, y se os abrirá» (Mt. 7:7).

«Velad y orad, para que no entréis en tentación; el espíritu a la verdad está dispuesto, pero la carne es débil» (Mt. 26:41).

«También les refirió Jesús una parábola sobre la necesidad de orar siempre, y no desmayar» (Lc. 18:1).

«Orando en todo tiempo con toda oración y súplica en el Espíritu, y velando en ello con toda perseverancia y súplica por todos los santos» (Ef. 6:18).

«Orad sin cesar» (1 Ts. 5:17).

«Buscad a Jehová y su poder; buscad su rostro continuamente» (1 Cr. 16:11).

2 (14:24-27) *Temor—Jesucristo, presencia:* la presencia de Cristo conquista el temor. Esta es la lección de la tormenta y de la experiencia de los discípulos en la tempestad.

1. Se levantó una tormenta mientras estaban cruzando el lago. La palabra «azotados» (*basavizomenon*) significa ser azotado con gran fuerza. El cuadro es descriptivo: el bote era azotado tan ferozmente que sufría dolor y angustia. La tormenta se levantó mientras los discípulos estaban trabajando. Estaban haciendo exactamente lo que Cristo les había mandado hacer, pero aún así se levantó la tormenta. Qué real es esto en la vida: las tormentas vienen sobre los justos como sobre los injustos (Mt. 5:45).

2. Jesús fue al encuentro de los discípulos, pero note cómo: caminando sobre el mar. Sin embargo, no fue inmediatamente a ellos. ¿Por qué?

   a. Porque tenía que enseñarles a confiar en Él y obedecer su mandato sin importar lo que pudiera pasar. Estaban haciendo lo que les habían mandado hacer, de modo que podían confiar en su cuidado y voluntad.

   b. Porque tenía que enseñarles acerca de salir a conquistar las tormentas de la vida usando sus propias habilidades y fuerzas. Tenían que aprender a usar todos los dones que tenían para luchar contra las tormentas de la vida. Él solamente intervendría cuando ya habían hecho todo lo que podían. Una vez agotadas las propias habilidades y fuerzas, la alabanza por la salvación sería para Dios y para su poder liberador, no para el hombre.

3. Los discípulos se espantaron, creyeron estar viendo un fantasma. En este punto tiene importancia el estado físico y mental de los discípulos. Estaban *físicamente exhaustos*, habiendo luchado durante horas contra la tormenta, estaban *mentalmente agotados* por usar todas las habilidades de que disponían. Sus vidas estaban amenazadas, estaban luchando por sobrevivir. Súbitamente, vieron aparecer de la nada una figura, una aparición (fantasma) caminando sobre el agua. Estaban atemorizados, tal vez al borde del colapso; tal vez pensaron estar en presencia del «ángel de la muerte» o de una premonición de la cercanía de la muerte (esto lo indica el impulsivo pedido de Pedro). Entonces, repentinamente *se oyó una voz*: «Yo soy, no temáis». Exhaustos, atemorizados, influidos —*temiendo* y luchando por sus vidas y de cara a una auténtica aparición— realmente los discípulos estaban atravesando una experiencia casi insoportable.

4. Jesús les dio la certeza de su presencia. La repentina presencia de Cristo sobre el agua fue un gran aliento para los discípulos, sin embargo, no estaban totalmente seguros de que fuese Él: «Señor, si eres tú». Las palabras y la presencia de Jesús son una *maravillosa revelación* de su cuidado y poder para salvarnos en las tormentas de la vida (*véase* Estudio a fondo 1—Jn. 6:20).

«He aquí, yo estoy contigo, y te guardaré por dondequiera que fueres, y volveré a traerte a esta tierra; porque no te dejaré hasta que haya hecho lo que te he dicho» (Gn. 28:15).

«Y él dijo: Mi presencia irá contigo, y te daré descanso» (Éx. 33:14).

«Jehová es mi fortaleza y mi escudo; en él confié mi corazón, y fui ayudado» (Sal. 28:7).

«Aunque afligido yo y necesitado, Jehová pensará en mí. Mi ayuda y mi libertador eres tú; Dios mío, no te tardes» (Sal. 40:17).

«Ahora, así dice Jehová, Creador tuyo, oh Jacob, y Formador tuyo, oh Israel: No temas, porque yo te redimí; te puse nombre, mío eres tú. Cuando pases por las aguas, yo estaré contigo; y si por los ríos, no te anegarán. Cuando pases por el fuego, no te quemará, ni la llama arderá en ti» (Is. 43:1-2).

Pensamiento 1. No debemos volvernos cuando se levantan las tormentas, no importa cuán terrible sea la prueba (cp. Mt. 13:5, 21). Cristo puede tomar las pruebas de la vida y hacer oportunidades de ellas. Ellas nos dan experiencia en la vida de la fe.

«Y no solamente esto, sino que nos gloriamos en las tribulaciones, sabiendo que la tribulación produce paciencia; y la paciencia prueba; y la prueba esperanza; y la esperanza no avergüenza; porque el amor de Dios ha sido derramado en nuestros corazones por el Espíritu Santo que nos fue dado» (Ro. 5:3-5).

Pensamiento 2. Esta es angustia humana en su máxima expresión, una experiencia terrible. El tema en cuestión es claro: en las grandes tormentas de la vida somos indefensos. Solamente la presencia de Cristo nos puede llevar *atravéz de* esas tormentas. Solamente su presencia puede conquistar nuestro temor y darnos esperanza y seguridad.

Pensamiento 3. Las tormentas las pueden constituir tristezas, conflictos internos, tentación, decisiones por hacer, o cualquier circunstancia adversa. Cristo está tan cerca y siempre dispuesto a ayudar a quienes claman a Él. Su presencia da seguridad, consuelo, y fortaleza al verdadero discípulo.

[3] (14:28-31) *Pedro—fe, débil:* la presencia de Cristo despertó la esperanza de ser salvados. Cuando Pedro oyó la voz de Cristo, sintió nueva esperanza.

1.   Despertó la esperanza de Pedro: podía ser salvado por la presencia de Cristo. Pidió permiso para reunirse con Cristo. El pedido de Pedro fue por demás inusual, y siempre ha asombrado a algunas personas. Tenemos que imaginarnos la escena: el agotamiento físico y mental; las horas de lucha para sobrevivir en la tormenta; el temor que sobreviene cuando durante tantas horas ininterrumpidas la persona piensa que va a morir; el temor ante una auténtica aparición; el estado de parálisis al confrontar tantas cosas. Pedro pensaba que moriría. Una persona en tal condición quiere ser salvada del peligro. Pedro conocía a Jesús, conocía su poder y su amor: «Señor, si eres tú, manda que yo vaya a ti sobre las aguas [sálvame, sácame de este peligro]». Pedro no estaba pensando en términos de milagros. Su mente estaba demasiado ocupada para ello. Se encontraba en una situación desesperante; quería ser salvado.

Note otro punto: Pedro no quería reunirse con Cristo porque lo amaba. Amaba a Cristo, sí, pero en este instante sus pensamientos estaban centrados en el amor y poder de Cristo para salvarlo. Cristo era su única esperanza para ser salvado de la muerte. La presencia de Cristo despertó la esperanza de Pedro: Cristo podía salvarlo.

2.   La orden de Jesús fue: «Ven». Es una palabra fuerte; Cristo no estaba dando meramente permiso a Pedro de venir; le estaba dando una orden. Cuando una persona ve que Jesús es su salvación, la orden es clara: «Ven».

«Venid a mí todos los que estáis trabajados y cargados, y yo os haré descansar» (Mt. 11:28).

«Venid luego, dice Jehová, y estemos a cuenta: si vuestros pecados fueren como la grana, como la nieve serán emblan-quecidos; si fueren rojos como el carmesí, vendrán a ser como blanca lana» (Is. 1:18).

«A todos los sedientos: Venid a las aguas; y los que no tienen dinero, venid, comprad y comed. Venid, comprad sin dinero y sin precio, vino y leche» (Is. 55:1).

3.   La fe de Pedro vaciló. Pedro vio a Jesús, su esperanza de ser salvado. Sabía que Jesús cuidaba de él, que lo amaba y tenía el poder para salvarlo. Tenía sus ojos puestos en Jesús. Fue cuando apartó sus ojos de Jesús para fijarlos en la tormenta que su fe comenzó a debilitarse y él comenzó a hundirse. Note que Cristo lo salvó a pesar de su débil fe: «Creo [Señor]; ayuda mi incredulidad» (Mr. 9:24). Algo de fe hay en el clamor: «[Señor] ... ayuda».

Pensamiento 1. Esta escena contiene una ilustración de la salvación. La fe del hombre es despertada: la presencia de Cristo lo puede salvar. Pide unirse a Cristo y Cristo le manda: «Ven». El hombre comienza a caminar hacia Cristo, pasando por el turbulento oleaje de la vida. Súbitamente vuelve su atención, puesta en Cristo, a las tormentas de la vida y comienza a hundirse. Desesperado clama: «Señor, sálvame»: entonces Cristo le extiende la mano y lo salva.

«Porque todo aquel que invocare el nombre del Señor, será salvo» (Ro. 10:13).

«Este pobre clamó, y le oyó Jehová, y lo libró de todas sus angustias» (Sal. 34:6).

«Desde el cabo de la tierra clamaré a ti, cuando mi corazón desmayare» (Sal. 61:2).

Pensamiento 2. La presencia del Señor es la respuesta a las tormentas de la vida: es la respuesta a todos los espíritus angustiados:

«Que sois guardados por el poder de Dios mediante la fe, para alcanzar la salvación» (1 P. 1:5).

«Y el Señor me librará de toda obra mala, y me preservará para su reino celestial. A él sea la gloria por los siglos de los siglos» (2 Ti. 4:18).

4.   Jesús salvó a Pedro, pero amonestó su vacilante fe. Jesús salva a la persona que tiene *poca fe*, pero amonesta esa escasez.

«Entonces el Señor dijo: si tuvierais fe como un grano de mostaza, podríais decir a este sicómoro: Desarráigate, y plántate en el mar; y os obedecería» (Lc. 17:6).

«Pero sin fe es imposible agradar a Dios; porque es necesario que el que se acerca a Dios crea que le hay, y que es galardonador de los que le buscan» (He. 11:6).

[4] (14:32) *Liberación:* la presencia de Cristo vence la naturaleza. El es el Mesías, el Señor, soberano sobre todo. Demostró su naturaleza mesiánica sumando prueba tras prueba ante el puñado de sus creyentes a quienes encomendaría su causa. Por amor a ellos pacificó al encolerizado mar. Siempre estaría presente para ayudarles, cualquiera fuese la gravedad de la prueba. Ellos debían saberlo, y debían aprender que Él podía traer paz a cualquier tormenta y a cualquier alma desesperada que clame a Él.

«La paz os dejo, mi paz os doy; yo no os la doy como el mundo la da. No se turbe vuestro corazón, ni tenga miedo» (Jn. 14:27).

«Estas cosas os he hablado para que en mí tengáis paz. En el mundo tendréis aflicción; pero confiad, yo he vencido al mundo» (Jn. 16:33).

«Por nada estéis afanosos, sino sean conocidas vuestras peticiones delante de Dios en toda oración y ruego, con acción de gracias. Y la paz de Dios, que sobrepasa todo entendimiento, guardará vuestros corazones y vuestros pensamientos en Cristo Jesús» (Fil. 4:6-7).

[5] (14:33) *Confesión—decisión—adoración:* la presencia de Cristo despierta la confesión y adoración. Los discípulos experimentaron un gran alivio: alivio después del agotamiento y de quedar exhaustos. Fueron salvados y librados de una tormenta fatal por el poder de Cristo. Nunca antes habían presenciado semejante poder. No había alternativa, no quedaba otra cosa que hacer: «Vinieron y le adoraron, diciendo: Verdaderamente eres Hijo de Dios». Entendieron, como nunca antes, no perfectamente, pero lo suficiente para reconocer a Jesús como Hijo de Dios.

«A cualquiera, pues, que me confiese delante de los hombres, yo también le confesaré delante de mi Padre que está en los cielos» (Mt. 10:32).

«Os digo que todo aquel que me confesare delante de los hombres, también el Hijo del Hombre le confesará delante de los ángeles de Dios» (Lc. 12:8).

«Que si confesares con tu boca que Jesucristo es el Señor, y creyeres en tu corazón que Dios le levantó de los muertos, serás salvo» (Ro. 10:9).

«Todo aquel que niega al Hijo, tampoco tiene al Padre. El que confiesa al Hijo, tiene también al Padre. Lo que habéis oído desde el principio, permanezca en vosotros. Si lo que habéis oído desde el principio permanece en vosotros, también vosotros permane-ceréis en el Hijo y en el Padre» (1 Jn. 2:23-24).

«Todo aquel que confiese que Jesús es el Hijo de

Dios, Dios permanece en él, y él en Dios» (1 Jn. 4:15).

Pensamiento. Note que *no solamente profesaron* tener fe, sino que lo *adoraron*. Hay una gran diferencia.

«Y aconteció que bendiciéndolos, fue llevado arriba al cielo. Ellos, después de haberlo adorado, volvieron a Jerusalén con gran gozo» (Lc. 24:51-52).

«Oyó Jesús que le habían expulsado; y hallándole, le dijo: ¿Crees tú en el Hijo de Dios? Respondió él y dijo: ¿Quién es, Señor, para que crea en él? Le dijo Jesús: Pues le has visto, y el que habla contigo, él es. Y él dijo: Creo, Señor; y le adoró» (Jn. 9:35-38).

«Y otra vez, cuando introduce al Primogénito en el mundo, dice: Adórenle todos los ángeles de Dios» (He. 1:6).

ESTUDIO A FONDO 1

(14:33) *Hijo de Dios:* para la discusión *véanse* Estudio a fondo 3, *Jesucristo, Hijo de Dios*—Mt. 1:16; Estudio a fondo 2— 1:18; Estudio a fondo 1—Jn. 1:1-3; nota—1:34. Cp. Mt. 27:43; Mr. 1:1; Lc. 1:35; 3:38; Jn. 3:18; 5:25; 9:35; 10:36; 11:4; 19:7; 20:31; He. 8:37; 9:20; Ro. 1:4; Gá. 2:20; Ef. 4:13; 1 Jn. 3:8; 4:15; 5:5, 10, 13, 20.

	E. El poder del Mesías, buscado y creído: los pasos para buscar y ser sanado, 14:34-36
1 Cristo en tierra de Genesaret	34 Y terminada la travesía, vinieron a tierra de Genesaret.
2 Paso 1: conocer acerca de Cristo	35 Cuando le conocieron los hombres de aquel lugar, enviaron noticia por toda aquella tierra alrededor, y trajeron a él todos los enfermos;
3 Paso 2: venir a Cristo y traer a los enfermos para que sean sanados	
4 Paso 3: pedir a Cristo que toque los enfermos[EF1]	36 y le rogaban que les dejase tocar solamente el borde de su manto; y todos los que lo tocaron, quedaron sanos.
5 Paso 4: tocar a Cristo	
6 Paso 5: experimentar el poder de Cristo y ser sanado	

E. El poder del Mesías, buscado y creído: los pasos para buscar y ser sanado, 14:34-36

(14:34-36) *Introducción:* este breve pasaje es una ilustración del poder del Mesías, poder grandemente buscado y creído. ¡Un mundo necesitado y destituido tiene que buscar y confiar en su poder! Solamente Él tiene el poder para dar completa sanidad al hombre. Los pasos precisos para buscar el poder de Cristo y recibir completa sanidad son demostrados por la gente de la tierra de Genesaret.

1. Cristo en tierra de Genesaret (v. 34).
2. Paso 1: conocer acerca de Cristo (v. 35).
3. Paso 2: venir a Cristo y traer a los enfermos para que sean sanados (v. 35).
4. Paso 3: pedir a Cristo que toque los enfermos (v. 36).
5. Paso 4: tocar a Cristo (v. 36).
6. Paso 5: experimentar el poder de Cristo y ser sanado (v. 36).

1 (14:34) *Genesaret, tierra de:* Cristo vino a la tierra de Genesaret. Era una planicie inusualmente fértil en el noroeste del lago de Genesaret. Se extendía a lo largo de unas tres millas y su ancho era de aproximadamente una milla, situada entre Corazín y Magdala. Se la llamaba *paraíso* y era el *jardín de príncipes.*

> **Pensamiento.** Un *paraíso terrenal* y un *jardín de príncipes* solamente pueden ofrecer placeres físicos y relajamiento. Solamente pueden restaurar el cuerpo; no pueden ...
> • dar paz permanente al alma (*véase* nota— Jn. 14:27).
> • dar un cuerpo eterno (Jn. 5:24-29; cp. 1 Cr. 15:42-46, 51-54).
> Solamente Cristo puede dar paz y vida eterna (cp. Jn. 16:33; Fil. 4:6-7; Jn. 3:16; 5:24; 10:10).

2 (14:35) *Buscar a Cristo:* el primer paso para buscar a Cristo y recibir sanidad es conocer acerca de Él.

1. Tenemos que saber que Cristo está presente, a la mano, al alcance, dispuesto a darnos sanidad.

2. Debemos saber que Cristo no sólo está dispuesto, sino que tiene el *poder y la voluntad* de darnos sanidad.
   • Saber que *Él es poderoso* implica creer que es el verdadero Mesías, el Hijo de Dios, el Salvador enviado por Dios al mundo para salvarnos.
   • Saber que *tiene la voluntad* implica creer que Él es amor y que ha «venido para buscar y salvar lo que se había perdido» (Lc. 19:10), y que «no quiere que ninguno se pierda» (2 P. 3:9).

Pensamiento 1. Si los hombres realmente conocieran la gracia salvadora de Cristo, pronto le rendirían sus vidas. Hay dos motivos por los que los hombres no saben acerca de Cristo.

1) Los creyentes han fallado en vivir y salir *con celo* dando testimonio.
2) Los incrédulos han fallado en abrir sus mentes cerradas, endureciendo, en cambio sus corazones hacia Cristo.

Pensamiento 2. Si una persona no ha oído de Cristo, consecuentemente no lo conoce. ¿Cómo es posible que Dios mismo, hacedor del cielo y de la tierra, haya enviado a su Hijo 2000 años atrás y todavía existan algunos que no sepan de Él?

• ¿Es posible que hayamos *reformado a Cristo* (por así decir) a nuestra religiones humanas y mutilado el celo, en vez de *reformar* nuestras vidas y nuestro celo por Cristo?

• ¿Es posible que estemos tan cómodos con nosotros mismos que, engañándonos, ignoremos la verdad tal como Él la ha revelado, la verdad de que Jesús realmente es el Hijo de Dios y ha venido para salvar al hombre?

• ¿Es posible que no creamos que el hombre está pereciendo y que es condenado a perecer eternamente?

¿Cómo podemos negar e ignorar, engañándonos a nosotros mismos, que estamos pereciendo, cuando *estamos* pereciendo? ¿Cómo podemos negar que todos los demás están pereciendo cuando *están* pereciendo? ¿Acaso no queremos *nosotros* vivir eternamente? ¿Acaso no queremos que *otros* vivan eternamente? ¿En realidad creemos que *podemos* vivir eternamente? ¿Por qué somos tan ciegos? ¿tan indolentes? ¿Tan duros para ver y oír? *¿Por qué negamos la verdad?*

«**Está establecido para los hombres que mueran una sola vez**» (He. 9:27).

«**Porque de tal manera amó Dios al mundo, que ha dado a su Hijo unigénito, para que todo aquel que en él cree, no se pierda, mas tenga vida eterna**» (Jn. 3:16).

«**Jesús le dijo: Yo soy el camino, y la verdad,**

y la vida; nadie viene al Padre, sino por mí» (Jn. 14:6).

«Y en ningún otro hay salvación» (Hch. 4:12).

«Porque hay un solo Dios, y un solo mediador entre Dios y los hombres, Jesucristo hombre» (1 Ti. 2:5).

«En el mundo estaba, y el mundo por él fue hecho; pero el mundo no le conoció» (Jn. 1:10).

3 (14:35) *Testificar:* el segundo paso para buscar a Cristo y recibir sanidad es venir a Él trayendo a los enfermos para que sean sanados. Note que los hombres *fueron «por toda aquella tierra» y trajeron a todos los enfermos* a Él. No asistieron a solas los servicios; trajeron a sus familias, a sus seres queridos, a sus vecinos y amigos. Habían oído acerca de Cristo; sabían de Él y estaban muy esperanzados. Pensar que ellos y sus amigos podrían ser sanados completamente despertó sus corazones con una esperanza jamás imaginada. No había forma de que perdieran *esta oportunidad.*

> *Pensamiento.* Hay dos preguntas esenciales que debemos hacernos todos nosotros.
> 1) ¿Monopolizamos nuestra fe? ¿Alguna vez hemos traído a alguien a Cristo?
> 2) ¿Alguna vez hemos venido a Cristo por sanidad? ¿Hemos venido con honestidad sin duda alguna?
>> «He aquí, yo estoy a la puerta y llamo; si alguno oye mi voz y abre la puerta, entraré a él, y cenaré con él, y él conmigo» (Ap. 3:20).

4 (14:36) *Buscar—buscando:* el tercer paso para buscar a Cristo y recibir completa sanidad es pedir y rogar para tocar a Cristo (*véase* Estudio a fondo 1—Mt. 14:36). Note la palabra «rogaban». Significa pedir y rogar. La palabra señala tres actitudes necesarias para la sanidad.

1. Un sentido de necesidad: sentir tan intensamente nuestra necesidad de la ayuda de Cristo que *le rogamos,* le pedimos y suplicamos que nos dé sanidad.

2. Un sentido de humildad: sentir que nuestra necesidad *realmente* es desesperada y fuera de todo remedio humano. Sentir tan profundamente la desesperación que nos humillamos genuinamente y *rogamos* a Cristo que nos sane. No importa la gente que está alrededor mirando.

3. La fe en el poder de Cristo y su disposición a darnos sanidad: creer de tal manera en su poder que sepamos que nos hará sanos *por dentro y por fuera,* con tal que se lo pidamos y se lo roguemos.

> «Porque todo aquel que invocare el nombre del Señor, será salvo» (Ro. 10:13).
> «Este pobre clamó, y le oyó Jehová, y lo libró de todas sus angustias» (Sal. 34:6).
> «Desde el cabo de la tierra clamaré a ti, cuando mi corazón desmayare. Llévame a la roca que es más alta que yo» (Sal. 61:2).
> «Buscad a Jehová mientras puede ser hallado, llamadle en tanto que está cercano» (Is. 55:6).
> «Y me buscaréis y me hallaréis, porque me buscaréisde todo vuestro corazón» (Jer. 29:13).

ESTUDIO A FONDO 1

(14:36) *Fe, en Cristo—sanidad:* ¿Por qué pedía la gente tocar el borde de su manto, en vez de pedir que Él los toque? Probablemente hay tres explicaciones.

1. Esta era la región donde la mujer con «flujo de sangre» había sido sanada por tocar el borde de su manto. Probablemente había testificado tanto de Cristo que muchos creían que serían sanados si se acercaban a Cristo de la misma manera (*véase* nota—Mt. 9:20-22).

2. Un judío religioso, alguien que creía y confiaba en Dios,

llevaba una borla azul en el borde de su vestimenta. Esta borla era la marca (la señal o insignia) de la persona de fe. Muchas personas creían que Jesús era el Mesías, de modo que tocar el borde de su manto, era tocar *la señal,* la insignia de su fe y poder.

3. Algunos estaban tan enfermos e indefensos y habían estado tanto tiempo así, que sencillamente la humildad los abrumaba. Pensar que podrían «se sanados» por el Mesías mismo despertó en ellos un profundo sentido de indignidad.

5 (14:36) *Salvación—Jesucristo, actitud de apertura:* el cuarto paso para buscar a Cristo y recibir sanidad es tocar a Cristo. Extenderse hacia Jesús trae sanidad a todo nuestro ser. Jesús no rechaza a nadie no importa cuán deformado, distorsionado, enfermo, feo, no atractivo, sucio contaminado inmoral o pecaminoso sea. Él ama a todos y ve la necesidad dentro de cada uno y anhela satisfacer esa necesidad. Todo aquel que se extienda hacia Él es tomado por su mano y estrechado sobre su corazón. Los cuales reciben sanidad *por dentro y por fuera.*

> «Mas a todos los que le recibieron, a los que creen en su nombre, les dio potestad de ser hechos hijos de Dios» (Jn. 1:12).
> «Jesús les dijo: Yo soy el pan de vida; el que a mí viene, nunca tendrá hambre; y el que en mí cree, no tendrá sed jamás. Todo lo que el Padre me da, vendrá a mí; y al que a mí viene, no le echo fuera» (Jn. 6:35-37).
> «Que si confesares con tu boca que Jesucristo es el Señor, y creyeres en tu corazón que Dios le levantó de los muertos, serás salvo. Porque con el corazón se cree para justicia, pero con la boca se confiesa para salvación» (Ro. 10:9-10).

6 (14:36) *Naturaleza nueva—nuevo hombre—salvación:* el quinto paso para buscar a Cristo y recibir sanidad es experimentar el poder de Cristo, recibiendo en los hechos la sanidad (*véase* nota—14: 36). *Completamente sanado (diesothesan)* significa ser sanado por dentro y por fuera. Una restauración completa se realiza en la persona. La persona es curada totalmente, por dentro en forma espiritual, por fuera en forma física.

En las Escrituras, cuando Cristo sana a alguien y la fe no es mencionada explícitamente, se da por sentado que había fe. Siempre está la implicancia o el entendimiento de la sanidad completa, una sanidad que abarca todo, incluyendo a la persona interior como a la persona exterior, lo espiritual tanto como lo físico.

> «Respondió Jesús y le dijo: De cierto, de cierto te digo, que el que no naciere de nuevo, no puede ver el reino de Dios» (Jn. 3:3).
> «De modo que si alguno está en Cristo, nueva criatura es; las cosas viejas pasaron; he aquí todas son hechas nuevas» (2 Co. 5:17).
> «Y vestíos del nuevo hombre, creado según Dios en la justicia y santidad de la verdad» (Ef. 4:24).
> «Y revestido del nuevo, el cual conforme a la imagen del que lo creó se va renovando hasta el conocimiento pleno» (Col. 3:10).
> «Por medio de las cuales nos ha dado preciosas y grandísimas promesas, para que por ellas llegaseis a ser participantes de la naturaleza divina, habiendo huido de la corrupción que hay en el mundo a causa de la concupiscencia» (2 P. 1:4).

> *Pensamiento.* Cristo sanó tanto el alma como el cuerpo. No existe tal cosa como la sanidad de Cristo para *el cuerpo solamente* o para *el alma solamente.* Cristo da sanidad a ambos.

No podemos ser salvados excepto en esta tierra, y no podemos ser salvados excepto por el otro mundo, por Dios mismo. Somos cuerpo y alma, mente y espíritu. Vivimos en esta tierra, de manera que tenemos que ser salvados y sanados y mantenidos juntos en esta tierra. No hay salvación excepto en esta tierra. El hecho que Cristo

por el hombre mientras está sobre esta tierra. Ello indica que Dios está interesado en el bienestar físico del hombre y en todo movimiento que le ayude al hombre mientras transita la vida en esta tierra. Dios se interesa en ...

- expresiones de ayuda tales como una mano extendida, una sonrisa, una visita, una palabra de aliento un testimonio personal, y así sucesivamente.
- en servicios profesionales tales como la medicina, psicología, ministerios de bienestar social que suplan las necesidades humanas de alimento, ropa, techo, etc.

MATEO 15

F. El Mesías enseña lo que contamina al hombre, 15:1-20
(Mr. 7:21-23; cp. Lc. 11:37-41)

1 Tres clases de interlocutores (*véanse* pts. 2, 3, 4, 5)

2 Una religión tradicional contamina

a. Los interlocutores: hombres religiosos de Jerusalén

b. El cargo contra Jesús: quebrantar la tradición

c. La acusación de Jesús: los religiosos quebrantan la ley de Dios por guardar la tradición

  1) La ley en cuestión: Honra a tu padre y a tu madre[EF1]

  2) La transgresión: usar las ofrendas que corresponden a los padres para fines religiosos

d. La verdadera transgresión o contaminación[EF2]

  1) Desplazar la Palabra para la tradición

  2) Ser hipócritas: adoración de labios versus la del corazón[EF3]

  3) Adorar con corazón vacío

  4) Enseñar la tradición como mandamiento de Dios

Entonces se acercaron a Jesús ciertos escribas y fariseos de Jerusalén, diciendo:

2 ¿Por qué tus discípulos quebrantan la tradición de los ancianos? Porque no se lavan las manos cuando comen pan.

3 Respondiendo él le dijo: ¿Por que también vosotros quebrantáis el mandamiento de Dios por vuestra tradición?

4 Porque Dios mandó diciendo: Honra a tu padre y a tu madre; y: El que maldiga al padre o a la madre, muera irremisiblemente.

5 Pero vosotros decís: Cualquiera que diga a su padre o a su madre: Es mi ofrenda a Dios todo aquello con que pudiera ayudarte,

6 ya no ha de honrar a su padre o a su madre. Así habéis invalidado el mandamiento de Dios por vuestra tradición.

7 Hipócritas, bien profetizó de vosotros Isaías, cuando dijo:

8 Este pueblo de labios me honra; mas su corazón está lejos de mí.

9 Pues en vano me honran, Enseñando como doctrinas, mandamientos de hombres.

10 Y llamando a sí a la multitud, les dijo: Oíd, y entended:

11 No lo que entra en la boca contamina al hombre; mas lo que sale de la boca, esto contamino al hombre.

12 Entonces acercándose sus discípulos, le dijeron: ¿Sabes que los fariseos se ofendieron cuando oyeron esta palabra?

13 Pero respondiendo él, dijo: Toda planta que no plantó mi Padre celestial, será desarraigada.

14 Dejadlos; son ciegos guías de ciegos; y si el ciego guiare al ciego, ambos caerán en el hoyo.

15 Respondiendo Pedro, le dijo: Explícanos esta parábola.

16 Jesús dijo: ¿También vosotros sois aún sin entendimiento?

17 ¿No entendéis que todo lo que entra en la boca va al vientre, y es echado en la letrina?

18 Pero lo que sale de la boca, del corazón sale; y esto contamina al hombre.

19 Porque del corazón salen los malos pensamientos, los homicidios, los adulterios, las fornicaciones, los hurtos, los falsos testimonios, las blasfemias.

20 Estas cosas son las que contaminan al hombre; pero el comer con las manos sin lavar no contamina al hombre.

---

3 Una boca sucia contamina

a. La audiencia: la multitud

b. La contaminación

  1) No es lo que entra

  2) Es lo que sale

4 Un espíritu ciego contamina

a. Los discípulos

b. Preocupación de no ofender a los religiosos

c. Respuesta de Jesús

  1) No son plantados por Dios[EF4]

  2) Serán desarraigados

d. La contaminación:

  1) Dejarlos solos

  2) Guiar mal a los ciegos

  3) Caerán

5 Un corazón corrompido contamina

a. Los interlocutores:

b. La amonestación: lentos para aprender

c. La contaminación[EF5]

  1) No lo que entra al cuerpo

  2) Lo que sale del corazón

d. Las obras de un corazón corrompido

F. El Mesías enseña lo que contamina al hombre, 15:1-20

(15:1-20) **Introducción:** existen en el mundo, y siempre han existido, dos religiones básicas. Por un lado la religión que acentúa *la apariencia exterior* y por el otro, la religión que acentúa el *interior*.

- La religión externa pide limpieza física y moral. La religión interna pide regeneración espiritual y el nacimiento de una nueva criatura.
- La religión externa afirma que si la persona mantiene limpio el exterior, también el interior será limpio. La religión interior afirma que si la persona es limpia en el interior también mantendrá limpio el exterior.
- La religión exterior desarrolla un sistema de leyes para gobernar la conducta. La religión interior basa la conducta en el *corazón de amor* y respeto hacia Dios y los hombres.
- La religión exterior pide fidelidad a la religión (iglesia)

y a sus prácticas y enseñanzas morales, con ello la persona será limpia. La religión interior pide limpieza interior por Cristo, entonces uno será fiel a la iglesia y vivirá una vida justa.

- La religión exterior es hecha por el hombre y consiste de rituales, ceremonias, leyes y obras. La religión interior es obra de Dios *basada* en Su Hijo Jesucristo que cambia o regenera el corazón del hombre. Este acto de una nueva creación le da al hombre un corazón nuevo, un corazón que se extiende hacia Dios y hacia el hombre en amor y respeto.

El conflicto entre estas dos religiones era el conflicto entre Cristo y los religiosos de su día.

Con el correr de los años, la religión judía, en el intento de mantener al hombre religiosa y moralmente limpio, había producido miles y miles de reglas y reglamentos para gobernar la conducta del hombre. Parte de ello tenía que ver con mantenerse uno físicamente limpio mediante el lavamiento con agua. Una de las reglas decía que toda persona tenía que lavarse las manos antes de comer. Aparentemente los discípulos habían fallado en lavarse las manos antes de comer; por lo tanto habían quebrantado la tradición de la iglesia avergonzando a los religiosos fieles de aquel día. Consultaron a Jesús sobre el tema. Jesús respondió acusando a los religiosos de quebrantar la ley de Dios *para guardar* las tradiciones de su religión. Y les dio un ejemplo:

«Porque Dios mandó diciendo: "Honra a tu padre y a tu madre." Pero la tradición de ustedes dice que si la persona compromete la ofrenda para el templo, nunca puede romper el compromiso, aunque después necesite la ofrenda para cuidar de sus padres».

Cristo está diciendo: «No soy yo quien quebranta la ley, el hipócrita, sino ustedes. Ustedes son los que quebrantan la ley de dios. Ustedes ponen sus propias reglas sobre la ley de Dios». (Sobre este punto deberían leerse varias notas para comprender el fondo de este conflicto: *véanse* notas—Mt. 12:1-8; Estudio a fondo 1—12:10; nota—Mr. 7:1-13; Estudio a fondo 1—Lc. 6:2.)

Note que Cristo usó esta ocasión para enseñar una de las lecciones más importantes de las Escrituras: «*Qué cosas contaminan al hombre*».

1. Tres clases de interlocutores (v. 1).
2. Una religión tradicional contamina (vv. 2-9).
3. Una boca sucia contamina (vv. 10-11).
4. Un espíritu ciego contamina (vv. 12-14).
5. Un corazón corrompido contamina (vv. 15-20).

1 (15:1) *Jesucristo, enseñanza:* Jesús se dirige a tres clases diferentes de interlocutores con una enseñanza diferente en cada caso.
1. A los religiosos les dice que una religión tradicional contamina (vv. 1-9).
2. A las multitudes les dice que una boca sucia contamina (vv. 10-11).
3. A los discípulos les dice que un espíritu ciego (vv. 12-14) y un corazón corrompido contaminan (vv. 15-20).

2 (15:2-9) *Religión—tradición:* lo primero que contamina al hombre es una *religión tradicional.* Note cuatro cosas.
1. Los interlocutores eran religiosos, escribas y fariseos. Eran una delegación especial enviada por los líderes religiosos de Jerusalén, la *capital religiosa,* para interrogar a Jesús. Vinieron por uno de dos motivos: o bien estaban genuinamente perplejos ante Jesús y tenían que determinar si era el verdadero Mesías (cp. Nicodemo, Jn. 3:1ss), o bien estaban extremadamente perturbados por las noticias de su éxito de y temían perder la lealtad del pueblo. Por eso estaban dispuestos a atrapar y detener a Cristo (*véanse* notas—Mt. 12:1-8; Estudio a fondo 1—12:10).
2. El cargo contra Jesús es que quebrantaba la tradición.

Pensamiento. Con frecuencia las personas religiosas se

perturban cuando sus tradiciones, rituales, ceremonias, adoración, reglas, horarios y hábitos son violados. A algunos esto les perturba mucho.

3. La acusación de Jesús era que los religiosos quebrantaban la ley de Dios con tal de guardar su tradición. Cristo dio una ilustración que nos cuesta entender en nuestros días. Aquí siguen dos traducciones que nos ayudan.

«Pero ustedes afirman que un hombre puede decirle a su padre o a su madre: "No puedo ayudarte, porque todo lo que tengo lo he ofrecido a Dios; y que cualquiera que diga esto, ya no está obligado a ayudar a su padre o a su madre"» (Mt. 15:6-7, VP).

«Pero vosotros decís: "Cualquiera que diga a su padre o a su madre: 'Es ofrenda a Dios todo lo mío con que pudieras ser ayudado'. No necesitará más honrar a su padre o a su madre." Y así invalidasteis la palabra de Dios por causa de vuestra tradición.» (Mt. 15:6-7, BLA).

Pensamiento. ¿Cuántos de nosotros tenemos pequeños rituales, oraciones, hábitos, ceremonias y objetos que usamos para mantenernos religiosamente seguros? Tantos de nosotros buscamos seguridad religiosa mientras que al mismo tiempo descuidamos algo mucho más importante que es el invalidar la ley de Dios.

4. Las verdaderas transgresiones o contaminaciones soncuatro. (Para la discusión *véase* Estudio a fondo 2—Mt.15:6-9.)

ESTUDIO A FONDO 1

(15:4) *Referencias del Antiguo Testamento:* Éx. 20:12; cp. Jer. 35:18-19.

ESTUDIO A FONDO 2

(15:6-9) *Religiosos—tradiciones:* en este pasaje Cristo se refirió a los errores o transgresiones de fondo de la persona religiosa. Los mismos errores se encuentran en los religiosos de cualquier generación.
1. El religioso desplaza la Palabra de Dios en favor de la tradición. Las tradiciones religiosas pueden ser descritas como institucionales o personales.
   a. Las tradiciones institucionales son cosas tales como rituales, reglas, reglamentos, horarios, formas, servicios, procedimientos, organizaciones: todo aquello que le da orden y seguridad a las personas involucradas.
   b. Tradiciones personales son cosas tales como asistencia a la iglesia, pequeños rituales, oraciones, hábitos, ceremonias, y objetos que una persona usa para sentirse segura en lo religioso.

Cristo estaba atacando el hecho de que muchas personas anteponen sus tradiciones a la Palabra de Dios. Son tantos los que guardan sus tradiciones *mientras* descuidan e ignoran la Palabra de Dios (*véanse* notas—Mt. 12:1-8; 12:10).

«Porque dejando el mandamiento de Dios, os aferráis a la tradición de los hombres; los lavamientos de los jarros y de los vasos de beber; y hacéis muchas otras cosas semejantes» (Mr. 7:8).

«Invalidando la palabra de Dios con vuestra tradición que habéis transmitido. Y muchas cosas hacéis semejantes a estas» (Mr. 7:13).

«Toda la Escritura es inspirada por Dios, y útil para enseñar, para redargüir, para corregir, para instruiren justicia» (2 Ti. 3:16).

«Tenemos también la palabra profética más segura, a la cual hacéis bien en estar atentos como a una antorcha que alumbra en lugar oscuro, hasta que el día esclarezca y el lucero de la mañana salga en vuestros corazones; entendiendo primero esto,

que ninguna profecía de la Escritura es de interpretación privada. Porque nunca la profecía fue traída por voluntad humana, sino que los santos hombres de Dios hablaron siendo inspirados por el Espíritu Santo» (2 P. 1:19-21).

2. El religioso es hipócrita. Honra a Dios con sus labios pero su corazón está lejos de Dios. Reconoce a Dios y asiste a la adoración, pero eso es todo. Sin embargo, hay algunos que sencillamente están *religiosamente engañados* (cp. los fariseos y escribas). Estudian, testifican, cuidan de otros, ayudan a los necesitados y guardan las reglas. Luchan y pelean por mantener la tradición religiosa, pero Cristo les dice hipócritas. ¿Por qué? Porque el corazón de ellos no es de Dios. Personalmente se rehusan a aceptar a Jesús como el Hijo de Dios, como el Mesías y Salvador del mundo. Sencillamente no conocen a Dios en forma personal, al menos no en lo profundo de su corazón (Jn. 14:6).

«Dice, pues, el Señor: Porque este pueblo se acerca a mí con su boca, y con sus labios me honra, pero su corazón está lejos de mí. Y su temor de mí no es más que un mandamiento de hombres que les ha sido enseñado» (Is. 29:13).

3. El religioso adora, pero con un corazón vacío. Cristo enseñó ...

- que la verdadera adoración tiene que ser «en espíritu y en verdad».

«Dios es espíritu; y los que le adoran, en espíritu y en verdad es necesario que adoren» (Jn. 4:24).

- que una persona que niega a Cristo o niega la Palabra de Dios no puede adorar verdaderamente a Dios.

«Jesús le dijo: Yo soy el camino, y la verdad, y la vida; nadie viene al Padre, sino por mí» (Jn. 14:6).

«Santifícalos en tu verdad; tu palabra es verdad» (Jn. 17:17).

- que una persona puede adorar, pero su adoración es vacía, sin valor, inaceptable. Los religiosos del tiempo de Cristo profesaban de labios la religión, pero negaban a Cristo, el Hijo de Dios en sus corazones (cp. 17-20).

«Y este es su mandamiento: Que creamos en el nombre de su Hijo Jesucristo, y nos amemos unos a otros como nos lo ha mandado» (1 Jn. 3:23).

4. El religioso enseña tradición como mandamiento de Dios. Enseña su tradición tal como la practica o proclama. La tradición es *idea* del hombre de lo que se debería o no hacer. Algunas tradiciones son buenas; algunas son malas. Pero aun las tradiciones buenas no deben ser enseñadas como si fuesen mandamientos de Dios. Por muy importantes que puedan ser algunas tradiciones, no son tan importantes como la Palabra de Dios.

«Bienaventurados los que tienen hambre y sed de justicia, porque ellos serán saciados» (Mt. 5:6).

«Mas el que bebiere del agua que yo le daré, no tendrá sed jamás; sino que el agua que yo le daré será en él una fuente de agua que salte para vida eterna» (Jn. 4:14).

«En el último día de la fiesta, Jesús se puso en pie y alzó la voz, diciendo: Si alguno tiene sed, venga a mí y beba» (Jn. 7:37).

«Serán completamente saciados de la grosura de tu casa, y tú los abrevarás del torrente de tus delicias» (Sal. 36:8; cp. Sal. 23:1ss).

«Jehová te pastoreará siempre, y en las sequías saciará tu alma, y dará vigor a tus huesos; y serás como huerto de riego, y como manantial de aguas, cuyas aguas nunca faltan» (Is. 58:11).

ESTUDIO A FONDO 3
(15:7-9) *Profecía del Antiguo Testamento:* cp. Is. 29:13.

3 (15:10-11) *Blasfemar—lengua:* lo segundo que contamina al hombre es una *boca sucia*. Note que los interlocutores eran la multitud. La contaminación que Jesús estaba discutiendo ahora era común en la multitud, es decir, en el público general.

Lo que contamina al hombre no es lo que come o bebe. «Porque el reino de Dios no es comida ni bebida» (Ro. 14:17). Lo que contamina al hombre es una boca sucia, una boca llena de palabras sucias: maldiciones, palabras inmorales, palabras de crítica, palabras engañosas, palabras de censura, palabras ásperas, carente de bondad, despreocupadas. Note: la palabra «contaminar» (*koinoi*) significa hacer algo ordinario; impío, sucio; de llegar a la polución y contaminación.

Pensamiento 1. Lo que sale de la boca de una persona muestra lo que hay en sus pensamientos. La boca de una persona revela su mente y su mundo de pensamientos.

«Y conociendo Jesús los pensamientos de ellos, dijo: ¿Por qué pensáis mal en vuestros corazones?» (Mt. 9:4).

«Pues habiendo conocido a Dios, no le glorificaron como a Dios, ni le dieron gracias, sino que se envanecieron en sus razonamientos, y su necio corazón fue entenebrecido» (Ro. 1:21).

«Y vio Jehová que la maldad de los hombres era mucha en la tierra, y que todo designio de los pensamientos del corazón de ellos era de continuo solamente el mal» (Gn. 6:5).

«Jehová conoce los pensamientos de los hombres, que son vanidad» (Sal. 94:11).

«Abominación son a Jehová los pensamientos del malo; mas las expresiones de los limpios son limpias» (Pr. 15:26).

«Porque cual es su pensamiento en su corazón, tal es él. Come y bebe, te dirá; mas su corazón no está contigo» (Pr. 23:7).

«El pensamiento del necio es pecado, y abominación a los hombres el escarnecedor» (Pr. 24:9).

«Y me dijo: Hijo de hombre, ¿has visto las cosas que los ancianos de la casa de Israel hacen en tinieblas, cada uno en sus cámaras pintadas de imágenes? Porque dicen ellos: No nos ve Jehová; Jehová ha abandonado la tierra» (Esd. 8:12).

Pensamiento 2. La boca del hombre o bien lo contamina o bien lo hace limpio y santo. Su boca o bien confiesa a Cristo o lo niega (como los religiosos). Sus palabras o bien bendicen a Dios o maldicen a Dios (Stg. 3:9-10).

«¡Generación de víboras! ¿Cómo podéis hablar lo bueno, siendo malos? porque de la abundancia del corazón habla la boca. El hombre bueno, del buen tesoro del corazón saca buenas cosas; y el hombre malo, del mal tesoro saca malas cosas. Mas yo os digo que de toda palabra ociosa que hablen los hombres, de ella darán cuenta en el día del juicio. Porque por tus palabras serás justificado, y por tus palabras serás condenado» (Mt. 12:34-37).

«Sepulcro abierto es su garganta; con su lengua engañan. Veneno de áspides hay debajo de sus labios. Su boca está llena de maldición y de amargura» (Ro. 3:13-14).

«Pero ahora dejad también vosotros todas estas cosas: ira, enojo, malicia, blasfemia, palabras deshonestas de vuestra boca» (Col. 3:8).

«Y la lengua es un fuego, un mundo de maldad. La lengua está puesta entre nuestros miembros, y contamina todo el cuerpo, e inflama la rueda de la creación, y ella misma es inflamada por el infierno»

(Stg. 3:6).

«Con ella bendecimos al Dios y Padre, y con ella maldecimos a los hombres, que están hechos a la semejanza de Dios. De una misma boca proceden bendición y maldición. Hermanos míos, esto no debe ser así» (Stg. 3:9-10).

«Desechando, pues, toda malicia, todo engaño, hipocresía, envidias, y todas las detracciones» (1 P. 2:1).

«Llena está su boca de maldición, y de engaños y fraude; debajo de su lengua hay vejación y maldad» (Sal. 10:7).

«Las palabras de su boca son iniquidad y fraude; ha dejado de ser cuerdo y de hacer el bien» (Sal. 36:3).

«Los dichos de su boca son más blandos que mantequilla, pero guerra hay en su corazón; suaviza sus palabras más que el aceite, mas ellas son espadas desnudas» (Sal. 55:21).

«Y dije en mi apresuramiento: Todo hombre es mentiroso» (Sal. 116:11).

«Aguzaron su lengua como la serpiente; veneno de áspid hay debajo de sus labios» (Sal. 140:3).

«Porque su corazón piensa en robar, e iniquidad hablan sus labios» (Pr. 24:2).

«Y cada uno engaña a su compañero, y ninguno habla verdad; acostumbraron a su lengua a hablar mentira, se ocupan de actuar perversamente» (Jer. 9:5).

4 (15:12-14) *Ceguera:* lo tercero que contamina al hombre es un *espíritu ciego.* Note que nuevamente ha cambiado el interlocutor. Ahora la audiencia son sus discípulos. El tema enseñado por Jesús es revelador. Los discípulos estaban extremadamente preocupados porque Cristo había ofendido a la delegación de religiosos llegados de Jerusalén. Jesús dijo acertadamente: «*Aun* los religiosos pueden estar equivocados. En efecto, toda planta, religiosa o no, que no ha sido plantada por mi Padre será desarraigada».

«Los religiosos no han sido plantados por mi Padre, de modo que déjenlos solos, no les presten atención. Que estén ofendidos si quieren. Están espiritualmente contaminados y enceguecidos, guían equivocadamente a los ciegos, a todos los que los siguen. Ambos caerán al hoyo.»

Cristo fue breve y contundente, pero el tema quedó claro: los religiosos no son nacidos de Dios y están condenados (2 Co. 4:4). Cristo dijo seis cosas acerca de personas equivocadas y contaminadas.

1. No son plantadas por Dios.
2. Serán desarraigadas.
3. Hay que dejarlas solas, no prestarles atención.
4. Son espiritualmente ciegos.
5. Guían equivocadamente a los ciegos de entre la gente.
6. Ambos caerán al hoyo.

Esto debe ser notado: Cristo no sólo estaba hablando de los religiosos como personas, sino también de sus doctrinas y tradiciones (vv. 3, 6, 9).

Pensamiento 1. Note dos cosas trágicas acerca de los religiosos.
1) Están en la iglesia visible, pero no han sido plantados por Dios (*véase* nota—Mt. 13:1-52).

«Porque estos son falsos apóstoles, obreros fraudulentos, que se disfrazan como apóstoles de Cristo. Y no es maravilla, porque el mismo Satanás se disfraza como ángel de luz. Así que, no es extraño si también sus ministros se disfrazan como ministros de justicia; cuyo fin será conforme a sus obras» (2 Co. 11:13-15).

2) Ellos y sus doctrinas humana serán desarraigados.

Pensamiento 2. Los religiosos son ciegos; por eso manejan con engaño la Palabra de Dios. ¿Por qué?

«En los cuales el dios de este siglo cegó el

entendimiento de los incrédulos, para que no les resplandezca la luz del evangelio de la gloria de Cristo, el cual es la imagen de Dios» (2 Co. 4:4; cp. 2-4).

Pensamiento 3. Los religiosos son extremadamente ciegos, es decir, engañados. (Para mayor discusión *véase* bosquejo notas y Estudio a fondo 1—Ro. 2:17-29.)

Pensamiento 4. Note que la persona mal guiada por otra, también es juzgada. También cae en el hoyo. El hombre es personalmente responsable. No puede culpar a otro por su ceguera e ignorancia ni oír sus decisiones equivocadas. No escapará; caerá en el hoyo.

«Pero si tu ojo es maligno, todo tu cuerpo estará en tinieblas. Así que, si la luz que en ti hay es tinieblas, ¿cuántas no serán las mismas tinieblas?» (Mt. 6:23).

«La luz en las tinieblas resplandece, y las tinieblas no prevalecieron contra ella» (Jn. 1:5).

«Y esta es la condenación: que la luz vino al mundo, y los hombres amaron más las tinieblas que la luz, porque sus obras eran malas» (Jn. 3:19).

«La noche está avanzada y se acerca el día. Desechemos, pues, las obras de las tinieblas, y vistámonos las armas de la luz» (Ro. 13:12).

«Teniendo el entendimiento entenebrecido, ajenos de la vida de Dios por la ignorancia que en ellos hay, por la dureza de su corazón» (Ef. 4:18).

«Pero el que aborrece a su hermano está en tinieblas, y anda en tinieblas, y no sabe a dónde va, porque las tinieblas le han cegado los ojos» (1 Jn. 2:11).

«No saben, no entienden, andan en tinieblas; tiemblan todos los cimientos de la tierra» (Sal. 82:5).

«El camino de los impíos es como la oscuridad; no saben en qué tropiezan» (Pr. 4:19).

ESTUDIO A FONDO 4

(15:13) *Referencias del Antiguo Testamento:* es común en las Escrituras comparar a los hombres y doctrinas con árboles y plantas (Sal. 1:1; Is. 5:7; 7:16-20; Lc. 6:43-44; Jn. 15:1-8).

5 (15:15-20) *Corazón:* en cuarto lugar, lo que contamina al hombre es un *corazón corrompido.* Cristo volvió a dirigirse a los discípulos. Nuevamente fueron ellos sus interlocutores; sin embargo, Pedro se puso en primer plano. Note: Jesús amonestó a sus discípulos por ser tan lentos para aprender. La contaminación se ve claramente. Las obras de un corazón corrompido se discienen fácilmente, sin embargo, tantas veces la gente se retoza en ellas (vv. 19-20). (*Véase* Estudio a fondo 5—Mt. 15:17-20.)

ESTUDIO A FONDO 5

(15:17-20) *Corazón—depravación:* la comida no es una llave hacia Dios (1 Co. 8:8). No hay conexión entre comida y espiritualidad. Ello no significa negar que la comida en exceso como la intemperancia sean malas. Los apetitos carnales «salen del corazón». Pero cuando vamos al grano de la cuestión —la comida y bebida que entra por nuestra boca— no tiene mérito, ni valor, ni moralidad ni virtud en sí misma. Es lo que *hacemos* con las *cosas* lo que nos hace buenos o malos, espirituales o carnales.

Es el corazón quien determina lo que hacemos con las *cosas.* Lo que sale de él revela la naturaleza de nuestro corazón. Si sale el bien, queda demostrado que nuestro corazón es *bueno.* Si sale el mal, queda demostrado que nuestro corazón es malo. «Yo sé, y confío en el Señor Jesús, que nada es inmundo en sí mismo ... Todas las cosas a la verdad son limpias; *pero es malo* que el hombre haga tropezar a otros con lo que come» (Ro. 14:14, 20). No son las cosas lo que hacen *impuro* al hombre; el hombre es impuro debido a su corazón contaminado. Es *él mismo* quien toma las cosas y hace lo que no es puro con ellas. (Para una discusión de los pecados enumerados *véase* nota—Mr. 7:20-22.)

Lo que el hombre tiene que ver es que su corazón necesita ser cambiado, es decir, convertido. Pero se rehusa a asumir el hecho tan claramente visto: necesita ser cambiado; su corazón necesita nacer de nuevo.

«Siendo renacidos, no de simiente corruptible, sino de incorruptible, por la palabra de Dios que vive y permanece para siempre» (1 P. 1:23).

«Y renovaos en el espíritu de vuestra mente, y vestíos del nuevo hombre, creado según Dios en la justicia y santidad de la verdad» (Ef. 4:23-24).

«No mintáis los unos a los otros, habiéndoos despojado del viejo hombre con sus hechos, y revestido del nuevo, el cual conforme a la imagen del que lo creó se va renovando hasta el conocimiento pleno» (Col. 3:9-10).

	G. El Mesías enseña los requisitos para obtener cosas de Dios, 15:21-28 (Mr. 7:24-30)	24 El respondiendo dijo: No soy enviado sino a las ovejas perdidas de la casa de Israel.	c. A pesar de no merecer nada

1 Jesús se retiró a la región de los gentiles
  a. La región de Tiro y Sidón
  b. Una mujer desesperada se acercó a Jesús*EF1*
	21 Saliendo Jesús de allí, se fue a la región de Tiro y de Sidón.
	22 Y he aquí una mujer cananea que había salido de aquella región clamaba, diciéndole: ¡Señor, Hijo de David, ten misericordia de mí! Mi hija es gravemente atormentada por un demonio.
		25 Entonces ella vino y se postró ante él, diciendo: ¡Señor, socórreme!
		26 Respondiendo él, dijo: No está bien tomar el pan de los hijos, y echarlo a los perrillos.
			4 Un espíritu que adoraba a Jesús como Señor

2 Un clamor de necesidad
  a. Clamó por misericordia
  b. Clamó al Hijo de David*EF2*
  c. Clamó por otra persona: su hija
		27 Y ella dijo: Sí, Señor; pero aun los perrillos comen de las migajas que caen de la mesa de sus amos.	5 Un espíritu de humildad y sumisión
			  a. La necesidad de aprender humildad
			  b. La confesión de humildad: aceptó el veredicto de Jesús referido a ella

3 Persistencia que no iba a abandonar
  a. A pesar del silencio de Jesús
  b. A pesar de la objeción de los discípulos
	23 Pero Jesús no le respondió palabra. Entonces acercándose sus discípulos, le rogaron diciendo: Despídela, pues da voces tras nosotros.	28 Entonces respondiendo Jesús, dijo: Oh mujer, grande es tu fe; hágase contigo como quieres. Y su hija fue sanada desde aquella hora.	6 Una gran fe
			  a. Clímax en la expres. de Jesús: «Grande es tu fe»*EF3*
			  b. Clímax en la recompensa de Jesús: concedid el pedido.

G. El Mesías enseña los requisitos para obtener cosas de Dios, 15:21-28

(15:21-28) *Introducción:* este es un pasaje difícil de entender debido a la aparente actitud de Jesús hacia una persona con tan desesperante necesidad. Jesús guardó silencio (v. 23) y luego fue muy preciso (vv. 24, 26). Sin embargo, es necesario recordar una cosa: nosotros no sabemos lo que estaba ocurriendo en el corazón de la mujer, en cambio Cristo sí. Él conocía cada pensamiento de su corazón, y sabía con exactitud lo que le faltaba para ser llevada a la fe personal en Él.

Además de este hecho muy fundamental, hay otras cosas claramente conocidas.

1. Cristo no estaba rechazando a la mujer ni rehusándose a suplir la necesidad de una persona desesperada. Jesús nunca dio la espalda a alguien que le buscaba genuinamente.

2. Cristo no fue duro ni malo con la mujer. Su dureza (justicia) nunca se manifiesta excepto contra el pecado.

3. Al principio la mujer vio a Jesús como Hijo de David solamente, un gran hacedor de milagros. Lo veía solamente en términos de poder terrenal, como un gran hombre que iba a librar a la gente de sus males y problemas, fuesen estos nacionales o personales. Ella necesitaba crecer en su concepto de Cristo.

El hecho de que la mujer necesitaba crecer en su fe es probablemente la clave para interpretar lo que ocurre entre Cristo y ella. Ella simplemente tenía que aprender, paso a paso, que Jesús es el Señor a quien es preciso adorar (v. 25). Él es el amo de todas las vidas (o perros, vv. 26-27) y la persona que lo busca tiene que persistir y demostrar humildad.

1. Jesús se retiró a la región de los gentiles (vv. 21-22).
2. Un clamor de necesidad (v. 22).
3. Persistencia que no iba a abandonar (vv. 23-24).
4. Un espíritu que adoraba a Jesús como Señor (v. 25).
5. Un espíritu de humildad y sumisión (vv. 26-27).
6. Una gran fe (v. 28).

1 (15:21-22) *Región:* Jesús se retiró a las regiones gentiles. Se retiró al límite norte de Tiro y Sidón. La palabra «región» (*ta mere*) significa los puertos o límites. Jesús se estaba retirando deliberadamente a los límites de un país gentil. Necesitaba tiempo y quietud para prepararse, tanto a sí mismo, como a sus discípulos,

para el final. El único lugar donde podía encontrar libertad de las multitudes y de sus opositores era en la región norte, la zona que lindaba con territorio gentil. Ningún judío entraría a las zonas gentiles. Desde ahora hasta reingresar a las regiones de Magdala (Mt. 15:39), sus milagros son en favor de los gentiles. En este pasaje una mujer desesperada se acercó a Jesús (*véase* nota—Mt. 15:22).

Es de notar que este evento anticipaba la expansión del evangelio a todo el mundo y el gran deseo de Dios de que sean anuladas todas las barreras (*véanse* bosquejo y nota—Ef. 2:11-18; 2:19-22).

ESTUDIO A FONDO 1

(15:22) *Cananeos:* no eran enemigos comunes, sino enemigos ancestrales de los judíos.

2 (15:22) *Intercesión:* un clamor de necesidad. La mujer clamó por tres cosas.

1. Clamó por misericordia. No importa la necesidad, Jesús no puede pasar por alto un clamor desesperado pidiendo misericordia. Pero dos cosas son esenciales: es preciso clamar por misericordia, y es preciso clamar a Él, el verdadero Señor. Muchos claman, pero no a Él.

2. Ella clamó que le oyera el Hijo de David (*véase* Estudio a fondo 2—Mt. 15:22).

3. Ella clamó, pero no en favor de sí misma, sino de otra persona, su hija. La mujer tenía una necesidad desesperada: su hija estaba bajo el poder de Satanás.

Note otro hecho. Tenía un concepto inadecuado de Jesús, sin embargo, recibió la atención del Señor. ¿Cómo? La mujer tenía dos virtudes que Jesús no puede pasar por alto.

a. Realmente amaba a otra persona, a su propia hija. La amaba tan profundamente que consideraba propio el problema de ella. «Ten misericordia *de mí*», clamaba. Su amor era mucho más que amor o simpatía normal. Era una auténtica identificación, una *unión de vida* lo que sentía entre ella misma y su hija.

b. Se acercó a la persona indicada, a Jesús mismo, y clamó por misericordia. A pesar del entendimiento inadecuado que tenía de Él, ella hizo lo correcto: se acercó al *verdadero Señor* y clamó por su misericordia.

Pensamiento 1. ¿Cuántas personas experimentan a sus hijos viviendo bajo la influencia de Satanás, tal vez en un sentido diferente, pero de todos modos viviendo en el pecado y la vergüenza del diablo?

Pensamiento 2. ¿Cuántos seres queridos tendrían sus necesidades suplidas si intercediéramos por ellos como esta mujer por su hija?
1) ¿Amamos honestamente como ella?
2) ¿Clamamos honestamente al verdadero Señor, tal como fue revelado en las Escrituras, o clamamos a nuestra propia idea de Dios?

> «Y todo lo que pidiereis en oración, creyendo, lo recibiréis» (Mt. 21:22).

> «Y todo lo que pidiereis al Padre en mi nombre, lo haré, para que el Padre sea glorificado en el Hijo. Si algo pidiereis en mi nombre, yo lo haré» (Jn. 14:13-14).

> «Buscad a Jehová mientras puede ser hallado, llamadle en tanto que está cercano» (Is. 55:6).

> «Buscadme, y viviréis» (Am. 5:4).

> «Desde el cabo de la tierra clamaré a ti, cuando mi corazón desmayare. Llévame a la roca que es más alta que yo» (Sal. 61:2).

> «Mas si desde allí buscares a Jehová tu Dios, lo hallarás, si lo buscares de todo tu corazón y de toda tu alma» (Dt. 4:29).

ESTUDIO A FONDO 2

(15:22) *Jesucristo, Hijo de David:* note que la mujer llamó a Jesús Hijo de David. Esto es importante para comprender lo que ocurrió. Ello revela un concepto limitado acerca de Jesús. Aparentemente había oído que los judíos esperaban un Mesías, un hijo del gran rey David, que obraría milagros en favor de ellos; y había oído acerca de Jesús, que estaba librando a la gente de sus enfermedades y las estaba sanando. Sin embargo, ver a Jesús como un mero hacedor de milagros y sanador de enfermos era un concepto inadecuado de Cristo. Un concepto que le impide obrar. Lo que la mujer necesitaba era crecer, comprender realmente quien era Jesús.

¡Cuánta gracia la de nuestro Señor! Conocía el corazón de ella, cada pensamiento y cada movimiento. Sabía lo que ella necesitaba para llegar a un verdadero entendimiento de la naturaleza mesiánica de Jesús. Por eso comenzó a guiarla, paso por paso, en su comprensión del señorío de Cristo y a confesar su fe en un espíritu de humildad y adoración.

3 (15:23-24) *Persistencia:* persistencia que no estaba dispuesta a abandonar. La mujer encaró tres obstáculos mayores.

1. Primero, el silencio de Jesús. Note lo que realmente ocurrió. Realmente se veían el amor y la desesperación de la mujer. Amaba tanto que no estaba dispuesta a dejar que Jesús se fuera sin ayudarle. Ella siguió a Jesús ...
- apesar de su silencio.
- a pesar de la objeción de los discípulos.
- a pesar de no merecer nada.

2. La objeción de los discípulos. Aparentemente a los discípulos les ocurrieron dos cosas. La mujer estaba creando una situación embarazosa «clamando» por detrás de ellos. Al empeorar la situación y debido a la educación que tuvieron durante toda su vida, pensaron que la mujer era indigna de recibir la ayuda de Jesús puesto que ella era gentil. Esperaban que Jesús la despidiera. Seguramente ella los siguió por un tiempo. Jesús parecía ignorarla, de manera que los discípulos supusieron que no ayudaría a una persona tan despreciada. Los discípulos tuvieron que aprender dos lecciones.
   a. Antes que Cristo pueda ministrar tiene que nacer la fe en el corazón de la persona. La persona no puede acercarse intempestivamente a Cristo y recibir ayuda por cada pequeñez. Tiene que haber un corazón veraz y sincero, una búsqueda sincera y una fe despierta. Aparentemente era esto lo que Jesús estaba haciendo con la mujer: despertando su fe.
   b. El siervo de Dios tiene que ministrar a partir de un corazón lleno de compasión por todos. Tiene que ministrar a los despreciados tanto como a los aceptados.

3. Jesús hizo aquella extraña declaración de que ella era indigna: «No soy enviado sino a las ovejas perdidas de la casa de Israel». Esta declaración no encerraba ningún tipo de rechazo hacia la mujer. Era meramente la declaración de un hecho. Jesús, mientras estaba en la tierra había venido primordialmente a la casa de Israel. Tenía que circunscribir su ministerio si quería lograr su propósito. ¿Pero por qué hacer esta declaración a la mujer? Aparentemente había dos motivos.
   a. La mujer tenía que aprender la persistencia, humildad y confianza.
   b. La mujer tenía que aprender que hay solamente una religión verdadera y solamente un verdadero Mesías. Ella era griega de una orgullosa sociedad pagana. Había sido, y probablemente todavía era devota de dioses falsos; por eso *no merecía* ser escuchada por *el verdadero Mesías y Señor.* Había reconocido a Cristo como Hijo de David, como el hacedor de milagros de los judíos que los estaba librando de sus enfermedades, pero lo que ella necesitaba, era ver que Jesús era el único Mesías de *todos* y *la única esperanza* de todos. Ninguna otra religión, ningún otro dios podía hacer algo por ella, ni por nadie. Sólo Él era su esperanza. Solamente Él sería Señor y Maestro a quien debía adorar. Ella tuvo que aprender la misma lección que tuvo que aprender la mujer samaritana junto al pozo: la salvación viene de los judíos (Jn. 4:22).

Pensamiento 1. Hay una diferencia en la forma de buscar a Jesús y orar.
1) Está la oración que se hace por las dudas, carente de expectativa. Muchas personas oran así. Oran porque creen que tal vez Dios las oiga. No están totalmente seguras; no pueden dar un ejemplo específico (menos aun muchos) en el cual Dios realmente respondió, pero de todos modos oran por si acaso Dios oye.
2) Está la oración de persistencia o perseverancia: la oración que no se conformará con un «no» o con el silencio por respuesta. Tal fue la oración de la mujer. Ella amaba realmente a su hija y estaba desesperada. Sabía que Jesús era su única esperanza, de modo que no abandonaría. No se dejaría desalentar por nada, ni por el silencio, ni por la objeción, ni siquiera por un aparente rechazo.

Pensamiento 2. Aquí hay una gran lección para los creyentes. La mujer era pagana, sin embargo, sabía e hizo algo que tantos de nosotros no hemos aprendido.

> «Pedid, y se os dará; buscad y hallaréis; llamad, y se os abrirá. Porque todo aquel que pide, recibe; y el que busca, halla; y al que llama, se le abrirá» (Mt. 7:7-8; cp. Lc. 18:1-6).

> «Mas si de allí buscares a Jehová tu Dios, lo hallarás, si lo buscares de todo tu corazón y de toda tu alma» (Dt. 4:29).

> «Y me buscaréis y me hallaréis, porque me buscaréis de vuestro corazón» (Jer. 29:13).

> «Buscad a Jehová y su poder; buscad siempre su rostro» (Sal. 105:4).

4 (15:25) *Adoración:* un espíritu que adora a Jesús como Señor. La mujer vino a Jesús y le *adoró* como Señor. Antes ya le había dicho «Señor» (v. 22), pero ahora dio el paso esencial y lo adoró como Señor.

Pensamiento. Primero la mujer hizo lo que hacen tantas personas, se acercó a Jesús como un gran hombre, no como al Señor que debe ser adorado. Por supuesto, Dios nunca honrará un concepto tan bajo de su Hijo. Lo que se requiere es experimentar lo que ella experimentó en este versículo: un crecimiento en la comprensión de quien realmente es Jesús, el verdadero Señor que debe ser adorado por todos.

«No todo el que me dice: Señor, Señor, entrará en el reino de los cielos, sino el que hace la voluntad de mi Padre que está en los cielos» (Mt. 7:21; cp. 7:21-23).

«Que si confesares con tu boca que Jesús es el Señor, y creyeres en tu corazón que Dios le levantó de los muertos, serás salvo. Porque con el corazón se cree para justicia, pero con la boca se confiesa para salvación» (Ro. 10:9-10).

«Porque todo aquel que invocare el nombre del Señor, será salvo» (Ro. 10:13).

«Y toda lengua confiese que Jesucristo es el Señor, para gloria de Dios Padre» (Fil. 2:11).

5 (15:26-27) *Humildad:* un espíritu de humildad y sumisión. Estas palabras podrían ser interpretadas como duras, excepto por una cosa: Jesús nunca habló con dureza ni rechazó a nadie que viniera desesperadamente a Él. Si la persona era realmente sincera y tenía el potencial de confiar en Él como Señor, Jesús siempre aceptaba esa persona. De modo que sea lo que fuere lo ocurrido, sabemos que las palabras no tenían una intención de dureza o rechazo.

¿Entonces, qué significan? Nuevamente, Jesús tuvo que empujar a la mujer hacia adelante en su fe y confianza y en un entendimiento claro de quien era Jesús; tuvo que enseñarle que Él era Señor y Maestro de la vida de todos, no solo de los judíos. Él es mucho más que simplemente el hijo de David. También tuvo que enseñarle que la salvación viene de los judíos y que *Él es salvación*, el Señor de todas las vidas. Esto es lo que le está diciendo: «No está bien tomar el pan del evangelio que pertenece a los verdaderos adoradores de Dios y darlo a los "perros", es decir a los paganos».

La mujer era griega, cuya raza era un pueblo orgulloso con una rica herencia que despreciaban a los judíos. Adoraba a dioses falsos, era pagana, de afuera, pecadora; y Él era el Mesías, el Señor de todas las vidas. ¿Estaba ella dispuesta a humillarse y someterse a Él como Señor de su vida?

Con gran discernimiento espiritual ella vio claramente y confesó con humildad que espiritualmente ella no era nada; era solamente «un perro», pero como perro de la familia tenía el derecho de comer las migajas que caían de la mesa del Señor.

«Así que, cualquiera que se humille como este niño, ése es el mayor en el reino de los cielos» (Mt. 18:4).

«Digo, pues, por la gracia que me es dada, a cada cual que está entre vosotros, que no tenga más alto concepto de sí que el que debe tener, sino que piense de sí con cordura, conforme a la medida de fe que Dios repartió a cada uno» (Ro. 12:3).

«No mirando cada uno por lo suyo propio, sino cada cual también por lo de los otros. Haya, pues, en vosotros este sentir que hubo también en Cristo Jesús» (Fil. 2:4-5).

«Humillaos delante del Señor, y él os exaltará» (Stg. 4:10).

«Porque así dijo el Alto y Sublime, el que habita en la eternidad, y cuyo nombre es Santo: Yo habito en la altura y la santidad, y con el quebrantado y humilde de espíritu, para hacer vivir el espíritu de los humildes, y para vivificar el corazón de los quebrantados» (Is. 57:15).

6 (15:28) *Fe:* la mujer tuvo una gran fe. Una cosa sobresale a todas las otras en la experiencia de esta madre: ella creía que Jesús podía suplir su necesidad, y no lo dejaría ir hasta concederle la petición. Su fe era tan fuerte que no abandonaría: a pesar de

encontrarse con el silencio, la irritación, oposición aparente rechazo, y el escuchar que ella era indigna (vv. 23-24). No hay forma de describir la escena excepto diciendo: «Oh mujer, grande es tu fe».

Imagínese también esto: ella creía que el poder de Cristo trascendía el espacio y el tiempo. ¡La hija había quedado en casa! ¡Qué enorme fe!

Pero note un asunto crucial: su fe en el poder de Jesús, con lo grande que era, no era suficiente. No fue su fe lo que llevó a Jesús a responder su oración. Lo que le llevó a Jesús a responder su oración fue su humildad personal (sumisión) y el hecho de adorarle como Señor. Cristo responde la oración y ejercita su poder en favor de quienes (1) se someten (humillan) ante Él y (2) le adoran como Señor.

«Y todo lo que pidiereis en oración, creyendo, lo recibiréis» (Mt. 21:22).

«Respondió Jesús y le dijo: Esta es la obra de Dios, que creáis en el que él ha enviado» (Jn. 6:29).

«Pero sin fe es imposible agradar a Dios; porque es necesario que el que se acerca a Dios crea que le hay, y que es galardonador de los que *le buscan*» (He. 11:6).

«Y este es su mandamiento: Que creamos en el nombre de su Hijo Jesucristo, y nos amemos unos a otros como nos lo ha mandado» (1 Jn. 3:23).

Pensamiento. ¿Qué es una gran fe? Los pasos dados por esta querida mujer nos responden.
1) Es un desesperado clamor de necesidad (v. 22).
2) Es una persistencia que no abandona (vv. 23-24).
3) Es un espíritu que adora a Jesús como Señor (v. 25).
4) Es un espíritu de humildad que se rinde al Señor (vv. 26-27).
5) Es una fe que recibe lo que pide (v. 28).

ESTUDIO A FONDO 3

(15:28) *Fe:* hay solamente dos personas cuya fe Jesús declaró ser grande: esta mujer y el centurión. Es de notar que ambos eran gentiles (Mt. 8:10).

	H. La compasión del Mesías ante las necesidades físicas del hombre: cómo ministrar, 15:29-39 (Mr. 8:1-9)	enviarlos en ayunas no quiero, no sea que desmayen en el camino.	desmayen c. Estar decidido a ayudar
1 Jesús salió de Tiro por Sidón a. Pasó por Decápolis b. Al mar de Galilea **2 Paso 1: estar dispuesto para ayudar a necesitados** a. Estando entre ellos b. Permitiéndoles que traigan sus necesidades c. suplir sus necesidades sanándolos d. Resultado: glorificaron al «Dios de Israel» **3 Paso 2: tener compasión ante cada necesidad de ellos** a. Observando lo que hacen y tienen b. Preocupándose porque	29 Pasó Jesús de allí y vino junto al mar de Galilea; y subiendo al monte, se sentó allí. 30 Y se le acercó mucha gente que traía consigo a cojos, ciegos, mudos, mancos, y otros muchos enfermos; y los pusieron a los pies de Jesús, y los sanó; 31 de manera que la multitud se maravillaba, viendo a los mudos hablar, a los mancos sanados, a los cojos andar, y a los ciegos ver y glorificaban al Dios de Israel. 32 Y Jesús, llamando a sus discípulos, dijo: Tengo compasión de la gente, porque ya hace tres días que están conmigo, y no tiene qué comer; y	33 Entonces sus discípulos le dijeron: ¿De dónde tenemos nosotros tantos panes en el desierto, para saciar una multitud tan grande? 34 Jesús les dijo: ¿Cuántos panes tenéis? Y ellos dijeron: Siete, y unos pocos pececillos. 35 Y mandó a la multitud que se recostase en tierra. 36 Y tomando los siete panes y los peces, dio gracias, los partió y dio a sus discípulos, y los discípulos a la multitud. 37 Y comieron todos, y se saciaron; y recogieron lo que sobró de los pedazos, siete canastas llenas. 38 Y eran los que habían comido, cuatro mil hombres, sin contar las mujeres y los niños. 39 Entonces, despedida la gente, entró en la barca, y vino a la región de Magdala.	**4 Paso 3: estar dispuesto a usar lo que uno tiene para suplir la necesidad inmediata** a. No ofreciendo objeciones b. Haciendo un inventario **5 Paso 4: ministrando a la necesidad inmediata** a. Preparándolos b. Dando gracias a Dios c. Ministrándoles **6 Paso 5: testificando del poder y la provisión del Señor** a. Su provisión satisface a todos [EF1] b. Su provisión satisface la necesidad, y aun sobra.

H. La compasión del Mesías ante las necesidades físicas del hombre: cómo ministrar, 15:29-39

(15:29-39) *Introducción:* en este pasaje Jesús estaba haciendo dos cosas.

1. Como siempre, estaba demostrando su naturaleza mesiánica a efectos de sellar esta verdad más y más profundamente sobre el corazón de sus discípulos.

2. De la manera más directa posible estaba enseñando a sus discípulos que debían ministrar a los necesitados sin importar quiénes eran ellos. En esta ocasión estaba ministrando mayormente a gentiles (*véanse* notas—Mt. 15:21-22; 15:29). Los judíos consideraban a los gentiles paganos; estaban perdidos y creían que habían sido desechados por Dios. El prejuicio contra los gentiles era profundo. Sin embargo, Cristo había venido para salvar a todos, no solamente a judíos, y los discípulos tenían que aprender esta verdad de manera que salieran a ministrar a todos una vez que Jesús hubiera vuelto al Padre.

En una demostración muy simple pero vigorosa, Cristo mostró a sus discípulos cómo, paso por paso, debían ministrar a los perdidos, a los despreciados y a los necesitados de la sociedad.

1. Trasfondo: Jesús salió de Tiro pasando por Sidón (v. 29).

2. Primer paso: estar a disposición de los necesitados (vv. 30-31).

3. Segundo paso: tener compasión ante cada necesidad de ellos (v. 32).

4. Tercer paso: estar dispuesto a usar lo que uno tiene para suplir la necesidad inmediata (vv. 33-34).

5. Cuarto paso: ministrando a la necesidad inmediata (vv. 35-36).

6. Quinto paso: testificando del poder y la provisión del Señor (vv. 37-39).

1 (15:29) *Jesucristo, ministerio a los gentiles:* Jesús salió de Tiro pasando por Sidón. En el relato que Marcos hace de este acontecimiento la correcta traducción del griego dice: «Habiendo partido de Tiro, vino, camino de Sidón, al mar de Galilea pasando por los territorios de Decápolis» (Mr. 7:31).

Lo ocurrido es significativo. Jesús dejó a Tiro y siguió con rumbo norte camino de Sidón. Penetró mucho más al territorio de los gentiles. No se sabe cuánto tiempo estuvo allí. Pero sí sabemos que cuando alimentó a los cinco mil (inmediatamente antes de dejar territorio judío e ir a tierra de gentiles), el pasto estaba verde (Mt. 14:19); mientras que en este acontecimiento, al alimentar a cuatro mil, el suelo estaba desnudo —desierto— indicando que era invierno (v. 33). Basado en este hecho y en la distancia recorrida se estima que estuvo unos seis meses en tierra de gentiles.

El significado de este hecho es doble.

1. No hay registro de Jesús ministrando a otras personas durante estos seis meses sino a la mujer desesperada y el presente acontecimiento de la alimentación de cuatro mil hombres. Había entrado a tierra de gentiles para prepararse a sí mismo y a sus discípulos para el fin (*véase* nota—Mt. 15:21-22). Aparentemente los discípulos tuvieron de su muerte y resurrección (*véanse* notas—Mt. 15:21-22; 16:21-28; 17:22).

2. Cuando Jesús dejó la región de Sidón, dio la vuelta natural para dirigirse al sur, pero *se abrió hacia el este* y atravesó a Decápolis, una zona que rodeaba a una federación de diez ciudades griegas. Decápolis estaba del lado este del mar de Galilea. Lo significativo

de este hecho es que la alimentación de los cuatro mil ocurrió en tierra de gentiles. La gente a la que Jesús estaba ministrando eran primordialmente gentiles. A los ojos de Jesús ellos eran los perdidos, los despreciados y necesitados.

Probablemente lo que ocurría era esto: en el futuro inmediato de Jesús estaba la cruz, el fin estaba cerca. Por eso, al dejar por última vez el territorio gentil, Jesús sintió la necesidad de implantar con más fuerza en sus discípulos la necesidad de ministrar a todos. Jesús quería *anticiparles* lo que ellos debían hacer una vez que Él se hubiera ido: es decir, ministrar a los gentiles tanto como a los judíos. Ellos debían llegar a todos los perdidos, despreciados y necesitados.

2 (15:30-31) *Ministerio:* el primer paso para aprender a ministrar es estar a disposición de los necesitados. Note lo que hizo Jesús.

1. Jesús estuvo entre ellos. «Se sentó allí» (v. 29), es decir, allí mismo en territorio gentil, en el lugar mismo donde estaba la gente.

2. Jesús les permitió traer sus necesidades. Era accesible. A nadie trataba como *despreciado*. Nadie era demasiado repulsivo, vil, vulgar, sucio, feo, deformado, amanerado, sordo, perdido o necesitado para no recibir su ayuda, con tal que vinieran a Él.

3. Jesús suplió sus necesidades, sanando a todos: toda clase de enfermedad y sufrimiento, tanto físico como espiritual. Hay aquí una lección crucial. Jesús puede conquistar todos los enemigos de la humanidad, pero una cosa es necesaria: sus discípulos le tiene que llevar la gente. Tienen que ir y buscar a *cada uno*, no solo los aceptables, los que apelan.

4. Note el resultado: la gente glorificó «al Dios de Israel», es decir, a Jehová, al Dios de misericordia que hace pacto de misericordia con su pueblo. Se ve a Jesús como el mensajero muy especial y representante de Dios al ministrar al pueblo. Los dioses gentiles no podían hacer lo que estaba haciendo Jesús. No podían ayudar a la gente, de modo que la gente se volvió al Dios de Israel tal como les fue revelado por Cristo. Note también que este título «el Dios de Israel», era proclamado por los gentiles. Los gentiles estaban proclamando que Jesús era el Mesías, que la salvación era de los judíos. (Jn. 4:22. *Véanse* notas—Mt. 15:23-24; 15:25; 15:26-27.)

Pensamiento 1. Hay algo que siempre debe recordarse: la gente *más necesitada* es ignorada en todas partes por los hombres. Mientras sean ignorados tienen poca posibilidad de salir de su necesidad.

«En todo os he enseñado que, trabajando así, se debe ayudar a los necesitados, y recordar las palabras del Señor Jesús, que dijo: Más bienaventurado es dar que recibir» (Hch. 20:35).

«Compartiendo para las necesidades de los santos; practicando la hospitalidad» (Ro. 12:13).

«Así que, según tengamos oportunidad, hagamos bien a todos, y mayormente a los de la familia de la fe» (Gá. 6:10).

«A los ricos de este siglo manda que no sean altivos, ni pongan la esperanza en las riquezas, las cuales son inciertas, sino en el Dios vivo, que nos da todas las cosas en abundancia para que las disfrutemos. Que hagan bien, que sean ricos en buenas obras, dadivosos, generosos; atesorando para sí buen fundamento para lo por venir, que echen mano de la vida eterna» (1 Ti. 6:17-19).

Pensamiento 2. Tres cosas ocurren cuando la gente es traída a Jesús.
1) Sus necesidades son suplidas.
2) Glorifican a Dios. Dios es alabado más y más.
3) Hacen a la sociedad y al mundo un poco mejor. Hay mayor testimonio acerca de Dios y menos maldad que antes.

3 (15:32) *Compasión—ministerio:* el segundo paso para aprender a ministrar es tener misericordia ante cada necesidad. Los discípulos veían a esta gente como gente despreciada. No eran pueblo de Dios,

de modo que se los consideraba enemigos de Israel. No tenían atractivo ni apelación alguna ante los ojos de los discípulos. Los discípulos ...
• no sentían compasión por ellos.
• no se preocupaban por ellos.
• no los observaban en absoluto.
• no habían pensado en ayudarles.

Cristo tuvo que enseñar compasión a sus discípulos. Ya había discutido con ellos la necesidad de la compasión (Mt. 9:36-38), de modo que ahora trataba de despertar la compasión de ellos por los perdidos y despreciados. Jesús lo hace demostrando en términos claros lo que debían hacer.
• Debían fijarse en toda necesidad.
• Debían fijarse en qué hacía y qué tenía el necesitado.
• Debían preocuparse por toda carencia, todo «desvanecimiento».
• Debían tener la determinación de ayudar.

Pensamiento 1. ¡Qué parecido a tantos de nosotros que profesamos a Cristo! Para cierto tipo de personas no tenemos amor o compasión. No observamos lo que hacen ni lo que tienen. Nos preocupamos poco por ellos y ni pensamos en ayudarles.

Pensamiento 2. Note que esta gente tenía tanta hambre de Dios que se pasó tres días con Cristo, aparentemente tres días sin mucho o nada para comer. ¡Cuántas veces nos quejamos si un predicador habla más de veinte o treinta minutos! ¡Qué diferencia hay entre los que realmente tienen hambre y sed de justicia y aquellos que solamente asisten a los servicios religiosos! ¿Cuántos de nosotros estimamos la Palabra de Dios más que la comida? Estos tenían tanta hambre de la Palabra de Dios que se pasaron tres días sin comer, solamente para estar con Cristo.

«Bienaventurados los que tienen hambre y sed de justicia, porque ellos serán saciados» (Mt. 5:6).

«Señor, delante de ti están todos mis deseos, y mi suspiro no te es oculto» (Sal. 38:9).

«Dios, Dios mío eres tú; de madrugada te buscaré; mi alma tiene sed de ti, mi carne te anhela, en tierra seca y árida donde no hay aguas» (Sal. 63:1).

«¿A quién tengo yo en los cielos sino a ti? Y fuera de ti nada deseo en la tierra» (Sal. 73:25).

«Quebrantada está mi alma de desear tus juicios en todo tiempo» (Sal. 119:20).

«Mi boca abrí y suspiré, porque deseaba tus mandamientos» (Sal. 119:131).

«Extendí mis manos a ti, mi alma a ti como la tierra seca» (Sal. 143:6).

«Con mi alma te he deseado en la noche, y en tanto que me dure el espíritu dentro de mí, madrugaré a buscarte; porque luego que hay juicios tuyos en la tierra, los moradores del mundo aprenden justicia» (Is. 26:9).

«He aquí vienen días, dice Jehová el Señor, en los cuales enviaré hambre a la tierra, no hambre de pan, ni sed de agua, sino de oir la palabra de Jehová» (Am. 8:11).

4 (15:33-34) *Ministerio:* el tercer paso para aprender a ministrar es estar dispuesto a usar lo que uno tiene para suplir la necesidad inmediata.

1. Tenemos que estar dispuestos a suplir la necesidad sin objeciones. Note la objeción inmediata de los discípulos. Los discípulos pensaron en todas las objeciones y excusas.
• El lugar era un desierto, alejado.
• Sus recursos eran demasiado escasos.
• La multitud sencillamente era demasiado grande para hacer tanto bien.
• Ellos mismos eran demasiado pobres y necesitados.

Pensamiento. Cuando se habla de recursos, muchos

presentan objeciones. Son pocos los que están dispuestos a dar lo que tienen, especialmente a aquellos que se consideran rechazados.

2. Debemos desear encontrar esta necesidad por hacer un inventario personal. Los verdaderos seguidores del Señor deben tomar inventario y estar listos para dar. Cristo *va a pedir* lo que tenemos (*Véase* Estudio a fondo 1—Lc. 9:23. Cp. Mt. 19:16-22.)

> *Pensamiento.* He aquí el principio clave: éstos tenían hambre para la justicia; por eso Cristo suplió sus necesidades físicas (Mt. 5:6; cp. 6:33).

5 (15:35-36) *Ministrando:* el cuarto paso para aprender a ministrar es ministrando a las necesidades inmediatas. Note que antes de ser realmente suplidas las necesidades, se hicieron tres cosas.

- La gente fue preparada.
- Se le dio gracias a Dios.
- Entonces se suplió la necesidad.

Note también que las necesidades de la gente no fueron suplidas en forma desordenada. Las necesidades fueron identificadas, luego la gente fue ordenada y organizada para recibir su provisión. Pero algo más fue necesario: la gente tuvo que ser obediente y seguir las instrucciones del Señor antes que sus necesidades fuesen suplidas.

> *Pensamiento 1.* No es suficiente *estar dispuesto a dar*. La persona tiene que dar. Digamos lo que digamos, *no hay disposición* de dar hasta que realmente damos.
>
> > «Sino haceos tesoros en el cielo, donde ni la polilla ni el orín corrompen, y donde ladrones no minan ni hurtan» (Mt. 6:20).
> >
> > «Vended lo que poseéis, y dad limosna; haceos bolsas que no se envejezcan, tesoro en los cielos que no se agote, donde ladrón no llega, ni polilla destruye» (Lc. 12:33).
> >
> > «Así pues, cualquiera de vosotros que no renuncia a todo lo que posee, no puede ser mi discípulo» (Lc. 14:33).
> >
> > «Entonces los discípulos, cada uno conforme a lo que tenía, determinaron enviar socorro a los hermanos que habitaban en Judea» (Hch. 11:29).

6 (15:37-39) *Ministrando—Dios, provisión:* el quinto paso para aprender a ministrar es testificar del poder y de la provisión del Señor. Cuando los necesitados son llevados a Cristo, Él suple sus necesidades y su provisión satisface. En efecto, Él suple sus necesidades y su provisión es abundante (Jn. 10:10).

> *Pensamiento 1.* Esto es de importancia crucial. Ellos fueron alimentados físicamente porque tenían hambre y sed de Cristo (Mt. 5:6; cp. 6:33).
>
> > «Serán completamente saciados de la grosura de tu sa, y tú los abrevarás del torrente de tus delicias» (Sal. 36:8).
> >
> > «Yo he venido para que tengan vida: y para que la tengan en abundancia» (Jn. 10:10).
> >
> > «Y poderoso es Dios para hacer que abunde en vosotros toda gracia, a fin de que, teniendo siempre en todas las cosas todo los suficiente, abundéis para toda buena obra» (2 Co. 9:8).
> >
> > «Y a Aquel que es poderoso para hacer todas las cosas mucho más abundantemente de lo que pedimos o entendemos, según el poder que actúa en nosotros» (Ef. 3:20).
> >
> > «Mi Dios, pues, supirá todo lo que os falta conforme a sus riquezas en gloria en Cristo Jesús» (Fil. 4:19).
> >
> > «Porque de esta manera os será otorgada amplia y generosa entrada en el reino eterno de nuestro Señor y Salvador Jesucristo» (2 P. 1:11).

> *Pensamiento 2.* Hay gran recompensa en traer los necesitados a Cristo. Llegamos a ver el poder y la provisión de Dios en acción. Cuanta más gente traemos más vemos su poder y provisión; y cuanto más vemos de su poder y provisión, más es fortalecida nuestra fe. Traer los necesitados a Cristo es una de las formas más eficaces para crecer espiritualmente.

ESTUDIO A FONDO 1

(15:37) *Canastas* (*spuridas*)*:* grandes canastos de mimbre, cestos de mimbre trenzado. Se trata de los canastos usados por los gentiles, a veces eran suficientemente grandes para transportar a una persona. En cambio, en la alimentación de los cinco mil seguidores judíos los canastos usados eran *kophinoi*. Eran cestos pequeños que los judíos llevaban usualmente en sus viajes como recipiente de la comida.

	CAPÍTULO 16		
	I. El Mesías advierte contra la levadura de los religiosos: una advertencia contra la ceguera espiritual y falsa enseñanza, 16:1-12 (Mr. 8:10-21)	pan.	necesaria: el olvido del pan
1 Los religiosos buscaban más señales	Vinieron los fariseos y los saduceos para tentarle, y le pidieron que les mostrase señal del cielo.	6 Y Jesús les dijo: Mirad, guardaos de la levadura de los fariseos y de los saduceos.	b. La lección: guardaos de la levadura^EF2 de los religiosos
a. Se complotaron; a desacreditar a Jesús	2 Mas él respondiendo, les dijo: Cuando anochece, decís: Buen tiempo; porque el cielo tiene arreboles.	7 Y ellos pensaban dentro de sí, diciendo: Esto dice porque no trajimos pan.	1) Lección malentendida: sus pensamientos estaban fijados en el pan y cuidados terrenales
b. Jesús les advirtió: guardaos, v. 6	3 Y por la mañana: Hoy habrá tempestad; porque tiene arreboles el cielo nublado. ¡Hipócritas! que sabéis distinguir el aspecto del cielo, ¡mas la señal de los tiempos no podéis!	8 Y entendiéndolo Jesús, les dijo: ¿Por qué pensáis dentro de vosotros, hombres de poca fe, que no tenéis pan?	2) Amonestación de Jesús: sus mentes fijas. en cosas terrenales, no en confiar en Dios
2 Guardaos de ser ciegos a las señales a. Sentidos naturales versus los espirituales 1) Sentidos que disciernen 2) Sentidos espirituales: sin discernimiento		9 ¿No entendéis aún, ni os acordáis de los cinco panes entre los cinco mil hombres, y cuántas cestas recogisteis?	c. Las dos grandes lecciones de la vida 1) Confiar en Cristo para el pan y el cuidado terrenal
b. Señales de los tiempos que se deben reconocer c. Deseo para más señales d. Única señal que será dada a una generación malvada: Jonás^EF1	4 La generación mala y adúltera demanda señal; pero señal no le será dada, sino la señal del profeta Jonás. Y dejándolos se fue.	10 ¿Ni de los siete panes entre cuatro mil, y cuántas canastas recogisteis? 11 ¿Cómo es que no entendéis que no fue el pan que os dije que os guardaseis de la levadura de los fariseos y de los saduceos?	2) Preocuparse por los asuntos espirituales: la levadura y el ser espiritualmente engañados
3 Guardar de falsa enseñza a. Enseñar una lección muy	5 Llegando los discípulos al otro lado se habían olvidado de traer	12 Entonces entendieron que nos había dicho que se guardase de la levadura del pan, sino de la doctrina de los fariseos y de los saduceos.	d. La gran lección espiritual aprendida: los creyentes deben guardarse de la enseñanza de los religiosos, de fariseos y saduceos^EF3

I. El Mesías advierte contra la levadura de los religiosos: una advertencia contra la ceguera espiritual y falsa enseñanza, 16:1-12

(16:1-12) *Introducción—señales—fariseos—saduceos:* es llamativo ver a los fariseos y saduceos unidos en el propósito de oponerse a Cristo. Estaban diametralmente opuestos en sus creencias y comportamiento (*véanse* Estudios a fondo 2, 3—Hch. 23:8). Los saduceos ni siquiera creían en señales y eventos sobrenaturales, sin embargo, se los ve uniendo sus fuerzas con los fariseos, creyentes fieles en lo sobrenatural. Los saduceos que también son llamados herodianos, se opusieron a Cristo solo en una ocasión más aparte de esta (Mt. 22:16). Su oposición se basaba en dos motivos.

1. Cooperaban con el gobierno romano y por ello estaban en posiciones de liderazgo y riqueza. Cristo predicaba un evangelio de sacrificio y pobreza a efectos de ayudar a un mundo necesitado. Por lo tanto, Cristo era una grave amenaza para ellos.

2. No creían que toda la Escritura fuese de Dios, ni creían en lo sobrenatural ni en la resurrección de los muertos. Cristo, por supuesto, sí creía. Por eso, nuevamente era una amenaza a la existencia en si de los saduceos.

El propósito de los fariseos y saduceos al tentar a Jesús era probar que era un impostor y desacreditarlo ante la gente. Los saduceos estaban seguros que Jesús no podía dar una «señal del cielo» porque no existía, para ellos, cosa tal como un evento sobrenatural, y los fariseos esperaban que o bien se negara o bien fracasara en dar

una señal. (*Véase* nota—Mt. 12:38-40.)

Lo que Jesús hizo fue tomar el pedido de *más señales* para hacer dos grandes advertencias: advertencias que deben ser escuchadas por todos. (*Véanse* bosquejo y notas—Mt. 7:15-20. Este es un pasaje importante sobre los falsos maestros.)

1. Trasfondo: los religiosos buscaban más señales (v. 1).
2. Guardaos de ser ciegos a las señales (vv. 2-4).
3. Guardaos de la falsa enseñanza (vv. 5-12).

1 (16:1) *Religiosos:* los religiosos buscaban más señales (*véanse* bosquejos y notas—Mt. 12:38-40).

2 (16:2-4) *Señales—ceguera rspiritual:* guardaos de ser espiritualmente ciegos ante las señales de los tiempos.

1. Hay una aguda diferencia entre los sentidos naturales y espirituales. Los sentidos naturales del hombre pueden ser muy agudos y de gran discernimiento. Hábiles en sacar conclusiones de sus observaciones y experiencias del mundo natural. *Un ejemplo es el tiempo;* sin embargo, cuando se trata de los sentidos espirituales, el hombre está muerto y sin discernimiento. No observa ni tiene experiencia del mundo espiritual, realmente no. *Las señales de los tiempos* son un ejemplo.

La gente del tiempo de Jesús tuvo señales. Vivían tiempos críticos, tiempos que anunciaban la venida del Mesías. Una persona con pensamientos claros y genuinamente espiritual podía ver las señales. Dos ejemplos de personas que vieron esas señales fueron Simeón y Ana (Lc. 3:25ss).

Algunas de las señales eran como las que siguen.

a. El cetro, el que daba la ley, venía de Judá (Mt. 1:2).

b. Las semanas o eras predichas por Daniel se estaban completando (*véase* Estudio a fondo 1—Mt. 24:15).

c. El profeta Elías, quien precedería al Mesías (Juan el Bautista), había venido y proclamado que el Mesías era Jesús (Mt. 3:1-12).

d. El niño Jesús había nacido en Belén (Mt. 2:1).

e. Muchas personas en todo el mundo estaban esperando la venida de alguna gran persona, algún salvador, algún Mesías (Mt. 1:8).

f. Muchos judíos piadosos esperaban la venida del Mesías, el gran libertador de Israel enviado de Dios (Lc. 2:25ss).

g. El mensaje y las obras de Jesús eran una gran evidencia. Eran milagros fenomenales dados por Dios en apoyo a los reclamos de Jesús (*véase* Estudio a fondo 1—Jn. 14:11).

2. Las señales de los tiempos deben ser discernidas. ¿Qué otras señales mayores puede dar Dios que las señales que cambian radicalmente las vidas de las personas? La incredulidad no tiene excusa. El problema es que los hombres quieren señales de su propia elección, no las que Dios había escogido dar. Los hombres siempre quieren que Dios trate con ellos mediante ...

- alguna señal espectacular.
- algún argumento irrefutable.
- alguna señal brillante.
- alguna experiencia milagrosa.
- alguna verdad sobresaliente.
- alguna liberación increíble.

La gran preocupación de Dios no son las «señales del cielo» o señales fuera del hombre. La gran preocupación de Dios es encontrar a las personas en sus vidas, en el interior de sus corazones donde realmente necesitan a Dios y donde realmente necesitan ayuda para vivir abundante y eternamente. Dios quiere encontrar a la gente en sus enfermedades y tristezas y pérdidas. Encontrar al hombre en lo concerniente a su necesidad es una señal irrefutable dada a cada generación.

Pensamiento. Hay algunas señales de los tiempos muy especiales, dadas en «los postreros días» además de las señales dadas a los judíos.

1) La obra de Cristo concluida.

«Yo te he glorificado en la tierra; he acabado la obra que me diste que hicieses» (Jn. 17:4).

«Cuando Jesús hubo tomado el vinagre, dijo: Consumado es. Y habiendo inclinado la cabeza, entregó el espíritu» (Jn. 19:30).

«El cual, siendo el resplandor de su gloria, y la imagen misma de su sustancia, y quien sustenta todas las cosas con la palabra de su poder, habiendo efectuado la purificación de nuestros pecados por medio de sí mismo, se sentó a la diestra de la Majestad en las alturas» (He. 1:3).

2) Las Escrituras completadas, el Antiguo y el Nuevo Testamento que Dios establece con el hombre.

«Toda la Escritura es inspirada por Dios, y útil para enseñar, para redargüir, para corregir, para instruir en justicia» (2 Ti. 3:16).

«Tenemos también la palabra profética más segura, a la cual hacéis bien en estar atentos como a una antorcha que alumbra en lugar oscuro, hasta que el día esclarezca y el lucero de la mañana salga en vuestros corazones; entendiendo primero esto, que ninguna profecía de la Escritura es de interpretación privada, porque nunca la profecía fue traída por voluntad humana, sino que los santos hombres de Dios hablaron siendo inspirados por el Espíritu

Santo» (2 P. 1:19-21).

3) La presencia de muchas cosas que fueron profetizadas acerca de los «últimos días» (*véanse* bosquejos—Mt. 24:1ss; 2 Ti. 3:1-9; 2 P. 3:1-7; 3:8-10; 3:11-14; 1 Jn. 2:18-23; Jud. 17-19).

«Y estando él sentado en el monte de los Olivos, los discípulos se le acercaron aparte, diciendo: ¿cuándo serán estas cosas, y qué señal habrá de tu venida, y del fin del siglo? Respondiendo Jesús les dijo: Mirad que nadie os engañe» (Mt. 24:3-4; cp. vv. 5-15 para una lista de más señales).

3. Motivo de la ceguera y del pedido de más señales: el corazón del hombre es malo y adúltero. Los hombres se niegan a mirar las señales de los tiempos; prefieren ser espiritualmente ciegos porque son malvados y adúlteros. Nunca hay suficientes señales o evidencias para convencerlos, para cambiar sus vidas y hacerlos volver a Dios (*véase* nota—Mt. 12:38-40).

«La luz [Cristo] vino al mundo, y los hombres amaron más las tinieblas que la luz, porque sus obras eran malas» (Jn. 3:19).

« ... tampoco se persuadirán aunque alguno se levante de los muertos» (Lc. 16:31).

4. La única señal dada a una generación mala es la de Jonás (*véanse* notas—Mt. 12:38-40, pt. 6; Lc. 11:29-36). La única señal irrefutable adaptada a los incrédulos es la resurrección de Jesucristo. El hecho de que Jesucristo haya resucitado de los muertos, prueba más allá de toda duda, que Jesús es el Hijo del Dios viviente. Por lo tanto, Él tiene el poder de cambiar las vidas de todos aquellos que están dispuestos a creer en Él a rendirse a Él como Señor.

«A éste, entregado por el determinado consejo y anticipado conocimiento de Dios, prendisteis y matasteis por manos de inicuos, crucificándole; al cual Dios levantó, sueltos los dolores de la muerte, por cuanto era imposible que fuese retenido por ella» (Hch. 2:23-24).

«Mas vosotros negasteis al Santo y al Justo, y pedisteis que se os diese un homicida, y matasteis al Autor de la vida, a quien Dios ha resucitado de los muertos, de lo cual nosotros somos testigos» (Hch. 3:14-15).

«Y con gran poder los apóstoles daban testimonio de la resurrección del Señor Jesús, y abundante gracia era sobre todos ellos» (Hch. 4:33).

«Y nosotros somos testigos de todas las cosas que Jesús hizo en la tierra de Judea y en Jerusalén; a quien mataron colgándole en un madero. A éste levantó Dios al tercer día, e hizo que se manifestase; no a todo el pueblo, sino a los testigos que Dios había ordenado de antemano, a nosotros que comimos y bebimos con él después que resucitó de los muertos» (Hch. 10:39-41).

«Y Pablo, como acostumbraba, fue a ellos, y por tres días de reposo discutió con ellos, declarando y exponiendo por medio de las Escrituras, que era necesario que el Cristo padeciese, y resucitase de los muertos; y que Jesús, a quien yo os anuncio, decía él, es el Cristo» (Hch. 17:3).

«Que fue declarado Hijo de Dios con poder, según el Espíritu de santidad, por la resurrección de entre los muertos» (Ro. 1:4).

«Que si confesares con tu boca que Jesucristo es el Señor, y creyeres en tu corazón que Dios le levantó de los muertos, serás salvo» (Ro. 10:9).

«La cual [la grandeza de su poder] operó en Cristo, resucitándole de los muertos y sentándole a su diestra en los lugares celestiales» (Ef. 1:20).

ESTUDIO A FONDO 1

(16:4) *Jonás: véanse* notas—Mt. 12:38-40, pt. 6; Lc. 11:29-30.

3 (16:5-12) *Falsa enseñanza:* guardaos de la falsa enseñanza. Note que Jesús abandonó a los religiosos a su propio destino: «Y dejándolos se fue» (v. 4). Cuando Jesús llegó al otro lado del mar de Galilea, los discípulos recordaron algo. Se habían olvidado de traer comida. En este lapso de memoria, Jesús vio otra oportunidad para enseñarles una lección muy necesaria: guardaos de la levadura de los fariseos y saduceos (cp. Mt. 13:33; Mr. 8:15). Con «levadura» se refirió a la *falsa enseñanza* de los religiosos, pero lo discípulos no entendieron lo que estaba diciendo. Creían que los amonestaba por no tener pan. Sus pensamientos estaban, como ocurre tantas veces, en los asuntos y cuidados terrenales.

Jesús amonestó tal preocupación por los asuntos terrenales. Estaba prácticamente asombrado pensando que sus seguidores no confiaba que él cuidaría de ellos. Lo llamó falta de fe: «Hombres de poca fe» (v. 8). Entonces comenzó de enseñar dos lecciones importantes de la vida.

> «No os afanéis, pues, diciendo: ¿Qué comeremos, o qué beberemos, o qué vestiremos? Porque los gentiles buscan todas estas cosas; pero vuestro Padre celestial sabe que tenéis necesidad de todas estas cosas. Mas buscad primeramente el reino de Dios y su justicia, y todas estas cosas os serán añadidas» (Mt. 6:31-33).

> «Pues aun los cabellos de vuestra cabeza están todos contados. No temáis, pues; más valéis vosotros que muchos pajarillos» (Lc. 12:17).

> «Echando toda vuestra ansiedad sobre él, porque él tiene cuidado de vosotros» (1 P. 5:7).

> «Jehová se acordó de nosotros; nos bendecirá; bendecirá a la casa de Israel; bendecirá a la casa de Aarón» (Sal. 115:12).

2. Sus seguidores deben estar primordialmente preocupados con cosas espirituales, no con asuntos terrenales. La constante preocupación del creyente es guardarse de la levadura, la falsa enseñanza, de fariseos y saduceos; no preocuparse y cuidar de las cosas terrenales.

a. Los pensamientos de la persona tienen que estar dominados por la verdad de modo que muchos permanezcan en la verdad y no sean extraviados espiritualmente.

> «Porque del *corazón* salen los malos pensamientos, los homicidios, los adulterios, las fornicaciones, los hurtos, los falsos testimonios, las blasfemias» (Mt. 15:19).

> «Porque los que son de la carne *piensan* en las cosas de la carne; pero los que son del Espíritu, en las cosas del Espíritu. Porque el ocuparse de la carne es muerte, pero el ocuparse del Espíritu es vida y paz. Por cuanto los designios de la carne son enemistad contra Dios; porque no se sujetan a la ley de Dios, ni tampoco pueden» (Ro. 8:5-7).

> «Pues aunque andamos en la carne, no militamos según la carne; porque las armas de nuestra milicia no son carnales, sino poderosas en Dios para la destrucción de fortalezas, derribando *argumentos* y toda altivez que se levanta contra el conocimiento de Dios, y llevando cautivo *todo pensamiento* a la obediencia a Cristo» (2 Co. 10:3-5).

> «Y renovaos en el espíritu de vuestra mente, y vestíos del nuevo hombre, creado según Dios en la justicia y santidad de la verdad» (Ef. 4:23-24).

Pensamiento. La falta de confianza hiere en lo más profundo el corazón de Dios.

> «*No os afanéis*, pues ... » (Mt. 6:31-34).

> «Pero sin fe es imposible agradar a Dios» (He. 11:6).

b. La levadura, la falsa enseñanza de los religiosos y de los líderes del mundo, es la gran amenaza a la supervivencia humana.

Pensamiento. Note que el peligro no era comer pan con maestros falsos, sin en ser engañados por las enseñanzas

y la conducta de ellos. Cristo comió con ellos (Lc. 7:36; 11:37; 14:1).

Note que la gran lección espiritual fue aprendida. El discípulo de Cristo debe guardarse de la enseñanza de los religiosos (para la discusión *véase* Estudio a fondo 3—Mt. 16:12).

ESTUDIO A FONDO 2

(16:6) *Levadura: véanse* notas—Mt. 13:33; Mr. 8:15.

ESTUDIO A FONDO 3

(16:12) *Falsa enseñanza—fariseos—saduceos:* ¿Qué es la levadura, la falsa enseñanza de los fariseos y saduceos, es decir de los religiosos? Dicho en forma muy sencilla, es lo que finalmente los discípulos entendieron: la doctrina (enseñanzas) de los religiosos. Ellos fermentaban, agriaban, y enfermaban a todo aquel que tocaban (*véanse* Estudios a fondo 2, 3—Hch. 23:8; cp. Mr. 8:15).

Los fariseos creían en un Dios personal y en las Escrituras como Palabra de Dios dirigida al hombre, pero *agregaban* a la Palabra de Dios (*véase* Estudio a fondo 1—Lc. 6:2). Agregaron reglas y reglamentos, rituales y ceremonias imponiendo restricciones indebidas a la conducta del hombre. Esto llevó a tres graves errores.

1. Hizo creer a la gente que su buen comportamiento y los rituales religiosos y ceremonias los hacían aceptables ante Dios. Una religión de buenas obras en que la justificación dependía del intento de hacer suficiente bien para llegar a ser aceptable a Dios.

2. Condujo a una religión de respeto social, a una religión externa. Si una persona era socialmente respetada y hacía todo correctamente, se la juzgaba aceptable para Dios.

3. Condujo a una actitud y a un aire de auto-suficiencia. Si una persona guardaba las reglas y los reglamentos, ya se sentía justa lo cual a veces demostraba. Uno dependía de sí mismo, de guardar las reglas indicadas y de llegar a ser así justo.

Los saduceos o herodianos eran los liberales de aquel día. La levadura o falsa enseñanza de ellos era doble.

1. *Quitaban* de la Palabra de Dios, negando toda Escritura excepto el Pentatéuco, los primeros cinco libros del Antiguo Testamento.

2. Eran los libre pensadores, los racionalistas, los secularistas y materialistas de aquel tiempo. Por eso estuvieron dispuestos a colaborar con los romanos en la eliminación de la cultura judía y el establecimiento de la cultura greco romana. Por esta causa Roma ponía a los líderes de los saduceos en posiciones gubernamentales (Sanhedrín) y les otorgaba riquezas. La mentalidad mundana de ellos, su filosofía cultural, y su teología liberal siempre fueron una amenaza para el hombre (*véase* nota—Mt. 16:1-12).

> «Guardaos de los falsos profetas, que vienen a vosotros con vestidos de ovejas, pero por dentro son lobos rapaces» (Mt. 7:15).

> «Porque del corazón salen los malos pensamientos, los homicidios, los adulterios, las fornicaciones, los hurtos, los falsos testimonios, las blasfemias» (Mt. 15:19).

> «Pues en vano me honran, enseñando como doctrinas, mandamientos de hombres» (Mt. 15:9).

> «Y de vosotros mismos se levantarán hombres que hablen cosas perversas para arrastrar tras sí a los discípulos» (Hch. 20:30).

> «Porque ignorando la justicia de Dios, y procurando establecer la suya propia, no se han sujetado a la justicia de Dios» (Ro. 10:3).

> «Porque tales personas no sirven a nuestro Señor Jesucristo, sino a sus propios vientres, y con

suaves palabras y lisonjas engañan los corazones de los ingenuos» (Ro. 16:18).

«Para que ya no seamos niños fluctuantes, llevados por doquiera de todo viento de doctrina, por estratagema de hombres que para engañar emplean con astucia las artimañas del error» (Ef. 4:14).

«Pero el Espíritu dice claramente que en los postreros tiempos algunos apostatarán de la fe, escuchando a espíritus engañadores y a doctrinas de demonios; por la hipocresía de mentirosos que, teniendo cauterizada la conciencia ... » (1 Ti. 4:1-2).

«Porque hay aún muchos contumaces, habladores de vanidades y engañadores, mayormente los de la circuncisión, a los cuales es preciso tapar la boca; que trastornan casas enteras, enseñando por ganancia deshonesta lo que no conviene» (Tit. 1:10-11).

«Pero hubo también falsos profetas entre el pueblo, como habrá entre vosotros falsos maestros, que introducirán encubiertamente herejías destructoras, y aun negarán al Señor que los rescató, atrayendo sobre sí mismos destrucción repentina» (2 P. 2:1).

«Hijitos, ya es el último tiempo; y según vosotros oísteis que el anticristo viene, así ahora han surgido muchos anticristos; por esto conocemos que es el último tiempo. Salieron de nosotros, pero no eran de nosotros; porque si hubieran sido de nosotros, habrían permanecido con nosotros; pero salieron para que se manifestase que no todos son de nosotros» (1 Jn. 2:18-19).

«¿Quién es el mentiroso, sino el que niega que Jesús es el Cristo? Este es anticristo, el que niega al Padre y al Hijo» (1 Jn. 2:22).

«Porque muchos engañadores han salido por el mundo, que no confiesan que Jesucristo ha venido en carne. Quien esto hace es el engañador y el anticristo» (2 Jn. 7).

BIBLIOGRAFÍA

Cada hijo de Dios es precioso para el Señor y es profundamente amado. Todo hijo como siervo del Señor toca las vidas de los que entran en contacto con Él o con su ministerio. El ministerio como escritores de los siguientes siervos de Dios han tocado esta obra, y estamos agradecidos de Dios por haber puesto sus escritos en nuestro camino. Por medio de estas líneas reconocemos su ministerio en nuestro favor, estando plenamente conscientes de que hay muchos otros que, a través de los años han tocado nuestras vidas con sus escritos y merecen ser mencionados, pero la debilidad de nuestras mentes ha hecho que se borren de nuestra memoria. Que nuestro maravilloso Señor siga bendiciendo el ministerio de estos queridos siervos, y el ministerio de todos nosotros mientras trabajamos diligentemente para alcanzar al mundo para Cristo y hacer frente a las desesperadas necesidades de quienes tanto sufren.

FUENTES GRIEGAS

Robertson, A.T. *Imágenes verbales en el Nuevo Testamento* 6 tomos. Tarrassa, España: CLIE, 1988.

Thayer, Joseph Henry. *Thayer's Greek-English Lexicon of the New Testament*. Nueva York: American Book Co., s.f.

The Expositor's Greek Testament. 5 tomos. Editado por W. Robertson Nicoll, Grand Rapids, MI: Eerdmans Publishing Co., 1970.

Vincent Marvin R. *Word Studies in the New Testament.* 4 tomos. Grand Rapids, MI: Eerdmans Publishing Co., 1969.

Vine, W. E. *Diccionario expositivo de palabras del Nuevo Testamento.* Terrassa, España: CLIE, 1989.

Wuest, Kenneth S. *Word Studies in the Greek New Testament.* 4 tomos. Grand Rapids, MI: Eerdmans Publishing Co., 1966

OBRAS DE REFERENCIA

Biblia de Referencia Thompson. Miami, FL: Editorial Vida, 1990

Cruden's Complete Concordance of the Old & New Testament. Filadelfia, PA: The John C. Winston Co., 1930.

Lockyer, Herbert, *All the Men of the Bible.* Grand Rapids, MI: Zondervan, 1958.

Lockyer, Herbert, *All the Miracles of the Bible.* Grand Rapids, MI: Zondervan, 1961.

Lockyer, Herbert, *All the Parables of the Bible.* Grand Rapids, MI: Zondervan, 1963.

Lockyer, Herbert, *All the Women of the Bible.* Grand Rapids, MI: Zondervan, 1967.

Maier, Paul L., ed., Josefo: *Las obras esenciales.* Grand Rapids, MI: Editorial Portavoz, 1944.

Nave's Topical Bible, Nashville, TN: The Southwestern Co. Sin fecha.

The New Compact Bible Dictionary, Ed. por Alton Bryant. Grand Rapids, MI: Zondervan Publishing House, 1967.

COMENTARIOS

Barclay, William, *The Daily Study Bible.* Filadelfia, PA: Westminster Press. Comenzó en 1953.

Bruce F.F. *La Epístola a los Hebreos.* Grand Rapids, MI: Nueva Creación, 1987.

Bruce F. F. *The Epistle to the Ephesians.* Westwood, NJ: Fleming H. Revell Co., 1968.

Criswell, W. A. *Expository Sermons on Revelation.* Grand Rapids, MI: Zondervan Publishing House, 1962-66.

Green, Oliver. *The Epistles of John.* Greenville, SC: The Gospel House, Inc., 1966.

Green, Oliver. *The Epistles of Paul the Apostle to the Hebrews.* Greenville, SC: The Gospel House, Inc., 1965.

Green, Oliver. *The Epistles of Paul the Apostle to Timothy & Titus.* Greenville, SC: The Gospel House, Inc., 1964.

Green, Oliver. *The Revelation Verse by Verse Study.* Greenville, SC: The Gospel House, Inc., 1963.

Harrison, Everett, ed. *Comentario bíblico Moody: Nuevo Testamento.* Grand Rapids, MI: Editorial Portavoz, 1962.

Henry, Matthew. *Comentario exegético devocional a toda la Biblia.* 6 tomos. Terrassa, España: CLIE, 1989.

Hodge, Charles. *Commentary on the Epistle to the Romans.* Grand Rapids, MI: Eerdmans Publishing Co., 1950.

Hodge, Charles. *Commentary on the First Epistle to the Corinthians.* Grand Rapids, MI: Eerdmans Publishing Co., 1972

Hodge, Charles. *Commentary on the Second Epistle to the Corinthians.* Grand Rapids, MI: Eerdmans Publishing Co., 1973.

Ladd, George E. *El apocalipsis de Juan: un comentario.* Miami, FL: Editorial Caribe.

Leupold, H.C. *Exposition of Daniel.* Grand Rapids, MI: Baker Book House, 1969.

Morris, Leon. *The Gospel According to John.* Grand Rapids, MI: Eerdmans Publishing Co., 1971.

Newell, William R. *Hebrews, Verse by Verse.* Grand Rapids, MI: Kregel Publications, 1995.

Pfeiffer, Charles F., ed. *Comentario bíblico Moody: Antiguo Testamento.* Grand Rapids, MI: Editorial Portavoz, 1962.

Spence, H.D.M. y Excell, Joseph S., *The Pulpit Commentary.* 23 tomos. Grand Rapids, MI: Eerdmans Publishing Co., 1950.

Strauss, Lehman. *Devotional Studies in Galatians & Ephesians.* Neptune, NJ: Loizeaux Brothers, 1957.

Strauss, Lehman. *Devotional Studies in Philippians.* Neptune, NJ: Loizeaux Brothers, 1959.

Strauss, Lehman. *James Your Brother*. Neptune, NJ: Loizeaux Brothers, 1956.

Strauss. Lehman. *The Book of Revelation*. Neptune, NJ: Loizeaux Brothers, 1964.

The Tyndale New Testament Commentaries. Editado por R.V.G. Tasker. Grand Rapids, MI: Eerdmans Publishing Co. Comenzado en 1958.

Thomas, W.H. Griffith. *Hebrews, A Devotional Commentary*. Grand Rapids, MI: Eerdmans Publishing Co., 1970.

Thomas, W.H. Griffith. *Outline Studies in Acts*. Grand Rapids, MI: Eerdmans Publishing Co, 1956.

Thomas, W.H. Griffith. *St. Paul's Epistle to the Romans*. Grand Rapids, MI: Kregel Publications, 1974.

Thomas, W.H. Griffith. *Studies in Colossians & Philemon*. Grand Rapids, MI: Kregel Publications, 1986.

Walker, Thomas. *The Acts of the Apostles*. Grand Rapids, MI: Kregel Publications, 1965.

Walvoord, John. *The Thessalonian Epistles*. Grand Rapids, MI: Zondervan Publishing House, 1973.

ÍNDICE DE BOSQUEJOS Y TEMAS

Cuando usted busca un tema y/o una referencia bíblica, tendrá no solamente el texto bíblico, sino también un bosquejo y una discusión (comentario) del texto bíblico y del tema.

Este es uno de los grandes valores de la *Biblia de bosquejos y sermones*. Cuando tenga todos los tomos, tendrá no solamente lo que todos los demás índices bíblicos le dan, esto es, una lista de todos los temas y sus referencias bíblicas, sino usted tendrá también …

- Un bosquejo de *cada* texto y tema de la Biblia.
- Una discusión (comentario) de cada texto y tema.
- Cada tema apoyado por otros textos biblicos, o referencias cruzadas.

Descubra el gran valor usted mismo. Dé una mirada rápida a la primera palabra del índice de Mateo y su correspondiente referencia bíblica. Es:

ADORACIÓN
Deber. La oposición no debe ser
obstáculo. 12:9-13

Busque las referencias. Busque los textos bíblicos y el bosquejo de la Escritura, y lea luego el comentario. Inmediatamente verá el gran valor del índice de la *Biblia de bosquejos y sermones*.

ADORACIÓN
De Jesucristo.
Acentuado. 12:9-10
Como Señor. Ejemplo. 15:25
Por hombres sabios. 2:1-11
Deber. La oposición no debe ser
obstáculo. 12:9-13
Significado. 8:2

ADULTERIO
Actos de: Cuatro. 5:28
Castigo. Muerte por
apedreamiento. 1:19
Conceptos errados. El a. es
excusable y aceptable. 5:27-30
Culpables. 5:28
Deber del a. Arrancar, cortar 5:27-30
Discusión 5:28
Mandamientos contrarios. Motivos
para ellos. 5:27
Motivos para el divorcio 5:31-32
Resultado. Rompe la unión
matrimonial. 5:32
Se comete.
Casándose con la persona
divorciada. 5:31-32
Mirando y deseando. 5:27-30
Significado. 5:28
Tipos de a.
A. espiritual. Apostasía hacia Dios. 12:39
A. mental. Deseando y codiciando. 5:27-30

ADULTERIO, ESPIRITUAL
Significado. 12:39

AGOTAMIENTO (*véanse* CANSADO; CARGADO; YUGO)

ALCOHOL
Resultados. Beber, andar en fiestas. 14: 6-8

ALIMENTACIÓN DE CINCO MIL
Cosas esenciales para el ministerio. 14:15-21

ALMA
No tiene precio. 13:45-46

AMÉN
Significado. 6:13
AMIGOS–AMISTAD (*véanse* HERMANDAD)
AMOR (*véase* HERMANDAD)

Conceptos del amor. En el Antiguo
Testamento. 5:43
Discusión del tema. 5:44
Palabras griegas para a. Cuatro
palabras. 5:44
Ejemplo. Del gran amor de una
madre por su hija. 15:22
Esencial-Deber.
Amar a Cristo más que a la
familia. 10:35-37
Amar a los enemigos. 5:44
Tipos de. Cuatro tipos. 5:44

ANDAR EN FIESTAS
Resultados. 14:6-8

ANDRÉS, EL APÓSTOL
Un pescador. 4:18
Uno de los doce discípulos. 10:1-4
Uno de los primeros discípulos
llamados por Jesús. 4:18-22

ÁNGELES
Apariciones.
A José. 1:18-25
Su función hacia Cristo.
Anunciar la concepción. 1:2-21
Retornar con él. 13:4-42; 49-50
Su función hacia los incrédulos.
Cosechar en el tiempo del fin. 13:40-43;
49-50
Ejecutar el juicio de Dios. 13:40-42

ANIMALES
Menos importantes que los hombres. 12:11

ANSIEDAD–ANSIOSO
Causada por.
Preocuparse por la apariencia. 6:27
Preocuparse por las cosas y por la vida. 6:25-34
Cómo conquistarla.
Buscando primeramente el reino de Dios. 6:33
Considerando la provisión de Dios. 6:28-34
Deber. Entregarlos a Cristo. 14:18-21
Mirando la naturaleza. 6:26-30
Viviendo una día a la vez. 6:34

ANTIGUO TESTAMENTO
Creyentes. Diferencias entre el
A.T. y el N.T. 11:11

Deber. Para ser compartido con
el N.T. 13:52
Cumplido en el N.T. 13:52

APARTARSE (*véanse* APOSTASÍA; NEGAR; VOLVER ATRÁS)

APOSTASÍA (*véanse* NEGAR; VOLVER ATRÁS)
Descrita. Como tiempo que existe
ahora. 13:20-21
Ejemplos.
Líderes religiosos. 12:38-45
Marcas, carácterísticas de.
Buscar señales–evidencia física. 12:38-45
Volverse atrás en la prueba o
persecución. 13:2-21

APÓSTOL–APÓSTOLES (*véase* DISCÍPULOS)
Doce. Por qué doce. 10:2
Hermanos. Tres pares nombrados. 10:2
Llamado.
Andrés y Pedro, Jacobo y Juan. 4:18-22
Envío y entrega. 10:1-4
Significado. 10:2

APRENDER DE MÍ
Significado. 11:29

ARENA
Edificar sobre la arena. Qué es la a. 7:26-27

ARREPENTIRSE–ARREPENTIMIENTO
(*véase* SALVACIÓN)
Discusión del tema. 4:17
De palabras solamente. 3:7-10
Falso.
Ilustrado.
Hallando un gran tesoro. 13:44
Por Nínive. 12:41
Mensaje.
De Jesucristo. 4:17
De Juan el Bautista. 3:2-6

AUTO ESTIMA
Imagen propia de bajo nivel.
Causas. 13:53-54
Nazaret. Motivos. 13:53-54

AUTO SUFICIENTE
Ciego para con la verdad. 11:25-27

Descripción. Como sabio en su
propia opinión. 11:25-27
Errores de. 4:2-4, 5-7

AUTORIDAD (*véase* PODER)
De Cristo. *A.* de su enseñanza. 7:28-29
De los escribas. 7:29
Fuente. Dios mismo. Dada a los discípulos. 10:1
Propósito. Equipar y dar seguridad. 10:1

AVERGONZADO
Necesidades de hombres *a.* suplidas. 9:1-8

AVES
Simbolizadas. Creyentes que se
hospedan en el cristianismo. 13:31-32

AYUDA–AYUDANDO (*véase* DAR–DANDO)
Deber. Discusión de. 5:40-42

AYUNAR
Cuando.
Discusión del tema. 6:16-18
Vs. cuando no. 9:15
Deber. Discusión del tema. 6:16-18
Esencial. Para prepararse y
enfrentar la tentación. 4:1
Los discípulos de Jesús interrogados
al respecto. 9:14-17
Motivación. Correcta vs. incorrecta. 6:16-18
Peligros. Cuatro. 6:16

AZOTE–AZOTAR
Descritos. Abiertos a la enseñanza. 11:25

BABILONIA
Cautiverio. Dios preservó a los
judíos durante el *c.* en Babilonia. 1:11

BARRERAS (*véase* DIVISIÓN)
Descripción. Físicas, ideológicas,
espirituales. 8:5-13
Recibiendo y rechazando hombres. 8:5-13

BAUTISMO
B. de Jesús. 3:11
El *b.* de Juan el Bautista. 3:11
Esencial. 3:11, 14-15
Por qué tiene que ser *b.* la persona. 3:11, 14-15
Significado. 3:11,14
Discusión del tema. 3:11
En Espíritu Santo y fuego. 3:11, 14

BEBIDA–EBRIEDAD
Descripción. Frecuentar fiestas. 14:6-8

BEELZEBÚ
Cristo es acusado de ser poseído
por *B.*, el diablo. 12:24

BENDICIONES ESPIRITUALES
Descripción. Séxtuple. 6:21-23
Significado. 6:19-20

BETSABÉ
Salvada por Dios. 1:6

BETSAIDA
Discusión del tema. 11:20-22

BIENAVENTURADO
Significado. 5:3

BIENAVENTURANZAS
Identifica a los discípulos. 5:1-12

BIENVENIDA
Recompensa. Discusión del tema. 10:40-42

BLASFEMIA.
Contra el Espíritu Santo. 12:31-32
Significado. 9:3

BUEYES
Yugo. Significado. 11:29

BUITRES
Símbolo de juicio. 9:37-38

BUSCAR–BUSCAN
Ley de. 13:12
Los hombres *b.* a Cristo.
Gran ejemplo. 12:42
Hombres sabios. 2:1-11
Motivos. 8:18-22
Pasos para buscar y ser sanado. 14:34-36
Renunciar a todo por Cristo. 13:44, 45-46
Tiene que saber acerca de Cristo
antes de buscarlo. 14:35
Resultados. Dios suple la necesidad. 2:11
Significado. 6:33

CAMINO ANCHO, EL
Los que siguen. 7:13

CANANEOS
Enemigos de los judíos. 15:22

CANSADO–CANSANCIO
Discusión del tema. 11:28-30
Respuesta. Reposo de Cristo. 11:28-30

CAPERNAUM
Cuartel general de Jesús. 4:12
Discusión del tema. 4:12-13; 11:23
Será juzgado. 11:23-24

CARENCIA DE PERDÓN
Causado por.
Malos sentimientos. 6:15
No perdonar a otros. 6:14-15
Descripción. 18:22
Espíritu y práctica del perdón. 18:21-35

CARGA–CARGADO
Respuesta al *c.* Descansar en Cristo. 11:28-30

CAUSA
El hombre necesita una *c.* 9:9-13
Morir por una *c.* 10:23

CEGUERA–CIEGO (*véase* CEGUERA
ESPIRITUAL)
Sanado. Dos hombres *c.* 9:27-31

CEGUERA ESPIRITUAL
Advertencia. 16:1-4
C. espiritual. Motivos. 13:13-1
Hacia el Mesías. 11:25-27
Hacia la verdad. 11:25-27
Los perdidos están ciegos. 9:27-31
Para con el propósito de Dios. 11:25-27

CEGUERA JUDICIAL
Discusión del tema. 13:13-15

CENTURIÓN
Fe del centurión. Grande. 8:5-13

CESTO
Descripción. 15:37

CIELO (*véase* REINO DE LOS CIELOS)
Características–Naturaleza.
Dimensión del ser. Cristo proclamado. 9:35
Tres *c.* 6:9
Cómo entrar.

Requiere más justicia que la que
tiene un religioso. 5:20
Siendo pobres en espíritu. 5:3
Creyentes.
Deben ser recompensados. 5:11-12
Posición en el *c.* 11:11
Experiencia de.
Misterios de. Significado. 13:1-58
Menor en el cielo. 11:11

CIELO, REINO DE
Descripción. Una puerta estrecha.
Significado. 6:9; 7:13-14
Entrada al cielo.
No por la mera profesión. 7:21-2
Requiere de mayor justicia que
la de un religioso. 5:20
Ligera vs. estricta. 14:6-8

CIZAÑAS
Significado. 13:24-30

COBRADOR DE IMPUESTOS
Discusión del tema. 9:9-13

CODICIAR–CODICIA
Resultados. Rechazar a Cristo.
Razones. 8:33-34
Significado. Preferir propiedades
más que a Cristo. 8:28-34

COMIDA
Actitud acerca de. Correcta
vs. equivocada. 6:25, 31-32
Lo que contamina al hombre. 15:17-20

COMISIÓN
Dado a. Discípulos.
Discusión del tema. 10:5-15

COMPARTIR
Deber. Compartir el A. y el N. Testamento. 13:52

COMPASIÓN
De Jesús.
Llevó a Cristo para enseñar. 5:1
Por las necesidades físicas. 15:29-39, esp. 32
Por los esparcidos y carentes de pastor. 9:35-38
Deber. Misericordia, no sacrificio.
Discusión del tema. 9:13; 12:7
Esencial–Necesario.
Debido a la condición del mundo. 9:36
Para el ministerio. 14:15; 15:32
Movido por. Viendo el mundo como
realmente es. 9:36

COMPLACIENTE–COMPLACENCIA
Ley de. 13:12, 13-15

COMPROMISO
Tentación. Discusión del tema. 4:8-10

COMUNIÓN (*véase* DEVOCIÓN)
Es esencial conquistar la tentación. 4:1

CONCIENCIA
Descripción. 6:14-15
Función–Propósito–Trabajo.
Condenar. 14:1-14
Perturbar, mover interiormente. 14:1-14

CONFESAR–CONFESIÓN
De Cristo.
Demandada por su presencia. 14:33
Hace que Cristo confiese a los
creyentes. 10:32-33
Esencial.
Confesar vs. negar. 10:32-33
Hecho. Las palabras o bien confiesan
o bien niegan. 12:33

CONFIANZA EN SÍ MISMO
Errores de esa confianza. 4:2-4, 5-7
Olvida la debilidad y carnalidad
humana. 14:28-31

CONFIAR
Razones para *c.* 6:8

CONFORMARSE–CONFORMADO
A la imagen de Dios. Discusión
del tema. 5:45, 48

CONFORT
Pecado del. Respuesta. 11:8

CONSTANCIA (*véase* PERSEVERANCIA)
Esencial. Para recibir dirección
de parte de Dios. 2:12
Señales. Dios obra por fe, no por
señales. 12:38-40
Tipos de. Poca fe. «Hombres de poca fe».
Significado. 6:30

CONSUELO–CONSOLADO
Fuente. Cristo. 9:18-34
Presente y eterno. 5:4

CONTAMINACIÓN
Lo que contamina al hombre. 5:1-20

CONTAMINAR–CONTAMINACIÓN
Lo que *c.* al hombre. 15:1-20
Significado. 15:17-20

CONTIENDA–CONTENDER
Del Espíritu Santo. No contenderá
siempre con el hombre. 12:14-16

CONTRARIO
Mensaje a los que son *c.* Discusión
del tema. 11:16-19

CONVERSIÓN
De Mateo. Dramática. 9:9-13
Dramática. Pero de corta duración.
13:5-6, 20-21

CORAZÓN
Contaminación. Qué se contaminan. 15:17–20
Descripción.
Duro. Como la tierra del camino. 13:4, 19
Espinoso. Mundano. 13:7, 22
Llevar fruto. 13:8, 23
Entregado a.
Expuesto por palabras. 12:34-35
El tesoro es donde está el corazón. 6:21-23
Tesoro terrenal o celestial. 6:21-23
Estado–Tipos de.
Corazón corrompido. 15:15-20
Corazón puro. 5:8
Lo que hace el corazón.
Contamina al hombre. 15:10-20

CORAZÓN DE LA TIERRA
Significado. 12:40

CORRUPCIÓN
Significado. 6:19-20
Decaer, envejecer, deteriorar. 6:19

COSAS BUENAS
Significado. 7:11

CRECIMIENTO (*véase* CRECIMIENTO
ESPIRITUAL)

CRECIMIENTO ESPIRITUAL–MADUREZ
Sufrimiento. 12:9-10

CREYENTE–CREYENTES (*véanse* APÓSTOLES;
DISCÍPULOS; MINISTROS; OBREROS)
Carácter. (*Véase* CREYENTE, Vida–Andar)
El creyente y su misión. 13; 5:14-16
Comisión de los creyentes. (*Véase* COMISIÓN)
Cuidado de. (*Véase* CUIDADO)
Deber–Trabajo.
Amar a los propios enemigos. 5:43-48
Ser astuto como serpiente, manso
como paloma. 10:16
Ser como Dios. 5:45, 48
Ser leal. 5:10-12; 10:32-33
Trabajar al ciento por ciento. 13:8, 23
Trabajar por la recompensa. 10:1-16
Tres grandes *d.* 6:1-8
Vivir conforme a la regla de oro. 7:12
Descripción.
Como grande en el reino de los cielos. 11:11
Como luz. 5:14-16
Como sal. 5:13
Devoción. (*Véase* DEVOCIÓN)
Disciplina. (*Véase* DISCIPLINA DE LA IGLESIA)
División entre. (*Véase* DIVISIÓN) Herederos
(*Véase* HERENCIA)
Hechos.
Cabellos. Todos contados. 10:29-31
Llamamiento–llamado.
A una unión personal. 4:18-20
Para conocer primero a Cristo. 4:18-20
Para ser pescadores de hombres. 4:18-20
Tipo de persona. 4:18-22
Misión. (*Véase* COMISIÓN–MISIÓN)
Naturaleza.
«En Egipto» pero no «de Egipto»
(mundo). 2:13-18
Luz. 5:14-16
No una «sin vida» sino
«piedra viviente». 7:24-25
Sal. 5:13
Nombres–Títulos.
Bebés. 11:25
Luz de la tierra. 5:14-16
Sal de la tierra. 5:13
Verdaderos discípulos. 5:1-16
Posición.
Discusión del tema. 11:11
Mayor que creyentes del Antiguo
Testamento. Grandes privilegios 13:16-17
Propósito. (*Véase* PROPÓSITO)
Relación–Relaciones. Con Dios como Padre. 6:9
Tipos de *c.* 4:18-22
Valor de.
De más valor que los pajaritos. 10:29-31
Un gran tesoro. 13:44-46
Vida–Andar–Comportamiento.
Características. Esenciales. 4:18-20; 21-22
«En Egipto» pero no «de Egipto»
(del mundo). 2:13-18
Guiado paso por paso. 2:19-23
Hacia otros. 6:12
Sentirse esparcido. 1:2
Sermón de la montaña dado para el
comportamiento del creyente. 5:1-2

CRISTIANISMO
Buenos y malos, interiormente. 13:24-30, 31-33;
36-43, 47-50
Crecimiento. Crecimiento y
grandeza de. 13:31-32
Naturaleza. Misericordia, no
sacrificio. 12:7
Tiempo actual. Descripción. 13:1-58

CRISTIANO–CRISTIANOS (*véanse*
CREYENTE; LUCHA ESPIRITUAL)

CRITICAR–CRITICÓN (*véase* JUICIO)
Advertencia contra. Usurpa autoridad
de Dios. Lo convierte a uno en Dios. 7:1

Discusión del tema. 7:1-6
Indigno del evangelio. 7:1-6
Juicio de. Descripción. 7:1-2
Naturaleza. Lo enceguese a uno
respecto de errores propios. 7:1-6
Pecados cometidos por. 7:1-6
Por qué no *c.* 7:1
Razones para. Seis. 7:1

CRUZ–NEGACIÓN DEL EGO (*véanse* JESU-
CRISTO, cruz; MUERTE; NEGACIÓN DEL
EGO)
Discusión del tema. 10:38
Esencial. Tiene que llevar la *c.* 10:34-9
Significado.
Discipulado-costo del. 10:34-39
Muerte al ego. 10:34-39

CUERPO, HUMANO
Deber. No preocuparse por él. 6:25
Dios lo cuida. Demostrado por cinco
cosas. 6:11
Hechos. Significa más que cosas. 6:25
Pecados del. Miradas inmorales, ropa. 5:27-30

CUIDADO–CUIDAR (*véanse* ANSIEDAD;
PREOCUPACIÓN)
De Dios.
Discusión del tema. 10:29-31
Provisión–Dios proveyó todo. 6:25-3
De quien–ejemplos.
De amigos pecadores. 9:10-11
De familias. Propósito. 8:14-17
De los discapacitados. 9:1-8
De los individuos. 8:14-17
De los rechazados, indefensos carentes de
esperanza. 9:18-34
Deber.
De las necesidades espirituales. 6:25-34; 15:29-30
De las necesidades propias. 6:25-34

CUIDARSE
Significado. 7:15

CULPA
Descripción. 6:14-15; 14:1-14

DANZAR
Resultados. 14:6-8

DAÑO
D. a la propiedad. Discusión del tema. 5:40
D. personal. Discusión del tema. 5:39-41; 5:41
Gobierno de la ley. Discusión del tema. 5:38, 39-
41, 40, 41, 42

DAR, DANDO (*véanse* AYUDA–
AYUDANDO; MAYORDOMÍA; OBRAS)
Cómo *d.* Dos formas descriptivas. 6:3
Deber. De *d.* a todos. 5:40, 41, 42
Descripción. Como la gran ética cristiana. 5:42
Discusión del tema. 5:40-42
Motivación.
Discusión del tema. 6:1-4
M. equivocada. 6:2
Significado. 6:1

DAVID
Comiendo el pan de la proposición en el
tabernáculo. 12:3-4
Ilustra. La necesidad tiene prioridad sobre la
tradición. 12:3-4

DECISIÓN
Deber–esencial. Es preciso captar el
momento de la *d.* 8:21-22
Discusión del tema. 7:13-14
De la vida. Doble. 7:13-14

Hechos.
  Cristo no forzará. 9:1
  El Espíritu no luchará siempre con el
    hombre. 12:14-16; 20:5
  Imposible ser neutral. 12:30; 12:33
  Rechazado. Deliberado, voluntario. 13:10-
    17; 13:13-15; 21:27

DEDICACIÓN (*véanse* ENTREGA;
MINISTERIO; RENDICIÓN; SERVICIO)
  Discusión del tema. 13:1-9
  Deber.
    D. A tres cosas. 6:9
  Por qué debe ser *d*. una persona.
  Grados de. 13:8, 23
  Significado.
    Rendición. 6:9

DEPENDER DE UNO MISMO
  Inadecuado para suplir las necesidades.
  14:15-21

DESCONSIDERADO (*véase* NEGLIGENTE)

DESEO
  Aspecto inmoral, ropa. 5:27-30
  Causado por.
    Baile y pasión. 14:6-8

DESERCIÓN (*véanse* APOSTASÍA; NEGACIÓN)

DESESPERADO–DESESPERACIÓN
  Ejemplos. Respuesta a. 9:18-34

DESMAYO–DESMAYAR
  Significado. 9:36

DESOBEDIENCIA
  Influencia de. 5:19
  Juicio por. 5:19

DESOCUPADO–DESOCUPACIÓN
  Significado. 12:36

DESTINO
  Determinado por.
    Decisión por Cristo. La neutralidad es
      imposible. 12:30, 33
    Las palabras del hombre determinan su *d*.
      12:31-37

DESTRUIR
  Significado. 10:28

DETECTORES DE FALLAS
  Descripción. 11:16-19

DEUDAS
  Significado. 6:12

DEVOCIÓN–DEVOCIONES (*véanse*
COMISIÓN; ENTREGA)
  Deber. Tres áreas. 13:51-52
  Necesidad–Esencial.
    Cuidarse de ser inconsistente. 6:6
    Estar con Jesús. 10:1

DIOS
  Deber. Buscar primero. 6:33
  Dios de Israel. 15:31
  Familia de. (*Véase* FAMILIA DE DIOS)
  Gloria de.
    Cómo es *g*. Dios. 6:9-10
    Deber. Ser honrado y glorificado. 6:9
    Discusión del tema. 6:9
  Imagen de. Imagen falsa del hombre. 13:57

Nombres–Títulos.
  Dios de Israel. 15:31
  Padre. Discusión del tema. 6:9
  Omnisciente. Conoce los pensamientos y planes
    del hombre. 2:13-18
  Padre. Discusión del tema. 6:9
  Poder. Visto en dos eventos. 1:11-16
  Presencia. Efecto. 9:15
  Providencia. Supervisando los asuntos de los
    hombres. 2:7-8
  Trinidad.
    Mencionado por primera vez en el N.T. 3:16
  Vs. Satanás. 13:27-30
  Voluntad de. Discusión del tema. 6:10

DISCIPLINA DE LA IGLESIA
  Pregunta de la *d*. en discusión. 13:27-30

DISCIPULADO (*véase* CRUZ)
  Costo–demandas del discipulado. 8:18-22; 10:34-
    42
  D. Falso (Véanse APOSTASÍA; NEGACIÓN)
  Esencial.
    A estar con Jesús. 10:1
    Compasión y reproducción. 5:1-2
    Unión personal. 4:18-20
  Ilustración. De palabra. 8:21
  Método.
    De dos en dos. 10:3-4
    Limitar necesidades. 10:2
  Reglas para el discipulado. 5:1—7:29

DISCÍPULO–DISCÍPULOS (*véanse*
APÓSTOLES; CREYENTES; MINISTROS;
OBREROS)
  Carácter.
    Discusión del tema. 5:13-16
    Luz del mundo. 5:13
    Sal de la tierra. 5:13
    Tipo de hombres que eran. 4:18-22; 5:13
  Conducta. Reglas. 5:1-7
  Discusión del tema. 5:1-2
  Esencial
    A estar con Jesús. 10:1
    Compasión y reproducción. 5:1-2
    Discusión del tema. 8:19-20, 20-21
    Unión persona. 4:18-20
  Falso. (*Véanse* APOSTASÍA; NEGACIÓN)
  Llamamiento.
    A estar con Jesús. 10:1
    De los doce. 4:18-22; 10:1-4
    De Mateo. 9:9-13
    Entrega y comisión de los *l*. 10:1-4
  Misión–Comisión–Discusión del tema. 5:13:16
  Preparación.
    Sermón de la montaña. Pronunciado
      como parte de la *p*. 5:1-2
  Tipos de. *D*. promedio. Atraído a Jesús.
    8:21-22

DISCRIMINACIÓN
  Quién era *d*.
    Una mujer con hemorragia. 9:20

DIVISIÓN–DISENSIÓN
  Causada por.
    Barreras. 8:5-13
    Cristo enviando espada a la tierra. 10:34-37
    División y ruina. 12:25-26
    Lealtad dividida. 12:25-26
  Resultados.
    De familias. Causadas por Cristo. 10:34-37
    Sentimientos malos. Que prueban cuatro cosas.
      6:15
  Vs. pacificadores. 5:9

DIVORCIO
  Discusión del tema. 5:31-32; 19:1-12
  Lugar para el divorcio. 5:32; 19:7-8
  Verdadero significado del divorcio. 5:31-32

DOCTRINA
  Falsa. 16:5-12

DOXOLOGÍA
  Significado. 6:13

DURO–ENDURECIDO–DUREZA DE
CORAZÓN
  Discusión del tema.
    Motivos para endurecerse. 13:4, 19

EDIFICADOR SABIO VS. NECIO
  Describe la vida. 7:24-27

EDIFICAR–EDIFICADORES–EDIFICIO
(*véase* FUNDAMENTO)
  Carpintería. Cristo fue un *c*. 7:24-27
  Cómo *c*. 7:24-27
  C. sabios y necios. 7:24-27
  Instrucciones para *c*. Críticas. 7:24-27

EDUCACIÓN
  Puede herir y dañar. 4:18-22

EGIPTO
  Jesús llevado a Egipto durante 6 años. 2:13-18
  Los judíos con frecuencia huían a Egipto. 2:13
  Tipo. Del mundo. 2:13-18

EGO–EGOÍSTA–EGOÍSMO
  Crecimiento de. Paso por paso. 8:28-31
  Descripción. Gran «yo». 7:21

EMPLEO (*véanse* TRABAJO; PROFESIÓN;
SERVICIO)
  Fracaso. Se pueden conocer cuatro cosas. 6:33

ENEMIGOS
  Deber hacia ellos. Amor. 5:43, 44-48
  Discusión del tema. 5:43, 44-48

ENFERMEDAD
  Cargada por Cristo. 8:16-17
  Causa. *C*. última. 8:17

ENFERMEDADES
  Llevadas por Jesús. 8:16-17

ENOJO
  Concepto referido al enojo. 5:21-26
  Discusión del tema. 5:21-26
  Juicio sobre. 5:25
  Justificado. 5:21-22
  Peligro. 5:25
  Resultados de. 5:22; 5:25
  Significado. 5:21-26
  Tipos de. 5:22

ENSEÑANZA–ENTRENAMIENTO
  El entrenamiento precede al servicio. 10:1
  Errores. Triple. 9:35
  Método.
    Cantidad promedio tiene que ser limitada. 10:2
    De Cristo. 9:35
  Parábolas. Motivos por los que Jesús hablaba en *p*.
    13:10-17, 34-35

ENSEÑANZA, FALSA (*véanse* APOSTASÍA;
MAESTROS, FALSOS)

ENTREGAR–ENTREGA (*véanse*
DEDICACION–DEVOCION)
  Grados de entrega. 13:8,23
  Ley de. 13:12; 13:13-15
  Llamado a la entrega.
    Recompensa. Recibe, entiende más y más.
      13:11-12
    Renunciar a todo por Cristo. 13:44
  Tipos de. *E*. propia vs. *e*. a Cristo. 8:18-22

ENTRENAMIENTO (*véase* DISCÍPULOS)
Debe preceder al servicio. 10:1-4; 10:1

ESCARNIO
Motivos. Triple. 13:53-54

ESCLAVITUD
Trabajo obligatorio. Discusión del tema. 5:41

ESCLAVO
E. intercede por esclavo. 8:8

ESCOLAR
Atraído a Cristo. 8:19-20

ESCRIBAS
Autoridad de. Discusión del tema. 7:29
Opuesto a Cristo. (*Véanse* JESUCRISTO, Opuesto;
Respuesta a; RELIGIOSOS, Opuestos a Cristo)
Problemas con los escribas.
Adoración vana. 15:7-9
Ceguera espiritual. 15:12-14
Dar prioridad a la tradición sobre los
mandamientos de Dios. 15:1-6

ESCRITURA
Cumplida–cumplimiento. (*Véanse* JESUCRISTO,
PROFECÍA. Cumplida.
Deber. Guardar la Escritura. 4:14
Persona y obra de Cristo. 4:12-17; 5:17-18; 12:17-
21
Uso que Cristo hizo de la Escritura. 4:4

ESPARCIDOS
Significa. 9:36

ESPECTACULAR (*véase* SENSACIONALISMO)

ESPINAS
Descripción. Mundo. 13:7, 22

ESPÍRITU
Espíritu ciego. Contamina al hombre. 15:12-14

ESPÍRITU SANTO
Descendió sobre–habitó plenamente en Cristo.
3:16; 12:18
Pecados contra. Blasfemia. Pecado imperdonable.
12:31-32
Rechazado.
No siempre luchará con el hombre. 12:14-16
Rechazado se aparta. 12:14-16

ESPÍRTUS MALOS
Deber. Luchar contra ellos. 8:28-34
Discusión del tema. 8:28-34; 9:32-34
Conquistados. Por la cruz. 8:28-34
Liberación de fuerzas malas. 8:28-34
Negados. Discutidos. 8:28-34
Tildados de enfermedad mental. 8:28-34
Esclavizar. Esclavizado por. 8:28-34
Naturaleza. Fuerzas del mal. 8:28-34
Tipo de. Fuerza mala. 8:28-34, 28-31

ESPOSO
Parábola del. 9:14-16
Simboliza. Jesucristo. 9:15

ESTIMA
Fracasa. Varias formas. 6:5

ESTRELLA
De los hombres sabios. Discusión del tema. 2:2

ESTUDIO
Desafío a estudiar. La devoción es esencial. Tres

cosas esenciales. 13:52

EVANGELIO
Deber. Difundirlos por medios pacíficos. 5:9
Descripción.
Como tesoro. 13:44
Nada más que un aditivo. 13:7, 22
Discusión del tema. Cómo los hombres reciben
el e. 13:1-9
Hechos. Persona inmerecedora, de actitud crítica
condenatoria. 7:16
Mensaje de.
Proclamado por Juan. 3:1-12
Puntos. 3:1-12; 4:17
Reino del Señor. 3:2; 4:23
Poder de. *P.* transformador. 13:33
Respuesta a.
Dos alicientes. 13:47-48
Endurecimiento hacia el evangelio. Motivos.
13:4, 19
Valor de. Discusión del tema. 13:44, 45-46

ÉXITO
Fórmula; ley del éxito. 13:12

EXORCISTAS (*véanse* MALOS ESPÍRITUS)
E. judíos. En tiempo de Jesús. 12:27-28

EXPULSADO
Motivos para el juicio. 5:13

FÁCIL
Significado. 11:29-30

FALSA PROFESIÓN (*véanse* PROFESIÓN,
FALSA)

FALTA DE ESPERANZA
Poder de Cristo para suplir esa falta. 9:18-34

FAMA–FAMOSO (*véanse* ORGULLO;
RECONOCIMIENTO)
Deber. No buscar fama. 6:1-5
Hechos relacionados. Cuádruple. 14:5
Rechazado. Por Cristo. 4:5-10

FAMILIA–FAMILIAS *véase* PADRES)
Deber.
Estimarla en gran manera. Ejemplo. Cristo.
12:46-47
Ir y alcanzarla primero. 9:4-7
Para lograr potencial. Imposible sin Cristo.
10:35-37
Que sus relaciones sean las más fuertes. 10:35-37
Ser alcanzada en primer lugar. 10:5-6
Ser leal. A Cristo en primer lugar. 10:34-37
Ser piadosos. Esencial para el servicio. 4:18-20
De Jesús. (*Véase* JESUCRISTO, Familia)
De los apóstoles. Gran influencia sobre ellos. 10:2
División de.
Causada por Cristo. 10:34-37
Motivos. 10:34-37
Fracaso–Debilidades de.
Dudas y preguntas. Cristo y sus demandas.
12:46-50
Se opone y persigue.
Creer al miembro de una familia. 10:34-37;
10:35-37; 12:46-50
Otro *f.* de miembros. Motivos. 10:21
Necesidades de. Jesús se preocupa y las suple.
8:14-17
Protegido. Por la ley del divorcio. 5:32

FAMILIA DE DIOS
De Dios. Discusión del tema. 12:48-50
Relación padre–hijo. 7:11

FAMILIA ESPIRITUAL
Discusión del tema. 12:48-50

FARISEOS (*véase* RELIGIOSOS)
Creencia–enseñanza.
Enseñanza falsa. 16:1-12
Tradición. 15:1-9
Discusión del tema. 12:10
Error–falla de.
Ceguera espiritual. 15:12-14
Dieron más importancia a la tradición que
al mandamiento de Dios. 15:1-9
La enseñanza era falsa. (*Véase* Creencia–
Enseñanza) 6:1-12
Se separaron de los pecadores. 9:10-11
Su adoración era vacía e hipócrita. 15:7-9
Vs. Jesús. Opuestos a Jesús (*Véanse* RELIGIOSOS,
Opuestos a Cristo)

FAVORITISMO
En gracia. Por la gracia de Dios, allí voy. 8:4

FE
Descrita como.
Grande. 8:8-10
Ejemplo.
De amigos. Salva a un amigo. 9:2
De otros. Salva a otros. 9:18-34
Esencial.
Tiene que ser depositada en Cristo. Significado.
8:8-10
Vs. pruebas y señales. 4:3-11; 12:38-40
Etapas–Tipos de.
F. persistente. Jesús responde a la *f.* persistente
9:1-8
Gran *f.* (*Véase* FE, gran)
Poca *f.* Significado. 6:30
Una *f.* indecisa. 14:28-31
Fuente de la fe.
Dios. Dios obra por la *f.* no por señales. 4:3-11;
12:38-40
Establecida por Cristo. 4:3-11
Gran *f.*
Descripción. 15:28
Dos veces Jesús reconoció existencia de gran *f.*
8:10; 15:28
Significado. 9:2
Objeto de. Discusión del tema. 9:18-34

FLUCTUANTE
Respuesta. Discusión del tema. 11:7
Señal de debilidad. 11:7

FRUGAL–FRUGALIDAD
Deber. Ser industriosos, austeros y ahorrativos.
4:21-22

FUEGO, ETERNO (*véase* INFIERNO)
Descripción. Como infierno. Como horno de fuego.
3:30, 42

FUNDAMENTO
Sabio vs. necio. 7:24-27

FUNERALES
Atmósfera requerida. 9:23-26

FUTURO
Cinco actitudes hacia el futuro. 6:34

GALILEA
De Jesucristo. 1:1-17; 1:1
Discusión del tema. 4:12

GEHENNA (*véase* INFIERNO)

GENERACIÓN
Discusión del tema.
Descripción. Infantil, juguetona, descuidada.

11:16-19
    La gran invitación de Jesús a ella. 11:28-30
    Mensaje a una generación infantil. 11:16-27
    Respuesta a una generación mala. 12:38-45

GENESARET
    Discusión del tema. 14:34

GENTE (*véase* HOMBRE)

GENTILES
    Aceptados. Por Dios.
        La gran invitación de Dios. 9:10
    Profecía de los gentiles.
        Confianza en Cristo. 12:21
        Conversión. 8:11

GLORIA–GLORIFICADO
    Cómo es *g*. Dios. 6:9-10

GOBIERNO (*véase* CIUDADANO)

GOMORRA
    Discusión del tema. 10:15

GOZO
    Experiencia de. Involucra tres *e*. 13:44

GRACIA
    Peligros.
        Orgullo. Pero por la *g*. de Dios ahí voy. 8:4
        Sentirse favorito de Dios. 8:4

GUÍA
    Certeza de la *g*. En el propósito y la voluntad de Dios. 4:12

HABILIDADES (*véase* TALENTOS)
    Deber. Entregarlos a Cristo. 14:18-21

HAMBRE Y SED
    Significado. 5:5

HEREDEROS (*véase* HERENCIA)

HERENCIA
    Inadecuado para salvar. 1:7-8; 3:7-10
    La familia no puede salvar. 3:7-10

HERENCIA (*véase* RECOMPENSA)

HERMANO–HERMANDAD (*véase* UNIDAD)
    Deberes–Esencial.
        Practicar la regla de oro. 7:11
        Dos pensamientos preciosos. 12:17-18
        Lo que es verdadera *h*. 12:46-50

HERODES ANTIPAS (4 A.C.–39 D.C.)
    Asesinó a Juan el Bautista. Un hombre piadoso vs. un hombre impío. 14:1-14
    Discusión del tema. 14:1-14

HERODES EL GRANDE, GOBERNADOR DE JUDEA (37 A.C.)
    Discusión del tema. 2:3-4
    Masacra a los niños. 2:13-18
    Reacciona contra el nacimiento de Jesús. 2:1-11

HERODIAS
    Discusión del tema. 14:6-11

HIJO DEL HOMBRE (*véase* JESUCRISTO, nombres–titulos)
    Significado. 8:20

HIPOCRESÍA–HIPÓCRITA–CONDUCTA HIPÓCRITA
    Descripción.
        Como ayuno para ser reconocido. 6:16
        Como criticando. 7:5
        Como dando limosnas para ser reconocido. 6:2
        Como juzgando. 7:5
        Como orando para ser reconocido. 6:5
    Ejemplos.
        Fariseos–religiosos. 15:1-9
    Resultados. 7:26-27

HISTORIA (*véase* TIEMPO DEL FIN)
    Cristo y la *h*. Inaugura una nueva era. 9:14-17
    H. espiritual. Discusión del tema. 1:1
    Puntos cruciales.
        Años de medición; calendario de Cristo. 8:18-22
        Discusión del tema. 5:17-18
        Simboliza. 1:1-17

HISTORIA, ESPIRITUAL
    Períodos de. 1:17

HOMBRE (*véanse* JUICIO; DESEO; PECADO)
    Buscando a Jesús. (*Véase* Buscar-Buscan)
    Condición–Presente. (*Véase* Hombre, Depravación; Naturaleza; Origen)
        Agobiado. Varias cosas. 9:36
        Ceguera espiritual. 16:1-4
        Cinco condiciones. 4:16
        Desmayado; esparcido; sin pastor. 9:36
        Perdido. (*Véase* PERDIDOS, LOS)
        Por su condición frecuentemente rechazado. 9:20-22
    Deber–conducta. Ser astutos como serpientes y mansos como palomas. 10:16
    Decisión. (*Véase* DECISIÓN)
        Escoge entre dos vidas. 7:13-14
    Depravación.
        Demostrada al blasfemar. 5:33-37
        Expuesto por las palabras. 12:34-35
        Lo que contamina al *h*. 15:1-20
        Motivos. Cuatro motivos. 8:28-31
    Descripción.
        Como infantil. Contradictorio, juguetón, descuidado. 11:16-18
        Como ovejas sin pastor. 9:36
        Generación mala. Respuesta a. 12:38-45
    Errores de–Conceptos equivocados.
        Busca reconocimiento. Cómo. Fracaso. 6:5
        Crea dioses, dioses mentales. 13:57
        Encéguese al ego para con el Mesías. 11:25-27
        Estableciendo prioridades. Prioridades básicas. 6:25
        Imbuido en este mundo. Motivos. 6:31-32
        Inconsistente. 11:16-19
        Permisivo vs. estricto. 11:16-19
        Permite la división dentro y fuera. 10:34-36
        Reduce a Cristo a la categoría de un mero hombre. 13:57
    Naturaleza.
        Algunos como lobos. 10:16
        Débil y olvidadizo. 11:7-15
        Estatura. No puede ser cambiada. 6:27
        Estima. Falla. Diversas formas. 6:5
        Feroz, salvaje, ordinario. Motivos. 8:28-31
        Tres cosas. 5:3
    Necesidades de. (*Véase* NECESIDADES)
    Reforma. (*Véase* REFORMA)
    Respuesta a Cristo.
        Cuádruple. 13:4-7
        Malo. Algunos hombres son extremadamente malos. 2:13-18
        Perturbado. Motivos. 2:3
    Valor–dignidad.
        Más importante que los animales. 12:11
        Más importante que las aves. Tres motivos. 6:26
        Más importante que la religión. 12:9-13
        Más valioso que los pajaritos. 10:29-31
        Sagrado para Dios. 12:13
    Vs. religión. 12:1-8, 9-13

Voluntad. (*Véase* VOLUNTAD)

HOMBRES SABIOS
    Adoraron a Jesús como Rey. 2:1-11
    Discusión del tema. 2:1

HOMICIDIO
    Significado. 5:21-26; 5:21-22

HOSPITALIDAD
    Cómo deben ser recibidos los ministros. 10:40-42

HUMANISMO–HUMANISTA
    Advertencia. Inadecuado para suplir las necesidades del hombre. 14:15-21

HUMILDAD
    Actitud. Requerida. 3:14
    Ejemplo.
        Centurión. Gran *h*. 8:5-9
        Cristo. 12:19
        Juan el Bautista. 3:14
        Mateo. 10:3-4
        Mujer cananea. 15:26-27
    Esencial.
        Discusión del tema. 8:5-9
    Origen–Viene por.
        El ideal de la humildad. Jesucristo. 12:19

IDOLATRÍA
    Descripción. Imagen mental de Dios. 13:57

IGLESIA
    Naturaleza.
        Buenos y malos, en su interior. 13:24-30, 31-32, 33, 36-43, 47-50
        Para recibir la Palabra. 13:1-9
    Nombres–Títulos.
        Casa de Dios.
            Para recibir la Palabra. 13:1-9
    Por qué los incrédulos quieren pertenecer a la *i*. 13:47-48
    Problemas.
        Malos, en su interior. 13:24-30, 31-32, 33, 36-43, 47-50

ILÓGICO
    Lo que es *i*.
        Negación. 12:27-28
        Rechazo. 13:13-15

IMPÍO–IMPIEDAD (*véanse* PERDIDOS; INCRÉDULOS)
    Discusión del tema. 5:33-37
    Ley que rige el blasfemar. 5:33-37
    Resultados. Debilita imagen propia e imagen espiritual. 5:44

INCONSTANTE
    Respuesta. 11:7
    Señal de debilidad. 11:7

INCORRUPCIÓN
    Significado. 6:19-20

INCREDULIDAD (*véase* RECHAZO)
    Advertencia–peligro. Conduce a ceguera judicial. 13:13-15
    Causada por.
        Rebelión contra el señorío de Cristo. 12:14-16
    Faltas, problemas con.
        Deliberada, *i*. intencional. 13:10-17
        Inconsistente e ilógico. 12:22-30, 26-28
    Obstinada. Discusión del tema. 12:24, 31-32; 13:13-17
    Por qué rechazan los hombres. 8:23; 13:58
        Triple. 13:53-58
    Rechazo de Cristo. Por su ciudad. 13:58

Resultados de.
    Daña a diversas personas. 13:58
    Rechaza y pierde. 13:12, 13-15
    Triple. 13:58
Significado.
    Discusión del tema. 17:19-20
    Poca fe. 6:30
    Tipos de. 13:4-7

INCRÉDULOS
Descripción.
    Como cizaña entre el trigo. 13:25-26, 38-39
    De corazón duro. 13:4
    Hombre impío vs. piadoso. 14:1-14

INDULGENCIA–INDULGENTE
Juicio de. Por qué Dios no perdona a la persona siempre indulgente. 6:14-15

INFERIORIDAD
Causada por. Discusión del tema. 13:53-54

INFIERNO
Descripción.
    Crujir de dientes. 8:12
    Horno de fuego. 13:30, 42
    Llorar. 8:12; 13:42
    Tinieblas exteriores. 8:12; 13:42
Discusión del tema. 5:22
Quién va a estar en el i.
    Cizañas. Todos los que ofenden y hacen iniquidad. 3:10; 7:19
    Sin fruto. 3:10; 7:19

INIQUIDAD
Significado. 7:23

INJUSTO (véanse IMPÍOS; INCRÉDULOS; PERDIDOS, LOS)

INMORALIDAD (véanse ADULTERIO;CODICIA)
Causa–causas. Triple. 5:27-30
Concepto. Aceptable, excusable. 5:27-30
Prevención. 5:28; 5:30

INTERCESIÓN
Ejemplo. Mujer cananea intercede por su hija. 15:22
Por quienes. Seres queridos. 15:22

INTERROGANTE–CUESTIONANDO
Discusión del tema. I. pero creyendo. 11:2-3
Respuesta a. Discusión el tema. 11:7
Un discípulo con i. Seguridad dada. 11:1-6

INVITACIÓN
Origen.
    Extendida por Cristo.
        A esta generación. Descansad. 11:28-30
        Vengan a mí. 11:28-30

IRA
Huir de ella. 3:7

ISRAEL (véase JUDÍOS)
Deber hacia.
    Por qué I. tenía que ser evangelizado. 10:5-6
    Ser alcanzado primero. Motivos. 10:5-6
Discusión del tema. 10:12
Historia.
    Simboliza viaje espiritual. 1:17
    Nación de. «Fuerza unificadora» mantenida unida. 12:10

JACOBO, EL APÓSTOL, HIJO DE ZEBEDEO
Discusión del tema. 10:2

JACOBO, HERMANO DE JESÚS
Discusión del tema. 13:55-56

JACTANCIA (véase ORGULLO)
Descrito. Favoritismo. 8:4

JAIRO
Principal de la sinagoga. Discusión. 9:18-19

JESUCRISTO (véase MESÍAS-NATURALEZA MESIÁNICA)
Actividades diarias. 4:23-25
Acusaciones contrarias. (Véase JESUCRISTO, Acusado; Juicios, Legal)
Acusado–Acusación contra. (Véase JESUCRISTO, desafiado; interrogado; objeto de oposición)
    De blasfemar. 9:3
    De quebrantar la ley ceremonial. 12:1-8
    De quebrantar la ley del sábado. 12:1-8
    De ser Beelzebú. De ser David. 9:34; 12:24
Adoración. Como rey por parte de los sabios. 2:1-11
Aprobado por Dios. Voz audible. 3:17
Atrae–Atracción.
    Poder para atraer. Motivos. 8:18-22
Bautismo.
    Con fuego y el Espíritu Santo. 3:11, 14
    Discusión del tema. 3:15
    Motivos para el b. 3:13, 15
Carpintero. Sabía de construcción. 7:24-27
Complot contra. (Véase JESUCRISTO, Muerte; Oposición)
Cruz. (Véase JESUCRISTO, Muerte)
Cumplió la ley. 5:17-48
Cumplió la profecía. 1:22-23; 2:15, 23; 4:14-16
Deidad. (Véanse JESUCRISTO, Nombres–Títulos; MESÍAS)
    Hijo amado de Dios. 12:18
    Hijo de Dios. 1:16, 23; 3:16-17
    Investido plenamente por el Espíritu. 12:18
    Mayor que la religión. 12:1-8
    Obras. 12:19-21
    Persona. 12:17-18
    Reconocido como Señor. Significado. 8:5-9
    Siervo escogido, el. 12:18
    Tres pruebas en el bautismo. 3:16-17
    Visto como representante especial de Dios. 15:31
Demandas.
    Esposo de los discípulos. 9:15
    Hijo de Dios. 1:16; 1:23; 14:33
    Hijo del Hombre. 8:20
    YO SOY. 14:27
Desafiado. Respecto de.
    Descendiente. De Abraham y David. 1:12
    Motivos. Triples. 13:53-58
    Perdonar pecados. 9:3
Devoción a. (Véase ENTREGA–DEDICACIÓN)
Educación. (Véase JESUCRISTO, Niñez)
Encarnación. (Véase JESUCRISTO, Deidad; Origen y Naturaleza; Nacimiento Virginal)
    Discusión del tema. 1:16; 1:23
    Punto crucial de la historia. 5:17-18
Enseñanza.
    Autoridad de. Significado. 7:29
    Método. 9:35
Fama de. Discusión del tema. 4:23-25
Familia.
    Dudaron y lo entendieron mal. 12:46-47
    Hermanos y hermanas. 13:53-58; 13:55
    Humilde. 13:53-58
    Maldijo la higuera. 21:17-22
    Padre murió. 13:53-58
    Pobre. 2:19-23
    Respuesta a una f. que duda. 12:46-50
Genealogía. 1:1-17
Hombre Ideal, Hombre perfecto (Véase HIJO DEL HOMBRE)
    Patrón. 5:17-18
Humanidad de.

Cansado, sin embargo ministró. 8:16
Compasión. (Véase JESUCRISTO, Compasión) 15:32
    Pobreza personal. 8:20
Humildad de. Humildad ideal. 12:19
Influencia. Sobre la historia. Calendario y años. 8:18-22
Juicios, legalidad.
    Amenazas contra la vida, una y otra vez. 2:12-23
Mensaje de.
    Arrepentimiento. 4:17
    Reino de los cielos. 9:35
Método. Ir a todas partes. 9:35
Ministerio.
    A los gentiles. Discusión del tema. 15:29
    Exitoso. 4:23-25
    Poder y ternura del. 9:18-19, 23-26
Misión. (Véase JESUCRISTO, Obras de)
    De predicar. 4:17, 23
    Discusión del tema. 9:35-38
    Inaugurar una nueva era, nueva vida, nuevo pacto. 9:14-17
    Obra. Discusión del tema. 12:18-21
    Salvar de los pecados. 1:21
    Simple: gente. 4:15-16
    Triple. 4:15-16; 9:35-38
Muerte.
    Predicha–anunciada. 9:15; 17:12, 22-23
    Resultados–Efectos.
        Debería ser motivo para ayunar. 9:15
        Muchos resultados. 9:15
Nacimiento. (Véase NACIMIENTO VIRGINAL)
Nacimiento virginal. Discusión del tema. 1:16, 23
    Acontecimientos inusuales. 1:18-25
    Convulsivo y perturbador. Siete motivos. 1:18-25
    Creó una grave acusación. 1:18-19
    Divino. Del Espíritu. 1:16; 1:20-21
    El mundo no lo supo. 2:2
    Estrella guió a los sabios. Discusión. 2:2
    N. virginal. Discusión del tema. 1:16, 23
    Tres hechos. (Véanse Nombres–Títulos).
Naturaleza–Origen.
    Manso. 11:29
    Milagros–del Espíritu Santo. 1:18; cp. 1:16, 23
    No roca inerte, sino «piedra viva.» 7:24-25
Negación. (Véase NEGAR–NEGACIÓN)
Niñez.
    Discusión del tema. 13:53-58
    Educación. 13:53-58
    Encarando peligro tras peligro. 2:12-23
    Prójimos de. Discusión del tema. 13:53-58
    Tres amenazas. 2:12-23
    Vivió en Egipto durante 6-7 años. 2:13-18
Nombres–Títulos.
    Amado Hijo. 3:17
    Amado de Dios. 12:18
    Cristo–Mesías. Significado. 1:18
    Emanuel. Dios con nosotros. Significado. 1:23
    Esposo. 9:15
    Hijo de David. Significado. 1:1, 18; 3:11; 11:1-6; 15:22
    Hijo de Dios. 1:16, 23; 3:17; 14:33
    Hijo del Hombre. Significado. 8:20
    Jesús. Significado. 1:21
    Maestro. 8:19
    Siervo de Dios. 12:17-21
    Siervo escogido de Dios. 12:18
    YO SOY. 14:27
Obra–Obras de. (Véanse JESUCRISTO, Misión)
    Asegurar justicia. 5:17
    Buscar al hombre. 13:44–45
    Cumplir la Escritura. 4:12-17
    Cumplir la ley. 5:17
    Demuestra su naturaleza mesiánica. 12:25-26, 29
    Descripción. 4:23-25
    Discusión del tema. 4:16-17; 9:35-38; 12:18-21
    Ocupado, muy ocupado. 4:23
    Predicando, enseñando, y sanando. 9:35
    Salvar al pecador. Triple. 9:12-13

Omnisciente. Conoce pensamientos y rechazo. 9:4-7

Opuestos–Oposición. (*Véase* RELIGIOSOS, Opuestos a Cristo)

Fariseos y saduceos cooperan. Piden una señal. 16:1-12

Los enemigos tratan de desacreditar. Motivos. 2:1-8; 12:10; 15:1-20; 15:6-9; 16:1-12

Origen. (*Véanse* JESUCRISTO, Naturaleza, Origen)

Perseguido. (*Véase* PERSECUCIÓN)

Persona.

Discusión del tema. 11:25-27

Mayor que Jonás. 12:41

Mayor que Salomón. 12:42

Pobreza. Sin lugar donde recostar su cabeza. 8:20-21

Poder.

Buscado y confiado. Pasos para ser sanado. 14:34-36

Objeto de burla. 9:23-26

Para alimentar a la multitud. Factores esenciales para el ministerio. 14:15-21

Para atraer gente. 8:18-22

Para destruir la morada de Satanás. 12:28-29

Para inaugurar una nueva era, nueva vida, un nuevo pacto. 9:14-17

Para perdonar pecados. 9:1-8

Para purificar a los más contaminados. 8:1-4

Para recibir pecadores. 9:9-13

Para recibir y rechazar a los hombres. 8:5-13

Para salvar a los hombres. 8:28-34

Para sanar. (*Véase* SANIDAD–SANAR)

Para suplir las desesperantes necesidades del hombre. 9:18-34

Revelado en dichos y hechos. 8:1—9:34

Sobre el universo físico.

Tormenta calmada. 14:22-33

Sobre la naturaleza, una tormenta.

Conquistando el temor. 8:23-27

Poder de su presencia. 14:22-33

Sobre la totalidad del hombre. 4:24

Por qué siguieron las multitudes. Cinco motivos. 20:29

Presencia.

Inspiró un sentido de la presencia de Dios. 9:15

Poder de. 14:22-33

Propósito.

Causar división. 10:34-37

Destruir a Satanás. 12:25-26; 12:29

Doble. 11:4-6

Enviar una espada, no paz, a la tierra. 10:34-37

Llevar nuestras debilidades y enfermedades y pecados. Significado. 8:16-17

No sancionar al mundo y su pecado. 10:34-37

Sanar a los quebrantados, no condenarlos.

Respuesta.

De la gente y los religiosos. 12:22-24

De la multitud.

Asombrada–atónita–glorificaban a Dios. 7:28-29; 9:8, 33

Le siguió en multitudes. 4:25

De los pecadores. Se sentía cómodo con ellos. 9:10-11

Por qué Jesús perturbaba a la gente. 2:3

Rechazado–rechazo. 8:34; 13:53-58

Incredulidad obstinada. 12:24; 12:31-32; 13:13-15

Por Nazaret, su hogar. 13:53-58

Señorío rechazado. 12:14-16

Resurrección.

Señal de. Predicho por Jesús. 12:38-40

Sanidad (*Véase* SANIDAD–SANAR)

Satanás intenta destruir. 2:12-23

Tentación. Discusión del tema. 4:1-1

Ungido.

Y la ley. Cumplió la ley. 5:17

Valor de. Tesoro más valioso. 13:44, 45-46

Vida de oración.

Oración modelo. 6:9-13

Vida de. Punto crucial de la historia. 5:17-18

Vida temprana. (*Véase* JESUCRISTO, Niñez)

Visión. Discusión del tema. 9:37-38

JONÁS

Comparado con Cristo. 12:41

Simbolizó la resurrección de Cristo. 12:38-40

JOSÉ, PADRE DE JESÚS

Padre de Jesús. Discusión del tema. 1:18-19, 20-21

JUAN EL BAUTISTA

Antecesor. Discusión del tema. 11:10

Bautismo. Significado. 3:11-12

El más grande entre los hombres. 11:11

En la cárcel. Discusión del tema. 11:2-3

Finalizó la era de la profecía del Antiguo Testamento. 11:14

Mensaje de. 3:1-12, 2-6, 7-10, 11-12

Ministerio. Discusión del tema. 11:7-15

Muerte.

Encarcelado y martirizado. 14:1-14

Hombre piadoso vs. hombre impío. 14:1-14

Necesitaba estar seguro. Cuestionó la naturaleza mesiánica de Jesús. 11:1-6

Quien era y quien no era. 11:7-15

Vs. Herodes. 14:1-14

Vindicado.

Por Cristo. 11:7-15

Recordatorio a gente inconstante. 11:7-15

JUDEA

Desierto de. Discusión del tema. 3:1

JUDÍOS (*véanse* ISRAEL; JERUSALÉN)

Errores–equivocaciones.

Considerar que algunas leyes son más pesadas que otras. 2:36

Pidieron una señal. 12:38-40

Tema discutido. 12:10

Esperanza. Cristo. 1:2

Historia.

Con frecuencia huyeron a Egipto. 2:13-18

Descendientes de Jacob. 1:2

Fuerza unificadora de la nación. 12:10

Refugiados. Preservado por Dios. 1:11

Leyes del sábado. 12:1-9

Opuestos a Cristo. (*Véase* JESUCRISTO, Oposición)

Formas de oposición. 12:10

Motivos. 12:1-8, 9-13; 12:10

Religión de.

Acento en la tradición. 15:1-20

Acento en lo exterior, apariencia externa. 15:1-20

Reglas y reglamentos. 15:1-20

Vs. gentil. Ejemplo. 15:23-28

JUEZ–JUZGANDO A OTROS (*véase* CRITICAR)

Cómo juzgamos a otros. 13:54-56

Separando lo malo de lo bueno. 13:47-50

De creyentes.

Expulsado. 5:13

Falsa profesión. Triple. 7:21; 13:30

Motivo. 5:13

Discusión del tema. 7:1-6

Juicio de. Descripción. 7:2

Motivos. Seis motivos. 7:1

Pecados de. Discusión del tema. 7:1-6

Por qué uno no debe *j.* 7:1

Lo hace a uno indigno del evangelio. 7:1-6

Usurpa la autoridad de Dios. Lo convierte a uno en Dios. 7:1

Significado. 7:1

Superando. Ejemplo de. José. 7:18-19

JUICIO (*véase* JUSTICIA)

Esperanza de. Día de la victoria venidera. 12:20

Significado. 12:18

JUICIO

Base de–Por qué *j.* Dios.

Palabras del hombre. 2:31-37

Tres factores. 11:20-24

De incrédulos. Mera profesión. Triple. 7:21

Descripción.

Ceguera judicial. 13:13-15

Crujir. 8:12

Expulsado. 5:13

Fuego mesiánico del *j.* 1:1; 3:11; 11:1-6

Infierno. 5:22

Lloro. 8:12

Fiador.

Vindicará; algún día revelará la verdad. 10:26

Grados de. Motivos. 11:20-24

Liberación de. Esperanza de liberación. Viene un día de victoria. 12:20

Quién será *j.*

Algunos en el reino. Quiénes son. 13:41

Quienes hacen falsa profesión. Triple. 7:21

JURAMENTOS

Discusión del tema. 5:33-37; 23:16-22

Ley que rige. 5:33-37

Tipos. Cinco tipos. 5:33-37

JUSTO–JUSTICIA (*véase* PIADOSO)

Deber.

Buscar primeramente justicia. 6:33

Hambre y sed de justicia. 5:6

Descripción.

Ética suprema. 7:12

Regla de oro. 7:12

Discusión del tema. 5:6

J. cumplida en el bautismo de Jesús. 3:13

J. propia vs. otra *j.* 5:3

Necesidad de.

La justicia del religioso no alcanza para entrar al cielo. 5:20

Origen. No se hereda. 3:7-10

LÁMPARA

Descripción. 25:7

LEALTAD

Esencia. Para seguir a Cristo. 8:21-22

LEGALISMO–LEGALISTA

Estricto vs. permisivo. 5:17-18

LENGUA (*véase* PALABRAS)

Lo que hace la lengua.

Contamina al hombre. 15:10-11

Determina el destino de la persona. 12:31-37

Expone el tipo de persona que uno es. Triple. 12:34-35

Palabras vanas. Significado. 12:36

LEPROSO–LEPRA

Discusión del tema. 8:1-4

Requisitos legales para una leproso sanado. 8:1-4

Sanado por Jesús. Un leproso. 8:1-4

Tipo de pecado. 8:1-4

LEVADURA

Poder de. Lo que opera. *P.* transformador del evangelio. 13:33

Significado. 13:33

LEY (*véase* LEY DE LOS ESCRIBAS)

Concepto de los judíos. Cuádruple. 5:17

Cumplida por Cristo. 5:17-48

Deber.

Para obedecer. Seriedad. 5:1

Discusión del tema. 5:17-20

Importancia. Para escribas y fariseos. 5:17-18

Principios. Discusión del tema. 5:17-48

Quebrantar.

Criterios para quebrantar la ley. 12:3-4

Enseñando a otros. 5:19

Invalidando. 5:19
Ley de escribas. (*Véase* LEY DE ESCRIBAS)
Vs. amor y perdón. 5:17-20
Vs. Cristo. Antes de Cristo vs. después de Cristo.
5:17-1

LEY DE ESCRIBAS
Condenada por Cristo. 5:17-48

LEY ORAL (*véase* LEY DE ESCRIBAS)

LICENCIA
Dios no da *l.* 6:14-15
Dios no quita sus requerimientos. 6:25-34

LÍDERES JUDÍOS (*véanse* ESCRIBAS;
FARISEOS; RELIGIOSOS; SADUCEOS)

LIMOSNAS
Significado. 6:1

LUCHA–GUERRA ESPIRITUAL
Discusión del tema. 1:28-30
División interior. 10:34-38

LUZ
Discusión del tema. 5:14
Esencial–Deber. Alumbrar para Dios. 5:14-16
Lo que hace la luz. 5:14
Simboliza. Como creyentes. 5:14-16

LLEVAR FRUTO (*véanse* CREYENTES,
Vida–Andar; DEDICACIÓN)
Deber. Llevar fruto. 13:26
Discusión del tema. 13:8, 23
Grados de. 13:8, 23

LLORAR
Significado. 8:12

MADUREZ (*véase* CRECIMIENTO ESPIRITUAL)

MAESTRO
Significado. 8:19
Tipos de maestros. Dios y el mundo. 6:24

MAESTROS
Hecho.
Aceptar o rechazar la ley. 5:19
Solo puede enseñar a determinado número. 10:2
Influir en otros. Para bien o para mal. 5:19
Posición. Altamente estimada. Sentarse en la silla
de Moisés. 23:2

MAESTROS, FALSOS (*véase* APOSTASÍA
RELIGIOSOS)
Advertencia. Religión falsa. 7:15-20; 16:5-12
Descripción. Como lobos disfrazados de ovejas.
7:15
Discusión del tema. 7:15-20
Enseñanza.
Cuatro errores, cuatro evangelios. 7:18
Efectiva, pero solo parcialmente veraz. 7:17
Error. Cuádruple. 7:15
Experimenta cuatro cosas. 10:5
Naturaleza.
Conocido por el fruto. 7:16
Cuádruple. 7:17
Discusión del tema. 7:17
Engañosa. 7:15
Rasgos–marcas. Discusión del tema. 7:15, 17

MAL (*véanse* PERDIDOS; PECADO)
Deber. Expulsar de la vida. Discusión del tema.
12:43-45
En el mundo. Cuestionado. ¿Por qué está el *m.* en
la iglesia y en el mundo? 13:27
En la iglesia. (*Véase* REINO DE LOS CIELOS)
Resultados. Causa blasfemias. 5:37

MALA VOLUNTAD
Motivos. Triple. 13:53-54

MALDECIR (*véase* BLASFEMIA)
Cinco tipos. 5:33-37
Discusión del tema. 5:33-37
Muestra la depravación del hombre. 5:37

MANOS
Deber. Guardarse de usarlas en algo inmoral. 5:27-30
Hecho. Culpables de inmoralidad. 5:27-30

MANSO–MANSEDUMBRE
Recompensa. Tres *r.* 5:5
Significado. 5:5

MATEO
Conversión. Discusión del tema. 9:9-13; 9:9
Humildad. Discusión del tema. 10:3-4

MATERIALISMO
Advertencia. 6:19-24
Deber.
Fijar la mente en Dios, no en el materialismo.
6:19-24
No ser absorbido por el materialismo. 6:31-32
Descripción.
Como mal. Motivos. 6:21-23
Como necesario y lujos o extravagancias. 6:25
Como señor. 6:24
Error de. Cuatro errores. 6:6:26
Negación de. Esencial para seguir a Cristo. 8:19-20
Problemas con–Peligros.
Son inseguros. 6:19-20
Son malos. Motivos. 6:21-23
Son pasajeros. 6:25-34
Respuesta al materialismo. Negación de sí mismo,
disciplina. 11:8
Resultados.
Pérdida de la vida. Significado, propósito.
6:19-20
Puede esclavizar. 6:25
Significado. 6:19-20
Vs. Dios. 6:19-24

MATRIMONIO–CASADO
Actitudes hacia el matrimonio. Actitudes
superficiales. 5:32
Fundamento. Un solo *f.* 5:32
Judío. Pasos involucrados. Tres. 1:18
Tipos de. Cuatro. 5:32
Unión de. Debilitada y quebrantada por el
adulterio. 5:32

MEDITAR–MEDITACIÓN
Esencial. 3:1
Para prepararse y para enfrentar la tentación.
4:1

MEJILLA, VOLVER LA OTRA
Discusión del tema. 5:39

MENSAJE
Contenido. Resumen del *m.* de Jesús. 4:7

MENTALIDAD ESPIRITUAL
Vs. Mentalidad terrenal. Ejemplo de los discípulos.
16:5-12

MENTE
Hecho. Fijado en la tierra o en Dios. 6:19-24

MENTE CERRADA
Poder para sanar. 4:29
Propósito. Propósito mayor. 10:1

MERCADER
Parábola del. 13:45-46

MESÍAS–NATURALEZA MESIÁNICA
Búsqueda. La gente gime por el Mesías. 1:18
Ciego al Mesías. El mundo es ciego. 11:25-27
Concepto de. 1:18
Concepto falso–malentendido.
C. judío. 1:1
Cuestionado por Juan el Bautista. 11:1-6
Discusión del tema. 1:1, 18; 3:11; 11:1-6
Más grande que la religión. 12:1-8
Nombres–Títulos.
Hijo de Abraham. 1:1
Hijo de David. 1:1, 18; 3:11; 11:1-6; 15:42
Proclamado.
Por Juan. 3:2-6, 11-12
Prueba. (*Véanse* JESUCRISTO, Sana; Poder
Cuatro argumentos lógicos. 12:22-30
Obra de. Discusión del tema. 11:4-6

MINISTERIO–MINISTRANDO (*véanse*
CREYENTES; DISCÍPULO; MINISTROS)
Deber–Obra.
Actividades de. 4:23
Aprendiendo a ministrar. 15:29-39
Cómo ministrar. Dos formas. 11:4-6
Dar. Gran ética del creyente. 5:42
Dos áreas. Predicar y ministrar. 10:7
Excusas para no ministrar. 15:33-34
Exigente, ocupado. 4:23
Suplir necesidades desesperante y desesperadas.
9:18-34
Discusión del tema. 11:4-6
Reglamentos que gobiernan. 10:5-15
Entrenamiento. Precede el servicio. 10:1
Equipado–Recursos. 14:15-21
Cristo usa los recursos de los suyos. 14:18-21
Poder. Para sanar. 4:24
Quintuple. 15:29-30
Llamado.
Testigo laico y profesional. 10:5
Lugar.
Donde ministrar. 4:23
Donde servir estratégicamente. 4:12-13
Tierra. 5:13-15
Métodos.
De dos en dos. 10:3-4
Discusión del tema. 10:5-15

MINISTRO (*véanse* CREYENTE;
DISCÍPULO; MINISTERIO)
Comisión–Misión.
A dejar y renunciar a todo, incluyendo el
empleo. 4:21-22
A predicar. 4:17
A sanar a los enfermos, no a condenar. 12:20
A ser sal de la tierra. 5:13
Discusión del tema. 10:5-15
Para iluminar al mundo. 5:14-16
Triple. 4:15-16
Un solo propósito: la gente. 4:15-16
Deber–Obra.
A la multitud. Propósito de Jesús. 8:16-17
Actividades de. 4:23
Cuando comenzar. 4:12
Dar un paso al costado en favor de otros. 4:12
Dos familias. Propósito de Jesús. 8:14-17
Exigente, ocupado. 4:2
Fracaso en. 6:2
No competir con otros. 4:12
No descuidar al mundo. No encerrarse en la
iglesia. 5:13
Suplir necesidades desesperantes y
desesperadas. 9:18-34
Tener una visión realista del mundo. 6:3-4
Equipado–Recursos.
Discusión del tema. 12:18
Poder. 4:24
Exitoso. Discusión del tema. 4:23-25

Ideal. Cristo, Sirvo escogido de Dios. 12:14-21
Lugar.
    Donde ministrar. 4:23
    Donde servir estratégicamente. 4:12-13
Llamado–llamados.
    A una profesión diferente. 4:18-22
    Discusión del tema. 10:1-4
    Entrega y envío de los llamados. 10:1-4
    Para pescar hombres. 4:18-22
    Tipo de persona llamada. 4:18-22
    Tres llamados diferentes. 10:1; 1-4
Mensaje. Discusión del tema. 10:27
Motivo.
    Correcto vs. incorrecto. 6:1-4
    Discusión del tema. 6:1-4
Obra. (*Véase* MINISTROS, Deber)
Preparación. El Sermón de la montaña dado para *p.*
    a los discípulos. 5:1-2
Rasgos. Esencial. 4:18-20, 21-22
Sostén de. Financiero. Discusión del tema. 10:9-10

MIRAR CON BUENOS OJOS
Significado. 6:22

MISERICORDIA–MISERICORDIOSO
De Cristo. Propósito. Tener *m.*, no hacer
    sacrificios. 9:12-13
De Dios. Símbolo. 1:3-6
Descripción. Como ley suprema. 12:7
Dios quiere *m.*, no sacrificio. Discusión del tema.
    12:7
Mujeres (cuatro) que recibieron *m.* 1:3
Resultados. Siete resultados. 5:7
Significado. 5:7

MISIÓN
Deber.
    Alcanzar a la gente. 4:15-16
    Iluminar al mundo. 5:14-18
    Predicar. 4:17
    Salar la tierra. 5:13

MISTERIO
Significado. 13:1-58

MOTIVO
M. correctos vs. incorrectos. 6:1-4, 5-6
M. puros vs. impuros. 5:8
Para dar y hacer el bien. 6:1-4
Para las obras. 6:1-4
Para orar. Discusión del tema. 6:5-6

MUERTE–MORIR
Al yo. (*Véase* CRUZ–NEGACIÓN DEL EGO)
Hecho.
    M. por una causa no es extraño. 10:23
    Muerto resucitado. Hija de Jairo. 9:18-19, 23-26

MUNDANO–MUNDANALIDAD
Causada por. Hombre imbuido de *m.* 6:31-32
Descripción cómo.
    Cinco cosas. 6:21-23
    Espinos. 13:7, 22
    Mal. 6:21-23
    Necio. Motivos. 6:19-20
    Un maestro. 6:24
Discusión del tema. 13:7, 22
Problema. Cosas que apartan de Cristo. 16:17
Resultados–Efectos de.
    Ahoga la palabra, el crecimiento espiritual.
    13:7, 22
    Discusión del tema. 6:19-20
    Engaña. Motivos. 6:21-23
    Pérdida de vida. 6:19-20

MUNDO (*véanse* CORRUPCIÓN; INCORRUPCIÓN)
Estado de.

Descuidado. Creyentes encerrados en la iglesia.
    5:13; 5:14
Inconsistencias de. 11:19
Inseguro. Motivos. 6:19-20
Paraíso terrenal. Inadecuado. 14:34
Perdido. Ovejas sin pastor. 9:36
Liberación de.
    Respuesta a una generación mala. 12:38-45
    Tiene algún testimonio. 5:14-15
Mentalidad mundana vs. mentalidad piadosa.
    6:19-24
Naturaleza.
    Corruptible vs. incorruptible. 6:19-20
Tipos de. Egipto. 2:13-18
Valor. Inapreciable. 13:1-58
Vs. Cristo.
    Ciego al Mesías. 11:25-27
    Cristo inauguró una nueva era. 9:14-17
    La visión de Cristo. 9:36-38
    No aprobado por Cristo. 10:34-37
    Opinión de Cristo. 16:13-14

NACIMIENTO VIRGINAL (*véase* JESUCRISTO, Nacimiento)
De Cristo. Discusión del tema. 1:16, 23

NATURALEZA
Poder sobre. Poder de Cristo sobre la *n.* (*Véase* JESUCRISTO, Poder)

NAZARET
Discusión del tema. Hogar de Jesús. 2:23
Rechazó a Cristo. Motivos. 13:53-58

NECESIDADES–CARENCIAS
Actitudes hacia las necesidades. 6:25-34
De la vida.
    Dios provee para las necesidades de la vida.
    6:25-34
    Discusión del tema. 6:25-34
    Significado. 6:11
De los hombres.
    Cómo los desesperados pueden ser salvados.
    9:18-34
    Gran *n.* 4:23
    Las necesidades tienen prioridad sobre la
    tradición y el ritual. 12:3-4, 9-13
    Pasos para suplir las *n.* 15:29-39
    Requisitos para tener las *n.* suplidas. 15:21-28
Suplidas–Provistas.
    Cada *n.* un anticipo de la cruz. 8:16
    Cómo suplir. Perseverando en oración. 7:7-11
    Por medio del trabajo necesario. Discusión del
    tema. 12:5
Tentación. Buscar una *n.* ilegal. 4:2-4
Vs. codicia. 12:3-4

NEGACIÓN DEL EGO (*véase* CRUZ)
Discusión del tema. 10:38
Esencial.
    Para seguir a Cristo. 8:19-20

NEGAR–NEGACIÓN
Advertencia contraria. Ilógico e inconsistente.
    12:22-30, 27-28
Discusión del tema. 10:32-33

NEGLIGENTE
Mensaje de. 11:16-19

NEUTRALIDAD
Hecho. Es imposible ser *n.* 12:30, 33

NÍNIVE
Ilustración. De rechazo. Para condenar esta
    generación. 12:41

NIÑOS–CARÁCTER INFANTIL

Características.
    Juguetones. 11:16-19
Deberes de. Alabar a Cristo. Proclamar su natura-
    leza mesiánica. 10:13-15
Descripción. Contradictorios, juguetones,
    descuidados. 11:16-19
Matanza realizada por Herodes. 2:13-18
Reacciones hacia.
    Niños masacrados por Herodes. 2:13-18
Simbolizan–Ilustración.
    Reino de Dios. 10:14-15
    Seguidores prudentes. 11:19

NO RESISTIR EL MAL
Significado.

NO SALVADO–INJUSTO (*véanse* PERDIDOS; INCRÉDULOS)
No es seguro ser salvado. 14:1-14
No salvado. Motivos. 6:31-32

NUEVA ERA
Inaugurada por Cristo. 9:14-17

NUEVO PACTO
Establecido. Inaugurado por Cristo. 9:14-17

NUEVO TESTAMENTO
Creyentes. Diferencia entre creyentes del Antiguo
    y del Nuevo Testamento. 11:11
Cumple el A.T. 13:52

NUEVA VIDA
Inaugurada por Cristo. 9:14-17

OBEDECER–OBEDIENCIA
Deber. Obedecer porque Dios espera obediencia.
    2:13-18
Descripción. Constructores sabios y necios. 7:24-27
Ejemplo. José, padre de Jesús. 1:24-25
Recompensa por. Hecho grande en el reino de los
    cielos. 5:19

OBJECIONES
A ministrar. 15:33-34

OBRA–OBREROS (*véanse* CREYENTES; DISCÍPULOS; MINISTROS)
Deber.
    Orar por. 9:37-38
Fracaso en. El creyente puede saber cuatro cosas.
    6:33
Necesidad de. Discusión del tema. 9:37-38
Obligatorio. Discusión del tema. 5:41
Por qué no hay más *o.* 9:37-38

OBSTINADO (*véase* INCREDULIDAD, obstinado)

ODIAR–ODIO
Comparar con amar al prójimo. 5:43-44
De quien. De los enemigos de uno. 5:43-48
Discusión del tema. 5:43-48
Significado. Discusión del tema. 5:21-26

OFENDER–OFENDIENDO
Significado. 5:29

OFENSA
Significado. 6:14

OÍR–OYENDO
Evangelio. Cerrar deliberadamente los oídos.
    13:13-15

OJOS
Culpables de inmoralidad. 5:28-29
Puerta hacia la mente. 6:21-23

ORAR–ORACIÓN–ORANDO
Aspectos esenciales.
Para la preparación personal. 14:22-33
Perdón. 6:14-15
Requisitos para recibir cosas de Dios. 15:21-28
Tres aspectos. 6:6
Cómo orar.
Acercarse a Dios como a nuestro Padre 7:11
Discusión del tema. 6:9-13
En secreto, en la cámara privada. 6:6
Perseverar. 7:8-11
Principio básico. Perdonar. 6:14-15
Tres grandes reglas. 6:7-8
Cuando o. En las comidas. Lista. 4:19
Deber. Mandato. Varios versículos. 6:5-6
Discusión del tema. 6:5-8
Donde o.– Lugares.
Discusión del tema. 6:5-6
En la cima de la montaña. 4:22-33
Iglesias y calles. 6:5
Públicamente. 6:5
Obstáculos a la oración.
El problema de hoy es doble. 6:7
Espíritu que se niega a perdonar. 6:14-15
Motivación falsa. 6:5-6
Oración hipócrita. 6:5
Oraciones prolongadas. 6:7
Repetición vana. 6:7-8
Oración modelo de Jesús. 6:9-13
Para qué. Discusión del tema. 6:9-13
Para obreros. 9:37-38
Perseverancia en la oración.
Significado. 7:7
Propósito.
Tener las necesidades suplidas. 6:8
Respuestas–Contestadas.
Aseguradas. 7:7-11
Claramente vistas. 6:6
Dos formas. 7:8
Significado. Hablando y compartiendo con Dios.
6:5-6
Tipos. Oración ocasional vs. oración persistente.
15:23-24

ORGULLO (*véase* JACTANCIA)
Causado por.
Superioridad espiritual. «Por la gracia de Dios
soy lo que soy». 8:4

ORGULLO INTELECTUAL
Resultados. Enceguese a las personas ante la
verdad. 11:25-27

ORILLA DEL CAMINO
Algunos se sientan a la orilla del camino. 13:4, 19
Significado. 7:23

OSCURIDAD, DE AFUERA (*véase*
TINIEBLAS DE AFUERA)
Discusión del tema. 8:12
Significado. 8:12

OVEJAS
Describen al mundo perdido. 9:36

PACIFICADORES
Significado. 5:9
Vs. perturbadores. 5:9

PADRE (*véanse* DIOS, Nombres–Títulos)

PADRES
Deber de. Influencia en los niños. 2:19-23
Deber hacia. Cuidado de los padres. Ejemplo.
8:8

PALABRA DE DIOS
Agregar a la Palabra–Abusar de ella. Corrompida.
Dos formas. 12:1-2
Cumplida. (*Véase* PROFECÍA. Cumplida;
ESCRITURA, Cumplida)
Por Cristo. 5:17-18
Descripción. Instrucciones para edificar. 7:24-27
Poder de la Palabra. Quebranta el poder de
Satanás. 17:17-18
Respuesta a.
Diferentes formas en que se recibe la P. 13:1-9

PALABRAS (*véase* LENGUA)
Exponen el corazón de la persona. 12:34-35
Inútiles. Significado. 12:36
Las palabras del hombre determinan su destino.
12:31-37
Tres cosas acerca del hombre. 12:34-35

PALOMA
Descripción. 10:16

PAN
Necesidad vital. 4:2-4; 6:11
Significado. 6:11

PAN DE LA PROPOSICIÓN
Discusión del tema. 12:3-4

PAÑOS Y ODRES DE VINO
Nuevos y viejos. 9:14-17

PARÁBOLA
Lista.
Dracma. Separando lo malo de lo bueno.
13:47-50
Edificadores sabios y necios.Vida. 7:24-27
Esposo. Nueva vida y nueva era. 9:15
Levadura. Poder transformador del evangelio.
13:33
Luz del mundo. Resplandeciendo para Dios.
5:14-16
Mercader. 13:45-46
Padre de familia. Devoción, estudio, compartir.
13:51-52
Perla de gran precio. Renunciando a todo.
13:45-46
Ropa nueva y vieja. Vida nueva vs. vieja. 9:16
Sal. Sirviendo a Dios. 5:13
Sembrador. Cómo los sabios reciben el
evangelio. 13:1-9
Semilla de mostaza. Crecimiento del
cristianismo. 13:31-32
Tesoro escondido. Renunciar a todo por
Cristo. 13:44
Trigo y cizaña. La cuestión del mal. 13:24-30,
36-43
Vino nuevo y odres viejos. Vida nueva vs.
vieja. 9:17
Motivos para las parábolas. Hablar en *p.* 13:10-
17, 34, 35

PARAÍSO, TERRENAL
Inadecuado. 14:34

PARALÍTICO
Sanado por Jesús. Perdonando pecados. 9:1-8

PARCIALIDAD (*véase* FAVORITISMO)

PARIAS
A quienes se consideraba parias. Los
gentiles. 15:30-32

PASIONES
Indulgencia. Dios no admite las pasiones.
6:14-15

PAZ
Respuesta a. Cristo. 6:15

PECADO–PECADOS
Causado por. Falta de lógica; pensamiento.
12:27-28; 13:13-15
Crecimiento. Paso a paso. 8:28-31
Descripción.
Como deudas. Significado. 6:12
Sensual, sin sentido. 13:13-15
Hecho. Todos pecan–todos se pasan al pecado.
6:14
Hechos–conducta.
Actitud de criticar. 7:1-6
Actitud hacia. Varias *a.* 9:12-13
Algunos son muy malos. Discusión del tema.
2:13-18
Confortable. Respuesta. 11:8
Infantil. 11:16-19
Lo que contamina al hombre. 15:1-20
Ofender y exttraviar a otros. 5:19
Sensual, sin sentido. 13:13-15
Ser solamente espectador. 3:7-10
Significado.
Egoísmo. 7:21; 19-23

PECADO IMPERDONABLE
Discusión del tema. 12:31-32

PECADORES
Actitud hacia. Los religiosos creen ser más
aceptables que los *p.* 9:12-13
Cómodos con Cristo. 9:10-11
Desatendidos. Muchos no serán tocados. 8:3
Estado de los pecadores. Espiritualmente
enfermos. Tres cosas. 9:12-13

PENSAR
Carente de lógica. Expuesto. 12:11

PERDIDOS, LOS
Descripción. Ovejas sin pastor. 9:36
Estado de.
Ciegos. 9:27-31
Parábola de la perla de gran precio. 13:45-46

PERDÓN, ESPIRITUAL
Actitudes hacia. 6:14-15
Cómo se recibe. Perdonando a otros. 6:14-15
Discusión del tema. 6:12, 14-15
Fuente. Cristo. 9:2
Importancia.
Lo más importante en la vida. 6:14
Principio básico de la oración. 6:14-15
Motivos por los que Dios no *p.* 6:14-15
Prerequisitos. Discusión del tema. 6:14-15

PERDÓN, HUMANO
Actitudes hacia. 6:14-15
Cómo se recibe. Perdonando a otros. 6:14-15
Discusión del tema. 6:12,14-15
Importancia.
Lo más importante en la vida. 6:14
Principio básico de la oración. 6:14-15
Motivos por los que Dios no *p.* 6:14-15
Prerequisitos. Discusión del tema. 6:14-15
Resultados. Asegura que las oraciones son
respondidas. 6:14-15

PEREZOSO
Ley de. 13:12, 13-15
Recompensa. Recibir cada vez menos. 13:12, 13-15

PERFECTO–PERFECCIÓN
Discusión del tema. 6:5-6

PERSECUCIÓN–PERSEGUIDORES
Advertencia de. 10:16-23

Cómo tener victoria en medio de la *p.*
  No preocuparse. Motivos. 10:19-20
  Qué cosas temer y que cosas no. 10:24-33
Deber.
  Huir. 10:23
  Soportar. 10:22
Juicio de. Gran. Discusión del tema. 10:26-27
Métodos. Varios métodos. 10:24-33
Por parte de quien.
  Familia. Motivos. 10:21
  Privilegio. Discusión del tema. 10:24-25
  Tres grupos. 10:17-18
Por qué son *p.* los creyentes. Cuatro motivos.
  5:10-12
Propósito. Discusión del tema. 10:16
Respuesta a.
  Cuatro cosas que los creyentes deben hacer.
  6:12

PERSEVERANCIA–PERSISTENCIA (*véanse*
CONSTANCIA; PACIENCIA)
Deber de perseverar. En oración. Significado. 7:7
Ejemplo. Dos ciegos. El clamor por la vista. 9:27-31

PERSEVERAR
Esencial para el liderazgo de Dios. 2:12

PERTURBADOR
Vs. pacificador. 5:9

PIADOSO
Vs. hombre impío. 14:1-14

PLAN–PLANIFICAR
El ministerio. Discusión del tema. 10:5-15, 12-15

POBRE–POBREZA (*véanse* NECESIDAD–
CARENCIAS)
Esencial. Seguir a Cristo. 8:19-20
Hechos.
  Jesús era *p.* 2:19-23
  No es desgracia. 2:19-23
Objetivos especiales del ministerio del Mesías.
  11:4-6

POBRES EN ESPÍRITU
Significado. 5:3

PODER–PODEROSO (*véase* JESUCRISTO,
(Poder)
Carencia de–Problemas. Tentación de buscar. 4:3
Hechos al respecto. Cuádruple. 14:5
Origen. Poder dado. 10-8
Propósito.
  Controlar temor y naturaleza. 8:23-27
  Dirigir el propósito contra el mal. Triple. 10:1
  Discusión del tema. 11:4-6
  Doble. 10:8
  Ejercer poder sobre la totalidad del hombre. 4:24
  Equipar y dar seguridad. 10:1
  Recibir y rechazar a hombres. 8:5-13
  Sanar. 4:24

POSESIONES (*véanse* MATERIALISMO;
RIQUEZA; MUNDANALIDAD)
Rendidas. Esenciales para suplir las necesidades
  del mundo. 4:18-21

POSICIÓN
Buscando. Preparación.
  Discusión del tema. 10:1
  Esencial. Antes del servicio religioso. 10:1
  Preparación personal. Poder de la presencia del
  Señor. 14:22-33

PREOCUPACIÓN (*véase* ANSIEDAD)
Discusión del tema. 6:25-34

PRESIÓN
Discusión del tema. 11:28-30

PRESTAR
Discusión del tema. 5:42

PRIVILEGIO
Grados de. Determina juicio. 11:20-24

PROBLEMAS (*véase* PRUEBAS)
Respuesta a los problemas. Fe.
  Salva a los desesperados. 9:29-34
  Sanidad y perdón de pecados. 9:1-8
Significado. 7:7

PROFECÍA
Cumplida por Cristo.
  C. en el ministerio de Jesús. 11:5
  C. en la niñez de Jesús. 2:15
Elementos de. 1:22

PROFESIÓN FALSA–MERA PROFESIÓN
Conceptos falsos sobre la falsa profesión.
  Auto justificación vs. justificación por Cristo.
  7:22
  Error. No hace la voluntad de Dios. 7:21
  Es suficiente con ser un espectador. 3:7-10
  No alcanza a ver a Cristo. 7:21
Descripción como.
  A la orilla del camino. 13:4
  Cizañas. No regenerados. 13:31-32
  Espinas. 13:7, 22
  «Gran yo». 7:21
  Orilla del camino, tierra dura. 13:4, 19
  Pájaros que anidan en el cristianismo. 13:31-32
  Tierra pedregosa. 13:5-6, 20-21
Discusión del tema. 7:21-23
  Conversión dramática, pero falsa. 13:5-6, 20-21
  Dos tipos de personas. 7:21-23
Evidencia de. Inadecuado. 9:4-7
Identificado.
  Como cizaña–crece con el trigo. 13:24-30
Juicio de.
  Discusión del tema. 7:23
  Orgullo intelectual. 11:25-27
  Triple argumento en el día del juicio. 7:22
Peligro de los religiosos. 3:7-10
Resultados.
  Honrar el ego. 7:21
  Juzgar equivocadamente. 11:16-19
Significado. 7:21
Vs. acción. 9:4-7

PROFETA
Discusión del tema. 11:9
Significado. 11:9

PROFETAS, FALSOS (*véase* MAESTROS FALSOS)

PRÓJIMO (*véase* AMOR)
La ley que rige. Concepto del A. T. 5:43

PROPIEDAD
Daño infligido a la propiedad. Discusión del tema.
  5:39-41

PROPÓSITO
Del creyente.
  Alumbrar al mundo. 5:14-16
  Glorificar a Dios. 6:9
  Hacer buenas obras y glorificar a Dios. 5:14-16
  Sanar a los enfermos, no condenar. 12:20
Desconocido. Por muchos. 4:12-17
Propósito de Dios. Ciego al. 11:25-27
Propósito terrenal vs. propósito espiritual. 6:19-20

PRUEBA
Discusión del tema. 4:3-11

PRUEBAS–TRIBULACIONES
Cuestionar. No cuestionar. 2:13-18
Liberación por medio de. Poder sobre el temor y
  las pruebas. 8:23-27
Lista. Múltiple. 7:24-25, 26-27

PUBLICIDAD
Motivos para no busca. Motivos de Cristo. 12:16

PUERTA ANCHA VS. PUERTA ANGOSTA
Discusión del tema. 7:12-14

PUERTA ANGOSTA
Vs. Puerta ancha. 7:13-14

PURO–PUREZA
Perfectamente puro, imposible. 5:8
Significado. 5:8

QUEBRANTAR LA LEY (*véase* LEY,
quebrantar)

QUIETUD
Esencial. 3:1
  Para conquistar la tentación. 4:1

RAHAB
Salvada por Dios. 1:5

REBELIÓN
Contra el señorío de Cristo. 12:14-16

RECHAZAR–RECHAZADO–RECHAZO
(*véase* INCREDULIDAD)
A qué.
  Al evangelio. Endurecido hacia el. 13:4, 9
  Hombres. Rechazan con frecuencia por su
  condición. 9:20-22; 9:20
  La Palabra. Diversas personas. 13:4-7
Cuidado dado a los *r.* 9:20-22
De Jesucristo. (*Véanse* JESUCRISTO, Respuesta
  a; Incredulidad)
Jesús sale– nunca vuelve. 9:1
Respuesta a. 9:20-22
Resultados.
  Ceguera judicial y *r.* por parte de Dios. 13:13-15
  Lleva a Cristo a apartarse. 9:1
  Se aparta el Espíritu. 12:14-16

RECOMPENSA
Cómo estar seguro–fundamentos.
  Justicia. Dios es justo, no injusto en su
  recompensa. 10:40-42
  Quienes buscan y tienen logros reciben más y
  más. 13:10-11
  Recibiendo a ministros. 10:40-42
Descripción–identificada como.
  Consuelo. 5:4
  Grande en el reino de los cielos. 1:11
  Hijos de Dios. 5:9
  Misericordia. 5:7
  Presencia de Dios y Cristo. 10:40-42
  Recíproco, igual. 10:40-42
  Reconocimiento de hombres. 6:2
  Reino del cielo. 5:3, 10-12
  Ser lleno. 5:6
  Tres cosas. 5:3
  Ver a Dios. 5:8
Grados de recompensa. 13:8

RECONCILIACIÓN
Motivos para. 5:23-24

RECONOCIMIENTO
Discusión del tema. 6:1-4
Humano. Falla. Formas de fallar. 6:5

RECURSOS
Deber. Rendirse a Cristo. 14:18-21

RED
Descripción. 13:47
Parábola de la red. Separando los malos de los
buenos. 13:47-50

REFORMA
Discusión del tema. 2:43-45

REGENERACIÓN
Vs. reforma. 12:43-45

REGLA DE ORO
Discusión del tema. 7:12

REGLAS Y REGLAMENTOS
Criterios para la trasgresión. 12:3-4

REINA DEL SUR
Ejemplo. De gran sabiduría. 12:42

REINO DE LOS CIELOS (*véase* CIELO)
Actitudes hacia. Seis *a.* 5:1-2
Crecimiento. Grandeza de. 13:31-32
Discusión.
Como invalorable tesoro. 13:44
Como levadura que ilustra el mal. 13:33
Como red de pescador. 13:47
Heredado. Ahora y eternamente. 5:3
Juicio interior. Quiénes serán juzgados. 13:41
Mensaje de.
Proclamado por Jesús. 4:17
Proclamado por Juan. 3:2-6
Misterios de. Discusión del tema. 13:1-58
Naturaleza.
Grandeza de los creyentes en el cielo. 11:11
Mezcla del bien y del mal, actualmente.13:1-58
Sobrepasa al mundo de dos maneras. 4:23
Viene violentamente. Significado. 11:12
Posición en el reino. El más pequeño. Mayor que
Juan el Bautista. 11:11

RELACIONES (*véase* HERMANDAD)

RELIGIÓN
Conflicto con Jesús. Motivos. 12:1-8, 9-13
Leyes. Ley judía. 12:1-8
Necesidad.
Saber que Cristo es mayor que la religión. 12:1-8
Saber que el hombre es mayor que la religión.
12:9-13
Saber que la necesidad tiene prioridad sobre.
12:5
Saber que los mecanismos de la religión son
invalidados por Cristo. 9:16-17
Problema con.
Anteponer la religión al hombre.12:1-8, 9-13
Apego a. Muchos. 9:16-17
Contamina. 15:1-9
Cuádruple. 12:10
Engaña. 15:1-9
Humanista. 13:33
Rechaza a los hombres en base a su condición.
9:20-22
Reforma. 12:43-45
Religión vieja vs. nueva. 9:16-17
Verdadera *r.*
Acentuar los exterior vs. interior. 15:1-20
Cristo es mayor que la *r.* 12:1-8
El hombre es mayor que la *r.* 12:9-13
Interiormente, se acentúa el lado interior. 15:1-20
La necesidad tiene prioridad sobre la *r.* 12:5
Se acentúa la regeneración. 12:43-45
Vs. Cristo. 12:1-8, 9-13
Vs. Hombre. 12:1-8, 9-13
Vs. Regeneración. 12:43-45

RELIGIOSOS (*véanse* FARISEOS;
ESCRIBAS; SADUCEOS)

Creencias de. Fuertes. Fundamentados en. 12:10
Descripción. «Serpientes». Significado. 3:7
Enseñanza de. Errores de. 16:12
Opuesto a Cristo.
Discusión del tema. 12:10
Porque temían la pérdida de posición, estima, y
sustento. 12:1-8, 10; 16:12
Quebrantó la tradición. Ley de escribas.
12:1-8, 9-13; 15:1-20; 16:1-12
Peligros que se encuentran. 3:7-10
Problema con.
Algo de justicia, pero no lo suficiente para el
cielo. 5:20
Cambio en el aspecto, buscar posición. 23:5
Corrompieron la Palabra de Dios. 12:1-2
Cuádruple. 12:10
En la iglesia, aunque no plantados por Dios.
15:12-14
Errores de. 5:20
Estrictos vs. permisivos. 5:17-18
Ignoraban la venida de Cristo. 2:3-6
No de Dios. 15:12-14
R. sociales. Descripción. 6:14-15
Vs. Jesús. (*Véase arriba* Opuestos a Cristo)

RENDIRSE
Esencial para seguir a Cristo. 8:19-20
Qué es estar rendido. 6:9
Rendir los recursos. Esencial para suplir las
necesidades del mundo. 14:18-21

REPETICIÓN
En la oración. 6:7

REPOSO, ESPIRITUAL
Significado. 11:28-30
Vs. presión y cargas. 11:28-30

RESISTENCIA
Discusión del tema. 5:38-39, 41, 42

RESPONSABILIDAD
Determina el destino–recompensa. 13:8

REVELADO–REVELACIÓN
Es dada. Solamente a auténticos discípulos.
13:10-17

RIQUEZA–RICO (*véase* RICO–RIQUEZAS)
Hecho. Cuádruple. 14:5
Peligros–Problemas con las riquezas.
Engañan. Cuatro maneras. 13:7, 22

ROCA
Edificar la vida sobre la *r.* 7:24-27
El Señor no es una roca inerte, sino «piedra viva».
7:24-25

ROPA (*véase* VESTIMENTA)
Advertencia contra. Preocuparse y pensar
demasiado en ella. 6:28-34
Puede causar problemas.
Ansiedad. 6:28-34
Lo identifica a uno con el mundo y los paganos.
6:32
R. adecuada debe buscar primero a Dios. 6:31-34

RUT
Salvados por Dios. 1:3
Valor de.
Parábola del tesoro escondido. 13:44
Renunciando a todo por Cristo. 13:44

SABÁ, REINA DE
Buscó gran sabiduría. 12:42
Ejemplo en buscar gran sabiduría. 12:42
Testificar contra esta generación. 12:42

SÁBADO–DOMINGO
Discusión del tema. 12:1, 12
El Mesías mayor que el día de reposo. 12:1-8
Leyes que rigen.
Leyes *j.* 12:1-8, 10
No le permitían sanar o ayudar. 12:10
Quebrantadas por Cristo. 12:1-8, 9-13
Propósito. Discusión del tema. 12:5, 12
Significado. 12:12
Trabajar los *s.* 12:5, 12

SABIDURÍA
Deber. Buscar sabiduría con diligencia. 12:42
Del hombre. Enceguecido ante la verdad. 11:25-27
Descrito como sabio a los ojos propios. 11:25-27

SACRIFICIO
Deber.
Requisito de misericordia, no de *s.*
Discusión del tema. 2:7
Significado. 11:25

SADUCEOS
Atacados–Opuestos.
Cooperaron con los fariseos. Discusión del
tema. 16:1-12
Cristo. 6:1-12
Juan el Bautista. 3:7-12
Enseñanza. Errores de. 16:5-12

SAL
Discusión del tema. 5:13

SALVACIÓN
Búsqueda.
Por qué no antes. 8:25
Respuesta de Cristo. Cuádruple. 9:20-22.
Deber.
Dos elecciones. 7:13-14
Descripción.
Buena tierra. Llevar fruto. 13:8, 23
Sanado totalmente. 14:36
Error–Conceptos errados.
Esperando. Motivos. 8:25
Hechos.
No se hereda. 1:7-10; 3:7-10
Liberación. Recibir y rechazar hombres. 8:5-13
Origen–Cómo se *s.* una persona.
Actitudes requeridas para la *s.* 14:36
Buscando a Cristo. 5:6
Confesar vs. negar a Cristo. 10:32-33
Dos elecciones. Ancho y angosto. 7:13-14
Edificar con sabiduría y no de manera
imprudente. 7:24-27
La buena intención no es suficiente. 8:19-20
La fe de amigos. 9:2
Pasos. Ser totalmente sanado. 8:2; 9:18-34;
14:34-36
Perseverar hasta el fin. 10:22
Quiénes entrarán al cielo. 7:21-23
Requisitos para la *s.* 9:27-31
Requisitos para recibir cosas de Dios. 8:2;
15:21-28
Tener mayor justicia que un religioso. 5:20
Tres actitudes. 5:3
Tres pasos. 8:19-20
Quién es *s.*
Desesperado. Cómo pueden ser *s.* los
desesperados. 9:18-34; 14:15-21; 15:29-39
Los más contaminados. 8:1-4
«Muchos» vendrán. Predicho. 8:11
Pecador. 9:1-8, 9, 13
Poseídos del mal. 8:28-34
Rudos. 9:2
Sin esperanza y desesperados. 9:18-34
Socialmente rechazados. 8:5-13

Rechazada.
  Motivos. 8:23
Resultados.
  Cristo sana alma y cuerpo. 14:36
  Significado y resultados. 1:21

SANIDAD–SANAR
  Errores de. Mencionados. 9:35
  Pasos hacia. Siendo sanado. 14:34-36
  Poder para sanar. 4:24
  Por Jesucristo. Ejemplos.
    Ciegos. 9:29-31
    Endemoniado.
      Dos poseídos. 8:28-34
      Hija de mujer cananea. 15:21-28
      Muchos poseídos. 4:24
      Mudo poseído. 9:32-33
    Hija de mujer cananea. 15:21-28
    Hombre mudo. 9:32-34; 12:22
    Hombre sano. 4:24
    Hombre sordomudo. 12:22-24
    Lepra. Prueba la deidad. 8:1-4
    Mano seca. 12:9-13
    Mujer con hemorragia. 9:20-22
    Paralítico. 9:1-8
    Resucitó a los muertos. Hija de un líder. 9:18-19
    Siervo del centurión. 8:5:13
    Suegra de Pedro. 8:14-15
    Todo mal y enfermedad. 4:24; 8:16-17; 9:35;
      11:5; 15:29-31
  Por qué Dios no siempre sana. 8:1-4
  Significado. Sanidad total, alma y cuerpo. 14:36
  Solicitada. 9:20; 14:36
  Tipos. Espiritual, física, mental. 4:24

SANO–SANIDAD
  Significado. De alma y cuerpo. 14:36

SATANÁS
  Derrotado–destruido. Por Cristo. Casa saqueada.
    12:25-26, 29
  Nombres y títulos.
    Beelzebú. 12:24
  Obra–estrategia de Satanás.
    Cómo opera S. 13:25, 38-39
    Siembra cizañas entre el trigo. 13:25, 38-39
    Siembra hombres malos entre los creyentes.
      13:25, 38-39
    Tienta. 4:1

SED
  De justicia. 5:6

SEGURIDAD
  Necesaria. Cuando se pregunta quién es Cristo.
    11:1-6

SEMBRADOR, PARÁBOLA DE
  Cómo los hombres reciben el evangelio. 13:1-9

SEMILLA DE MOSTAZA
  Discusión del tema. 13:31-32
  Parábola de. Grandeza del cristianismo. 13:31-32

SENSACIONALISMO–ESPECTACULAR
  (véase SEÑALES)
  Cristo es tentado a usar. 4:5-7

SENTIDOS
  Naturales vs. espirituales. 16:2-3

SENTIDOS ESPIRITUALES
  Sentidos naturales vs. espirituales. 16:2-4

SENTIDOS NATURALES
  Vs. Sentidos espirituales. 16:2-3

SEÑALES
  Advertencia. Cuidado con ser ciego a las señales.
    16:1-4

Del día del fin, es decir de hoy. Señalan a Cristo.
  Tres señales. 16:2-3
Deseo de ver señales.
  Por judíos. Razones. Problemas. 12:38-40
  Por los hombres. Clases de. Discusión del tema.
    16:2-3
Dios obra por fe, no por s. 4:3-11; 12:38-40
Discusión del tema. 4:3-11; 12:38-40
Vs. fe. 4:3-11; 12:38-40

SEPARADO
  Significado. 13:49

SERMÓN DEL MONTE
  Discusión del tema. 5:1–7:29
  Pronunciado para preparar a los discípulos. 5:1-2

SERPIENTES
  Discusión del tema. 10:16
  Ser astutos como s. 10:16

SERVIR–SERVICIO (véanse CREYENTE;
MINISTROS–MINISTRANDO)
  Fracaso en. Se pueden saber cuatro cosas. 6:33
  Necesidad. Concepto realista del mundo. 7:3
  Significado. 6:1

SEXO (véanse INMORALIDAD;
ADULTERIO)
  Propósito. Triple. 5:27-20
  Uso correcto vs. equivocado. 5:27-30

SIERVOS–ESCLAVOS
  Ideal. Cristo, el siervo escogido de Dios.
    12:14-21; 20:28
  Preguntando por el origen del pecado. 13:27

SIGNIFICADO (véase PROPÓSITO)

SINAGOGA
  Discusión del tema. 4:23
  Principal. Discusión del tema. 9:18-19

SIRIA
  Discusión del tema. 4:24

SODOMA
  Discusión del tema. 10:15; 11:23

SOSTÉN FINANCIERO
  Sostén de ministros. Discusión del tema. 10:9-10

TALENTOS
  Deber. Rendir los talentos a Cristo. 14:18-21

TAMAR
  Salvada por Dios. 1:3

TEMOR
  Conquistado por. Poder de Cristo. 8:23-27
  Qué cosas no temer.
    La persecución. 10:28
    Los hombres. 10:28
  Significado. 10:28
  Tipos de. T. piadoso vs. t. equivocado. 8:26

TEMPESTADES
  Calmadas por Cristo.
    Poder de la presencia de Cristo. 14:22-23
    Poder sobre el temor y la naturaleza. 8:23-27
  De la vida. 7:24-25, 26-27

TENTACIÓN
  Conquista–liberación.
    Cómo enfrentar. 4:1-11

Por la oración. 6:13
Cuándo son tentados los hombres. 4:5-7
De Jesucristo. 4:1-11
Origen–fuente. No de Dios. 4:1
Peligro. Doble. 4:5-7
Propósito. 4:1
Tipos de tentación.
  Discusión del tema. 4:2-4
  Hacer compromisos. 4:8-10
  Probar a Dios. 4:5-7
  Ser egocéntrico. 4:2-4
  Suplir las necesidades propias con fuerzas
    propias. 4:2-4
  Usar lo espectacular. 4:5-7

TERRENO PEDREGOSO
  Cómo recibe el evangelio. 3:5-6, 20-21

TESORO ESCONDIDO
  Parábola del. 13:44

TESORO ESPIRITUAL
  Cómo era tratado en tiempos de Jesús. 13:44
  Cristo es un tesoro. 13:44
  Los creyentes son considerados un tesoro. 13:44
  Parábola del tesoro escondido. Entregando todo
    por Cristo. 13:44

TESOROS ESPIRITUALES (véase
BENDICIONES ESPIRITUALES)
  Significado. 6:19-20

TESTIGO–TESTIFICANDO
  Comisión.
    Enviados. 10:5-15
  Cómo ir.
    Astutos como serpientes; mansos como
      palomas. 10:16
    Método. De dos en dos. 10:3-4
    Negando vs. confesando a Cristo. 10:32-33
    Reglas vigentes. 10:5-15
  Cómo reciben los hombres el evangelio. 13:1-9
  Deber–A qué lugares ir.
    Al mundo. Razones. 5:14
    En el hogar. 9:4-7, 10-11
    Primero a los amigos. 9:10-11
    T. primero a los familiares. 9:4-7; 10:5-6
    Tres lugares. 5:14-15
  Desafío.
    Deben saber de Cristo antes de poder ser
      salvados. 14:35
    Desatendido. Los creyentes se encerraron en la
      iglesia. 5:13-14
    Se requieren obreros. 9:37-38
    Si no ha oído, no puede ser salvado. 14:35
  Ejemplo.
    Los hombres salen y traen a otros. 14:35
  Llamado a. Discusión del tema. 4:18-20

TESTIMONIO
  Hecho. Delgada línea entre honrar a Cristo y
    honrarse uno mismo. 9:27-30

TETRARCA
  Significado. 14:1-14

TIEMPO DE QUIETUD (véase DEVOCIONES)
  Inconsistente. Motivos. 6:6

TIEMPO DEL FIN
  Palabras vs. acción. 9:4-7

TIERRA
  En el corazón de la tierra. Significado. 12:40
  Sin aprobación de Cristo. 10:34-37

TINIEBLAS DE AFUERA
  Significado. 8:12

TOQUE
Comunica dos cosas. 8:14-15

TRABAJO–OBRAS (*véanse* DAR–DANDO;
EMPLEO; SERVICIO)
Cómo trabajar. Dos formas descriptivas. 6:3
Deber.
Dar a todos los que piden o toman. 5:40-42
Dar prioridad sobre la ley religiosa. 12:5
Hacer el bien a los propios enemigos. 5:44
Hacer el *t.* necesario. 12:5
Debilidad. Inaceptable para la salvación. 5:20
De Cristo. Discusión del tema. 11:4-6
Motivo. Correcto vs. incorrecto. 6:1-4
Propósito. Conducir a los hombres a glorificar a
Dios. 5:16

TRADICIÓN
Antigua vs. nueva. 9:16-17
De los judíos.
Acento en la tradición. 15:1-20
Causó el rechazo de algunos. 9:20
Día de reposo. Reglas y reglamentos. 12:1-8

TRIGO Y CIZAÑAS
Parábola. 13:24-30, 36-43

TROPEZAR–PIEDRA DE TROPIEZO
Significado. 5:29

URGENTE–URGENCIA
Esencial. Para seguir a Cristo. 8:21-22

VENGANZA
Discusión del tema. 5:38, 39-41, 42

VERDAD
Espiritual.
Ciego e ignorante ante la verdad. 12:11
Oculta de los sabios y auto suficientes. 11:25-27
Hecho. Verdad que algún día será conocida.
10:26-27

VERDAD ESPIRITUAL (*véase* VERDAD)
Oculta para los sabios, auto suficientes. 11:25-27

VESTIMENTA
Actitud hacia la vestimenta. Correcta vs.
equivocada. 6:25-34
Propósito de la vestimenta. Tres *p.* 6:28-30

VIDA RELIGIOSA
Actividades de. 7:21

VISIÓN, MUNDIAL
De cosecha en un mundo necesitado. Listos para
segar. 9:37-38
El mayor desafío conocido por el hombre.
9:37-38
Iguala al éxito. Fórmula del éxito. 13:12

VIVIENDA
Actitud; correcta vs. incorrecta. 6:26
Actitud hacia.
Mal vs. bien. 6:25-34
Vivir día por día. 6:34
Cómo alcanzar seguridad. Construir la vida.
7:24-27
Conceptos de. Lo que los hombres llaman vida.
10:39
Descripción.
Como constructor sabio vs. necio. 7:24-27
Como dos puertas, caminos. Cinco
descripciones. 7:13-14
Como puerta estrecha. 7:13-14
Dos elecciones en la vida. 7:13-14
Discusión del tema. 6:25
Esencial–Deber.

Amar la vida para ganar la vida. 10:39
Edificar sabiamente, no neciamente. 7:24-27
Negarse uno mismo. 10:39
No afanarse por ella. 6:25
Perder vs. ganar la vida. 10:39
Fundamentos de–privilegios. Sabia vs. necia.
7:24-27
Invitación a. 11:28-30
Justicia. 7:12
Misterio para el hombre. 1:23
Regla de oro. 7:12
Significado. 10:39
Tipos de. Sabia vs. necia. 7:24-27
Tormentas. Calmadas por Cristo. 7:24-25, 26-27

VOLUNTAD–VOLUNTADES
Cuatro voluntades luchan por el hombre. 6:10
De Dios. Ciego a la voluntad de Dios. 11:25-27

VOLVER ATRÁS (*véanse* APOSTASÍA;
NEGACIÓN)
Descrito como. 13:5-6, 20-21
Motivos. 13:5-7, 20-22

YUGO
Significado. 11:29-30

BIBLIA DE BOSQUEJOS Y SERMONES

«Un sermón completo para cada versículo y pasaje de las Escrituras.»

Es nuestro deseo que por medio de la *Biblia de bosquejos y sermones* el pastor reciba un estímulo en su ministerio, y que además le sirva de ayuda para predicar menos sus propias ideas y más el mensaje de Dios.

La serie se compone de 13 tomos:

Tomo 1	Mateo 1:1—16:12
Tomo 2	Mateo 16:13—28:20
Tomo 3	Marcos
Tomo 4	Lucas
Tomo 5	Juan
Tomo 6	Hechos
Tomo 7	Romanos
Tomo 8	1 y 2 Corintios
Tomo 9	Gálatas–Colosenses
Tomo 10	1 Tesalonicenses–Filemón
Tomo 11	Hebreos–Santiago
Tomo 12	1 Pedro–Judas
Tomo 13	Apocalipsis

En esta grandiosa obra encontrará:

- Todos los temas del Nuevo Testamento bosquejados pasaje por pasaje.
- Una lección completa para cada pasaje.
- Bibliografía detallada de unos 40 comentarios y fuentes griegas.
- Versión Reina-Valera 1960

EDITORIAL PORTAVOZ